D1640071

Veröffentlichungen der Kommission für geschichtliche
Landeskunde in Baden-Württemberg

Reihe B

Forschungen

209. Band

VERÖFFENTLICHUNGEN DER
KOMMISSION FÜR GESCHICHTLICHE LANDESKUNDE
IN BADEN-WÜRTTEMBERG

REIHE B

Forschungen

209. Band

Redaktion:
Isabelle Löffler

Silke Schöttle

Männer von Welt

Exerzitien- und Sprachmeister am Collegium Illustre
und an der Universität Tübingen 1594–1819

2016

W. KOHLHAMMER VERLAG STUTTGART

D 21

Diese Publikation ist auf alterungsbeständigem Papier gedruckt.
Alle Rechte vorbehalten.
© 2016 by Kommission für geschichtliche Landeskunde
in Baden-Württemberg, Stuttgart
Kommissionsverlag: W. Kohlhammer, Stuttgart
Gesamtherstellung: Appel & Klinger, Schneckenlohe
Printed in Germany
ISBN 978-3-17-031383-5

Vorwort

Il vaut mieux quelquefois,
d'avoir etudié les hommes,
que d'avoir etudié les livres.

Aus einem studentischen Stammbuch (1772)
(UBT Mh 1044 Bl. 22^r)

Die vorliegende Studie wurde im Wintersemester 2013/2014 von der Philosophischen Fakultät der Eberhard Karls Universität Tübingen als Dissertation angenommen. Für den Druck wurde sie geringfügig überarbeitet, mit zusätzlichen Abbildungen versehen und durch ein Register ergänzt.

Ich danke sehr herzlich meinem Betreuer Herrn Prof. Dr. Matthias Asche, der mich dazu ermunterte, der Fährte der frühneuzeitlichen Exerzitien- und Sprachmeister zu folgen und es damit verstand, meiner Freude am romanischen Sprach- und Kulturkreis einen weiteren Bezugspunkt zu geben. Mit großem zeitlichem Engagement, auf kurzen Wegen, mit nicht abreißendem Interesse, wertvollen Impulsen, viel Ermunterung, Offenheit und konstruktiver Kritik hat er die Entstehung der Arbeit von Beginn an bis zu ihrer geglückten Fertigstellung begleitet und gefördert. Dankbar bin ich für die jederzeit gewährten Freiräume zum eigenen Entdecken, Forschen und Konzipieren.

Mein ebenso herzlicher Dank gilt meiner Zweitbetreuerin Frau Prof. Dr. Sabine Holtz. Ohne ihr Engagement um meine berufliche Tätigkeit und die damit verbundene Sicherung der unvermeidlichen ökonomischen Grundlagen, hätte das Dissertationsprojekt auf halber Wegstrecke vermutlich stagniert. Mit pragmatischem Rat, großem Interesse und in stetiger Tuchfühlung spornte sie mich in der Endphase an, die Arbeit auch abzuschließen. Die Teilnahme an ihrem Oberseminar am Historischen Institut der Universität Stuttgart und der methodische und fachliche Austausch mit den Kommilitonen waren ein sehr großer Gewinn. Mein Dank geht daher auch an alle Teilnehmerinnen und Teilnehmer, für reges Interesse, vergnügliche Exkursionen und allzeit hilfreichen Austausch.

Für die Anfertigung des Drittgutachtens bin ich Herrn Prof. Dr. Norbert Haag zu großem Dank verpflichtet. Herzlich verbunden bin ich zudem Herrn Dr. Gerd Brinkhus. Er war es, der mich während meiner Tätigkeit an der Handschriftenabteilung der Universitätsbibliothek Tübingen dazu ermutigte, ein Dissertationsprojekt überhaupt erst in Angriff zu nehmen. Sein Erfahrungsschatz und seine menschliche Art waren stets in vielen Belangen eine große Hilfe.

Dass meine Studie in der Reihe der Kommission für geschichtliche Landeskunde in Baden-Württemberg erscheinen kann, ist keine Selbstverständlichkeit. Ich freue mich darüber sehr und danke dafür meinen Betreuern, die den Anstoß dazu gaben sowie Herrn Prof. Dr. Anton Schindling als damaligem Kommissionsvorsitzenden.

Frau Isabelle Löffler übernahm mit großem Engagement die redaktionelle Betreuung der Drucklegung.

Im Herbst 2015 wurde meine Arbeit mit dem Baden-Württembergischen Geschichtspreis ausgezeichnet. Dem Preiskuratorium unter der Leitung von Prof. Dr. Anton Schindling und der BW-Bank als Stifterin sei für diese Würdigung meiner Arbeit ein herzlicher Dank ausgesprochen.

Eine so große Studie erfordert viel Durchhaltevermögen, Zuspruch und Rückhalt. All dies fand ich stets bei meiner Familie und bei meinen Freunden. Ich danke besonders meinen Eltern Karl-Heinz und Margot Schöttle, die mir nach meiner Ausbildung das Studium ermöglichten und mich stets bedingungslos unterstützt haben. Mein Dank gilt zudem Dr. Lukas Lorbeer für seine Freundschaft und viele gemeinsam verbrachte Stunden im Historischen Lesesaal der Universitätsbibliothek Tübingen, Prof. Dr. Emiliano Borja Jiménez und Dr. César Chaves Pedrón für methodischen Rat und regelmäßige Erholung von den Studien in der spanischen Levante, Prof. Dr. Gerald Maier für treue Unterstützung, Dr. Uta Dehnert für aufopferungsvolles Korrekturlesen, Dr. Senta Herkle für Klartext und Aufmunterung in Zeiten der Erschöpfung und Dr. Tobias Gerstung für Geduld und Verständnis.

Konstanz, im Frühling 2016

Inhaltsverzeichnis

X

Abbildungsverzeichnis

Abbildungsnachweis

Abb. 1: NEYFFER/DITZINGER: Delineatio, Bl. 5.

Abb. 2: Ebd., Bl. 7.

Abb. 3: Ebd., Bl. 8.

Abb. 4: Ebd., Bl. 9.

Abb. 5: Ebd., Bl. 12.

Abb. 6: Universitätsbibliothek Tübingen, Abt. Handschriften/Alte Drucke, Mh 967 Bl. 232.

Abb. 7: Universitätsarchiv Tübingen, S 127/125, S. 699.

Abb. 8: Universitätsbibliothek Tübingen, Abt. Handschriften/Alte Drucke, Ah VI 11.

Abb. 9: Ebd.

Abb. 10: Staatsgalerie Stuttgart, Graphische Sammlung, Copyright Foto: Staatsgalerie Stuttgart, Inv.-Nr. A 32197.

Abb. 11: PRAETORIUS: Syntagma musicum, Bd. 2, Abb. XXI, Universitätsbibliothek Tübingen 3 A 1029-2.

Abb. 12: JUSTI: Schauplatz, Bd. 7, S. 236–253, Tab. IV, Württembergische Landesbibliothek Stuttgart, Gew.oct.1022.

Abb. 13: MAY: Grammatica, Universitätsbibliothek Tübingen, Abt. Handschriften/ Alte Drucke, Ck VI 7.

Abb. 14: Ordo studiorum 1753, Universitätsbibliothek Tübingen, Abt. Handschriften/ Alte Drucke, LXV 11 R, S. 8.

Abb. 15: HEYDEN: Speculum Cornelianum, Württembergische Landesbibliothek Stuttgart, R 17 Hey 1, Bl. 80.

Tafel 1: Universitätsbibliothek Tübingen, Abt. Handschriften/Alte Drucke, Md 24 Bl. 9^r.

Tafel 2: Hauptstaatsarchiv Stuttgart, H 107/18 Bd. 52 Bl. 16.

Tafel 3: Stadtmuseum Tübingen, Inv. 250: Gouache von H. Baumann.

Tafel 4: Stadtmuseum Tübingen, Inv. 274: Gouache von Johann Baptist Fürst.

Tafel 5: Universitätsarchiv Tübingen, S 127/124, S. 41.

Tafel 6: Hauptstaatsarchiv Stuttgart, A 284/94 Bü 272.

Karte 1: Silke Schöttle.

Tabelle 1: Silke Schöttle.

Diagramme 1–6: Silke Schöttle.

Abkürzungen und Siglen

*	geboren
~	getauft
◻	begraben
†	gestorben
∞	verheiratet
Abb.	Abbildung
Anm.	Anmerkung
Bd.	Band
Bde.	Bände
Bearb.	Bearbeiter/Bearbeiterin(nen)
Best.	Bestand
Bl.	Blatt
BNF	Bibliothèque Nationale de France (Paris)
BSB	Bayerische Staatsbibliothek (München)
Bü	Büschel
DAR	Diözesanarchiv Rottenburg
Ders.	Derselbe
Dies.	Dieselbe
Diess.	Dieselben
dt.	deutsch
Ebd.	Ebenda
engl.	englisch
Fasz.	Faszikel
fl.	Gulden
frz.	französisch
HAAB	Herzogin Anna Amalia Bibliothek (Weimar)
hg.	herausgegeben
Hg.	Herausgeber/Herausgeberin
Hgg.	Herausgeber/Herausgeberinnen
HStAS	Hauptstaatsarchiv Stuttgart
ital.	italienisch
Jh.	Jahrhundert
Kap.	Kapitel
lat.	lateinisch
mind.	mindestens
MKG	Museum für Kunst und Gewerbe Hamburg
MUT I	Heinrich Hermelink (Hg.): Die Matrikeln der Universität Tübingen. Bd. 1,1: 1477–1600. Stuttgart 1906.
MUT II	Albert Bürk/Wilhelm Wille (Bearb.): Die Matrikeln der Universität Tübingen. Bd. 2: 1600–1710. Tübingen 1953.
MUT III	Albert Bürk/Wilhelm Wille (Bearb.): Die Matrikeln der Universität Tübingen. Bd. 3: 1710–1817. Tübingen 1953.
NWD	Walter Pfeilsticker (Bearb.): Neues württembergisches Dienerbuch. 3 Bde. Stuttgart 1957–1974.
o. Pag.	ohne Paginierung
port.	portugiesisch
praes.	praesentatum
r	recto

Red.	Redakteur/Redakteurin
rum.	rumänisch
S.	Seite(n)
s. l.	sine loco
s. n.	sine nomine
SBB	Staatsbibliothek zu Berlin, Preußischer Kulturbesitz
Sch.	Scheffel
SLUB	Sächsische Landesbibliothek, Staats- und Universitätsbibliothek Dresden
span.	spanisch
StAL	Staatsarchiv Ludwigsburg
StAR	Stadtarchiv Reutlingen
StAT	Stadtarchiv Tübingen
Stb	Stammbuch
StBM	Stadtbibliothek Mainz
StBN	Stadtbibliothek Nürnberg
StMT	Stadtmuseum Tübingen
SUB	Niedersächsische Staats- und Universitätsbibliothek Göttingen
UAT	Universitätsarchiv Tübingen
UBB	Universitätsbibliothek Basel
Übers.	Übersetzer/Übersetzerin(nen)
UBH	Universitätsbibliothek Heidelberg
UBL	Universitätsbibliothek Leipzig
UBM	Universitätsbibliothek Mannheim
UBMü	Universitätsbibliothek München
UBS	Universitätsbibliothek Salzburg
UBT	Universitätsbibliothek Tübingen
v	verso
VD 17	Verzeichnis der im deutschen Sprachraum erschienenen Drucke des 17. Jahrhunderts (http://www.vd17.de)
Vgl.	Vergleiche
WLB	Württembergische Landesbibliothek Stuttgart
x.	Kreuzer

Quellen und Literatur

1. Ungedruckte Quellen

Hamburg
Museum für Kunst und Gewerbe (MKG)
RAR-Pers/Chemnitius 1597   Stammbuch Andreas Chemnitius (1597–1626)

Ludwigsburg
Staatsarchiv (StAL)
E 202   Ministerialabteilung für die höheren Schulen: Verwaltungsakten (1806–1945)
E 230 II   Finanzkammer des Schwarzwaldkreises, Reutlingen: Akten (1818–1850)

Nürnberg
Stadtbibliothek (StBN)
Will III 513c Stammbuch Ferdinand Sigmund Kreß von Kressenstein (1663–1665)

Reutlingen
Stadtarchiv (StAR)
A1   Akten aus der Reichsstadtzeit (15.–19. Jahrhundert)

Rottenburg
Diözesanarchiv (DAR)
F II a   Tübingen: Ortsakten des Katholischen Kirchenrats
G 1.3   Tübingen: Ortsakten des Bischöflichen Ordinariats
M 283 Bd. 1   Kirchenbuch Ammern (1751–1807)

Stuttgart
Hauptstaatsarchiv (HStAS)
A 5   Kabinett Herzog Eberhard Ludwig (1710–1721)
A 6   Kabinett Herzog Eberhard Ludwig (1721–1733)
A 7   Kabinett Herzog Alexander (1733–1737)
A 8   Kabinett Herzog Carl Eugen (1736–1805)
A 10   Kabinett Herzog Friedrich Eugen (1768–1797)
A 21   Oberhofmarschallamt (1522–1820)
A 202   Geheimer Rat: Akten (1640–1806)
A 206   Oberrat: Ältere Ämterakten (1500–1748)
A 238a   Ehegericht (1541–1806)
A 272   Hohe Karlsschule (1767–1804)
A 274   Universität Tübingen (1501–1805)
A 280   Konsistorium (1521–1805)
A 282   Kirchenrat: Verschlossene Registratur (1593–1806)
A 284/94   Kirchenrat: Ämterregistraturen (um 1530–1806); Tübingen: Bebenhauser,
               Blaubeurer Klosterpflegen und Collegienverwaltung
A 303   Geistliche Ämterrechnungen (1534–1807)
A 364 L   Weltliches Amt Kirchheim (16. Jahrhundert–1806)
A 409   Weltliches Amt Tübingen (1482–1802)
A 409 L   Weltliches Amt Tübingen (1512–1806)
A 409 Si   Weltliches Amt Tübingen (1569–) 1612–1808, (1836)
C 3   Reichskammergericht

E 11	Königliches Kabinett I: Ministerium des Kirchen- und Schulwesens (1803–1884)
E 31	Geheimer Rat I (1816–1884, Vorakten ab 1587)
E 200	Ministerium des Kirchen- und Schulwesens/Kultministerium (1806–1945, Vorakten ab 1765)
E 221 I	Finanzministerium I (1806–1891, Vorakten ab 1718)
H 14	Diplomatare
L 6	Materienregistratur (1361–) 1534–1819 (–1844)

Württembergische Landesbibliothek (WLB)

Cod. hist. 8° 218	Stammbuch Johann Michael Weckherlin (17. Jh.)
Cod. hist. 2° 645	Akten betreffend die Universität Tübingen (17.–19. Jh.)
Cod. hist. 2° 888	Wappen-Collection
Cod. hist. 2° 889	Stamm-, Wappen- und Handschriftenbuch
Cod. hist. 2° 912	Württembergische Gelehrte: Bildnisse, Handschriften und Wappen

Tübingen
Stadtarchiv (StAT)

A 10	Stadturkunden (1415–1811)
A 20	Stadtbände vor 1806 (1388–1858)
A 30	Akten von Stadt und Amt Tübingen vor 1806 (1557–1858)
A 70	Registratur von 1857 (1806–1900)
A 84	Beilagen zu den gebundenen Inventuren und Teilungen (1750–1827)
A 86	Inventuren von Exemten (1829–1866)
A 540	Ordnungsamt: Gaststättenakten (19./20. Jh.)
D 30	Karten und Pläne (seit 1592)
D 150	Fotosammlung
D 160	Fotografien von Paul Sinner (1838–1925)
E 101	Inventuren und Teilungen von Universitätsverwandten (1525–1827)
E 105	Pflegrechnungen von Universitätsverwandten (1691–1799)
E 200	Nachlass Reinhold Rau (1896–1971)
E 201	Tübinger Familienbuch von Reinhold Rau

Stadtmuseum (StMT)

| Stb 10430 | Stammbuch Franz Daniel Fischer (1779–1783) |

Universitätsarchiv (UAT)

1/8	Konkordienformel 1580 (1582–1781)
2/5–2/6	Senatsprotokolle Bd. V–VI (1596–1605)
2/10–2/17	Senatsprotokolle Bd. X–XVII (1612–1633)
3/2–3/5	Senatsprotokolle Bd. XXI–XXIV (1638–1659)
3/8–3/10	Senatsprotokolle Bd. XXVII–XXIX (1665–1675)
3/16	Senatsprotokolle Bd. XXXV (1687–1690)
4/1	Senatsprotokolle Bd. XXXVIII (1695–1698)
4/3–4/6	Senatsprotokolle Bd. XL–XLIII (1701–1720)
4/10	Senatsprotokolle Bd. XLVII (1734–1736)
5/2	Consistorii academici Protocollum Fasz. VI (1616–1626)
5/4	Kollektaneen David Magiurs (1601–1603)
5/6	Schenkungen und Käufe Bd. II (1708–1830)
5/7	Verwaltung (1592–1830)
5/15	Liber insinuationis contractuum (1561–1603)
5/16–5/17	Contractenbuch Bd. I/II (1653–1676, 1705–1722)
5/21	Intimationes (1568–1598)

Universitätsbibliothek, Abteilung Handschriften/Alte Drucke (UBT)

Md 24	Federico Grisone: Hippokomike (Abschrift) (Ende 16. Jh.)
Mh 241	Johann Wolfgang Hauff: Bericht über das Geistliche Gut (1756)
Mh 278	Christian Friedrich Hochstetter: Beschreibung des Geistlichen Guts in Württemberg und dessen Verwaltung durch den Kirchenrat, 2 Bde., (1744)
Mh 446-3	Reuss, Jeremias David: *Catalogus Bibliothecae Universitatis Tubingensis Chronologicus* (1778) und *Catalogus Bibliothecae Collegii Illustris Tubingensis* (1750) (1778/1782)
Mh 538	Württembergische Akten und Kollektaneen ([1567, 1571], 1606–1607, 1611–1616, 1701)
Mh 577	Verzeichnis der Kanzleiverwandten, Hofbeamten und anderen Diener des württembergischen Hofes (16.–18. Jh.) (1616, 1641)
Mh 627	Besoldung des Oberhofmeisters des Collegium Illustre durch den Kirchenrat (1796–1798) (Abschrift) (um 1800)
Mh 770	Stammbuch Samuel Stephani (1606–1627)
Mh 772	Karl August Bernhard Hochstetter: Kollektaneen und Notizen über die Tübinger und die von Tübingen ausgegangenen Professoren seit Gründung der Universität bis um 1865, 20 Bde., (um 1865)
Mh 825	Johann Christoph Sturm: Denkschrift zur Einführung der Mathematik in den unteren Klassen der Schulen und Gymnasien (1687)
Mh 847a	Friedrich Kümmerle: Auszüge aus Tübinger Ehebüchern (1773–1785)
Mh 853	Inventar über die sich im herzoglichen kleinen Theater in Stuttgart befindlichen Kleider, Möbel und Requisiten (Georgii 1795)
Mh 863b	Stammbuch Friedrich David Textor (1771–1774)
Mh 868	Stammbuch Johann Gottfried Württemberger (1770–1782)
Mh 940	Liste der Unterzeichner der Konkordienformel unter den Tübinger Professoren aller Fakultäten (1582–1776) (Abschrift) (1880, März)
Mh 946	Tübinger Bürgerbuch (17./18. Jh.) (Abschrift) (um 1880)
Mh 959	Paul Gehring: Namensregister zum Stammbuch des Tübinger Fechtmeisters Conrad Jacob und Notizen zu anderen Stammbüchern der Weimarer Herzogin Anna Amalia Bibliothek mit Tübinger Bezug (Abschrift) (1923)
Mh 964	Stammbuch Johann Karl Eberhard von Zech (1766–1792)
Mh 967	Stammbuch Johann Christoph Kaiser (1609–1612)
Mh 973	Stammbuch Christian Conrad Abel (1766–1770)
Mh 1016	Stammbuch Johann Ferdinand Gaum (1754–1763)
Mh 1026	Stammbuch Johann Christian Mayer (1779–1782)
Mh 1041	Stammbuch Johann Ludwig Christoph Mieg (1753–1760)
Mh 1044	Stammbuch Friedrich Ernst Perrenon (1769–1773, 1785, 1840, 1884)

Weimar
Herzogin Anna Amalia Bibliothek (HAAB)

Stb 151	Stammbuch Conrad Jacob (1654–1672)

2. Gedruckte Quellen und Literatur

[ANONYM]: Von der Universität um 1734. In: Tübinger Blätter 17 (1924), S. 46–51.

ABEL, Heinrich Caspar: Wohlerfahrener Leib-Medicus der Studenten, Leipzig 1699.

ABERT, Hermann: Die dramatische Musik. In: Albert von PFISTER (Red.): Herzog Karl Eugen von Württemberg und seine Zeit. Hg. vom Württembergischen Geschichts- und Altertums-verein. Bd. 1, Esslingen 1907, S. 557–611.

ADAM, Albert Eugen (Bearb.): Württembergische Landtagsakten. Unter Herzog Friedrich I. II. Reihe. Bd. 1: 1593–1598. Hg. von der Württembergischen Kommission für Landesgeschichte, Stuttgart 1910.

DERS. (Bearb.): Württembergische Landtagsakten. Unter Herzog Friedrich I. II. Reihe. Bd. 2: 1599–1608. Hg. von der Württembergischen Kommission für Landesgeschichte, Stuttgart 1911.

DERS. (Bearb.): Württembergische Landtagsakten. Unter Herzog Johann Friedrich. II. Reihe. Bd. 3: 1608–1620. Hg. von der Württembergischen Kommission für Landesgeschichte, Stuttgart 1919.

DERS.: Herzog Friedrich I. von Württemberg und die Landschaft. In: Württembergische Viertel-jahrshefte für Landesgeschichte 25 (1916), S. 210–229.

ADELUNG, Johann Christoph/ROTERMUND, Heinrich Wilhelm: Fortsetzung und Ergaenzungen zu Christian Gottlieb Joechers allgemeinem Gelehrten-Lexico [sic!], worin die Schriftsteller aller Staende nach ihren vornehmsten Lebensumstaenden und Schriften beschrieben werden. 7 Bde., Leipzig 1784–1897.

AEHLE, Wilhelm: Die Anfänge des Unterrichts in der englischen Sprache, besonders auf den Ritterakademien, Hamburg 1938.

AHRENS, Sabine (Hg.): Die Lehrkräfte der Universität Helmstedt (1576–1810), Helmstedt 2004.

Akademischer Address-Kalender auf das Jahr 1767 u. 68 worinnen nebst andern wichtigen Nachrichten die Namen und Aemter aller jetzt lebenden Lehrer der Akademien in und aus-erhalb Teutschland befindlich, Erlangen 1766.

ALEMBERT, Jean le Rond d'/DIDEROT, Denis: L'encyclopédie de Diderot et d'Alembert ou dic-tionnaire raisonné des sciences, des arts et des métiers. [...]. 17 Bde. 11 Tafelbde., Paris 1751–1772.

ALVERMANN, Dirk/SPIESS, Karl-Heinz (Hgg.): Universität und Gesellschaft. Festschrift zur 550-Jahrfeier der Universität Greifswald. 2 Bde., Rostock 2006.

ALVERMANN, Dirk: Greifswalder Universitätsreformen 1648–1815. In: DERS. (Hg.): Die Univer-sität Greifswald in der Bildungslandschaft des Ostseeraums, Münster/Berlin 2007, S. 69–104.

ANDERMANN, Kurt/LORENZ, Sönke (Hgg.): Zwischen Stagnation und Innovation. Landsässiger Adel und Reichsritterschaft im 17. und 18. Jahrhundert. Drittes Symposion „Adel, Ritter, Rit-terschaft vom Hochmittelalter bis zum modernen Verfassungsstaat" 20.–21. Mai 2004 Schloß Weitenburg, Ostfildern 2005.

ANGLO, Sydney: The martial arts of Renaissance Europe, New Haven/London 2000.

Anzeige der Vorlesungen, welche in diesem akademischen Jahre vom 8. November 1784 bis zu Ende des Septembers 1785 auf hiesiger hohen Schule werden gehalten werden, Heidelberg [1784].

Die Archivpflege in den Kreisen und Gemeinden. Hg. von der Württembergischen Archivdi-rektion und dem Staatsarchiv Sigmaringen, Stuttgart 1952.

ARISTOTELES: Politik. Übersetzt und mit erklärenden Anmerkungen versehen von Eugen ROLFES. Mit einer Einleitung von Günther BIEN. 4. Aufl., Hamburg 1981.

ARNIM, Max (Bearb.): Corpus Academicum Gottingense (1737–1928) nebst Verzeichnis der Preisträger der Georgia Augusta (1753–1928), Göttingen 1930.

ASCH, Ronald G.: Bürgertum, Universität und Adel. Eine württembergische Kontroverse des Späthumanismus. In: Klaus GARBER (Hg.): Stadt und Literatur im deutschen Sprachraum der Frühen Neuzeit. Bd. 1, Tübingen 1998, S. 384–410.

DERS.: Europäischer Adel in der Frühen Neuzeit. Eine Einführung, Köln u.a. 2008.

DERS.: Rearistokratisierung statt Krise der Aristokratie? Neuere Forschungen zur Geschichte des Adels im 16. und 17. Jahrhundert. In: Geschichte und Gesellschaft 30 (2004), S. 144–154.

DERS.: Ständische Stellung und Selbstverständnis des Adels im 17. und 18. Jahrhundert. In: DERS. (Hg.): Der europäische Adel im Ancien Régime. Von der Krise der ständischen Monarchien bis zur Revolution (ca. 1600–1789), Köln u.a. 2001, S. 4–45.

ASCHE, Matthias/GERBER, Stefan: Neuzeitliche Universitätsgeschichte in Deutschland. Entwicklungslinien und Forschungsfelder. In: Archiv für Kulturgeschichte 90 (2008), S. 160–201.

ASCHE, Matthias: Glaubensflüchtlinge und Kulturtransfer – Perspektiven für die Forschung aus der Sicht der sozialhistorischen Migrations- und der vergleichenden Minderheitenforschung. In: Michael NORTH (Hg.): Kultureller Austausch. Bilanz und Perspektiven der Frühneuzeitforschung, Köln u.a. 2009, S. 89–114.

DERS.: Hugenotten in Europa seit dem 16. Jahrhundert. In: Klaus J. BADE/Pieter C. EMMER/ Leo LUCASSEN u.a. (Hgg.): Enzyklopädie Migration in Europa. Vom 17. Jahrhundert bis zur Gegenwart. 2. Aufl., Paderborn u.a. 2008, S. 635–643.

DERS.: Hugenotten und Waldenser in Württemberg. Immigration – Privilegien – Kirchenwesen – Identität – Integration. Ein Vergleich. In: Blätter für württembergische Kirchengeschichte 110 (2010), S. 81–135.

DERS.: Kollegien, Kompetenz und Kostenkalkül. Jesuitische Erfolgsrezepte an Universitäten im Konfessionellen Zeitalter. In: Historisches Jahrbuch 133 (2013), S. 57–75.

DERS.: Krieg, Militär und Migration in der Frühen Neuzeit. Einleitende Beobachtungen zum Verhältnis von horizontaler und vertikaler Mobilität in der kriegsgeprägten Gesellschaft Alteuropas im 17. Jahrhundert. In: DERS./Michael HERRMANN/Ulrike LUDWIG u.a. (Hgg.): Krieg, Militär und Migration in der Frühen Neuzeit, Berlin 2008, S. 11–36.

DERS.: Peregrinatio academica in Europa im Konfessionellen Zeitalter. Bestandsaufnahme eines unübersichtlichen Forschungsfeldes und Versuch einer Interpretation unter migrationsgeschichtlichen Aspekten. In: Jahrbuch für Europäische Geschichte 6 (2005), S. 3–33.

DERS.: Von der reichen hansischen Bürgeruniversität zur armen mecklenburgischen Landeshochschule. Das regionale und soziale Besucherprofil der Universitäten Rostock und Bützow in der Frühen Neuzeit (1500–1800). 2. Aufl., Stuttgart 2010.

DERS.: Waldenser in Mitteleuropa seit der Frühen Neuzeit. In: Klaus J. BADE/Pieter C. EMMER/ Leo LUCASSEN u.a. (Hgg.): Enzyklopädie Migration in Europa. Vom 17. Jahrhundert bis zur Gegenwart. 2. Aufl., Paderborn u.a. 2008, S. 1087–1090.

AUBIN, Hermann/ZORN, Wolfgang (Hgg.): Handbuch der deutschen Wirtschafts- und Sozialgeschichte. Bd. 1, Stuttgart 1971.

AUSTERMÜHLE, Theo: Das Institut für Sportwissenschaft. In: Hermann-Josef RUPIEPER (Hg.): Beiträge zur Geschichte der Martin-Luther-Universität Halle-Wittenberg 1502–2002, Halle 2002, S. 192 f.

BABEL, Rainer/PARAVICINI, Werner (Hgg.): Grand Tour. Adeliges Reisen und europäische Kultur vom 14. bis zum 18. Jahrhundert. Akten der internationalen Kolloquien in der Villa Vigoni 1999 und im Deutschen Historischen Institut Paris 2000, Ostfildern 2005.

BADE, Klaus J.: Europa in Bewegung. Migration vom späten 18. Jahrhundert bis zur Gegenwart, München 2002.

DERS.: Historische Migrationsforschung. In: Michael BOMMES/Jochen OLTMER (Hgg.): Sozialhistorische Migrationsforschung, Göttingen 2004, S. 27–48.

BAIER, Johann Jacob: Ausfuehrliche Nachricht Von der Nuernbergischen Universitaet-Stadt Altdorff [...]. 2. Aufl., Nürnberg 1717.

BANKL, Sigmund: Der studentische Zweikampf an der Alma Mater Rudolphina 1365–1848. In: Beiträge zur deutschen Studentengeschichte 10/1 (1977), o. Pag.

BARDET, Bernard: „Dumanoir (les)". In: Marcelle BENOIT (Hg.): Dictionnaire de la musique en France aux XVIIe et XVIIIe siècles, Paris 1992, S. 251 f.

BARNEWITZ, Hans W.: Aus dem Bützower Studentenleben (1760–1789). In: Mecklenburgische Monatshefte 6 (1930), S. 65–69.

BARTUSEK, Christoph: „Vingt-quatre violons du Roy". In: Stefan DREES (Hg.): Lexikon der Violine. Baugeschichte, Spielpraxis, Komponisten und ihre Werke, Interpreten, Laaber 2004, S. 694 f.

BASCHE, Arnim: Geschichte des Pferdes, Künzelsau 1999.

BASSEWITZ, Susanne von: Stereotypen und Massenmedien: Zum Deutschlandbild in französischen Tageszeitungen, Wiesbaden 1990.

BÁTORI, Ingrid: Soziale Schichtung und soziale Mobilität in der Gesellschaft Alteuropas: Methodische und theoretische Probleme. In: Ilja MIECK (Hg.): Soziale Schichtung und soziale Mobilität in der Gesellschaft Alteuropas. Protokoll eines internationalen Expertengesprächs im Hause der Historischen Kommission zu Berlin 1.–2. November 1982, Berlin 1984, S. 8–28.

BATZ, August Friedrich: Beschreibung der Hohen Karls-Schule zu Stuttgart, Stuttgart 1783.

BAUER, Joachim/KLINGER, Andreas/SCHMIDT, Alexander u.a. (Hgg.): Die Universität Jena in der Frühen Neuzeit, Heidelberg 2008.

BAUER, Sonja-Maria: „... den Lustre und Aufnahm der Universität zu befördern". Herzog Carl Eugen von Württemberg und die Universität Tübingen im 18. Jahrhundert. In: Bausteine zur Tübinger Universitätsgeschichte 8 (1997), S. 23–36.

BAUMGARTEN, Siegmund Jacob (Hg.): Nachrichten von einer hallischen Bibliothek. 8 Bde., Halle 1748–1751.

BAUMSTARK, Eduard: Die Universität Greifswald vor hundert und vor fünfzig Jahren. Akademische Festschrift zur Feier der fünfzigjährigen Angehörigkeit Neuvorpommerns und Rügens zum Königreich Preussen, Greifswald 1866.

BAUR, Ludwig: Der städtische Haushalt Tübingens vom Jahr 1750 bis auf unsere Zeit, Tübingen 1863.

BEBERMEYER, Gustav: „Flayder, Friedrich Hermann". In: Neue Deutsche Biographie 5 (1961), S. 225 f.

BECKER, Monika: Familiar Dialogues in Englyssh and Frenche. Sprachliche Interaktion und ihre Vermittlung in der frühen Neuzeit, Trier 2003.

BECKER, Wilhelm Martin: Studentische Leibesübungen vor 300 Jahren. In: Der Hochschulsport 35–36 (1926), S. 333–335.

BEETZ, Manfred: Frühmoderne Höflichkeit. Komplimentierkunst und Gesellschaftsrituale im altdeutschen Sprachraum, Stuttgart 1990.

BEGOV, Franz: Historische Sportstätten in Tübingen. In: Tübinger Blätter 88 (2001–2002), S. 138–142.

DERS.: Sportgeschichte der frühen Neuzeit. In: Horst UEBERHORST (Hg.): Geschichte der Leibesübungen. Bd. 3/1, Berlin u.a. 1980, S. 145–164.

DERS.: Wer sich fein recht tut üben – den tut der Schlaf wohl lieben. Bilder und Texte zur Geschichte von Körperübung, Spiel und Sport, Tübingen 2007.

BEHR, Samuel Rudolph: Maitre de Dance, Wohlgegruendete Tantz-Kunst [...]. 3. Aufl., Leipzig 1709. Digitalisat der Universitäts- und Landesbibliothek Sachsen-Anhalt Halle (Saale): http://nbn-resolving.org/urn:nbn:de:gbv:3:1-194149 (02.05.2015).

BEHRENS, Dietrich: Zur Geschichte des neusprachlichen Unterrichts an der Universität Gießen. Sonderabdruck, Gießen 1907.

BEHRINGER, Wolfgang: Fugger als Sportartikelhändler. Auf dem Weg zu einer Sportgeschichte der Frühen Neuzeit. In: Wolfgang E. J. WEBER/Regina DAUSER (Hgg.): Faszinierende Frühneuzeit. Reich, Frieden, Kultur und Kommunikation 1500–1800. Festschrift für Johannes Burkhardt zum 65. Geburtstag, Berlin 2008, S. 115–134.

DERS.: Kulturgeschichte des Sports. Vom antiken Olympia bis zur Gegenwart, München 2012.

BELLENGER, Yvonne: La Pléiade. La poésie en France autour de Ronsard, Paris 1988.

BENDER, Eva: Die Prinzenreise. Bildungsaufenthalt und Kavalierstour im höfischen Kontext gegen Ende des 17. Jahrhunderts, Berlin 2011.

BENTZEL, Anselm Franz von: Neue Verfassung der verbesserten hohen Schule zu Mainz, [Mainz] 1784.

BERGA, Wolfgang Ernst von: Gantz Neu-erfundene und durch langwiehrige Erfahrung mit grossem Nutzen practicirte Reit-Kunst, Allen Liebhabern der Reuterey auffrichtig entdecket und an Tag gegeben [...], Tübingen 1725.

BERGER, Ute Christine: Die Feste des Herzogs Carl Eugen von Württemberg, Tübingen 1997.

BERNER, Hans: Verdrängung und Verfolgung aus religiösen Gründen. In: In der Fremde. Mobilität und Migration seit der Frühen Neuzeit. Ausstellungskatalog zur Ausstellung „In der Fremde – Mobilität und Migration seit der Frühen Neuzeit" im Historischen Museum Basel, Barfüsserkirche 23. September 2010–27. März 2011. Hg. vom Historischen Museum Basel, Basel 2010, S. 33–36.

BERNHARDT, Kirsten/KRUG-RICHTER, Barbara/MOHRMANN, Ruth-Elisabeth (Hgg.): Gastlichkeit und Geselligkeit im akademischen Milieu in der Frühen Neuzeit, Münster u.a. 2013.

BERNS, Jörg Jochen: Peregrinatio academica und Kavalierstour. Bildungsreisen junger Deutscher in der Frühen Neuzeit. In: Conrad WIEDEMANN (Hg.): Rom – Paris – London. Erfahrung und Selbsterfahrung deutscher Schriftsteller und Künstler in den fremden Metropolen. Ein Symposion, Stuttgart 1988, S. 155–181.

BETZ, Mechthild: Vom „Ballhaus" zur „schwäbischen Gemütlichkeit". 200 Jahre Wurstküche. In: Tübinger Blätter 84 (1997–1998), S. 105–111.

BEUKE, Arnold: „In guter Zier und Kurtzweil bey der Naßen angetastet". Aspekte des Konfliktaustrags in der Frühen Neuzeit. In: Barbara KRUG-RICHTER/Ruth-Elisabeth MOHRMANN (Hgg.): Praktiken des Konfliktaustrags in der Frühen Neuzeit, Münster 2004, S. 119–155.

BIBRA, Sigmund Freiherr von (Hg.): Journal von und fuer Deutschland 2 (1785) 5. St., Fulda 1785.

BIENER, Hans: Studenten hoch zu Roß. Das Universitäts-Reit-Institut zu Tübingen. In: Tübinger Blätter 79 (1992–1993), S. 26 f.

BILLACOIS, François: La crise de la noblesse européenne (1550–1650). Une mise au point. In: Revue d'histoire moderne et contemporaine 23 (1976), S. 258–277.

BIRNSTIEL, Eckart: Les réfugiés huguenots en Allemagne au XVIIIe siècle. In: Jean MONDOT/Jean-Marie VALENTIN/Jürgen VOSS (Hgg.): Deutsche in Frankreich. Franzosen in Deutschland 1715–1789. Institutionelle Verbindungen, soziale Gruppen, Stätten des Austausches, Sigmaringen 1992, S. 73–87.

BITTON, Davis: The french nobility in crisis. 1560–1640, Stanford 1969.

BLAU, Karl Friedrich: Geschichte der Königlichen Ritter-Akademie zu Liegnitz im Zeitalter Friedrichs des Großen, Liegnitz 1840.

BLEECK, Klaus/GARBER, Jörn: Nobilitas: Standes- und Privilegienlegitimation in deutschen Adelstheorien des 16. und 17. Jahrhunderts. In: Elger BLÜHM/Jörn GARBER/Klaus GARBER (Hgg.): Hof, Staat und Gesellschaft in der Literatur des 17. Jahrhunderts, Amsterdam 1982, S. 49–114.

BLEECK, Klaus: Nobilitas erudita. Adelserziehung auf deutschen Ritterakademien, dargestellt am Beispiel der Lüneburger Adelsschulen (1655–1850). 2 Bde., Frankfurt (Main) u.a. 1977.

BLOMAC, Nicole de: Équitation de cour, équitation de guerre. In: Daniel ROCHE/Jean-Pierre BABELON/Daniel REYTIER (Hgg.): Les écuries royales du XVIe au XVIIIe siècle, Paris 1998, S. 203–211.

BLUSCH, Jürgen/HELD, Irma/GRÄSSEL, Susanne: „Gregorius, Franziskus de". In: Herbert Ernst BREKLE (Hg.): Bio-bibliographisches Handbuch zur Sprachwissenschaft 3 (1994), S. 319–320.

BOCHMANN, Klaus: Romanistik. In: Ulrich von HEHL/Uwe JOHN/Manfred RUDERSDORF (Hgg.): Geschichte der Universität Leipzig 1409–2009. Bd. 4/1: Fakultäten, Institute, Zentrale Einrichtungen, Leipzig 2009, S. 632–655.

BOCK, Heike: Konversion: Motive, Argumente und Normen. Zur Selbstdarstellung von Proselyten in Zürcher Bittschriften des 17. und 18. Jahrhunderts. In: Thomas KAUFMANN/Anselm SCHUBERT/Kaspar von GREYERZ (Hgg.): Frühneuzeitliche Konfessionskulturen. 1. Nachwuchstagung des VRG Wittenberg 30. September–2. Oktober 2004, Göttingen 2008, S. 153–174.

BODEMER, Heidemarie: Das Fechtbuch. Untersuchungen zur Entwicklungsgeschichte der bild-künstlerischen Darstellung der Fechtkunst in den Fechtbüchern des mediterranen und west-europäischen Raumes vom Mittelalter bis Ende des 18. Jahrhunderts, [Stuttgart] 2008.

BOEHM, Laetitia: Artes mechanicae und artes liberales im Mittelalter. Die praktischen Künste zwischen illiterater Bildungstradition und schriftlicher Wissenschaftskultur. In: Gert MEL-VILLE/Rainer A. MÜLLER/Winfried MÜLLER (Hgg.): Geschichtsdenken, Bildungsgeschichte, Wissenschaftsorganisation. Ausgewählte Aufsätze von Laetitia Boehm anläßlich ihres 65. Geburtstages, Berlin 1996, S. 493–516.

DIES.: Konservatismus und Modernität in der Regentenerziehung an deutschen Höfen im 15. und 16. Jahrhundert. In: Wolfgang REINHARD (Hg.): Humanismus im Bildungswesen des 15. und 16. Jahrhunderts, Weinheim 1984, S. 61–93.

DIES.: Technische Bildung von den Anfängen bis zur frühen Neuzeit. In: Gert MELVILLE/Rainer A. MÜLLER/Winfried MÜLLER (Hgg.): Geschichtsdenken, Bildungsgeschichte, Wissenschafts-organisation. Ausgewählte Aufsätze von Laetitia Boehm anläßlich ihres 65. Geburtstages, Berlin 1996, S. 447–492.

BÖHME, Ernst/VIERHAUS, Rudolf: Göttingen. Geschichte einer Universitätsstadt. Bd. 2: Vom Dreißigjährigen Krieg bis zum Anschluss an Preußen – Der Wiederaufstieg als Universitäts-stadt (1648–1866), Göttingen 2002.

BOHUS, Julius: Sportgeschichte. Gesellschaft und Sport von Mykene bis heute, München u.a. 1986.

BÖK, August Friedrich: Geschichte der herzoglich Wuertenbergischen Eberhard Carls Univer-sitaet zu Tuebingen im Grundrisse, Tübingen 1774.

BONHOMME, Guy: De la paume au tennis, Paris 1991.

BONJOUR, Edgar: Die Universität Basel von den Anfängen bis zur Gegenwart 1460–1960, Basel 1960.

BORKOWSKY, Ernst: Das alte Jena und seine Universität. Eine Jubiläumsgabe zur Universitäts-feier, Jena 1908.

BORN, Gernot/KOPATSCHEK, Frank: Die alte Universität Duisburg 1655–1818, Duisburg 1992.

BOSSE, Heinrich: Studentenliteratur. In: Ulrich RASCHE (Hg.): Quellen zur frühneuzeitlichen Universitätsgeschichte. Typen, Bestände, Forschungsperspektiven, Wiesbaden 2011, S. 453–484.

BOUTIER, Jean: Le Grand Tour des gentilshommes et les académies d'éducation pour la noblesse. In: Rainer BABEL/Werner PARAVICINI (Hgg.): Grand Tour. Adeliges Reisen und europäische Kultur vom 14. bis zum 18. Jahrhundert. Akten der Internationalen Kolloquien in der Villa Vigoni 1999 und im Deutschen Historischen Institut Paris 2000, Ostfildern 2005, S. 237–253.

BOUVARD, André/MARCHAND, Éliane/TURLOTTE, Michel: Les Montbéliardais à l'Académie ca-roline de Stuttgart (1770–1794). In: Bulletin de la Société d'Émulation de Montbéliard 132 (2009), S. 167–212.

BRAUN, Guido/LACHENICHT, Susanne (Hgg.): Hugenotten und deutsche Territorialstaaten. Im-migrationspolitik und Integrationsprozesse. Les États allemands et les huguenots. Politique d'immigration et processus d'intégration, München 2007.

BRAUN, Tina/LIERMANN, Elke: Feinde, Freunde, Zechkumpane. Freiburger Studentenkultur in der Frühen Neuzeit, Münster u.a. 2007.

BRAUN, Tina: Musik und Tanz in der studentischen Freizeitkultur der Frühen Neuzeit. Die Uni-versität Freiburg im 16. und frühen 17. Jahrhundert. In: Barbara KRUG-RICHTER/Ruth-Elisa-beth MOHRMANN (Hgg.): Frühneuzeitliche Universitätskulturen. Kulturhistorische Perspek-tiven auf die Hochschulen in Europa, Köln u.a. 2009, S. 119–134.

BRECHT, Martin/EHMER, Hermann: Südwestdeutsche Reformationsgeschichte. Zur Einführung der Reformation im Herzogtum Württemberg 1534, Stuttgart 1984.

BREKLE, Herbert Ernst (Hg.): Bio-bibliographisches Handbuch zur Sprachwissenschaft des 18. Jahrhunderts. Die Grammatiker, Lexikographen und Sprachtheoretiker des deutschsprachi-gen Raums mit Beschreibung ihrer Werke. 8 Bde., Tübingen 1992–2005.

DERS./HÖLLER, Hans Jürgen: „Roux, François". In: DERS. (Hg.): Bio-bibliographisches Handbuch zur Sprachwissenschaft 7 (2001), S. 245–254.

DIESS.: „Roux, Heinrich Friedrich". In: DERS. (Hg.): Bio-bibliographisches Handbuch zur Sprachwissenschaft 7 (2001), S. 254–256.

BREUER, Emil: Zur Baugeschichte der Universität. In: Tübinger Blätter 46 (1959), S. 51–56.

BRIESEMEISTER, Dietrich: Kaspar von Barth (1587–1658) und die Frühgeschichte der Hispanistik in Deutschland. In: Alberto MARTINO (Hg.): Beiträge zur Aufnahme der italienischen und spanischen Literatur in Deutschland im 16. und 17. Jahrhundert, Amsterdam/Atlanta 1990, S. 257–288.

DERS.: Sprachmeister und Lektoren im Vorlesungsangebot für die neueren Fremdsprachen an der Universität Jena (1750–1830). In: Thomas BACH/Jonas MAATSCH/Ulrich RASCHE (Hgg.): ‚Gelehrte' Wissenschaft. Das Vorlesungsprogramm der Universität Jena um 1800, Stuttgart 2008, S. 265–282.

BRINKMANN, Jens-Uwe (Red.): Göttingen im 18. Jahrhundert. Eine Stadt verändert ihr Gesicht. Texte und Materialien zur Ausstellung im Städtischen Museum und im Stadtarchiv Göttingen 26. April–30. August 1987, Göttingen 1987.

BRUCHMÜLLER, Wilhelm: Der Leipziger Student 1409–1909, Leipzig 1909.

BRÜDERMANN, Stefan: Göttinger Studenten und akademische Gerichtsbarkeit, Göttingen 1990.

DERS.: Streitlustige Einwohner – Studenten in der Universitätsstadt des 18. Jahrhunderts. In: Ulrich KNEFELKAMP (Hg.): Universität und Stadt. Ringvorlesung zum 500. Jubiläum der Europa-Universität Viadrina Frankfurt (Oder), Schöneiche bei Berlin 2007, S. 39–79.

BRUNNER, Otto: Adeliges Landleben und europäischer Geist. Leben und Werk Wolf Helmhards von Hohberg 1612–1688, Salzburg 1949.

DERS.: Sozialgeschichte Europas im Mittelalter, Göttingen 1978.

BRÜSER, Joachim: Herzog Karl Alexander von Württemberg und die Landschaft (1733 bis 1737). Katholische Konfession, Kaisertreue und Absolutismus, Stuttgart 2010.

BRUZZONE, Barbara: Fremdsprachen in der Adelserziehung des 17. Jahrhunderts: Die Sprachbücher von Juan Angel de Sumarán. In: Helmut GLÜCK (Hg.): Die Volkssprachen als Lerngegenstand im Mittelalter und in der frühen Neuzeit, Berlin/New York 2002, S. 37–45.

BUCK, August: „Arma et litterae" – „Waffen und Bildung". Zur Geschichte eines Topos, Stuttgart 1992.

DERS.: Baldassare Castigliones ‚Libro del Cortegiano'. In: DERS. (Hg.): Höfischer Humanismus, Weinheim 1989, S. 5–16.

DERS.: Die humanistischen Akademien in Italien. In: Fritz HARTMANN/Rudolf VIERHAUS (Hgg.): Der Akademiegedanke im 17. und 18. Jahrhundert, Bremen/Wolfenbüttel 1977, S. 11–25.

BUMKE, Joachim: „Kultur und Gesellschaft, höfische". In: Lexikon des Mittelalters 5 (1991), Sp. 1565–1568.

DERS.: Höfische Kultur. Literatur und Gesellschaft im hohen Mittelalter. 2 Bde., München 1986.

BÜRCK, Conrad Friedrich: Wuerttembergisches vollstaendiges Titulatur-Buch, Teutsch und Franzoesisch, Nach dem Buerckischen Adreß-Calender [...], Stuttgart 1753.

BURGHARTZ, Susanna: Historische Anthropologie/Mikrogeschichte. In: Joachim EIBACH/Günther LOTTES (Hgg.): Kompass der Geschichtswissenschaft. Ein Handbuch, Göttingen 2002, S. 206–218.

BÜRK, Albert/WILLE, Wilhelm (Bearb.): Die Matrikeln der Universität Tübingen. Bd. 2: 1600–1710. Hg. in Verbindung mit der Württembergischen Kommission für Landesgeschichte von der Universitätsbibliothek Tübingen, Tübingen 1953.

DIESS. (Bearb.): Die Matrikeln der Universität Tübingen. Bd. 3: 1710–1817. Hg. in Verbindung mit der Württembergischen Kommission für Landesgeschichte von der Universitätsbibliothek Tübingen, Tübingen 1953.

BURKE, Peter: Die Geschicke des „Hofmann". Zur Wirkung eines Renaissance-Breviers über angemessenes Verhalten. Übersetzt von Ebba D. DROLSHAGEN, Berlin 1996.

DERS.: Eleganz und Haltung. Die Vielfalt der Kulturgeschichte. Über Selbstbeherrschung, Schabernack, Zensur, den Karneval in Rio und andere menschliche Gewohnheiten, Berlin 1998.

DERS.: Wörter machen Leute. Gesellschaft und Sprachen im Europa der Frühen Neuzeit, Berlin 2006.

BURKHARDT, Felix: Der Traubenwirt kämpft um sein Billard. In: Heimatkundliche Blätter für den Kreis Tübingen 42 (1970), S. 4.

BUSCH-SALMEN, Gabriele/WALTHER, Gerrit: „Tanz". In: Enzyklopädie der Neuzeit 13 (2011), Sp. 259–266.

BUSS, Wolfgang (Hg.): Von den ritterlichen Exercitien zur modernen Bewegungskultur. 250 Jahre Leibesübungen und Sport an der Universität Göttingen, Duderstadt 1989.

BUSSCHE, Albrecht von dem: Die Ritterakademie zu Brandenburg, Frankfurt (Main) 1989.

CALVERAS, Iosephus/DALMASES, Candidus de (Hgg.): Sancti Ignatii de Loyola Exercitia Spiritualia. Textuum antiquissimorum nova editio lexicon textus hispani, Rom 1969.

CAMERER, Johann Wilhelm (Hg.): Beitraege zur Geschichte des Stuttgarter Gymnasiums, Stuttgart 1834.

CAMERER, Ludwig Wilhelm/CAMERER, Johann Friedrich Wilhelm: Geschichte der Tübinger Familie Camerer von 1503 bis 1903, Stuttgart 1903.

CANTOR, Moritz: „Pfleiderer, Christoph Friedrich von". In: Allgemeine Deutsche Biographie (1887), S. 678.

CARAVOLAS, Jean-Antoine: Histoire de la didactique des langues au siècle des Lumières. Précis et anthologie thématique, Montréal/Tübingen 2000.

DERS.: La didactique des langues. Précis d'histoire I 1450–1700, Montréal/Tübingen 1994.

DERS.: Le point sur l'histoire de l'enseignement des langues (~ 3000–1950), Anjou 1995.

CARL, Horst/FELSCHOW, Eva-Marie/REULECKE, Jürgen u.a. (Hgg.): Panorama 400 Jahre Universität Giessen. Akteure, Schauplätze, Erinnerungskultur, Frankfurt (Main) 2007.

CARL, Horst/LORENZ, Sönke (Hgg.): Gelungene Anpassung? Adelige Antworten auf gesellschaftliche Wandlungsvorgänge vom 14. bis zum 16. Jahrhundert. Zweites Symposion „Adel, Ritter, Reichsritterschaft vom Hochmittelalter bis zum modernen Verfassungsstaat" 24.–25. Mai 2001 Schloß Weitenburg, Ostfildern 2005.

CASTIGLIONE, Baldassare: Der Hofmann des Grafen Baldesar Castiglione. Übersetzt, eingeleitet und erläutert von Albert WESSELSKI. 2 Bde., München/Leipzig 1907.

DERS.: Der Hofmann. Lebensart in der Renaissance. Übersetzt von Albert WESSELSKI. 3. Aufl., Berlin 2008.

CERMAN, Ivo: Habsburgischer Adel und Aufklärung. Bildungsverhalten des Wiener Hofadels im 18. Jahrhundert, Stuttgart 2010.

CHALMERS, Alexander: The general biographical dictionary: containing an historical and critical account of the lives and writings of the most eminent persons in every nation; particularly the british and irish; from the earliest accounts to the present time. 32 Bde., London 1812–1817.

CHORON, Alexandre/FAYOLLE, François Joseph Marie: Dictionnaire historique des musiciens, artistes et amateurs, morts ou vivans, qui se sont illustrés en une partie quelconque de la musique et des arts qui y sont relatifs [...] précédé d'un sommaire de l'histoire de la musique. 2 Bde., Paris 1810.

CHRIST, Herbert: Zur Geschichte des Französischunterrichts und der Französischlehrer. In: Anneliese MANNZMANN (Hg.): Geschichte der Unterrichtsfächer. Bd. 1: Deutsch, Englisch, Französisch, Russisch, Latein, Griechisch, Musik, Kunst, München 1983, S. 94–117.

CLERICI, Gianni: 500 Jahre Tennis. Deutsch bearbeitet von Ulrich KAISER, Berlin u.a. 1979.

CONRAD, Ernst: Die Lehrstühle der Universität Tübingen und ihre Inhaber (1477–1927), Tübingen 1960.

CONRADS, Norbert: Die Gießener Ritterakademieprojekte im Zusammenhang der hessischen Bildungsgeschichte. In: Peter MORAW/Volker PRESS (Hgg.): Academia Gissensis. Beiträge zur älteren Gießener Universitätsgeschichte, Marburg 1982, S. 297–312.

DERS.: Gründung und Bedeutung der Ritterakademie Liegnitz in habsburgischer Zeit 1708–1740. In: Gerhard KASKE/Hubert UNVERRICHT (Hgg.): 300 Jahre Ritterakademie Liegnitz. Bericht über das Symposium in der Bergischen Universität Wuppertal 31. Mai 2008, Hofheim 2009, S. 22–48.

DERS.: Politische und staatsrechtliche Probleme der Kavalierstour. In: Antoni M CZAK/Hans Jürgen TEUTEBERG (Hgg.): Reiseberichte als Quellen europäischer Kulturgeschichte. Aufgaben und Möglichkeiten der historischen Reiseforschung, Wolfenbüttel 1982, S. 45–64.

DERS.: Ritterakademien der Frühen Neuzeit. Bildung als Standesprivileg im 16. und 17. Jahrhundert, Göttingen 1982.

DERS.: Tradition und Modernität im adligen Bildungsprogramm der Frühen Neuzeit. In: Winfried SCHULZE (Hg.): Ständische Gesellschaft und soziale Mobilität, München 1988, S. 389–403.

Constitutiones atque Leges Illustris et magnifici in Tubingensi academia instituti Collegii Ducalis Württembergici, Tübingen 1601.

Constitutiones atque Leges Illustris et magnifici, in Tubingensi academia nuper instituti Collegii Ducalis Wyrtembergici, Tübingen 1597.

CORBIN, Alain/COURTINE, Jean-Jacques/VIGARELLO, Georges (Hgg.): Histoire du corps. Bd. 1: De la Renaissance aux lumières, Paris 2005.

CRAMER, Georg: Die örtliche und die soziale Herkunft der ältesten Tübinger Studenten (1477–1600), Leipzig [1921].

CUENO, Pia F.: Das Reiten als Kriegstechnik, als Sport und als Kunst: die Körpertechnik des Reitens und gesellschaftliche Identität im frühneuzeitlichen Deutschland. In: Rebekka von MALLINCKRODT (Hg.): Bewegtes Leben. Körpertechniken in der Frühen Neuzeit, Wolfenbüttel 2008, S. 167–187.

DADELSEN, Georg von: Zur Geschichte der Tübinger Universitätsmusik. In: Manfred Hermann SCHMID (Hg.): Friedrich Silcher 1789–1860. Studien zu Leben und Nachleben, Stuttgart 1989, S. 32–46.

DAHMS, Sybille (Hg.): Tanz, Stuttgart 2001.

DAVID, François: Refuge huguenot et assimilation: Le cas de la colonie française de Berlin. In: Eckart BIRNSTIEL/Chrystel BERNAT (Hgg.): La diaspora des huguenots. Les réfugiés protestant de France et leur dispersion dans le monde (XVIe–XVIIIe siècles), Paris 2001, S. 75–97.

DEBITSCH, Friedrich: Die staatsbürgerliche Erziehung an den deutschen Ritterakademien, Osterwieck (Harz) 1928.

DECKER-HAUFF, Hansmartin/SETZLER, Wilfried (Hgg.): Die Universität Tübingen von 1477 bis 1977 in Bildern und Dokumenten, Tübingen 1977.

DERS: Kadolf. In: Blätter für württembergische Familienkunde 100 (1942), S. 75.

DEINHARDT, Katja: Stapelstadt des Wissens. Jena als Universitätsstadt zwischen 1770 und 1830, Köln u.a. 2007.

DEISS, Jana/RÜCKERT, Peter: Die Prälaten auf dem Weg zum württembergischen Landstand. In: Peter RÜCKERT (Red.): Landschaft, Land und Leute. Politische Partizipation in Württemberg 1457 bis 2007. Begleitbuch und Katalog zur Ausstellung des Landesarchivs Baden-Württemberg, Hauptstaatsarchiv Stuttgart und des Landtags von Baden-Württemberg. Hg. vom Landesarchiv Baden-Württemberg, Hauptstaatsarchiv Stuttgart, Stuttgart 2007, S. 41–44.

DEMEL, Walter: Der europäische Adel. Vom Mittelalter bis zur Gegenwart, München 2005.

DEUERLEIN, Ernst: Exercitienmeister der Universität im 18. Jahrhundert. In: Erlanger Heimatblätter 40/9 (1957), o. Pag.

Deutsche Encyclopaedie oder Allgemeines Real-Woerterbuch aller Kuenste und Wissenschaften von einer Gesellschaft Gelehrten. 24 Bde., Frankfurt (Main) 1778–1807.

Dictionnaire des musiciens français, Paris 1961.

DIEM, Carl: Weltgeschichte des Sports und der Leibeserziehung, Stuttgart 1960.

DIGARD, Jean-Pierre: Équitation militaire et équitation académique: histoire et enseignements d'un antagonisme pluriséculaire. In: Daniel ROCHE/Daniel REYTIER (Hgg.): Le cheval et la guerre du XVe au XXe siècle, Paris 2002, S. 95–107.

DINGEL, Irene: „Hugenotten". In: Enzyklopädie der Neuzeit 5 (2007), Sp. 658–661.

DINGES, Martin: Neue Kulturgeschichte. In: Joachim EIBACH/Günther LOTTES (Hgg.): Kompass der Geschichtswissenschaft. Ein Handbuch, Göttingen 2002, S. 179–192.

DOBAT, Klaus (Red.): Zur Geschichte der Botanischen Gärten und der Botanik in Tübingen, Tübingen 1988.

DÖCKER, Ulrike: Die Ordnung der bürgerlichen Welt. Verhaltensideale und soziale Praktiken im 19. Jahrhundert, Frankfurt/New York 1994.

DOESER, Thomas: Vom Adelsprivileg zum Volkssport. In: Tübinger Blätter 74 (1987), S. 85 f.

DOLCH, Josef: Lehrplan des Abendlandes. Zweieinhalb Jahrtausende seiner Geschichte. 2. Aufl., Ratingen 1965.

DOLCH, Martin: Das Spiel mit dem Ballon. Entstehung und Ausbreitung eines höfischen Sports der Renaissance. In: Jahresschrift Salzburger Museum Carolino Augusteum 25–26 (1981), S. 143–212.

DÖLEMEYER, Barbara: Aspekte zur Rechtsgeschichte des deutschen Refuge. In: Geschichtsblätter des deutschen Hugenottenvereins e.V. 20/2 (1988), S. 3–42.

DIES.: Die Hugenotten, Stuttgart 2006.

DIES.: Rechtliche Aspekte konfessioneller Migration im frühneuzeitlichen Europa am Beispiel der Hugenottenaufnahme. In: Joachim BAHLCKE (Hg.): Glaubensflüchtlinge. Ursachen, Formen und Auswirkungen frühneuzeitlicher Konfessionsmigration in Europa, Berlin 2008, S. 1–25.

DOMKA, Nicole/RAFFEL, Eva/SCHÄFER, Volker u.a. (Hgg.): „In ewiger Freundschaft". Stammbücher aus Weimar und Tübingen. Katalog anlässlich der Ausstellung „In Ewiger Freundschaft – Stammbücher aus Weimar und Tübingen" im Stadtmuseum Tübingen 7. Februar–3. Mai 2009, Tübingen 2009.

DÖRFLER, Andreas/GRÄSSEL, Susanne: „Sales, Petrus Albinus de". In: Herbert Ernst BREKLE (Hg.): Bio-bibliographisches Handbuch zur Sprachwissenschaft 7 (2001), S. 271.

DÖRING, Detlef: Gelehrtenkorrespondenz. In: Ulrich RASCHE (Hg.): Quellen zur frühneuzeitlichen Universitätsgeschichte. Typen, Bestände, Forschungsperspektiven, Wiesbaden 2011, S. 315–340.

DORMOIS, Jean-Pierre: Die Mömpelgarder Stipendiaten im Stift in Tübingen (1560–1793). In: Sönke LORENZ/Peter RÜCKERT: Württemberg und Mömpelgard. 600 Jahre Begegnung. Beiträge zur wissenschaftlichen Tagung 17.–19. September 1997 im Hauptstaatsarchiv Stuttgart, Leinfelden-Echterdingen 1999, S. 313–332.

DERS: Étudiants montbéliardais au „Stift" évangélique de Tübingen du XVIe au XVIIIe siècle. In: Revue d'histoire et de philosophie religieuses 81 (2001), S. 277–299.

DORN, Hubert: Edition der Nova Matricula Illustris Collegii, Tübingen 1969.

DRÖGE, Franz W.: Publizistik und Vorurteil, Münster 1967.

DRÜCK, Theodor: Das Reutlinger Asylrecht. Mit Berücksichtigung anderer im Gebiet des heutigen Württemberg ehemals vorhandener Asyle. In: Württembergische Vierteljahrshefte für Landesgeschichte 4 (1895), S. 1–58.

DRÜLL, Dagmar: Heidelberger Gelehrtenlexikon. 3 Bde., Berlin/Heidelberg 1991–2009.

DUCHHARDT, Heinz: Glaubensflüchtlinge und Entwicklungshelfer: Niederländer, Hugenotten, Waldenser, Salzburger. In: Klaus J. BADE (Hg.): Deutsche im Ausland – Fremde in Deutschland. Migration in Geschichte und Gegenwart, München 1992, S. 278–287.

DUHR, Bernhard: Die Studienordnung der Gesellschaft Jesu, Freiburg 1896.

DERS.: Geschichte der Jesuiten in den Ländern deutscher Zunge in der zweiten Hälfte des XVII. Jahrhunderts, München/Regensburg 1921.

DULCIS, Catharinus: Leben des Professors Catharinus Dulcis von ihm selbst beschrieben. Mit Anmerkungen von Dr. Ferdinand JUSTI, Marburg 1899.

DÜLMEN, Richard van/CHVOJKA, Erhard/JUNG, Vera (Hgg.): Neue Blicke. Historische Anthropologie in der Praxis, Köln u.a. 1997.

DERS.: Historische Anthropologie. Entwicklungen, Probleme, Aufgaben. 2. Aufl., Köln u.a. 2001.

DUMANOIR, Charles: Le Desvoyé Ramené au Droit Chemin ou La Conversion de Charle Dumanoir, Parisien. Maistre a danser, de son Altesse Monseigneur le Duc de Wirtemberg, Tübingen 1650.

DUNCKER, Max: Zur Geschichte des Gasthofs zur Traube in Tübingen. In: Tübinger Blätter 12 (1909–1910), S. 12–15.

DUVERNOY, Charles Léopold Eberhard: Éphémérides du comté de Montbéliard présentant, pour chacun des jours de l'année, un tableau des faits politiques, religieux et littéraires les plus remarquables de l'histoire de ce comté et des seigneuries qui en dépendaient, dès le treizième siècle jusqu'en 1793, Besançon 1832.

EBEL, Wilhelm (Hg.): Catalogus Professorum Gottingensium 1734–1962, Göttingen 1962.

DERS. (Hg.): Die Matrikel der Georg-August-Universität zu Göttingen 1734–1837, Hildesheim 1937.

DERS. (Hg.): Die Privilegien und ältesten Statuten der Georg-August-Universität zu Göttingen, Göttingen 1961.

DERS.: Memorabilia Gottingensia. Elf Studien zur Sozialgeschichte der Universität, Göttingen 1969.

ECORCHEVILLE, Jules: Vingt suites d'orchestre du XVIIe siècle français 1640–1670. 2 Bde., Berlin/Paris 1906.

EHLERS, Joachim: Die Ritter. Geschichte und Kultur, München 2006.

EHRENPREIS, Stefan: Frühneuzeitliche Universitätsgeschichte – Leistungen und Defizite der deutschen Forschung seit 1990. In: Jahrbuch für Universitätsgeschichte 6 (2003), S. 262–266.

EHRHART, [s.n.]: Geschichte des fremdsprachlichen Unterrichts in Württemberg. In: Korrespondenz-Blatt für die Gelehrten- und Realschulen Württembergs 37 (1890), S. 281–308.

EICHBERG, Henning: Der Umbruch des Bewegungsverhaltens. Leibesübungen, Spiele und Tänze in der industriellen Revolution. In: Johann August SCHÜLEIN/Gerda BOHMANN (Hgg.): Ökonomie und Gesellschaft. Eine Sammlung von Studientexten, Wien/New York 1994, S. 133–147.

DERS.: Leistung, Spannung, Geschwindigkeit. Sport und Tanz im gesellschaftlichen Wandel des 18./19. Jahrhunderts, Stuttgart 1978.

EICHHORN-EUGEN, Klaus: Geschichte des englischen Sprachunterrichtes (Sprachmeister seit 1700) und der englischen Philologie an der Universität Jena bis zur Gründung des Extraordinariats für deutsche und englische Philologie (1884). Nebst einer Übersicht der Vertreter der englischen Philologie an der Universität Jena von 1884–1957, Jena 1957.

EIFERT, Max: Geschichte und Beschreibung der Stadt Tübingen. Hg. von Karl KLÜPFEL, Tübingen 1849.

EIS, Gerhard: Mittelalterliche Fachliteratur, Stuttgart 1962.

EISENBACH, Heinrich Ferdinand (Hg.): Beschreibung und Geschichte der Stadt und Universitaet Tübingen, Tübingen 1822.

EITNER, Robert: Biographisch-Bibliographisches Quellen-Lexikon der Musiker und Musikgelehrten christlicher Zeitrechnung bis Mitte des neunzehnten Jahrhunderts. 2. Aufl., 11 Bde., Graz 1959–1960.

ELKAR, Rainer S.: Lernen durch Wandern? Einige kritische Anmerkungen zum Thema „Wissenstransfer durch Migration". In: Knut SCHULZ (Hg.): Handwerk in Europa. Vom Spätmittelalter bis zur Frühen Neuzeit, München 1999, S. 213–232.

ELVERT, Christian d': Geschichte der Studien-, Schul- und Erziehungs-Anstalten in Mähren und Oesterreichisch Schlesien, insbesondere der Olmützer Universität, in den neueren Zeiten, Brünn 1857.

ENDRES, Rudolf: Adel in der Frühen Neuzeit, München 1993.

DERS.: Die deutschen Führungsschichten um 1600. In: Hans Hubert HOFMANN/Günther FRANZ (Hgg.): Deutsche Führungsschichten in der Neuzeit. Eine Zwischenbilanz, Boppard 1980, S. 79–109.

ENGEL, Hans: Die Musikpflege der Philipps-Universität zu Marburg seit 1527, Marburg 1957.

ENGELMANN, Wilhelm (Hg.): Bibliothek der neueren Sprachen oder Verzeichniß der in Deutschland besonders vom Jahre 1800 an erschienenen Grammatiken [...], Leipzig 1842.

EPPERT, Fritz: Exulant und Emigrant bis etwa 1750. In: Zeitschrift für deutsche Sprache 26 (1970), S. 188–192.

ERLER, Georg (Hg.): Die iüngere Matrikel der Universität Leipzig 1559–1809. 3 Bde., Leipzig 1909.

ESCHMANN, Jürgen: Die Sprache der Hugenotten in der alten und der neuen Heimat. In: Andreas FLICK/Albert de LANGE (Hgg.): Von Berlin bis Konstantinopel. Eine Aufsatzsammlung zur Geschichte der Hugenotten und Waldenser, Bad Karlshafen 2001, S. 35–52.

ESPAGNE, Michel/WERNER, Michael: Deutsch-französischer Kulturtransfer als Forschungsgegenstand. Eine Problemskizze. In: DIESS. (Hgg.): Transferts. Les relations interculturelles dans l'espace franco-allemand (XVIIIe et XIXe siècle), Paris 1988, S. 11–34.

ESPAGNE, Michel: Die Rolle der Mittler im Kulturtransfer. In: Hans-Jürgen LÜSEBRINK/Rolf REICHARDT (Hgg.): Kulturtransfer im Epochenumbruch. Frankreich – Deutschland 1770 bis 1815, Leipzig 1997, S. 309–329.

ESSER, Raingard: Migrationsgeschichte und Kulturtransferforschung. In: Thomas FUCHS/Sven TRAKULHUN (Hgg.): Das eine Europa und die Vielfalt der Kulturen. Kulturtransfer in Europa 1500–1850, Berlin 2003, S. 69–82.

EULENBURG, Franz: Die Frequenz der deutschen Universitäten von ihrer Gründung bis zur Gegenwart, Leipzig 1904.

EXTERNBRINK, Sven: Internationale Beziehungen und Kulturtransfer in der Frühen Neuzeit. In: Thomas FUCHS/Sven TRAKULHUN (Hgg.): Das eine Europa und die Vielfalt der Kulturen. Kulturtransfer in Europa 1500–1850, Berlin 2003, S. 227–248.

FABER, Ferdinand Friedrich (Hg.): Die württembergischen Familien-Stiftungen. Nebst genealogischen Nachrichten über die zu denselben berechtigten Familien. 24 Hefte, Stuttgart 1852–1858.

FAISANT, Claude: Mort et résurrection de la Pléiade, Paris 1998.

FARET, Nicolas: L'Honneste Homme ou l'art de plaire a la cour, Yverdon 1649.

FELBICK, Lutz: Daten der Aachener Musikgeschichte. Chronologie und Bibliographie, Aachen 1993.

FELSCHOW, Eva-Marie/LIND, Carsten: Ein hochnutz, nötig und christlich Werck. Die Anfänge der Universität Gießen vor 400 Jahren. Ausstellungsband der Justus-Liebig-Universität zum 400jährigen Jubiläum, Gießen 2007.

FIKENSCHER, Georg Wolfgang Augustin: Vollständige akademische Gelehrten Geschichte der königlich preussischen Friedrich Alexanders Universität zu Erlangen von ihrer Stiftung bis auf gegenwärtige Zeit. Bd. 3: Von den ausserordentlichen Professoren, Adjuncten der philosophischen Fakultät, Privat-Lehrern, Lectoren, Zeichen- und Exercitienmeistern, Nürnberg 1806.

FINK, Monika: Der akademische Tanzmeister unter besonderer Berücksichtigung seiner Tätigkeit an der Universität in Innsbruck. In: Tiroler Heimat 58 (1994), S. 99–106.

FINKENSTAEDT, Thomas: Kleine Geschichte der Anglistik in Deutschland. Eine Einführung, Darmstadt 1983.

FISCHER, Hermann/PFLEIDERER, Wilhelm: Schwäbisches Wörterbuch. 7 Bde., Tübingen 1904–1936.

FLACHENECKER, Helmut: Handwerkliche Lehre und Artes mechanicae. In: Uta LINDGREN (Hg.): Europäische Technik im Mittelalter 800 bis 1200. Tradition und Innovation. Ein Handbuch, Berlin 1996, S. 493–502.

FLECKENSTEIN, Josef: „Ritter-, -tum, -stand". In: Lexikon des Mittelalters 7 (1995), Sp. 865–873.

DERS.: Rittertum und ritterliche Welt, Berlin 2002.

FORDERER, Josef: Das Tübinger Opernhaus in der Bleiche. In: Tübinger Blätter 33 (1942), S. 35–38.

FORSTNER, Christoph Peter von: Ephorus Collegii Illustris Christophorus Petrus de Forstner, in Dambenoy, Tübingen [1734].

FRANK, Armin Paul: Die Entwicklung der Neueren Fremdsprachenphilologien in Göttingen. In: Hans-Günther SCHLOTTER (Hg.): Die Geschichte der Verfassung und der Fachbereiche der Georg-August-Universität zu Göttingen, Göttingen 1994, S. 104–110.

FRELLER, Thomas: Adlige auf Tour. Die Erfindung der Bildungsreise, Ostfildern 2007.

FREVERT, Ute: „Duell". In: Enzyklopädie der Neuzeit 2 (2005), Sp. 1165–1168.

DIES.: Ehrenmänner. Das Duell in der bürgerlichen Gesellschaft, München 1991.

DIES.: The taming of the noble ruffian: male violence and dueling in early modern and modern Germany. In: Pieter SPIERENBURG (Hg.): Men and violence. Gender, honor, and rituals in modern Europe and America, Columbus Ohio 1998, S. 37–63.

FRIEDLAENDER, Ernst (Hg.): Ältere Universitäts-Matrikeln. Bd. 2: Universität Greifswald 1646–1700. Neudruck der Ausgabe 1894, Osnabrück 1965.

FRISCH, Johann Leonhard (Hg.): Nouveau dictionnaire des passagers françois – allemand et allemand – françois, Oder Neues Frantzoesisch-Teutsches und Teutsch-Frantzoesisches Wörter-Buch [...], Leipzig 1752.

FROST, Wolfhard: Die Entwicklung des Sports an der Universität Halle von ihren Anfängen bis zur Gegenwart, Halle 1979.

FUHRMANN, Horst: Einladung ins Mittelalter. 4. Aufl., München 2009.

FUHRMANN, Waldemar: Geschichte der studentischen Fechtkunst, Berlin 1909.

FÜSSEL, Marian/WELLER, Thomas (Hgg.): Ordnung und Distinktion. Praktiken sozialer Repräsentation in der ständischen Gesellschaft, Münster 2005.

FÜSSEL, Marian: „Die neue präeminenzische Unordnung". Rangkonflikte an den Universitäten Tübingen und Ingolstadt in der Frühen Neuzeit. In: DERS./Thomas WELLER (Hgg.): Ordnung und Distinktion. Praktiken sozialer Repräsentation in der ständischen Gesellschaft, Münster 2005, S. 49–74.

DERS.: Akademische Lebenswelt und gelehrter Habitus. Zur Alltagsgeschichte des deutschen Professors im 17. und 18. Jahrhundert. In: Jahrbuch für Universitätsgeschichte 10 (2007), S. 35–51.

DERS.: Devianz als Norm? Studentische Gewalt und akademische Freiheit in Köln im 17. und 18. Jahrhundert. In: Westfälische Forschungen 54 (2004), S. 145–166.

DERS.: Die Macht der Talare. Akademische Kleidung in Bildmedien der Frühen Neuzeit. In: Philipp ZITZLSPERGER (Hg.): Kleidung im Bild. Zur Ikonologie dargestellter Gewandung, Emsdetten/Berlin 2010, S. 121–135.

DERS.: Gelehrtenkultur als symbolische Praxis. Rang, Ritual und Konflikt an der Universität der Frühen Neuzeit, Darmstadt 2006.

DERS.: Selbstzeugnisse. In: Ulrich RASCHE (Hg.): Quellen zur frühneuzeitlichen Universitätsgeschichte. Typen, Bestände, Forschungsperspektiven, Wiesbaden 2011, S. 399–419.

DERS.: Talar und Doktorhut. Die akademische Kleiderordnung als Medium sozialer Distinktion. In: Barbara KRUG-RICHTER/Ruth-Elisabeth MOHRMANN (Hgg.): Frühneuzeitliche Universitätskulturen. Kulturhistorische Perspektiven auf die Hochschulen in Europa, Köln u.a. 2009, S. 245–271.

GALL, Franz: Alma Mater Rudolphina 1365–1965. Die Wiener Universität und ihre Studenten, Wien 1965.

GARBER, Klaus: Zur Statuskonkurrenz von Adel und gelehrtem Bürgertum im theoretischen Schrifttum des 17. Jahrhunderts. Veit Ludwig von Seckendorffs „Teutscher Fürstenstaat" und die deutsche „Barockliteratur". In: Elger BLÜHM/Jörn GARBER/Klaus GARBER (Hgg.): Hof, Staat und Gesellschaft in der Literatur des 17. Jahrhunderts, Amsterdam 1982, S. 115–143.

GAUGLER, William M.: The history of fencing. Foundations of modern european swordplay, Bangor 1998.

GEBHARDT, Werner: Die Schüler der Hohen Karlsschule. Ein biographisches Lexikon, Stuttgart 2011.

GEERTZ, Clifford: Dichte Beschreibung. Beiträge zum Verstehen kultureller Systeme, Frankfurt (Main) 1983.

GEHRING, Paul: Das Stammbuch des Fechtmeisters Jacob vom Tübinger Collegium Illustre. In: Besondere Beilage des Staats-Anzeigers für Württemberg 2 (1924), S. 111–116.

GELDBACH, Erich: Die Philanthropen als Wegbereiter moderner Leibeskultur. In: Horst UEBERHORST (Hg.): Geschichte der Leibesübungen. Bd. 3/1, Berlin u.a. 1980, S. 165–196.

GEORGES, Karl Ernst: Deutsch-lateinisches Handwörterbuch. 2 Bde., 10. Aufl., Leipzig 1853.

GEORGII-GEORGENAU, Eberhard Emil von (Hg.): Fürstlich Württembergisch Dienerbuch vom IX. bis zum XIX. Jahrhundert, Stuttgart 1877.

GERHARD, Dietrich: Der deutsche Adel bis zum achtzehnten Jahrhundert. In: Peter Uwe HOHENDAHL/Paul Michael LÜTZELER (Hgg.): Legitimationskrisen des deutschen Adels 1200–1900, Stuttgart 1979, S. 17–27.

Gesamtverzeichnis des deutschsprachigen Schrifttums (GV) 1700–1910. 160 Bde., München 1979–1987.

GESTERDING, Carl: Beitrag zur Geschichte der Stadt Greifswald oder vervollständigte Darstellung, Berichtigung und Erläuterung aller die Stadt Greifswald, Ihre Kirchen und Stiftungen angehenden Urkunden bis zum Ende des achtzehnten Jahrhunderts. Bd. 1, Greifswald 1827.

GESTERDING, Christoph Gottfried Nikolaus: Pommersches Magazin. 6 Bde., Greifswald/Stralsund 1774–1782.

GIESE, Simone: „Adelsstudium". In: Enzyklopädie der Neuzeit 1 (2005), Sp. 73–76.

DIES.: „Peregrinatio academica". In: Enzyklopädie der Neuzeit 9 (2009), Sp. 951–955.

DIES.: Die Bedeutung der Universität Jena im Gefüge der Universitäten des Alten Reichs aus der Perspektive schwedischer Studenten. In: Daniela SIEBE (Hg.): „Orte der Gelahrtheit". Personen, Prozesse und Reformen an protestantischen Universitäten des Alten Reiches, Stuttgart 2008, S. 81–102.

DIES.: Peregrinatio academica oder Kavalierstour – Bildungsreisen des schwedischen Adels zu Beginn der Frühen Neuzeit. In: Ivo ASMUS/Heiko DROSTE/Jens E. OLESEN (Hgg.): Gemeinsame Bekannte. Schweden und Deutschland in der Frühen Neuzeit, Münster 2003, S. 83–105.

DIES.: Studenten aus Mitternacht. Bildungsideal und peregrinatio academica des schwedischen Adels im Zeichen von Humanismus und Konfessionalisierung, Stuttgart 2009.

GILLMEISTER, Heiner: Der Topspin taugte nichts im alten Jeu de la Paume: das Tennisspiel in drei Jahrhunderten (1500–1800). In: Rebekka von MALLINCKRODT (Hg.): Bewegtes Leben. Körpertechniken in der Frühen Neuzeit, Wolfenbüttel 2008, S. 205–229.

DERS.: Kulturgeschichte des Tennis, München 1990.

GLARBO, Henny: En Adelsskole i det 16. og 17. Aarhundrede. Collegium Illustre i Tübingen, Kopenhagen 1923.

GLÜCK, Helmut/HÄBERLEIN, Mark/SCHRÖDER, Konrad: Mehrsprachigkeit in der Frühen Neuzeit. Die Reichsstädte Augsburg und Nürnberg vom 15. bis ins frühe 19. Jahrhundert, Wiesbaden 2013.

DERS.: Deutsch als Fremdsprache in Europa vom Mittelalter bis zur Barockzeit, Berlin 2002.

Goettingische Zeitungen von Gelehrten Sachen, Göttingen 1739–1752.

GOLDBECK, Johann Friedrich (Hg.): Nachrichten von der Königlichen Universität zu Königsberg in Preussen und den daselbst befindlichen Lehr-, Schul- und Erziehungsanstalten, [s.l.] 1782.

GOTTSCHALDT, Kurt/LERSCH, Philipp (Hgg.): Handbuch der Psychologie. 12 Bde., Göttingen 1964–1983.

GÖZ, Wilhelm/STAHLECKER, Reinhold (Hgg.): Diarium Martini Crusii. 4 Bde., Tübingen 1927–1961.

GRADMANN, Johann Jacob (Hg.): Das gelehrte Schwaben oder Lexicon der jetzt lebenden schwaebischen Schriftsteller [...], Ravensburg 1802.

GRÄF, Holger Thomas: Die Kasseler Hofschule als Schnittstelle zwischen Gelehrtenrepublik und internationalem Calvinismus. Ein Beitrag zu den institutionen- und sozialgeschichtlichen Grundlagen frühneuzeitlicher Diplomatie. In: Zeitschrift des Vereins für hessische Geschichte und Landeskunde 105 (2000), S. 17–32.

DERS.: The Collegium Mauritianum in Hesse-Kassel and the making of calvinist diplomacy. In: The Sixteenth Century Journal 28/4 (1997), S. 1167–1180.

Grand dictionnaire encyclopédique Larousse. 10 Bde., Lizy-sur-Ourcq 1982–1985.

GRASMANN, Gerhard/JERAN, Eberhard: Zur Greifswalder Geschichte der Körperkultur. In: Horst WERNICKE (Hg.): Greifswald. Geschichte der Stadt, Schwerin 2000, S. 325–333.

GRÄSSEL, Susanne/HELD, Irma/WEISS, Helmut: „Emmert, Johann Henrich". In: Herbert Ernst BREKLE (Hg.): Bio-bibliographisches Handbuch zur Sprachwissenschaft 2 (1993), S. 378–380.

GRIMM, Jacob/GRIMM, Wilhelm: Deutsches Wörterbuch. 16 Bde., Leipzig 1854–1954.

GRISONE, Federico/FAYSER, Johann: Künstlicher Bericht und allerzierlichste beschreybung [...] wie die Streitbarn Pferdt (durch welche Ritterliche Tugendten mehrers thails geuebet) zum Ernst und Ritterlicher Kurtzweil, geschickt und volkommen zumachen [...], Augsburg 1573.

GROSS, Werner: Das Wilhelmsstift Tübingen 1817–1869. Theologenausbildung im Spannungs-feld von Staat und Kirche. 2. Aufl., Tübingen 1984.

DERS.: Die Anfänge des Wilhelmsstifts. Die Gründung und Eröffnung im Jahre 1817. In: Tübin-ger Blätter 69 (1982), S. 52–54.

GROSSKREUTZ, Peter: Tanz und Politik am Renaissance- und Barockhof. Die höfische Gesell-schaft im Spiegel ihrer Tänze. In: Archiv für Kulturgeschichte 71 (1989), S. 55–70.

GRUBE, Walter: Der Stuttgarter Landtag 1457–1957. Von den Landständen zum demokratischen Parlament, Stuttgart 1957.

GUMPELZHAIMER, Georg: Gymnasma de exercitiis academicorum. Hg. von Johann Michael MO-SCHEROSCH, Straßburg 1652.

GUNDEL, Hans Georg (Hg.): Statuta Academiae Marpurgensis deinde Gissensis de anno 1629. Die Statuten der Hessen-Darmstädtischen Landesuniversität Marburg 1629–1650/Gießen 1650–1879, Marburg 1982.

GUNDELACH, Ernst: Die Verfassung der Göttinger Universität in drei Jahrhunderten, Göttingen 1955.

GUNDLACH, Franz: Catalogus Professorum Academiae Marburgensis. Die akademischen Lehrer der Philipps-Universität in Marburg von 1527 bis 1910, Marburg 1927.

HAAG, Eugène/HAAG, Émile: La France protestante ou vies des protestants français qui se sont fait un nom dans l'histoire [...]. 9 Bde., Genf 1966.

HAERING, Hans: Die Spätzeit der Hohen Schule zu Herborn (1742–1817). Zwischen Orthodo-xie und Aufklärung, Frankfurt (Main) u.a. 1994.

HAGENMAIER, Monika: Das Vorbild im kleinen. Die Grempsche Bibliothek in Tübingen 1583–1912, Tübingen 1992.

HAHLWEG, Werner: Die Heeresreform der Oranier und die Antike. Studien zur Geschichte des Kriegswesens der Niederlande, Deutschlands, Frankreichs, Englands, Italiens, Spaniens und der Schweiz vom Jahre 1589 bis zum Dreissigjährigen Kriege, Berlin 1941.

HAHN, Hans Henning/HAHN, Eva: Nationale Stereotypen. Plädoyer für eine historische Ste-reotypenforschung. In: DERS. (Hg.): Stereotyp, Identität und Geschichte. Die Funktion von Stereotypen in gesellschaftlichen Diskursen, Frankfurt (Main) u.a. 2002, S. 17–56.

DERS.: Einführung. Zum 80. Geburtstag des Begriffs „Stereotyp". In: DERS. (Hg.): Stereotyp, Identität und Geschichte. Die Funktion von Stereotypen in gesellschaftlichen Diskursen, Frankfurt (Main) u.a. 2002, S. 9–13.

DERS.: Stereotypen in der Geschichte und Geschichte im Stereotyp. In: DERS. (Hg.): Histori-sche Stereotypenforschung. Methodische Überlegungen und empirische Befunde, Oldenburg 1995, S. 190–204.

HAMBERGER, Georg Christoph/MEUSEL, Johann Georg: Das gelehrte Teutschland oder Lexikon der jetzt lebenden teutschen Schriftsteller. Nachdruck der 5. Aufl. Lemgo 1796–1834. 23 Bde., Hildesheim 1966.

HAMMERSTEIN, Notker (Hg.): Handbuch der deutschen Bildungsgeschichte. Bd. 1: 15. bis 17. Jahrhundert. Von der Renaissance und der Reformation bis zum Ende der Glaubenskämpfe, München 1996.

DERS.: „Artes liberales". In: Enzyklopädie der Neuzeit 1 (2005), Sp. 686–690.

DERS.: „Großer fürtrefflicher Leute Kinder". Fürstenerziehung zwischen Humanismus und Reformation. In: August BUCK (Hg.): Renaissance – Reformation. Gegensätze und Gemeinsamkeiten, Wiesbaden 1984, S. 265–285.

DERS.: Res publica litteraria – oder Asinus in Aula? Anmerkungen zur „bürgerlichen Kultur" und zur „Adelswelt". In: August BUCK/Martin BIRCHER (Hgg.): Respublica Guelpherbytana. Wolfenbütteler Beiträge zur Renaissance- und Barockforschung. Festschrift für Paul Rabe, Amsterdam 1987, S. 35–68.

DERS.: Universitäten – Territorialstaaten – Gelehrte Räte. In: Roman SCHNUR (Hg.): Die Rolle der Juristen bei der Entstehung des modernen Staates, Berlin 1986, S. 687–735.

HANSCHMIDT, Alwin: Die erste münstersche Universität 1773/80–1818. Vorgeschichte, Gründung und Grundzüge ihrer Struktur und Entwicklung. In: Heinz DOLLINGER (Hg.): Die Universität Münster 1780–1980, Münster 1980, S. 3–28.

HÄNSEL, Willy (Bearb.): Catalogus Professorum Rinteliensium. Die Professoren der Universität Rinteln und des akademischen Gymnasiums zu Stadthagen 1610–1810, Rinteln 1971.

HARTMER, Michael: Besoldung und Versorgung des wissenschaftlichen Personals. In: Christian FLÄMIG/Otto KIMMINICH/Hartmut KRÜGER u.a. (Hgg.): Handbuch des Wissenschaftsrechts. Bd. 1, 2. Aufl., Berlin 1996, S. 509–543.

HAUER, Wolfram: Lokale Schulentwicklung und städtische Lebenswelt. Das Schulwesen in Tübingen von seinen Anfängen im Spätmittelalter bis 1806, Tübingen 2000.

HAUG, Balthasar: Das Gelehrte Wirtemberg, Stuttgart 1790.

HAUG, Volker: Das Kolleggeld – die Geschichte eines Leistungselements in der Hochschullehrerbesoldung. In: Zeitschrift für Beamtenrecht 47 (1999), S. 113–116.

HAUG-MORITZ, Gabriele: Württembergischer Ständekonflikt und deutscher Dualismus. Ein Beitrag zur Geschichte des Reichsverbands in der Mitte des 18. Jahrhunderts, Stuttgart 1992.

HAUPT, Herman: Chronik der Universität Gießen 1607 bis 1907. Sonderabdruck hg. von Georg LEHNERT, Gießen 1907.

HAUSEN, Carl Renatus: Geschichte der Universitaet und Stadt Frankfurt an der Oder, seit ihrer Stiftung und Erbauung, bis zum Schluß des achtzehnten Jahrhunderts, groeßtentheils nach Urkunden und Archiv-Nachrichten bearbeitet. 2. Aufl., Frankfurt (Oder) 1806.

HAUTZ, Johann Friedrich/REICHLIN-MELDEGG, Karl Alexander von (Hgg.): Geschichte der Universität Heidelberg nach handschriftlichen Quellen nebst den wichtigsten Urkunden. 2 Bde., Mannheim 1862–1864.

HECHBERGER, Werner: Adel, Ministerialität und Rittertum im Mittelalter, München 2004.

HEER, Georg: Marburger Studentenleben 1527 bis 1927. Eine Festgabe zur 400jährigen Jubelfeier der Universität Marburg, Marburg 1927.

HEINEKEN, Philipp: Lawn-Tennis. Seine Geschichte und Taktik, Stuttgart 1900.

HEINIGER, Kevin: Arbeitswanderung aus wirtschaftlicher Notwendigkeit. In: In der Fremde. Mobilität und Migration seit der Frühen Neuzeit. Ausstellungskatalog zur Ausstellung „In der Fremde – Mobilität und Migration seit der Frühen Neuzeit" im Historischen Museum Basel, Barfüsserkirche 23. September 2010–27. März 2011. Hg. vom Historischen Museum Basel, Basel 2010, S. 87–90.

DERS.: Zur Ausbildung in die Fremde: Handwerker und Kaufleute. In: In der Fremde. Mobilität und Migration seit der Frühen Neuzeit. Ausstellungskatalog zur Ausstellung „In der Fremde – Mobilität und Migration seit der Frühen Neuzeit" im Historischen Museum Basel, Barfüsserkirche 23. September 2010–27. März 2011. Hg. vom Historischen Museum Basel, Basel 2010, S. 47–50.

HEISE, Ulla: Kaffee und Kaffeehaus. Eine Kulturgeschichte, Hildesheim u.a. 1987.

HEISS, Gernot: Argumentation für Glauben und Recht. Zur rhetorisch-juridischen Ausbildung des Adels an den protestantischen „Landschaftsschulen" in den nieder- und innerösterreichischen Ländern vor dem Dreißigjährigen Krieg. In: Roman SCHNUR (Hg.): Die Rolle der Juristen bei der Entstehung des modernen Staates, Berlin 1986, S. 675–686.

HELWIG, Hellmuth: Die deutschen Fechtbücher. In: Beiträge zur deutschen Studentengeschichte 10 (1967), o. Pag.

HENGST, Karl: Jesuiten an Universitäten und Jesuitenuniversitäten. Zur Geschichte der Universitäten in der Oberdeutschen und Rheinischen Provinz der Gesellschaft Jesu im Zeitalter der konfessionellen Auseinandersetzung, Paderborn u.a. 1981.

HERGENRÖDER, Gerhard: Köngen. Geschichte einer Gemeinde, Köngen 1985.

HERGSELL, Gustav (Hg.): Talhoffers Fechtbuch aus dem Jahre 1467. Gerichtliche und andere Zweikämpfe darstellend, Prag 1887.

DERS.: Die Fechtkunst im XV. und XVI. Jahrhunderte, Prag 1896.

HERMELINK, Heinrich (Hg.): Die Matrikeln der Universität Tübingen. Bd. 1,1: 1477–1600, Stuttgart 1906.

DERS.: Das Hochschulwesen: Universität. In: Herzog Karl Eugen von Württemberg und seine Zeit. Bd. 2. Hg. vom Württembergischen Geschichts- und Altertums-Verein, Esslingen 1909, S. 191–234.

DERS.: Geschichte des allgemeinen Kirchenguts in Württemberg. Sonderdruck aus den Württembergischen Jahrbüchern für Statistik und Landeskunde 1903, Stuttgart 1904.

HEXTER, Jack H.: The education of the aristocracy in the Renaissance. In: The Journal of Modern History 22 (1950), S. 1–20.

HEYDEN, Jakob von der: Speculum Cornelianum. In sich haltent: Viel artiger Figuren, betreffent das Leben eines vermeynden Studenten, sampt andern lehrhafften Vorbildungen. Jetzt auffs newe mit vielen schoenen Kupfferstuecken, sampt der Beschreibung deß Lebens Cornelii Relegati, vermehrt und gebessert, Straßburg 1618.

HILKA, Alfons/SÖDERHJELM, Werner (Hgg.): Die Disciplina Clericalis des Petrus Alfonsi (das älteste Novellenbuch des Mittelalters) nach allen bekannten Handschriften, Heidelberg 1911.

HILS, Hans-Peter: „Fechten, Fechtwesen". In: Lexikon des Mittelalters 4 (1989), Sp. 324–328.

DERS.: Meister Johann Liechtenauers Kunst des langen Schwertes, Frankfurt (Main) u.a. 1985.

HINZ, Manfred: Rhetorische Strategien des Hofmannes. Studien zu den italienischen Hofmannstraktaten des 16. und 17. Jahrhunderts, Stuttgart 1992.

HIRSCH, August: „Camerarius, Elias Rudolf". In: Allgemeine Deutsche Biographie 3 (1876), S. 719.

HIRSCH, Erhard: Die Wiedererweckung der „Gymnastik" als Schulsport durch die Philanthropisten im Dessau-Wörlitzer Kulturkreis. Dessaus Anteil an der Sportgeschichte. In: Michael KRÜGER (Hg.): Johann Christoph Friedrich GutsMuths (1759–1839) und die philantropische Bewegung in Deutschland, Hamburg 2010, S. 31–43.

HIRSCHING, Friedrich Carl Gottlob: Historisch-litterarisches Handbuch beruehmter und denkwuerdiger Personen, welche in dem achtzehnten Jahrhundert gelebt haben [...] Fortgesetzt und hg. von Johann Heinrich Martin ERNESTI. 17 Bde., Leipzig 1794–1815.

Hochfuerstlich Wuertembergischer Address-Calender [...], Stuttgart 1750.

HOERDER, Dirk/LUCASSEN, Jan/LUCASSEN, Leo: Terminologien und Konzepte in der Migrationsforschung. In: Klaus J. BADE/Pieter C. EMMER/Leo LUCASSEN u.a. (Hgg.): Enzyklopädie Migration in Europa. Vom 17. Jahrhundert bis zur Gegenwart. 2. Aufl., Paderborn u.a. 2008, S. 28–53.

HOFFMANN, Florian: Studieren mit Rapier und Degen. Fechtmeister und Fechtboden gehörten auch an der Universität Bützow zum Studentenalltag. In: Mecklenburg-Magazin: Regionalbeilage der Schweriner Volkszeitung 13 (2007), S. 3 f.

HOFMANN, Norbert: Die Artistenfakultät an der Universität Tübingen 1534–1601, Tübingen 1982.

HÖLBING, Franz/STRATOWA, Wulf: 300 Jahre Universitas Oenipontana. Die Leopold-Franzens-Universität zu Innsbruck und ihre Studenten, Innsbruck 1970.

HOLTZ, Sabine: Bildung und Herrschaft. Zur Verwissenschaftlichung politischer Führungsschichten im 17. Jahrhundert, Leinfelden-Echterdingen 2002.

Dies.: Promotion erwünscht. Bildungsstandards der politischen Elite in Württemberg im 17. Jahrhundert. Ein Vergleich mit der sächsischen Bildungskonzeption. In: Jonas FLÖTER/Günther WARTENBERG (Hgg.): Die sächsischen Fürsten- und Landesschulen. Interaktion von lutherisch-humanistischem Erziehungsideal und Eliten-Bildung, Leipzig 2004, S. 195–212.

HORSTKAMP, Sarah: Konversionsschriften zwischen Muster und Variation – Zwei protestantische Fallbeispiele. In: Jürgen MACHA/Anna-Maria BALBACH/Sarah HORSTKAMP (Hgg.): Konfession und Sprache in der Frühen Neuzeit. Interdisziplinäre Perspektiven. Münster u.a. 2012, S. 85–97.

HUBER, Rudolf: Auf dem Rücken der Pferde... In: Tübinger Blätter 41 (1954), S. 12–17.

HUIZINGA, Johan: Herbst des Mittelalters. Studien über Lebens- und Geistesformen des 14. und 15. Jahrhunderts in Frankreich und in den Niederlanden. Hg. von Kurt KÖSTER. 12. Aufl., Stuttgart 2006.

HÜLLEN, Werner: Alle Sprachen nebeneinander. Die Anfänge des Fremdsprachenunterrichts in Europa (1450–1700). In: Zagreber Germanistische Beiträge 9 (2000), S. 177–192.

DERS.: Kleine Geschichte des Fremdsprachenlernens, Berlin 2005.

Constitutiones atque Leges Illustris et Magnifici in Tubingensi Academia instituti Collegii Ducalis Württembergici, Tübingen 1606.

Index Lectionum in Academia Fridericiana publice et privatim [...] habendarum, Bützow 1783.

Index Praelectionum in Academia Regia Christiano-Albertina [...], Kiel 1784.

IRRGANG, Stephanie: Peregrinatio academica. Wanderungen und Karrieren von Gelehrten der Universitäten Rostock, Greifswald, Trier und Mainz im 15. Jahrhundert, Stuttgart 2002.

IRSIGLER, Franz: Rheingraf Carl Magnus von Grehweiler – Ein hochadliger Verschwender des 18. Jahrhunderts. In: Curt Wolfgang HERGENRÖDER (Hg.): Gläubiger, Schuldner, Arme. Netzwerke und die Rolle des Vertrauens, Wiesbaden 2010, S. 71–81.

ISHERWOOD, Robert M.: Music in the service of the king. France in the seventeenth century, Ithaca 1973.

JESERICH, Kurt G. A. (Hg.): Deutsche Verwaltungsgeschichte. 6 Bde., Stuttgart 1983–1988.

JÖCHER, Christian Gottlieb (Hg.): Allgemeines Gelehrten-Lexicon [...], 5 Bde., Leipzig 1750–1751.

JORDAN, Karl/HOFMANN, Erich (Bearb.): Geschichte der Christian-Albrechts-Universität Kiel 1665–1965. Bd. 5,2: Geschichte der Philosophischen Fakultät, Neumünster 1969.

JUNG, Vera: Körperlust und Disziplin. Studien zur Fest- und Tanzkultur im 16. und 17. Jahrhundert, Köln u.a. 2001.

JUSTI, Johann Heinrich Gottlob (Bearb./Übers.): Schauplatz der Kuenste und Handwerke, oder vollstaendige Beschreibung derselben, verfertiget oder gebilliget von denen Herren der Academie der Wissenschaften zu Paris. 20 Bde., Berlin u.a. 1762–1795.

KAINZ, Stephan: Die Ritterakademie zu Ettal (1711–1745), München [1912].

KANTHAK, Gerhard: Der Akademiegedanke zwischen utopischem Entwurf und barocker Projektmacherei. Zur Geistesgeschichte der Akademiebewegung des 17. Jahrhunderts, Berlin 1987.

KASCHUBA, Wolfgang: Editorial. In: Jahrbuch für Universitätsgeschichte 10 (2007), S. 7–10.

KATER, Herbert (Bearb.): Die Statuten der Universität Rinteln/Weser 1621–1809. Die lateinischen Original-Statuten ins Deutsche übersetzt. In: Einst und Jetzt. Sonderheft 12 (1992).

KEIL, Richard/KEIL, Robert: Geschichte des Jenaischen Studentenlebens von der Gründung der Universität bis zur Gegenwart (1548–1558). Eine Festgabe zum dreihundertjährigen Jubiläum der Universität Jena, Leipzig 1858.

KELLER, Anke: Da Tantzen alweg ein Laster ist und nymmer kein Tugent. Tanzen im Frankfurt a. M. und Augsburg des 15./16. Jahrhunderts im Spiegel moraldidaktischer Quellen. In: Archiv für hessische Geschichte 69 (2011), S. 1–16.

KELLER, Katrin: „Dresden schien zu meiner Zeit ein rechtes bezaubertes Land...". Zur Festkultur am Hofe Augusts des Starken. In: Michel ESPAGNE/Matthias MIDDELL (Hgg.): Von der Elbe bis an die Seine. Kulturtransfer zwischen Sachsen und Frankreich im 18. und 19. Jahrhundert. Leipzig 1999, S. 43–65.

DIES.: „Standesbildung". In: Enzyklopädie der Neuzeit 12 (2010), Sp. 887–894.

KELLER, Thomas: Kulturtransferforschung: Grenzgänge zwischen den Kulturen. In: Stephan MOEBIUS/Dirk QUADFLIEG (Hgg.): Kultur. Theorien der Gegenwart, Wiesbaden 2006, S. 101–114.

KELTER, Edmund: Das Stammbuch des Andreas Chemnitius 1597–1626, Hamburg 1910.

DERS.: Ein Jenaer Student um 1630 (Eberhard von Todenwarth). Eine Jubilaeumsausgabe zur Universitaetsfeier, Jena 1908.

KIRSTE, Hans-Jörg/SCHÜRMANN, Volker/TZSCHOPPE, Petra: Sport und Sportwissenschaft an der Leipziger Universität. In: Leipziger sportwissenschaftliche Beiträge 50 (2009), S. 75–103.

DIESS.: Sportwissenschaft. In: Ulrich von HEHL/Uwe JOHN/Manfred RUDERSDORF (Hgg.): Geschichte der Universität Leipzig 1409–2009. Bd. 4/1: Fakultäten, Institute, Zentrale Einrichtungen, Leipzig 2009, S. 905–942.

KLEINSCHMIDT, Harald: Posituren im Wandel. Beobachtungen zur Geschichte der Körperhaltung und – bewegung vornehmlich im frühneuzeitlichen Europa. In: Jahrbuch für europäische Geschichte 10 (2009), S. 121–147.

KLEINSTEUBER, Hans Jürgen: Was sind Feindbilder? Stereotype, Images und Vorurteile – Die Bilder in den Köpfen der Menschen. In: Günter TRAUTMANN (Hg.): Die hässlichen Deutschen? Deutschland im Spiegel der westlichen und östlichen Nachbarn, Darmstadt 1991, S. 60–68.

KLINGEBIEL, Thomas/LILIENTHAL, Andrea: Glaubensflüchtlinge in der Frühen Neuzeit: Das Beispiel der Hugenotten. In: Uwe MEINERS/Christoph REINDERS-DÜSELDER (Hgg.): Fremde in Deutschland – Deutsche in der Fremde. Schlaglichter von der Frühen Neuzeit bis in die Gegenwart. Begleitband zu einer gemeinsamen Ausstellung des Museumsdorfes Cloppenburg, des Württembergischen Landesmuseums Stuttgart, des Altonaer Museums – Norddeutsches Landesmuseum, des Stadtgeschichtlichen Museums Leipzig und des Kulturhistorischen Museums Magdeburg, Cloppenburg 1999, S. 91–104.

KLOTZ, Reinhold (Hg.): Handwörterbuch der lateinischen Sprache. 2 Bde., Braunschweig 1853–1857.

KLÜPFEL, Karl: Die Universität Tübingen in ihrer Vergangenheit und Gegenwart, Leipzig 1877.

DERS.: Geschichte und Beschreibung der Universität Tübingen, Tübingen 1849.

KNABE, Peter-Eckhard: L'histoire du mot „académie". In: Daniel-Odon HUREL/Gérard LAUDIN (Hgg.): Académies et sociétés savantes en Europe (1650–1800), Paris 2000, S. 23–34.

KNAPP, Theodor: Das Taufbuch der katholischen Kirche zu Tübingen von 1635 bis 1648, die Pfarrei Ammern und die katholische Stadtpfarrei Tübingen. In: Tübinger Blätter 27 (1936), S. 16–23.

KNOD, Gustav C. (Bearb.): Die alten Matrikeln der Universität Strassburg 1621–1793. 3 Bde., Straßburg 1897–1902.

KÖBLER, Gerhard: Historisches Lexikon der deutschen Länder. Die deutschen Territorien vom Mittelalter bis zur Gegenwart. 7. Aufl., München 2007.

KOCH, Ernst: Das konfessionelle Zeitalter – Katholizismus, Luthertum, Calvinismus (1563–1675), Leipzig 2000.

KOHFELDT, Gustav: Von akademischen Fecht- und Tanzmeistern des 17. und 18. Jahrhunderts. In: Beiträge zur Geschichte der Stadt Rostock 11 (1919), S. 68–73.

KOLB, Christoph von: Die Anfänge des Pietismus und Separatismus in Württemberg, Stuttgart 1902.

KOLDEWEY, Friedrich (Hg.): Braunschweigische Schulordnungen von den ältesten Zeiten bis zum Jahre 1828. Bd. 2: Schulordnungen des Herzogtums Braunschweig, Berlin 1890.

KOLNEDER, Walter: Das Buch der Violine. Bau, Geschichte, Spiel, Pädagogik, Komposition. 5. Aufl., Zürich 1993.

KÖNIG, Eugen: Der Philanthropismus und die Entdeckung des Leibes als pädagogische Kategorie. In: Giselher SPITZER (Hg.): Die Entwicklung der Leibesübungen in Deutschland. Von den Philanthropisten bis zu den Burschenschaftsturnern, Sankt Augustin 1993, S. 17–40.

Köpf, Ulrich: Die Verfassung der Universität Tübingen zwischen Reformation und Dreißig-jährigem Krieg. In: Ders./Sönke Lorenz/Dieter R. Bauer (Hgg.): Die Universität Tübingen zwischen Reformation und Dreißigjährigem Krieg. Festgabe für Dieter Mertens zum 70. Geburtstag, Ostfildern 2010, S. 23–39.

Körbs, Werner: Vom Sinn der Leibesübungen zur Zeit der italienischen Renaissance, Gräfen-hainichen 1938.

Kortländer, Bernd: Begrenzung – Entgrenzung. Kultur- und Wissenschaftstransfer in Europa. In: Lothar Jordan/Bernd Kortländer (Hgg.): Nationale Grenzen und internationaler Aus-tausch. Studien zum Kultur- und Wissenschaftstransfer in Europa, Tübingen 1995, S. 1–19.

Kosegarten, Johann Gottfried Ludwig: Geschichte der Universität Greifswald mit urkundli-chen Beilagen. Bd. 2, Greifswald 1856.

Krafft, Fritz: „Artes mechanicae". In: Lexikon des Mittelalters 1 (1980), Sp. 1063–1065.

Krafft, Ilse: Universität Ingolstadt und Magistrat in der Zeit des Absolutismus, München 1972.

Krämer, Gustav: Der Bebenhäuser Pfleghof in Tübingen. In: Tübinger Blätter 20 (1929), S. 1–8.

Krämer, Jörg: Musik, Musiktheorie und Musiktheater an der Altdorfer Universität. In: Hanns Christof Brennecke/Dirk Niefanger/Werner Wilhelm Schnabel (Hgg.): Akademie und Universität Altdorf. Studien zur Hochschulgeschichte Nürnbergs, Köln u.a. 2011, S. 343–361.

Krammer, Otto: Bildungswesen und Gegenreformation. Die Hohen Schulen der Jesuiten im katholischen Teil Deutschlands vom 16. bis zum 18. Jahrhundert, Würzburg 1988.

Krampe, Wilhelm: Die italienischen Humanisten und ihre Wirksamkeit für die Wiederbelebung gymnastischer Pädagogik. Ein Beitrag zur allgemeinen Geschichte der Jugenderziehung und der Leibesübungen, Breslau 1895.

Krapoth, Hermann: Die Beschäftigung mit romanischen Sprachen und Literaturen an der Uni-versität Göttingen im 18. und 19. Jahrhundert. In: Reinhard Lauer (Hg.): Philologie in Göt-tingen. Sprach- und Literaturwissenschaft an der Georgia Augusta im 18. und beginnenden 19. Jahrhundert, Göttingen 2001, S. 57–90.

Krauss, Rudolf: Das Theater. In: Albert von Pfister (Red.): Herzog Karl Eugen von Württem-berg und seine Zeit. Bd. 1. Hg. vom Württembergischen Geschichts- und Altertumsverein, Esslingen 1907, S. 485–554.

Krekler, Ingeborg (Bearb.): Die Autographensammlung des Stuttgarter Konsistorialdirektors Friedrich Wilhelm Frommann (1707–1787), Wiesbaden 1992.

Kremer, Hans-Georg: Außenseiter und Sonderlinge? Die Fechtmeister der Universität Jena. In: Matthias Steinbach/Michael Ploenus (Hgg.): Ketzer, Käuze, Querulanten. Außenseiter im universitären Milieu, Jena 2008, S. 40–54.

Ders.: Zur Geschichte des Sports an der Universität Jena. Materialien, Geschichten, Bilder, Jena 2002.

Kremer, Joachim: Musik an der Universität Tübingen um 1600. Reichard Mangons wieder auf-gefundene Gratulatio ad Pulcheriam Augustam im bildungsgeschichtlichen Kontext. In: Sön-ke Lorenz/Ulrich Köpf/Joseph S. Freedman u.a. (Hgg.): Die Universität Tübingen zwischen Scholastik und Humanismus, Ostfildern 2012, S. 337–388.

Krüger, Arnd: Valentin Trichters Erben. Das Theorie-Praxis-Problem in den Leibesübungen an der Georg-August-Universität (1734–1987). In: Hans-Günther Schlotter (Hg.): Die Ge-schichte der Verfassung und der Fachbereiche der Georg-August-Universität zu Göttingen, Göttingen 1994, S. 284–294.

Krüger, Michael/Langenfeld, Hans (Hgg.): Handbuch Sportgeschichte, Schorndorf 2010.

Krüger, Michael: Einführung in die Geschichte der Leibeserziehung und des Sports. Bd. 1: Von den Anfängen bis ins 18. Jahrhundert, Schorndorf 2004.

Krüger, Reinhard: Der honnête-homme als Akademiker. Nicolas Farets Projet de l'Académie (1634) und seine Voraussetzungen. In: Klaus Garber/Heinz Wismann (Hgg.): Europäische Sozietätsbewegung und demokratische Tradition. Die europäischen Akademien der Frühen Neuzeit zwischen Frührenaissance und Spätaufklärung. Bd. 1, Tübingen 1996, S. 348–409.

KRUG-RICHTER, Barbara/BRAUN, Tina: „Gassatum gehn". Der Spaziergang in der studentischen Kultur der Frühen Neuzeit. In: Jahrbuch für Universitätsgeschichte 9 (2006), S. 35–50.

KRUG-RICHTER, Barbara: Akademische Bilderwelten. In: Ulrich RASCHE (Hg.): Quellen zur frühneuzeitlichen Universitätsgeschichte. Typen, Bestände, Forschungsperspektiven, Wiesbaden 2011, S. 485–514.

DIES.: Du Bacchant, quid est grammatica? Konflikte zwischen Studenten und Bürgern in Freiburg/Br. in der Frühen Neuzeit. In: DIES./Ruth-Elisabeth MOHRMANN (Hgg.): Praktiken des Konfliktaustrags in der Frühen Neuzeit, Münster 2004, S. 79–104.

DIES.: Ein stund ernennen unnd im ein schlacht lieffern. Anmerkungen zum Duell in der studentischen Kultur. In: Ulrike LUDWIG/DIES./Gerd SCHWERHOFF (Hgg.): Das Duell. Ehrenkämpfe vom Mittelalter bis zur Moderne, Konstanz 2012, S. 275–287.

DIES.: Kulturhistorische Perspektiven auf die frühneuzeitlichen Universitäten Europas. Eine Einleitung. In: DIES./Ruth-Elisabeth MOHRMANN (Hgg.): Frühneuzeitliche Universitätskulturen. Kulturhistorische Perspektiven auf die Hochschulen in Europa. Köln u.a. 2009, S. 1–16.

DIES.: Von Messern, Mänteln und Männlichkeit. Aspekte studentischer Konfliktkultur im frühneuzeitlichen Freiburg im Breisgau. In: Wiener Zeitschrift zur Geschichte der Neuzeit 4/1 (2004), S. 26–52.

KRÜNITZ, Johann Georg: Oekonomische Encyklopaedie, oder allgemeines System der Staats- Stadt- Haus- u. Landwirthschaft in alphabetischer Ordnung. 242 Bde., Berlin 1773–1858.

KUBLIK, Steffen: Die Universität Jena und die Wissenschaftspolitik der ernestinischen Höfe um 1800, Marburg 2009.

KUHFUSS, Walter: Eine Kulturgeschichte des Französischunterrichts in der frühen Neuzeit. Französischlernen am Fürstenhof, auf dem Marktplatz und in der Schule in Deutschland, Göttingen 2014.

KUHLENKAMP, Alfred: Die Ritterakademie Rudolf-Antoniana in Wolfenbüttel 1687–1715, Braunschweig 1975.

KÜHLMANN, Wilhelm: Gelehrtenrepublik und Fürstenstaat. Entwicklung und Kritik des deutschen Späthumanismus in der Literatur des Barockzeitalters, Tübingen 1982.

KÜHNST, Peter: Sport. Eine Kulturgeschichte im Spiegel der Kunst, Dresden 1996.

KUHR, Hermann: Geschichte der I. deutschen gymnastischen Lehranstalt, eröffnet an der Universität Erlangen im Frühjahr 1806 durch Dr. Johann Adolf Carl Roux, Leipzig 1906.

KÜMMEL, Werner Friedrich: Die Anfänge der Musikgeschichte an den deutschsprachigen Universitäten. Ein Beitrag zur Geschichte der Musikwissenschaft als Hochschuldisziplin. In: Musikforschung 20 (1967), S. 262–280.

KUNISCH, Johannes: Die deutschen Führungsschichten im Zeitalter des Absolutismus. In: Hans Hubert HOFMANN/Günther FRANZ (Hgg.): Deutsche Führungsschichten in der Neuzeit. Eine Zwischenbilanz, Boppard 1980, S. 111–141.

KURZE, Dietrich: Lob und Tadel der artes mechanicae unter besonderer Berücksichtigung des Speculum vite humane des Rodrigo Sánchez de Arévalo (1467) – mit drei Anhängen. In: Knut SCHULZ (Hg.): Handwerk in Europa. Vom Spätmittelalter bis zur Frühen Neuzeit, München 1999, S. 109–153.

Kurzer Auszug aus denen Statuten der Universitaet Tuebingen, so fern solche die Studiosos, [...] betreffen, [Tübingen] 1752.

LA NOUE, François de/RAHTGEB, Jacob (Übers.): Discours oder Beschreibung und ußfuehrliches rähtliches bedencken, von allerhandt so wol politischen, als Kriegssachen [...], Frankfurt (Main) 1592. Digitalisat der Staatsbibliothek München: http://reader.digitale-sammlungen. de/resolve/display/bsb10160145.html (02.05.2015).

DERS.: Discours politiques et militaires, hg. von F. E. SUTCLIFFE, Genf 1967.

LAAK, Dirk van: Alltagsgeschichte. In: Michael MAURER (Hg.): Aufriß der Historischen Wissenschaften. Bd. 7: Neue Themen und Methoden der Geschichtswissenschaft, Stuttgart 2003, S. 14–80.

LADVOCAT, Jean Baptiste/LOHENSCHIOLD, Otto Christian von (Übers.): Des Herrn Abts Lad-vocat historisches Hand-Woerterbuch worinnen von den Patriarchen, Kaysern, Koenigen, Fuersten, grossen Feldherren, heydnischen Gottheiten und andern Helden des Alterthums [...] Nachricht ertheilt wird. 4 Bde., Ulm 1760–1763.

LANG, Franz: Abhandlung über die Schauspielkunst. Übersetzt und hg. von Alexander RUDIN. Nachdruck der Ausgabe München 1727, Bern/München 1975.

LANGE, Albert de: Der Beitrag der Waldenser zur Kultur in Württemberg im 18. Jahrhundert. In: Blätter für württembergische Kirchengeschichte 110 (2010), S. 47–80.

LANSIUS, Thomas: Consultatio de praerogativae certamine, quod est inter milites et literatos. In: Thomas LANSIUS: Mantissa consultationum et orationum, Tübingen 1656, S. 38–121.

LAUKHARD, Friedrich Christian: Leben und Thaten des Rheingrafen Carl Magnus, den Joseph II. auf zehn Jahre ins Gefängniß nach Königstein schickte, um da die Rechte der Untertha-nen und anderer Menschen respektiren zu lernen. Zur Warnung für alle winzige Despoten, Leichtgläubige und Geschäftsmänner geschildert. Ungekürzter Nachdruck der Erstausgabe 1789, Wendelsheim 2006.

DERS.: Magister F. Ch. Laukhards Leben und Schicksale. Von ihm selbst beschrieben. Deutsche und französische Kultur- und Sittenbilder aus dem 18. Jahrhundert. Bearbeitet von Viktor PETERSEN. 2 Bde., Stuttgart 1908.

LAUSBERG, Heinrich: Die Romanistik an der Universität Münster. In: Heinz DOLLINGER (Hg.): Die Universität Münster 1780–1980, Münster 1980, S. 401–410.

LAUSBERG, Michael: Hugenotten in Deutschland. Die Einwanderung von französischen Glau-bensflüchtlingen, Marburg 2007.

LAUTERBACH VON NOSKOWITZ, Johannes: Tractatus novus de Armis & Literis [...], Wittenberg 1595.

LEEUWEN, Marco H. D. van/LESGER, Clé: „Soziale Mobilität". In: Enzyklopädie der Neuzeit 12 (2010), Sp. 250–256.

Leges et Privilegia Illustris Collegii Novi, quod est Tubingae […], Tübingen 1609.

Leges et Privilegia Illustris Collegii, Quod Tubingae est […]. Ordnungen und Freyheiten Deß Fuerstl. Collegii zu Tuebingen […], Stuttgart 1666.

LEHMANN, Hartmut: Die württembergischen Landstände im 17. und 18. Jahrhundert. In: Dietrich GERHARD (Hg.): Ständische Vertretungen in Europa im 17. und 18. Jahrhundert, Göttingen 1969, S. 183–207.

LEIBETSEDER, Mathis: Die Kavalierstour. Adlige Erziehungsreisen im 17. und 18. Jahrhundert. Köln u.a. 2004.

DERS.: Grand Tour im Europa der Frühen Neuzeit. In: Klaus J. BADE/Pieter C. EMMER/Leo LUCASSEN u.a. (Hgg.): Enzyklopädie Migration in Europa. Vom 17. Jahrhundert bis zur Ge-genwart. 2. Aufl., Paderborn u.a. 2008, S. 601–604.

LENTZEN, Manfred: Die humanistische Akademiebewegung des Quattrocento und die Accade-mia Platonica in Florenz. In: Klaus GARBER/Heinz WISMANN (Hgg.): Europäische Sozietäts-bewegung und demokratische Tradition. Die europäischen Akademien der Frühen Neuzeit zwischen Frührenaissance und Spätaufklärung. Bd. 1, Tübingen 1996, S. 190–213.

LEUBE, Martin: Die Mömpelgarder Stipendiaten im Tübinger Stift. In: Blätter für württembergi-sche Kirchengeschichte Neue Folge 20 (1916), S. 54–75.

DERS.: Geschichte des Tuebinger Stifts. 3 Bde., Stuttgart 1921–1936.

LEY, Klaus: Castiglione und die Höflichkeit. Zur Rezeption des Cortegiano im deutschen Sprachraum vom 16. bis zum 18. Jahrhundert. In: Chloe 9 (1990), S. 3–108.

LEYSER, Augustinus: [...] Meditationes ad Pandectas [...]. Bd. 7, 3. Aufl., Leipzig 1744.

LIECHTENHAN, Rudolf: Vom Tanz zum Ballett. Eine illustrierte Geschichte des Tanzens von den Anfängen bis zur Gegenwart, Stuttgart 1983.

LIERMANN, Elke: Mit Mantel und Degen. Studentisches Fechten im frühneuzeitlichen Freiburg/Br. In: Barbara KRUG-RICHTER/Ruth-Elisabeth MOHRMANN (Hgg.): Frühneuzeitliche Uni-versitätskulturen. Kulturhistorische Perspektiven auf die Hochschulen in Europa, Köln u.a. 2009, S. 31–51.

LILLI, Waldemar: Grundlagen der Stereotypisierung, Göttingen 1982.

LIND, Carsten: „... unnd anderen dartzue gehörigen Personen" – Gießener Universitätsverwandte in der Frühen Neuzeit. In: Daniela SIEBE (Hg.): „Orte der Gelahrtheit". Personen, Prozesse und Reformen an protestantischen Universitäten des Alten Reiches, Stuttgart 2008, S. 193–206.

LINDGREN, Uta: Die Artes liberales in Antike und Mittelalter. Bildungs- und wissenschaftsgeschichtliche Entwicklungslinien, München 1992.

LINKE, Angelika: Sprachkultur und Bürgertum. Zur Mentalitätsgeschichte des 19. Jahrhunderts, Stuttgart/Weimar 1996.

LIPPMANN, Walter: Public opinion, New York 1929.

LÖFFLER, Paul: Aus dem Taufbuch der katholischen Kirchengemeinde zu Tübingen im 30jährigen Kriege (1635–1648). In: Tübinger Blätter 26 (1935), S. 28–32.

DERS.: Vom alten Collegium Illustre und seinen Ballmeistern. In: Tübinger Blätter 18 (1925–1926), S. 49–53.

LOOS, Erich: Baldassare Castigliones „Libro del Cortegiano". Studien zur Tugendauffassung des Cinquecento, Frankfurt (Main) 1955.

LORENZ, Sönke/MERTENS, Dieter/PRESS, Volker (Hgg.): Das Haus Württemberg. Ein biographisches Lexikon, Stuttgart u.a. 1997.

LOTZ-HEUMANN, Ute/MISSFELDER, Jan-Friedrich/POHLIG, Matthias: Indifferenz und Radikalität: Einführung. In: DIES. (Hg.): Konversion und Konfession in der Frühen Neuzeit, Gütersloh 2007, S. 239–242.

DIESS.: Religiöse Authentizität und Politik: Einführung. In: DIES. (Hg.): Konversion und Konfession in der Frühen Neuzeit, Gütersloh 2007, S. 59–61.

LOVISA, Barbro: Italienische Waldenser und das protestantische Deutschland 1655 bis 1989, Göttingen 1994.

LUCA, Ignatz de: Journal der Literatur und Statistik. Bd. 1, Innsbruck 1782.

LUCASSEN, Jan/LUCASSEN, Leo: „Arbeitsmigration". In: Enzyklopädie der Neuzeit 1 (2005), Sp. 549–557.

DIESS.: „Karrieremigration". In: Enzyklopädie der Neuzeit 6 (2007), Sp. 400–403.

DIESS.: „Mobilität". In: Enzyklopädie der Neuzeit 8 (2008), Sp. 624–644.

DIESS.: Alte Paradigmen und neue Perspektiven in der Migrationsgeschichte. In: Mathias BEER/Dittmar DAHLMANN (Hgg.): Über die trockene Grenze und über das offene Meer. Binneneuropäische und transatlantische Migrationen im 18. und 19. Jahrhundert, Essen 2004, S. 17–42.

LUCASSEN, Jan: Migrant labour in Europe 1600–1900. The drift of the North Sea. Übersetzt von Donald A. BLOCH, London 1987.

LUDWIG, Ulrike/SCHWERHOFF, Gerd: Ansichten zum Duell. Geschichtswissenschaftliche Zugänge. In: DIES./Barbara KRUG-RICHTER/DERS. (Hgg.): Das Duell. Ehrenkämpfe vom Mittelalter bis zur Moderne, Konstanz 2012, S. 29–38.

LUDWIG, Walther: Bildungsreise und Stammbuch des Schlesiers Wolfgang von Rechenberg zu Pürschkau und die Tübinger Adelsakademie im frühen 17. Jahrhundert. In: Zeitschrift für württembergische Landesgeschichte 67 (2008), S. 63–127.

LUKAS, Gerhard: Die Körperkultur in Deutschland von den Anfängen bis zur Neuzeit, Berlin 1969.

LÜSEBRINK, Hans-Jürgen/REICHARDT, Rolf (Hgg.): Kulturtransfer im Epochenumbruch. Frankreich – Deutschland 1770 bis 1815, Leipzig 1997.

DERS.: Kulturtransfer – methodisches Modell und Anwendungsperspektiven. In: Ingeborg TÖMMEL (Hg.): Europäische Integration als Prozess von Angleichung und Differenzierung, Opladen 2001, S. 213–226.

Die Maasse und Gewichte von Württemberg gegenüber den Metrischen des Deutschen Reiches, Stuttgart 1871.

MAHLER, Bruno: Die Leibesübungen in den Ritterakademien, Neuruppin 1921.

MAINKA, Peter: Die Erziehung der adligen Jugend in Brandenburg-Preußen. Curriculare Anweisungen Karl Abrahams von Zedlitz und Leipe für die Ritterakademie zu Liegnitz. Eine archivalische Studie zur Bildungsgeschichte der Aufklärungszeit, Würzburg 1997.

DERS.: Die Ritterakademie Liegnitz in preußischer Zeit. In: Gerhard KASKE/Hubert UNVERRICHT (Hgg.): 300 Jahre Ritterakademie Liegnitz. Bericht über das Symposium in der Bergischen Universität Wuppertal am 31. Mai 2008, Hofheim 2009, S. 49–72.

MAISEL, Thomas: „Bellum Latinum". Eine studentische Rebellion des frühen 16. Jahrhunderts in Wien. In: Kurt MÜHLBERGER/Thomas MAISEL (Hgg.): Aspekte der Bildungs- und Universitätsgeschichte. 16. bis 19. Jahrhundert, Wien 1993, S. 191–231.

MALKIEWICZ, Michael: Die hochfürstlichen Tanzmeister zu Salzburg. In: Andrea LINDMAYR-BRANDL/Thomas HOCHRADNER (Hgg.): Auf eigenem Terrain. Beiträge zur Salzburger Musikgeschichte. Festschrift Gerhard Walterskirchen zum 65. Geburtstag, Salzburg 2004, S. 239–262.

MALLINCKRODT, Rebekka von (Hg.): Bewegtes Leben. Körpertechniken in der Frühen Neuzeit. Wolfenbüttel 2008.

DIES.: „Leibesübungen". In: Enzyklopädie der Neuzeit 7 (2008), Sp. 817–821.

DIES.: Einführung: Körpertechniken in der Frühen Neuzeit. In: DIES. (Hg.): Bewegtes Leben. Körpertechniken in der Frühen Neuzeit, Wolfenbüttel 2008, S. 1–14.

MÄRKER, Michael: Französische Musiker am Hofe Augusts des Starken. In: Michel ESPAGNE/Matthias MIDDELL (Hgg.): Von der Elbe bis an die Seine. Kulturtransfer zwischen Sachsen und Frankreich im 18. und 19. Jahrhundert, Leipzig 1999, S. 67–74.

MÄRZ, Adolf: Die Entwicklung der Adelserziehung vom Rittertum bis zu den Ritterakademien, Wien 1949.

MÄRZ, Fritz: Personengeschichte der Pädagogik. Ideen – Initiativen – Illusionen, Bad Heilbrunn 1998.

MASSOUNIE, Dominique: L'architecture des écuries royales du château de Versailles, Paris 1998.

MATHYS, Fritz K.: Die Ballspiele. Eine Kulturgeschichte in Bildern, Dortmund 1983.

MAURER, Hans-Martin/MOLITOR, Stephan/RÜCKERT, Peter (Bearb.): Übersicht über die Bestände des Hauptstaatsarchivs Stuttgart. Altwürttembergisches Archiv (A-Bestände). 2. Aufl., Stuttgart 1999.

MAURER, Michael: Alte Kulturgeschichte – Neue Kulturgeschichte? In: Historische Zeitschrift 280 (2005), S. 281–304.

DERS.: Historische Anthropologie. In: DERS. (Hg.): Aufriß der Historischen Wissenschaften. Bd. 7: Neue Themen und Methoden der Geschichtswissenschaft, Stuttgart 2003, S. 294–387.

DERS.: Kulturgeschichte. In: DERS. (Hg.): Aufriß der Historischen Wissenschaften. Bd. 7: Neue Themen und Methoden der Geschichtswissenschaft, Stuttgart 2003, S. 339–418.

MAY, Louis du: Grammatica gallica in usum serenissimorum, illustrissimorum, illustrium & generosorum Illustris Collegii Wirtembergici alumnorum. 2. Aufl., Tübingen 1671.

MAYER, Anton: Das neue Reiterbuch. Reitkunst und Reitkultur in Vergangenheit und Gegenwart, Stuttgart 1937.

MAZAURIC, Simone: Aux origines du mouvement académique en France: Proto-histoire des académies et genèse de la sociabilité savante (1617–1666). In: Daniel-Odon HUREL/Gérard LAUDIN (Hgg.): Académies et sociétés savantes en Europe (1650–1800), Paris 2000, S. 35–47.

MEER, Johan Henry van der: Musikinstrumente. Von der Antike bis zur Gegenwart, München 1983.

MEINERS, Christoph: Geschichte der Entstehung und Entwickelung der hohen Schulen unsers Erdtheils. 4 Bde., Göttingen 1802–1805.

DERS.: Ueber die Verfassung und Verwaltung deutscher Universitaeten. Bd. 2, Göttingen 1802.

MENNINGER, Annerose: Genuss im kulturellen Wandel. Tabak, Kaffee, Tee und Schokolade in Europa (16.–19. Jahrhundert). 2. Aufl., Stuttgart 2008.

MERKEL, Gerhard: Wirtschaftsgeschichte der Universität Heidelberg im 18. Jahrhundert, Stuttgart 1973.

METZGER, Johann Daniel: Ueber die Universitaet zu Koenigsberg. Ein Nachtrag zu Arnoldt und Goldbeck, Königsberg 1804.

MEUSEL, Johann Georg: Lexikon der vom Jahr 1750 bis 1800 verstorbenen teutschen Schriftsteller. 15 Bde., Leipzig 1802–1816.

MEYER ZU ERMGASSEN, Heinrich: Die Universitäts-Almosen. Ein Kapitel aus der Sozialgeschichte der Universität Marburg. In: Hessisches Jahrbuch für Landesgeschichte 37 (1987), S. 99–239.

MEYER, Silke: Die Ikonographie der Nation. Nationalstereotype in der englischen Druckgraphik des 18. Jahrhunderts, Münster 2003.

MICHAELIS, Johann David: Raisonnement ueber die protestantischen Universitaeten in Deutschland. Bd. 3, Frankfurt/Leipzig 1773.

MIDDELL, Katharina/MIDDELL, Matthias: Forschungen zum Kulturtransfer. Frankreich und Deutschland. In: Grenzgänge 1 (1994), S. 107–122.

MIDDELL, Matthias: Kulturtransfer und Historische Komparatistik – Thesen zu ihrem Verständnis. In: Comparativ 10/1 (2000), S. 7–41.

DERS.: Von der Wechselseitigkeit der Kulturen im Austausch. Das Konzept des Kulturtransfers in verschiedenen Forschungskontexten. In: Andrea LANGER/Georg MICHELS (Hgg.): Metropolen und Kulturtransfer im 15./16. Jahrhundert. Prag – Krakau – Danzig – Wien, Stuttgart 2001, S. 15–51.

MIDELFORT, H. C. Erik: Adeliges Landleben und die Legitimationskrise des deutschen Adels im 16. Jahrhundert. In: Georg SCHMIDT (Hg.): Stände und Gesellschaft im Alten Reich. Stuttgart 1989, S. 245–264.

MIECK, Ilja: Das Edikt von Nantes und das Problem der Toleranz in Europa. In: Andreas FLICK/Albert de LANGE (Hgg.): Von Berlin bis Konstantinopel. Eine Aufsatzsammlung zur Geschichte der Hugenotten und Waldenser, Bad Karlshafen 2001, S. 169–188.

MINK, Heinrich Emanuel: Der Tugend- und Lasterhafte Studente poetisch und moralisch entworfen. Das Studentenleben in 30 Kupfern vorgestellet. Nachdruck der Ausgabe Frankfurt/Leipzig 1764, Bad Canstatt 1969.

MOHL, Robert: Ueber das Collegium illustre zu Tübingen, oder den staatswissenschaftlichen Unterricht in Württemberg besonders im sechszehnten und siebzehnten Jahrhundert. In: Zeitschrift für die gesamte Staatswissenschaft 6 (1850), S. 243–257.

MONTAIGNE, Michel de: Die Essais. Hg. von Arthur FRANZ, Leipzig 1953.

MONTAIGNE, Michel de: Les Essais. Hg. von Pierre VILLEY und Verdun L. SAULNIER, Paris 2004.

MORAW, Peter: Aspekte und Dimensionen älterer deutscher Universitätsgeschichte. In: DERS./Volker PRESS (Hgg.): Academia Gissensis. Beiträge zur älteren Gießener Universitätsgeschichte. Zum 375jährigen Jubiläum dargebracht vom Historischen Institut der Justus-Liebig-Universität Gießen, Marburg 1982, S. 1–43.

MORAW, Peter: Kleine Geschichte der Universität Gießen 1607–1982, Gießen 1982.

MÖRIKE, Klaus D.: Geschichte der Tübinger Anatomie, Tübingen 1988.

MOSER, Friedrich Carl von: Actenmaeßige Geschichte der Waldenser, ihrer Schicksale und Verfolgungen in den leztern dritthalbhundert Jahren uerberhaupt und ihrer Aufnahme und Anbau im Herzogthum Wuertemberg insbesondere, Zürich 1798.

MOTLEY, Mark: Becoming a french aristocrat. The education of the court nobility 1580–1715, Princeton 1990.

MOUREY, Marie-Thérèse: Galante Tanzkunst und Körperideal. In: Rebekka von MALLINCKRODT (Hg.): Bewegtes Leben. Körpertechniken in der Frühen Neuzeit, Wolfenbüttel 2008, S. 85–103.

MÜHLBERGER, Kurt/SCHUSTER, Walter (Bearb.): Die Matrikel der Universität Wien. Bd. 6, Wien u.a. 1993.

MÜHLBERGER, Kurt: Universitätsangehörige und Stadt in der Frühen Neuzeit. Quellen und Forschungen am Beispiel Wiens. In: Peter CSENDES/Johannes SEIDL (Red.): Stadt und Prosopographie. Zur quellenmäßigen Erforschung von Personen und sozialen Gruppen in der Stadt des Spätmittelalters und der frühen Neuzeit, Linz 2002, S. 91–108.

MÜLLER, Ernst: Ein Stammbuch aus dem Collegium Illustre in Tübingen. In: Besondere Beilage des Staats-Anzeigers für Württemberg 2 (1923), S. 39–48.

MÜLLER, Gregor: Mensch und Bildung im italienischen Ranaissance-Humanismus. Vittorino da Feltre und die humanistischen Erziehungsdenker, Baden-Baden 1984.

MÜLLER, Karl Otto: Ein „Loblied" auf das Tübinger Collegium illustre (1617). In: Württembergische Vierteljahrshefte für Landesgeschichte 23 (1914), S. 428–430.

MÜLLER, Rainer A.: Aristokratisierung des Studiums? Bemerkungen zur Adelsfrequenz an süddeutschen Universitäten im 17. Jahrhundert. In: Geschichte und Gesellschaft 10 (1984), S. 31–46.

DERS.: Norm und Praxis adliger Bildung 1350–1550 mit besonderer Berücksichtigung Südwestdeutschlands. In: Horst CARL/Sönke LORENZ (Hgg.): Gelungene Anpassung? Adelige Antworten auf gesellschaftliche Wandlungsvorgänge vom 14. bis zum 16. Jahrhundert. Zweites Symposion „Adel, Ritter, Reichsritterschaft vom Hochmittelalter bis zum modernen Verfassungsstaat" 24.–25. Mai 2001 Schloß Weitenburg, Ostfildern 2005, S. 139–161.

DERS.: Studentenkultur und akademischer Alltag. In: Walter RÜEGG (Hg.): Geschichte der Universität in Europa. Bd. 2: Von der Reformation zur Französischen Revolution (1500–1800), München 1996, S. 263–286.

DERS.: The colleges of the „Societas Jesu" in the german empire. In: Domenico MAFFEI/Hilde de RIDDER-SYMOENS (Hgg.): I collegi universitari in Europa tra il XIV e il XVIII secolo. Atti del convegno di studi della commissione internazionale per la storia delle università Siena-Bologna, 16–19 Maggio 1988, Mailand 1991, S. 173–184.

DERS.: Universität und Adel. Eine soziostrukturelle Studie zur Geschichte der bayerischen Landesuniversität Ingolstadt 1472–1648, Berlin 1974.

DERS.: Zwischen Traditionalismus und Modernität. Das „Jesuitensystem" im deutschen Universitätswesen der Frühen Neuzeit. In: Rudolf SCHIEFFER (Hg.): Kirche und Bildung vom Mittelalter bis zur Gegenwart. Generalversammlung der Görres-Gesellschaft in Eichstätt 23.–27. September 2000, München 2001, S. 25–41.

MÜNCHHOFF, Ursula: René Pierre Doignon. Ein französischer Emigrant in Erlangen (1795–1838) und seine Familie. In: Erlanger Bausteine zur fränkischen Heimatforschung 38 (1990), S. 119–146.

Nachricht, Von der in der Hochfuerstlich Saechsischen Residenz Hildburghausen, Unter Hochfuerstlicher gnaedigster Protection Zu Erlernung der Exercitien und andern galanten Wissenschafften errichteten Academie, Hildburghausen 1718.

NAIL, Norbert/BERSCHIN, Gereon: Zur Geschichte des Fechtens an der Universität Marburg. Unveröffentlichtes Dokument, entstanden im Rahmen eines Hauptseminars zur Geschichte des Sports an der Universität Marburg am Institut für Germanistische Sprachwissenschaft der Philipps-Universität Marburg. Marburg WS 2003/2004.

DIESS.: Zur Geschichte des Reitens an der Universität Marburg. Unveröffentlichtes Dokument, entstanden im Rahmen eines Hauptseminars zur Geschichte des Sports an der Universität Marburg am Institut für Germanistische Sprachwissenschaft der Philipps-Universität Marburg. Marburg WS 2003/2004.

DIESS.: Zur Geschichte des Tanzens an der Universität Marburg. Unveröffentlichtes Dokument, entstanden im Rahmen eines Hauptseminars zur Geschichte des Sports an der Universität Marburg am Institut für Germanistische Sprachwissenschaft der Philipps-Universität Marburg. Marburg WS 2003/2004.

NAIL, Norbert.: „... ganz ruiniret und zum Ballspielen untauglich gemacht" – Zur Geschichte des Marburger Ballhauses. In: Claudia MAUELSHAGEN/Jan SEIFERT (Hgg.): Sprache und Text in Theorie und Empirie. Beiträge zur germanistischen Sprachwissenschaft. Festschrift für Wolfgang Brandt, Stuttgart 2001, S. 209–221.

Namens- und Vorlesungsverzeichnis. Winter-Semester 1942/1943, Tübingen 1942.

Ebd. Sommer-Semester 1943, Tübingen 1943.

Ebd. Sommer-Semester 1944, Tübingen 1944.

Ebd. Sommer-Semester 1950, Tübingen 1950.

NEUPER, Horst (Hg.): Das Vorlesungsangebot an der Universität Jena von 1749 bis 1854, Weimar 2003.

NEYFFER, Johann Christoph/DITZINGER, Ludwig: Illustrissimi Wirtembergici ducalis novi collegii quod Tubingae qua situm qua studia qua exercitia accurata delineatio, [s.l.] [um 1608].

NEYRET, Francis A.: François de la Noues Reden, Halle 1897.

NIEBUHR, Hermann: Zur Sozialgeschichte der Marburger Professoren 1653–1806, Darmstadt/ Marburg 1983.

OBERNITZ, Georg von: Verzeichniß hervorragender Namen von Gelehrten, Schriftstellern, hohem und niederem Adel aus einem großen Theil der Stammbücher, welche auf der Großherzoglichen Bibliothek zu Weimar sich befinden. In: Vierteljahrsschrift für Wappen-, Siegel- und Familienkunde 29 (1901) (I), S. 285–389, 32 (1904) (II), S. 157–240, 261–302.

OESER, Erhard: Pferd und Mensch. Die Geschichte einer Beziehung, Darmstadt 2007.

Ordnung und Freyheiten, das Fuerstliche Newe Collegium zu Tuebingen betreffend […], Tübingen 1609.

Ordnung unnd Freyheiten, Das Fuerstliche Newe Collegium zu Tuebingen betreffend […], Tübingen 1614.

Ordo praelectionum cum publicarum tum privatarum in perantiqua studiorum Universitate Tubingensi Eberhardino-Carolina habendarum […], [Tübingen] 1792.

Ordo praelectionum cum publicarum tum privatarum in perantiqua studiorum Universitate Tubingensi Eberhardino-Carolina habendarum […], [Tübingen] 1795/1796.

Ordo praelectionum cum publicarum tum privatarum in perantiqua studiorum Universitate Tubingensi habendarum […], [Tübingen] 1812/1813.

Ordo praelectionum cum publicarum tum privatarum in perantiqua studiorum Universitate Tubingensi habendarum […], [Tübingen] 1818/1819.

Ordo praelectionum cum publicarum tum privatarum, in perantiqua studiorum Universitate Tubingensi Eberhardino-Carolina habendarum […], [Tübingen] 1792/1793.

Ordo praelectionum publicarum et privatarum […] in Universitate Tubingensi habendarum […], Tübingen 1752.

Ordo studiorum in Academia Eberhardina, quae Tubingae est, praescriptus, [Tübingen] 1652.

Ordo studiorum in Academia Eberhardina, quae Tubingae est, publice propositus […], [Tübingen] 1700.

OTTE, Michaela: Geschichte des Reitens von der Antike bis zur Neuzeit, Warendorf 1994.

OUDENHOVEN, Jan Pieter van: Herkunft und Funktion von Vorurteilen und nationalen Stereotypen. In: Gebhard MOLDENHAUER/Jan VIES (Hgg.): Die Niederlande und Deutschland: Einander kennen und verstehen, Münster 2001, S. 271–283.

OVERFIELD, James H.: Nobles and paupers at German universities to 1600. In: Societas 4 (1974), S. 175–210.

PAHNCKE, Wolfgang: Zur Entwicklung von Körperkultur und Sport an der Universität Rostock von ihrer Gründung 1419 bis zum Jahre 1945, Rostock 1971.

PALETSCHEK, Sylvia: Stand und Perspektiven der neueren Universitätsgeschichte. In: Zeitschrift für Geschichte der Wissenschaften, Technik und Medizin 19 (2011), S. 169–189.

PARAVICINI, Werner: Der Grand Tour in der europäischen Geschichte: Zusammenfassung. In: Rainer BABEL/Werner PARAVICINI (Hgg.): Grand Tour. Adeliges Reisen und europäische Kultur vom 14. bis zum 18. Jahrhundert. Akten der internationalen Kolloquien in der Villa Vigoni 1999 und im Deutschen Historischen Institut Paris 2000, Ostfildern 2005, S. 657–674.

DERS.: Die ritterlich-höfische Kultur des Mittelalters. 3. Aufl., München 2011.

PAULS, Volquart (Bearb.): Die Anfaenge der Christian-Albrechts Universitaet Kiel. Aus dem Nachlaß von Dr. Carl Rodenberg […] Professor der Geschichte an der Christian-Albrechts-Universität, Neumünster 1955.

PAULSEN, Friedrich: Geschichte des gelehrten Unterrichts auf den deutschen Schulen und Universitäten vom Ausgang des Mittelalters bis zur Gegenwart mit besonderer Rücksicht auf den klassischen Unterricht, Leipzig 1885.

Personal- und Vorlesungsverzeichnis, Tübingen 1935.

PFEILSTICKER, Walther (Bearb.): Neues württembergisches Dienerbuch. 3 Bde., Stuttgart 1957–1974.

PFISTERER, Daniel: Barockes Welttheater. Ein Buch von Menschen, Tieren, Blumen, Gewächsen und allerlei Einfällen. Geschrieben und gemalt von M. Daniel PFISTERER, Pfarrer zu Köngen, begonnen im Jahre 1716. Hg. vom Württembergischen Landesmuseum und dem Geschichts- und Kulturverein Köngen e.V., Stuttgart 1996.

PFUDEL, Ernst: Die Geschichte der Königlichen Ritter-Akademie zu Liegnitz. Faksimile-Nachdruck des Sonderheftes 1908, Hofheim 1994.

PLATO: Der Staat. Politeia. Griechisch-deutsch. Übersetzt von Rüdiger RUFENER. Einführung, Erläuterungen, Inhaltsübersicht und Literaturhinweise von Thomas Alexander SZLEZÁK, Düsseldorf/Zürich 2000.

PLATTE, Maria: Die „Maneige Royal" des Antoine de Pluvinel, Wiesbaden 2000.

PLEYER, Klemens: Die Vermögens- und Personalverwaltung der deutschen Universitäten. Ein Beitrag zum Problemkreis Universität und Staat, Marburg 1955.

PLUTARCH/PETRI, Suffridus: Plutarchi Chaeronei philosophi opusculum, de educandis liberis [...], Basel 1561.

PLUTARCH: Les oeuvres morales [...], translatees de grec en François par Jacques AMYOT [...]. Bd. 1, Lyon 1588.

DERS.: Plutarch's lives. With an english translation by Bernadotte PERRIN. Bd. 1, London 1967.

PODHAJSKY, Alois: Die klassische Reitkunst. Eine Reitlehre von den Anfängen bis zur Vollendung, München 1965.

POGGENDORFF, Johann Christian: Biographisch-literarisches Handwörterbuch zur Geschichte der exacten Wissenschaften. 2 Bde., Leipzig 1863.

POHL, Anja: Studentische Lebensführung im 18. Jahrhundert. Erkenntnisse aus Nachlaßakten verstorbener Studenten. In: Detlef DÖRING (Hg.): Universitätsgeschichte als Landesgeschichte. Die Universität Leipzig in ihren territorialgeschichtlichen Bezügen. Tagung der Historischen Kommission der Sächsischen Akademie der Wissenschaften zu Leipzig 7.–9. Oktober 2004, Leipzig 2007, S. 205–237.

POPPLOW, Marcus: „Artes mechanicae". In: Enzyklopädie der Neuzeit 1 (2005), Sp. 690–693.

PORTEAU, Paul: Montaigne et la vie pédagogique de son temps, Paris 1935.

PRAETORIUS, Michael: Syntagma musicum. Bd. 2: De Organographia. Faksimile der Ausgabe Wolfenbüttel 1619. Hg. von Wilibald GURLITT, Kassel u.a. 1958.

PRAHL, Hans-Werner: Sozialgeschichte des Hochschulwesens, München 1978.

PRANTL, Carl: Geschichte der Ludwig-Maximilians-Universität in Ingolstadt, Landshut, München. Zur Festfeier ihres vierhundertjährigen Bestehens im Auftrage des akademischen Senates. 2 Bde., München 1872.

PRESS, Volker: Führungsgruppen in der deutschen Gesellschaft im Übergang zur Neuzeit um 1500. In: Hans Hubert HOFMANN/Günther FRANZ (Hgg.): Deutsche Führungsschichten in der Neuzeit. Eine Zwischenbilanz, Boppard 1980, S. 29–77.

PUSCHNER, Johann Georg: Natürliche Abschilderung des academischen Lebens in schönen Figuren ans Licht gestellet. Eingeleitet und beschrieben von Konrad LENGENFELDER. Hg. aus Anlass der 22. deutschen Studentenhistoriker-Tagung am 8.–9. September 1962 in Erlangen/Altdorf, Nürnberg 1962.

PÜTTER, Johann Stephan/SAALFELD, Friedrich/OESTERLEY, Georg Heinrich: Versuch einer academischen Gelehrten-Geschichte von der Georg-Augustus-Universität zu Göttingen. 4 Bde., Göttingen 1765–1838.

RAMSLER, Jacob: [...] Blumen des Fürstlichen Collegii zu Tübingen, das ist kurze Verzeichnus darin aller hohen und edlen Standts Personen, die in diesem Collegio gepflanzet, erwachsen, durch angeborne Wappen unter schieden, mit kurzem Jahr Register, wan sie aufgangen angedeutet werden zu samen getragen und in Ordtnung gestellt durch Jacob Ramslern Burger und Mahlern in Tübingen, Tübingen 1627.

RASCHE, Ulrich: Cornelius relegatus in Stichen und Stammbuchbildern des frühen 17. Jahrhunderts. Zur Memoria studentischer Standeskultur in deren Formationsphase. In: Einst und Jetzt 53 (2008), S. 15–47.

DERS.: Cornelius relegatus und die Disziplinierung der deutschen Studenten (16. bis frühes 19. Jahrhundert). Zugleich ein Beitrag zur Ikonologie studentischer Memoria. In: Barbara KRUG-RICHTER/Ruth-Elisabeth MOHRMANN (Hgg.): Frühneuzeitliche Universitätskulturen. Kulturhistorische Perspektiven auf die Hochschulen in Europa, Köln u.a. 2009, S. 157–221.

DERS.: Studien zur Habilitation und zur Kollektivbiographie Jenaer Privatdozenten 1835–1914. In: Matthias STEINBACH/Stefan GERBER (Hgg.): „Klassische Universität" und „akademische Provinz". Studien zur Universität Jena von der Mitte des 19. bis in die dreißiger Jahre des 20. Jahrhunderts, Jena/Quedlinburg 2005, S. 129–191.

DERS.: Über die „Unruhe" am „academischen Uhrwerck". Quellenstudien zur Geschichte des Dienstpersonals der Universität Jena vom 17. bis zum frühen 19. Jahrhundert. In: Zeitschrift des Vereins für Thüringische Geschichte 53 (1999), S. 45–112.

RAU, Reinhold: Das Goldschmiedehandwerk in Tübingen von 1650 bis 1800. In: Tübinger Blätter 51 (1964), S. 40–45.

DERS.: Der Blaubeurer Pfleghof in Tübingen. In: Ebd. 37 (1950), S. 26 f.

DERS.: Franzosen als Tanzmeister am Tübinger Collegium Illustre. In: Ebd. 53 (1966), S. 6–10.

DERS.: Rund um den Tübinger Marktplatz. In: Ebd. 56 (1969), S. 15–26.

RAUERS, Friedrich: Tübinger Gaststätten und Gastlichkeit. In: Ebd. 39 (1952), S. 22–24.

RAUSCHENBACH, Gerhard: Entwicklung und Stellung der Körpererziehung der Studierenden an der Universität Jena. Ein Beitrag zur Geschichte der Universität Jena (1548/58–1958), Jena 1960.

RAUSCHER, Gerhard: Das Collegium Illustre zu Tübingen und die Anfänge des Unterrichts in den neueren Fremdsprachen unter besonderer Berücksichtigung des Englischen (1601–1817), Tübingen 1957.

RECK, Ralf: Das Totschläger-Asyl der Reichsstadt Reutlingen 1495–1804, Reutlingen 1970.

REICHERT, Georg: Die musikalische Kultur Tübingens zu Ende des 16. Jahrhunderts. In: Tübinger Blätter 41 (1954), S. 22–28.

REINHARDT, Rudolf: Die katholisch-theologische Fakultät Tübingen im ersten Jahrhundert ihres Bestehens. Faktoren und Phasen der Entwicklung. In: DERS. (Hg.): Tübinger Theologen und ihre Theologie. Quellen und Forschungen zur Geschichte der Katholisch-Theologischen Fakultät Tübingen, Tübingen 1977, S. 1–42.

REINHARDT, Uta: Die Matrikel der Ritterakademie zu Lüneburg 1656–1850, Hildesheim 1979.

REININGHAUS, Wilfried: Migrationen von Handwerkern. Anmerkungen zur Notwendigkeit von Theorien, Konzepten und Modellen. In: Knut SCHULZ (Hg.): Handwerk in Europa. Vom Spätmittelalter bis zur Frühen Neuzeit, München 1999, S. 195–212.

REITH, Reinold: „Gesellenwanderung". In: Enzyklopädie der Neuzeit 4 (2006), Sp. 668–674.

Répertoire International des Sources Musicales (RISM) (Online-Ressource: http://opac.rism.info/index.php) (02.05.2015).

REYSCHER, August Ludwig (Hg.): Sammlung der wuerttembergischen Geseze. Bd. 11,3: Universitaets-Geseze, Tübingen 1843.

RICHTER, Gregor (Hg.): Die Studentenmatrikel der Adolphsuniversität zu Fulda (1734–1805), Fulda 1936.

RIDDER-SYMOENS, Hilde de: L'aristocratisation des universités au XVIe siècle. In: Mariusz KULCZYKOWSKI (Red.): Les grandes réformes des universités européennes du XVIe au XXe siècles. IIIe session scientifique internationale Cracovie 15.–17. Mai 1980, Krakau 1985, S. 37–47.

RIECKE, Carl Viktor: Das evangelische Kirchengut des vormaligen Herzogthums Württemberg, Stuttgart 1876.

ROCHE, Daniel: Pour un art de la cavalerie XVe–XXe siècle. In: DERS./Daniel REYTIER (Hgg.): Le cheval et la guerre du XVe au XXe siècle, Paris 2002, S. 13–41.

DERS./BABELON, Jean-Pierre/REYTIER, Daniel (Hgg.): Les écuries royales du XVIe au XVIIIe siècle, Paris 1998.

ROCHER, Daniel: Lateinische Tradition und ritterliche Ethik. Zum „Ritterlichen Tugendsystem". In: Günter EIFLER (Hg.): Ritterliches Tugendsystem, Darmstadt 1970, S. 452–477.

ROODENBURG, Herman: Brains or brawn? What were early modern universities for? In: Barbara KRUG-RICHTER/Ruth-Elisabeth MOHRMANN (Hgg.): Frühneuzeitliche Universitätskulturen. Kulturhistorische Perspektiven auf die Hochschulen in Europa, Köln u.a. 2009, S. 17–29.

DERS.: The eloquence of the body. Perspectives on gesture in the Dutch Republic, Zwolle 2004.

RÖSCH, Heinz Egon: Die Leibeserziehung bei Vittorino da Feltre und Francesco Filelfo. Ein Beitrag zur Geschichte der Leibeserziehung in der Zeit des frühen Humanismus. In: Die Leibeserziehung 11 (1962), S. 7–9.

DERS.: Leibesübungen an den deutschen Universitäten bis zum Ende des 18. Jahrhunderts unter besonderer Berücksichtigung der Leibesübungen an der kurfürstlichen Universität in Mainz. In: Norbert MÜLLER/Heinz-Egon RÖSCH (Hgg.): Geschichte und Strukturen des Sports an den Universitäten. 2. Aufl., Mainz 1979, S. 119–135.

RÖSENER, Werner: Befand sich der Adel im Spätmittelalter in einer Krise? Zur Lage des südwestdeutschen Adels im 14. und 15. Jahrhundert. In: Zeitschrift für württembergische Landesgeschichte 61 (2002), S. 91–109.

DERS.: Leben am Hof. Königs- und Fürstenhöfe im Mittelalter, Ostfildern 2008.

ROSENKE, Stephan: „Kaffeehaus". In: Enzyklopädie der Neuzeit 6 (2007), Sp. 250–253.

RÖSSLER, Hellmuth: Adelsethik und Humanismus. In: DERS. (Hg.): Deutscher Adel 1430–1555, Darmstadt 1965, S. 234–250.

ROTERMUND, Heinrich Wilhelm: Das gelehrte Hannover oder Lexikon von Schriftstellern und Schriftstellerinnen, gelehrten Geschaeftsmaennern und Kuenstlern [...]. 2 Bde., Bremen 1823.

ROTH, Oskar: Höfische Gesinnung und honnêteté im Frankreich des 17. Jahrhunderts. In: August BUCK/Georg KAUFFMANN/Blake Lee SPAHR u.a. (Hgg.): Europäische Hofkultur im 16. und 17. Jahrhundert. Vorträge und Referate gehalten anläßlich des Kongresses des Wolfenbütteler Arbeitskreises für Renaissanceforschung und des Internationalen Arbeitskreises für Barockliteratur in der Herzog August Bibliothek Wolfenbüttel 4.–8. September 1979. Bd. 2, Hamburg 1981, S. 239–244.

DERS.: Höfische Gesinnung und honnêteté im Frankreich des 17. Jahrhunderts. In: Daphnis 11/1–2 (1982), S. 191–214.

ROTHMUND, Gabriela: Die Geschichte eines der größten mittelalterlichen Gebäude der Stadt. In: DIES. (Hg.): Der Bebenhäuser Pfleghof in Tübingen. Festschrift zum 500jährigen Weihejubiläum seiner Marienkapelle, Tübingen 1992, S. 11–83.

DIES.: Zwischen Taktstock und Hörsaal. Das Amt des Universitätsmusikdirektors in Tübingen 1817–1952, Stuttgart/Weimar 1998.

ROTTENSTEINER, Gudrun: Vom „Ballarino" zum „Maitre à danser". Grazer Tanzmeister des 17. Jahrhunderts. In: Uwe SCHLOTTERMÜLLER/Maria RICHTER (Hgg.): Morgenröte des Barock. Tanz im 17. Jahrhundert. 1. Rothenfelser Tanzsymposion 9.–13. Juni 2004, Freiburg 2004, S. 181–188.

ROUX, Friedrich August Wilhelm Ludwig: Deutsches Paukbuch. 2. Aufl., Jena 1867.

ROUX, Oskar: Der Réfugié François Roux. Seine Ahnen und Nachkommen. Geschichte der Familie Roux in Biographien. Mit einem Anhang über die Nebenlinien, Jena 1928.

ROUX, Paul: Die Fechtmeisterfamilien Kreußler und Roux. Ein geschichtlicher Rückblick auf die deutsche Fechtkunst vom Mittelalter bis zum Anfang des gegenwärtigen Jahrhunderts, Jena 1911.

RUIJSENDAAL, Els: Mehrsprachige Gesprächsbüchlein und Fremdsprachengrammatiken: Vom Niederländischen zum Italienischen und das Französische in der Mitte. In: Werner HÜLLEN/ Friederike KLIPPEL (Hgg.): Heilige und profane Sprachen. Die Anfänge des Fremdsprachenunterrichts im westlichen Europa, Wiesbaden 2002, S. 199–209.

SALMEN, Walter: Der Tanzmeister. Geschichte und Profile eines Berufes vom 14. bis zum 19. Jahrhundert. Mit einem Anhang „Der Tanzmeister in der Literatur", Hildesheim u.a. 1997.

DERS.: Die Universitäts-Tanzmeister in Freiburg. In: Freiburger Universitätsblätter 31 (1992), S. 79–89.

DERS.: Tanz im 17. und 18. Jahrhundert, Leipzig 1988.

DERS.: Tanz und Tanzen vom Mittelalter bis zur Renaissance, Hildesheim u.a. 1999.

SANCHEZ PEREZ, Aquilino: Historia de la enseñanza del español como lengua extranjera, Madrid 1992.

SAURBIER, Bruno: Geschichte der Leibesübungen. 3. Aufl., Frankfurt (Main) 1961.

SCHÄFER, Volker: „Symbolum: Alle neun!". Kegelspuren vorwiegend in alten Tübinger Studentenstammbüchern. In: Württembergisch Franken 86 (2002), S. 455–468.

DERS.: Die Universität Tübingen zur Zeit Wilhelm Schickards. In: DERS./Sönke LORENZ/Wilfried SETZLER (Hgg.): Aus dem „Brunnen des Lebens". Gesammelte Beiträge zur Geschichte der Universität Tübingen, Ostfildern 2005, S. 99–112.

DERS.: Die Unterschriften unter das Konkordienbuch an der Universität Tübingen (1582–1781). Zweiter Teil: Edition. In: Ulrich KÖPF/Sönke LORENZ/Dieter R. BAUER (Hgg.): Die Universität zwischen Reformation und Dreißigjährigem Krieg, Ostfildern 2010, S. 51–99.

DERS.: Universität und Stadt Tübingen zur Zeit Nicodemus Frischlins. In: DERS./Sönke LORENZ/Wilfried SETZLER (Hgg.): Aus dem „Brunnen des Lebens". Gesammelte Beiträge zur Geschichte der Universität Tübingen. Festgabe zum 70. Geburtstag, Ostfildern 2005, S. 66–92.

SCHÄTZ, Harald: Die Aufnahmeprivilegien für Waldenser und Hugenotten im Herzogtum Württemberg. Eine rechtsgeschichtliche Studie zum deutschen Refuge, Stuttgart 2010.

SCHAUER, Eberhard: Das Personal des Württembergischen Hoftheaters 1750–1800. Ein Lexikon der Hofmusiker, Tänzer, Operisten und Hilfskräfte. In: Reiner NÄGELE (Hg.): Musik und Musiker am Stuttgarter Hoftheater (1750–1918). Quellen und Studien, Stuttgart 2000, S. 11–83.

SCHEFOLD, Max: Alte Ansichten aus Württemberg. 3 Bde., Stuttgart 1956–1957, 1974.

SCHEUER, Oskar F.: Das Waffentragen auf Deutschlands hohen Schulen. In: Wende und Schau: Kösener Jahrbuch 2 (1932), S. 65–89.

SCHIEK, Sigwalt/SETZLER, Wilfried (Hgg.): Das älteste Tübinger Ehebuch 1553–1614. Textedition und Register, Stuttgart 2000.

SCHINDLING, Anton: Bei Hofe und als Pomeranzenhändler: Italiener im Deutschland der Frühen Neuzeit. In: Klaus J. BADE (Hg.): Deutsche im Ausland – Fremde in Deutschland. Migration in Geschichte und Gegenwart, München 1992, S. 287–294.

DERS.: Bildung und Wissenschaft in der Frühen Neuzeit 1650–1800, München 1994.

DERS.: Konfessionalisierung und Grenzen von Konfessionalisierbarkeit. In: DERS./Walter ZIEGLER (Hgg.): Die Territorien des Reichs im Zeitalter der Reformation und Konfessionalisierung. Land und Konfession 1500–1650. Bd. 7: Bilanz – Forschungsperspektiven – Register, Münster 1997, S. 9–44.

SCHIPPERGES, Heinrich: „Artes liberales". In: Lexikon des Mittelalters 1 (1980), Sp. 1058–1063.

SCHLETTERER, Hans Michel: Geschichte der Spielmannszunft in Frankreich und der Pariser Geigerkönige, Berlin 1884.

SCHMALE, Wolfgang (Hg.): Kulturtransfer. Kulturelle Praxis im 16. Jahrhundert, Innsbruck u.a. 2003.

DERS.: Historische Komparatistik und Kulturtransfer. Europageschichtliche Perspektiven für die Landesgeschichte. Eine Einführung unter besonderer Berücksichtigung der Sächsischen Landesgeschichte, Bochum 1998.

SCHMIDGALL, Georg: Die Grundzüge der Tübinger Studentengeschichte. In: Beiträge zur Tübinger Studentengeschichte 5 (1952), S. 13–25.

DERS.: Tübinger Studenten im Zeitalter der Orden und Landsmannschaften 1770–1815. In: Tübinger Blätter 14 (1912), S. 20–35.

SCHMIDT, Bernhard: Der französische Unterricht und seine Stellung in der Pädagogik des 17. Jahrhunderts, Halle 1931.

SCHMIDT, Johann Andreas: Leib-beschirmende und Feinden Trotz-bietende Fecht-Kunst. [...], Nürnberg 1713. Digitalisat der Universitäts- und Landesbibliothek Sachsen-Anhalt Halle (Saale): http://nbn-resolving.de/urn:nbn:de:gbv:3:3-3209 (02.05.2015).

SCHMIDT, Peer: Universalmonarchie oder „teutsche Libertet". Das spanische Imperium in der Propaganda des Dreißigjährigen Krieges, Stuttgart 2001.

SCHMIDT, Sandra: Kopfübern und Luftspringen. Bewegung als Wissenschaft und Kunst in der Frühen Neuzeit, München 2008.

SCHNABEL, Werner Wilhelm: Stammbücher. In: Ulrich RASCHE (Hg.): Quellen zur frühneuzeitlichen Universitätsgeschichte. Typen, Bestände, Forschungsperspektiven, Wiesbaden 2011, S. 421–452.

SCHNEIDER, Eugen: Das Tübinger Collegium Illustre. In: Württembergische Vierteljahrshefte für Landesgeschichte Neue Folge 7 (1898), S. 217–245.

SCHNEIDER, Otto: Tanzlexikon, Wien 1985.

SCHÖNPFLUG, Daniel: Französische Revolutionsflüchtlinge in Europa nach 1789 (Beispiel Deutschland). In: Klaus J. BADE/Pieter C. EMMER/Leo LUCASSEN u.a. (Hgg.): Enzyklopädie Migration in Europa. Vom 17. Jahrhundert bis zur Gegenwart. 2. Aufl., Paderborn u.a. 2008, S. 587–591.

SCHORMANN, Gerhard: Academia Ernestina. Die schaumburgische Universität zu Rinteln an der Weser (1610/21–1810), Marburg 1982.

SCHÖTTLE, Silke: Exoten der akademischen Gesellschaft? Frühneuzeitliche Sprachmeister am Collegium Illustre und der Universität Tübingen. In: Mark HÄBERLEIN (Hg.): Sprachmeister. Sozial- und Kulturgeschichte eines prekären Berufsstands, Bamberg 2015, S. 87–102.

DIES.: „Mahler Glocker informirt im Zaichnen". Spuren ersten Zeichenunterrichts im 18. Jahrhundert. In: Evamarie BLATTNER/Wiebke RATZEBURG/Ernst SEIDL (Hgg.): Künstler für Studenten. Bilder der Universitätszeichenlehrer 1780 bis 2012. Katalog zur Ausstellung im Tübinger Stadtmuseum 6. Juli–16. September 2012, Tübingen 2012, S. 13–23.

DIES.: „Sprachunterricht". In: Enzyklopädie der Neuzeit 12 (2010), Sp. 479–482.

DIES.: Zur Ausprägung einer nationalen Stereotypisierung in der Frühen Neuzeit – Spanien im Urteil deutschsprachiger Flugblätter und Flugschriften in der Zeit Philipps II. und Philipps III. (1556–1621). Unveröffentlichtes Manuskript der schriftlichen Arbeit zur Erlangung des Grades einer Magistra Artium (M.A.) an der Fakultät für Philosophie und Geschichte der Eberhard Karls Universität Tübingen, Tübingen 2007.

SCHRADER, Georg Wilhelm: Biographisch-literarisches Lexicon der Thierärzte aller Zeiten und Länder, sowie der Naturforscher, Aerzte, Landwirthe, Stallmeister usw., welche sich um die Thierheilkunde verdient gemacht haben. Vervollständigt und hg. von Eduard HERING, Stuttgart 1863.

SCHREIBER, Heinrich: Geschichte der Albert-Ludwigs-Universität zu Freiburg im Breisgau. 3 Bde., Freiburg 1857–1860.

SCHREINER, Klaus: Bildung als Norm adliger Lebensführung. In: Rüdiger SCHNELL (Hg.): Zivilisationsprozesse. Zu Erziehungsschriften in der Vormoderne, Köln u.a. 2004, S. 199–237.

SCHRÖDER, Konrad: Biographisches und bibliographisches Lexikon der Fremdsprachenlehrer des deutschsprachigen Raumes. Spätmittelalter bis 1800. 8 Bde., Augsburg 1987–2001.

DERS.: Die Entwicklung des Englischunterrichts an den deutschsprachigen Universitäten bis zum Jahre 1850, Ratingen 1969.

DERS.: Lehrwerke für den Englischunterricht im deutschsprachigen Raum 1665–1900. Einführung und Versuch einer Bibliographie, Darmstadt 1975.

DERS.: Linguarum recentium annales. Der Unterricht in den modernen europäischen Sprachen im deutschsprachigen Raum. 4 Bde., Augsburg 1980–1985.

SCHRÖDER, Wilhelm Heinz: Kollektive Biographien in der historischen Sozialforschung: Eine Einführung. In: DERS. (Hg.): Lebenslauf und Gesellschaft. Zum Einsatz von kollektiven Biographien in der historischen Sozialforschung, Stuttgart 1985, S. 7–17.

SCHROEDTER, Stephanie: „.... dass ein geschickter Teutscher eben so galant, als ein gebohrner Frantzose tantzen könne ...". Tendenzen deutscher Tanzkunst um 1700 im Spannungsfeld von Adaption und Kreation. In: Uwe SCHLOTTERMÜLLER/Maria RICHTER (Hgg.): Morgenröte des Barock. Tanz im 17. Jahrhundert. 1. Rothenfelser Tanzsymposion 9.–13. Juni 2004, Freiburg 2004, S. 189–215.

DIES.: Vom „Affect" zur „Action". Quellenstudien zur Poetik der Tanzkunst vom späten Ballet de Cour bis zum frühen Ballet en Action, Würzburg 2004.

SCHUKRAFT, Harald: Kleine Geschichte des Hauses Württemberg, Tübingen 2006.

SCHULENBURG, Johann-Matthias Graf von der: Die Gründung der Ritterakademie zu Brandenburg im Jahre 1704. In: Uwe CZUBATYNSKI (Hg.): Berichte und Forschungen aus dem Domstift Brandenburg. Bd. 4, Nordhausen 2011, S. 5–99.

DERS.: Gründung und Frühzeit der Ritterakademie zu Brandenburg. In: Rüdiger von SCHNURBEIN (Hg.): 850 Jahre Domkapitel Brandenburg, Regensburg 2011, S. 93–102.

SCHULZ, Knut: Die Handwerksgesellen. In: Peter MORAW (Hg.): Unterwegssein im Spätmittelalter, Berlin 1985, S. 71–92.

DERS.: Handwerksgesellen und Lohnarbeiter. Untersuchungen zur oberrheinischen und oberdeutschen Stadtgeschichte des 14. bis 17. Jahrhunderts, Sigmaringen 1985.

SCHULZE, Elke: Nulla dies sine linea. Universitärer Zeichenunterricht – eine problemgeschichtliche Studie, Stuttgart 2004.

SCHULZE, Friedrich/SSYMANK, Paul: Das deutsche Studententum von den aeltesten Zeiten bis zur Gegenwart. 2. Aufl., Leipzig 1910.

SCHULZE, Johann Daniel: Abriß einer Geschichte der Leipziger Universitaet im Laufe des achtzehenten Jahrhunderts nebst Rueckblicken auf die fruehern Zeiten. Aus handschriftlichen und gedruckten Nachrichten, Leipzig 1802.

SCHWINGES, Rainer Christoph: Die Universität als sozialer Ort des Adels im deutschen Spätmittelalter. In: Rainer BABEL/Werner PARAVICINI (Hgg.): Grand Tour. Adeliges Reisen und europäische Kultur vom 14. bis zum 18. Jahrhundert. Akten der internationalen Kolloquien in der Villa Vigoni 1999 und im Deutschen Historischen Institut Paris 2000, Ostfildern 2005, S. 357–372.

DERS.: Vom Umgang mit der Universitätsgeschichte: Einblicke in die Welt der Studenten und Gelehrten der Vormoderne. In: Freiburger Universitätsblätter 49/4 (2010) Heft 190, S. 85–108.

SEEMANN-KAHNE, Christian: Die Kreussler in Jena, Jena 1912.

SEIDEL-VOLLMANN, Stefanie: Die Romanische Philologie an der Universität München (1826–1913). Zur Geschichte einer Disziplin in ihrer Aufbauzeit, Berlin 1977.

SEIGEL, Rudolf: Gericht und Rat in Tübingen. Von den Anfängen bis zur Einführung der Gemeindeverfassung 1818–1822, Stuttgart 1960.

SEILER, Stefan: Schwesternhochschulen oder Konkurrenzanstalten? Die Hohe Karlsschule und die Universität Tübingen 1770–1794. In: Ivo CERMAN/Luboš VELEK (Hgg.): Adelige Ausbildung. Die Herausforderung der Aufklärung und die Folgen, München 2006, S. 71–82.

SENG, Eva-Maria: Vom Ballhaus zum Gotteshaus. Vorgeschichte und Bau der katholischen St.-Johannes-Kirche in Tübingen. In: Tübinger Blätter 76 (1989), S. 29–34.

Series Lectionum in illustri megapolitana Rostochiensi Academia [...] habendarum, Rostock 1724.

SIBOUR, Paul Roger: Dialogues familiers françois & allemans, cy-devant connus & celebres sous le titre de parlement. 3. Aufl., Straßburg 1676.

SIEBENHÜNER, Kim: „Konversion". In: Enzyklopädie der Neuzeit 6 (2007), Sp. 1171–1174.

DIES.: „Zechen, Zücken, Lärmen". Studenten vor dem Freiburger Universitätsgericht 1561–1577, Freiburg 1999.

DIES.: Glaubenswechsel in der Frühen Neuzeit. Chancen und Tendenzen einer historischen Konversionsforschung. In: Zeitschrift für Historische Forschung 34 (2007), S. 243–272.

SIEBER, Marc: Die Wanderung als Bildungselement. In: Basler Zeitschrift für Geschichte und Altertumskunde 65/1 (1965), S. 101–112.

SIEBERS, Winfried: Ungleiche Lehrfahrten. Kavaliere und Gelehrte. In: Hermann BAUSINGER/ Klaus BEYRER/Gottfried KORFF (Hgg.): Reisekultur. Von der Pilgerfahrt zum modernen Tourismus, München 1991, S. 47–57.

SIGEL, Christian (Bearb.): Das Evangelische Württemberg. Seine Kirchenstellen und Geistlichen von der Reformation an bis auf die Gegenwart. 17 Bde., [s.l.] 1910–1931.

SIKORA, Michael: Der Adel in der Frühen Neuzeit, Darmstadt 2009.

SKALECKI, Liliane: Das Reithaus. Untersuchungen zu einer Bauaufgabe im 17. bis 19. Jahrhundert, Hildesheim 1992.

SORELL, Walter: Kulturgeschichte des Tanzes. Der Tanz im Spiegel der Zeit. 2. Aufl., Wilhelmshaven 1995.

SOROKIN, Pitirim A.: Social and cultural mobility, London/New York 1959.

SPECHT, Thomas: Geschichte der ehemaligen Universität Dillingen (1549–1804) und der mit ihr verbundenen Lehr- und Erziehungsanstalten, Freiburg 1902.

SPECK, Dieter: Kleine Geschichte Vorderösterreichs, Leinfelden-Echterdingen 2010.

DERS.: Praxisorientierte Fächer und Studienzeitverkürzung – Mittel einer Universitätsreform von 1716. In: Dieter MERTENS/Heribert SMOLINSKY (Hgg.): Von der hohen Schule zur Universität der Neuzeit, Freiburg/München 2007, S. 266–285.

SPILLNER, Bernd: Zum Unterricht in den modernen Fremdsprachen vom 17. bis zum Anfang des 19. Jahrhunderts am Beispiel der alten Duisburger Universität. In: Dieter GEUENICH/Irmgard HANTSCHE (Hgg.): Zur Geschichte der Universität Duisburg 1655–1818. Wissenschaftliches Kolloquium veranstaltet im Oktober 2005 anläßlich des 350. Jahrestages der Gründung der alten Duisburger Universität, Duisburg 2007, S. 213–242.

SPITTLER, Ludwig Timotheus von: Geschichte des wirtembergischen Geheimen-Raths-Collegiums. In: Karl WÄCHTER (Hg.): Ludwig Timotheus Freiherr von Spittlers sämtliche Werke. Bd. 13, Stuttgart 1837, S. 279–452.

SPÖRLEIN, Bernhard: Die ältere Universität Bamberg (1648–1803). Studien zur Institutionen- und Sozialgeschichte. 2 Bde., Berlin 2004.

STACKELBERG, Jürgen von: Die Académie Française. In: Fritz HARTMANN/Rudolf VIERHAUS (Hgg.): Der Akademiegedanke im 17. und 18. Jahrhundert, Bremen/Wolfenbüttel 1977, S. 27–46.

STAEHELIN, Andreas: Geschichte der Universität Basel. Bd. 1, Basel 1957.

STÄLIN, Paul: „Parrot, Christoph Friedrich". In: Allgemeine Deutsche Biographie 25 (1887), S. 184.

STANNEK, Antje: Telemachs Brüder. Die höfische Bildungsreise des 17. Jahrhunderts, Frankfurt (Main) 2001.

STANZEL, Franz K.: Europäer. Ein imagologischer Essay, Heidelberg 1997.

DERS.: Zur literarischen Imagologie. Eine Einführung. In: DERS. (Hg.): Europäischer Völkerspiegel. Imagologisch-ethnographische Studien zu den Völkertafeln des frühen 18. Jahrhunderts, Heidelberg 1999, S. 9–39.

STARK, Karl Bernhard: Rede zum Geburtsfeste des höchstseligen Grossherzogs Karl Friedrich von Baden und zur akademischen Preisvertheilung am 22. November 1873: Ueber Kunst und Kunstwissenschaft auf deutschen Universitäten, Heidelberg 1873.

STEIN, Norbert: Das württembergische Hoftheater im Wandel (1767–1820). In: Christoph JAMME/Otto PÜGGELER (Hgg.): „O Fürstin der Heimath! Glükliches Stutgard". Politik, Kultur und Gesellschaft im deutschen Südwesten um 1800, Stuttgart 1988, S. 382–395.

STEINMETZ, Max (Hg.): Geschichte der Universität Jena 1548/58–1958. Festgabe zum vierhundertjährigen Universitätsjubiläum. 2 Bde., Jena 1958–1962.

STEINMEYER, Elias von (Hg.): Die Matrikel der Universität Altdorf. 2 Bde., Würzburg 1912.

STELLING-MICHAUD, Sven/STELLING-MICHAUD, Suzanne (Hgg.): Le livre du recteur de l'Académie de Genève (1559–1878). 6 Bde., Genf 1959–1980.

STEMMLER, Theo: Vom Jeu de paume zum Tennis. Eine Kurzgeschichte des Tennisspiels, Frankfurt (Main) 1988.

STENGEL, Edmund: Chronologisches Verzeichnis französischer Grammatiken vom Ende des 14. bis zum Ausgang des 18. Jahrhunderts nebst Angabe der bisher ermittelten Fundorte derselben. Hg. von Hans-Josef NIEDEREHE, Amsterdam 1976.

STEUBING, Johann Hermann: Geschichte der hohen Schule Herborn, Hadamar 1823.

STICKLER, Matthias: Neuerscheinungen zur Studentengeschichte seit 1994. Ein Forschungsbericht über ein bisweilen unterschätztes Arbeitsfeld der Universitätsgeschichte. In: Jahrbuch für Universitätsgeschichte 4 (2001), S. 262–270.

STIEDA, Wilhelm: Erfurter Universitätsreformpläne im 18. Jahrhundert, Erfurt 1934.

STIMMING, Albert: Geschichte des Unterrichts in den romanischen Sprachen an der Universität zu Göttingen. Von den Anfängen bis 1908. In: Karl VOLLMÖLLER (Hg.): Kritischer Jahresbericht über die Fortschritte der Romanischen Philologie. Bd. 10. Teil IV: Unterricht in den Romanischen Sprachen und Literaturen, Erlangen 1906, S. 116–141.

STOECKLE, Edmund: Die Entwicklung der Leibesübungen an den deutschen Hochschulen. Eine statistische Studie, München 1927.

STOLL, Georg: Zur Musikgeschichte Tübingens (1477–1600). In: Württembergische Vierteljahrshefte für Landesgeschichte 37 (1931), S. 308–328.

STOLL, Johann Nicolaus: Sammlung aller Magister-Promotionen, welche zu Tuebingen von Anno 1477–1755 geschehen [...], Stuttgart 1756.

STOLLEIS, Michael: Geschichte des öffentlichen Rechts in Deutschland. Bd. 1: Reichspublizistik und Policeywissenschaft 1600–1800, München 1988.

DERS.: Tradition und Innovation in der Reichspublizistik nach 1648. In: Wilfried BARNER (Hg.): Tradition, Norm, Innovation. Soziales und literarisches Traditionsverhalten in der Frühzeit der deutschen Aufklärung, München 1989, S. 1–13.

STONE, Lawrence: Prosopographie – englische Erfahrungen. In: Konrad H. JARAUSCH (Hg.): Quantifizierung in der Geschichtswissenschaft. Probleme und Möglichkeiten, Düsseldorf 1976, S. 64–97.

STONE, Lawrence: The crisis of the aristocracy 1558–1641, Oxford 1965.

STRAUSS, Wolfgang H. (Hg.): Von Lungershausen bis Kirchner. Persönlichkeitsbilder Jenaer Fremdsprachenlehrer, Jena 1990.

STRAUSS, Wolfgang H.: Die gesellschaftliche Stellung und Verantwortung des Fremdsprachenlehrers einst und jetzt. In: Siegfried SCHMIDT (Hg.): Wissenschaft und Verantwortung in der Geschichte. Beiträge des Arbeitskreises 6 der Konferenz „Natur und Gesellschaft – Wissenschaft und Verantwortung" aus Anlaß des 40. Jahrestages der Neueröffnung der Friedrich-Schiller-Universität Jena am 16. und 17. Oktober 1985, Jena 1987, S. 45–56.

STREIB, Wilhelm: Geschichte des Ballhauses. Dargestellt unter besonderer Berücksichtigung des Ballhauses zu Marburg. Sonderabdruck aus der Zeitschrift „Leibesübungen und körperliche Erziehung" 18–20 (1935), Marburg 1935.

STREMPEL, Richard: Die Leibesübungen an deutschen Hochschulen, Leipzig 1927.

SUPPLE, James J.: Arms versus letters. The military and litterary ideals in the „Essais" of Montaigne, Oxford 1984.

SÜSS, Peter A.: Grundzüge der Würzburger Universitätsgeschichte 1402–2002. Eine Zusammenschau, Neustadt (Aisch) 2007.

DERS.: Kleine Geschichte der Würzburger Julius-Maximilians-Universität, Würzburg 2002.

SÜSSMUTH, Hans: Geschichte und Anthropologie. Wege zur Erforschung des Menschen. In: DERS. (Hg.): Historische Anthropologie. Der Mensch in der Geschichte, Göttingen 1984, S. 5–18.

SYDOW, Jürgen: Aus der Frühgeschichte der katholischen Pfarrei Tübingen. In: Heimatkundliche Blätter für den Kreis Tübingen 21 (1966), S. 2–4.

TASCA, Luisa: „Anstandsbuch". In: Enzyklopädie der Neuzeit 1 (2005), Sp. 410–412.

TEUFEL, Waldemar: Universitas Studii Tuwingensis. Die Tübinger Universitätsverfassung in vorreformatorischer Zeit (1477–1534), Tübingen 1977.

THADDEN, Rudolf/MAGDELAINE, Michelle (Hgg.): Die Hugenotten 1685–1985, München 1985.

THALLER, Franz: Geschichte und Strukturen des Sports an der Universität Graz. In: Norbert MÜLLER/Heinz-Egon RÖSCH (Hgg.): Geschichte und Strukturen des Sports an den Universitäten. 2. Aufl., Mainz 1979, S. 163–171.

THAMER, Hans-Ulrich: In Europa zu Hause: großbürgerliche Kultur und höfisches Leben. In: Klaus J. BADE (Hg.): Deutsche im Ausland – Fremde in Deutschland. Migration in Geschichte und Gegenwart, München 1992, S. 236–242.

THORBECKE, August (Bearb.): Statuten und Reformationen der Universität Heidelberg vom 16. bis 18. Jahrhundert, Leipzig 1891.

THÜMMEL, Hans-Wolf: Die Tübinger Universitätsverfassung im Zeitalter des Absolutismus, Tübingen 1975.

DERS.: Universität und Stadt Tübingen. In: Hansmartin DECKER-HAUFF/Gerhart FICHTNER/Klaus SCHREINER (Hgg.): Beiträge zur Geschichte der Universität Tübingen 1477–1977. Bd. 1, Tübingen 1977, S. 33–84.

TILGNER, Hilmar: „Kavalierstour". In: Enzyklopädie der Neuzeit 6 (2007), Sp. 523–526.

TILL, Dietmar: „Anstandsliteratur". In: Ebd. 1 (2005), Sp. 413–420.

TIMM, Elisabeth: Der Tanz- und Fechtboden im Bürgerhaus. Unterricht für die Studenten der Universität. In: Claudine PACHNICKE (Hg.): Das Tübinger Kornhaus. Geschichte und Architektur eines Baudenkmals, Tübingen 2000, S. 63–66.

TOEPKE, Gustav (Bearb./Hg.): Die Matrikel der Universität Heidelberg. 7 Bde., Heidelberg 1884–1916.

TÖPFER, Thomas: „Ritterakademie". In: Enzyklopädie der Neuzeit 11 (2010), Sp. 286–288.

TRICHTER, Valentin: Curioeses Reit- Jagd- Fecht- Tantz- oder Ritter-Exercitien-Lexicon [...], Leipzig 1742.

TRIER, Jost: Der deutsche Wortschatz im Sinnbezirk des Verstandes. Die Geschichte eines sprachlichen Feldes. Bd. 1: Von den Anfängen bis zum Beginn des 13. Jahrhunderts, Heidelberg 1931.

TRINIUS, Johann Anton: [...] Freydenker-Lexicon, oder Einleitung in die Geschichte der neuern Freygeister ihrer Schriften, und deren Widerlegungen. [...], Leipzig/Bernburg 1759.

TSCHIRNHAUSS, Wolff Bernhard von: Getreuer Hofmeister auf Academien und Reisen, Hannover 1727.

TSCHOPP, Silvia Serena/WEBER, Wolfgang E. J.: Grundfragen der Kulturgeschichte, Darmstadt 2007.

DIES.: Das Unsichtbare begreifen. Die Rekonstruktion historischer Wahrnehmungsmodi als methodische Herausforderung der Kulturgeschichte. In: Historische Zeitschrift 280 (2005), S. 39–81.

DIES.: Die Neue Kulturgeschichte – eine (Zwischen-)Bilanz. In: Historische Zeitschrift 289 (2009), S. 573–605.

TZSCHIMMER, Gabriel: Die durchlauchtigste Zusammenkunfft oder: Historische Erzehlung, was der durchlauchtigste Fuerst und Herr, Herr Johann George der Ander, Herzog zu Sachsen [...] an allerhand Aufzuegen, ritterlichen Exercitien, Schau-Spielen, Schiessen, Jagten, Operen, Comoedien, Balleten, Masqueraden, Koenigreiche, Feuerwercke, und andern Denkwuerdiges auffuehren und vorstellen lassen [...], Nürnberg 1680.

UEDING, Gert (Hg.): Tübingen. Ein Städte-Lesebuch, Frankfurt (Main) 1990.

UHLAND, Robert: Geschichte der Hohen Karlsschule in Stuttgart, Stuttgart 1953.

VANN, James Allen: Württemberg auf dem Weg zum modernen Staat 1593–1793, Stuttgart 1986.

VEC, Miloš: „Cortegiano". In: Enzyklopädie der Neuzeit 2 (2005), Sp. 820–822.

VEH, Otto: Die Matrikel des Gymnasiums Bayreuth 1664–1813. Bd. 1, Bayreuth 1948.

Verzeichnis der Vorlesungen, welche an der königlich württembergischen Eberhard-Karls-Universität zu Tübingen im Sommerhalbjahre 1900 gehalten werden, Tübingen 1900.

Verzeichnis der Vorlesungen, welche auf der koeniglich wuerttembergischen Eberhard-Karls-Universitaet zu Tübingen im Sommerhalbjahre 1849 gehalten werden, Tübingen 1849.

Verzeichnis der Vorlesungen, welche auf der koeniglich wuerttembergischen Eberhard-Karls-Universitaet zu Tübingen im Winterhalbjahre 1850 bis 1851 gehalten werden, Tübingen 1850/1851.

Verzeichnis der Vorlesungen, welche auf der königlich württembergischen Eberhard-Karls-Universität zu Tübingen im Sommerhalbjahre 1889 gehalten werden, Tübingen 1889.

Verzeichnis der Vorlesungen, welche in dem Jahr 1782 sowohl von saemtlichen Professoren als uebrigen Lehrern der Herzoglichen Carls-Universitaet zu Stuttgard gehalten werden, Stuttgart 1782.

VIÉNOT, John: Étudiants montbéliardais à Tubingue/Le livre d'immatriculation au Collège des Montbéliards à Tubingue. In: Bulletin de la société de l'histoire du protestantisme français 80 (1931), S. 74–91, 193–201.

VOCKE, Johann August: Geburts- und Todten-Almanach Ansbachischer Gelehrten, Schriftsteller und Kuenstler [...]. 2 Bde., Augsburg 1796–1797.

VOGEL, Sabine: Kulturtransfer in der frühen Neuzeit. Die Vorworte der Lyoner Drucke des 16. Jahrhunderts, Tübingen 1999.

VOLBEHR, Friedrich/WEYL, Richard (Hgg.): Professoren und Dozenten der Christian-Albrechts-Universität zu Kiel 1665–1915, Kiel 1916.

VORETZSCH, Carl: Die Anfänge der Romanischen Philologie an den deutschen Universitäten und ihre Entwicklung an der Universität Tübingen. Akademische Antrittsrede gehalten am 19. November 1903 bei Uebernahme der ordentlichen Professur für Romanische Philologie an der Universität Tübingen, Tübingen 1904.

DERS.: Die Entwicklung des Unterrichts in den Romanischen Sprachen an der Universität Tübingen. In: Besondere Beilage des Staats-Anzeigers für Württemberg 12–13 (1905), S. 177–184.

Vorlesungen im Sommerhalbjahr 1928, Tübingen 1928.

Vorlesungen im Sommerhalbjahr 1929, Tübingen 1929.

VOSS, Gerhard: „Proselyten/Proselytismus". In: Hans Dieter BETZ/Don S. BROWNING/Bernd JANOWSKI u.a. (Hgg.): Religion in Geschichte und Gegenwart. Handwörterbuch für Theologie und Religionswissenschaft. Bd. 6, 4. Aufl., Tübingen 2003, Sp. 1717–1720.

VULPIUS, Christian August (Hg.): Curiositaeten der physisch-literarisch-artistisch-historischen Vor- und Mitwelt. Bd. 1, Weimar 1811.

WACKERNAGEL, Hans Georg/TRIET, Max/MARRER, Pius (Hgg.): Die Matrikel der Universität Basel. 5 Bde., Basel 1951–1980.

WADAUER, Sigrid: Historische Migrationsforschung. Überlegungen zu Möglichkeiten und Hindernissen. In: Österreichische Zeitschrift für Geschichtswissenschaften 19/1 (2008), S. 6–14.

WAGENER, Silke: Pedelle, Mägde und Lakaien. Das Dienstpersonal an der Georg-August-Universität Göttingen 1737–1866, Göttingen 1996.

WAGNER, Heinrich: Geschichte der Hohen Carls-Schule. 3 Bde., Würzburg 1856–1858.

WAHLUND, Carl: Notice sur Guillaume Rabot oratio de gente et lingua francica Wittemberg 1572, Stockholm 1889.

WALDINGER, Oliver: „Fechtkunst". In: Enzyklopädie der Neuzeit 3 (2006), Sp. 859–862.

WALLENTIN, Stefan: Fürstliche Normen und akademische „Observanzen". Die Verfassung der Universität Jena 1630–1730, Köln u.a. 2009.

WALLNER, Ernst M./FUNKE-SCHMITT-RINK, Margret (Hgg.): Soziale Schichtung und soziale Mobilität, Heidelberg 1980.

WALTER, Jürgen: Carl Eugen von Württemberg. Ein Herzog und seine Untertanen, Himberg bei Wien 1987.

WALTHER, Gerrit: „Honnête homme, Honnête femme." In: Enzyklopädie der Neuzeit 5 (2007), Sp. 643–646.

DERS.: „Manieren". In: Ebd. 7 (2008), Sp. 1165–1169.

DERS.: „Reitkunst". In: Ebd. 10 (2009), Sp. 1033–1040.

DERS.: „Sprezzatura". In: Ebd. 12 (2010), Sp. 487–489.

DERS.: Adel und Antike. Zur politischen Bedeutung gelehrter Kultur für die Führungselite der Frühen Neuzeit. In: Historische Zeitschrift 266 (1998), S. 359–385.

DERS.: Die adlige Kavalierstour. In: Kurt ANDERMANN/Sönke LORENZ (Hgg.): Zwischen Stagnation und Innovation. Landsässiger Adel und Reichsritterschaft im 17. und 18. Jahrhundert. Drittes Symposion „Adel, Ritter, Ritterschaft vom Hochmittelalter bis zum modernen Verfassungsstaat" 20.–21. Mai 2004 Schloß Weitenburg, Ostfildern 2005, S. 119–133.

WANDEL, Jens-Uwe: „... in allen Stücken prudenter und reifflich eingerichtet". Tübinger Reformversuche im 18. Jahrhundert. In: Hansmartin DECKER-HAUFF/Gerhart FICHTNER/Klaus SCHREINER (Hgg.): Beiträge zur Geschichte der Universität Tübingen 1477–1977. Bd. 1, Tübingen 1977, S. 105–134.

DERS.: Verdacht von Democratismus? Studien zur Geschichte von Stadt und Universität Tübingen im Zeitalter der Französischen Revolution, Tübingen 1981.

WEHLER, Hans-Ulrich: Vorüberlegungen zur historischen Analyse sozialer Ungleichheit. In: DERS. (Hg.): Klassen in der europäischen Sozialgeschichte, Göttingen 1979, S. 9–32.

WEHRMANN, Martin: Die Söhne des Herzogs Philipp I. von Pommern auf der Universität zu Greifswald. In: Aus der Geschichte der Universität Greifswald. Festschrift zum 450jährigen Jubiläum der Universität Greifswald. Hg. von der Gesellschaft für Pommersche Geschichte und Altertumskunde, Stettin 1906, S. 5–36.

WEIDLICH, Christoph: Nachtraege, Zusaetze und Verbesserungen zu dem ersten, zweyten und dritten Theile, der Biographischen Nachrichten von den jetztlebenden Rechts-Gelehrten in Teutschland, Halle 1783.

WEIGLE, Fritz (Hg.): Die Matrikel der deutschen Nation in Perugia (1579–1727), Tübingen 1956.

DERS. (Hg.): Die Matrikel der deutschen Nation in Siena (1573–1738). 2 Bde., Tübingen 1962.

WEIMER, Hermann: Geschichte der Pädagogik. 19. Aufl., Berlin/New York 1992.

WEISERT, Hermann: Universitätsgeschichte. In: Blätter für deutsche Landesgeschichte 126 (1990), S. 421–473.

DERS.: Zeittafel zur Geschichte der Universität Heidelberg, Heidelberg 1986.

WEISSENBORN, Bernhard: Die Universitaet Halle-Wittenberg, Berlin 1919.

WENDT, Georg: Geschichte der Königlichen Ritter-Akademie zu Liegnitz. Teil I: 1708–1840, Liegnitz 1893.

WERMKE, Matthias/KUNKEL-RAZUM, Kathrin/SCHOLZE-STUBENRECHT, Werner (Hgg.): Duden. Die deutsche Rechtschreibung. 24. Aufl., Mannheim u.a. 2006.

WERNECKEN, Jens: Wir und die anderen... Nationale Stereotypen im Kontext des Mediensports, Berlin 2000.

WETZLER, Sixt: Überlegungen zur europäischen Fechtkunst. In: Ulrike LUDWIG/Barbara KRUG-RICHTER/Gerd SCHWERHOFF (Hgg.): Das Duell. Ehrenkämpfe vom Mittelalter bis zur Moderne, Konstanz 2012, S. 61–75.

WEYERMANN, Albrecht: Neue historisch-biographisch-artistische Nachrichten von Gelehrten und Kuenstlern, auch alten und neuen adelichen und buergerlichen Familien aus der vormaligen Reichsstadt Ulm, Ulm 1829.

WIERSCHIN, Martin: Meister Johann Liechtenauers Kunst des Fechtens, München 1965.

WILDT, Clemens C.: Daten zur Sportgeschichte. Bd. 1, Schorndorf 1970.

WILL, Georg Andreas: Geschichte und Beschreibung der Nürnbergischen Universität Altdorf. Neudruck der 2. Ausgabe Altdorf 1801 mit Nachträgen von Christian Conrad NOPITSCH, Aalen 1975.

DERS.: Nürnbergisches Gelehrten-Lexicon oder Beschreibung aller Nürnbergischen Gelehrten beyderley Geschlechtes [...]. 9 Bde., Nürnberg/Altdorf 1755–1808.

WILLBURGER, August: Das Collegium Illustre zu Tübingen, Tübingen 1912.

WILLETT, Olaf: Sozialgeschichte Erlanger Professoren 1743–1933, Göttingen 2001.

WINKELMANN, Eduard (Hg.): Urkundenbuch der Universitaet Heidelberg. Hg. von der Universität Heidelberg. Bd. 2: Regesten, Heidelberg 1886.

WINTERLING, Aloys: Begriffe, Ansätze und Aussichten historischer Anthropologie. In: DERS. (Hg.): Historische Anthropologie, Stuttgart 2006, S. 9–29.

WINTTERLIN, Friedrich (Hg.): Geschichte der Behördenorganisation in Württemberg. 2 Bde., Stuttgart 1902–1906.

WIPPICH-ROHÁČKOVÁ, Katrin: „Der Spannisch Liebende Hochdeutscher". Spanischgrammatiken in Deutschland im 17. und frühen 18. Jahrhundert, Hamburg 2000.

WOHLFEIL, Rainer: Adel und Heerwesen. In: Hellmuth RÖSSLER (Hg.): Deutscher Adel 1555–1740, Darmstadt 1965, S. 315–343.

DERS.: Adel und neues Heerwesen. In: Hellmuth RÖSSLER (Hg.): Deutscher Adel 1430–1555, Darmstadt 1965, S. 203–233.

WOLF, Karl Henning: Die Heidelberger Universitätsangehörigen im 18. Jahrhundert. Studien zu Herkunft, Werdegang und sozialem Beziehungsgeflecht, Heidelberg 1991.

WOLF, Michaela: „‚Cultures' do not hold still for their portraits". Kultureller Transfer als „Übersetzen zwischen Kulturen". In: Federico CELESTINI/Helga MITTERBAUER (Hgg.): Ver-rückte Kulturen. Zur Dynamik kultureller Transfers, Tübingen 2003, S. 85–98.

WOLFF, Johann Theodosius: Dissertatio juridica inauguralis, de impedimentis matrimonii [...], Tübingen 1707.

WOLGAST, Eike: Die Universität Heidelberg 1386–1986, Berlin u.a. 1986.

WOLPERS, Theodor: Göttingen als Vermittlungszentrum englischer Literatur im 18. Jahrhundert. In: Reinhard LAUER (Hg.): Philologie in Göttingen. Sprach- und Literaturwissenschaft an der Georgia Augusta im 18. und beginnenden 19. Jahrhundert, Göttingen 2001, S. 91–136.

WOODWARD, William Harrison: Studies in education during the age of the Renaissance 1400–1600. Nachdruck der 1. Ausgabe Cambridge 1906, New York 1967.

DERS.: Vittorino da Feltre and other humanist educators. Nachdruck der Ausgabe Cambridge [1897], Toronto 1996.

WREDE, Martin: "Ritter". In: Enzyklopädie der Neuzeit 11 (2010), Sp. 283–286.

WÜHR, Wilhelm: Das abendländische Bildungswesen im Mittelalter, München 1950.

WUNDER, Bernd: Hof und Verwaltung im 17. Jahrhundert. In: August BUCK/Georg KAUFFMANN/Blake Lee SPAHR u.a. (Hgg.): Europäische Hofkultur im 16. und 17. Jahrhundert. Vorträge und Referate gehalten anläßlich des Kongresses des Wolfenbütteler Arbeitskreises für Renaissanceforschung und des Internationalen Arbeitskreises für Barockliteratur in der Herzog August Bibliothek Wolfenbüttel 4.–8. September 1979. Bd. 2, Hamburg 1981, S. 199–203.

Württembergische Jahrbücher für Statistik und Landeskunde. Hg. vom Königlich Statistisch-topographischen Bureau 1877. Heft 3: Statistik der Universität Tübingen, Stuttgart 1878.

XENOPHON: Die Verfassung der Spartaner. Hg., übersetzt und erläutert von Stefan REBENICH. Darmstadt 1998.

XENOPHON: Reitkunst. Griechisch und Deutsch von Klaus WIDDRA, Darmstadt 1965.

YATES, Frances A.: The french academies of the sixteenth century, London 1947.

ZASCHKA, Bernhard: Die Lehrstühle der Universität Tübingen im Dreißigjährigen Krieg. Zur sozialen Wirklichkeit von Professoren im vorklassischen Zeitalter, Tübingen 1993.

ZEDLER, Johann Heinrich (Hg.): Grosses vollstaendiges Universal Lexicon aller Wissenschafften und Kuenste [...]. 68 Bde., Halle/Leipzig 1732–1754.

ZEITLER, Elisabeth: Der „Liber conductionum", das älteste Anstellungsbuch der Universität Tübingen 1503–1588: Edition und Kommentar, Tübingen 1978.

ZELLER, Andreas Christoph: Ausfuehrliche Merckwuerdigkeiten, Der Hochfuerstlich Wuertembergischen Universitaet und Stadt Tuebingen [...], Tübingen 1743.

ZIEGENSPECK, Hermann: „Camerarius, Rudolph Jakob". In: Neue Deutsche Biographie 3 (1957), S. 107 f.

ZIMMERMANN, Bernhard: Geschichte des Reitinstitutes der Universität Göttingen von der Gründung der Universität bis zur Gegenwart, Göttingen 1930.

ZÜRN, Martin: Unsichere Existenzen. Sprachmeister in Freiburg i.Br., Konstanz und Augsburg in der Frühen Neuzeit. In: Mark HÄBERLEIN/Christian KUHN (Hgg.): Fremde Sprachen in frühneuzeitlichen Städten. Lernende, Lehrende und Lehrwerke, Wiesbaden 2010, S. 103–120.

LVIII

Einleitung

1. Thema

Im Mai 1740 richtete der Oberhofmeister des Tübinger Collegium Illustre, Andreas Heinrich Freiherr von Schütz, ein Schreiben an den Kirchenrat in Stuttgart. Darin drängte er auf die Wiederbesetzung der unter seiner Dienstaufsicht stehenden und soeben vakant gewordenen Tanzmeisterstelle zum Wohl und zur Wiederbelebung der Universität Tübingen. Denn der bisherige Stelleninhaber, der Franzose Charles Devaux, war nach kurzer Krankheit im November 1739 verstorben[1]. Und so erklärte und argumentierte Freiherr von Schütz: *Nachdem nun die Wiederersetzung dieser Stelle umso nöthiger seyn will, alß darum nicht nur verschiedene derer allhiesigen Studiosorum mich angegangen, sondern auch solches denen dem Vernehmen nach aus Sachsen hiehero unterweegs begriffenen jungen Cavaliers angenehm seye, überhaupt aber die gute Einrichtung derer Exercitien noch mehrere von der Noblesse hierher ziehen dörffte, dabey aber es an dem ist, daß bey der dermahligen [...] Besoldung kein tüchtiger Mann zu Annahm dieser Stelle zu bewegen seyn wird. Alß stelle [...] anheim, ob nicht in so lang bis die allhiesige agonisirende Universitaet in bessern Standt hergestellt, dadurch der Numerus der studierenden Jugend vermehret, mithin auch dem allhiesigen Tanzmeister durch Scholaren ein mehrerer Verdienst zu seiner Subsistenz geschaffet, jene Besoldung in etwas augmentiret [...] werden möchte*[2].

Berichte dieser Art, in denen die prekäre Lage der im 18. Jahrhundert nur schwach frequentierten Universität Tübingen deutlich zum Ausdruck kam, waren keine Seltenheit. Außergewöhnlicher dagegen könnte auf den modernen Leser die Aussage wirken, der Universität ausgerechnet mit der Wiederbelebung des Tanzunterrichts durch die Neubesetzung einer Tanzmeisterstelle und einer dafür notwendigen Investition in die Besoldung dieses Postens wieder zu mehr Blüte zu verhelfen. Aber was uns heute wie eine fakultative Freizeitbeschäftigung innerhalb des modernen Hochschulsports anmutet, war seit dem späten 16. Jahrhundert nicht nur für die Tübinger Studenten und solche, die es werden wollten, ein integraler und unentbehrlicher Bestandteil ihrer *Studien und Exercitien*[3].

Studien und Exercitien – Mit diesem Begriffspaar wurde spätestens seit der zweiten Hälfte des 17. Jahrhunderts die Gesamtheit der Wissensbestände und Fertigkeiten bezeichnet, die an den Adelsakademien und Universitäten des Heiligen Römischen Reiches gelehrt und gelernt wurde. Die *gute Einrichtung derer Exercitien*[4] – dazu zählte neben dem Tanzexerzitium auch der Unterricht im Reiten, Fechten und im Ballspiel sowie in den modernen Fremdsprachen, vornehmlich im Italienischen und Französi-

---

[1] HStAS A 284/94 Bü 55 Bl. 93.
[2] Ebd. Bl. 3.
[3] UAT 9/12 o. Pag. Herzog Eberhard an den Oberhofmeister des Collegium Illustre (1672, Oktober 14).
[4] HStAS A 284/94 Bü 55 Bl. 3.

schen. Die Anregung des Oberhofmeisters im Jahr 1740 war daher keineswegs abwegig, sondern basierte auf dem Wissen um die immense Bedeutung dieses erfolgreichen und beliebten Bildungselements für die Aufrechterhaltung des gesamten universitären Lehrbetriebs, in welchem die Studien der Philosophie, der Theologie, der Rechte und der Medizin sowie das Prestige und die Qualitäten ihrer Gelehrten als besonderer Anziehungspunkt spätestens im 18. Jahrhundert offenbar nur noch eine untergeordnete Rolle spielten. Erfahrungsgemäß waren es vielmehr die Exerzitien- und Sprachmeister, die einen bedeutenden Werbe- Wirtschafts- und Prestigefaktor für die Universitäten und die sie beherbergenden Universitätsstädte darstellten. Mehr als den hochbezahlten gelehrten Universitätsprofessoren wurde es 1740 jedenfalls den sogenannten Maîtres zugetraut und anvertraut, vor allem zahlungskräftige und prestigetragende Universitätsbesucher von *Noblesse*[5] in die von Studenten nur schwach frequentierte Universitätsstadt an Neckar und Ammer zu locken[6].

Seinen Ursprung hatte das auch noch im 18. Jahrhundert vor allem adlige Studenten anziehende Bildungselement im praxisbezogenen Erziehungs- und Bildungsideal der vorbildhaften höfischen Kulturen Italiens und Frankreichs. In das akademische Umfeld waren die anwendungsbezogenen Disziplinen des Exerzitien- und Sprachunterrichts seit der Mitte des 16. Jahrhunderts gelangt, als die einsetzende Professionalisierung adliger Erziehung den jungen Adel immer häufiger zum Erwerb akademischer Bildung an die Universitäten führte, denen er zuvor weitgehend fern geblieben war. Das standesspezifische Bestreben nach Bewahrung adliger Exklusivität und ständischer Distinktion an den nunmehr gemeinsam mit dem Bürgertum besuchten Universitäten verlieh der von jeher praxisbezogenen Bildungstradition des Adels neue Funktionen: An den Universitäten diente der höfische Exerzitien- und Sprachunterricht in besonderer Weise als Mittel der Abgrenzung gegenüber den bürgerlichen Kommilitonen. In der Konkurrenz um die bevorzugten Betätigungsfelder im Dienst der Fürstenhöfe fungierte er als praxisorientierte Profilierung. Und in der höfischen Gesellschaft war er Medium der Repräsentation adligen Standes und adliger Tugend.

Eine sozialgeschichtliche Konsequenz der Etablierung des Exerzitien- und Sprachunterrichts mit seinen sich immer wieder an italienischen und französischen Moden orientierenden Qualifikationen, Kompetenzen und Wissensbeständen war die Erweiterung des akademischen Sozialgefüges durch einen vollkommen neuen Lehrpersonaltypus, der sich durch ein ganz eigenes gesellschaftliches wie fachliches Selbst-

---

[5] Ebd.

[6] MICHAELIS: Raisonnement, Bd. 3, S. 63, 104: Johann David Michaelis fasste 1786 eine offenbar für viele Universitäten gültige Weisheit zusammen: „Wenn eine Universitaet den Wuenschen der Lernenden Genuege leisten, und bluehend werden soll, so kommt nicht wenig auf die Wahl der Exercitienmeister an". Ähnlich bedeutend urteilte er über den Einfluss fähiger Sprachmeister: „Auf gute Sprachmeister [...] kommt einer Universitaet sehr viel an: und wenn irgend eine der beruehmten Universitaeten, deren Professoren man wegen ihrer Gelehrsamkeit hoch schaetzet, zugleich im Ruf staende, hierin einen Vorzug zu haben, und der Ruf sich nur einige Jahre lang durch die Erfahrung bestaetigte, so wuerde sie bald ein grosses Uebergewicht ueber andere Universitaeten erhalten, und sonderlich die Vornehmen an sich ziehen".

verständnis auszeichnete. Die Exerzitien- und Sprachmeister oder Maîtres stammten selbst häufig aus dem romanischen Sprach- und Kulturkreis, qualifizierten sich an italienischen Reitschulen und französischen Fechtschulen, bildeten sich am französischen Königshof in den modernsten Tänzen weiter oder vermittelten in der Fremde ihre Muttersprache. Ihre Bereitschaft zur Mobilität war groß. Flexible räumliche, konfessionelle und kulturelle Strukturen waren ihnen daher umso vertrauter. Und so war der frühneuzeitliche Exerzitien- und Sprachunterricht insgesamt ein kulturübergreifendes europäisches Phänomen und gehörte außer in Italien, Frankreich und dem Heiligen Römischen Reich nachweislich auch in Spanien, Dänemark, England und Schweden zum Lehrangebot von Adelsakademien und Universitäten[7].

Eine beschleunigende Wirkung auf die Etablierung und Verfestigung des Exerzitien- und Sprachunterrichts an den Universitäten hatte die Ende des 16. Jahrhunderts nach französischem Vorbild einsetzende Gründung exklusiv adliger Standesschulen, die sich in ihrem Lehrprogramm speziell an den Bildungsbedürfnissen des jungen Adels orientierten. Was am Tübinger Collegium Illustre als erster und ältester dieser Adelsakademien im Heiligen Römischen Reich (1594 als Universitätskolleg eröffnet, 1596 zur Adelsakademie umgewandelt) in den Statuten des Jahres 1597 zunächst noch mit Spazieren, Fechten, Ballspiel und Musik *ad relaxandum ex studiis animum*[8] und damit als fakultative Erholung von den gelehrten Studien begonnen hatte, gewann rasch an Bedeutung: Gemäß den Collegiumsstatuten des Jahres 1609 sollte das mit dem Unterricht im Reiten, Fechten, Tanzen und Ballspiel sowie in den modernen Fremdsprachen nun zu einem festen Kanon formierte Fächerquintett das Ziel verfolgen, *in alle Saettel gerecht, reden und reitten*[9] zu erlernen. Zitiert wurde damit das von Baldassare Castiglione am oberitalienischen Hof des Herzogpaares Guidobaldo da Montefeltro und Elisabetta Gonzaga zu Urbino in „Il Libro del Cortegiano" (1528) entworfene Idealbild eines vollkommenen Fürstendieners, das für die gesamte Frühe Neuzeit konstitutiv bleiben sollte und in nationalen Idealen fortgesponnen wurde, etwa im französischen Honnête-Homme-Ideal: Der vollkommene Fürstendiener sollte sich nicht nur durch theoretisches Fachwissen und Buchgelehrsamkeit, sondern auch durch praxisbezogene Weltgewandtheit und Konversationsfähigkeit auszeichnen. Der anwendungsorientierte Exerzitien- und Sprachunterricht und mit ihm das höfische Bildungsideal bereicherte damit rasch den bürgerlich dominierten humanistischen Lehrkanon des höheren Bildungswesens.

Der Aktualitätsbezug dieser Studie wird in Hinsicht auf die noch heute geführte Diskussion um praxisnahe Wissenschaft und Lehre innerhalb eines globalisierten höheren Bildungssystems besonders deutlich: Die seit der Umsetzung des 1999 begonnenen Bologna-Prozesses teilweise obligatorischen Veranstaltungen zum Erwerb von

---

[7] CORBIN/COURTINE/VIGARELLO: Histoire, S. 236–264; GIESE: Studenten, S. 107–112; MEINERS: Geschichte, Bd. 3, S. 334 f. und Anm. i.; RIDDER-SYMOENS: Aristocratisation, S. 39; ROODENBURG: Brains, S. 17–20, 25–29; ROODENBURG: Eloquence, S. 83–109; SCHEUER: Waffentragen, S. 65 f.

[8] Constitutiones 1597, S. 14 f.

[9] Ordnung 1609, S. 27 f.

4

Schlüsselqualifikationen sind in mancherlei Hinsicht ein Widerhall des frühneuzeitlichen Exerzitien- und Sprachunterrichts des 17. und 18. Jahrhunderts. Lernten die Scholaren bei den Maîtres damals Haltung und Selbstbeherrschung, Repräsentation und gesellschaftlichen Umgang, Fremdsprachen und Konversationsfähigkeit, so entsprechen diese frühneuzeitlichen Zusatzqualifikationen heute dem Erwerb von Führungskompetenz, Verhaltens- und Konfliktlösungsstrategien, Lern- und Arbeitstechniken, Selbstmanagement, Rede-, Kommunikations- und Medienkompetenzen und anderen interdisziplinären oder überfachlichen Fertigkeiten. Sie sollten und sollen noch immer anwendungsbezogen und praxisorientiert auf das Berufsleben vorbereiten und bilden – heute wie damals – eine Art der Spezialisierung und Profilierung in Zeiten großer Konkurrenz.

Insofern stellte neben den durch die gelehrten Studien erworbenen Fachkenntnissen die *gute Einrichtung derer Exercitien*[10] bald einen wichtigen und integralen Bestandteil und eine für die studentische Klientel der Maîtres unentbehrliche praxisorientierte Bereicherung ihrer Ausbildung dar. Aber dem nicht genug: Wie Freiherr von Schütz 1740 durchscheinen ließ, vermittelten die Exerzitien- und Sprachmeister nicht nur unerlässliche praxisorientierte Fertigkeiten und Fähigkeiten. Die bloße Anwesenheit der Maîtres zählte seit der Mitte des 17. Jahrhunderts zum guten Ruf einer jeden Universität und wurde – wie im Falle Tübingens im Jahr 1740 – auch als ganz existentielle Maßnahme zur Aufrechterhaltung des Lehrbetriebs der bereits *agonisirenden Universitaet*[11] betrachtet. Denn verbreitete sich die Nachricht, die Posten der Exerzitien- und Sprachmeister seien nicht vollzählig besetzt und die Möglichkeiten zum Betreiben der Exerzitien unter fachkundiger Anleitung nicht gegeben – wie es 1695 in Tübingen der Fall war – so blieben die Studenten aus oder wanderten sogar an andere Universitäten ab. Mit ihnen gingen Wirtschaftskraft und Prestige[12]. Der frühneuzeitliche Exerzitien- und Sprachunterricht muss daher nicht nur als Bereicherung der akademischen Ausbildung, sondern als ein bereits im Urteil der Zeitgenossen hoch geschätzter Motor des gesamten akademischen Lehrbetriebs inklusive der gelehrten Studien betrachtet werden. Im Gegensatz zu einer Reform der gelehrten Studien wurde diesem jüngeren akademischen Bildungselement die Dynamik zugetraut, die prekären Verhältnisse einer schwach frequentierten Universität zu verbessern.

Die Bedeutung der frühneuzeitlichen Exerzitien- und Sprachmeister und ihres Lehrangebots im akademischen Alltag gab den Anstoß zur vorliegenden Studie, die als exemplarischer Beitrag zur Sozial- und Kulturgeschichte der Bildung zu verstehen ist. Ihr Gegenstand sind die frühneuzeitlichen Maîtres am Collegium Illustre und der Universität Tübingen von 1594 bis 1819 und das von ihnen repräsentierte Fächerquintett. Auf der Grundlage einer breiten und bisher ganz überwiegend unveröffentlichten Quellenbasis werden Status, Herkunft, Konfession, Qualifikation und Vernetzung der Maîtres sowie Genese, Entwicklung, Lehrziele, Stellenwert und

---

[10] HStAS A 284/94 Bü 55 Bl. 3.
[11] Ebd.
[12] HStAS A 202 Bü 2617 o. Pag. Senat der Universität an den Geheimen Rat (1695, November 4).

Funktion ihres Lehrangebots untersucht und mit bereits publizierten Einzelnachrichten der Verhältnisse an anderen Adelsakademien und Universitäten kontrastiert.

Der Bitte des Andreas Heinrich Freiherrn von Schütz, die Universität Tübingen
rasch wieder mit einem Tanzmeister auszustatten, wurde erst nach Ablauf eines halben Jahres entsprochen: Im Oktober 1740 ließ sich der bereits 67-jährige und bisher
in Straßburg tätige Tanzmeister Antoine Lepicq aus der Picardie in Tübingen nieder.
Die Tanzmeisterbesoldung war nach dem Vorschlag des Freiherrn von Schütz dafür
nicht unerheblich aufgestockt worden[13]. Obwohl auch Antoine Lepicq die Tübinger
Universität nicht alleine aus ihrer Misere retten konnte, so machte er sie durch seine
Anwesenheit doch wieder konkurrenzfähig. Denn, wie der Professor der Rechte und
Vizekanzler der Universität Marburg Johann Georg Estor 1764 erklärte, war *nach
dem Urteil der Welt* [...] *eine Universität ohne Exercitien-Meister* wie eine *Glocke
ohne Klöppel*[14].

---

[13] HStAS A 202 Bü 2617 o. Pag. Protokoll des Geheimen Rats (1740, Oktober 25); HStAS A
303 Bd. 14017–14036.
[14] Zitiert nach ENGEL: Musikpflege, S. 19.

2. Forschungsstand

Jüngere Literaturberichte und Quellenbesprechungen zeigen deutlich, wie in den letzten Jahren sozial- und kulturgeschichtliche Untersuchungen, insbesondere über die akademische Professorenelite und die Studentenschaft, zu bevorzugten Forschungsfeldern der Bildungs- und Universitätsgeschichte avancierten[15]. Im Rahmen der Untersuchung studentischen Alltags und studentischer Freizeit spielte auch der frühneuzeitliche Exerzitien- und Sprachunterricht in schriftlichen und bildlichen Quellen immer wieder eine Rolle. Eine Aufarbeitung der sozial- und kulturgeschichtlichen Bedeutung der Exerzitien- und Sprachmeister und ihres Lehrangebots an Universitäten und Adelsakademien der Frühen Neuzeit blieb bisher jedoch ein noch weitgehend unangetasteter Untersuchungsgegenstand der Bildungs- und Universitätsgeschichte. Annäherungen an den Themenkomplex erfolgten stets nur marginal, indirekt und segregiert sowie überwiegend aus Sicht der Studentenschaft beziehungsweise der Wissenschaftsgeschichte[16]. Umso wichtiger ist daher die explizite Aufforderung Carsten Linds (2008), sich des Desiderats um die nicht akademischen Universitätsangehörigen der Frühen Neuzeit, zu denen auch die Exerzitien- und Sprachmeister zählen, entsprechend anzunehmen: Während Professoren und Studenten schon seit längerem im Licht der Forschung stünden, seien nun auch „die im Dunkeln" stehenden Universitätsverwandten in den Fokus entsprechender Untersuchungen zu rücken[17].

In diesem Kontext soll die vorliegende Studie über die frühneuzeitlichen Exerzitien- und Sprachmeister und ihr Lehrangebot als Beitrag zu einer Sozial- und Kulturgeschichte der Bildung eingeordnet sein. Mittels einer Fokussierung auf die bisher von der universitäts- und bildungsgeschichtlichen Forschung kaum beachteten Maîtres setzt sich diese Arbeit das Ziel, nicht nur vertiefte Einsichten in das Sozial- und Lehrgefüge des höheren Bildungswesens und der akademischen Erfahrungs- und Lebenswelt zu ermöglichen, sondern eine wichtige akademische Personengruppe und ein

---

[15] Vgl. zuletzt die Beiträge in BERNHARDT/KRUG-RICHTER/MOHRMANN: Gastlichkeit (2013) und die Quellen- und Literaturberichte BOSSE: Studentenliteratur, S. 453–484 (2011); DÖRING: Gelehrtenkorrespondenz, S. 315–340 (2011); FÜSSEL: Selbstzeugnisse, S. 399–419 (2011); SCHNABEL: Stammbücher, S. 421–452 (2011); SCHWINGES: Umgang, S. 85–108 (2010); ASCHE/GERBER: Universitätsgeschichte, S. 194–198 (2008); STICKLER: Neuerscheinungen, S. 262–270 (2001); WEISERT: Universitätsgeschichte, S. 421–473, S. 440–447 (1990).

[16] Exemplarisch KRUG-RICHTER: Stund, S. 275–287 (2012); KRUG-RICHTER: Bilderwelten, S. 485–514, S. 499–509 (2011); BRAUN: Musik (2009); LIERMANN: Mantel, S. 31–51 (2009); POHL: Lebensführung, S. 205–237 (2007); FÜSSEL: Devianz, S. 145–166 (2004); MÜLLER: Studentenkultur, S. 283–285 (1996); KRUG-RICHTER: Perspektiven, S. 1–3, 5–11, 16 (2009): Barbara Krug-Richter favorisiert in ihrem Forschungsbericht zwar die Aufarbeitung aller universitären Akteure, verweist jedoch weiterhin hauptsächlich auf die „Alltagsgeschichte von Studenten und Professoren" und nur recht vage auf „diejenigen Angehörigen der Universitäten, die nicht zu den Eliten zählten, deren universitäre Karrieren scheiterten, die nicht mit machten bei diesem ‚Theater' um ständische Distinktion und akademische Äußerlichkeiten".

[17] LIND: Personen, S. 193–206 (2008), S. 205 f.; vgl. auch MÜHLBERGER: Universitätsangehörige, S. 99 (2002).

in seiner Bedeutung bisher kaum wahrgenommenes, allerdings aber integrales akademisches Lehrangebot entsprechend aufzuarbeiten. Das Bild einer Dominanz des humanistischen Lehrkanons, welches besonders durch die bisher favorisierte Untersuchung der Professorenelite und der Studentenschaft gestützt wurde, soll bedeutend verfeinert werden. Die Bildungsgeschichte wird damit nicht zuletzt um ein vollkommen neues Untersuchungsfeld der universitären Wirklichkeit bereichert, an das sich weiterführende Fragestellungen anschließen können. Die innovativen Studien von Silke Wagener und Ulrich Rasche über das universitäre Dienstpersonal bilden als sozial- und kulturgeschichtliche Untersuchungen einer abgegrenzten Personengruppe des akademischen Umfeldes dafür wichtige inhaltliche und methodische Vorbilder[18].

Fragestellungen zur Sozial- und Kulturgeschichte der Bildung stecken also gleichermaßen sowohl den Rahmen für die vorliegende Studie über die frühneuzeitlichen Exerzitien- und Sprachmeister als auch das von ihnen repräsentierte Bildungselement (Reiten, Fechten, Tanzen, Ballspiel, Französisch, Italienisch) ab. Der Stand der Forschung zu diesem Themenkomplex ist jedoch sowohl, was seine Vielschichtigkeit als auch, was das Beispiel Tübingen anbetrifft, generell und in mehrfacher Hinsicht rudimentär, bruchstückhaft und äußerst heterogen. Zunächst erweisen sich genuin historisch-kritische und alle Maîtres vergleichend umfassende horizontale Annäherungen an eine Sozialgeschichte der frühneuzeitlichen Exerzitien- und Sprachmeister als ein noch nicht tangierter Untersuchungsgegenstand. Hinzu kommt, dass bildungsgeschichtlich überwiegend separierende, selektierende und vertikale Betrachtungsweisen jeweils einzelner Sparten des Fächerkonglomerats die Forschungsliteratur dominieren. Tribut gezollt wird damit der gegenwärtigen Lehrbetriebsorganisation der Universitäten und ihrer Fächerkultur, von welcher ausgehend mit den Worten Peter Moraws Geschichte „vertikalisiert", „gleichsam in einem engen Tunnel in die Vergangenheit zurückgetrieben" wird[19]. Der Grund hierfür liegt in der Aufspaltung, Verwissenschaftlichung und Umdeutung des einst durch einen gemeinsamen Entstehungs- und Wirkungskontext zusammengehaltenen und vielgliedrigen Disziplinenkonglomerats im Sinne der universitären Fächerkultur seit dem beginnenden 19. Jahrhundert: Während der sprachpraktische Unterricht im Französischen und Italienischen des 17. und 18. Jahrhunderts in den zu Beginn des 19. Jahrhunderts errichteten neuphilologischen Lehrstühlen aufging und verwissenschaftlicht wurde[20], fanden die Exerzitien, von der Ästhetik zur Leistung umgedeutet, ihren Ort zunächst im Lehrgefüge der Institute für Leibesübungen und später der Sportwissenschaften[21].

Der Themenkomplex wurde daher in seinen unterschiedlichsten Facetten bisher ganz überwiegend als vertikale Vorgeschichte der diachron arbeitenden Neuphilologie und der Sportwissenschaften aufgegriffen, welche unter fachspezifischen Fragestellungen die sozial-, bildungs- und kulturgeschichtlichen Kontexte der Zeit nur

---

[18] WAGENER: Pedelle, (1996); RASCHE: Unruhe, S. 45–112 (1999).
[19] MORAW: Aspekte, S. 2.
[20] VORETZSCH: Anfänge, S. 4–6, 18–30.
[21] EICHBERG: Leistung, S. 202–205, 218 f., 235; DERS.: Umbruch, S. 133–137.

bedingt berücksichtigen konnten. Dennoch lieferten Romanisten und Anglisten bereits früh sehr fundierte größere und kleinere Studien sowie allgemeine und spezielle Forschungsarbeiten zur Geschichte des Sprachunterrichts, zu historischen Lehrmitteln, zu einzelnen Sprachmeistern und zur Vorgeschichte romanistischer oder anglistischer Seminare[22] und tun dies in beeindruckender Weise aktuell noch immer[23]. Der Zusammenschluss von Philologen und Historikern in der 2014 ins Leben gerufenen Matthias-Kramer-Gesellschaft zur Erforschung der Geschichte des Fremdsprachenerwerbs und der Mehrsprachigkeit stellt hinsichtlich dessen einen begrüßenswerten interdisziplinären Ansatz dar. Für Tübingen erschien bereits 1957 – angelegt als eine Kombination von Personen- und Institutionengeschichte – eine Studie von Gerhard Rauscher über den Sprachunterricht am Tübinger Collegium Illustre unter besonderer Berücksichtigung des Englischen[24]. Sportwissenschaftler beschäftigten sich in disziplinenübergreifenden Darstellungen, insbesondere als Handreichung für die Sportpädagogik, immer wieder mit den Exerzitien als Vorläufern des modernen Sports und ihrer Umdeutung zu Beginn des 19. Jahrhunderts. Speziellere Studien behandelten die Geschichte einzelner Sportarten, analysierten historische Sportstätten, arbeiteten

---

[22] Exemplarisch für die älteren Arbeiten: ENGELMANN: Bibliothek (1842); EHRHART: Geschichte (1890); VORETZSCH: Anfänge (1904); STIMMING: Geschichte (1906); BEHRENS: Geschichte (1907); AEHLE: Anfänge (1938); EICHHORN-EUGEN: Geschichte (1957); RAUSCHER: Collegium Illustre (1957). Exemplarisch für die neueren Studien BRIESEMEISTER: Sprachmeister, S. 265–282 (2008); SPILLNER: Unterricht, S. 213–242 (2007); HÜLLEN: Geschichte (2005); BRUZZONE: Fremdsprachen, S. 37–45 (2002); GLÜCK: Deutsch (2002); RUIJSENDAAL: Gesprächsbüchlein, S. 199–209 (2002); KRAPOTH: Beschäftigung, S. 57–90 (2001); WOLPERS: Göttingen, S. 91–136 (2001); CARAVOLAS: Histoire (2000); HÜLLEN: Sprachen, S. 177–192 (2000); CARAVOLAS: Point (1995); FRANK: Entwicklung, S. 104–110 (1994); STRAUSS: Lungershausen (1990); MÜNCHHOFF: Doignon, S. 119–146 (1990); STRAUSS: Stellung, S. 45–56 (1985); CHRIST: Geschichte (1983); FINKENSTAEDT: Geschichte (1983); LAUSBERG: Romanistik, S. 401–410 (1980); SEIDEL-VOLLMANN: Philologie (1977); STENGEL: Verzeichnis (1976). Die mehrbändige Quellensammlung des Augsburger Anglisten Konrad Schröder, Biographisches und bibliographisches Lexikon der Fremdsprachenlehrer des deutschsprachigen Raumes (1987–2001), ist aufgrund der pauschal nach Orten genannten Quellenangaben bedingt detailliert zitierbar und kann daher nur – wie es auch das Vorhaben des Lexikons ist – als Ausgangslage für Recherchen dienen. Die zweite Quellensammlung von Schröder, Linguarum recentium annales (1980–1985), ist in der Quellenzuweisung genauer. Problematisch ist jedoch, dass das von dem Linguisten Hans Ernst Brekle herausgegebene Biobibliographische Handbuch zur Sprachwissenschaft des 18. Jahrhunderts (1992–2005) sich in seinen Quellenangaben in weiten Teilen auf Schröder bezieht, die Ursprungsquellen Schröders jedoch nicht nennt. SCHRÖDER: Lexikon, Bd. 2, S. 154–162 zitiert in seinem Artikel über den Tübinger Sprachmeister Franciscus de Gregoriis beispielsweise eindeutig RAUSCHER: Collegium Illustre, S. 106–127 (1957), gibt aber noch in dem Ergänzungsbänden Rauscher als Quelle an. BREKLE: Handbuch, Bd. 3, S. 319 f. zitiert seinerseits in seinem Artikel über den Sprachmeister Franciscus de Gregoriis als Quellen SCHRÖDER: Lexikon, Bd. 2, S. 154–162 und mehrere Kurzabschnitte in SCHRÖDER: Annales, Bd. 2 und 3, in denen Rauscher zwar genannt ist, bei Brekle jedoch nicht erwähnt wird. Die Werke von Schröder und Brekle wurden daher im biographischen Anhang dieser Studie zwar als Fundstellen vermerkt, jedoch nicht als Quelle genutzt. Eine Neuauflage der Quellenbände von Schröder ist in Planung.

[23] KUHFUSS: Kulturgeschichte, S. 604–610 (2014).

[24] RAUSCHER: Collegium Illustre (1957).

die Geschichte sportwissenschaftlicher Institute auf oder beschäftigten sich zuletzt auch mit einzelnen Exerzitienmeistern[25].

Darüber hinaus tangieren Arbeiten von Musik- und Theaterwissenschaftlern, Kunsthistorikern sowie Literatur- und Sprachwissenschaftlern einzelne Bereiche des Gesamtthemenkomplexes, von denen exemplarisch nur einige neuere Studien genannt seien, etwa die kunsthistorische Bildinterpretation der „Maneige Royal" des Antoine de Pluvinel von Maria Platte (2000), die Studie zur künstlerischen Darstellung der Fechtkunst in Fechtbüchern vom Mittelalter bis ins 18. Jahrhundert von Heidemarie Bodemer (2008), die musik- und theaterwissenschaftlichen Studien über die Grazer Tanzmeister des 17. Jahrhunderts von Gudrun Rottensteiner sowie über die deutsche Tanzkunst um 1700 von Stephanie Schroedter (2004), die Arbeit zum Jeu de paume des Neuphilologen und Journalisten Heiner Gillmeister (2008) oder die Untersuchung zur Bedeutung der Körperkultur im Rahmen einer bürgerlichen Sprachkultur der Germanistin Angelika Linke (1996)[26].

Auch die bildungs- und universitätsgeschichtliche Forschung hat die frühneuzeitlichen Exerzitien- und Sprachmeister und ihr Lehrangebot in seinen sozial-, bildungs- und kulturgeschichtlichen Aspekten bisher nur marginal und dann ebenso vertikal und segregiert aufgegriffen. Von Seiten der Kulturgeschichte bereichern allerdings indirekt wichtige Studien den gesamten Themenkomplex, in der erst in jüngster Zeit eine verstärkte Hinwendung zur Untersuchung von Körperlichkeit und Körperbewegung in der Frühen Neuzeit zu beobachten ist. Zu nennen sind etwa die „Kulturgeschichte des Sports" von Wolfgang Behringer (2012), der Aufsatz „Posituren im

---

[25] Exemplarisch: KRÜGER/LANGENFELD: Handbuch (2010); KIRSTE/SCHÜRMANN/TZSCHOPPE: Sport, S. 75–103 (2009); KREMER: Außenseiter, S. 40–54 (2008); BEGOV: Wer sich fein recht tut üben (2007); KRÜGER: Einführung, Bd. 1, S. 200–211 (2004); AUSTERMÜHLE: Institut, S. 192 f. (2002); KREMER: Geschichte (2002); BEGOV: Sportstätten, S. 138–142 (2001–2002); ANGLO: Arts (2000); GAUGLER: History (1998); KÜHNST: Sport (1996); EICHBERG: Umbruch, S. 133–147 (1994); BUSS: Exerzitien, S. 15–31, 103–109, 126–136, 165–178, 188–191 (1989); BOHUS: Sportgeschichte (1986); BEGOV: Sportgeschichte, S. 145–164 (1980); FROST: Entwicklung (1979); RÖSCH: Leibesübungen, S. 119–135 (1979); EICHBERG: Leistung (1978); WILDT: Daten (1970); PAHNCKE: Entwicklung (1971); LUKAS: Körperkultur (1969); SAURBIER: Geschichte (1961); DIEM: Weltgeschichte, S. 519–576 (1960); RAUSCHENBACH: Entwicklung (1960); STREIB: Geschichte (1935); KÖRBS: Sinn (1938); STOECKLE: Entwicklung (1927); STREMPEL: Leibesübungen (1927); BECKER: Leibesübungen, S. 333–335 (1926); FUHRMANN: Geschichte (1909); KUHR: Geschichte (1906); HERGSELL: Fechtkunst (1896); KRAMPE: Humanisten (1895); HERGSELL: Fechtbuch (1887); vgl. zudem die Koproduktion des Marburger Philologen Norbert Nail und des Sportwissenschaftlers Gereon Berschin: NAIL/BERSCHIN: Geschichte des Fechtens (2003/2004); NAIL/BERSCHIN: Geschichte des Reitens (2003/2004); NAIL/BERSCHIN: Geschichte des Tanzens (2003/2004); NAIL: Ballspielen, S. 209–221 (2001).

[26] BODEMER: Fechtbuch (2008); GILLMEISTER: Topspin (2008); ROTTENSTEINER: Ballarino (2004); SCHROEDTER: Teutscher, S. 189–215 (2004); PLATTE: Maneige Royal (2000); LINKE: Sprachkultur (1996); vgl. zusätzlich aus diesem Bereich WETZLER: Überlegungen, S. 61–75 (2012); MALKIEWICZ: Tanzmeister, S. 239–262 (2004); SCHROEDTER: Affect (2004); SALMEN: Tanz (1999); SALMEN: Tanzmeister (1997); SORELL: Kulturgeschichte (1995); FINK: Tanzmeister, S. 99–106 (1994); SALMEN: Universitäts-Tanzmeister, S. 79–89 (1992); SKALECKI: Reithaus (1992); GILLMEISTER: Kulturgeschichte (1990); GROSSKREUTZ: Tanz, S. 55–70 (1989); SALMEN: Tanz (1988); STEMMLER: Jeu de paume (1988).

Wandel" von Harald Kleinschmidt (2009), der Ausstellungskatalog und Sammelband „Bewegtes Leben, Körpertechniken in der Frühen Neuzeit" unter der Herausgeberschaft von Rebekka von Mallinckrodt (2008), die Arbeit „Kopfübern und Luftspringen" über die „Bewegung als Wissenschaft und Kunst" in der Frühen Neuzeit von Sandra Schmidt (2008), die wichtige Studie „The eloquence of the body" von Herman Roodenburg (2004), die Arbeit „Körperlust und Disziplin" von Vera Jung (2001) sowie der aufschlussreiche und ausführliche Aufsatz „Das Spiel mit dem Ballon" von Martin Dolch (1981)[27].

Als Hauptgegenstand, wie etwa in der Studie Martin Zürns zu den frühneuzeitlichen Sprachmeistern in Freiburg, Konstanz und Augsburg (2010)[28] oder dem interdisziplinären Band von Helmut Glück, Mark Häberlein und Konrad Schröder zum Fremdsprachenerwerb und den entsprechenden Sprachmeistern in den Reichsstädten Augsburg und Nürnberg (2013)[29], traten die Maîtres bisher jedoch nur ausnahms- und ansatzweise in den Fokus kleinerer, vor allem lokalgeschichtlicher und häufig bereits älterer Studien[30]. Diese rudimentäre und bruchstückhafte Forschungssituation, die sich überwiegend aus Arbeiten und Abschnitten der lokalen Stadt- und Universitätsgeschichte speist, ist auch für Tübingen charakteristisch[31].

Listenartig erscheinen die Exerzitien- und Sprachmeister in einigen universitären Personalkatalogen, etwa denen der Universitäten Göttingen, Kiel, Marburg, Rinteln und Heidelberg[32]. Eine Innovation und Bereicherung für diesen Bereich stellt der neuere und mit Kurzbiographien versehene Katalog der Lehrkräfte der Universität Helmstedt unter der Herausgeberschaft von Sabine Ahrens (2004) dar, in den wie

---

[27] BEHRINGER: Kulturgeschichte (2012); KLEINSCHMIDT: Posituren, S. 121–147 (2009); MALLINCKRODT: Leben (2008); SCHMIDT: Luftspringen (2008); ROODENBURG: Eloquence (2004); JUNG: Körperlust (2001); DOLCH: Spiel, S. 143–212 (1981). Im Jahr 2013 erschien zudem die erste Ausgabe des Online-Journals „Body Politics – Zeitschrift für Körpergeschichte", die sich künftig der Erforschung der Körpergeschichte des 18. bis 21. Jahrhunderts widmen wird (http://bodypolitics.de) (02.05.2015).

[28] ZÜRN: Existenzen, S. 103–120 (2010).

[29] GLÜCK/HÄBERLEIN/SCHRÖDER: Mehrsprachigkeit, S. 77 f., 137–208 (2013).

[30] MEYER ZU ERMGASSEN: Universitäts-Almosen, S. 99–239 (1987); DEUERLEIN: Exercitienmeister, o. Pag (1957); KOHFELDT: Fecht- und Tanzmeister, S. 68–73 (1919).

[31] TIMM: Tanz- und Fechtboden (2000); DOBAT: Geschichte (1988); SCHMIDGALL: Grundzüge (1952); GEHRING: Stammbuch (1924); SCHMIDGALL: Studenten (1912); KLÜPFEL: Universität (1877); KLÜPFEL: Geschichte (1849); EIFERT: Geschichte (1849); EISENBACH: Beschreibung (1822); BÖK: Geschichte (1774); ZELLER: Merckwuerdigkeiten (1743); vgl. zudem insbesondere die Studien der Tübinger Blätter BIENER: Studenten (1992/1993); SENG: Ballhaus (1989); BETZ: Ballhaus (1988/1989); DOESER: Adelsprivileg (1987); BURKHARDT: Traubenwirt (1970); RAU: Franzosen, S. 6–10 (1966); BREUER: Baugeschichte (1959); HUBER: Rücken (1954); RAUERS: Gaststätten (1952); RAU: Pfleghof (1950); FORDERER: Opernhaus (1942); LÖFFLER: Taufbuch (1935); KRÄMER: Pfleghof (1929); LÖFFLER: Collegium Illustre, S. 49–53 (1925/1926); DUNCKER: Geschichte (1909/1910).

[32] WOLF: Universitätsangehörige (1991); HÄNSEL: Catalogus (1971); EBEL: Catalogus (1962); ARNIM: Corpus Academicum (1930); GUNDLACH: Catalogus (1927); VOLBEHR/WEYL: Professoren (1916). Ein reiner Professorenkatalog dagegen ist DRÜLL: Gelehrtenlexikon (1991–2009).

selbstverständlich und äußerst unprätentiös auch die Exerzitien- und Sprachmeister der Universität Helmstedt als „Universitätsverwandte – sofern sie Unterricht gegeben haben" integriert wurden[33].

Historische Spezialstudien, welche den Exerzitien- und Sprachunterricht, wenn auch nur indirekt, jedoch am ehesten als Ganzes begreifen, stellen die älteren und neueren Arbeiten zu den Adelsakademien[34] sowie zum Adelsstudium und zur Kavalierstour dar[35], darunter die Studien und Studienabschnitte zum Tübinger Collegium Illustre[36] und die wegweisende Studie von Norbert Conrads[37].

Während die ältere Universitätshistoriographie die frühneuzeitlichen Exerzitien- und Sprachmeister und ihr Lehrangebot recht häufig in ihre Beschreibungen aufnahm[38], wird der Themenkomplex mit wenigen Ausnahmen von der neuesten Universitätsgeschichtsschreibung jedoch noch immer fast vollständig marginalisiert. In dem zum 600-jährigen Jubiläum der Universität Leipzig erschienenen sechsbändigen Werk (2009) werden die Maîtres und ihr Lehrangebot in gewohnter Weise von Romanisten und Sportwissenschaftlern in aller Kürze und in nur wenigen Sätzen behandelt[39]. Während die Studie „Die Universität Jena in der Frühen Neuzeit" (2008)[40] und die zweibändige Festschrift zur 550-Jahrfeier der Universität Greifswald (2006) für das Thema keinerlei Anhaltspunkt bieten[41], leistet Dieter Speck innerhalb der fünfbändigen Festausgabe zur 550-Jahrfeier der Universität Freiburg (2007) mit seiner Arbeit über die Reformen der Universität zu Beginn des 18. Jahrhunderts unter Hinzuziehung der entsprechenden Archivalien des Universitätsarchivs einen wichtigen

---

[33] AHRENS: Lehrkräfte (2004).

[34] SCHULENBURG: Gründung (2011); MAINKA: Ritterakademie (2009); MAINKA: Erziehung (1997); PFUDEL: Geschichte (1994); BUSSCHE: Ritterakademie (1989); BLEECK: Nobilitas (1977); KUHLENKAMP: Ritterakademie (1975); KAINZ: Ritterakademie (1912); WENDT: Geschichte (1893); BLAU: Geschichte (1840).

[35] Exemplarisch BENDER: Prinzenreise (2011); GIESE: Studenten (2009); FRELLER: Adlige (2007); BABEL/PARAVICINI: Grand Tour (2005); BOUTIER: Grand Tour (2005); PARAVICINI: Grand Tour (2005); WALTHER: Kavalierstour (2005); LEIBETSEDER: Kavalierstour (2004); GIESE: Peregrinatio academica (2003); BERNS: Peregrinatio academica (1988); MÜLLER: Universität (1974).

[36] GLARBO: Adelsskole (1923); WILLBURGER: Collegium Illustre (1912); SCHNEIDER: Collegium Illustre (1898). Desweiteren LUDWIG: Bildungsreise, S. 63–127 (2008); HOLTZ: Bildung, S. 135–147 (2002); HAUER: Schulentwicklung, S. 175–184 (2000); DECKER-HAUFF/SETZLER: Universität, S. 106–125 (1977); THÜMMEL: Universitätsverfassung, S. 434–448 (1975); MOHL: Collegium illustre, S. 243–257 (1850); KLÜPFEL: Geschichte, S. 105–113 (1849); EISENBACH: Beschreibung, S. 501–505, 541 f. (1822); BÖK: Geschichte, S. 64–73, 296 f. (1774); ZELLER: Merckwuerdigkeiten, S. 142–186 (1743).

[37] CONRADS: Ritterakademien (1982).

[38] HAUPT/LEHNERT: Chronik (1907); PAULSEN: Geschichte (1885); HAUTZ/REICHLIN-MELDEGG: Geschichte (1862–1864); FIKENSCHER: Gelehrten Geschichte, Bd. 3 (1806); MEINERS: Geschichte (1802–1805); MEINERS: Verfassung, Bd. 2 (1802); WILL: Geschichte (1801); MICHAELIS: Raisonnement (1773); PÜTTER/SAALFELD/OESTERLEY: Versuch (1765–1838).

[39] BOCHMANN: Romanistik, S. 632–655, hier S. 632 (2009); KIRSTE/SCHÜRMANN/TZSCHOPPE: Sportwissenschaft, S. 905–942, hier S. 905 f. (2009).

[40] BAUER/KLINGER/SCHMIDT: Universität (2008).

[41] ALVERMANN/SPIESS: Universität (2006).

horizontal angelegten Beitrag zum Themenkomplex, der alle Maîtres umfasst[42]. In der Festschrift zum 400-jährigen Jubiläum der Universität Gießen (2007) bleiben die Exerzitien- und Sprachmeister zwar außen vor, jedoch weisen Eva-Marie Felschow und Carsten Lind in ihrem Ausstellungskatalog zum Jubiläum ausdrücklich auf die Thematik hin[43]. Auch die von Peter A. Süß verfassten Bände zur Geschichte der Universität Würzburg (2002, 2007)[44] sowie die ausführliche Studie zur Geschichte der Universität Bamberg von Bernhard Spörlein (2004)[45] widmen sich, zwar knapp, jedoch vorbildhaft, den Exerzitien- und Sprachmeistern und ihrem Lehrangebot.

An der Situation des nicht nur für Tübingen unzureichenden Forschungsstandes ist zu erkennen, dass eine sozial- und kulturgeschichtlich ausgerichtete Monographie über die frühneuzeitlichen Exerzitien- und Sprachmeister und ihr Lehrangebot in ihrer Gesamtheit und als Gegenstand einer offenbar fremd gewordenen Bildungstradition ein generelles Desiderat der universitätsgeschichtlichen Forschung darstellt. Der bisher nur wenig beachtete hohe Stellenwert und die vielfältigen Bedeutungen des Exerzitien- und Sprachunterrichts im akademischen Alltag, der sich seit dem 17. Jahrhundert im Konzert von *Studien und Exercitien*[46] erfolgreich neben dem humanistischen Lehrkanon etablieren konnte und den Universitätsstandorten Attraktivität und Prestige verlieh, bedürfen daher einer grundlegenden Würdigung.

---

[42] SPECK: Fächer, S. 266–285, hier S. 273–275 (2007).
[43] CARL/FELSCHOW/REULECKE: Panorama (2007); FELSCHOW/LIND: Werck, S. 106 (2007).
[44] SÜSS: Grundzüge, S. 98 (2007); SÜSS: Geschichte, S. 64, 79 (2002).
[45] SPÖRLEIN: Universität, Bd. 1, S. 256 f., Bd. 2, S. 879–881 (2004).
[46] UAT 9/12 o. Pag. Herzog Eberhard an den Oberhofmeister des Collegium Illustre (1672, Oktober 14).

3. Forschungsziel

Die aktuelle geschichtswissenschaftliche Forschung fordert für die Bildungs- und Universitätsgeschichtsschreibung grundsätzlich eine Verknüpfung von sozial- und kulturgeschichtlichen Fragestellungen[47]. Sie bezieht sich damit auf ältere Anregungen, die Universitätsgeschichte „horizontal" in ihrer „insbesondere sozialen Umwelt zu verankern"[48] und die Universitäten nicht nur als Bildungsinstitutionen, sondern als „Orte der Begegnung und des Austausches" zu begreifen, „an denen gleichsam im Focus mikrohistorischer Betrachtungen zeitgenössische Strukturen abgebildet und reflektiert" werden können und die Vernetzung der verschiedensten akademischen Akteure sichtbar wird[49].

Die vorliegende Studie über die frühneuzeitlichen Exerzitien- und Sprachmeister und ihr Lehrangebot, dargestellt am Beispiel des Collegium Illustre und der Universität Tübingen in der Zeit zwischen 1594 und 1819, wird diesen Prämissen insofern gerecht, als sie das Forschungsziel verfolgt, einen Beitrag zur Sozial- und Kulturgeschichte der Bildung zu leisten, in welchem möglichst viele Zugänge zum Themenkomplex und, wo immer möglich, auch über Tübingen hinausgehend miteinander verknüpft sein sollen: Status, Vernetzung, Konfession, Mobilität und Qualifikation, Jurisdiktion, Administration und Ökonomie sowie Unterrichtswirklichkeit, Alltag und Konkurrenz der frühneuzeitlichen Exerzitien- und Sprachmeister bilden gleichermaßen zentrale Aspekte der Studie. Immer wieder spielen dabei auch Themen und Fragestellungen eine Rolle, welche sich im Sinne der Neuen Kulturgeschichte auf die eigenen Wahrnehmungen, Denkmuster und Deutungen der Maîtres und ihres sozialen Umfeldes konzentrieren und etwa Selbstverständnis, Abgrenzungs-, Konflikt- und Konkurrenzverhalten sowie ständische, nationale oder konfessionelle Stereotypisierungen thematisieren[50]. Anhand einer Gesamtschau, Verknüpfung und Kondensierung dieser vielschichtigen Zugänge soll letztlich eine Charakteristik sowohl der frühneuzeitlichen Maîtres als auch ihres Lehrangebots erarbeitet werden, deren Schwerpunkte sozialgeschichtlich besonders auf der horizontalen Verortung der Maîtres innerhalb der akademischen Gesellschaft und kulturgeschichtlich besonders auf der Bestimmung des Stellenwerts und der Funktionen des Exerzitien- und Sprachunterrichts im akademischen Alltag liegen soll.

Anhand einer breiten Quellenbasis ist zu beobachten, dass seit dem 16. Jahrhundert und wirkmächtig seit der Mitte des 17. Jahrhunderts nicht mehr nur der traditionelle humanistische Fächerkanon, sondern in ganz erheblichem Maße auch die Präsenz von Exerzitien- und Sprachmeistern und die Existenz der entsprechenden Infra-

---

[47] Asche/Gerber: Universitätsgeschichte, S. 191 f., 201; Kaschuba: Editorial, S. 8; Paletschek: Stand, S. 176, 178; Wagener: Pedelle, S. 14.

[48] Moraw: Aspekte, S. 7.

[49] Asche/Gerber: Universitätsgeschichte, S. 191.

[50] Vgl. zu Begriff und Gegenständen der Neuen Kulturgeschichte Dinges: Kulturgeschichte, S. 179–192; Maurer: Kulturgeschichte, S. 281–304; Tschopp: Kulturgeschichte, S. 573–605, besonders S. 589 f.

struktur zum Betreiben der Exerzitien zu unerlässlichen Werbe-, Wirtschafts- und Prestigefaktoren des höheren Bildungswesens avancierten. In der Studie wird daher von einer tiefgreifenden Durchdringung des akademischen Alltags durch das von den Maîtres repräsentierte Bildungselement ausgegangen. Als integraler Bestandteil des akademischen Alltags der Frühen Neuzeit werden die frühneuzeitlichen Exerzitien- und Sprachmeister damit erstmals vergleichend in den Fokus der bildungs- und universitätsgeschichtlichen Forschung gestellt. Hinsichtlich der Untersuchung einer abgrenzbaren sozialen Gruppierung innerhalb des akademischen Sozialgefüges orientiert sich die Arbeit an der vorbildhaften Studie von Silke Wagener über das Dienstpersonal der Universität Göttingen[51]. Aufgrund der essenziellen und wesenhaften Relevanz der Maîtres im akademischen Lehrbetrieb, die beim Dienstpersonal naturgemäß fehlt, geht die vorliegende Untersuchung im Vergleich zu der Arbeit Silke Wageners jedoch deutlich über einen Beitrag zur Sozialgeschichte hinaus.

Im lokalen Fokus der Studie steht die Stadt Tübingen. Hier bestand seit dem Ende des 16. Jahrhunderts, verglichen mit allen anderen Studienstandorten des Heiligen Römischen Reiches, eine singuläre Situation. Einzigartig waren zunächst die Impulse, welche die Stadt unmittelbar aus der vom württembergischen Herzog regierten französischsprachigen Grafschaft Mömpelgard (Montbéliard) südwestlich von Belfort aufnehmen konnte. Der in Mömpelgard aufgewachsene württembergische Herzog Friedrich fungierte mit der 1592 von ihm veranlassten Übersetzung der „Discours politiques et militaires" des adligen Hugenotten François de la Noues (1587) als einer der wichtigsten Vermittler im Prozess der institutionellen Etablierung exklusiv adliger Standesbildung in den protestantischen Territorien des Heiligen Römischen Reiches[52]. Im Jahr 1596 wandelte er das Tübinger Collegium Illustre, das 1594 als Universitätskolleg für alle Stände eröffnet worden war, in eine exklusive Adelsakademie um und schuf damit die erste Einrichtung dieser Art im Reich[53].

Da ein landsässiger Adel in Württemberg fehlte und die Ritterschaft 1561 aus der Landschaft ausgeschieden war, nahm das Collegium Illustre in der Folge neben den württembergischen Prinzen vor allem landfremde adlige Zöglinge auf. Die fachliche Ausrichtung und die Finanzierung der Adelsakademie, die aus dem württembergischen Geistlichen Gut bestritten wurde, stieß daher von Beginn an auf die harsche Kritik der bürgerlich dominierten Landschaft, des Kirchenrats als Hüter des Geistlichen Gutes und der universitären Professorenschaft in Tübingen[54]. Die auf diese Weise in ihren ersten Jahren konfliktbeladene Koexistenz des neuen Collegium Illustre mit der seit 1477 bestehenden Universität bot daher sowohl einen einzigartigen Nährboden für die Schärfung adligen Distinktionswillens, als auch ein aufschlussreiches Spannungsfeld für einen Auseinandersetzungsprozess zwischen adligen und

---

[51] Wagener: Pedelle.
[52] Conrads: Ritterakademien, S. 89–95.
[53] Ebd., S. 105–115.
[54] Ebd., S. 166 f.; Hermelink: Geschichte, 2. Teil, S. 4, 44 f.; Jeserich: Verwaltungsgeschichte, Bd. 1, S. 618 f.; Lehmann: Landstände, S. 184–192; Willburger: Collegium Illustre, S. 19, 22, 28.

bürgerlichen Bildungsinteressen um das mit starker Außenwirkung behaftete Lehrangebot der Maîtres im Tübinger Collegium Illustre.

Sind in Tübingen also besonders gute Voraussetzungen für die Studie gegeben, so kann der Tübinger Mikrokosmos sowohl in seiner Beispielhaftigkeit, als auch mit seinen Eigentümlichkeiten dennoch nicht isoliert betrachtet werden: Einer von der aktuellen geschichtswissenschaftlichen Forschung geforderten Querschnittsanalyse[55] wird in der Arbeit insofern Rechnung getragen, als das Tübinger Beispiel, wo immer möglich, durch Nachrichten über die Verhältnisse an anderen Adelsakademien und Universitäten aus bereits publizierten Quellen ergänzt und kontrastiert wird. Zahlreiche Beobachtungen der Studie können mittels dieses Referenzrahmens als generalisierbare Übereinstimmungen oder aber als Spezifika der Tübinger Situation bewertet werden.

Der Untersuchungszeitraum der Studie beginnt mit der ersten Erwähnung der Tübinger Exerzitien- und Sprachmeister am Ende des 16. Jahrhunderts im Zuge ihrer Tätigkeit am Collegium Illustre. Als erste Maîtres sind 1594 der Ballmeister Hugo Bitschin, 1595 der Bereiter Leonhard Waldensperger, 1596 der Fechtmeister Nicolaus Hermann und 1601 der Sprachprofessor Bartholomäus Hettler überliefert[56]. Das Ende des Bearbeitungszeitraumes ergibt sich sodann aus der Aufspaltung und Umdeutung des Fächerquintetts zu Beginn des 19. Jahrhunderts. Der Unterricht in den modernen Fremdsprachen verwissenschaftlichte sich mit einer zunehmenden Schwerpunktverlagerung von der Sprachpraxis hin zu Grammatik und Übersetzung in nunmehr neuphilologischen Lehrstuhlsystemen und wurde teilweise schon am Ende des 18. Jahrhunderts von nicht mehr muttersprachlichen, sondern einheimischen, jedoch akademisch und philologisch vorgebildeten Sprachmeistern und bald auch Professoren versehen[57]. Die Unterweisung im Reiten, Fechten und Tanzen – das Ballspiel war Ende des 18. Jahrhunderts bereits aus der Mode gekommen – mündete unter Ablösung des alle Disziplinen überwölbenden höfischen Bildungsideals und mit dem Fall ständischer Schranken in neue Strukturen und Deutungen des modernen Sports. In diesem wurde das Kunstvolle, Figürliche, Repräsentative und Ästhetische der Exerzitien durch Leistung, Kraft, Funktionalität und Geschwindigkeit ersetzt[58]. Während dieser ganz Europa erfassende Prozess an der Wende zum 19. Jahrhundert mehrere Jahrzehnte in Anspruch nahm, gibt die Auflösung der selbstständigen Jurisdiktion des Tübinger Collegium Illustre im Jahr 1817 und die Überführung der Tübinger Maîtrestellen in neue institutionelle, administrative und jurisdiktionelle Strukturen unter der Obhut der Universität im Jahr 1819 konkreten Anlass zu einem zeitlichen Schnitt.

Inhaltlich fokussiert sich die vorliegende Studie auf den Lebens- und Arbeitsalltag

---

[55] EHRENPREIS: Universitätsgeschichte, S. 264.
[56] HStAS A 284/94 Bü 41 o. Pag. *Staat* für Bartholomäus Hettler (1601, August 18); HStAS A 284/94 Bü 74 o. Pag. *Staat* für Nicolaus Hermann (1596, April 30); HStAS A 284/94 Bü 250 o. Pag. Hugo Bitschin an den Kirchenrat (1628, November 4); PFEILSTICKER: NWD § 744.
[57] VORETZSCH: Anfänge, S. 4–6, 18–30.
[58] EICHBERG: Leistung, S. 202–205, 218 f., 235; DERS.: Umbruch, S. 133–137.

von 141 im Untersuchungszeitraum am Collegium Illustre und der Universität Tübingen tätigen Exerzitien- und Sprachmeistern. Damit wird ein akademischer Lehrpersonaltypus untersucht, der sich insbesondere durch den gemeinsamen Entstehungszusammenhang seiner Disziplinen im Kontext des höfischen Bildungsideals und seine praxisorientierten Qualifikationen auszeichnet und daher, in unterschiedliche Maîtresparten aufgegliedert, eine vergleichbare akademische Personengruppe darstellt. Gegenstand der Untersuchung ist ausdrücklich nicht die adlige Standesbildung per se oder das Gesamtlehrprogramm einer bestimmten Institution, etwa des Tübinger Collegium Illustre, in welchem der Exerzitien- und Sprachunterricht von juristischen Studien, an anderen Adelsakademien auch von anwendungsbezogenen Studien wie Mathematik und Geographie flankiert wurde[59]. Exklusiver Gegenstand dieser Untersuchung sind vielmehr die frühneuzeitlichen Exerzitien- und Sprachmeister mit ihrem anwendungsbezogenen Lehrangebot am Beispiel des Studienstandorts Tübingen und dies nicht nur als Bestandteil adliger Standesbildung, sondern entgrenzt auch als Gegenstand des bürgerlichen Interesses und weiterer sozial- und kulturgeschichtlicher Kontexte. Zum einen geht diese am Lehrpersonaltypus der Maîtres orientierte Eingrenzung des Untersuchungsgegenstandes Hand in Hand mit einer gewollten Fokussierung auf die Exerzitien- und Sprachmeister und ihres Lehrangebots gegenüber den bisher häufig im Mittelpunkt stehenden Professoren und gelehrten Studien. Zum anderen dient diese Eingrenzung auch einer von der Institutionengeschichte der Adelsakademien und Universitäten nicht vollkommen losgelösten, jedoch loslösbaren Vergleichbarkeit des Themenkomplexes mit den Verhältnissen an anderen Bildungseinrichtungen.

Zehn zentrale und kondensierte Leitfragen führen daher durch die vorliegende Studie: Die Ermittlung von Genese, Entwicklung, Lehrziel, Stellenwert und Funktion sowie die Frage nach Status, Herkunft, Konfession, Qualifikation und Vernetzung der Maîtres werden letztlich in die Lage versetzen, die Kernfrage nach der Bedeutung des frühneuzeitlichen Exerzitien- und Sprachunterrichts und nach einer Charakteristik der Exerzitien- und Sprachmeister zu beantworten.

---

[59] Conrads: Ritterakademien, S. 276, 286–294, 300, 311, 320; Koldewey: Schulordnungen, S. 224 f., 235–238.

4. Quellenbasis

Die vorliegende Studie über die Tübinger Exerzitien- und Sprachmeister und ihr Lehrangebot basiert auf einer breiten Quellenbasis, die es ermöglicht, ein weites sozial-, bildungs- und kulturgeschichtliches Spektrum der Lebens- und Arbeitswelt der Maîtres zu erfassen. Einschlägige Archivalien von größerem Umfang und zusammenhängendem Charakter hierzu befinden sich im Hauptstaatsarchiv Stuttgart (HStAS), im Universitätsarchiv Tübingen (UAT) und im Stadtarchiv Tübingen (StAT).

Die primär herangezogenen Bestände stellen insbesondere jene Registraturbildner dar, die an der Administration des Tübinger Collegium Illustre und seines Personals als einer von der Universität separierten und eigenständigen herzoglichen Einrichtung beteiligt waren und in deren Kontext die Exerzitien- und Sprachmeister erstmals in Erscheinung traten. Dazu zählt die Überlieferung des Collegium Illustre selbst, die als ehemals eigenständiges Membrum in den Bestand der Universität Tübingen eingegliedert wurde (HStAS A 274), sich teilweise aber auch im Universitätsarchiv Tübingen befindet (UAT 9/7–9/14). Zusammen mit den wichtigen und über längere Zeiträume geführten Akten zu Anstellung und Besoldung der Maîtres im Bestand der Bebenhauser und Blaubeurer Pflege und Collegienverwaltung (HStAS A 284/94), den dazugehörigen Rechnungen (HStAS A 303), den entsprechenden Archivalien aus dem Bestand des Geheimen Rats (HStAS A 202) und des akademischen Rektoramts der Universität (UAT 117) bilden sie die Hauptüberlieferung zu den Tübinger Maîtres, ihrem Lehrangebot und den infrastrukturellen Einrichtungen zum Betreiben der Exerzitien wie Reitbahn, Fechtboden und Ballhaus.

Während die Exerzitienmeister bis 1817 unter der von der Universität separierten Jurisdiktion des Collegium Illustre verblieben[60], schieden die Sprachmeister zwischen 1681 und 1745/1751 aus diesem Privileg aus[61]. Ihre Verhältnisse und Angelegenheiten, aber auch jene der Exerzitienmeister verzahnten sich in der Folge aufs Engste mit der Universität und ihren obrigkeitlichen Instanzen, insbesondere mit dem Senat. Grund dafür war, dass alle am Collegium Illustre angenommenen Maîtres spätestens nach dem Dreißigjährigen Krieg auch die Studenten der Universität unterrichten durften und sich deren Wirkungsbereich nach der Schließung der Adelsakademie im Jahr 1688 vollkommen an die Universität verlagerte[62]. In den älteren Beständen des Universitätsarchivs sind die Tübinger Exerzitien- und Sprachmeister daher mit vielen Aspekten ihrer Lebens- und Arbeitswelt allgegenwärtig. Als Beispiele seien die zahlreichen Einzelnachweise der Maîtres in den Senatsprotokollen, Senatsdekreten und Senatszirkularen (UAT 2–4, 44/3, 46, 47) sowie in den Visitationsakten (UAT

---

[60] UAT 5/29b Bl. 165.
[61] HStAS A 202 Bü 2616 o. Pag. Geheimer Rat an den Kirchenrat (1751, Dezember 13), o. Pag. Geheimer Rat an den Kirchenrat (1752, Juli 28); HStAS A 284/94 Bü 47 Bl. 1, 2a, 3–5; HStAS A 284/94 Bü 289 Bl. 55; HStAS A 303 Bd. 13973–14030; UAT 30/6 Nr. 24 Bl. 1.
[62] CONRADS: Ritterakademien, S. 155; EIFERT: Geschichte, S. 168–180; HStAS A 274 Bü 83 o. Pag. Collegiumsverwalter an Herzog Carl Eugen (1769, Mai 30); Ordo studiorum 1652, o. Pag.

6/25–6/29) genannt. Gerade aber auch das Erscheinen der Exerzitien- und Sprachmeister in den vielschichtigen Kontexten der älteren Aktenbestände des Universitätsarchivs, etwa zu Schenkungen und Käufen (UAT 5/6, 44/121), Baustreitigkeiten
(UAT 7/6), Caféhaus und Zuckerbäcker (UAT 8/7), Interzessionssachen (UAT 25/2,
25/3), Erbschaftsangelegenheiten (UAT 27/14), Pferdehändeln (UAT 28/2) oder
Rangstreitigkeiten (UAT 29/1), um nur einige wenige Beispiele zu nennen, sind Abbild der engen Verflechtung aller Angelegenheiten der Maîtres mit der Universität
und den Universitätsverwandten. Oft liefern diese Zusammenhänge wichtige und in
mehrfacher Hinsicht verwertbare Aspekte für eine Charakteristik der Tübinger Exer-
zitien- und Sprachmeister.

Ebenso viele Bezugspunkte bestanden auch mit der Jurisdiktion und Administration der Stadt Tübingen, die sich etwa in Steuer-, Liegenschafts- und Bürgerrechtsan-
gelegenheiten einiger Maîtres in den Urkunden, Akten und Amtsbüchern der Stadt
(StAT A 10, A 20, A 30) und in deren Mitwirkung bei Inventuren und Teilungen
sowie Pflegschaftsangelegenheiten von Universitäts- und Collegiumsverwandten wi-
derspiegeln (StAT A 84, A 86, E 101, E 105). Zahlreiche zeitgenössische Abbildungen
sowie Karten und Pläne, die Aufschluss über die Unterrichtsorte der Tübinger Exer-
zitien- und Sprachmeister gaben, konnten zudem im Stadtarchiv eingesehen werden
(StAT D 30, D 150, D 160).

Dreh- und Angelpunkt einer ergänzenden Quellenrecherche sowohl in zusätzlichen Beständen der bereits genannten Institutionen, als auch den Archiv- und Hand-
schriftenbeständen weiterer Archive und Bibliotheken war nicht nur die funktionale
Ermittlung, sondern die namentliche Benennung des zu untersuchenden Personenkorpus anhand der einschlägigen Archivalien (HStAS A 284/94, UAT 9/9, UAT
30/6). Nur auf diese Weise war es möglich, die Quellenbasis für die Maîtres und die
mit ihrer Tätigkeit verbundenen Sachverhalte noch zu erweitern. Einige von ihnen
waren beispielsweise nicht nur als Exerzitien- und Sprachmeister, sondern auch in
anderen Funktionen im akademischen Umfeld tätig, etwa als Buchbinder oder Hofgerichtsadvokaten (UAT 7/4a, 8/1, 8/2). Andere wiederum versahen vor oder nach
ihrem Aufenthalt in Tübingen Dienste am württembergischen Hof oder Ende des
18. Jahrhunderts an der Hohen Karlsschule in Stuttgart und lassen sich daher mit weiteren Details auch in den entsprechenden Beständen der Karlsschule und des Ober-
hofmarschallamtes (HStAS A 21, A 272) sowie in Pfeilstickers Neuem Württembergischem Dienerbuch nachweisen[63].

In den Kontext dieser ergänzenden Recherche anhand bekannter Namen der Maîtres fällt auch die Heranziehung von Stammbüchern und Stammbucheinträgen aus
den Beständen des Universitätsarchivs Tübingen (UAT S 127, S 128), der Universitätsbibliothek Tübingen (UBT Md, Mh), des Stadtmuseums Tübingen (StMT Stb
10430), der Württembergischen Landesbibliothek (WLB Cod. hist. 2° 888, 889, 912),
des Stadtarchivs Nürnberg (StBN Will III 513c) und der Herzogin Anna Amalia
Bibliothek (HAAB Stb 151), deren Stammbuchsammlung sich zum Zeitpunkt der

---

[63] PFEILSTICKER: Dienerbuch. 3 Bde. Stuttgart 1957–1974 [= NWD].

Recherche zur Bearbeitung in der Universitätsbibliothek Tübingen befand und dort genutzt werden konnte. Im Diözesanarchiv Rottenburg (DAR) war nicht nur das Kirchenbuch der katholischen Pfarrei Ammern (1749–1807) von Interesse, in dem die Tauf-, Heirats- und Sterbeeinträge einiger Tübinger Maîtres verzeichnet sind (DAR M 283 Bd. 1). Hier fanden sich auch die Details über den Umbau des Tübinger Ballhauses zur katholischen Kirche im Jahr 1817 (DAR F II a, G 1.3).

Für das beginnende 19. Jahrhundert wurden zudem ergänzend die sich an die frühneuzeitliche Behördenstruktur anschließenden Provenienzen des Ministeriums des Kirchen- und Schulwesens, des Geheimen Rats und des Finanzministeriums (HStAS E 11, E 31, E 200, E 221 I) sowie des akademischen Rektoramtes, des Kanzlers und des Universitätskassenamtes (UAT 117, 117C, 119, 126, 145, 146) herangezogen.

Als wichtige gedruckte Quellengattungen sind die Kupferstiche der Werbeschrift des Collegium Illustre von Johann Christoph Neyffer und Ludwig Ditzinger[64], die Statuten des Collegium Illustre[65], die Quellensammlung der württembergischen Schulgesetze[66] sowie die Vorlesungsverzeichnisse[67] und Matrikeln der Universität Tübingen und des Collegium Illustre[68] zu nennen.

Hinsichtlich der Recherche nach Exerzitien- und Sprachmeistern in den Matrikeleditionen auch anderer Universitäten, für die ein namentlich benanntes Personenkorpus noch nicht vorliegt, erwies es sich als schwierig, gezielt auf eine Gruppe von Funktionsträgern wie die Maîtres zuzugreifen, da entsprechende Sachregister fast immer fehlen. Ausnahme hiervon bildet die Matrikeledition der Universität Greifswald, die über ein Sachregister verfügt, in der Lehrkörper und Universitätsbeamte eine eigene Kategorie bilden, unter der auch die Greifswalder Fecht-, Tanz- und Sprachmeister erfasst sind[69]. Die Matrikel der Universität Wien dagegen führt nicht akademisch gebildete und nicht studentische Universitätsverwandte wie die Exerzitien- und Sprachmeister in optisch leicht zu lokalisierenden separaten Absätzen auf[70].

Letztlich sei ergänzend erwähnt, dass auf Nachfrage in deutschen, österreichischen und französischen Universitätsarchiven und anderen zuständigen Archiven und Bibliotheken zahlreiche Bestände und Archivalien zu den frühneuzeitlichen Exerzitien- und Sprachmeistern und ihrem Lehrangebot lokalisiert werden konnten und damit eine insgesamt gute Quellenlage für weiterführende Arbeiten oder Vergleichsstudien gegeben ist[71].

---

[64] NEYFFER/DITZINGER: Delineatio, Bl. 5–12.
[65] HStAS A 274 Bü 67: Statuten 1596; Constitutiones 1597; Constitutiones 1601; Constitutiones 1606; Leges 1609; Ordnung 1609; Ordnung 1614; Leges 1666.
[66] REYSCHER: Sammlung, Bd. 11,3.
[67] Ordo studiorum; Ordo praelectionum.
[68] HERMELINK: Matrikeln, Bd. 1,1; BÜRK/WILLE: Matrikeln, Bd. 2; DIESS.: Matrikeln, Bd. 3; DORN: Edition; RAMSLER: Blumen.
[69] FRIEDLAENDER: Universitäts-Matrikeln, Bd. 2, S. 516 f.
[70] MÜHLBERGER/SCHUSTER: Matrikel, Bd. 6, S. 47, 52 f., 94, 122.
[71] Laut freundlicher schriftlicher Auskunft und anhand von Online-Recherchen in den Jahren 2008, 2010 und 2012 in den Beständeübersichten, Findmitteln und Katalogen der entsprechenden Archive und Bibliotheken für die Universitäten Altdorf, Bamberg, Bützow,

5. Methode

Bei der vorliegenden Studie handelt es sich um eine Sozial- und Kulturgeschichte der Bildung, die wesentlich auf einem personengeschichtlichen Ansatz basiert. Obwohl das Lehrangebot der Maîtres im Rahmen des Tübinger Collegium Illustre bereits einen hohen Grad der Institutionalisierung erreicht hatte, stellte der frühneuzeitliche Exerzitien- und Sprachunterricht ein stark personalisiertes, das heißt ausschließlich von Personen repräsentiertes und verantwortetes Element des akademischen Alltags dar. Am Beginn der Studie und im Mittelpunkt der Vorgehensweise stand daher primär die Ermittlung des funktionellen Personenbestandes an Tübinger Exerzitien- und Sprachmeistern, der anhand der einschlägigen Quellenbestände ermittelt wurde. Ausgehend von diesem namentlich bekannten Personenkorpus, welches im Untersuchungszeitraum von 1594 bis 1819 141 Maîtres umfasste, konnte sodann der weiterführende Zugang zu Lehrprogramm, Unterrichtswirklichkeit und Lehrwerken hergestellt werden. Dabei wurden letztlich sozial-, kultur-, bildungs-, konfessions-, migrations-, verwaltungs- und wirtschaftsgeschichtliche Fragestellungen miteinander verknüpft.

Für die Ausarbeitung einer Charakteristik der frühneuzeitlichen Exerzitien- und Sprachmeister und die Eruierung der Bedeutung ihres Lehrangebots im akademischen Alltag war insgesamt eine breit gefächerte Untersuchung der Quellenbasis notwendig, die sich im Aufbau der Arbeit widerspiegelt und die Studie in sechs große Abschnitte gliedert: In einem einleitenden ersten Abschnitt wird zunächst der Themenkomplex erläutert sowie Forschungsstand, Forschungsziel und Quellenbasis der Studie geklärt. Im Anschluss folgen vier Abschnitte, die in insgesamt zwölf Kapiteln die zentralen sozial- und kulturgeschichtlich relevanten Themen in Bezug auf die frühneuzeitlichen Exerzitien- und Sprachmeister auf Basis der überwiegend archivischen Quellen untersuchen und zu größeren Einheiten zusammengefasst sind: Abschnitt I: Genese, Kontexte und Terminologien; Abschnitt II: Status, Konfession und Qualifikation; Abschnitt III: Jurisdiktion, Administration und Ökonomie; Abschnitt IV: Unterrichtswirklichkeit, Alltag und Konkurrenz. Abgerundet wird die thematisch aufgebaute Studie von den Ergebnissen und einem alle 141 Maîtres umfassenden und innerhalb der einzelnen Maîtresparten chronologisch angeordneten biographischen Anhang als Abbild des primär personenbezogenen Zugangs zum Themenkomplex.

In ihrem Hauptteil geht die Studie im ersten Abschnitt zunächst auf die Genese, die Etablierung und Verfestigung sowie auf die Kontexte und Terminologien des frühneuzeitlichen Exerzitien- und Sprachunterrichts ein. Im ersten von drei Kapiteln wird das primäre Auftreten der Maîtres im akademischen Umfeld im Rahmen des seit

---

Duisburg, Erfurt, Erlangen, Frankfurt an der Oder, Freiburg, Göttingen, Greifswald, Halle und Wittenberg, Heidelberg, Helmstedt, Jena, Leipzig, Marburg, Ingolstadt (wegen Kriegsschäden ab 1800), Kiel, Rinteln, Rostock, Wien und für die Hohe Karlsschule in Stuttgart. Keine einschlägigen Bestände oder Archivalien konnten dagegen ermittelt werden für die Universitäten Bonn, Dillingen, Graz, die Hohe Schule Herborn, Innsbruck, Köln, Münster, Osnabrück, Paderborn, Straßburg und Würzburg.

dem 16. Jahrhundert zunehmenden Adelsstudiums und die weitere Entwicklung des Exerzitien- und Sprachunterrichts aufgezeigt. Die vielschichtigen bildungsgeschichtlichen Kontexte des französischen Akademielehrplans François de la Noues (1587), der hinsichtlich des Exerzitien- und Sprachunterrichts für das Tübinger Collegium Illustre vorbildhaft wurde, bilden das Thema des zweiten Kapitels. Im dritten Kapitel werden die spezifischen Terminologien und die Verortung des Exerzitien- und Sprachlehrangebots im zeitgenössischen Lehrgefüge untersucht.

Der zweite Abschnitt behandelt in ebenfalls drei Kapiteln Status, Konfession, Mobilität, Qualifikation und Rekrutierung der frühneuzeitlichen Exerzitien- und Sprachmeister. Das erste Kapitel geht auf die soziale Herkunft und den gesellschaftlichen Rang der Maîtres, die vorhandenen Tendenzen sozialer Mobilität sowie das Verhältnis zu Professoren und Scholaren und die soziale Lebenswelt der Exerzitien- und Sprachmeister ein. Die eng miteinander verquickten Untersuchungen zur regionalen Herkunft der Exerzitien- und Sprachmeister, ihrem Mobilitätsverhalten und ihrer Konfession sind Thema des zweiten Kapitels. Im dritten Kapitel werden Rekrutierung und Qualifikationen der Maîtres analysiert. Dabei wird auch das in Bewerbungen und Zeugnissen zum Ausdruck kommende, jedoch unter Exerzitienmeistern und Sprachmaîtres stark divergierende fachliche und berufliche Selbstverständnis untersucht.

Im dritten Abschnitt wird auf die jurisdiktionelle Corpuszugehörigkeit, die administrative Verankerung im herzoglichen Verwaltungsaufbau und auf die ökonomischen Verhältnisse der Exerzitien- und Sprachmeister eingegangen. Beleuchtet wird dabei die durch Funktion und Beruf begründete Einbindung der Maîtres in das rechtlich-administrative Gefüge sowie deren Verhältnis zu den verschiedenen Instanzen innerhalb dieses Gefüges. Thema ist dabei in einem ersten Kapitel zunächst die besondere Zugehörigkeit der Tübinger Exerzitien- und Sprachmeister zum Jurisdiktionsbereich des Oberhofmeisters am Collegium Illustre und damit die dauerhafte jurisdiktionelle Unabhängigkeit der Tübinger Maîtres von der Universität. Zur Sprache kommen daher vor allem alle Arten der Verflechtung sowohl innerhalb des Corpus des Collegium Illustre, als auch mit der Universität und der Stadt. Im zweiten Kapitel geht es um die administrative Einbindung der Exerzitien- und Sprachmeister in das herzogliche Instanzengefüge sowie die Privilegien und Widerstände, die sich daraus ergaben. Das dritte Kapitel klärt die ökonomischen Verhältnisse der Maîtres, ordnet diese entsprechend ein und untersucht die Rolle und Bedeutung der studentischen Informationsgelder.

Im vierten Abschnitt schließlich werden die Lehrinhalte des Exerzitien- und Sprachunterrichts, die Unterrichtswirklichkeit der Maîtres sowie die vielfältigen Funktionen der Exerzitien im akademischen Alltag analysiert. Im ersten Kapitel kommen die Unterrichtsinhalte und Unterrichtslokalitäten der Maîtres sowie exemplarisch einige selbst verfasste Lehrbücher zur Vorstellung. Im zweiten Kapitel werden die vielfältigen Funktionen des frühneuzeitlichen Exerzitien- und Sprachunterrichts im Alltag ermittelt und bewertet. Hierbei wird das gesamte akademische Umfeld mit einbezogen. Exemplarisch sei hier die Funktion als Werbe-, Wirtschafts- und Prestigefaktor für die frühneuzeitlichen Universitäten genannt. Daran schließt sich die wichtige Frage nach der Klientel der Maîtres und die Wirkung des Exerzitien- und Sprachunterrichts insbesondere auch auf das Bürgertum an. Zuletzt wird in einem dritten Kapitel die für die Maîtres zu allen Zeiten allgegenwärtige und individuell oft bedrohliche Problematik der Konkurrenz als wichtiger Bestandteil des Alltags aufgegriffen.

In Hinblick auf die sozial- und kulturgeschichtliche Untersuchung einer gut abgrenzbaren und interkulturell agierenden akademischen Personengruppe wie den frühneuzeitlichen Exerzitien- und Sprachmeistern lässt sich die Studie in mehrere aktuelle und interdisziplinäre Forschungskontexte einordnen: Das theoretische Konzept der Kollektivbiographie oder der komparatistischen Untersuchung einzelner Lebensläufe innerhalb eines vergleichbaren Personenkollektivs untermauert die Verquickung von Individuellem und Gemeinsamem, von Typischem und Untypischem in den Lebensläufen der Maîtres, vermeidet dabei Einzelfallbezogenheit durch deren Einbindung in das soziale Kollektiv, konkretisiert aber auch die Gemeinsamkeiten dieses besonderen Lehrpersonaltypus anhand des Individuums[72]. Damit ist die Studie auch an soziologische und ethnologische Ansätze der Kulturgeschichte gekoppelt, etwa an das Postulat der Historischen Anthropologie, welche den Menschen als Akteur der Geschichte in den Mittelpunkt rückt. Die vorliegende Studie beweist dabei eine bereichernde Zusammenschau von Individuum, gesellschaftlicher Interaktion und den entsprechenden Funktionen im Alltag[73].

Zu der in den letzten Jahren durch Untersuchungen zur Konfliktkultur und zur Rolle symbolischer Handlungen und Mentalitäten[74] verstärkt in den Fokus speziell der Universitäts- und Bildungsgeschichte gerückten Neuen Kulturgeschichte[75] leistet auch der Untersuchungsgegenstand dieser Studie einen Beitrag. Tangiert werden etwa die Konflikte, welche durch die im Übermaß betriebenen Exerzitien im akademischen Alltag oder durch Konkurrenz entstanden. Teil der Studie sind auch Fragen der ständischen Distinktion und Abgrenzung oder des fachlichen Selbstverständnisses der Maîtres. Als häufig aus der Fremde kommende bürgerliche Repräsentanten eines überwiegend von adligen Scholaren frequentierten Bildungselements beeinflussten häufig ständische, nationale und konfessionelle Stereotypisierungen den Alltag der Tübinger Exerzitien- und Sprachmeister.

Die Untersuchungen der Studie hinsichtlich der Orientierung des Exerzitien- und Sprachunterrichts am italienischen und französischen Kulturkreis, dem Mobilitäts-

---

[72] SCHRÖDER: Biographien, S. 7–17; STONE: Prosopographie, S. 64–97; vgl. exemplarisch RASCHE: Studien, S. 129–191.

[73] BURGHARTZ: Anthropologie/Mikrogeschichte, S. 206–218; DÜLMEN: Anthropologie, S. 5–9; GEERTZ: Beschreibung, S. 7–43; MAURER: Anthropologie, S. 294–387; SÜSSMUTH: Geschichte, S. 5–18; WINTERLING: Begriffe, S. 9–29; vgl. die Beispielstudien im Sammelband DÜLMEN/CHVOJKA/JUNG: Blicke.

[74] Vgl. exemplarisch FÜSSEL: Unordnung, S. 49–74; FÜSSEL: Gelehrtenkultur; KRUG-RICHTER: Bacchant, S. 79–104; KRUG-RICHTER: Stund, S. 275–287.

[75] DINGES: Kulturgeschichte, S. 179–192; LAAK: Alltagsgeschichte, S. 14–80; MAURER: Kulturgeschichte, S. 339–418; MAURER: Kulturgeschichte, S. 281–304; TSCHOPP: Rekonstruktion, S. 39–81; TSCHOPP: Kulturgeschichte, S. 573–605; TSCHOPP/WEBER: Grundfragen, S. 1–23.

und Migrationsverhalten der Maîtres und letztlich dem von den frühneuzeitlichen Exerzitien- und Sprachmeistern generell getragenen kulturellen Austausch und Transfer von Wissensbeständen und Fertigkeiten berührt auch aktuelle Forschungsfelder wie die Migrationsgeschichte, die Untersuchung von Alteritäts- und Identitätsdiskursen und damit die Erforschung kultureller Kontakte und Transfers[76].

---

[76] ESPAGNE: Rolle, S. 309–329; ESPAGNE/WERNER: Kulturtransfer, S. 11–34; ESSER: Migrationsgeschichte, S. 69–82; EXTERNBRINK: Beziehungen, S. 227–248; KELLER: Kulturtransferforschung, S. 101–114; KORTLÄNDER: Begrenzung, S. 1–19; LÜSEBRINK: Kulturtransfer, S. 213–226; MIDDELL: Kulturtransfer, S. 7–41; MIDDELL: Wechselseitigkeit, S. 15–51; MIDDELL/MIDDELL: Forschungen, S. 107–122; SCHMALE: Komparatistik, S. 101–122; SCHMALE: Kulturtransfer; WOLF: Cultures, S. 85–98; vgl. exemplarisch ASCHE: Glaubensflüchtlinge, S. 89–114; BIRNSTIEL: Réfugiés, S. 73–87; KELLER: Dresden, S. 43–65; MÄRKER: Musiker, S. 67–74; VOGEL: Kulturtransfer und der Sammelband LÜSEBRINK/REICHARDT: Kulturtransfer.

I. Genese, Kontexte und Terminologien

1. Die Genese des Exerzitien- und Sprachunterrichts

1.1 Entstehung im Rahmen des Adelsstudiums

Die vielfältigen sozialen, politischen, wirtschaftlichen und militärtechnischen Veränderungen des Spätmittelalters hatten sich für die Lebensform und die überkommenen
Tätigkeitsfelder des Adels in ganz Europa als tiefgreifender Umbruch erwiesen. Sein
aus dem Hochmittelalter tradiertes Erziehungs- und Bildungsideal, das überwiegend
von der Erlernung höfisch-gesellschaftlicher Verhaltensnormen und ritterlich-militä-
rischer Körperübung geprägt war, und seine Neuorientierung auf dem Gebiet des Bildungswesens zu Beginn der Frühen Neuzeit spielten in dieser Phase des Umbruchs
eine wichtige Rolle[1]. Aus der noch lange Zeit nachwirkenden mittelalterlichen Funktion des Adels als Ritterstand bildeten körperliche Übung und die Kenntnis des Französischen und Italienischen als Volkssprachen der vorbildhaften höfischen Kulturen
im Erziehungswesen des Adels eine Kontinuität. In der Frühen Neuzeit wurden sie
nunmehr mit neuen Bildungs- und Wissensinhalten kombiniert. Als junge Adlige seit
dem 16. Jahrhundert zunehmend zum Erwerb akademischer Bildung die bis dahin
vom Adel überwiegend gemiedenen Universitäten besuchten, fanden mit ihnen auch
Elemente der einstigen Rittererziehung wie die Exerzitien und die modernen Fremdsprachen zunächst als lockeres Disziplinenkonglomerat und später als geschlossenes
Bildungselement den Weg in das universitäre Umfeld und das höhere Bildungswesen.
Dieses noch für lange Zeit spezifisch und typisch adlige Bildungselement bereicherte
durch seinen auf die jungen Studenten attraktiv wirkenden Körper- und Praxisbezug
rasch den humanistischen Lehrkanon der Universitäten. Als Dreh- und Angelpunkt
der Genese des frühneuzeitlichen Exerzitien- und Sprachunterrichts ist eine Phase
der Neuorientierung des Adels und adligen Selbstverständnisses an der Wende vom
Spätmittelalter zur Frühen Neuzeit anzusehen, die einerseits eine Annäherung an die
gelehrten Studien und andererseits die Abgrenzung von den bürgerlich dominierten
Universitäten mit sich brachte[2].

In seiner exklusiven, angesehenen und privilegierten Funktion als Ritterstand tan-
gierten seit dem 15. Jahrhundert zuerst die bahnbrechenden Neuerungen auf dem
Gebiet der Waffentechnik und der strategischen Truppenführung den europäischen
Adel unmittelbar: Das Aufkommen neuer Blank- und leichter Feuerwaffen begüns-
tigte die Ablösung der bisher das Kriegswesen dominierenden schwer gerüsteten
Ritterheere durch leicht armierte Fußtruppen. Die zuvor an den Besitz gebundene

---

[1] ASCH: Rearistokratisierung, S. 154: Asch weist darauf hin, dass der Transformationsprozess
des Adels zu Beginn der Frühen Neuzeit nicht nur politisch und sozial, sondern insbesondere kulturell zu verstehen sei, sodass auch sich wandelnde Erziehungsideale eine bedeutsame
Rolle spielten.

[2] MÜLLER: Universität, S. 17–32.

kostspielige und aufwändige Ausstattung des Ritters und seiner Begleiter mit mehreren Pferden, schweren Rüstungen und Waffen erübrigte sich im 16. Jahrhundert. Söldnerheere, deren Mitglieder aus den städtischen und ländlichen Unterschichten rekrutiert wurden und deren Verhältnis zum kriegsführenden Herrn nun überwiegend auf finanziellen Bindungen beruhte, übernahmen die Funktion der einst lehensrechtlich verpflichteten adligen Ritter. Die zunehmende Ersetzung der Naturalwirtschaft durch die Geldwirtschaft begünstigte die Auflösung der feudalen Bindungen zusätzlich und führte zusammen mit dem Verfall der Agrarpreise zu einer Bedeutungs- und Wertminderung adligen Grundbesitzes. Mit dem Verlust seiner Verteidigungsverpflichtung verlor der Ritterstand die Basis seiner einstigen gesellschaftlichen Exklusivität. Sein Status innerhalb der Gesellschaft veränderte sich, aber auch sein eigenes Selbstverständnis verlangte nach einer Neuorientierung. Zusätzlich zu diesen sozialen, wirtschaftlichen und ideellen Statuseinbußen berührten die politischen und rechtlichen Veränderungen des Spätmittelalters, insbesondere die Auflösung der Ständestaaten den europäischen Adel in seiner Autonomie und seinen Herrschaftsrechten. Im Heiligen Römischen Reich waren es der voranschreitende Ausbau der fürstlichen Landeshoheiten und infolgedessen die Ausdifferenzierung der territorialstaatlichen Administrationen sowie die Eindämmung des Fehdewesens, die dem Adel stückweise ständische Rechte der Herrschaft, Repräsentation und Gerichtsbarkeit entzogen und seinen Handlungsspielraum auch auf politischem und rechtlichem Terrain empfindlich schwächten[3].

Die notwendig gewordenen neuen Betätigungsfelder fand der Adel in diesem strukturellen Wandlungsprozess in seiner verstärkten Einbindung in den Dienst der Fürstenhöfe. In den Territorien hatte infolge der Staatsbildung und der damit einhergehenden Bürokratisierung eine deutliche Vermehrung an höheren Stellungen in den Hof-, Staats- und Militärämtern eingesetzt[4]. Die zunehmende Verrechtlichung und Verschriftlichung innerhalb dieser jetzt deutlich ausdifferenzierten und in ihren hierarchischen und kollegialen Strukturen komplizierter gewordenen Territorialverwaltungen hatte aber seit dem 16. Jahrhundert auch eine deutliche Professionalisierung und Verwissenschaftlichung der an die Prätendenten solcher Ämter gestellten Anforderungen notwendig gemacht[5]. Konkret wurde zunehmend eine akademische Fachqualifikation im Römischen Recht gefordert, die nur an den Juristenfakultäten der Universitäten erworben werden konnte[6]. Der Spezialisierungsprozess in den Verwal-

---

[3] ASCH: Bürgertum, S. 384; AUBIN/ZORN: Handbuch, S. 472, 474; BRUNNER: Landleben, S. 313–339; GERHARD: Adel, S. 22; HAMMERSTEIN: Handbuch, Bd. 1, S. 116 f.; HUIZINGA: Herbst, S. 74, 128 f.; MÜLLER: Universität, S. 18, 23, 30; PRESS: Führungsgruppen, S. 36–40; RÖSENER: Adel, S. 98–108; RÖSSLER: Adelsethik, S. 234 f.; WOHLFEIL: Adel, S. 203–205, 208, 226.

[4] HOLTZ: Bildung, S. 85; MÜLLER: Universität, S. 22; WUNDER: Hof, S. 199.

[5] Vgl. hierzu HOLTZ: Promotion, S. 195.

[6] Vgl. zum Themenkomplex der Rezeption des Römischen Rechts und der Bedeutung für die Ausdifferenzierung der frühneuzeitlichen Territorialstaaten AUBIN/ZORN: Handbuch, S. 474; HAMMERSTEIN: Universitäten, S. 687–735; HOLTZ: Bildung, S. 29–105; JESERICH: Verwaltungsgeschichte, Bd. 1, S. 279–346, 618–629.

tungen führte daher am Übergang zur Frühen Neuzeit zu einer steigenden Anzahl an Immatrikulationen bei den Juristenfakultäten[7]. Der Adel war jedoch nur mit Ausnahme seiner zum geistlichen Stand bestimmten Söhne und ganz im Gegensatz zum Bürgertum den Universitäten und gelehrten Studien bisher traditionell fern geblieben und näherte sich dem höheren Bildungswesen nur vorsichtig[8]. Eine Folge davon war, dass sich im frühen 16. Jahrhundert eine bedeutende Anzahl an juristisch qualifizierten und akademisch ausgebildeten Bürgerlichen – die gelehrten Räte im Gegensatz zu den adligen Räten[9] – in höheren Positionen des Staats- und Fürstendienstes etablieren konnten, die zuvor durch bloßes Standesprivileg traditionell dem Adel vorbehalten gewesen waren[10]. Die gewünschte Bewahrung dieses verbleibenden und bevorzugten adligen Betätigungsfeldes veranlasste den Adel zunehmend, mit dem akademisch gebildeten Bürgertum zu konkurrieren und sich seinerseits dem höheren Bildungswesen der bis dahin bürgerlich dominierten Universitäten anzunähern[11].

Das praktische und ideelle Verhältnis des Adels zum höheren Bildungswesen der Universitäten war jedoch nicht unproblematisch, denn seine hauptsächlichen Gegenspieler und Konkurrenten – die nach Landeshoheit strebenden Fürsten und das akademisch gebildete Bürgertum – begegneten ihm auch an den Universitäten. In Württemberg verschaffte sich der auf die juristische Fachkompetenz angewiesene Landesherr seit der Mitte des 16. Jahrhunderts durch das Aufsichtsgremium des Geheimen Rats, die Visitationskommission und das rechtliche Instrument des Universitätskanzlers immer mehr Einfluss auf die Universität, sodass die Verwissenschaftlichung der territorialstaatlichen Administration und gleichzeitig die Verstaatlichung der traditionell von bürgerlichen Gelehrten dominierten Universität eng ineinander griffen[12]. Mit der Qualifizierung der Bürgersöhne trugen die Universitäten als Institution wesentlich zur Einschränkung der bisher ständisch motivierten adligen Privilegierung bei der Vergabe der höheren Ämter im Fürstendienst bei. Hinzu kam, dass die auf die Entfaltung des Individuums gerichtete humanistische Gelehrsamkeit dem noch aus der ritterlichen Verteidigungsfunktion des Mittelalters rührenden anwendungsbezogenen und ständisch-korporativ empfundenen ritterlich-adligen Bildungsideal ideell widersprach[13].

Aber trotz der sozial, kulturell und ideell motivierten Reibungen mit den Fürsten, dem Bürgertum und den Universitäten, entzog sich der Adel keinem dieser Konflikte und Antagonisten, sondern ging seit dem 16. Jahrhundert – wohl auch als Folge einer

---

[7] HOLTZ: Bildung, S. 85, 87.
[8] ASCH: Bürgertum, S. 384; HEXTER: Education, S. 2–4; MÜLLER: Norm, S. 141–146; OVERFIELD: Nobles, S. 184–188; SCHREINER: Bildung, S. 201.
[9] VANN: Württemberg, S. 66.
[10] AUBIN/ZORN: Handbuch, S. 474; GARBER: Statuskonkurrenz, S. 139; SCHWINGES: Universität, S. 364; WUNDER: Hof, S. 200 f.
[11] ASCHE: Bürgeruniversität, S. 388 f.
[12] HOLTZ: Bildung, S. 379; THÜMMEL: Universitätsverfassung, S. 105–121.
[13] BOEHM: Konservatismus, S. 67; HAMMERSTEIN: Res publica litteraria, S. 37; MÜLLER: Norm, S. 147 f.; MÜLLER: Universität, S. 36, 170; RÖSSLER: Adelsethik, S. 235 f.

gewissen „Zwangslage"[14] – auf Konfrontationskurs: Um der Konkurrenz durch das akademisch gebildete Bürgertum angemessen begegnen zu können und die bevorzugten Staats- und Hofämter im Fürstendienst ebenso qualifiziert ausfüllen zu können, besuchte der Adel seit dem 16. Jahrhundert zunehmend selbst die Universitäten, um die von ihm verlangte höhere Bildung und juristische Qualifikation zu erlangen[15]. Damit begab sich der Adel „an den Ort, an dem seine soziale Position am elementarsten gefährdet wurde"[16].

Zwischen 1500 und 1650 verdreifachte sich die Zahl der adligen Studenten an den süddeutschen Universitäten des Heiligen Römischen Reiches[17]. Insbesondere für die Mitte des 16. Jahrhunderts ist eine zunehmende Professionalisierung und Akademisierung adliger Bildung belegt[18]. Auch an der Universität Tübingen konnte im Verlauf des Jahrhunderts ein kontinuierliches Anwachsen des Anteils adliger Studenten nachgewiesen werden[19]. Wie die Untersuchungen von Rainer A. Müller belegen, divergierte dieses Kontingent jedoch örtlich stark. Während die Universität Ingolstadt in einem Zeitraum zwischen 1472 und dem Ende des Dreißigjährigen Krieges einen Anteil an adligen Studenten von 13,23 Prozent aufweisen konnte, waren es in Tübingen seit der Gründung der Universität im Jahr 1477 nur 6,11 Prozent und an der Universität Freiburg in einem vergleichbaren Zeitfenster nur 5,56 Prozent[20]. Auch für das 17. Jahrhundert ist eine deutliche Abstufung erkennbar: Spitzenreiter des Adelsstudiums im süddeutschen Raum war die Universität Ingolstadt (17,5 Prozent), gefolgt von Heidelberg (14,8 Prozent), Dillingen (10,6 Prozent), Altdorf (9,5 Prozent), Tübingen (7 Prozent), Freiburg (6,8 Prozent) und Würzburg (4,9 Prozent)[21]. In Relation zum Anteil des Adels an der Gesamtbevölkerung der Reichsterritorien bewertet Müller die Universitäten in Ingolstadt und Heidelberg als ausgeprägte „Adelsuniversitäten", während er Tübingen, Freiburg und Würzburg als traditionelle „Bürgeruniversitäten" charakterisiert[22].

In Hinblick auf die spätere Tätigkeit besuchten die jungen Adligen an den Universitäten hauptsächlich die Juristenfakultäten[23]. Die Forschung zum frühneuzeitlichen Adelsstudium hat bereits herausgearbeitet, dass die Motivation, sich einem Stu-

---

[14] MÜLLER: Universität, S. 22.
[15] ASCH: Adel, S. 136 f.; CONRADS: Tradition, S. 398; EULENBURG: Frequenz, 66 f.; MÜLLER: Universität, S. 22, 146 f.; MÜLLER: Norm, S. 155 f.; RÖSSLER: Adelsethik, S. 246 f.; SCHWINGES: Universität, S. 363; WALTHER: Adel, S. 365.
[16] MÜLLER: Universität, S. 59.
[17] MÜLLER: Aristokratisierung, S. 31 f.
[18] AUBIN/ZORN: Handbuch, S. 476; ENDRES: Führungsschichten, S. 85; GARBER: Statuskonkurrenz, S. 139; HEISS: Argumentation, S. 675–686; HEXTER: Education, S. 7 f.; MOTLEY: Aristocrat, S. 68; MÜLLER: Aristokratisierung, S. 31; PRAHL: Sozialgeschichte, S. 142–146; PRESS: Führungsgruppen, S. 47.
[19] CRAMER: Herkunft, S. 9; HOLTZ: Bildung, S. 90.
[20] MÜLLER: Universität, S. 70–73; vgl. hierzu auch OVERFIELD: Nobles, S. 184–188.
[21] MÜLLER: Aristokratisierung, S. 35–43.
[22] Ebd., S. 42.
[23] MÜLLER: Universität, S. 39, 52, 150–159; SCHWINGES: Universität, S. 367; HOLTZ: Bildung, S. 88 f.: In Tübingen besuchten zwischen 1600 und 1673 115 Adlige die Juristenfakultät, was

dium der Rechte zu widmen, dabei nicht nur in der wirtschaftlichen Notwendigkeit, sondern auch stark darin begründet lag, sich der Konkurrenz durch das Bürgertum bewusst zu stellen und den Staats- und Fürstendienst als ein traditionell dem Adel vorbehaltenes Terrain zu verteidigen. Die Tätigkeit in der Umgebung des Fürsten bot dem Adel zudem die Möglichkeit, sich nach dem Verlust der eigenen Autonomie und Herrschaftsrechte wenigstens eine – wenn auch eingeschränkte – Teilhabe an der jetzt territorialstaatlichen Herrschaft zu sichern[24]. Ganz besonders aber ist die Selbstkonfrontation des Adels mit den Fürsten, dem Bürgertum und den Universitäten auch als Versuch zu sehen, das mittelalterliche und vorbildhafte Ritterideal neu zu legitimieren und mittels einer bewussten Rück- und Selbstversicherung des adligen Standes eine ideelle Grundlage für die selbstbewusste Begegnung mit den verschiedensten Herausforderungen zu schaffen[25].

Die ältere Forschung hatte angesichts der politisch-rechtlichen, sozialen, wirtschaftlichen, kulturellen und ideellen Herausforderungen des Adels durch die Fürsten, das Bürgertum und die Universitäten an der Wende vom Spätmittelalter zur Frühen Neuzeit eine andauernde und weitreichende Krise des Adels konstatiert und sich in diesem Urteil auch von zeitgenössischen kritischen Traktaten des 16. Jahrhunderts wie etwa den „Discours politiques et militaires" François de la Noues bestätigt gesehen[26]. In der jüngeren geschichtswissenschaftlichen Forschung dagegen herrscht allgemeiner Konsens darüber, dass der europäische Adel angesichts der strukturellen Veränderungen an der Wende vom Spätmittelalter zur Frühen Neuzeit zwar vielfältig provoziert wurde, für das 16. Jahrhundert allerdings bereits weniger von einem krisenhaften Zustand, als vielmehr von einer „gelungenen Anpassung"[27] des Adels ausgegangen werden kann[28]. Die Annäherung an das Bürgertum und das von ihm dominierte höhere Bildungswesen der Universitäten hatte in diesem Wiederherstellungsprozess eine wichtige Rolle gespielt, ohne dass bürgerlich-gelehrte Qualifikationen adlig-ständische Privilegierung je ganz ersetzt hätten[29]. Vielmehr war die Heranziehung Bürgerlicher für die höheren Staats-, Hof- und Militärämter durch die

---

einem Anteil von 9,8 Prozent des gesamten Fakultätsbesuches entsprach. Der Höhepunkt im 17. Jahrhundert lag dabei in den 1660er Jahren.

[24] WUNDER: Hof, S. 199.

[25] MÜLLER: Universität, S. 59.

[26] BITTON: Nobility; STONE: Crisis; LA NOUE: Discours; vgl. zu weiteren Traktaten HEXTER: Education, S. 4.

[27] Vgl. den Titel des Sammelbandes CARL/LORENZ: Anpassung.

[28] Vgl. zum Themenkomplex der Adelskrise ASCH: Bürgertum, S. 384 f.; ASCH: Stellung, S. 10; ANDERMANN/LORENZ: Stagnation; BILLACOIS: Crise, S. 258–277; BOEHM: Konservatismus, S. 65; HAMMERSTEIN: Kinder, S. 268 f.; HAMMERSTEIN: Res publica litteraria, S. 51 f.; HECHBERGER: Adel, S. 48 f.; HEXTER: Education, S. 18–20; MÜLLER: Universität, S. 19, 28 f., 47–51, 59; PRESS: Führungsgruppen, S. 66, 77; RÖSENER: Adel, S. 91–109; SCHWINGES: Universität, S. 363; SIKORA: Adel, S. 29–31; WALTHER: Adel, S. 365.

[29] BLEECK/GARBER: Nobilitas, S. 51, 54; BOEHM: Konservatismus, S. 67 f. und Anm. 20; ENDRES: Führungsschichten, S. 84 f.; GARBER: Statuskonkurrenz, S. 115, 131, 137; MÜLLER: Aristokratisierung, S. 31; MÜLLER: Universität, S. 23, 56 f.; PRESS: Führungsgruppen, S. 44; RÖSSLER: Adelsethik, S. 235.

hochadligen Fürsten im Rahmen der ständisch gegliederten Gesellschaft und ihrer Rangordnung von vornherein begrenzt geblieben[30]. Akademische Bildung oder gar Graduierung und adlige Standesprivilegien fungierten bis zum Ende des 17. Jahrhunderts vielmehr als „funktionale Äquivalente"[31]. Zusätzlich spielten – wie es für Württemberg nachgewiesen werden konnte – bei der Ämtervergabe an Adlige wie Bürgerliche weitere Kriterien wie soziale und familiäre Verflechtungen, die Nähe zur Fürstenfamilie oder die Herkunft aus Württemberg eine große Rolle[32].

Das im 16. Jahrhundert in die höheren Staatsämter vorgedrungene Bürgertum hatte zudem nicht die Teilung des Einflusses zwischen Bürgerlichen und Adligen beabsichtigt, sondern vielmehr einen am Adel orientierten sozialen Aufstieg versucht[33], der – wenn auch in begrenztem Maße – durch die Nobilitierung gelingen konnte[34]. So war der Adel ein vorbildhafter sozialer Status geblieben, der seine Wirkkraft auf das Bürgertum und die bürgerlichen Studenten nicht nur im Bereich des sozialen Aufstiegs, sondern auch auf dem Gebiet der Lebensart und Verhaltenskultur entfalten sollte. Nur vor diesem Hintergrund ist zu verstehen, dass das vom Adel aus seinem ritterlichen Erziehungs- und Bildungsideal an die frühneuzeitlichen Universitäten transferierte Bildungselement der Exerzitien und Sprachen auch rasch bürgerliche Studenten anzog.

1.2 Erste Exerzitien- und Sprachmeister im 16. Jahrhundert

Dass seit der Mitte des 16. Jahrhunderts immer mehr junge Adlige die Universitäten besuchten, führte weder zu voller Anpassung an bürgerliche Bildungsideale, noch zur Einebnung von Standesgrenzen oder zur Aufgabe adligen Standesdenkens und tradierter adliger Bildungsbedürfnisse[35]. Vielmehr nahm mit wachsender Anzahl adliger Studenten die Bereicherung des Ideals bürgerlich-humanistischer Gelehrsamkeit durch das Ideal adlig-höfischer Verhaltens- und Körperübung und höfischer „Weltläufigkeit nach französischem Vorbild"[36] immer mehr Gestalt an. Für den Adel hatten die humanistischen Bildungsziele des Bürgertums zu wenig Kraft, um über den akademischen Unterricht hinaus auch die Persönlichkeit und die praktische Gestaltung

---

[30] GARBER: Statuskonkurrenz, S. 139; KUNISCH: Führungsschichten, S. 128–141.
[31] HOLTZ: Bildung, S. 97.
[32] Ebd., S. 97 f.; VANN: Württemberg, S. 67–69.
[33] WUNDER: Hof, S. 200 f.
[34] ASCH: Bürgertum, S. 386; HOLTZ: Bildung, S. 95, 97–99, 360–363; VANN: Württemberg, S. 67, 69; Vgl. hierzu beispielhaft den bei Sabine Holtz beschriebenen Karriereverlauf des in den Adelsstand erhobenen höheren Fürstendieners in württembergischen Diensten Nikolaus Myler von Ehrenbach (1610–1677). In Württemberg blieb die Verbundenheit der Bürgerlichen mit der Oberschicht der Ehrbarkeit stets stärker als das Streben nach Adel, was seinen Grund darin hatte, dass die württembergischen Landstände keine Adelskurie besaßen und die ständische Vertretung Württembergs daher im Vergleich zu anderen Territorien stark bürgerlich dominiert war.
[35] KELLER: Standesbildung, Sp. 891.
[36] ASCH: Bürgertum, S. 410.

des späteren Berufslebens zu prägen[37]. Hinsichtlich solcher Ansprüche war der Lehrkanon der Universitäten realitätsfern und wenig praxisrelevant und beförderte daher geradezu seine Ergänzung durch anwendungsbezogene Elemente.

So war der Erwerb akademischer Qualifikation für die jungen Adligen zwar eine wichtige Notwendigkeit geworden. Das Betreiben des Studiums nach dem Ideal humanistischer Buchgelehrsamkeit oder der Abschluss der Studien durch Examina und Graduierung lagen dem adligen Habitus aber überwiegend fern[38]. Ronald G. Asch schrieb treffend von einem „eher utilitaristischen Verhältnis des Adels zur humanistischen Bildung", welcher sich aus dem traditionellen Bildungsprogramm der Universitäten das aneignete, was für seine Karriere notwendig war, jedoch ohne sich den bürgerlich dominierten Universitäten unterzuordnen[39]. In Tübingen wurde zu Beginn des 17. Jahrhunderts beispielsweise immer wieder moniert, dass adlige Studenten nicht die öffentlichen Vorlesungen besuchten, sondern sich lediglich ihrer privaten Präzeptoren bedienten, weshalb ihnen die Ausstellung entsprechender Testimonia verwehrt werden sollte[40].

Dagegen aber bemühten sich die Universitäten bald um die Anziehung der nicht nur prestigetragenden, sondern meist auch zahlungskräftigen adligen Studenten mit dem Ziel, ihre eigene gesellschaftliche Wertschätzung zu verbessern und gleichzeitig das wirtschaftliche Wohl des Studienstandorts zu fördern und gewährten ihnen besondere Vorrechte und Vergünstigungen[41]. Dazu zählten etwa inhaltlich und graphisch exponierte Matrikelinskriptionen, eine dem adligen Stand angemessene Lozierung innerhalb der akademischen Gesellschaft bei universitären Akten, die Möglichkeit des Adelsrektorats, Zugeständnisse im Rahmen der Kleiderordnung, die Exemption vom Bursenzwang sowie Jagdrechte und Steuererleichterungen, die – wie im Falle der Universität Ingolstadt – auch in den Statuten fixiert wurden[42]. Auf diese Weise war der gewohnte privilegierte Status des jungen Adels auch an der Universität gesichert, was ihm die gewünschte Abgrenzung gegenüber seinen bürgerlichen Kommilitonen ermöglichte.

In den Kontext der Einpassung adliger Lebensart in den bis dahin weitgehend bürgerlich geprägten akademischen Alltag ist auf fachlicher Ebene im 16. Jahrhundert die

---

[37] Ebd., S. 404 f.
[38] ASCH: Bürgertum, S. 405; ASCH: Adel, S. 137 f.; HAMMERSTEIN: Res publica litteraria, S. 52: Hammerstein fasst eindrücklich zusammen: „Verständlicherweise galt es übrigens in jedem Fall als unziemlich, zu graduieren, nicht hingegen, während der langen Ausbildung immer wieder öffentlich geprüft zu werden, oder besser: aufzutreten und elegant gebildet zu erscheinen. Denn so etwas Unhumanistisches wie Sitzfleisch oder Schweiß sollte erst recht einen adligen Herrn nicht verunzieren". HOLTZ: Bildung, S. 89 f.; MÜLLER: Universität, S. 159–162; SCHREINER: Bildung, S. 225–230.
[39] ASCH: Bürgertum, S. 410.
[40] UAT 6/25 Bl. 266ᵛ–267ᵛ, 299ᵛ–300ʳ, 328ʳ–328ᵛ, 331ʳ–332ʳ; UAT 6/26 Nr. 19 Bl. 232 f., Nr. 21 Bl. 252, Nr. 32 Bl. 335–337, Nr. 34 Bl. 388–390.
[41] MÜLLER: Universität, S. 111–146; MÜLLER: Norm, S. 154.
[42] Vgl. hierzu ausführlich MÜLLER: Universität, S. 111–146; ASCHE: Bürgeruniversität, S. 390 und Anm. 14; MÜLLER: Aristokratisierung, S. 43–46; SCHWINGES: Universität, S. 365.

beginnende Etablierung der Exerzitien und des Sprachunterrichts im Französischen und Italienischen als typisch adliges Bildungselement einzuordnen[43]. Vorbilder gab es in Italien, wo etwa an der Universität Padua schon Exerzitien und Fremdsprachen betrieben werden konnten[44]. Der Unterricht der Maîtres blieb im 16. Jahrhundert allerdings inhaltlich, organisatorisch und personell noch wenig greifbar: In der Stadt Jena sollen 1558 mehrere Fechtmeister niedergelassen gewesen sein, die eifrig auch von den Studenten aufgesucht wurden[45], ebenso 1560 in Rostock[46] und 1565 in Freiburg[47]. Vermutlich handelte es sich hierbei um zünftige Fechtmeister, wie sie um die Mitte des 16. Jahrhunderts auch für Marburg genannt werden[48]. Ihre Aktivität und der extensive Kontakt mit den Studenten waren weder von Seiten der Stadt noch der Universität unumstritten. Bereits sehr früh war der Besuch von Fechtschulen untersagt worden, etwa durch die Statuten der juristischen Fakultät der Universität Wien im Jahr 1389 oder diejenigen der Universität Freiburg des Jahres 1460[49]. Noch im 16. Jahrhundert wurden in Paris die Fechtmeister von der Universität entfernt[50].

Im Rahmen einer Studienordnung des Jahres 1562 aber wurde den pommerschen Herzogssöhnen, die sich zum Studium an der Universität Greifswald aufhielten, freie Zeit zum *Fechten, anderen exercitiis corporis oder sonst zu spazieren*[51] eingeräumt. 1567 wurde aus Jena über studentisches Ballspiel, Kegeln, Pikenwerfen, Fahnenschwingen, Reiten und Zielschießen berichtet[52]. Im gleichen Jahr erhielten Marburger Studenten im städtischen Rathaus Unterricht im Fechten und 1578 auch im Tanzen[53]. An der Universität Basel wurden 1581 Ringen, Wettlauf, Ballspiel und Zielwerfen be-

---

[43] MÜLLER: Universität, S. 53; STARK: Rede, S. 14: „Noch fehlen auf den Universitäten des 14. und 15. Jahrhunderts jegliche Art von Exercitienmeistern, von Lehrern der Künste im engsten Sinn, selbst die Uebung der Waffen ist im Bereiche der Studentenschaft streng verpönt".

[44] MEINERS: Geschichte, Bd. 1, S. 234: „In Padua wurde zuerst ein botanischer Garten, und ein anatomisches Theater angelegt. Hier lehrte man außer den eigentlichen Brot-Wissenschaften zuerst alle Theile der Mathematik, schoene Kuenste, neuere Sprachen, und ritterliche Uebungen: in welchen Kenntnissen und Fertigkeiten die Deutschen vor allen anderen Nationen Unterricht suchten". DERS.: Geschichte, Bd. 3, S. 334 f. und Anm. i.): „Die hohen Schulen Italiens, besonders die zu Padua, waren die ersten, wo der große Zusammenfluß von vornehmen und reichen Auslaendern beruehmte Meister in Leibes-Uebungen, Sprachen und Kuensten veranlaßten, ihre Dienste anzubieten". Von welchen konkreten Zeiträumen gesprochen wird, bleibt unklar, Meiners bezieht sich bei diesen Angaben jedoch offenbar auf Belege des frühen 17. Jahrhunderts.

[45] BORKOWSKY: Jena, S. 92; FUHRMANN: Geschichte, S. 12: Fuhrmann nennt einen Fechtmeister in Jena bereits im Jahr 1550. STOECKLE: Entwicklung, S. 13.

[46] ASCHE: Bürgeruniversität, S. 395; FUHRMANN: Geschichte, S. 12; KOHFELDT: Fecht- und Tanzmeister, S. 68.

[47] SPECK: Fächer, S. 274.

[48] NAIL/BERSCHIN: Geschichte des Fechtens, S. 16.

[49] GALL: Alma Mater, S. 127; SPECK: Fächer, S. 274; vgl. auch STOECKLE: Entwicklung, S. 11–13.

[50] MEINERS: Geschichte, Bd. 3, S. 335.

[51] WEHRMANN: Söhne, S. 34.

[52] KREMER: Geschichte, S. 12.

[53] NAIL/BERSCHIN: Geschichte des Fechtens, S. 2; NAIL/BERSCHIN: Geschichte des Tanzens, S. 2.

trieben und alsbald vom Universitätsrektor unterbunden[54]. Die Universität Heidelberg beantragte 1589, den Studenten einen speziellen Platz für ihre Körperübungen zuzuweisen, um die Wiesen der Stadtbürger vor Verwüstung zu schützen[55]. Im Jahr 1594 wurde ebendort der Bau eines Ballhauses genehmigt[56]. Der Fechtmeister Jacob Meitzel aus Pommern schließlich schrieb sich 1592 als Fechtmeister in die Matrikel der Akademie Altdorf ein[57].

Präziser sind die Nachrichten über den ersten akademischen Unterricht im Französischen und Italienischen. Im Februar 1572 hielt der Franzose Guillaume Rabot als öffentlicher Sprachprofessor des Französischen eine Antrittsrede an der Universität Wittenberg, in der er die Neuheit der Lehre des Französischen an den Universitäten und – wohl als captatio benevolentiae – deren Unterlegenheit gegenüber den Studienfächern des humanistischen Lehrkanons ansprach[58]. Seine Stelle wurde in der Folge weiterhin besetzt und zusätzlich durch die Lehre des Italienischen ergänzt[59]. Ein Sprachprofessor des Französischen und Italienischen wurde 1585 auch an der Hohen Schule Herborn[60] und 1595 an der Universität Jena genannt[61]. Im Jahr 1588 hielt ein Lehrer des Französischen und der Musik um das Recht der Niederlassung in Heidelberg an, wo er auf Zeit angenommen wurde[62].

Um ein vollständiges Urteil über die Kontexte und Kontinuitäten dieser frühen Einzelnachrichten abgeben zu können, bedürfte es jeweils tiefergehender lokaler Archivstudien, die hier nicht geleistet werden können. Dennoch werden in diesen wenigen Beispielen wichtige Charakteristika frühesten Exerzitien- und Sprachunterrichts im Umfeld der Universitäten seit der zweiten Hälfte des 16. Jahrhunderts deutlich: Die Lehre des Französischen und Italienischen zeigte bereits einen hohen Grad der akademischen Anerkennung und Institutionalisierung, der sich in der Einrichtung von entsprechenden Stellen äußerte und den modernen Fremdsprachen rasch eine fachliche Nähe zu den Philosophischen Fakultäten verschaffte. Die Exerzitien der Studenten dagegen wurden unter der Anleitung außerhalb der Universität stehender Maîtres offenbar zunächst ausschließlich im Rahmen von Privatunterricht betrieben

---

[54] BONJOUR: Universität, S. 142.

[55] WEISERT: Zeittafel, S. 13.

[56] Ebd.: Zeittafel, S. 13; WOLGAST: Universität, S. 47.

[57] STEINMEYER: Matrikel, Bd. 1, S. 45; WILL: Geschichte, S. 128; vgl. zudem zahlreiche frühe Belege über die Exerzitien bei WILDT: Daten, S. 121–137.

[58] VORETZSCH: Anfänge, S. 7; Zitiert nach WAHLUND: Notices, S. [16–47], hier S. [20]: [...] *nouo exemplo prodeo in publicum, traditurus praecepta linguae peregrinae, cuius in Academijs nullus hactenus fuit vsus.* [...] *Nec deerunt fortassè, quibus institutum omne, tanquam superuacaneum, & ab eruditarum Academiarum consuetudine alienum improbabitur: qui curiosa ingenia ab alijs magis necessarijs studijs abduci, & nouam quasi barbariem introduci clamitabunt;* Vgl. hierzu auch KUHFUSS: Kulturgeschichte, S. 91–96.

[59] VORETZSCH: Anfänge, S. 7 f.

[60] CHRIST: Geschichte, S. 96; SCHRÖDER: Entwicklung, S. 17 f.; STEUBING: Geschichte, S. 176: Bei dem Herborner Professor handelte es sich um einen Ordinarius, der zugleich die Funktion eines Sprachmeisters wahrnahm; vgl. auch HAERING: Spätzeit, S. 69.

[61] SCHRÖDER: Entwicklung, S. 17 f.; STRAUSS: Lungershausen, S. 1–6.

[62] TOEPKE: Matrikel, Bd. 2, S. 138 und Anm. 2.

und waren damit zunächst noch von einer personellen, jurisdiktionellen und fachlichen Distanz zu den Universitäten geprägt.

Bezeichnend ist, dass die Maîtres – wie in Marburg – für ihren Unterricht auch städtische Gebäude nutzten, sodass studentischer Fecht- und Tanzunterricht im 16. Jahrhundert noch nicht einmal im engsten Sinne unter dem Dach der Universität stattfand, umso mehr aber von Beginn an stark in das städtische Alltagsleben hineinwirkte. Die Aufnahme von Exerzitienmeistern als akademische Bürger in die Universitätsmatrikel, die Bereitstellung von Besoldungen und damit auch eines öffentlichen Unterrichts in den Exerzitien hatte sich im 16. Jahrhundert noch nicht durchgesetzt. Ein obrigkeitlich gesteuerter und fester Fächerkanon und schlussendlich eine Institutionalisierung fehlten noch ganz. Dadurch behielten die Exerzitien zunächst die Funktion und den Charakter der spontanen und fakultativen Rekreationsbeschäftigung[63]. Die Einschreibung des Fechtmeisters Jacob Meitzel in die Altdorfer Universitätsmatrikel im Jahr 1592 signalisiert jedoch stellvertretend die seit dem Ende des 16. und zu Beginn des 17. Jahrhunderts rasch zunehmende Integrierung der Exerzitien und ihrer Repräsentanten – der Maîtres – in das fachliche, jurisdiktionelle und personelle Gefüge der Universitäten. Die noch am Ende des 16. Jahrhunderts einsetzende Gründung exklusiv adliger Standesschulen, die im Heiligen Römischen Reich mit dem Tübinger Collegium Illustre 1596 ihren Anfang nahm, wirkte auf diese Entwicklung entscheidend und beschleunigend.

1.3 Institutionalisierung zu Beginn des 17. Jahrhunderts

Trotz des zunehmenden Universitätsbesuchs junger Adliger und der Einpassung adliger Lebensart und traditionell adliger Bildungsbedürfnisse in den akademischen Alltag war das Universitätsstudium für den Adel nicht der Endpunkt seiner Neuorientierung auf dem Gebiet des Bildungswesens zu Beginn der Frühen Neuzeit. In Auseinandersetzung mit der Annäherung an das bürgerlich-gelehrte und humanistische Bildungsideal der Universitäten strebten noch am Ende des 16. Jahrhunderts die adligen Fürsten nach Abgrenzung in Hinblick auf eine exklusiv adlige Standesbildung. Das nach den Provokationen durch das Bürgertum erstarkte adlige Bewusstsein, das Streben nach Bewahrung adliger Exklusivität und die gewünschte fachliche Spezialisierung mündeten schließlich in eine institutionelle Separierung des adligen Bildungswesens von den Universitäten und in die Gründung spezialisierter Adelsakademien. Die erste Einrichtung dieser Art im Heiligen Römischen Reich wurde 1596 durch Herzog Friedrich von Württemberg in Tübingen verwirklicht[64].

Ronald G. Asch bezeichnete die Einrichtung der Adelsakademien als „Zeichen einer gesellschaftlichen Rearistokratisierung"[65], und Conrads verwies in diesem Zusammenhang zu Recht darauf, dass „das feudaledukative Lehrprogramm" der Adels-

---

[63] Rauschenbach: Entwicklung, S. 14–19.
[64] Conrads: Ritterakademien, S. 105–115.
[65] Asch: Bürgertum, S. 408.

akademien und die „Monopolisierung eines eigenen Bildungsganges"[66] zur Sicherung sozialer und ökonomischer Vorrechte des Adels erst eine Konsequenz seiner Annäherung an die bürgerlich dominierten Universitäten und seiner Auseinandersetzung mit den humanistischen Studien gewesen sei und nicht umgekehrt[67]. Die Folge war eine „Systematisierung der Standeserziehung"[68].

Eine ausgeprägte adlige Abgrenzungstendenz hatte sich zuerst in Frankreich konstatieren lassen. Bei der dem ursprünglichen Geblütsadel entsprechenden Noblesse d'épée hatte sich eine besonders intensive Neigung zur Abschottung gegenüber der aus dem Bürgertum emporgekommenen Noblesse de robe abgezeichnet[69]. Aus der Feder eines französischen Adligen stammte auch die theoretische Vorlage für die Gründung exklusiv adliger Standesschulen in Frankreich, die 1596 zur Grundlage für das Tübinger Collegium Illustre wurde: Der adlige Capitaine François de la Noue[70] schlug in seinen 1587 veröffentlichten „Discours politiques et militaires" ein speziell auf die adligen Bildungsbedürfnisse abgestimmtes Lehrprogramm vor, in das er seine Kritik an den überkommenen Ausbildungsmodellen für den Adel einfließen ließ[71]. Zu den kritisierten Modellen zählte auch das Studium an den Universitäten, an dem de la Noue vor allem die falsche Handhabung und Wertschätzung durch die adligen Eltern bemängelte, die ihre Söhne viel zu früh und ohne Graduierung von der Universität wieder nach Hause holten. Grund für diese Haltung sei ein dem Adel noch immer innewohnendes Misstrauen gegenüber den humanistischen Studien, die ideelle Priorität des Höfischen vor dem Schulischen und das Verharren in der Ansicht, *daß die fuernembsten Ehrn unnd Wuerden, durchs Schwerdt unnd Ritterliche Faust erlangt werden muessen*, weshalb adlige Eltern lieber darauf achteten, *daß ihre Kinder bey zeit in waffen, unnd Ritterlichen sachen abgericht, underwiesen, und geuebt werden*[72]. Kirchliche und weltliche Ämter würden faktisch nicht nach Kriterien der Bildung oder des Verdienstes, sondern nach dem Gewicht der Einflussnahme durch Geld und persönliche Netzwerke vergeben werden[73].

---

[66] CONRADS: Ritterakademien, S. 17.
[67] Vgl. hierzu auch MIDELFORT: Landleben, S. 263; MÜLLER: Universität, S. 31; PRESS: Führungsgruppen, S. 42 f.; RÖSSLER: Adelsethik, S. 239, 241–243.
[68] CONRADS: Tradition, S. 392.
[69] ASCH: Bürgertum, S. 385; ASCH: Stellung, S. 9.
[70] Zur Biographie vgl. HAAG: France, Bd. 6, S. 280–304; NEYRET: Reden, S. 7–34.
[71] LA NOUE: Discours oder Beschreibung, S. 143–152; DERS.: Discours, S. 144–151: De la Noue kritisierte außer dem Universitätsstudium auch alle weiteren Formen adliger Erziehung im 16. Jahrhundert: In einer dem hochmittelalterlichen Vorbild der Rittererziehung folgenden Ausbildung der Adelssöhne als Pagen an einem fremden Hof würden nur allerlei Laster erlernt. Die militärische Ausbildung in einem Regiment entbehre jeglicher Erziehung in den Tugenden. Die Kavalierstour stelle einen erheblichen und dazuhin gefährlichen Zeit- und Kostenfaktor dar. Und eine Erziehung und Ausbildung im elterlichen Haushalt durch einen Hofmeister sei viel zu kostspielig, als dass sie sich die Mehrzahl der Adligen leisten könne.
[72] LA NOUE: Discours oder Beschreibung, S. 149.
[73] Ebd., S. 149; LA NOUE: Discours, S. 148 f.: *Mais, à mon avis, ce qui y convie aucuns peres, est, d'autant que les dignitez ecclesiastiques ne se baillent plus pour le savoir, ains se donnent à ceux qui mieux courtisent les cardinaux & evesques, ou les favoris des rois; & les offices de*

François de la Noue schlug daher ein Lehrprogramm vor, das den Erziehungs- und Ausbildungsprioritäten adliger Eltern eher entgegenkommen sollte. An erster Stelle nannte er das Betreiben der Exerzitien, an zweiter Stelle verschiedene anwendungsbezogene Studien wie Literatur, Mathematik, Geographie, Fortifikationswesen und moderne Fremdsprachen und an letzter Stelle Musik, Instrumentalspiel und Zeichnen[74]. Die Exerzitien traten als ein aus der hochmittelalterlichen Rittererziehung tradiertes Bildungselement in diesem Lehrprogramm besonders in den Vordergrund. Sie können bereits in de la Noues Akademie- und Lehrprogrammvorschlag als spezifisch adliges Mittel der Abgrenzung gegenüber dem bürgerlich dominierten humanistischen Lehrkanon der Universitäten betrachtet werden.

De la Noues „Discours" erschienen 1592 in einer deutschen Übersetzung Jakob Rahtgebs, des Sekretärs Graf Friedrichs von Mömpelgard, des späteren Herzogs von Württemberg[75]. Das französische Lehrplankonzept wurde mit einigen Modifikationen ab 1596 im Tübinger Collegium Illustre verwirklicht[76]. Neben dem Französischen und Italienischen, das bereits zwei Jahrzehnte zuvor personell und institutionell einen vorläufigen Platz unter dem Dach einiger Universitäten gefunden hatte, wurden nun auch die Exerzitien fest im Lehrprogramm einer höheren Bildungseinrichtung verankert. Die Bereitstellung der für die Exerzitien notwendigen Infrastruktur im Tübinger Collegium Illustre und die personelle Ausstattung der Adelsakademie mit einem Stab an besoldeten Exerzitienmeistern hatte weitreichende Wirkung. Denn mit der umfassenden Institutionalisierung spezifisch adliger Bildungsbedürfnisse am Tübinger Collegium Illustre und der weiteren Ausdifferenzierung adliger Standeserziehung auch an anderen Adelsakademien erwuchs den Universitäten zu Beginn des 17. Jahrhunderts zumindest hinsichtlich ihrer adligen Besucher eine gewisse Konkurrenz[77].

Tatsächlich ist die weitreichende Wirkung der bildungspolitischen Maßnahmen Herzog Friedrichs von Württemberg zugunsten des Adels insbesondere auf die verbündeten protestantischen Reichsfürsten und die Universitäten nicht zu unterschätzen. Die Wahrnehmung des Tübinger Collegium Illustre innerhalb des Heiligen Römischen Reiches war hoch, denn sein Einzugsbereich war von Beginn an groß. Jacob Ramslers Wappenverzeichnis der Tübinger Collegiaten bis 1627 nannte für den Beginn des 17. Jahrhunderts hochadlige Collegiumsbesucher aus Schleswig-Holstein, Magdeburg, Brandenburg, Braunschweig-Lüneburg, Pommern und Sachsen und zahlreiche weitere Grafen und Herren aus dem ganzen Heiligen Römischen Reich[78].

Conrads erwähnt auch verschiedene Werbeaktionen unter den protestantischen

---

justice, au lieu d'estre conferez pour le merite, se vendent à celui qui a le plus d'argent. Ce consideré, & eux voyans aussi que les plus beaux honneurs s'acquierent par l'espee ils veulent que leurs enfans s'accoustument de bonne heure aux armes.

[74] LA NOUE: Discours, S. 153 f.

[75] CONRADS: Ritterakademien, S. 89–95; Die Übersetzung der „Discours" erschien unter dem Titel „Discours oder Beschreibung und ußfuehrliches raehtliches bedencken, von allerhandt so wol politischen, als Kriegssachen [...]" 1592 in Frankfurt am Main.

[76] CONRADS: Ritterakademien, S. 113–115.

[77] ASCH: Adel, S. 148; HOLTZ: Bildung, S. 90, 94.

[78] RAMSLER: Blumen, Bl. 8–18.

Fürstenhäusern des Reiches, auch wenn der Werbungserfolg sich wohl vor allem auf die Verwandtschaft des württembergischen Herzogshauses beschränkte[79]. Diverse Schreiben bezeugen die breit gestreute Verteilung der mit anschaulichen Kupferstichen ausgestatteten Werbeschrift für das Collegium Illustre aus der Zeit um 1608 (Abb. 1–5)[80]. Wie groß das Konkurrenzempfinden unmittelbar vor Ort in Tübingen war, lässt sich am Widerstand der Universität Tübingen gegen die Adelsakademie ablesen. Tübinger Gelehrte sahen bereits den *Untergang status Universitatis* voraus und unterstellten dem Herzog sogar, die Universität nach und nach aufgeben zu wollen[81]. Die Gründung des Tübinger Collegium Illustre und die erstmalige feste Institutionalisierung seines speziell adligen Lehrprogramms konnte daher nicht ohne Wirkung auf das gesamte höhere Bildungswesen bleiben.

Zwischen 1596 und 1609 lässt sich an den Statuten des Collegium Illustre beobachten, dass der Stellenwert der Exerzitien in personeller, institutioneller und fachlicher Hinsicht stetig zunimmt. Während der Unterricht im Französischen und Italienischen gemäß dem Muster der bereits genannten universitären Sprachprofessoren und dem Vorschlag de la Noues folgend im Lehrplan des Collegium Illustre den anwendungsbezogenen Studien zugeschlagen wurde[82], nannten die Statuten der Jahre 1596 und 1601 die Exerzitien zunächst lediglich als fakultative Beschäftigung der studentischen Rekreation *ad relaxandum ex studiis animum atque ad dandum sese iucunditati honestae ac liberali*[83]. Allerdings waren die collegiumseigenen Exerzitienmeister und ihre Besoldungen aus dem württembergischen Kirchenkasten – wie es aus anderen Quellen ersichtlich ist – bereits seit dem Ende des 16. Jahrhunderts fest etabliert, sodass den Exerzitien in Anlehnung an de la Noues Lehrprogrammvorschlag in Tübingen zumindest intern von Beginn an ein hoher Stellenwert eingeräumt wurde[84]. Bereits zwischen 1596 und 1601 wurde der Unterricht in den Exerzitien klarer geregelt: In einem gedruckten Exemplar der Collegiumsstatuten von 1596, in welchem handschriftliche Korrekturen und Verbesserungen für die neuen Statuten von 1601

---

[79] CONRADS: Ritterakademien, S. 111: Conrads verweist insbesondere auf die Verteilung der Collegiumsstatuten der Jahre 1596 und 1609.

[80] NEYFFER/DITZINGER: Delineatio; HStAS A 274 Bü 65 o. Pag. Schreiben des Hieronymus Schlick (1608, Juli 1).

[81] UAT 9/7 Bd. 3 Nr. 41.

[82] LA NOUE: Discours, S. 154.

[83] HStAS A 274 Bü 67: Statuten 1596, S. 16: *Nach gehaltner Mittag, und Abendt Mahlzeit, soll ihnen Ehrliche Exercitia, alß spatzieren, Musicieren, Balschlagen, Fechten, und andere Ritterspuel, darzu ein jeder selbst lust hat, sich damit zuueben, und zuerlustigen vergondt, und zugelassen sein.* Constitutiones 1601, S. 20: *Acapto mane vesperiqe cibo, nostri Collegii habitatoribus, ad relaxandum ex studiis animum atque ad dandum sese iucunditati honestae ac liberali, potestas concedetur: dabiturque inter caetera facultas in ambulandi, rebus musicis operam dandi, pila ludendi, digladiandi, equestres tractandi exercitationes, et quarumcunque aliarum delectatione singuli afficientur.*

[84] HStAS A 274 Bü 79 o. Pag. Besoldungsverzeichnis (um 1610); HStAS A 284/94 Bü 41 o. Pag. *Staat* für Bartholomäus Hettler (1601, August 18); HStAS A 284/94 Bü 53 Bl. 1; HStAS A 284/94 Bü 74 o. Pag. *Staat* für Nicolaus Hermann (1596, April 30); HStAS A 284/94 Bü 250 Bl. 18a; PFEILSTICKER: NWD §§ 744, 977.

angebracht wurden, stellte die Festlegung der Zeiten für das Betreiben der Exerzitien neben der jurisdiktionellen Trennung von der Universität eine der wichtigsten und ausführlichsten Änderungen dar[85].

Um 1607 belegen zwei Zeitdokumente einen weiteren Bedeutungszuwachs und die Instrumentalisierung des Exerzitien- und Sprachunterrichts im Zuge der Auseinandersetzung um eine exklusiv adlige Standesbildung[86]. In der Werbeschrift für das Tübinger Collegium Illustre von Ludwig Ditzinger und Johann Christoph Neyffer nahmen um 1608 die in ihrer Bedeutung nunmehr schon deutlich gestiegenen und auch als attraktive Werbeträger fungierenden personellen und infrastrukturellen Ressourcen zum Betreiben der Exerzitien breiten Raum ein. Sieben der zwölf Stiche zeigen die adligen Studenten beim Fechten auf dem im Collegium gelegenen Fechtboden mit dem Fechtmeister (Abb. 1), beim Ballspiel im collegiumseigenen Ballhaus und auf dem Ballonspielplatz (Abb. 2–3), beim Ringstechen auf der Reitbahn vor dem Lustnauer Tor (Abb. 4) sowie bei aufwändig inszenierten Turnieren (Abb. 5) und beim Armbrustschießen[87].

Abb. 1: Fechtunterricht auf dem Fechtboden des Tübinger Collegium Illustre um 1608. Im Hintergrund links praktizieren zwei Scholaren die italienische Fechtart mit dem Dolch in der linken und dem Rappier als Beiwehr in der rechten Hand.

Die Werbeschrift unterstrich einerseits deutlich den hohen Stellenwert, der den Exerzitien im Lehrprogramm des Collegium Illustre in der Praxis eingeräumt wurde. Andererseits wurde die besondere exerzitienfreundliche Ausstattung des Collegiums –

---

[85] HStAS A 274 Bü 67: Statuten 1596, S. 16.
[86] Asch: Bürgertum, S. 387, 389.
[87] Neyffer/Ditzinger: Delineatio, Bl. 5, 7–12.

Abb. 2: Scholaren beim Jeu de paume im Ballhaus des Tübinger Collegium Illustre um 1608. An den Wänden befinden sich die charakteristischen Hazardlöcher. Vorne in der Mitte bringt der Marqueur für das Spiel wichtige Markierungen auf dem Boden an. Zwischen Mauerwerk und Dach verhindern heruntergelassene Stoffbahnen, dass Bälle ins Freie geschlagen werden.

vermutlich auch bereits nach der wahrgenommenen guten Akzeptanz durch die adligen Collegiaten – bewusst zu Werbezwecken eingesetzt[88]. Eine theoretische Rechtfertigung erhielt diese Praxis durch den 1607 von Thomas Lansius mit seinen adligen Zöglingen im Collegium Illustre veranstalteten rhetorischen Wettstreit, der die Konkurrenz zwischen Gelehrten und Soldaten sowie zwischen Bürgerlichen und Adligen thematisierte und dessen Schlussthese die Versöhnung von Arma und Litterae[89], aber auch den Vorrang des Soldaten vor dem Gelehrten propagierte[90].

Der seit 1596 schwelende Konflikt zwischen Herzog Friedrich und der Landschaft um den Ausschluss der württembergischen Bürgersöhne aus dem Collegium Illustre, die Kritik an der Einrichtung und Finanzierung der Adelsakademie aus Mitteln des württembergischen Geistlichen Guts und die Beschwerden der bürgerlichen Gelehrten über die 1601 vollzogene jurisdiktionelle Separierung des Collegiums von der Universität[91] förderten das bildungspolitische Streben des Herzogs nach Abschottung adliger Bildung gegenüber dem bürgerlichen Stand und der Universität immer weiter und übertrug sich auch auf den ihm nachfolgenden Herzog Johann Friedrich. Parallel dazu lässt sich bis 1609 eine immer offensivere Darstellung der Exerzitien in den Statuten der Tübinger Adelsakademie weiter verfolgen. Conrads hat in seiner

---

[88] HStAS A 274 Bü 65 o. Pag. Schreiben des Hieronymus Schlick (1608, Juli 1).
[89] Vgl. zum Topos von Arma et Litterae Buck: Arma, S. 61–75.
[90] Asch: Bürgertum, S. 387–390; Lansius: Consultatio, S. 38–121.
[91] Conrads: Ritterakademien, S. 109–113.

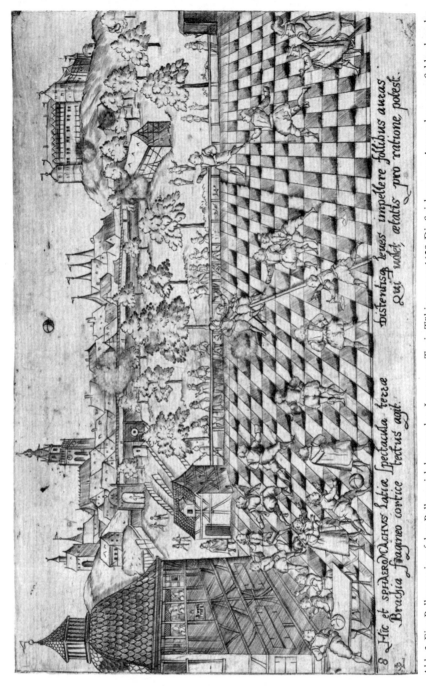

8 Hic et SPHAEROMACHVS latiæ spectacula terræ
Brachia fraqueo cortice tectus agit.
Distentisq̃ leues impellere follibus auras
Qui uelit ætatis pro ratione potest.

Abb. 3: Eine Ballonpartie auf dem Ballonspielplatz vor dem Lustnauer Tor in Tübingen um 1608. Die Spieler tragen Armstulpen zum Schleudern des Balles. Am Spielfeldrand füllt der Ballmeister mit einer Luftpumpe einen Ball mit Luft. Hinter dem Lusthaus links ist die Reitbahn, der Schießstand und das Eingangstor zum *Tummelgarten* zu sehen.

Abb. 4: Reitunterricht und Ringrennen auf der Reitbahn des Collegium Illustre vor dem Lustnauer Tor um 1608. Im Vorder- und Hintergrund werden Courbetten eingeübt. Beim Ringelrennen soll im Ritt ein zwischen den Pilaren aufgehängter Ring mit der Lanze durchstoßen werden.

Abb. 5: Veranstaltung eines Schauwaffenturniers auf der Reitbahn des Collegium Illustre vor dem Lustnauer Tor um 1608. In der Bildmitte kämpfen zwei gegnerische Mannschaften mit Stangen und Dolchen gegeneinander. Auf beiden Seiten finden sich Musikanten mit Trommeln und Flöten, die den Kampf begleiten oder entsprechende Signale erteilen.

Studie nicht umsonst auf die sozialpolitische Komponente bei der Begründung und Entwicklung der Adelsakademien verwiesen[92].

Die Vorrede der neuen Statuten von 1609 enthielt bereits den besonderen Hinweis auf die Exerzitien und die dafür vorhandenen baulichen Einrichtungen und personellen Ressourcen[93]. Die bereits 1601 vollzogene jurisdiktionelle Trennung des Collegium Illustre von der Universität wurde bestätigt. Unter Beibehaltung der uneingeschränkten Jurisdiktionsgewalt des Oberhofmeisters wurden jedoch die Privilegien der Universitätsverwandten jetzt auch auf die adligen Collegiumsverwandten übertragen und ihnen damit weitreichende Vorteile eingeräumt[94]. Die Universitätsstudenten wurden weiterhin ausdrücklich aus dem Betreiben der Exerzitien ausgeschlossen, während sie die übrigen Lehrveranstaltungen am Collegium besuchen durften[95]. Das stellte insbesondere einen Affront gegenüber dem universitären Gelehrtenstand und seiner Lehrleistung dar[96]. Die Statuten von 1609 nannten zudem erstmals die Exerzitien und die einzelnen Maîtres in einem eigenen Abschnitt an prominenter Stelle nach dem Oberhofmeister, den Professoren und dem collegiumseigenen Arzt. Durch eine eigene Erklärung der Lehrziele solcher Exerzitien wurde nunmehr deren feste Einbeziehung in das Gesamtlehrkonzept demonstriert[97]. Damit war der Höhepunkt der institutionellen, personellen und fachlichen Etablierung der Exerzitien und des Unterrichts im Französischen und Italienischen am Tübinger Collegium Illustre erreicht.

Die Auseinandersetzung mit den bürgerlichen Bildungsidealen und das adlige Abgrenzungsbestreben hatten die Bedeutung der sich vom bisherigen Lehrkanon höherer Bildungseinrichtungen unterscheidenden Exerzitien mit wachsen lassen. Deutlich ist zu beobachten, dass durch die zunehmenden Konflikte Herzog Friedrichs mit der bürgerlich dominierten Landschaft[98] die offensive Darstellung der Exerzitien in den Collegiumsstatuten zwischen 1596 und 1609 permanent zunahm. Mit der dauernden

---

[92] Ebd., S. 17.

[93] Ordnung 1609, S. 3–7: Hier wurden die besonderen Einrichtungen der Reitbahn, des Fechtbodens und des Ballhauses erwähnt und zusammen mit den Professoren auch in einem Atemzug die *in Ritter und Hoff Exercitien* erfahrenen Meister genannt.

[94] Ebd., S. 8–10.

[95] Ebd., S. 11.

[96] ASCH: Bürgertum, S. 409; ADAM: Landtagsakten, Bd. 3, S. 274: Herzog Johann Friedrich erließ am 9. Dezember 1610 hinsichtlich der ständischen Auseinandersetzung um das Tübinger Collegium Illustre: *Seind auch entlichen resolvirt, ehe wir wolten leiden, dass nach uns firsten solten baurenkinder hineinkommen, das collegium nit allein gar abschaffen, sonder das ganze gebäu einreissen und kein stein auf dem andern zu lassen. Wollten sie eins haben, möchten sie eins bauen, wa sie wolten.* Auch sein Verhältnis zum Bürgertum wird deutlich: *Da sieht man wie der adel im land geachtet würd. Wir können es nit ratsamb finden, die von adel hintanzusetzen und bauren auf uns warten zu lassen. Zudem ist auch notorium, dass ein ehrlicher von adel, so ein obervogt ist, mehr auf sein ehr und gutten namen sihet und helt, als so ein amptmann der nicht anders tut, als der herschaft abtregt und seinen aignen nutzen nur sucht und sich reich machet.*

[97] Ordnung 1609, S. 27 f.

[98] ASCH: Bürgertum, S. 387 f.; CONRADS: Ritterakademien, S. 109–112, 115–131: Solche Konflikte konnten nicht nur für Württemberg unter Herzog Friedrich, sondern auch für das Umfeld der Gründung des Mauritianums in Hessen-Kassel nachgewiesen werden; vgl.

Betonung der Exklusivität der Exerzitien bestätigte der Statutengeber nicht nur deren Charakter als exklusives Standesprivileg des Adels, sondern verlieh ihnen in ihrer Unerreichbarkeit für die Universitätsstudenten auch eine immer weiter wachsende Aufmerksamkeit, die der demonstrativen Abgrenzung gegenüber dem Bürgertum und der Universität weiteren Vorschub leistete. Vor dem Hintergrund dieser ständisch motivierten Konflikte waren die praxisorientierten und stark nach außen wirkenden Exerzitien seit der Mitte des 16. Jahrhunderts von der fakultativen Rekreationsbeschäftigung im weiteren Umfeld der Universitäten nicht nur zu einem gänzlich institutionalisierten, sondern auch zu einem demonstrativen Element des höheren Bildungswesens herangewachsen. Ein Funktionswandel hatte gerade die stark nach außen wirkenden Körperübungen zum wirksamen Medium adliger Abgrenzung werden lassen. Die Exerzitien können daher auf dem Gebiet des Bildungswesens, wenn nicht als repräsentativ, so doch als Pars pro Toto für den standesorientierten adligen Abgrenzungsprozess von den bürgerlich und humanistisch dominierten Universitäten und ihrem Ideal der Buchgelehrsamkeit betrachtet werden.

Dies konnte auf das höhere Bildungswesen der Universitäten nicht ohne Wirkung bleiben. Wo das Collegium Illustre und bald auch andere Adelsakademien im Heiligen Römischen Reich, etwa das Kasseler Mauritianum seit 1598[99], mit ähnlichem Lehrprogramm junge Adlige nicht unmittelbar von den bisher besuchten Universitäten abzogen, ist durch das Aufkommen der spezialisierten adligen Standesbildung von einem Impuls auszugehen, der zur Verbesserung der Bedingungen des Adelsstudiums auch an den Universitäten führte. Nach den seit der Wende vom 16. zum 17. Jahrhundert vorhandenen Maßstäben der Adelsakademien waren es eben nicht mehr nur die Möglichkeiten, die notwendigen juristischen Studien betreiben zu können, sondern auch die personellen und infrastrukturellen Voraussetzungen zum Betreiben der Exerzitien und Sprachen, die für den jungen Adel bei der Wahl seines Studienortes einen Unterschied ausmachten. Es ist davon auszugehen, dass sich die Universitäten und ihre Träger durch das Modell der Adelsakademien dazu veranlasst sahen, sich adligen Bildungsbedürfnissen zunehmend zu öffnen, sollten ihre Standorte auch weiterhin von prestige- und zahlungskräftigen jungen Adligen besucht werden. Nur so ist zu erklären, dass sich die im 16. Jahrhundert noch zu beobachtenden Vorbehalte der universitären Obrigkeiten gegenüber den Körperübungen zu Beginn des 17. Jahrhunderts rasch abbauten und es für die Exerzitien und die Maîtres einen entsprechenden personellen, jurisdiktionellen und infrastrukturellen Institutionalisierungsschub gab.

Dieser äußerte sich zu Beginn des 17. Jahrhunderts in Signalen, die sich von den

---

zum Ständekonflikt unter Herzog Friedrich ADAM: Herzog, S. 210–229; GRUBE: Landtag, S. 251–273.

[99] CONRADS: Ritterakademien, S. 115–131, 157 und Anm. 21, 359–361; PAULSEN: Geschichte, S. 340 f.; ZEDLER: Universal Lexicon, Bd. 43, Sp. 131: An der Ritterakademie in Kassel wurden Sprachmeister des Französischen, des Italienischen und des Spanischen sowie ein Bereiter, ein Fechtmeister, ein Tanzmeister, ein Ballmeister, ein Kunstmaler und ein Vokal- und Instrumentalmusicus genannt.

noch zögerlichen Maßnahmen des 16. Jahrhunderts klar unterschieden. Als Beispiel sei die Einrichtung eines fürstlichen Ballhauses in Marburg im Jahr 1605 genannt[100]. Seit 1605 war Catharinus Dulcis als Professor des Französischen und Italienischen an der Universität Marburg tätig, nachdem er bereits 1602 Professor für ausländische Sprachen am Kasseler Mauritianum gewesen war[101]. In Gießen sind seit 1608 französische Sprachmeister belegt. Im Jahr 1609 wurde dort ein Ballhaus errichtet und ein Tanzmeister eingestellt[102]. Um 1620 wurde in Jena die berühmte Kreußlersche Fechtschule eingerichtet, die eng mit der Universität verbunden war[103].

Wie überraschend neu, noch ungewohnt und auch zunächst noch missliebig die rasche und sich offenbar innerhalb einer Generation vollziehende Etablierung der Exerzitien an manchen Studienstandorten zu Beginn des 17. Jahrhunderts empfunden wurde, zeigen die Reaktionen an der Universität Straßburg: Ein adliger Gelehrter aus Pommern und ehemaliger Straßburger Absolvent schilderte 1619 seine Eindrücke: *Wie ich zu Str[aßburg] studirte, da wusste man nichts vom Ballenhaus und Reitschuel, Item mein Sohn verthuet itz mehr Geld zu Str[aßburg] in einem Vierteljahr, als ich im gantzen jhar nit verthan habe. Im anfang haben die Strasburger eine Schuel von guten künsten und sprachen gehabt; itz haben sie eine Reittschuel Ballen- Fecht- und Dantzschuel*[104]. Ein Straßburger Medizinprofessor forderte um 1619 sogar bereits wieder die Abschaffung der universitären Reitschule und den Wiederausschluss der *fechter, dänzer, springer, musicanten, sprachmeister und dergleichen* aus der Straßburger Matrikel[105]. Sein Vorstoß war jedoch vergeblich. Spätestens mit der Institutionalisierung des Exerzitien- und Sprachunterrichts als integralem Bestandteil des Lehrprogramms an den Adelsakademien, etwa dem Tübinger Collegium Illustre, war der Grundstein für seine dauerhafte Etablierung im höheren Bildungswesen des Heiligen Römischen Reiches gelegt worden.

1.4 Etablierung nach dem Dreißigjährigen Krieg

Mit der Beendigung des Dreißigjährigen Krieges und der Wiederbelebung der Studien an den Adelsakademien und Universitäten des Heiligen Römischen Reiches verfestigte sich der Exerzitien- und Sprachunterricht zunehmend. An vielen bestehenden Akademien und Universitäten wurde er seit der Mitte des 17. Jahrhunderts wieder aufgegriffen, fortgesetzt, ausgebaut oder nunmehr erstmals entweder ganz

---

[100] MEYER ZU ERMGASSEN: Universitäts-Almosen, S. 180; NAIL: Ballspielen, S. 215; vgl. ausführlich STREIB: Geschichte, S. 23–40.

[101] DULCIS: Leben, S. 44 f.; GLÜCK/HÄBERLEIN/SCHRÖDER: Mehrsprachigkeit, S. 149-153; GUNDLACH: Catalogus, S. 398.

[102] BEHRENS: Geschichte, S. 3; FELSCHOW/LIND: Werck, S. 106; FINK: Tanzmeister, S. 100; LIND: Personen, S. 205.

[103] BORKOWSKY: Jena, S. 92 f.; KEIL/KEIL: Geschichte, S. 95 f.; RAUSCHENBACH: Entwicklung, S. 24–26.

[104] Zitiert nach KNOD: Matrikeln, Bd. 1, S. XXIV Anm. 1.

[105] Ebd., Bd. 1, S. XXIV.

oder teilweise etabliert und fest in Vorlesungsverzeichnissen oder Statuten verankert. An einigen der in der zweiten Hälfte des 17. und im 18. Jahrhundert neu gegründeten höheren Bildungseinrichtungen zählte der Exerzitien- und Sprachunterricht häufig von Beginn an zum Konzert von *Studien und Exercitien*[106].

In den Statuten der 1621 gegründeten Universität Rinteln wurde dem Unterricht in den modernen Fremdsprachen beispielsweise a priori ein besonderer Stellenwert eingeräumt: Geplant wurde darin in legitimierendem Bezug auf Kaiser Karl IV. die Einsetzung von Sprachmeistern des Italienischen, des Französischen und des Spanischen[107]. An der Universität Gießen, wo bereits 1608 französische Sprachmeister belegt, 1609 ein Ballhaus errichtet und ein Tanzmeister angenommen worden waren[108], wurde 1665 das universitäre Reithaus ausgebessert und ein Bereiter angestellt[109]. An der Universität Ingolstadt war seit 1625 mit Juan Angel de Sumarán schon der Unterricht im Tanzen sowie im Französischen, Italienischen und Spanischen vertreten gewesen[110]. Diese Anfänge wurden nach der Mitte des 17. Jahrhunderts wieder aufgegriffen und ausgebaut: Seit spätestens 1669 gab es in Ingolstadt auch einen Fechtmeister und seit 1677 – vermutlich wieder – einen Ballmeister. Im Jahr 1688 wurde das bereits seit 1604 bestehende Ballhaus in Stand gesetzt und 1682 oder 1690 eine Reitschule eingerichtet[111]. An der Universität Heidelberg, wo bereits zu Ende des 16. Jahrhunderts Sprachmeister tätig gewesen waren[112], wurden bei Wiedereröffnung der Universität nach dem Dreißigjährigen Krieg im Jahr 1652 auch *adeliche und militaria exercitia* angekündigt[113]. Der verfestigte Stellenwert, der den Exerzitien- und Sprachmeistern hier nunmehr ganz offensichtlich zukam, manifestierte sich darin, dass die

---

[106] UAT 9/12 o. Pag. Herzog Eberhard an den Oberhofmeister des Collegium Illustre (1672, Oktober 14).

[107] KATER: Statuten, S. 95: *Seine allerheiligste Majestät, Kaiser Karl IV. hat in der „Goldenen Bulle" verfügt, daß nach dem Beispiel der Kurfürsten und von zehn anderen Fürsten die Söhne der Adligen besonders vier Sprachen verstehen sollen: die deutsche, die sie gleichsam mit der Muttermilch einsaugten, die Lateinische, die sie auf den Schulen hinzulernen, die gallische und die slawische, die unser Deutsches Reich zum größeren Teil spricht. Unter den Namen ‚gallische Sprache' wollte er außer dem Französischen aber auch das Italienische und Spanische einbegriffen wissen und zwar auf Grund des deutschen Sprachgebrauchs, wonach das Wort ‚wälsch' diese drei Nationen alle umfaßt. Daher glaubten auch Wir einen Sprachlehrer für diese drei Sprachen an unserer Universität anstellen zu müssen, der für jede Sprache einen zuverlässigen, nach klarer Methode verfaßten Leitfaden im Unterricht vornehmen soll. Danach soll er die hervorragendsten Autoren auslegen und zwar auf dieselbe Art, wie Wir sie für den Unterricht der alten Sprachen, des Griechischen und Lateinischen, vorgeschrieben haben.*

[108] BEHRENS: Geschichte, S. 3; FELSCHOW/LIND: Werck, S. 106; FINK: Tanzmeister, S. 100; LIND: Personen, S. 205.

[109] HAUPT: Chronik, S. 11.

[110] BRUZZONE: Fremdsprachen, S. 37–45; FINK: Tanzmeister, S. 100 f.; KRAFFT: Universität, S. 106 f.; SEIDEL-VOLLMANN: Philologie, S. 40 f.; WIPPICH-ROHÁČKOVÁ: Hochdeutscher, S. 85 f.

[111] KRAFFT: Universität, S. 106–108, 114 f.; MÜLLER: Universität, S. 143; STOECKLE: Entwicklung, S. 16; STREMPEL: Leibesübungen, S. 12: Stoeckle und Strempel verlegen die Einrichtung der Reitschule in Ingolstadt bereits in das Jahr 1682.

[112] TOEPKE: Matrikel, Bd. 2, S. 138 und Anm. 2, S. 182 und Anm. 2; WEISERT: Zeittafel, S. 13.

[113] WOLGAST: Universität, S. 59.

Maîtres seit 1672 auch offiziell Aufnahme in der Universitätsmatrikel fanden[114]. An der erst 1665 gegründeten Universität Kiel waren das Tanzen, das Französische und Italienische von Beginn an, spätestens seit 1667 auch das Fechten, vertreten. Für das Jahr 1694 wurde zudem von dreißig herzoglichen Schulpferden im Gebrauch der Kieler Studenten berichtet[115].

Zwar begann sich der Exerzitien- und Sprachunterricht Mitte des 17. Jahrhunderts erneut zu etablieren, aber die Verfestigung dieses Prozesses orientierte sich in Qualität und Intensität offenbar an der regional und lokal stark variierenden sozialen Zusammensetzung der Besucherprofile und dabei besonders am Zulauf der Universitäten durch adlige Studenten. An den Universitäten Ingolstadt und Straßburg, die als ausgesprochene „Adelsuniversitäten" galten[116], war der Exerzitien- und Sprachunterricht spätestens zu Ende des 17. Jahrhunderts fest etabliert[117]. An den zwar traditionsreichen, aber stets bürgerlich geprägten Universitäten Leipzig und Rostock[118] setzte dagegen eine entsprechende Entwicklung zeitlich verzögert erst zu Ende des 17. Jahrhunderts und dann auch nur partiell ein. In Leipzig wurden die ersten Universitätsfechtmeister offenbar nicht vor 1692 angenommen. Erst um 1720 wurde eine Reithalle erbaut und eine Stallmeisterstelle geschaffen[119]. Die Universität Rostock verfügte seit der Zeit um 1645 zwar regelmäßig über Fecht- und Tanzmeister, ein Reitmeister wurde hier jedoch noch später als in Leipzig erst 1789 eingestellt[120].

Zu diesem soziostrukturellen Kriterium hinsichtlich der Etablierung des Exerzitien- und Sprachunterrichts kam als beeinflussender Faktor eine konfessionelle Komponente hinzu, die aber von untergeordneter Bedeutung blieb, wie das Beispiel der vom Adel gut frequentierten Universität Ingolstadt zeigt[121]. Die Jesuiten, die in vielen katholischen Reichsterritorien Einfluss auf die Universitäten – zumindest aber auf die Philosophischen und Theologischen Fakultäten – nahmen, standen dem Lehrangebot der Maîtres kritisch gegenüber[122]. An der Universität Olmütz wehrten sich die

---

[114] Toepke: Matrikel, Bd. 1, S. XLIV–XLVI und Anm. 2; Toepke: Matrikel, Bd. 2, S. 138, 146, 182, 281, 295, 318, 323, 326, 356, 561, Bd. 4, S. 19 f., 57, 64, 145 f., 156, 162, 171, 199 f., 254, 274, 294, 299, 328, 331, 344, 352.

[115] Jordan/Hofmann: Geschichte, Bd. 5,2, S. 251, 264 f.; Pauls: Anfaenge, S. 109 f.

[116] Asche: Bürgeruniversität, S. 162, 396; Eulenburg: Frequenz, S. 67, 114 f.; Müller: Aristokratisierung, S. 42; Müller: Universität, S. 70–94; Prahl: Sozialgeschichte, S. 145.

[117] Fink: Tanzmeister, S. 100 f.; Knod: Matrikeln, Bd. 1, S. XXIV; Krafft: Universität, S. 106–108, 114 f.; Müller: Universität, S. 143; Seidel-Vollmann: Philologie, S. 40 f.

[118] Asche: Bürgeruniversität, S. 396 f.; Eulenburg: Frequenz, S. 67; Prahl: Sozialgeschichte, S. 145.

[119] Kirste/Schürmann/Tzschoppe: Sport, S. 77; Diess.: Sportwissenschaft, S. 905 f.; Schulze: Abriß, S. 83.

[120] Asche: Bürgeruniversität, S. 395 f.; Kohfeldt: Fecht- und Tanzmeister, S. 71.

[121] Eulenburg: Frequenz, S. 114 f.

[122] Asch: Adel, S. 148 f.; Begov: Sportgeschichte, S. 152 f.; Duhr: Studienordnung, S. 77 f., 136–148; Eulenburg: Frequenz, S. 90–106; Gall: Alma Mater, S. 127; Giese: Studenten, S. 84 f.; Krammer: Bildungswesen, S. 138–143; Lang: Abhandlung; März: Personengeschichte, S. 269; Prahl: Sozialgeschichte, S. 120; Rösch: Leibesübungen, S. 126; Salmen: Tanzmeister, S. 63, 65: Im Mittelpunkt des Unterrichts an den Jesuitenkollegien stand gemäß der Ratio Studiorum (1599) die Theologie und die Beherrschung der lateinischen und griechischen

Jesuiten 1724 gegen die Etablierung der Exerzitien an der Mährischen Adelsakademie zu Olmütz[123] und verboten den Studenten, die dort an den Exerzitien teilnehmen wollten, den Austritt aus dem Konvikt. Im Jahr 1727 erklärten sie aufschlussreich, dass *dergleichen weltliche Wohllüste, als Tanzen, Fechten, Reiten und Sprachunterricht* [...]*, mit dem Zwecke der Stiftung des Conviktes, nähmlich der Anleitung der Jugend zur katholischen Religion und ihren Uebungen in jenen freien Künsten, welche der Disciplin der Gesellschaft Jesu zusagen und welche sie unter ihrer Aufsicht erlernen können, eben so wenig vereinbar seien, als mit einem fleißigen Studium der Jugend und der geregelten Hausordnung*[124]. Als sich 1759 ein Sprachmeister des Französischen an der Universität Bamberg bewarb, wurde er von den Jesuiten unter anderem mit der Begründung abgelehnt, dass die Erlernung des Französischen einerseits zu zeitaufwändig und andererseits zu kostspielig sei und, dass zudem die Gefahr der Vernachlässigung der gelehrten Studien bestehe[125].

Dennoch zeigt das Beispiel der Universität Ingolstadt wie auch anderer Universitäten, die unter dem Einfluss der Jesuiten standen: Wo aufgrund eines entsprechenden Besucherprofils ein speziell adliges Bildungsbedürfnis bestand, konnten auch die Jesuiten die Etablierung und Verfestigung des Exerzitien- und Sprachunterrichts letztlich nicht verhindern. Auf Kosten der steirischen Stände wurden schon 1624 ein Bereiter, ein Fechtmeister, ein Tanzmeister und ein Ballmeister für die Universität Graz bewilligt[126]. An der Universität Innsbruck ist für die 1670er Jahre der Unterricht im Fechten, im Tanzen und in den modernen Fremdsprachen belegt[127]. Die Universität Mainz bot ihren Studenten seit 1673 ein im Auftrag des Domkapitels erbautes Ballhaus an, in dem vermutlich auch Billard gespielt wurde. Für das 18. Jahrhundert sind ebendort Reit-, Fecht- und Tanzmeister, eine Reitbahn, Schulpferde und ein öffentli-

---

Sprache. Der Erwerb der modernen Fremdsprachen zählte nicht zu den ausdrücklichen Bildungszielen der Jesuiten. Körperübung wurde von den Jesuiten zwar nicht vollkommen abgelehnt. Gefördert wurde mit dem ausschließlichen Ziel der Rekreation aber vor allem das Spiel. Überliefert sind Schlittenpartien, Billard, Kegelspiel, Scheibenschießen, Fangspiele, Laufen und Spaziergang. Innerhalb des Jesuitentheaters, welches mit der Behandlung biblischer und antiker Stoffe die pädagogische Absicht verfolgte, einerseits Körperhaltung und andererseits durch Reden, Plädoyers und Gestik die Routine im Gebrauch des Lateinischen zu schulen, war auch der Tanz von Bedeutung. Der Jesuit Franz Lang stellte in seiner 1727 in München erschienenen Schauspielkunst nicht nur die Körpersprache als Grundlage des Jesuitentheaters, sondern auch ein Repertoire an symbolischen Bildern mit entsprechenden Attributen und Kostümierungen vor. Das Betreiben des Exerzitien mit Reiten, Fechten, Tanzen, Ballspiel und modernen Fremdsprachen wurde von den Jesuiten aber nicht gestützt; vgl. hierzu die gegenläufigen Anmerkungen ohne Beispiele und konkrete Belege LUKAS: Körperkultur, S. 114 f.; vgl. generell zur Lehre der Jesuiten an den deutschen Universitäten DUHR: Geschichte, S. 370–528; HENGST: Jesuiten, S. 55–79, zu einzelnen Universitäten S. 80–294, 298; MÜLLER: Traditionalismus, S. 25–41; vgl. zum Kollegsystem der Jesuiten ASCHE: Kollegien; MÜLLER: Colleges, S. 173–184.

[123] Vgl. weiterführende Literatur und Quellen bei CONRADS: Ritterakademien, S. 367.
[124] Zitiert nach ELVERT: Geschichte, S. 13.
[125] SPÖRLEIN: Universität, Bd. 2, S. 880 f.
[126] THALLER: Geschichte, S. 164.
[127] HÖLBING/STRATOWA: Universitas, S. 217; LUCA: Journal, Bd. 1, S. 101.

cher Tanz- und Fechtboden im ehemaligen Universitätshaus erwähnt[128]. Auch an der Universität Wien sind seit dem 17. und frühen 18. Jahrhundert Fechtmeister, Sprachmeister, Tanzmeister und Ballmeister überliefert[129] und ebenso im 18. Jahrhundert an der Universität Würzburg[130]. Wie wichtig für die Etablierung und anschließende Aufrechterhaltung des Lehrprogramms der Maîtres der natürliche Zulauf durch eine entsprechend interessierte und zahlungskräftige Klientel war, zeigt der Versuch des Fürstbischofs von Bamberg. Er ließ erst nach der Gründung der Juristischen Fakultät im Jahr 1735 und der damit vermuteten vermehrten Anziehung adliger Studenten Fecht-, Tanz- und Sprachmeister einstellen, die sich aber aufgrund eines niedrigen Adelsanteils in Bamberg nur schwer zu halten vermochten[131].

Selbstverständlich dagegen war die Annahme von Exerzitien- und Sprachmeistern an den in der zweiten Hälfte des 17. Jahrhunderts neu gegründeten Adelsakademien, wo das Lehrangebot der Maîtres einen Hauptbestandteil des Lehrplans ausmachte. In der Matrikel der 1656 gegründeten Adelsakademie zu Lüneburg sind von Beginn an Bereiter, Fechtmeister, Tanzmeister und Sprachmeister nachgewiesen[132], ebenso an der Akademie zu Frankfurt an der Oder (1671)[133], der zu Wolfenbüttel (1687)[134] und der seit 1708 bestehenden Akademie zu Liegnitz[135], um nur einige Beispiele zu nennen. Auch an der 1749 aufgenommenen Savoyischen Akademie in Wien war der Unterricht im Reiten, Fechten und Tanzen mit bis zu drei jeweils mehrstündigen Unterrichtseinheiten pro Woche Standard[136].

An den im 18. Jahrhundert neu gegründeten Universitäten stellte der Exerzitien- und Sprachunterricht nun häufig von Anfang an ein inzwischen selbstverständliches und nicht länger entbehrliches Element des höheren Bildungswesens im Konzert von *Studien und Exercitien*[137] dar. Und so können die entsprechenden Exerzitien- und Sprachmeister häufig unmittelbar vom Zeitpunkt der Gründung an nachgewiesen

---

[128] BENTZEL: Verfassung, S. 152, 162; RÖSCH: Leibesübungen, S. 126 f.

[129] GALL: Alma Mater, S. 127; MÜHLBERGER/SCHUSTER: Matrikel, Bd. 6, S. 47, 52 f., 94.

[130] SÜSS: Grundzüge, S. 98; SÜSS: Geschichte, S. 64, 79: In den Statuten des Jahres 1731 wurde erwähnt, dass man an der Universität Würzburg neben den *freyen Künsten und Wissenschaften* auch die *ritterlichen Übungen von Reithen, Tantzen, Fechten* sowie Fremdsprachen erlernen könne.

[131] SPÖRLEIN: Universität, Bd. 1, S. 256 f., 562, Bd. 2, S. 879–881.

[132] BLEECK: Nobilitas, Bd. 1, S. 166; REINHARDT: Matrikel, S. 40 f.; vgl. weiterführende Literatur und Quellen bei CONRADS: Ritterakademien, S. 365–367.

[133] HAUSEN: Geschichte, S. 132 f.; vgl. weiterführende Literatur und Quellen bei CONRADS: Ritterakademien, S. 356–357.

[134] CONRADS: Ritterakademien, S. 292; KUHLENKAMP: Ritterakademie, S. 78; vgl. weiterführende Literatur und Quellen bei CONRADS: Ritterakademien, S. 380–385.

[135] BLAU: Geschichte, S. 9; CONRADS: Gründung, S. 23, 35, 41; DEBITSCH: Erziehung, S. 8 f., 13; MAINKA: Erziehung, S. 87–90; MAHLER: Leibesübungen, S. 24 f.; PFUDEL: Geschichte, S. 9 f.; WENDT: Geschichte, Teil 1, S. 44; vgl. weiterführende Literatur und Quellen bei CONRADS: Ritterakademien, S. 363–365.

[136] SCHWARZ: Geschichte, S. 18 f., 90; vgl. weiterführende Literatur und Quellen bei CONRADS: Ritterakademien, S. 377.

[137] UAT 9/12 o. Pag. Herzog Eberhard an den Oberhofmeister des Collegium Illustre (1672, Oktober 14).

werden, so etwa an den Universitäten in Fulda (1734)[138], Göttingen (1736)[139], Bützow (1760)[140], Münster (1780)[141] und Stuttgart (1781)[142]. An der Universität Erlangen konnte bei Gründung im Jahr 1743 bezeichnenderweise an die personellen und baulichen Ressourcen der 1741 aufgelösten Erlanger Adelsakademie angeknüpft werden[143].

1.5 Zusammenfassung

Die sozialen, politischen, wirtschaftlichen und militärtechnischen Veränderungen des Spätmittelalters hatten dazu geführt, dass sich der Adel zu Beginn der Frühen Neuzeit hinsichtlich seiner Tätigkeitsfelder und seines Erziehungs- und Bildungsideals neu zu orientieren hatte. Um der Konkurrenz durch das akademisch gebildete Bürgertum in den bevorzugten höheren Ämtern im Dienst der Fürsten und Territorialstaaten angemessen begegnen zu können, besuchten junge Adlige seit dem 16. Jahrhundert zunehmend die zuvor weitgehend gemiedenen Universitäten, um akademisch-juristische Qualifikationen zu erwerben. Das aus dem Hochmittelalter tradierte ritterlich-adlige Bildungs- und Erziehungsideal, das von körperlicher Übung, höfischen Verhaltensnormen und der Kenntnis der modernen Sprachen geprägt war, bereicherte im Rahmen des Universitätsbesuchs nunmehr rasch den humanistischen Lehrkanon des höheren Bildungswesens. Mit den jungen Adligen fanden die Exerzitien und modernen Fremdsprachen zunächst als lockeres Disziplinenkonglomerat den Weg in das akademische Umfeld.

Während bereits Mitte des 16. Jahrhunderts an einigen Universitäten Sprachprofessoren für das Französische und Italienische angestellt worden waren und die modernen Fremdsprachen auf diese Weise eine rasche Etablierung und Anerkennung im akademischen Lehrbetrieb erfuhren, blieben die Exerzitien als private und fakul-

---

[138] RICHTER: Studentenmatrikel, S. 57 f.

[139] ARNIM: Corpus Academicum, S. 55–57; BUSS: Exercitien, S. 23, 103, 263 f.; ZIMMERMANN: Geschichte, S. 36–53; EBEL: Privilegien, S. 28: Im königlichen Privileg der Universität Göttingen des Jahres 1736 wurde erlassen: *Vornehmlich aber haben Wir Sorge getragen, wollen auch ferner, und Unsere Nachkommen sollen daran sein, daß zu den vier so genannten Haupt-Facultäten jederzeit berühmte und solche Männer, von deren Geschicklichkeit man versichert sey, und daneben zu Erlernung der übrigen der studirenden Jugend anständigen, nützlichen, im gemeinen menschlichen Leben vorkommenden und ihren Gebrauch habenden Disciplinen, Wissenschafften, Künsten und Sprachen, für hohe und niedrige Standes-Personen tüchtige Lehr-Meister, insonderheit Stallmeister oder Bereiter, Fecht-, Tantz- und Engelländische, Frantzösische und Italiänische Sprach-Meister beruffen und bestellet werden, wie auch ein woleingerichtetes Reit-Haus und Reit-Bahn allda anzutreffen seyn sollen.*

[140] BARNEWITZ: Studentenleben, S. 66; HOFFMANN: Rapier, S. 3.

[141] HANSCHMIDT: Universität, S. 8, 10; LAUSBERG: Romanistik, S. 401.

[142] BATZ: Beschreibung, S. 57, 80 f., 102, 106, 117 f., 121–123; HStAS A 272 Bü 139, Bü 140, Bü 141, Bü 144; UHLAND: Geschichte, S. 111, 160–163, 220 f.; Verzeichnis der Vorlesungen 1782, S. 12, 14.

[143] DEUERLEIN: Exercitienmeister, o. Pag.; FIKENSCHER: Gelehrten Geschichte, Bd. 3, S. 252–290, 300–310; KUHR: Geschichte, S. 20–25.

tative Rekreationsbeschäftigung noch bis zum Ende des 16. Jahrhunderts von einer fachlichen, personellen und jurisdiktionellen Distanz zu den Universitäten geprägt. Eine beschleunigende Wirkung auf deren Institutionalisierung hatte jedoch der noch am Ende des 16. Jahrhunderts einsetzende Prozess der Gründung exklusiver Adelsakademien. Diese Standesschulen konnten mit einem speziell auf die Bedürfnisse der jungen Adligen abgestimmten Lehrprogramm aufwarten. In den Statuten des 1596 als erster Adelsakademie auf dem Boden des Heiligen Römischen Reiches gegründeten Tübinger Collegium Illustre fanden die Exerzitien- und Sprachmeister und ihr Lehrprogramm als integraler Bestandteil des Gesamtlehrprogramms feste Verankerung.

Im Rahmen der ständisch motivierten Konflikte Herzog Friedrichs von Württemberg mit der bürgerlich dominierten Landschaft um die Exklusivität des Collegium Illustre wuchs die Bedeutung der Exerzitien- und Sprachmeister in Tübingen innerhalb weniger Jahre stetig an. Insbesondere die stark nach außen wirkenden Exerzitien fungierten für den Adel auf dem Gebiet des Bildungswesens bald als demonstratives Mittel der Distinktion gegenüber dem bürgerlich-universitären und humanistischen Ideal der Buchgelehrsamkeit. Durch das Aufkommen weiterer Adelsakademien im Reich erhielten die Universitäten zudem einen deutlichen Impuls, die Studienbedingungen und das Lehrangebot speziell für adlige Studenten weiter zu verbessern. Dies führte zu Beginn des 17. Jahrhunderts zu einem Ausbau der Infrastruktur und der personellen Ressourcen für den Exerzitien- und Sprachunterricht. Für die Maîtres und ihr Lehrangebot ergab sich auf diese Weise um 1600 ein deutlich wahrnehmbarer Institutionalisierungsschub, der die Grundlage für eine dauerhafte Etablierung des frühneuzeitlichen Exerzitien- und Sprachunterrichts an den Universitäten und Adelsakademien des 17. und 18. Jahrhunderts legte.

2. Der Exerzitien- und Sprachunterricht im bildungsgeschichtlichen Kontext

2.1 Der Akademielehrplan François de la Noues (1587)

Der hugenottische Adlige François de la Noue schrieb zwischen 1581 und 1586 die „Discours politiques et militaires" nieder[144]. Das Werk über den inneren Zustand Frankreichs mit zahlreichen Reformvorschlägen in den Bereichen Erziehung, Bildung und Militär, wurde 1587 in Basel erstmals veröffentlicht[145]. Die „Discours" wurden rasch auch in den Territorien des Heiligen Römischen Reiches rezipiert. Eine vermittelnde Rolle spielte dabei Graf Friedrich von Mömpelgard, der spätere Herzog Friedrich I. von Württemberg, der die Schrift 1592 von seinem Kammersekretär Jakob Rahtgeb ins Deutsche übersetzen ließ[146].

Der Akademielehrplan de la Noues im fünften Kapitel der „Discours politiques et militaires" ist im französischen Original[147], in der deutschen Übersetzung Jakob Rahtgebs[148] und in der Zusammenschau beider Texte Grundlage für das 1596 von Herzog Friedrich in eine exklusive Adelsakademie umgewandelte Tübinger Collegium Illustre[149]. Die auf der Grundlage des Akademielehrplans de la Noues an der Wende zum 17. Jahrhundert entstandenen Projekte und Verwirklichungen adliger Standesschulen auf dem Boden des Heiligen Römischen Reiches hatten hinsichtlich des frühneuzeitlichen Exerzitien- und Sprachunterrichts im höheren Bildungswesen des Reiches eine wichtige Funktion[150]: Mit ihrem speziellen und exklusiv auf den jungen Adel abgestimmten Lehrprogramm, darunter der Exerzitien- und Sprachunterricht, nahmen die adligen Standesschulen auch großen Einfluss auf die Entwicklung dieses Bildungselements an den Universitäten. Dort hatte sich dieses Element seit der Mitte des 16. Jahrhunderts nur zögerlich etabliert. Inhalt, Methodik, Kontexte und Modifizierungen des Akademielehrplans sind daher wegweisend für die Verortung und den Stellenwert der Exerzitien und der modernen Fremdsprachen auf ihrem Weg in die feste Verankerung im Lehrangebot der Adelsakademien und Universitäten des Heiligen Römischen Reiches im Verlauf des 17. und 18. Jahrhunderts.

Die in die „Discours" eingebaute Kritik an allen im 16. Jahrhundert aktuellen Formen adliger Ausbildung zeigt, wie sehr sich de la Noue in der Konzeption seines

---

[144] HAAG: France, Bd. 6, S. 280–304; NEYRET: Reden, S. 7–34.

[145] CONRADS: Ritterakademien, S. 29; NEYRET: Reden, S. 7–34.

[146] LA NOUE: Ritterakademien, S. 89–104.

[147] LA NOUE: Discours, S. 133–159.

[148] La NOUE: Discours oder Beschreibung, S. 131–162; CONRADS: Ritterakademien, S. 326–332: Edition des Ausschnitts aus dem Akademielehrplan im fünften Discours in der deutschen Übersetzung der Bibliotheca Bipontina in Zweibrücken (Signatur: R 184).

[149] CONRADS: Ritterakademien, S. 89–95, 104.

[150] Ebd., S. 23–39, 81–86: Es ist das wegweisende Verdienst Norbert Conrads, den konzeptionellen Zusammenhang zwischen François de la Noues Akademielehrplan von 1587 und den an der Wende vom 16. zum 17. Jahrhundert auf dem Boden des Heiligen Römischen Reiches gegründeten Adelsakademien aufgedeckt und dargestellt zu haben.

Lehrplans an der Realität seines adligen Standes und seiner Zeit orientierte und damit weniger ein theoretisches Idealbild zeichnete, als vielmehr einen konkreten Lehrplanvorschlag ausarbeitete. Die ausführliche Auseinandersetzung mit den als defizitär empfundenen adligen Erziehungs- und Bildungsformen des 16. Jahrhunderts – dem höfischen Pagendienst, dem Militärdienst, der Hofmeistererziehung im Elternhaus und schließlich dem Universitätsstudium und der Kavalierstour – [151] waren konkreter Ausgangspunkt seines Akademielehrplans.

François de la Noue stützte sich in seinem fünften Discours *De la bonne nourriture & institution qu'il est necessaire de donner aux jeunes gentils-hommes François*[152] neben anderen antiken Autoren hauptsächlich auf das Erziehungskonzept des griechischen Schriftstellers Plutarch[153], das dieser in seiner kurzen Schrift über die Erziehung der Jugend dargestellt hatte[154]. Plutarch nannte darin, bereits auf anderen antiken Autoren basierend, drei sich gegenseitig ergänzende Grundvoraussetzungen einer guten Erziehung: *natura* als Erkenntnis der Notwendigkeit einer guten Bildung und die natürliche Neigung zum Lernen, *ratio* als die Vermittlung von Wissen durch einen guten Lehrer im Rahmen eines fachkundigen Unterrichts und *consuetudo* als die praktische Übung, Verinnerlichung und Anwendung des Erlernten durch den Schüler. Letzteres, die Übung, definierte Plutarch bereits weitergehend. In der lateinischen Übersetzung seiner Schrift wurde sie als *exercitatio* bezeichnet[155]. Die Übersetzung des Werkes Plutarchs durch Jacques Amyot im 16. Jahrhundert nannte als französische Entsprechungen dieser drei Erziehungsvoraussetzungen *la nature,*

---

[151] LA NOUE: Discours, S. 144–151.

[152] Ebd., S. 133–159.

[153] Ebd., S. 134: François de la Noue nannte neben Plutarch weitere antike Autoren: *Tous les plus renommez, comme Lycurgus, Socrates, Platon, Aristote, Xenophon & Plutarque, disent que la negligence à bien faire instituer les enfans rend les Republiques corrompuës, & que les vices, qui s'impriment en jeunesse, se peuvent difficilement corriger.* Vgl. CONRADS: Ritterakademien, S. 29 f. und Anm. 4: Wie Conrads bereits angibt, berief sich de la Noue zwar auf diese Autoren, entnahm seine konkreten Belege jedoch hauptsächlich dem Werk Plutarchs. Conrads verweist in diesem Zusammenhang auch auf den besonderen Einfluss Plutarchs auf das französische Geistesleben am Ende des 16. Jahrhunderts, der vornehmlich durch die Übersetzungen Jacques Amyots aus dem Griechischen begünstigt wurde. Die moralischen Werke Plutarchs, darunter die Schrift über die Erziehung der Jugend übersetzte Amyot 1572. Weitere direkte inhaltliche Anleihen de la Noues sind aber vor allem auch bei Aristoteles zu sehen. Vgl. LA NOUE: Discours, S. 151, 154: *Aristote, en ses Politiques, en traite au long, comme aussi fait Plutarque en ses Opuscules. Ils disent qu'estant l'homme composé de l'ame & du corps, qu'il faut instituer & exercer l'un & l'autre.*

[154] PLUTARCH: De educandis liberis, S. 13–16, 31 f.

[155] Ebd., S. 13: Im dritten Kapitel seiner Abhandlung über die Erziehung der Jugend beschreibt Plutarch die drei Grundvoraussetzungen einer guten Erziehung: *Et quidem, ut summatim loquar, quod de artibus atque scientiis dicere solemus, idem quoque de virtute dicendum est: videlicet, quod ad absolutam rerum gerendarum rectitudinem tria debeant concurrere: Natura, Ratio, Consuetudo. Voco autem rationem, institutionem: consuetudinem vero, exercitationem. Pendet itaque a principiis institutio, ab exercitatione usus, ab his omnibus consummatio. Quatenus igitur aliquid horum defecerit, eatenus mancam fieri virtutem necesse est. Natura enim absque institutione caecutit: institutio sine natura languet: exercitatio sine illis utrisque est imperfecta.*

la raison und *l'usage*, beziehungsweise *l'exercitation*[156], Begriffe, die François de la
Noue neben weiteren Anleihen aus dem Erziehungskonzept Plutarchs wörtlich in
seinem fünften Discours verwendete[157]. De la Noue übernahm im Rahmen der Zi-
tierung Amyots zwar auch den die *usage* umschreibenden Begriff der *exercitation*,
ersetzte ihn jedoch im Verlauf seiner Ausführungen durch denjenigen der *exercice*[158],
der im französischen Sprachgebrauch der Zeit hauptsächlich eine körperliche, aber
auch eine geistige Übung bezeichnen konnte, während der Begriff der *exercitation*
inzwischen eine Bedeutungsverengung im Sinne einer gelehrten Betrachtung erfahren hatte[159].

Gerade die letzte Erziehungsmaxime Plutarchs war François de la Noue mit ihrem durch Übersetzung und Kommentierung jetzt bereits angereicherten Begriffstrio
(*consuetudo, usage, exercice*) für die Konzeption seines Akademielehrplans besonders
wichtig. Er griff diese Grundvoraussetzung guter Bildung weit ausführlicher als die
beiden ersten auf. Die Jugend würde einen Fehler begehen, wenn sie die ihr vermittelten Unterrichtsinhalte nicht in stetiger Übung verinnerlichte und in die Praxis um-
setzte: *L'usage & l'exercice des choses bonnes* komplettierten erst das einmal erworbene Wissen und vollendeten letztlich jegliche Bildung[160].

---

[156] PLUTARCH: Oeuvres, S. 3 f.

[157] LA NOUE: Discours, S. 137 f.: *Au reste quant à la nourriture, ce que nous avons acoustumé de*
dire generalement en tous arts & toutes sciences, cela se peut encore dire & asseurer de la vertu:
c'est que pour faire un homme parfaitement vertueux, il faut que trois choses y soyent concur-
rentes, la nature, la raison, & l'usage. J'apelle raison la doctrine des preceptes: & usage l'exer-
citation. Le commencement nous vient de la nature, le progres & acroissement, des preceptes
de la raison: & l'acomplissement, de l'usage & exercitation: & puis la cime de perfection, de
tous les trois ensemble. S'il y a defectuosité en aucune de ces trois parties, il est force que la
vertu soit aussi en cela defectueuse & diminuee; car la nature sans doctrine & nourriture est
une chose aveugle, la doctrine sans nature est defectueuse, & l'usage sans les deux premieres
est chose imparfaite.

[158] Ebd.: Discours, S. 137 f., 140, 151 f., 153: In der Folge ist von der *exercice continuel, l'exercice*
des choses bonnes, exercices honnestes, tous bons exercices, exercices du corps und *plusieurs*
sortes d'exercices die Rede. Der Begriff der *exercitation* fällt im Verlauf des Discours jedoch
nicht mehr.

[159] ALEMBERT/DIDEROT: Dictionnaire, Bd. 6, S. 238–244; FRISCH: Dictionnaire, Sp. 891; KLOTZ:
Handwörterbuch, Bd. 1, S. 1455; GEORGES: Handwörterbuch, Bd. 2, Sp. 1085: Die Bedeutung der lateinischen exercitatio und des exercitiums sowie die entsprechenden Begriffserklä-
rungen eines französisch-deutschen Wörterbuchs des 18. Jahrhunderts erhellen die Nuan-
cen und Bedeutungsverschiebungen beider Begriffe. Die vom lateinischen Verb exercitare
abstammende exercitatio bedeutete die Geübtheit, Geschultheit und Erfahrung als Folge
einer intensiven Übungstätigkeit. Das Verb exercitare implizierte als Verstärkung des Verbs
exercere eine intensivierte und ständig sich wiederholende Übung, womit der französische
Begriff der exercitation im 18. Jahrhundert in Wörterbüchern und Enzyklopädien mit der
Bedeutung des geistigen Nachsinnens und Nachdenkens und als *Anmerckung, gelehrte Be-*
trachtung ueber ein Ding definiert wurde. Das auf dem lateinischen Verb exercere basierende
lateinische exercitium, von dem sich das französische und von de la Noue in seinen Discours
bevorzugte exercice ableitete, bezeichnete dagegen allgemein die Übung, die sich hauptsächlich auf den körperlichen, aber auch auf den geistigen Bereich erstrecken konnte.

[160] LA NOUE: Discours, S. 140: *Les jeunes gens font aussi un autre erreur, en ce qui concerne*
l'usage & l'exercice des choses bonnes qu'on leur a commencé d'apprendre; car lors qu'ils

Folgerichtig unterschied François de la Noue die Disziplinen seines Akademielehrplans in *plusiers sortes d'exercices tant pour le corps que pour l'esprit*[161]. Er differenzierte damit zwischen körperlich und geistig betriebenen Übungen. Letztere verstand er als anwendungsbezogene Studien, so dass gelehrte Studien in seinem Lehrplan vollkommen unberücksichtigt blieben. Als Körperübungen schlug de la Noue Reiten, Ringrennen, Ritterspiele, Fechten, Voltigieren, Laufen, Schwimmen, Ringen und Tanzen vor. Als Geistesübungen oder anwendungsbezogene Studien nannte er die Lektüre der antiken Autoren in französischer Sprache, Geschichte, Mathematik, Geographie, Fortifikationswesen und moderne Sprachen. Zusätzlich zu den *exercices du corps* und *d'esprit* sollte zur Erholung nach aristotelischem Vorbild auch Musik, Instrumentalspiel und Zeichnen unterrichtet werden[162].

De la Noues Konzept sah vor, dass die jungen Adligen, nachdem sie bereits im Elternhaus oder an einer Universität eine Bildungsgrundlage erhalten hatten, mit fünfzehn Jahren für vier oder fünf Jahre an den einzurichtenden Akademien aufgenommen werden sollten, da erst dann ihr Körper für die an erster Stelle genannten körperlichen Übungen stark genug sei[163]. Dass innerhalb des geschilderten Lehrplans neben den *exercices du corps* auch die *exercices d'esprit* als praxisnahe und anwendungsorientierte Disziplinen und nicht etwa als humanistische Buchwissenschaften gedacht waren, zeigt die zusätzliche Erklärung de la Noues, dass er ganz im Sinne des Begriffstrios *consuetudo, usage, exercice* unter dem Betreiben dieser Fächer verstehe, *d'en savoir autant qu'il en peut mettre en usage*[164]. Sie sollten also gerade nur insoweit vertieft werden, als dass sie der Lernende nützlich in seiner beruflichen Praxis zur Anwendung bringen könne.

Der so als deutliche Maxime geforderte Praxisbezug aller Fächer des Akademielehrplans implizierte damit auch eine anwendungsbezogene Methodik, welche der Begriff der *exercices* sowohl in der körperlichen, als auch der geistigen Variante selbst verkör-

---

les devroyent mettre en pratique pour engendrer en eux une bonne habitude, ils deviennent nonchalans, ou en sont divertis par la vigueur des affections inclinantes au vice, qui s'efforcent de supprimer en eux les rudimens de doctrine & de vertu.

[161] LA NOUE: Discours, S. 153.

[162] Ebd., S. 153 f.: *Ceux du corps seroient, apprendre à manier chevaux, courir la bague en pourpoint, & quelquefois armé, tirer des armes, voltiger, sauter, & si on y adjoustoit le nager & le lucter, il ne seroit que meilleur, car cela rend la personne plus robuste & adextre. Aucuns catholiques y a, qui voudroient qu'on monstrast aussi aux jeunes gentils-hommes à danser la gaillarde, entr'eux seulement [...]. Quant aux exercices de l'esprit, qui ne sont moins necessaires que les autres, ils seroient tels. On feroit des lectures, en nostre langue, des meilleurs livres des Anciens, qui traitent des vertus morales, de la police & de la guerre, & specialement se liroient les histoires, tant anciennes que modernes. On enseigneroit aussi les mathematiques, la geographie, la fortification, & quelques langues vulgaires, ce qui est fort utile à un gentil-homme (j'entens d'en savoir autant qu'il en peut mettre en usage). [...] Cela a esmeu Aristote d'ordonner qu'on enseignast la musique aux jeunes gens; & pour cest effect y auroit des maistres qui la monstreroient; & par mesme moyen à joüer des instrumens, & autres aussi pour la peinture.*

[163] Ebd., S. 153, 157.

[164] Ebd., S. 154.

perte. Die etwas stärker mit der Körperübung konnotierte Terminologie der *exercices* als stetiger Übung[165], wurde durch die Begrifflichkeit der *exercices d'esprit* auch auf die anwendungsbezogenen Studien übertragen. Damit war ein methodischer Gegenpol zur humanistischen Buchgelehrsamkeit und Wissensakkumulation geschaffen worden, ein wichtiges Grundprinzip des französischen Akademielehrplans.

Vor diesem methodischen Hintergrund und mit der Voranstellung der *exercices du corps* vor die *exercices d'esprit*, die allerdings keineswegs als *moins necessaires que les autres*[166] bezeichnet wurden, räumte de la Noue der körperlichen Komponente in seinem Akademielehrplan Priorität ein. Die *exercices du corps* bildeten das Schlüsselelement des Akademielehrplans, denn sie waren es, die sich durch ihren Körper- und Praxisbezug, ihre Methodik und Exklusivität vom bisherigen Lehrkanon der Universitäten stark abhoben und das Novum im höheren Bildungswesen darstellten. Die Tatsache, dass sich de la Noues Lehrplanvorschlag mit dem Lehrkanon der Universitäten nicht im Geringsten überschnitt, beförderte zusätzlich die Abgrenzung von den Universitäten, ihren Studien – im Sinne der Buchgelehrsamkeit – ihren Methoden und ihren Gelehrten.

Bereits Norbert Conrads hat in seiner Studie den umfassenden und allgemeinbildenden Charakter des französischen Akademielehrplans betont und dies insbesondere in Abgrenzung zu älteren Forschungsergebnissen, die den adligen Capitaine François de la Noue und die von ihm geplanten Akademien vorrangig in militärische Kontexte eingeordnet hatten[167]. Tatsächlich können in de la Noues Lehrkonzept nicht nur in den Körperübungen, sondern auch in den anwendungsbezogenen Lehrfächern der Mathematik, der Geographie und des Fortifikationswesens sogar im Zeichenunterricht Elemente einer militärischen Ausbildung erkannt werden, oder Disziplinen gesehen werden, die militärischen Tätigkeiten zugute kommen. Doch in noch höherem Maße enthielt de la Noues Lehrplan mit denselben Körperübungen und anderen Disziplinen, wie der Lektüre der antiken Autoren, dem Studium der Geschichte, der Geographie und der modernen Fremdsprachen zahlreiche Bildungselemente, die auf einen nicht militärischen Dienst bei Hofe vorbereiteten und vor allem die Erlernung der dort benötigten Weltgewandtheit und Konversationsfähigkeit intendierten.

Conrads stellte darüber hinaus dar, dass einige in der Tradition de la Noues stehende Akademien wie etwa Sedan (1607/1613) oder Siegen (1617) von der älteren Forschung zu eng als überwiegend militärisch geprägte Kriegsschulen eingeordnet worden waren[168]. Er machte deutlich, dass es François de la Noues Ziel war, eine allgemeinbildende, auf Praxis und Anwendbarkeit gerichtete Standesschule zu etablieren. Sein Konzept sollte junge Adlige gleichermaßen zu *bons courtisans, & bons soldats*[169] heranbilden, ohne verfrühte Spezialisierungen sowohl auf Hof- als auch

---

[165] KLOTZ: Handwörterbuch, Bd. 1, S. 1455; GEORGES: Handwörterbuch, Bd. 2, Sp. 1085.
[166] LA NOUE: Discours, S. 154.
[167] CONRADS: Ritterakademien, S. 37–39.
[168] Ebd., S. 37–39, 96.
[169] LA NOUE: Discours, S. 158.

Militärtätigkeiten im Dienst des französischen Königs vorbereiten und damit nur unter anderem auch zum Kriegsdienst befähigen[170].

2.2 Der Einfluss früherer Bildungsmodelle

Der in François de la Noues „Discours politiques et militaires" enthaltene Akademielehrplan enthielt einige Maximen, die deutlich im Kontext sowohl früherer Bildungs- und Erziehungsmodelle als auch zeitgenössischer Diskurse des 16. Jahrhunderts standen. Zu diesen Maximen zählte die Dreiteilung der in der Ausbildung der adligen Jugend zu berücksichtigenden Bereiche: die körperliche Schulung, die geistige Bildung und die musisch-ästhetische Rekreation[171]. Allen Bereichen wurde ein bestimmter Fächerkanon zugewiesen[172]. Körper und Geist sollten dabei in ausgeglichener Weise und Wertigkeit beansprucht werden[173]. Das Gelernte sollte unmittelbar Anwendbarkeit in der Praxis finden können[174]. Diesem Ziel diente die dem Bereich der Körperübung entnommene Methodik der stetigen Übung[175]. Der von de la Noue vorgeschlagene Lehrkanon beabsichtigte damit eine umfassende Allgemeinbildung, die gleichermaßen *bons courtisans & bons soldats* hervorbringen[176] sowie eine allgemeine Erneuerung adliger Tugend bewirken sollte[177].

Innerhalb dieser Maximen des Gesamtakademielehrplans stellte der Unterricht in den Exerzitien und Sprachen ein Element dar, das sich im Rahmen des zunehmenden Adelsstudiums bereits seit der Mitte des 16. Jahrhunderts an den Universitäten des Heiligen Römischen Reiches auszubreiten begonnen hatte. Durch de la Noues Akademielehrplan und dessen Teilumsetzung in den am Ende des 16. und zu Beginn des 17. Jahrhunderts gegründeten adligen Standesschulen auf dem Boden des Heiligen Römischen Reiches – etwa im Tübinger Collegium Illustre – erhielt die Etablierung und Institutionalisierung dieses Elements im höheren Bildungswesen des Reiches deutlichen Aufschwung. Seinen Quellen und Kontexte sind daher in Hinblick auf das Exerzitien- und Sprachlehrprogramm der Adelsakademien und Universitäten des 17. und 18. Jahrhunderts näher zu untersuchen.

François de la Noue selbst nannte als Quellen seines Akademielehrplans lediglich die Idealvorstellungen der antiken Autoren Lykurg, Sokrates, Platon, Aristoteles, Xenophon und Plutarch[178]. Dennoch ist von weiteren Einflüssen auszugehen, die

---

[170] CONRADS: Ritterakademien, S. 37 f.
[171] LA NOUE: Discours, S. 153 f.: *Là s'enseigneroient plusieurs sortes d'exercices, tant pour le corps que pour l'esprit. [...] Et pource que la vie de l'homme est composee de travail & de repos, il convient, [...] qu'il ait quelques occupations honnestes, pour retenir & contenter l'esprit.*
[172] Ebd., S. 153–155.
[173] Ebd., S. 153 f.
[174] Ebd., S. 154.
[175] Ebd., S. 140.
[176] Ebd., S. 158.
[177] Ebd., S. 133 f.
[178] LA NOUE: Discours, S. 134.

de la Noue zwar nirgendwo explizit nannte, die aber in deutlicher Verbindung mit den Ideen des Akademielehrplans stehen und dem praktischen Wissenshorizont des adligen Capitaine zugerechnet werden müssen. Diese Einflüsse sollen daher ausdrücklich nicht als Quellen, sondern als mögliche Kontexte betrachtet werden und die Verbindungen zu de la Noues Akademielehrplan je nach Qualität vielmehr als Analogien, Parallelitäten oder Anklänge verstanden werden. Als einer der wichtigsten dieser Kontexte ist die im Hochmittelalter zu voller Ausdifferenzierung gelangte Rittererziehung zu betrachten, denn sie lebte in vielfacher Form in den zeitgenössischen adligen Ausbildungsformen des 16. Jahrhunderts, etwa der Pagenerziehung, weiter. Hinsichtlich der Betonung der Exerzitien dürfte de la Noue auch das Vorbild der zu Beginn des 15. Jahrhunderts errichteten frühhumanistischen Bildungseinrichtung Vittorino da Feltres in Mantua nicht unbekannt gewesen sein. Das 1528 von Baldassare Castiglione in „Il libro del Cortegiano" entworfene Idealbild des vollkommenen Hofmannes, der im 16. Jahrhundert weit verbreitete Diskurs um den Gegensatz und die Harmonie zwischen Arma et Litterae und die 1580 erschienenen ersten beiden Essaybände Michel de Montaignes dürften darüber hinaus zum unmittelbaren Wissensbestand des französischen Adligen François de la Noue gehört haben. Sein Vorschlag zur Zusammenziehung der adligen Jugend Frankreichs in den vorgesehenen Akademien schließlich ist im praktischen Kontext der italienischen und französischen Akademiebewegungen des 16. Jahrhunderts, aber auch in Auseinandersetzung mit der stets risikobehafteten und kostspieligen Praxis der adligen Kavalierstour zu sehen[179].

a. Die antiken Vorbilder

Als explizite Referenzen nannte François de la Noue Aristoteles und Plutarch[180]. Kernstück dieses Rückgriffs war der Ausgangspunkt, dass das menschliche Wesen zu gleichen Teilen aus Körper und Geist bestehe und beide gleichermaßen Schulung erfahren müssten, wie es Lykurg mit seinen Erziehungs- und Bildungsgesetzen vorbildhaft bei den Spartanern umgesetzt habe[181]. Von Aristoteles stammte zudem nicht

---

[179] Die Kontexte des Akademielehrplans François de la Noues, die vermutlich weit vielschichtiger waren, wurden hier auf die für den frühneuzeitlichen Exerzitien- und Sprachunterricht einschlägigen Zusammenhänge beschränkt; vgl. hierzu auch GIESE: Studenten, S. 74–105 und die dort zusammengefassten Erziehungsideale für den europäischen Adel.

[180] LA NOUE: Discours, S. 134–139, 154 und Anm. 4, 6–8.

[181] Vgl. LA NOUE: Discours, S. 151: *Ils disent qu'estant l'homme composé de l'ame & du corps, qu'il faut instituer & exercer l'un & l'autre. Car qui le neglige, fait tomber l'ame en ignorance, qui est mere de plusieurs vices; & par l'oisiveté, les maladies se font plus frequentes, & le corps deviennent delicats. Entre les nations du passé, aucune n'a esté si curieuse de bien nourrier la jeunesse, que les Lacedemoniens; & cependant qu'ils garderent leurs coustumes, infinis hommes vertueux se sont trouvez entr'eux, mesmes les femmes & les enfans produisoient de beaux actes.* PLATO: Staat, S. 161–271, Buch 2/3; ARISTOTELES: Politik, S. 269, Buch/Kap. 7/14: Ebenso wie der Mensch arbeiten und Krieg führen müsse, so müsse er es auch verstehen, Frieden zu halten und Erholungszeit zu gestalten. Die Erziehung müsse sich daher an der doppelten Aufgabe der Beanspruchung von Körper und Geist orientieren. ARISTOTELES: Politik, S. 274, Buch/Kap. 7/15: Aristoteles ging zudem davon aus, dass die Sorge für den Leib,

nur das bei de la Noue wiederkehrende Abwägen dessen, was für die Praxis notwendig zu erlernen ist. Auch die Dreiteilung der drei erzieherisch zu berücksichtigenden Bereiche – körperliche Schulung, geistige Bildung und musisch-ästhetische Rekreation – stammte bereits aus dem aristotelischen Bildungsideal. Neben der Grammatik und Gymnastik sah Aristoteles auch Musik und Zeichnen vor, die de la Noue unter direkter Anführung des antiken Vorbilds als Rekreationsfächer in seinen Lehrplan aufnahm[182].

Die von de la Noue allerdings offenbar aus dem Werk Plutarchs zitierten wichtigen Schlüsselbegriffe der *natura*, der *ratio* und der *consuetudo*[183] waren ebenfalls Anlehnungen an Aristoteles, der diese Konzepte und deren Ausgewogenheit bereits als Erziehungsgrundlage genannt hatte[184]. Das bei Plutarch ausgeführte Kapitel über die Bedeutung der Leibesübungen für die Erziehung der Jugend fand insofern Eingang in de la Noues Akademielehrplan[185], als dass die Unterrichtung in den Exerzitien durch speziell dafür geeignete Lehrer stattfinden solle[186] und beim Betreiben der Körperübungen auf das rechte Maß zu achten sei: Im widrigen Fall sei die Ermüdung durch zuviel körperliches Training dem Studium der Wissenschaften unzuträglich[187].

b. Die hochmittelalterliche Rittererziehung

Mit der ritterlich-höfischen Erziehung entstand im 12. Jahrhundert erstmals eine, wenn auch auf den Ritterstand beschränkte, „christliche, weltliche Laienkultur ritterlich-höfischer Art"[188], die gleichermaßen auf körperlicher, geistiger und ethisch-

---

der Sorge um die Seele vorausgehen müsse, allerdings so, dass der Leib um der Seele willen seine Pflege erhalte. ARISTOTELES: Politik, S. 272 f., Buch/Kap. 8/1; PLUTARCH: De educandis liberis, S. 15 f.: Aristoteles erwähnte ebenso wie Plutarch und in deren Rezeption auch de la Noue die vorbildhafte Erziehung der Spartaner, die ihren Schwerpunkt auf der Leibesübung hatte. PLUTARCH: Lives, Bd. 1, S. 204–303; XENOPHON: Verfassung, S. 51–61: Das Leben und Wirken Lykurgs in Sparta wurde zudem auch von Plutarch, de la Noues intensivster Referenz, in dessen Lebensbeschreibungen aufgegriffen und auch Xenophon würdigte in seinem Werk über die Verfassung der Spartaner Lykurg als Gesetzgeber eines vorbildhaften Erziehungssystems.

[182] ARISTOTELES: Politik S. 284, 289–300, Buch/Kap. 8/3, 8/5; LA NOUE: Discours, S. 154 f.

[183] PLUTARCH: De educandis liberis, S. 13; LA NOUE: Discours, S. 137 f.

[184] ARISTOTELES: Politik, S. 266, 273, Buch/Kap. 7/13, 7/15: Aristoteles ging davon aus, dass die natürliche Voraussetzung zum Lernen vorgegeben sei, dass der Mensch das Erforderliche teils durch Unterricht, teils durch Gewöhnung erlerne und, dass beides in Einklang miteinander stehen müsse. Vgl. auch MÄRZ: Personengeschichte, S. 87–89.

[185] PLUTARCH: De educandis liberis, S. 31 f.

[186] LA NOUE: Discours, S. 154–156.

[187] Ebd., S. 153; PLUTARCH: De educandis liberis, S. 31 f.: *Nam secundum Platonem, somni atque labores sunt disciplinarum hostes.*

[188] BRUNNER: Landleben, S. 68, 82 f.: „So entsteht hier etwas, was es bisher nirgends gegeben hat: eine christliche Laienkultur. Sie wird getragen und geformt von den weltlichen Oberschichten, Fürsten und Adel, ist höfisch-ritterliche Kultur. Wohl tritt in dieser Zeit die Stadt [...] neben die Welt der Grundherrschaft. Aber eine eigenständige bürgerliche Kulturwelt, die der höfisch-ritterlichen Kultur zur Seite gestellt werden könnte, hat es nicht gegeben. [...] Die

ästhetischer Schulung basierte[189]. Die Ausbildung des Ritterstandes als exklusivem Verteidigungsstand im Frühmittelalter und seine Ergänzung durch Dienstmannen seit dem 10. Jahrhundert machten den Geblütsadel zunächst nur noch zu einem Teil der ritterlich-höfischen Kultur. Seit dem Spätmittelalter prägten ritterliche Kultur und Erziehung aber nicht nur den eigentlichen Ritterstand, sondern die Lebensart, die Verhaltensnormen und das Erziehungsideal des gesamten europäischen Adels[190]. Die im Hochmittelalter zu voller Ausdifferenzierung gelangte ritterlich-höfische Erziehung lebte daher in vielfältiger Weise als Kontinuum der Adelserziehung bis in die Frühe Neuzeit fort. Seit dem 13. Jahrhundert wurde das Ideal ritterlicher Erziehung auch vom städtischen Patriziat aufgegriffen, sodass ein Berührungspunkt mit dem Bürgertum entstand[191].

Das zur Zeit der Staufer im 12. und 13. Jahrhundert seinen Höhepunkt erreichende ritterlich-adlige Erziehungsideal bestand aus drei unterscheidbaren, jedoch eng miteinander verwobenen Komponenten: der körperlichen Übung, der geistig-musisch-ästhetischen Schulung und der ethisch-gesellschaftlichen Erziehung[192]. Die Ausbildung des jungen Ritters vollzog sich dabei innerhalb eines dreigeteilten zeitlichen Rahmens, der von der kindlichen Erziehung im Elternhaus über den Pagendienst an einem Adels- oder Fürstenhof bis zur Gefolgschaft als Knappe im Dienst eines Ritters führte[193].

Die Körperübung spielte in der Erziehung des ritterlich-adligen Standes eine wichtige Rolle, während sie in der ausschließlich von Klerikern getragenen und auf der geistigen Welt der Philosophie und Theologie basierenden Scholastik an Stellenwert einbüßte und allenfalls als Freizeitbeschäftigung gesehen wurde[194]. Einen wesentlichen Unterschied zum Bildungskanon der Kathedral- und Klosterschulen bildete in

---

ritterlich-höfische Kultur ist für viele Jahrhunderte die europäische Laienkultur schlechthin."

[189] DOLCH: Lehrplan, S. 134; HEXTER: Education, S. 3 f.

[190] FLECKENSTEIN: Ritter-, -tum, -stand, Sp. 866–868; DERS.: Rittertum, S. 28–60; FUHRMANN: Einladung, S. 54 f.; WOHLFEIL: Adel, S. 204 f.: Wie groß der Einfluss der Ministerialen im Ritterstand war, zeigt, dass Fuhrmann das Verhältnis der geblütsadligen Familien zu den aufgestiegenen Dienstmannenfamilien im 12. Jahrhundert auf etwa ein Hundertstel schätzt. RÖSENER: Leben, S. 155–157; WEIMER: Geschichte, S. 36; WÜHR: Bildungswesen, S. 86–88, 93: Wühr geht davon aus, dass in der Erweiterung des Ritterstandes durch die im Verlauf des Hochmittelalters allmählich in den niederen Adel aufsteigenden Ministerialen eine mögliche Wurzel für die Intensivierung und Ausgestaltung der ritterlich-höfischen Kultur im 12. Jahrhundert und im Zuge dessen auch des ritterlichen Erziehungssystems zu sehen ist. Der aufsteigende Dienstadel der Ministerialen hatte ein Interesse daran, in die Traditionen und Konventionen des Geblütsadels einzudringen und sich diesem anzugleichen. Die hauptsächlichen Träger ritterlich-höfischer Kultur waren daher die seit dem Hochmittelalter den Ritterstand dominierenden Ministerialen.

[191] WÜHR: Bildungswesen, S. 93.

[192] Ebd., S. 88, 94–98.

[193] DOLCH: Lehrplan, S. 134; HEXTER: Education, S. 3; MÄRZ: Entwicklung, S. 14–22; WEIMER: Geschichte, S. 36; WÜHR: Bildungswesen, S. 94.

[194] BRUNNER: Landleben, S. 68, 74; DOLCH: Lehrplan, S. 131; HEXTER: Education, S. 3.; WÜHR: Bildungswesen, S. 88.

der Rittererziehung schon im Mittelalter gerade der im 16. Jahrhundert auch bei de la Noue herausgehobene praktische Bezug zur Lebenswirklichkeit. Körperliche Übung begann bereits im Kindesalter und im Pagendienst mit Übungen im Laufen, Klettern, Springen, Speerwerfen und Bogenschießen. Hinzu trat die Schulung des Umgangs mit Hunden und Falken, die der Einübung der Jagd diente, auf welcher der junge Adlige den Ernstfall kriegerischer Auseinandersetzung erprobte[195]. Besonders aber im Knappenalter hatte die Körperübung Priorität vor allen anderen Erziehungskomponenten. Der Umgang mit dem Pferd, die Erlernung des Kriegshandwerks durch Kampf- und Reitspiele und die Waffenübung waren nun vorrangig[196].

Seit dem 12. Jahrhundert existierte ein ritterlicher, an die antike Gymnastik angelehnter und aus der Heldenliteratur gespeister Disziplinenkanon, der im Detail immer wieder variierte, aber stets deutlich von den Körperübungen dominiert wurde. Zu ihm zählten Reiten, Schwimmen, Bogenschießen, Fechten, Jagen, das Schachspiel und die Verskunst in Wort und Melodie[197]. Die Siebenzahl dieser ritterlich-höfischen Probitates war in Analogie zu den sieben Artes liberales und den sieben Artes mechanicae entstanden[198]. Die darin enthaltenen Körperübungsdisziplinen erschienen im 16. Jahrhundert, ohne die Jagd ausdrücklich zu nennen, allesamt im Lehrplanvorschlag François de la Noues[199].

Die geistig-musisch-ästhetische Ausbildung der ritterlichen Jugend beinhaltete die Heranführung an die mittelhochdeutsche Verskunst in Lyrik und Epik und an die französische Sprache sowie Gesang und Instrumentalspiel auf Geige, Harfe, Zither, Flöte oder Horn[200]. Lesen und Schreiben gehörte mit Ausnahme der Erziehung fürstlicher Kinder und der zum geistlichen Stand bestimmten Söhne nicht zur Norm ritterlich-adliger Bildung[201]. Seit dem 14. Jahrhundert erwarben aber zunehmend größere Kreise junger Adliger die Fähigkeit zum Lesen, Schreiben und Sprachenlernen, jedoch immer ohne den Anspruch, intellektuelle, gelehrte oder gar akademische

---

[195] FLECKENSTEIN: Rittertum, S. 192 f.; WEIMER: Geschichte, S. 36.

[196] FLECKENSTEIN: Rittertum, S. 192 f.; HEXTER: Education, S. 3 f.; WÜHR: Bildungswesen, S. 94–96.

[197] DOLCH: Lehrplan, S. 131; MÄRZ: Entwicklung, S. 14–22; MÜLLER: Mensch, S. 291; WEIMER: Geschichte, S. 36; WÜHR: Bildungswesen, S. 94–96.

[198] MÜLLER: Norm, S. 139, 141, 143 f.: Müller legt dar, dass das System der sieben Probitates vermutlich auf Petrus Alfonsi (gestorben um 1140) und dessen „Disciplina clericalis" zurückgeht, der sie damit von den sieben Artes liberales (Grammatik, Dialektik, Rhetorik, Arithmetik, Geometrie, Musik, Astronomie) und den sieben Artes mechanicae abzugrenzen versuchte. Letztere bestanden in Lanificium (Verarbeitung von Stoffen), Armatura (technisches Handwerk mit Waffenbau und Baugewerbe), Navigatio (Handel zu Wasser und zu Land), Agricultura (Garten- und Landschaftsbau), Venatio (Lebensmittelgewerbe, Jagd), Medicina (Barbieren) und Theatrica (Ritterspiele und Schauspiel). Vgl. HILKA/SÖDERHJELM: Disciplina, S. 11: *Probitates vero he sunt: Equitare, natare, sagittare, cestibus certare, aucupare, schachis ludere, versificari.*

[199] LA NOUE: Discours, S. 153.

[200] HEXTER: Education, S. 3; MÜLLER: Mensch, S. 291; WÜHR: Bildungswesen, S. 94–96.

[201] HEXTER: Education, S. 3 f.; RÖSENER: Leben, S. 159; WEIMER: Geschichte, S. 36; WÜHR: Bildungswesen, S. 88 f.

Buchgelehrsamkeit betreiben zu wollen[202]. Obwohl intellektuelle Fähigkeiten und Buchwissen für den Adel keine erzieherischen Prioritäten darstellten, war die Pflege der Sprachkultur stets ein Merkmal ritterlich-höfischer Erziehung[203]. Denn gerade die Ablehnung gelehrter Bildung und des Lateinischen als Sprache der Kleriker führte zur Betonung der auch von de la Noue bevorzugten modernen Sprachen, was sich deutlich in der volkssprachlichen Heldenepik manifestierte (zum Beispiel frz.: „La Chanson de Roland" (11. Jh.), frz.: „Le Roman de la Rose" (13. Jh.), span.: „El Cantar de Mio Cid" (13. Jh.), mittelhochdt.: „Nibelungenlied" (13. Jh.), „Parzival" (13. Jh.)[204].

Im Rittertum des Heiligen Römischen Reiches stand die körperliche Waffenübung im Vordergrund. Aber die Rezeption der vorbildhaften provençalischen Troubadourdichtung, der französischen Sprache und der damit verbundenen Helden- und Sagenstoffe vereinte sich gemeinsam mit den ebenfalls aus Frankreich adaptierten höfischen Manieren zum Gesamtideal der Höflichkeit oder der im deutschen Lehnwort übernommenen Courtoisie (provençalisch: cortezia, frz.: courtoisie, lat.: curialitas)[205]. Obwohl die Inhalte der mittelalterlichen Verskunst eine weltliche Sichtweise widerspiegelten, die häufig der christlichen Morallehre entgegenstand, erwuchs hieraus kein Widerspruch, denn das ritterliche Selbstverständnis schloss die christlichen Tugenden der Demut, des Mitleids und der Nächstenliebe mit ein[206]. Letztlich überspannte die Minne als übergeordnetes Prinzip der guten Beziehung der Menschen untereinander und zu Gott die gesamte ritterlich-höfische Kultur und ihr Erziehungsideal.[207]

Damit war der geistig-musisch-ästhetische Aspekt eng mit der ethisch-gesellschaftlichen Komponente der Rittererziehung verbunden. Letztere beinhaltete die Schulung der Courtoisie[208], die Erlernung höfischer Verhaltensnormen und Sitten nach französischem Vorbild sowie durch die Vermittlung ritterlicher Tugenden die Ausbildung eines Wertebewusstseins und höfischen Menschenbildes, ohne dabei einem festen Kanon zu folgen[209.] Zu den Verhaltensnormen zählten etwa konkret die Regeln

---

[202] HEXTER: Education, S. 3 f.; MÜLLER: Norm, S. 141–143, 146: Die literarische Beschäftigung mit der Minne, dem Minnesang und der Minnedichtung im 13. und 14. Jahrhundert bezeichnet Müller als „Akkulturationsprozeß" des Adels, „um einer Verrohung seiner Lebenswelt zu begegnen". Noch im 15. Jahrhundert jedoch galt der deutsche Adel als ungebildet. Vgl. hierzu auch ASCH: Adel, S. 132–136.

[203] RÖSENER: Leben, S. 159 f.

[204] BRUNNER: Landleben, S. 85–88; DOLCH: Lehrplan, S. 130 f.: „Der Ritter wollte nicht gelehrt sein wie ein Geistlicher – das ist der Sinn mancher Ablehnung –, aber wissend, kundig, weltgewandt, auf seine eigene Art gebildet".

[205] BUMKE: Kultur, Bd. 2, S. 425–430; PARAVICINI: Kultur, S. 7 f.; WÜHR: Bildungswesen, S. 88 f.; WEIMER: Geschichte, S. 36.

[206] BUMKE: Gesellschaft, Sp. 1567; WEIMER: Geschichte, S. 36.

[207] BRUNNER: Landleben, S. 84; HEXTER: Education, S. 3 f.; MÄRZ: Entwicklung, S. 14–22; MÜLLER: Mensch, S. 291; WÜHR: Bildungswesen, S. 92.

[208] PARAVICINI: Kultur, S. 7 f.

[209] BRUNNER: Landleben, S. 75–77; BRUNNER: Sozialgeschichte, S. 66; BUMKE: Kultur, Bd. 2, S. 416–419; DOLCH: Lehrplan, S. 133; FLECKENSTEIN: Rittertum, S. 194; MÜLLER: Mensch, S. 291; ROCHER: Tradition, S. 454, 458, 477; RÖSENER: Leben, S. 157; WÜHR: Bildungswesen, S. 88–90, 94–96: Das Konglomerat der ritterlichen Tugenden entstand auf der Grundlage der christlichen Tugenden Glaube, Hoffnung und Nächstenliebe sowie der weltlichen Kardinal-

der Haltung beim Stehen und Gehen, die Konventionen der Kleidung, das Benehmen bei Tisch, die Schulung der geselligen Konversation, die etwa durch das Schachspiel oder den Gesellschaftstanz befördert wurde, und letztlich die besonderen Anstandsregeln für den Umgang mit Priestern, Damen und anderen Rittern[210].

Deutliche Analogien zwischen François de la Noues Akademielehrplan und der ritterlichen Erziehung und Bildung finden sich vor allem in der Orientierung der Bildungsinhalte an der Lebenswirklichkeit des adligen Standes unter Ablehnung der theoretischen Buchgelehrsamkeit[211]. Insbesondere aber die Bedeutung der Körperübung und die Betonung der modernen Sprachen sind als deutliche Reminiszenz an die hochmittelalterliche Rittererziehung zu betrachten[212]. Für den Exerzitien- und Sprachunterricht des 17. und 18. Jahrhunderts, seine Lehrintentionen und seine Funktion als Mittel adliger Distinktion sollte auch der gesamte ritterliche Tugendkomplex sowie der Bereich der Courtoisie von Bedeutung werden.

c. Die frühhumanistische Pädagogik Vittorino da Feltres

Es waren die frühhumanistischen Pädagogen der italienischen Stadtstaaten, die im Rahmen ihres sich auf das Individuum richtenden Erziehungsideals die Betonung der Körperübung des Mittelalters aufgriffen, weitertradierten und nunmehr mit humanistisch-gelehrten Studien kombinierten[213]. Zu diesen Pädagogen zählte Vittorino da Feltre[214], der stellvertretend besonders hervorzuheben ist, da er an der zu Beginn des 15. Jahrhunderts in Mantua gegründeten Fürstenschule die Exerzitien so weit etablierte, dass sie erstmals fest im Lehrplan einer Bildungseinrichtung verankert wurden[215].

---

tugenden Sapientia, Fortitudo, Temperantia und Iustitia, die bereits antikes Erbe waren. Sie stellten den theoretischen Überbau für den ethisch-gesellschaftlichen Umgang des höfischen Menschen dar. Ohne festen Kanon zählte (hier nach Fleckenstein) etwa die Freigebigkeit (Largitas), die Heiterkeit (Hilaritas), die Liebenswürdigkeit (Iucunditas), die Leutseligkeit (Affabilitas), die Schönheit (Elegantia), das rechte Maß (Moderatio), die Beständigkeit (Constantia) und die Sanftmut (Mansuetudo) zu den ritterlichen Tugenden.

[210] FUHRMANN: Einladung, S. 56 f.; MÜLLER: Mensch, S. 291; PARAVICINI: Kultur, S. 7 f.; WÜHR: Bildungswesen, S. 89–92, 94–96.

[211] LA NOUE: Discours, S. 133 f., 158.

[212] Ebd., Discours, S. 153 f.

[213] KÖRBS: Sinn, S. 139; KRAMPE: Humanisten, S. 29–197; MÜLLER: Mensch, S. 27–32, 291.

[214] KRAMPE: Humanisten, S. 29–37; WOODWARD: Studies, S. 1–25.

[215] KRAMPE: Humanisten, S. 29, 35: Vittorino da Feltre beschäftigte sich noch weit intensiver als andere frühhumanistische Pädagogen mit der Körperertüchtigung und der musischen Bildung, beides Elemente, die in der mittelalterlichen Rittererziehung und der aus ihr hervorgehenden Adelserziehung eine große Rolle spielten, offenbar aber auch den persönlichen Neigungen des Pädagogen entsprachen. Da Feltre wird gemeinhin als „der erste und auch als der einzige Gelehrte aus dem Zeitalter des Humanismus" bezeichnet, „der als Pädagoge den Betrieb von Leibesübungen nicht bloß theoretisch gefordert, sondern denselben auch praktisch in den Rahmen seiner Erziehungskunst mit aufgenommen hatte und zwar [...] für die Gesamtheit der Zöglinge einer mehr oder weniger öffentlichen Bildungsanstalt." Vgl. zu den anderen Frühhumanisten und ihrer Haltung zur Körperübung Petrus Paulus Vergerius dem Älteren, Mapheus Vegius, Franciscus Philelphus, Enea Silvio Piccolomini und Hieronymus

Vittorino da Feltre gründete 1423 auf Einladung und mit finanzieller Unterstützung des Fürsten Gianfrancesco Gonzaga in Mantua eine Schule, in welcher er die fürstlichen Kinder unterrichten sollte[216]. Die sogenannte Casa giocosa erwuchs zu einer Bildungseinrichtung, in der ganz unterschiedliche fachliche Niveaus und Gesellschaftsschichten zusammenflossen und in deren Anschluss das Studium der Theologie, der Rechte oder der Medizin an einer Universität aufgenommen werden konnte[217]. Der Lehrplan umfasste das Trivium (Grammatik, Dialektik, Rhetorik) und das Quadrivium (Arithmetik, Geometrie, Musik, Astronomie). Auf Letzteres legte da Feltre mit einer besonderen Betonung der Mathematik besonderen Wert[218]. Von Beginn an spielte die Gesunderhaltung des Körpers als Voraussetzung für die Entwicklung der geistigen Kräfte in da Feltres Lehrplan eine wichtige Rolle[219]. Innerhalb der Musik bezog er trotz gegenteilig lautender kirchlicher Vorschriften den Tanzunterricht in den Lehrplan ein[220]. Die Bedeutung der klassischen Sprachen war noch hoch, sodass das Studium des Italienischen als Volkssprache lediglich das Lernen des Lateins erleichtern sollte[221]. Nach aristotelischem Vorbild wurde auch Zeichenunterricht erteilt.[222]

Die Körperübungen spielten für Vittorino da Feltre eine besondere Rolle. Sie wurden nicht der Freizeit überlassen, sondern für alle Schüler obligatorisch im Lehrplan verankert[223]. Zu ihnen zählte tägliches Reiten, Ringen, Fechten, Bogenschießen, Ballspiel, Wettlauf, Schwimmen, Spazierengehen und Tanzen, aber auch Fischerei und Jagd[224]. Die Ziele dieser Körperübungen, die in der mittelalterlichen Rittererziehung noch primär in der Übung der militärischen Wehrhaftigkeit bestanden hatten, wurden nun allerdings ergänzt und dabei auch idealisiert. Eine Rolle spielte nun die allgemeine Schulung von Kraft und Haltung, die Gesunderhaltung des Körpers und der Ausgleich von den geistigen Studien, während die Körperübung zu militärischen Zwecken in den Hintergrund trat[225]. Hinsichtlich der Bedeutung der Körperübungen beeinflusste da Feltre als Humanist die antike Literatur, vermutlich in weit höherem Maße aber das zeitlich näher liegende Vorbild der ritterlich-höfischen Erziehung des Hochmittelalters.[226]

Mercurialis (14.–16. Jahrhundert). GIESE: Studenten, S. 77 f.; KRAMPE: Humanisten, S. 38–92, 107–164; MÜLLER: Mensch, S. 238–246, 290; RÖSCH: Leibesübungen, S. 121; WOODWARD: Vittorino da Feltre, S. 112–116, 137, 180 f.

[216] KRAMPE: Humanisten, S. 31; MÜLLER: Mensch, S. 73, 85 f.

[217] KRAMPE: Humanisten, S. 31.

[218] Ebd., S. 29 f.; MÜLLER: Mensch, S. 124–126, 140, 190–196.

[219] KRAMPE: Humanisten, S. 31; MÜLLER: Mensch, S. 86–88.

[220] MÜLLER: Mensch, S. 197–202.

[221] Ebd., S. 167–186.

[222] Ebd., S. 203.

[223] KRAMPE: Humanisten, S. 36; MÜLLER: Mensch, S. 88.

[224] KRAMPE: Humanisten, S. 32; RÖSCH: Leibeserziehung, S. 7–9.

[225] GIESE: Studenten, S. 77 f.; WOODWARD: Vittorino da Feltre, S. 244–247.

[226] KRAMPE: Humanisten, S. 32; MÜLLER: Mensch, S. 238–246; KÖRBS: Sinn, S. 139: Körbs weist darauf hin, dass das Aufgreifen der Körperübungen im Frühhumanismus weniger von der Erneuerung der antiken Gymnastik oder dem Streben nach Abgrenzung von der christlichen Leibfeindlichkeit getragen wurde, sondern sich vielmehr ausdrücklich als Erneuerung der

Die Bedeutung Vittorino da Feltres in Hinblick auf de la Noues Akademielehrplan und den Exerzitienunterricht des 17. und 18. Jahrhunderts ist sicherlich in der institutionellen Etablierung sowie der Idealisierung der Funktionen und Lehrintentionen körperlicher Übung zu sehen. Erstmals erhielten bei da Feltre auch die Exerzitien des Tanzens und des Ballspiels als militärisch weniger oder nur indirekt nutzbare Körperübungen eine besondere Bedeutung. In der Kombinierung der Exerzitien mit den humanistischen Studien und damit höfischer Weltgewandtheit mit gelehrter Bildung wurde zudem der vermutlich wichtigste Kontext des frühneuzeitlichen Exerzitien- und Sprachunterrichts in Baldassare Castigliones „Il libro del Cortegiano" bereits vorbereitet.

d. Baldassare Castigliones „Il Libro del Cortegiano"

Es war der aus der Nähe von Mantua stammende Hofmann und Gesandte Baldassare Castiglione, der zu Beginn des 16. Jahrhunderts am oberitalienischen Herzogshof von Urbino unter Guidobaldo da Montefeltro und Elisabetta Gonzaga in „Il Libro del Cortegiano" ein Idealbild des vollkommenen Hofmanns entwarf[227]. Der „Cortegiano", der 1528 erstmals in Venedig gedruckt, rasch in weiten Teilen Europas rezipiert und ins Lateinische sowie in weitere Volkssprachen übersetzt wurde[228], zeichnete das Bild eines Hofmannes, in dem humanistische Gelehrsamkeit und höfische Weltgewandtheit gleichermaßen miteinander verschmolzen. Der perfekte Hofmann sollte nicht nur durch theoretische Gelehrsamkeit und Fachwissen bestechen, sondern auch durch Praxisnähe, Konversationsfähigkeit, Tugendhaftigkeit und künstlerisches Verständnis[229].

Das Werk zeichnete sich dadurch aus, dass es die bisher genannten wichtigsten Kontexte miteinander verband. Castiglione war sowohl mit den antiken Autoren vertraut, griff gleichermaßen die bis dahin noch nicht abgebrochene Reminiszenz an das für den Adel immer noch vorbildhafte mittelalterliche Rittertum und seine Tugenden auf und verband dies zuletzt mit dem humanistischen Menschenbild und seinen Studien[230]. Die europaweite und lange anhaltende Rezeption des „Cortegiano" und sein

---

ritterlichen Ideale in Kombination mit den humanistischen Studien begriff. DOLCH: Lehrplan, S. 180: Ähnlich urteilt Dolch über das Wesen der Körperübungen im Spätmittelalter. Er fügt an, dass es sich „nicht so sehr um die antike Gymnastik handelte, sondern um körperliche Fertigkeiten, die ihren Platz entweder im gesellschaftlichen Leben der Renaissance-Höfe oder im kriegerischen Tumulte der italienischen Klein- und Dauerkriege hatten".

[227] BURKE: Geschicke, S. 35–37; MÜLLER: Norm, S. 152.

[228] Zur Rezeption im Heiligen Römischen Reich BURKE: Geschicke, S. 73, 77 f, 80; LEY: Castiglione, S. 7–24; VEC: Cortegiano, Sp. 821: Zwischen 1528 und 1619 erschienen zahlreiche Auflagen des Buches insbesondere im Spanischen (1534), Englischen (1561), Deutschen (1565), Französischen (1537) und Lateinischen (1561). Ins Deutsche wurde das Buch 1565 (München) und 1593 (Dillingen) übersetzt. Zudem wurde der „Cortegiano" im Heiligen Römischen Reich auch im Original gelesen.

[229] BUCK: Libro del Cortegiano, S. 6; MÜLLER: Norm, S. 152.

[230] BURKE: Geschicke, S. 19–21, 41–44: Peter Burke leitet insbesondere das Wertesystem, das bei Castiglione zutage tritt bereits aus der Antike her. WOODWARD: Studies, S. 244–267.

Fortleben in nationalen Idealen, etwa dem zu Beginn des 17. Jahrhunderts entstandenen französischen Honnête-Homme-Ideal[231], zeigt deutlich, wie das von Castiglione gezeichnete Bild einerseits als Höhepunkt und andererseits als neuer Ausgangspunkt der Entwicklung adliger Erziehung und Bildung betrachtet werden kann[232]. Dazu trug auch bei, dass der „Cortegiano" zwar der Welt des Hofes entsprungen und der perfekte Hofmann adlig geboren war[233]. Das Buch aber sprach im 16. und 17. Jahrhundert auch das Bürgertum an, etwa das städtische Patriziat der Fugger und Welser. Als vermögende Kaufleute, die den Adelsstand erlangt hatten, widmeten sie sich mittels der Anleitung des „Cortegiano" mit besonderem Eifer der Anpassung an ihren neuen Stand.[234]

Hinsichtlich der Körperübungen waren die Teilnehmer an Castigliones Dialog der Ansicht, dass ein Hofmann das Kriegshandwerk beherrschen müsse[235]. Dies bedeutete praktisch und in Reminiszenz an die vorbildhafte Ritterzeit zuerst die Beherrschung des Umgang mit dem Pferd, indem festgestellt wurde: *So will ich denn, dass unser Hofmann als vollendeter Kavalier jedem Sattel gerecht sei: er soll sich auf die Pferde verstehen und auf alles, was zur Reitkunst Bezug hat*[236]. Zur Erlangung der Wehrtüchtigkeit sollten auch Ringen, Lanzenrennen, Turniere, Stockspiele und das Schleudern von Lanzen und Pfeilen betrieben werden[237]. Die Beherrschung des Fechtens zu Fuß und zu Pferd sei nicht nur zwecks der nützlichen Anwendung im Krieg, sondern auch in Hinblick auf die Austragung von Ehrkonflikten im Zweikampf von großem Nutzen für den Hofmann[238]. Als weitere Körperübungen nicht militärischer Art wurden das Jagen, Schwimmen, Springen, Laufen, Steinewerfen sowie das Ballspiel und das Voltigieren empfohlen[239]. Alle Übungen aber wurden den Prinzipien der Anmut (Grazia) und Leichtigkeit (Sprezzatura) untergeordnet und sollten so mühelos wie möglich erscheinen.[240]

---

[231] Vgl. zum Honnête-Homme-Ideal GIESE: Studenten, S. 91, 95–97; KUHFUSS: Kulturgeschichte, S. 290–291; KRÜGER: Honnête-homme, S. 348–409; ROTH: Gesinnung, S. 191–214; ROTH: Gesinnung und honnêteté, S. 239–244; WALTHER: Honnête homme, Sp. 643: In Zusammenhang mit dem französischen Honnête-Homme-Ideal entstanden neue Traktate, die in enger Beziehung zu Castigliones „Cortegiano" standen, vieles daraus übernahmen, aber auch ergänzten, etwa Nicolas Farets (1596–1646) „L'Honneste Homme ou l'art de plaire a la cour" (1630). Vgl. FARET: Homme, S. 11–13.

[232] GIESE: Studenten, S. 90.

[233] CASTIGLIONE: Hofmann, S. 49, Buch 1/Kap. 14.

[234] BURKE: Geschicke, S. 61–63, 169; GIESE: Studenten, S. 90.

[235] CASTIGLIONE: Hofmann, S. 59, Buch 1/Kap. 20.

[236] BUCK: Libro del Cortegiano, S. 9: Der Hofmann sollte ein *perfetto cavalier d'ogni sella* sein. CASTIGLIONE: Hofmann, S. 60, Buch 1/Kap. 21; Ordnung 1609, S. 27: Vgl. hierzu die Umformulierung, beziehungsweise das Aufgreifen dieser Passage in den Statuten des Tübinger Collegium Illustre im Jahr 1609, in denen das Betreiben der Exerzitien damit erklärt wurde, dass *heutig tags auch auff die jenigen sonderlich groß gehalten würdt, welche dem gemeinen Sprichwort nach in alle Sättel gerecht, reden und reitten können.*

[237] CASTIGLIONE: Hofmann, S. 59–61, Buch 1/Kap. 21.

[238] Ebd., S. 59, Buch 1/Kap. 20.

[239] Ebd., S. 61 f., Buch 1/Kap. 22.

[240] Ebd., S. 59–61, 63 f., Buch 1/Kap. 21 und 24; GIESE: Studenten, S. 88; HINZ: Strategien, S. 110–138; LOOS: Libro del Cortegiano, S. 115–119; VEC: Cortegiano, Sp. 820.

In gleichem Maße wurde die Bedeutung der humanistischen Wissenschaften als unabdingbare Voraussetzung für den vollkommenen Hofmann betont[241]. Dieser sollte daher auch im Griechischen und Lateinischen gebildet sein, um die antiken Autoren im Original lesen und verstehen zu können. Er müsse die wichtigsten Dichter, Redner und Geschichtsschreiber kennen und die Fertigkeit besitzen, sich in Vers und Prosa in seiner Muttersprache auszudrücken[242]. Zudem sei es von Vorteil, auch moderne Fremdsprachen zu beherrschen, weshalb dem Hofmann die Kenntnis des Französischen und Spanischen nahegelegt wurde[243]. Insgesamt nahm der Bereich der schriftlichen und sprachlichen Kommunikation und Konversationsfähigkeit breiten Raum im „Cortegiano" ein. Gefragt waren Kurzweiligkeit, Wortwitz, Schlagfertigkeit, Ironie und die Beherrschung von allerlei Redewendungen[244]. Im musisch-ästhetischen Bereich sollte der perfekte Hofmann außerdem Verständnis für die Zeichenkunst und Malerei aufbringen können[245] und sich zum sinnvollen Zeitvertreib und mit dem Ziel der Erholung der Musik, dem Gesang und dem Instrumentalspiel widmen[246]. Alle Disziplinen und Studien aber sollten nicht nur der Vermittlung von Fertigkeiten und Wissen, sondern auch der Erweckung der Tugend, der Aufmerksamkeit im zwischenmenschlichen Verhalten und der Prägung der Persönlichkeit dienen.[247]

Damit fand sich die klassische Dreiteilung der körperlichen, geistigen und musisch-ästhetischen Disziplinen auch bei Castiglione wieder. Ritterliche Lebensart und humanistische Bildung sollten idealerweise miteinander verschmelzen, der Gegensatz von Arma et Litterae sich aufheben[248]. Körperübung und Sprache stellten wichtige Elemente des Gesamtideals dar. Der perfekte Fürstendiener sollte sowohl ein guter Hofmann, als auch ein guter Soldat sein, wie es de la Noue später forderte[249]. Anklänge an eine Kombinierung der Körperübungen mit humanistischen Studien sind bei de la Noue jedoch allenfalls in der Lektüre der antiken Autoren zu erkennen[250].

---

[241] BUCK: Libro del Cortegiano, S. 9; CASTIGLIONE: Hofmann, S. 92 f., Buch 1/Kap. 42.

[242] CASTIGLIONE: Hofmann, S. 96–98, Buch 1/Kap. 44.

[243] Ebd., S. 74 f., 79 f., 83–87, Buch 1/Kap. 31, 34, 37.

[244] Ebd., S. 179–225, Buch 2/Kap. 48–89.

[245] Ebd., S. 103–105, 107–109, Buch 1/Kap. 49, 52.

[246] BUCK: Libro del Cortegiano, S. 9 f.; CASTIGLIONE: Hofmann, S. 100–105, Buch 1/Kap. 47–49: *Wenn wir alles recht bedenken, kennt die Muse keine ehrenvollere Art der Erholung von der Arbeit und kein besseres Heilmittel für ein krankes Gemüt, als die Musik; [...] wenn ich nicht irre, verlangen Plato und Aristoteles an einem gut erzogenen Menschen musikalische Bildung und beweisen mit unzähligen Gründen, dass die Musik ausserordentlich viel über den Menschen vermag, daher schon in der Kindheit gelernt werden soll, nicht wegen des oberflächlichen Vergnügens an der Melodie, sondern weil sie unser Inneres zu ändern im Stande ist und zur Tugend drängende Triebe weckt, wodurch der Geist fähiger wird, die Glückseligkeit zu erfassen, ähnlich wie der Körper durch leibliche Übungen an Geschmeidigkeit gewinnt.*

[247] BRUNNER: Landleben, S. 75–77; BUCK: Libro del Cortegiano, S. 10; LOOS: Libro del Cortegiano, S. 96 f.: Alle im „Cortegiano" genannten Tugenden lassen sich auf die vier Kardinaltugenden zurückführen und bildeten auch damit eine Reminiszenz an die ritterlichen Tugenden.

[248] BUCK: Libro del Cortegiano, S. 6.

[249] LA NOUE: Discours, S. 158.

[250] Ebd., S. 154.

Der Akademielehrplan de la Noues favorisierte deutlich die anwendungsbezogenen gegenüber den gelehrten Studien, eine Differenz, die Castigliones Idealbild stark von de la Noues konkretem Lehrplanvorschlag unterscheidet[251]. Aufgegriffen wurde diese Idealkombination jedoch nicht nur im Tübinger Collegium Illustre, wo das gelehrte Recht und die Körperübung gleichermaßen gelehrt wurden[252]. Im Verlauf des 17. Jahrhunderts wurde die dauerhafte Ergänzung des humanistischen Lehrkanons durch die Exerzitien zur Tatsache.

e. Die Kontroverse um Arma et Litterae

Der im 16. Jahrhundert von der Publizistik intensiv bearbeitete Diskurs um die Gegensätzlichkeit, beziehungsweise die Harmonie zwischen Waffenhandwerk und gelehrter Bildung dürfte auf François de la Noues Akademielehrplan ebenfalls nicht ohne Einfluss gewesen sein[253]. Die Kontroverse um Arma et Litterae bestand bereits seit der griechischen Antike[254]. Denn die Vorstellung des antiken Helden war von einer ebenmäßigen Ausgeglichenheit zwischen Fortitudo und Sapientia gekennzeichnet[255]. Wo diese Ausgeglichenheit in der Praxis jedoch zerbrochen war, entstand ein konkurrierendes Verhältnis und damit ein Prioritätenstreit zwischen den Vertretern des Waffenhandwerks einerseits und der gelehrten Bildung andererseits[256]. Insbesondere das Mittelalter stellte eine Epoche dar, in der vor dem Hintergrund der Herausbildung eines exklusiven Berufsmilitärstandes im Rittertum und der Akkumulation gelehrter Bildung im Klerus Arma et Litterae in der Praxis nur schwer einen gemeinsamen Nenner fanden[257]. In der Literatur hingegen, etwa in Jean de Meungs „Roman de la Rose" wurde im ausgehenden 13. Jahrhundert weiterhin das harmonische Ideal beschworen und die Kompetenzen des gelehrten Geistesadels und des waffentragenden Geburtsadels gegeneinander aufgewogen[258].

Als der Adel im Spätmittelalter seine exklusive Funktion als Ritterstand verlor und für seine neuen Betätigungsfelder im Dienst der Fürstenhöfe zu Beginn der Frühen Neuzeit zunehmend auch gelehrter Bildung bedurfte, wurde die Kontroverse neu belebt[259]. Denn der Adel hielt trotz seines militärischen Funktionsverlustes als Standesideal an der vorbildhaften ritterlichen Lebensart fest. Dazu gehörte auch die weitere oder sogar noch zunehmende Betonung des Umgangs mit dem Pferd und den Waffen,

---

[251] Ebd., S. 153 f.
[252] Leges 1609, S. 23, 27 f.
[253] Vgl. zum Diskurs um Arma et Litterae Asch: Bürgertum, S. 387–390; Buck: Arma, S. 15–17; Ehlers: Ritter, S. 102–104; Felschow/Lind: Werck, S. 104 f.: Ehlers bezeichnet den Diskurs um Arma et Litterae seit dem 15. Jahrhundert als „eines der am meisten diskutierten literarischen Themen". Vgl. zudem ausführlich Kühlmann: Gelehrtenrepublik, S. 351–363.
[254] Asch: Bürgertum, S. 387; Buck: Arma, S. 7.
[255] Buck: Arma, S. 6; Ehlers: Ritter, S. 102–104.
[256] Buck: Arma, S. 6.
[257] Ebd., S. 7 f.
[258] Ehlers: Ritter, S. 102–104.
[259] Ebd.

die jetzt zu Standessymbolen wurden[260]. Die Konsequenz hinsichtlich des literarischen Diskurses um Arma et Litterae bestand darin, dass nunmehr von verschiedenen Seiten einmal dem Waffenhandwerk und einmal der gelehrten Bildung der Vorzug eingeräumt wurde, die beginnende Frühe Neuzeit jedoch insgesamt von Harmonisierungsversuchen in diesem Widerstreit bestimmt war[261]. Das Ideal der Harmonie zwischen Arma et Litterae war auch in Baldassare Castigliones „Cortegiano" aufgegriffen worden. Sowohl die Fertigkeiten im Waffenhandwerk, als auch die humanistischen Studien wurden für den perfekten Hofmann als unerlässlich angesehen und beide Elemente als zwei sich gegenseitig ergänzende Fertigkeiten gehandelt[262]. Als real existierenden Idealtypus eines solchen Hofmannes erwähnt die Forschung stets den Condottiere und gleichzeitig humanistisch, künstlerisch und literarisch gebildeten Federico da Montefeltro, an dessen Hof in Urbino der „Cortegiano" entstanden war.[263]

Ganz ähnlich, in manchen Passagen jedoch weit widersprüchlicher, behandelte Michel de Montaigne das Thema in seinem 1580 erschienenen ersten Essayband. Montaigne favorisierte zwar die Litterae, wandte sich aber auch entschieden gegen

---

[260] BUCK: Arma, S. 9 f.

[261] Ebd., S. 9–13, 18; FELSCHOW/LIND: Werck, S. 104 f.

[262] BUCK: Arma, S. 12–14: Buck weist darauf hin, dass in Castigliones „Cortegiano" den humanistischen Studien eine detailliertere Beschreibung zufalle als dem Waffenhandwerk und den damit in Verbindung stehenden Körperübungen. GIESE: Studenten, S. 87 f. und Anm. 85: Giese dagegen verweist auf die besondere Betonung des Waffenhandwerks im „Cortegiano". Beide bemerken zudem, dass es zu keiner abschließenden Entscheidung im Widerstreit um Arma et Litterae komme. CASTIGLIONE: Hofmann, S. 54–57, 94–100, Buch 1/Kap. 17, 43–46: Tatsächlich aber wird als Ergebnis der Kontroverse für den perfekten Hofmann eine recht deutliche Harmonie zwischen Waffenhandwerk und Bildung gefordert, wie sie nur in einem Idealbild vorkommen könnte. So wurde einerseits geäußert, dass *der Hofmann der Wesenheit und Hauptsache nach im Waffenhandwerk tüchtig bestehen muss*, andererseits aber sollte er auch *mehr als mittelmäßig gebildet sein, wenigstens in den, wie wir sie nennen, humanistischen Wissenschaften.* Ein Teilnehmer des Dialogs wandte sich entschieden gegen eine Prioritätenausbildung: *Ich weiß nicht, Graf, wie Ihr es wollen könnt, dass unser wissenschaftlich gebildeter und mit so vielen andern Eigenschaften versehner Hofmann alle seine Fähigkeiten nur als Schmuck des kriegerischen Berufs und nicht die ritterlichen Übungen als Zierde der gelehrten Bildung ansehn soll, die ohne jede andere Begleitung, an sich, die Waffen ebenso an Wert übertreffen wird, wie der Geist den Körper. Denn ihre Betätigung kommt dem Geist zu, wie der Gebrauch der Waffen dem Körper.* Daraufhin wird der Widerstreit aufgelöst und die Vereinbarkeit von Arma et Litterae gefordert: *Die Franzosen habe ich deshalb getadelt, weil sie die Wissenschaft für unvereinbar mit dem Kriegerberuf halten, während ich der Ansicht bin, dass das Wissen niemand besser anstehe als Kriegsleuten. Bei unserm Hofmann wünsche ich beide Eigenschaften innig vereint, so dass eine die andere unterstützt, wie es auch am zweckmässigsten ist;* [...] *Wie gesagt, will ich nicht darüber streiten, welche grössern Lobes wert sei.* Noch im gleichen Kapitel wird verdeutlicht, dass es sich um ein Idealbild handelt, denn ein Teilnehmer des Dialogs endet mit der Aussage, nicht glauben zu können, *dass sich auf der ganzen Welt ein so grosses Gefäss finden wird, dass es alle die Dinge fassen kann, die Ihr an unserm Hofmann wollt.* Vgl. hierzu auch KÜHLMANN: Gelehrtenrepublik, S. 352 f.

[263] BUCK: Arma, S. 13; EHLERS: Ritter, S. 102 f.

die gelehrte Pedanterie[264]. Insgesamt gewann im ausgehenden 16. und beginnenden 17. Jahrhundert aber die Tendenz zur Harmonie zwischen Arma et Litterae immer mehr Priorität. Johann Lauterbach von Noskowitz[265] gab 1595 in seinem in Wittenberg erschienenen „Tractatus novus de Armis & Literis" der gelehrten Bildung den Vorrang vor den Waffen, plädierte aber letztlich für deren beidseitige Vereinbarkeit[266].

Der Streit fand aber nicht nur in der Publizistik statt, sondern wurde auch an den Universitäten und Adelsakademien thematisiert. Thomas Lansius veranstaltete 1607 mit seinen adligen Collegiaten am Tübinger Collegium Illustre einen rhetorischen Übungswettstreit, der die Konkurrenz zwischen Kriegsleuten und Gelehrten sowie zwischen Adligen und Bürgerlichen zur Erörterung stellte. Die Schlussthese propagierte analog zu Lauterbach von Noskowitz den Vorrang des Kriegsmannes vor dem Gelehrten, letztlich aber eine Versöhnung von Arma et Litterae[267].

Jacob von der Heydens „Speculum Cornelianum" von 1618 spielte auch bildlich mit den Personifizierungen des Kriegsmannes und des Gelehrten, die dort in einer einzigen hybriden Gestalt dargestellt wurden[268]. Anhand der Rezeption dieser Abbildung in einem Stammbucheintrag eines Gießener Studenten im Jahr 1622 zeigt sich, dass die Kontroverse auch in der Studentenschaft weit verbreitet war und allgemeingültiges Wissen darstellte[269]. Regelmäßig zum Ausdruck kam diese auch in der

---

[264] BUCK: Arma, S. 15–17; KÜHLMANN: Gelehrtenrepublik, S. 311–319; MONTAIGNE: Essais, S. 133–144, Buch 1/Kap. 25; SUPPLE: Arms, S. 62–105; TRICHTER: Reit- Jagd- Fecht- Tantz- oder Ritter-Exercitien-Lexicon, Sp. 305–307, Lemma *Cavalierement studiren*; ZEDLER: Universal-Lexicon, Bd. 26, Sp. 189–192, Lemma *Pädanterey*.

[265] JÖCHER: Gelehrten-Lexicon, Bd. 2, Sp. 2320.

[266] FELSCHOW/LIND: Werck, S. 104 f.; LAUTERBACH VON NOSKOWITZ: Tractatus, Kap. 11–22, 148: Lauterbach führt in seinem Traktat zahlreiche verschiedene Argumente pro und contra Arma und Litterae an, die er auch aus der Literatur belegt. Dazu zähle beispielsweise die verbreitete Ansicht, dass das Waffenhandwerk älter sei als das gelehrte Studium oder, dass das Waffenhandwerk stets mit einer aktiven Handlung verbunden sei, während die Studien eher kontemplativ stattfinden würden. Kriegshelden seien daher bekannter und angesehener als Gelehrte. Die gelehrten Studien aber seien uralt und Ratio und Ingenium müssten einem Kampf mit den Waffen stets vorausgehen. Dabei nannte er das Beispiel des Kampfes zwischen Odysseus und dem Zyklopen Polyphem. Kein Kampf sei alleine mit den Waffen zu gewinnen: *Sola arma regnis & Imperiis non sufficere, nec solis armis res magnas confici.* Schließlich führt Lauterbach noch an, dass im Reich nicht nur das Feuergeschütz, sondern auch die Buchdruckerkunst erfunden worden sei und präsentiert damit einen speziell für das Heilige Römische Reich gangbaren Weg der Vereinbarkeit zwischen Arma et Litterae: *Postremo non omittimus, in quae nostra bombardas, sic enim tormenta bellica vocantur à sono, & artem Typographicam fuisse propterea inventas, ut hac duplici laude, doctrinae scilicet & gloriae bellicae Germani reliquas nationes antecellere studeant, quam si coniungent, Deoque confident, non est, quare sibi metuant, aut irruptiones externorum populorum fatalibus tamen regnorum mutationibus exceptis, magnopere pertimescant.*

[267] ASCH: Bürgertum, S. 387–390; ASCH: Adel, S. 144; KÜHLMANN: Gelehrtenrepublik, S. 351–363; LANSIUS: Consultatio, S. 38–121.

[268] FELSCHOW/LIND: Werck, S. 104 f.; HEYDEN: Speculum Cornelianum, Bl. 74; vgl. zum Corneliusmotiv RASCHE: Cornelius, S. 15–47; DERS.: Disziplinierung, S. 188–200.

[269] FELSCHOW/LIND: Werck, S. 104 f.

Abb. 6: Die vielzitierte Formel *arte et marte* in einem Eintrag in das Stammbuch des Tübinger Medizinstudenten Johann Christoph Kaiser, 1610.

verkürzten Formel *arte et marte*[270], die sich in den Studentenstammbüchern der Zeit viele Male wiederfindet. Dort wurde sie auch gerne abgewandelt und variiert, indem einmal der Vorrang des einen vor dem andern (*Aut arte aut marte, Ou par les estudes ou par les faveurs des armes*) und einmal die Vereinbarkeit beider zum Ausdruck kam (*Et literis et armis, Die Feder und der Degen gelten allen Segen*) oder Ars und Mars zu Beginn des 18. Jahrhunderts mit der Virtus kombiniert wurden (*Ars, Mars et Virtus, hac tria nobilitant*)[271].

f. Michel de Montaignes Kritik an der Buchgelehrsamkeit

Mit der Ablehnung der reinen Buchgelehrsamkeit in seinen Essays *Du pedantisme* und *De l'institution des enfans* in seinem ersten Essayband von 1580[272], trug Michel de Montaigne nicht nur weiter zur Kontroverse um die Ausgewogenheit zwischen Waffenhandwerk und gelehrter Bildung bei[273]. Er ist als ein direktes Vorbild François de la Noues zu sehen[274], denn in den genannten Essays behandelte Montaigne auch Fragen adliger Bildung und eines sinnvollen Lehrkanons[275].

Montaigne kritisierte in *Du pedantisme* vor allem die enorme und in seinen Augen willkürliche Ansammlung von Wissen, das ohne tatsächliches Verständnis bliebe und damit Urteilskraft und Geisteskräfte verkümmern ließe. Es sei nicht notwendig, Wissen zu akkumulieren, sondern es in der Praxis anzuwenden und in eigenes Urteil umzusetzen[276]. Seine Ansichten über die gelehrte Pedanterie führte Montaigne auch in seinem Essay *De l'institution des enfans* weiter[277]. Dort legte er dar, dass Erziehung

---

[270] KÜHLMANN: Gelehrtenrepublik, S. 356 f.

[271] Vgl. als Beispiele die Einträge in das Stammbuch des Tübinger Medizinstudenten Johann Christoph Kaiser um 1610, UBT: Mh 967, Bl. 232, 261, den Eintrag in das Stammbuch des Tübinger Studenten Samuel Stephani im Jahr 1608, UBT: Mh 770, Bl. 186 sowie die zahlreichen Einträge adliger Studenten in das Stammbuch des Fechtmeisters am Tübinger Collegium Illustre Conrad Jacob zwischen 1655 und 1671, HAAB: Stb 151, Bl. 30ʳ, 31ʳ, 93ʳ, 98ᵛ, 123ʳ, 183ʳ, 195ʳ; DOMKA/RAFFEL/SCHÄFER: Freundschaft, S. 47 (Abbildung).

[272] MONTAIGNE: Essais, S. 133–177, Buch 1/Kap. 25/26.

[273] KOCH: Zeitalter, S. 133–137; MÄRZ: Personengeschichte, S. 245–248; MONTAIGNE: Essais, S. 133–177, Buch 1/Kap. 25/26.

[274] ASCH: Bürgertum, S. 405 f.; CONRADS: Ritterakademien, S. 89–94.

[275] MONTAIGNE: Essais, S. 133–177, Buch 1/Kap. 25/26; vgl. zur Erziehung bei Montaigne auch PORTEAU: Montaigne; SUPPLE: Arms, S. 106–156: Montaigne bezog sich–wie de la Noue – hauptsächlich auf antike Autoren, darunter Sokrates, Platon, Seneca und Plutarch.

[276] LA NOUE: Discours, S. 154; MONTAIGNE: Essais, S. 133–144, Buch 1/Kap. 25.

[277] KÜHLMANN: Gelehrtenrepublik, S. 288–319, 423–454, besonders S. 311 f.: Kühlmann nennt als Merkmale der Pedantismuskritik bei Montaigne die „Kluft zwischen Lehre und Leben, die Unfähigkeit zur vita activa, die Untauglichkeit für die Öffentlichkeit, die Berufung auf Bücherwissen und Gedächtnis gegen Weisheit, Klugheit und Urteilskraft". TRICHTER: Reit- Jagd- Fecht- Tantz- oder Ritter-Exercitien-Lexicon, Sp. 305–307, Lemma *Cavalierement studiren*; ZEDLER: Universal-Lexicon, Bd. 26, Sp. 189–192, Lemma *Pädanterey:* Die Kritik Michel de Montaignes an den humanistischen Studien und ihren Vertretern wurde im 17. Jahrhundert weitergeführt. Sie wandte sich vor allem gegen die Dominanz der Grammatiker

und Bildung nicht nur darauf abzielen dürfe, das nötige Fachwissen zu erwerben, sondern auch darauf abgestellt sein müsse, die Persönlichkeit eines Menschen zu formen und aus einem Schüler einen *habil'homme* und keinen *homme sçavant* zu machen[278]. Die freien Künste als Inbegriff der humanistischen Studien wurden von Montaigne mit kritischer Ironie betrachtet[279]. Es sei nicht die Absicht, *des asnes chargez de livres* zu erziehen[280]. Montaigne könnte sicherlich auch für die Maxime de la Noues Vorbild gewesen sein, Fachwissen auf das Nötigste zu beschränken. Denn – so argumentierte Montaigne – selbst in den praktisch anwendbaren Fachgebieten wimmle es nur so vor *estendues et enfonceures tres-inutiles*, die es am Besten auszulassen gelte.[281]

In *De l'institution des enfans* schrieb Montaigne auch über die Methodik der körperlichen Übung und die Übertragbarkeit derselben auf geistige Lehrinhalte, ein Punkt, der auch bei de la Noue eine Rolle spielte[282]. Die ebenmäßige Beanspruchung von Körper und Geist in Erziehung und Bildung, die Bedeutung der Exerzitien sowie die bereits bei Vittorino da Feltre aufgekommene Nutzung der Körperübung zum Ausgleich des Geistes von den Studien und der Erhaltung der geistigen Kräfte wurde bei Montaigne gemäß Plato erneut aufgegriffen. Als Exerzitien schlug Montaigne Laufen, Ringen, Musik, Tanz, Jagd, Reiten und Fechten vor[283]. Er favorisierte

---

und der lateinischen Sprachpuristen und machte auf die ursprünglichen Ansprüche humanistischer Erziehungsideale aufmerksam. Der Pedant galt dabei nicht nur als Verhaltenstyp, sondern als Vertreter eines nicht mehr akzeptierten Schulhumanismus. Wegweisend wurde in diesem Zusammenhang Christian Thomasius, der am Ende des 17. Jahrhunderts die Einheit nützlicher Wissenschaft und galanter Weltgewandtheit forderte. Während Zedler im 18. Jahrhundert sich gegen die Verallgemeinerung wehrte, mit der die *Verächter der guten Kuenste und gelehrten Wissenschaften insgemein alle Gelehrte Pädanten* nannten und hierin einen Missbrauch der Begrifflichkeit sah, siedelte Valentin Trichter zur gleichen Zeit das Kavaliersstudium zwischen den beiden Polen der *bauerstolzen Unwissenheit* und der *Pedanterey* an. Er definierte: *Einen Pedanten aber nennen wir den, welcher nicht nur aus allerhand Grillenfaengereyen und nichtswuerdigen Kleinigkeiten grossen Staat machet [...] und das, was reellen und wahrhafften Nutzen schaffet, dabey hintan setzet, sondern auch weder auf die Cultur seines Verstandes noch Willens bey seinem Studiren siehet. Dagegen ein Edelmann alle seine Studia hauptsaechlich auf die Praxin zu richten, und in nichts theoretisches sich einzulassen hat, wofern es nicht zur Praxi fuehret.*

[278] MONTAIGNE: Essais, S. 150, Buch 1/Kap. 26.

[279] Ebd., S. 159, Buch 1/Kap. 26: *Entre les arts liberaux, commençons par l'art qui nous faict libres.*

[280] Ebd., S. 177, Buch 1/Kap. 26.

[281] Ebd., S. 159, Buch 1/Kap. 26; MONTAIGNE: Die Essais, S. 93, Buch 1/Kap. 26.

[282] MONTAIGNE: Essais, S. 152, Buch 1/Kap. 26; MONTAIGNE: Die Essais, S. 88 f., Buch 1/Kap. 26: *Ich möchte wissen, ob die schönen Tänzer, die ich kenne, [...] uns ihre Luftsprünge beibringen könnten, wenn wir nur zusähen, wie sie tanzen und dabei sitzen blieben; genauso wäre das, wenn unsere Schulmeister uns das Denken beibringen wollten, ohne es aktiv zu betätigen: oder wenn wir reiten, fechten, Laute spielen oder singen lernen wollten, ohne es selbst zu üben; so will man uns lehren, richtig zu urteilen und richtig zu sprechen, ohne uns Gelegenheit zu geben, unsere Sprechfähigkeit und unsere Urteilsfähigkeit zu üben. Bei der Anleitung hierzu aber braucht man keine Bücher.*

[283] MONTAIGNE: Essais, S. 153, Buch 1/Kap. 26: *Ce n'est pas assez de luy roidir l'ame; il luy faut aussi roidir les muscles.* Montaigne: Essais, S. 165, Buch 1/Kap. 26: *Les jeux mesmes et les*

zudem die Beherrschung der eigenen Sprache und der modernen Fremdsprachen der Nachbarländer, während die Kenntnis des Griechischen und Lateinischen nur ein *bel et grand agencement* sei[284].

Montaigne hatte damit in seinen Essays wichtige Maximen genannt, die bei de la Noue deutliche Analogie fanden: Dazu zählte die ebenmäßige Beanspruchung von Körper und Geist in Erziehung und Bildung, die positive Einstellung zu den Exerzitien und ihrer Methodik, die Betonung der modernen anstelle der antiken Sprachen, die Ablehnung gelehrten Buchwissens und die Beschränkung von Fachwissen auf das für die berufliche Praxis Notwendige.[285]

g. Die Akademiebewegungen der Frühen Neuzeit

Zuletzt ist die Unterrichtung der adligen Jugend in den von François de la Noue vorgeschlagenen *academies*[286] im Kontext der italienischen und französischen Akademiebewegungen des 16. Jahrhunderts zu sehen[287]. Norbert Conrads hat in seiner Studie über die Ritterakademien der Frühen Neuzeit die vielfältigen Entwicklungsstränge der Akademiebewegungen in Italien und Frankreich in Hinblick auf de la Noues Akademievorschlag bereits entwirrt. Eine erste Entwicklungslinie zeigt sich in den italienischen Reitakademien noch in der ersten Hälfte des 16. Jahrhunderts, eine zweite in der Gründung der Académie de Poésie et de Musique durch Jean-Antoine de Baïf in Paris im Jahr 1570 und eine dritte im Akademieentwurf des Stallmeisters am französischen Königshof, Antoine de Pluvinel, in den frühen 1580er Jahren[288].

Die militärtechnischen Veränderungen des Spätmittelalters hatten die schwer gerüsteten Ritterheere durch leicht bewaffnete Kavallerie ersetzt. Schnellere und wendigere Pferderassen lösten die gewichtigen Streit- und Lastenrosse ab, erforderten

---

exercices seront une bonne partie de l'estude: La course, la luite, la musique, la danse, la chasse, le maniement des chevaux et des armes. Je veux que la bienseance exterieure, et l'entre-gent, et la disposition de la personne, se façonne quant et quant l'ame. Ce n'est pas une ame, ce n'est pas un corps qu'on dresse: c'est un homme; il n'en faut pas faire à deux. Et, comme dict Platon, il ne faut pas les dresser l'un sans l'autre, mais les conduire également, comme une couple de chevaux attelez à mesme timon. Et, à l'ouir, semble il pas prester plus de temps et plus de sollicitude aux exercices du corps, et estimer que l'esprit s'en exerce quant et quant, et non au rebours.

[284] Montaigne: Essais, S. 173, Buch 1/Kap. 26: *C'est un bel et grand agencement sans doubte que le Grec et Latin, mais on l'achepte trop cher.* [...] *S'en servira qui voudra.*

[285] La Noue: Discours, S. 153 f.

[286] Ebd., S. 153: *Ces lieux ici, dequoy j'entens parler, s'appelleroient academies.*

[287] Vgl. zu den italienischen und französischen Akademien des 16. Jahrhunderts sowie zur weiteren Entwicklung des Akademiegedankens im 17. und 18. Jahrhundert Buck: Akademien, S. 11–25; Gierl: Akademie, Sp. 150–156; Kanthak: Akademiegedanke, S. 49–52; Knabe: Histoire, S. 23–34; Lentzen: Akademiebewegung, S. 190–213; Mazauric: Origines, S. 35–47; Schindling: Bildung, S. 64–69; Stackelberg: Académie Française, S. 27–46; Yates: Academies, S. 1–76.

[288] Conrads: Ritterakademien, S. 23–27, 40–66.

jedoch eine neuartige Dressur und einen neuen Umgang des Reiters mit dem Pferd[289]. In Italien als Schnittstelle zwischen östlichem und westlichem Mittelmeer begann nach der Eroberung Konstantinopels durch die Türken im Jahr 1453 die Rezeption des byzantinischen Kunstreitens auf der Grundlage der antiken Reitlehre Xenophons[290]. In Kombination mit den neuen militärtechnischen Erfordernissen und der Fortführung ritterlicher Standessymbolik erlebte die Reitkunst einen Aufschwung, vor allem aber eine ästhetische Belebung[291]. In Neapel richteten Cesare Fiaschi und Federico Grisone in den 1530er Jahren Reitakademien ein, an denen Reiter und Pferd gleichermaßen geschult wurden[292]. Gelehrt wurde die Hohe Schule der Reitkunst, die Handhabung des Pferdes, die entsprechende Fachterminologie sowie das zur Reitkunst gehörige höfische Zeremoniell[293]. Der Unterricht an einer solchen Reitschule stellte eine Spezialisierung im Reiten dar und erforderte eine körperliche Verfassung, wie sie erst im späten Jugendalter erreicht wurde. Der Besuch eines der italienischen Reitinstitute war daher häufig Bestandteil der adligen Kavalierstour[294]. Die Reitschulen nach dem Vorbild Fiaschis und Grisones verbreiteten sich zunächst in Italien, wo auch der Großteil der hippologischen Fachliteratur entstand. Sinnfälliger Ausdruck dieses Genres stellten „Gli ordini di cavalcare" von Federico Grisone dar, die in den frühen 1550er Jahren erstmals in Venedig erschienen waren und in der Folge in zahlreichen Auflagen, Übersetzungen und Abschriften aufgelegt wurden (Tafel 1)[295].

Da auch zahlreiche junge französische Adlige die italienischen Reitschulen besuchten, kam es bald zu Berührungspunkten der italienischen Reitkunst mit dem französischen Kulturkreis. Der Grisoneschüler Giovanni Battista Pignatelli brachte am Ende des 16. Jahrhunderts bedeutende französische Schüler hervor. Salomon de

---

[289] BASCHE: Geschichte, S. 105–115; OESER: Pferd, S. 77–79; OTTE: Geschichte, S. 58; WALTHER: Reitkunst, Sp. 1034.

[290] BASCHE: Geschichte, S. 115 f.; OESER: Pferd, S. 113; XENOPHON: Reitkunst.

[291] ASCH: Adel, S. 147; OTTE: Geschichte, S. 58; PLATTE: Maneige Royal, S. 23 und Anm. 4; WALTHER: Reitkunst, Sp. 1035.

[292] MAYER: Reiterbuch, S. 88 f.; OESER: Pferd, S. 113; OTTE: Geschichte, S. 58–60; PLATTE: Maneige Royal, S. 23.

[293] OESER: Pferd, S. 113–119; PODHAJSKY: Reitkunst, S. 12; WALTHER: Reitkunst, Sp. 1035 f.

[294] CONRADS: Ritterakademien, S. 40–43; vgl. zur adligen Kavalierstour BERNS: Peregrinatio, S. 155–181; BOUTIER: Grand Tour, S. 237–253; CERMAN: Adel, S. 243–251; CONRADS: Probleme, S. 45–64; GIESE: Adelsstudium, Sp. 73–76; DIES.: Peregrinatio, Sp. 951–955; DIES.: Kavalierstour, S. 83–105; DIES.: Studenten, S. 129–145; LEIBETSEDER: Kavalierstour; DERS.: Grand Tour, S. 601–604; PARAVICINI: Grand Tour, S. 657–674; SIEBER: Wanderung, S. 101–112; SIEBERS: Lehrfahrten, S. 47–57; SIKORA: Adel, S. 112 f.; STANNEK: Brüder, S. 24–63; THAMER: Europa, S. 236–242; TILGNER: Kavalierstour, Sp. 523–526; WALTHER: Kavalierstour, S. 119–133.

[295] BASCHE: Geschichte, S. 116–121; OESER: Pferd, S. 113–119; OTTE: Geschichte, S. 60–63; PLATTE: Maneige Royal, S. 23–29; WALTHER: Reitkunst, Sp. 1036: Die Reitkunst Federico Grisones basierte auf Xenophon. Die deutsche Fassung der „Ordini di cavalcare" erschien 1570 in Augsburg. Neben einer deutschen Druckausgabe (1573) besitzt die Universitätsbibliothek Tübingen eine aus dem 16. Jahrhundert stammende handschriftliche Kopie des Werkes mit kolorierten Federzeichnungen.

la Broue aus der Gascogne trug die italienische Reitkunst nach Frankreich und entwarf in seinem Werk „Cavalerice françois" (1602) nunmehr eine eigene französische Fachterminologie[296]. In der Folge stieg die Bedeutung der französischen Reitkunst, auch unter wichtigen Stallmeistern wie François Robichon de la Guérinière, weiter an, sodass zu Beginn des 18. Jahrhunderts die europäische Reitkunst maßgeblich von Frankreich beeinflusst wurde[297].

Auch im Reich wurde die italienische Reitkunst schnell rezipiert. Eine Erweiterung der Reitlehre Grisones stellte das erstmals 1609 erschienene Werk Georg Engelhard Löhneysens „Della Cavalleria" dar[298]. Die Handhabung des Pferdes war zur Kunst und in Reminiszenz an die vorbildhafte Ritterzeit zum wichtigsten adligen Standes- und Statussymbol geworden. Die Reitkunst wurde daher in der Frühen Neuzeit zum Mittelpunkt der Exerzitien und ihrer Abgrenzungsfunktion gegenüber dem Bürgertum[299].

Eine weitere Entwicklungslinie war ausgehend von Italien ebenfalls zuerst in Frankreich aufgegriffen worden. In Italien hatten sich im 15. Jahrhundert zunächst gelehrte Zirkel von Humanisten zu Assoziationen zusammengeschlossen. In gelehrten Gesprächen nahmen Adlige und gelehrte Bürgerliche in der Muttersprache Anteil an Dichtung, Malerei, Musik und Theater und erneuerten so den antiken platonischen Akademiegedanken[300]. In Frankreich vertrat der Zirkel der Pléiade mit Pierre de Ronsard, Joachim du Bellay und Jean-Antoine de Baïf um die Mitte des 16. Jahrhunderts eine Erneuerung der französischen Literatur anhand antiker und italienischer Vorbilder[301]. Unter königlicher Anerkennung gründete Baïf 1570 in Paris die Académie de Poésie et de Musique, die auf den platonischen Erziehungsmaximen gründete. Hier wurde – ganz ähnlich wie in de la Noues Akademielehrplanvorschlag – Sprachen, Dichtkunst, Geographie, Mathematik, Körperübung, Malerei und Musik unterrichtet. Zwischen 1576 und 1584 hatte die Akademie als Académie du Palais ihren Sitz im Louvre und war eng an das französische Königshaus gebunden[302].

Norbert Conrads hat in seiner Studie ein weiteres mögliches Vorbild für de la Noues projektierte Adelsakademien herausgearbeitet. Der Stallmeister am französischen Königshof, Antoine de Pluvinel[303], soll nach Conrads bereits um 1580 dem

---

[296] CONRADS: Ritterakademien, S. 42–46; MAYER: Reiterbuch, S. 101 f.; OTTE: Geschichte, S. 67–70; PLATTE: Maneige Royal, S. 30–36; WALTHER: Reitkunst, Sp. 1035.

[297] BASCHE: Geschichte, S. 124–126; MAYER: Reiterbuch, S. 130–138; OESER: Pferd, S. 123–127; OTTE: Geschichte, S. 78–87; PODHAJSKY: Reitkunst, S. 12 f.; WALTHER: Reitkunst, Sp. 1037.

[298] BASCHE: Geschichte, S. 119; OTTE: Geschichte, S. 63–66, 85–87; WALTHER: Reitkunst, Sp. 1036.

[299] ASCH: Adel, S. 147.

[300] BUCK: Akademien, S. 11–25; GIERL: Akademie, Sp. 150–156; YATES: Academies, S. 1–13.

[301] Vgl. zur Pléiade und ihren Zielen BELLENGER: Pléiade, S. 11–30; FAISANT: Mort; YATES: Academies, S. 14–76.

[302] CONRADS: Ritterakademien, S. 23–26; YATES: Academies, S. 14–35.

[303] ASCH: Adel, S. 147; BASCHE: Geschichte, S. 122 f.; OESER: Pferd, S. 119–122; PLATTE: Maneige Royal, S. 15–21, 40–51; PODHAJSKY: Reitkunst, S. 12; WALTHER: Reitkunst, Sp. 1036 f.: Antoine de Pluvinel stellte die Reitkunst insofern auf eine neue Grundlage, als er, anders als

französischen König einen Akademieentwurf vorgelegt haben, den de la Noue vermutlich kannte[304]. Das Lehrprogramm dieser Akademie sollte Reiten, Fechten, Tanzen und Voltigieren sowie Mathematik, Geschichte und Politik umfassen und hatte den Anspruch, zukünftige Fürstendiener sowohl im zivilen, als auch im militärischen Bereich auszubilden, ein Vorschlag, der sich mit demjenigen de la Noues weitgehend deckt[305].

So fanden de la Noues Anregungen Eingang in den französischen Akademielehrplan, auch wenn sie nicht mit konkretem Bezug auf ihn umgesetzt wurden[306]. Auch kam es in der Folge in Frankreich zur Gründung sogenannter Académies d'équitation oder Académies d'exercices. Dabei handelte es sich um private Initiativen oder um Gründungen in der Nähe bestehender Schulen oder Universitäten[307]. Ihr Lehrprogramm verengte sich – wie ihre Bezeichnungen schon andeuten – zusehends auf die Vermittlung der Exerzitien, was Conrads mit der in Frankreich bald folgenden Errichtung der wissenschaftlichen Akademien begründete, einer Bewegung, die mit der Académie Française im Jahr 1635 ihren Anfang nahm[308]. Asch weist zusätzlich darauf hin, dass in Frankreich die Kluft zwischen der Noblesse d'épée und der Noblesse de robe groß war und das Universitätsstudium beim Geblütsadel weiterhin keinen großen Anklang fand. Anders als im Reich, wo die Adelsakademien wie das Tübinger Collegium Illustre auch gelehrte Inhalte, namentlich die Rechte, in ihren Lehrplan aufnahmen[309], blieben die französischen Akademien daher eher auf eine militärische Ausbildung ausgerichtet[310].

Im Heiligen Römischen Reich wurde François de la Noues Akademielehrplan zu-

---

Grisone und die italienische Reitschule, das Pferd bei der Dressur nicht gewaltsam zum Gehorsam zwang, sondern, auf der Grundlage Xenophons, das individuelle Wesen des Pferdes berücksichtigte. Sein Hauptwerk „Maneige Royal" erschien posthum 1623/1625 und setzte für die Reitkunst neue Maßstäbe.

[304] CONRADS: Ritterakademien, S. 27, 47–49.

[305] Ebd., S. 49–53; LA NOUE: Discours, S. 153 f., 158: Die größte Übereinstimmung zwischen de Pluvinels und de la Noues Akademieplan sah Conrads in dem fast gleichlautenden Vorschlag der Errichtung von vier Akademien in Paris, Tours, Bordeaux und Lyon. De la Noues Vorschlag unterschied sich davon nur insofern, als er anstatt Tours die Stadt Angers vorschlug.

[306] CONRADS: Ritterakademien, S. 69 f.

[307] Ebd., S. 27–29, 46–48, 53–58, 60 f., 70–79; TÖPFER: Ritterakademie, Sp. 287: Antoine de Pluvinel selbst eröffnete 1594 in Paris eine Académie d'equitation für den jungen französischen Adel, an der Reiten, Fechten, Tanzen, Ballspiel, Voltigieren, Literatur, Poesie, Mathematik, Malerei und Musik unterrichtet wurde. In Angers gründete Ende des 16. Jahrhunderts ein italienischer Bereiter eine private Académie d'equitation. Im 17. Jahrhundert bestand in Saumur und damit in hugenottischem Einflussbereich eine der Stadt unterstehende Académie d'equitation, in Sedan eine dem Herzog von Turenne unterstehende Académie d'exercices und in Orange eine adlige Standesschule. Ludwig XIII. gründete 1636 die Académie Royale in Paris, die noch deutlich militärischer ausgeprägt war als die anderen Akademien.

[308] CONRADS: Ritterakademien, S. 23, 26, 35 f., 65 f.; MAZAURIC: Origines, S. 35; STACKELBERG: Académie Française, S. 27–46.

[309] Leges 1609, S. 23.

[310] ASCH: Adel, S. 138 f.

erst 1596 im Tübinger Collegium Illustre verwirklicht. Im Zuge dieser Umsetzung ergaben sich jedoch Modifizierungen: Die nunmehrige Kombinierung der Exerzitien mit den gelehrten Studien der Rechte verlieh dem Tübinger Collegium Illustre und den in seiner Nachfolge stehenden Adelsakademien im Reich ein ganz besonderes Gepräge.

2.3 Die Modifizierung des Akademielehrplans in Tübingen

Nach den Vorarbeiten Norbert Conrads ist es unbestritten, dass der Akademielehrplan François de la Noues über die französisch-württembergische Schnittstelle Mömpelgard in den Kulturkreis des Heiligen Römischen Reiches gelangte und dort rasch in verschiedenen Akademieprojekten aufgegriffen wurde[311]. Einschlägigster Beweis für die Rezeption der „Discours politiques et militaires" François de la Noues ist das Erscheinen der deutschen Übersetzung Jakob Rahtgebs, des Kammersekretärs des Grafen Friedrich von Mömpelgard und des späteren Herzogs von Württemberg, im Jahr 1592 in Frankfurt am Main[312].

---

[311] CONRADS: Ritterakademien, S. 88 f.: „Wir glauben, daß die genannten Initiativen [zur Gründung von Ritterakademien] tatsächlich auf eine gemeinsame Idee zurückgehen, daß es das 1587 erstmals veröffentlichte Akademieprojekt des La Noue ist, das fast gleichzeitig in Frankreich und in Deutschland bzw. Dänemark aufgegriffen wird. Während aber in Frankreich das Königtum noch nicht in der Lage ist, selbst initiativ zu werden [...], dringen die Gedanken La Noues in offener oder verkappter Form über den Rhein, um hier zuerst bei jenen Fürsten ausprobiert zu werden, die schon damals die größte Aufgeschlossenheit gegenüber dem französischen Kulturkreis an den Tag legten". Ebd., S. 115–136 und entsprechende Literatur S. 359–361, 370 f.: Conrads schließt insbesondere aus der in den 1590er Jahren verdichtet stattfindenden Gründung von Adelsschulen im Heiligen Römischen Reich nicht nur eine „übereinstimmende Haltung" zwischen den konfessionell gleichgesinnten und dem Hugenotten de la Noue nicht abgeneigten Reichsfürsten, „sondern möglicherweise einen direkten Zusammenhang" zwischen den fast gleichzeitig stattfindenden fürstlichen Aktionen auf dem Gebiet des adligen Bildungswesens. Im Jahr 1593 plante Kurfürst Friedrich IV. von der Pfalz eine Adelsschule in Heidelberg. Im Jahr 1596 wurde durch Herzog Friedrich das Tübinger Collegium Illustre in eine exklusive Adelsakademie umgewandelt. Im gleichen Jahr gründete Landgraf Moritz von Hessen-Kassel eine Pagenerziehung in Kassel, die 1598 zur Hofschule des Mauritianum ausgebaut wurde. Schließlich plante Graf Johann VII. von Nassau-Siegen zu Beginn des 17. Jahrhunderts eine Kriegs- und Ritterschule in Siegen. Vgl. zum Kasseler Mauritianum die neueren Arbeiten von GRÄF: Hofschule, S. 17–32; GRÄF: Collegium Mauritianum, S. 1167–1180; vgl. zudem zu den weiteren Adelsakademien im Reich DEBITSCH: Erziehung, S. 7; STAEHELIN: Geschichte, Bd. 1, S. 449: Nach dem Dreißigjährigen Krieg entstanden weitere Adelsakademien, so etwa in Kolberg (1653), Lüneburg (1656), Frankfurt (Oder) (1671), Halle (1685), Wolfenbüttel (1687), Erlangen (1699), Brandenburg (1704), Berlin (1705), Liegnitz (1708), Ettal (1711), Hildburghausen (1715), Dresden (1725), Kremsmünster (1744), Braunschweig (1745) und Wien (1746, 1749).
[312] Ebd., S. 91–95.

Aber das Konzept de la Noues wurde nicht unverändert aufgegriffen. Im Zuge der Rezeption und Umsetzung der Ideen François de la Noues im Tübinger Collegium Illustre modifizierte Herzog Friedrich von Württemberg Lehrinhalte, Schwerpunktsetzungen und Terminologien des Akademielehrplans. Das Tübinger Collegium, das zwei Jahre nach seiner Eröffnung als Universitätskolleg im Jahr 1596 zur exklusiven Adelsakademie umgewandelt wurde und damit die erste Institution ihrer Art auf dem Boden des Heiligen Römischen Reiches darstellte[313], wurde mitsamt der vorgenommenen Lehrplanmodifizierungen zum Vorbild[314]. Auch der erstmals im höheren Bildungswesen fest etablierte Stellenwert des Exerzitien- und Sprachunterrichts im Gesamtlehrprogramm der Tübinger Adelsschule[315] hatte Vorbildcharakter und wirkte beschleunigend auf die Verankerung der Exerzitien und des Unterrichts im Französischen und Italienischen an den Universitäten des 17. und 18. Jahrhunderts.

Die von Jakob Rahtgeb im Zuge seiner Übersetzungstätigkeit eingeflochtenen Eigeninterpretationen geben neben den Collegiumsstatuten als wichtigster normativer Quelle für die Umsetzung des französischen Akademielehrplans in Tübingen wichtige Hinweise auf die vorgenommenen Modifizierungen, Ergänzungen und Selektionen. Im Zuge einer Zusammenschau des französischen Originalakademielehrplans mit der deutschen Übersetzung von Jakob Rahtgeb ist das Augenmerk besonders auf die terminologische Übertragung der Schlüsselwörter und auf die Textpassagen zu richten, in denen Rahtgeb weiterführende Ergänzungen anbrachte[316]. Hinsichtlich der Statuten des Tübinger Collegium Illustre ist von einem Etablierungs- und Modifizierungszeitraum auszugehen, der die Statutenfassungen der Jahre 1596, 1601 und 1609 umfasst[317].

Eine erste Modifizierung des Lehrplanmodells François de la Noues zeigt sich darin, dass mit den Statuten des Tübinger Collegium Illustre von 1609 die klassische und bereits aus der Antike stammende Dreiteilung in körperliche, geistige und musisch-ästhetische Disziplinen aufgegeben wurde: Während die Tübinger Statuten von 1596 neben gelehrten Studien[318] und Körperübungen (Spazieren, Ballspiel, Fechten,

---

[313] Ebd., S. 105–115.
[314] Ebd., S. 287–294.
[315] Ordnung 1609, S. 27 f.
[316] Für die Synopse beider Texte wurde die Ausgabe der „Discours politiques et militaires" von François de la Noue in der Edition von 1967 sowie der von Norbert Conrads edierte Text des fünften Discours auf der Grundlage des Originals der Bibliotheca Bipontina in Zweibrücken (Signatur: R 184) und der digitalisierten Ausgabe der Staatsbibliothek München (Signatur: 4 H.misc. 129) herangezogen: LA NOUE: Discours, S. 151 – 159; LA NOUE: Discours oder Beschreibung, S. 131–162; CONRADS: Ritterakademien, S. 326–332.
[317] HStAS A 274 Bü 67: Statuten 1596; HStAS A 274 Bü 72: Statuten und Ordnungen 1601; Constitutiones 1601; Leges 1609; Ordnung 1609.
[318] HStAS A 274 Bü 67: Statuten 1596, Bl. 8, 20: Bis zur jurisdiktionellen Trennung des Collegium Illustre von der Universität im Jahr 1601 nahmen die Collgiaten das Lehrangebot der Universität in Anspruch. Jeder der Collegiaten sollte demnach *seinem Studieren mit fleiß abwarten, seine Lectiones fleissig besuchen, fuernemblich auch die publice Disputationes in jeder faculet darinnen einer Studiert, nicht verabsaumen.* Der Oberhofmeister des Collegium Illustre sollte darauf achten, ob der einzelne Collegiat noch *ein zeitlang in den Artibus,*

Ritterspiele) auch das Musizieren empfahlen[319], entfiel Letzteres in den Statuten von 1609 stillschweigend. Auch der von de la Noue in Anlehnung an Aristoteles vorgeschlagene Unterricht im Zeichnen wurde in Tübingen von Anfang an nicht umgesetzt. Er war bereits in der Übersetzung Jakob Rahtgebs negativ bewertet worden[320]. Jedoch fanden sich für das 17. und 18. Jahrhundert immer wieder Hinweise auf privaten Zeichen-[321] und Instrumentalunterricht[322].

---

oder freyen Kuensten, oder aber andern noch hoehern Faculteten Studieren, und wie er seine Studia anstellen woelle und dass die Studiosi, ihre Lectiones, und Disputationes Publicas, Sonderlich die auff eines jeden Collegiaten fürgenommene Facultet gerichtet seind, besuchen, auch in dem Collegio ihrem Studieren mit gebuehrlichem fleiß abwartten.

[319] HStAS A 274 Bü 67; Statuten 1596, Bl. 16: *Nach gehaltner Mittag, und Abendt Mahlzeit, soll ihnen Ehrliche Exercitia, alß spatzieren, Musicieren, Balschlagen, Fechten, und andere Ritterspuel, darzu ein jeder selbst lust hat, sich damit zuueben, und zuerlustigen vergondt, und zugelassen sein, jedoch daß hierin gebuehrende maß gehalten, und die rechte zeit, nit uberschriten, noch ire Studia dardurch gehindert, und zu schaedlichem muessiggang Ursach gegeben werde.* Vgl. zum studentischen Spaziergang KRUG-RICHTER/BRAUN: Gassatum gehn, S. 36–42.

[320] LA NOUE: Discours, S. 155; Zitiert nach CONRADS: Ritterakademien, S. 329: Der schlichte Hinweis de la Noues, dass ein Reitmeister besser bezahlt werden müsse als ein Zeichenlehrer *Car chacun sçait qu'un qui monstreroit à manier chevaux meriteroit plus qu'un peintre*, erweiterte sich in der entsprechenden Passage bei Rahtgeb zu einer Wertung, ob der Zeichenunterricht überhaupt notwendig sei: *Dann ein jeder leichtlich zu erachten wie der jenig, so die Pferdt abrichtet, und die jugend, selbige recht zu Regieren lehrte, einer bessern besoldung, als ein Mahler, würdig wäre, angesehen, daß die Kunst deß Reitens, zu Ritterlichen übungen, unnd Kriegssachen, vil nottwendiger, als daß Mahlen, welches allein zu belustigung, und erweckung daß jenigen, so es anschawet, der Augen und daß Gemüths, dienet.* Vgl. hierzu auch SCHÖTTLE: Mahler, S. 14–16.

[321] HStAS A 303 Bd. 13972 Bl. 166ʳ: Im Jahr 1674 wurde Prinz Georg Friedrich um 1674 bis um 1676 während seines Aufenthaltes im Tübinger Collegium Illustre *in der Reißkunst* unterrichtet. Dazu wurden auch Kohlestifte, *Reißbley* sowie rote und schwarze Kreiden angeschafft. SCHÖTTLE: Mahler, S. 18 f.: Privater Zeichenunterricht für Studenten wurde sodann seit den 1770er Jahren durch verschiedene Universitätsmaler und Kupferstecher erteilt. Vgl. zum universitären Zeichenunterricht in Tübingen zudem SCHULZE: Dies, S. 67–74, 91 f., 131 f. und allgemein STARK: Rede, S. 17: Musik und Zeichnen wurden auch auf den Kavalierstouren des 17. Jahrhunderts vor allem in Italien betrieben. Beides wurde jedoch im Heiligen Römischen Reich nur sporadisch aufgegriffen: *Von Padua hören wir speciell gegen die Mitte des 17. Jahrhunderts, wie hier junge Leute und ganz besonders Deutsche neben den selteneren Wissenschaften, moderne und orientalische Sprachen trieben, schön und elegant zu schreiben, zu zeichnen, zu malen lernen, neben der Mathematik auch mit Mechanik, bürgerlicher und militärischer Baukunst sich befassen, wie sie sich vor allem im Musik, sowohl der Vokal- als Instrumental-Musik ausbilden, endlich sich aller Kunst des Tanzens, Reitens und Waffengebrauchs befleissigen, um einst in dem höfischen Leben der Gunst des Fürsten durch ihre körperliche Ausbildung sich zu empfehlen. Allmälig beginnt man nun auch in Deutschland selbst solche Exercitienmeister anzustellen, doch sind Musik und zeichnende Kunst am stiefmütterlichsten dabei bedacht worden.*

[322] HStAS A 274 Bü 72 o. Pag. Herzog Friedrich an den Oberhofmeister des Collegium Illustre (1600, Dezember 20): Herzog Friedrich teilte dem Oberhofmeister des Collegium Illustre im Dezember 1600 mit, dass Prinz Julius Friedrich *uff dem Instrument und in lingua Gallica unterrichtet* werden solle. UAT 9/8 Nr. 24: Im Staat des Hofmeisters des württembergischen Prinzen Johann Friedrich erschien zu Beginn des 17. Jahrhunderts der Passus: *Diweyll auch*

Eine zweite wichtige Modifizierung lag in der Einfügung der gelehrten Studien der Rechte in das Lehrprogramm der Tübinger Adelsakademie, die auch noch absolute Priorität im Gesamtlehrplan einnahmen[323]. Im Vergleich zu de la Noues gleichberechtigten und beiderseits praxisbezogenen *exercices du corps* und *exercices d'esprit* bedeutete dies eine deutliche Schwerpunktverlagerung. Mit der 1601 vollzogenen jurisdiktionellen Trennung des Collegium Illustre von der Universität wurden an der Adelsakademie eigene Professoren für das Lehn-, Straf- und Prozessrecht aufgestellt[324].

Aus dem Bereich der bei de la Noue als *exercices d'esprit* genannten anwendungsbezogenen Studien wurden lediglich die Bereiche der Geschichte und Politik und der modernen Fremdsprachen übernommen, die ebenfalls zunächst von gelehrten Professoren unterrichtet wurden[325]. Mathematik, Geographie und Fortifikationswesen, die – wie das Zeichnen – auch einer militärischen Ausbildung zugute gekommen wären, blieben unberücksichtigt. Damit erhielt das Tübinger Collegium Illustre im Vergleich zu de la Noues Akademielehrplan, mit dem er *bons courtisans, & bons soldats*[326] heranbilden wollte, und im Vergleich zu den in seiner Folge in Frankreich

---

die Jugendt Ihre gepürliche recreationes animi, unnd exercitia corporis haben muoß, So sol Hoffmaister die anstellung thuon, das Er mit singen unnd uf allerley Instrumenten, dartzue Er Lust hatt, inselbigen, doch dartzue ungezwungen ettwas proficiere. HStAS A 274 Bü 79 o. Pag. Besoldungsverzeichnis des Collegium Illustre (um 1610); HStAS A 274 Bü 79 o. Pag. Oberhofmeister des Collegium Illustre an Herzog Johann Friedrich (1618, August 16): Bereits 1610 und 1618 tauchte in der Besoldungsliste des Collegium Illustre auch ein Organist und Lautenist auf. Zitiert nach MÜLLER: Loblied, S. 429 f.: Zwei adlige Collegiaten berichteten 1617 über ihre Lernerfolge im Collegium Illustre: *Mit dem Lautenschlagen, Fechten, und Tantzen ist es auch vergebens, dann obwoln der Tantzmeister guet, ist er doch gar selten alhier. Der Fechter und Lautenschlager sindt zwar mehrertheils vorhanden, können aber selbst nichts.* HStAS A 303 Bd. 13972 Bl. 165ᵛ, 166ʳ, 167ʳ: Der württembergische Prinz Georg Friedrich erhielt um 1675 am Collegium Illustre privaten Unterricht im Klavierspiel und auf der Viola da Gamba. Vgl. zur Geschichte der Tübinger Universitätsmusik DADELSEN: Geschichte, S. 32–46 und zum Amt des Universitätsmusikdirektors in Tübingen seit 1817 ROTHMUND-GAUL: Taktstock. Vgl. allgemein auch KRÄMER: Musik, S. 343-361; KÜMMEL: Anfänge, S. 262–280.

[323] CONRADS: Ritterakademien, S. 303 f.; CONRADS: Tradition, S. 399: Conrads belegt hier die vorbildhafte Funktion des Tübinger Collegium Illustre für die Einfügung des Studiums der Rechte in das adlige Bildungsprogramm: „Das Tübinger Collegium illustre begann mit zwei bis drei Professoren der Jurisprudenz, und nach ihm haben alle bedeutenden deutschen Ritterakademien, ob in Wolfenbüttel, Wien, Erlangen, Berlin oder Liegnitz die Jurisprudenz zu den ‚adligen Musen' gezählt".

[324] HStAS A 274 Bü 72: Statuten und Ordnungen 1601, o. Pag.; Constitutiones 1601, S. 5 f., 11: *Allß haben wür zue dem bißher geweßnen Professore Institutionum noch drey bestelt, unnd angenommen, deren der ein Feudalia, unnd Criminalia wie nit weniger den Processum Juditiarium, der ander aber historica unnd Politica der drite linguam Gallicam unnd Italicam profitieren solle unnd damit die Collegiaten zum Disputieren desto besser angefüertt werden, so solle fürohin der Professor Institutionum auch die logica praecepta docieren unnd sich befleissen die regulas logicas mit Juridicis exemplis zu illustriren.* Zusätzlich sollten auch die öffentlichen Disputationen an der Universität und am Collegium Illustre besucht werden.

[325] Ordnung 1609, S. 23.

[326] LA NOUE: Discours, S. 158.

entstandenen eher militärisch als zivil ausgerichteten Académies d'équitation oder Académies d'exercices[327] ein rein ziviles und überwiegend gelehrtes Gepräge. Die Intention des Tübinger Collegium Illustre bestand darin, Staatsdiener für den Hofdienst heranzuziehen. So nannten es auch die Statuten des Jahres 1609, welche die Collegiaten *in Politischen und Regiments Kuensten*[328] ausgebildet sehen wollten. Alle am Collegium tätigen Professoren sollten sich daher durch ein Studium der Rechte und durch einen an einer deutschen Universität erworbenen Doktortitel qualifizieren können, wobei Zugeständnisse hinsichtlich der Doktorpromotion nur beim Professor des Französischen und Italienischen vorgesehen waren[329].

Die dritte wichtige Modifizierung gegenüber dem Akademielehrplan François de la Noues lag im Stellenwert der Exerzitien. Anders als dort vorgesehen, trat ihre Bedeutung in Tübingen zunächst weit hinter den gelehrten Studien der Rechte zurück, die durch diese in keiner Weise gestört werden durften[330]. In den Statuten der Jahre 1596 und 1601 fungierten die Exerzitien noch als Mittel der Rekreation und damit als fakultativer Zeitvertreib, obwohl von Anfang an aus dem Kirchenkasten besoldete Exerzitienmeister bereitgestellt worden waren[331]. Die anfänglich noch hinten angestellte Bedeutung der Exerzitien kann bereits durch die Eigeninterpretationen in Rahtgebs Übersetzung als unterfüttert angesehen werden. Denn die Textpassage, in welcher de la Noue ohne Einschränkung die Körperübungen vorschlug, übersetzte Rahtgeb so, dass diese nur für diejenigen jungen Männer vorgesehen seien, die *von*

---

[327] CONRADS: Ritterakademien, S. 67–79.

[328] Ordnung 1609, S. 23.

[329] Ebd., S. 23: *Und dieweilen wir vor allen dingen dahin sehen, auff daß unsers Fuerstlichen Collegii Adeliche studirende Jugent in Politischen und Regiments Kuensten zu gnuegen informirt, ins kuenfftig desto mit groesserm Lob dem lieben Vatter, oder andern Landen nutzlichen vorzustehen und zudienen: Also woellen wir, daß gemelte unsere vier Professores nicht allein beeder Rechten Doctores; welche Dignitet sie dann in einer fuernemmen alten Teutschen Universitet empfangen haben sollen; (jedoch woellen wir den Professorem Linguarum zu empfahung solches Gradus Doctoralis nicht tringen; Doch daß er ein Iurisconsultus seye) sondern auch in Politicis, Historicis, und mancherley Sprachen fuertrefflichen erfahren und gelehrt seyen.*

[330] HStAS A 274 Bü 67: Statuten 1596, Bl. 16; Ordnung 1609, S. 27 f.: Auch in den Statuten von 1609 wurde darauf hingewiesen, dass die Exerzitien die Vorlesungen der Professoren nicht behindern dürften, weshalb strikte zeitliche Einschränkungen erlassen wurden, die jedoch zwischen neun und zehn Uhr morgens und zwischen vier und fünf Uhr nachmittags recht zentral lagen.

[331] HStAS A 274 Bü 67: Statuten 1596, Bl. 16; HStAS A 274 Bü 72: Statuten und Ordnungen 1601, o. Pag.; Constitutiones 1601, S. 20: *Damit auch die Fürstliche Herrn unnd Adelßpersohnen Ire nothwendige ehrliche leibs Exercitia mit Reiten, Fechten, Ballschlagen unnd anndern Ritterspühlen, zue gewissen stunden ohne Versohmung der Studien inn dißem unnßerm newen Collegio haben mögen, sollen Inen solche Exercitia, wartzue Jeder Lust hat jedes tags drey stundt, allß Vormittag vonn neun biß zehn Uhren volgenndts nachmittag essen, vonn zwelff biß eins unnd dann gegen Abendt von vier biß fünff Uhrn, zugebrauchen hiemit erlaubt sein. Doch daß hierinn gepürende maßgehalten, die bestimpte Zeit nicht überschritten, unnd dardurch zu schedlichem müessiganng mit Verhinderung der Studien Ursach gegeben werde.*

Leib und Glidtmassen starck seien, und verstärkte damit deren rein fakultativen Charakter[332]. Wo de la Noue *actions corporelles* erwähnte, schrieb Rahtgeb von *Ritterlichen kurtzweilen*[333] und brachte damit deutlich zum Ausdruck, dass es sich bei den Körperübungen um ein der Standesrepräsentation dienendes fakultatives Angebot handeln sollte. Eine deutliche Sprache hinsichtlich des Zieles der Exerzitien sprachen auch noch die lateinischen Collegiumsstatuten des Jahres 1597. Demnach waren die Exerzitien zur Erholung des Geistes von den Studien gedacht und zwar *ad relaxandum ex studiis animum atque ad dandum sese iucunditati honestae ac liberali*[334]. In gleichem Zusammenhang fielen die Begriffe der *delectatio* und *relaxatio*. Damit war der Stellenwert der Exerzitien als fakultatives Angebot der Standesrepräsentation und Rekreation im Gegensatz zu den gelehrten Studien der Rechte – zunächst – klargestellt.

Dies änderte sich mit den Statuten von 1609 jedoch grundlegend. Die Exerzitien, die Exerzitienmeister, die infrastrukturellen Einrichtungen zum Betreiben der Exerzitien und der Zweck derselben wurde nunmehr auf eine vollkommen neue Grundlage gestellt. Zunächst fanden die Exerzitien erstmals explizite Würdigung bereits in der Praefatio[335] wie auch in einem eigenen Statutenkapitel an prominenter Stelle nach den Collegiumsprofessoren und dem collegiumseigenen Arzt[336]. Aber dem nicht genug: Mit einer eigenen Erklärung über den Zweck und die Lehrziele der Exerzitien, wurden dieselben nunmehr als fester Bestandteil des Gesamtlehrprogramms ausgewiesen[337]. Zum Zweck der Erholung von den gelehrten Studien trat nun zusätzlich das Ziel, *alle gute Tugenten, Geschickligkeit, Künste, Sitten und Hoefligkeit*[338] zu erlernen, ein Manifest, das die Exerzitien obligatorisch in das Gesamtlehrprogramm einbezog. Die folgende Rechtfertigung der Exerzitien liest sich wie eine nachträgliche Rezeption des „Cortegiano", aus dem auch die Formulierung des Lehrziels stammte, dass ein Fürstendiener *in alle Saettel gerecht, reden und reitten* können sollte[339].

---

[332] LA NOUE: Discours, S. 153; CONRADS: Ritterakademien, S. 328.

[333] LA NOUE: Discours, S. 157 f.; CONRADS: Ritterakademien, S. 331 f.

[334] Constitutiones 1597, S. 14 f.: *Capto mane vesperique cibo, nostri Collegii habitatoribus, ad relaxandum ex studiis animum atque ad dandum sese iucunditati honestae ac liberali, potestas concedetur: dabiturque inter caetera facultas inambulandi, rebus musicis operam dandi, pila ludendi, digladiandi, equestres tractandi exercitationes, et quarumcunque aliarum delectatione singuli afficientur. Sed in his relaxationibus servabitur modus, habebiturque ratio temporis, ne inde studiorum iactura consequatur, et studiosi in otium, aut certe noxium otii amorem delabantur.*

[335] Ordnung 1609, S. 4 f.: Erstmals wurden hier die besonderen Einrichtungen zum Betreiben der Exerzitien, die Reitbahn, der Fechtboden und das Ballhaus und die Exerzitienmeister gleichberechtigt neben den gelehrten Professoren erwähnt.

[336] Ordnung 1609, S. 27 f.

[337] Ebd., S. 27 f.

[338] Ebd., S. 3.

[339] Ebd., S. 27 f.: *Dieweil aber heutigs tags auch auff diejenigen sonderlich groß gehalten wuerdt, welche dem gemeinen Sprichwort nach in alle Saettel gerecht, reden und reitten koennen; wie dann die taegliche Erfahrung mitbringt, daß, welche sich in alle conversation, exercitia, ceremonien und geberden wol schicken, an Fuersten und Herren Hoeffen herfuer gezogen, auch bey dem gemeinen Mann hoch gepriesen werden. Damit nun auch hierinnen in unserem*

Die reine Erholungs- und Vergnügungsfunktion der Exerzitien war damit zugunsten ihrer Nutzbarmachung für die im Hofdienst benötigten Repräsentationszwecke beendet und die Exerzitien waren obligatorisch geworden. Auch hatte sich der Kanon der Exerzitien inzwischen verfestigt. Während 1596 noch relativ ungeordnet von Spazieren, Fechten sowie Ball- und Ritterspielen die Rede war, so legte sich das Exerzitienprogramm mit den Statuten von 1609 auf Reiten, Fechten, Tanzen und Ballspiel fest, was in dieser Vierteilung, zumindest aber in der Dreiteilung häufig auch ohne das Ballspiel, im Verlauf des 17. Jahrhunderts zum Standardexerzitienprogramm an den Universitäten und Adelsakademien des Reiches wurde. De la Noue hatte das Ballspiel nicht genannt. Es gehörte jedoch zusammen mit Reiten, Fechten, Tanzen und Voltigieren zum Programm der 1594 gegründeten Akademie Antoine de Pluvinels in Paris[340]. Das von dem Hugenotten François de la Noue als unnütz bezeichnete Tanzen, das er daher nur den Katholischen unter sich zugestanden haben wollte[341], wurde erst 1609 in Tübingen erstmals erwähnt. Vielleicht dachte man im Sinne de la Noues zunächst tatsächlich daran, Abstand davon zu nehmen[342]. Das bei de la Noue genannte Schwimmen und Ringen dagegen war in Tübingen erst gar nicht aufgekommen.

Die Betonung des Ritterlichen ist als vierte Modifizierung zu werten. Die deutsche Terminologie sowohl Jakob Rahtgebs, als auch der Tübinger Collegiumsstatuten betonte ganz im Gegensatz zum französischen Pendant stark das ritterliche Element. Während de la Noue in seinem Lehrplanvorschlag die Begriffe der *académie* und der *exercices* stets ohne weitere Zusätze wie etwa *chevaleresque*, *courtois* oder *galant* gebrauchte, ergänzte Rahtgeb und betonten die Collegiumsstatuten in der deutschen Version stets das Ritterliche: *exercices du corps* wurden zu *Ritterlichen Übungen*, *exercices honnestes* zu *ehrlichen Ritterlichen exercitien* und *exercices louables* zu *Ehrlichen, Ritterlichen übungen*, um nur einige Beispiele zu nennen[343]. Allerdings wurde

---

Fuerstlichen Collegio der Adelichen studierenden Jugent gewillfahret, und dieselbe ausser studierens zeit ihre recreation, und neben dem gewohnlichen Buechsen- und Armbrustschiessen in Ritter- und Hoffexercitien, alß Reitten, Fechten, Pallspillen, Dantzen, sich zuueben gelegenheit habe: also sein von unß zu solchem ende ein Bereiter, Fechter, Pallmeister und Dantzmeister angenommen und bestelt worden.

[340] CONRADS: Ritterakademien, S. 56.

[341] LA NOUE: Discours, S. 154: *Aucuns catholiques y a, qui voudroient qu'on monstrast aussi aux jeunes gentils-hommes à danser la gaillarde, entr'eux seulement (encor que la dance soit vaine) d'autant qu'elle leur apprend à se bien composer, & à avoir la grace plus asseuree en public.*

[342] Ordnung 1609, S. 27 f.; HStA A 274 Bü 79 o. Pag. Besoldungsverzeichnis (um 1610); PFEILSTICKER: NWD § 971: Der erste bekannte Tanzmeister am Collegium Illustre war François de Mire, der erstmals um 1610 genannt wurde.

[343] LA NOUE: Discours, S. 154, 156–158; CONRADS: Ritterakademien, S. 328, 330–332: Wo de la Noue mit *ceux qui enseignent à estre bien à cheval, à jouër des armes, & à voltiger* lediglich Disziplinen aufzählte, übersetzte Rahtgeb *die sich auff abrichtung der Pferdt, unnd andere Ritterliche übungen, auch Rennen, Stechen, Fechten und dergleichen wol verstünden.* Leges 1609, S. 20, 27; Ordnung 1609, S. 18: Während in den lateinischen Statuten von *magistris exercitiorum corporis* oder den *exercitiorum aulicorum magistri* die Rede war, erwähnte die deutsche Version die *von uns in Ritter und Hoffexercitien bestelte Meister.* Vgl. zur Betonung

das Tübinger Collegium Illustre im zeitgenössischen Sprachgebrauch nie als Ritterakademie bezeichnet. Gebräuchliche Begriffe waren vielmehr das *Fuerstliche Newe Collegium*, *unnßer new Fürstlich unnd Adenlich Collegium* oder die *weitberhuembte Kunst, Sitte, unnd Hoff Schul*[344].

Beide Beobachtungen lassen wichtige Schlüsse zu: Anders als in Frankreich, wo die starke Betonung der Exerzitien sich auch in den Bezeichnungen der Académies d'équitation oder der Académies d'exercices widerspiegelte[345], blieben solche Bezeichnungen aufgrund des Zurücktretens der Exerzitien hinter den gelehrten Studien der Rechte für die Gesamtbezeichnung der Tübinger Akademie aus. Die terminologische Betonung des Ritterlichen wurde hier eben nicht auf die gesamte Akademie, sondern nur auf das ritterliche Element in ihr – die Exerzitien – angewandt, dies jedoch in aller Intensität und in Abgrenzung zu den gelehrten Studien. Dabei trat die Funktion der Exerzitien als symbolhafte Reminiszenz an die vorbildhafte und prestigebehaftete einstige Verteidigungsfunktion des adligen Ritterstandes, aber auch ihre abgrenzende Funktion gegenüber dem humanistischen Lehrkanon der Universitäten deutlich hervor.

Betont wurde der ritterliche Aspekt des Exerzitien- und Sprachunterrichts auch noch dadurch, dass Rahtgeb in seiner Übersetzung die neutralen Termini der *exercices du corps* und der *exercices d'esprit* stets durch denjenigen der Tugend ergänzte, ein zusätzlicher Rückgriff auf das Tugendkonglomerat der Rittererziehung, denn durch das Betreiben der Exerzitien, insbesondere das Reiten, sollte nunmehr ritterliche Tugend geübt werden[346]. Deutlichen Ausdruck fand die Ergänzung der Studien und Exerzitien durch die Einübung der Tugend etwa in dem Eintrag in das Stammbuch des Tübinger Studenten Johann Jacob Dann im Jahr 1717: *Ars, Mars et Virtus, hac tria nobilitant*[347].

Das Tübinger Collegium Illustre wurde als Standesschule 1688 geschlossen und

---

des Ritterlichen in der Körperkultur der Territorien des Heiligen Römischen Reiches und der deutschen Universitäten SCHEUER: Waffentragen, S. 65–68.

[344] HStAS A 274 Bü 67: Statuten 1596, Titelblatt; HStAS A 274 Bü 72: Statuten und Ordnungen 1601; Constitutiones 1601, S. 5 f.; Ordnung 1609, S. 4 f.; Leges 1609, S. 11, 14, 25.

[345] CONRADS: Ritterakademien, S. 67–79.

[346] LA NOUE: Discours, S. 151–153; CONRADS: Ritterakademien, S. 326–328: Wo de la Noue als Lehrziele die *bonnes moeurs & exercices honnestes* anbrachte, ergänzte Rahtgeb neben den guten Sitten und Übungen noch die *Tugenden*. Die Fürsorge des Landesfürsten, *qu'ils soient bons*, ergänzte Rahtgeb ausführlich durch *damit dieselbigen in aller Gottesforcht, unnd löblichen guten Tugenden underricht unnd gelehret werden*. Die Bemerkung de la Noues, dass die adligen Väter durch die Gründung von Adelsschulen eine *excelente escole de tous bons exercices* in der Nähe vorfinden würden, übersetzte Rahtgeb mit *ein herrliche Schul vor der Thür, darinen gedachte ihre Kinder, in allen Adenlichen, löblichen, unnd erforderten Tugenden abgericht werden und sich üben köndten*. GRISONE/FAYSER: Bericht, Titelblatt: Im Titel der Reitlehre Federico Grisones wurde die Einübung ritterlicher Tugend durch das Reiten als ritterliche Disziplin schlechthin auf den Punkt gebracht: *Wie die Streitbarn Pferdt (durch welche Ritterliche Tugendten mehrers thails geuebet) zum Ernst und Ritterlicher Kurtzweil, geschickt und volkommen zumachen*.

[347] DOMKA/RAFFEL/SCHÄFER: Freundschaft, S. 47 (Abbildung).

nicht wieder eröffnet. Grund für die Schließung war neben den kriegerischen Einfällen der Franzosen auch das Lehrprogramm der Tübinger Adelsakademie. Das
Studium der Rechte war an der Universität ebenfalls möglich. Und auch der Exer-
zitien- und Sprachunterricht hatte sich seit dem Ende des Dreißigjährigen Krieges
an zahlreichen Universitäten etabliert, sodass die Tübinger Adelsakademie keine
besonderen Anreize mehr bot[348]. Die weiterhin und noch bis 1817 unter der weiter-
bestehenden Jurisdiktion des Collegium Illustre verbleibenden Tübinger Exerzitienmeister und die infrastrukturellen Einrichtungen zum Betreiben der Exerzitien wurden von der Universität benutzt, die bisher neben der Annahme von Sprachmeistern
keine eigenen Maîtres angestellt hatte. Als einziges Element hatten die Exerzitien und
die Exerzitienmeister die Schließung der Tübinger Adelsakademie überlebt. Was sich
in dieser Tatsache aus der Mikroperspektive für Tübingen darstellte und sich an der
Akademie in Wolfenbüttel wiederholte[349], kann auch für die Herauskristallisierung
des frühneuzeitlichen Exerzitien- und Sprachunterrichts im höheren Bildungswesen
des Reiches im 17. und 18. Jahrhundert ganz allgemein gelten: Was als Kondensat aus
der vorbildhaften Rittererziehung und aus de la Noues Akademielehrplanvorschlag
geblieben war, waren die Exerzitien und die modernen Sprachen. Als eine Reminiszenz an das für den Adel bis in die Frühe Neuzeit hinein vorbildhafte ritterlich-adlige
Erziehungsideal des Mittelalters wurde der frühneuzeitliche Exerzitien- und Sprachunterricht nunmehr mit den gelehrten Studien zum Gesamtprogramm der *Studien
und Exercitien*[350] kombiniert. Durch einen Funktionswandel seiner Lehrziele gemäß
Castigliones „Cortegiano" war er für die neue Zeit und die neuen beruflichen Tätigkeitsfelder des Adels brauchbar gemacht worden.

Der frühneuzeitliche Exerzitien- und Sprachunterricht hatte sich seit seinen ersten
Berührungen mit dem akademischen Umfeld im Rahmen des Adelsstudiums seit der
Mitte des 16. Jahrhunderts und durch die Rezeption, Modifizierung, Ergänzung und
Selektion des französischen Akademielehrplans nunmehr zu einem wichtigen und
gleichberechtigten Bildungselement entwickelt. Wie groß dabei der beschleunigende
Einfluss der Adelsakademieprojekte gewesen war, zeigt die Tatsache, dass ein herzog-
licher Gesandter in Planung der Wolfenbütteler Akademie um 1687 den hauptsäch-
lichen Zweck eines solchen Unternehmens in der Bereitstellung der Exerzitien sah.

---

[348] CONRADS: Ritterakademien, S. 155.
[349] Ebd., S. 276, 286–294, 300, 311, 320; KOLDEWEY: Schulordnungen, S. 205, 224 f., 235–238: Die
1687 von Herzog Anton Ulrich von Braunschweig-Wolfenbüttel eröffnete Adelsakademie
in Wolfenbüttel hatte zwar ein im Vergleich zu Tübingen ausgeweitetes Lehrprogramm vorzuweisen (Theologie, Kirchengeschichte, Mathematik, Fremdsprachen, Ethik, Politik, pri-
vates und öffentliches Recht, Genealogie, Geschichte, Exerzitien). Conrads gibt jedoch an,
dass gerade die Disziplinen, die an den Universitäten nicht oder noch nicht gelehrt wurden,
darunter insbesondere die Exerzitien, zum Besuch der Akademie in Wolfenbüttel anregten,
sodass etwa die Hälfte der Wolfenbütteler Studenten erst mit sechzehn bis zwanzig Jahren
als Komplementärausbildung die Akademie besuchten, nachdem sie bereits ein Universitätsstudium absolviert hatten. Die Akademie schloss 1712 bereits wieder.
[350] UAT 9/12 o. Pag. Herzog Eberhard an den Oberhofmeister des Collegium Illustre (1672,
Oktober 14).

Er bemerkte, dass *wegen Ermangelung einer Ritter-Schule die Adeliche Jugend so woll vor als bey und nach dem grossen teutschen Kriege [...] keine genugsahme Gelegenheit gefunden, dahero dann [...] eines Theils genöthiget worden, zu Erlernung der Sprachen und ritterlichen Exercitien sich in frembde Lande zu begeben, daselbst viel schwehre und größere theils vergebliche Kosten anzuwenden, worunter doch auch woll die wenigsten den rechten Zweck erreichet, diejenige aber, denen es an solchen großen Kosten ermanglet, zu dergleichen qualificirung nicht gedeihen können, und solcher gestalt an der sonst woll zu erlangenden capacität dem Vatterland nüzlich zu dienen mercklich gehindert worden*[351].

2.4 Zusammenfassung

Die Anfänge des seit der Mitte des 16. Jahrhunderts in das Umfeld der Universitäten des Heiligen Römischen Reiches gelangten Exerzitien- und Sprachunterrichts verliefen zunächst zögerlich. Insbesondere die Exerzitien blieben zunächst noch von einer organisatorischen Distanz zu den Universitäten geprägt. Beschleunigenden Einfluss auf die Etablierung des Exerzitien- und Sprachunterrichts im höheren Bildungswesen nahmen allerdings die ersten Adelsakademieprojekte an der Wende vom 16. zum 17. Jahrhundert, etwa das Tübinger Collegium Illustre. Das exklusive und speziell auf den jungen Adel abgestimmte Lehrprogramm der Standesschulen führte dazu, dass die Exerzitien und der moderne Fremdsprachenunterricht erstmals fest im höheren Bildungswesen des Reiches verankert wurden. Als Vorbild für die Verwirklichung solch adliger Standesschulen im Reich ist nach Norbert Conrads Vorarbeiten der Akademielehrplan François de la Noues (1587) aus dessen „Discours politiques et militaires" anzusehen. Seine Inhalte und Kontexte sind daher von besonderer Bedeutung für den frühneuzeitlichen Exerzitien- und Sprachunterricht.

François de la Noues Akademielehrplan sah eine Ausbildung des jungen französischen Adels vor, die gleichermaßen körperliche Schulung, geistige Bildung und musisch-ästhetische Rekreation einbezog. Als Lehrdisziplinen nannte er neben verschiedenen Körperübungen (*exercices du corps*) vor allem anwendungsbezogenen Studien (*exercices d'esprit*) wie etwa Mathematik, Geographie und Fortifikationskunde sowie Musik und Zeichnen. Den Körperübungen wurde ein hoher Stellenwert zugeschrieben, theoretische Buchgelehrsamkeit vermieden. Alle Fächer sollten größtmögliche Anwendbarkeit in der Praxis haben und zu einer umfassenden Allgemeinbildung führen, die gute Fürstendiener und Soldaten gleichermaßen hervorbringen sollte.

Als Quellen seines Akademielehrplans nannte de la Noue verschiedene antike Autoren, darunter besonders Aristoteles und Plutarch. Aber auch zahlreiche weitere Quellen mussten hinsichtlich der formulierten Erziehungsmaximen de la Noues Einfluss auf seinen Akademielehrplan genommen haben. Die im Hochmittelalter sich

---

[351] Zitiert nach CONRADS: Ritterakademien, S. 281; vgl. hierzu auch MAHLER: Leibesübungen, S. 23.

ausdifferenzierende Rittererziehung ist dabei als einer der wichtigsten Kontexte zu betrachten. Auch das Vorbild der zu Beginn des 15. Jahrhunderts errichteten frühhumanistischen Bildungseinrichtung Vittorino da Feltres in Mantua dürfte nicht ohne Einfluss auf de la Noue gewesen sein. Besondere Bedeutung hatten auch die Diskurse und Ideale des 16. Jahrhunderts. Baldassare Castigliones „Il Libro del Cortegiano" (1528), die weit verbreitete Kontroverse um Arma et Litterae und die 1580 erschienenen ersten beiden Essaybände Michel de Montaignes sind ebenso wie die italienischen und französischen Akademiebewegungen des 16. Jahrhunderts als wichtige zeitgenössische und unmittelbare Kontexte des französischen Akademielehrplans zu betrachten.

Im Zuge der Rezeption dieses Lehrkonzepts am Tübinger Collegium Illustre wurde de la Noues Akademielehrplan deutlich modifiziert. Körperliche Übungen und moderne Fremdsprachen wurden jetzt mit gelehrten Studien der Rechte kombiniert, während der musisch-ästhetische Bereich im offiziellen Lehrplan gänzlich entfiel. Die Exerzitien wurden zudem als speziell ritterliches Element des Gesamtlehrplans terminologisch stark hervorgehoben und damit zu einem offensichtlichen und distinktiven Bildungselement, das der adligen Abgrenzung diente und sich auch stark von den gelehrten Studien unterschied. Das in der zeitgenössischen Terminologie weit verbreitete Begriffspaar der *Studien und Exercitien*[352], mit dem seit dem 17. Jahrhundert das Gesamtprogramm dessen bezeichnet wurde, was an einer Universität oder einer Adelsakademie gelehrt und gelernt wurde, belegt deutlich, dass der Exerzitien- und Sprachunterricht jetzt einen festen Platz im Lehrgefüge des höheren Bildungswesens einnahm.

---

[352] UAT 9/12 o. Pag. Herzog Eberhard an den Oberhofmeister des Collegium Illustre (1672, Oktober 14).

3. Die Terminologie des Exerzitien- und Sprachunterrichts

3.1 Exerzitien

Basierend auf dem lateinischen exercitium in seiner allgemeinen Bedeutung als Übung und in seiner speziellen als militärisches Exerzieren[353] war der Begriff der Exerzitien in die Sprachen der Romania sowie ins Deutsche und Englische eingegangen[354]. Im deutschen Sprachgebrauch der Frühen Neuzeit, in welchem der Begriff häufig auch in seinen lateinischen Varianten eingeflochten wurde[355], bezeichneten die Exerzitien zunächst allgemeine Körperübungen[356], aber auch – und dann meist durch erklärende Zusätze ergänzt – allerlei Übungen im schulischen Bereich, etwa Deklamations-, Stil- oder Übersetzungsübungen sowie Rechenaufgaben[357]. Im Verlauf des 17. und 18. Jahrhunderts wurde der Ausdruck hinsichtlich seiner Bedeutung als Körperübung aber zunehmend spezieller. Insbesondere in der pluralischen Form bezeichneten die Exerzitien oder die Exercitia mit oder ohne erklärende Zusätze – wie *adelmaeßige*, *ritterliche* oder *corporis* – nunmehr auch speziell das im Rahmen adliger Standeserziehung an Adelsakademien und Universitäten betriebene Disziplinenkonglomerat, das mit Reiten, Fechten, Tanzen und Ballspiel einen festen Kanon ausgebildet hatte[358]. Im

---

[353] GEORGES: Handwörterbuch, Bd. 2, Sp. 1085, Lemma *Uebung*.

[354] Vgl. im heutigen Sprachgebrauch frz. exercice, ital. esercizio, span. ejercicio, port. exercício, rum. exerciţiu, dt. Exerzitium, Exerzitien, engl. exercice.

[355] HStAS A 284/94 Bü 46 o. Pag. Alexander Gottlieb Lamotte an den Kirchenrat (1739, Januar 3): Der Sprachmeister des Französischen Alexander Gottlieb Lamotte beklagte sich 1739 darüber, dass er ohne Gehalt sei, während *alle Bedienten beym Collegio illustri, deren Exercitia jedoch nur bloß zu denen Ergözlichkeiten abzwecken, reichlich salariret werden.*

[356] WEHRMANN: Söhne, S. 34: Den pommerschen Herzogssöhnen wurde 1562 freie Zeit zum *Fechten, anderen exercitiis corporis oder sonst zu spazieren* eingeräumt.

[357] Ordnung 1609, S. 11: In den Statuten des Tübinger Collegium Illustre wurden Deklamations- oder Disputationsübungen als *SchulExercitien* bezeichnet. HStAS A 202 Bü 2599 o. Pag. *Altes Project Praestandorum in dem fürstlichen Collegio* (um 1650): Die Professoren am Tübinger Collegium Illustre sollten die *Ritterliche Jugendt, perorando et disputando exerciren.* Deutsche Encyclopaedie, Bd. 9, S. 230 f., Lemma *Exercitia scholastica*: Übersetzungsübungen, hauptsächlich vom Deutschen ins Lateinische oder in andere Sprachen, wurden als *exercitia scholastica* definiert. GUNDEL: Statuta, S. 210: Auch Stilübungen im Griechischen und Lateinischen wurden als Exerzitien bezeichnet: *De officio praeceptorum in proponendis et corrigendis Latini Graecique styli ut et carminum exercitiis.* Leges 1666, S. 27: Die Tübinger Exerzitienmeister sollten sich nicht erlauben, *der Professorn Lectionibus und Exercitiis publicis geordnete Stunden zu Abbruch der Studien* für ihre Körperexerzitien zu gebrauchen. UAT 9/7 Bd. 4 Bl. 70: Hier wurden 1609 die sogenannten *Schul Exercitien* als Deklamations- und Disputationsübungen genannt. UBT Mh 825 Bl. 9^r–48^r: Eine Denkschrift des Jahres 1687 zur Einführung des Mathematikunterrichts beschrieb einzelne *Exercitia Mathematica*.

[358] UAT 117/656 o. Pag. Senat der Universität an den Geheimen Rat (1695, Juni 5); FRISCH: Dictionnaire, Sp. 892: Ein deutsch-französisches Wörterbuch des 18. Jahrhunderts nannte als Bedeutung *die Ritterlichen Uibungen in der Jugend*. TRICHTER: Reit-, Jagd-, Fecht-, Tantz- oder Ritter-Exercitien-Lexicon, Sp. 712: Valentin Trichter definierte 1742 folgendermaßen: *Adelmaeßige, Ritterliche Exercitia, lassen sich in solche, die theils zum Krieg, theils zum Hof-Leben dienlich sind, eintheilen. Jene begreiffen in sich alle die Exercitia zu Pferde,*

Singular konnte das Exerzitium eine einzelne Fächersparte aus diesem Kanon benennen, etwa das Exerzitium des Ballspiels[359].

François de la Noues 1587 dargelegtes französisches Konzept der *exercices du corps* und der *exercices d'esprit*[360] hatte auch die anwendungsbezogenen Studien wie Mathematik, Geographie und Fortifikationswesen in den Begriff der Exerzitien eingeschlossen. Im deutschen Sprachgebrauch jedoch verengte sich derselbe vollkommen auf die Körperübungen, beziehungsweise bestand in der Fortführung des Teilbegriffs der *exercices du corps*[361]. Grund dafür waren nicht zuletzt die in den Territorien des Heiligen Römischen Reiches und in Frankreich divergierend verlaufenden Umsetzungen adliger Standesschulen nach dem Vorbild de la Noues. Die seit der Gründung der Académie Française im Jahr 1635 bald im Schatten der wissenschaftlichen Akademien stehenden französischen Adelsakademien folgten als Académies d'équitation oder Académies d'exercices einem überwiegend militärisch ausgerichteten Ansatz[362]. Die Kluft zwischen der emporgekommenen französischen Noblesse de robe und der alten Noblesse d'épée hatte zudem in Frankreich dazu geführt, dass sich die Angehörigen des Geblütsadels weiterhin überwiegend dem Waffenhandwerk anstatt einer akademischen Ausbildung zuwandten und auch nur sie sich den Besuch einer der kostspieligen Akademien leisten konnten[363]. Es verwundert daher nicht, dass die französischen Enzyklopädisten Diderot und d'Alembert im 18. Jahrhundert unter *exercices* den gesamten Fächerkanon einer Adelsakademie als die *choses que la noblesse apprend dans les académies* verstanden und als *généralment tout ce que l'on enseigne & tout ce que l'on devroit enseigner dans ces écoles* definierten. Hierzu zählten nicht nur körperliche und militärische Übung, sondern, dem Vorbild de la Noues folgend, etwa auch das Fortifikationswesen oder das Zeichnen[364].

Am Tübinger Collegium Illustre spielten infolge der Rezeption des Akademielehr-

---

als nach dem Ring- und Kopff-Rennen, Scheiben-Schiessen, einen guten Reuter abzugeben, zu Fuß einen guten Degen zu fechten, Pique und Fahnen zu schwingen, zu voltigiren, zu ringen, den Jaeger-Stock zu spielen etc. Die zum Hof- und civilen Stand gehoerige, sind Tantzen, Ball-Spielen etc.

[359] HStAS A 284/94 Bü 53 o. Pag. Johann Bitschin an den Kirchenrat (1649, Oktober 14): Hier war die Rede von dem *löblichen Exercitio deß Bahlen-Spihlens*. HStAS A 284/94 Bü 55 o. Pag. Guillaume Michel Dumanoir an den Kirchenrat (1698, März 20), o. Pag. Carl Simon Paret an den Kirchenrat (1721, April 30); HStAS A 284/94 Bü 250 Bl. 29, 31, 35; UAT 117/670 o. Pag. Senat der Universität an Herzog Eberhard Ludwig (1699, April 3).

[360] La Noue: Discours, S. 153 f.

[361] HStAS A 274 Bü 67: Statuten 1596, S. 16: *Nach gehaltner Mittag, und Abendt Mahlzeit, soll ihnen Ehrliche Exercitia, alß spatziren, Musicieren, Balschlagen, Fechten, und andere Ritterspiel, darzu ein jeder selbst lust hat, sich damit zuueben, und zuerlustigen vergondt, und zugelassen sein.*

[362] Conrads: Ritterakademien, S. 23, 26, 35 f., 65 f.

[363] Asch: Adel, S. 138 f.

[364] Alembert/Diderot: Dictionnaire, Bd. 6, S. 247–252, hier S. 247, Lemma *exercices: Ce mot comprend par conséquent l'exercice du cheval, la danse, l'action de tirer des armes & de voltiger, tous les exercices militaires, les connoissances nécessaires pour tracer & pour construire des fortifications, le dessein, & généralement tout ce que l'on enseigne & tout ce que l'on devroit enseigner dans ces écoles.*

plans François de la Noues die *exercices du corps* eine bedeutende Rolle. Die *exercices d'esprit* standen als anwendungsbezogene Studien im Schatten der gelehrten Studien der Jurisprudenz, die hier als Schwerpunkt des Lehrprogramms ergänzt worden waren[365]. Aus de la Noues Vorschlag der *exercices d'esprit* war in Tübingen nur der Bereich der modernen Fremdsprachen und der Geschichte und Politik aufgegriffen worden[366]. Diese nur partielle Rezeption des Akademielehrplans führte dazu, dass die anwendungsbezogenen Studien als eigenständige Lehrfachkategorie neben den Exerzitien und den gelehrten Studien verblassten. Ihre Reste – wie der Unterricht im Französischen und Italienischen – wurden sowohl fachlich als auch personell zunächst den gelehrten Studien zugewiesen beziehungsweise nahmen aufgrund ihrer späteren nochmaligen Herauslösung aus dieser Kategorie, eine schwebende Intermediärstellung ein[367]. Der Begriff der Exerzitien aber konnte sich dadurch vollkommen auf die körperliche Übung verengen. Auch an der in der zweiten Hälfte des 17. Jahrhunderts gegründeten Adelsakademie in Wolfenbüttel, wo das Lehrprogramm mit den anwendungsbezogenen Studien Mathematik, Politik, Geschichte und Genealogie vielfältiger war, wurde unter den Exerzitien ausschließlich körperliche Übungen verstanden[368]. Ausnahmen, wie an der 1711 bis 1745 bestehenden Akademie Ettal, bestätigten die Regel[369].

Folgerichtig bezeichnete nunmehr das im 17. und 18. Jahrhundert immer wieder und nicht nur in Tübingen zitierte Begriffspaar der *Studien und Exercitien*[370] das Gesamtprogramm dessen, was auf einer Adelsakademie oder einer Universität des Heiligen Römischen Reiches gelehrt und gelernt wurde und nicht selten einen Balanceakt zwischen Pflicht und Neigung darstellte[371]. Je nach Kontext wurden die beiden Termini – analog zum Begriffspaar der Arma et Litterae – einmal als rivalisierende Gegensätze und einmal als sich harmonisch ergänzende Elemente eines Ganzen genannt: Wurde in einem Visitationsrezess des Jahres 1618 noch klargestellt, dass das Tübinger Collegium Illustre *primario ad studia unnd ad exercitia corporis secundario angestellt*[372] sei, so war mit dem Begriffspaar spätestens seit der zweiten Hälfte des 17.

[365] HStAS A 274 Bü 67: Statuten 1596, S. 16; Constitutiones 1601, S. 6, 20; Ordnung 1609, S. 3 f., 23, 27 f.

[366] Ordnung 1609, S. 23.

[367] Ebd., S. 23, 27 f.

[368] CONRADS: Ritterakademien, S. 276, 286–294, 300, 311, 320; KOLDEWEY: Schulordnungen, S. 224 f., 235–238.

[369] KAINZ: Ritterakademie, S. 29 f.: An der Ritterakademie Ettal wurde nicht nur das Reiten, Fechten und Tanzen, sondern auch der Unterricht im Französischen und Italienischen, das Rechnen, die Ingenieurskunst, die Militär- und Zivilarchitektur und die Vokal- und Instrumentalmusik zu den Exerzitien gezählt und damit nach französischem Vorbild der gesamte Kanon der Ritterakademie einschließlich der angewandten Studien und der musischen Fächer.

[370] UAT 9/12 o. Pag. Herzog Eberhard an den Oberhofmeister des Collegium Illustre (1672, Oktober 14).

[371] CONRADS: Tradition, S. 400; vgl. hierzu auch MAHLER: Leibesübungen, S. 7–12.

[372] HStAS A 274 Bü 79 Bl. 2.

Jahrhunderts stets das Gesamtlehrangebot der Adelsakademie gemeint[373]. Ein schuldensäumiger adliger Collegiat äußerte 1666 in einem Brief, dass er sich dafür bedanke, *in das allhiesige weit berühmbte Collegium illustre* [...] *auffgenommen und allda in adelichen Exercitiis und Studiis* unterrichtet zu werden[374]. Über den adligen pommerschen Studenten Franz Michael von Boltenstern wurde 1680 berichtet, er habe sich *der Studien und adelichen Exercitien halber* an der Universität Tübingen aufgehalten[375]. Und der Senat der Universität Tübingen ermunterte im Vorlesungsverzeichnis des Sommersemesters 1700 die Studenten sogar dazu, Exerzitien und Studien miteinander zu verbinden[376]. 1739 wurde eine Liste der Professoren und Maîtres aufgestellt, derer sich der Prinz Carl Christian Erdmann von Württemberg-Oels *so wohl zum Studiren alß zu den Exercitien* bedient hatte[377].

An den überwiegend von bürgerlichen Gelehrten dominierten Universitäten trat zunächst häufiger die Rivalität zwischen Studien und Exerzitien in den Vordergrund. So wurde in der Mitte des 17. Jahrhunderts empört von der Universität Heidelberg berichtet, dass sich aufgrund des 1656 an die dortige Universität gerufenen Stallmeisters Emanuel Froben angeblich zeitweise mehr Studenten *der Exercitien als Studien wegen* in der Stadt aufhielten[378]. Als 1662 darüber diskutiert wurde, dass die Collegiaten der Tübinger Adelsakademie mehr den Exerzitien als den Studien nachgingen, kam auch hier der Widerstreit zwischen beiden Elementen zum Tragen. Dem Oberhofmeister wurde aufgetragen, die Collegiaten dazu anzuhalten, fleißig den Studien nachzugehen und die Exerzitien als *Parerga*, also als Beiwerk, zu betrachten, damit der gute Ruf des Collegiums aufgrund der Studien und nicht nur der Exerzitien wegen wiedergewonnen werde[379]. Und als 1735 ein Hoftanzmeister des Fürstbischofs von Bamberg darum bat, auch zum Universitätstanzmeister ernannt zu werden,

---

[373] HStAS A 202 Bü 2599 o. Pag. *Newes Project* (um 1648): Als Programm wurden *Studia* und *Exercitia Corporis* unterschieden. HStAS A 284/94 Bü 256 o. Pag. Christian Graf zu Orttemberg an Georg Philippe Graf zu Orttemberg (1673, Juni 12): In diesem Brief war die Rede davon, dass sich der adlige Zögling in *Studiis, guten Sitten und allen Adelichen Exercitiis* fleißig übe. HStAS A 284/94 Bü 265 o. Pag. Herzog Eberhard Ludwig an den Collegiumsverwalter (1729, September 12): Herzog Eberhard Ludwig teilte hier eine Entscheidung über die Lehrkräfte mit, derer sich der württembergische Prinz Carl Christian Erdmann von Württemberg-Oels *zum Studiren alß zu den Exercitien* bedient hatte. UAT 9/12 o. Pag. Herzog Eberhard an den Oberhofmeister des Collegium Illustre (1672, Oktober 14): Herzog Eberhard benachrichtigte den Oberhofmeister darüber, dass sich die württembergischen Prinzen zu *Continuierung ihrer wohl angefangenen Studien und Exercitien* nach Tübingen begeben werden, wozu alles Nötige vorbereitet werden solle.

[374] HStAS A 202 Bü 2601 o. Pag. Hans Ernst von Franckenberg an den Geheimen Rat (1666, September 8).

[375] UAT 25/3 Bd. 1 Nr. 19 f., 22, 24–27, 29 f.: In einem Schreiben an das pommersche Hofgericht in Greifswald wurde die Formel *Studierens und Exercitien wegen* allerdings auf *Studierens* gekürzt.

[376] Ordo studiorum 1700, S. 16: *Qui Exercitia nomine Nobili digna cum Studiis Literarum conjungere vellent, apud nos quoque reperirent, unde suo desiderio possent abunde satisfacere.*

[377] HStAS A 284/94 Bü 265 Bl. 28.

[378] Wolgast: Universität, S. 59.

[379] UAT 9/7 Nr. 72.

wurde dies mit der eifersüchtigen und die Prioritäten innerhalb dieser Rivalität richtigstellenden Floskel abgelehnt, die Universität sei *ad studia* und nicht *ad exercitia* angelegt[380].

Welch wichtigen Stellenwert die Exerzitien als eigenständige Lehrfachkategorie im Verhältnis zu den gelehrten Studien im 18. Jahrhundert eingenommen hatten, zeigte sich an der Sichtweise der Verantwortlichen der Universität Halle: Sie machten das fakultative Angebot, sich *entweder des Studirens oder derer Exercitien halber* auf der Universität Halle aufhalten zu dürfen[381]. Der Göttinger Stallmeister Valentin Trichter schließlich nannte in seinem „Curioesen Reit- Jagd- Fecht- Tantz- oder Ritter-Exercitien-Lexicon" die einem jungen Adligen angemessenen Bildungsmittel als *keine andere, als Studia und die Ritterlichen Exercitia*[382]. Seit dem Ende des 18. Jahrhunderts war in Analogie zum Begriffspaar der Studien und Exerzitien auch häufiger von *les siences et les exercices necessaires*[383] oder von den *Wissenschaften und Künsten* die Rede[384].

Wie bereits angedeutet, nahm der Unterricht des Französischen und Italienischen innerhalb des Zusammenspiels von Studien und Exerzitien eine hybride Stellung ein. Als Sprachfertigkeit, die im Gegensatz zu den Exerzitien überwiegend den Intellekt ansprach, war diese im Tübinger Collegium Illustre zunächst den gelehrten Studien zugewiesen worden. Entsprechend dazu wurde sie von einem akademisch gebildeten Professor unterrichtet, der den Professoren der Rechte gleichgestellt war[385]. In ihrer Qualität jedoch als überwiegend sprachpraktisch orientierte Fertigkeit stellte der Unterricht im Französischen und Italienischen keine mit den gelehrten Studien vergleichbare Disziplin dar, auch wenn dieser an einzelnen Universitäten im 16. Jahrhundert personell bereits in die Nähe der Philosophischen Fakultäten gerückt war[386]. Der Einsatz öffentlich besoldeter Sprachlehrer mit dem Titel eines Professors blieb vielmehr eine Episode des 16. und des beginnenden 17. Jahrhunderts sowie eine Ausnahme des 18. Jahrhunderts[387]. Aufgrund der konfessionell bedingten Einwande-

---

[380] SPÖRLEIN: Universität, Bd. 1, S. 256.

[381] FROST: Entwicklung, S. 24.

[382] TRICHTER: Reit-, Jagd-, Fecht-, Tantz- oder Ritter-Exercitien-Lexicon, Sp. 303–305, Lemma *Cavalier*.

[383] HStAS A 202 Bü 2616 o. Pag. Sebastian Buttex an den Geheimen Rat (1733, Januar 4).

[384] HStAS A 284/94 Bü 289 o. Pag. Johann Heinrich Emmert an den Kirchenrat (1792, April 3): Der Sprachmeister Johann Heinrich Emmert schrieb 1792, dass der württembergische Herzog *den Flor der Wissenschaften und Künste auch in den geringsten Lehrern derselben zu befördern* wisse.

[385] Ordnung 1609, S. 23.

[386] SCHRÖDER: Entwicklung, S. 17 f.; STEUBING: Geschichte, S. 176; STRAUSS: Lungershausen, S. 1–6; VORETZSCH: Anfänge, S. 7; WAHLUND: Notices, S. [16–47].

[387] BEHRENS: Geschichte, S. 10: An der Universität Gießen verflüchtigte sich der Professorentitel im Verlauf des 17. Jahrhunderts. BRIESEMEISTER: Sprachmeister, S. 270, 278; WALLENTIN: Normen, S. 208: An der Universität Jena hatte der Sprachmeister Carl Caffa zwar den Professorentitel inne, er wurde aber nicht zu den ordentlichen Professoren gerechnet und war weder zu Senatssitzungen noch Disputationen oder akademischen Feiern geladen. Bei der Regelung der Nachfolge Caffas im Jahr 1707 wurde der Titel dann auch von Seiten der Universitätsge-

rung zahlreicher muttersprachlicher Sprachmaîtres nach dem Dreißigjährigen Krieg, welche die gut besoldeten Titularprofessoren ablösten, verblieb der Unterricht in den modernen Fremdsprachen bis zum Ende des 18. Jahrhunderts für nochmals gut anderthalb Jahrhunderte sowohl fachlich, als auch personell zusammen mit den Exerzitien in seinem Herkunftszusammenhang. In Tübingen übernahmen nach den gelehrten Professoren Bartholomäus Hettler und Louis du May nach dem Dreißigjährigen Krieg zunehmend nur noch gering qualifizierte muttersprachliche Sprachmeister den Unterricht im Französischen und Italienischen. Die besoldete Sprachprofessur am Collegium Illustre wurde daher 1681 aufgelöst. Damit veränderte sich der soziale Status der Sprachmaîtres drastisch. Unter allen Maîtres nahmen sie hinsichtlich ihres Qualifikations- und Besoldungsniveaus zukünftig sogar die letzte Stelle ein.

So bestand zwar immer eine natürliche fachliche und methodische Differenz zwischen dem Lehrgegenstand der Exerzitien und dem Unterricht in den Fremdsprachen, personell jedoch wurden die Exerzitien- und Sprachmeister[388] seit dem Ende des Dreißigjährigen Krieges nunmehr immer häufiger gemeinsam und in einer Kategorie genannt[389]. In Einzelfällen wurden sogar auch die Sprachmeister unter dem Begriff der Exerzitienmeister gehandelt, was jedoch eine vermutlich der sprachlichen Bequemlichkeit dienende Ausnahme blieb[390]. Diese konvergierende Entwicklung der

---

lehrten beanstandet. SEIDEL-VOLLMANN: Philologie, S. 41: In Ingolstadt wurde Juan Angel de Sumarán ab 1625 zunächst mit dem Titel eines ordentlichen Professors unter die Jurisdiktion der Universität aufgenommen. Aber schon im folgenden Jahr wurde ihm verboten, sich Ordinarius zu nennen. In der Folge blieb der Professorenrang de Sumarán und den folgenden Sprachmeistern versagt. JORDAN/HOFMANN: Geschichte, Bd. 5,2, S. 251; PAULS: Anfaenge, S. 105–108: Auch an der Universität Kiel führten einige Sprachmeister zeitweise den Titel eines außerordentlichen Professors. KRAPOTH: Beschäftigung, S. 60 f., 63: An der Universität Göttingen hatten im 18. Jahrhundert einige Sprachmeister den Titel eines außerordentlichen oder ordentlichen Professors inne, jedoch stets ohne eine Ausnahme darstellen sollte.

[388] HStAS A 284/94 Bü 265 o. Pag. Collegiumsverwalter an den Kirchenrat (1729, September 7); HStAS A 303 Bd. 14023 Bl. 98ʳ; Zitiert nach THORBECKE: Statuten, § 61, S. 323: Die Heidelberger Universitätsstatuten des Jahres 1786 fassten zusammen: *Zur Erlernung der lebenden Sprachen, freien Künsten und andern anständigen Exercitien sind einer wohl eingerichteten Universität geschikte* [sic!] *Sprach- und Exercitien-Meister allerdings nötig.*

[389] EBEL: Privilegien, S. 70 f.: In den 1736 erschienenen Statuten der neu gegründeten Universität Göttingen wurden die Exerzitien- und Sprachmeister und ihr Lehrprogramm als einheitliche Kategorie betrachtet. Unter der Überschrift *Lehrer der Sprachen und Leibesübungen/Magistri linguarum et movendi corporis* wurden die gemeinsamen Modalitäten ihrer Annahme, Qualifizierung und Aufgabenverteilung geregelt.

[390] Zitiert nach SEIDEL-VOLLMANN: Philologie, S. 40 f.: An der Universität Ingolstadt wurden bereits 1669 die Sprachmeister zu den Exerzitienmeistern gerechnet, so im Antrag eines Professors, dass *zur Hebung der Universität Exerzitienmeister für die neueren Sprachen, sowie für Fechten, Tanzen und Reiten zu bestellen seien.* HStAS A 284/94 Bü 47 o. Pag. Senat der Universität an den Kirchenrat (1726, Oktober 17): Der Tübinger Sprachmeister des Französischen Jean Caumon wurde insofern zu den Exerzitienmeistern gezählt, als der Kirchenrat dazu angehalten wurde, diesem *gleich andern Exercitien Meistern* eine jährliche Besoldung zu verabreichen. BEHRENS: Geschichte, S. 12: An der Universität Gießen leisteten die Sprachmeister den Exerzitienmeister-Eid. BRIESEMEISTER: Sprachmeister, S. 270: Die Aussage Briesemeisters, welche die Sprachmeister ohne weitere Belege generell und mit der Begründung

Exerzitien und modernen Fremdsprachen zu einer gemeinsamen und eigenständigen Lehrfachkategorie und die Subsumierung ihrer Repräsentanten als eine soziale Einheit unterstrich letztlich die Zusammenfassung der aus der mittelalterlichen Rittererziehung und dem Akademieplan François de la Noues selektierten und rezipierten Disziplinen ob körperlicher oder geistig ausgerichteter Natur als angewandte und praxisorientierte Übung in Abgrenzung zu den gelehrten Studien. Als zusammengehöriges Disziplinenkonglomerat wurden die Exerzitien und die modernen Sprachen in der Forschungsliteratur daher häufig unter dem Namen der „sogenannten Kavaliersfächer" zusammengefasst.[391]

Aufgrund der Anwendbarkeit sowohl auf körperliche wie geistige Übungen blieb der terminologische Anspruch des Begriffs der Exerzitien an den adligen Standesschulen und den Universitäten des Heiligen Römischen Reiches im 17. und 18. Jahrhundert nicht ungeteilt. Mit dem gleichen Terminus wurden auch noch andere bedeutende und europaweit wahrgenommene Phänomene bezeichnet, in deren Kontext einerseits die Weite des Begriffs und andererseits der Stellenwert der Exerzitien deutlich wird[392]: Die Rede ist von den 1544 veröffentlichten „Exercicios spirituales" des

---

    der Praxisbezogenheit unter die Terminologie der Exerzitienmeister einreiht scheint zu kurz gegriffen: „Sprachmeister sind zusammen mit den Fecht-, Reit-, Tanz- bzw. Musik- und Zeichenmeistern zuständig für die praktischen Fertigkeiten, daher auch die übergeordnete Standesbezeichnung ‚Exerzitienmeister'".

[391] KRÜNITZ: Encyclopaedie, Bd. 7, S. 730, Lemma *Cavallier*; TRICHTER: Reit-, Jagd-, Fecht-, Tantz- oder Ritter-Exercitien-Lexicon, Sp. 303–308, Lemma *Cavalier*, Lemma *Cavalierement studiren*, Lemma *Cavalierement tantzen*; ZEDLER: Universal Lexicon, Bd. 5, Sp. 1628, Lemma *Cavalier*: Der Begriff des Cavaliers als allgemeine Bezeichnung für den Adligen, auch speziell für den jungen Adligen, der sich der Reitkunst widmete oder die *Studia und die Ritterlichen Exercitia* übte, ist zeitgenössisch und war im 17. und 18. Jahrhundert weit verbreitet. Der in der Forschungsliteratur häufig genannte Begriff der Kavaliersfächer dagegen ist zumindest im Umfeld des Tübinger Exerzitien- und Sprachunterrichts der Frühen Neuzeit nirgendwo belegt. Vgl. hierzu die Nennung der „sogenannten Kavaliersfächer" in BRÜDERMANN: Studenten, S. 43, 355; FRELLER: Adlige, S. 8; MÜLLER: Universität, S. 157, 172; STOLLEIS: Geschichte, Bd. 1, S. 301; STOLLEIS: Tradition, S. 10; TILGNER: Kavalierstour, Sp. 524; WAGENER: Pedelle, S. 128: So herrscht überwiegend Einigkeit darüber, dass zu den „sogenannten Kavaliersfächern" „Reiten, Fechten, Tanzen, Sprachen" und ähnliche „Fertigkeiten, die ein weltgewandter Mann benötigte" zu zählen waren (Brüdermann, Müller, Wagener). Stolleis dagegen zählt zu den „Kavaliersfächern" auch die Reichshistorie, das Natur- und Völkerrecht und die Reichspublizistik. Tilgner differenziert die Exerzitien als „sog. Kavaliersfächer" von den Disziplinen der Staatsverfassung, des Rechts, der Geschichte, der neuen Sprachen, der Mathematik, der Architektur und des Fortifikationswesens, also von den anwendungsbezogenen Studien. Freller dagegen betrachtet als „sogenannte ‚Kavaliersfächer'" sogar hauptsächlich die anwendungsbezogenen Studien, die Rechtswissenschaft, Geschichte, Genealogie, Mathematik, Architektur, Geometrie und das Militär- und Festungswesen und hängt die Exerzitien nur als zusätzliche „unabdingbare" Disziplinen an. Wo der Begriff der sogenannten Kavaliersfächer jedoch tatsächlich so erstmals genannt wurde und auf welcher Grundlage welche Disziplinen unter dem Begriff subsumiert wurden, wird jedoch keinesfalls erklärt oder entsprechend belegt.

[392] CONRADS: Ritterakademien, S. 30.

baskischen Ordensgründers der Jesuiten, Ignatius von Loyola[393], und den im Zuge der Heeresreform der Oranier in den Vereinigten Niederlanden um 1589 eingeführten militärischen Exerzierübungen[394]. Ein französisch-deutsches Wörterbuch des 18. Jahrhunderts nannte als vorläufigen Endpunkt der Entwicklung des Exerzitienbegriffs daher diese drei Bedeutungen, an erster Stelle jedoch *die Ritterlichen Uibungen in der Jugend,* sodann *die geistlichen Uibungen einige gewisse Tag sein Leben zu pruefen, so von den Jesuiten eingefuehrt worden* und schließlich auch *die Uibung in den Waffen, das Exerciren*[395]. Im Deutschen kam der Begriff vermutlich schon im 19. Jahrhundert außer Gebrauch[396]. Er wird mit Ausnahme der ignatianischen Exerzitien als geistliche Übungen im deutschen Sprachgebrauch nicht mehr verwendet, ist jedoch als veraltender Begriff in den Bedeutungen Übung oder schulische Hausarbeit noch dokumentiert[397].

---

[393] Ignatius von Loyola definierte in den ersten Zeilen seiner auf Spanisch verfassten „Exercicios spirituales" sein Verständnis der geistigen Übung und setzte die geistig betriebene Gewissenserforschung, Meditation und Kontemplation in Methodik und Zielsetzung mit den körperlichen Betätigungen wie Spazieren, Gehen und Laufen gleich. Vgl. CALVERAS/DALMASES: Exercitia Spiritualia, S. 140, 142: *La primera annotación es, que por este nombre, exercicios spirituales, se entiende todo modo de examinar la consciencia, de meditar, de contemplar, de orar vocal y mental, y de otras spirituales opperaciones, según que adelante se dirá. Porque así como el pasear, caminar y correr son exercicios corporales; por la mesma manera, todo modo de preparar y disponer el ánima para quitar de sí todas las affecciones desordenadas y, después de quitadas, para buscar y hallar la voluntad divina en la disposición de su vida para la salud del ánima, se llaman exercicios spirituales.*

[394] HAHLWEG: Heeresreform, S. 7, 12–14, 20, 22, 25–28, 30–33, 39–47, 51, 113–119, 136 f., 256, 287, 291 f.; Deutsche Encyclopaedie, Bd. 9, S. 229 f., Lemma *Exerciren;* FRISCH: Dictionnaire, Sp. 892, Lemma *exercices;* ZEDLER: Universal-Lexicon, Bd. 8, Sp. 2332 f., Lemma *Exercice, Exercitium, das Exerciren:* Die um das Jahr 1589 einsetzende Heeresreform Moritz von Oraniens hatte ihren Schwerpunkt in der Einführung einer nach antiken Vorbildern gestalteten systematischen und effektivierten Soldatenschulung, dem Exerzieren. Grundlage waren die im 16. Jahrhundert wieder neu gedruckten oder in die Volkssprachen übersetzten antiken Autoren, die über das Kriegswesen gearbeitet hatten. Die erfolgreichen Neuerungen verbreiteten sich schnell und zu Beginn des Dreißigjährigen Krieges profitierten die Territorien des Heiligen Römischen Reiches, Frankreich und England von der niederländischen Heeresreform. Als Folge entstanden sogenannte Exerzierreglements im Druck. Der Begriff der Exerzitien wurde im Deutschen, Französischen, Niederländischen und Englischen von nun an speziell für diese militärische Art der Übung angewandt. Die Truppenübung, das Exerzieren, beinhaltete vor allem den gut vorbereiteten raschen und geübten Einsatz der Waffen und das Training taktischer Elementarbewegungen in der Schlachtordnung wie Reihen, Abstände, Wendungen, Schwenkungen und vieles mehr. Dazu wurden alle Handgriffe mit bestimmten Kommandoworten versehen, die der antiken Literatur entnommen worden waren.

[395] FRISCH: Dictionnaire, Sp. 892, Lemma *exercices.*

[396] GRIMM/GRIMM: Wörterbuch, Bd. 3, Sp. 1208: Der Begriff der Exerzitien oder des Exerzitiums erscheint hier nicht.

[397] WERMKE/KUNKEL-RAZUM/SCHOLZE-STUBENRECHT: Duden, S. 386.

3.2 Maîtres und Scholaren – Information und Lektion

Anhand des Lehrbetriebs am Collegium Illustre und der Universität Tübingen lässt sich darstellen, wie sich für den frühneuzeitlichen Exerzitien- und Sprachunterricht im Verlauf des 17. Jahrhunderts eine ganz eigenständige und aussagekräftige Terminologie herausbildete, die sich gleichermaßen auf die Lehrkräfte, den Unterricht und die Schüler bezog. Sie verlieh dem gesamten Disziplinenkonglomerat, den Exerzitien- und Sprachmeistern und ihrer Tätigkeit nicht nur ein professionelles Selbstverständnis, sondern auch einen differenzierten Status als eigenständige Kategorie im akademischen Lehrgefüge gegenüber den gelehrten Studien und deren Vertretern im Konzert von *Studien und Exercitien*[398]. Wie weit dieses professionelle Selbstverständnis ging, zeigte sich auch deutlich anhand entsprechender Publikationen, etwa dem „Curioesen Reit- Jagd- Fecht- Tantz- oder Ritter-Exercitien-Lexicon" des Stallmeisters der Universität Göttingen Valentin Trichter (um 1685 – nach 1750)[399] das 1742 in Leipzig verlegt wurde[400].

So kamen für die Lehrkräfte des Fächerquintetts (Stallmeister, Fechtmeister, Tanzmeister, Ballmeister, Sprachmeister) verschiedene subsumierende Begriffe zum Einsatz. Während der Begriff der Exerzitienmeister die Lehrer der Körperübungen bezeichnete[401], wurde die Gesamtheit aller Lehrkräfte einschließlich der Sprachmeister stets mit dem zusammengesetzten Begriff der Exerzitien- und Sprachmeister[402] be-

---

[398] UAT 9/12 o. Pag. Herzog Eberhard an den Oberhofmeister des Collegium Illustre (1672, Oktober 14).

[399] Buss: Exercitien, S. 104 f.; Conrads: Ritterakademien, S. 87 f.; Schrader/Hering: Lexicon, S. 432; Will: Gelehrten-Lexicon, Bd. 3, S. 72: Die Werke Valentin Trichters sollen größtenteils auf Abschriften und Kompilationen anderer Autoren beruhen.

[400] Trichter: Reit- Jagd- Fecht- Tantz- oder Ritter-Exercitien-Lexicon, Titel und Vorrede: Der ausführliche Titel des Werkes nannte als Gegenstand des Lexikons das Reiten, die Jagd, das Fechten, das Voltigieren, das Tanzen, die damit verbundene Musik, das Ballschlagen und bezog auch die für den Adel wichtige Wappenkunst mit ein. Als Ziel des Werkes wurde genannt, wie die adlige Jugend *durch eine gefaellig-machende Auffuehrung sich in Stand setzen koenne, dereinst vollkommene Hof-Leute, gute Soldaten und geschickte Hauswirthe abzugeben.*

[401] HStAS A 284/94 Bü 54 o. Pag. Johann Braun an den Kirchenrat (1698, November 8): *Exercitienmeister*; HStAS A 284/94 Bü 291 Bl. 77: *Exercitien Meister*; HStAS A 284/94 Bü 324 o. Pag. Anna Maria Kuttler an den Kirchenrat (1793, Dezember 9): *Exercitien Meister*; UAT 9/9 Nr. 120: *Exercitienmeister*; UAT 117/670 o. Pag. Herzog Eberhard Ludwig an den Senat der Universität (1695, November 9): *Exercitien Meister*; Deutsche Encyclopaedie, Bd. 9, S. 231, Lemma *Exercitienmeister*; Zedler: Universal Lexicon, Bd. 39, Sp. 462, Lemma *Sprachmeister*: Exerzitienmeister wurden *auf Universitaeten, Academien u.s.w. diejenige Personen* genannt, *die bestellet sind, in den Leibesübungen, d.i. im Reiten, Fechten und Tanzen, Unterricht zu geben, während die Sprachmeister wie folgt definiert wurden: Sprachmeister heisset derjenige, welcher einem andern eine Fertigkeit in einer Sprache zu reden und zu schreiben beyzubringen suchet.*

[402] HStAS A 284/94 Bü 265 o. Pag. Collegiumsverwalter an den Kirchenrat (1729, September 7): *Exercitien- und Sprachmeister*; HStAS A 284/94 Bü 285 o. Pag. Oberhofmeister des Collegium Illustre an den Kirchenrat (1792, April 3): *Sprach- und Exercitien Meister*; HStAS A 303 Bd. 14023 Bl. 98ʳ: *Exercitien und Sprachmeister.*

nannt. Der Begriff differenzierte und separierte die Sprachmeister als Repräsentanten eines im Gegensatz zum Körperlichen überwiegend den Intellekt ansprechen-
den Lehrgegenstandes von den Exerzitienmeistern, schloss sie aber dennoch in den
Lehrkanon der Maîtres ein und verdeutlichte zudem auch die Zusammengehörigkeit
der Exerzitien- und Sprachmeister im sozialen Ranggefüge. Der Begriff des Meisters
als Lehrer ohne weitere erklärende Zusätze war im 18. Jahrhundert bereits veraltet,
hielt sich jedoch als spezielle Ausnahme weiterhin für die Bezeichnung der Exerziti-
en- und Sprachmeister.[403]

Genauso häufig kam der sowohl die Exerzitien- als auch die Sprachmeister gleichermaßen in sich fassende französische Begriff des Maître[404] zum Einsatz, der sowohl die Herkunft des gesamten Fächerquintetts aus dem französischen Kulturkreis,
als auch das umfassende französische Konzept der *exercices* aus de la Noues Akademielehrplan aufgriff[405]. In Analogie zum Begriff des Maître wurde deren Beruf immer
wieder auch als Metier bezeichnet[406]. Die modernen Fremdsprachen näherten sich am
Ende des 18. Jahrhunderts langsam ihrer Integration in das Lehrangebot der Philosophischen Fakultäten und damit einer Veränderung ihres fachlichen Stellenwertes und
ihrer personellen Stellung im Lehrgefüge der Universität an[407]. Unterfüttert wurde
dies dadurch, dass in der zweiten Hälfte des 18. Jahrhunderts für die Sprachmeister langsam bereits neue Bezeichnungen, wie etwa *Sprach Lehrer*[408], *Lecteur*[409] oder
Docent[410] aufkamen.

Die Terminologie der Maîtres war im Lateinischen noch vielfältiger. Dort wurden die Begriffe Magister und Informator gleichermaßen verwendet, etwa in den

---

[403] KRÜNITZ: Encyklopaedie, Bd. 88, S. 59, Lemma *Meister: Ein Lehrer, im Gegensatz des Schü-
lers; [...] Vermuthlich hat man es um der vorigen Bedeutung willen auch in diesem Verstande
veralten lassen, denn wenn noch jetzt ein Schüler seinen Lehrer seinen Meister nennt, so
geschiehet es nur noch im vertraulichen Scherze. Doch braucht man es noch in einigen Zu-
sammensetzungen von solchen Personen, welche in gewissen freyen Künsten Unterricht ertheilen. Dergleichen sind Sprachmeister, Rechenmeister, Zeichenmeister, Tanzmeister, Exercitien-Meister, Schreibemeister etc.*

[404] HStAS A 284/94 Bü 296 o. Pag. Zeugnis für Johann Friedrich Gottlieb Roux (1793, Mai 7):
Maitre; UAT 9/9 Nr. 243 o. Pag. Geheimer Rat an den Collegiumsverwalter (1777, September 16): *Maitres des Collegii illustri*; UAT 9/12 o. Pag. Oberhofmeister des Collegium Illustre
an den Huldigungskommissar (1794, Juli): Hier war die Rede von *Professoren, Maitres und
übrigen Verwannten.*

[405] LA NOUE: Discours, S. 153 f., 156: Hier hatte François de la Noue den Begriff der *maistres*
eingeführt.

[406] HStAS A 284/94 Bü 295 Bl. 12 f., o. Pag. Joseph Friedrich Eckardt an den Kirchenrat (1798,
Juli 16); UAT 9/9 Nr. 86, 228, 230; FRISCH: Dictionnaire, Sp. 1332, Lemma *metier*: Der Begriff des Metiers bezog sich dabei vom lateinischen Magisterium (Erzieher-, Lehramt, Unterricht, Lehre) sowohl auf ein Handwerk als auch auf eine Kunst oder Wissenschaft.

[407] REYSCHER: Sammlung, Bd. 11,3, S. 517 f.: Im Jahr 1808 wurde an der Universität Tübingen
ein Lehrstuhl für französische Sprache eingerichtet. VORETZSCH: Anfänge, S. 3–14.

[408] HStAS A 202 Bü 2616 o. Pag. Gutachten des Geheimen Rats (1792, April 26); HStAS A 280
Bü 6h o. Pag. Kirchenrat an den den Senat der Universität (1796, Juni 8).

[409] HStAS A 202 Bü 2616 o. Pag. Pierre Aubin de Sales an den Geheimen Rat (1777, Oktober
12); UAT 30/6 Nr. 33 Bl. 1.

[410] UAT 30/6 Nr. 39 Bl. 2.

Varianten *italicae linguae magister*[411], *ceremoniarum vel ut vocant chorearum magister*[412], *Saltatoriae artis Magister*[413], *magistri exercitiorum (corporis)*[414] oder *linguae gallicae informator*[415]. Für die einzelnen Exerzitienmeister existierten zudem spezielle Bezeichnungen wie *Hippodamus, Lanista, Sphaeristeriarcha* oder *Praesultor*[416]. Die meist aus dem französischen Kulturkreis stammenden Tanzmeister bezeichneten sich selbst auch oft mit den französischen Begriffen *maître de danse* oder *maître à danser*[417]. Weit seltener fielen französische Termini in den anderen Exerzitiensparten, etwa derjenige des *maître d'armes*[418], des *maître d'exercices*[419] oder des *Sale des Armes in dero hochfürstlichem Collegio*[420], womit der Fechtboden bezeichnet wurde.

Als Schüler der Maîtres und in ihrer speziellen Funktion als Rezipienten des Exerzitien- und Sprachunterrichts wurden die Collegiaten und Universitätsstudenten im gesamten 17. und 18. Jahrhundert als Scholaren bezeichnet[421]. Der Begriff war, wie derjenige des Maître, aus dem Französischen übernommen worden, worauf die in Einzelfällen vorkommende Verwendung des französischen *escolier*[422] auch im Deutschen hindeutete. Dass sich der Begriff des École und des Scholaren mit entsprechenden sprachlich erklärenden Zusätzen unter anderem speziell auf die Rezipienten des an Adelsakademien und Universitäten vertretenen Exerzitien- und Sprachunterrichts bezog, zeigt die Definition des École in Diderots und d'Alemberts Enzyklopädie, die denselben explizit dem Unterricht eines Maître in den Künsten, etwa der Tanz- oder Fechtkunst zuwies[423].

---

[411] HStAS A 202 Bü 2616 o. Pag. Johann Hieronymus Boeswillibald an den Geheimen Rat (1759, Oktober 10); UAT 30/6 Nr. 17, 22 Bl. 3; UAT 32/1 Bd. 4 Nr. 218.

[412] UAT 10/12 Bd. 5 o. Pag. Trauerrede für Felix Linsenmann (1645, September 17).

[413] DAR M 283 Bd. 1 Bl. 21ʳ.

[414] HStAS A 274 Bü 76 o. Pag. Herzog Johann Friedrich an den Oberhofmeister des Collegium Illustre (1610, August 7); Leges 1609, S. 27; Ordnung 1609, S. 27.

[415] UAT 25/3 Bd. 2 Nr. 133; UAT 30/6 Nr. 22 Bl. 2.

[416] Leges 1609, S. 27–29.

[417] HStAS A 202 Bü 2617 o. Pag. Antoine Lepicq an den Geheimen Rat (1749, Juli 13); HStAS A 284/94 Bü 55 o. Pag. Schreiben an Herzog Eberhard Ludwig (1729, März 1), o. Pag. Charles Devaux an den Kirchenrat (1737, April 14).

[418] HStAS A 284/94 Bü 55 Bl. 94.

[419] Ebd. o. Pag. Charles Devaux an den Kirchenrat (1732, Mai 6).

[420] HStAS A 284/94 Bü 54 Bl. 7.

[421] HStAS A 284/94 Bü 55 Bl. 17; UAT 9/9 Nr. 160.

[422] HStAS A 284/94 Bü 51 Bl. 31: Der Tübinger Stallmeister Wolfgang Ernst von Berga schrieb 1708, dass er *gar wenige und nun seit verschienenem Maii 1707 gar keine Escoliers unter die Information bekommen mögen.* UAT 33/56: Auch der französische Sprachmeister Jean Baptiste Lequin gebrauchte den französischen Begriff *escoliers.*

[423] ALEMBERT/DIDEROT: Dictionnaire, Bd. 5, S. 337, Lemma *ecolier, disciple, eleve*: So wurde definiert: *Il se dit aussi de ceux qui étudient sous un maître un art qui n'est pas mis au nombre des Arts libéraux, comme la Danse, L'Escrime, &c. mais alors il doit être joint avec quelque autre mot qui désigne l'art ou le maître. Un maître d'armes a des écoliers.* Hier wurde zudem der Begriff des École von demjenigen des Disciple und des Eleve unterschieden: Während der Eleve direkt aus dem Mund des Lehrers und der Disciple durch Bücher und Schriften seines Lehrers lerne, wurde mit École ohne weiteren erklärenden Zusatz, wie er für die

Während d'Alembert sich bei seiner Definition des Écolier auf die Lehrfachkategorie der Exerzitien als Künste bezog, so traten in der entsprechenden deutschen Definition des Scholaren bei Krünitz weitere Definitionskriterien hinzu: Auch Krünitz wandte den Begriff speziell auf die Rezipienten des Exerzitienunterrichts an, weitete ihn aber auf die Schüler im Französischen und Italienischen aus und brachte zusätzlich einen institutionellen und zeitlichen Aspekt ein. Demnach war ein Scholar ein Unterrichtsrezipient, der eine Kunst oder Wissenschaft außerhalb der gewöhnlichen Bildungseinrichtungen in Privatunterricht und im Gegensatz zu einem Handwerkslehrling nur stundenweise erlernte. Als Beispiele nannte Krünitz explizit den Unterricht bei Sprachmeistern, Tanzmeistern, Fechtmeistern und Musikern[424]. Damit war für den Exerzitien- und Sprachunterricht innerhalb des akademischen Lehrbetriebs eine terminologische Differenzierung und Präzisierung vorgenommen worden, die sich sowohl dem Lerngegenstand als auch der Lernweise der frühneuzeitlichen Maîtres angepasst hatte. Zedler nannte in seinem Lexikon daher auch die speziellen Lemmata *Scholaren auf der Reitbahne* oder *Scholaren auf dem Tantz Boden*[425].

Nicht nur die Maîtres und Scholaren, sondern auch die Unterrichtsform des Exerzitien- und Sprachunterrichts verfügte über eine spezielle Terminologie. Die Unterrichtung in den Exerzitien und im Französischen und Italienischen wurde stets, auf dem lateinischen informare (formen, gestalten, bilden, unterrichten) basierend[426], als Information, das Unterrichten als Informieren bezeichnet[427]. Damit wurde der Unterrichtsstil der Maîtres von demjenigen der gelehrten Professoren unterschieden. Im Gegensatz zur charakter- und persönlichkeitsbildenden Information der Scholaren in den Exerzitien und Sprachen wurde dieser nämlich als gelehrte Institution[428] (insti-

---

Reit-, Fecht- und Tanzscholaren gefordert wurde, ein Grundschüler bezeichnet. Der Begriff des Écolier nahm in der Wertung der Enzyklopädisten die letzte Stelle ein.

[424] KRÜNITZ: Encyklopaedie, Bd. 147, S. 604 f., Lemma *Scholar: Besonders gebrauchte man es ohne Rücksicht des Alters und Geschlechts von Personen, welche, außer den gewöhnlichen Schulen, von Andern eine anständige Kunst oder Wissenschaft erlernen; daher sagt man ein Sprachmeister, Tanzmeister, Fechtmeister, Musikus etc. hat viele Scholaren, wenn viele Personen seine Kunst von und bei ihm erlernen, besonders, wenn solches Stundenweise geschieht, um sie von den Lehrlingen der mechanischen Künstler und Handwerker zu unterscheiden.*

[425] ZEDLER: Universal Lexicon, Bd. 35, Sp. 915 f., Lemma *Scholaren: Scholaren, werden auf der Reitbahne diejenigen genennet, welche entweder die Reitkunst ex professo, oder nur Cavalierement zu lernen gesonnen. Und: Scholaren, werden auf dem Tantz Boden diejenigen genennet, welche solchen, um das Tantzen zu erlernen, besuchen.*

[426] KLOTZ: Handwörterbuch, Bd. 2, S. 109, Lemma *informare*.

[427] Constitutiones 1601, S. 2 f.; HStAS A 284/94 Bü 51 Bl. 31; HStAS A 284/94 Bü 289 o. Pag. Oberamtmann in Ludwigsburg an den Kirchenrat (1791, September 21).

[428] Ordnung 1609, S. 4: Die Collegiumsstatuten des Jahres 1609 sahen das Ziel vor, dass *in besagtem Collegio, unter eines fuertrefflichen Oberhoffmeisters general inspection, etlicher hochgelehrter Professorn fleissiger institution, wie dann anderer in Ritter und Hoff Exercitien wol erfahrner Meister embsiger information, deß gantzen Roemischen Reichs Teutscher Nation, Junger Adel [...] in Tugenten, Verstand, Politischen und zum Weltlichen Regiment dienlichen Kuensten, zierlichen Sitten, und in allerley zur Hoefligkeit gehoerigen Exercitien, erzogen unnd unterwiesen wuerde.*

tuere, unterweisen, unterrichten, bilden, lehren, zum künftigen Beruf anleiten)[429] genannt. Zugleich wurde mit der Information der den Exerzitien- und Sprachunterricht
überwiegend bestimmende Privatunterricht in Verbindung gebracht[430].

Die Unterrichtseinheiten der Maîtres wurden als Lektionen[431] bezeichnet, was
den stundenweisen Charakter des Exerzitien- und Sprachunterrichts unterstrich.
Krünitz setzte auch diesen Begriff speziell in Verbindung mit den Exerzitien, indem
er definierte: *Ausser den niedern Schulen, gebraucht man das Wort Lection, und die
Redens-Art Lection geben, Unterricht ertheilen, auf Fecht- und Tanz-Böden, auch
auf Reit-Schulen, für den Reiter und das Pferd*[432]. Der Tanzmeister Otto Schlosser
kontrastierte 1795 treffend, dass *die Studenten den ganzen Tag mit nothwendigen so
genannten Brod-Collegien besezt haben und um des willen keine Zeit übrig haben,
viele Lektionen [...] im Tanzen zu nehmen*[433].

In der Ausbildung einer speziellen Terminologie des frühneuzeitlichen Exerzitien-
und Sprachunterrichts zeigt sich nicht nur die Etablierung als eigenständige Lehrfachkategorie neben den gelehrten Studien und das professionelle Selbstverständnis
der Maîtres. Diese Fachterminologie war auch ein Hinweis auf die allgemeine Ausdifferenzierung der Exerzitien als Künste.

3.3 Die Exerzitien im System der Artes

Die einzelnen Exerzitiendisziplinen wurden im 17. und 18. Jahrhundert in vielen
Zusammenhängen stets als Künste und im lateinischen Sprachgebrauch der Universitäten auch als Artes bezeichnet. Dann war die Rede von der Reitkunst[434], der

---

[429] KLOTZ: Handwörterbuch, Bd. 2, S. 138 f., Lemma *instituere*; Georges: Handwörterbuch, Bd.
2, Sp. 1181, Lemma *unterrichten*.
[430] ZEDLER: Universal Lexicon, Bd. 49, Sp. 2178–2183, Lemma *Unterricht, (Privat-), Privat-In-
formation*: Zedler nennt den Begriff der Information in deutlichem Zusammenhang mit dem
Privatunterricht der Universitäten.
[431] HStAS A 202 Bü 2617 o. Pag. Tübinger Studenten an den Geheimen Rat (1767, August 19);
HStAS A 284/94 Bü 297 o. Pag. Otto Schlosser an den Kirchenrat (1795, Dezember 4).
[432] KRÜNITZ: Encyklopaedie, Bd. 67, S. 631, Lemma *Lection*.
[433] HStAS A 284/94 Bü 297 o. Pag. Otto Schlosser an den Kirchenrat (1795, Dezember 4).
[434] HStAS A 202 Bü 1970 o. Pag. Geheimer Rat an den Oberhofmeister des Collegium Illustre
(1684, Oktober 8): *Reitkunst*; HStAS A 202 Bü 2615 o. Pag. Ulrich Oberans an den Geheimen Rat (praes. 1665, Juni 4): *Reuttkunst*; HStAS A 202 Bü 2617 o. Pag. Joseph Hagel an den
Geheimen Rat (1676, August 15): *reut kunst*; KRÜNITZ: Encyklopaedie, Bd. 122, S. 300–494:
Reitkunst; ZEDLER: Universal Lexicon, Bd. 31, Sp. 403–407, Lemma *Reitkunst*.

Fechtkunst[435], der Tanzkunst[436] und der Ballkunst[437]. Nur in wenigen Fällen wurde in Analogie zu den Exerzitien auch von den modernen Fremdsprachen als Kunst gesprochen[438], denn der Begriff der Sprachkunst[439] bezog sich eigentlich auf die Grammatik als eine der sieben klassischen Artes liberales.

François de la Noue hatte in seinem Akademielehrplan den französischen Begriff der *art* nur sehr sparsam verwendet[440]. Jacob Rahtgeb aber ergänzte in seiner deutschen Übersetzung des Werkes den Begriff der *exercices* – meist übersetzt als *Übungen* oder *Exercitien* – mehrmals durch denjenigen der *Kunst*, und zwar dann, wenn sowohl eine Exerzitiendisziplin, als auch die fachliche Fertigkeit eines Maître gemeint war[441]. Im akademisch-lateinischen Sprachgebrauch entsprach die Kunst

---

[435] HStAS A 284/94 Bü 54 o. Pag. Oberhofmeister des Collegium Illustre an den Kirchenrat (1683): *Fechtkunst*; HStAS A 284/94 Bü 54 Bl. 37: *Fecht-Ring-alß Voltigier Kunst*; HStAS A 284/94 Bü 296 o. Pag. Johann Friedrich Gottlieb Roux an den Kirchenrat (1793, Mai 8): Fechtmeister Johann Friedrich Gottlieb Roux schrieb 1793: *Ich habe seit vielen Jahren auf der hiesigen Universität mich im Fechten geübt, und meine in dieser Kunst erlangten Kenntnisse zu erweitern dadurch Gelegenheit gehabt, daß ich vielen Studenten, Adelichen und Bürgerlichen Privat-Unterricht mit Beifall gegeben.* UAT 9/9 Nr. 97: *Fecht-Kunst*; Zedler: Universal Lexicon, Bd. 9, Sp. 397, Lemma *Fecht-Kunst*.

[436] HStAS A 202 Bü 2617 o. Pag. Otto Schlosser an den Geheimen Rat (1795, August 1): *Tanzkunst*; HStAS A 284/94 Bü 296 o. Pag. François Fellon an den Kirchenrat (1794, April 7): Tanzmeister François Fellon schrieb 1794: *Von all solchen Orten bin ich im Stande nicht nur in Betreff der Geschicklichkeit in meiner Kunst, sondern auch in Ansehung meines offentlichen und privat Verhaltens die beste Zeugnisse aufzuweisen.* HStAS A 284/94 Bü 297 o. Pag. François Fellon an den Kirchenrat (1794, November 9): *Ich darf glauben, Meister in meiner Kunst zu sein.* Krünitz: Encyclopaedie, Bd. 179, S. 631–734, Lemma *Tanz und Tanzkunst*.

[437] HStAS A 284/94 Bü 295 Bl. 17: *Ball- und Billiard Kunst*; HStAS E 221 I Bü 4406 o. Pag. Universitätskameralverwalter an das Finanzministerium (1819, März 16): Ballmeister Heinrich Rudolph Friedrich Keller wurde 1819 vom Universitätskameralamt als *ohne Zweifel im Königreiche der einzige in dieser Kunst* genannt. StAT A 10 StU Nr. 168: *Baal-Kunst*; UAT 9/9 Nr. 87: Von Ballmeister Heinrich Rudolph Friedrich Keller wurde 1798 verlangt, Zeugnisse vorzulegen, *wie weit er es in seiner Kunst gebracht habe.* Justi: Schauplatz, Bd. 7, S. 226–276; Krünitz: Encyklopaedie, Bd. 3, S. 447, Lemma *Kunst der Ball- und Raquettenmacher.*

[438] UAT 30/6 Nr. 17: Der Sprachmeister René Delavaranne bat 1686 darum, *artem meam* lehren zu dürfen.

[439] Krünitz: Encyclopaedie, Bd. 55, S. 92, Lemma *Kunst*.

[440] La Noue: Discours, S. 133–159, besonders S. 156: *Car le François est prompt à apprendre les arts & sciences, quand il voit qu'on honnore & qu'on entretient ceux qui le sçavent.*

[441] La Noue: Discours, S. 152, 154 f.; Conrads: Ritterakademien, S. 327, 329: Die französische Passage *Et s'ils se veulent voir dignement servis de tous ceux-là, estans hommes, il faut premier qu'ils en ayent le soin, estans enfans* übersetzte Rahtgeb folgendermaßen: *Wöllen sie nun daß ihnen [...] in gestandnem Alter recht, gebürlich, unnd wol gedient werde, so wil erfordert sein, daß sie sich derselbigen in ihrer jugendt annemmen, unnd sie befürdern, alle Tugenden, und erforderte Künsten zuerlernen.* Und: *Cela a esmeu Aristote d'ordonner qu'on enseignast la musique aux jeunes gens* wurde im Deutschen übersetzt mit: *[...] hatt solches den verständigen Aristotelem beweget, zuverordnen, daß man die jugend zu gleich, neben andern künsten, die herrliche Musicam lehrte.* Wo de la Noue nur die *qualités des personnes* erwähnte, schrieb Rahtgeb: *Man müst aber denselbigen, und jeden seiner Kunst, qualitet, unnd verstandt nach, ein gute Ehrliche besoldung und underhaltung schöpffen.*

der Ars und die Exerzitienmeister den Artifices, und so wurden dieselben 1609 auch in den lateinischen Statuten des Tübinger Collegium Illustre genannt, in der deutschen Version jedoch nicht als Künstler, sondern als Meister bezeichnet[442]. Nach dem Dreißigjährigen Krieg pries die Tübinger Universität in ihrem Vorlesungsverzeichnis des Jahres 1652 die in der Stadt vorhandenen *viri eximii perfecti magistri artificesque* an, die bereit stünden, Unterricht in den Exerzitien zu erteilen[443]. Im Jahr 1700 vermerkte das Vorlesungsverzeichnis der Universität Tübingen die Möglichkeit, die *Artem Equestrem* betreiben zu können und wies auf die in der Stadt vorhandenen *pugilandi, saltandique artifices* hin[444].

Mit ganz ähnlichem Wortlaut veröffentlichten auch andere Universitäten in Vorlesungsverzeichnissen und Statuten ihr Programm der Exerzitien als Programm der Artes und Artifices: In Heidelberg wurden 1655 die bereitstehenden Reitmeister, Sprachmeister, Fechtmeister und *artifices aliarum elegantiarum* in ein Personal- und Vorlesungsverzeichnis aufgenommen[445]. Die Universität Rostock ließ 1724 veröffentlichen: *Habemus & Artis Saltatoriae Magistrum ornatissimum ac peritissimum; Nec minus Palaestricum Doctorem fortem & exercitatissimum [...] & ad artem equestrem omnino habilem*[446]. In den Statuten der Universität Göttingen von 1736 wurde dazu ermuntert: *Si quis vel linguas exoticas, vel corporis movendi artem docere velit, ille veniam ejus rei a ProRectore et Magistratu Academico petat*[447]. An der Universität Bützow erschien im Vorlesungsverzeichnis des Wintersemesters 1783/1784 das Exerzitienprogramm unter dem Hinweis: *Qui praeterea corporis exercitiis operam dare cupiunt, magistros quoque habent, artium eo pertinentium peritissimos*[448]. Und die Universität Kiel machte für das Sommersemester 1784 publik: *Artem equorum subigendorum, gladiatoriam, pictoriam & saltatoriam docent Magistri, artium harum peritissimi, & publicis stipendiis ad docendas eas conducti*[449].

---

[442] Leges 1609, S. 5, 27; Ordnung 1609, S. 4, 27: Die Collegiaten sollten lernen, *sub cura excellentissimi Ephori, clarissimorum Professorum, & exquisitorum artificum laudabilibus corporis exercitiis praepositorum.* Die Exerzitienmeister wurden als *artifices et magistri,* in der deutschen Version aber als *Meister* bezeichnet. Deutsche Encyclopaedie, Bd. 23, S. 507 f., Lemma *Künstler:* Die zeitgenössische Enzyklopädie bestätigte, dass zwar jeder, der eine Kunst ausübe, auch Künstler genannt werden könne, es für manche Künstler jedoch sprachliche Ausnahmen gäbe, und dass man zwar von einem Tonkünstler, nicht aber von einem Tanzkünstler, einem Fechtkünstler oder einem Reitkünstler spreche: *So wird man einen geschickten Bereiter, Fechtmeister, Rechenmeister nicht leicht einen Kuenstler nennen.*

[443] Ordo studiorum, 1652, o. Pag.: *Ad extremum: Si qui erunt Studiosi, qui Hispanicam, Italicam, vel Gallicam linguam addiscere & speciose loqui amant; Si erunt, qui aliis nobilibus exercitationibus ad concinnitatem decusque formari gestiunt: non deerunt viri eximii perfecti magistri artificesque, qui desiderantibus cummulate responsuri & egregiam operam navaturi sint.*

[444] Ordo studiorum 1700, S. 16.

[445] Wolgast: Universität, S. 59 f.

[446] Series Lectionum 1724, o. Pag.

[447] Ebel: Privilegien, S. 71.

[448] Index Lectionum 1783, o. Pag.

[449] Index Praelectionum 1784, o. Pag.

Die Voraussetzungen für die Einordnung der Exerzitien als Künste und Artes innerhalb des akademischen Lehrgefüges zu Beginn der Frühen Neuzeit sind eng mit dem Wandel der Körperübungen zu künstlerischen Fertigkeiten verbunden. Insbesondere die einst ausschließlich der Wehrertüchtigung dienenden Reit- und Fechtübungen wurden in der Frühen Neuzeit zu Fertigkeiten, deren Wert zwar weiterhin auch praktischer, nunmehr aber auch symbolischer Natur war. Walther nennt als Voraussetzung für das Entstehen der Reitkunst das Aufkommen eines öffentlichen Diskurses, welcher das Reiten zur „Kunst, d.h. zu einem System kritisch reflektierter Kenntnisse und Techniken" werden ließ[450]. Waldinger gibt als Voraussetzung für die Entstehung der Fechtkunst die an der Wende zur Frühen Neuzeit einsetzende verbesserte Metallverarbeitung, infolgedessen die sich ausweitende Verbreitung des Fechtens, die Entstehung wissenschaftlicher Fechttheorien im Humanismus, die Verbreitung von Fechtlehren durch entsprechende Publikationen und die Ausbildung verschiedener Fechtstile und Schulen an[451]. Auch das Aufkommen von Lehrbüchern und die dargestellte Ausbildung einer eigenen Fachterminologie für die Exerzitien sind im Kontext einer allgemeinen Professionalisierung und Ausbildung der Exerzitien zu Künsten zu betrachten[452].

Die Exerzitien als Künste und Artes sind in die entsprechende Forschungsliteratur über die Artes liberales oder die Artes mechanicae bisher kaum eingeflossen[453]. Unter dem von Trier in der höfischen Literatur des Mittelalters nachgewiesenen Begriff der Kunst[454] (Ethik, Dichtkunst, Musik, Sprachkenntnisse, Leibes- und Waffenübung, Tugendlehre) und unter demjenigen der sieben ritterlichen Probitates[455] (Reiten, Schwimmen, Bogenschießen, Fechten, Jagen, Schachspiel, Dichtkunst) wurden in

---

[450] WALTHER: Reitkunst, Sp. 1033 f.

[451] WALDINGER: Fechtkunst, Sp. 859–861.

[452] WETZLER: Überlegungen, S. 61–75.

[453] BOEHM: Artes, S. 493–516; BOEHM: Bildung, S. 447–492; EIS: Fachliteratur, S. 6–14; FLACHENECKER: Lehre, S. 493–502; HAMMERSTEIN: Artes, Sp. 686–690; KRAFFT: Artes mechanicae, Sp. 1063–1065; KURZE: Lob, S. 122–130; LINDGREN: Artes, S. 5–11, 84–87; POPPLOW: Artes, Sp. 690–693; SCHIPPERGES: Artes, Sp. 1058–1063.

[454] TRIER: Wortschatz, S. 285, 312–322, besonders S. 316: Eine sowohl sprachliche, als auch konzeptionelle Verbindung zwischen den sieben ritterlichen Probitates des Mittelalters und dem Begriff der Kunst als Fertigkeit ist bei Trier beschrieben: Im Mittelalter waren die von der ritterlich-höfischen Gesellschaft geforderten Bildungsstoffe und Fertigkeiten als „kunst" oder „list" bezeichnet worden. Zu ihnen zählte etwa die Jagd, die Musik, die Dichtung und die ritterliche Tugendlehre. Im Gegensatz zu „list" wurde unter „kunst" bald speziell die Gesamtheit der höfischen Bildung verstanden, wozu die Beherrschung der ritterlichen Ethik, die Dichtkunst, die Musik, Teile der Artes liberales und letztlich auch Sprachkenntnisse und Leibesübungen zählten: „kunst ist – und hier ist das Wort am häufigsten – ritterliche Waffenübung".

[455] KRAFFT: Artes, Sp. 1063–1065; POPPLOW: Artes, Sp. 690–693; HILKA/SÖDERHJELM: Disciplina, S. 11: *Probitates vero he sunt: Equitare, natare, sagittare, cestibus certare, aucupare, schachis ludere, versificari.* Nach Petrus Alfonsi (12. Jahrhundert) zählte in Analogie zu den sieben Artes liberales und den sieben Artes mechanicae zu den sieben ritterlichen Probitates das Reiten, Schwimmen, Bogenschießen, Fechten, Jagen, das Schachspiel und die Verskunst in Wort und Melodie.

der Gesamtschau überwiegend körperliche und sprachlich-kommunikative Fertigkeiten, vor allem aber auch Fertigkeiten der Waffenübung subsumiert. Daraus ergibt sich eine Verbindung zu den frühneuzeitlichen Exerzitien als Künste und Artes, die sogar die Sprachen mit einbezieht: Die aus dem mittelalterlichen Erziehungskanon übernommenen Exerzitien und modernen Fremdsprachen stellten im Gegensatz zum Lehrkanon der Universitäten praktische und auf die Praxis bezogene Fertigkeiten dar. Das Konzept der praktischen Fertigkeit aber war es, das im Sprachgebrauch der Frühen Neuzeit unter anderem als Kunst und als Ars bezeichnet wurde, wie es in der „Oekonomischen Encyklopaedie" des 18. Jahrhunderts dargelegt ist[456].

In seine Erklärung des Begriffs der Kunst als praktischer Fertigkeit gegenüber den Begriffen der Kunde und den Wissenschaften[457] bezog Krünitz auch die Exerzitien mit ein. Zunächst wurde unter freien Künsten (Artes liberales)[458] und unfreien Künsten (Artes mechanicae oder Handwerke)[459] unterschieden[460]. Die freien Künste wurden neben dem klassischen aus der Antike stammenden Kanon der sieben Artes liberales (Grammatik, Rhetorik, Dialektik, Arithmetik, Geometrie, Musik, Astronomie) als die Künste bezeichnet, welche allein, oder doch vornehmlich das Vergnügen zum Gegenstande haben[461]. Dabei wurde nunmehr zwischen den Exerzitien und den

---

[456] KRÜNITZ: Encyklopaedie, Bd. 55, S. 91–125, Lemma *Kunst*: Andere Gebrauchskategorien bestanden in der Kunst als Stärke, Macht oder Kraft, der Kunst als menschlicher Kraft im Gegensatz zur Natur, der Kunst als Mühe und Fleiß, der Kunst als künstliche Maschine und der Kunst als Gelehrsamkeit und Wissenschaft.

[457] Ebd., Bd. 55, S. 96 f., Lemma *Kunst*: Krünitz definierte auch den Stellenwert der Künste gegenüber der Kunde und den Wissenschaften, indem er erklärte, dass die zwischen Kunde und Wissenschaft angesiedelte Kunst *die Fertigkeit in Ausübung der [...] Vorschriften* bezeichne, während die Kunde nur die historische Kenntnis einer Fertigkeit bedeute, eine Wissenschaft aber die *Einsicht der Gründe und die Fertigkeit diese Vorschriften aus unwidersprechlichen Gründen unumstößlich darzuthun.*

[458] BOEHM: Artes, S. 493–516; BOEHM: Bildung, S. 447–492; HAMMERSTEIN: Artes, Sp. 686–690; LINDGREN: Artes, S. 5–11, 84–87; SCHIPPERGES: Artes, Sp. 1058–1063: Die Artes liberales bildeten in der Antike im Gegensatz zu den Artes mechanicae die eines freien Mannes würdigen Künste.

[459] FLACHENECKER: Lehre, S. 493–502; KRAFFT: Artes, Sp. 1063–1065; KURZE: Lob, S. 122–130; POPPLOW: Artes, Sp. 690–693: Die Artes mechanicae wurden im 12. Jahrhundert den Artes liberales in ihrer Siebenzahl gleichgestellt. Sie waren unterteilt in Lanificium, Armatura, Navigatio, Agricultura, Venatio, Medicina und Theatrica, wobei sich der neuzeitliche Begriff der Artes mechanicae an den mittelalterlichen anschloss.

[460] KRÜNITZ: Encyklopaedie, Bd. 55, S. 93 f., Lemma *Kunst*: Bei den Handwerken wurde wiederum zwischen denjenigen unterschieden, welche die menschlichen Grundbedürfnisse und jenen, welche die menschliche Vergnügen bedienten. Zu denen des Vergnügens zählten etwa Kunstdrechsler, Kunstgärtner oder Kunstmaler, während die Handwerke zur Deckung der Grundbedürfnisse in Handwerkskünste und Landwirtschaftskünste untergliedert wurden. Die Handwerkskünste (Artes mechanico-mathematicae) wurden nochmals unterteilt in gemeine Handwerke (beispielsweise Schneider, Bäcker, Schuhmacher) und künstlerische Handwerke (beispielsweise Buchbinder, Formschneider, Gürtler). Die Landwirtschaftskünste (Artes mechanico-physicae) dagegen wurden untergliedert in Handwerke der Wartung (Ackerbau, Weinbau, Viehzucht) und der Nachstellung (Bergwerk, Fischerei, Jagd).

[461] KRÜNITZ: Encyklopaedie, Bd. 55, S. 94 f., Lemma *Kunst*; Deutsche Encyklopaedie, Bd. 23, S. 638 f., Lemma *Kunst*; Deutsche Encyklopaedie, Bd. 23, S. 496, Lemma *Künste, schöne*

schönen Künsten unterschieden: *Freye Künste, L. Artes liberales, Fr. Arts liberaux, heißen, welche das Vergnügen, die Zierde und die Pracht im menschlichen Leben, zu ihrem Endzwecke haben. Solche sind entweder Exercitien (Leibes=Uebungen), oder eigentliche Künste, d. i. solche, deren Ausübung theils uns angenehme, zierliche und prächtige Werke ganz neu liefert, theils gewisse Dinge nur verschönert*[462].

Damit aber war eine Verortung der frühneuzeitlichen Körperübungen im System der Artes und präziser noch im System der Artes liberales vorgenommen, in welchem insbesondere die Abgrenzung von den sieben klassischen Artes liberales von Interesse ist. Die Exerzitien waren zusammen mit den Schönen Künsten als moderne Formen der freien Künste neben den abgeschlossenen und unantastbaren Kanon der klassischen sieben Artes liberales in das Gesamtsystem der Artes eingetreten. Einige zeitgenössische Belege unterfüttern diese Einordnung zusätzlich. Die „Deutsche Encyclopadie" bemerkte, dass bereits die antike griechische Kultur die Gymnastik zu den freien Künsten gerechnet habe[463]. Auch der italienische Frühhumanist Franciscus Philelphus hatte die Gymnastik zusammen mit der Medizin als Teil der Naturphilosophie oder Physik und damit zu den Artes liberales gerechnet[464]. Die französischen Enzyklopädisten Diderot und d'Alembert nannten das Tanzen und das Fechten *un art qui n'est pas mis au nombre des Arts libéraux, comme la Danse, l'Escrime, &c.*, also als Künste, die jedoch nicht den klassischen sieben Artes liberales zugerechnet wurden[465]. Der „Schauplatz der Kuenste und Handwerke" des 18. Jahrhunderts bestätigte die Terminologie der Kunst letztlich auch für das zwischen Kunst und Spiel stehende Ballspiel und das mit ihm verbundene Metier im Konzert mit anderen Körperübungen wie der Reit- oder der Fechtkunst[466].

Dass die Exerzitien zwar in das System der freien Künste aufgenommen worden waren, den klassischen Artes liberales im Lehrgefüge der Philosophischen Fakultät jedoch absolut untergeordnet blieben, zeigt auch ihre rangliche Platzierung in den

---

freye.

[462] KRÜNITZ: Encyklopaedie, Bd. 55, S. 94–98, Lemma *Kunst*: Die schönen Künste wurden in die bildenden, tönenden, redenden und mimischen Künste (beispielsweise Malerei, Musik, Beredsamkeit, Schauspiel), in Manufakturenkünste (beispielsweise Woll- und Seidenmanufaktur), Fabrikenkünste (beispielsweise Messing- und Glasverarbeitung) und Frauenzimmerkünste (beispielsweise Nähen, Sticken) untergliedert.

[463] Deutsche Encyclopaedie, Bd. 23, S. 496, Lemma *Künste, schöne, freye*: Die Griechen rechneten die Gymnastik [...] zu den freyen Künsten.

[464] MÜLLER: Mensch, S. 244.

[465] ALEMBERT/DIDEROT: Dictionnaire, Bd. 5, S. 337, Lemma *ecolier, disciple, eleve*.

[466] JUSTI: Schauplatz, Bd. 7, S. 228: *Alle koerperlichen Uebungen, die an bestaendige Regeln gebunden sind, haben sich mit Recht den Namen der Kuenste im vorzueglichen Verstande erworben: Die Seele braucht zu ihrer Ausuebung weiter nichts, als die Bewegung des Koerpers, und die Huelfe einiger Instrumente; dergleichen sind die Reutkunst, die Fechtkunst etc. Daher wollen wir das Ballspiel nicht mehr, in Ruecksicht auf seinen Namen, als ein Spiel, noch auch als einen bloßen Zeitvertreib ohne weitern Nutzen, betrachten; sondern es als eine Kunst ansehen, welche mit Huelfe weniger Instrumente eine sehr nuetzliche Uebung wird, vermoege der die Jugend sich eine dauerhafte Gesundheit, und eine Lebhaftigkeit erwerben kann, die in unserm ganzen Leben so nothwendig ist. [...] Wir hoffen hiermit zur Genuege bewiesen zu haben ! daß das Ballspiel eine Kunst ist; ob es gleich den Namen eines Spiels fuehrt.*

Vorlesungsverzeichnissen der Universitäten und ihre weitere Entwicklung als Künste im Lehrgefüge. In Tübingen wurde das Lehrangebot der Exerzitienmeister in den ab 1652 überlieferten Vorlesungsverzeichnissen stets ganz zu Ende und in Anschluss an das Lehrangebot der Philosophischen Fakultät aufgeführt[467]. Abgesetzt von diesem wurde es jedoch nicht nur in Tübingen durch eine graphische Markierung[468], ein abgrenzendes sprachliches *ad extremum*[469] oder *denique*[470]. Während im Sommersemester 1793 das Lehrangebot in den modernen Fremdsprachen erstmals unter der Philosophischen Fakultät erschien, wurde die Ankündigung der Exerzitien in den lateinischen Vorlesungsverzeichnissen unter *denique* mit fast gleichem Wortlaut bis weit ins 19. Jahrhundert hinein beibehalten[471].

Am Ende des 18. und zu Beginn des 19. Jahrhunderts waren in Tübingen auch die Musik und das Zeichnen in die Vorlesungsverzeichnisse aufgenommen worden[472]. Zusammen mit den Exerzitien, dem Reiten, Fechten und Tanzen wurden sie in den deutschen Vorlesungsverzeichnissen des Wintersemesters 1818/1819 erstmals unter der nun eigenen Überschrift *Kuenste* zusammengefasst[473]. Und so war es nicht nur in Tübingen. Bereits im Wintersemester 1784/1785 war an der Universität Heidelberg das Französische und Italienische in das Lehrangebot der Philosophischen Fakultät

---

[467] Ordo studiorum 1652, o. Pag.; Ordo praelectionum 1752, S. 8.

[468] Index Praelectionum 1784, o. Pag.

[469] Ordo studiorum 1652, o. Pag.

[470] Ordo praelectionum 1752, S. 8.

[471] Ordo praelectionum 1792/1793, S. 8; Ordo praelectionum 1793, S. 8: Im Wintersemester 1792/1793 lautete die Ankündigung unter Einschluss der Sprachen noch folgendermaßen: *Qui linguas gallicae, aliisve hodie florentibus addiscendis suam impendere operam cupiunt, vel equos subigendi, arma tractandi, pila se exercendi, nec non saltandi studiis tenentur, magistrorum peritissimorum in quavis illarum artium institutione commode apud nos frui poterunt.* Im Wintersemester 1792/1793 lautete die Ankündigung jedoch: *Qui equos subigendi, arma tractandi, pila se exercendi, nec non saltandi studiis tenentur, magistrorum peritissimorum in quavis illarum artium institutione commode apud nos frui poterunt.*

[472] Ordo praelectionum 1795/1796, o. Pag.: Die Musik erschien erstmals im deutschen Vorlesungsverzeichnis des Wintersemesters 1795/1796: *Auch findet man Gelegenheit zur Erlernung des Fechtens, Tanzens, der Musik, u.a.* Da das lateinische Vorlesungsverzeichnis sie nicht erwähnt, ist jedoch davon auszugehen, dass sie bereits vorher vertreten war. Ordo praelectionum 1812/1813, o. Pag.: Auch das Zeichnen erschien zuerst nur in den deutschen Vorlesungsverzeichnissen, erstmals im Wintersemester 1812/1813: *Auch findet man Gelegenheit zu Erlernung des Reitens, Fechtens, Tanzens, der Musik, der Zeichnungs- und Mahlerkunst u.a.*

[473] Ordo praelectionum 1818/1819, S. 8 mit deutscher Beilage, S. 15: Es ist davon auszugehen, dass die Exerzitien damit auch von den erst aufgekommenen Turnübungen unterschieden werden sollten. Der Erlass des Ministerium des Innern an den akademischen Senat der Universität Tübingen betreffend das Verbindungs- und Turnwesen der Studierenden, mit dem die Turnanstalt der Universität eingestellt wurde, äußerte: *Da jedoch Seine Koenigliche Majestaet andern anstaendigen koerperlichen Uebungen keineswegs entgegen sind, so wird fuer die Einrichtung und Eroeffnung eines Fecht- und Voltigir-Saals Sorge getragen werden.* REYSCHER: Sammlung, Bd. 11,3, S. 804–806: Mit Erlass des Ministeriums des Innern und des Kirchen- und Schulwesens vom 11. April 1839 wurde wieder eine gymnastische Anstalt für die Studenten der Universität Tübingen eingerichtet. Vgl. UAT 117/651: *Statuten der gymnastischen Anstalt fuer Studirende* (1839).

übergegangen, während das Reiten, Fechten und Tanzen nunmehr unter der neuen Kategorie *Freye Kuenste* erschien, eine noch deutlichere Einordnung der Exerzitien in das System der Artes als in Tübingen[474]. Heinrich Ferdinand Eisenbachs „Beschreibung und Geschichte der Stadt und Universitaet Tübingen" (1822) beinhaltete ein eigenes Kapitel über den Exerzitien- und Sprachunterricht mit dem Titel *Unterricht in freien Kuensten"*[475]. Die Überschrift *Kuenste* für die Exerzitien wurde allerdings erst im Sommersemester 1849 mit *Lehrer der Künste* wieder aufgenommen[476]. Im Wintersemester 1850/1851 wurden die nunmehrigen *Künste* (Reiten, Fechten, Tanzen, Musik, Zeichnen) noch durch das Turnen ergänzt, die Überschrift in *Lehrer der Künste und Leibesübungen* umgewandelt[477]. Das Verständnis der Exerzitien als Künste mit einem Lehrziel, das über die bloße Körperertüchtigung hinausging und eine Reminiszenz an das hochmittelalterliche Erziehungsideal dargestellt hatte, verblasste nun immer mehr. Im Sommersemester 1889 verschwand die Bezeichnung *Künste* erstmals aus dem Vorlesungsverzeichnis. Die Exerzitien liefen nun unter der Kategorie der *Leibesübungen*[478]. Im Sommersemester 1900 wurde die Bezeichnung *Künste,* jetzt separiert von den Exerzitien, dem Zeichnen und der Musik zugeordnet[479], womit der Begriff nunmehr vollkommen auf die Schönen Künste übergegangen war.

3.4 Zusammenfassung

Der frühneuzeitliche Exerzitien- und Sprachunterricht des 17. und 18. Jahrhunderts bildete im Verlauf seiner Etablierung eine eigenständige Fachterminologie aus. Sie verlieh den Maîtres und ihrem Lehrangebot nicht nur ein professionelles Selbstverständnis, sondern auch einen differenzierten Status als Lehrfachkategorie innerhalb des akademischen Lehrgefüges. Maîtres und Scholaren, Information und Lektion waren spezielle, mit dem Exerzitien- und Sprachunterricht an Adelsakademien und Universitäten des 17. und 18. Jahrhunderts verbundene Begrifflichkeiten, die als solche auch in die Enzyklopädien und Wörterbücher des 18. Jahrhunderts eingingen. So spezialisierte sich der an sich weit gefasste und anwendbare Begriff der Exerzitien im Verlauf des 17. Jahrhunderts immer mehr. Neben anderen europaweit bekann-

---

[474] Anzeige der Vorlesungen 1784/1785, S. 14.
[475] EISENBACH: Beschreibung, S. 541 f.
[476] Verzeichnis der Vorlesungen 1849, S. 27.
[477] Verzeichnis der Vorlesungen 1850/1851, S. 25.
[478] Verzeichnis der Vorlesungen 1889, S. 19; Personal- und Vorlesungsverzeichnis 1935/1936, S. 37, 74-78; Namens- und Vorlesungsverzeichnis 1950, S. 19: Das Institut für Leibesübungen befand sich im 20. Jahrhundert in der Wilhelmstraße 34 auf dem Platz, den sich heute der Hegelbau und die Universitätsbibliothek teilen und beschäftigte mindestens zwei akademische Turn- und Sportlehrer. Im Wintersemester 1935/1936 wurde Turnen, Gymnastik, Fuß- und Handball, Geländelauf, Schwimmen, Schießen, Rudern, Boxen und Jiu-Jitsu angeboten. Im Jahr 1950 bestand es noch immer. Das Vorlesungsverzeichnis präzisierte jedoch keine Ankündigungen mehr.
[479] Verzeichnis der Vorlesungen 1900, S. 37.

ten Phänomenen, wie den ignatianischen Exerzitien oder den Exerzierübungen des niederländischen Heeresreformwesens, bezeichnete er im 18. Jahrhundert schließlich speziell das im Rahmen adliger Standesbildung betriebene Disziplinenkonglomerat an Adelsakademien und Universitäten und war damit zum feststehenden und weit verbreiteten Fachbegriff geworden.

Die Ausbildung einer Fachterminologie für den frühneuzeitlichen Exerzitien- und Sprachunterricht ist insbesondere im Kontext der zunehmenden Ausbildung der Exerzitien zu Künsten zu betrachten, deren Lehrziele nunmehr über die bloße Körperertüchtigung hinausgingen. Als Fertigkeiten, die gleichzeitig auch Träger des höfischen Erziehungsideals waren, traten sie als moderne freie Künste in das System der Artes ein. Das abgeschlossene System der klassischen und aus der Antike stammenden Artes liberales tangierten sie dabei jedoch nicht, wie es sich auch an ihrer Platzierung in den Vorlesungsverzeichnissen der Zeit beobachten lässt. Während die modernen Fremdsprachen am Ende des 18. Jahrhunderts in das Lehrangebot der Philosophischen Fakultäten aufgenommen wurden, behielten die Exerzitien im Lehrgefüge der Universitäten bis weit ins 19. Jahrhundert hinein formal ihre Stellung als davon separierte Künste. Erst zu Beginn des 20. Jahrhunderts verblasste das den Exerzitien beiwohnende Ideal und damit auch die Begrifflichkeit der Kunst in Zusammenhang mit den Exerzitien. Die Reit-, Fecht- und Tanzkunst wurde nunmehr unter den Leibesübungen subsumiert, der Begriff der Künste jetzt auf die Musik und das Zeichnen und damit ausschließlich auf die Schönen Künste übertragen.

II. Status, Konfession und Qualifikation

1. Status und Vernetzung

1.1 Die Exerzitien- und Sprachmeister im akademischen Sozialgefüge

a. Rang und Stand

Als Repräsentanten des Exerzitien- und Sprachunterrichts wurden die Maîtres nicht nur in Tübingen hinsichtlich administrativer, fachlicher und ökonomischer Angelegenheiten häufig in einem gemeinsamen Zusammenhang genannt[1]. Eine homogene soziale Kategorie bildeten die Bereiter, Stallmeister, Fechtmeister, Tanzmeister, Ballmeister und Sprachmeister dennoch nur bedingt. Charakteristisch war es vielmehr, dass ihr Rang und Stand innerhalb des akademischen Sozialgefüges weder eindeutig definiert wurde, noch dass ein solcher die Maîtres aller Metiers gleichermaßen umfasst hätte oder aber gleichbleibend konstant geblieben wäre[2]. Die Bedingungen einzelner Maîtresparten veränderten sich im Verlauf des 17. Jahrhunderts zudem teilweise so gravierend, dass daraus auch ein dauerhafter Wandel des sozialen Prestiges für ein ganzes Metier resultierte. Insgesamt verfestigte sich Rang und Stand der Maîtres erst im 18. Jahrhundert. Letztlich aber durchwoben die Exerzitien- und Sprachmeister das akademische Sozialgefüge in einer wenn auch wechselnden, aber deutlich zu fassenden Rangfolge untereinander und in Kontrast zu den übrigen Collegiums- und Universitätsangehörigen[3].

Von einschneidenden Veränderungen hinsichtlich Rang und Stand waren in der zweiten Hälfte des 17. Jahrhunderts vor allem die Bereiter und die Sprachmaîtres betroffen. Die zu Beginn des 17. Jahrhunderts am Collegium Illustre angenommenen

---

[1] HStAS A 284/94 Bü 265 o. Pag. Collegiumsverwalter an den Kirchenrat (1729, September 7); HStAS A 303 Bd. 14023 Bl. 98ʳ; EBEL: Privilegien, S. 70 f.; THORBECKE: Statuten, § 61, S. 323.

[2] Dieser Umstand wird auch bereits im 18. Jahrhundert am Beispiel anderer Universitäten bestätigt. Vgl. MICHAELIS: Raisonnement, Bd. 3, S. 109 f.: „Wer sich [sic!] den gemeinschaftlichen Nahmen, der ihnen gegeben wird, Exercitienmeister, verfuehren lassen wollte, sie fuer einander gleich zu schaetzen, der wuerde einen laecherlichen Irrthum begehen: und eine Egalitaet des Ranges und Standes unter ihnen einfuehren wollen, wuerde so viel seyn als, es der Universitaet unmoeglich machen, je einen guten Stallmeister zu erhalten. Wenn ich hoere, daß einer vom vornehmsten Adel an einem koeniglichen oder fuerstlichen Hofe Stallmeister ist, so verwundere ich mich nicht, denn es ist gar nichts neues: wollte mir aber jemand erzaehlen, daß einer von dieser Qualitaet an eben dem Hofe Tanzmeister oder Fechtmeister geworden waere, so daechte ich, er haette mich zum Besten. Es ist wirklich sonderbar, wenn bisweilen die uebrigen Exercitienmeister auf eine solche Gleichheit Anspruch machen".

[3] Vgl. zu sozialer Schichtung, sozialer Mobilität und deren ökonomischen, ständischen und politisch-rechtlichen Untersuchungsdimensionen BÁTORI: Schichtung, S. 14; WEHLER: Vorüberlegungen, S. 10–17: Soziale Schichtung wird dahingehend definiert, dass eine Rangordnung oder hierarchische Gliederung der Gesellschaft besteht, wonach Einzelpersonen oder Bevölkerungsgruppen aufgrund von Kriterien wie Ansehen, Einkommen und Bildung soziale Einordnung finden.

Sprachmeister, etwa Bartholomäus Hettler oder Louis du May, waren akademisch vorgebildet[4], trugen den Titel eines Professors des Collegium Illustre und nahmen gleichen Rang mit den anderen am Collegium Illustre angestellten Professoren der Institutionen, des Feudal-, Kriminal- und Prozessrechtes und der Geschichte und Politik ein[5]. Sowohl hinsichtlich ihres Verdienstes, als auch ihres gesellschaftlichen Ansehens führten die Sprachmeister bis zur Mitte des 17. Jahrhunderts daher das soziale Ranggefüge der Maîtres an[6].

Die im Verlauf des 17. Jahrhunderts nunmehr überwiegend auf Sprachpraxis, Konversation sowie authentische Aussprache zielenden Anforderungen an den modernen Sprachunterricht sollten den sozialen Stand der Sprachmeister jedoch grundlegend verändern[7]. Zahlreiche französische Muttersprachler, welche seit der Mitte des 17. Jahrhunderts häufig aus konfessionellen Gründen Zuflucht in den Territorien des Heiligen Römischen Reiches gesucht hatten, ersetzten nunmehr mit oft nicht profilierteren Qualifikationen als der Kenntnis ihrer Muttersprache die akademisch vorgebildeten und einheimischen Sprachmeister[8]. Das verminderte Qualifikationsniveau erhöhte aber nunmehr auch die Konkurrenz und führte in Tübingen dazu, dass die besoldete Sprachmeisterstelle am Collegium Illustre 1681 zur Kasse eingezogen und erst in der Mitte des 18. Jahrhunderts wieder neu besetzt wurde[9]. Die von nun an teilweise unter der Jurisdiktion der Universität stehenden Tübinger Sprachmeister waren daher zukünftig auf ihre selbst erwirtschafteten Informationsgelder angewiesen. Zum Verlust der Grundbesoldung aus dem Geistlichen Gut trat hinzu, dass aufgrund fehlender fachspezifischer Qualifikationen sowie oft undurchsichtiger persönlicher und konfessioneller Hintergründe vielen der französischen und italienischen Sprachmaîtres eine Aufnahme in den akademischen Jurisdiktionsbereich erschwert wurde[10]. Ein fragiler rechtlicher Status, die enorme Konkurrenz und eine hieraus

---

[4] HStAS A 284/94 Bü 41 o. Pag. Bartholomäus Hettler an Herzog Friedrich (1601, Juli 2); MUT I 208/40; MUT I 231/79; UAT 9/14 S. 4ᵛ.

[5] Constitutiones 1601, S. 6; Leges 1609, S. 23: Während die Professoren der Rechte und der Geschichte und Politik am Collegium Illustre einen an einer deutschen Universität erworbenen Doktortitel beider Rechte vorweisen sollten, wurde diese Forderung für den Sprachmeister abgemildert. Er sollte dennoch ein Jurastudium vorweisen können.

[6] HStAS A 274 Bü 79 o. Pag. Besoldungsverzeichnis (um 1610); HStAS A 303 Bd. 13965 Bl. 76ʳ, 79ʳ, 53ʳ, 109ʳ; HStAS A 303 Bd. 13973 Bl. 53ᵛ, 58ʳ, 124ᵛ, 125ᵛ, 127ᵛ, 129ʳ, 133ʳ, 165ᵛ, 167ʳ; vgl. Diagramm 1–3.

[7] Vgl. Briesemeister: Sprachmeister, S. 265; Hüllen: Geschichte, S. 47 f.

[8] Vgl. Caravolas: Histoire, S. 58 f.; Christ: Geschichte, S. 110; Hüllen: Geschichte, S. 65.

[9] HStAS A 202 Bü 2616 o. Pag. Geheimer Rat an den Kirchenrat (1751, Dezember 13), o. Pag. Geheimer Rat an den Kirchenrat (1752, Juli 28); HStAS A 284/94 Bü 47 Bl. 1, 2a, 3–5; HStAS A 284/94 Bü 289 Bl. 55; HStAS A 303 Bd. 13973–14030; UAT 30/6 Nr. 24 Bl. 1.

[10] UAT 30/6 Nr. 13 Bl. 1, 4, 6; UAT 32/1 Bd. 4 Nr. 212: Der französische Sprachmeister Gilbert Joubert aus Bellac bei Poitiers konvertierte 1688 in Tübingen vom reformierten zum lutherischen Bekenntnis, wurde aber erst 1689 dauerhaft in die Universitätsmatrikel aufgenommen. Toepke: Matrikel, Bd. 2, S. 323; UAT 3/8 Bl. 48ᵛ, 22ᵛ, 339ʳ, 354ᵛ, 357ʳ, 359ᵛ, 389ᵛ; UAT 30/6 Nr. 6 Bl. 1–9: Der Sprachmeister Alphons Firmin Caussin bat zwischen 1664 und 1668 als Angehöriger des reformierten Bekenntnisses mehrmals vergeblich um Aufnahme in die Tübinger Universitätsmatrikel.

resultierende oft recht kurze Verweildauer der Maîtres führte letztlich nicht nur zur Verhinderung einer dauerhaften Etablierung, sondern auch zu einem allgemeinen sozialen Prestigeverlust für die Sprachmeister der zweiten Hälfte des 17. und des gesamten 18. Jahrhunderts, der sich auch in anderen Universitätsstädten beobachten lässt[11].

Die soziale Stellung der Tübinger Reitmeister dagegen entwickelte sich in die entgegengesetzte Richtung. Der Tübinger Posten wurde von Beginn an und bis zum Ende des 17. Jahrhunderts stets von einem Bereiter versehen, der in der Hierarchie des frühneuzeitlichen Stallpersonals eine mittlere Position einnahm[12]. Mit Wolfgang Ernst von Berga wurde die Stelle 1698 jedoch erstmals und nunmehr bis ins 19. Jahrhundert hinein regelmäßig an einen in der Ranghierarchie weit höher gestellten Stallmeister vergeben und damit dauerhaft aufgewertet[13]. Zusammen mit der Einziehung der Sprachmeisterbesoldung im Jahr 1681 führte dies dazu, dass von nun an der Stallmeister das Ranggefüge der Maîtres anführte[14]. Tübingen bildete hierin im 18. Jahrhundert keinen Einzelfall. An der Universität Göttingen erhielt der Stallmeister Johann Heinrich Ayrer in der zweiten Hälfte des 18. Jahrhunderts sogar den Rang eines ordentlichen Professors. Bei öffentlichen Anlässen nahm er eine Intermediärstellung zwischen den Ordinarien und Extraordinarien ein[15].

Die Tübinger Fecht- und Tanzmeister hatten von Beginn an gemeinsam das Mittelfeld des sozialen und ökonomischen Gefüges der Exerzitien- und Sprachmeister belegt[16]. Da ihre Positionen hinsichtlich dessen eng beieinander lagen, den Fechtmeister jedoch leicht begünstigten, kam es im 18. Jahrhundert zu einer Rangstreitigkeit, die 1735 in der Gleichstellung beider Maîtres endete[17]. Nach einer zweijährigen Vakanz der Tanzmeisterstelle von 1739 bis 1742 wurde die Position des Tanzmeisters mit der Absicht, einen Maître überhaupt wieder nach Tübingen locken zu können, noch zusätzlich verbessert.[18]

Abgesehen von den Sprachmeistern, nahmen im gesamten 17. und 18. Jahrhundert

---

[11] BRIESEMEISTER: Sprachmeister, S. 270: Briesemeister beurteilt die Lage der Spachmeister des 18. Jahrhunderts in Jena wie folgt: „Die soziale und akademische Stellung der Sprachmeister bleibt allerdings prekär. Die Gruppe steht am Schluss der universitären Hierarchie ohne finanzielle und statusrechtliche Absicherung".

[12] HStAS A 10 Bü 66 o. Pag. *Consignation über das bey dem Herzoglichen Marrstall gegenwärtig angestellte Personale* (1795, Mai 27); HStAS A 274 Bü 79 o. Pag. Besoldungsverzeichnis (um 1610); HStAS A 303 Bd. 13967 o. Pag.; HStAS A 303 Bd. 13980 S. 79, 195, 201, 211, 220.

[13] HStAS A 303 Bd. 13980 S. 79, 195, 201, 211, 220; HStAS A 303 Bd. 13981 S. 78, 232, 241; HStAS A 303 Bd. 13982 S. 83, 267, 274, 295.

[14] HStAS A 303 Bd. 13982 S. 83, 267, 274, 295; HStAS A 303 Bd. 14059 Bl. 23^r, 67^r, 69^v, 74^r, 77^v; vgl. Diagramm 4–6.

[15] BUSS: Exercitien, S. 26, 104, 106–108; KRÜGER: Erben, S. 285 f.; PÜTTER/SAALFELD/OESTERLEY: Versuch, Bd. 2, S. 353; WAGENER: Pedelle, S. 69 f. und Anm. 53.

[16] HStAS A 274 Bü 79 o. Pag. Besoldungsverzeichnis (um 1610); HStAS A 303 Bd. 13967 o. Pag.; HStAS A 303 Bd. 14059 Bl. 24^r, 68^r, 70^v, 79^r.

[17] HStAS A 303 Bd. 14013 Bl. 46^v, 107^v, 110^r, 120^r.

[18] HStAS A 303 Bd. 14016 Bl. 63^v–64^r, 142^r, 147^v, 164^v; HStAS A 303 Bd. 14017 Bl. 69^v, 146^v, 152^r, 168^v–169^r.

die Ballmeister den niedrigsten Rang unter den Exerzitienmeistern ein[19]. Im Jahr 1629 hatte Hugo Bitschin die Überlassung des Tübinger Ballhauses zum privaten Weiterbetrieb erwirkt[20]. Spätestens seit 1649 bezogen die Ballmeister daher nur noch eine geringe Naturalbesoldung und fungierten weitgehend als selbstständige Unternehmer[21]. Ihr aus der Herstellung und dem Verkauf von Ballspielmaterial und der Information im Ballspiel bestehender Gesamtverdienst, zu dem im 18. Jahrhundert noch der Betrieb von Billards in den privaten Wohnhäusern der Maîtres trat, war daher vermutlich nicht so gering, wie es die fast symbolische Naturalienleistung aus dem Geistlichen Gut vermuten lässt. Gerade aber die mehr oder weniger formale Aufrechterhaltung der ökonomisch bedingten Bindung an die Collegiumsverwaltung erhielt dem Tübinger Ballmeistermetier – anders als den Sprachmeistern – dauerhaft die privilegierte Zugehörigkeit zum Jurisdiktionsbereich des Collegium Illustre[22].

Die sich so im 18. Jahrhundert verfestigende Rangabfolge der Maîtres untereinander reichte also vom Stallmeister über den Fecht- und Tanzmeister sowie den Ballmeister bis hin zum Sprachmeister, eine Ranghierarchie, die auch für andere Universitäten Bestätigung findet[23]. Die sich anschließende Frage nach einer Positionierung der Maîtres innerhalb des gesamtakademischen Sozialgefüges des Tübinger Collegium Illustre und der Universität stellt sich dagegen weit diffiziler dar. Anhand einzelner Schlaglichter sollen aber Tendenzen einer solchen Einordnung aufgezeigt werden.

---

[19] HStAS A 274 Bü 79 o. Pag. Besoldungsverzeichnis (um 1610); HStAS A 303 Bd. 13965 Bl. 76^r, 79^r; HStAS A 303 Bd. 14059 Bl. 68^r, 71^r, 79^r.

[20] HStAS A 284/94 Bü 250 Bl. 18a, 35.

[21] HStAS A 303 Bd. 13965 Bl. 76^r, 79^r.

[22] UAT 5/29b Bl. 165; UAT 145/111 o. Pag. Verzeichnis der Universitätskameralverwaltung über die Gehälter der an der Universität angestellten Lehrer (1817, Januar 3).

[23] MICHAELIS: Raisonnement, Bd. 3, S. 111 f., 113 f., S. 130: Johann David Michaelis schilderte 1773 über die Verhältnisse an den deutschen Universitäten: „Der Nahme, Stallmeister, fuehrt sonst ueberall an Hoefen einen ansehnlichen Rang mit sich: und der Stallmeister auf Universitaeten mueßte wol, wenn man gleiche Geschicklichkeit von ihm fordert, nicht niedriger gesetzt seyn, denn er muß nach der Einrichtung der meisten Reitbahnen noch Eine Eigenschaft haben, die bey einem Stallmeister am Hofe nicht erfordert wird, er muß ein bemittelter Mann seyn. […] Will die Universitaet dem Manne keinen anstaendigen Rang geben, so erhaelt sie keinen guten, oder doch nicht den Bemittelten, der im Stande waere, die Reitbahn hinlaenglich mit Pferden zu versehen, und darueber werden die Scholaren leiden“. Und: „Der Tanzmeister stehet gemeiniglich, auch bei Besoldung nicht mitgerechnet, besser als der Fechtmeister, weil es ihm nicht leicht an Scholaren fehlt“. STREIB: Geschichte, S. 22: Streib bringt zudem die variantenreichen Anstellungsformen der Ballmeister auf den Punkt: „Große Unterschiede zeigen sich in der Stellung der einzelnen Ballmeister, hier festbesoldeter fürstlicher Diener, dort Exerzitienmeister der Ritterakademie oder der Universität, als solcher entweder besoldet, frei oder Pächter des Ballhauses“. BÜRCK: Titulatur-Buch, S. 88 f., 102, 194: In einem württembergischen Titulaturbuch des 18. Jahrhunderts lässt sich die Gleichrangigkeit der akademischen Maîtres mit denen des württembergischen Hofes – wie bei Michaelis angedeutet – bestätigen: Den Stall-, Fecht-, Tanz- und Ballmeistern am Tübinger Collegium Illustre wurden hier die gleichen Titulaturen zugeordnet wie ihren Kollegen am württembergischen Hof. Der Fechtmeister wurde stets mit *Hoch-Edler und Mannvester Herr*, der Tanzmeister mit *Hochwohl-Edler Herr* und der Stallmeister mit *Hoch-Edelgestrenger Herr* angesprochen. Vgl. zur Universität Göttingen WAGENER: Pedelle, S. 69 f.

Abgesehen von den akademisch gebildeten und mit dem Titel eines Professors am Collegium Illustre ausgestatteten Sprachmeistern des beginnenden 17. Jahrhunderts, konnten sich lediglich die Stallmeister des 18. Jahrhunderts in ökonomischer Hinsicht mit den Universitätsprofessoren, etwa den Ordinarien der Juristenfakultät, messen. Alle übrigen Maîtres erreichten insbesondere nach dem Dreißigjährigen Krieg einen dauerhaft mit den Universitätsgelehrten oder den akademisch gebildeten Verwaltungsbeamten des Collegium Illustre und der Universität vergleichbaren ökonomischen Status bei Weitem nicht[24].

Die Besoldungslisten in den Rechnungen des Collegium Illustre bilden insofern ein Abbild der ständischen Gesellschaft, als sich die Reihenfolge der darin aufgeführten Besoldungsempfänger nachweislich nicht nach der Höhe der Ausgabeposten, sondern nach ihrem sozialen Status richtete. Eine Besoldungsliste des Jahres 1680 nannte, noch vor Auflösung der Sprachmeisterstelle im Jahr 1681, eine soziale Rangfolge der Collegiumsbediensteten: den adligen Oberhofmeister, die Collegiumsprofessoren, darunter auch den Sprachmeister, sodann den Bereiter und den Collegiumsverwalter, den Fechtmeister, den Tanzmeister und nach diesen den Küchenmeister, den Mundschenk, den Koch, den Küchenknecht, den Kammerdiener, die Lakaien, den Sattelknecht, den Stallknecht, den Torwart, den Wächter, den Kastenknecht, den Gärtner und letztlich die Spülerin[25]. Diese Rangfolge blieb im Wesentlichen auch im 18. Jahrhundert erhalten, allerdings mit dem Unterschied, dass nach Wiedereinführung einer Besoldung für einen Sprachmeister im Jahr 1745/1751 dieser nun nach dem Tanzmeister und dem Fechtmeister und vor der Reihe der übrigen Collegiumsbediensteten genannt wurde, die stets vom Küchenmeister oder Gärtner angeführt wurde und mit den Stallknechten und dem Brunnenmeister endete[26]. Der Ballmeister rangierte mehrere Male ebenfalls direkt nach dem Tanzmeister und dem Fechtmeister[27], wurde teilweise aber auch nach dem Küchenmeister genannt[28]. Seine soziale Stellung und die des Sprachmeisters standen also in deutlicher Nähe zum Handwerk und zum Dienstpersonal.

Bemerkenswert ist zudem, dass in einer Liste des Jahres 1785/1786 der Stallmeister Adolph Christoph von Bühler in seinem Rang noch vor den aus dem Collegiumsfonds teilbesoldeten Professor der Rechte Karl Christoph Hofacker (1749–1793)[29] sowie den Professor der Mathematik und Naturlehre Christoph Friedrich Pfleiderer (1736–1821) gerückt wurde[30]. Er rangierte damit deutlich im sozialen Umfeld der

---

[24] HStAS A 303 Bd. 13965–14059; vgl. Diagramm 1–6.
[25] HStAS A 202 Bü 2618 o. Pag. Besoldungsverzeichnis (um 1680).
[26] HStAS A 303 Bd. 13991 S. 113–119; HStAS A 303 Bd. 13996 S. 180–190; HStAS A 303 Bd. 14037 Bl. 26ʳ–29ʳ; HStAS A 303 Bd. 14001 S. 156–167; HStAS A 303 Bd. 14045 Bl. 28ʳ–31ʳ.
[27] HStAS A 303 Bd. 14037 Bl. 64ᵛ; HStAS A 303 Bd. 13996 S. 472; HStAS A 303 Bd. 13991 S. 299.
[28] HStAS A 303 Bd. 14056 Bl. 69ʳ; HStAS A 303 Bd. 13976 S. 236; HStAS A 303 Bd. 14045 Bl. 73ᵛ.
[29] CONRAD: Lehrstühle, S. 113.
[30] CANTOR: Pfleiderer, S. 678; CONRAD: Lehrstühle, S. 147; HStAS A 303 Bd. 13991 S. 113–119; HStAS A 303 Bd. 14056 Bl. 28–31.

gelehrten Professorenschaft. Bühler wurde 1792 in den Reichsritterstand erhoben, und auch Wolfgang Ernst von Berga hatte diesem angehört[31]. Alle übrigen Tübinger Maîtres aber waren und blieben Bürgerliche.

Im Jahr 1687 legte der Arzt, Apotheker und Professor der Medizin Elias Rudolf Camerarius[32] eine Gästeliste für das Doktorfestmahl seines ältesten Sohnes, des späteren Botanikers, Mediziners und Professors der Naturlehre und Medizin Rudolf Jacob Camerarius[33] an. Darin wurde deutlich: Der Bereiter Wolfgang Lorenz Gutthäter fungierte hier gemeinsam mit den übrigen Maîtres, den Sprachmeistern Gilbert Joubert und de Monort, den beiden Tanzmeistern Charles und Guillaume Michel Dumanoir sowie dem Fechtmeister Johann Casimir Eller am unteren Ende der Gästeliste. Auf den vorderen Rängen vor den Maîtres stand an erster Stelle der Rektor der Universität, nach ihm der Oberhofmeister des Collegium Illustre, der Universitätskanzler, der Prälat von Bebenhausen, die Universitätsprofessoren, zwei städtische Deputierte, der Spezial von Lustnau, der Universitätssekretär, der Syndikus, der Bebenhauser Pfleger und der Ritterschaftssekretär. Nach den Maîtres folgten nur noch drei Einzelpersonen ohne Funktionsbezeichnung sowie die Einladenden selbst[34].

Für die Bereiter und Stallmeister bildeten also einerseits die gelehrte Professorenschaft und andererseits das akademisch gebildete Verwaltungsbeamtentum den gesellschaftlichen Rahmen. In der Aufstellung des Camerarius aus dem Jahr 1687 rangierte der Bereiter zwar zusammen mit den anderen Maîtres am Ende der Gästeliste, die Besoldungslisten des Collegium Illustre nannten ihn jedoch, wie die Stallmeister des 18. Jahrhunderts ohnehin, regelmäßig vor dem akademisch gebildeten Collegiumsverwalter[35].

Für die Fecht- und Tanzmeister bildeten aber gerade die akademisch gebildeten Verwaltungsbeamten den oberen Bezugspunkt. Ball- und Sprachmeister wiederum waren ihnen nochmals nachgeordnet und standen in deutlicher Nähe zu Handwerk und Dienstpersonal am unteren Ende der gesamten Rangliste. Die Tübinger Fecht-, Tanz-, Ball- und Sprachmeister nahmen damit eine soziale Position ein, die nicht

---

[31] PFEILSTICKER: NWD §§ 727, 731.

[32] CAMERER/CAMERER: Geschichte, S. 25 f.; HIRSCH: Camerarius, S. 719.

[33] CAMERER/CAMERER: Geschichte, S. 26 f.; ZIEGENSPECK: Camerarius, S. 107 f.

[34] UAT 20/4 Nr. 52.

[35] PFEILSTICKER: NWD §§ 2919, 2920, 3308, 3325; MUT III 37017: Es ist davon auszugehen, dass die Collegiumsverwalter akademisch gebildete Beamten waren, was ihre Werdegänge und sozialen Verbindungen unterfüttern. So war etwa der 1705 eingesetzte Verwalter Johann Martin Hiller auch Hofgerichtsadvokat in Tübingen. Er heiratete 1705 die Tochter des Professors der Medizin Johann Adam Osiander. Friedrich Wendel Hummel wurde 1742 Collegiumsverwalter und Bebenhauser und Blaubeurer Pfleger. Sein Vater war Vogt in Freudenstadt. Seit 1727 war er Schwiegersohn des Regierungsrats Moritz David Harpprecht des Älteren. Sein Großvater war Pfarrer in Eningen gewesen. Der Verwalter Christoph Gottlieb Müller der Jüngere wurde 1781 als *Juris consultus, Bebenhäusisch und Blaubeurischer Pfleger, auch Verwalter des herzoglichen Collegii illustris zu Tübingen* genannt, hatte also die Rechte studiert. Im Jahr 1771 erschien er in der Tübinger Matrikel, wobei sein Vater ebenfalls als Blaubeurer und Bebenhäusischer Pfleger genannt wurde.

nur deutlich hinter dem der Universitätsprofessoren, sondern auch hinter jenem des akademisch gebildeten Verwaltungsbeamtentums des Collegium Illustre und der Universität lag. Als generell nicht akademisch gebildetes Personal stellten sie daher eine Brücke zwischen den akademisch gebildeten (Professorenschaft, Verwaltungsbeamtentum) und den nicht akademisch gebildeten Kreisen der Universitätsbürger (Handwerker, Dienstpersonal) dar. Dabei hatten die Maîtres an beiden Kreisen Anteil: Mit der gelehrten Professorenschaft verband sie die Lehrtätigkeit im akademischen Umfeld[36]. Mit den universitären Handwerkern dagegen teilten die Maîtres eine überwiegend praxisbezogene Vorbildung und Tätigkeit. Die Bereiter und Stallmeister dagegen bildeten mit ihrer herausragenden und sich von den übrigen Maîtres absetzenden Position – um beim Bild der Brücke zu bleiben – eine Art Brückenkopf in das akademisch gebildete Umfeld hinein.

b. Mobilität und Kontinuität

Die vorliegenden Belege zum sozialen Status der Eltern und der Ehepartnerinnen der Maîtres sowie zu den Lebensläufen ihrer Nachkommen erlauben es, anhand einiger Beispiele einerseits die Möglichkeiten sozialer Mobilität der Maîtrefamilien aufzuzeigen und andererseits das bisher gewonnene Bild über die gesellschaftliche Stellung der Exerzitien- und Sprachmeister zu verfestigen[37].

---

[36] HStAS A 238a Bü 104; UAT 9/13 Nr. 2 Bl. 2: Die Exerzitien- und Sprachmeister nahmen wie die Professoren auch Dienstpersonal in Anspruch. Die Haltung von Knechten und Mägden ist etwa für den Fechtmeister Güßau nachgewiesen. Dessen Dienstmagd Tabita, eine Schneiderstochter aus Mähringen, wurde 1768 bei einem nächtlichen Botengang von einem Mann mit Mantel und Federhut überfallen. Vgl. zu Übergriffen auf Dienstmägde BRÜDERMANN: Studenten, S. 270–273. Auch Fechtmeister Achatius Friedrich Lorenz Seiffart, Tanzmeister Ernst Friedrich Dörr, Ballmeister Georg Friedrich Keller und Sprachmeister Johann Heinrich Emmert hielten 1789 Dienstboten. Vgl. zum Dienstpersonal der Professoren, Privatdozenten und der Exerzitien- und Sprachmeister in Göttingen WAGENER: Pedelle, S. 62–70.

[37] Vgl. BÁTORI: Schichtung, S. 8–22; LUCASSEN/LUCASSEN: Mobilität, Sp. 625 f.; LEEUWEN/LESGER: Mobilität, Sp. 250–256; WALLNER/FUNKE-SCHMITT-RINK: Schichtung, S. 13, 16; SOROKIN: Mobility, S. 133: Unter sozialer Mobilität versteht man die Möglichkeit der Bewegung unter sozio-ökonomischen Schichten einer Gesellschaft, also den Wechsel zwischen sozialen Klassen durch Aufstieg oder Abstieg (vertikale Mobilität). Soziale Mobilität kann in dreierlei Hinsicht untersucht werden: im Vergleich zu den Eltern (Inter-Generationen-Mobilität), innerhalb des Lebenslaufs (Intra-Generationen-Mobilität oder Karrieremobilität) oder durch Heirat (Heiratsmobilität). Die hinsichtlich dessen hier dargestellten Ergebnisse basieren dabei ausdrücklich auf Einzelbeispielen, da eine extensive Auswertung von Kirchenbüchern und vollständige Familienrekonstruktionen im Rahmen dieser Arbeit nicht möglich waren. Es können also lediglich Tendenzen sozialer Mobilität vorgestellt werden. Vgl. hierzu vorbildlich WAGENER: Pedelle, S. 443–450; WILLETT: Sozialgeschichte, S. 91–93, 96 f., 225; NIEBUHR: Sozialgeschichte, S. 46 f.: Willett legte in seiner Studie dar, dass innerhalb der Familie und durch den sozialen Status des Vaters nicht nur Wissen weitergegeben wurde, sondern auch spätere personelle Netzwerke und der eigene Lebensstil bereits grundlegend vorgeprägt wurden. Auch entsprechende Heiraten hatten Einfluss auf gesellschaftliche Integration und die sozialen Kreise, mit denen Umgang gepflegt wurde. Für eine Beurteilung der sozialen Herkunft und sozialen Mobilität der Maîtres bildet – ebenso wie in Willetts Studie – die

So bestätigt sich insbesondere die herausragende soziale Stellung der Stallmeister des 18. Jahrhunderts, die ganz offenkundig in vielen Fällen mit den Kreisen des akademisch gebildeten Bürgertums und der universitären Professorenschaft verbunden waren: Der Vater des Stallmeisters Ludwig Ernst Breithaupt war sachsen-coburgischer Hofrat[38] und derjenige Adolph Christoph von Bühlers fungierte zunächst als Vogt, dann als Expeditionsrat und Landschreiber in württembergischen Diensten am Stuttgarter Hof[39]. Beide Väter hatten also Positionen bei Hofe inne, für die eine juristische Vorbildung vermutlich unerlässlich gewesen war.

Auch die bekannten Heiratsverbindungen einiger Tübinger Stallmeister und ihrer Kinder signalisieren Ebenbürtigkeit mit dem akademisch gebildeten Bürgertum. Ludwig Ernst Breithaupt heiratete 1706 die Schwester eines württemberg-oelsischen Regierungsadvokaten[40]. Johann Liborius Wippermann vermählte sich 1726 mit der Tochter eines württembergischen Untervogts und 1731 mit der Tochter des Stuttgarter Stadtpfarrers und späteren Prälaten von St. Georgen und Bebenhausen Christoph Friedrich Stockmayer[41]. Eine seiner Töchter, Christiana Dorothea, ging 1764 mit dem Tübinger Professor der Rechte und der Geschichte am Collegium Illustre Johann Friedrich Helfferich die Ehe ein[42]. Zwei Söhne des Stallmeisters Wolfgang Ernst von Berga studierten in Tübingen[43] und sechs Söhne Wippermanns nahmen zwischen 1747 und 1765 ein Studium an der Universität Tübingen auf[44]. Einer von ihnen, Christian Friedrich, wurde Hofgerichtsadvokat in Tübingen und vermählte sich mit der Tochter eines württembergischen Magisters und Pfarrers Johann Michael Erhardt[45]. Der älteste Sohn, Carl Wilhelm Friedrich, wurde Doktor beider Rechte und Professor der Beredsamkeit, Geschichte, Politik und Geographie in Rinteln und übernahm 1759 die 1621 gestiftete sogenannte Wippermannsche Familienprofessur

---

Grenze zwischen akademisch Gebildeten und akademisch nicht Gebildeten einen bedeutsamen Bezugspunkt. Willett unterschied in seiner Studie verschiedene Berufsgruppen, indem er insbesondere das akademische Beamtentum (akademische Beamte in Verwaltung und Regierung, Richter, Hochschullehrer, Lehrer an höheren Schulen, Geistliche) vom mittleren Bürgertum (nicht akademisch gebildete Beamte, Offiziere, Lehrer an niederen Schulen) und den im gewerblichen Sektor Tätigen (Händler, Apotheker, Kaufmann, Wirt, Handwerker) separierte. Auch Niebuhr unterteilte in Akademiker (darunter Professoren, Geistliche, Räte und hohe Zentralbeamte, Notare, Syndici, Rektoren, Ärzte und Richter) und Nichtakademiker (darunter Ratsmitglieder, Kaufleute, Handwerker, Wirte, Offiziere, Apotheker und untere Lokalbeamte).

[38] FORSTNER: Ephorus, S. 1.

[39] FABER: Familienstiftungen XXX § 172; PFEILSTICKER: NWD §§ 731, 2312.

[40] FORSTNER: Ephorus, S. 1; HStAS A 284/94 Bü 6 o. Pag. Collegiumsverwalter an den Kirchenrat (1736, Mai 23).

[41] FABER: Familienstiftungen LXXXVIII § C3; Ebd. CV § 63, 107; Ebd. CXXXVIII § 22; HStAS A 284/94 Bü 291 Bl. 73, o. Pag. Christina Elisabetha Wippermann an den Kirchenrat (1769, Oktober 16); PFEILSTICKER: NWD § 2910; SIGEL: Württemberg, Bd. 16,2, Bl. 234.

[42] FABER: Familienstiftungen LXXXVIII § C3; UAT 44/130a.

[43] MUT III 30905, 30995.

[44] Ebd. 34481, 34875, 35075, 35568, 36393, 36394.

[45] Ebd. 34875; SIGEL: Württemberg, Bd. 11,1, Bl. 1043.

daselbst. Er heiratete 1761 Anne Elisabeth Wolffhardt, die Tochter des Professors der Rechte in Rinteln Paul Philipp Wolffhardt[46].

Hinsichtlich der Tübinger Fecht- und Tanzmeister bestätigt sich deren bereits beobachtete soziale Position im Übergang von den akademisch gebildeten zu den nicht akademisch gebildeten Kreisen innerhalb des Gesamtsozialgefüges des Collegium Illustre und der Universität, die durch Beispiele aus beiden Bereichen unterfüttert werden kann. So wurde über Fechtmeister Balthasar Friedrich Dinckel berichtet, sein Vater sei Doktor der Medizin in Straßburg gewesen[47], und Johann Ernst Friedrich Güßau entstammte einer württemberg-oelsischen Pfarrersfamilie[48]. Dinckels Heirat im Jahr 1700 mit Maria Euphrosina Rümelin, einer Tochter des Doktoren beider Rechte, Hofgerichtsassessors, herzoglichen Rats, außerordentlichen Professors der Rechte und Professors am Collegium Illustre Johann Ulrich Rümelin[49], ist daher weniger als Signal der Anerkennung, sondern vielmehr als Verbleib in den Kreisen des gelehrten Bürgertums zu werten. Güßau dagegen vermählte sich 1760 in zweiter Ehe mit Juliana Dorothea Stengle, einer Tochter des Tübinger Gastgebers zur Traube und 1761 mit der Tochter eines Handelsmanns und Nadlers und verließ damit in gesellschaftlicher Hinsicht nicht nur das akademisch gebildete Umfeld, sondern auch den Kreis der Tübinger Collegiums- und Universitätsverwandten, aus denen viele Ehepartnerinnen der Maîtres stammten[50].

Der Sohn Güßaus, Carl Friedrich, begann 1778 zwar ein Studium in Tübingen, sein Matrikeleintrag wurde jedoch mit dem Vermerk remissum versehen[51]. Auch der Sohn des Fechtmeisters Achatius Friedrich Lorenz Seiffart, Gustav Adolph, hatte offensichtlich vor, ein Studium aufzunehmen. Im Jahr 1789 wurde ihm für die Reise nach Jena und Helmstedt ein Zeugnis über die Mittellosigkeit seines Vaters ausgestellt, das ihm freie Wohnung in den Collegien für arme Studenten verschaffen sollte. Er schloss sein Studium jedoch vermutlich nicht ab, denn 1793 wurde er als Apotheker genannt[52]. Die Bandbreite der sozialen Positionierungen war im Fechtmeistermetier also recht groß: Letztlich bestand Ebenbürtigkeit offenkundig auch darin, dass die Tochter des Fechtmeisters Johann Andreas Schmid einen Rottiseur und Bratenmeister am württembergischen Hof ehelichte[53].

Beispielhaft ist der Werdegang und die Integrierung der auswärtigen Tanzmeister

---

[46] MUT III 34481; WEIDLICH: Nachtraege, S. 299–302; vgl. zur Wippermannschen Familienprofessur an der Universität Rinteln HÄNSEL: Catalogus, S. 41, 43, 94 f.; SCHORMANN: Academia, S. 96.

[47] UBT Mh 847a Bl. 70[r].

[48] Ebd. Bl. 102[r].

[49] CONRAD: Lehrstühle, S. 155; FABER: Familienstiftungen XXX § 93; Ebd. XXX § 121; PFEILSTICKER: NWD § 979; StAT E 101/209; UAT 5/17 Nr. 11 S. 10 f.; UAT 9/12 o. Pag. Georg Burckard Rümelin an den Oberhofmeister des Collegium Illustre (1744, September 3); UBT Mh 847a Bl. 70[r].

[50] UBT Mh 847a Bl. 107[v], 108[r].

[51] MUT III 37702; StAT E 105/34; UAT 44/121 Bd. 10 Nr. 694.

[52] UAT 9/9 Nr. 115; UAT 9/12 o. Pag. Collegiumsverwalter an Gustav Adolph Seiffart (1793, April 9).

[53] PFEILSTICKER: NWD § 523; StAT E 101/241a.

François de Mire und Charles Dumanoir in die Gesellschaft der Universitätsstadt des 17. Jahrhunderts. De Mire aus Verdun heiratete 1611 die württembergische Magister- und Pfarrerstochter Sabina Alber[54]. Seine Tochter vermählte sich 1636 mit dem Tübinger Professor des Griechischen und der klassischen Literatur am Collegium Illustre und der Philosophischen Fakultät Friedrich Hermann Flayder[55]. Dumanoir entstammte einer angesehenen Pariser Musiker- und Tanzmeisterfamilie. Sein Vater war Mitglied der Violons du Roi am französischen Königshof[56]. Der in jungen Jahren nach Tübingen gekommene Charles heiratete 1652 Ursula Springer, die Tochter des ehemaligen Tübinger Bürgermeisters Michael Springer[57]. Ein Sohn des um 1650 zum Luthertum konvertierten Tanzmeisters, Julius Friedrich, nahm 1688 in Tübingen ein Studium auf und wurde Pfarrer[58]. Damit dürfte er unter den Tanzmeistersöhnen jedoch eine Ausnahme gebildet haben, denn das Tübinger Tanzmeistermetier kannte auch andere Facetten. Die Maîtres des ausgehenden 18. Jahrhunderts, die allesamt an der Hohen Karlsschule zu Tänzern ausgebildet worden waren, entstammten einfachen bürgerlichen Verhältnissen und verharrten auch durch ihre Heiratsverbindungen größtenteils in den Kreisen des Handwerks oder der niederen Beamtenschaft: Ludwig Michael Kaz, Johann Friedrich Woelffel und Clément Alexandre François etwa stammten aus Küfer-, Schneider- und Schreinerhaushalten[59]. Kaz heiratete zunächst eine Schauspielerin und Tänzerin, dann die Tochter eines Metzgers und schließlich die Tochter eines Fußgardisten[60]. Woelffel vermählte sich mit der Tochter eines Gürtlers, und François heiratete eine Schneiderstochter[61].

Auch die gesellschaftliche Stellung der Tübinger Ballmeister am unteren Ende der Maîtrereihe und die bereits beobachtete Affinität zum universitären wie städtischen Handwerk kann anhand der sozialen Herkunft einiger Ballmeister bestätigt werden. Der Maître Jean Albert Masson entstammte einer Mömpelgarder Lohgerberfamilie[62]. Der Vater Johann Albrecht Bründlins war Krämer und Schneider[63]. Georg Dominicus Keller war der Sohn eines Tübinger Weißgerbers sowie Enkel eines Tuchsche-

---

[54] PFEILSTICKER: NWD § 971; SCHIEK/SETZLER: Ehebuch, Nr. 3685; StAT E 201/354 Bl. 1; UAT 10/12 Bd. 5 Nr. 445.

[55] BEBERMEYER: Flayder, S. 225 f.; CONRAD: Lehrstühle, S. 91; RAU: Franzosen, S. 7; StAT E 201/354 Bl. 1; UAT 10/12 Bd. 5 Nr. 445.

[56] BARDET: Dumanoir, S. 251; HStAS A 202 Bü 1915 o. Pag. Vertrag über die Anstellung Charles Dumanoirs (1647, November 26); RAU: Franzosen, S. 8; UBT Mh 847a Bl. 46r.

[57] SEIGEL: Gericht, Bd. 2, S. 69; StAT E 201/442 Bl. 5; UBT Mh 847a Bl. 46r.

[58] HAUER: Schulentwicklung, S. 499; MUT II 28522.

[59] HStAS A 272 Bü 252 Nr. 165; HStAS A 272 Bü 257 Nr. 317; GEBHARDT: Schüler, S. 558; SCHAUER: Personal, S. 63, 73; UAT 117/673 o. Pag. Praezeptor Spring an das Königliche Oberamt in Marbach (1834, November 24); WAGNER: Geschichte, Bd. 1, S. 352.

[60] GEBHARDT: Schüler, S. 318; SCHAUER: Personal, S. 61, 63, 67.

[61] GEBHARDT: Schüler, S. 558; HStAS A 284/94 Bü 314; PFEILSTICKER: NWD § 966; SCHAUER: Personal, S. 60, 77 f.; UBT Mh 853 S. 2.

[62] PFEILSTICKER: NWD § 208.

[63] HStAS A 202 Bü 2617 o. Pag. Johann Martin Kretzenthaller an den Geheimen Rat (1689, Februar 8); SEIGEL: Gericht, Bd. 2, Nr. 42 (Anhang); StAT A 10 StU Nr. 160.

rers[64], und der Marqueur Joseph Friedrich Eckardt entstammte einem Knopfmacherhaushalt[65]. Wird bedacht, dass sich das Metier innerhalb der Ballmeisterfamilien Bitschin im 17. Jahrhundert und Keller im 18. Jahrhundert recht häufig vom Vater auf den Sohn übertrug und sechs der elf Tübinger Maîtres einen Ballmeister zum Vater hatten[66], so ist ein Ausbruch innerhalb dieser Familien aus dem Umfeld der Handwerker wie dem Ballmeistermetier durch die Aufnahme eines Universitätsstudiums umso bemerkenswerter und als deutliches Signal der sozialen Mobilität und des Willens zum sozialen Aufstieg zu werten. Der Sohn des Ballmeisters Johann Bitschin, Johann Rudolf Bitschin, studierte 1680 in Tübingen, wurde Pfarrer, Klosterpräzeptor und Dekan in Calw, Bebenhausen und Derendingen[67]. Er heiratete zunächst die Tochter des Magisters, Pfarrers und Dekans Johann Caspar Baldenhofer aus Tuttlingen[68] und später die Tochter des Tübinger Bürgermeisters Johann Wendel Grüninger[69].

Unter den Sprachmeistern, deren soziale Herkunft insbesondere für die zahlreichen aus Frankreich oder Italien stammenden Maîtres weitgehend ungeklärt bleiben musste, ist ein Beispiel in mehrerer Hinsicht von Interesse. Jean Caumon, ein aus dem Périgord stammender Refugié, war einer der wenigen Sprachmaîtres, der sich – vermutlich auch begünstigt durch seine Konversion zum Luthertum – für längere Zeit in Tübingen aufhielt und dort etablieren konnte[70]. Er heiratete 1704 Euphrosina Elisabetha Bub, eine Tochter des württembergischen Magisters und Pfarrers Johann Jacob Bub[71]. Während andere Sprachmeister des beginnenden 18. Jahrhunderts, wie Antonio Calligar oder Franciscus de Gregoriis, mit ähnlichem persönlichen Hintergrund Handwerkertöchter ehelichten[72], so ist die Heirat Caumons durchaus als Signal der gesellschaftlichen Akzeptanz durch das akademisch gebildete Bürgertum zu werten.

Caumon hatte drei Nachkommen. Joseph war in Tübingen als Peruquier und Sprachmeister tätig. Auch die Tochter Anne Madelaine erteilte Sprachunterricht[73]. Beide verblieben also im Metier des Vaters. Der jüngste Sohn dagegen, Jean Ernest Caumon, versuchte – wenn auch offenbar erfolglos – einen sozialen Aufstieg: Er begann zunächst eine Buchbinderlehre, setzte seinen Werdegang dann aber mit einer Lehre im Strumpfweberhandwerk fort und war wie sein Vater und seine Geschwister ebenfalls als Sprachmeister des Französischen tätig. Im Jahr 1736 schrieb er sich als

---

[64] FABER: Familienstiftungen LVIII §§ 4, 11; StAT A 10 StU Nr. 168.

[65] HStAS A 284/94 Bü 295 Bl. 2.

[66] HStAS A 284/94 Bü 6 o. Pag. Collegiumsverwalter an den Kirchenrat (1777, Januar 13); HStAS A 284/94 Bü 295 Bl. 17, 49; HStAS A 284/94 Bü 53 Bl. 1; PFEILSTICKER: NWD § 977; UBT Mh 847a Bl. 44[r].

[67] SIGEL: Württemberg, Bd. 10,1, Bl. 373; MUT II 27605.

[68] SIGEL: Württemberg, Bd. 10,1, Bl. 127.

[69] SEIGEL: Gericht, Bd. 2, S. 71.

[70] MUT II 29440; StAT E 101/22; StAT E 101/24; StAT E 201/1105; UAT 30/6 Nr. 26; UAT 32/1 Bd. 4 Nr. 318.

[71] SIGEL: Württemberg, Bd. 10,2, Bl. 539; StAT E 101/22; StAT E 201/1105; UAT 32/1 Bd. 4 Nr. 256, Nr. 318; UBT Mh 847a Bl. 73[r].

[72] HStAS A 284/94 Bü 47 Bl. 9; StAT E 101/47; StAT E 201/1083; UAT 44/121 Bd. 9 Nr. 617 Bl. 1; UAT 46/9 Bl. 24[v]; UBT Mh 847a Bl. 71[v], 78[r].

[73] HStAT E 101/22; UAT 32/1 Bd. 4 Nr. 318.

Student der Medizin in die Tübinger Matrikel ein[74]. Vermutlich aber schloss er das Studium nie ab, denn letztlich war er mindestens von 1748 bis 1767 als Sprachmeister in Nürnberg tätig und hatte 1760 die Absicht geäußert, als solcher wieder nach Tübingen zurückkehren zu wollen[75]. Sein erlerntes Handwerk übte er ebenfalls nicht aus.

Für den in seiner beruflichen Entscheidungsfindung ganz offenkundig sehr unsteten Jean Ernest Caumon ist vermutlich zu berücksichtigen, was Silke Wagener bereits für das Dienstpersonal der Universität Göttingen darstellen konnte: Das Aufwachsen der Maîtrekinder in der Universitätsstadt und die Nähe der Universität boten für die unteren Schichten des akademischen Sozialgefüges einen besonderen Anreiz und eine Verlockung zum Studium und damit zur gesellschaftlichen Besserstellung, die an anderen Orten erst gar nicht aufgekommen wäre[76]. Die Universität, welche die Stadt prägte, die personellen Vernetzungen der Väter und das allgegenwärtige Vorbild der adligen wie bürgerlichen Studenten musste auf die Nachkommen der Exerzitien- und Sprachmeister entsprechend wirken und zumindest bei einigen den Wunsch entstehen lassen, selbst zu studieren. Die Aufnahme eines Studiums konnte wie im Falle des Ballmeistersohnes Johann Rudolf Bitschin daher gelingen, wie im Falle Jean Ernest Caumons oder der Fechtmeistersöhne Güßau und Seiffart aber auch scheitern. Wie Silke Wagener bereits annahm, spielte bei diesen Gelegenheitsstudenten aus den unteren sozialen Schichten des akademischen Sozialgefüges zudem vermutlich weniger der Bildungsdrang oder der Wunsch nach sozialem Aufstieg, als vielmehr die Nachahmung des Studentenlebens und die damit verbundene Freiheit eine Rolle[77].

Mag eine Verbesserung von Rang und Stand durch ein akademisches Studium für die Nachkommen der Maîtres aufgrund der Nähe zu den akademischen Kreisen der Universitätsstadt eine naheliegende Gelegenheit geboten haben, so war in den Maîtrefamilien dennoch auch große Kontinuität zu beobachten. Der als Sohn des Collegiumsschneiders in Tübingen aufgewachsene spätere Ballmeister Johann Albrecht Bründlin verbrachte 1695 als junger Mann seine freie Zeit nachweislich mit gleichaltrigen Studenten, etwa bei einem Trinkausflug ins Bläsibad bei Tübingen[78]. Er selbst hatte jedoch zu diesem Zeitpunkt bereits eine Ballmeisterlehre absolviert und blieb sein Leben lang in seinem Metier tätig[79]. Weitere berufliche und damit auch

---

[74] MUT III 42037; StAT E 101/22; StAT E 201/1105.

[75] StAT E 101/22; StAT E 201/1105; UAT 30/6 Nr. 31 a Bl. 2–4; UAT 32/1 Bd. 4 Nr. 318.

[76] WAGENER: Pedelle, S. 443–450.

[77] Ebd., S. 448.

[78] HStAS A 206 Bü 4851 Bl. 6; MUT II 28771, 29113: Genannt wurde der 23-jährige Theologiestudent Johannes Deinsel aus Ulm, der 20-jährige Philosophiestudent Jacob Parzelius aus Lindau und der 17-jährige Philosophiestudent Georg Gottfried Caspart aus Lindau. Die Gruppierung um Bründlin wurde bekannt, als dieser 1695 bei einem Zielschießen auf der steinernen Brücke vor dem Neckartor nach anfänglichem Versagen seiner Flinte unbeabsichtigt ein im Neckar schwimmendes Kind durch einen fehlgeleiteten Schuss tötete.

[79] HStAS A 206 Bü 4888; HStAS A 284/94 Bü 53 Bl. 8, 10, 12, 33; HStAS A 303 Bd. 13982–14009, 14011, 14014–14017; PFEILSTICKER: NWD § 979; StAT A 10 StU Nr. 160.

soziale Kontinuitäten sind vor allem auch bei den Bereitern des 17. Jahrhunderts[80], den Fechtmeistern Johann Casimir Eller und Johann Friedrich Gottlieb Roux[81], den Tanzmeistern Antoine und Martin Charles Lepicq[82] oder den Sprachmeistern Jean Caumon und Franciscus de Gregoriis[83] sowie den Ballmeisterfamilien Bitschin und Keller[84] zu beobachten, deren Nachkommen stets den Beruf des Vaters übernahmen oder ihre Ehepartnerinnen aus dem Metier des Vaters wählten.

Neben dieser Kontinuität war es zudem für die Ergreifung eines Studiums immer noch ausschlaggebend, finanzielle Hürden zu überwinden, die sich viele Maîtres nicht leisten konnten. Immatrikulationsgebühren, Kolleggelder, Kost und Wohnung stellten hohe finanzielle Belastungen dar[85]. Es verwundert daher nicht, dass sich daher wohl am ehesten – wie es am Beispiel Johann Liborius Wippermanns deutlich wurde – die Stallmeister des 18. Jahrhunderts mehrere studierende Söhne leisten konnten. In den Familien dieses Metiers war es daher auch nichts Außergewöhnliches, ein Studium zu absolvieren. Wie wichtig es war, die entsprechenden Mittel zur Finanzierung eines Studiums zur Verfügung zu haben, zeigte sich dagegen sinnfällig im gescheiterten Studium des Fechtmeistersohnes Gustav Adolph Seiffart, dessen Mittellosigkeit bereits vor Studienantritt attestiert wurde, auch wenn die offensichtliche Aufgabe seines Studiums aus finanziellen Gründen nur vermutet werden kann. Für die Nachkommen der Exerzitien- und Sprachmeister mit Ausnahme der Stallmeister des 18. Jahrhunderts müssen geglückte soziale Aufstiege, wie etwa derjenige des Ballmeistersohnes Johann Rudolph Bitschin als individuell genutzte Chancen begriffen werden, die von den vielen beruflichen und sozialen Kontinuitäten anderer Maîtresöhne tendenziell jedoch weit überboten wurden.

---

[80] Pfeilsticker: NWD §§ 732, 741, 743, 1880, 2156; StAT A 86/41; UAT 27/14 Nr. 2, 3, 6: Der Sohn und der Enkel des Tübinger Bereiters Ulrich Oberans wurden ebenfalls Bereiter, ebenso wie die Väter Carl Heinrich Völters und Johannes Ladners Bereiter gewesen waren.

[81] HStAS A 202 Bü 2617 o. Pag. Oberhofmeister des Collegium Illustre an den Geheimen Rat (1676, November 13); Roux: Réfugié, S. 40 f.; Roux: Fechtmeisterfamilien, S. 27 f.; UAT 117/670 Bl. 10: Die Fechtmeister Johann Casimir Eller und Johann Friedrich Gottlieb Roux stammten aus Fechtmeisterfamilien.

[82] HStAS A 202 Bü 2617 o. Pag. Antoine Lepicq an den Geheimen Rat (1749, Juli 13); StAT E 201/1365; UAT 9/9 Nr. 226.

[83] StAT E 101/22; StAT E 201/1105; UAT 30/6 Nr. 31 a Bl. 2–4; UAT 32/1 Bd. 4 Nr. 318: Die drei Kinder Jean Caumons waren allesamt als Sprachmeister tätig. UAT 30/6 Nr. 29 Bl. 1; UBT Mh 847a Bl. 92^r: Die Tochter des Sprachmeisters Franciscus de Gregoriis heiratete 1733 den Tübinger Sprachmeister Johann Hieronymus Boeswillibald.

[84] HStAS A 284/94 Bü 6 o. Pag. Collegiumsverwalter an den Kirchenrat (1777, Januar 13); HStAS A 284/94 Bü 53 Bl. 1; HStAS A 284/94 Bü 295 Bl. 17, 49; Pfeilsticker: NWD § 977; UBT Mh 847a Bl. 44^r.

[85] Wagener: Pedelle, S. 445–448.

c. Zusammenfassung

Die Tübinger Exerzitien- und Sprachmeister stellten innerhalb des akademischen Sozialgefüges des Collegium Illustre und der Universität eine in sich äußerst heterogene soziale Gruppierung dar, in der die Stallmeister des 18. Jahrhunderts eine von den übrigen Maîtres abgeschlagene Spitzenposition einnahmen. Rang und Stand der Maîtres verfestigte sich erst im Verlauf des 18. Jahrhunderts, sodass eine Abfolge entstand, die vom Stallmeister angeführt wurde und über den Fecht- und Tanzmeister bis zum Ballmeister und zum Sprachmeister reichte.

Die herausragende soziale Stellung der Bereiter, vor allem aber der Stallmeister des 18. Jahrhunderts schlug sich auch in einer von den übrigen Maîtres separierten gesellschaftlichen Position innerhalb des sozialen Gesamtgefüges des Collegium Illustre und der Universität nieder. Für die Stallmeister bildeten die gelehrte Professorenschaft und das akademisch gebildete Verwaltungsbeamtentum den sozialen Rahmen. Für die Fecht-, Tanz-, Ball- und Sprachmeister dagegen stellten die akademisch gebildeten Collegiums- und Universitätsbeamten wie Collegiumsverwalter oder Syndikus nur den oberen Bezugspunkt dar. Die Sprachmeister, insbesondere aber die Ballmeister, standen hinsichtlich ihrer sozialen Herkunft und ihrer Heiratsverbindungen in großer Nähe zur universitären und städtischen Handwerkerschaft. Dennoch kam es immer wieder zu ehelichen Verbindungen der Maîtres aller Sparten mit Töchtern der akademisch gebildeten Kreise, was nicht nur eine soziale Anerkennung bedeutete, sondern auch die besondere Brücken- und Intermediärstellung der Exerzitien- und Sprachmeister zwischen den akademisch gebildeten Kreisen der Professorenschaft und des Verwaltungsbeamtentums sowie dem akademisch nicht gebildeten Umfeld der Handwerker und Dienstboten innerhalb des akademischen Gesamtsozialgefüges verdeutlicht.

Die berufliche und soziale Entwicklung der Maîtres wurde größtenteils von Kontinuität geprägt. Unter den Nachkommen der Exerzitien- und Sprachmeister gab es dennoch immer wieder Versuche des sozialen Aufstiegs. Die Absolvierung eines Universitätsstudiums stellte in den Familien der Stallmeister des 18. Jahrhunderts – auch weil die finanziellen Ressourcen dafür vorhanden waren – nichts Außergewöhnliches dar. Die Aufnahme, vor allem aber der geglückte Abschluss eines Studiums durch die Söhne der Fecht-, Tanz-, Ball- und Sprachmeister dagegen muss als individuell genutzte Chance begriffen werden, die mit großen finanziellen Belastungen verbunden war und daher auch scheitern konnte.

1.2 Die soziale Vernetzung der Exerzitien- und Sprachmeister

a. Die Maîtres und die Scholaren

Die soziale Vernetzung der Tübinger Exerzitien- und Sprachmeister war vielschichtig: Beruflich bedingt standen die Maîtres in engem Kontakt mit ihren Scholaren[86] sowie mit dem vorgesetzten Oberhofmeister des Collegium Illustre und der gelehrten Professorenschaft der Universität, die das Gremium des Senats bildete[87]. In ihren Wohnungen und Häusern pflegten die Maîtres nachbarschaftliche Verhältnisse[88], übernahmen gegenseitig Pflegschaften[89] und leisteten Hilfe[90], insbesondere innerhalb der Rechtsräume des Collegium Illustre und der Universität als den unmittelbaren sozialen Lebenswelten. Unter den französischsprachigen Maîtres bestanden häufig

---

[86] Vgl. die zahlreichen Stammbucheinträge der Exerzitien- und Sprachmeister: StBN Stb Nr. 112: Will III 513c (Fechtmeister Conrad Jacob); WLB Cod. hist. 2° 889 Bd. 49 Bl. 105ᵛ (Fechtmeister Balthasar Friedrich Dinckel); UAT S 128/12 S. 102; UAT S 161/792 S. 129; UBT Mh 1026 S. 76 (Fechtmeister Achatius Friedrich Lorenz Seiffart); UAT S 127/4 Bl. 37aʳ⁺ᵛ; UBT Mh 1026 S. 117 (Tanzmeister Ernst Friedrich Dörr); WLB Cod. hist. 2° 889 Bd. 4 Bl. 109ʳ (Ballmeister Johann Albrecht Bründlin); WLB Cod. hist. 2° 889 Bd. 25 Bl. 116ʳ (Sprachmeister Hugo Maurique); WLB Cod. hist. 2° 912 Bd. 2 Bl. 197ʳ (Sprachmeister Petrus Scaturigius); UAT S 128/46 Bl. 59; UBT Mh 973 Bl. 158ʳ (Sprachmeister Xaverius Carolus Ferdinandi); UAT S 127/7 Bl. 53 (Sprachmeister Alexander Gottlieb Lamotte); WLB Cod. hist. 2° 889 Bd. 4 Bl. 194ʳ (Sprachmeister Sebastian Buttex); WLB Cod. hist. 2° 889 Bd. 5 Bl. 71ʳ (Sprachmeister Jean Caumon); WLB Cod. hist. 2° 889 Bd. 35 Bl. 85ʳ (Sprachmeister Pierre Royal); WLB Cod. hist. 2° 889 Bd. 27 Bl. 47ʳ (Sprachmeister Joseph Gabriel de Montalegre); UBT Mh 1016 S. 287 (Sprachmeister Pierre Aubin de Sales).

[87] HStAS A 22 Bü 2617 o. Pag. Jacob Friedrich Mögling an den Geheimen Rat (1740, Oktober 21); HStAS A 202 Bü 2617 o. Pag. Johann Andreas Schmid an den Geheimen Rat (1740, Oktober 18); UAT 30/6 Nr. 27 Bl. 3.

[88] Bei den Nachbarschaftsverhältnissen kam es nicht selten zu ausgedehnten Konflikten: Vgl. etwa UAT 7/6 Nr. 16 Bl. 3, 5–7, 9, 11, 13, 16, 20 f., 29: Kurz vor seinem Tod im Juni 1684 kaufte Adam Ulrich Oberans ein Haus in der Langgasse gegenüber dem Collegium Illustre, um das seine Witwe Anna Barbara bis 1699 einen Rechtsstreit wegen Verbauung von Luft, Licht und Prospekt führte. UAT 33/80: In den Jahren 1718 und 1719 führte der Sprachmeister Jean Caumon einen ausgedehnten Hausstreit mit Wolfgang Adam Schoepff wegen des Ausschüttens von Flüssigkeiten in einen von beiden Nachbarn beanspruchten Hof. UAT 7/6 Nr. 26 Bl. 1–5: In den Jahren 1724 bis 1727 führte der Sprachmeister Franciscus de Gregoriis ebenfalls einen Rechtsstreit mit dem Schreiner Hans Jörg Heinrich wegen eines Durchgangsrechts im gemeinsamen Wohnhaus, in dessen Folge es zu nächtlichen Übergriffen und Körperverletzung kam.

[89] PFEILSTICKER: NWD § 971: Zwischen 1715 und 1717 fungierte Fechtmeister Balthasar Friedrich Dinckel als Pfleger der unmündigen Erben des Tanzmeisters Guillaume Michel Dumanoir. StAT E 105/34: Nach dem Tod des Fechtmeisters Johann Ernst Friedrich Güßau im Jahr 1778 traten der Ballmeister Georg Friedrich Keller, der Tanzmeister Ernst Friedrich Dörr und der Professor am Collegium Illustre August Ludwig Schott als Kuratoren für die Witwe und die Kinder des verstorbenen Fechtmeisters ein.

[90] HStAS A 284/94 Bü 54 Bl. 4 f.: Als der Vorfechter Johann Friedrich Aberer bei einer Auseinandersetzung mit Tübinger Handwerksburschen im August 1685 mit einem Gerbermesser am Hinterkopf schwer verletzt wurde, hielt sich der unvermögende junge Mann mehrere Wochen in der Pflege im Haus des Ballmeisters Johann Martin Kretzenthaller auf.

besondere Sympathien[91], ebenso wie aus Sprachbarrieren[92] und nationalen Stereotypen[93] auch Konflikte entstehen konnten. Aus der Vielzahl der personellen Verflechtungen soll stellvertretend und in Hinblick auf die Funktion der Maîtres als akademi-
schem Lehrpersonal einerseits das Verhältnis der Scholaren zu den Exerzitien- und
Sprachmeistern und andererseits das Verhalten der gelehrten Professorenschaft des
Collegium Illustre und der Universität gegenüber den Maîtres in den besonderen Fokus gerückt sein.

Johann David Michaelis fasste 1773 in seinem „Raisonnement ueber die protestantischen Universitaeten in Deutschland" die gängige Haltung eines Maître zu seinen Scholaren folgendermaßen zusammen: „Er muß nie der Lehrer der Moral werden, sondern der Confidente, der Freund, bisweilen auch der Verschaffer und Leiter
des Vergnuegens, der nur abraeth, nicht gar zu weit von ihr abzuweichen"[94]. Diese
Soll-Beschreibung des 18. Jahrhunderts umriss ein vertrautes, freundschaftliches, vä-
terliches, wohlwollendes und nur in einem zurückhaltenden Maße auch lehrendes
oder belehrendes Verhältnis der Exerzitien- und Sprachmeister zu ihren Scholaren. In
weiten Teilen trifft eine solche Haltung den Kern dessen, was sich anhand konkreter
Beispiele für einige Tübinger Maîtres nachweisen lässt.

Insbesondere die Einträge in das Stammbuch des langjährigen Fechtmeisters am
Collegium Illustre Conrad Jacob mit einem Schwerpunkt in den Jahren um 1666 bis
1669 sind hinsichtlich dessen besonders aufschlussreich. Etliche der Fechtscholaren
bezogen sich in ihren Versen ganz individuell auf den bei Jacob genossenen Fechtunterricht und identifizierten sich daher nicht nur deutlich mit seiner Person, sondern auch mit dem bei ihm Gelernten[95]. In ihren Widmungen bezeichneten sie den
Fechtmeister fast durchgängig nicht nur als Vater, Freund, Bruder, väterlichen Freund,

---

[91] HStAS A 202 Bü 2617 o. Pag. Oberhofmeister des Collegium Illustre an den Geheimen Rat
(1676, November 13): So hatte sich der aus Paris stammende und in Tübingen zunächst noch
fremde Jan Veiliaque du Roc 1676 offenbar zuerst mit den Franzosen Louis du May und
Charles Dumanoir angefreundet. Letzterer übernahm für ihn sogar das Kostgeld von zwei
Gulden wöchentlich im Gasthaus Zum Hirsch.

[92] HStAS A 202 Bü 2618 o. Pag. Oberhofmeister des Collegium Illustre an den Geheimen Rat
(1615, Juni 5); HStAS A 274 Bü 78 Bl. 22b: Der zu Beginn des 17. Jahrhunderts am Collegium Illustre tätige französische Bereiter Augustin Nazareth hatte offenbar Verständigungs-
probleme mit den Scholaren. Sein Staat wurde ins Französische übersetzt.

[93] HStAS A 202 Bü 2618 o. Pag. Oberhofmeister des Collegium Illustre an den Geheimen Rat
(1615, Juni 5): Im Jahr 1615 polemisierte der Oberhofmeister des Collegium Illustre gegen
den französischen Bereiter Augustin Nazareth als *practicierischen Welschen*. UAT 3/8 Bl.
33^r–37^v: Im Jahr 1666 kam es im Bläsibad zu einer Auseinandersetzung zwischen der Ehefrau
des Pfarrers und Spezials von Lustnau und dem Sprachmeister und Hofgerichtsadvokaten
Hugo Mauricque, weil diese über den französischen Garteninspektor Peter Gabriel in Stuttgart urteilte, *er möge seyn wer Er wolle, Er seye dannoch ein Welscher*. Vgl. PFEILSTICKER:
NWD § 981: Peter Gabriel wurde als *gewesener französischer Kapuziner, so revociert und
sich verheiratet* bezeichnet. Er wurde 1665 fürstlich württembergischer Inspektor für die
Lust-, Blumen-, Küchen- und Baumgärten. Zuvor soll er als Sprachmeister in Tübingen tätig
gewesen sein, konnte dort jedoch nicht als solcher nachgewiesen werden.

[94] MICHAELIS: Raisonnement, Bd. 3, S. 109.

[95] HAAB Stb 151 Bl. 86^r, 97^r, 97^v, 106^r, 196^r.

getreuen Lehrmeister und Gönner[96], sondern bedankten sich auch für die treue und abwechslungsreiche Unterrichtung im Fechten[97]. Ähnliches ist in den drei Ballhausstammbüchern der Ballmeisterfamilie Keller für das 18. Jahrhundert zu beobachten[98]. Für manchen Studenten allerdings stellte der Studienaufenthalt in Tübingen offenkundig ein so traumatisches Erlebnis dar, dass das Billardspiel bei Ballmeister Georg Friedrich Keller zu den wenigen guten Erinnerungen zählte, für die besonderer Dank ausgesprochen wurde. Der adlige Student Eberhard von Gemmingen auf Hornberg[99] schrieb am 14. Juni 1774 in das Stamm- und Gästebuch des Ballmeisters: *Sans amitié, sans amour, sans Musique et sans Billard la vie seroit rien.* Dem setzte er hinzu: *Quelques jours avant son triste depart de Tubingen, le plus affreux trou de toute l'Europe*[100] (Abb. 7)!

Einige der Stammbucheinträge fördern außerdem zutage, dass sich das Ansehen und das Verhältnis der Maîtres zu den Scholaren häufig nicht nur auf deren Rolle als Lehrmeister beschränkten. Ein Tübinger Fechtscholar etwa widmete einen Stammbuchvers *seinem lieben geehrten Freund, Haußherren und Lehrmeister*[101]. Vermutlich entstanden viele freundschaftliche und über das Verhältnis zwischen Lehrmeister und Scholaren hinausgehende Bindungen in ganz entscheidendem Maße auch durch das studentische Wohnen in den Behausungen der Exerzitien- und Sprachmeister. Der Bereiter Adam Ulrich Oberans bot in der zweiten Hälfte des 17. Jahrhunderts Losament und Kost an[102]. Der Sprachmeister Pierre Robert vermietete im 18. Jahr-

---

[96] Ebd. Bl. 31ʳ: Ein Fechtscholar unterschrieb mit der Widmung an seinen *Vattern, und getrewen informatori.* Ebd. Bl. 90ᵛ: Ein anderer bedankte sich für *trewväterliche information.* Zahlreiche weitere Beispiele vgl. ebd. Bl. 62ᵛ, 65ʳ, 66ʳ, 72ʳ, 75ʳ, 82ʳ, 86ʳ, 89ʳ, 90ᵛ, 91ʳ, 95ʳ, 99ʳ, 100ʳ, 102ᵛ, 104ʳ, 110ʳ, 125ʳ, 129ʳ, 130ʳ, 131ʳ, 133ᵛ, 149ᵛ, 155ʳ, 157ʳ, 162ᵛ, 166ʳ, 176ʳ, 185ᵛ, 189ʳ.

[97] Ebd. Bl. 56ᵛ: Ein Scholar bedankte sich *pour la fidele information.* Ebd. Bl. 58ʳ: Ein anderer verabschiedete sich in *schuldiger danckbarkeit treuer Unterweisung.* Ebd. Bl. 62ʳ: Ein weiterer Fechtscholar gab *tesmoignage de ma gratitude, que je dois à Vous monsieur mon tres fidel maistre d'escrime et qui demeurera vostre tres affectionné serviteur et amy.* Vgl. weitere Beispiele: Ebd. Bl. 91ʳ, 97ʳ, 98ʳ, 100ʳ, 103ʳ, 107ʳ, 110ʳ, 120ʳ, 120ᵛ, 121ʳ, 127ʳ, 129ʳ, 131ʳ, 137ʳ, 139ʳ, 154ʳ, 155ʳ, 160ʳ, 162ᵛ, 167ʳ.

[98] UAT S 127 Nr. 124–126: Die drei Ballhausstamm- und -gästebücher der Ballmeisterfamilie Keller mit mehr als tausend Einträgen überwiegend von Studenten aus den Jahren 1758 bis 1833 zeigen ein ähnlich vertrautes Verhältnis zu den Maîtres, das sich auch in sehr individuellen Stammbuchversen widerspiegelt, die sich auf das Ball- und Billardspiel bezogen: Vgl. etwa UAT S 127/125 S. 30a: *Mein Billard lebe wohl* (1796). Ebd. S. 51: *Die Welt ist das Billard, die Menschen sind die Ballen. Nun! saget mir, wer wird Ballmeister seyn? Der böse Mann, der Tod, der spielet nach uns allen. Er schneidet und douplirt uns in das Loch hinnein.* (1766). UAT S 127/124 Bl. 445ʳ: *Auch mir rollte manche Kugel über die grüne Fläche, und mit ihr rollten einige Jahre.* (1799). Auch gab es sehr persönliche und mit Dank verbundene Widmungen: Vgl. etwa ebd. Bl. 40ᵛ–41ʳ: *Werthester Herr Ballmeister, Ihrem Billiard habe ich manche vergnügte Stunde zu verdanken, auch in der Entfernung werde ich mich immer dessen mit Vergnügen erinnern.*

[99] MUT III 37033, 37332.

[100] UAT S 127/125 S. 699.

[101] HAAB Stb 151 Bl. 109ʳ.

[102] UAT 9/14 S. 99: Bei drohender Schließung des Collegium Illustre im Jahr 1678 begaben sich drei nassauische Grafen zusammen mit ihren Bedienten in Kost und Logis des Bereiters.

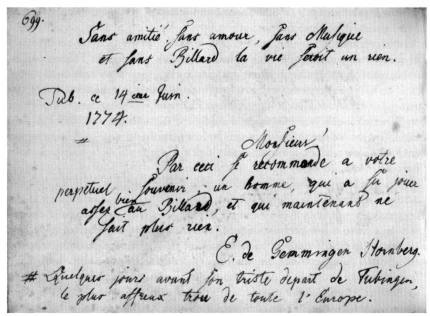

Abb. 7: Hommage des Studenten Eberhard Gemmingen auf Hornberg an das Billardspiel in Tübingen, eingetragen in eines der Stammbücher der Tübinger Ballmeisterfamilie Keller im Jahr 1774.

hundert in der zweiten Etage seines Hauses an der Burgsteige stets ein Zimmer und eine Kammer von guter Qualität mit Lage auf den Wörth[103] und auch Fechtmeister Johann Ernst Friedrich Güßau vermietete in seinem vierstöckigen Haus an der Oberen Hafengasse Zimmer an bis zu sechs Studenten[104].

Auch aus anderen Universitätsstädten sind solche engen Verbindungen zwischen Maîtres und Studenten bekannt. Kohfeldt berichtet etwa davon, dass in Rostock die Fechtmeister Zimmer an Studenten vermieteten und es wohl liebten, „gelegentlich mit den Studenten herumzukneipen", wobei sie nach Kohfeldt die Rolle als „Führer und Ordner" einnahmen[105]. Im Zuge dessen waren sie aber wie die Studenten selbst immer wieder an Exzessen beteiligt, wurden in gerichtliche Klagen verwickelt und daher von den Studenten wie ihresgleichen behandelt. Dem Rostocker Tanzmeister

---

[103] UAT 44/83 Nr. 17.

[104] Ebd.; UAT 44/178 Nr. 28,1, 28,2; UAT 9/1 Nr. 14 Bl. 4; UAT 10/5: Fechtmeister Güßau wurde 1765 im Zusammenhang mit einer Tübinger Freimaurerloge um den sich in der Stadt aufhaltenden Doktor der Medizin Matthias Richeville genannt, für den er zusammen mit weiteren Personen schriftlich vor dem Senat einstand. Der Senat bat die herzogliche Verwaltung, Güßau keine Zusammenkünfte der Freimaurerloge in seiner Wohnung mehr zu gestatten.

[105] KOHFELDT: Fecht- und Tanzmeister, S. 70 f.

Rönnberg passierte es 1728, dass Studenten des Nachts vor seiner Tür lärmten, mit dem Degen wetzten und ihn beschimpften[106].

Selbstverständlich hing ein gutes Verhältnis zwischen den Maîtres und ihren Scholaren von jeder einzelnen Persönlichkeit ab. Der auch vergnügliche Freizeitcharakter insbesondere der Exerzitien und der im akademischen Sozialgefüge nur mittlere Rang und Stand der Exerzitien- und Sprachmeister förderte jedenfalls einen informellen und freundschaftlichen Umgang der Scholaren mit den Maîtres, der vor allem für die Fechtmeister, die Tanzmeister und die Ballmeister nachgewiesen ist[107]. Selbstverständlich gab es auch zahlreiche Konflikte, die sich jedoch zu einem überragenden Großteil an der ausstehenden Bezahlung von Informationsgeldern und dem immensen Schuldenwesen der Scholaren entzündeten und das Verhältnis zwischen den Maîtres und ihrer Klientel immer wieder gravierend eintrübten[108].

Nur selten bot auch das Gelernte oder eben auch das nicht Gelernte zusätzlichen Konfliktstoff. Der bürgerliche Ulmer Medizinstudent Eberhard Gockel[109] hatte dem Sprachmeister des Französischen Étienne Debrulère 1656 die Bezahlung seiner Französischlektionen unter der Aussage verweigert, dass dieser ihn *im geringsten nichts gelernet, mir auch die Grammatic, darinnen ich lernen sollen genommen, wie ich dann, so mann mich examiniren sollte, noch in frantzösischer Sprach nichts kan. Westwegen ich ihme auch nichts schuldig.* Gockel kritisierte auch den Unterrichtsstil des Maître, den er als *gifftiges Naternstück* bezeichnete und urteilte, dass dieser selbst weder das Lateinische noch die Grammatik beherrsche[110]. In den Streit hierüber floss schließlich auch mit ein, dass der Sprachmeister dem Scholaren vorwarf, seine Stube während des Unterrichts nicht eingeheizt zu haben und noch vor der Begleichung seiner Schulden für den Französischunterricht seine Trinkschulden beglichen zu haben.

Maîtres wie Étienne Debrulère, Fechtmeister Johann Braun, der 1699 übermäßig hohe Informationsgelder von seinen Scholaren forderte[111] oder Tanzmeister Johann Balthasar Schäffer, der von den Scholaren aufgrund seiner mangelnden Kenntnisse in den modernen Tänzen heftig kritisiert wurde[112], war keine lange Verweildauer beschert, da ihr Unterricht boykottiert wurde[113]. Ein guter Umgang mit den Scho-

---

[106] Ebd., S. 70–72.

[107] UAT 9/9 Nr. 257–258: Auch das Verhältnis des Tanzmeisters Clément Alexandre François zu seinen Scholaren war offenbar so gut, dass es bis in die Freizeit hineinreichte. Im Jahr 1802 veranstaltete er auf dem Tanzboden des Collegium Illustre unter dem Vorwand von Tanzrepetitionen und unter Zuziehung von Musikanten sowie der Reichung alkoholischer Erfrischungsgetränke Bälle für seine Scholaren.

[108] StAT E 101/208 Bl. 36ᵛ–38ᵛ; StAT E 105/34 Bl. 12ʳ–13ᵛ: Die Inventuren und Teilungen des Fechtmeisters Johann Ernst Friedrich Güßau und des Ballmeisters Georg Friedrich Keller wiesen nach deren Tod noch immer Schulden ihrer Scholaren für Kost, Logis und Informationsgelder nach.

[109] MUT II 23820, 24328, 24553.

[110] UAT 8/9 Nr. 145/145a Bl. 246 f.

[111] HStAS A 284/94 Bü 54 Bl. 22, 24.

[112] HStAS A 5 Bü 119 Beilage zu Bl. 21 (1715, März 28).

[113] HStAS A 284/94 Bü 54 Bl. 20; HStAS A 303 Bd. 13981 S. 79; UAT 117/670 o. Pag. Kirchenrat an den Rektor der Universität Tübingen (1699, Januar 31): Fechtmeister Johann Braun

laren war daher geradezu eine Grundvoraussetzung für eine erfolgreiche Tätigkeit der Maîtres. Fehlte dieser und kam es zu Konflikten, so barg der informelle Umgang zwischen den Maîtres und ihren Scholaren nicht nur rasch die Gefahr der verbalen Respektlosigkeit, wie es am Beispiel des Sprachmeisters Debrulère und des Studenten Eberhard Gockel zu beobachten war. Auch Handgreiflichkeiten und Schlägereien blieben dann nicht aus.[114]

b. Die Maîtres und die Professorenschaft

Hinsichtlich des Verhaltens der gelehrten Professorenschaft des Collegium Illustre und der Universität gegenüber den Exerzitien- und Sprachmeistern wird dagegen in wenigen Beispielen deutlich, dass nicht nur ein ausgeprägtes Konkurrenzdenken, sondern auch eine generelle Distanziertheit und Missgunst eine Rolle spielten. Und so sind mehrere Konflikte bekannt, in denen die gelehrten Professoren ihren überlegenen sozialen Rang und ihre Mitbestimmungskompetenzen, etwa als Vertreter des Oberhofmeisters am Collegium Illustre oder aber im Senat der Universität, zum Nachteil der Exerzitien- und Sprachmeister einsetzten. Der soziale Rang und Stand der Professorenschaft im Unterschied zu dem der Maîtres kam dabei häufig auch ganz direkt zur Sprache. Als der Sprachmeister des Französischen und Italienischen Franciscus de Gregoriis aufgrund seiner Heirat mit der Tochter eines Gold- und Silberarbeiters 1712 von Neuem um Aufnahme in die Matrikel anhielt, verkündete der Universitätsrektor im Senat spöttisch, de Gregoriis habe vermutlich inzwischen bereits die Nachteile der Heirat mit einer armen Frau erkannt. Hinsichtlich der Frage, ob und wie der Senat der wohl daraus entstandenen Bitte des de Gregoriis nachkommen wolle, einen Repräsentanten des Senats auf die Hochzeit des Sprachmeisters zu entsenden, wurde zunächst vorgeschlagen, ihm wenigstens zu gratulieren, anstatt der sonst offenkundig üblichen sechs Reichstaler aber nur vier zu verehren. Eines der Gremiumsmitglieder wandte ein, der Senat und der universitäre Fiskus müssten zukünftig vor der Belastung durch solch arme Leute geschützt werden und schlug die Gabe von nur drei Reichstalern vor. Ein anderer meinte ebenfalls, vier Reichstaler seien genug, denn *es ist ein unterscheyd unter einem Professore und Sprachmeister.*[115]

Die abwehrende Haltung der gelehrten Professorenschaft gegenüber den Maîtres entstand aber nicht nur aufgrund der Belastung des universitären Fiskus, die in Tübingen durch die Finanzierung der Maîtres aus dem Geistlichen Gut geringfügig

---

wurde 1699 wegen unmäßiger Geldforderungen, der Einnahme zu hoher Informationsgelder, der Beschwerden über ihn und aufgrund des daraus resultierenden Boykotts seines Unterrichts entlassen. HStAS A 284/94 Bü 55 Bl. 54 f.; HStAS A 303 Bd. 13996–14002: Auch Tanzmeister Johann Balthasar Schäffer wurde 1721 wegen unerlaubter Entfernung aus Tübingen und schlechter Aufführung seines Dienstes enthoben.

[114] HStAS A 202 Bü 2601 o. Pag. Oberhofmeister des Collegium Illustre an den Geheimen Regimentsrat (1677, Juni 13): Als der Ballmeister Georg Friedrich Bitschin 1677 den adligen Collegiaten Carl Ferdinand von Prösing nach einer Ballspielpartie dazu aufforderte, seine verspielten Bälle zu bezahlen, schlug der Scholar ihm mit der Faust ins Gesicht.

[115] UAT 30/6 Nr. 24 Bl. 3.

ausfiel, sondern auch aufgrund einer immer wieder gefürchteten Anmaßung scheinbar unrechtmäßiger Titel, insbesondere durch die Sprachmeister. Ein Präzedenzfall war hinsichtlich dessen dadurch geschaffen worden, dass Herzog Eberhard Ludwig Franciscus de Gregoriis 1727 zum Professoris Linguae Italicae[116] und 1730 zum Professoris Linguae Gallicae[117] ernannt hatte und ihm gleichen Rang mit den außerordentlichen Professoren der Philosophischen Fakultät zugestanden hatte. Die Empörung der universitären Professorenschaft, aber auch der Hofgerichtsadvokaten hielt mehrere Jahre lang an[118]. Im Jahr 1732 wurde geurteilt, dass Franciscus de Gregoriis und sein Schwiegersohn Johann Hieronymus Boeswillibald eben bloß Sprach-Meister seien, lediglich in ihrer Muttersprache unterrichteten und daher den universitären Extraordinarien nicht gleich gehalten werden könnten. Vielmehr werde der Professorentitel mithin immer weiter hinab gestoßen.[119]

Die Furcht vor der erneuten Degradierung des Professorentitels war daher groß, als Sprachmeister Pierre Robert 1743 um ein Testimonium bat. Abwehrend verhandelt wurde daher, dass dem Maître ein solches nur zu erteilen sei, wenn er es für die Beantragung einer Beihilfe, nicht jedoch – wie ihm a priori unterstellt wurde – zur Erlangung des Titels eines *Professoris linguae gallicae* gebrauchen wolle[120]. Als Robert drei Jahre später wieder ein Testimonium forderte, drängten die Professoren erneut darauf, dieses so zu formulieren, dass es nicht dazu benutzt werden könne, einen *ohnmässigen Titul* zu erhaschen. Kommentiert wurde der Vorgang mit der Verdächtigung: *Suaserim omnem praecautionem latet anguis in herba.* Und während sich einige Senatsmitglieder inzwischen positiv über Robert und seinen Unterricht äußerten und argumentierten, er sei ein *habiler Sprachmeister*, von dem man *nicht mehr so viel Böses wie vorhin* höre, verkündete ein Professor, nähere Umstände jedoch geheimnisvoll verschweigend, dass bei einer ernsthaften Examinierung der Person Roberts so einiges von seiner Aufführung zu berichten sei[121].

In diesen Aussagen der Senatsmitglieder tritt nicht nur ein für das Verhältnis zwischen den gelehrten Professoren und den Maîtres symptomatisches und tiefsitzendes Misstrauen zutage, das schließlich in Missgunst mündete. Offenbar herrschte zwischen den gelehrten Professoren und den Maîtres auch recht wenig persönlicher Kontakt und große Distanz, sodass weder eine Kommunikation über die Absicht der Beantragung eines Testimoniums erwogen wurde, noch überhaupt ein persönlicher Umgang aus erster Hand zu bestehen schien, weshalb sich der Senat ganz offensichtlich auf das Hörensagen, wohl die Aussagen von Studenten, verließ. Wo nicht aktiv Missgunst betrieben wurde, verwandelte sich diese in Geringschätzung, Gleichgültigkeit und Verdrängung von Verantwortung. Als 1763 vorgeschlagen wurde, Sprach-

---

[116] HStAS A 202 Bü 2616 o. Pag. Herzog Eberhard Ludwig an den Geheimen Rat (1727, März 17).

[117] HStAS A 284/94 Bü 289 Bl. 55.

[118] UAT 29/1 Nr. 39 Bl. 2–6; vgl. hierzu auch FÜSSEL: Gelehrtenkultur, S. 244–246.

[119] UAT 29/1 Nr. 39 Bl. 6.

[120] UAT 30/6 Nr. 27 Bl. 1 f.

[121] Ebd. Bl. 3.

meister Robert die Pension der verstorbenen Witwe des Sprachmeisters Franciscus de Gregoriis zu übertragen und ihn hierfür damit zu beauftragen, bedürftigen Studenten in seiner Behausung öffentlichen Unterricht im Französischen zu erteilen, vermerkte ein Senatsmitglied: *Meo voto könnte dieser Umstand wegbleiben.*[122]

Der Mangel an persönlichem Kontakt zwischen den Gelehrten und den Exerzitien- und Sprachmeistern, die Unkenntnis der Professoren über die Exerzitienmetiers und das demonstrativ zur Schau getragene Desinteresse daran, sowie eine generelle Geringschätzung des Maîtrestandes, trat viele Male zutage. Auch Fechtmeister Johann Jacob Pfeiffer bat 1749 beim Senat um ein Testimonium. Während einige Professoren ihm ein solches durchaus gönnten, stellten andere dessen mangelhafte Aufführung in den Mittelpunkt der Verhandlungen oder wiesen gar die Verantwortung für ein solches Zeugnis gänzlich von sich. Zugegeben wurde intern, dass man über den Fechtmeister nicht viel wisse, *ausser daß er gern trincke*. In der Aussage, *die Trinksucht macht keinen Fechtmeister, und verhindert auch keinen. Hilfft es nichts, so schadet es auch nichts. Dann von der Fechtkunst wissen wir so nichts* kam vielmehr tiefe Unkenntnis und Geringschätzung des Fechtmetiers sowie Desinteresse und Gleichgültigkeit gegenüber dem Fortkommen des Maître zum Ausdruck[123]. Pfeiffer erhielt schließlich ein kurzes und allgemein gehaltenes Zeugnis, in dem zweideutig verlautbart wurde, dass dem Senat nichts bekannt sei, *was denselben einer anhoffenden hochfürstlichen Gnade unwürdig machen könnte*[124].

Hinsichtlich des Umgangs zwischen den gelehrten Professoren und den Exerzitien- und Sprachmeistern fasste Michaelis 1773 erneut auf beeindruckende Weise eine Realität zusammen, wenn er auch für andere Universitäten beschrieb: „Unter Professoren sind selten welche, die das Fechten verstehen, und davon urtheilen koennen. [...] Es giebt freilich Ausnahmen; einige Professores verstehen zuweilen das Fechten, allein ihre Stimmen sind nicht die meisten: und wenn andere urtheilen wollen, so geschiehet es leicht partheyisch, oder sie folgen doch nur dem, was sie von Studenten gehoeret haben, die vor oder wider einen Fechtmeister eingenommen sind"[125]. Auch hinsichtlich anderer Maîtres und deren Behandlung durch die gelehrte Professorenschaft urteilte er treffend, dass etwa den Stallmeistern ein entsprechender Rang oft verweigert werde, „weil man sich bey Machung der Statuten der Gelehrten bedienen muß, und diese vielleicht hier nicht die richtigen Begriffe haben, oder doch nicht genug fuer den Rang eines Mannes sorgen, der nicht zu den Gelehrten gehoeret"[126]. Unkenntnis, Desinteresse, mangelnder persönlicher Kontakt, Urteile nach dem Hörensagen, Eigennutz und Misstrauen bestimmten also nicht nur in Tübingen das Verhalten der gelehrten Professorenschaft gegenüber den Exerzitien- und Sprachmeistern.

Auch dort, wo der häufig vermiedene persönliche Kontakt bestand, dominierte fehlendes Wohlwollen und übertriebenes Autoritätsgebaren das gegenseitige Verhält-

---

[122] Ebd. Bl. 6.
[123] UAT 117/670 o. Pag. Senatsprotokoll (1749, Juni 9).
[124] UAT 117/670 o. Pag. Zeugnis für Johann Jacob Pfeiffer (1749, Juni 9).
[125] MICHAELIS: Raisonnement, Bd. 3, S. 129 f.
[126] Ebd., S. 110 f.

nis. Im Jahr 1740 kam es zu einem Streit zwischen dem außerordentlichen Professor der Rechte mit dem Titel eines Professors am Collegium Illustre Jacob Friedrich Mögling[127] und dem Fechtmeister Johann Andreas Schmid, über den der Professor sich in einer siebenseitigen Beschwerde an den Geheimen Rat wandte. Mögling berichtete von einer trotzigen und wider allen Respekt laufenden Anrede des Fechtmeisters, den er in seiner Funktion als Vertreter des Oberhofmeisters auf eine Schuldenangelegenheit angesprochen hatte. Schmid sei ihm ins Wort gefallen, habe geflucht, unziemliche Gebärden von sich gegeben und verlautbart, er sei Mögling keinen Respekt schuldig und *kein Haar beßer, als Er*[128]. Fechtmeister Schmid gab in seiner Version des verbalen Zusammenpralls zu, die Autorität Möglings angezweifelt zu haben, was dieser ihm sehr übel genommen habe, indem er ihm umgehend mehrere Frevelstrafen anzuhängen versucht habe. Er habe nicht gewusst, dass Mögling ihm *etwas zu befehlen habe*, sei ihm jedoch mit Respekt begegnet und habe ihn mit *Herr Professor* tituliert. Leicht spöttisch fügte er hinzu, dass, wenn Mögling ein höherer Titel zustehe, er von einem solchen bisher nichts gewusst habe[129].

Das Beispiel des Fechtmeisters zeigt: Auch wenn die geschilderten Vorgänge aufgrund der Entscheidungs- und Mitbestimmungskompetenz der gelehrten Professorenschaft die Maîtres häufig in einer passiven Rolle darstellten, so blieben mit hoher Wahrscheinlichkeit vielfältige und meist selbstbewusste Provokationen von Seiten der Maîtres nicht aus. Einen Eindruck davon vermittelt auch der Vorfall um die Ehefrau des Tübinger Sprachmeisters des Italienischen Antonio Calligar, der deutlich den Wunsch nach Umkehr der sozialen Verhältnisse widerspiegelt. Ihr wurde 1707 vorgehalten, laut geäußert zu haben, den etwa in Tübingen einfallenden feindlichen Franzosen verraten zu wollen, *wo die Reichen wohnen* und *die Professores hätten ihr müssen Essen und Trincken ins Haus bringen*[130].

c. Die Maîtres und ihre soziale Lebenswelt

Die jurisdiktionelle Zugehörigkeit der Tübinger Exerzitien- und Sprachmeister zu den Rechtsräumen des Collegium Illustre und der Universität erschöpften sich mitnichten in deren vertikaler Unterstellung unter die Jurisdiktionsgewalt des Oberhofmeisters oder des Senats im Sinne der Rechtsprechung und Administration. Das Corpus, wie dieser Rechtsraum zeitgenössisch auch genannt wurde, stellte vielmehr in besonderer Weise den gesellschaftlichen Rahmen dar, der horizontal von allen Collegiumsverwandten oder Universitätsbürgern gemeinsam ausgefüllt wurde, und nicht nur die berufliche, sondern auch die unmittelbare private und familiäre Lebenswelt darstellte. Unter den Corpusangehörigen entstanden bevorzugt alle Arten persönli-

---

[127] CONRAD: Lehrstühle, S. 136.
[128] HStAS A 202 Bü 2617 o. Pag. Jacob Friedrich Mögling an den Geheimen Rat (1740, Oktober 21).
[129] HStAS A 202 Bü 2617 o. Pag. Johann Andreas Schmid an den Geheimen Rat (1740, Oktober 18).
[130] UAT 4/4 Nr. 276^v–277^r.

cher Netzwerke, berufliche und private Kontakte sowie persönliche Freundschaften. Das Corpus war der Ort, an dem nach der Familie Nähe, Vertrautheit und Geselligkeit entstand. Während der Oberhofmeister oder der Senat die Corpusangehörigen nach außen vertrat, wurde nach innen hin Schutz und Hilfe geleistet oder Solidarität geübt. Der Zusammenhalt innerhalb des Corpus schuf Selbstbewusstsein in Situationen der persönlichen Bedrohung und diente damit der Abgrenzung und Identitätsfindung gleichermaßen.

Selbstverständlich waren die Corpusgrenzen des Collegium Illustre, der Universität und der Stadt nicht undurchlässig für alle Arten sozialer Kontakte. Dennoch entstanden solche bevorzugt und auf ganz natürliche Weise vorrangig innerhalb der unmittelbaren alltäglichen Lebenswelt. So bestanden zwischen den Exerzitienmeistern und den anderen Collegiumsverwandten zu allen Zeiten Freundschaften, Eheverbindungen, Paten- und Pflegschaften. Als der Collegiumsverwalter Friedrich Wendel Hummel 1756 im Zuge einer Besoldungsaufstellung seine Sondereinnahmen aus der üblichen Neujahrsgabe rechtfertigen musste, legte er ein solch collegiumsinternes Netzwerk offen: Von Stallmeister Johann Liborius Wippermann, der auch sein Freund sei, erhalte er zu Neujahr stets Gewürze, von Fechtmeister Johann Ernst Friedrich Güßau, der auch sein Gevattermann sei, einen Zuckerhut und von Ballmeister Georg Dominicus Keller ein halbes Dutzend Nürnberger Lebkuchen. Der Hausschneider und der Torwart des Collegium Illustre seien ebenfalls seine Gevatternleute und ließen ihm stets eine Neujahrsgabe zukommen[131].

Viele Maîtres und ihre Kinder wählten ihre Ehepartner aus dem Kreis der Collegiumsverwandten oder sogar aus dem kleineren Zirkel der Maîtres und ihrer Familien. Der Sprachprofessor des Französischen und Italienischen Louis du May heiratete 1653 die Tochter des ehemaligen Oberhofmeisters am Collegium Illustre Anna Margaretha von Annweil[132]. Ballmeister Johann Albrecht Bründlin ehelichte 1708 Susanna Regina Bitschin, eine Tochter des früheren Ballmeisters am Collegium Illustre Johann Bitschin[133]. Der Sprachmeister Johann Hieronymus Boeswillibald vermählte sich 1733 mit der Tochter seines Vorgängers, des Sprachmeisters Franciscus de Gregoriis[134]. Die Tochter des Stallmeisters Johann Liborius Wippermann, Christiana Dorothea, nahm 1764 den Professor am Collegium Illustre Johann Friedrich Helfferich zum Mann[135]. Und Elisabetha Keller, die Tochter des Ballmeisters Georg Friedrich Keller, äußerte 1798 die Absicht, den in Diensten ihres Vaters stehenden Marqueur Joseph Friedrich Eckardt zu heiraten[136].

Zudem übernahmen die Maîtres gegenseitig Pflegschaften für ihre hinterbliebenen Familien. Ballmeister Johann Albrecht Bründlin wurde bei der Inventur und Teilung

---

[131] UAT 9/11 o. Pag. Consignation (1756, Januar 17).
[132] HStAS A 202 Bü 2618 o. Pag. Oberhofmeister des Collegium Illustre an Herzog Eberhard (1653, März).
[133] StAT A 20/S 217 Bl. 4ᵛ–6ʳ; StAT E 101/205.
[134] HStAS A 284/94 Bü 45 Bl. 1; UAT 30/6 Nr. 29 Bl. 1; UBT Mh 847a Bl. 92ʳ.
[135] UAT 44/130a; UAT 44/142 Nr. 42; UBT Mh 847a Bl. 106ᵛ.
[136] HStAS A 284/94 Bü 295 Bl. 2; UAT 9/9 Nr. 86.

des Bereiters Adam Ulrich Oberans im Jahr 1713 zum Rechtsbeistand für dessen verwaiste Enkel bestimmt[137]. Zwischen 1715 und 1717 fungierte Fechtmeister Balthasar Friedrich Dinckel als Pfleger der unmündigen Erben des Tanzmeisters Guillaume Michel Dumanoir[138]. Nach dem Tod des Fechtmeisters Johann Ernst Friedrich Güßau im Jahr 1778 traten der Ballmeister Georg Friedrich Keller, der Tanzmeister Ernst Friedrich Dörr und der Professor am Collegium Illustre August Ludwig Schott als Kuratoren für die Witwe und die Kinder des verstorbenen Fechtmeisters ein[139].

Die zwischen 1681 und 1745 unter der Jurisdiktion der Universität stehenden Sprachmeister und ihre Familien pflegten ihre vorrangigen sozialen Kontakte entsprechend mit den Universitätsverwandten. Anne Madelaine Caumon, die ledige Tochter des unter der Jurisdiktion der Universität stehenden Sprachmeisters Jean Caumon[140], vermachte in ihrem Testament im Jahr 1770 ihre gesamte Hinterlassenschaft ihr bekannten Universitätsangehörigen, darunter dem Universitätssekretär Jacob Samuel Hoser, dem Universitätssyndikus Johann Wilhelm Franz Gaum sowie dem Universitätspedell und Buchbinder Johann Ehrenreich Hahn und seiner Tochter[141].

Zahlreiche soziale Kontakte jedoch wirkten auch hier über die Corpusgrenzen hinaus und zeigen eine tiefe gesellschaftliche Verankerung der Maîtres[142]. Als die Frau des Bereiters am Collegium Illustre Adam Ulrich Oberans 1711 im Sterben lag, rief sie ein Gremium zusammen, vor dem sie ihren letzten Willen bekunden wollte. Dazu gehörten Angehörige des Collegium Illustre, der Universität und der Stadt: Der Diakon und Magister Johann Ulrich Frommann, der Collegiumsverwalter Johann Martin Hiller, der Ratsverwandte Johann Georg Hauser, der Stadtbürger, Bäcker und Hirschwirt Christoph Schaible, der Stadtbürger und Färber Johannes Schnell, der Universitätssekretär und Schuhmacher Friedrich Stammler sowie der Hofgerichts- und Kanzleiadvokat Christoph Friedrich Schmalkalder[143]. An der Inventur und Teilung nach ihrem Tod nahmen neben den hinterlassenen Kindern der Collegiumsverwalter Johann Martin Hiller, der Professor Primarius des Collegium Illustre Philipp Ludwig Brenner und der Ballmeister Johann Albrecht Bründlin als Rechtsbeistand der unmündigen Enkel teil[144].

In zahlreichen Situationen bot die Jurisdiktionsgewalt des Oberhofmeisters am Collegium Illustre durch die Unterstützung von Gratialgesuchen, durch Interzessionsschreiben zur Schuldeneintreibung, durch die Ausstellung von Dienstzeugnissen oder Reisepassierscheinen[145] nicht nur Rückendeckung für die rechtlichen und admi-

---

[137] UAT 27/14 Nr. 2.

[138] Pfeilsticker: NWD § 971.

[139] StAT E 105/34.

[140] MUT II 29440; StAT E 201/1105; UAT 32/1 Bd. 4 Nr. 318.

[141] StAT E 101/24.

[142] Vgl. insbesondere zu den privaten Beziehungen zwischen Universitäts- und Stadtangehörigen Thümmel: Universität, S. 63–65.

[143] UAT 27/14 Nr. 9.

[144] Ebd. Nr. 3.

[145] HStAS A 202 Bü 2617 o. Pag. Senat der Universität an den Geheimen Rat (1695, November 4); HStAS A 284/94 Bü 54 Bl. 16; UAT 9/9 Nr. 81; UAT 30/6 Nr. 23 Bl. 1: Der Oberhofmeis-

nistrativen Angelegenheiten der Maîtres. In Armut, Krankheit und Alter wurde vorzüglich innerhalb des Corpus als unmittelbarer Lebenswelt und in gegenseitiger Verantwortung der Collegiumsverwandten untereinander Schutz, Solidarität und Hilfe geleistet, in die auch insbesondere die Frauen und Kinder der Maîtres einbezogen waren. Der Sprachprofessor Louis du May, der 1673 in seiner Funktion als württembergischer Rat eine längere Reise an den kaiserlichen Hof in Wien antrat, unterstellte seine Frau und seine Kinder während seiner Abwesenheit dem Schutz des Herzogs, der diese Aufgabe an den Oberhofmeister des Collegium Illustre weitergab[146].

Den Kindern der Maîtres wurden vom Oberhofmeister immer wieder verschiedene Zeugnisse ausgestellt. Die Töchter, die sich verheiraten wollten, benötigten Führungs- und Herkunftszeugnisse, beispielsweise Christiana Rosina Friederika Kuttler, die Tochter des Bereiters Christoph Friedrich Kuttler, die sich 1792 mit einem Schweizer Buchbinder aus Aarau zu verheiraten gedachte[147]. Gustav Adolph Seiffart wurde 1789 ein Armutszeugnis ausgestellt, welches die völlige Mittellosigkeit seines Vaters, des Fechtmeisters Achatius Friedrich Lorenz Seiffart, bescheinigte und das Ziel verfolgte, dem studierwilligen Fechtmeistersohn an der Universität Jena eine unentgeltliche Unterkunft in einer Burse oder einem Universitätskolleg zu verschaffen[148].

Dass noch vor anderen persönlichen Netzwerken das Corpus ein Ort der gegenseitigen sozialen Verantwortung war, zeigte sich besonders in Ausnahmesituationen wie in schwerer Krankheit oder infolge harter Schicksalsschläge. Dann spielten Nähe und Vertrautheit der unmittelbaren Lebenswelt eine besonders große Rolle. Als der Vorfechter Johann Friedrich Aberer bei einer Auseinandersetzung mit Tübinger Handwerksburschen im August 1685 mit einem Gerbermesser am Hinterkopf so schwer verletzt wurde, dass er noch auf der Straße zusammenbrach, wurde der unvermögende junge Mann von Ballmeister Johann Martin Kretzenthaller in Pflege genommen. Aber auch nach dreißig Wochen der Pflege und Verpflegung im Haus des Ballmeisters blieb Aberer teilweise gelähmt, durch Schwäche und Schwindel dienstunfähig und zukünftig auf Almosen angewiesen[149]. Die Collegiumsverwandten konnten für

---

ter des Collegium Illustre stellte dem Ballmeistersohn Heinrich Rudolph Friedrich Keller 1798 ein Visum und einen Passierschein aus, um ungehindert nach Düsseldorf reisen zu können, wo er eine Stelle als Marqueur angenommen hatte.

[146] HStAS A 202 Bü 2616 o. Pag. Geheimer Rat an den Oberhofmeister des Collegium Illustre (1673, September 1): *Alß ist hiemit unser Befelch, du wollest daran seyn, daß berührte seine Du May Haußfraw und Kinder aller Gebühr nach geschützet und geschirmbt, auch in allen Vorfallenheiten an denen des Collegii Anverwandten gleich gehalten werden und deren Freyheiten genüeßen möge.*

[147] UAT 9/9 Nr. 143.

[148] Ebd. Nr. 115: Darin brachte der Oberhofmeister die Hoffnung zum Ausdruck, dass Gustav Adolph Seiffart *diejenige Vorteile und Wohlthaten zu gestanden und vergönnt würden, die man mittellosen Studierenden besonders in Hinsicht der unentgeltlichen Behausung der Collegien zu bewilligen pfleget.*

[149] HStAS A 284/94 Bü 54 Bl. 4: Der Oberhofmeister und Collegiumsverwalter des Collegium Illustre berichteten 1686, dass Aberer *mit einem scharpfen Gerber Schab Eyßen hinderruckhs dergestalten lebens gefährlich in den Kopf gehawen worden, daß er gleich zu Boden gefallen, undt man Ihn für Todt In deß Barbierers Simonii Hauß getragen, undt ob zwar die Medici*

Aberer in dieser Situation kaum noch mehr tun. Der Oberhofmeister bemühte sich jedoch beim Kirchenrat um den Ersatz der Pflegekosten für Johann Martin Kretzenthaller, dessen lange Pflege vom Collegium Illustre bereits mit einer täglichen Ration an Brot und Wein und einem Gulden unterstützt worden war[150].

Vielleicht wäre Johann Friedrich Aberer zu einem späteren Zeitpunkt aus der Armenstiftung des Collegium Illustre unterstützt worden, von welcher Collegiumsverwalter Christoph Gottlieb Müller der Jüngere um 1793 berichtete. Demnach war die Stiftung gegen Ende des 17. Jahrhunderts aus einer Geldstrafe eines Collegiaten mit einem Kapital von 150 Gulden und dem Zweck der Unterstützung armer Collegiumsverwandten angelegt worden. Wie aus den Vorschlägen des Collegiumsverwalters für die Ausbezahlung der Stiftungszinsen auf Weihnachten 1791 hervorgeht, wurden damit insbesondere die Witwen am Collegium Illustre unterstützt, etwa die Witwe des Bereiters Christoph Friedrich Kuttler, die Witwe des Fechtmeisters Achatius Friedrich Lorenz Seiffart und die Witwen der Stallknechte. Seinen Vorschlägen setzte der engagierte Collegiumsverwalter hinzu, dass sich die Armen beim Corpus des Collegium Illustre permanent vermehrten und sich dadurch der ohnehin schon kleine Fonds verringere. Er schlage daher vor, zukünftig alle beim Collegium Illustre anfallenden Strafen dem Kapital der Stiftung zufallen zu lassen, obwohl er selbst der Ansicht war, dass auf diese Weise in zwanzig Jahren keine zwanzig Gulden zusammen kommen würden, dennoch aber die geringste Vermehrung des Stiftungskapitals den Armen zugute käme[151].

Da diese Witwen- und Armenversorgung also unzulänglich war, wurden die Gratialgesuche der Witwen der Exerzitien- und Sprachmeister an den Kirchenrat stets durch begleitende Schreiben des Oberhofmeisters unterstützt, etwa das Gesuch der Witwe des Bereiters Christoph Friedrich Kuttler im Jahr 1793. Der Oberhofmeister bestätigte darin deren tatsächliche Mittellosigkeit, würdigte ihre Bemühungen um

---

und Cyrurgi allen müglichsten Fleiß angewendt, auch entlichen solch Lethale Vulnus nach etlichen Wochen ganz gehailet, so hat er Jedoch (wegen allzu häuffig vergoßenen Bluts undt Verschellung der Nerven, wovon derselbe auf der rechten Seiten hinunder ganz lahm worden) biß hero nicht auß dem Bett oder Hauß, wenigstens aber seiner Profession nachkommen können, auch nach Anzaig deß gebrauchten Medici, weilen ihne zum offtern große Schwachheiten, alß Schwindel undt Gicht überfallen undt zu Restituirung des einen Arms und Fueß keine Apparenz Er fürterhin zum Fechten und Voltigiren besorglich nit mehr capabel sein dörffte.

[150] HStAS A 284/94 Bü 54 Bl. 4: Der Oberhofmeister und der Collegiumsverwalter des Collegium Illustre intervenierten für Johann Friedrich Aberer folgendermaßen: *Wür müßen sonsten In Wahrheit bekennen, daß er Jederzeit In seiner Profession fleißig geweßen undt nicht leicht einige stund Im Fechten bey denn Collegiaten versaumbt undt ein armer Kerl ist, der nichts zum besten, auch von Eltern nicht eines Hellers werth zu hoffen hat, sondern weil er künfftig zu seiner Profession nicht mehr Capable, massen Ich der Oberhofmeister bereits dem Fechtmeister sich umb einen andern umbzusehen anbefohlen, besorglich dem lieben Allmoßen nachgehen muß. Alß wäre auß solchen angeführten Motiven Ihme gleichsam zu seiner Abförtigung mit obigem Costgelt damit er seinen Würth bezahlen könte, in Gnaden verhülflich zu erscheinen.*

[151] UAT 9/11 o. Pag. Collegiumsverwalter an den Kirchenrat (um 1793).

einen eigenen Unterhalt und wies darauf hin, dass bereits andere Witwen vor ihr – die Witwe des Fechtmeisters Achatius Friedrich Lorenz Seiffart und die des Sprachmeisters Pierre Aubin de Sales – Unterstützungen erhalten hätten[152]. Zudem überließ man ihr für die Dauer ihres Witwenstandes die Wohnung über dem Klepperstall[153].

Für die armen Nachkommen und Witwen der unter der Jurisdiktion der Universität stehenden Sprachmeister funktionierte die Verantwortung ihres Corpus ähnlich. Sie erhielten Gratiale oder die Begleichung von Kranken-, Apotheker- oder Leichenkostenrechnungen aus dem Universitätslazarettfonds[154]. Und natürlich wurde auch innerhalb der Universität eine äquivalente soziale Verantwortung geübt. Obwohl der durch eine schwere Kopfverletzung im Kindesalter verhaltensauffällige Fechtmeister am Collegium Illustre und Buchbinder bei der Universität Georg Wildt das Tübinger Buchbinderhandwerk mehrmals durch Beleidigungen und Handgreiflichkeiten in Verruf zu bringen drohte, intervenierten die Buchbinder immer wieder für Wildt. Ihre Solidarität galt, wenn nicht Wildt selbst, dann seiner Frau und seinen Kindern, die an der Krankheit des Familienvaters, welche die Buchbinder mit *Blödigkeit des Haupts* bezeichneten, am meisten litten. Da der Vater und der Bruder des Fechtmeisters, Johann und Eberhard Wildt, wie Georg Wildt selbst mehrere Male im Universitätskarzer in Arrest saßen und für den Sohn und Bruder offenbar keine Verantwortung übernehmen konnten, entfaltete das Corpus als Ort der sozialen Verantwortung im Falle Georg Wildts und seiner Familie seine volle Wirkung[155].

Letztlich war der Tod eine Angelegenheit, an der die unmittelbare Lebenswelt Anteil nahm. Im Falle der Exerzitienmeister beim Collegium Illustre berichteten der Oberhofmeister und der Collegiumsverwalter noch am gleichen Tag an den Geheimen Rat und den Kirchenrat, dass ein Maître gestorben sei[156]. Zu ihren wichtigsten Aufgaben gehörte dann die Vornahme der Inventur und Teilung unter Anwesenheit

---

[152] HStAS A 284/94 Bü 324 o. Pag. Anna Maria Kuttler an den Kirchenrat (1793, Dezember 9); HStAS A 284/94 Bü 324 o. Pag. Oberhofmeister des Collegium Illustre an den Kirchenrat (1793, Dezember 16).

[153] HStAS A 284/94 Bü 308 o. Pag. Auszug aus dem Kirchenratsprotokoll (1778, Oktober 10).

[154] HStAS A 284/94 Bü 48 Bl. 12; UAT 30/6 Nr. 23 Bl. 2: Beispielsweise erhielt die Witwe des Sprachmeisters Jean Gigon 1711 ein Gratial aus dem Universitätslazarettfonds. Bereits 1709 hatte sie einen Beitrag zu den Leichenkosten für das Begräbnis ihres Mannes und zu seiner letzten Apothekerrechnung erhalten. UAT 46/3 Bl. 20^v, 79^v; UAT 46/8 Bl. 72^v; UAT 46/11 Bl. 7^v, 63^v; UAT 46/14 Bl. 67^v: Die Tochter des Sprachmeisters Jean Caumon erhielt immer wieder Gratiale aus dem Universitätslazarettfonds, 1758 aufgrund eines gelähmten Armes, 1759 einen Beitrag zu den Leichenkosten ihres Bruders, 1762 und 1765 aufgrund allgemeiner Bedürftigkeit und 1768 zur Dachreparatur.

[155] MUT I 209,92; MUT II 18499; UAT 6/25 Bl. 158^v–159^r; UAT 6/26 Bl. 176 f.; UAT 7/12 Bd. 1 Nr. 12, 14, 19, 25; UAT 8/9 Bd. 2 Nr. 100 Bl. 165 f.; UAT 9/4 Nr. 4 Bl. 9.

[156] HStAS A 284/94 Bü 293 Bl. 84: Der Collegiumsverwalter Müller berichtete am 21. August 1778 beispielsweise folgendermaßen über den Tod des Bereiters Christoph Friedrich Kuttler: *Der bey denen hiesigen Academie Pferdten bisher gestandene Oberbereutter Friderich Kuttler ist heute Vormittag zwischen 8 und 9 Uhr gestorben. Derselbe ist zwar von der gnädigst mir anvertrauten Collegii-Verwaltung nicht besoldet worden, Weil Er aber gleichwohl unter dem Foro des Collegii Illustris gestanden, so habe Euer Herzoglichen Durchlaucht von diesem Todesfall jedannoch die unterthänigste Anzeige machen wollen.*

der Erben, der Pfleger oder Rechtsbeistände. Alle daran Beteiligten erhielten dabei einen gründlichen Überblick über jeden Silberlöffel, jeden Winterstrumpf, jedes Schnupftuch und jeden Nachttopf sowie detaillierten Einblick in die finanziellen Verhältnisse ihrer Collegiumsverwandten[157].

Dass der Rechtsraum des Collegium Illustre für die Exerzitien- und Sprachmeister auch ein Ort der Abgrenzung war, zeigte sich besonders in Situationen, in denen sich die Maîtres als Collegiumsverwandte in ihrem rechtlichen Status in Frage gestellt fühlten oder von fremden Jurisdiktionsgewalten belangt wurden. Dann war Selbstversicherung nach innen und Abgrenzung nach außen notwendig, die häufig mit einem uneingeschränkten Bekenntnis zum vertrauten Rechtsbereich des Collegium Illustre geäußert wurde. Als Ballmeister Johann Bitschin 1664 vor dem Stadtgericht einen Stadtbürger einen Schelmen nannte, verhängte die Stadt kurzerhand eine Geldstrafe über ihn. Bitschin fühlte sich ungerecht behandelt, weigerte sich die Strafe anzunehmen und wehrte sich mit der Angabe, unter der besonderen Jurisdiktion des Oberhofmeisters am Collegium Illustre zu stehen. Auch dieser mischte sich in die Angelegenheit ein, weil er seine Jurisdiktionsgewalt durch die Stadt missachtet sah und rekurrierte in der Angelegenheit sogar an den Herzog[158]. In einem ähnlichen Streitfall des Tanzmeisters Marin Sanry mit dem Senat der Universität ließ Sanry 1668 provozierend verlautbaren, *er seye sub jurisdictione illustris Collegii, Senatus Academicus habe ihm [...] nichts zu sagen*[159].

Alle Beschwerden der Collegiumsangehörigen einschließlich des Oberhofmeisters gegen die als Willkür verstandenen Übergriffe fremder Jurisdiktionsgewalten, insbesondere der Stadt, führten stets dazu, dass sich die Maîtres in einer Situation der Bedrohung besonders stark mit ihrem Corpus identifizierten. Das gemeinsame Vorgehen der Collegiumsverwandten unter der Führung der Maîtres gegen den 1750 zu Unrecht von der Stadt erhobenen Stadt- und Amtsschaden zeigte in einer Situation der Bedrohung der gemeinsamen Rechte deutlich die identitätsstiftende Verankerung im gemeinsamen Rechtsraum und als Kehrseite derselben Medaille die Abgrenzung gegenüber der Stadt[160].

Das Bewusstsein der Zugehörigkeit zu einer als sicher und wohlwollend empfundenen sozialen Lebenswelt äußerte sich auch darin, dass die Maîtres in Dokumenten und Schreiben stets einen auf das Collegium Illustre oder die Universität hindeutenden Zusatz zu ihrer Namens- oder Berufsbezeichnung zum Ausdruck brachten und

---

[157] UAT 27/14 Nr. 6: Alle Gegenstände tauchen im Inventarium der verstorbenen Stallmeisterwitwe Anna Barbara Oberans auf.

[158] HStAS A 274 Bü 80 Bl. 1 f.; HStAS A 284/94 Bü 53 o. Pag. Kirchenrat an den Collegiumsverwalter (1649, November 10); UAT 9/7 Nr. 72: Weil die Beleidigung vor dem Stadtgericht stattgefunden hatte, war es in diesem Fall das Recht der Stadt, die Strafe zu verhängen und einzuziehen. Dem Oberhofmeister wurde mitgeteilt, er solle dem Untervogt weiterhin nicht hinderlich sein, sondern den Ballmeister zur Bezahlung seiner Strafe anhalten.

[159] UAT 3/8 Bl. 377ʳ.

[160] HStAS A 202 Bü 2617 o. Pag. Collegiumsverwandte an den Geheimen Rat (1750, Dezember 23).

sich damit sowohl beruflich als auch persönlich mit ihrem Corpus identifizierten[161]. Diese Identifizierung konnte bei Gelegenheit schließlich auch räumlich bedingt sein. Stallmeister Johann Liborius Wippermann bat 1758 zur Feier der Hochzeit seiner Tochter Charlotta Friederika und zur Unterbringung der Hochzeitsgäste um Überlassung der Räume des leerstehenden Collegium Illustre. Nach einem wohlwollenden Gutachten des Kirchenrats, welches die Parallele zu den Hochzeiten der Universitätsverwandten auf dem Universitätshaus gezogen hatte, befand Herzog Carl Eugen dieses Vorhaben für gut und genehmigte es eigenhändig.[162]

d. Zusammenfassung

Die sozialen Vernetzungen der Tübinger Exerzitien- und Sprachmeister waren vielschichtig. In ihrer Funktion als akademisches Lehrpersonal standen die Maîtres jedoch in einem besonderen Verhältnis einerseits zu ihren Scholaren und andererseits zur gelehrten Professorenschaft des Collegium Illustre und der Universität. Der gute Umgang der Maîtres mit ihrer Klientel, den Scholaren, war dabei häufig von freundschaftlichem Wohlwollen geprägt, der auch durch Begegnungen außerhalb des Lehrverhältnisses, etwa dem studentischen Wohnen in den Häusern der Maîtres, zusätzlich untermauert wurde. Der Freizeitcharakter der Exerzitien förderte zudem generell einen informellen Umgang zwischen Maîtres und Scholaren und war Grundvoraussetzung für eine erfolgreiche Tätigkeit in den Exerzitienmetiers. Im Falle von Konflikten, die zum Großteil durch das Schuldenwesen der Scholaren ausgelöst wurden, barg das informelle Verhältnis allerdings rasch die Gefahr, in Respektlosigkeit umzuschlagen.

Das Verhalten der gelehrten Professorenschaft gegenüber den Maîtres wurde dagegen von einem ausgeprägten Konkurrenzdenken, allgemeiner Distanziertheit, Desinteresse, Geringschätzung und Missgunst bestimmt. Die gelehrte Professorenschaft spielte ihren überlegenen sozialen Rang und ihre Mitbestimmungskompetenz über die Maîtres – sei es etwa als Vertreter des Oberhofmeisters des Collegium Illustre oder im Senat der Universität – häufig zum Nachteil der Exerzitien- und Sprachmeister aus. Vielfältige selbstbewusste Provokationen von Seiten der Maîtres blieben jedoch ebenso nicht aus.

---

[161] HStAS A 284/94 Bü 250 Bl. 18a: Ballmeister Hugo Bitschin unterschrieb sein Gesuch 1628 mit *Bey dem Fürstlichen Collegio Ballmeister Hugo Bütschi.* HStAS A 284/94 Bü 54: Conrad Jacob signierte 1668 *Conradt Jacob, Fürstlich Löblichen Collegii zue Tübingen bestellter Fechtmeister.* UAT 284/94 Bü 46 Bl. 1: Alexander Gottlieb Lamotte unterschrieb seine zahlreichen Supliken an den Kirchenrat stets mit *Unterthänigst treu-gehorsamster Knecht, Prof. linguae Gallicae beym Collegium Illustri, Alexander Gottlieb Lamotte.*

[162] HStAS A 284/94 Bü 291 Bl. 66: *Gleichwie es nun Observantia ist, daß die Universitaets Verwandte zu Tübingen der Ihrigen Hochzeit auf dem Universitaetshauß abzuhalten pfleegen, der Stallmeister Wippermann aber nicht von der Universitaet sondern dem Collegio Illustri dependiret. Also kommt es darauff an ob Ewer Hochfürstliche Durchlaucht demselben in petito zu deferiren gnädigst geruhen wollen, immaßen unterthänigst Subsignirte Ihme sothane hochfürstliche Gnade Ihres geringen Orts wohl gönnen möchten.*

Die Rechtsräume des Collegium Illustre und der Universität stellten in vielerlei Hinsicht die unmittelbare soziale Lebenswelt der Exerzitien- und Sprachmeister dar. Innerhalb des Corpus wurden durch berufliche und persönliche Beziehungen Freundschaften und Eheverbindungen geschlossen oder Paten- und Pflegschaften übernommen. In Armut, Krankheit und Alter wurde in gegenseitiger Verantwortung Solidarität, Schutz und Hilfe geleistet. Das daraus entstehende Gemeinschaftsgefühl verankerte die Exerzitien- und Sprachmeister nicht nur tief in der Gesellschaft, sondern führte auch dazu, dass das jeweilige Corpus als identitätsstiftend wahrgenommen wurde.

2. Mobilität und Konfession

2.1 Die Mobilität der Exerzitien- und Sprachmeister

a. Die Zuzugsmobilität der Maîtres

Die Lebenswege der Tübinger Exerzitien- und Sprachmeister zeichnen sich insgesamt durch eine hohe Bereitschaft zur räumlichen Mobilität aus, die besonders stark durch den Beruf und das jeweilige Metier geprägt wurde. Die Angehörigen einzelner Sparten des Maîtrequintetts waren in besonderem Maße mobil, etwa die Sprachmeister, andere dagegen weniger ausgeprägt oder nur in bestimmten Phasen des Berufslebens wie die Ballmeister. Zahlreiche Exerzitienmeister hatten ihre ursprüngliche Heimat bereits zu Ausbildungszwecken verlassen[163], unternahmen im Anschluss an die Lehre eine Qualifikationsreise[164], hielten sich im Verlauf ihres Berufslebens häufig an mehreren und räumlich oft weit voneinander entfernt liegenden Lebensstationen auf[165] oder unternahmen immer wieder auch während ihres späteren Berufslebens Reisen zu Fortbildungszwecken[166]. Aufgrund der Herkunft vieler Maîtres aus fremden Reichsterritorien oder aus dem italienischen oder französischen Kulturkreis sind die Aspekte der Mobilität und der Konfession eng miteinander verwoben.

---

[163] HStAS A 202 Bü 2617 o. Pag. Joseph Hagel an den Geheimen Rat (1672, Juli 8), o. Pag. Joseph Hagel an den Geheimen Rat (1687, August 6): Der spätere Fechtmeister am Collegium Illustre Joseph Hagel stammte aus Liebenzell in Württemberg und hatte seine Lehre in der Fechtkunst vor 1672 in Genf absolviert. HStAS A 284/94 Bü 54 o. Pag. Oberhofmeister des Collegium Illustre an den Kirchenrat (1683): Der Vorfechter Johann Friedrich Aberer aus Tübingen hatte die Fechtkunst, das Voltigieren sowie das Fahnen- und Piquenschwingen vor 1683 in Frankreich erlernt. WILL: Gelehrten-Lexicon, 4. Supplementbd., S. 87 f.: Fechtmeister Johann Andreas Schmid aus Zöblitz in Sachsen hatte seine Lehre in der Fechtkunst in Amsterdam absolviert.

[164] HStAS A 284/94 Bü 53 Bl. 2, 4: Ballmeister Johann Martin Kretzenthaller konnte eine Lehre im Ballexerzitium sowie eine Weiterbildungsreise nach England, Frankreich und Holland vorweisen. HStAS A 284/94 Bü 295 Bl. 49: Ballmeister Georg Friedrich Keller hatte die Lehre im Ballexerzitium bei seinem Vater Georg Dominicus Keller in Tübingen absolviert und im Anschluss daran eine Qualifikationsreise unternommen, die ihn an verschiedene Höfe und Universitäten geführt hatte.

[165] HStAS A 202 Bü 1970 o. Pag. Heinrich Nidda an den Geheimen Rat (1656, Juni 12), o. Pag. Heinrich Nidda an den Geheimen Rat (1656, November 6); PFEILSTICKER: NWD §§ 734, 743: Der Stallmeister Heinrich Nidda war zunächst bis 1657 Bereiter am anhalt-plötzkauischen Hof in Plötzkau, danach bis 1672 Bereiter und Vizestallmeister am württembergischen Hofmarstall in Stuttgart, ab 1676 Stallmeister in kurbrandenburgischen Diensten in Frankfurt an der Oder und später Stallmeister in Wittenberg. AHRENS: Lehrkräfte, S. 220; HStAS A 284/94 Bü 296 Bl. 63; UAT 9/9 Nr. 101: Der Fechtmeister Achatius Friedrich Lorenz Seiffart war zunächst Fechtmeister der Grafen von Wied, ab 1752 Fechtmeister an der Universität Helmstedt, 1758 Fechtmeister an der Universität Jena und im Anschluss daran bis 1779 Fecht- und Quartiermeister an der kurmainzischen Universität Erfurt.

[166] HStAS A 284/94 Bü 55 Bl. 9: Der Tanzmeister Charles Dumanoir unternahm 1663 und 1666 Reisen nach Paris mit dem Ziel der Weiterqualifizierung in der Tanzkunst.

Die für die Exerzitien vorbildhaften höfischen Kulturen Frankreichs und Italiens förderten nicht nur einen fachlichen, sondern auch einen regen personellen Austausch der Exerzitien- und Sprachmeister, sodass bis weit ins 18. Jahrhundert hinein zahlreiche französische Tanzmeister an den Höfen und Universitäten des Heiligen Römischen Reiches tätig waren und nicht selten fern ihres heimatlichen Sprach- und Kulturkreises dauerhaft sesshaft wurden[167]. Seit der Mitte des 17. Jahrhunderts sahen sich französische Hugenotten und in geringerem Maße auch piemontesische Waldenser dazu gezwungen, ihre Heimat aus konfessionellen Gründen zu verlassen und sich übergangsweise oder dauerhaft unter anderem in den protestantischen Reichsterritorien niederzulassen[168]. Gleichzeitig wanderten aus verschiedenen Regionen Italiens und Frankreichs zum Protestantismus konvertierte oder konvertierungswillige Katholiken ins Reich. Viele von ihnen verdienten sich dort ihren Lebensunterhalt als Sprachmeister des Französischen oder Italienischen[169]. Ihr Status als Réfugiés[170] oder Proselyten[171] führte häufig dazu, dass sie auch nach ihrer Ankunft im Reich weiterhin räumlich äußerst mobil blieben[172].

---

[167] HStAS A 202 Bü 1915 o. Pag. Vertrag über die Annahme Charles Dumanoirs (1647, November 26); UBT Mh 847a Bl. 47^r: Tanzmeister Charles Dumanoir kam 1647 mit achtzehn Jahren als Tanzmeister der Prinzen an den württembergischen Hof, wechselte ein Jahr später ans Tübinger Collegium Illustre und starb 1688 in Tübingen. Lediglich zwischen 1668 und 1674 war er kurzzeitig als Tanzmeister bei der württembergischen Nebenlinie in Weiltingen tätig.

[168] Vgl. DÖLEMEYER: Hugenotten, S. 11–13: Als Hugenotten werden „reformierte Christen bezeichnet, die nach der von [...] Jean (Johannes) Calvin [...] entwickelten Lehre leben und die aus dem französischen Sprachraum stammen". Als Waldenser werden die Anhänger des Petrus Waldes (um 1150) bezeichnet, die sich 1532 der reformierten Genfer Kirche und ihrer Lehre anschlossen. Sie unterschieden sich nur unwesentlich von den französischen Reformierten und teilten daher weitgehend deren Geschichte. Vgl. exemplarisch die zahlreichen Studien und Sammelbände zur Emigration der Hugenotten und Waldenser, vor allem für die Zielgebiete, von denen Aufnahmeprivilegien erteilt wurden, etwa die Schweiz, die Niederlande, England und innerhalb des Reiches Brandenburg-Preußen, Hessen, die Markgrafschaft Brandenburg-Bayreuth und später auch Württemberg ASCHE: Hugenotten, S. 635–643; BIRNSTIEL: Réfugiés, S. 73–87; DAVID: Refuge, S. 75–97; DÖLEMEYER: Aspekte, S. 4–15; DÖLEMEYER: Hugenotten, S. 15–28; DUCHHARDT: Glaubensflüchtlinge, S. 278–287; LAUSBERG: Hugenotten; SCHÄTZ: Aufnahmeprivilegien; THADDEN/MAGDELAINE: Hugenotten.

[169] UAT 30/6 Nr. 5: So etwa der Sprachmeister des Französischen Étienne Debrulère, der zwischen 1653 und 1660 in Tübingen französischen Sprachunterricht erteilte. MUT II 28556; UAT 3/8 Bl. 301^r; UAT 32/1 Bd. 4 Nr. 218: Der ehemals katholische und zum Luthertum konvertierte Michele Leonardi aus Florenz hielt sich zwischen 1683 und 1693 als Sprachmeister des Italienischen in Tübingen auf.

[170] StAT E 101/22; StAT E 101/24; StAT E 201/1105; ESCHMANN: Sprache, S. 37: Die im 17. Jahrhundert aus Frankreich fliehenden Hugenotten bezeichneten sich selbst als Réfugiés, den Ort ihres Aufenthaltes als Refuge.

[171] UAT 12/4 Nr. 211–212.

[172] Vgl. ARNIM: Corpus, S. 227; HStAS A 284/94 Bü 47 Bl. 14; STEUBING: Geschichte, S. 177: Der Sprachmeister des Französischen Pierre Aubin de Sales war aus Savoyen ins Reich gekommen, war zunächst von 1750 bis 1753 als Sprachmeister des Französischen, Italienischen und Spanischen in Jena, danach von 1753 bis 1756 in Göttingen und vor 1773 in Herborn tätig, bevor er seinen Lebensabend bis zu seinem Tod im Jahr 1784 als Sprachmeister in Tübingen verbrachte.

Die Bereitschaft zu häufigen Ortswechseln war für die frühneuzeitliche Gesellschaft nichts Außergewöhnliches. Die Zeit nach dem Dreißigjährigen Krieg bis 1700 gilt in ganz Europa generell als äußerst mobilitätsstarke Phase. Mobilität und Migration waren – und so ist es auch bei den Tübinger Exerzitien- und Sprachmeistern zu beobachten – ein alltägliches gesellschaftliches Phänomen[173]. Als eigenständige und fachlich spezialisierte Gruppierung, deren Motivation zur Mobilität durch den Beruf besonders gefördert wurde, sind die frühneuzeitlichen Exerzitien- und Sprachmeister in der Mobilitäts- und Migrationsforschung bisher jedoch noch kaum wahrgenommen worden, auch nicht am Rande der angrenzenden und vergleichsweise intensiv bearbeiteten Forschungsfelder der Gelehrten- und Studentenmobilität[174]. Allerdings haben die Maîtres Anteil an verschiedenen, bereits gut erforschten, aber meist unter anderen Vorzeichen untersuchten Migrationsströmen der Frühen Neuzeit, so etwa an der Emigration der Hugenotten aus Frankreich seit der Mitte des 17. Jahrhunderts (Réfugiés)[175] oder am Strom französischer Revolutionsflüchtlinge im ausgehenden 18. Jahrhundert (Émigrés)[176].

Um Motive, Vorhaben und Ergebnisse frühneuzeitlicher Mobilität besser systematisieren zu können, hat die Migrationsforschung verschiedene Typologisierungen angeboten[177]. Ihre Grundlage bildet die Eruierung der Motivationen und Ziele räumlicher Mobilität, die häufig von fließenden Übergängen geprägt sind, individuell stark variieren, sich rasch verändern und aufgrund der Quellenlage nicht vollständig erkennbar oder voneinander zu trennen sind. Ihre Grenzen sind der Migrationsforschung selbst bekannt[178]. So erscheinen die Begriffe der Arbeitsmigration[179], der

---

[173] Vgl. ASCHE: Krieg, S. 12 f.; BADE: Migrationsforschung, S. 27; LUCASSEN/LUCASSEN: Paradigmen, S. 17; LUCASSEN/LUCASSEN: Mobilität, Sp. 640; REININGHAUS: Migrationen, S. 197.

[174] Vgl. exemplarisch ASCHE: Peregrinatio, S. 3–33; GIESE: Studenten; IRRGANG: Peregrinatio.

[175] Vgl. HOERDER/LUCASSEN/LUCASSEN: Terminologien, S. 29 f.

[176] Vgl. KRAPOTH: Beschäftigung, S. 59; MÜNCHHOFF: Doignon, S. 122 f.; SCHÖNPFLUG: Revolutionsflüchtlinge, S. 587–591.

[177] Vgl. HOERDER/LUCASSEN/LUCASSEN: Terminologien, S. 37.

[178] Vgl. BADE: Migrationsforschung, S. 29; HOERDER/LUCASSEN/LUCASSEN: Terminologien, S. 31 f., 36, 38; LUCASSEN/LUCASSEN: Paradigmen, S. 18–24, 33 f.; WADAUER: Migrationsforschung, S. 6 f.

[179] Vgl. BADE: Europa, S. 18, 24–42; LUCASSEN: Labour, S. 2–4; LUCASSEN/LUCASSEN: Arbeitsmigration, Sp. 549 f., 556; SCHINDLING: Pomeranzenhändler, S. 287–294: Die historische Migrationsforschung definiert das Konzept der Arbeitsmigration als einen primär wirtschaftlich bedingten und zeitlich befristeten Wechsel des Wohnsitzes. Zu den Arbeitsmigranten zählen daher jährlich wiederkehrende Saisonarbeiter, etwa im landwirtschaftlichen oder im künstlerischen Bereich, aber auch Soldaten, Seeleute und Haushaltsbedienstete. Eine Form der Arbeitsmigration stellt auch die Wanderung von Handwerksgesellen dar, soweit diese saisonal bestimmt war.

Karrieremigration[180] oder der Verbesserungsmigration[181] zumindest partiell auch als schlüssige Kategorien für die Mobilitätsformen der frühneuzeitlichen Exerzitien- und Sprachmeister. Tatsächlich handelt es sich jedoch um bereits so weitgehend geschlossene inhaltliche und terminologische Konzepte, dass sich eine noch kaum untersuchte, so spezifische und zugleich heterogene mobile Gruppierung wie die frühneuzeitlichen Maîtres nicht ohne Weiteres darin einordnen lassen kann. Das tatsächliche Mobilitätsgeschehen sowie Motive und Faktoren des Mobilitätsverhaltens der Tübinger Exerzitien- und Sprachmeister sollen daher insbesondere aufgrund ihrer Heterogenität zunächst ohne eine solche Einordnung in bereits vorhandene Konzepte näher untersucht und systematisiert werden.

Ausgangslage des Mobilitätsgeschehens ist die Beobachtung einer insgesamt sehr ausgeprägten Zuzugsmobilität unter den Exerzitien- und Sprachmeistern nach Tübingen. Der überwiegende Anteil der Tübinger Maîtres gelangte nicht nur von außerhalb Württembergs aus den verschiedensten deutschen Reichsterritorien, sondern auch von außerhalb der Grenzen des Heiligen Römischen Reiches in die Universitätsstadt (Karte 1). Auch wenn die Geburtsorte, Herkunftsorte oder früheren Lebensstationen der Tübinger Exerzitien- und Sprachmeister bei Weitem nicht immer vollständig ermittelt werden konnten, so ist es dennoch möglich, die zwischen den einzelnen Sparten des Maîtrequintetts bestehenden Unterschiede in der Quantität und Qualität räumlicher Mobilität und Mobilitätsbereitschaft deutlich zu benennen und damit für die einzelnen Maîtresparten jeweils ein charakteristisches Herkunftsprofil herauszuarbeiten[182].

Bemerkenswert war, dass die Tübinger Bereiter und Stallmeister überwiegend aus Territorien und Städten des Heiligen Römischen Reiches stammten[183]. Der Anteil an

---

[180] Vgl. LUCASSEN/LUCASSEN: Karrieremigration, Sp. 401 f.: Unter Karrieremigration versteht die historische Migrationsforschung die Migration von Spezialisten, die in Institutionen wie Staat, Universität oder Kirche gebraucht wurden. Ein Ortswechsel war Voraussetzung für ihre Karriere. Im Bereich der Universität wird darunter vor allem die studentische Peregrinatio academica und die Migration von Gelehrten verstanden, die im Verlauf der Karriere immer wieder ihren Platz im universitären Netzwerk wechselten.

[181] Vgl. BADE: Migrationsforschung, S. 28; HOERDER/LUCASSEN/LUCASSEN: Terminologien, S. 37: Als Verbesserungsmigration definiert die historische Migrationsforschung eine vor allem aus wirtschaftlichen Gründen motivierte Migration. Dieser Begriff kann am ehesten auch auf die Migrationsformen der Exerzitien- und Sprachmeister angewendet werden.

[182] Nur für weniger als die Hälfte der Tübinger Exerzitien- und Sprachmeister ist der Geburtsort bekannt (61). Von weiteren 31 Maîtres ist ein Herkunftsort bekannt, der in den Quellen nicht explizit als Geburtsort genannt ist. Bei weiteren 10 Exerzitien- und Sprachmeistern kann der Geburts- oder Herkunftsort durch die Herkunft des Vaters oder der Eltern erschlossen werden. Bei 20 Maîtres geben Namen oder Namensbezeichnungen zumindest Auskunft über die räumliche Herkunft aus dem deutschen oder dem romanischen Sprachraum (beispielsweise *welscher Fechter*). Vgl. hierzu den biographischen Anhang unter den Sparten Geburtsort (4), Herkunftsort (5), Vater (20), Namensvarianten (16)

[183] FABER: Familienstiftungen CXXXVIII § 9, 16; FORSTNER: Ephorus, S. 1; HERGENRÖDER: Köngen, S. 171; HStAS A 202 Bü 1970 o. Pag. Heinrich Nidda an den Geheimen Rat (1656, Juni 12), o. Pag. Heinrich Nidda an den Geheimen Rat (1656, November 6); HStAS A 202 Bü 2615 Bl. 1, o. Pag. Ulrich Oberans an den Geheimen Rat (praes. 1665, Juni 4), o. Pag.

144

württembergischen Landeskindern war gering[184]. Der aus Sizilien stammende, aber auch französischsprachige Bereiter Augustin Nazareth und der in Forlì in der Emilia Romagna geborene Hermann Lantheri – beide waren zu Beginn des 17. Jahrhunderts am Tübinger Collegium Illustre tätig – stellten damit Ausnahmen dar, die sich allerdings für die Anfangszeit der Adelsakademie vor dem Dreißigjährigen Krieg auch in anderen Sparten des Maîtrequintetts wiederfinden lassen[185].

Im Vergleich dazu zeichneten sich die Tübinger Fechtmeister durch eine höhere Mobilitätsbereitschaft aus. Ihr Herkunftsprofil war daher heterogener. Zahlreiche Maîtres kamen ebenfalls aus deutschen Reichsterritorien und Städten nach Tübingen[186]. Unter ihnen fanden sich aber deutlich mehr Württemberger, darunter auch gebürtige Tübinger sowie Maîtres aus den württembergischen Besitzungen Mömpelgard und Oels[187]. Von Bedeutung ist jedoch, dass der räumliche Einzugsbereich der Fechtmeister im Vergleich zu den Reitmeistern deutlich die Grenzen des Reiches überschritt. Zu Beginn des 17. Jahrhunderts waren zwei Fechtmeister aus dem italienischen Sprach- und Kulturkreis am Tübinger Collegium Illustre tätig[188]. Dazu kamen im späteren 17. und im 18. Jahrhundert immer wieder Fechtmeister und Vor-

---

Oberhofmeister des Collegium Illustre an den Geheimen Rat (1669, November 12), o. Pag. Staat für Adam Ulrich Oberans (1673, Dezember 4); PFEILSTICKER: NWD §§ 732, 744: Der Bereiter Leonhard Waldensperger stammte aus Lindau. Caspar Günter kam aus Bamberg, Wolfgang Lorenz Gutthäter war in Kulmbach in der Markgrafschaft Brandenburg-Bayreuth geboren worden. Die Familie des Stallmeisters Johann Liborius Wippermann stammte aus der Grafschaft Schaumburg-Lippe und Ludwig Ernst Breithaupt kam aus dem Herzogtum Sachsen-Coburg. Der Stallmeister Heinrich Nidda war vor seiner Stellung in Tübingen Bereiter am anhalt-plötzkauischen Hof in Plötzkau gewesen, Adam Ulrich Oberans kam aus fürstenbergischen Diensten nach Tübingen und Wolfgang Ernst von Berga war zuvor bereits in Heidelberg und Hohenlohe-Oehringen tätig gewesen.

[184] PFEILSTICKER: NWD § 731: Adolph Christoph von Bühler aus Dornstetten stellte unter den Tübinger Bereitern und Stallmeistern den einzigen sicher zu benennenden Württemberger dar.
[185] HStAS A 274 Bü 79 o. Pag. Besoldungsverzeichnis (um 1610); UAT 10/12 Bd. 4 Nr. 400.
[186] BREKLE/HÖLLER: Roux, S. 254–256; HStAS A 284/94 Bü 296 Bl. 72; MUT II 29166; UAT 9/6 Nr. 17 Bl. 10; UAT 9/9 Nr. 118; UBT Mh 847a Bl. 45ᵛ; WILL: Gelehrten-Lexicon, Bd. 3, S. 536; WLB Cod. hist. 2° 889 Bd. 49 Bl. 105ᵛ: Der Fechtmeister Johann Müller kam aus Dresden, die Familie Conrad Jacobs stammte vermutlich aus Hessen, Balthasar Friedrich Dinckel war zuvor in Straßburg tätig gewesen, Johann Andreas Schmid war in Zöblitz im Kurfürstentum Sachsen geboren worden und Achatius Friedrich Lorenz Seiffart stammte wie Johann Friedrich Gottlieb Roux aus Jena.
[187] HStAS A 202 Bü 2617 o. Pag. Joseph Hagel an den Geheimen Rat (1672, Juli 8); HStAS A 284/94 Bü 54 Bl. 4; MUT I 209,92; UAT 7/12 Bd. I Nr. 12, 25; UAT 9/4 Nr. 4 Bl. 9, 16; UAT 9/14 o. Pag. Matrikeleintrag (1749, November 25); UAT 117/670 o. Pag. Senat der Universität an die Universitätsvisitatoren (1703, März 28), o. Pag. Zeugnis des Senats der Universität für Johann Jacob Pfeiffer (1749, Juni 9): Die Vorfechter Johann Friedrich Aberer und Johann Jacob Pfeiffer waren in Tübingen geboren worden. Der Fechtmeister Joseph Hagel stammte aus Liebenzell, Georges Parent aus dem württembergischen Mömpelgard und Johann Ernst Friedrich Güßau aus dem württembergischen Oels.
[188] HStAS A 274 Bü 76 o. Pag. Georg Wildt an Herzog Johann Friedrich (1610); HStAS A 274 Bü 79 o. Pag. Schuldenverzeichnis (1617, November 21): Die Fechtmeister Fabianus und Antonio Giglio waren aus dem italienischen Sprach- und Kulturkreis nach Tübingen gekommen, wenngleich ihre genaue Herkunft nicht ermittelt werden konnte.

fechter aus Schweden, den Niederlanden, Dänemark und Frankreich[189]. Diese blieben zwar nur kurze Zeit, sorgten aber für eine größere geographische Bandbreite des Herkunftsprofils der Fechtmeister.

Das Profil der Tübinger Ballmeister war dagegen äußerst homogen und darüber hinaus von hoher Ortsbeständigkeit geprägt. Das hatte seine Gründe. Die bei den Tübinger Ballmeistern weitgehend privatverantwortliche Bindung an das Ballhaus und später an Privatimmobilien für das Billardspiel sowie an eine nur mit großem Aufwand zu bewegende Materialbasis für Bälle, Schläger und anderes Zubehör hatte mit wenigen Ausnahmen die Anziehung ganzer Maîtrefamilien bewirkt, die in mehreren Generationen das Tübinger Ballexerzitium unterhielten. Den Anfang machte 1594 Hugo Bitschin aus Mömpelgard[190]. Seine Söhne, die das Ballhaus über ein halbes Jahrhundert lang weiterführten, wurden mit großer Sicherheit alle in Tübingen geboren[191]. Auch deren Nachfolger als Ballmeister im 18. Jahrhundert, Johann Albrecht Bründlin und die Mitglieder der Familie Keller, Georg Dominicus, Johann Friedrich und Heinrich Rudolph Friedrich, waren einschließlich ihres Marqueurs Joseph Friedrich Eckardt gebürtige Tübinger[192]. Dennoch waren die Ballmeister nicht immobil. Insbesondere zu Ausbildungs- und Qualifikationszwecken zogen die Maîtres für mehrere Jahre in die Fremde, wie etwa Georg Friedrich Keller, der sich über zwei Jahre lang auf Reisen begab[193] oder Heinrich Rudolph Friedrich Keller, der zwischen 1798 und 1799 mit einem Marqueursdienst bei dem kurpfalz-bayerischen Hofballmeister Georg Gottlieb Dörr in Düsseldorf seine Lehre vervollständigte, bevor er in Tübingen das Ballhaus seines Vaters übernahm[194].

Das Herkunftsprofil der Tübinger Tanzmeister wies im Gegensatz dazu die Besonderheit auf, dass es in überwiegendem Maße am französischen Sprach- und Kulturkreis orientiert war[195], was erst am Ende des 18. Jahrhunderts durch einige würt-

---

[189] HStAS A 202 Bü 2617 o. Pag. Oberhofmeister des Collegium Illustre an den Geheimen Rat (1676, November 13); HStAS A 284/94 Bü 54 Bl. 4 f.: Der Vorfechter Heinrich Cham war Schwede, der Vater des Fechtmeisters Johann Casimir Eller war selbst Fechtmeister in Dänemark gewesen, Johann Braun stammte aus den Niederlanden, und Jan Veiliaque du Roc gab an, in der Umgebung von Paris geboren worden zu sein.

[190] PFEILSTICKER: NWD §§ 208, 977: Auch der nur kurze Zeit von 1601 bis 1606 in Tübingen anwesende Ballmeister Jean Albert Masson stammte aus Mömpelgard.

[191] HStAS A 274 Bü 80 Bl. 1 f.; HStAS A 284/94 Bü 53 Bl. 1; PFEILSTICKER: NWD §§ 161, 977; UBT Mh 847a Bl. 44ʳ: Die Söhne Hugo Bitschins, Rudolph Hugo Bitschin, Hugo Bitschin, Johann Bitschin und Georg Friedrich Bitschin führten bis 1687 das Tübinger Ballhaus weiter.

[192] DAR M 283 Bd. 1 Bl. 23 f.; HStAS A 284/94 Bü 295 Bl. 2; LÖFFLER: Collegium Illustre, S. 51; StAT A 10 StU Nr. 168–169, 173; UAT 9/9 Nr. 81: Lediglich der seit 1750 am Tübinger Ballhaus tätige Marqueur Matthias Rodler aus Ingolstadt bildete eine Ausnahme.

[193] HStAS A 284/94 Bü 295 Bl. 49.

[194] Ebd. Bl. 17.

[195] SCHIEK/SETZLER: Ehebuch, Nr. 3685: Der erste Tanzmeister am Collegium Illustre um 1610, François de Mire, stammte aus Verdun. HStAS A 202 Bü 1915 o. Pag. Vertrag über die Annahme Charles Dumanoirs (1647, November 26), o. Pag. Geheimer Rat an die Rentkammer (1648, Juli 19); HStAS A 202 Bü 2617 o. Pag. Marin Sanry an den Geheimen Rat (um 1668–1774); HStAS A 202 Bü 2617 o. Pag. Oberhofmeister des Collegium Illustre an den Geheimen Rat (1672, März 1); HStAS A 284/94 Bü 55 Bl. 4; StAT E 201/442 Bl. 1; UBT Mh

tembergische und Mömpelgarder Maîtres unterbrochen wurde[196]. Spätestens seit der Mitte des 17. Jahrhunderts war auch das Metier der Sprachmeister deutlich von gebürtigen Franzosen bestimmt, die aus den unterschiedlichsten Städten und Provinzen Frankreichs ihren Weg nach Tübingen fanden[197]. Hinzu kamen einige Sprachmeister aus den frankophonen Schweizer Kantonen, aus Genf, Lausanne und aus Savoyen[198]. Der Anteil an Mömpelgardern unter den Sprachmeistern war allerdings gering. Nur vier der sechsundfünfzig Sprachmeister stammten aus dem vom württembergischen Herzog regierten französischsprachigen Mömpelgard südwestlich von Belfort[199]. Die wenigen in Tübingen tätigen Sprachmeister des Italienischen kamen aus den oberitalienischen Städten Florenz, Lucca, Cremona und Mailand[200]. Eine Ausnahme stellte der sich zwischen 1666 und 1683 in Tübingen aufhaltende Spanier Joseph Gabriel de Montalegre dar, der neben anderen Betätigungen Unterricht im Italienischen und auf Nachfrage auch im Spanischen erteilte. Über seine genaue Herkunft und seine vorherigen und weiteren Lebensstationen ist jedoch nur wenig bekannt[201].

Analog zur allgemeinen Entwicklung des Sprachunterrichts flankierten auch in Tübingen zu Beginn des 17. Jahrhunderts und am Ende des 18. Jahrhunderts wieder deutsche und mit einem Universitätsstudium versehene Sprachprofessoren, die

---

847a Bl. 46^r: Nach dem Dreißigjährigen Krieg hielten sich bis 1714 die aus Paris stammenden französischen Tanzmeister Charles und Guillaume Michel Dumanoir sowie Marin Sanry in Tübingen auf. DAR M 283 Bd. 1 Bl. 21^r; HStAS A 284/94 Bü 55 Bl. 89; HStAS A 284/94 Bü 296 o. Pag. François Fellon an den Kirchenrat (1794, April 7): Die Tanzmeister des 18. Jahrhunderts, Antoine Lepicq und sein Sohn Martin Charles stammten ursprünglich aus der Picardie. Auch Charles Devaux und d'Huliny waren Franzosen. François Fellon war im päpstlichen Avignon geboren worden.

[196] HStAS A 5 Bü 119 Bl. 21; HStAS A 202 Bü 2617 o. Pag. Otto Schlosser an den Geheimen Rat (1795, August 1); HStAS A 284/94 Bü 55 Bl. 48b, 89; HStAS A 284/94 Bü 297 o. Pag. Clément Alexandre François an den Kirchenrat (1800, Dezember 23); HStAS A 303 Bd. 13996 S. 185; HStAS A 303 Bd. 14038 Bl. 27^v; HStAS A 303 Bd. 14041 Bl. 25^v; UAT 9/9 Nr. 238–241; Pfeilsticker: NWD § 965; Schauer: Personal, S. 63, 73.

[197] HStAS A 202 Bü 2616 o. Pag. Zeller an Charles Dumanoir (1682, April 1/11); HStAS A 280 Bü 6h o. Pag. Gutachten des Kirchenrats (1796, Februar 8); MUT II 26237, 26814, 28014, 28199, 28610, 29440, 30328; MUT III 31366, 42078; Toepke: Matrikel, Bd. 2, S. 323; UAT 9/9 Nr. 194, 213; UAT 10/12 Bd. 5 Bl. 415; UAT 30/1 Bd. 1 Nr. 8; UAT 30/6 Nr. 10, 12, 18, 28; UAT 32/1 Bd. 4 Nr. 318; UAT 33/56; UBT Mh 847a Bl. 30^v, 71^v: Die zahlreichen Sprachmeister des Französischen stammten aus Paris, aus den Städten Orléans, Amiens, Poitou, Tours, Bellac, Lyon, Autun, Vannes, St.-Foye, Bergerac, Bar-le-Duc und Lunéville und aus den Regionen des Beaujolais, des Périgord und der Bretagne.

[198] HStAS A 202 Bü 2531 o. Pag. Geheimer Rat an die Universität Tübingen (1681, September 28); HStAS A 202 Bü 2616 o. Pag. Sebastian Buttex an den Geheimen Rat (1733, Januar 4); HStAS A 284/94 Bü 289 o. Pag. Jean Samuel Amiet an den Kirchenrat (1791, September 22); MUT III 31538, 37554; UAT 9/9 Nr. 202; UAT 30/6 Nr. 39 Bl. 1.

[199] Haug: Wirtemberg, S. 143–145; MUT II 22789, 28741; UAT 6/4 Bl. 151^v; Stälin: Parrot, S. 184: Zwei dieser Mömpelgarder, Jean-Georges Grangier und Christophe Frédéric Parrot, waren Theologiestudenten des Herzoglichen Stipendiums. Hugo Mauricque war Hofgerichtsadvokat, sodass nur der Mömpelgarder Gerhard Mathild hauptberuflich als Sprachmeister tätig war.

[200] MUT II 28556; MUT III 31084; UAT 30/6 Nr. 20 f.; UAT 32/1 Bd. 4 Nr. 231, 238.

[201] Leube: Geschichte, Bd. 1, S. 154.

spätestens seit dem Ende des Dreißigjährigen Krieges das Sprachmeistermetier dominierenden muttersprachlichen Franzosen: Bartholomäus Hettler, der 1601 angenommene erste Sprachprofessor am Tübinger Collegium Illustre, war der Sohn eines aus Hohenhaslach bei Ludwigsburg stammenden Professors der Philosophischen Fakultät[202]. Der von 1792 bis 1829 in Tübingen tätige Sprachprofessor Johann Heinrich Emmert war in Franken geboren worden[203].

Die Zuzugsmobilität nach Tübingen war also in allen Sparten des Maîtrequintetts deutlich ausgeprägt, allerdings in sehr unterschiedlichem Ausmaß. Während die Tanz- und Sprachmeister überwiegend Franzosen waren, lag der Einzugsbereich der Reit-, Fecht- und Ballmeister größtenteils in den Reichsterritorien. Die Heterogenität der Herkunftsprofile hatte vielfältige und unterschiedliche Ursachen. Häufig waren sie durch die Charakteristik der einzelnen Metiers bedingt und wirkten sich sowohl begünstigend als auch behindernd auf die Mobilität der Maîtres aus. Ein mobilitätsförderndes Motiv war zunächst die Qualifikationsreise der Exerzitienmeister zu Beginn ihrer Laufbahn.

b. Die Qualifikationsreise der Exerzitienmeister

Vor allem unter den Exerzitienmeistern war es üblich, in Anschluss an die mehrjährige Lehre in einem Exerzitium eine Qualifikationsreise zu unternehmen[204]. Diese – nach bisherigem Stand der Quellenlage – in ihrem inhaltlichen, zeitlichen und räumlichen Rahmen weitgehend unreglementierte Reise gewann dadurch obligatorischen Charakter, dass sie nicht so sehr von den Maîtres selbst als von den späteren arbeitgebenden Obrigkeiten vorausgesetzt wurde. Dadurch wurde sie zur stillschweigenden Übereinkunft innerhalb und außerhalb des Metiers[205].

Da die Qualifikationsreise noch in jungen Jahren und meist in direktem Anschluss an die Lehre absolviert wurde, ist sie für die frühneuzeitlichen Exerzitienmeister als wichtige Mobilitätsmotivation zu betrachten, die vermutlich auch die spätere Flexibilität der Maîtres förderte. Mit der Qualifikationsreise ergab sich zunächst die Möglichkeit, zeitlich begrenzt an fremden Höfen und Universitäten, vielleicht sogar in Frankreich oder Italien neue Erfahrungen zu sammeln und persönliche Netzwerke

---

[202] GÖZ/STAHLECKER: Diarium, Bd. 2, S. 329/24; HOFMANN: Artistenfakultät, S. 119 f.; MUT I 132/20; StAT E 201/961 Nr. 4–5; TEUFEL: Universitas, S. 132; UAT 10/12 Bd. 1 Nr. 29; ZELLER: Merckwuerdigkeiten, S. 500.

[203] ERLER: Matrikel, Bd. 3, S. 77; HStAS A 202 Bü 2616 o. Pag. Johann Hieronymus Boeswillibald an den Geheimen Rat (1732, März 4): Im 18. Jahrhundert gab es vereinzelt auch deutsche Sprachmeister, etwa Johann Hieronymus Boeswillibald aus der Markgrafschaft Ansbach-Bayreuth.

[204] HStAS A 202 Bü 2615 o. Pag. Ulrich Oberans an den Geheimen Rat (praes. 1665, Juni 4); HStAS A 284/94 Bü 53 o. Pag. Georg Dominicus Keller an den Kirchenrat (1732, Mai 10); HStAS A 284/94 Bü 54 Bl. 37, 41, 43; HStAS A 284/94 Bü 295 o. Pag. Zeugnis Georg Gottlieb Dörrs für Heinrich Rudolph Friedrich Keller (1799, Mai 4); UAT 9/9 Nr. 57, 81, 97; UAT 25/2 Bd. III Nr. 293a.

[205] HStAS A 284/94 Bü 54 Bl. 37; UAT 9/9 Nr. 97.

zu knüpfen. Dort bestand auch die Möglichkeit, die Sprachen dieser Länder zu erlernen, die für die Exerzitienmetiers nicht nur fachlich von Bedeutung waren, sondern auch eine vertiefte Auseinandersetzung mit der französischen und italienischen Kultur förderten[206]. Die Reise und die Erfahrungen in der Fremde begünstigten auf ganz natürliche Weise die Chancen, fern der ursprünglichen Heimat bei Höfen, Universitäten oder Adelsakademien beruflich festen Fuß zu fassen oder sich aus anderen Gründen – etwa durch Heirat – dauerhaft an einem fremden Ort niederzulassen[207]. Das auf der Qualifikationsreise erworbene persönliche Netzwerk konnte zudem auch später die Mobilitätsbereitschaft der Maîtres erleichtern und günstig beeinflussen[208].

Bei einer Betrachtung der in den Quellen häufig nur am Rande erwähnten Qualifikationsreise der Exerzitienmeister drängt sich die Ähnlichkeit mit der Wanderung der Handwerksgesellen auf. Eine Synopse mit diesem gut erforschten Migrationsphänomen kann die besondere Charakteristik der Qualifikationsreise der Exerzitienmeister weiter erhellen. Bevor gegen Ende des 16. Jahrhunderts die städtischen Handwerkszünfte die Gesellenwanderung aus Gründen der Regulierung eines überfüllten Arbeitsmarktes zur Pflicht und gleichzeitig zur Voraussetzung für den Meister erhoben, lag dem Kennenlernen verschiedener Arbeitsstationen auf der Wanderung primär das Motiv des Erwerbs von Berufserfahrung und fachlicher Perfektionierung zugrunde[209]. Das ursprüngliche Bemühen um die Vertiefung des fachlichen Erfahrungsschatzes der Gesellen wurde allerdings im 16. Jahrhundert von der Wanderpflicht mit dem Ziel der Eindämmung eines zu großen Konkurrenzdrucks in den Städten und der gewollten Zerstreuung von Arbeitslosigkeit als Motiv für die Gesellenwanderung fast

---

[206] HStAS A 202 Bü 2615 o. Pag. Ulrich Oberans an den Geheimen Rat (praes. 1665, Juni 4); HStAS A 284/94 Bü 53 Bl. 2, 4, o. Pag. Untervogt an den Kirchenrat (1674, Mai 4); PFEILSTICKER: NWD § 305; UAT 25/2 Bd. III Nr. 293a: Sowohl der Ballmeister Johann Martin Kretzenthaller als auch der Bereiter Adam Ulrich Oberans hatten im Anschluss an ihre Lehre Reisen nach Frankreich, Italien, England und Holland unternommen und erwähnten auch die dort erworbenen Sprachkenntnisse.

[207] HStAS A 284/94 Bü 6 o. Pag. Collegiumsverwalter an den Kirchenrat (1777, Januar 13); HStAS A 284/94 Bü 53 Bl. 39; LÖFFLER: Collegium Illustre, S. 51 f.; StAT A 10 StU Nr. 167; StAT A 20/S 216 Bl. 87; UAT 9/9 Nr. 75: Der Ballmeister Georg Dominicus Keller hatte seine Lehre bei Johann Albrecht Bründlin in Tübingen absolviert. Seine Qualifikationsreise führte ihn von 1722 bis 1724 nach Basel, wo er als Marqueur tätig war. Im Anschluss daran fand er eine Anstellung als Ballmeister in Nürnberg, wo er 1727 die Tochter eines Gastwirts heiratete. Gemeinsam kehrte das Paar 1732 nach Tübingen zurück.

[208] HStAS A 202 Bü 2615 o. Pag. Ulrich Oberans an den Geheimen Rat (praes. 1665, Juni 4), o. Pag. Oberhofmeister des Collegium Illustre an den Geheimen Rat (1669, November 12), o. Pag. Staat für Adam Ulrich Oberans (1673, Dezember 4); PFEILSTICKER: NWD § 743; UAT 25/2 Bd. III Nr. 293a: Der Bereiter Adam Ulrich Oberans hatte eine besonders ausgedehnte Qualifikationsreise absolviert, die in nach Italien, Frankreich, Ungarn, Österreich und nach Frankfurt am Main geführt hatte. Er selbst blieb später äußerst mobil und war zunächst um 1665 als Bereiter in Diensten Maximilian Josephs von Fürstenberg-Heiligenberg, von 1669 bis 1673 als Bereiter in kurpfälzischen Diensten in Heidelberg und vor seinem Dienstantritt in Tübingen von 1673 bis 1676 als Bereiter am württembergischen Hofmarstall in Stuttgart tätig.

[209] HEINIGER: Ausbildung, S. 47 f.

vollständig überlagert. Die Handwerksgesellen wanderten von da an überwiegend aus wirtschaftlicher Notwendigkeit[210].

Bei der Qualifikationsreise der Exerzitienmeister ist im 17. und 18. Jahrhundert, wenn auch auf etwas differenziertere Weise, von beiden genannten Motiven zu gleichen Teilen auszugehen. Zunächst kann man zumindest für die Tübinger Exerzitienmeister feststellen, dass über eine obligatorische Zugehörigkeit der Maîtres zu flächendeckend vorhandenen Korporationen wie bei den Handwerkszünften nur sehr wenig bekannt ist[211]. Auch sind formelle Regeln oder eine Reisepflicht für die Maîtres daher schwer greifbar[212]. Aus anderen Kontexten wird allerdings deutlich, dass die Lehrmeister von den Maîtres keine Wanderpflicht verlangten, aber die Qualifikationsreise für die spätere Übernahme einer verantwortungsvollen Stellung als Exerzitienmeister faktisch notwendig war, da sie von den arbeitgebenden Obrigkeiten, wie etwa dem Senat der Universität Tübingen oder dem württembergischen Kirchenrat, vorausgesetzt wurde[213]. Informell und unter den unterschiedlichsten zeitlichen und räumlichen Bedingungen[214] bedeutete also erst die abschließende Qualifikationsreise

---

[210] REININGHAUS: Migrationen, S. 203; SCHULZ: Handwerksgesellen, S. 74–79, 91 f.; SCHULZ: Handwerksgesellen, S. 267–274.

[211] KÜHNST: Sport, S. 37; LIERMANN: Mantel, S. 39; SCHEUER: Waffentragen, S. 75 f.; SEEMANN-KAHNE: Kreussler, S. 12 f., 19: Über eine verbindliche Zugehörigkeit der akademischen Exerzitienmeister zu Zunftverbünden oder Bruderschaften ist nach der bisherigen Quellenlage nur wenig bekannt. Wandernde bürgerliche Fechtmeister schlossen sich seit der zweiten Hälfte des 15. Jahrhunderts in Fechtergilden zusammen, etwa der Brüderschaft von St. Markus vom Löwenberg, deren Mitglieder auch Marxbrüder genannt wurden oder bei den Freifechtern von der Feder vom Greifenfels, den Federfechtern. Kaiser Maximilian hatte die Frankfurter Marxbruderschaft nach dem Verbot der Turniere privilegiert. Wer ein Marxbruder mit dem Recht zur Abhaltung von Fechtschulen werden wollte, musste in Frankfurt zugelassen werden, durfte dann das Wappen der Marxbruderschaft tragen und im Heiligen Römischen Reich das Fechten lehren. Kühnst erwähnt außerdem eine St.-Veit-Gilde in Prag. In Frankreich waren die Tanzmeister in einer Zunft mit strengen Regeln organisiert. Vgl. dazu DAHMS: Tanz, S. 67 f.; KOLNEDER: Violine, S. 293–297. Auch werden in den vorhandenen Quellen keine Angaben darüber gemacht, ob und wie die Exerzitienmeister auf ihrer Reise organisiert waren. So ist etwa nichts darüber bekannt, ob es ein ähnlich ausgeprägtes Gruppenbewusstsein wie bei den Handwerksgesellen gab, das bei diesen durch städtische Anlaufstellen, Trinkstubengesellschaften, Herbergen oder Arbeitsvermittlungen gefördert wurde. Vgl. zur Gesellenwanderung und ihren Ritualen HEINIGER: Ausbildung, S. 47 f.; REITH: Gesellenwanderung, Sp. 669.

[212] HStAS A 284/94 Bü 54 Bl. 37; StAT A 10 StU Nr. 160; UAT 9/9 Nr. 97: Von Seiten der ausbildenden Exerzitienmeister konnte, aber musste die Qualifikationsreise nicht angetreten werden. Ballmeister Johann Martin Kretzenthaller gab 1690 in seinem Lehrbrief für Johann Albrecht Bründlin an, dass er diesen als Marqueur noch gerne länger bei sich am Tübinger Ballhaus behalten hätte, dieser jedoch fortziehen wolle, um *seine Fortun* in der Ferne zu suchen. Der Fechtmeister Johann Jacob Pfeiffer blieb nach Abschluss seiner Lehre in der Fechtkunst in Tübingen weitere drei Jahre als Vorfechter bei seinem Lehrmeister Johann Andreas Schmid tätig und trat die Qualifikationsreise auf Druck der obrigkeitlichen Instanzen nach seiner erfolglosen Bewerbung als Fechtmeister erst 1749 an.

[213] HStAS A 284/94 Bü 54 Bl. 37; UAT 9/9 Nr. 97.

[214] HStAS A 284/94 Bü 53 o. Pag. Georg Dominicus Keller an den Kirchenrat (1732, Mai 10); HStAS A 284/94 Bü 295 Bl. 17, 49: Während der Ballmeister Georg Dominicus Keller sieben

die Vollendung der Lehre zum Exerzitienmeister[215]. Denn ohne den Nachweis einer Reise konnten die Maîtres faktisch allenfalls als Vorfechter oder Marqueure und damit als Gehilfen bei einem Meister ihres Faches arbeiten[216].

Zu den auf der Reise zu erwerbenden Qualifikationselementen zählte aber offensichtlich nicht nur der zusätzliche Zeitraum, in dem fachliche und persönliche Erfahrung gesammelt wurde, sondern auch ganz bewusst dessen Absolvierung in der Fremde. Von Johann Jacob Pfeiffer ist bekannt, dass er von Johann Baptist 1742 bis zu diesem Tag des Jahres 1746 bei Fechtmeister Johann Andreas Schmid in Tübingen *die Fecht-Ring-alß Voltigier Kunst* erlernte, anschließend aber keine Reise antrat, sondern mehrere Jahre auf dem Tübinger Fechtboden als Vorfechter tätig war. Als sich Pfeiffer 1749 auf die Tübinger Fechtmeisterstelle bewarb, wurde er, der zwar keine Reise, aber eine mehrjährige Berufstätigkeit als Vorfechter vorweisen konnte, unter anderem auch unter der Begründung abgelehnt, dass er die Qualifikationsreise noch nicht absolviert habe[217].

Hinzu kam, dass die Exerzitienmetiers eine sehr kleine Branche mit exklusiver Klientel innerhalb eines sehr grobmaschigen räumlichen Netzwerkes darstellten. Das erzeugte einen hohen Konkurrenzdruck. Privilegierungen, wie sie in vielen Universitätsstädten verliehen wurden und eine Monopolstellung der Maîtres zum Ziel hatten, waren bereits die Folge dieses Konkurrenzdrucks auf einem hochspezialisierten Markt[218]. Die Absolventen einer Lehre im Reit-, Fecht- oder Ballexerzitium waren daher zwar informell, aber faktisch ebenso zum Verlassen ihrer Ausbildungsstätte gezwungen, wollten sie nicht im Lehrlingsstatus oder dem Status eines Gehilfen ihres Meisters verbleiben und wie Vorfechter Pfeiffer vor Ort und damit vergeblich auf eine besser besoldete und selbstständige Stellung warten[219].

Eine solche Stellung musste in einem weitestgehend auf Höfe, Universitäten und Adelsakademien beschränkten und dadurch räumlich sehr reduzierten Feld also erst

---

Jahre auf Reisen war, bis er sich als Ballmeister niederließ, hielt sich sein Sohn *nur über 2 Jahr lang* auf Reise an *Ballhäusern, auch bey zerschiedenen Höfen und Universitaeten* auf. Dessen Sohn Heinrich Rudolph Friedrich aber war nur ein knappes Jahr als Marqueur bei dem kurpfalz-bayerischen Hofballmeister Georg Gottlieb Dörr in Düsseldorf tätig, um die erforderliche Reise nachweisen zu können.

[215] HStAS A 284/94 Bü 295 Bl. 16: Einer der wenigen Belege über einen formellen Meisterbrief der Exerzitienmeister findet sich in einem Protokoll des Kirchenrats vom Januar 1799, in dem gesagt wird, dass *dem Jungen in Düsseldorf in der Lehr stehenden Keller die Anweissung gegeben worden seye, seine Kunst vollends wohl zu erlernen, da man dann wenn Er seiner Zeit ein guter Meister geworden, und den Meisterbrief vorlegen könne, bei Besezung der Ball Meisters Stelle [...] auf ihn Ruksicht nehmen werde.*

[216] HStAS A 284/94 Bü 54 Bl. 37; StAT A 10 StU Nr. 160; UAT 9/9 Nr. 97.

[217] HStAS A 284/94 Bü 54 Bl. 37; UAT 9/9 Nr. 97: Der Senat der Universität Tübingen bemängelte 1749 unter anderem, dass der sich auf die Fechtmeisterstelle bewerbende Johann Jacob Pfeiffer *noch nicht Majorem, und auff die Fechtkunst nicht gerayset, auch an seiner Aufführung ein und anderes außgesezt werden wolle.*

[218] Vgl. AHRENS: Lehrkräfte, S. 37, 82 f., 126, 128, 141, 232, 236; KREMER: Außenseiter, S. 43–45; MEINERS: Verfassung, S. 147 f.

[219] DAR M 283 Bd. 1 Bl. 23 f.; LÖFFLER: Collegium Illustre, S. 49–53; StAT A 10 StU Nr. 169, 173.

gefunden werden. Das begünstigte die Mobilität der Maîtres nicht nur, sondern forderte sie geradezu heraus. Die Qualifikationsreise bot hierfür einen guten Einstieg: Durch die sich an die Lehre anschließende Qualifikationsreise war es nicht nur möglich, weitere fachliche Erfahrungen zu sammeln, sondern eventuell auch von den persönlichen Netzwerken des Lehrmeisters zu profitieren, den Markt des Metiers kennen zu lernen, eigene persönliche Kontakte zu knüpfen, eine offene Stelle zu finden oder auf die Übernahme einer solchen hinzuarbeiten. Die Verteilung von Spezialisten in einem grobmaschigen und begrenzten räumlichen Netzwerk war daher eine wichtige Funktion der Qualifikationsreise.

Die Qualifikationsreise der Exerzitienmeister hatte im 17. und 18. Jahrhundert also zunächst zum Ziel, die Erreichbarkeit eines sehr spezialisierten und räumlich reduzierten Arbeitsmarktes zu regulieren und zu vereinfachen. Während in dieser Zeit die Gesellenwanderung im Handwerk hauptsächlich von wirtschaftlichen Zwängen und dem Ziel eines formellen Meisterrechts bestimmt wurde[220], behielt die Qualifikationsreise der Exerzitienmeister das ursprüngliche Motiv der Gesellenwanderung – das Sammeln fachlicher Berufserfahrung – bei und räumte ihm sogar einen besonderen Stellenwert ein. Denn ein weiteres Ziel der Reise war – wie im Fall des Vorfechters Pfeiffer bereits angedeutet – nicht nur die fachliche Perfektionierung bei anderen Maîtres und die Vertiefung und Verselbstständigung in der jeweiligen Kunst, sondern auch die persönliche Weiterentwicklung und Reifung in der Fremde. Denn gerade diese war für die Ausübung einer Stellung etwa als Reit-, Fecht- oder Ballmeister im Alltag besonders wichtig. Die Exerzitienmeister arbeiteten anders als die Handwerksgesellen nicht nur mit kostbarem Sachmaterial. Zentrale Aufgabe war es, junge Männer zu unterrichten. Das setzte außer fachlichen auch pädagogische und organisatorische Fähigkeiten, eine eigene persönliche Reife und ein gutes Maß an Autorität voraus und befähigte letztlich zur selbstständigen und verantwortungsvollen Führung einer Reitschule, eines Fechtbodens oder eines Ballhauses[221]. Bestätigt wurde der hohe Stellenwert dieser Fähigkeiten durch die Argumente der einstellenden Obrigkeiten, aus denen immer wieder hervorging, wie wichtig die Qualifikationsreise der Exerzitienmeister nicht nur für die praktische Berufserfahrung, sondern auch für die persönliche Reifung war[222].

Bezeichnete Elkar den Aufenthalt bürgerlicher Studenten auf den Universitäten

---

[220] HEINIGER: Arbeitswanderung, S. 87; REITH: Gesellenwanderung, Sp. 668.

[221] Vgl. BRÜDERMANN: Studenten, S. 183 f.; EBEL: Privilegien, S. 70: Die disziplinarische Verantwortung der Maîtres wurde 1736 ausdrücklich in den Statuten der neu gegründeten Universität Göttingen verankert, indem die Exerzitien- und Sprachmeister darauf verpflichtet wurden, ihre Scholaren weder von den Wissenschaften, noch von der Ehrenhaftigkeit zu entfernen und insbesondere dazu angehalten waren, Streitigkeiten wie studentische Zweikämpfe der Obrigkeit anzuzeigen.

[222] HStAS A 284/94 Bü 295 Bl. 18: Als Heinrich Rudolph Friedrich Keller 1799 mit nur knapp zwanzig Jahren die Stelle seines Vaters als Ballmeister übernehmen sollte, gab der Kirchenrat offen zu bedenken, *daß der Keller noch sehr jung sey, und zu einem Ball-Meister auf einer Universität wegen allerlei Ereignissen, welche auf den Ballhäusern sich zu zutragen pflegen, ein gesezter Mann seyn sollte.*

als „Planungsmoratorium für eine spätere Karriere" und die Gesellenwanderung im Handwerk als „Erfahrungsmoratorium vor der Existenzgründung"[223], so könnte die Qualifikationsreise der Exerzitienmeister einerseits als räumliches Orientierungsmoratorium vor der Niederlassung und andererseits als fachliches Perfektionierungsmoratorium sowie persönliches Reifungsmoratorium vor der pädagogischen Tätigkeit bezeichnet werden.

c. Wirtschaftliche Verbesserung, Kulturhegemonie und Konfession als Mobilitätsmotive

Die Exerzitienmeister waren Spezialisten ihrer Metiers, die in verschiedenen Phasen ihres Arbeitslebens beruflich motiviert mobil waren, um Fachkenntnis und Spezialwissen für ihre Qualifikation zu erreichen, eine für den Unterhalt einer Familie angemessen bezahlte Stellung zu finden, sich fortzubilden oder immer wieder ihren Platz im Netzwerk der Höfe, Adelsakademien und Universitäten zu wechseln[224] und ihr häufig zitiertes *Fortkommen zu suchen*[225]. Der Mobilität der Exerzitienmeister, das heißt der Reit-, Fecht-, Tanz- und Ballmeister, lag dabei eine überwiegend wirtschaftlich bedingte Mobilitätsmotivation mit dem Ziel der Verbesserung des Verdienstes zugrunde, wobei dieser am ursprünglichen Ort nicht so schlecht war, dass er zu Mobilität gezwungen hätte. Bei den Exerzitienmeistern kann also durchaus in vielen Fällen von einer Verbesserungsmigration gesprochen werden[226].

Die Bereitschaft, für einen vermutlich nur geringfügig besseren Verdienst von einer Stellung zur nächsten zu ziehen, demonstriert das Beispiel des Fechtmeisters Achatius Friedrich Lorenz Seiffart. Von der Heimatstadt und Ausbildungsstätte Jena zog Seiffart zunächst an den Hof der Grafen von Wied nach Neuwied am Rhein. Nach einer ebenfalls mehrjährigen Tätigkeit als Fechtmeister an der Universität Helmstedt kehrte er wieder nach Jena zurück. Schließlich wurde Seiffart Fechtmeister der Universität Erfurt und kam 1779 in dieser Funktion nach Tübingen[227]. Obwohl er sich aus freien Stücken nach Tübingen beworben hatte, bat er hier bereits ein Jahr später um seine Entlassung unter der Angabe, mit seiner Familie an die Universität Gießen wechseln zu wollen, wo ihm eine bessere Bezahlung und der Titel eines Lieutenants angeboten worden sei[228]. Ob Seiffart mit seinem Vorstoß bewusst auf eine finanzielle Verbesserung in Tübingen spekulierte oder nicht, sei dahingestellt. Als dem Fechtmeister jedoch infolge seines Entlassungsgesuches auch hier finanzielle Vergünstigungen gewährt wurden, entschied er sich dazu, in Tübingen zu bleiben. Nachdem

---

[223] ELKAR: Lernen, S. 215.
[224] BADE: Europa, S. 18; LUCASSEN/LUCASSEN: Karrieremigration, Sp. 401 f.; LUCASSEN/LUCASSEN: Mobilität, Sp. 629.
[225] HStAS A 284/94 Bü 297 o. Pag. François Fellon an den Kirchenrat (1794, November 9).
[226] HOERDER/LUCASSEN/LUCASSEN: Terminologien, S. 37.
[227] AHRENS: Lehrkräfte, S. 220; HStAS A 284/94 Bü 296 Bl. 63; HStAS A 303 Bd. 14050–14059; UAT 9/9 Nr. 101.
[228] HStAS A 284/94 Bü 296 Bl. 63; UAT 9/9 Nr. 101.

sich Seiffarts wirtschaftliche Verbesserungswünsche in Tübingen erfüllt hatten, war der Umzug nach Gießen hinfällig[229].

Im Umkehrschluss dürften im Vergleich zu anderen Universitätsstädten nicht nur die Verdienst-, sondern auch die allgemeinen Arbeits- und Lebensbedingungen in Tübingen nicht ungünstig gewesen sein. Fechtmeister Seiffart blieb nach dieser Episode bis zu seinem Tod im Jahr 1793 weitere vierzehn Jahre in Tübingen[230]. Auch andere Maîtres ließen sich nicht lange nach Tübingen bitten, obwohl sie bereits an anderen Universitäten in guten und festen Positionen tätig waren. Johann Casimir Eller konnte 1672 als Fechtmeister von der Universität Heidelberg nach Tübingen gerufen werden[231], und Johann Friedrich Gottlieb Roux, der 1794 vor seiner Bewerbung nach Tübingen bereits viele Jahre als Fechtmeister in Jena tätig gewesen war, muss hier so attraktive Bedingungen angetroffen haben, dass er für siebenundzwanzig Jahre eine Lebensstellung in Tübingen fand[232].

Ausschlaggebend für die Arbeits- und Lebensbedingungen waren aber nicht nur die Besoldungen und die Frequentierung der Universitätsstädte, die wiederum von politischen und wirtschaftlichen sowie nicht selten auch kriegerischen Ereignissen beeinflusst wurden. Auch die unterschiedliche Unterstützung des Lehrprogramms der Exerzitienmeister durch die Obrigkeiten und die divergierende Höhe der Lebenshaltungskosten trug zur Attraktivität eines Studienortes bei. Das fehlende ideelle, aber auch finanzielle Engagement des Großen Rats der Stadt Basel hinsichtlich der Exerzitien und der dafür benötigten Einrichtungen sowie die hohen Lebensmittelpreise führten dazu, dass sich Exerzitien- und Sprachmeister nur ungern in Basel niederließen[233]. In Tübingen hingegen waren mit der Besoldung der Maîtres aus dem Geistlichen Gut und der vorhandenen Infrastruktur eines Fecht- und Tanzbodens, einer Reitbahn und eines Ballspielplatzes vergleichsweise gute Bedingungen vorhanden.

Für die wirtschaftliche Besserstellung war es nicht nur üblich, sich dauerhaft räumlich zu verändern. Die Maîtres unternahmen auch zeitlich begrenzte Fortbildungsreisen, um dann besser qualifiziert wieder an den Ausgangsort zurückzukehren. Einige Beispiele belegen dies: Der seit 1675 als Bereiter am Stuttgarter Hofmarstall tätige Wolfgang Lorenz Gutthäter aus Kulmbach in der Markgrafschaft Brandenburg-Bayreuth unternahm von 1684 bis 1685 mit dem Ziel der Perfektionierung in der Reitkunst eine einjährige Reise nach Italien, wo er sich vermutlich an einer der berühmten Reitschulen aufhielt[234]. Nach seiner Rückkehr erhielt er die Bereiterstelle am Tübinger Collegium Illustre und kehrte spätestens 1695 zum Unterstallmeister befördert

---

[229] HStAS A 202 Bü 2617 o. Pag. Gutachten des Geheimen Rats (1781, Januar 15), o. Pag. Geheimer Rat an den Kirchenrat (1781, März 9); HStAS A 284/94 Bü 296 Bl. 69–85.

[230] HStAS A 303 Bd. 14050–14059.

[231] TOEPKE: Matrikel, Bd. 2, S. 341; UAT 9/12 o. Pag. Geheimer Rat an den Oberhofmeister des Collegium Illustre (1672, November 7).

[232] HStAS A 284/94 Bü 296 o. Pag. Johann Friedrich Gottlieb Roux an den Kirchenrat (1793, Mai 8).

[233] STAEHELIN: Geschichte, Bd. 1, S. 116–120.

[234] HStAS A 202 Bü 1970 o. Pag. Herzogsadministrator Friedrich Carl an den Geheimen Rat

wieder an den Stuttgarter Hofmarstall zurück[235]. Die Fortbildungsreise nach Italien und der zeitlich begrenzte Stellenwechsel ans Collegium Illustre waren Bedingungen, ohne die seine Karriere am Hofmarstall vermutlich stagniert hätte.

Eine zeitlich begrenzte Fortbildungsreise mit dem Ziel einer späteren beruflichen Besserstellung unternahm auch Fechtmeister Balthasar Friedrich Dinckel. Dinckel stammte aus Straßburg, war von 1693 bis 1695 als Vorfechter am Stuttgarter Hof tätig und stieg durch seinen Wechsel ans Tübinger Collegium Illustre im Jahr 1695 zum Fechtmeister auf. Da er dort aber zunächst nur auf Probe angestellt wurde, ging er 1698 für einige Zeit nach Paris, um dort eine Fechtschule zu besuchen und sich *in seiner profession* [...] *mehr qualificirt*[236] zu machen. Seine Mobilitätsbereitschaft lohnte sich, denn nach seiner Rückkehr nach Tübingen war er vierzig Jahre lang von 1699 bis 1739 als Fechtmeister tätig[237].

Die kulturelle Vorrangstellung der höfischen Kulturen Frankreichs und Italiens im 17. und 18. Jahrhundert erweiterten den Mobilitätsradius der Maîtres naturgemäß auf diese Länder. Italienische und französische Maîtres kamen ins Reich. Einheimische Maîtres besuchten zeitlich begrenzt die fachlich vorbildhaften italienischen Reitschulen, die französischen Fechtschulen oder bildeten sich am Versailler Königshof in den neuesten Tänzen weiter[238]. Zu Beginn des 17. Jahrhunderts lässt sich noch in allen Exerzitienmetiers ein direkt aus Frankreich und Italien stammendes personelles Kontingent gebürtiger Franzosen und Italiener und damit für die Zeit vor dem Dreißigjährigen Krieg eine noch bewusste personelle Orientierung am französischen und italienischen Kulturkreis ausmachen. Zu diesen frühen französischen und italienischen Maîtres zählte etwa der von 1609 bis 1618 am Collegium Illustre tätige Bereiter Augustin Nazareth, der auch unter der Bezeichnung als *welscher Bereiter* aktenkundig wurde[239]. Ihm folgte von 1618 bis 1628 Hermann Lantheri aus Forlì in der Emilia Romagna, der seine Heimat aus konfessionellen Gründen verlassen hat-

---

(1684, Oktober 8): Friedrich Carl erlaubte Wolfgang Lorenz Gutthäter, *eine reise in Italien zuthun,* [...] *umb sich in der Reitkunst mehrers zu perfectioniren.*

[235] HStAS A 202 Bü 240 o. Pag. Staat für Wolfgang Lorenz Gutthäter (1685, November 10); HStAS A 202 Bü 1970 o. Pag. Herzogsadministrator Friedrich Carl an den Geheimen Rat (1684, Oktober 8), o. Pag. Herzog Eberhard Ludwig an den Geheimen Rat (1710, Mai 8); PFEILSTICKER: NWD §§ 732, 742.

[236] HStAS A 284/94 Bü 54 o. Pag. Balthasar Friedrich Dinckel an den Kirchenrat (praes. 1698, Juni 27).

[237] HStAS A 284/94 Bü 54 Bl. 11, o. Pag. Anstellungsdekret Herzog Eberhard Ludwigs (1695, November 9); HStAS A 303 Bd. 13979–14017; MUT II 29166; PFEILSTICKER: NWD § 979; UAT 117/670 o.pag Senat der Universität an den Geheimen Rat (1699, April 3).

[238] HStAS A 202 Bü 1970 o. Pag. Herzogsadministrator Friedrich Carl an den Geheimen Rat (1684, Oktober 8); HStAS A 284/94 Bü 54 Bl. 11; HStAS A 284/94 Bü 55 Bl. 9; UAT 117/670 o.pag Senat der Universität an den Geheimen Rat (1699, April 3).

[239] HStAS A 202 Bü 1970 o. Pag. Aufstellung über die Bereiterbesoldungen (1656, August 19); HStAS A 202 Bü 2615 o. Pag. Zacharis Geizkofler an den Geheimen Rat (1604, Februar 17); HStAS A 274 Bü 79 o. Pag. Besoldungsverzeichnis (um 1610); PFEILSTICKER: NWD § 743.

te[240]. Den Fechtunterricht am Tübinger Collegium Illustre bestritten zwischen 1609 und 1617 die Fechtmeister Fabianus und Antonio Giglio aus Italien, die ebenfalls häufig nur *welsche Fechter* gerufen wurden[241]. Als erster Tanzmeister war zu Beginn des 17. Jahrhunderts François de Mire aus Verdun in Tübingen tätig[242]. Der erste sich bereits seit 1594 in Tübingen aufhaltende Ballmeister Hugo Bitschin stammte aus dem württembergischen, aber frankophonen Mömpelgard[243]. Im Reit-, Fecht- und Ballmetier gab es nach dem Dreißigjährigen Krieg keine gebürtigen Franzosen und Italiener mehr. Durch die Fortbildungsreisen nach Frankreich und Italien blieb die fachliche Orientierung dieser Exerzitienmetiers an der französischen und italienischen Hofkultur allerdings weiterhin bestehen[244].

Dass das Tanzmeistermetier dagegen – wie an vielen deutschen Fürstenhöfen, Adelsakademien, Universitäten und Städten – bis weit ins 18. Jahrhundert hinein von französischen oder aus dem französischen Sprach- und Kulturkreis stammenden Tanzmeistern geprägt wurde, lag an der unübertroffenen kulturellen Hegemonialstellung des französischen Königshofes im Bereich des Tanzes und der Musik. Denn die dort entwickelten Möglichkeiten zur medialen Aufzeichnung von Choreographien förderten in der Folge insbesondere die Verbreitung französischer Tänze[245]. Französische und französischsprachige Tanzmeister waren daher bis ins späte 18. Jahrhundert hinein nicht zuletzt deswegen so gefragt, weil sie dem Pariser Zentrum der Tanzkunst und den von dort ausgehenden Modeerscheinungen kulturell, sprachlich und nicht selten auch persönlich nahe standen.

Für die Rekrutierung französischer Tanzmeister, wie etwa Charles und Guillaume Michel Dumanoir aus Paris wurden in sorgfältigen Verhandlungen große Summen zur Verfügung gestellt. So entstanden innerhalb des personellen Transfers für die Tanzmeister, der vor allem kulturhegemonial motiviert war, auch lukrative wirtschaftliche Bedingungen, die sie nicht nur vereinzelt dazu bewogen, ihr Leben lang fern der französischen Heimat zu verbringen. Charles Dumanoir wurde 1647 mit achtzehn Jahren von seinem Vater Mathieu Dumanoir – einem der berühmten Violons du Roi am französischen Königshof – für eine durch einen Vertreter des württembergischen Herzogs in Paris ausgehandelte jährliche Besoldung von hundert Reichstalern sowie freier Kost und Logis an den württembergischen Hof und von dort aus ans Tübinger

---

[240] HStAS A 202 Bü 2615 o. Pag. Geheimer Rat an den Oberhofmeister des Collegium Illustre (1618, Dezember 23); HStAS A 284/94 Bü 250 Bl. 18c; UAT 10/12 Bd. 4 Nr. 400; UAT 44/123 Nr. 57.

[241] HStAS A 202 Bü 2617 o. Pag. Oberhofmeister des Collegium Illustre an den Geheimen Rat (1616, August 27); HStAS A 274 Bü 76 o. Pag. Georg Wildt an Herzog Johann Friedrich (1610); HStAS A 274 Bü 79 o. Pag. Schuldenverzeichnis (1617, November 21).

[242] HStAS A 274 Bü 79 o. Pag. Besoldungsverzeichnis (um 1610); Pfeilsticker: NWD § 971; SCHIEK/SETZLER: Ehebuch, Nr. 3685; RAU: Franzosen, S. 7.

[243] HStAS A 284/94 Bü 53 Bl. 1; HStAS A 284/94 Bü 250 Bl. 18a; Pfeilsticker: NWD § 977.

[244] HStAS A 202 Bü 1970 o. Pag. Herzogsadministrator Friedrich Carl an den Geheimen Rat (1684, Oktober 8); HStAS A 284/94 Bü 54 Bl. 11; HStAS A 284/94 Bü 55 Bl. 9; UAT 117/670 o. Pag Senat der Universität an den Geheimen Rat (1699, April 3).

[245] FINK: Tanzmeister, S. 102; DAHMS: Tanz, S. 70–72.

Collegium Illustre vermittelt[246]. Sein Neffe Guillaume Michel Dumanoir muss hier ab 1688 ebenfalls relativ gute Bedingungen angetroffen haben, denn er war zuvor ebenfalls Violon du Roi am französischen und 1679 Tanzmeister am spanischen Königshof gewesen[247].

Sei es auf der Suche nach einer Möglichkeit, sich im eigenen oder einem fremden Kultur- und Sprachkreis erstmals als Exerzitienmeister niederzulassen oder sei es aus dem Wunsch heraus, eine als unzureichend empfundene ökonomische Situation zu verbessern, so war die Mobilität der Exerzitienmeister also überwiegend wirtschaftlich motiviert. Die Mobilitätsmotivation der zahlreichen Franzosen und Italiener, die sich seit der Mitte des 17. Jahrhunderts überall im Reich – und auch in Tübingen[248] – als Sprachmeister verdingten, war in der Mehrzahl der Fälle jedoch eine vollkommen andere. Grund dafür war keine bewusste Rekrutierung dieser Maîtres in Frankreich oder Italien wie im Falle der Tanzmeister. Grund waren auch nicht die methodischen Veränderungen des Fremdsprachenunterrichts und die wachsende Fokussierung auf Sprachpraxis und authentische Aussprache[249]. Vielmehr waren es die zahlreichen konfessionellen Auseinandersetzungen und Verfestigungen des 17. Jahrhunderts, die nicht nur französische Hugenotten[250] und savoyisch-piemontesische Waldenser[251],

---

[246] HStAS A 284/94 Bü 55 Bl. 9, 17; HStAS A 303 Bd. 13965–13974; Pfeilsticker: NWD § 971; Rau: Franzosen, S. 8.

[247] Bardet: Dumanoir, S. 252; HStAS A 284/94 Bü 55 Bl. 18b.

[248] UAT 3/5 Bl. 2^r; UAT 3/8 Bl. 35^r, 354^v, 357^r, 359^v, 389^v; UAT 30/6 Nr. 5 f.: Vgl. beispielsweise die zwischen 1653 und 1668 nach Tübingen kommenden Sprachmeister Étienne Debrulère, Drouoll, Alphons Firmin Caussin, Jacques Stephane Beaulieu, Louis de Pimelin und die zahlreich folgenden Franzosen, die häufig nur für kurze Zeit ihren Lebensunterhalt mit Sprachunterricht verdienten, um dann weiterzuziehen.

[249] Vgl. Caravolas: Histoire, S. 132–134.

[250] Vgl. Asche: Hugenotten, S. 635–643; Dingel: Hugenotten, Sp. 658–661; Dölemeyer: Aspekte, S. 1–25; Koch: Zeitalter, S. 137 f.; Lausberg: Hugenotten, S. 11–72; Mieck: Edikt, S. 169–188: Infolge der zunehmend repressiven Maßnahmen gegenüber dem Protestantismus in Frankreich nach dem Edikt von Nantes (1598), der Eroberung von La Rochelle und anderer Sicherheitsplätze der Hugenotten seit 1628 sowie seit der Regierungsübernahme Ludwigs XIV. im Jahr 1661 und schließlich der Aufhebung des Edikts von Nantes im Jahr 1685 durch das Edikt von Fontainebleau, flohen zahlreiche französische Hugenotten nicht nur nach England und in die Niederlande, sondern nach dem Ende des Dreißigjährigen Krieges auch in verschiedene protestantische Reichsterritorien. Das Edikt von Fontainebleau erlaubte die Konversion zum Katholizismus, verbot jedoch die Flucht ins Ausland.

[251] Vgl. Asche: Waldenser, S. 1087–1090; Berner: Verdrängung, S. 36; vgl. zur Ansiedlung in Württemberg Asche: Hugenotten, S. 81–135; Klingebiel/Lilienthal: Glaubensflüchtlinge, S. 91–104; Lovisa: Waldenser, S. 42–45; Lange: Waldenser, S. 47–80; Moser: Geschichte, S. 42–275; Schätzer: Aufnahmeprivilegien, S. 209–376: Unter französischem Einfluss gelang es auch in Savoyen-Piemont, wo ein ständiger Rekatholisierungsdruck des Herzogs gegenüber den in der Grenzregion zu Frankreich siedelnden Waldensern bestand, den Protestantismus zu unterdrücken. Abwanderungswellen ebenfalls seit der Mitte des 17. Jahrhunderts hatten viele Waldenser bereits in die Niederlande, die frankophone Schweiz sowie in die Pfalz geführt. Herzog Viktor Amadeus II. erließ nach dem französischen Revokationsedikt von Fontainebleau im Jahr 1685 für die savoyischen Waldenser 1686 ein entsprechendes Edikt, das zu Zwangsbekehrung oder Flucht der savoyisch-piemontesischen Protestanten in die reformierte Schweiz, insbesondere nach Genf, Bern und Zürich führte, von wo aus die Flücht-

sondern auch konvertierte oder konvertierungswillige französische und italienische Katholiken[252] – darunter eine Anzahl ehemaliger Priester und Ordensleute – dazu bewog, ihre bisherigen Wohn- und Arbeitsplätze aus konfessionellen Gründen zu verlassen. Daraus ergab sich für viele Betroffene eine wirtschaftliche Notlage. In den Universitätsstädten des Reiches bot es sich diesen Flüchtlingen an – je nach Status wurden sie als Réfugiés[253] oder als Proselyten[254] bezeichnet – mit Sprachunterricht ihren Unterhalt zu verdienen, wobei sie oft nicht mehr Fachqualifikationen mitbrachten, als die bloße Kenntnis der Muttersprache[255].

Der Mömpelgarder Sprachmeister Gerhard Mathild sprach 1699 in diesem Zusammenhang von *frembden vagabunden mehristen theils Idiotisten Sprachmeistern*[256], zu denen etwa der Sprachmeister Étienne Debrulère zählte, der am reformierten Bekenntnis festhielt, zwischen 1653 und 1660 in Tübingen das Französische unterrichtete, aber aufgrund einer mangelhaften Qualität seines Unterrichts in Konflikt mit seiner studentischen Klientel geriet[257]. Der Unterschied zu den Exerzitienmeistern bestand also darin, dass die aus konfessionellen Gründen in einen fremden Sprach- und Kulturkreis gekommenen Sprachmeister nicht aufgrund ihres Metiers mobil, sondern wegen ihrer erzwungenen Mobilität zu Sprachmeistern geworden waren. Das Sprachmeistermetier war nach dem Dreißigjährigen Krieg für viele Maîtres somit eine Gelegenheitsarbeit.

Die Gesuche um Erlaubnis, sich ohne feste Besoldung mit Sprachunterricht wenigstens die Informationsgelder der Scholaren verdienen zu dürfen, waren seit der Mitte des 17. Jahrhunderts auch in Tübingen zahlreich und dauerten bis zum Ende des Jahrhunderts an. Dies zeigen nicht zuletzt die vielen abgewiesenen Bewerber, etwa die zwischen 1660 und 1686 ankommenden Maîtres Parcher, Joan Poichet,

---

linge in verschiedene deutsche Reichsterritorien zogen. Nach mehrheitlicher Rückkehr in die Heimat 1689 kam es im Jahr 1698 zu einer erneuten Auswanderungswelle, als sich der Herzog von Savoyen Frankreich gegenüber zur Intoleranz der Protestanten verpflichtete. Württemberg gewährte den Waldensern 1699 die Ansiedlung, nachdem solche Ansiedlungsversuche bereits vorher in Brandenburg-Preußen, Hessen-Darmstadt, Hessen-Kassel und der Grafschaft Holzappel erfolgreich verlaufen waren. Im Jahr 1730 wurde die protestantische Religionsausübung in Savoyen endgültig verboten. Unter den hier behandelten Sprachmeistern fanden sich jedoch keine Waldenser.

[252] HStAS A 284/94 Bü 250 Bl. 18c; Leube: Geschichte, Bd. 1, S. 154, 159; Toepke: Matrikel, Bd. 2, S. 323; UAT 25/3 Bd. 2 Nr. 133; UAT 30/6 Nr. 20, 24, 28, 30, 34; UAT 32/1 Bd. 4 Nr. 218.
[253] HStAS A 284/94 Bü 48 Bl. 2; StAT E 101/22; StAT E 101/24; StAT E 201/1105; UAT 30/6 Nr. 18 Bl. 2.
[254] UAT 12/4 Nr. 211 f.
[255] HStAS A 284/94 Bü 48 Bl. 8 f.: Der französische Sprachmeister Jean Gigon, der immer wieder um Subsidien bat, erklärte 1709 seinen Status: *Habe vor etlichen Jahren, wie männiglich bekandt, auch alß Ein der Religion halber vertribener aus Franckreich, dißes liebe Würtemberg-erland betretten, und mich darinnen weilen mit leerer Hand ankommen, mit informirung einiger Scholaren, nebst meiner Frau und Kind, wie wohl kümmerlich, bißher hinaus gebracht.* Vgl. Caravolas: Histoire, S. 132–134; Kuhfuss: Kulturgeschichte, S. 301–308.
[256] UAT 30/6 Nr. 19.
[257] UAT 8/9 Nr. 145/145a Bl. 246–250.

Claude Ganierre, René Delavaranne und François Collignac[258]. Die Konkurrenz war groß, der Verdienst daher sehr gering, sodass sich der Großteil der Sprachmeister oft nur Monate oder wenige Jahre in Tübingen aufhielt, um dann weiterzuziehen und an anderen Orten bessere Bedingungen zu suchen. Nicht selten ging es nur darum, sich durch Sprachunterricht die Weiterreise zu finanzieren. Der bereits genannte Gerhard Mathild, ein aus Mömpelgard stammender Sprachmeister, der sich als Württemberger von den französischen Maîtres abzugrenzen suchte, beklagte sich 1699 über die *dann und wann ankommenden vagabondenen Sprachmeistern, welche wann sie etwa ein halbes oder ganzes Jahr sich hier aufhalten und wieder ein Viaticum zusammengebracht haben, nach denen sie die Studiosos durch ihre schlimmen Methoden zu docieren mehr corrumpiert als erudiert, wider anderwerts hin sich verfügen*[259].

d. Logistik und Infrastruktur als Mobilitätsfaktoren

Neben den individuellen Motiven förderten oder behinderten auch die unterschiedlichen logistischen und infrastrukturellen Erfordernisse jedes einzelnen Metiers eine mehr oder weniger intensive Mobilität der Maîtres. Den wohl größten Aufwand hatten in dieser Hinsicht die Ballmeister zu treiben. Die Ausübung des Ballexerzitiums im 17. Jahrhundert erforderte nicht nur eine kostspielige Materialbasis sowie Räume für die Herstellung und Lagerung von Bällen und Schlägern[260], sondern auch eine bauliche Infrastruktur wie das Tübinger Ballhaus und seine Unterhaltung[261]. Mit dem Aufkommen des Billardspiels wurde im 18. Jahrhundert eine aufwändige Einrichtung eigener Räume und deren Ausstattung mit Billardtischen notwendig[262]. Die private Finanzierung solcher Immobilien begünstigte nicht nur die Tradierung des Berufes innerhalb der Familie, sondern band diese auch fest an einen Ort. Damit erklärt sich einerseits das im Vergleich zu den anderen Maîtresparten sehr homogene und ortsbeständige Herkunftsprofil der Ballmeister und andererseits die unter allen Maîtres mit dreiundzwanzig Jahren höchste durchschnittliche Tätigkeits- und Verweildauer in Tübingen[263].

Die Fecht- und Tanzmeister waren in dieser Hinsicht sehr viel ungebundener. Gefochten und getanzt werden konnte ohne großen Materialaufwand oder besondere

---

[258] UAT 9/5 Nr. 14 Bl. 27; UAT 30/6 Nr. 7, 9, 16 f.; Eifert: Geschichte, S. 168: Für das Jahr 1686 werden „ganze Schaaren vertriebener Hugenotten" genannt, die „durch die Stadt zogen in armseligem und gedrücktem Zustand, und den städtischen Kassen und Stiftungen nicht wenig beschwerlich wurden". Nach Eifert wurde daher das wöchentlich eingenommene Almosen des Ordinariglöckleingeldes erhöht, um den Exulanten helfen zu können. UAT 30/6 Nr. 18 Bl. 3: Von dem Sprachmeister Pierre Royal wurde 1696 berichtet, er habe während der Kriegstroublen den Bürgern und *gar häufig hindurchgekommenen refugiés* Hilfe geleistet.

[259] UAT 30/6 Nr. 19.

[260] HStAS A 284/94 Bü 53 o. Pag. Johann Bitschin an den Kirchenrat (1649, Oktober 14), o. Pag. Kirchenrat an den Collegiumsverwalter (1649, November 10); Löffler: Collegium Illustre, S. 49–53.

[261] HStAS A 284/94 Bü 250 Bl. 18a, 35.

[262] StAT E 101/208.

[263] Vgl. hierzu den biographischen Anhang unter der Sparte Wirkungsdaten in Tübingen.

bauliche Einrichtungen fast überall da, wo es Platz gab, vor allem auch in Privathäusern oder im Freien[264]. Zumeist aber wurden die in ihrer Ausstattung einfachen und mehrfach nutzbaren Fecht- und Tanzböden öffentlich bereitgestellt oder bestanden in anmietbaren Räumen in öffentlichen Gebäuden. Marburger Studenten etwa erhielten bereits im 16. Jahrhundert Fecht- und Tanzunterricht im städtischen Rathaus[265]. Im Tübinger Collegium Illustre existierte ein Fecht- und Tanzboden, der speziell diesem Zweck diente (Abb. 1)[266]. Die Maîtres mieteten jedoch für ihre Privatlektionen auch zeitweise den städtischen und jährlich kündbaren Fechtboden auf dem Kornhaus an (Abb. 10)[267].

Während in der Universitätsstadt Jena die auffallend lange Tätigkeits- und Verweildauer hauptsächlich darauf zurückgeführt wurde, dass die Fechtböden dort stets im Privatbesitz der Maîtres oder ihrer Familien waren[268], stellte sich der Fall in Tübingen ganz anders dar. Hier konnte man ohne eine solche private finanzielle Bindung an die für das Metier unerlässliche Infrastruktur eine erhöhte Mobilitätsbereitschaft beobachten. So fiel die durchschnittliche Verweildauer der Tübinger Fechtmeister im Vergleich zu den Ballmeistern mit achtzehn Jahren deutlich geringer aus. Zwar förderte ein bereit gestellter Fechtboden keineswegs den Wegzug eines Maître, denn das war ein Vorteil. Er konnte einen Umzug jedoch entscheidend erleichtern, wie am Beispiel des Fechtmeisters Achatius Friedrich Lorenz Seiffart zu beobachten war, der bereits nach einem Jahr aufgrund besserer Konditionen an die Universität Gießen wechseln wollte[269]. Nicht zuletzt durch die reduzierten logistischen und infrastrukturellen Erfordernisse war die Konkurrenz im Fechtmetier – wie bei den Sprachmeistern – stets hoch.

Auch im Reitexerzitium war der logistische und infrastrukturelle Aufwand mit Schulpferden, Futter, Heu, Stroh, Ställen, Reithaus und Reitbahn enorm[270]. Mit Ausnahme zeitweise privat beizusteuernder Schulpferde wurde dieser Aufwand in Tübingen aus dem Geistlichen Gut bestritten, sodass für die Reitmeister keine privaten finanziellen Verpflichtungen entstanden, die ein Mobilitätshindernis dargestellt hätten[271]. Im Reitexerzitium spielten vielmehr andere Faktoren eine Rolle. Solange der

---

[264] UAT 9/9 Nr. 106.

[265] NAIL/BERSCHIN: Geschichte des Fechtens, S. 2; NAIL/BERSCHIN: Geschichte des Tanzens, S. 2.

[266] NEYFFER/DITZINGER: Delineatio, Bl. 5.

[267] StAT A 30/S 143; UAT 117/670 o. Pag. Auszug aus der Tübinger Stadtbürgermeisterrechnung Martini 1697–1698 (1714, Mai 30).

[268] KREMER: Außenseiter, S. 40. Vgl. für die Universität Göttingen auch BUSS: Exercitien, S. 265 f. Auch dort mussten die Fechtböden von den Maîtres selbst bereit gestellt werden.

[269] HStAS A 284/94 Bü 296 Bl. 63; UAT 9/9 Nr. 101.

[270] HStAS A 202 Bü 240 o. Pag. Staat für Heinrich Nidda (1672, September 16); HStAS A 202 Bü 2615 o. Pag. Inventarium Heinrich Niddas (1672, Oktober 19/ November 11); HStAS A 303 Bd. 13965–14059: Die Erhaltung der Tübinger Reitbahn, des Reithauses, des Klepperstalls und der Aufwand für die Schul- und Tummelpferde erforderten jedes Jahr immense Geldsummen, die in den Rechnungen des Collegium Illustre ausgewiesen wurden.

[271] UAT 9/8 Nr. 6: Stallmeister Ludwig Ernst Breithaupt wurde in seinem Staat 1727 dazu verpflichtet, sechs eigene Schulpferde zu halten. GUNDELACH: Verfassung, S. 43; WAGENER: Pedelle, S. 69 und Anm. 54: An der Universität Göttingen mussten die Stallmeister die Unter-

Tübinger Posten während des 17. Jahrhunderts eine gering besoldete Bereiterstelle war, fungierte dieser als Sprungbrett für eine Karriere am Stuttgarter Hofmarstall[272], was die mit nur acht Jahren sehr geringe durchschnittliche Verweildauer der Bereiter in Tübingen erklärt[273]. Die dann 1698 vollzogene Umwidmung der Position in eine gut besoldete Stallmeisterstelle, die insbesondere die Funktion einer Versorgungsstelle für altgedientes Stuttgarter Stallmeisterpersonal übernahm, bewirkte im 18. Jahrhundert, dass die dorthin abgeordneten Stallmeister durchschnittlich siebenundzwanzig Jahre lang in Tübingen arbeiteten, fast alle bis zu ihrem Tod[274].

Im Vergleich zu den Exerzitienmeistern waren die Sprachmeister am allerwenigsten an eine Logistik und noch viel weniger an eine Infrastruktur gebunden. Für ihren sprachpraktisch orientierten Unterricht benötigten sie, wenn überhaupt, nicht mehr als ein Lehrbuch oder eine Grammatik. Als Unterrichtsort konnte die eigene Wohnung oder die Studentenbude der Klientel dienen[275]. Die Sprachmeister waren daher umso freier, dorthin zu wechseln, wo die Anzahl möglicher Scholaren einen guten Verdienst versprachen. Die Mobilitätsfähigkeit und die durch große Konkurrenz ausgelöste Mobilitätsbereitschaft dieser Maîtres standen damit in enger Wechselwirkung und führten dazu, dass die durchschnittliche Verweildauer der Sprachmeister in Tübingen nur zehn Jahre betrug[276]. Das Mobilitätsgeschehen wurde jedoch letztlich gerade bei den Sprachmeistern sicherlich weniger von der Freiheit bestimmt, dorthin gehen zu können, wo ein besserer Verdienst wartete, sondern hauptsächlich von der durch großen Konkurrenzdruck ausgelösten wirtschaftlichen Not, mangelndem rechtlichen Status und konfessioneller Inkompatibilität[277].

Können die Abstufungen in der durchschnittlichen Verweildauer der Maîtres in Tübingen in deutlichen Zusammenhang mit den mobilitätsbeeinflussenden Strukturen der einzelnen Metiers gesetzt werden, so zeigen Einzelfälle in allen Sparten des Maîtrequintetts nicht nur eine hohe Mobilitätsbereitschaft, sondern auch eine ausgeprägte Tendenz zur Ortsbeständigkeit. Die Exerzitien- und Sprachmeister waren eine Gruppierung, die trotz der beruflich erforderlichen Mobilität mehrheitlich doch feste und längerfristige Lebensstellungen anstrebten und solche – wenn sie sich anboten – auch ergriffen.

Nach den oben dargestellten Prämissen ist es nicht weiter verwunderlich, dass es Ballmeister und Stallmeister gab, die wie Johann Albrecht Bründlin vierundvierzig

haltung der Pferde und der Reitbahn sowie die Bezahlung der Stallknechte auf eigene Kosten bestreiten.

[272] HStAS A 303 Bd. 13980 S. 79, 195, 201, 211, 220; HStAS A 303 Bd. 13981 S. 78, 232, 241; HStAS A 303 Bd. 13982 S. 83, 267, 274, 295.

[273] Vgl. hierzu den biographischen Anhang unter der Sparte Wirkungsdaten in Tübingen von Leonhard Waldensperger bis Wolfgang Lorenz Gutthäter.

[274] Vgl. hierzu den biographischen Anhang unter der Sparte Wirkungsdaten in Tübingen von Wolfgang Ernst von Berga bis Johannes Ladner.

[275] UAT 8/9 Nr. 145/145a Bl. 246 f.

[276] Vgl. hierzu den biographischen Anhang unter der Sparte Wirkungsdaten in Tübingen.

[277] TOEPKE: Matrikel, Bd. 2, S. 323; UAT 3/8 Bl. 48^v, 22^v, 339^r, 354^v, 357^r, 359^v, 389^v; UAT 30/6 Nr. 6 Bl. 1–9.

Jahre[278] oder wie Johann Liborius Wippermann fünfunddreißig Jahre lang in Tübingen tätig w,aren[279]. Dass es aber auch unter den ansonsten im Durchschnitt beweglicheren Fecht-, Tanz- und Sprachmeistern einige Repräsentanten gab, die in Tübingen eine häufig mehrere Jahrzehnte andauernde Lebensstellung fanden, zeugt nicht nur vom Streben der Maîtres nach Sicherheit und Ortsbeständigkeit, sondern auch von den offenbar guten Bedingungen, die in Tübingen zum Leben und Arbeiten vorherrschten. So war Balthasar Friedrich Dinckel mit einer kurzen Unterbrechung dreiundvierzig Jahre[280] und Johann Ernst Friedrich Güßau neunundzwanzig Jahre lang als Fechtmeister in Tübingen tätig[281]. Bei den Tanzmeistern ist es umso bemerkenswerter, dass der aus Paris stammende und hochqualifizierte Charles Dumanoir vierunddreißig Jahre seines Arbeitslebens bis zu seinem frühen Tod in Tübingen verbrachte[282]. Und selbst unter den Sprachmeistern des Italienischen und Französischen gab es einige wenige Maîtres, die sich in Tübingen ihre Lebensstellungen erarbeiteten. Zu ihnen zählte etwa der ehemalige Mailänder Dominikanermönch Franciscus de Gregoriis, der nach sechsunddreißig Jahren als Sprachmeister des Französischen und Italienischen in Tübingen starb[283].

e. Das räumliche Netzwerk

Im Zusammenhang mit der Qualifikationsreise der Exerzitienmeister wurde bereits auf das räumliche Netzwerk der Fürstenhöfe, Universitäten und Adelsakademien hingewiesen, in welchem die Maîtres tätig waren. Anhand der vielen Lebens- und Arbeitsstationen der Exerzitien- und Sprachmeister lassen sich die Schwerpunkte dieses Netzwerkes leicht nachvollziehen[284]. Als politische Zentren ihrer Zeit und als hauptsächlicher Aufenthaltsort des Adels waren es primär die Fürstenhöfe, die das räumliche Netzwerk der Maîtres darstellten. Die Fürsten und nicht die bürgerlichen Gelehrten der Universitäten zeigten als Reminiszenz an das ritterlich-adlige Erziehungsideal des Hochmittelalters eine ideelle wie fachliche und – ganz besonders wichtig – auch eine finanzielle Wertschätzung und förderten den Exerzitien- und Fremdsprachenunterricht an den Universitäten und Adelsakademien ihres Einflussbereiches. Der Fürstenhof diente als politisch und kulturell vernetztes Zentrum als primäre Anlaufstelle für den Erwerb von Qualifikationen, der Erweiterung von Fachkompetenz, vor allem aber als ein Ort, an dem der personelle Austausch und die personelle Verteilung von Spezialisten innerhalb des räumlichen Netzwerkes vorgenommen wurde. Der Hof war auch der Ort, an dem der Exerzitien- und Sprachun-

---

[278] HStAS A 284/94 Bü 53 Bl. 8, 10, 12, 33; HStAS A 303 Bd. 13982–14009, 14011, 14014–14017.

[279] HStAS A 303 Bd. 14042 Bl. 23^v; PFEILSTICKER: NWD § 2910.

[280] HStAS A 284/94 Bü 54 o. Pag. Anstellungsdekret Herzog Eberhard Ludwigs (1695, November 9); HStAS A 303 Bd. 13979–14017.

[281] HStAS A 303 Bd. 14027 Bl. 32^r; HStAS A 303 Bd. 14049 Bl. 28^r.

[282] BARDET: Dumanoir, S. 252; HStAS A 284/94 Bü 55 Bl. 17; HStAS A 303 Bd. 13965–13974; PFEILSTICKER: NWD § 971; RAU: Franzosen, S. 8.

[283] MUT III 31084; StAT E 101/47; UAT 30/6 Nr. 24 Bl. 1, 8; UBT Mh 772 Bd. 10 Bl. 1.

[284] Vgl. dazu im biographischen Anhang die Sparte Lebensstationen.

terricht in Diplomatie, Konversation, Etikette und Repräsentation später wieder zum Einsatz kam. Der Hof vereinigte damit in sich Ursprung, Kompetenz und Praxis des frühneuzeitlichen Exerzitien- und Sprachunterrichts.

Die Sorge des württembergischen Herzogs um das Exerzitien- und Sprachlehrprogramm ist aufgrund der Koexistenz der Universität mit dem Collegium Illustre in Tübingen besonders deutlich zu beobachten. Denn die Adelsakademie und mit ihr die Tübinger Exerzitien- und Sprachmeister standen seit 1601 unter der besonderen und von der Universität vollkommen unabhängigen Jurisdiktion des adligen Oberhofmeisters und damit unter exklusiv herzoglicher Obhut[285]. Die Maîtres behielten diesen besonderen Statuts auch bei, als das Collegium Illustre 1688 schließen musste und seither die Universität in vollem Umfang von ihrer Gegenwart profitierte, ohne bis ins 19. Jahrhundert hinein je Verantwortung für die Maîtres und ihr Lehrprogramm übernommen zu haben. Die Sorge um die Rekrutierung der Maîtres lag ausschließlich beim württembergischen Herzog, der die Besetzung und Wiederbesetzung der Stellen sowie die Aufrechterhaltung der entsprechenden aus dem Geistlichen Gut bereitgestellten Besoldungen immer wieder auch gegen die restriktiven Einsparungsversuche des Kirchenrats durchsetzte. Auch die notwendige Infrastruktur, etwa die kostspielige Unterhaltung des Reithauses und der Reitbahn, wurden aus dem Geistlichen Gut bestritten[286]. Es deutet zudem einiges darauf hin, dass das besonders aufwändige Reitexerzitium und alle anderen Einrichtungen für die Exerzitien zumindest anfangs auch aus dem württembergischen Rentkammervermögen finanziert wurden[287].

Die Initiative der württembergischen Herzöge hinsichtlich der Bereitstellung von Exerzitien- und Sprachmeistern zunächst für die Collegiaten des Tübinger Collegium Illustre und im 18. Jahrhundert auch für die Universitätsstudenten war kein Einzelfall. Auch zwischen anderen Fürsten und den unter ihrem Einfluss stehenden Universitäten bestanden hinsichtlich des Exerzitien- und Sprachunterrichts zahlreiche ideelle, organisatorische und finanzielle Verbindungen. Erst auf die Initiative Kurfürst Karl Ludwigs von der Pfalz wurden nach dem Dreißigjährigen Krieg an der Universität Heidelberg ein Sprachmeister des Französischen und Italienischen, ein Stallmeister, ein Fechtmeister und ein Tanzmeister angestellt. Die Maîtres unterstanden nicht der Universität, sondern waren Bedienstete des kurfürstlichen Hofes, der in Heidelberg seinen Sitz hatte, sodass etwa der Fechtmeister Jean Daniel l'Ange Hof- und Universitätsfechtmeister in Personalunion war[288]. Auch die seit der zweiten Hälfte des 17. Jahrhunderts vorhandenen Exerzitienmeister der Universität Kiel unterstanden nicht

---

[285] Constitutiones 1601, S. 5.

[286] HStAS A 303 Bd. 13965–14059.

[287] HStAS A 274 Bü 67: Statuten 1596, S. 16: *Es soll aber dise und dergleichen Uebungen, und Ritterspil, welche Wir in und zu disem Collegio in Unserm eignen Costen angestelt, und erhalten, allein den innwohnern solches Unsers Collegii, sonsten aber niemanden zugebrauchen zugelassen sein.* Reitbahn, Reithaus sowie Bereiter- und Stallmeisterbesoldungen gingen später allerdings eindeutig in die finanzielle Verantwortung des Geistlichen Guts über. Vgl. dazu HStAS A 303 Bd. 13965–14059.

[288] Vgl. HAUTZ/REICHLIN-MELDEGG: Geschichte, Bd. 2, S. 193, 210; TOEPKE: Matrikel, Bd. 2, S. 326; WOLF: Universitätsangehörige, S. 91.

der akademischen Gerichtsbarkeit, sondern unmittelbar dem Hofgericht des Herzogs von Schleswig-Holstein-Gottorf auf Schloss Gottorf, waren aber dennoch im Besitz der Privilegien der Kieler Universitätsverwandten. Herzog Christian Albrecht hatte zudem 1673 in Kiel eine Reitbahn auf eigene Kosten bauen lassen[289]. Es bot sich hier also eine ganz ähnliche Situation wie in Tübingen.

Der Maître Cyrillus Hofmann wurde 1768 Tanzmeister am fürstbischöflichen Hof in Salzburg. Seine Aufgabe war es, die Edelknaben am Hof, die Kinder der Landschaft und die Studenten der Universität im Tanzen zu unterrichten. Letzteres geschah auf Kosten und mit Bewilligung des Salzburger Fürstbischofs, denn Hofmann war im Hofkalender als fürstlicher Exerzitienmeister verzeichnet[290]. Auch der Fürstbischof von Bamberg ließ 1772 einen Tanz- und Fechtmeister berufen, der gleichermaßen als Universitätstanzmeister und als Universitätsfechtmeister fungieren sollte, aber nur für seine Tätigkeit bei Hofe auch eine Besoldung bezog[291]. Es waren also die Fürsten, die in ihrem bildungspolitischen Bestreben ideelle Urheber, Organisatoren und finanzielle Förderer des Exerzitien- und Sprachlehrprogramms waren.

Der Fürstenhof fungierte für die Exerzitien- und Sprachmeister daher als wichtiger Knotenpunkt, an dem einerseits Qualifikationen erworben werden konnten, Fachkompetenz weitergegeben wurde und durch weitreichende Vernetzung mit anderen Höfen und den von ihnen beeinflussten höheren Bildungseinrichtungen eine Verteilung dieser Fachkompetenz am ehesten möglich war. An den Höfen befand sich meist ein ganzer Pool an Bereitern, Stallmeistern, Fechtmeistern und Tanzmeistern[292]. Hier konnten die Maîtres nicht nur Qualifikationen erwerben, sondern auch selbst eine Stellung finden oder durch das zusammenlaufende Netzwerk der Gesandten von freien Stellen an anderen Höfen erfahren. Von Tübingen und den am Collegium Illustre angestellten Exerzitien- und Sprachmeistern kann vielleicht nicht von einer Außenstelle des württembergischen Hofes, wohl aber von einer starken personellen Provenienz aus dem württembergischen Hofstaat und einer ebenso starken Möglichkeit der Wiederintegrierung in denselben gesprochen werden. Davon zeugt auch die Gleichstellung und Titulierung der Maîtres am Tübinger Collegium mit denen am württembergischen Hof, wie es in einem Titulaturbuch des 18. Jahrhunderts vermerkt wird[293].

Insbesondere das Tübinger Reitexerzitium und seine Vertreter waren personell aufs Engste mit dem Stuttgarter Hofmarstall verbunden[294]. Aber nicht nur die Bereiter, auch die Tanzmeister, die Ballmeister und die Sprachmeister standen stets in enger personeller Verbindung mit dem württembergischen Hof oder konnten Karrieren

---

[289] Pauls: Anfaenge, S. 108 f.
[290] Malkiewicz: Tanzmeister, S. 259.
[291] Spörlein: Universität, Bd. 1, S. 256 f.
[292] Hochfuerstlich Wuertembergischer Address-Calender, S. 41 f., 51: Im Hofstaat des württembergischen Hofes befanden sich 1750 mehrere Stallmeister und Bereiter, ein Fechtmeister und ein Tanzmeister.
[293] Bürck: Titulatur-Buch, S. 88 f., 102, 194.
[294] Pfeilsticker: NWD §§ 731, 732, 734, 735, 739–744, 1331, 2910.

aufweisen, welche die Dominanz der Fürstenhöfe bei der Verteilung dieser Spezialisten deutlich unterstrich. So waren einige der Tübinger Ballmeister zugleich auch als Trabanten und Fouriere, also als Leibwachen und Quartiermeister, am württembergischen Hof tätig[295]. Der Mömpelgarder Sprachmeister Gerhard Mathild war bis 1688 Sprachmeister der württembergischen Prinzessin Sophie Charlotte gewesen, bis er 1698 Auditeur in württembergischem Kriegsdienst wurde, dann für einige Jahre als Sprachmeister in Tübingen tätig war und ab 1703 eine Stellung als württembergischer Amtmann einnahm[296]. Der Tanzmeister François Fellon war bereits in jungen Jahren Tänzer am württembergischen Hoftheater in Stuttgart gewesen, wechselte 1781 als Reit-, Tanz- und Fechtmeister in verschiedene fürstliche Dienste wie etwa die der Grafen von Schwarzburg-Rudolstadt in Rudolstadt. Von 1788 bis 1791 fand er eine Anstellung als Fechtmeister an der Universität Heidelberg und im Anschluss daran als Fecht- und Tanzmeister an der Universität Mainz, bis er 1793 wieder in württembergische Dienste zurückkehrte, zuerst an den württembergischen Hof und dann als Tanzmeister an das Collegium Illustre in Tübingen[297].

Der Einfluss der Fürsten und der Höfe auf das Lehrangebot der Maîtres an den Universitäten und Adelsakademien blieb bis ins 19. Jahrhundert hinein groß. Im 18. Jahrhundert verselbstständigte sich aber zunehmend die Eigeninitiative der Universitäten hinsichtlich des inzwischen fest etablierten Exerzitien- und Sprachunterrichts, insbesondere auch an den im 18. Jahrhundert neu gegründeten Universitäten. Rekrutierung und personeller Austausch waren nicht mehr überwiegend an die Höfe gebunden, besonders in den Sparten des Fächerquintetts, die – wie das Fechten – schon früh auch von bürgerlichen Studenten betrieben worden waren[298] oder die – wie die modernen Fremdsprachen – bereits eine größere Nähe zum Lehrkanon der Philosophischen Fakultäten aufgebaut hatten[299]. Der direkte personelle Austausch unter den

---

[295] HStAS A 284/94 Bü 53 Bl. 1 f., 4, o. Pag. Oberhofmeister des Collegium Illustre an den Kirchenrat (1673, Mai 24), o. Pag. Untervogt an den Kirchenrat (1674, Mai 4); PFEILSTICKER: NWD §§ 161, 305, 979: Der Ballmeister Georg Friedrich Bitschin war im 17. Jahrhundert Trabant, Johann Martin Kretzenthaller und Johann Albrecht Bründlin waren von 1715 bis 1720 und von 1730 bis 1736 Ballmeister und Hoffouriere am württembergischen Hof.

[296] PFEILSTICKER: NWD §§ 218, 2784, 2983; StAT E 201/1441; UAT 30/6 Nr. 19.

[297] HStAS A 284/94 Bü 296 o. Pag. François Fellon an den Kirchenrat (1794, April 7), o. Pag. Kirchenrat an den Oberamtmann in Ludwigsburg (1794, April 26); HStAS A 284/94 Bü 297 o. Pag. François Fellon an den Kirchenrat (1794, November 9); UAT 9/9 Nr. 244; WOLF: Universitätsangehörige, S. 86, 88.

[298] HStAS A 202 Bü 2617 o. Pag. Joseph Hagel an den Geheimen Rat (1672, Juli 8); HStAS A 284/94 Bü 296 Bl. 63, o. Pag. Johann Friedrich Gottlieb Roux an den Kirchenrat (1793, Mai 8); TOEPKE: Matrikel, Bd. 2, S. 341: Fechtmeister Johann Casimir Eller wechselte 1672 von der Universität Heidelberg nach Tübingen. Fechtmeister Joseph Hagel war, bevor er 1687 nach Tübingen kam, an der Universität Basel tätig gewesen. Fechtmeister Achatius Friedrich Lorenz Seiffart kam 1779 als Fecht- und Quartiermeister der Universität Erfurt nach Tübingen. Auch der Fechtmeister Johann Friedrich Gottlieb Roux wechselte 1794 direkt von der Universität Jena nach Tübingen.

[299] ARNIM: Corpus, S. 227; HStAS A 284/94 Bü 47 Bl. 14: Pierre Aubin de Sales war vor seiner Tübinger Tätigkeit ab 1773 als Sprachmeister des Französischen, Italienischen und Spa-

Universitäten war in diesen Bereichen größer und nahm im 18. Jahrhundert zu, sodass die Universitäten immer besser selbst für die Rekrutierung von Exerzitien- und
Sprachmeistern sorgen konnten. Dennoch absolvierte der letzte Tübinger Ballmeister
Heinrich Rudolph Friedrich Keller 1798 seine Endqualifizierung in der Fremde nicht
bei einem Universitätsballmeister, sondern bei dem kurpfalz-bayerischen Hofballmeister Georg Gottlieb Dörr in Düsseldorf[300]. Und sein Vater Georg Friedrich Keller
beschrieb prägnant und in bedeutsamer Abfolge die institutionellen Elemente des
räumlichen Netzwerkes der Exerzitien- und Sprachmeister, wenn er bestätigte, auf
seiner Qualifikationsreise *bei Ballhäusern, auch bey zerschiedenen Höfen und Universitaeten*[301] tätig gewesen zu sein.

f. Zusammenfassung

Die Tübinger Exerzitien- und Sprachmeister zeichneten sich insgesamt durch eine
hohe Bereitschaft zur räumlichen Mobilität aus, die stark durch den Beruf und das
entsprechende Metier geprägt wurde. Die Zuzugsmobilität der Maîtres nach Tübingen war hoch. Der Großteil der Exerzitien- und Sprachmeister kam nicht nur von
außerhalb Württembergs, sondern auch von außerhalb der Grenzen des Heiligen
Römischen Reiches nach Tübingen. Zu Beginn des 17. Jahrhunderts lässt sich in allen Sparten des Fächerquintetts ein personelles Kontingent aus dem vorbildhaften
italienischen und französischen Kulturkreis beobachten. Bis weit ins 18. Jahrhundert
hinein stammten jedoch zahlreiche Tanzmeister weiterhin aus Frankreich und das
Sprachmeistermetier wurde seit der Mitte des 17. Jahrhunderts ebenfalls deutlich von
französisch- und italienischsprachigen Muttersprachlern dominiert.

Auf die räumliche Mobilität der Exerzitien- und Sprachmeister wirkten vielschich-
tige Motive und Faktoren ein. Die Qualifikationsreise der Exerzitienmeister schulte
zu Beginn des Berufslebens eine hohe Bereitschaft zur Mobilität. Sie wurde durch das
grobmaschige räumliche Netzwerk aus Höfen, Universitäten und Adelsakademien,
an denen die Maîtres vorrangig tätig waren, noch befördert. Einzelne Metiers dagegen, etwa die Ballmeister, wurden im späteren Berufsleben durch eine aufwändige
Logistik und Infrastruktur metierbedingt in ihrer räumlichen Flexibilität gehindert.
Die Motive der Mobilität bestanden bei den Exerzitienmeistern hauptsächlich darin,
eine wirtschaftliche Verbesserung zu erreichen. Durch die Kulturhegemonie Frankreichs im Bereich des Tanzes kamen zahlreiche französische oder französischsprachige Tanzmeister ins Reich. Viele Sprachmeister dagegen wurden aus konfessionellen
Gründen mobil. Nach dem Dreißigjährigen Krieg und infolge der Aufhebung des
Edikts von Nantes durch den französischen König im Jahr 1685 strömten franzö-
sisch- und italienischsprachige Einwanderer in die Reichsterritorien und verdienten
sich mit der Lehre ihrer Muttersprache ihren ersten Unterhalt. Ihr unsicherer Status

---

nischen an den Universitäten Jena, Göttingen und an der Hohen Schule Herborn tätig gewesen.
[300] HStAS A 284/94 Bü 295 Bl. 17.
[301] Ebd. Bl. 49.

als Glaubensflüchtlinge zwang sie dazu, auch nach ihrer Ankunft im Reich äußerst beweglich zu bleiben.

2.2 Die Konfession der Exerzitien- und Sprachmeister

a. Konfessionelle Vielfalt

So heterogen wie das Herkunftsprofil und die Mobilitätsmotivationen der Tübinger Exerzitien- und Sprachmeister, so groß war letztlich auch die konfessionelle Vielfalt unter den Maîtres[302]. Insbesondere die Tübinger Sprachmeister stellten seit dem Ende des Dreißigjährigen Krieges eine Gruppierung dar, die ein breites konfessionelles Spektrum aufwies: Zu ihnen zählten Lutheraner, Katholiken, französische Reformierte sowie ehemals reformierte, katholische und jüdische Konfessionswechsler, die zum Luthertum übergetreten waren und stets als Proselyten bezeichnet wurden. Anhänger der reformierten Lehre oder ehemalige Reformierte fanden sich nur unter den Sprachmeistern[303], während sich die bekannten konfessionellen Zugehörigkeiten der Exerzitienmeister auf Lutheraner, Katholiken sowie ehemals katholische und zum Luthertum übergetretene Proselyten beschränkte, unter diesen vor allem einige französische Tanzmeister[304].

---

[302] Vgl. zu Mehrkonfessionalität durch Migration und Konversion sowie zur Bedeutung mikrohistorisch wahrnehmbarer konfessioneller „Vielgestaltigkeit und Farbigkeit des aus den Quellen erkennbaren historischen Lebens und seiner Vorstellungswelten" neben den makrohistorischen Fakten SCHINDLING: Konfessionalisierung, S. 36–42 sowie KOCH: Zeitalter, S. 306–309.

[303] Vgl. hierzu den biographischen Anhang unter der Sparte Konfession (14). Von den 56 im Untersuchungszeitraum in Tübingen tätigen Sprachmeistern sind für 29 Maîtres Angaben zur Konfession bekannt: DAR M 283 Bd. 1 Bl. 4ᵛ, 14ʳ; HStAS A 202 Bü 2618 o. Pag. Louis du May an den Geheimen Rat (1653, März 18); HStAS A 284/94 Bü 46 o. Pag. Alexander Gottlieb Lamotte an den Kirchenrat (1740, März 2); HStAS A 284/94 Bü 47 Bl. 1; HStAS A 284/94 Bü 48 Bl. 1; LEUBE: Geschichte, Bd. 1, S. 154, 159; StAT E 101/22; StAT E 101/24; StAT E 201/1105; UAT 3/8 Bl. 354ᵛ, 357ʳ, 359ᵛ; UAT 9/9 Nr. 214; UAT 12/4 Nr. 211 f.; UAT 25/9 Bd. 1 Nr. 26; UAT 30/6 Nr. 1, 3, 5, 13, 15, 18–21, 24, 28, 33 f., 38; UAT 32/1 Bd. 4 Nr. 218; UAT 46/19 Bl. 55ᵛ; UAT 46/26 Bl. 44ᵛ; UAT 47/5 Bl. 106ʳ; UAT 126/136 Bl. 1. Die Konfessionen verteilen sich wie folgt: Lutheraner (4): Petrus Scaturigius, Hugo Mauricque, Christophe Frédéric Parrot und Johann Heinrich Emmert. Katholische (4): Louis de Pimelin, Pierre Marqueur, Jean François Méry le Roy, Jean Marie Morio. Reformierte (3): Étienne Debrulère, Jean Guillaume de Colomb Labarthe, Pierre Aubin de Sales. Ehemalige Katholiken, die zum Luthertum konvertierten (11): Louis du May, Joseph Gabriel de Montalegre, Jean Baptiste Blain, Michele Leonardi, Gerhard Mathild, Antonio Calligar, Franciscus de Gregoriis, Jacques François Perrin de Vassebourg, Pierre Robert, Adolph Hirsch und Xaverius Carolus Ferdinandi. Ehemalige Reformierte, die zum Luthertum konvertierten (4): Gilbert Joubert, Jean Caumon, Pierre Royal und Jean Gigon. Ehemalige Juden, die zum Luthertum konvertierten (1): Carl Philipp Ernst Andreas. Ehemalige Katholiken, die zum reformierten Glauben konvertierten (2): Alphons Firmin Caussin und Petrus Josephus Bergamini.

[304] DAR M 283 Bd. 1 Bl. 21ʳ, 23 f.; HStAS A 202 Bü 2617 o. Pag. Oberhofmeister des Collegium Illustre an den Geheimen Rat (1676, November 13); HStAS A 284/94 Bü 55 Bl. 3 f.: Zu den Katholiken unter den Exerzitienmeistern zählte der Fechtmeister Jan Veiliaque du Roc, die

Die Konfession spielte als wichtiges Abgrenzungskriterium zu allen Zeiten und in allen Bereichen des beruflichen und gesellschaftlichen Zusammenlebens eine Rolle, vor allem dann, wenn die Maîtres von der im Herzogtum Württemberg verfassungsrechtlich verankerten lutherischen Konfession abwichen, die hier nicht zuletzt durch die traditionell mächtige Stellung der Landschaft einen besonderen Stellenwert besaß. Durch die Aufrechterhaltung des Prälatenstandes auch nach der Reformation mit Sitz und Stimme im württembergischen Landtag – die Äbte der ehemaligen Männerklöster waren nach und nach durch Theologen der neuen Lehre ersetzt worden und fungierten nun als Vorsteher der dort eingerichteten Klosterschulen – wirkte der konfessionelle Aspekt und das Kirchenwesen stärker als in anderen Territorien in die württembergische Ständevertretung, die Politik, die Verwaltung und das Bildungswesen hinein[305]. Dass aus der Mitte der Prälaten auch die Generalsuperintendenten und Konsistorialräte berufen wurden, deren Bestreben es sein musste, die Landeskonfession und das Geistliche Gut zu schützen, verstärkte die Dominanz des konfessionellen Aspekts in der württembergischen Landschaft zusätzlich[306]. Harald Schätz bezeichnete in diesem Zusammenhang die lutherische Konfession in Württemberg gar als den „Kristallisationspunkt der ständischen Identität" und „den erstrangigen Gegenstand ständischen Behauptungs- und Rechtswahrungswillens"[307], wodurch das Herzogtum Württemberg noch im 16. Jahrhundert zum „Hort der lutherischen Orthodoxie" und zur „anticalvinistischen Speerspitze"[308] avancieren konnte.

Auf dem Landtag des Jahres 1565 wurde die unter Herzog Christoph erarbeitete Kirchenordnung von 1559 in der württembergischen Territorialverfassung verankert[309]. Die damit vollzogene konstitutionelle Festschreibung der lutherischen Konfession, die Bestätigung des Prälatenstandes und die Sicherung des vorbildhaften theologischen Ausbildungswesens in den württembergischen Klosterschulen, die im Rahmen des Tübinger Fürstlichen Stipendiums in das Theologiestudium mündeten, bedeutete für die nachfolgenden württembergischen Herzöge einen weitgehenden Verzicht auf das Ius reformandi und eine weitere Stärkung der Landschaft[310]. Im Abgrenzungsprozess der lutherischen Reichsstände von den Calvinisten war der Tübinger Theologe Jakob Andreae 1577 maßgeblich an der Formulierung der Konkordienformel und 1580 an der Einigung auf das Konkordienbuch beteiligt. Die

---

Tanzmeister Marin Sanry, Guillaume Michel Dumanoir und Antoine Lepicq sowie der langjährige Marqueur am Tübinger Ballhaus Matthias Rodler. DUMANOIR: Desvoyé, Vorrede; HIRSCHING: Handbuch, Bd. 10, S. 206–224: Die Tanzmeister Charles Dumanoir und Johann Balthasar Schäffer konvertierten vom Katholizismus zum Luthertum.

[305] BRECHT/EHMER: Reformationsgeschichte, S. 325–331; DEISS/RÜCKERT: Prälaten, S. 41–44; LEHMANN: Landstände, S. 185 f.; vgl. zum Vermögen der ehemaligen Klöster HERMELINK: Geschichte, 1. Teil, S. 99–101.

[306] SCHÄTZ: Aufnahmeprivilegien, S. 25 f.

[307] Ebd., S. 22.

[308] Ebd., S. 65.

[309] BRECHT/EHMER: Reformationsgeschichte, S. 337–343.

[310] SCHÄTZ: Aufnahmeprivilegien, S. 27 f.

Unterzeichnung dieser Dokumente wurde daher ohne Verzug für alle geistlichen und weltlichen Amtsträger des Herzogtums Württemberg obligatorisch[311].

Dies galt auch für die Angehörigen der Tübinger Universität und des Collegium Illustre. Noch im Jahr 1577 war die Unterzeichnung der Konkordienformel für die Universitätsprofessoren aller Fakultäten zur Pflicht geworden, seit 1628 ausdrücklich auch für alle anderen Universitätsverwandten[312]. Noch die Universitätsstatuten des Jahres 1752 verlangten die Unterschrift unter die Konkordienformel[313], die von den Universitätsprofessoren nachweislich bis 1781 geleistet wurde[314]. Durch die Collegiumsstatuten der Jahre 1601, 1606, 1609 und 1666 wurden auch der Oberhofmeister des Collegium Illustre und die Professoren, die unter seiner von der Universität vollkommen unabhängigen Jurisdiktion standen, auf die Zugehörigkeit zur Augsburger Konfession und die Unterzeichnung der Konkordienformel verpflichtet[315]. Im Jahr 1779 wurde der Fechtmeister Achatius Friedrich Lorenz Seiffart nur unter der Bedingung als Fechtmeister unter die Jurisdiktion des Collegium Illustre angenommen, *wann er der Augsburgischen Confession zu gethan sei*[316].

---

[311] Koch: Zeitalter, S. 215 f.; Schätz: Aufnahmeprivilegien, S. 24 f.

[312] Reyscher: Sammlung, Bd. 11,3, S. 217 f., 365; Köpf: Verfassung, S. 27, 29 f., 33; Zeller: Merckwuerdigkeiten, S. 372 f.: Bereits in den Verordnungen Herzog Ulrichs der Jahre 1535 und 1536 war das Bekenntnis zum Luthertum zur Bedingung für die Gelehrten der Universität erklärt worden. Unter Herzog Christoph war 1557 die Bindung der Universitätsprofessoren aller Fakultäten an das lutherische Bekenntnis in den Statuten der Universität verankert und 1561 verfügt worden, dass bei der Einstellung von Professoren und anderen Lehrern auf deren Zugehörigkeit zur Augsburger Konfession zu achten sei. Herzog Ludwig verfügte 1577 den Erlass zur Unterzeichnung der Konkordienformel durch alle württembergischen Kirchen- und Schuldiener, dessen Einhaltung stets durch die Visitationskommissionen überprüft wurde. In einem erneuten Befehl des Jahres 1628 wurden außer den Professoren jetzt auch die anderen Universitätsverwandten (*alle Professores und andere Universitaets-Angewandte*) zur Unterzeichnung der Konkordienformel verpflichtet.

[313] Reyscher: Sammlung, Bd. 11,3, S. 417: Die neuen Universitätsstatuten des Jahres 1752 legten fest: *Nullus in Senatum recipitor Professor, nisi qui verae Religioni in Augustana Confessione et Formula Concordiae contentae sincere addictus fuerit, et libris Ecclesiae Evangelicae Symbolicis subscripserit.*

[314] Köpf: Verfassung, S. 37–39; Schäfer: Unterschriften, S. 51–99.

[315] HStAS A 274 Bü 67: Statuten 1596, S. 18; Constitutiones 1601, S. 24; Statuten 1606, Bl. 17ʳ⁻ᵛ: Der Oberhofmeister sollte *Gottsfoerchtig, unnd in der Religion Rein, unnd weder dem Calvinismo, noch andern Secten anhaengig, sondern der Confession zugethan sein, die in der Christlichen Formula Concordiae (so er auch unterschreiben soll) begriffen ist.* Ordnung 1609, S. 13, 22: Der Oberhofmeister sollte *ein Gottsfuerchtiges, in Christlicher reiner Apostolischer Religion eyfferiges, mit Irrthumb und Ketzereyen unbeflecktes Leben fuehren, und zum bezeug, daß er Augspurgischer Confession zugethan, der Formulae Concordiae unterschreiben.* Die Professoren des Collegiums sollten zudem *boesem argwohn in Religions Sachen fuerzukommen, Formulae concordiae unterschreiben.* Vgl. dieselben Formulierungen in Leges 1666, S. 8, 22; Zitiert nach Schäfer: Unterschriften, S. 55 Anm. 16: Gemäß einer Anweisung außerhalb der Statuten sollten 1666 zudem auch *deß Fürstlichen Collegij zu Tübingen dermahligen Vornehmbsten Bedienten* zur Unterschrift der Konkordienformel verpflichtet sein. Schäfer berichtet jedoch, dass entsprechende Unterschriftslisten für das Collegium Illustre fehlen.

[316] UAT 9/9 Nr. 100.

Der Fall des Fechtmeisters könnte den Anschein erwecken, als hätte es auch für die bis 1817 unter der Jurisdiktion des Collegium Illustre stehenden Exerzitienmeister eine klare Vorschrift hinsichtlich der Konfessionszugehörigkeit gegeben. Dass diese in der Praxis – wenngleich sehr viel weniger als bei den Tübinger Sprachmeistern – immer wieder vom Luthertum abwich, zeigt sich an einigen katholischen französischen Tanzmeistern[317]. Während der Oberhofmeister und die vier Collegiumsprofessoren – unter ihnen bis 1680 auch der gut besoldete Sprachprofessor[318] – statutengemäß ausdrücklich zur Unterzeichnung der Konkordienformel angehalten wurden[319], unterblieb in allen Collegiumsstatuten eine entsprechende konfessionsbezogene Regelung für die Exerzitienmeister stillschweigend. Das gleiche galt für alle weiteren Collegiumsbediensteten wie den Arzt, Küchenmeister, Hausschneider, Sekretsverwalter, Keller, Mundschenk, Koch, Wächter und den Torwart[320].

Ein Grund für eine solche Auslassung könnte darin liegen, dass die Exerzitienmeister nicht zu den *Vornehmbsten Bedienten* des Collegium Illustre zählten, von denen die Unterschrift der Konkordienformel 1666 ausdrücklich gefordert wurde[321]. Anders als Küchenmeister und Torwart zählten die Maîtres jedoch zum Lehrpersonal des Collegium Illustre und standen in engem Kontakt mit den Collegiaten, die ebenfalls – zumindest formal – ausschließlich dem Augsburger Bekenntnis angehören sollten[322]. Es ist daher viel eher davon auszugehen, dass mit der Suspension einer konfessionellen Exklusivitätsklausel für die Exerzitienmeister bereits im Vorhinein einer zu erwartenden Abweichung einiger Maîtres von der lutherischen Konfession bewusst Rechnung getragen und so die Rekrutierung fachlicher Spezialisten auch jenseits konfessioneller Grenzen ermöglicht wurde. Gerade in Hinblick auf die zu Beginn des 17. Jahrhunderts bei den Exerzitienmeistern noch ausgeprägte personelle Orientierung am französischen und italienischen Kulturkreis musste mit konfessi-

---

[317] DAR M 283 Bd. 1 Bl. 21ʳ; HStAS A 284/94 Bü 55 Bl. 3 f.: Die Tanzmeister Marin Sanry, Guillaume Michel Dumanoir und Antoine Lepicq hielten in Tübingen am Katholizismus fest.

[318] HStAS A 202 Bü 2616 o. Pag. *Staat* für Louis du May (1651, Oktober 6): Der individuelle *Staat* für den ehemaligen Katholiken und Sprachprofessor Louis du May enthielt zusätzlich die Forderung nach Zugehörigkeit zur Augsburger Konfession.

[319] HStAS A 274 Bü 67: Statuten 1596, S. 18; Constitutiones 1601, S. 24; Statuten 1606, Bl. 17ʳ⁻ᵛ; Ordnung 1609, S. 13, 22; Leges 1666, S. 8, 22.

[320] Ordnung 1609, S. 26–29; Leges 1666, S. 26–28.

[321] Zitiert nach SCHÄFER: Unterschriften, S. 55 und Anm. 16: Demnach sollten 1666 *deß Fürstlichen Collegij zu Tübingen dermahligen Vornehmbsten Bedienten* zur Unterschrift der Konkordienformel verpflichtet sein.

[322] Vgl. CONRADS: Ritterakademien, S. 174 f.; HStAS A 202 Bü 2615 o. Pag. Herzog Johann Friedrich an den Oberhofmeister des Collegium Illustre (1614, Februar 11): Als der Bereiter Nazareth 1614 für einen jungen Franzosen um Aufnahme ins Collegium Illustre bat, wurde ihm dies abgeschlagen, insbesondere *weilln Ehr aber nicht unnßer wahren reinen seeligmachendten Religion noch löblicher Teutscher Nation* angehörte. Leges 1666, S. 1: In den Statuten des Jahres 1666 wurde die Bedingung der Zugehörigkeit zur Augsburger Konfession für die Collegiaten ausdrücklich genannt. Das Besucherprofil sollte demnach *Adeliche studirende Jugend, sowol deß Roemischen Reichs Teutscher Nation, als auch Außlaendische so der Evangelischen Religion Augspurgischer Confession zugethan* umfassen.

onellen Abweichungen geradezu gerechnet werden. Eine für beide Seiten gewinn-
bringende Tätigkeit dieser Spezialisten sollte durch konfessionelle Einschränkungen
a priori nicht ausgeschlossen werden. Eine Aussage Herzog Eberhards, in welcher er
1672 das provozierende Verhalten des katholischen Tanzmeisters am Collegium Illustre Marin Sanry kommentierte, nämlich, dass es *einen erfahrnen Tanzmeister, von
anderer als Papistischer Religion beizubringen nicht wohl möglich sein will*, macht
diese Vermutung sehr wahrscheinlich[323].

Durch die Auslassung einer konfessionellen Exklusivitätsklausel für die Exerzitienmeister in den Collegiumsstatuten waren die Maîtres jedoch nur scheinbar von
einer Verpflichtung auf die Augsburger Konfession ausgenommen. Es ist auch davon
auszugehen, dass ein konfessionelles Korrektiv durch den Oberhofmeister des Collegium Illustre und den Kirchenrat bereits im Vorhinein bei der Auswahl der Maîtres
griff. Denn tatsächlich gab es unter den Exerzitienmeistern – nicht bei den Sprachmeistern – nur wenige Nichtlutheraner und in den persönlichen *Staaten* einiger Stallmeister des 18. Jahrhunderts wurde die Bedingung der Augsburger Konfession individuell festgeschrieben[324]. Die Zugehörigkeit zur lutherischen Landeskonfession war
für die Tübinger Exerzitienmeister damit ein ungeschriebenes Gesetz, das nur wenige fachlich und kulturhegemonial bedingte Ausnahmen – etwa einen französischen
Tanzmeister katholischer Religion – zuließ. Dies galt umso mehr, als das Collegium
Illustre wie die Universität eine vom lutherischen Geist geprägte Bildungsinstitution
war. Die Collegiumsstatuten enthielten vor dem Dreißigjährigen Krieg auch Passagen,
die sich offen gegen den Calvinismus richteten[325].

Die Sprachmeister waren mit der Auflösung der besoldeten Sprachprofessur am
Collegium Illustre im Jahr 1681 auch aus dem Jurisdiktionsbereich des Oberhof-
meisters ausgeschieden. Das hatte zur Folge, dass sie mit ihren vielfältigen Bitten um
Aufnahme in die Universitätsmatrikel unter die konfessionellen Regelungen der Universität fielen, die für alle Universitätsverwandten das Bekenntnis zur Augsburger
Konfession vorsah. Da aber gerade unter den Sprachmeistern die konfessionelle Heterogenität am größten war und sich unter ihnen nicht nur Katholiken, sondern auch
Reformierte befanden, kam es in vielen Fällen erst gar nicht zur Einschreibung. Diese
wurde ausdrücklich erst durch einen Übertritt zum Augsburger Bekenntnis und auch
dann häufig nur befristet oder unter anderen Vorbehalten möglich[326]. Auch an an-

---

[323] HStAS A 284/94 Bü 55 Bl. 4.

[324] UAT 9/8 Nr. 6 o. Pag. *Staat* für Ludwig Ernst Breithaupt (1727, Januar 17); UAT 9/8 Nr. 7
o. Pag. *Staat* für Adolph Christoph von Bühler (1769, September 16): Demnach sollten die
Stallmeister *der reinen Evangelischen Religion Augspurgischer Confession mit Mund und
Herzen zugewandt sein*, eine Formel, die sich auch in den Unterschriften der Universitätsprofessoren unter die Konkordienformel regelmäßig wiederfand. Vgl. SCHÄFER: Unterschriften, S. 55 f.

[325] CONRADS: Ritterakademien, S. 175; HStAS A 274 Bü 67: Statuten 1596, S. 11 f.; Statuten 1606,
S. 9; Ordnung 1609, S. 35; Leges 1666, S. 1; UAT 6/26 Nr. 15 Bl. 183; UAT 9/8 Nr. 24.

[326] UAT 30/6 Nr. 13 Bl. 1, 4, 6; UAT 32/1 Bd. 4 Nr. 212: Der französische Sprachmeister Gilbert
Joubert aus Bellac bei Poitiers konvertierte 1688 in Tübingen vom reformierten zum lutherischen Bekenntnis, wurde aber erst 1689 dauerhaft in die Universitätsmatrikel aufgenommen.

deren Universitäten dürften ähnliche konfessionelle Ausschlusskriterien bestanden haben. Von der Universität Jena ist bekannt, dass die Maîtres, die nicht dem lutherischen Bekenntnis angehörten, bei ihrer Aufnahme ein Versprechen ablegen mussten, dass sie die Studenten nicht vom Luthertum abbringen würden[327]. Kohfeldt berichtet davon, dass sich 1720 ein Katholik um die Fechtmeisterstelle der Universität Rostock bewarb, diese Bewerbung jedoch „für bedenklich" gehalten wurde[328].

b. Proselyten

Die vom Luthertum abweichenden katholischen und reformierten Maîtres und die zum Augsburger Bekenntnis übergetretenen Proselyten unter den Exerzitien- und Sprachmeistern durchliefen in Tübingen ganz unterschiedliche Integrationsstufen, an denen die abgrenzende Wirkung der Konfession in der beruflichen und sozialen Koexistenz deutlich hervortritt. Der Begriff des Proselyten wurde in den zeitgenössischen Quellen von den obrigkeitlichen Instanzen für diejenigen Personen eingesetzt, die sich durch einen Konfessionswechsel dem Luthertum zugewandt hatten[329]. Zu ihnen zählten die ehemaligen französisch reformierten Sprachmeister Gilbert Joubert, Jean Caumon und Jean Gigon, die am Ende des 17. und zu Beginn des 18. Jahrhunderts in Tübingen zum lutherischen Bekenntnis übertraten[330] und eine große

---

[327] WALLENTIN: Normen, S. 207.
[328] KOHFELDT: Fecht- und Tanzmeister, S. 70.
[329] GRIMM/GRIMM: Wörterbuch, Bd. 7, Sp. 2171 f.: *Im 16. jahrh. proselite, ein zu einem andern glauben neubekehrter.* SIEBENHÜNER: Konversion, Sp. 1171: Der Begriff des Proselyten war im protestantischen Sprachgebrauch der Frühen Neuzeit ein gängiger Begriff für „die zum protestantischen Glauben Konvertierenden". BOCK: Konversion, S. 153 f. und Anm. 2: Bock definiert in ihrer Studie über die Zürcher Proselyten solche als Personen, „die sich einem protestantischen Glaubensbekenntnis zugewandt hatten". Sie verwendet den Begriff konkret für Katholiken, die zum reformierten Bekenntnis übertraten. FRISCH: Dictionnaire, Sp. 1625: *Proselyte* [...] *ein Neubekehrter.* VOSS: Proselyten/Proselytismus, Sp. 1717–1720: Ursprünglich bezeichnete der Begriff einen Konvertiten, der zum jüdischen Glauben übertrat. KRÜNITZ: Encyklopaedie, Bd. 117, S. 769: Krünitz definierte im 19. Jahrhundert einen Proselyten allgemein als einen Neubekehrten, *der von einer Religionspartey zu einer andern übergegangen ist.* In der vorliegenden Studie wird der Begriff gemäß seiner Verwendung in den Quellen für die zur lutherischen Konfession übergetretenen Maîtres verwendet, zu denen ehemalige Katholiken, Reformierte und Juden gleichermaßen zählten. Vgl. HStAS A 284/94 Bü 49 Bl. 61; HStAS A 284/94 Bü 55 Bl. 30; UAT 12/4 Bl. 145; UAT 30/6 Nr. 19 f.: Als Proselyten wurden in den Quellen ausdrücklich die ehemaligen katholischen Sprachmeister Gerhard Mathild, Franciscus de Gregoriis und Pierre Robert sowie der Tanzmeister Johann Balthasar Schäffer genannt. HStAS A 284/94 Bü 47 Bl. 5: Die ehemaligen Reformierten Jean Gigon und Jean Caumon wurden als *zumahlige Proselyti* bezeichnet. UAT 12/4 Bl. 211; UAT 15/6 Nr. 24: Auch der aus Hamburg gebürtige ehemalige und in Braunschweig getaufte Jude Carl Philipp Ernst Andreas, der sich zwischen 1751 und 1752 als Sprachmeister in Tübingen aufhielt, wurde als Proselyt genannt. Vgl. BOCK: Konversion, S. 153 f. und Anm. 2: Wie bei Bock werden in der vorliegenden Studie die Begriffe der Konversion und das Konvertieren „analytisch-neutral" zur Anzeige eines Konfessionswechsels genutzt.
[330] HStAS A 284/94 Bü 47 Bl. 5; HStAS A 284/94 Bü 48 Bl. 1; StAT E 101/22; StAT E 101/24; StAT E 201/1105; UAT 30/6 Nr. 13 Bl. 1, 4, 6; UAT 32/1 Bd. 4 Nr. 212.

Zahl an ehemaligen Katholiken, unter denen sich auch einige ehemalige Priester und Ordensleute befanden. Um 1650 konvertierte der französische Tanzmeister Charles Dumanoir aus Paris zum Luthertum und hinterließ eine gedruckte, dem württembergischen Herzog gewidmete Konversionsschrift[331]. Der aus Spanien stammende Sprachmeister Joseph Gabriel de Montalegre, ein ehemaliger Kartäuserbruder, trat in den 1660er Jahren zur Augsburger Konfession über[332]. Die Sprachmeister Michele Leonardi aus Florenz, Jean Baptiste Blain aus Lyon, Antonio Calligar aus Cremona und Gerhard Mathild aus Mömpelgard konvertierten allesamt am Ende des 17. und zu Beginn des 18. Jahrhunderts[333]. Der Sprachmeister Franciscus de Gregoriis war Dominikanermönch gewesen, bevor er 1712 in Tübingen zum Luthertum übertrat[334]. Noch bei seinem Tod in Tübingen im Jahr 1746 wurde er als *exulirter Proselyt*[335] bezeichnet. Der Tanzmeister Johann Balthasar Schäffer konvertierte 1711 als ehemaliger Augustinermönch[336] und der Sprachmeister des Französischen Jacques François Perrin de Vassebourg 1737 als ehemaliger Franziskanerbruder zum Luthertum. Letzterer kehrte zwischenzeitlich zum Katholizismus und in seinen Orden zurück, konvertierte jedoch 1748 erneut[337]. Auch der Sprachmeister des Italienischen Xaverius Carolus Ferdinandi hatte zuvor dem Franziskanerorden angehört[338]. Die Sprachmeister des Französischen Pierre Robert aus Lunéville und Adolph Hirsch aus Köln konvertierten Mitte des 18. Jahrhunderts zum Luthertum[339].

Der Umgang der obrigkeitlichen Instanzen mit den Proselyten war einerseits von Wohlwollen, andererseits aber auch von Misstrauen geprägt. Die das 17. und 18. Jahrhundert beherrschende Konkurrenzsituation unter den protestantischen Konfessionen einerseits und gegenüber den Katholischen andererseits veranlasste den Oberhofmeister des Collegium Illustre, vor allem aber den Senat der Universität, Konvertierungswilligen und schließlich zum Luthertum übergetretenen Proselyten vielfältige Förderung zukommen zu lassen. Ziel war es, mit der Vergabe von Vorteilen deren konfessionelle Abgrenzung zu unterstützen und die lutherische Anhängerschaft im Wettstreit der Konfessionen zu stärken[340]. So berichtete der Oberhofmeister des Collegium Illustre 1715 über den vom Katholizismus zum Luthertum übergetretenen Tanzmeister Johann Balthasar Schäffer, dass er das Tanzen zwar nicht

---

[331] DUMANOIR: Desvoyé, o. Pag.

[332] LEUBE: Geschichte, Bd. 1, S. 154, 159.

[333] UAT 25/3 Bd. 2 Nr. 133; UAT 30/6 Nr. 15, 19 f.; UAT 32/1 Bd. 4 Nr. 218.

[334] HStAS A 284/94 Bü 49 Bl. 1; UAT 30/6 Nr. 24 Bl. 2, 8.

[335] StAT E 101/47 Bl. 11; vgl. zum Begriff des Exulanten im Sprachgebrauch des 16. bis 18. Jahrhunderts und seiner Nuancierung EPPERT: Exulant, S. 189: „Die Massenerscheinung der wegen ihres Glaubens vertriebenen oder flüchtenden Menschen wirkt auf den Bedeutungsumfang des Wortes ein, so daß im Sprachgebrauch bei Exulant der religiöse Grund stets mitgedacht und mitverstanden wird".

[336] HIRSCHING: Handbuch, Bd. 10, S. 206–224.

[337] UAT 30/6 Nr. 28 Bl. 5.

[338] Ebd. Nr. 34 Bl. 1.

[339] HStAS A 284/94 Bü 46 o. Pag. Alexander Gottlieb Lamotte an den Kirchenrat (1740, März 2); UAT 47/5 Bl. 106ʳ.

[340] Vgl. BOCK: Konversion, S. 157.

gut beherrsche, es jedoch ein *Werck der Barmhertzigkeit* sei, diesen Proselyten mit einer Aufgabe zu versehen[341].

Den Proselyten unter den Tübinger Exerzitien- und Sprachmeistern ermöglichte der Übertritt zum lutherischen Bekenntnis eine entscheidende Verbesserung der rechtlichen Stellung, die ihren Ausdruck in der Aufnahme in die Universitätsmatrikel mit allen davon abhängenden Pflichten und Privilegien fand. Ein Festhalten am reformierten Bekenntnis oder am Katholizismus wurde im besten Falle dagegen nur geduldet[342]. Zusätzlich wurden auf ein entsprechendes Bittgesuch finanzielle Beihilfen gewährt[343], die für den Fall eines Übertritts zum lutherischen Bekenntnis vereinzelt auch bereits im Vorhinein in Aussicht gestellt wurden. Als sich der ehemals katholische Sprachmeister des Italienischen Antonio Calligar seit 1701 in Tübingen im Luthertum unterrichten ließ, wurde ihm im Falle der vollendeten Konversion ein Adjuto versprochen. Bis dahin – so wurde verfügt – solle dem Sprachmeister in seinem *Conversions-Werck* alle Beförderung zuteil werden[344].

Eine solche in Aussicht gestellte oder tatsächlich realisierte Förderung, stellte für den Senat der Universität aber auch eine Gratwanderung dar. Gerade rechtliche und finanzielle Vorteile waren vor Vorteilnahme und Kalkül Einzelner nicht geschützt, was das Misstrauen gegenüber konvertierungswilligen Personen a priori schürte. Die vorhandenen Quellen, auch die wenigen vorhandenen Konversionsschriften[345], geben nur wenig Auskunft über die jeweiligen persönlichen Motive eines Konfessionswechsels. Dennoch finden sich einzelne Hinweise darauf, dass es Maîtres gab, die einerseits ihren Proselytenstatus berechnend zu ihrem Vorteil einsetzten und ande-

---

[341] HStAS A 5 Bü 119 Beilage zu Bl. 21.

[342] StAT E 101/22; StAT E 101/24; StAT E 201/1105; UAT 30/6 Nr. 26; UAT 32/1 Bd. 4 Nr. 318: Vgl. etwa den französischen Réfugié Jean Caumon, der nach seinem Übertritt zum Luthertum 1698 in die Universitätsmatrikel aufgenommen wurde.

[343] HStAS A 284/94 Bü 47 Bl. 5: In der Retrospektive des Jahres 1752 wurde festgestellt, dass der 1748 gestorbene Sprachmeister des Italienischen Franciscus de Gregoriis keine Besoldung, sondern ein Adjuto, *doch nicht so wohlen um der Italienischen Sprachmeisterstelle, alß vielmehr um seines Proselytismi willen* erhalten habe. Ebenso bekomme der Sprachmeister Pierre Robert die Beihilfe von fünfzig Gulden jährlich *nicht sowohlen qua frantzösischen Sprachmeister sondern vielmehr als einem sich wohl verhaltenden Proselyto.* HStAS A 284/94 Bü 47 Bl. 5: Über die Proselyten Jean Gigon, Pierre Royal und Jean Caumon wurde ebenfalls Mitte des 18. Jahrhunderts berichtet, dass sie zwar *niemahlen kein fixirtes Salarium gehabt, wohl aber als zumahlige Proselyti auff unterthänigstes Suppliciren fast jährlich einige Schöffel Dinkel und etwas Geldt [...] erhalten haben.*

[344] UAT 30/6 Nr. 20 Bl. 1.

[345] DUMANOIR: Desvoyé, o. Pag.; HStAS A 284/94 Bü 49 Bl. 1: Vgl. hierzu die beiden vorhandenen Konversionsschriften des Tanzmeisters Charles Dumanoir um 1650 und des Sprachmeisters des Italienischen und Französischen Franciscus de Gregoriis aus dem Jahr 1712. Beide Konversionsschriften enthalten weitgehend formalisierte Thesen und weisen große Gemeinsamkeiten auf, etwa in den Kapiteln über die Heilige Schrift, die Abendmahlslehre und die Anrufung der Heiligen, unterscheiden sich jedoch in Gliederung, Ausgestaltung und Umfang. Persönliche Motive oder authentische Konvertierungsberichte finden sich hierin nicht. Vgl. zu den Textmustern frühneuzeitlicher Konversionsschriften HORSTKAMP: Konversionsschriften, S. 85–97.

rerseits offensichtlich von großen inneren Unruhen bewegt wurden[346]. Beide Fälle stellten die obrigkeitlichen Instanzen vor Probleme. Sie nahmen daher meist eine abwartende Haltung ein. Insbesondere die Einschreibung in die Universitätsmatrikel wurde häufig auch nach vollzogenem Konfessionswechsel nur zögerlich oder erst auf erneute Anfrage ausgeführt[347].

Der ehemalige Dominikanermönch und Sprachmeister des Italienischen und Französischen Franciscus de Gregoriis, der 1712 in Tübingen zum Luthertum übergetreten war, konfrontierte den Kirchenrat zwischen 1712 und 1738 mit zahlreichen und vielseitigen Suppliken um finanzielle Beihilfen oder Gratiale[348]. Dabei wurde er nicht müde, stets seinen besonderen Status als *aufrichtiger Proselytus Religionis Evangelicae*[349] zu erwähnen und zu betonen, dass er für seine Konversion zum Luthertum alles aufgegeben habe und daher Anspruch auf Unterstützung habe[350]. Die im Gesamteindruck aufdringliche und anmaßende Art des Sprachmeisters schien in allen seinen Suppliken durch. In der des Jahres 1738 gab er an, bereits dreißig Jahre lang sein Brot mit Sprachunterricht zu verdienen und das allerdings mit einer Beständigkeit, die nicht von allen Proselyten erwartet werden könne, weshalb er die Möglichkeit einer Rückkehr zur katholischen Kirche als Druckmittel für die Gewährung einer Beihilfe einsetzte[351]. Auch der 1715 angenommene Tanzmeister Johann Balthasar Schäffer setzte die ihm von katholischen Obrigkeiten zugefügten Missgeschicke stets zu sei-

---

[346] Vgl. zum Problem von „Indifferenz und Radikalität" im Zuge von Konversionen in der Frühen Neuzeit Lotz-Heumann/Missfelder/Pohlig: Indifferenz, S. 239–242 sowie Diess.: Authentizität, S. 59–61 und generell Siebenhüner: Glaubenswechsel, S. 243–272.

[347] UAT 3/8 Bl. 32ᵛ: Als 1666 ein ehemaliger katholischer Priester beim Senat der Universität Tübingen um Aufnahme in die Universitätsmatrikel anhielt, wurde dekretiert: *Weile er sich in unsrer religion zu informiren begehrt, ist er ad tempus zu toleriren, aber noch zur Zeit nicht zu inscribiren in matriculam, biß man sehe wie er sich anlaße.* Diese Vorgehensweise war bei allen Proselyten ein gängiges Verfahren: Vgl. UAT 30/6 Nr. 13 Bl. 6 f.: Der französische Sprachmeister Gilbert Joubert beantragte 1682, als er noch dem reformierten Bekenntnis anhing, die Aufnahme in die Universitätsmatrikel. Damals entschied der Senat deutlich: *Tolerandum sed non recipiendum.* Von 1686 bis 1689 wurde Joubert, der sich inzwischen in der lutherischen Lehre unterrichten ließ, die Aufnahme in die Matrikel jeweils um ein Jahr verlängert. Jedoch sollte beobachtet werden, *wie er sich ratione religionis aufführe.*

[348] Exemplarisch HStAS A 284/94 Bü 49 Bl. 48.

[349] Ebd. Bl. 20b, 22, o. Pag. Franciscus de Gregoriis an den Kirchenrat (1738, Januar 20).

[350] Ebd. Bl. 28: De Gregoriis nannte sich hier einen *Diener, der wegen der wahren Religion alles verlassen und Eur Hochfürstlichen Durchlaucht gnädigste Vocation allen andern vorgezogen.*

[351] HStAS A 284/94 Bü 49 o. Pag. Franciscus de Gregoriis an den Kirchenrat (1738, Januar 20): *Als daß ich eben dannoch zwar nach meiner höchsten Schuldigkeit nun also in die 30 Jahre redlich und ehrlich und zugleich ziemlich säuerlich gedienet: anbey nach der christlöblichen Gewohnheit in diesem theuern Hertzogthum die ernstliche und redliche Proselyti Evangelici, auch sonsten gantz besonderer hoher Vorsorge, auf die Tage ihres Lebens sich jederzeit zu erfreuen gehabt haben: und dann gleichwohlen von meiner sonsten eben nicht allen Proselytis zuzulegenden Beständigkeit, und aufrichtiger Intention in dem angenommenen reinen Evangelischen Glauben das noch bey handen habende eigene Breve des verstorbenen Römischen Pabsts Clementis XI. darinnen ich auf die schon vor vielen Jahren nachdrücklichst gnädigste Art zur Wiederkehr zu der römischen Kirche, aber um des bey mir vest gegründeten, schon belobten Evangelischen Glaubens willen, vergeblich bin eingeladen und angereitzet*

nem Vorteil ein[352]. Und der Sprachmeister Alexander Gottlieb Lamotte erhob 1737 Anspruch auf eine besoldete Bedienstung, da er *wegen der Lutherischen Religion seines Großvatters Erbguts in Franckreich sich beraubet sehen muß*[353]. Aber nicht nur die obrigkeitlichen Instanzen mussten auf die Proselyten reagieren. Sie polarisierten auch die Studentenschaft und die anderen Maîtres. Die Vergünstigungen, welche die Proselyten erhielten, waren eine Quelle von Neid. Der Sprachmeister des Französischen Alexander Gottlieb Lamotte klagte 1740 darüber, dass ihm sein Konkurrent, der *aufgeblasene Proselyt* Pierre Robert, die Scholaren streitig mache[354]. Als sich 1715 in der Studentenschaft eine Gruppe bildete, die den ehemaligen Mönch Johann Balthasar Schäffer als Tanzmeister unterstützte und eine andere, die ihm fachliche Unfähigkeit vorwarf, vermutete der Oberhofmeister des Collegium Illustre für diese Spaltung auch konfessionelle Gründe. In der Studentenschaft befänden sich einige, die der katholischen Religion zugetan wären und daher einen ehemaligen Augustinermönch als Tanzmeister nicht dulden wollten[355].

Andere Maîtres dagegen waren aufgrund ihres Konfessionswechsels von Zweifeln bewegt. Dieser Wechsel stellte sie und andere Proselyten bei den obrigkeitlichen Instanzen unter den Generalverdacht der Unbeständigkeit, wie es der Sprachmeister und Proselyt Franciscus de Gregoriis selbst über seine Schicksalsgenossen gesagt hatte[356]. Der 1737 zum Luthertum konvertierte ehemalige Franziskanermönch und Sprachmeister des Französischen Jacques François Perrin de Vassebourg aus Bar-le-Duc kehrte 1745 zum Katholizismus und in seinen Orden zurück[357]. Im Jahr 1748 wandte er sich erneut dem Luthertum zu. Als Sprachmeister wollte ihn in Tübingen

---

352 HStAS A 284/94 Bü 55 o. Pag. Johann Balthasar Schäffer an den Kirchenrat (1716, Dezember 8): *Ewer Hochfürstlichen Durchlaucht werden zweifels ohne annoch in Gnädigstem angedenckhen seyn, wie und was vor Grausamkeiten von denen Papisten wegen angenohmener Evangelischer Religion, alß wider verrätherischer weiße gefangen wurde, leiden und außstehen müßen, so daß, nachdem von dem Euchstetischen Bischoff, umb alle das Meinige gebracht worden, fast nackhend bloß aus der harten Gefängnus, in welcher nahe bey einem Jahr allein bey Waßer und wenigem Brodt gesessen zu Ihro Hochfürstlichen Durchlaucht nacher Stuttgart kommen. Wann nun Gnädigster Fürst und Herr, dieses so unchristliche Verfahren, der Catholischen ein Ursach geweßen, warum Ewer Hochfürstliche Durchlaucht mir vor andern die ehedem erledigte Tantzmeistersstelle in Tübingen gnädigst conferirt.*

353 HStAS A 284/94 Bü 46 o. Pag. Alexander Gottlieb Lamotte an den Kirchenrat (1737, Oktober 14).

354 HStAS A 284/84 Bü 46 o. Pag. Alexander Gottlieb Lamotte an den Kirchenrat (1740, März 2).

355 HStAS A 5 Bü 119 o. Pag. Oberhofmeister des Collegium Illustre an Herzog Eberhard Ludwig (1715, März 30): Der Oberhofmeister am Collegium Illustre gab zu Bedenken: *Ich kann einem jeden seine Sentiments nicht benehmen, doch seyn etliche darunter, welche catholischer religion zugethan, die bekannter maassen denen so aus den Clöstern springen und andere religion annehmen, nicht günstig seyn dörffen noch können. Über den Sprachmeister Franciscus de Gregoriis urteilte er in gleichem Schreiben, dass dieser ebenmaßen ein ausgesprungener Pfaff sei, der aber doch bey denen purschen in guether estime mehrentheyls stehet.*

356 HStAS A 284/94 Bü 49 o. Pag. Franciscus de Gregoriis an den Kirchenrat (1738, Januar 20).

357 UAT 30/6 Nr. 28 Bl. 5.

aber niemand mehr aufnehmen, wo er unter vielen weiteren fachlichen und disziplinarischen Motiven mit der Begründung abgewiesen wurde, dass er offenkundig
in keiner der beiden Konfessionen verankert sei und auch kein Bestreben zeige, der
lutherischen Landeskonfession anzugehören[358]. Der reformierte Réfugié Jean Gigon
dagegen, der unter der Hugenottenverfolgung in Frankreich gelitten hatte und mittel-
los nach Württemberg gekommen war[359], nahm den ihm empfohlenen Wechsel zum
lutherischen Bekenntnis sehr ernst. Der Tübinger Stadtpfarrer berichtete 1708 vom
Erfolg der Unterrichtung des Sprachmeisters im lutherischen Bekenntnis und den ge-
äußerten Zweifeln Gigons hinsichtlich der zwischen Reformierten und Lutheranern
bestehenden Uneinigkeiten, die aber geklärt werden konnten[360].

Nur in den wenigsten Fällen glückte ein Konfessionswechsel so gut und dauerhaft wie bei dem Sprachmeister des Italienischen Antonio Calligar, über den 1703
berichtet werden konnte, dass er *die Studierende Jugendt sowohl von Cavalliern als
andern mit seiner getrewn und ohnverdrossnen Information, auch honneten liebrei-
chen Maniere und Conversation sehr vergnüget, beyneben der reinen Evangelischen
Religion ungeänderten Augspurgischen Confession allhier ergriffen und sich darum
bekennet hat, sonsten auch des Latini wohl verstanden eine saubere Person und erst
31 jährig Alters ist*[361]. Auch Jean Caumon aus Bergerac im Périgord, der um 1696 nach
Tübingen gekommen war, schaffte es als einer der wenigen, sich trotz seines Status als
Réfugié dauerhaft in Tübingen niederzulassen. Nach der Konversion wurde er 1698
in die Universitätsmatrikel aufgenommen, heiratete 1704 die Tochter eines württembergischen Pfarrers, war stets als Sprachmeister des Französischen tätig und starb
hochbetagt 1748 in Tübingen[362].

---

[358] Ebd. Bl. 1, 1/1, 1/2, 3–8: Nach Angaben des Tübinger Sprachmeisters des Französischen
Pierre Robert verfasst Perrin de Vassebourg im Winter 1744 anonym eine antifranzösische
Schrift unter unbekannter Angabe der Autorenschaft eines Tübinger Professors. Die Schrift,
die nur noch in einer in Amsterdam gedruckten Ausgabe vorhanden ist, soll Perrin de Vassebourg nach zeitgenössischen Aussagen unter Umgehung der Zensur in Tübingen bei Cotta
gedruckt haben und den in Rottenburg im Winterquartier liegenden Franzosen zugespielt
haben. Im Zuge der darauf folgenden Untersuchung am Heiligen Abend 1744 wird dem
Sprachmeister zudem vorgeworfen, französischen Offizieren Prostituierte zu verschaffen,
die Nachricht zu verbreiten, in Württemberg würden französische Deserteure protegiert
werden, die Disziplin im Fürstlichen Stipendium zu unterwandern und bei den Katholiken
die Kommunion zu empfangen. Die Ermittlungen bringen Unterschlagung von Geld, Schlägereien und Trinkgelage sowie mehrere Konflikte mit Stuttgarter und Tübinger Exerzitien-
und Sprachmeistern ans Tageslicht, worauf dem im Haus des Sprachmeisters Franciscus de
Gregoriis wohnenden Perrin de Vassebourg die beantragte Aufnahme in die Matrikel der
Universität Tübingen verwehrt wird.

[359] HStAS A 284/94 Bü 48 Bl. 2, 7, 9, o. Pag. Stadtpfarrer Hochstetter an den Kirchenrat (1708,
August 30): Gigon bezeichnete sich 1708 als *armen Exulanten der um der Religion willen
nicht allein sein Haab und Guth verzogen, sondern auch in lang währiger harter Gefängnis
so viel Frost, Hunger, Kummer und Drangsal erlitten, die ein Mensch ohne Gottes sonderbahren Beistand nicht würde überstehen können.*

[360] HStAS A 284/94 Bü 48 o. Pag. Stadtpfarrer Hochstetter an den Kirchenrat (1708, August 30).

[361] UAT 25/3 Bd. 2 Nr. 133.

[362] StAT E 101/22; StAT E 101/24; StAT E 201/1105; UAT 30/6 Nr. 26; UAT 32/1 Bd. 4 Nr. 318.

c. Reformierte und Katholiken

Anders als die Proselyten wurden reformierte Maîtres, die an ihrem Bekenntnis festhalten wollten, in Tübingen zwar geduldet, jedoch nicht in die Matrikel aufgenommen. Fehlender rechtlicher Status, große Konkurrenz, vor allem unter den Sprachmeistern, mangelnder Verdienst und konfessionelle Inkompatiblität verhinderten mit wenigen Ausnahmen, dass sie in Tübingen Fuß fassen konnten. Das zeigte sich etwa an dem französischen Sprachmeister Alphons Firmin Caussin, der vor seinem Übertritt zur reformierten Konfession um 1656 katholischer Priester gewesen war. Er hielt in Tübingen an seinem neuen Bekenntnis fest und bat zwischen 1664 und 1668 mehrmals – auch mit Unterstützung seiner äußerst zufriedenen Scholaren – um Aufnahme in die Universitätsmatrikel, die ihm jedoch unter dem Hinweis auf die Erfordernis der Konversion zum lutherischen Bekenntnis so lange verwehrt blieb, bis er die Stadt wieder verließ[363].

Insgesamt gab es unter den Tübinger Maîtres jedoch nur sehr wenige Reformierte, die nicht zum Luthertum übertraten. Zu ihnen gehörte Étienne Debrulère, vermutlich einer der ersten Réfugiés in Tübingen, der sich von 1653 bis 1660 als Sprachmeister des Französischen betätigte[364]. Er wurde trotz seines reformierten Bekenntnisses 1654 in die Matrikel aufgenommen, vermutlich auch weil er stets beteuerte, die reformierte Konfession widerrufen und zum Luthertum übertreten zu wollen[365]. Der Senat, der hinsichtlich der Konversionsabsichten der Réfugiés bis dahin noch wenig Erfahrung gesammelt hatte, verband dieses Privileg zukünftig mit dem Übertritt zum Luthertum, wie es bei Alphons Firmin Caussin deutlich wurde[366].

Im 18. Jahrhundert blieb der Sprachmeister Pierre Aubin de Sales den vorhandenen Quellen gemäß während seines Aufenthalts in Tübingen zumindest zwischen 1773 und 1777, vermutlich aber bis zu seinem Tod im Jahr 1784 dem reformierten Bekenntnis verbunden[367]. Angesichts der Schwierigkeiten, die gegen Ende des 18. Jahrhunderts offenbar darin bestanden, einen mehr als nur durch die Kenntnis der Muttersprache qualifizierten Sprachmeister ausfindig zu machen[368], erklärt sich, dass auch der angesehene, mit Lehrerfahrung aus Jena, Göttingen und Herborn versehene

---

[363] TOEPKE: Matrikel, Bd. 2, S. 323; UAT 3/8 Bl. 48ᵛ, 22ᵛ, 339ʳ, 354ᵛ, 357ʳ, 359ᵛ, 389ᵛ; UAT 30/6 Nr. 6 Bl. 1–9.

[364] UAT 30/6 Nr. 5.

[365] MUT II 24237; UAT 30/6 Nr. 5.

[366] UAT 3/8 Bl. 48ᵛ, 22ᵛ, 339ʳ, 354ᵛ, 357ʳ, 359ᵛ, 389ᵛ; UAT 30/6 Nr. 6 Bl. 1–9.

[367] UAT 46/19 Bl. 55ᵛ; UAT 46/26 Bl. 44ᵛ.

[368] UAT 46/19 Bl. 55ᵛ: Im Senat der Universität Tübingen wurde 1773 beschlossen, dem Sprachmeister Pierre Aubin de Sales zu dessen *Auffmunterung* ein Gratial von elf Gulden zu verabreichen. Es herrschte also offenbar großer Mangel an qualifizierten und geeigneten Sprachmeistern. HStAS A 202 Bü 2616 o. Pag. Gutachten des Geheimen Rats (1784, Dezember 28): Der Nachfolger de Sales, Jean François Méry le Roy, wurde 1784 ausdrücklich auch als Katholik angenommen. Der Geheime Rat gutachtete 1784, dass man kein Hindernis darin sehe, den katholischen Sprachmeister des Französischen Jean François Méry Le Roy anzunehmen, da sein Unterricht keinen Bezug zur Religion aufweise und tüchtige Sprachmeister bekanntermaßen selten zu finden seien.

und sich durch mehrere Publikationen auszeichnende de Sales 1776 trotz seines reformierten Bekenntnisses in die Matrikel aufgenommen wurde[369].

Bewerbern und Maîtres, die der katholischen Religion angehörten und in Tübingen an ihr festhalten wollten, wurde von Seiten der Obrigkeit häufig mit Misstrauen begegnet, sodass sie oft nur kurz in Tübingen blieben. Rauscher erwähnt bereits den um 1601 in Tübingen tätigen französischen Katholiken Théodore du Soucy aus Chalons-sur-Saône, der zunächst den Senat der Universität vergeblich darum gebeten hatte, Sprachunterricht erteilen zu dürfen. Als er schließlich einige Studenten am Collegium Illustre privat im Französischen, Italienischen und Spanischen unterrichtete, wurde er von einem Professor der Rechte angefeindet und verließ Tübingen aus Mangel an weiteren Möglichkeiten bald in Richtung München[370].

Auch der französische Tanzmeister Marin Sanry und der französische Fechtmeister Jan Veiliaque du Roc – beide Katholiken – arbeiteten nur kurze Zeit in Tübingen. Hinsichtlich ihrer beruflichen Chancenlosigkeit und ihres darauf folgenden Wegzuges aus Tübingen spielte bei beiden Maîtres neben ihrer zweifelhaften Aufführung auch ihr Bekenntnis zur katholischen Kirche eine nicht unbedeutende Rolle: Während der Oberhofmeister des Collegium Illustre den Fechtmeister Jan Veiliaque du Roc als *frembden, [...] wiederiger Religion zu gethanen, und nach allen umbständen nicht unverdächtigen menschen*[371] erst gar nicht in Tübingen dulden wollte, hielt sich Marin Sanry immerhin einige Jahre von 1668 bis 1674 als Tanzmeister am Collegium Illustre auf[372]. Dort provozierte er laut einem 1672 und 1673 von den Professoren Wolf Adam Lauterbach und David Scheinemann aufgenommenen Protokoll und Bericht den Oberhofmeister, die Collegiumsprofessoren und die Collegiaten vor allem bei Tisch immer wieder mit seinem aufbrausenden Verhalten und seinen Reden über Politik und Religion[373]. Die Rede war dabei von Geschrei an der Tafel, zerschlagenem Geschirr, wildem Anstoßen mit Weinbechern, vom Singen schändlicher Lieder und ungestümem Leeren von Konfektschüsseln sowie von provozierendem Anrempeln des Tisches, *sodass derselbe dem Princen von Holstein, wieder den leib gegangen, und die brühe fast auß der schüßel gesprungen*[374]. Vor allem aber störte Sanry regelmäßig das Tischgebet, *indem er bißweilen capriolen gemachet oder sonsten seine poßen getrieben* und hinderte damit die Collegiaten an der nötigen Andacht. Während des Kirchenbesuchs der Collegiaten soll er sich provozierend mit seinem Pferd vor der Kirche getummelt haben. Schließlich gab der Collegiumstorwart zu

---

[369] ARNIM: Corpus, S. 227; HStAS A 284/94 Bü 47 Bl. 14; MUT III 37554; STEUBING: Geschichte, S. 177.

[370] RAUSCHER: Collegium Illustre, S. 47 und Anm. 2.

[371] HStAS A 202 Bü 2617 o. Pag. Oberhofmeister des Collegium Illustre an den Geheimen Rat (1676, November 13).

[372] HStAS A 284/94 Bü 55 Bl. 8; UAT 3/8 Bl. 368ᵛ.

[373] HStAS A 202 Bü 2617 o. Pag. Oberhofmeister des Collegium Illustre an den Geheimen Rat (1672, März 1).

[374] Ebd. o. Pag. Bericht Wolf Adam Lauterbachs und David Scheinemanns über Marin Sanry (1673, Februar 7).

Protokoll, er hätte *das Thor eigens seinet wegen öffnen müßen, wann er von der Catholischen Kirchen wieder heim kommen*[375].

Der von Wolf Adam Lauterbach und David Scheinemann aus diesem Protokoll
erstellte Bericht an den Geheimen Rat unterstrich schließlich nicht nur deutlich die
in dem auffälligen Verhalten Sanrys eine besondere Rolle spielenden konfessionellen
Differenzen, sondern verschärfte diese noch[376]. Insbesondere die zusätzliche Inter-
pretierung und Ausformulierung der Vorkommnisse als *Spott deß üblichen Gotteßdiensts* betonte die Alterität Sanrys und brachte damit sowohl die Ausgrenzung des
Tanzmeisters als auch die Abgrenzung und Distanzierung der Professoren gegenüber
dem Maître zum Ausdruck.

Aber nicht immer bedeutete die Zugehörigkeit zur katholischen Kirche eine Provokation. Die angesehenen französischen Tanzmeister Guillaume Michel Dumanoir
aus Paris und Antoine Lepicq aus der Picardie sowie der Marqueur am Tübinger
Ballhaus Matthias Rodler aus Ingolstadt hielten sich in aller Zurückgezogenheit mehrere Jahrzehnte lang als Katholiken in Tübingen auf. Bis zur Einrichtung der katholischen Pfarrei auf dem zum Kloster Obermarchtal gehörigen Hofgut Ammern im Jahr
1750[377] war es für Katholiken in Tübingen möglich, die Messe in Wurmlingen oder
Hirschau zu besuchen[378]. Tanzmeister Antoine Lepicq wurde 1759 und Marqueur
Matthias Rodler 1796 auf dem Friedhof in Ammern begraben[379]. Der katholische
Sprachmeister Jean François Méry le Roy heiratete 1786 eine Lutheranerin aus Mömpelgard in der Tübinger Stiftskirche, ließ sich seine Trauung aber in der katholischen
Pfarrei Ammern bestätigen[380].

---

[375] Ebd.
[376] Ebd. o. Pag. Wolf Adam Lauterbach und David Scheinemann an den Geheimen Rat (1673,
Februar 10): So formulierten sie insbesondere, dass Sanry *allerhandt schändtliche, hochär-
gerliche Discursen, sowohl bey noch gehabtem freyen Tisch im Collegio, alß auch seithero
mehrmahlen Wieder die Evangelische Religion spöttisch undt nachdenckliche reden nicht
allein geführet, sondern auch zu unterschiedlichen mahlen, alß mann in die Kirchen gan-
gen, sich unterstanden seinem gefallen nach etwan nach andern seiner Religion zugethanen
Kirchen oder sonst wohin außzureiten, undt vor der Kirchen sein Pferdt muthwilliger Weise,
gleichsamb zum Spott deß üblichen Gotteßdiensts zu dummeln, worzu mann ihme daß Thor
jedeßmahl offen halten müßen.*
[377] KNAPP: Taufbuch, S. 18 f., 21 f.: Die Ammerhöfer gehörten vor 1750 der Pfarrei Wurmlingen
an, wurden dort getauft, getraut und begraben. Von 1765 bis 1767 wurde ein Vorgängerbau
der Kapelle erweitert und ein Friedhof eingerichtet. Im Jahr 1807 wurde die Pfarrei aufgehoben und mit der 1806 gegründeten Stadtpfarrei in Tübingen vereinigt. Vgl. hierzu auch
LÖFFLER: Taufbuch, S. 28–32.
[378] Vgl. KNAPP: Taufbuch, S. 20 f.
[379] DARM 283 Bd. 1 o. Pag. (1796, Juli 14); StAT E 201/1365: Der Leichnam Matthias Rodlers
wurde am Tag des Begräbnisses um halb sieben Uhr morgens von einem Ammerhöfer Pfer-
degespann vor dem Haus oder dem Ammertor abgeholt. Insgesamt wurden 10 Gulden für
die Grabstätte, 30 Kreuzer für die Messe und die Beerdigung, 1 Gulden für die Leichenrede,
1 Gulden 30 Kreuzer für den Mesner und den Totengräber für das Läuten und Grabschau-
feln, 1 Gulden 12 Kreuzer für Kerzen und 1 Gulden 30 Kreuzer für das Abholen der Leiche
veranschlagt.
[380] KNAPP: Taufbuch, S. 21; HStAS A 284/94 Bü 289 o. Pag. Jean François Méry le Roy an den
Kirchenrat (1792, April 12): Ein Jahr nach seinem freiwilligen Weggang aus Tübingen bat der

d. Zusammenfassung

So heterogen wie das Herkunftsprofil und die Mobilitätsmotivationen der Tübinger Exerzitien- und Sprachmeister, so groß war auch die konfessionelle Vielfalt unter den Maîtres, die vor allem unter den Sprachmeistern ein breites konfessionelles Spektrum aufwies. Unter ihnen befanden sich Lutheraner, Reformierte, Katholiken und ehemals reformierte, katholische und jüdische Proselyten. Die Exerzitienmeister als Jurisdiktionsangehörige des Collegium Illustre und die Sprachmeister in ihren vielfältigen Versuchen, in die Universitätsmatrikel aufgenommen zu werden, waren nur unformal zur Annahme des lutherischen Bekenntnisses verpflichtet. Tatsächlich aber bot sich ein breitgefächertes konfessionelles Bild. Den zum Luthertum übergetretenen Proselyten wurden im Regelfall die begehrte Aufnahme in die Universitätsmatrikel und auf Nachfrage auch finanzielle Vorteile eingeräumt. Reformierte und Katholiken, die an ihrem Bekenntnis festhalten wollten, erfuhren dagegen meist nur Duldung.

Sprachmeister 1792 vergeblich darum, wieder zurückkehren zu dürfen. In seinem Schreiben bat er auch darum, dass bei einer Rückkehr nach Tübingen er selbst, seine Frau und sein Kind wieder der katholischen Pfarrei Ammern (*notre église d'Amerhoff*) angehören dürften.

3. Qualifikation und Rekrutierung

3.1. Qualifikation und Rekrutierung der Exerzitien- und Sprachmeister

Die Besetzung der aus dem Geistlichen Gut besoldeten Maîtrestellen am Tübinger Collegium Illustre stieß stets auf den Widerstand des Kirchenrats, der diese im 18. Jahrhundert ganz offen als ein permanentes *objectum der remonstrationes*[381] bezeichnete. Als Hüter des Geistlichen Guts nahm er mitunter sogar das zeitweise Ausbleiben von Bewerbungen auf eine Maîtrestelle zum Anlass, die Einziehung der damit verbundenen Besoldung vorzuschlagen und Stellen gänzlich zur Disposition zu stellen[382]. Aber es war der zu keiner Zeit in Frage gestellte Wille der württembergischen Herzöge, längere Stellenvakanzen ganz zu vermeiden und freie Maîtrestellen unmittelbar wieder zu besetzen. Von herzoglicher Seite wurde in der gängigen amtssprachlichen Wendung stets angeordnet, man möge den entsprechenden Posten mit einem *andern tüchtigen Subjecto* wieder bestellen lassen[383]. Die Verantwortung und das Bemühen um die Einstellung fachlich möglichst gut qualifizierter und pädagogisch geeigneter Exerzitien- und Sprachmeister verengte sich aber aufgrund der ablehnenden Haltung des Kirchenrats vollkommen auf die Person des württembergischen Herzogs. Da der Landesherr stets im gesamten Untersuchungszeitraum das Lehrprogramm der Exerzitien- und Sprachmeister nicht nur für die Prinzenerziehung als äußerst wichtig erachtete, erhielt die Rekrutierung neuer Maîtres nicht nur ein spezifisch herzogliches Gepräge, sondern stellte auch einen aktiven und engagierten Vorgang dar[384].

---

[381] HStAS A 284/94 Bü 46 Bl. 1.
[382] HStAS A 284/94 Bü 296 o. Pag. Gutachten des Kirchenrats (1778, August 5): Nachdem die Fechtmeisterstelle am Collegium Illustre 1778 durch den Tod des Fechtmeisters Johann Ernst Friedrich Güßau vakant geworden war und weil sich *bei diesem treu devotesten herzoglichen Kirchenraths Collegio biß dato noch kein Subjectum gemeldet* hatte, ergriff der Kirchenrat die Gelegenheit, die Wiederbesetzung der Stelle eigenmächtig zur Disposition zu stellen, was ihm jedoch nach sofortigem Eingreifen Herzog Carl Eugens nicht gelang.
[383] HStAS A 202 Bü 2616 o. Pag. Geheimer Rat an den Oberhofmeister des Collegium Illustre (1685, Juli 11): Der Begriff des vom Herzog gewünschten *tüchtigen* Maître wurde nicht nur von herzoglicher Seite, sondern auch von anderen Instanzen, etwa dem Kirchenrat oder dem Oberhofmeister, häufig verwendet. HStAS A 202 Bü 2617 o. Pag. Geheimer Rat an den Oberhofmeister des Collegium Illustre (1740, August 20): Im Jahr 1740 sollte darauf geachtet werden, im Zuge der Wiederbesetzung der Tanzmeisterstelle *wiederum einen tüchtigen Mann anzunehmen*. HStAS A 284/94 Bü 289 o. Pag. Oberhofmeister des Collegium Illustre an den Kirchenrat (1792, April 16): Der Oberhofmeister des Collegium Illustre gab 1792 den herzoglichen Willen wider, für die vakante Sprachmeisterstelle *ein tüchtiges Subject unter den Landeskindern* ausfindig zu machen.
[384] HStAS A 274 Bü 83 o. Pag. Bericht des Collegiumsverwalters an Herzog Carl Eugen (1769, Mai 30); HStAS A 284/94 Bü 250 Bl. 5; CONRADS: Ritterakademien, S. 155; THÜMMEL: Universitätsverfassung, S. 442; WILLBURGER: Collegium Illustre, S. 24.

a. Herzogliche Bereiter und Stallmeister

Obwohl eine aktive Personalrekrutierung durch die württembergischen Herzöge in allen Sparten des Fächerquintetts stattfand, lässt sich diese besonders detailliert und zeitlich flächendeckend bei den Reitmeistern rekonstruieren. Alle Bereiter und Stallmeister des Collegium Illustre im untersuchten Zeitraum standen in engster Verbindung mit dem Marstall des herzoglichen Hofes[385]. Ihr Großteil wurde aus Stuttgart oder Ludwigsburg nach Tübingen versetzt, ein kleinerer Teil kehrte nach der Tätigkeit am Collegium Illustre wieder an den Hofmarstall zurück[386]. Einzige Ausnahme bildete der Stallmeister Wolfgang Ernst von Berga, der sich 1698 ohne bekannte vorherige Verbindungen zum württembergischen Herzogshaus nach sechzehn Jahren im Dienst des hochbetagten Grafen und Pferdeliebhabers Johann Friedrich von Hohenlohe-Oehringen als bereits erfahrener und verdienter Stallmeister erfolgreich am Tübinger Collegium Illustre bewarb[387], weshalb sein Bewerbungsschreiben an Herzog Eberhard Ludwig das einzige erhaltene Schreiben seiner Art darstellt. Bei einer ansonsten guten Quellenlage verweist das Fehlen weiterer Bewerbungsschreiben auch in diesem Fall nicht auf einen Verlust solcher Schriftstücke, sondern vielmehr auf die weitgehende Suspendierung eines schriftlichen Bewerbungsverfahrens, das durch vorausschauende und vermutlich weit im Voraus geplante aktive und interne Versetzungsvorgänge innerhalb des herzoglichen Hofmarstalls ersetzt wurde und ganz überwiegend über mündliche Kommunikation auf dem kurzen Dienstweg verlaufen sein musste.

Die Qualifikation der Bereiter und der Stallmeister am Tübinger Collegium Illustre bestand regelmäßig in einer ordentlichen Lehre in der Reitkunst bei einem Meister des Faches, etwa bei einem lang gedienten Bereiter, meist jedoch bei einem ranghöheren Stallmeister und in einer anschließenden Reise, die der Perfektionierung des Gelernten diente. Der Bereiter am Stuttgarter Hofmarstall und seit 1653 am Tübinger Collegium Illustre Ulrich Oberans bildete um die Mitte des 17. Jahrhunderts seinen Sohn Adam Ulrich Oberans in der Reitkunst aus[388]. Nach Abschluss der Lehrzeit begab dieser sich auf die Reise nach Italien und Frankreich, wo er vermutlich mehrere Reitschulen besuchte und auf diese Art und Weise auch das Italienische und Fran-

---

[385] HStAS A 303 Bd. 13980 S. 79, 195, 201, 211, 220; HStAS A 303 Bd. 13981 S. 78, 232, 241; HStAS A 303 Bd. 13982 S. 83, 267, 274, 295: Die Reitmeisterstelle am Collegium Illustre wurde im 17. Jahrhundert stets mit einem Bereiter besetzt, während ab 1698 ein ranghöherer und besser bezahlter Stallmeister eingesetzt wurde.

[386] PFEILSTICKER: NWD §§ 731 f., 734 f., 740–744, 1331, 2910: Die Bereiter und Stallmeister Caspar Günter, Hermann Lantheri, Ulrich Oberans, Heinrich Nidda, Adam Ulrich Oberans, Wolfgang Lorenz Gutthäter, Ludwig Ernst Breithaupt, Johann Liborius Wippermann und Adolph Christoph von Bühler waren bereits vor ihrer Tätigkeit am Tübinger Collegium Illustre am württembergischen Hofmarstall beschäftigt. PFEILSTICKER: NWD §§ 739 f., 743: Christof Kientzel, Augustin Nazareth und Philipp Bach kehrten nach ihrer Beschäftigung am Collegium Illustre wieder in den Dienst des Marstalls zurück.

[387] HStAS A 202 Bü 2615 Bl. 1.

[388] PFEILSTICKER: NWD §§ 32, 743, 3319.

zösische erlernte. Zudem hielt er sich in Ungarn und Österreich auf und perfektionierte um 1670 seine Kenntnisse und Fertigkeiten zusätzlich auf einer Reitschule in Frankfurt am Main[389]. Die von 1676 bis 1680 dauernde Lehre Joseph Hagels in der Reitkunst bei dem ehemaligen Bereiter und Stallmeister am Stuttgarter Hofmarstall und am Tübinger Collegium Illustre Heinrich Nidda in Frankfurt an der Oder zeigt, dass eine Lehre in der Reitkunst mindestens vier Jahre dauerte[390]. Wird die sich anschließende Reisezeit hinzugerechnet, so ergab sich eine Vorbereitungszeit von mindestens fünf Jahren, eine Spanne, in der auch ein gelehrtes Studium absolviert werden konnte[391].

Wird für eine Einordnung die Rangfolge des Personals am Stuttgarter Hofmarstall, die Dauer und der Aufwand einer Lehre in der Reitkunst betrachtet, so wird deutlich, dass sowohl Bereiter als auch Stallmeister hochqualifiziertes Personal darstellten. Einem Bereiter folgte in der vielgliedrigen Rangabfolge am Hofmarstall nur noch der Rang des Stallmeisters und des Obriststallmeisters[392]. Dementsprechend hoch waren auch die Hürden, in dieser Hierarchie aufzusteigen und die Verantwortungsstufe vom Bereiter zum Stallmeister zu überschreiten. Hatte ein Bereiter hauptsächlich Pferde zu dressieren, so lag es in der Verantwortung eines Stallmeisters, das gesamte Stallpersonal zu führen, für eine gute Disziplin zu sorgen und die umfangreiche materielle Infrastruktur, die Pferde, Wagen, Kutschen, Futter, Rechnungen und Inventare zu verwalten[393].

---

[389] HStAS A 202 Bü 2615 o. Pag. Ulrich Oberans an den Geheimen Rat (praes. 1665, Juni 4); UAT 25/2 Bd. III Nr. 293a: So berichtete Ulrich Oberans 1665 über die Qualifikationen seines Sohnes, *welcher nunmehr 34 Jahr seines Alters auch von Jugend auff zue der Reuttkunst von mir fleißigst unndt getrewlichst angestrenget unndt darbey auch aufferzogen worden, worinnen er bereits guete fundamenta gelegt, unndt soviel Experienz erlanget, daß er selbige (neben erlernung der italianisch- unndt frantzösischen Sprach) in Italia, Franckhreich, Ungarn, Oesterreich, auch an Hoffen, ohne aigenen Ruhm zue melden, dermaßen excoliret unndt exerciret hatt, daß er einen gueten Bereutter abgibt, auch von meinen Scholaren deßentwegen lieb unndt werth gehallten worden.*

[390] HStAS A 202 Bü 2617 o. Pag. Joseph Hagel an den Geheimen Rat (1672, Juli 8), o. Pag. Joseph Hagel an den Geheimen Rat (1687, August 6).

[391] HStAS A 284/94 Bü 41 o. Pag. Bartholomäus Hettler an Herzog Friedrich (1601, Juli 2); MUT I 208/40, 231/79: Der spätere Sprachmeister am Collegium Illustre Bartholomäus Hettler hatte von 1588 bis 1593 ein Studium der Rechte in Tübingen absolviert.

[392] HStAS A 10 Bü 66 Bl. 5: Dem Bereiter folgten in der Rangabfolge nach unten noch die Marstaller, Wagenmeister, Sattelknechte, Leibkutscher, Futtermeister, Kutscher, Vorreiter, Beiläufer und Heubinder.

[393] KRÜNITZ: Encyclopaedie, Bd. 4, S. 229: Demnach war ein Bereiter jemand, *der allerhand, und sonderlich junge rohe Pferde, die noch nie weder Reiter noch Zügel gehabt haben, nach der Kunst abzurichten weis. Er mus sich daher auf die Natur, und sowohl inn- als äusserliche Beschaffenheit eines jeden Pferdes wohl verstehen, damit er solches nach seinem Temperament anzugreifen und zu tractiren wisse.* ZEDLER: Universal-Lexicon, Bd. 39, Sp. 1051: Demnach war der Stallmeister *eine ansehnliche, mehrentheils adeliche person, die an seinem Fürstlichen Hofe dem Marschall vorgesetzet ist, über die ihm nachgesetzten Stall-Bedienten die Obsicht zu führen, und einen ieden zu seiner Schuldigkeit anzuweisen, die Pferdt, Wagen, Geschirr, und andere dahin gehörige Sachen in guter Bereitschafft zu halten, über alles richtige Inventaria führen zu lassen, dieselben offt durchzugehen, die Mängel zu erinnern, auf*

Wie sehr die Tübinger Reitmeisterstelle, die bis 1698 eine Bereiterstelle war, in das Personalgefüge des herzoglichen Hofmarstalls integriert war, zeigt die Verfolgung eines Karriereweges: Wolfgang Lorenz Gutthäter, der 1675 mit zwanzig Jahren Bereiter am Stuttgarter Marstall wurde, also eine Lehre in der Reitkunst bereits absolviert hatte, unternahm von 1684 bis 1685 zur Perfektionierung und Fortbildung eine Reise nach Italien, wo er sich vermutlich an einer der berühmten Reitschulen aufhielt[394]. Anschließend wurde er Bereiter am Tübinger Collegium Illustre und wechselte spätestens 1695 – nunmehr zum Unterstallmeister befördert – wieder nach Stuttgart zurück[395]. Solange der Tübinger Posten stets an einen Bereiter vergeben wurde, fungierte er also als Karrieresprungbrett. Gutthäter stieg schließlich 1698 mit dreiundvierzig Jahren in Stuttgart vom Unterstallmeister zum Stallmeister auf[396].

Die Aufwertung der Tübinger Bereiter- zur Stallmeisterstelle, die 1698 bezeichnenderweise für den einzigen nicht aus dem Hofmarstall rekrutierten Reitmeister Wolfgang Ernst von Berga vorgenommen werden konnte, machte den Tübinger Posten dann zur Versorgungsstelle für lang gedientes Hofmarstallpersonal[397]. Alle Tübinger Stallmeister des 18. Jahrhunderts hatten vor ihrem Amtsantritt in Tübingen bereits lange in herzoglichen Diensten gestanden, verbrachten ihren beruflichen Lebensabend am Collegium Illustre und verstarben allesamt in ihrem Tübinger Amt[398]. Unter Herzog Carl Eugen wurde die Stallmeisterstelle am Collegium Illustre zuletzt eine lukrative Pfründe, die mit ihrer eigentlichen Funktion nichts mehr gemein hatte. Bereits 1769 bekam der viele Jahre in Stuttgart dienende Stallmeister Adolph Christoph von Bühler Titel und Besoldung der Tübinger Stallmeisterstelle am Collegium Illustre übertragen. Auf herzoglichen Befehl hielt sich von Bühler jedoch bis 1795 weitere sechsundzwanzig Jahre am Stuttgarter Hof auf, wo er eine zusätzliche ein-

---

die ordentliche Wart- und Fütterung der Pferde, Anschaffung, Verwahrung und ordentliche Ausgebung des rauhen und harten Futters Acht zu haben, die Stall-Rechnungen zu übersehen, und insgemein nach der vorgeschriebenen Stall-Ordnung sich und die ihm untergebenen genau zu achten. Unter dem Stallmeister stehen die Bereiter, Kutscher, Reit-Wagen, und Beyknechte, und andere zugehörige Bediente.

[394] HStAS A 202 Bü 1970 o. Pag. Herzogsadministrator Friedrich Carl an den Geheimen Rat (1684, Oktober 8).

[395] HStAS A 202 Bü 240 o. Pag. Staat für Wolfgang Lorenz Gutthäter (1685, November 10); HStAS A 202 Bü 1970 o. Pag. Herzogsadministrator Friedrich Carl an den Geheimen Rat (1684, Oktober 8), o. Pag. Herzog Eberhard Ludwig an den Geheimen Rat (1710, Mai 8); PFEILSTICKER: NWD §§ 732, 742.

[396] HStAS A 202 Bü 1970 o. Pag. Herzogsadministrator Friedrich Carl an den Geheimen Rat (1684, Oktober 8); PFEILSTICKER: NWD § 732.

[397] HStAS A 303 Bd. 13980 S. 79, 195, 201, 211, 220; HStAS A 303 Bd. 13981 S. 78, 232, 241; HStAS A 303 Bd. 13982 S. 83, 267, 274, 295.

[398] UAT 9/9 Nr. 130: Wolfgang Ernst von Berga wurde 1727 wegen Alters zur Ruhe gesetzt. HStAS A 284/94 Bü 52 Bl. 56; HStAS A 303 Bd. 14042 Bl. 23ᵛ; StAT A 86/41; StAT E 101/246: Alle weiteren Stallmeister des 18. Jahrhunderts, Ludwig Ernst Breithaupt, Johann Liborius Wippermann, Adolph Christoph von Bühler und Johannes Ladner traten in Tübingen ihre letzte Stellung an und verstarben dort.

trägliche Besoldung genoss[399]. Da der Reitbetrieb in Tübingen während dieser Zeit nicht stillstehen konnte, ließ Herzog Carl Eugen von Bühler in Tübingen durch die Bereiter Christoph Friedrich Kuttler, Georg Adam Bessey und Carl Heinrich Völter vertreten, die eine geringe Besoldung aus dem Rentkammervermögen erhielten[400].

Die kontinuierliche Nähe der Tübinger Bereiter und Stallmeister zum herzoglichen Hofmarstall zeigt deutlich, wie dieser als eine Art Kompetenzzentrum für das Tübinger Reitexerzitium fungierte. Der Marstall war personell so gut ausgestattet, dass der Herzog jederzeit die Möglichkeit hatte, aus dessen Personalpool einen hoch qualifizierten Stelleninhaber für das Tübinger Collegium Illustre abzustellen, den Tübinger Posten sogar vollkommen in den Stellenverteilungsplan des Marstalls zu integrieren und damit letztlich für eine größtmögliche Stabilität und Kontinuität des Reitexerzitiums in Tübingen zu sorgen. Eine ähnliche Nähe zum höfischen Umfeld ist für die Stallmeisterstelle der Universität Heidelberg belegt. Kurfürst Karl Ludwig von der Pfalz ließ 1656 aus Genf Emanuel Froben als *electoralis hippodromi et venationis academiae praefectus* nach Heidelberg holen, um der Universität mehr Attraktivität zu verschaffen[401]. In den Statuten von 1786 wurde zudem erwähnt, dass die Exerzitienmeister mit Ausnahme des Bereiters vom akademischen Senat angenommen würden, was auf eine besondere Fürsorge des Kurfürsten für den Reitbetrieb hindeutet[402].

Die württembergischen Herzöge legten großen Wert auf eine aktive, vorausschauende und an höchsten Qualifikationsmaßstäben gemessene Personalrekrutierungsstrategie für die Tübinger Reitmeisterstelle. Die in keiner Sparte des Fächerquintetts so kontinuierlich aufrecht erhaltene personelle Nähe zum Herzogshof verweist auf den insgesamt hohen Stellenwert des Reitexerzitiums innerhalb des Lehrprogramms des Collegium Illustre. Verantwortungsbewusstsein und Vertrauen spielten bei der Auswahl eines Reitmeisters daher eine große Rolle. Das hatte nicht nur praktische, sondern auch ideelle Gründe. Wegen seiner standesspezifischen und militärischen Bedeutung für den mittelalterlichen Ritterstand war der Umgang mit dem Pferd auch für den frühneuzeitlichen Adel das „Standes- und Statussymbol" schlechthin geblieben[403]. In Verquickung des Konzepts der italienischen Reitschulen des 16. Jahrhunderts mit den Akademievorschlägen François de la Noues aus dem Jahr 1587 war das Reitexerzitium überhaupt erst Ursprung und Basis einer Adelsakademie, wie sie das Tübinger Collegium Illustre darstellte[404]. Die Stellung und Bedeutung des Reit-

---

[399] HStAS A 202 Bü 2615 o. Pag. *Staat* für Adolph Christoph von Bühler (1769, Oktober 26); HStAS A 303 Bd. 14042 Bl. 23ᵛ; HStAS A 303 Bd. 14043 Bl. 71ʳ; StAT E 101/246; UAT 9/9 Nr. 134, 155: Von Bühler trat die Stelle schließlich 1795 an und verstarb 1808 in Tübingen.

[400] HStAS A 10 Bü 66 Bl. 5; HStAS A 284/94 Bü 293 o. Pag. Gutachten des Kirchenrats (1790, August 5); UAT 9/9 Nr. 134, 138.

[401] TOEPKE: Matrikel, Bd. 2, S. 326; WOLGAST: Universität, S. 59.

[402] THORBECKE: Statuten, § 61, S. 323.

[403] CONRADS: Ritterakademien, S. 40.

[404] Ebd., S. 26–39, 40–43, hier S. 40: Conrads fasst die Bedeutung des Reitexerzitiums ausdrucksstark zusammen: „Zum Selbstverständnis des europäischen Adels gehörte, daß er sich als Ritterstand begriff. Das Wort Ritter, das in vielen europäischen Sprachen ähnlich gebildet wurde, besagt schon, welche Bedeutung dem Pferd im Leben des Ritters zukam. Es war weit

meisters war daher a priori entsprechend groß und lässt sich auch in Tübingen deutlich nachvollziehen, denn in Fortführung des Lehrplanmodells François de la Noues hatte auch Herzog Friedrich dem Reitexerzitium in Tübingen die Vorrangstellung vor den anderen Exerzitien eingeräumt[405]. Die Collegiumsstatuten des Jahres 1609 nannten den Bereiter unter den vier Exerzitienmeistern an erster und wichtigster Stelle[406].

Neben der ideellen Bedeutung des Reitexerzitiums hatten die Bereiter und Stallmeister zusätzlich eine weit höhere Verantwortung als die anderen Maîtres zu tragen, denn sie waren nicht nur für den Unterricht der Scholaren und die dabei verwendeten Materialien verantwortlich, sondern auch für die ihnen anvertrauten kostbaren Pferde, deren kontinuierliche Pflege und die gesamte kostspielige Infrastruktur, die nicht immer vor Missbrauch geschützt war[407]. Schließlich war ein hohes Verantwortungsbewusstsein des Bereiters und Stallmeisters umso erforderlicher, da das beliebte Reitexerzitium für die jungen Scholaren eine nicht ungefährliche Betätigung darstellte, die stets mit einem hohen Unfallrisiko behaftet war, das insbesondere bei den württembergischen Prinzen durch eine erfahrene Persönlichkeit eingeschränkt werden musste. Die Bereiter und Stallmeister, die einen maßvollen und dem Alter der Scholaren angemessenen Unterricht im Reiten leiten sollten, ohne vorrangig nach der Einnahme von Informationsgeldern zu streben, trugen für die Übungen und Ausritte der Scholaren mit den Schulpferden die volle Verantwortung[408]. Seine Stellung konn-

---

mehr als ein Transportmittel und Nutztier. Es war fast ein symbiotischer Teil der ritterlichen Existenz, nicht nur auf dem Kampffeld, sondern bei allen Erledigungen außer Hauses, bei der Jagd, beim Turnier. Es war zudem ein Standes- und Statussymbol geworden, an dessen edler Rasse, Dressur und Montur man den Rang des Reiters erkannte. Es gehörte zu allen repräsentativen Akten, zu den Aufzügen, Hoffesten, Funeralien und dergleichen mehr. Das Pferd wurde ein fester Bestandteil des adligen Zeremoniells, gerade in der frühen Neuzeit, so daß manche Verrichtungen ohne seine Dienste kaum vorstellbar waren".

[405] LA NOUE: Discours, S. 153–155: François de la Noue nannte in seinem Lehrprogramm noch vor den gelehrten Studien die Exerzitien und innerhalb dieser das Reiten als erste und wichtigste Disziplin an den von ihm projektierten Adelsakademien.

[406] Ordnung 1609, S. 28.

[407] HStAS A 202 Bü 2615 o. Pag. Inventar Heinrich Niddas (1672, Oktober 19/November 11), o. Pag. Inventar Heinrich Niddas (1676, August 25): Die Inventare geben eine Vorstellung von der Pferde- und Materialbasis, für die der Reitmeister die Verantwortung trug. HStAS A 274 Bü 78 Bl. 4, 24b: In den Jahren 1617 und 1618 wurde der Bereiter Augustin Nazareth von dem Stallknecht Hans Lang wegen Veruntreuung von Pferdefutter, Heu, Stroh und weiterer Materialien aus dem Stall des Collegium Illustre angeklagt. Zudem sollte er fremde Pferde auf Kosten der fürstlichen Schulpferde abrichten und den Stalljungen und Knechten Verehrungen vorenthalten haben.

[408] HStAS A 284/94 Bü 74 o. Pag. *Staat* für Christof Kientzel (1601, Februar 16): Der *Staat* des Bereiters Christof Kientzel legte ausdrücklich fest, dass die Collegiaten nicht alleine ausreiten durften. HStAS A 202 Bü 240 o. Pag. *Staat* für Wolfgang Lorenz Gutthäter (1685, November 10): Der *Staat* Gutthäters enthielt den Zusatz: *Solle ich Ihrer fürstlichen Durchlaucht Bereiter schuldig und verbunden seyn, Ihrer fürstlichen Durchlaucht geliebten Herrn Bruders [...] neben deßen Directorn oder Hoffmeistern, und Adelichen auffwarten, wie auch die Edel Pagen wann sie zum Reiten tüchtig seyn, [...], damit dieselbe zierlich und wohlanständig reiten lernen [...], zumahlen gute Achtung zu geben, damit Ihnen kein Schad oder Unglük*

te daher nur einer persönlich bekannten, verantwortungsvollen, erfahrenen und herzogstreuen Persönlichkeit anvertraut werden, wofür der eigene herzogliche Marstall die bestmögliche Basis bot.

b. Französische Tanzmeister

Der hohe Stellenwert des Reitexerzitiums und die daraus resultierende Priorität persönlichen Verantwortungsbewusstseins und Führungsstärke bei der Personalauswahl der Bereiter und Stallmeister hatte für diese Sparte des Fächerquintetts eine aktive und vorausschauende Rekrutierungsstrategie hervorgebracht. War der württembergische Herzog zudem mit seinem Hofmarstall als eigener Kompetenzeinrichtung in die Lage versetzt, hochqualifiziertes Bereiter- und Stallmeisterpersonal für das Collegium Illustre selbst heranzuziehen und bereitzuhalten, so galt bei der ebenso aktiv betriebene Rekrutierung der Tübinger Tanzmeister eine ganz andere Priorität, die auf die besondere Charakteristik des Tanzexerzitiums zurückverweist.

Das Tanzen war – wie kein anderes Exerzitium – der aktuellen Mode unterworfen[409]. Die Dominanz insbesondere französischer Tanzmeister in ganz Europa wirkte sich auch ganz entscheidend auf die Rekrutierung der Tanzmeister am Tübinger Collegium Illustre durch die württembergischen Herzöge aus. Ein tüchtiger Tanzmeister sollte den französischen Vorgaben entsprechend qualifiziert sein und im besten Falle über fortdauernde Kontakte zum französischen Königshof als europäischem Zentrum der Tanzkunst verfügen, um modische Aktualität gewährleisten zu können. Die im 17. und 18. Jahrhundert mit nur wenigen Ausnahmen französischsprachigen und größtenteils aus Frankreich stammenden Tanzmeister am Tübinger Collegium Illustre implizieren eine herzogliche Personalrekrutierungsstrategie, die sich bewusst immer wieder am französischen Kulturkreis orientierte. Der erste Tanzmeister am Collegium Illustre um 1610, François de Mire, stammte aus Verdun[410]. Es ist anzunehmen, dass er über eine oder mehrere Zwischenstation, etwa als Tanzmeister an einem Fürstenhof, nach Tübingen gelangt war. Nach dem Dreißigjährigen Krieg hielten sich bis 1714 die aus Paris stammenden französischen Tanzmeister Charles und Guillaume Michel Dumanoir[411] sowie Marin Sanry[412] in Tübingen auf. Die Tanzmeister des 18. Jahrhunderts, Antoine Lepicq und sein Sohn Martin Charles stammten

---

beschehen, auch an den Pferden nichts muthwilliglich verwahrloßet oder denselben zuviel gethan werde.

[409] LIECHTENHAN: Tanz, S. 25 f.; SCHNEIDER: Tanzlexikon, S. 529 f.

[410] RAU: Franzosen, S. 8; SCHIEK/SETZLER: Ehebuch, Nr. 3685.

[411] HStAS A 202 Bü 1915 o. Pag. Vertrag über die Annahme Charles Dumanoirs (1647, November 26), o. Pag. Geheimer Rat an die Rentkammer (1648, Juli 19); RAU: Franzosen, S. 8 f.; StAT E 201/442 Bl. 1; UBT Mh 847a Bl. 46ʳ.

[412] HStAS A 202 Bü 2617 o. Pag. Marin Sanry an den Geheimen Rat (um 1668–1774), o. Pag. Oberhofmeister des Collegium Illustre an den Geheimen Rat (1672, März 1); HStAS A 284/94 Bü 55 Bl. 4.

ursprünglich aus der Picardie[413]. Auch Charles Devaux war Franzose[414] und François Fellon war im päpstlichen Avignon geboren worden[415].

Wie bei den Reitmeistern sind konkrete Hinweise auf die Kontakte, über welche die französischen Tanzmeister rekrutiert werden konnten, nur in Einzelfällen und unvollständig überliefert. Allerdings kann die Gewinnung des Pariser Tanzmeisters Charles Dumanoir im Jahr 1647 sehr gut rekonstruiert werden und damit exemplarisch eine vermutlich häufig zum Einsatz kommende Personalbeschaffungsstrategie der württembergischen Herzöge veranschaulicht werden. Sie bestand darin, sich der Personalkenntnis und Kontakte des herzoglich württembergischen Repräsentantennetzwerks an den europäischen Fürstenhöfen und den Höfen des Reiches zu bedienen und württembergische Gesandte mit der Aushandlung entsprechender Verträge zu beauftragen. Nachdem Charles Dumanoir als Sohn des Pariser Hofmusikers und Violon du Roi Mathieu Dumanoir vermutlich auf diese Weise ausfindig gemacht und dieser auch Interesse bekundet hatte, wurde im Oktober 1647 einem württembergischen Gesandten in Paris befohlen, mit dem Tanzmeister Charles Dumanoir eine Besoldung auszuhandeln, die bei hundert Reichstalern, höchstens aber bei zweihundert Gulden pro Jahr liegen sollte[416].

Ein weiterer Repräsentant, der als *Resident en France* des württembergischen Herzogs identifiziert wurde, Jordan Guesont, schloss im November 1647 mit Mathieu Dumanoir, dem Vater des achtzehnjährigen Charles Dumanoir und einem königlichen Notar in seinem Haus in Saint-Germain-des-Prés in der Petite Rue de Seine einen Arbeitsvertrag für den jungen Tanzmeister ab[417]. Charles Dumanoir sollte den Kindern des württembergischen Herzogshauses das Tanzen beibringen und dafür freie Kost und Logis am herzoglichen Hof erhalten. Herzog Eberhard musste Mathieu Dumanoir dafür vierhundert Livres Tournois pro Jahr bezahlen, von denen Guesont mit einhundertfünfzig Livres eine Anzahlung machte. Als Einstellungstermin wurde der 1. Dezember 1647 festgelegt. Falls der Tanzmeister nach Paris zurückkehren wolle, sei der württembergische Herzog ihm zur Ausstellung eines Passes verpflichtet[418]. Charles Dumanoir trat seine Stelle ordnungsgemäß an, hielt sich zunächst

---

[413] DAR M 283 Bd. 1 Bl. 21ʳ.

[414] HStAS A 284/94 Bü 55 Bl. 89.

[415] HStAS A 284/94 Bü 296 o. Pag. François Fellon an den Kirchenrat (1794, April 7).

[416] HStAS A 202 Bü 1915 o. Pag. Geheimer Rat an die Rentkammer (1648, Juli 19).

[417] Vgl. hierzu SALMEN: Tanzmeister, S. 40: Offenbar siedelten sich viele der Pariser Tanzmeister am linken Seineufer im Quartier von Saint-Germain-des-Prés an.

[418] HStAS A 202 Bü 1915 o. Pag. Vertrag über die Annahme Charles Dumanoirs (1647, November 26): *Lequel a volontairement promis, c'est oblige envers Monseigneur le Duc de Wirtemberg absent, stipulant par Mons. Guesont son Resident en France, que Charles du Manoir son fils aussi dela mesme vacation sera et demeurera au service de Sa Altesse de Wiremberg pour montrer et enseigner toutes sortes de Dances et Monseigneur le Prince son filz, et a Mes Damoiselles les Princesses ses filles, Moyennant quoy sa dicte Altesse sera tenue de nourrir et loger le dict Charles du Manoir, et de payer au dict du Manoir pere la somme de quatre cents livres par chacun an, que le dict Charles du Manoir filz sera au service de sa dicte Altesse [...] et en cas que le dict du Manoir filz se voulant retirer du service de sa dicte Altesse, pour retourner en France, ou ailleurs, sa dicte Altesse luy tournira Passeport pour son dict retour.* Vgl.

ein Jahr lang am württembergischen Hof auf, bevor er mit Prinz Johann Friedrich auf Martini 1648 ins Tübinger Collegium Illustre einzog und mit einer Unterbrechung zwischen 1668 und 1674 bis zu seinem Tod im Jahr 1688 als Tanzmeister in Tübingen tätig war[419].

Dass ein solch detaillierter und von einem königlichen Notar beglaubigter Vertrag zustande kam, ist vermutlich der bedeutenden Stellung der Pariser Musikerfamilie Dumanoir zuzuschreiben. Mathieu Dumanoir, der Vater Charles Dumanoirs, der diesen Vertrag für seinen Sohn aushandelte, war Mitglied der berühmten Vingt-Quatre Violons du Roi, in deren Reihen er 1640 als Violon ordinaire de la Chambre du Roi und 1647 als Maistre sonneur d'instruments fungierte[420]. Der Bruder Charles Dumanoirs, Guillaume, war ebenfalls Mitglied der Violons du Roi und war als Komponist, Tänzer und Tanzmeister an der Petite Écurie tätig[421]. Im Jahr 1657 erhielt er den Titel des Roi des joueurs d'instruments du Royaume, war also sogar Leiter des berühmten Ensembles der Vingt-Quatre Violons du Roi[422]. Als 1661 die Académie de Danse gegründet wurde, wandte sich Guillaume Dumanoir entschieden, jedoch erfolglos gegen die damit verbundene Einschränkung der Rechte der Confrérie de Saint Julien des Ménétriers, der französischen Spielmannszunft. Dennoch wurde er 1664 Conseiller du Roi und war damit ein bei Hofe hoch angesehener Mann[423]. Das Niveau seines Geigenspiels wurde als überdurchschnittlich und über das konventionelle handwerkliche Spiel hinausgehend als künstlerisch eingestuft[424].

Sein Sohn, Guillaume Michel Dumanoir, ebenfalls Violon du Roi und seit 1679 Tanzmeister am spanischen Königshof Karls II. und Marie Louise d'Orléans[425], wurde von 1688 bis 1714 vermutlich über ähnliche Kontakte Nachfolger seines Onkels Charles als Tanzmeister am Tübinger Collegium Illustre, sodass mit einer kurzen Unterbrechung mehr als sechzig Jahre lang hoch qualifizierte Tanzmeister in Tübingen tätig waren[426]. Dass sich die Familie Dumanoir vom französischen Königshof

---

zur Bezahlung französischer Tanzmeister an deutschen Fürstenhöfen SALMEN: Tanzmeister, S. 49–54.

[419] HStAS A 284/94 Bü 55 Bl. 9, 17; HStAS A 303 Bd. 13965–13974; PFEILSTICKER: NWD § 971; RAU: Franzosen, S. 8.

[420] HStAS A 202 Bü 1915 o. Pag. Vertrag über die Annahme Charles Dumanoirs (1647, November 26); RAU: Franzosen, S. 8.

[421] ECORCHEVILLE: Suites, S. 19–23: Die Grande Écurie und die Petite Écurie wurden 1681 und 1682 von Jules Hardouin-Mansart in Versailles erbaut und dienten der Unterbringung der gesamten Reiterei des französischen Königshofes und seines Personals. Die Manegen beider Écuries wurden auch für Feste, Bälle, Opern, Balletts und Theateraufführungen genutzt. Vgl. hierzu MASSOUNIE: Architecture, S. 81–87; vgl. zur Reiterei und den Écuries des französischen Königshofs auch ROCHE/BABELON/REYTIER: Écuries.

[422] Dictionnaire des musiciens, S. 130 f.; Grand dictionnaire encyclopédique Larousse, Bd. 4, S. 3439; RAU: Franzosen, S. 8.

[423] Dictionnaire des musiciens, S. 130 f.; ISHERWOOD: Music, S. 154–156; ECORCHEVILLE: Suites, S. 22 f.

[424] KOLNEDER: Violine, S. 297.

[425] BARDET: Dumanoir, S. 252.

[426] HStAS A 303 Bd. 13995 S. 165; StAT E 201/442 Bl. 1; PFEILSTICKER: NWD § 971.

zurückzog, hatte mutmaßlich mit den Streitigkeiten zwischen den in der Spielmannszunft organisierten Musikern unter der Leitung der Dumanoirs und dem von König
Ludwig XIV. begünstigten italienischen Komponisten und Tänzer Jean-Baptiste Lul-
ly zu tun, der die Tänzer und Musiker der 1672 aufgebauten Pariser Oper nicht den
strengen Ausbildungsregeln der Confrérie unterwerfen wollte[427].

Wie sehr sich die Tanzkunst und die Qualifikationen der Tanzmeister am Tübinger Collegium Illustre und am württembergischen Hof tatsächlich an der französischen Mode orientierten und wie sehr mit der Rekrutierung französischer Tanzmeister durch die württembergischen Herzöge bewusst aktive und durch bleibende
Familienbande lebendige Kontakte zum französischen Königshof als Zentrum der
europäischen Tanzkunst gefördert wurden, zeigt die Tatsache, dass Herzog Eberhard
Charles Dumanoir 1666 zur Auffrischung seiner Kenntnisse für ein paar Wochen
nach Paris schickte[428]. Einmal dort angekommen, bat Dumanoir im Oktober 1666
um eine Verlängerung seines Aufenthalts bis Weihnachten, *damit durch solche Reyß
dem Fürstlichen Collegio undt insonderheit Ihren Fürstlichen Gnaden den Herrn
Printzen vermittelst mitbringender newer Stückhen möchte desto mehr nutz undt
information in dem Dantz geschehen.* Herzog Eberhard ließ Dumanoir mitteilen,
dass ihm der Aufenthalt *zur Erkhundigung der Newen Tänz* gerne erlaubt sei. Dem
Oberhofmeister des Collegium Illustre in Tübingen kündigte der Herzog an, dass
er vorhabe, nach der Rückkunft Charles Dumanoirs den Stuttgarter Tanzmeister
für einige Tage nach Tübingen zu schicken, *damit Er die mitbringende Newe Tanz-
manier ebenmäßig ergreiffen und folgends in seiner information darnach richten
möge*[429], eine Äußerung, die anschaulich zeigt, wie sehr die Orientierung am Der-
nier cri aus Paris zum fürstlichen Selbstverständnis des württembergischen Herzogs
gehörte.

Die Württemberger waren hier jedoch keine Ausnahme. Im 17. und 18. Jahrhundert waren zahlreiche Franzosen als Tanzmeister an den Höfen und Universitäten im
Reich tätig, so beispielsweise auch an den Universitäten Marburg, Gießen, Freiburg,
Altdorf und Göttingen[430]. Die Universität Leipzig hielt ihre Tanzmeister sogar zu
einem ständigen Kontakt mit der Académie Royale de Danse in Paris an, um sich über
die modernsten Tänze auf dem Laufenden zu halten[431]. Und aus Rostock ist bekannt,

---

[427] SCHLETTERER: Geschichte, S. 42–51.
[428] HStAS A 202 Bü 2617 o. Pag. Charles Dumanoir an Herzog Eberhard (1666): *Ayant apris
que par une grace speciale Vostre Altesse rent et ordonne que j'aille en France pour apprendre
les danses nouvelles et devenir plus propre a rendre à Vostre Maison Serenissime le tres obei-
sant service que je luy doibs, Je supplie tres humblement Vostre Altesse d'avoir pour agreable
que mon depart soit différé jusques en authonne, affin qu'arrivant à Paris J'y trouve la Cour,
sans laquelle il me seroit impossible d'effectuer les commendemans de Vostre Altesse.*
[429] HStAS A 202 Bü 2617 o. Pag. Charles Dumanoir an Herzog Eberhard (1666, Oktober 16).
[430] EBEL: Catalogus, S. 195; ENGEL: Musikpflege, S. 20–22; GUNDLACH: Catalogus, S. 507–510;
KRÜGER: Erben, S. 288; LIND: Personen, S. 205; SALMEN: Tanzmeister, S. 65 f., 68–71; SALMEN:
Universitäts-Tanzmeister, S. 79–89; WILL: Geschichte, S. 129.
[431] FINK: Tanzmeister, S. 100.

dass sich der französische Tanzmeister Morelle – wie Dumanoir – 1682 für einige Zeit in seine Heimatstadt Paris begab, um die neuesten Tänze zu erlernen[432].

Aber nicht nur der württembergische Herzog, auch die Tübinger Tanzscholaren forderten von ihrem Tanzmeister höchste Qualifikationen und aktuelle Kenntnisse der Tanzmode ein. Im Jahr 1715 beklagten sich siebzehn adlige Studenten darüber, dass sie mit Tanzmeister Johann Balthasar Schäffer, *nicht zu friden seyn würden und ihne vor incapable hielten, einen das Danzen zu informieren wie einem rechtschaffenen Danzmeister zustehet.* Insbesondere bemängelten sie, dass er *I. sehr übel auf der Violin streichet und öffters im Geigen anstößet, daß ein Scholare so nicht gerne leicht confus gemacht wird. II. daß er die Cadence gar nicht verstehet indeme er zuweilen geschwind, zuweilen gar zu langsam streichet. III. die neue Dänze gar nicht weißt [...] welches doch allerdings nöhtig ist. IV. daß er mit gar keiner guten manier einen Scholaren corrigiren kan, sonderlich in dem neuen Paspied, den er selbsten nicht verstehet*[433]. Diese anspruchsvolle Kritik ist umso mehr nachzuvollziehen, da kurz zuvor mit dem Tod Guillaume Michel Dumanoirs im Jahr 1714 die Epoche der hochqualifizierten Dumanoirs in Tübingen zu Ende gegangen war[434].

Fungierte der Hofmarstall schon immer als Kompetenzeinrichtung für die Rekrutierung der Reitmeister, so entwickelten sich im 18. Jahrhundert unter den Herzögen Eberhard Ludwig und Carl Eugen mit dem Ausbau des herzoglichen Hoftheaters und schließlich 1770 mit der Gründung der Hohen Karlsschule und ihrem Musiker- und Tänzerlehrgang herzogliche Einrichtungen, die erstens für die Rekrutierung von Tanzmeistern eine eigene Personalbasis schufen und zweitens von einer aufwändigen und kostspieligen Personalrekrutierung außer Landes, vor allem in Frankreich unabhängig machten[435].

Während alle Tanzmeister des 17. Jahrhunderts Franzosen waren, nahm im 18. Jahrhundert der Anteil an Deutschen, an Württembergern und an Tanzmaîtres, die in den eigenen Einrichtungen herangezogen worden waren, stetig zu. Der erste deutsche Tanzmeister am Collegium Illustre war 1715 der aus Rappoltsweiler stammende Johann Balthasar Schäffer[436]. Im Jahr 1767 wurde der sich bereits seit langem in Tübingen aufhaltende Musiker Ernst Friedrich Dörr Tanzmeister am Collegium Illustre, der allerdings 1795 von einem Bewerber auf seine Stelle als *überhaupt kein Subjectum nach der modernen Tanzkunst* bezeichnet wurde, vermutlich auch deswegen weil er keine ordentliche Ausbildung in der Tanzkunst besaß[437]. Charles Devaux,

---

[432] KOHFELDT: Fecht- und Tanzmeister, S. 71.

[433] HStAS A 5 Bü 119 Beilage zu Bl. 21.

[434] BARDET: Dumanoir, S. 252; HStAS A 284/94 Bü 55 Bl. 24; HStAS A 303 Bd. 13995 S. 165; StAT E 201/442 Bl. 1.

[435] Vgl. zu Theater und Musik am württembergischen Hof ABERT: Musik, S. 557–611; KRAUSS: Theater, S. 485–554.

[436] HStAS A 5 Bü 119 Bl. 21; HStAS A 303 Bd. 13996 S. 185.

[437] HStAS A 202 Bü 2617 o. Pag. Otto Schlosser an den Geheimen Rat (1795, August 1); HStAS A 303 Bd. 14041 Bl. 25ᵛ; UAT 9/9 Nr. 238–241: Dörr war bereits 1765 als Tanzmeister des Collegium Illustre unter der Begründung abgewiesen worden, dass er *als kein erlernter Tantzmeister, weder gnugsame Geschicklichkeit er zu besitzen, noch auch mit erforderlicher*

der 1721 die Stelle übernommen hatte, d'Huliny, der 1762 im Tanzen unterrichtete und François Fellon, der 1794 den alternden Tanzmeister Dörr vertrat, waren zwar gebürtige Franzosen, aber bereits vor ihrem Stellenantritt in Tübingen als Komödianten und Tänzer am württembergischen Hoftheater tätig gewesen[438].

Am Ende des 18. Jahrhunderts übernahmen mehrheitlich württembergische Landeskinder, darunter jetzt auch Mömpelgarder, den Tanzmeisterdienst in Tübingen. Sie waren allesamt an der Hohen Karlsschule zu Tänzern ausgebildet worden[439]. Dazu zählte 1795 bis 1796 Ludwig Michael Kaz aus Owen an der Teck[440], Johann Friedrich Woelffel aus Mömpelgard[441] sowie 1800 der letzte am Collegium Illustre angestellte Tanzmeister Clément Alexandre François, der ebenfalls aus Mömpelgard stammte[442].

Der Grund für die Heranziehung von Musikern, Tänzern, Schauspielern und Sängern am Ende des 18. Jahrhunderts in Eigenregie an der Hohen Karlsschule waren die hohen Kosten, um entsprechend geschultes Personal weiterhin in Frankreich zu rekrutieren. Hinzu kamen die ausufernden Kosten, die insgesamt für Theater, Oper, Ballett und Musik am württembergischen Hof ausgegeben wurden[443]. Die bereits zum Teil viele Jahre angestellten französischen Tänzer und Tanzmeister im Umfeld des herzoglichen Hofes wurden daher nun innerhalb des institutionellen Rahmens der Hohen Karlsschule als Multiplikatoren ihres Metiers eingesetzt. So waren die Lehrer für die Musik-, Tanz-, Schauspiel- und Gesangslehrgänge der Karlsschule ursprünglich reine Musiker, Tanzmeister, Komödianten und Sänger des herzoglichen Hofes, des Hoftheaters oder seines Orchesters[444]. Sie bildeten jetzt auch württembergische Landeskinder zu Tänzern und Tanzmeistern aus, etwa der erfahrene Hof-

---

Authorität dabey zu bestehen in Standt sich befinden werde. UAT 9/9 Nr. 253, 255: Über Clément Alexandre François wurde gesagt, dass dieser die Tanzkunst *ordnungmäsig erlernt hat, welches beym Doerr der Fall nicht war und solches ihm zum Vorwurf gemacht wurde, und das Vertrauen entzog.*

[438] HStAS A 284/94 Bü 55 Bl. 48b, 89; HStAS A 284/94 Bü 297 o. Pag. François Fellon an den Kirchenrat (1794, November 9); HStAS A 303 Bd. 14038 Bl. 27ᵛ; Pfeilsticker: NWD § 965; UAT 9/9 Nr. 235.

[439] Vgl. hierzu insbesondere BOUVARD/MARCHAND/TURLOTTE: Montbéliardais, S. 204–212.

[440] SCHAUER: Personal, S. 63.

[441] Ebd., S. 73.

[442] HStAS A 284/94 Bü 297 o. Pag. Clément Alexandre François an den Kirchenrat (1800, Dezember 23).

[443] KRAUSS: Theater, S. 521–533.

[444] UHLAND: Geschichte, S. 65, 83, 112, 171 f.: Auch Uhland gibt an, dass Herzog Carl Eugen durch die Aufnahme von Musik-, Gesangs- und Tanzschülern in die Karlsschule insbesondere aus Kostengründen „das teuere ausländische Personal durch billige einheimische Kräfte ersetzte". Die in der Karlsschule zu erlernenden Berufe des Musikers, Tänzers und Schauspielers standen aber nur in loser Verbindung mit der Akademie, da sie als unehrenhaft galten. Die Schüler bekamen Kost und Logis in der Akademie, zählten aber nicht zu den eigentlichen Zöglingen, sondern standen in enger Verbindung mit dem Hoftheater. Die Musiker und Tänzer wurden zudem möglichst lange an der Akademie gehalten, um das Honorar für sie zu sparen und die Kosten ihrer Ausbildung zu amortisieren.

tanzmeister Pierre Henry Malterre aus Lunéville[445]. Seit dem Beginn der Französischen Revolution unterlag, wie 1792 bei der Wiederbesetzung einer Sprachmeisterstelle bekannt wurde, die Rekrutierung gebürtiger Franzosen als Maîtres für die studentische Jugend in Tübingen zudem erhöhten Vorsichtsmaßnahmen, sodass in dieser Zeit selbst als Sprachmeister des Französischen Württemberger bevorzugt wurden[446].

c. Konkurrierende Fechtmeister

Während die Besetzung der Reit- und Tanzmeisterstellen am Collegium Illustre von den württembergischen Herzögen ganz überwiegend aktiv, vorausschauend und hinsichtlich der Qualifikationen der Maîtres anhand der Orientierung an Kompetenzeinrichtungen innerhalb und außerhalb Württembergs betrieben wurde, so war es bei der Wiederbesetzung der Fechtmeisterstellen Usus, eine weit abwartendere Personalstrategie zu verfolgen. Wie die zahlreich vorhandenen Bewerbungsgesuche dieser Sparte des Fächerquintetts und die letztlich getroffenen Personalentscheidungen zeigen, wurde hier auf eine Bewerberbasis zurückgegriffen, die sich auch ohne aktive Rekrutierung als groß genug und den Ansprüchen genügend darstellte, um im Falle einer Vakanz, die Stelle schnell und erfolgreich wieder zu besetzen[447]. Zwar kam es in allen Sparten des Fächerquintetts stets zu Bewerbungen auf freie Stellen, dominieren konnte der freie Bewerbermarkt aber besonders die Wiederbesetzung der Fechtmeisterstelle im 18. Jahrhundert und die Annahme von Sprachmeistern seit der Mitte des 17. Jahrhunderts.

---

[445] BIBRA: Journal, S. 469; KRAUSS: Theater, S. 533–537; PFEILSTICKER: NWD §§ 924, 971; UHLAND: Geschichte, S. 83.

[446] HStAS A 202 Bü 2616 o. Pag. Gutachten des Geheimen Rats (1791, Oktober 27), o. Pag. Gutachten des Geheimen Rats (1792, Januar 17): Der Wunsch des württembergischen Herzogs, keine Franzosen mehr als Sprachmeister anzustellen, wurde bei der Wiederbesetzung der Sprachmeisterstelle im Jahr 1792 deutlich formuliert. So ging der Wille des Herzogs dahin, die Stelle wieder zu besetzen, *wobei aber allezeit der Bedacht wo möglich auf ein Landeskind, und durchaus auf keinen Franzosen zu richten ist.* Bei Vorschlag eines solchen bereits einige Monate zuvor äußerte der Herzog, dass man an sich keinen Anstand nehmen würde, *wenn derselbe nicht ein gebohrener Franzos wäre, welchem in dem gegenwärtigen Zeitpunct um der bedenklichen Folgen willen der Unterricht junger Leute nicht wohl anvertraut werden kann.* UAT 44/3 Nr. 38: Auch der Senat der Universität wurde in der Annahme von Franzosen als Sprachmeister vorsichtig, wie die Senatsunterredungen über Pierre Bernard Rochete im Jahr 1800 und Jean Marie Morio 1802 zeigen. Beide hatten im königstreuen Corps des Prinzen Louis Joseph de Condé gedient. In der Unterredung des Jahres 1802 wurde von einem Senatsmitglied verlautbart, es sei ratsamer, alle französischen Emigranten abzuweisen, auch solche, die im Condéischen Corps gedient hätten, da der Senat diese ohne ausdrückliche Erlaubnis des Herzogs nicht aufnehmen dürfe.

[447] HStAS A 303 Bd. 13979–14017: Balthasar Friedrich Dinckel war von 1695 bis 1698 und von 1699 bis 1739 mehr als vierzig Jahre lang als Fechtmeister in Tübingen tätig. HStAS A 303 Bd. 14050–14059: Achatius Friedrich Lorenz Seiffart unterrichtete vierzehn Jahre lang zwischen 1779 und 1793 Tübinger Scholaren im Fechten. UAT 117/670 Bl. 11: Johann Friedrich Gottlieb Roux war siebenundzwanzig Jahre lang von 1794 bis 1821 Fechtmeister in Tübingen.

Grund dafür war in beiden Sparten eine verschärfte Konkurrenzsituation, die zum einen der guten Konjunktur und hohen Nachfrage nach Fecht- und Sprachunterricht geschuldet war und zum anderen an den im Vergleich zum Reiten und Tanzen weniger gehobenen Ansprüchen der Scholaren lag. Diese Situation wurde auch für andere Universitäten im 18. Jahrhundert beschrieben[448]. Hinzu kam, dass die Fechtmeister und die Sprachmaîtres von einer Infrastruktur, wie sie für das Reit- oder Ballexerzitium unerlässlich war, vollkommen unabhängig und dadurch mobiler waren. Initiativbewerbungen auf bereits besetzte Posten waren daher in diesen Sparten des Fächerquintetts charakteristisch[449]. Vergleichbare Kompetenzeinrichtungen mit Personalbasis, wie sie für das Reiten und das Tanzen beschrieben wurden, fehlten in diesen Bereichen ganz[450].

Die Rekrutierung der Tübinger Fecht- und Sprachmeister orientierte sich aus diesen Gründen auf ganz natürliche Weise an einem größeren, freieren und von seinem Einzugsgebiet her offeneren Markt, als dies der Fall bei den Reit- und Tanzmeistern der Fall war. Mit der Ausnahme des Fechtmeisters Johann Ernst Friedrich Güßaus, den der württembergische Herzog nach der Ablehnung mehrerer untauglicher Bewerber mit Hilfe des herzoglichen Oberhofmarschallamts in Leipzig re-

---

[448] MEINERS: Verfassung, S. 146; UAT 30/6 Nr. 5; UAT 117/670 o. Pag. Senat der Universität an den Geheimen Rat (1703, März 28).

[449] HStAS A 202 Bü 2617 o. Pag. Oberhofmeister des Collegium Illustre an den Geheimen Rat (1676, November 13): Im Jahr 1676 versuchte Jan Veiliaque du Roc dem Fechtmeister am Collegium Illustre Johann Casimir Eller seine Stellung streitig zu machen. UAT 117/670 o. Pag. Senat der Universität an den Geheimen Rat (1703, März 28): Der Fechtmeister Balthasar Friedrich Dinckel fühlte sich 1703 von der Konkurrenz durch den sich kurze Zeit in Tübingen aufhaltenden Georges Parent bedroht. HStAS A 202 Bü 2616 o. Pag. Pierre Aubin de Sales an den Geheimen Rat (1777, Oktober 12); HStAS A 284/94 Bü 46 o. Pag. Alexander Gottlieb Lamotte an den Kirchenrat (1740, März 2); RAUSCHER: Collegium Illustre, S. 60 f. und Anm. 57 f., 58a, S. 79 f.; UAT 4/6 Bl. 60ᵛ; UAT 30/6 Nr. 13 Bl. 2: Zu allen Zeiten beklagten sich die Tübinger Sprachmeister über zu große Konkurrenz, darunter beispielsweise Bartholomäus Hettler, Louis du May und Gilbert Joubert im 17. Jahrhundert sowie Jean Caumon, Pierre Royal, Alexander Gottlieb Lamotte und Pierre Aubin de Sales im 18. Jahrhundert.

[450] HStAS A 284/94 Bü 296 o. Pag. Obrist Seeger an Herzog Ludwig Eugen (1794, Januar 11): Im Einzelfall wurde 1794 der erfolglose Versuch bekannt, einen Fechtmeister für Tübingen an der Hohen Karlsschule ausfindig zu machen. Für die Rekrutierung eines geeigneten Sprachmeisters wandte man sich ebenso vereinzelt und ebenso erfolglos an das Stuttgarter Gymnasium. Beide Institutionen bildeten aber weder Fecht- noch Sprachmeister heran. Es bestand also nur die Möglichkeit, das bereits bestehende Personal dort abzuziehen. Und so teilte Obrist Seeger dem Herzog 1794 mit: *Auf das [...] Decret, durch welches mir aufgegeben wurde, zu berichten, ob bei der Herzoglichen Hohen Carls Schule eine, zu der bei dem Collegio illustri zu Tübingen erledigten Fechtmeisters Stelle taugliche Person vorhanden seye, habe ich Euer Herzoglichen Durchlaucht unterthänigst melden sollen, daß bei der Hohen Carls Schule nur allein der bißherige Fechtmeister Malté zu dieser Stelle taugen würde. Dieser Fechtmeister ist aber nicht als Fechtmeister bei der Akademie, sondern als Fechtmeister bei den Pages angestellt, und erhielte nur als diese der Akademie einverleibt wurden, den Auftrag nun bei der Hohen Carls Schule Unterricht zu geben.*

krutieren konnte[451], dominierte im 18. Jahrhundert die Personalbeschaffung der Tübinger Fechtmeister auf der Grundlage eines freien Bewerbungsverfahrens, wobei die Kenntnis von offenen Stellen offenbar durch Mundpropaganda verbreitet wurden[452]. Johann Braun bewarb sich 1698 erfolgreich aus Sachsen-Coburg nach Tübingen[453]. Achatius Friedrich Lorenz Seiffart wechselte 1779 aus Erfurt an die Ammer[454] und Johann Friedrich Gottlieb Roux bewarb sich 1794 aus Jena um Anstellung am Collegium Illustre[455]. Vermutlich hatten sich 1695 auch Balthasar Friedrich Dinckel und 1739 Johann Andreas Schmid – beide waren zuvor bereits am Stuttgarter Hof tätig gewesen – um ihre langjährigen Posten in Tübingen beworben, denn Dinckel wurde zunächst nur auf Probe eingestellt, und Schmid hatte zuvor bereits zahlreiche angesehene Stellungen in Nürnberg, Hildburghausen und Bayreuth durchlaufen[456].

Auch wenn die Ansprüche der Scholaren hinsichtlich ihres Fechtunterrichts gering waren und damit Winkelfechtmeistern[457] und Fechtscholaren die Möglichkeit gegeben wurde, den qualifizierten Fechtmeisterstand zu durchsetzen, so wurde doch von herzoglicher Seite auf eine ordentliche Qualifikation geachtet. Eine Lehre in der Fechtkunst, zu der auch regelmäßig das Ringen und Voltigieren sowie das Piken- und Fahnenschwingen zählte[458], dauerte – ähnlich wie eine Lehre in der Reitkunst – bis zu vier Jahre und wurde in der Regel ebenfalls mit einer Reise abgeschlossen. Fechtmeister Joseph Hagel gab 1672 an, zweieinhalb Jahre lang die Fechtkunst und den Umgang mit Rapier, Dolch, Hellebarde sowie das Piken- und Fahnenschwingen bei einem Genfer Fechtmeister erlernt zu haben[459]. Achatius Friedrich Lorenz Seiffart

---

[451] HStAS A 284/94 Bü 54 Bl. 35 f.

[452] Ebd. o. Pag. Johann Braun an den Kirchenrat (1698, Juni 18): Fechtmeister Johann Braun gab bei seiner Bewerbung 1698 an, er sei *verständiget worden, daß [...] die Ritterschuel zu Tübingen mit einem tüchtigen Exercitienmeister* versehen werden solle. HStAS A 284/94 Bü 296 o. Pag. François Fellon an den Kirchenrat (1794, April 7): François Fellon schrieb 1794 in seiner Bewerbung: *In diesen Umständen war es erfreulich für mich vor kurzem zu erfahren, daß wirklich die Stelle eines Fechtmeisters bei herzoglichem Collegio illustri zu Tübingen vacant und mit solcher eine kleine Besoldung, bei der sich ein ehrlicher Mann neben einigem Privatverdienst betragen könne, verknüpft seie.*

[453] HStAS A 284/94 Bü 54 Bl. 3, 5.

[454] HStAS A 284/94 Bü 296 Bl. 63.

[455] UAT 9/9 Nr. 118.

[456] Pfeilsticker: NWD §§ 979 f.; HStAS A 6 Bü 216 o. Pag. Kabinettsdekret (1729, April 19); HStAS A 202 Bü 2617 o. Pag. Johann Andreas Schmid an den Geheimen Rat (1740, Oktober 18); HStAS A 284/94 Bü 54 Bl. 3, 11 f.; UAT 9/9 Nr. 91; UAT 117/670 o.pag Senat der Universität an den Geheimen Rat (1699, April 3).

[457] Vgl. dazu unten Kap. IV. 3.1. a, Fußnote 485

[458] HStAS A 202 Bü 2617 o. Pag. Oberhofmeister des Collegium Illustre an den Geheimen Rat (1676, November 13); HStAS A 284/94 Bü 54 o. Pag. Oberhofmeister des Collegium Illustre an den Kirchenrat (1683): Der Tübinger Vorfechter Johann Friedrich Aberer und der sich als Fechtmeister bewerbende Jan Veiliaque du Roc hatten in Frankreich die Fechtkunst mit Voltigieren sowie Piken- und Fahnenschwingen erlernt.

[459] HStAS A 202 Bü 2617 o. Pag. Joseph Hagel an den Geheimen Rat (1672, Juli 8).

hatte zwei Jahre und sechs Monate das Fechten bei Heinrich Wilhelm Kreußler an der Universität Jena erlernt[460].

Von Johann Jacob Pfeiffer ist bekannt, dass er von Johann Baptist 1742 bis eben dahin im Jahr 1746 bei Fechtmeister Johann Andreas Schmid in Tübingen *die Fecht-Ring-alß Voltigier Kunst* erlernte und anschließend auf dem Tübinger Fechtboden als Vorfechter tätig war. Dass es auch beim Fechten unerlässlich war, im Anschluss an die ordentlichen Lehrjahre eine Reise zu absolvieren und Erfahrungen auf fremden Fechtböden zu sammeln, zeigt die Tatsache, dass Pfeiffer ohne diese Zusatzqualifikation 1749 als Fechtmeister am Tübinger Collegium Illustre abgelehnt wurde[461]. Pfeiffer erkannte jedoch umgehend die Notwendigkeit dieser Perfektionierung und trat daraufhin sofort eine zweijährige Reise an, um diesen Teil seiner Qualifikation nachzuholen[462]. Auch nach Beendigung der Lehrjahre und während eines Dienstverhältnisses waren Auffrischungslehrgänge und Fortbildungen üblich. Fechtmeister Balthasar Friedrich Dinckel begab sich 1698 für einige Zeit nach Frankreich, um dort eine Fechtschule zu besuchen und sich in seiner *profession* [...] *mehr qualificirt* zu machen[463].

Zwar war den bereits angesprochenen Initiativbewerbungen auf besetzte Fechtmeisterposten durch Winkelfechtmeister und Fechtscholaren meist wenig Erfolg beschieden. Allerdings wurde die Freiheit des Marktes unter den Fechtmeistern von allen Beteiligten gerne als Druckmittel eingesetzt, etwa für Besoldungsverbesserungen von Seiten der Maîtres oder als Ansporn zu noch besseren Arbeitsleistungen von Seiten der herzoglichen Verwaltung[464]. Der Tübinger Fechtmeister Johann Casimir

---

[460] AHRENS: Lehrkräfte, S. 220.

[461] HStAS A 284/94 Bü 54 Bl. 37; UAT 9/9 Nr. 97: Bemängelt wurde unter anderem, dass Pfeiffer *noch nicht Majorem, und auff die Fechtkunst nicht gerayset, auch an seiner Aufführung ein anderes außgesezt werden wolle.*

[462] HStAS A 284/94 Bü 54 Bl. 37, 41, 43.

[463] Ebd. o. Pag. Balthasar Friedrich Dinckel an den Kirchenrat (praes. 1698, Juni 27).

[464] Initiativbewerbungen, die es auch in den anderen Sparten des Fächerquintetts gab, waren stets nur dann erfolgreich, wenn sie eine tatsächliche Verbesserung des Lehrangebots unter Ausschluss zusätzlicher finanzieller Verpflichtungen bedeuteten und die Position des bisherigen Stelleninhabers nicht gefährdeten. HStAS A 284/94 Bü 53 Bl. 2: Johann Martin Kretztenthaller bewarb sich 1674 als Marqueur zur Unterstützung des fast sechzigjährigen Ballmeisters Georg Friedrich Bitschin am Ballhaus des Tübinger Collegium Illustre. In seinem Bewerbungsschreiben legte er die Vorteile eines Marqueurs dar und dass ein solcher insbesondere den württembergischen Prinzen zum Besten diene, insbesondere weil *das Ballschlagen, vihl beßer exercieret und beobachtet werden kann, wann darbey sonderlichen ein Marquier sich befindet, und das Werckh observieret, ein solches auch dem Ballmeister selbsten dienlich und vorträglich ist.* Da Kretzenthaller keine Besoldung verlangte, wurde seiner Bitte stattgegeben, womit er den Grundstein für die Übernahme der Ballmeisterstelle im Jahr 1681 legte. HStAS A 284/94 Bü 297 o. Pag. Gutachten des Kirchenrats (1794, November 10): François Fellon bewarb sich 1794 auf die Tübinger Tanzmeisterstelle, die bereits mit dem alternden Ernst Friedrich Dörr besetzt war. Der Kirchenrat beschloss, diese Gelegenheit zur Verbesserung des Tanzunterrichts zu ergreifen, die Stellung Dörrs jedoch nicht zu gefährden: *Nun ist schon lange der Wunsch entstanden, daß auf der herzoglichen Universitaet Tübingen ein tüchtiger Tanzmeister vorhanden seyn möchte, und da sich also jezo die gute Gelegenheit ereignet, daß durch den unterthänigsten Petenten ehemaligem Hof Tänzer Fellon das dortti-*

Eller musste 1676 zwar nicht ernsthaft mit einer Verdrängung durch den sich kurze Zeit in Tübingen aufhaltenden Jan Veiliaque du Roc rechnen. Dieser beeinträchtigte jedoch seinen Verdienst und schaffte es, dass der Oberhofmeister des Collegium Illustre einen mehrseitigen Bericht an den Geheimen Rat verfasste, der sich mit den möglichen Vorteilen du Rocs auseinander setzte und in dem überlegt wurde, ob der französische Fechtmeister nicht in der Lage sei, *beßere Scholaren* hervorzubringen als der etablierte Fechtmeister Eller. Letztendlich war es aber die katholische Religion du Rocs, die ihn zu einem *nicht unverdächtigen Menschen* degradierte. Als Fechtmeister für die Tübinger Scholaren kam er daher nicht in Frage[465]. Achatius Friedrich Lorenz Seiffart dagegen erzwang nach erst einem Jahr als Fechtmeister am Tübinger Collegium Illustre im Jahr 1780 durch seine Kündigung unter der Angabe, ein lukrativeres und mit einem Lieutenantstitel ausgestattetes Stellenangebot der Universität Gießen erhalten zu haben, dass ihm eine Besoldungserhöhung gewährt wurde[466].

d. Ballmeisterfamilien

Eine weitere Rekrutierungsform, die in Tübingen insbesondere für die Ballmeister typisch war, bestand in der zwar nur bedingt steuerbaren, aber willkommenen Heranziehung ganzer Maîtrefamilien, die das hochspezialisierte Wissen um ihr Metier innerhalb der Familie weitergaben. Für die württembergischen Herzöge, das Collegium Illustre und die Universität bedeutete die Anwesenheit mehrerer qualifizierter Maîtregenerationen einen entscheidenden Vorteil, der in größtmöglicher Kontinuität und Planungssicherheit für die Aufrechterhaltung des Lehrprogramms lag, insbesondere bei hoher Spezialisierung, wie sie mit dem Ballexerzitium verbunden war. Hinzu trat ein weiterer wichtiger Aspekt, der sowohl für die Verantwortlichen des Lehrprogramms, als auch die Maîtres selbst von großer Bedeutung war: Die Exerzitien, deren Charakteristik und Attraktivität für die Scholaren gerade in ihrer Körperbezogenheit lag, beanspruchten intensiv die physischen Kräfte der Maîtres. Für die Exerzitienmeister bestand daher mehr als für alle anderen Lehrkräfte im Umfeld der Universität die Gefahr, ihr Metier nicht bis ins Alter ausüben zu können und so durch fehlende Einnahmen zu verarmen[467]. Für die Träger und Verantwortlichen des

---

ge Publicum wohl besorgt werden könnte. So haben [...] Subsignirte dieses [...] Gesuch nicht allein submissest vorlegen, sondern auch zu gleich devotest mit bemercken sollen, daß wann dem bißherigen Tanzmeister Dörr seine geniessende Besoldung lebenslänglich gelassen würde, dem Fellon um so mehr die Erlaubnis im Tanzen Unterricht zu geben zu ertheilen seyn möchte, als auch würcklich der Oberhofmeister des herzoglichen Collegii Illustris [...] solches wünschte.

[465] HStAS A 202 Bü 2617 o. Pag. Oberhofmeister des Collegium Illustre an den Geheimen Rat (1676, November 13).

[466] HStAS A 284/94 Bü 296 Bl. 69–80.

[467] HStAS A 202 Bü 2617 o. Pag. Ernst Friedrich Dörr an den Geheimen Rat (1796, März 21): Tanzmeister Ernst Friedrich Dörr wehrte sich daher gegen den Einsatz von Tanzmeistern, die ihn entlasten sollten, obwohl seine Besoldung fortgezahlt wurde. Empfindlich getroffen schrieb er 1796 an den Geheimen Rat: *Ich wais zwar wohl, daß man schon einige mal über mich solche Berichte erstattet hat, die mich gleichsam als nicht mehr tauglich erklärt haben,*

Collegium Illustre und der Universität konnte aus dem gleichen Grund die Situation entstehen, dass durch einen alternden Maître ein an sich gefragtes Lehrangebot nicht mehr in der gewünschten Qualität bereitgestellt werden konnte und dadurch seine attraktive Wirkung auf den Studienstandort zu verfehlen drohte[468]. Die Anwesenheit ebenbürtig qualifizierter Maîtresöhne, die im Ernstfall den Unterricht des Vaters übernehmen konnten, bedeutete daher gleichzeitig Absicherung des Verdienstes im Alter für die Exerzitienmeister und qualitative Aufrechterhaltung und Kontinuität des entsprechenden Lehrprogramms für das Collegium Illustre und die Universität. Der herzoglichen Verwaltung blieb zudem eine schwierige und langwierige Suche nach qualifizierten Maîtres erspart.

Die Bindung der Ballmeister an eine für die Ausübung des Ballexerzitiums notwendige und kostspielige Materialbasis, etwa für die Herstellung und Vermarktung von Bällen und Schlägern[469], an eine weitgehend feste Infrastruktur wie das Tübinger Ballhaus[470] oder an die aufwändige Einrichtung eigener Räume und deren Ausstattung mit Billards im 18. Jahrhundert[471] begünstigten zusätzlich eine Tradierung des Metiers innerhalb der Familie. Aus diesen und aus Gründen der Weitergabe eines einmal erworbenen Monopols sind auch in anderen Universitätsstädten und in anderen Sparten des Fächerquintetts ganze Maîtrefamilien zu beobachten, etwa die Fechtmeisterfamilien Kreußler und Roux in Jena[472].

So war im 17. Jahrhundert die Ballmeisterfamilie Bitschin in Tübingen ansässig und stellte von 1594 bis 1687 mit fünf Vertretern aus zwei Generationen die Ballmeis-

---

weßwegen auch ein würcklich sich noch hier befindender Tanzmeister nahmens Schlosser, vom Herzoglichen Geheimen Rath, die Erlaubnuß Unterricht im Tanzen zu geben, erhalten hat; Allein! gnädigster Herzog und Herr! ohnerachtet ich gegenwärtig zwar ein Mann von 58 Jahren bin so besize ich doch Gott zum Preiß! noch so viel Kräffte, daß ich mein Amt noch fernerhin sehr wol zu versehen im Stande bin.

[468] UAT 9/9 Nr. 245: Dies war beispielsweise der Fall bei Tanzmeister Ernst Friedrich Dörr in den Jahren von 1794 bis zu seinem Tod im Jahr 1800. Da es *ein wahres Bedürfniß ist, daß neben dem alten Tanzmeister Dörr noch jemand aufgestellt werde, der den nötigen Unterricht im Tanzen gebe,* wurde 1794 mit François Fellon erstmals eine Aushilfe für den alternden Tanzmeister angenommen. HStAS A 202 Bü 2617 o. Pag. Oberhofmeister des Collegium Illustre an den Geheimen Rat (1756, Mai 29); HStAS A 284/94 Bü 55 Bl. 17: Im Jahr 1756 wurde an den Kirchenrat berichtet, dass *dem alten Tantzmeister [...] wegen seines 84 jährigen Alters, das geringste Vertrauen niemand mehr bezeuget, und er geraume Zeit keinen Scholaren mehr zu informiren hat.* Das Selbstbild über die eigenen Leibeskräfte wich dabei oftmals stark von der Ansicht der Scholaren oder des Oberhofmeisters ab, denn Antoine Lepicq ging davon aus, dass der Mangel an Scholaren nichts mit seinem Alter zu tun habe. Auch bei Tanzmeister Clément Alexandre François ging der Akademische Verwaltungsausschuss 1829 davon aus, dass *der gegenwärtige Tanzmeister François bey seinem schon vorgerückten Alter wohl nicht mehr viele Jahre lang wirklich Unterricht zu ertheilen wird im Stande seyn.*

[469] LÖFFLER: Collegium Illustre, S. 49–53.

[470] HStAS A 284/94 Bü 250 Bl. 18a, 35: Nach der Schließung des Collegium Illustre im Jahr 1628 wurde das Ballexerzitium privatisiert, indem Herzog Ludwig Friedrich Ballmeister Hugo Bitschin 1629 die Erlaubnis zum privaten Weiterbetrieb des Ballhauses auf seine Kosten erteilte.

[471] StAT E 101/208.

[472] RAUSCHENBACH: Entwicklung, S. 46 f.; ROUX: Réfugié; ROUX: Fechtmeisterfamilien.

Tafel 1: Ausschnitt aus einer Abschrift des Reitlehrbuches Federico Grisones „Gli ordini di cavalcare", (Neapel 1550, Augsburg 1573). Gezeigt wird die Dressur eines Fohlens. Die Handschrift gehörte im 18. Jahrhundert Johann Christoph Langenmantel in Augsburg und gelangte später in den Besitz des württembergischen Landstallmeisters Christoph Friedrich Autenrieth (1774–1838).

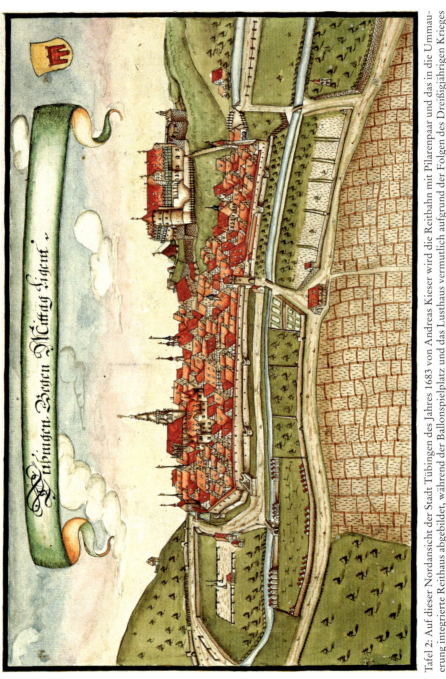

Tafel 2: Auf dieser Nordansicht der Stadt Tübingen des Jahres 1683 von Andreas Kieser wird die Reitbahn mit Pilarenpaar und das in die Ummauerung integrierte Reithaus abgebildet, während der Ballonspielplatz und das Lusthaus vermutlich aufgrund der Folgen des Dreißigjährigen Krieges nicht mehr dargestellt sind.

TÜBINGEN
1828.

Tafel 3: Die Stadt Tübingen im Jahr 1828 vom Österberg aus gesehen. Am rechten Bildrand ist der ab 1804 angelegte damalige Botanische Garten (heute Alter Botanischer Garten) zu sehen. Die Reitbahn und das Reithaus wurden dafür dicht an die heutige Wilhelmstraße verlegt. Gouache von H. Baumann.

Tafel 4: Gouache von Johann Baptist Fürst. Das 1817 zum Wilhelmsstift umgewandelte Collegium Illustre im Jahr 1827 mit dem zur katholischen Kirche umgebauten Ballhaus am rechten Bildrand.

Tafel 5: Scholaren beim Billardspiel im Lokal der Tübinger Ballmeisterfamilie Keller, 1793.

ter am Collegium Illustre[473]. Über welche genauen Kontakte die aus Mömpelgard stammende Ballmeisterfamilie mit ihrem ersten Vertreter Hugo Bitschin, der sich seit 1594 in Tübingen aufhielt, nach Tübingen gelangt war, ist nicht belegt. Vermutlich aber kam dieser bereits im Gefolge des in Mömpelgard geborenen und aufgewachsenen Herzogs Friedrich nach Stuttgart und auf diesem Weg an das 1594 eröffnete Collegium Illustre[474]. Die Ballmeisterfamilie Keller brachte im 18. Jahrhundert drei Generationen an Tübinger Ballmeistern hervor[475]. Aber auch unter den Reit- und Tanzmeistern gab es vereinzelt Stellenübertragungen vom Vater auf den Sohn, etwa bei den Bereitern Ulrich und Adam Ulrich Oberans[476] und den Tanzmeistern Antoine und Martin Charles Lepicq[477].

Bemerkenswert in Hinblick auf die Rekrutierung qualifizierter Ballmeister für das Tübinger Collegium Illustre ist die Tatsache, dass die Familie Bitschin im 17. Jahrhundert ein mehrköpfiges Kompetenzkonglomerat für das Ballexerzitium bildete und sich die Tradition des Tübinger Ballhauses als einer sich durch stetige Ausbildung neuer Ballmeister selbst erhaltenden kleinen Kompetenzeinrichtung auch nach dem Aussterben der Familie fortsetzte. Alle Tübinger Ballmeister bildeten ihre Nachfolger selbst aus, ein Phänomen, das in Tübingen in keiner anderen Sparte des Fächerquintetts Fuß fassen konnte und das Tübinger Ballexerzitium zu einer sich stets aus sich selbst generierenden, hoch qualifizierten und spezialisierten Sparte werden ließ[478]. Hugo Bitschin bildete zunächst seine vier Söhne, Rudolph Hugo, Hugo, Johann und Georg Friedrich selbst zu Ballmeistern aus[479]. Johann Martin Kretzenthaller wurde 1681 Marqueur und Adjunkt des letzten Vertreters der Familie Bitschin und übernahm die Ballmeisterstelle vermutlich im Jahr 1687[480]. Sein Nachfolger Johann Albrecht Bründlin lernte bei ihm das Ballexerzitium und dessen Nachfolger Georg Dominicus Keller bei Bründlin[481]. Und schließlich erlernten Georg Fried-

---

[473] HStAS A 274 Bü 80 Bl. 1 f.; HStAS A 284/94 Bü 53 Bl. 1; Pfeilsticker: NWD § 977; HStAS A 303 Bd. 13965–13970, 13970a.

[474] HStAS A 284/94 Bü 53 Bl. 1.

[475] Ebd. Bl. 29; HStAS A 284/94 Bü 295 Bl. 17, 50 f.; HStAS A 303 Bd. 14012–14018, 14020–14039; UAT 9/9 Nr. 75, 78.

[476] HStAS A 202 Bü 2615 o. Pag. Ulrich Oberans an Herzog Eberhard (praes. 1665, Juni 4), o. Pag. Senat der Universität an den Geheimen Rat (1684, Juni 9), o. Pag. Jacob Ulrich Oberans an den Geheimen Rat (1684, Juni 19): Adam Ulrich Oberans wünschte ebenfalls, dass sein Sohn ihm auf die Bereiterstelle in Tübingen nachfolgen solle. Dieser bewarb sich im Juni 1684 auf den Posten, indem er angab, dass er *von Jugend auff zu diser Profession angehalten worden sei*. Er erhielt die Stelle jedoch nicht.

[477] HStAS A 284/94 Bü 55 Bl. 18, 21.

[478] HStAS A 284/94 Bü 54 Bl. 37, 41, 43: Einzige bekannte Ausnahme bildet die Ausbildung des Vorfechters Johann Jacob Pfeiffer durch den Tübinger Fechtmeister Johann Andreas Schmid in den Jahren 1742 bis 1746.

[479] HStAS A 284/94 Bü 53 Bl. 1, o. Pag. Oberhofmeister des Collegium Illustre an den Kirchenrat (1673, Mai 24).

[480] Ebd. Bl. 1, o. Pag. Kirchenrat an den Collegiumsverwalter (1681, Dezember 8); Pfeilsticker: NWD § 977.

[481] Löffler: Collegium Illustre, S. 49–53; HStAS A 284/94 Bü 53 Bl. 39; StAT A 10 StU Nr. 167.

rich Keller und Heinrich Rudolph Friedrich Keller das Metier jeweils von ihren Vätern[482].

Wie exklusiv und spezialisiert die Qualifikation der Tübinger Ballmeister war, lässt sich deutlich daran ablesen, dass Heinrich Rudolph Keller 1819 vom Universitätskameralamt als *ohne Zweifel im Königreiche der einzige in dieser Kunst* genannt wurde[483]. Eine Lehre in der Ballkunst und im Ball- und Raquettenmachen dauerte drei Jahre, denn der spätere Tübinger Ballmeister Johann Albrecht Bründlin lernte bei seinem Vorgänger Johann Martin Kretzenthaller von Jacobi 1687 bis Jacobi 1690[484] und bildete von Michaelis 1715 bis Michaelis 1718 Georg Dominicus Keller in der Ballkunst und Materialanfertigung aus[485].

In dieser Zeit trat das Billardspiel als Ausbildungsgegenstand zur Lehre in der Ballkunst hinzu und verdrängte bald das Jeu de paume, das bis zum Ende des 18. Jahrhunderts vollkommen aus der Mode kam[486]. Dennoch hielten die traditionsbewussten Tübinger Ballmeister zumindest in ihrer Ausbildungstätigkeit an diesem traditionellen Spiel fest, denn an ihm hing die gesamte Kunstfertigkeit der Ball- und Schlägerherstellung, die das Ballmeistermetier mit ausmachte. Obwohl die Tübinger Ballmeister Mitte des 18. Jahrhunderts faktisch zu Billardunternehmern geworden waren, verteidigten sie mit der Weitertradierung der traditionellen Ballkunst noch bis ins 19. Jahrhundert hinein ihren exklusiven Stand, die Besonderheit des Ballexerzitiums und ihre Professionalität. Im Jahr 1789 wurde über den sich auf die Ballmeisterstelle bewerbenden Marqueur Joseph Friedrich Eckardt berichtet, dass er bei Ballmeister Georg Friedrich Keller eine Lehre im Ballexerzitium absolviert habe, sehr gut Billard spiele, aber darüber hinaus auch das Ballschlagen beherrsche. Vermutlich gäbe es viele, die das Billardspiel sogar besser beherrschten als er, der Besitz einer Lehre in der Ballkunst in ihrem gesamten Umfang, die auch das Jeu de paume und die Ball- und Schlägerherstellung beinhalte, sei jedoch nicht hoch genug einzuschätzen und nicht mehr einfach zu finden[487].

Zu einer Lehre in der Ballkunst gehörte – ebenso wie bei den anderen Exerzitien – die Absolvierung einer sich an die Lehrjahre anschließenden Reise und die Perfektionierung des Gelernten bei einem fremden Ballmeister. Typisch war es, für mindestens mehrere Monate einen Marqueursdienst an einem Ballhaus anzunehmen. Die Dauer der Reise und eines solchen Dienstes konnte jedoch variieren. Der Tübinger Ballmeister Georg Dominicus Keller gab an, nach seiner *ex professo* erlernten Lehre im Ball- und Billardspiel sieben Jahre lang gereist zu sein, bevor er sich dann als *würklicher Ballmaister* in Nürnberg niederließ. Von diesen sieben Jahren verbrachte

---

[482] HStAS A 284/94 Bü 295 Bl. 17, 49, o. Pag. Erben des Ballmeisters Georg Friedrich Keller an den Kirchenrat (1798, Juli 16).

[483] HStAS E 221 I Bü 4406 o. Pag. Universitätskameralverwaltung an das Finanzministerium (1819, März 16).

[484] LÖFFLER: Collegium Illustre, S. 49–53; StAT A 10 StU Nr. 160.

[485] HStAS A 284/94 Bü 53 Bl. 39; StAT A 10 StU Nr. 167.

[486] HStAS A 284/94 Bü 295 o. Pag. Zeugnis Georg Gottlieb Dörrs für Heinrich Rudolph Friedrich Keller (1799, Mai 4); UAT 9/9 Nr. 86.

[487] UAT 9/9 Nr. 86.

Keller zwei Jahre als Marqueur in Basel[488]. Der Enkel Georg Dominicus Kellers und spätere Tübinger Ballmeister Heinrich Rudolph Friedrich Keller dagegen war vor der Übernahme seiner Stelle in der Nachfolge seines Großvaters und Vaters jedoch lediglich ein knappes Jahr als Marqueur bei dem Düsseldorfer Ballmeister Georg Gottlieb Dörr tätig[489].

Das hatte seine Gründe: Die Reisezeit der Ballmeister hing entscheidend von den finanziellen Mitteln und Möglichkeiten ab, sich als Ballmeister niederzulassen. Wie aus den Quellen hervorgeht, war es unerlässlich, über ein entsprechendes Vermögen zu verfügen, um einen Ball- oder Billardbetrieb zu beginnen, die nötigen Ball- und Schlägermaterialien vorzustrecken oder für das Billardspiel die notwendigen Tische und Lokalitäten bereitzustellen. Wer dieses Vermögen nicht aufbringen konnte, blieb Marqueur bei einem niedergelassenen Ballmeister. Der kurfürstlich bayerische Ballmeister in Ingolstadt Johann Andreas Inderst berichtete über den zwischen 1750 und 1754 in Tübingen als Marqueur tätigen Matthias Rodler, dass dieser bei ihm zwar eine Lehre im *Ballhauß Exercitium* absolviert hatte, danach aber insgesamt sieben Jahre als Marqueur bei ihm tätig geblieben sei. Rodler blieb zeitlebens Marqueur, unter anderem auch am erzbischöflichen Ballhaus in Salzburg, und starb als solcher 1796 in Tübingen[490].

Dass bei der Rekrutierung und Begünstigung von Maîtrefamilien nicht nur das oft selten anzutreffende und hochspezialisierte Wissen der Maîtres eine Rolle spielte, sondern auch die Sorge um eine kontinuierliche und qualitativ gleichbleibende Aufrechterhaltung des Lehrprogramms zeigen die Einstellungsbedingungen für den Tanzmeister Antoine Lepicq, der 1741 erst nach längerer Vakanz der Tübinger Stelle und der Aufbesserung ihrer Dotierung dazu bewegt werden konnte, nach Tübingen zu kommen. Im Gegenzug der nicht geringen Besoldungsaufbesserung erfolgte seine Einstellung nur unter der Bedingung, dass er einen seiner Söhne mit nach Tübingen bringe, der dem alten Vater *nach dessen über kurtz oder lang erfolgten Absterben in Officio würcklich succediren solle*[491]. Deutlich kam hierin die Absicht der Verantwortlichen zum Ausdruck, sowohl für das Tübinger Tanzexerzitium im Allgemeinen, als auch für den Unterricht des bereits alternden Antoine Lepicq längerfristige Verhältnisse zu schaffen. Durch die geplante Hinzuziehung des Sohnes wollte man wiederkehrende, schwierige und langwierige Rekrutierungsverfahren vermeiden und gleichzeitig einer sich bereits anbahnenden Qualitätseinbuße des Tanzunterrichts zum Wohle des Studienstandorts vorbeugen[492].

Die Hinzuziehung eines Sohnes geschah stets offiziell durch Adjunktion, mit der

---

[488] HStAS A 284/94 Bü 53 o. Pag. Georg Dominicus Keller an den Kirchenrat (1732, Mai 10); Löffler: Collegium Illustre, S. 49–53; UAT 9/9 Nr. 75.

[489] HStAS A 284/94 Bü 295 o. Pag. Zeugnis Georg Gottlieb Dörrs für Heinrich Rudolph Friedrich Keller (1799, Mai 4); UAT 9/9 Nr. 81.

[490] DAR M 283 Bd. 1 Bl. 23 f.; StAT A 10 StU Nr. 169, 173; Löffler: Collegium Illustre, S. 49–53.

[491] UAT 9/9 Nr. 225 f., 228, 230.

[492] Ebd. Nr. 230; vgl. hierzu auch Fink: Tanzmeister, S. 102.

im Regelfall die Anwartschaft auf die Stelle des Vaters verbunden wurde, wie es 1754 bei Martin Charles Lepicq[493] und 1758 bei Georg Friedrich Keller[494] der Fall war. Häufig wurde der Zeitpunkt der Adjunktion von entsprechenden Suppliken der Väter an den württembergischen Herzog bestimmt, in denen sie mitteilten, dass sie sich aus Altersgründen nicht mehr im Stande fühlten, ihr Metier qualifiziert auszuüben, aber auch ihre Söhne versorgt wissen wollten[495]. Wie wichtig der Aspekt der qualitativen Aufrechterhaltung des Lehrangebots bei abnehmenden Körperkräften der Maîtres für alle Beteiligten war und wie praktisch daher Vater-Sohn-Lösungen waren, zeigt der gegenteilige Fall des Tanzmeisters Ernst Friedrich Dörr, der keine Nachkommen hatte. Für Dörr, der seinen Scholaren offenkundig seit 1794 keinen attraktiven Tanzunterricht mehr anbieten konnte, wurden bis zu seinem Tod im Jahr 1800 verschiedene Übergangs- und Einzellösungen getroffen, die sich für alle Beteiligten ungünstig auswirkten. Die Tanzmeister François Fellon, Otto Schlosser, Ludwig Michael Kaz und Johann Friedrich Woelffel erhielten nur befristete und unbesoldete Arbeitsverhältnisse, die auch für die Scholaren wenig Kontinuität erahnen ließen, die herzogliche Verwaltung zusätzlich und in kurzen Abständen immer wieder belasteten und die Übergangstanzmeister zusätzlich prellten, weil ihnen stets ohne konkretes Fundament die Anwartschaft auf die Tanzmeisterstelle versprochen wurde[496].

Obwohl nach außen hin häufig Einmütigkeit zwischen Vater und Sohn demonstriert wurde und die oft langjährigen Verdienste der Väter auch den Söhnen zugute

---

[493] UAT 9/9 Nr. 229.

[494] HStAS A 284/94 Bü 295 o. Pag. Georg Dominicus Keller an den Kirchenrat (1758, Oktober 16).

[495] HStAS A 202 Bü 2615 o. Pag. Ulrich Oberans an den Geheimen Rat (praes. 1665, Juni 4): Bei Reitmeister Ulrich Oberans kam besonders der Wunsch zum Ausdruck, seinen Sohn versorgt zu wissen, indem er dessen Qualifikationen, seine Beliebtheit bei den Scholaren, seine Reisen nach Italien, Frankreich, Ungarn und Österreich, seine Sprachkenntnisse im Italienischen und Französischen und schließlich auch seine *Inclination unndt Affection* zum württembergischen Herzog anpries. HStAS A 284/94 Bü 295 o. Pag. Georg Dominicus Keller an den Kirchenrat (1758, Oktober 16): Georg Dominicus Keller bat 1758 um die Adjunktion seines Sohnes: *Nachdem es mir aber bey heranrückenden Jahren, und beständiger Vermehrung der Universitaet, wegen starcker Leibs-Constitution diesem meinem Officio fernerhin gebührend vorzustehen allerdings gar zu schwehr fallen würde, und besonders die hohe Anwesenheit des Printzen von Zweybrücken Durchleucht allerdings erfordert, daß das Ballhauß bestens versehen werde; Als ergehet an Euer Hochfürstliche Durchleucht mein unterthänigstes bitten dahin, mir meinen Sohn Georg Friderich, welcher 24 alt ist, und nicht allein die Ball- und Billiard-Kunst bey mir von Jugend auf wohl und gründlich erlernet, sondern auch lezthin auf seiner über 2 Jahr lang gemachten Reyse in zerschiedenen Ballhäusern auch bey zerschiedenen Höffen und Universitaeten sich qualificirt gemacht, [...] capable ist, noch bey meinen lebzeiten bey hiesig-hochfürstlichem Collegio Illustri in diesen meinen Platz und Stelle [...] zu adjungiren. Ich suche hierunter nichts anders, als Euer [...] Durchleucht jedesmalen alle mögliche Satisfaction zu verschaffen, benebst aber auch noch in meinem leben durch dero berühmten Clemenz mein Kind versorgt zu wissen.*

[496] HStAS A 202 Bü 2617 o. Pag. Ernst Friedrich Dörr an den Geheimen Rat (1796, März 21), o. Pag. Geheimer Rat an den Oberhofmeister des Collegium Illustre (1796, April 3); UAT 9/9 Nr. 120, 244–246.

kamen[497], waren die Adjunktionen nicht unproblematisch. Da die Adjunkte keine oder nur eine geringe Besoldung erhielten, Vater und Sohn sich in der Regel eine Besoldung teilen mussten und die Söhne allenfalls die bei den Scholaren des Vaters erwirtschafteten Informationsgelder als eigenen Verdienst reklamieren durften, kam es nicht selten zu Konflikten, insbesondere wenn die Söhne bereits eine eigene Familie zu versorgen hatten. Der Kirchenrat richtete 1754 den Appell an den Oberhofmeister, darauf zu achten, dass der alte Tanzmeister Antoine Lepicq seine Besoldung mit seinem Sohn teile, damit dieser nicht nur von Informationsgeldern subsistieren müsse und insbesondere aber der Kirchenrat vor dessen möglichen Gratialgesuchen verschont bleibe[498]. Die obrigkeitliche Fürsorge scheint ihre Wirkung aber verfehlt zu haben, denn Martin Charles Lepicq verließ seinen Vater noch vor dessen Tod und der in Aussicht gestellten Stellenübernahme und zog hauptsächlich eines besseren Verdienstes wegen nochmals in die Ferne, um dann auch nur für zwei weitere Jahre nach Tübingen zurückzukehren[499]. Auch Ulrich Oberans und sein Sohn Adam Ulrich Oberans überwarfen sich mit persönlichen Schwierigkeiten so sehr, dass Adam Ulrich 1669 als Bereiter an den kurfürstlichen Hof nach Heidelberg zog und erst vier Jahre nach dem Tod des Vaters im Jahr 1676 nach Tübingen zurückkehrte[500].

Auch aus anderen Universitätsstädten sind Adjunktionen überliefert, die aber nicht immer innerhalb der Familie stattfinden mussten: In Jena wandte sich 1745 Heinrich Wilhelm Kreussler, ein Nachfahre des berühmten Wilhelm Kreussler auf dem Jenaer Fechtboden an die Obrigkeiten, weil er sich durch Krankheit dazu veranlasst sah, Johann Wolfgang Bieglein zu adjungieren. Keiner seiner eigenen Söhne wollte die Laufbahn des Fechtmeisters in Jena fortsetzen, denn sie widmeten sich gelehrten Studien[501].

---

[497] HStAS A 284/94 Bü 53 Bl. 1: Bei Gelegenheit wurden die Verdienste der Väter in die Waagschale geworfen. Georg Friedrich Bitschin argumentierte bei seiner Bewerbung als Ballmeister am Collegium Illustre im Jahr 1673 mit der langjährigen Tätigkeit seines Vaters Hugo Bitschin und seiner Brüder. HStAS A 284/94 Bü 295 Bl. 17, o. Pag. Heinrich Rudolph Friedrich Keller an den Kirchenrat (1799, Juli 27): Heinrich Rudolph Friedrich Keller, der Enkel des Ballmeisters Georg Dominicus Keller bat 1799 darum, ihm die Ballmeisterstelle seines Vaters zu übertragen und argumentierte dabei ebenfalls mit der über vierzig Jahre langen Tätigkeit seines Vaters.

[498] UAT 9/9 Nr. 233: Der Tanzmeister Antoine Lepicq wurde dazu angehalten, *daß er seinem Sohn auch etwas von der Besoldung abtretten solle, damit er nicht nöthig haben möge, Uns hierüber weiters Unterthänigst zu behelligen.*

[499] HStAS A 284/94 Bü 55 Bl. 23.

[500] HStAS A 202 Bü 2615 o. Pag. Adam Ulrich Oberans an den Geheimen Rat (1669, November 11), o. Pag. Oberhofmeister des Collegium Illustre an den Geheimen Rat (1669, November 12), o. Pag. Kaspar Kirchner an den Geheimen Rat (1672, Februar 5), o. Pag. Staat für Adam Ulrich Oberans (1676, September 9).

[501] SEEMANN-KAHNE: Kreussler, S. 34 f.

e. Muttersprachliche Sprachmeister[502]

Bei den Sprachmeistern sorgte seit den 1650er Jahren die aus konfessionellen Gründen angestoßene Einwanderung hauptsächlich französischsprachiger Einwanderer für enorme Konkurrenz und dies nicht nur in Tübingen[503]. Da diese mit ihrer französischen Muttersprache über die für den Sprachunterricht des 17. und 18. Jahrhunderts im Vordergrund stehenden authentischen Sprachkenntnisse verfügten, verdingten sich viele von ihnen zunächst oder dauerhaft als Sprachmeister. In Tübingen deckten die ein- und durchwandernden Franzosen den Bedarf an Sprachunterricht bald so sehr, dass die bis dahin hoch besoldete Sprachprofessur am Collegium Illustre 1681 ausgelöscht wurde. Die Rekrutierungsstrategien hinsichtlich der Sprachmeister veränderten sich dadurch grundlegend[504].

Die wichtigste Zäsur stellte dar, dass nach der Einziehung der zuvor vom Kirchenrat besoldeten Sprachprofessur nun der Senat der Universität die Verantwortung für die Anwesenheit von Sprachmaîtres in Tübingen übernahm[505]. Diese Verantwortung bestand allerdings lediglich in der Erteilung einer Sprachlehrerlaubnis. Nur im besten Falle war damit auch eine Aufnahme in die Universitätsmatrikel verbunden[506]. Ein finanzielles Engagement für eine Sprachmeisterbesoldung dagegen lehnte der Senat sowieso kategorisch und dauerhaft ab[507]. Der auf diese Weise weitgehend ungeregelte Markt an Sprachmeistern blieb somit vollkommen sich selbst überlassen und

---

[502] Die folgenden Ausführungen wurden bei der Tagung der Matthias-Kramer-Gesellschaft zur Erforschung der Geschichte des Fremdsprachenerwerbs und der Mehrsprachigkeit zum Thema „Sprachmeister – Sozial- und Kulturgeschichte eines prekären Berufsstandes" am 11. Juli 2014 unter dem Titel „Exoten der akademischen Gesellschaft?" referiert und sind zusammengefasst in Schöttle: Exoten, S. 87–102.

[503] Meyer zu Ermgassen: Universitäts-Almosen, S. 173; Steubing: Geschichte, S. 176 f.

[504] HStAS A 284/94 Bü 47 Bl. 1.

[505] MUT II 26237, 26552, 26644; UAT 33/56: Die Franzosen Louis de Pimelin aus Paris, Louis d'Artois aus der Provinz Poitou und Jean Baptiste Lequin ebenfalls aus Paris wurden 1668, 1670 und 1671 an der Universität als Studenten immatrikuliert und waren gleichzeitig als Sprachmeister tätig.

[506] UAT 3/8 Bl. 48v, 22v, 339r, 354v, 357r, 359v, 389v; UAT 30/6 Nr. 6 Bl. 1–9: Die Gesuche des Sprachmeisters Alphons Firmin Caussin um Aufnahme in die Universitätsmatrikel wurden immer wieder abgelehnt. Ein Grund war sicherlich seine Zugehörigkeit zum reformierten Bekenntnis und die unklaren Umstände seines Wegzuges von Heidelberg, von wo aus er 1664 nach Tübingen gekommen war. MUT II 28014; UAT 30/6 Nr. 15 Bl. 1–3: Der Sprachmeister des Französischen Jean Baptiste Blain wurde 1683 zunächst lediglich für ein Jahr in die Universitätsmatrikel aufgenommen. UAT 44/3,17: Dem römischen Franziskanermönch Gorena von Tries wurde 1790 die Aufnahme in die Matrikel ganz verwehrt. Der Senat verwies ihn an das Forum der Stadt, gewährte ihm allerdings ein Almosen aus dem Universitätsfiskus. Da er für sein Almosen wenigstens als Sprachmeister des Italienischen tätig sein wollte, äußerte ein Senatsmitglied über den engagierten Maître: *So gönnte ich demselben solches mehr, als so vielen anderen, die vom academischen Allmosen leben, ohne der Universität am mindesten nüzlich zu seyn.*

[507] UAT 30/6 Nr. 13 Bl. 4: Der Sprachmeister des Französischen Gilbert Joubert hielt 1685 um Einschreibung in die Universitätsmatrikel und um ein Gehalt an. Der Senat aber beschloss, dass ein Salarium *nullo modo posse gratificari*.

war daher von großer Konkurrenz bestimmt. Die Lehrleistung der sich anbietenden Sprachmeister wurde zwar gerne angenommen, Beschwerden der sich länger in Tübingen aufhaltenden Sprachmeister etwa über die Konkurrenz der französischsprachigen Mömpelgarder Studenten, wurde jedoch mit der Aussage entgegen getreten, dass der Senat den Studenten diesen Nebenverdienst nicht verbieten könne[508]. Ein regulierendes Eingreifen des Senats war daher nur in Einzelfällen zu beobachten. Die Handlungsmotivation lag dann in den meisten Fällen darin begründet, den Universitätsfiskus vor zu vielen Gratialgesuchen der häufig bedürftigen Maîtres zu schützen, indem sich anmeldende Sprachmeister direkt abgewiesen wurden[509].

Die soziokulturellen Veränderungen und konfessionellen Verfestigungen des 17. Jahrhunderts brachten es also mit sich, dass die fachlichen Qualifikationen der Sprachmeister im Laufe der Zeit nicht so homogen blieben wie die der Exerzitienmeister, die regelmäßig eine ordentliche Lehre bei einem Meister ihrer Kunst absolvierten. Und so musste vor der Auflösung der Sprachprofessur am Collegium Illustre im Jahr 1681 und der Übernahme des Französischunterrichts durch Muttersprachler[510] der mit dem Rang eines Professors ausgestattete Sprachmeister am Collegium Illustre noch ein Studium der Rechte und praktische Sprachkenntnisse nachweisen. Die Collegiumsstatuten des Jahres 1609 schrieben die Erfordernis eines Jurastudiums für die Sprachprofessoren fest, der zwingende Nachweis eines Doktorgrades wurde dem Sprachprofessor allerdings erlassen. Dennoch wurde deutlich darauf hingewiesen, dass er ein *Iurisconsultus* sein solle[511].

So hatte Bartholomäus Hettler in Tübingen die Rechte studiert und bei Studienaufenthalten in Italien und Frankreich profunde praktische Sprachkenntnisse erworben[512]. Im Zuge seiner Einstellung als Sprachprofessor in Tübingen legte er schrift-

---

[508] HStAS A 284/94 Bü 2616 o. Pag. Senat der Universität an den Geheimen Rat (1784, Juli 1), o. Pag. Gutachten des Geheimen Rats (1784, Juli 8).

[509] UAT 9/5 Nr. 14 Bl. 27: Im Jahr 1660 bemühte sich der Sprachmeister Parcher aus Palermo um die Erlaubnis, in Tübingen das Italienische lehren zu dürfen. Gleichzeitig stellte er den Antrag, in die Universitätsmatrikel aufgenommen zu werden. Als die Angelegenheit im Senat besprochen wurde, kam zur Sprache, dass Parcher bedürftig sei und hinke. Die Senatsmitglieder forderten von Parcher daher zunächst zuverlässige Zeugnisse. Zu Bedenken gegeben wurde zudem, dass ein armer Mann wie Parcher vermutlich vom Almosen leben müsse und damit dem Universitätsfiskus unweigerlich zur Last fallen werde. Das Universitätslazarett benötige keine weitere *Beschehrung*. Angelastet wurde dem Maître schließlich, dass er nicht der lutherischen Konfession angehörte. Parcher wurde daher alsbald mit einem Reisegeld von 5 Gulden vertröstet und abgewiesen. UAT 12/4 Bl. 145: Auch Dominicus Galli aus Ancona lehnte der Senat 1699 unter der Begründung ab, dass bereits Gerhard Mathild, Pierre Royal und Petrus Josephus Bergamini in Tübingen das Italienische und Französische lehrten. UAT 30/6 Nr. 30: Im Jahr 1753 wurde auch der Sprachmeister Giovanni Baptista Pagani der Stadt verwiesen. Als Grund wurde angegeben, dass bereits der Sprachmeister Johann Hieronymus Boeswillibald die Nachfrage nach Sprachunterricht im Italienischen abdecke.

[510] HStAS A 303 Bd. 13973–14030.

[511] Ordnung 1609, S. 23. Die Statuten des Jahres 1666 nannten keine Qualifikationsanforderungen mehr für die Professoren. Vgl. Leges 1666, S. 20–25.

[512] HStAS A 284/94 Bü 41 o. Pag. Bartholomäus Hettler an den Kirchenrat (1601, Juli 2).

liche Sprachproben im Französischen und Italienischen ab[513]. Auch Hugo Mauricque, der nach dem Dreißigjährigen Krieg nur für kurze Zeit von 1647 bis 1653 als Sprachmeister des Französischen am Collegium Illustre tätig war, hatte an mehreren Universitäten ein Jurastudium absolviert[514]. Er stammte aus Mömpelgard, war also ein französischer Muttersprachler und besaß somit auf natürliche Weise die geforderten authentischen Sprachkenntnisse[515]. Wie es die zahlreichen juristischen, politischen und staatsrechtlichen Schriften beweisen, hatte auch Louis du May die Rechte studiert. Er wurde 1651 als Sprachprofessor ans Collegium Illustre berufen[516].

Im Jahr 1681 kam es zur Tilgung der Sprachprofessur am Collegium Illustre[517]. Die damit verbundene Privatisierung des akademischen Sprachunterrichts in Tübingen, die bis zur Wiedererrichtung einer besoldeten Sprachmeisterstelle am Collegium Illustre im Jahr 1745 dauern sollte[518], bedeutete keinen automatischen Qualifikationsverfall der von nun an in Tübingen tätigen Sprachmeister, wohl aber einen Qualifikationswandel. Das Fehlen einer standardisierten Sprachmeisterausbildung und der Mangel an obrigkeitlichem Engagement führte dazu, dass das Metier des Sprachmeisters nun jedem offen stand, der sich dazu berufen fühlte. Der spätere Sprachmaître Pierre Aubin de Sales und der Geheime Rat fassten 1784 diesen Umstand treffen zusammen, wenn sie urteilten, dass *ein jeder sich berechtiget hielte die Sprachen lehren zu dörffen*[519]. Damit spielten sowohl die Maîtres selbst als auch die obrigkeitlichen Instanzen auf die seit dem Dreißigjährigen Krieg um sich greifenden sehr heterogenen Qualifikationsstandards der Sprachmeister an, die – nicht nur in Tübingen – meist Autodidakten ihres Faches waren[520].

Mit Gerhard Mathild, Alexander Gottlieb Lamotte, Johann Hieronymus Boeswillibald, Johann Daniel Riemann und Christoph Matthäus Ploucquet, die alle zwischen 1690 und 1790 in Tübingen tätig waren, wird evident, dass es seit der Mitte des 17. Jahrhunderts immer wieder Sprachmeister gab, die einen gelehrten Hintergrund mitbrachten. Sie charakterisierten sich dadurch, dass sie meist ein Studium der Rechte oder der Theologie begonnen oder abgeschlossen und auf Reisen Sprachpraxis erworben hatten, allerdings häufig nur kurzzeitig und aus Liebhaberei die Fremdsprachen unterrichteten[521]. Nicht selten war ihre Sprachmeistertätigkeit

---

[513] Ebd. o. Pag. Bartholomäus Hettler an den Kirchenrat (1601, August 11).

[514] HStAS A 284/94 Bü 12; HStAS A 303 Bd. 13965–13966; KNOD: Matrikeln, Bd. 1, S. 610; MUT II 22850, 23968; UAT 6/5 Bl. 97ʳ; UAT 7/4a Nr. 18.

[515] MUT II 22789; UAT 6/4 Bl. 151ᵛ.

[516] HStAS A 202 Bü 2616 o. Pag. *Staat* für Louis du May (1651, Oktober 6); UAT 9/14 S. 4ᵛ.

[517] HStAS A 284/94 Bü 47 Bl. 1; HStAS A 303 Bd. 13966–13974.

[518] HStAS A 202 Bü 2616 o. Pag. Geheimer Rat an den Kirchenrat (1751, Dezember 13), o. Pag. Geheimer Rat an den Kirchenrat (1752, Juli 28); HStAS A 284/94 Bü 47 Bl. 2a, 3 – 5; HStAS A 284/94 Bü 289 Bl. 55.

[519] HStAS A 202 Bü 2616 o. Pag. Pierre Aubin de Sales an den Geheimen Rat (1784, Juni 10), o. Pag. Gutachten des Geheimen Rats (1784, Dezember 28).

[520] BRIESEMEISTER: Sprachmeister, S. 271 f.; CARAVOLAS: Histoire, S. 59.

[521] HStAS A 202 Bü 2616 o. Pag. Johann Hieronymus Boeswillibald an den Geheimen Rat (1732, März 4), o. Pag. Johann Hieronymus Boeswillibald an den Geheimen Rat (1759, Oktober

eine Übergangslösung, bevor sie in eine angesehene Stelle im Landesdienst ein-rückten[522].

Den Großteil der Tübinger Sprachmeister seit den 1660er Jahren jedoch machten hauptsächlich die aus konfessionellen Gründen aus Frankreich und Italien emigrier-ten und zum Protestantismus konvertierten französischen und italienischen Mut-tersprachler aus, wie es ebenfalls aus anderen Universitätsstädten berichtet wird[523]. Nicht wenige von ihnen waren dem Priesterstand oder dem Habit entflohen, darunter etwa die katholischen Priester Alphons Firmin Caussin und Pierre Marqueur[524], der ehemalige Kartäuserbruder Joseph Gabriel de Montalegre[525], der ehemalige Domi-nikaner Franciscus de Gregoriis[526] oder die einstigen Franziskaner Jacques François Perrin de Vassebourg und Xaverius Carolus Ferdinandi[527]. Ihre häufig sehr guten Latein- und Grammatikkenntnisse erleichterten ihnen den Zugang zur Tätigkeit als Sprachmeister[528]. Ihre Zeitgenossen stellten jedoch fest, dass ihre Sprachpraxis nur wenig Feinschliff besaß[529].

Die ganz individuellen fachlichen, methodischen und pädagogischen Fähigkeiten der Sprachmaîtres ließen sich stets am besten an Erfolg oder Misserfolg ihres Unter-richts bei den Scholaren ablesen. Als Erfolgsfaktoren fungierten Fleiß, Selbstmotiva-tion, Persönlichkeit und ein gewisser Unternehmergeist. Der ehemalige katholische

10), o. Pag. Zeugnisabschrift für Johann Daniel Riemann (1762, September 10); HStAS A 284/84 Bü 289 Bl. 64; UAT 30/6 Nr. 19, 36; UBT Mh 847a Bl. 94ʳ.

522 PFEILSTICKER: NWD §§ 218, 2784, 2983; StAT E 201/1441; UAT 30/6 Nr. 19: Später wurde Gerhard Mathild württembergischer Amtmann in Schorndorf und Willmandingen. PFEILSTI-CKER: NWD §§ 2334, 2646, 3286: Alexander Gottlieb Lamotte war schließlich württember-gischer Pfleger in Freudenstadt und auf dem Kniebis. GRADMANN: Schwaben, S. 462; HAUG: Wirtemberg, S. 147; PFEILSTICKER: NWD § 3: Christoph Matthäus Ploucquet wurde nach seinem Studium der Theologie 1793 Hofrat am württembergischen Hof in Stuttgart.

523 BRIESEMEISTER: Sprachmeister, S. 273.

524 HStAS A 284/94 Bü 47 Bl. 1, 1a; TOEPKE: Matrikel, Bd. 2, S. 323; UAT 30/6 Bl. 1.

525 LEUBE: Geschichte, Bd. 1, S. 154, 159.

526 UAT 30/6 Nr. 24 Bl. 2, 8.

527 UAT 30/6 Nr. 28 Bl. 5, Nr. 34 Bl. 1.

528 HStAS A 202 Bü 2616 o. Pag. Zeller an Charles Dumanoir (1682, April 1/11); HStAS A 280 Bü 6g o. Pag. Zeugnis des Senats der Universität für Adolph Hirsch (1761, März 5); UAT 5/2 Nr. 119c; UAT 25/3 Bd. 2 Nr. 133; UAT 30/6 Nr. 2, 6, 8, 12–14, 16, 18, 24, 30, 34: Die Lateinkenntnisse der Sprachmaîtres wurden entweder in Zeugnissen oder anderen Berich-ten erwähnt oder zeigten sich in der häufig in lateinischer Sprache geführten Korrespon-denz der Sprachmeister mit den obrigkeitlichen Instanzen: Zu ihnen zählte etwa um 1600 Théodore du Soucy, 1636 Petrus Scaturigius, 1667 Alphons Firmin Caussin, 1668 Louis de Pimelin, 1682 Raymond Bottu und Hugi, 1683 Joseph Gabriel de Montalegre, 1686 François Collignac, 1690 Gilbert Joubert, 1703 Antonius Caligar, 1712 Franciscus de Gregoriis, 1762 Adolph Hirsch und 1767 Xaverius Carolus Ferdinandi.

529 MICHAELIS: Raisonnement, Bd. 3, S. 70: „Aus Italien erhaelt man oft genug Moenche, die zu unserer Religion uebertreten wollen, und die sind ordentlich nicht die guten Sprachmeister, ob sie sich gleich in Ermangelung besserer dazu aufwerfen: Das Kloster ist nicht der Ort, wo die Muttersprache fein, und nach Welt-Art geredet wird; und Veraenderungen der Religion haben gemeiniglich einen so unmoralischen Grund, daß man, vielleicht mit Abzug so und so vieler von Hundert, die Proselyten fruehzeitig wegschaffen moechte".

Priester und Sprachmaître Alphons Firmin Caussin aus Amiens bildete während seiner Tätigkeit in Tübingen zwischen 1664 und 1668 offenbar exzellente Fähigkeiten
in Methodik und Pädagogik aus. Seine Scholaren setzten sich daher immer wieder
für seine Einschreibung in die Matrikel und seinen Erhalt in Tübingen ein[530]. Andere
wiederum entwickelten angesichts der intensiven Auseinandersetzung mit ihrer Muttersprache einerseits und dem Deutschen andererseits gute Übersetzungsfähigkeiten
oder veröffentlichten eigene Sprachlehrwerke. Paul Roger Sibour publizierte 1676
und 1678 in Tübingen sein französisches Sprachlehrbuch[531]. Jean Baptiste Blain hatte
schon 1671 in Bayreuth eine Abhandlung über die Geschichte und den Nutzen der
französischen Sprache veröffentlicht[532]. Franciscus de Gregoriis betätigte sich 1714
als Übersetzer eines Katechismus ins Italienische und übertrug 1719 einen Fürsten-
spiegel aus dem Italienischen ins Deutsche[533]. Xaverius Carolus Ferdinandi wurde
1767 in Zusammenhang mit einer von Herzog Carl Eugen in Auftrag gegebenen
Übersetzung eines italienischen *Opern-Büchlins* – vermutlich eines Opernlibrettos –
in Verbindung gebracht und erhielt dafür eine Belohnung aus der Syndikatur[534].

Zu nennen sind letztlich auch die Sprachmaîtres, die zwar über die Kenntnis ihrer
Muttersprache, nicht aber über eine ausreichende autodidaktische Selbstmotivation
verfügten und an ihrer Tätigkeit als Sprachmeister regelrecht scheiterten. Das Ergebnis waren Existenzen, die sich auf stetiger Wanderschaft befanden. Nach Verdienst
eines Gratials oder eines Reisegeldes zogen sie weiter, weil sie bereits nach kurzer
Zeit der Konkurrenz nicht mehr standhalten konnten[535]. Der Ulmer Student Eberhard Gockel schilderte 1656 die Erfahrungen, die er mit dem Tübinger Sprachmeister
des Französischen Étienne Debrulère gemacht hatte: Er habe bei diesem Maître im
Französischen nicht das Geringste gelernt. Der Maître verfüge weder über ausreichende Lateinkenntnisse, noch sei er in der Lage, selbst die ihm zur Verfügung ge-

---

[530] UAT 30/6 Nr. 6 Bl. 2, 6 f.

[531] Paul Roger Sibour: Anleitung Zu der Frantzoesischen Sprach, Begreiffend was anfaenglich,
diese Sprach zuerlernen, am allernoehtigsten sey: Der Jugend Teutscher Nation: zum besten
verfertiget. Erster Theil. In diesem letzteren Truck umb viel vermehrt und verbessert, Tübingen: Hein 1676 (UBT: Ck VI 29). Paul Roger Sibour: Anleitung Zu der Frantzösischen
Sprach, Anderer Theil. [...], Tübingen: Hein 1676 (UBT: Ck VI 29). Paul Roger Sibour:
Fortsetzung Deß VIII. Capitels deß andern Theils der Anleitung zur Frantzösischen Sprach.
[...], Tübingen: Hein 1678 (UBT: Ck VI 29).

[532] Jean Baptiste Blain : Petit Abbrege de la langue francoise, Contenant son Utilité, son Anti-
quité, Son Elegance & sa Facilité. Mis au jour et Recité Publiquement dans le College Illustre
de Bareuth le 15. May 1671. Par J. B. Blain, Professeur des langues Françoise, Espagnole &
Italienne dans le même college, Bayreuth: Gebhard 1671 (VD17: 12:178695W).

[533] Franciscus de Gregoriis: Catechismo evangelico espresso per dialoghi famigliari fra due
forastieri sul punto della vera et unica religione Christiana, Tübingen 1714 (WLB: Theol.
oct. 6742). Giovanni Battista Comazzi: Staats Klugheit und Grundregeln, deren sich hohe
Potentaten Fürsten [...] zu Dirigirung ihrer Staatsaffairen nützlich bedienen können. Aus dem
Italienischen übersetzt von Franciscus de Gregoriis, Tübingen: Reiß 1719 (WLB: Pol. oct.
928).

[534] UAT 46/13 Bl. 34[r].

[535] UAT 30/6 Nr. 19.

stellte Grammatik zu verstehen[536]. Studenten wie Eberhard Gockel blieben durch diese *schlimmen Methoden zu docieren mehr corrumpiert als erudiert* zurück, wie es der Sprachmeister des Französischen Gerhard Mathild 1699 einigen Sprachmeisterkollegen vorwarf[537].

Auch die frankophonen Mömpelgarder Studenten, die sich zum Theologiestudium im Fürstlichen Stipendium in Tübingen aufhielten und andere französischsprachige Studenten wie Louis de Pimelin, Louis d'Artois, Jean Baptiste Lequin und Johann Julius Willich, können zu diesen nur rudimentär qualifizierten und mit geringer Erfahrung ausgestatteten Sprachmeistern gezählt werden[538]. Ihre Intention bestand lediglich darin, sich mit ihrem Sprachunterricht ein Taschengeld zu verdienen. An die Professionalität ihres Unterrichts stellten sie daher keine besonderen Ansprüche[539]. Da sie aber nur ein geringes Informationsgeld verlangten, fanden auch sie ihr Publikum. Denn letztlich waren es die Scholaren, die mit ihrer Nachfrage über den Erfolg oder Misserfolg der Sprachmaîtres entschieden. Das Phänomen eines insgesamt äußerst heterogenen Sprachlehrangebots ist auch aus anderen Universitätsstädten und aus den Reichsstädten Augsburg und Nürnberg bekannt[540].

---

[536] UAT 8/9 Nr. 145/145a Bl. 246 f.

[537] UAT 30/6 Nr. 19.

[538] MUT II 20176; UAT 2/15 Bl. 269^r; UAT 30/6 Nr. 38: Solche Mömpelgarder Studenten waren etwa Jean-Georges Grangier im 17. Jahrhundert oder Christophe Frédéric Parrot im 18. Jahrhundert.

[539] HStAS A 274 Bü 64 Bl. 14–26; MUT II 26237, 26552, 26644; MUT III 37801; UAT 3/8 Bl. 354^v, 357^r, 359^v; UAT 30/1 Bd. 1 Nr. 4–16; UAT 33/56; UAT 46/29 Bl. 47^r; UAT 46/30 Bl. 13^{r–v}.

[540] MICHAELIS: Raisonnement, Bd. 3, S. 63–65, 69, 91 f.: Im Jahr 1773 bescheinigte Johann David Michaelis den universitären Sprachmeistern im Reich Mängel und Mittelmäßigkeit, unter anderem auch weil die Einwanderung französischer Religionsflüchtlinge nachgelassen habe: „Aus Frankreich gehen jetzt keine Refuegiés mehr aus, und wer wird so grausam seyn, es von neuem zu wuenschen, so patriotisch auch der Wunsch fuer Deutschland seyn moechte? [...] Zur Verzweiflung getriebene Leute von guter Geburt und Gemuethscharacter schickt uns Frankreich seit Ludewigs des Grossen Tode nicht mehr zu, und aus Italien oder England sind sie fast nie zu erhalten, es mueßte denn dort misgluckte Liebe, oder in England eine Rebellion uns ein solch Geschenk machen". GLÜCK/HÄBERLEIN/SCHRÖDER: Mehrsprachigkeit, S. 140–142, 162–169, 343 f.: Die Untersuchungen von Helmut Glück, Mark Häberlein und Konrad Schröder zu den Sprachmeistern in Augsburg und Nürnberg kommen zu dem treffenden Schluss: „Sie waren geographisch sehr mobil, viele von ihnen verfügten über ein Universitätsstudium, und ihre wirtschaftliche und soziale Situation war oft ausgesprochen schwierig. [...] Sie waren nicht in Zünften oder akademischen Korporationen organisiert, verfügten über keine formalen Abschlusszeugnisse, und ihre Kenntnisse wurden lange Zeit nicht nach bestimmten Regeln und Standards geprüft. Als abgedankte Soldaten, entlaufene Priester oder Revolutionsflüchtlinge waren manche von ihnen auch aus den Rängen der Ständegesellschaft herausgefallen und eine Reihe von Konflikten und Skandalen zeigt, dass die prekäre Existenz dieser Berufsgruppe auch durch ihren Charakter und Lebenswandel mit bedingt sein konnte". Und: „Unter ihnen fanden sich hochgelehrte Hugenotten, aufstrebende, aber auch verkrachte Akademiker, Baccalaurii, Magistri und Doctores aller Fakultäten, verarmte Adlige, ehemalige Offiziere mit teilweise beachtlicher Auslandserfahrung und guten Sprachkenntnissen, aber auch halbgebildete Soldaten und Handwerksgesellen, die bestenfalls ihren Muttersprachler-Status in den Unterricht einbringen konnten, ehemalige

Worin die Ansprüche der Scholaren am Ende des 18. Jahrhunderts bestanden, zeigt eindrucksvoll ein Zeugnis von siebenundzwanzig Tübinger Studenten, die bei dem französischen Sprachmaître Pierre Aubin de Sales Sprachunterricht im Französischen und Italienischen genommen hatten. Als wichtigste Qualifikationskriterien eines guten Maître nannten sie Fachwissen, Fleiß und eine gute Methodik[541]. De Sales selbst nannte seine Lehrart 1777 *nichts weniger als handwercksmäßig*[542]. Dass diese Kriterien auch in anderen Universitätsstädten ähnlich betrachtet wurden, zeigen die im 18. Jahrhundert für die Auswahl eines Sprachmeisters formulierten Kriterien des Vizekanzlers der Universität Marburg: *Ein hisiger Sprachmeister muß 1. der französischen Sprache nach der Kunst völlig mächtig seyn, 2. eine gute Art zu lehren haben und 3. wohl gesittet, auch 4. gesezt seyn, um Jungen weder Ordens- noch andre Alfanzereien in den Kopf zu bringen*[543].

Erst im Jahr 1754 wurde die 1681 aufgehobene Sprachmeisterstelle am Collegium Illustre wiederbelebt und die damit verbundene Besoldung erneut aus dem Kirchenkasten aufgebracht[544]. Im Jahr 1773 bestimmte der württembergische Herzog Pierre Aubin de Sales und 1785 Jean François Méry Le Roy zu Sprachmeistern und betrieb damit erneut eine engagierte sowie auf fachlichen Qualifikationen und persönlichen Empfehlungen basierende aktive Stellenbesetzung[545]. Die seit der Mitte des 17. Jahrhunderts vorherrschende Beliebigkeit und Passivität hinsichtlich der Rekrutierung der Sprachmeister wich 1791 schließlich einem stark professionalisierten Auswahlverfahren um den Sprachmeister Johann Heinrich Emmert. Neben der Sprachpraxis und der Schulung einer authentischen Aussprache rückten am Ende des 18. Jahrhunderts verstärkt Grammatik und Übersetzung in das Blickfeld des Sprachunterrichts. Daher und weil die Französische Revolution es mit sich brachte, dass gebürtigen Franzosen *um der bedenklichen Folgen willen der Unterricht junger Leute nicht wohl anvertraut* werden konnte[546], sollten die bisher gern angenommenen Muttersprachler nun durch ein württembergisches Landeskind ersetzt werden, das über gute grammatikalische Kenntnisse verfüge.[547] Da sich kein Landeskind finden ließ, wurde 1792 Johann Heinrich Emmert aus Franken als Sprachmeister des Französischen in Tü-

---

Diplomaten, aber auch gescheiterte Kaufleute, Abenteurer, politische Flüchtlinge unterschiedlicher Herkunft und ehemalige Priester [...]."

[541] HStAS A 284/94 Bü 47 o. Pag. Zeugnis von siebenundzwanzig Tübinger Studenten für Pierre Aubin de Sales (um 1773).

[542] UAT 30/6 Nr. 39 Bl. 4.

[543] Zitiert nach MEYER ZU ERMGASSEN: Universitäts-Almosen, S. 173.

[544] HStAS A 202 Bü 2616 o. Pag. Geheimer Rat an den Kirchenrat (1751, Dezember 13), o. Pag. Geheimer Rat an den Kirchenrat (1752, Juli 28); HStAS A 284/94 Bü 47 Bl. 2a, 3–5; HStAS A 284/94 Bü 289 Bl. 55.

[545] HStAS A 202 Bü 2616 o. Pag. Gutachten des Geheimen Rats (1792, April 26); HStAS A 284/94 Bü 289 Bl. 53; UAT 9/9 Nr. 170.

[546] HStAS A 8 Bü 364 Bl. 935.

[547] HStAS A 202 Bü 2616 o. Pag. Gutachten des Geheimen Rats (1791, Oktober 27), o. Pag. Gutachten des Geheimen Rats (1792, Januar 17); HStAS A 284/94 Bü 289 Bl. 63, 65; UAT 9/9 Nr. 206.

bingen angenommen[548]. Sechs seiner Mitbewerber waren zuvor abgewiesen worden, teils weil sie Franzosen waren, teils weil sie über zu wenig Kenntnis der Grammatik verfügten[549].

f. Zusammenfassung

Im Wesentlichen können vier Personalrekrutierungsformen für die Tübinger Exerzitien- und Sprachmeister unterschieden werden, die jeweils auf die besondere Charakteristik der einzelnen Sparten des Fächerquintetts zurückverweisen. Die große Bedeutung des Reitexerzitiums und die Priorität, die Reitmeisterstelle einer verantwortungsbewussten und herzogstreuen Person anzuvertrauen, führten zu einer aktiven und engagierten Rekrutierungsstrategie der württembergischen Herzöge. Der eigene herzogliche Marstall als Kompetenzeinrichtung und sein ausgedehnter Personalbestand boten hierfür die bevorzugte Rekrutierungsbasis, die stets eine vorausschauende und kontinuierliche Wiederbesetzung der Reitmeisterstelle am Collegium Illustre zuließ.

Fungierte der herzoglich württembergische Hofmarstall als Kompetenzeinrichtung für das Reitexerzitium, so lag die Priorität hinsichtlich der Rekrutierung geeigneter Tanzmeister außerhalb Württembergs, denn das Tanzexerzitium orientierte sich an der aktuellen Mode des französischen Königshofes. Die württembergischen Herzöge orientierten sich für die Rekrutierung geeigneter Tanzmeister daher aktiv am französischen Vorbild und dessen Kulturkreis, wobei sie sich des eigenen herzoglichen Repräsentantennetzwerkes an den Fürstenhöfen bedienten. Am Ende des 18. Jahrhunderts wurde die kostspielige und aufwändige Gewinnung französischer Tanzmeister immer mehr aufgegeben. Stattdessen wurden hoch qualifizierte und langjährige französische Tänzer und Tanzmeister aus dem Umfeld des württembergischen Hofes im institutionellen Rahmen der Hohen Karlsschule als Multiplikatoren ihres Metiers eingesetzt, wo sie in entsprechenden Lehrgängen jetzt auch Württemberger zu Tänzern und Tanzmeistern ausbildeten.

Orientierte sich die Rekrutierung der Reit- und Tanzmeister also an entsprechenden Kompetenzeinrichtungen innerhalb und außerhalb Württembergs und stellten

---

[548] HStAS A 284/94 Bü 289 o. Pag. Oberhofmeister des Collegium Illustre an den Kirchenrat (1792, April 16): Im April 1792 erstattete der Oberhofmeister des Collegium Illustre Bericht über die schwierige Suche nach einem neuen Sprachmeister. Er sei beauftragt worden, für die Wiederbesetzung der *so lange schon vacanten, und dem Collegio illustri sowohl, als der ganzen Universitaet dennoch unentbehrlichen französischen Lehrstelle ein tüchtiges Subject unter den Landskindern des Herzogthums Würtembergs unterthänigst vorzuschlagen. Allem Forschen und Nachfragen aber ohngeachtet, waren wir nicht im Stande ein solches ausfindig zu machen. Dafür zeigt sich nunmehr ein Anderer, der zwar kein Würtemberger, doch aber auf der höchsten Willensmeinung Eurer Herzoglichen Durchlaucht gemäß kein gebohrner Franzose ist.*

[549] HStAS A 284/94 Bü 289 Bl. 65; HStAS A 202 Bü 2616 o. Pag. Gutachten des Geheimen Rats (1791, Oktober 27): Diese Bewerber waren Charles François Langlois, Joseph Anton Neumayer, Alexandre Geoffroy Resplandin, Augustin Jean François Liégault, Johann Friedrich Dobelmann und Christoph Matthäus Ploucquet.

diese Personalbeschaffungsvorgänge ganz überwiegend aktive, engagierte und vorausschauende Aktionen der württembergischen Herzöge dar, so war bei der Wiederbesetzung der Fecht- und Sprachmeisterstellen stets eine passivere Personalstrategie zu beobachten. Grund dafür war ein niedrigerer Qualifikationsstandard dieser
Maîtres und eine dadurch bedingte höhere Konkurrenzsituation in diesen Sparten des
Fächerquintetts. Die Wiederbesetzungen der Fecht- und Sprachmeisterstellen wurden daher meist von einem freien Bewerbungsverfahren bestimmt, in welchem die
württembergischen Herzöge mehr reagierten als agierten. Der Senat der Universität,
der seit dem Ende des 17. Jahrhunderts die Verantwortung für die Anwesenheit von
Sprachmaîtres in Tübingen übernommen hatte, überließ zudem den von hohem Konkurrenzdruck gekennzeichnete Markt weitgehend sich selbst.

Die Heranziehung ganzer Maîtrefamilien war eine weitere typische Form der Personalrekrutierung, die in Tübingen vor allem bei den Ballmeistern, aber auch bei
einzelnen Reit- und Tanzmeistern beobachtet werden konnte. Die lange im Voraus
geplante Übertragung einer Stelle vom Vater auf den Sohn, die Anwesenheit mehrerer
Maîtregenerationen und die Adjunktion der Söhne noch zu Lebzeiten hatte mehrere Vorteile. Dazu zählte die Aufrechterhaltung größtmöglicher Kontinuität für das
Lehrprogramm zum Wohle des Collegium Illustre und der Universität, aber auch die
Absicherung der Maîtres, falls sie ihr Metier aufgrund der starken physischen Beanspruchung nicht ungehindert bis ins Alter ausüben konnten.

Während die Exerzitienmeister eine meist drei bis vier Jahre dauernde Lehre in
ihrer Kunst bei einem Meister ihres Faches mit anschließender Reise absolvierten,
ist bei den Sprachmeistern überwiegend nur von autodidaktischen Qualifikationen
auszugehen. Musste zu Beginn des 17. Jahrhunderts unter der Aufsicht des württembergischen Herzogs ein Sprachprofessor am Collegium Illustre noch über ein Jurastudium verfügen, das durch entsprechende praktische Sprachkenntnisse angereichert
wurde, so wandelten sich die Qualifikationserfordernisse für die Sprachmeister nach
dem Dreißigjährigen Krieg deutlich. Sprachpraxis und authentische Aussprache standen immer mehr im Vordergrund des Sprachunterrichts und begünstigten, dass die
seit den 1660er Jahren zahlreich aus Frankreich und Italien in die Reichsterritorien
einwandernden Muttersprachler mit sehr heterogenen Qualifikationen und Voraussetzungen den Sprachunterricht im Italienischen und Französischen bestimmten.

3.2 Selbstverständnis und Fremdwahrnehmung der Exerzitien-
und Sprachmeister

a. Eigenwerbung in Bewerbungsschreiben

Obwohl die Personalrekrutierungsverfahren in den einzelnen Sparten des Fächerquintetts variierten und – wie oben dargestellt – mehr oder weniger stark entweder
von einer aktiven Rekrutierung durch die württembergischen Herzöge oder einem
freien Bewerbungsverfahren bestimmt wurden, so sind doch seit der Mitte des 17.

Jahrhunderts aus allen Sparten des Fächerquintetts Bewerbungsschreiben erhalten. Ihre Gesamtschau lässt insbesondere für die Exerzitienmeister im Gegensatz zu den Sprachmeistern deutliche Unterschiede erkennen, die eng mit dem jeweiligen Qualifikationsniveau der Maîtres verknüpft sind. Sie geben daher aufschlussreiche Auskunft über das fachliche Selbstverständnis der Exerzitien- und Sprachmeister.

Im Mittelpunkt der Bewerbungsschreiben der Exerzitienmeister stand stets vorrangig die Darstellung der erworbenen fachlichen Qualifikationen, die zwar in Bescheidenheitstopoi verhüllt, jedoch selbstbewusst vorgetragen wurden[550]. Das äußerte sich nicht zuletzt darin, dass in vielen Schreiben der Exerzitienmeister meist an prominenter Stelle auch über adäquate Besoldungsvorstellungen gesprochen wurde[551]. Häufig aber wurden zunächst mehrjährige Lehren im entsprechenden Metier, Reisen oder Auslandsaufenthalte erwähnt, die allerdings selten näher präzisiert oder etwa mit Zeugnissen belegt wurden[552]. Eine geläufige Formulierung der Bewerbungsschreiben der Exerzitienmeister, die sowohl Zurückhaltung als auch Selbstbewusstsein widerspiegelt, war diejenige, dass man sich *getrawe*, eine bestimmte Stelle zu bekleiden[553].

Ebenso wichtig wie die Aufzählung fachlicher Qualifikationen war die Nennung persönlicher Referenzen, etwa vorheriger Dienstherren, wobei auch die zuvor versehenen Aufgaben zur Sprache kamen. Wolfgang Ernst von Berga etwa hatte vor seiner Bewerbung auf die Tübinger Reitmeisterstelle im Jahr 1698 sechzehn Jahre lang als Stallmeister im Dienst des Grafen Johann Friedrich von Hohenlohe-Oehringen gestanden, wo er sich nicht nur – wie er selbstbewusst berichtete – um die Abrichtung und Dressur von Pferden gekümmert, sondern auch junge Adlige in der Reitkunst unterrichtet hatte, eine Aufgabe, die ihn für den Posten am Tübinger Collegium Illustre ganz besonders qualifizierte[554]. Eine weitere wichtige, aber für den künftigen Arbeitgeber vermutlich nicht näher nachprüfbare Referenz bestand im Bericht über das Urteil der unterrichteten Scholaren, der häufig mit dem gängigen Ausdruck des *Beifalls* besonders unterstrichen wurde[555].

---

[550] HStAS A 284/94 Bü 53 Bl. 2.

[551] HStAS A 202 Bü 2615 Bl. 1; HStAS A 284/94 Bü 297 Bl. 3.

[552] HStAS A 202 Bü 2617 o. Pag. Joseph Hagel an den Geheimen Rat (1672, Juli 8): Der Fechtmeister Joseph Hagel präzisierte 1672 seine fachlichen Kenntnisse, indem er angab, die Fechtkunst zweieinhalb Jahre lang erlernt zu haben und zwar *die freye Kunst, mit Rappir, Dolchen, Hellbarten, Bickhen und Fahnenschwingen*. HStAS A 284/94 Bü 53 Bl. 2: Der Ballmeister Johann Martin Kretzenthaller präsentierte stolz, dass er das erlernte Ballexerzitium zusätzlich auf Reisen nach Frankreich, England und Holland perfektioniert habe. HStAS A 202 Bü 2615 Bl. 1: Reitmeister Wolfgang Ernst von Berga gab 1698 an, die Reitkunst *ex professo* erlernt zu haben. HStAS A 202 Bü 2617 o. Pag. Otto Schlosser an den Geheimen Rat (1795, August 1): Tanzmeister Otto Schlosser schrieb 1795, dass er *die Tanzkunst von Jugend auf gründlich erlernt* habe.

[553] HStAS A 284/94 Bü 53 Bl. 2.

[554] HStAS A 202 Bü 2615 Bl. 1.

[555] HStAS A 284/94 Bü 47 Bl. 14; HStAS A 284/94 Bü 296 o. Pag. Johann Friedrich Gottlieb Roux an den Kirchenrat (1793, Mai 8); HStAS A 284/94 Bü 297 o. Pag. Clément Alexandre François an den Kirchenrat (1800, März 2); HStAS A 202 Bü 2617 o. Pag. Otto Schlosser an den Geheimen Rat (1795, August 1): Der Tanzmeister Otto Schlosser berichtete beispiels-

Der Tanzmeister François Fellon, der bereits früher als Tänzer am württembergischen Hoftheater tätig gewesen war, äußerte 1794 bei seiner erneuten Bewerbung
auf herzogliche Dienste am Collegium Illustre mutig und selbstbewusst: *Ich darf
glauben, Meister in meiner Kunst zu sein und ich würde vielleicht noch die Gnade
geniesen in Herzoglichen Diensten zu stehen, wann vormals das Herzogliche Teater
nicht verringert worden und meine Stelle eingegangen wäre*[556]. Ein solch subtil Wie-
dergutmachung fordernder oder Ansprüche geltend machender Unterton war in den
Bewerbungsschreiben der Exerzitienmeister keine Seltenheit. Kokettierend wurde in
die Waagschale geworfen, dass man ein Landeskind sei, bereits mehrmals vertröstet
worden sei oder eine Anwartschaft auf einen bestimmten Posten erworben habe[557].
Diese leicht anmaßenden Forderungen wurden mit gängigen Wendungen, die etwa
mit dem Ausdruck *ohne Ruhm zu melden* oder *ohne ohnzeitige ruehmsbeymeßung*
in zahlreichen Varianten vorkamen, umgehend wieder gedämpft[558]. Nur selten wurde dieses Eigenlob näher unterfüttert, wie es allerdings Tanzmeister François Fellon
1794 mit einer ganz besonderen Referenz gelang, als er glaubwürdig berichtete: *Auch
glaube ich, ohne Verdacht der Ruhmredigkeit, von mir sagen zu dürfen, daß ich zu
Frankfurt am Mayn, bei Gelegenheit der Krönung des nun in Gott ruhenden Kaisers
Leopolds des IIten Majestät mich nicht ohne Beifall öffentlich produciret habe*[559]. Aber
nicht überall kam solches Selbstlob an: Die Universität Heidelberg hatte bereits 1788
denselben François Fellon, der *mit übertriebenen Erzehlungen von Göttingen, Halle,
Jena und Straßburg* zu beeindrucken versuchte, als Fechtmeister abgewiesen[560].

Die Bewerbungsschreiben der Exerzitienmeister enthielten regelmäßig auch deren
Besoldungsvorstellungen. Stallmeister Wolfgang Ernst von Berga forderte 1698 neben
einer Erhöhung der bisherigen Reitmeisterbesoldung, von der er entweder fälschli-
cherweise glaubte oder ihr unterstellte, dass sie für einen ledigen Stelleninhaber ohne
Familie berechnet sei, auch den Titel eines Kammerjunkers[561]. Die Tatsache, dass für
Wolfgang Ernst von Berga die bisherige Bereiterstelle am Collegium Illustre zur Stall-

---

weise 1795 in seiner Bewerbung, dass er *so wohl in Durlach als Oehringen – und dann in
diesem Jahr zu Kirchheim an der Teck und in Nürtingen, der Jugend dasiger Beamten und
Honoratiorum mit allem Beyfall Privat-Unterricht im Tanzen gegeben habe.*

[556] HStAS A 284/94 Bü 297 o. Pag. François Fellon an den Kirchenrat (1794, November 9).

[557] HStAS A 202 Bü 2617 o. Pag. Joseph Hagel an den Geheimen Rat (1672, Juli 8): Fechtmeister
Joseph Hagel hob 1672 besonders hervor, *ein Landkind von Liebenzell gebührtig* zu sein.
HStAS A 284/94 Bü 53 Bl. 1: Georg Friedrich Bitschin legte als Spross der Ballmeisterfamilie
Bitschin 1673 in die Waagschale: *Und obwohlen ich damahlen auch underthänigster Anhaltung gepflogen, hatt man mich iedoch, mitt dieser gnädigsten Vertröstung abgewisen, das
wann diese Bahlmaistereystell vacant und leedig werden solte, ich mich derohalben, vor einem andern zu getrösten hette.* Zudem sollte man in Betracht ziehen, dass man ihn, *alß dero
Landkindt, sonderheitlich weilen ich das Rackehgetten und Bahlmachen, ohne [...] Ruhm zu
melden, wohl verstehe* vor anderen Bewerbern zu bevorzugen habe.

[558] HStAS A 202 Bü 2615 Bl. 1, o. Pag. Adam Ulrich Oberans an den Geheimen Rat (1684, Mai
23).

[559] HStAS A 284/94 Bü 296 o. Pag. François Fellon an den Kirchenrat (1794, April 7).

[560] Zitiert nach TOEPKE: Matrikel, Bd. 4, S. 352.

[561] HStAS A 202 Bü 2615 Bl. 1.

meisterstelle erhoben und in seinem Staat bereits der Kammerjunkertitel erschien[562], macht deutlich, dass sein an den Tag gelegtes Selbstbewusstsein nicht überhöht war. Dennoch handelte es sich hierbei um eine Ausnahme. Auf Besoldungsforderungen wurde insbesondere von Seiten des Kirchenrats so gut wie nie eingegangen. Der Tanzmeister Clément Alexandre François begann sein Bewerbungsschreiben im Jahr 1800 gar direkt mit einem Abschnitt über seine Besoldungsvorstellungen, hatte damit aber keinen Erfolg[563]. Boten einige Maîtres an, eine Stellung ohne Besoldung bekleiden zu wollen, wie etwa 1674 der Marqueur Johann Martin Kretzenthaller oder 1794 der Tanzmeister François Fellon, so wurde dies, wohlwissend um die stets knappen Ressourcen des Geistlichen Guts und mit dem Impetus, dass unter diesen Umständen Herzog und Kirchenrat gar nicht ablehnen könnten, besonders hervorgehoben[564].

Ein weniger häufiges Element der Bewerbungsschreiben war die Angabe von Gründen, deretwegen ein Maître seine bisherige Stellung aufgeben wollte. Wolfgang Ernst von Berga schilderte eindrücklich den persönlichen Beweggrund, seine bisherige Stellung beim Grafen von Hohenlohe-Oehringen zu verlassen und erklärte, dass *hochbesagter mein gnadiger Graff undt Herr, nit allein in Ein undt achtzigsten Jahr seines Alters ist, sondern auch kürtzlichen, die besten Schulpferde verreckt sein, undt mit andern nicht mehr ersetzet werden, dannenhero mir alle gelegenheit benommen wirdt, den publico bey obbemelter beschaffenheit zu dienen, Ich aber in erfahrung kommen bin, das die Stallmeisterey zu Tübingen wieder besetzet werden solle*[565]. Tanzmeister François Fellon erklärte seinen Weggang aus Heidelberg 1794 mit den dort herrschenden Kriegsunruhen, die dazu geführt hätten, dass fast alle Studenten die Stadt verlassen mussten und er daher gezwungen sei, sein Fortkommen an einem anderen Ort zu suchen[566].

Während die Exerzitienmeister also recht selbstbewusst ihre fachlichen Qualifikationen und persönlichen Referenzen präsentierten, klang der Tenor der Bewerbungsschreiben der Sprachmeister, insbesondere seit der Mitte des 17. Jahrhunderts, eindeutig zurückhaltender. Diese Tatsache spiegelte deutlich den Qualifikationswan-

---

[562] Ebd. Bl. 7; HStAS A 303 Bd. 13980 S. 79, 195, 201, 211, 220, Bd. 13981 S. 78, 232, 241, Bd. 13982 S. 83, 267, 274, 295.

[563] HStAS A 284/94 Bü 297 Bl. 3: *Da durch den Tod des bißherigen Tanzmeisters Dörr dessen Stelle am Collegio Illustri zu Tübingen vakant geworden, so wage ich es unterthänigst, um deren gnädigste Übertragung an mich, devotest zu bitten. Gleichwie aber die regulirte Besoldung des verstorbenen Tanzmeisters so geringe ist, daß ich mich, und meine Familie ohne von Nahrungs-Sorgen gequält zu werden nicht ernähren kan, also erkühne ich mich, um eine den jezigen Zeitumständen angemessene Zulage [...] zu bitten, als ohne welche ich diese Stelle anzunehmen weder im Stande noch geneigt wäre, indem ich hier schon seit vielen Jahren in einem höheren Gehalte stehe, und es mir, als einem vieljährigen Herzoglichen Diener, schmerzhaft seyn würde, wann ich jezt erst in ein geringeres Einkommen mich gesezt sehen müßte.*

[564] HStAS A 284/94 Bü 53 Bl. 2; HStAS A 284/94 Bü 297 o. Pag. François Fellon an den Kirchenrat (1794, November 9).

[565] HStAS A 202 Bü 2615 Bl. 1.

[566] HStAS A 284/94 Bü 296 o. Pag. François Fellon an den Kirchenrat (1794, April 7); HStAS A 284/94 Bü 297 o. Pag. François Fellon an den Kirchenrat (1794, November 9).

del wider, der mit der konfessionell bedingten Einwanderung zahlreicher französisch- und italienischsprachiger Migranten in den 1660er Jahren einsetzte und dazu führte, dass sich seither Sprachmeister nannte, wer sich dazu berufen fühlte. Die romanische Muttersprache dieser Einwanderer hatte sich durch die Migration in den deutschsprachigen Sprachraum zu einer Qualifikation entwickelt, die aus Mangel an anderen Möglichkeiten häufig zum ersten Broterwerb genutzt wurde[567]. Neben dem geringen Qualifikationsstandard, der offenkundig und im Sinne des Wortes nicht der Rede wert war, führte der Status als Einwanderer und Glaubensflüchtling, der in Württemberg Duldung und Schutz suchte, auf ganz natürliche Weise zu einem zurückhaltenderen und unterwürfigeren Ton, der sich in diesen Schreiben deutlich widerspiegelt[568].

Während Bartholomäus Hettler 1601 als Sprachprofessor am Collegium Illustre noch mit einem Studium der Rechte sowie Auslandserfahrungen und Studien in Frankreich und Italien aufwarten konnte[569], enthielten die Bewerbungsschreiben der Sprachmeister, die sich seit den 1660er Jahren in großer Zahl beim Senat der Universität meldeten, bis zum Ende des 18. Jahrhunderts fast keinerlei Hinweise auf fachliche Qualifikationen und schon gar nicht auf solche, die sie speziell für eine Tätigkeit als Sprachmeister qualifiziert hätten. Die Schreiben blieben daher stets entsprechend inhaltsarm und beschränkten sich in unterwürfigem Ton auf die Bitte um Lehrerlaubnis bei den Universitätsstudenten und allenfalls um die begehrte, aber häufig verweigerte Aufnahme in die Universitätsmatrikel[570].

Noch bis zum Ende des 18. Jahrhunderts warben französische Sprachmeister – ohne weitere Qualifikation als ihre Muttersprache – und jetzt sogar auch Deutsche mit geringen französischen Sprachkenntnissen für sich, wie noch 1791 an den Bewerbern Augustin Jean François Liégault, Charles François Langlois, Johann Friedrich Dobelmann, Joseph Anton Neumayer oder Johann Friedrich Stademann zu erkennen

---

[567] HStAS 202 Bü 2531 o. Pag. Geheimer Rat an den Senat der Universität (1681, September 28): Laut einem Schreiben des Geheimen Rats an den Senat der Universität Tübingen bat 1681 David Alleon aus Genf um Bedienstung und Aufenthaltserlaubnis in Tübingen. Erst an zweiter Stelle erwähnte das Schreiben, dass Alleon bisher *als ein Sprachmeister mit Information in Lingua Gallica* tätig gewesen sei. Der Geheime Rat habe keine weiteren Informationen über seine Person, empfehle dem Senat aber, Alleon die Erlaubnis zum Unterricht in der französischen Sprache zu erteilen, da momentan kein Sprachmeister an der Universität vorhanden sei. Aufgrund fehlender Qualifikation war die Formulierung häufig, dass ein *Maîtres* sich *als ein Sprachmeister* betätige.

[568] StAT E 101/47 o. Pag. Inventur und Teilung (1746, Oktober 19); UAT 30/6 Nr. 24 Bl. 2, 8: Der Sprachmeister Franciscus de Gregoriis wurde noch nach seinem Tod 1746 als *exulirter Proselyt* bezeichnet. HStAS A 284/94 Bü 48 Bl. 2, o. Pag. Zeugnis des Tübinger Stadtpfarrers Johann Christoph Pfaff für Jean Gigon (1706, Juni 22), o. Pag. Stadtpfarrer Hochstetter an den Kirchenrat (1708, August 30): Der Sprachmeister Jean Gigon, der bis kurz vor seinem Tod 1708 am reformierten Glauben festhielt und erst dann zum Luthertum konvertierte, bezeichnete sich selbst 1706 als *refugié*.

[569] HStAS A 284/94 Bü 41 o. Pag. Bartholomäus Hettler an den Kirchenrat (1601, Juli 2).

[570] UAT 30/6 Nr. 6 f., 9 f., 13, 15, 17: Solche Schreiben in lateinischer Sprache sind beispielsweise bekannt von den gebürtigen Franzosen Alphons Firmin Caussin (1664), Claude Ganierre (1669), Jean François Ladoulce (1673), Gilbert Joubert (1682), Jean Baptiste Blain (1683) und René Delavaranne (1686).

ist[571]. Die einzigen Referenzen, die von den vielen französischen Sprachmeistern stets vorgelegt werden konnten, bestanden in bereits erteiltem privatem Sprachunterricht und dem nicht weiter nachprüfbaren Hinweis auf die Zufriedenheit der ehemaligen Scholaren[572]. Unterbrochen wurden diese qualifikationsarmen Sprachmeisterbewerbungen in Tübingen erst 1792 mit Johann Heinrich Emmert, der bereits Publikationen in der Sprachlehre vorweisen konnte[573].

Da fachliche Qualifikationen in den Bewerbungsschreiben der Sprachmeister also nur eine untergeordnete bis gar keine Rolle spielten, stand umso mehr ein gutes sittliches und religiöses Verhalten im Fokus der Eigenwerbung. Viele Bewerbungen der französischen und italienischen Sprachmeister, insbesondere derer, die aus konfessionellen Gründen ihre Heimat verlassen hatten, glichen disziplinarischen Rechenschaftsberichten über ihre Verbleiborte, ihr Wohlverhalten, ihren Konfessionswechsel und ihre Beweggründe, die Heimat zu verlassen. Zu beobachten ist dies in einem langen Zeitraum von der Bewerbung Reichard Mangons im Jahr 1599, der mit seiner aus Urach stammenden Frau vor spanischem Kriegsvolk aus Aachen nach Tübingen geflohen war[574], über Franciscus de Gregoriis, der als ehemaliger Dominikaner aus Mailand nach Württemberg gekommen war und 1712 in Tübingen zum Luthertum konvertierte[575], bis hin zu Jean Marie Morio und Pierre Bernard Rochete, die 1800 und 1802 aus politischen Gründen ihre Heimat in Frankreich verlassen hatten[576].

Vor diesem Hintergrund und aus offensichtlichem Mangel an seitenfüllenden Fachqualifikationen wurde dem Lob der württembergischen Herzöge als Schutzmacht in den Bewerbungsschreiben der Sprachmeister sehr viel Raum gegeben. Während die Milde und Weisheit des Herzogshauses sowie die Einhaltung der Gesetze und der öffentlichen Ordnung gepriesen wurde, stellten die Bewerber ihr Bemühen in Aussicht, sich dessen würdig zu erweisen[577]. Sprachmeister Pierre Aubin de Sales aus Savoyen begann sein Schreiben an den württembergischen Herzog im Jahr 1773 mit einem

---

[571] HStAS A 284/94 Bü 289 o. Pag. Joseph Anton Neumayer an Herzog Carl Eugen (1791, Juli 15), o. Pag. Augustin Jean François Liégault an den Kirchenrat (1791, Juli 29), o. Pag. Charles François Langlois an den Kirchenrat (praes. 1791, August 29), o. Pag. Johann Friedrich Dobelmann an den Kirchenrat (1791, September 1); UAT 30/6 Nr. 31 Bl. 2.

[572] HStAS A 280 Bü 6g o. Pag. Adolph Hirsch an den Kirchenrat (1761, Mai 30); HStAS A 284/94 Bü 47 Bl. 14; HStAS A 284/94 Bü 289 o. Pag. Alexandre Geoffroy Resplandin an den Kirchenrat (praes. 1791, Juli 23), o. Pag. Jean Samuel Amiet an den Kirchenrat (1791, September 22).

[573] HStAS A 284/94 Bü 289 o. Pag. Johann Heinrich Emmert an den Kirchenrat (1792, April 3).

[574] UAT 30/6 Nr. 1.

[575] Ebd. Nr. 24 Bl. 2, 8.

[576] UAT 44/3 Nr. 38.

[577] HStAS A 280 Bü 6h o. Pag. Germain an den Kirchenrat (1796, Januar 30): Sprachmeister Germain schrieb 1796 schmeichelnd an Herzog Friedrich Eugen: *Monseigneur, après avoir été obligé d'abandoner ma patrie, je cherchai un refuge dans les états qui ont le bonheur d'être gouvernés par la sagesse et la clémence de votre altesse Sérénissime. Je me retirai à sulinger, où j'ai toujours joui d'une tranquilité parfaite, sous la protection des loix et de l'ordre publique; mais aussi j'ai fait tous mes efforts, par ma conduite régulier et soumise, pour me rendre digne des bienfaits d'un état si bien organisé.*

unterwürfigen Lobpreis Württembergs, das im Gegensatz dazu der selbstbewussten Feder eines Exerzitienmeisters niemals entsprungen wäre[578]. Ebenso bezeichnend für den typisch unterwürfigen Tenor der Sprachmeister war es, dass Alexandre Geoffroy Resplandin 1791 anstatt von Eigenlob und selbstbewusstem Zutrauen in die eigenen fachlichen Fähigkeiten in aller Bescheidenheit nur von geglückter Annahme seines privaten Sprachlehrangebots durch das Tübinger Bürgertum und vom Mut sprach, sich in seinen autodidaktisch erworbenen Kenntnissen im Nachhinein geprüft haben zu lassen, um jetzt stolz einen bei den Sprachmeistern so seltenen fachlichen Qualifikationsnachweis präsentieren zu können[579].

b. Fremdbeurteilung in Referenzen und Zeugnissen

Neben ihren Bewerbungsschreiben warben die Tübinger Exerzitien- und Sprachmeister auch mit Beurteilungen in Referenzen und Zeugnissen privater und öffentlicher Dienstherren sowie ihrer ehemaligen oder aktuellen Scholaren für sich[580]. Alle Maîtres hatten die Möglichkeit, bei ihrem Weggang aus Tübingen[581] oder mit etwas weniger Erfolgsaussichten auch jederzeit während des Dienstverhältnisses schriftlich ein Zeugnis zu beantragen[582]. Die Zuständigkeit für die Ausstellung solcher Zeugnisse orientierte sich dabei offiziell an der Corpuszugehörigkeit der Maîtres, lag für die Exerzitienmeister also beim Oberhofmeister des Collegium Illustre und für die Sprachmeister seit der Auflösung der Sprachprofessur am Collegium Illustre von

---

[578] HStA A 284/94 Bü 47 o. Pag. Pierre Aubin de Sales an den Kirchenrat (1773, Juni 4): *Ewer Herzoglichen Durchlaucht väterliche Vorsorge für Würtemberg, und die Gnade, deren Höchstdieselbe noch insbesondere die Hohe Schule zu Tübingen zu würdigen geruhen, sind Ursachen, die auch dem entferntesten den Wunsch einflössen müssen, unter einem solchen Regenten und in einem so wohl angeordneten Staat, das Glück ein Unterthan zu seyn geniessen zu dürfen. [...] Meine Ehfrau ist zu Böblingen gebohren, und war also von Jugend auf eines solchen Glücks gewohnt, dessen sich ausser Würtemberg nur wenige Länder zu erfreuen haben und welches dieselbe, da sie durch unsere Ehe in fremde Länder versetzt wurde, daselbst erst gehörig zu schätzen lernte, aber alzulang vermißte. Jede, auch nur die geringste Hoffnung, dereinst wieder in ihr geliebtes Vaterland zurückkehren zu können, verdiente ihre ganze Aufmercksamkeit.*

[579] HStA A 284/94 Bü 289 o. Pag. Alexandre Geoffroy Resplandin an den Kirchenrat (1791, Dezember 16): *Es glückte mir auch bald, in den Häußern zerschiedener hießiger Partikuliers z. B. des Herzoglichen Leibmedici Doktor Reuß, des Leib-Chirurgi Klein, Professor Müllers und Kielmanns auch anderer Honoratiorum, mit meinem Unterricht Beyfall zu finden. Dieses machte mir Muth, nach obiger zu Tübingen entstandenen Vakatur, mich durch den Professor der Französischen Sprache Morel aufs strengste prüfen zu lassen, welcher mir auch das, meinem ersten Exhibito unterthänigst angeschlossenen nicht unvortheilhaffte Attestat meiner Tüchtigkeit zu dießem Posten ausstellte.* Vgl. zu den Bewerbungspraktiken der Sprachmeister in Augsburg und Nürnberg GLÜCK/HÄBERLEIN/SCHRÖDER: Mehrsprachigkeit in der Frühen Neuzeit, S. 160 – 162.

[580] Solche Zeugnisse sind ganz überwiegend erst seit dem Ende des Dreißigjährigen Krieges und aufgrund der recht hohen Fluktuation unter den Sprachmeistern hauptsächlich und in größerer Zahl aus dieser Sparte des Maîtrequintetts überliefert.

[581] UAT 3/5 Bl. 2; UAT 30/6 Nr. 8, 14.

[582] UAT 30/6 Nr. 27 Bl. 1, 3.

1681 bis zur Wiederbelebung der Stelle im Jahr 1745 beim Senat der Universität. Die corpusübergreifende Tätigkeit der Maîtres nach dem Dreißigjährigen Krieg und die Schließung des Collegium Illustre im Jahr 1688, welche die Klientel der Exerzitien- und Sprachmeister ganz auf die Universitätsstudenten reduzierte, führte aber bald dazu, dass sich die Zuständigkeit für die Ausstellung von Zeugnissen nicht mehr nur an der eigenen, sondern auch an der Corpuszugehörigkeit der Scholaren und damit an der Universität orientierte. So war es beispielsweise möglich, dass sich die Exerzitienmeister, die unter der Jurisdiktion des Collegium Illustre standen auch Zeugnisse vom Senat der Universität ausstellen lassen konnten und, dass diejenigen Sprachmeister, die selbst keinem der beiden Corpora angehörten, die Möglichkeit erhielten, sowohl vom Oberhofmeister des Collegium Illustre als auch vom Senat ein Zeugnis zu erhalten[583].

Im Gegensatz zu den Bewerbungsschreiben der Exerzitienmeister, in denen diese besonders ihre fachlichen Qualifikationen in den Vordergrund rückten, waren die Zeugnisse aller Maîtres, die ihnen von fremden Dienstherren oder Privatleuten ausgestellt wurden, bis weit in die zweite Hälfte des 18. Jahrhunderts hinein von der Beurteilung sittlichen und religiösen Wohlverhaltens bestimmt, hinter der Fachliches generell zunächst in den Hintergrund trat[584]. Das war auch der Fall in den Zeugnissen, die vom Oberhofmeister des Collegium Illustre oder vom Senat der Universität in Tübingen ausgestellt wurden. Die Differenzierung zwischen der Wertigkeit sittlichen und religiösen Wohlverhaltens und der Beurteilung fachlicher Qualifikationen als separate Elemente eines Zeugnisses zeigt sich deutlich in einer Diskussion des Senats, der 1746 über die Qualität eines Zeugnisses für den langjährigen Sprachmeister des Französischen Pierre Robert beriet: Ein mit einem vollständigen Lebenslauf und der Beurteilung des Wohlverhaltens versehenes Zeugnis galt als hochwertiger und weit vielfältiger einsetzbar, etwa für die Bewerbung auf Titel und besoldete Stellen. Ein Zeugnis allerdings, das sich nur auf die *gute Art in docendo*, also auf das fachliche und pädagogische Können eines Maître bezog, reichte nach dem Urteil der Senatsmitglieder lediglich dazu aus, bei den örtlichen Instanzen ein Gratial zu beantragen[585]. Beide Aspekte erscheinen also zwar als Elemente eines vollständigen Zeugnisses, wie es beim Weggang eines Maître unter dem Terminus des *testimoniums* stets verlangt wurde. Der fachliche Aspekt wurde dabei in seiner Wertigkeit aber deutlich von einer guten sittlichen und religiösen Führung dominiert, weshalb ein solches Testimonium also ganz vorrangig als Führungs- und Verhaltenszeugnis zu betrachten ist. Es wurde daher stets auch unter Verwendung des häufig genannten Begriffs eines *Testimonium seynes Verhaltenß* oder eines *Zeugnus seines Wolverhaltens* beantragt und ausgestellt[586].

Da die fachspezifischen Qualifikationen der Sprachmeister für den Sprachunterricht ohnehin gering waren, stellte die Hervorhebung eines glaubwürdig dargestell-

---

[583] UAT 3/5 Bl. 2; UAT 117/670 o. Pag. Senatsprotokoll (1749, Juni 9).
[584] HStAS A 284/94 Bü 289 Bl. 49; UAT 30/6 Nr. 20 Bl. 2.
[585] UAT 30/6 Nr. 27 Bl. 1, 3.
[586] HStAS A 284/94 Bü 289 Bl. 49; UAT 3/5 Bl. 2.

ten sittlichen und religiösen Lebenswandels für das Fortkommen bei zukünftigen Dienstherren nicht nur eine gewinnbringendere, sondern oftmals auch die einzige Qualifikation dar[587]. Da reine Führungs- und Verhaltenszeugnisse bei der Beurteilung der Sprachmeister also Usus waren, wurden nicht nur Dienstherren, sondern auch kirchliche Würdenträger um ein solches angegangen. Jean Guillaume de Colomb Labarthe, der in Tübingen an der reformierten Konfession festhielt, legte 1762 das Zeugnis eines Pastorengremiums aus Genf und das Empfehlungsschreiben eines Pastors der französischen Gemeinde in Basel vor[588]. Auch Jean Gigon, der erst nach einigen Jahren des Aufenthalts in Tübingen von der reformierten zur lutherischen Konfession übergetreten war, wandte sich weder an den Oberhofmeister des Collegium Illustre noch an den Senat der Universität, sondern ließ sich 1706 und 1708 von den Tübinger Stadtpfarrern entsprechende Zeugnisse ausstellen[589].

Lässt sich die Beurteilungsarmut fachlicher Qualifikationen in den Zeugnissen der Sprachmeister noch auf das tatsächliche Fehlen solcher Qualifikationen und aufgrund der unter den Sprachmeistern vorherrschenden Migrations- und Konfessionsproblematik auf die besondere Wertigkeit sittlichen und religiösen Wohlverhaltens zurückführen, so kristallisiert sich bei der Untersuchung der Zeugnisse der Exerzitienmeister eine weitere Beobachtung heraus: Obwohl die Exerzitienmeister im Gegensatz

---

[587] UAT 12/4 Nr. 211: Das Empfehlungsschreiben des Senats der Universität Tübingen für den Sprachmeister Carl Philipp Ernst Andreas enthielt die Angabe, dass Andreas ein in Braunschweig getaufter jüdischer Proselyt sei, der in Tübingen Zeugnisse von Predigern und Kirchenräten anderer Territorien vorgelegt habe. Er habe sich in Tübingen *sittsam, ehrbar, unclagbar und christlich* verhalten, habe sich regelmäßig zum Abendmahl eingefunden und letztlich auch Tübinger Studenten im Englischen unterrichtet. Vgl. hierzu auch BEHRENS: Geschichte, S. 8: „Nicht minder als auf den Besitz der geschilderten Kenntnisse [...] wurde bei der Anstellung eines neuen Sprachmeisters auf dessen äußere Verhältnisse, Herkunft und Lebensführung gesehen. Man hatte in letzterer Beziehung trübe Erfahrungen des öfteren gemacht, was nicht besonders wundernehmen kann, wenn man erwägt, daß die Bewerber meist ganz unbekannte Ausländer (darunter mehrere Réfugiés) waren oder Inländer, die in irgendeinem anderen Berufe Schiffbruch gelitten hatten".

[588] UAT 9/1 Nr. 14 Bl. 1, UAT 30/6 Nr. 33 Bl. 1 f., UAT 32/1 Bd. 5 Nr. 399, WACKERNAGEL/ TRIET/MARRER: Matrikel Bd. 5 S. 251 f.: Wahrscheinlich war de Colomb Labarthe während seines Aufenthalts in Tübingen als Sekretär der Tübinger Freimaurer tätig, wie es die Unterschrift Labarthe unter ein Dokument vermuten lässt. Auch in Basel wurde er als Freimaurer und Logenmeister genannt.

[589] HStAS A 284/94 Bü 48 o. Pag. Zeugnis des Stadtpfarrers Johann Christoph Pfaff für Jean Gigon (1706, Juni 22), o. Pag. Zeugnis des Stadtpfarrers Hochstetter für Jean Gigon (1708, August 30): Pfarrer Hochstetter gab etwas ausführlichere Auskunft über den religiösen Status des Sprachmeisters: *Was dieser arme Supplicant unterthänigst fürgebracht, verhält sich in warheit also; und weil er mich gestern, (da ihne auff seinem, wie es fast scheinen will, letzten lager, nach vorhergegangener Prüfung, und communication mit hiesiger Euer Hochfürstlichen Durchlaucht Theologischen Facultät, auch deutlicher confession unser Evangelischen Glaubens-Articuln, das erste mahl communicirt) so flehendlich gebetten, ihme mit einem unterthänigsten Zeugniß zustatten zukommen, so habe es demselben nicht versagen können. Er hat im übrigen bey männiglich, als viel mir wißend, ein gutes praedicat, auch sonsten in denen zwischen uns und den Reformisten zwistigen puncten alle christliche information willig angenommen; seine dubia modeste proponirt, und da man sie ihme solvirt, Gott dafür gedankhet.*

zu den Sprachmeistern oftmals verbriefte Fachqualifikationen aufweisen konnten[590], dominierte auch in ihren Zeugnissen die Absenz der Beurteilung fachlicher Fertigkeiten. Der Grund dafür ist ganz offenkundig auch der fehlende Sachverstand des Oberhofmeisters des Collegium Illustre und der Universitätsprofessoren des Senats hinsichtlich des Unterrichts der Exerzitien- und Sprachmeister. Als der Vorfechter Johann Jacob Pfeiffer den Senat 1749 um die Ausstellung eines Zeugnisses bat, mit dem er sich auf die freie Fechtmeisterstelle am Collegium Illustre bewerben wollte, gab ein Senatsmitglied ehrlich zu, dass man ihm nicht mehr als ein Zeugnis seiner guten Führung ausstellen könne, denn von der Fechtkunst verstehe man selbst nichts[591]. Und bereits 1693 war auf die Nachfrage des Sprachmeisters Michele Leonardi nach einem Zeugnis im Senat geäußert worden, dass man über dessen Unterricht gar nichts sagen könne, er aber regelmäßig in den Gottesdienst gekommen sei und sein Vaterland *religionis causa* habe verlassen müssen[592].

Da also der nötige Sachverstand für eine Beschreibung und Beurteilung der fachlichen Qualifikationen der Maîtres offensichtlich nicht ausreichte, dominierten auch in den Zeugnissen der Exerzitienmeister sprachliche Wendungen, die sich vorrangig auf das Wohlverhalten bezogen und hinsichtlich fachlicher Fähigkeiten höchstens den Fleiß eines Maîtres als *dienstfertig* erwähnten oder ihn einer oft zitierten, aber wenig aussagekräftigen *treuen Information* willen hervorhoben[593]. Eine in vielen Zeugnissen wiederkehrende Floskel war ein *christlicher stiller Wandel*, welche die Priorität des guten sittlichen und religiösen Verhaltens auch bei den Exerzitienmeistern deutlich in den Vordergrund rückte[594].

Weit aussagekräftiger waren die Referenzen und Zeugnisse, welche den Maîtres von den eigenen Scholaren oder deren Eltern ausgestellt wurden. Diese Zeugnisse hatten eher den Charakter persönlicher Empfehlungsschreiben und entfalteten ihre Wirkung insbesondere auf lokaler Ebene. Oftmals ergriffen die Scholaren als unmittelbare Rezipienten des Exerzitien- und Sprachunterrichts selbst die Initiative und brachten sich durch entsprechende Schreiben in ein offizielles Anstellungs- oder Beurteilungsverfahren ein, wo sie hinsichtlich ihres Urteils über die Maîtres von den

---

[590] StAT A 10 StU Nr. 160: Ballmeister Johann Albrecht Bründlin besaß einen Lehrbrief für seine Lehre im Ballexerzitium, die er von 1687 bis 1690 bei Johann Martin Kretzenthaller absolviert hatte. HStAS A 284/94 Bü 54 Bl. 37, 41, 43: Auch der Vorfechter und Fechtmeister Johann Jacob Pfeiffer erhielt für seine abgeschlossene Lehre in der Fechtkunst von 1742 bis 1746 bei Fechtmeister Johann Andreas Schmid in Tübingen einen Lehrbrief.

[591] UAT 117/670 o. Pag. Protokoll des Senatskollegiums (1749, Juni 9): *Mann kann ihme ein Testimonium von seiner Aufführung geben, von deren nichts wiedriges kenne, ausser dass er gern trincke. Aber dieses macht keinen Fechtmeister und verhindert auch keinen. Hilfft es nichts, so schadet es auch nichts. Dann von der Fechtkunst wissen wir so nichts.*

[592] UAT 32/1 Bd. 4 Nr. 218.

[593] UAT 30/6 Nr. 23 Bl. 1.

[594] HStAS A 202 Bü 1970 o. Pag. Geheimer Rat an den kurbrandenburgischen Hof (1676, August 17): Der Stallmeister Heinrich Nidda wurde in seinem Zeugnis 1676 ein *wohl, uffrecht, redtlich, verstentlich und christlich Verhalten* bescheinigt. StAT A 10 StU Nr. 173: Der Marqueur Matthias Rodler wurde 1754 von Ballmeister Georg Dominicus Keller als *christlich, ehrlich, redlich, unterdiensthafft, verschwiegen, getreu, fleissig, nüchtern, friedlich* bezeichnet.

obrigkeitlichen Stellen niemals überhört wurden, denn ein Exerzitien- und Sprachlehrprogramm, das auf die Scholaren attraktiv wirkte, war für die Frequentierung des Studienstandortes unerlässlich.

Die Scholaren waren nicht nur diejenigen, welche die fachlichen und pädagogischen Qualifikationen der Maîtres am Besten durch persönlichen Erfolg oder Misserfolg messen konnten. Sie vermochten es auch, mit ihrem Urteil über Anstellung oder Dimission eines Exerzitien- oder Sprachmeisters mit zu entscheiden, wie es 1699 im Fall des Fechtmeisters Johann Braun geschah. War das Exerzitien- und Sprachlehrangebot unzureichend oder nicht vorhanden, so waren die Scholaren auch in der Lage, Konsequenzen zu ziehen, einen Studienort erst gar nicht aufzusuchen oder ihn wieder zu verlassen[595]. Ein mindestens zufriedenstellender Umgang der Maîtres mit den Scholaren war daher ein wichtiges Beurteilungskriterium, das als Referenz niemals fehlen durfte, seine volle Wirkung aber erst dann entfaltete, wenn die Zufriedenheit der Scholaren auch von obrigkeitlicher Seite bestätigt wurde[596]. Daher spielte auch in obrigkeitlichen Zeugnissen ein Passus über die Beliebtheit der Maîtres bei den Scholaren eine große Rolle, wie etwa im Zeugnis für den Marqueur und späteren Ballmeister Johann Martin Kretzenthaller, dem 1674 in einem Zeugnis des städtischen Untervogts bescheinigt wurde, *daß dahero Ihn viel allhießige Studiosi sehr loben und lieben*[597].

Durch ihre Empfehlungsschreiben beeinflussten die Scholaren also immer wieder selbst die Qualität ihres Exerzitien- und Sprachunterrichts in Tübingen. Im Jahr 1665 setzten sich mehrere Studenten für den Sprachmeister Alphons Firmin Caussin ein, dem eine Einschreibung in die Universitätsmatrikel und eine über sechs Monate hinausgehende Duldung in Tübingen verwehrt wurde, weil er dem reformierten Glauben anhing[598]. Die Scholaren hatten in ihrem Empfehlungsschreiben angegeben, sie hätten große Fortschritte im Französischen gemacht, sodass Zeit und Geld gut angelegt seien[599]. Nachdem der Senat an den Herzog berichtet hatte, dass sich mehrere Studenten, *zwar unter denselben etliche der fleißigsten und von Herkommen der Vornehmsten* um den Verbleib Caussins in Tübingen bemüht hätten, wurde derselbe schließlich drei weitere Jahre in Tübingen belassen, auch wenn ihm die Aufnahme in die Matrikel stets verwehrt blieb[600].

Das Engagement der Scholaren für die Maîtres blieb groß. Sechzehn Tanzscholaren reichten 1719 ein positives Zeugnis über den umstrittenen Tanzmeister Johann

---

[595] HStAS A 284/94 Bü 54 Bl. 22, 24: Im Jahr 1699 reagierten die Scholaren auf die erhöhten Preise und das gleichzeitig mangelhafte Lehrangebot des Fechtmeisters Johann Braun, indem sie ihm die Bezahlung der *Informationsgelder* verweigerten und schließlich seinen Unterricht boykottierten, sodass der Fechtmeister Tübingen verlassen musste.

[596] HStAS A 284/94 Bü 295 o. Pag. Zeugnis des Tübinger Oberamtmanns für Joseph Friedrich Eckardt (1798, September 9), o. Pag. Zeugnis des Oberhofmeisters des Collegium Illustre für Joseph Friedrich Eckardt (1798, September 8), o. Pag. Zeugnis des Rektors der Universität Tübingen für Joseph Friedrich Eckardt (1798, September 7).

[597] HStAS A 284/94 Bü 53 o. Pag. Tübinger Untervogt an den Kirchenrat (1674, Mai 4).

[598] UAT 30/6 Nr. 6 Bl. 1, 7.

[599] Ebd. Bl. 2, 6 f.

[600] Ebd. Bl. 1, 4, 6, 8 f.

Balthasar Schäffer ein, während siebzehn andere den Tanzmeister aus der Stadt verbannt wissen wollten und dies auch erreichten[601]. Im August 1767 attestierten neun Scholaren dem Tanzmeister Ernst Friedrich Dörr ihre volle Zufriedenheit mit seinem Unterricht[602]. Für den Marqueuer Joseph Friedrich Eckardt, der sich 1798 auf die Tübinger Ballmeisterstelle bewarb, intervenierten in diesem Fall ohne Erfolg fünf französischsprachige Studenten und legten schriftlich nieder: *À la réquisition de Fréderic Eckartd de Tubingue, nous soussignés déclarons, qu' ayant fréquenté le Jeu de paume de Tubingue, que le susdit enseigne et connait très bien le qui concerne le jeu, et que nous sommes très satisfait de lui*[603]. Für Tanzmeister Clément Alexandre François engagierten sich 1800 siebenundzwanzig Studenten und äußerten an die Adresse des Senats erfolgreich die Empfehlung, François die vakante Tanzmeisterstelle zu übertragen[604]. Auch in anderen Universitätsstädten traten die Studenten für geeignete Maîtres ein, so beispielsweise zu Beginn des 17. Jahrhunderts für einen Tanzmeister an der Universität Gießen[605], am Ende des 17. Jahrhunderts für einen Fechtmeister an der Universität Helmstedt[606] und 1727 für einen solchen an der Universität Rostock[607].

Neben die obrigkeitlichen Zeugnisse und die Empfehlungsschreiben der Scholaren traten als weitere Referenzformen die Zeugnisse verschiedener Privatpersonen, etwa der Eltern von Scholaren. Diese häufig sehr kurzen Schreiben folgten keinem sprachlichen Formular, spiegelten häufig ein enges persönliches Verhältnis zu den Maîtres wider und konzentrierten sich ganz auf die dem Aussteller wichtigen Qualifikationen. Insbesondere die Sprachmeister und die Tanzmeister, die auch mit der Unterrichtung junger Frauen über eine ausgedehntere private Klientel verfügten, konnten häufig zahlreiche solcher Empfehlungsschreiben lokal einflussreicher Persönlichkeiten aus dem Bürgertum vorweisen. Im Falle Tübingens waren diese fast immer eng mit der Universität und der gelehrten Professorenschaft verbunden. Der Tanzmeister Clément Alexandre François belegte seine Tätigkeit als Tanzmeister 1800 mit einem Zeugnis des Tübinger Professors der Rechte Julius Friedrich Malblanc, dessen Kinder er im Tanzen unterrichtet hatte und einer Empfehlung des Universitätskanzlers Johann Friedrich Le Bret. Beide attestierten einen guten Unterricht sowie ein vor-

---

[601] HStAS A 5 Bü 119 Beilagen zu Bl. 21.

[602] HStAS A 202 Bü 2617 o. Pag. Zeugnis der Studenten für Ernst Friedrich Dörr (1767, August 19): Sie schrieben unter anderem: *Alß bezeugen wir hiemit, daß wir nicht nur von andern, die vor uns den Tanzboden bey ihme, Dörren, frequentirt, jederzeit gehört, daß sie mit seinen ihnen gegebenen Lectionen im Tanzen ganz wohl zufrieden gewesen, sondern auch wir, seine dermahlige Scholaren, noch jezo mit demselben vollkommen content und zufrieden dißfalls seyen, und wir hierunter an ihme das geringste nicht außzusetzen wissen.*

[603] HStAS A 284/94 Bü 295 o. Pag. Zeugnis der Studenten für Joseph Friedrich Eckardt (1798, September 7).

[604] HStAS A 284/94 Bü 297 o. Pag. Zeugnis der Studenten für Clément Alexandre François (1800, April 3).

[605] FELSCHOW/LIND: Werck, S. 106.

[606] AHRENS: Lehrkräfte, S. 37.

[607] KOHFELDT: Fecht- und Tanzmeister, S. 71.

224

bildhaftes Verhalten[608] und ermöglichten François dadurch eine aussichtsreiche Bewerbung auf die besoldete Tanzmeisterstelle am Collegium Illustre.

Auch der Sprachmeister Germain hatte sich 1796 bei mehreren Tübinger Persönlichkeiten, in deren Häusern er privaten Sprachunterricht erteilt hatte, um solche Zeugnisse bemüht. Unter ihnen befanden sich etwa die Professoren der Rechte Christian Gmelin, Wilhelm Gottlieb Tafinger und Johann Christian Majer sowie der Oberhofmeister am Collegium Illustre Carl August Gottfried von Seckendorff. Tafinger erwähnte, dass sich Germain den *ungetheilten Beyfall des hiesigen Publicums* erworben habe, von Seckendorff bescheinigte eine *conduite parfaitement bonne et solide*. Als Privatpersonen wiesen sie zudem darauf hin, dass es zum privaten Französischunterricht bisher keine Möglichkeit gegeben habe und Germain *un avantage point petit pour notre ville* darstelle[609].

Anders als die Senatsmitglieder im Jahr 1693, die den Unterricht des Sprachmeisters Michele Leonardi nicht hatten beurteilen können oder wollen, war Wilhelm Gottlieb Tafinger als Privatperson jetzt in die Lage versetzt, den Sprachunterricht Germains insofern besser zu beurteilen, als er – wie er angab – dem Privatunterricht seiner Söhne bei Germain mehrmals beigewohnt habe und sich von den Sprachkenntnissen und Methoden des Sprachmeisters hinlänglich selbst überzeugt habe[610]. Aber die misstrauische Reaktion des Konsistoriums auf die Bewerbung Germains, der sich mit diesen Beurteilungen über seine Privatlektionen in den Häusern der Tübinger Professoren auf eine besoldete Stelle beworben hatte, zeigt deutlich, dass fachliche Qualifikationen alleine immer noch nicht ausreichend waren. Und so wurde vielsagend formuliert, Germain habe zwar mehrere Zeugnisse beigebracht, es sei jedoch genauestens Erkundigung einzuziehen, *ob er der Landes Religion zugethan* sei[611].

Von Seiten der obrigkeitlichen Instanzen war eine gefestigte und konfessionell konforme Persönlichkeit ein unabdingbares Qualifikationskriterium für eine besoldete Stellung am Tübinger Collegium Illustre, denn die Maîtres sollten ihren Scholaren

---

[608] HStAS A 284/94 Bü 297 Bl. 3, o. Pag. Zeugnis Johann Friedrich le Brets für Clément Alexandre François (1800, April 3).

[609] HStAS A 280 Bü 6h o. Pag. Zeugnis Carl August Gottfried von Seckendorffs für Germain (1796, Januar 7), o. Pag. Zeugnis Johann Christian Majers für Germain (1796, Januar 18), o. Pag. Zeugnis Christian Gmelins für Germain (1796, Januar 25), o. Pag. Zeugnis Wilhelm Gottlieb Tafingers für Germain (1796, Januar 31).

[610] HStAS A 280 Bü 6h o. Pag. Zeugnis Wilhelm Gottlieb Tafingers für Germain (1796, Januar 31): Auch 1796 war es immer noch üblich, sich hauptsächlich über Sitte, Bescheidenheit und Lebenswandel zu äußern: *Endsunterzeichneter legt hiedurch auf Verlangen das gewissenhafte Zeugniss ab, daß Herr Germain, von Autin gebürtig, schon seit geraumer Zeit Unterricht in der französischen Sprache seinen Söhnen gegeben, und er sich dadurch, daß er mehrmalen dem Unterricht beiwonte, von den schönen Sprachkenntnißen und von der fürtreflichen Methode gedachten Herrn Germain vollkommen überzeugt habe. Deßgleichen bezeugt Endsunterschriebener weiter, daß Herr Germain, den er gleich vom Anfang seines hiesigen Aufenthalts an kennen gelernt hat, sich durch seine Sitten, Bescheidenheit und einen stillen und tugendhaften Lebenswandel immer ausgezeichnet und durch diese liebenswürdige Eigenschaften sich die allgemeine Liebe und Zuneigung erworben habe.*

[611] HStAS A 280 Bü 6h o. Pag. Konsistorium an den Senat der Universität (1796, Juni 8).

als Vorbild dienen und im Falle von Streitigkeiten als Autorität auftreten können. Wie wichtig dieses Kriterium insbesondere bei den Exerzitienmeistern war, zeigt sich daran, dass einige Maîtres nicht angenommen wurden, weil sie diese Bedingung nicht erfüllen konnten. Der Ballmeister Georg Friedrich Bitschin wurde beispielsweise 1674 dem jüngeren Johann Martin Kretzenthaller vorgezogen, weil er nicht nur seinen Ballmeisterdienst stets fachlich überzeugend versehen hatte, sondern auch weil er den Studenten *einiges böß Exempel, wie es sonst bei jungen und unerfahrenen Leuten üblich sei*, nie gegeben habe[612]. Und obwohl der erst neunzehnjährige Heinrich Rudolph Friedrich Keller sich immer gut verhalten hatte, was ihm auch in Zeugnissen bescheinigt wurde, gab der Kirchenrat zu bedenken, dass Keller noch sehr jung sei und ein Ballmeister wegen allerlei Ereignissen, welche auf den Ballhäusern sich zu zutragen pflegen, ein gesetzter Mann sein solle[613].

Fechtmeister Johann Jacob Pfeiffer wurde 1749 als Fechtmeister abgewiesen, weil er noch nicht volljährig war und sein Benehmen zu wünschen übrig ließ[614]. Über Fechtmeister Johann Friedrich Gottlieb Roux dagegen wurde 1793 an den Kirchenrat berichtet, dass dieser nicht nur aufgrund seiner fachlichen Vollkommenheit, sondern auch *in Ansehung der Güte seines moralischen Characters* eine gute Wahl sei[615]. Im Jahr 1821 wurde auf der Suche nach einem geeigneten neuen Fechtmeister über den an der Tübinger Stelle interessierten August Kastropp geurteilt, dass dieser zwar erst zwanzig Jahre alt sei, aber nicht nur die besten Zeugnisse vorweisen könne, sondern auch von seinem sittlich-moralischen Benehmen her sehr zu empfehlen sei, was allerdings von großer Wichtigkeit ist, weil durch Fechtmeister so leicht Duelle befördert werden[616].

Dennoch sind am Ende des 18. Jahrhunderts Veränderungen dahingehend zu beobachten, dass nicht nur die Zahl und Vielfalt der Zeugnisse und Empfehlungsschreiben in den Bewerbungen der Maîtres zunahm, sondern sich auch deren Inhalt veränderte. Fachliche Qualifikationen spielten jetzt zeitweise bereits schon eine größere Rolle, eine Entwicklung, die auf eine wachsende Konkurrenz, Professionalisierung und Spezialisierung der Maîtres aller Sparten, aber auch auf höhere fachliche Anforderungen hindeutet. Es war nun zur Norm geworden, einem Bewerbungsschreiben Zeugnisse beizulegen und diese auch besonders zu erwähnen, wie es 1793 Fechtmeister Johann Friedrich Gottlieb Roux oder 1800 Tanzmeister Clément Alexandre François vormachten[617].

---

[612] HStAS A 284/94 Bü 53 o. Pag. Oberhofmeister des Collegium Illustre an den Kirchenrat (1674, Mai 16).

[613] HStAS A 284/94 Bü 29 o. Pag. Gutachten des Kirchenrats (1799, August 3); HStAS A 284/94 Bü 295 Bl. 17.

[614] UAT 9/9 Nr. 97.

[615] HStAS A 284/94 Bü 296 o. Pag. Oberhofmeister des Collegium Illustre an den Kirchenrat (1793, Mai 21).

[616] HStAS E 11 Bü 53 o. Pag. Bericht des Ministers des Innern und des Kirchen- und Schulwesens an König Wilhelm (1821, Januar 27).

[617] HStAS A 284/94 Bü 296 o. Pag. Johann Friedrich Gottlieb Roux an den Kirchenrat (1793, Mai 8); HStAS A 284/94 Bü 297 Bl. 3: Clément Alexandre François formulierte: *Damit aber*

Auch pädagogischen Fähigkeiten gewannen jetzt an Bedeutung. Fechtmeister Roux wurde 1793 beispielsweise attestiert, dass er es nicht nur verstehe, nach der Kreußlerischen Art zu fechten, sondern auch in der Lage sei, jeden Scholaren *nach seiner angebohrnen Geschicklichkeit Lection zu geben*[618]. Vor der Einstellung des jungen Ballmeisters Heinrich Rudolph Friedrich Keller, dessen Familie bereits seit zwei Generationen das Tübinger Ballhaus betrieben hatte – eine Tatsache, die bis weit in das 18. Jahrhundert hinein Zeugnis sittlichen Wohlverhaltens und fachlicher Qualifikation genug gewesen wäre – verlangte Herzog Friedrich II. 1799 Zeugnisse, die belegen sollten, *wie weit er es in seiner Kunst* gebracht habe[619]. Als Keller das angeforderte Zeugnis seines Düsseldorfer Lehrmeisters Georg Gottlieb Dörr vorlegte, wurde darin – und das war ungewohnt – noch vor seiner guten Aufführung vor allem seine fachliche Qualifikation erläutert und ausdrücklich darauf hingewiesen, dass dem noch jungen Heinrich Rudolph Friedrich Keller eine Ballmeisterstelle durchaus anzuvertrauen sei[620]. Neue Formulierungen sowohl in der Eigenwerbung der Maîtres als auch in den Beurteilungen der obrigkeitlichen Vertreter zeigten am Ende des 18. Jahrhunderts deutlich, dass sittliches und religiöses Wohlverhalten einerseits und fachliche Qualifikationen andererseits auf dem Weg waren, gleichberechtigte Qualifikationskriterien zu werden[621].

c. Zusammenfassung

Die Eigenwerbung der Maîtres in ihren Bewerbungsschreiben gibt gute Auskunft über das fachliche Selbstverständnis der Exerzitien- und Sprachmeister. Deutliche Differenzen sind dabei zwischen den Schreiben der Exerzitienmeister und denen der Sprachmaîtres zu erkennen. Während die Exerzitienmeister selbstbewusst ihre fachlichen Qualifikationen und persönlichen Referenzen vortrugen, war der Tenor der Bewerbungsschreiben der Sprachmeister deutlich zurückhaltender. Die Darstellung sittlichen und religiösen Wohlverhaltens wurde in den Mittelpunkt gerückt.

Neben den Bewerbungsschreiben warben die Maîtres auch mit Beurteilungen in Referenzen und Zeugnissen privater und öffentlicher Dienstherren sowie ihrer ehemaligen oder aktuellen Scholaren für sich. Die Zeugnisse der öffentlichen Dienstherren stellten dabei hauptsächlich die gute sittliche und religiöse Führung der Maîtres in den Vordergrund, während fachliche Beurteilungen grundsätzlich zweitrangig blieben. Grund dafür war auch, dass die fachlichen und pädagogischen Qualifikatio-

---

Eure Herzogliche Durchleucht, Sich überzeugen mögen, daß ich einer solchen Gnade nicht unwürdig sei, so geruhen Höchst dieselben [...] auch auf diejenigen Zeugnisse einen huldenvollen Blick zu werfen, welche meiner unterthänigsten Bittschrift angeschlossen sind.

[618] HStAS A 284/94 Bü 296 o. Pag. Zeugnis des Fechtmeisters Heinnicke in Weimar für Johann Friedrich Gottlieb Roux (1793, Mai 7).

[619] UAT 9/9 Nr. 87.

[620] HStAS A 284/94 Bü 295 o. Pag. Georg Gottlieb Dörr an den Kirchenrat (1798, August 21), o. Pag. Georg Gottlieb Dörr an den Kirchenrat (1799, Mai 4).

[621] HStAS A 202 Bü 2617 o. Pag. Otto Schlosser an den Geheimen Rat (1795, August 1); HStAS A 284/94 Bü 297 Bl. 3; UAT 9/9 Nr. 253.

nen der Maîtres durch die gelehrten Professoren, die ihnen solche Zeugnisse ausstellten, nur schwer beurteilt werden konnten. Die Referenzen der Scholaren, die durch unmittelbaren Erfolg oder Misserfolg die Lehrleistung der Maîtres weit besser einschätzen konnten, waren dagegen sehr viel aussagekräftiger. Ein zufriedenstellender Umgang mit den Scholaren war daher auch in obrigkeitlichen Zeugnissen ein wichtiges Kriterium. Die Priorität sittlichen und religiösen Wohlverhaltens vor fachlichem Können prägte bis zum Ende des 18. Jahrhunderts die Zeugnisse der Exerzitien- und Sprachmeister, während dann fachliche und pädagogische Fähigkeiten zunehmend gleichberechtigte Qualifikationskriterien wurden.

III. Jurisdiktion, Administration und Ökonomie

1. Jurisdiktion und Corpuszugehörigkeit

1.1 Die Exerzitien- und Sprachmeister als Collegiumsverwandte

a. Das Collegium Illustre als Rechtsraum der Maîtres bis 1688

Die Tübinger Exerzitien- und Sprachmeister gehörten seit ihrem ersten Auftreten um 1596[1] der Jurisdiktion des Collegium Illustre an, das seit den Collegiumsstatuten des Jahres 1601 bis zu seiner endgültigen Auflösung im Jahr 1817 ein verfassungsrechtlich von der Universität separiertes und selbstständiges Corpus darstellte[2]. Die lange, wenn auch vorübergehende Zugehörigkeit der Sprachmeister zum Corpus der Universität und die Auflösung der Sprachprofessur des Collegium Illustre zwischen 1681 und 1745 bildete dabei lediglich eine Ausnahme[3]. Der adlige Oberhofmeister als Leiter des Collegium Illustre und als Inhaber der Jurisdiktionsgewalt, der Collegiumsverwalter, die Professoren des Collegiums, die Exerzitien- und Sprachmeister, die übrigen Angestellten wie Torwart, Küchenmeister, Hausschneider, Gärtner, Brunnenmacher und Stallknechte mit ihren Familien, die Mägde, Knechte und Witwen der Collegiumsverwandten sowie schließlich die Studenten als Collegiaten bildeten das Corpus[4], das über zwei Jahrhunderte lang neben den benachbarten Jurisdiktionsräumen der Universität, der Stadt und dem Schloss Bestand behielt und mit diesen in enger Wechselwirkung stand[5].

Die Zugehörigkeit der Maîtres zum Collegium Illustre wurde mit verschiedenen Termini beschrieben. Dazu gehörte der vergleichsweise seltene Begriff der Jurisdiktion[6]. Weit häufiger wurde der Terminus des Corpus[7] gebraucht, der auf das Collegium Illustre als ein aus Haupt und Gliedern bestehendes Ganzes – den Oberhofmeister und die Collegiumsverwandten – verwies oder der des Forums[8],

---

[1] HStAS A 284/94 Bü 74 o. Pag. *Staat* für Nicolaus Hermann (1596, April 30); HStAS A 284/94 Bü 41 o. Pag. *Staat* für Bartholomäus Hettler (1601, August 18); HStAS A 284/94 Bü 250 o. Pag. Hugo Bitschin an den Kirchenrat (1628, November 4); PFEILSTICKER: NWD § 744: Als erste Exerzitien- und Sprachmeister sind 1594 der Ballmeister Hugo Bitschin, 1595 der Reitmeister Leonhard Waldensperger, 1596 der Fechtmeister Nicolaus Hermann und 1601 der Sprachprofessor Bartholomäus Hettler am Collegium Illustre überliefert.

[2] UAT 5/29b Bl. 165; UAT 9/7 Bd. 1 Nr. 14; Constitutiones 1601, S. 5, 24–33; Ordnung 1609, S. 8–12; Ordnung 1614, S. 8–12; Leges 1666, S. 1–7.

[3] HStAS A 202 Bü 2616 o. Pag. Geheimer Rat an den Kirchenrat (1751, Dezember 13), o. Pag. Geheimer Rat an den Kirchenrat (1752, Juli 28); HStAS A 284/94 Bü 47 Bl. 1, 2a, 3–5; HStAS A 284/94 Bü 289 Bl. 55; HStAS A 303 Bd. 13973–14030; UAT 30/6 Nr. 15 Bl. 1–3.

[4] UAT 9/11 o. Pag. Consignation (1756, Januar 17); UAT 9/13 Nr. 7 Bl. 5, 8.

[5] SCHÄFER: Schickard, S. 106.

[6] HStAS A 284/94 Bü 55 Bl. 5.

[7] Exemplarisch HStAS A 202 Bü 2617 o. Pag. Geheimer Rat an den Oberhofmeister des Collegium Illustre (1745, März 13).

[8] UAT 9/9 Nr. 81.

der den Rechtsraum und die darin ermöglichte Begegnung und Kommunikation aller Collegiumsangehörigen konkretisierte. Tatsächlich erschöpfte sich die Zugehörigkeit der Maîtres zum Corpus des Collegium Illustre bei Weitem nicht in der vertikalen Unterstellung unter die auch als *Obrigkeit* bezeichnete Jurisdiktionsgewalt des Oberhofmeisters im Sinne der Rechtssprechung und Administration[9]. Vielmehr schuf der Jurisdiktionsbereich des Collegium Illustre ganz im Sinne eines Forums auch einen sozialen Rahmen, der horizontal von allen Collegiumsverwandten gemeinsam ausgefüllt wurde und nicht nur die berufliche, sondern auch die private und familiäre Lebenswelt der Collegiumsverwandten darstellte.

Das Collegium Illustre war seit der Mitte des 16. Jahrhunderts unter den württembergischen Herzögen Christoph und Ludwig auf weitgehende Initiative der Universität als bursenartiges Universitätskolleg geplant, aber erst 1594 in der Regierungszeit Herzog Friedrichs eröffnet worden. In seiner damaligen Funktion als studentisches Kolleg gehörte das Collegium Illustre verfassungsrechtlich noch dem Corpus der Universität an[10]. Die Separierung von derselben und die Ausbildung eines eigenständigen Rechtsraumes vollzogen sich zwischen 1596 und 1601[11] im Zuge der Umwandlung des Collegium Illustre zur exklusiven Adelsakademie unter Herzog Friedrich, der diese Umstrukturierung bereits 1593 angekündigt hatte[12]. Im Jahr 1596 wandelte er das bis dahin von der Universität abhängige Kolleg für württembergische Landeskinder hauptsächlich bürgerlichen Standes unter Leitung eines ebenso bürgerlichen Rektors in eine exklusiv für den jungen Adel reservierte Akademie unter Leitung eines adligen Oberhofmeisters um, die mit einem speziell auf die adligen Bedürfnisse zugeschnittenen Lehrprogramm aufwarten konnte[13]. Die Einrichtung der Adelsakademie begründete die zukünftig ununterbrochene Anwesenheit von Exerzitien- und Sprachmeistern in Tübingen unter dem rechtlichen Dach des Collegium Illustre.

---

[9] Ebd. Nr. 81, 114, 117: Der Oberhofmeister erteilte Anweisungen *von Obrigkeits wegen*, oder es wurde um ein *obrigkeitliches Zeugnis* gebeten. Auch andere Corpora wurden mit dem Ausdruck der Obrigkeit bezeichnet, etwa mit dem allgemeinen Ausdruck *alle Hohe und Niedere Obrigkeiten*. Daher wird in diesem Zusammenhang der Begriff der vertikalen Unterstellung unter die Jurisdiktion des Oberhofmeisters verwendet, der das übergeordnete Verhältnis des Oberhofmeisters zu den Collegiumsverwandten verdeutlicht, während das gegenseitige Verhältnis der Collegiumsverwandten untereinander als horizontal bezeichnet wird.

[10] CONRADS: Ritterakademien, S. 105–109; UAT 9/7 Nr. 8: Das Collegium Illustre wurde unter Herzog Christoph bereits mit einem eigenen Rektor geplant. Die hohen Baukosten und die Weigerung der Landschaft, diese zu übernehmen, verzögerten die Ausführung bis in die Regierungszeit Herzog Ludwigs, der 1583 den Bau auf Kosten des Geistlichen Guts bewilligte. Der Statutenentwurf des Jahres 1590 beschrieb das Collegium Illustre noch als eine von der Universität abhängige Studentenburse für bürgerliche und adlige Studenten unter Leitung eines in Disziplinarangelegenheiten eng mit der Universität kooperierenden Rektors. Die Collegiaten sollten an der Universität immatrikuliert sein, deren Vorlesungen besuchen und im Collegium zusätzlich unterrichtet und betreut werden.

[11] UAT 9/7 Bd. 1 Nr. 14; Constitutiones 1601.

[12] ADAM: Landtagsakten, Bd. 1, S. 100 und Anm. 2.

[13] CONRADS: Ritterakademien, S. 110; UAT 9/7 Bd. 1 Nr. 14.

Die durch die Umwandlung zur Adelsakademie vollzogenen Veränderungen in der Ausrichtung des Collegiums und seine Herausbildung als ein von der Universität separiertes und eigenständiges Corpus bedingten sich in der Folge gegenseitig: Bereits 1590, als von der Etablierung einer Adelsakademie noch keine Rede war, hatte ein Statuskonflikt um das *newe Collegium*[14] – wie es bis mindestens 1609 häufig genannt wurde – mit der Universität begonnen. Der Senat empfand die in einem ersten herzoglichen Statutenentwurf[15] vorgesehenen Vorlesungen des Collegiumsrektors als Konkurrenz zu den Veranstaltungen der Universitätsprofessoren, die sich und die gesamte Universität bereits in ihrem Bestand bedroht sahen und der gesamten Einrichtung daher ablehnend gegenüber standen[16].

Der vorhersehbare Widerstand der württembergischen Landschaft gegen die 1595 bekannt gewordenen Pläne Herzog Friedrichs forderten die rechtliche und administrative Unabhängigkeit der Institution geradezu heraus: Die Errichtung einer exklusiven Adelsakademie, die dem Testament Herzog Ludwigs zuwider lief, welche die bürgerlichen Landeskinder ausschloss und in einem Gebäude eingerichtet wurde, das zu Lasten des Geistlichen Guts erbaut worden war, stellte einen offenen Affront gegen die bürgerlich dominierte württembergische Landschaft dar. Zudem sollte die Akademie ausschließlich der Erziehung landesfremder Adliger dienen und aus dem württembergischen Kirchenkasten finanziert werden[17]. Die immer lauter werdende Kritik gegen das neue Collegium im Jahr 1599[18] führte schließlich zu einer Überarbeitung der Statuten von 1596, in der die Absicht des Herzogs deutlich wurde, das Collegium zukünftig als ein *sonderbahr von unser Universitet und ihrer Jurisdiction allermassen separiertes Corpus* neu aufzustellen. In mehreren Textpassagen über die Handhabung von Disziplinarangelegenheiten der Collegiaten wurden zudem alle vorherigen kooperativen Verweise auf die Universitätsstatuten gestrichen[19].

Und so manifestierte sich in den 1601 im Druck veröffentlichten Collegiumsstatuten die vollständige jurisdiktionelle, administrative, personelle und pädagogische Separierung des Collegium Illustre von der Universität. Das jetzt selbstständige Corpus wies alle Merkmale eines eigenständigen Rechtsraumes auf. Es verfügte über eine durch den adligen Oberhofmeister ausgeübte Gerichtsbarkeit mit eigenem Gerichtsstand, der die Corpusangehörigen von anderen Jurisdiktionen eximierte[20]. Deutlicher Ausdruck der neu verliehenen Jurisdiktionsgewalt im engeren Sinne war ein eigener Karzer[21], der 1666 als ein *in unserem fürstlichen Collegio befündlich Ge-*

---

[14] HStAS A 274 Bü 72 o. Pag. Dekret über das ausständige Kostgeld des Herzogs von Sachsen (1606, März 30); UAT 9/7 Bd. 3 Nr. 52: Noch 1606 und 1609 wurde stets vom *New Collegium zu Tüwingen* und von den Statuten *Novi Collegii* gesprochen.

[15] UAT 9/7 Bd. 1 Nr. 8.

[16] Ebd. Nr. 9.

[17] CONRADS: Ritterakademien, S. 110.

[18] ADAM: Landtagsakten, Bd. 1, S. 288, 349, Bd. 2, S. 47 f., 68, 113, 119, 132.

[19] UAT 9/7 Bd. 1 Nr. 14.

[20] Constitutiones 1601, S. 5, 24–33.

[21] Ebd., S. 27; UAT 9/7 Bd. 1 Nr. 8: Bereits im ersten Statutenentwurf des Jahres 1590 und in den Statuten von 1601 war ein Karzer geplant gewesen. HStAS A 274 Bü 75 Bl. 1 f.: Der

fangnus erwähnt wurde[22]. Ein Symbol für den selbstständigen Rechtsraum war die eigene Matrikel, in die sich die Collegiumsverwandten[23] als Zeichen ihrer Unterstellung unter die Jurisdiktionsgewalt des Oberhofmeisters eintrugen[24]. Der administrative Instanzenweg für die Angelegenheiten der Collegiumsverwandten verlief über den Oberhofmeister und den Collegiumsverwalter in Tübingen unter Einbeziehung des Kirchenrats und des Geheimen Rats in Stuttgart direkt zum württembergischen Herzog. Für den Unterricht an der Akademie wurden vier eigene Professoren aufgestellt, einer für die Institutionen, ein weiterer für Lehn-, Straf- und Prozessrecht, ein dritter für Politik und Geschichte sowie ein Sprachprofessor[25]. Dieses von der Universität auch personell vollkommen separierte Lehrprogramm wurde seit 1596 von den zunächst noch fakultativen, seit den Statuten des Jahres 1609 fest in den Lehrplan der Adelsakademie integrierten Exerzitien und den entsprechenden Exerzitienmeistern, einem Reit-, Fecht-, Tanz- und Ballmeister ergänzt[26]. Die gleichzeitige Inskribierung der Collegiaten beim Rektor der Universität und der Besuch von Universitätsvorlesungen wurde unter Androhung des Ausschlusses aus dem Collegium Illustre verboten[27].

Die von Herzog Johann Friedrich erlassenen Collegiumsstatuten des Jahres 1609 beließen den Status der Adelsakademie als selbstständiges Corpus und verschafften dem neuen Rechtsraum und seinen Angehörigen weitere Privilegien, die bei der Universität für Empörung sorgten: Unter Beibehaltung der jetzt territorial uneingeschränkten Jurisdiktionsgewalt des Oberhofmeisters wurden alle Privilegien der Universitätsverwandten auch auf die Collegiumsverwandten übertragen[28]. Die Univer-

---

Oberhofmeister des Collegium Illustre wandte sich jedoch erst im Dezember 1606 wegen eines eigenen Karzers und eines eigenen Siegels an Herzog Friedrich, der am 23. Dezember erließ: *Von wegen eines Carceris im Collegio, wöllen wir nach jetzig Weyhnacht feyrtagen umsern Werckmeister, Hans Braunen, zu besichtigung des Augenscheins und wohin solcher Carcer am füeglichsten zurichten, nach Zubringen abfertigen.*

[22] HStAS A 202 Bü 2601 o. Pag. Oberhofmeister des Collegium Illustre an den Geheimen Rat (1666, Juni 15).

[23] HStAS A 202 Bü 2626 o. Pag. Geheimer Rat an den Oberhofmeister des Collegium Illustre (1673, September 1): Im Jahr 1673 wurde beispielsweise von den *Collegii Anverwandten* gesprochen.

[24] UAT 9/8 Nr. 1: Der Staat des Oberhofmeisters von 1601 nannte als Matrikel ein *besonder darzue verordnet buech,* in das die Collegiaten bei ihrer Ankunft eingetragen werden sollten. Aus der Zeit vor dem Dreißigjährigen Krieg ist keine Matrikel erhalten. Einen Anhaltspunkt über die Professoren und die Collegiaten, die in dieser Zeit das Collegium Illustre besuchten, gibt die Schrift von RAMSLER: Blumen (1627). UAT 9/14; DORN: Edition: Die einzige erhaltene Matrikel des Collegium Illustre stammt aus der Zeit nach dem Dreißigjährigen Krieg (1648–1688).

[25] Constitutiones 1601, S. 6.

[26] UAT 9/7 Bd. 1 Nr. 14; Ordnung 1609, S. 11, 27 f.

[27] Constitutiones 1601, S. 25.

[28] Ordnung 1609, S. 8–10; StAT A 10/StU 106; THÜMMEL: Universitätsverfassung, S. 46–75: Die Privilegien der Universitätsverwandten gegenüber den Stadtbürgern bestanden in der eigenen Gerichtsbarkeit, der Freiheit von den Gemeindebürgerpflichten, insbesondere vom Stadt- und Amtsschaden, von Verbrauchssteuern, Zöllen und Abzugssteuern, der Freiheit, kein Gemeindeamt übernehmen zu müssen sowie der Befreiung von militärischen Einquar-

sität reagierte heftig auf diese mit ihr nicht abgesprochenen Neuerungen. Der Senat fürchtete insbesondere eine uneingeschränkte Immunität der Collegiaten innerhalb und außerhalb Württembergs, die zu allerlei Delinquenz und Verlust des guten Rufes führen könnte sowie eine Belästigung der Universitätsverwandten, die bei gemeinsamer Privilegierung mit den Collegiumsangehörigen zu gegenseitiger Hilfeleistung in Notsituationen verpflichtet waren[29].

Als Konkurrenz, Provokation und gar Hohn wurde zudem die Regelung empfunden, dass in Reaktion auf die Klagen gegen den Ausschluss der bürgerlichen Landeskinder aus dem Collegium Illustre den Universitätsstudenten jetzt der Besuch der Vorlesungen und Disputationen im Collegium Illustre erlaubt wurde, während sie von den Exerzitien ausgeschlossen blieben[30]. Die Universität sprach angesichts dieser eigenmächtigen Eingriffe in ihre Verfassung und aus Furcht davor, die Studenten könnten die Vorlesungen des Collegiums bevorzugen, vom *Untergang status Universitatis* und von der Absicht des Herzogs, *das Corpus Universitatis nach und nach zu opprimieren*[31]. In Reaktion auf diese Auseinandersetzungen beschränkte Herzog Johann Friedrich in den Statuten des Jahres 1614 die Jurisdiktionsgewalt des Oberhofmeisters auf Amt und Stadt Tübingen. Die Übertragung der Universitätsprivilegien auf die Collegiumsverwandten blieb aber erhalten[32].

Das Lehrangebot der Maîtres nahm in diesem Separierungsprozess von der Universität eine ganz entscheidende Rolle ein. Die Exerzitien waren das Bildungselement, welches die Adelsakademie wesentlich zu einer solchen machte und mit dem sie sich von der Universität und den gelehrten Studien abhob. Bereits in den Statuten des Jahres 1596 war die absolute Exklusivität der Exerzitien für die adligen Collegiaten festgeschrieben worden. Eine effiziente und nach den Vorstellungen Herzog Friedrichs ausgeführte Verwirklichung der Adelsakademie einschließlich der Exerzitien wäre – wie es auch die Kritik durch die Universität und die Landschaft zeigte – bei einem jurisdiktionellen Verbleib des Collegium Illustre bei der Universität unmöglich gewesen. Ein speziell für den Adel reserviertes Lehrprogrammelement unter der Aufsicht der Universität hätte zudem, wie es dann auch die Statuten des Jahres 1609 begründeten, zu disziplinarischem Unfrieden unter der Studentenschaft geführt[33].

Während die jurisdiktionelle Separierung der Akademie von der Universität und ihre direkte Unterstellung unter herzoglichen Einfluss durch Herzog Friedrich im Jahr 1601 noch als Maßnahme zum Schutz der Entwicklung der neuartigen Bildungseinrichtung mitsamt ihrem Lehrprogramm gegenüber dem bewahrenden und

---

tierungen und der Beteiligung an der Stadtwacht. Den Tübinger Universitäts- und Collegiumsverwandten stand eine Schankgerechtigkeit von bis zu vier Eimern ihres Besoldungsweines zu. Zudem hatten sie das Recht, zwei Kühe und zwei Geißen auf die Stadtweide zu schicken.

[29] UAT 9/7 Bd. 3 Nr. 37, 41, 52, 60.
[30] Ordnung 1609, S. 11.
[31] UAT 9/7 Bd. 3 Nr. 41.
[32] Ordnung 1614, S. 9 f.
[33] Ordnung 1609, S. 11: Dort wird die Exklusivität der Exerzitien für die Collegiaten mit der Vermeidung von *confusion, Zanck, Tumult, und* [...] *Ungelegenheiten* begründet.

defensiven Konkurrenzdenken der Universität erscheint, tragen die Änderungen der Statuten von 1609 unter Herzog Johann Friedrich einen elitären und sich abschottenden Charakter. Die weiterhin defensive Haltung der bürgerlichen Universitätsprofessoren gegenüber der Adelsakademie wurde in der Folge aber durch die Schließung des Collegium Illustre bedingt durch den Dreißigjährigen Krieg von 1628 bis 1648 unterbrochen[34]. Spätestens seit 1652 bot die Universität das gesamte Exerzitien- und Sprachlehrprogramm der Maîtres am Collegium Illustre auch in ihren Vorlesungsverzeichnissen an[35]. Das bedeutete nicht nur eine Akzeptanz des Lehrangebots der Maîtres durch die bürgerlich dominierte Universität. Es bedeutete auch, dass die Exerzitien- und Sprachmeister seit dem Ende des Dreißigjährigen Krieges corpusübergreifend und zwischen beiden Corpora vermittelnd tätig waren. Laut den Collegiumsstatuten des Jahres 1666 durften die adligen Collegiaten nun auch die Vorlesungen der Universität besuchen und die Studenten der Universität an allen Veranstaltungen des Collegium Illustre einschließlich der Exerzitien teilnehmen[36].

b. Das Collegium Illustre als Rechtsraum der Maîtres nach 1688

Aufgrund der Einfälle der Franzosen im Zuge des Pfälzischen Erbfolgekrieges wurde das Collegium Illustre 1688 geschlossen und als Bildungs- und Erziehungsanstalt in der früheren Form nicht mehr wieder eröffnet. Der Status des Collegiums und der zugehörige selbstständige Rechtsraum blieben jedoch erhalten. Die Maîtres gehörten bis 1817 dem Corpus des Collegium Illustre an[37].

Dadurch, dass die Maîtres am Collegium Illustre spätestens seit dem Ende des Dreißigjährigen Krieges auch den Universitätsstudenten Lektionen in den modernen Fremdsprachen, im Reiten, Fechten, Tanzen und im Ballspiel erteilt hatten[38], wurden sie mit der Schließung der Adelsakademie im Jahr 1688 und dem Ausbleiben der Collegiaten nicht obsolet. Ihr Unterricht ging vielmehr vollkommen in der Universität auf. Sinnfälligster Beweis für die Akzeptanz des Exerzitien- und Sprachunterrichts durch die Universität waren die energischen Bemühungen des Senats im Jahr 1695, das Lehrangebot im Reiten, Fechten und Tanzen durch die Einstellung geeigneter Maîtres nach den von Unsicherheit geprägten Kriegsjahren nun auch fest zum Nut-

---

[34] HStAS A 284/94 Bü 250 Bl. 5; CONRADS: Ritterakademien, S. 154 f.

[35] Ordo studiorum 1652, o. Pag.

[36] Leges 1666, S. 6.

[37] CONRADS: Ritterakademien, S. 155; GROSS: Wilhelmsstift, S. 24, 28 f., 42 f., 69: Am 9. April 1817 beschloss König Wilhelm „die Vereinigung der katholisch-theologischen Lehranstalt zu Ellwangen mit der Universität zu Tübingen". Das Konvikt, seit 1822 auch offiziell nach König Wilhelm Wilhelmsstift genannt, wurde nach wenigen Umbauarbeiten des ehemaligen Collegiumsgebäudes zum Wintersemester 1817/1818 am Martinstag 1817 eröffnet. Vgl. auch REYSCHER: Sammlung, Bd. 11,3, S. 594–610, Organische Bestimmungen, betr. die Vereinigung der bisherigen katholisch-theologischen Lehranstalt in Ellwangen mit der Landes-Universitaet Tuebingen und die Errichtung eines hoehern katholischen Convikts vom 22. Januar 1818.

[38] Ordo studiorum 1652, o. Pag.

zen der Universität zu etablieren und damit den gesamten akademischen Betrieb wieder zu beleben[39].

Durch den Wegfall der Collegiaten, die durch disziplinarische Verfehlungen am häufigsten die Jurisdiktionsgewalt des Oberhofmeisters strapaziert und dessen Durchsetzungskraft gegenüber der Universität und der Stadt herausgefordert hatten[40], verlor das Corpus des Collegium Illustre seit 1688 allerdings an Präsenz und Außenwirkung. Selbst bei der herzoglichen Verwaltung herrschte im 18. Jahrhundert vollkommene Unklarheit darüber, warum der eigene Rechtsraum des Collegium Illustre überhaupt noch existiere, was die Einkünfte der Institution seien und wie es um seinen Status stünde, da es doch geschlossen sei. Collegiumsverwalter Christoph Gottlieb Müller fertigte daraufhin 1769 einen ausführlichen Bericht über die Geschichte und Ökonomie des Collegium Illustre an[41].

Da weite Aufgabenbereiche des Oberhofmeisters entfielen, vor allem im Bereich der Disziplinaraufsicht, wurde das Amt von 1689 bis 1744 in Personalunion mit dem des Tübinger Obervogts und Hofgerichtspräsidenten verbunden[42]. Nach 1744 erübrigte sich auch die Präsenz des Oberhofmeisters in Tübingen, sodass sich einige Amtsinhaber der zweiten Hälfte des 18. Jahrhunderts nur noch sporadisch in Tübingen aufhielten und ihre Aufgaben einem Amtsverweser oder Vizeoberhofmeister, häufig dem Professor Primarius des Collegium Illustre, übertrugen. So war es bereits vor 1688 bei Abwesenheit des Oberhofmeisters praktiziert worden[43]. Das führte dazu, dass das Collegium Illustre von den benachbarten Corpora, der Universität und der Stadt, immer öfter übergangen wurde, die Privilegierung der Collegiumsverwandten in Vergessenheit geriet oder Streitfälle durch Eingriffe in die Jurisdiktionsgewalt des Oberhofmeisters entstanden.

Solche Konfliktsituationen wurden durch die unterschiedlichen Persönlichkeiten der Oberhofmeister und ihr mehr oder weniger starkes Engagement für die Belange der Collegiumsverwandten noch verstärkt oder gemildert. Der Oberhofmeister

---

[39] UAT 117/656 o. Pag. Senat der Universität an den Geheimen Regimentsrat und die Visitationskommission (1695, September 30).

[40] HStAS A 202 Bü 2601: Diese sechs bis sieben Zentimeter starke Akte handelt von Exzessen und Schlaghändeln der adligen Collegiaten zwischen 1653 und 1685.

[41] HStAS A 274 Bü 83 o. Pag. Bericht des Collegiumsverwalters an den Kirchenrat (1769, Mai 30).

[42] THÜMMEL: Universitätsverfassung, S. 443 f. und Anm. 79–81; SEIGEL: Gericht, S. 149–151.

[43] HStAS A 202 Bü 2616 o. Pag. Oberhofmeister des Collegium Illustre an den Geheimen Rat (1777, Oktober 31); UAT 9/12 o. Pag. Sixt Jacob Kapff an den Prorektor der Universität (1781, Januar 26), o. Pag. Senat der Universität an Sixt Jacob Kapff (1781, Februar 6): Der Schriftverkehr eines Vorgangs über den Sprachmeister Pierre Aubin de Sales beispielsweise lief zwischen 1777 und 1781 komplett über den Professor Primarius Sixt Jacob Kapff, der selbst angab, dass der Oberhofmeister Eberhard Ludwig von Gaißberg ihm die Erledigung seiner Aufgaben übertragen habe. HStAS A 202 Bü 2615 o. Pag. Louis du May und Wolf Adam Lauterbach an den Geheimen Rat (1672, Januar 29): Bei Abwesenheit war der Oberhofmeister schon immer von zwei Professoren vertreten worden. Als 1672 bei Abwesenheit des Oberhofmeisters der Bereiter Ulrich Oberans starb, meldeten der Sprachprofessor Louis du May und Professor Wolf Adam Lauterbach dessen Tod an den Geheimen Rat.

Eberhard Ludwig von Gaißberg schaltete sich beispielsweise in wichtige, den Sprachmeister Pierre Aubin de Sales betreffende Angelegenheiten von 1777 bis 1781 nur hin
und wieder aus Stuttgart ein und referierte in seinen Berichten an den Geheimen Rat
stets nur das, was Collegiumsverwalter Christoph Gottlieb Müller ihm aus den entsprechenden Akten zusammengestellt hatte[44]. Der Instanzenweg verlängerte sich
dadurch zusätzlich, denn von Gaißberg musste zunächst Information beim Collegiumsverwalter einholen und konnte dann erst an den Geheimen Rat berichten[45].

Während von Gaißberg sich eher passiv verhielt, agierten andere Oberhofmeister
weit offensiver. Als 1795 Herzog Friedrich Eugen die Regierung angetreten hatte,
wurde in Tübingen einzig von den Collegiumsverwandten ein persönlicher Huldigungseid gefordert. Oberhofmeister Karl August Gottfried von Seckendorff gab dem
Huldigungskommissar zu verstehen, dass das Collegium Illustre nach der Privilegierung durch Herzog Johann Friedrich seit 1609 mit den gleichen Rechten und Freiheiten ausgestattet sei wie die Universität. Da das ganze Corpus der Universität und
selbst die niedrigste Bürgerklasse von der Leistung des persönlichen Huldigungsei-
des befreit worden sei, so sei dies doch auch für die in gleicher Weise privilegierten
Collegiumsverwandten zu erhoffen. Er selbst werde als Vertreter des Corpus den
Huldigungseid stellvertretend für die *Professores, Maitres und andere zu diesem foro
gehörige Personen* ablegen[46].

Mit der Schließung des Collegium Illustre im Jahr 1688 schwand aber nicht nur
die öffentliche Wirkung der Jurisdiktionsgewalt des Oberhofmeisters. Auch korrekte
Bezeichnungen und Titel begannen zu verschwimmen. Die fortdauernde Zugehörigkeit der Maîtres zum Corpus des Collegiums, ihre fortgesetzte Finanzierung aus dem
Geistlichen Gut und ihre stets direkt vom Landesherrn vorgenommene Ernennung
an dem *Collegio illustri zu Tübingen* oder *bey dem herzoglichen Collegio illustri*[47],
wie die korrekte Bezeichnung des Kirchenrats bis zuletzt üblicherweise lautete, stand
in einem für die Zeitgenossen oftmals verwirrenden Gegensatz zu der seit 1688 ganz
der Universität gewidmeten Tätigkeit der Maîtres und ihrer fast ausschließlich universitätsverwandten Klientel. Es war und blieb eine Tübinger Besonderheit, dass das
Corpus der ehemaligen Adelsakademie auch ohne die Fortführung des eigenen Lehrbetriebs der rechtliche und finanzielle Rahmen der Maîtres blieb.

Dieser in anderen Universitätsstädten entfallende, einerseits vorteilhafte, anderer-

---

[44] HStAS A 202 Bü 2616 o. Pag. Protokoll des Collegiumsverwalters über die Besoldungsange-
legenheiten Pierre Aubin de Sales (1777, Oktober 29), o. Pag. Oberhofmeister des Collegium
Illustre an den Geheimen Rat (1777, Oktober 31); UAT 9/9 Nr. 174 f.; UAT 9/12 o. Pag.
Prorektor der Universität an Sixt Jacob Kapff (1781, Januar 26), o. Pag. Sixt Jacob Kapff an
den Prorektor der Universität (1781, Januar 26), o. Pag. Senat der Universität an Sixt Jacob
Kapff (1781, Februar 6).

[45] HStAS A 202 Bü 2616 o. Pag. Oberhofmeister des Collegium Illustre an den Geheimen Rat
(1777, Oktober 31).

[46] UAT 9/12 o. Pag. Huldigungskommissar an den Oberhofmeister des Collegium Illustre
(1795, Juni 10), o. Pag. Oberhofmeister des Collegium Illustre an den Huldigungskommissar
(1795, Juli).

[47] HStAS A 284/94 Bü 289 Bl. 62.

seits aber auch komplizierte rechtliche und administrative Zustand forderte seinen Tribut. Sowohl die Maîtres selbst, als auch die herzogliche Verwaltung bedienten sich immer wieder unscharfer Bezeichnungen, welche der besonderen Situation der Tübinger Maîtres und ihrer Funktion als Grenzgänger zwischen den Corpora der Universität und des Collegium Illustre Ausdruck verliehen. So nannte sich der Sprachmeister Johann Hieronymus Boeswillibald 1759 trotz seiner Anstellung beim Collegium Illustre *Magister linguae Italicae et Anglicae bey der Universität Tübingen*[48]. Insbesondere der Geheime Rat drückte sich häufig nur unklar aus und sprach etwa 1727 von einem Stallmeister *bey dero Universität zu Tübingen*, der *Stallmeisters Stelle bey der Universitaet allda*[49] oder bezeichnete Adolph Christoph von Bühler 1769 gar als *Universitaets Stallmeister*[50], eine Bezeichnung, die in Tübingen definitiv erst nach 1817 der Realität entsprach.

Andere Formulierungen dagegen brachten die hybride und gleichzeitig vermittelnde Situation der Maîtres auf den Punkt. Der sich 1796 bewerbende Sprachmeister Germain bat etwa darum, *de me placer au collège illustre, comme maitre de langue françoise, pour l'utilité de l'université*[51]. Der Realität entsprach auch, dass der Kirchenrat den Stallmeister Wolfgang Ernst von Berga 1698 zum Stallmeister *bey unserem Fürstlichen Collegio auch Universität zu Tüwingen* ernannte[52]. Und generell waren es stets der Kirchenrat in Stuttgart und der Collegiumsverwalter in Tübingen, die aufgrund ihrer finanziellen Zuständigkeit und ihres Wachens über die entsprechenden Registraturen am besten über alle rechtlichen und administrativen Belange des Collegium Illustre und seine Vorgeschichte informiert waren[53].

Das eigenständige Corpus des Collegium Illustre wurde offiziell erst 1817 aufgegeben, als das Gebäude in der Mitte der Stadt zum Wilhelmsstift, einem Konvikt für Studenten der katholischen Theologie umgestaltet wurde und der Rechtsraum seinen lokalen Sitz endgültig verlor[54]. Das Amt des Oberhofmeisters war schon seit 1810 nicht mehr besetzt worden[55]. Bereits 1796 hatte der Kirchenrat die Aufhebung des gut besoldeten, aber nach seiner Ansicht funktionslosen Oberhofmeisteramtes gefor-

---

[48] HStAS A 202 Bü 2616 o. Pag. Johann Hieronymus Boeswillibald an den Geheimen Rat (1759, Oktober 10).

[49] HSTAS A 202 Bü 2615 o. Pag. Geheimer Rat an die Rentkammer und Visitation (1727, Januar 17).

[50] HStAS A 202 Bü 2615 o. Pag. Geheimer Rat an Herzog Carl Eugen (1769, September 23).

[51] HStAS A 280 Bü 6h o. Pag. Germain an die Universitätsvisitationskommission (1796, Januar 30).

[52] HStAS A 202 Bü 2615 Bl. 7.

[53] HStAS A 274 Bü 83 o. Pag. Bericht des Collegiumsverwalters an den Kirchenrat (1769, Mai 30); HStAS A 284/94 Bü 289 Bl. 55; HStAS A 303 Bd. 13965–14059: Da die finanziellen Belange stets minutiös dokumentiert wurden, waren insbesondere die Rechnungen des Collegium Illustre immer wieder sehr aufschlussreich für den Collegiumsverwalter, aus denen er 1769 zusammen mit der Matrikel und den Statuten einen Bericht über die Jurisdiktion und die Einkünfte oder 1791 eine Zusammenfassung über die Besoldung der Sprachmeister zusammenstellte.

[54] GROSS: Wilhelmsstift, S. 24, 28 f., 42 f.

[55] THÜMMEL: Universitätsverfassung, S. 448; WILLBURGER: Collegium Illustre, S. 28.

dert. Herzog Friedrich Eugen verzögerte die Auflösung des Amtes jedoch zunächst noch bis zur Erledigung der Stelle durch Verabschiedung des damaligen Stelleninhabers von Seckendorff aus dem Amt im Jahr 1798 und danach weitere zwölf Jahre bis zum Tod Friedrich Erich Johann von Üxkülls im Jahr 1810[56]. Die Begründung des Kirchenrats zielte vor allem auf die Knappheit der Mittel des Geistlichen Guts, die Überflüssigkeit des Oberhofmeisteramtes an einer dem Zeitgeist nicht mehr entsprechenden Institution und auf andere notwendige Ausgaben im Bereich des Unterrichtswesens, die dadurch verhindert würden[57].

Mit dem Collegium wurde 1817 auch die Collegienverwaltung bei der Bebenhauser Pflege aufgelöst und deren Aufgaben der Universitätskameralverwaltung übertragen[58]. Unter der Sparte *Bildende Künste* erschienen 1817 der Bereiter Johannes Ladner, der Tanzmeister Clément Alexandre François, der Ballmeister Heinrich Rudolph Friedrich Keller und der Fechtmeister Johann Friedrich Gottlieb Roux jetzt erstmals in einer Besoldungsliste der Universität[59]. Diese Maîtres wurden gemeinsam am 3. Juni 1819 in die Matrikel der Universität aufgenommen[60], nachdem alle ehemaligen Collegiumsangehörigen mit einem Reskript vom 24. April 1819 in die Jurisdiktion der Universität übergegangen waren[61]. Der letzte 1792 noch beim Collegium Illustre angenommene Sprachmeister Johann Heinrich Emmert erschien zwar nicht in der Matrikel, aber zusammen mit den bereits genannten Exerzitienmeistern 1819 in einer Besoldungsliste des Universitätskameralamtes[62].

Das über zweihundert Jahre bestehende Corpus des Collegium Illustre und seine präzise definierte rechtliche Stellung waren bereits kurz nach seiner Auflösung rasch

---

[56] Thümmel: Universitätsverfassung, S. 444 und Anm. 79, 448; Pfeilsticker: NWD § 2919.

[57] UBT Mh 627 Gutachten des Kirchenrats (1798, Januar 18): Demnach verfügten die Oberhofmeister am Collegium Illustre über eine jährliche Besoldung von 600 Gulden, 6 Scheffel Roggen, 61 Scheffel Dinkel, 60 Scheffel Hafer, 12 Eimer Wein, 12 Meß 2 Viertel Holz, Fourage auf 2 Pferde und freie Wohnung. Der Kirchenrat bemängelte: *Das Institut des Collegii illustris hat bekanntlich in der Hauptsache längst aufgehört, und der ganze Plan seiner vormaligen Einrichtung ist den gegenwärtigen Zeit-Umständen und dem ganzen Geist des Zeit-Alters zu wenig angemessen, als daß an eine Wiederherstellung desselben zu gedenken seyn dörfte. [...] So wenig man daher die Stelle eines Oberhofmeisters bei diesem Institut vermissen würde, so fühlbar sind auff der andern Seite die Lükken bei mehreren Hauptstükken des öffentlichen Unterrichts, welche bisher wegen Mangel des erforderlichen Fond nicht ausgefüllt werden konnten; und so sehr würden es die schon jezo auf dem Kirchengut liegende übrige Ausgaben rechtfertigen, daß die auf jene Stelle verwendete Ausgabe, für die Zukunft cessirte. [...] Und das Land würde es daher als eine wesentliche Wohltat zu erkennen haben, wenn Euer Herzogliche Durchlaucht gnädigst gefällig wäre, jene Ober-Hofmeisterei Besoldung einzuziehen und zur Ergänzung oder Vervollkommung des öffentlichen Unterrichts, oder anderwärts fundationsmäßig zu verwenden.*

[58] HStAS E 221 I Bü 4406 o. Pag. Universitätskameralverwalter an das Finanzministerium (1819, März 16).

[59] UAT 145/111 o. Pag. Verzeichnis der Universitätskameralverwaltung über die Gehälter der an der Universität angestellten Lehrer (1817, Januar 3).

[60] UAT 5/29b Bl. 165.

[61] HStAS E 221 I Bü 4406 o. Pag. Senat der Universität an das Finanzministerium (1819, November 8).

[62] UAT 145/111 o. Pag. Besoldungsverzeichnis des Kameralamts (1819, April 4).

in Vergessenheit geraten: Im Zuge einer Entschädigung für den Ballmeister Heinrich Rudolph Friedrich Keller, dem 1817 das Ballhaus wegen Umbaus zur katholischen Kirche entzogen worden war, klärte die Universitätskameralverwaltung das Finanzministerium 1819 mit mangelnder Präzision darüber auf, dass die Stelle des Ballmeisters *früher nicht der Universität unmittelbar* angehört habe, sondern *eng mit dem jetzt aufgelösten Collegium Illustre* verbunden gewesen sei[63].

c. Das Corpus des Collegium Illustre bis 1817

Eine mögliche Konsequenz der Schließung des Collegium Illustre als Bildungs- und Erziehungsanstalt im Jahr 1688 wäre die Auflösung des Corpus und seiner Jurisdiktion und die Überführung der Maîtrestellen in die Administration der Universität bereits zu diesem frühen Zeitpunkt gewesen. Dass dies nicht geschah, hatte mehrere Gründe: Das Collegium Illustre wurde 1688 aufgrund der kriegerischen Einfälle der Franzosen in einer Notsituation geschlossen[64]. Die Collegiumsstatuten des Jahres 1666 hatten zwar eine deutliche Relativierung seiner Exklusivität manifestiert. Die Adelsakademie blieb jedoch weiterhin gut besucht[65]. Eine bewusste Entscheidung, das Collegium Illustre aufzugeben, etwa wegen mangelnder Frequentierung oder aus finanziellen Gründen, war daher nicht vordringlich[66]. Vielmehr rechneten einige der weiterhin am Collegium Illustre angestellten Maîtres, so der Stallmeister Wolfgang Ernst von Berga, mit einer baldigen Wiedereröffnung der Adelsakademie, die zudem auch von der herzoglichen Verwaltung in Aussicht gestellt worden war[67]. Noch im 18.

---

[63] HStAS E 221 I Bü 4406 o. Pag. Universitätskameralverwalter an das Finanzministerium (1819, März 16).

[64] CONRADS: Ritterakademien, S. 155; EIFERT: Geschichte, S. 168–180.

[65] HStAS A 284/94 Bü 54 Bl. 2, o. Pag. Johann Casmir Eller an den Kirchenrat (1683, Mai 24).

[66] CONRADS: Ritterakademien, S. 155: Conrads geht davon aus, dass andere Ritterakademien Tübingen den Rang abgelaufen hatten und es deswegen nicht zur Wiedereröffnung des Collegiums gekommen war. WILLBURGER: Collegium Illustre, S. 24: Willburger nennt als Grund für die Schließung der Tübinger Akademie das ungenügende Lehrprogramm des Collegium Illustre, das namentlich den Aufenthalt in anderen Ländern nicht ersetzen konnte. THÜMMEL: Universitätsverfassung, S. 442: Auch Thümmel verweist auf das beschränkte Bildungsangebot am Collegium Illustre als Grund für die endgültige Schließung. Tatsächlich bestand der Grund der Schließung in der unsicheren Lage des Jahres 1688 durch die Franzoseneinfälle, die sich 1693 wiederholten und über Jahre hinweg eine insgesamt unsichere Lage in Tübingen und ganz Württemberg verursachten. Tatsächlich konnten die am Collegium Illustre vermittelten Lehrinhalte – das waren außer den Exerzitien und Sprachen vorrangig die Rechte – auch an jeder Universität erworben werden. Vor allem aber hatten sich die Möglichkeiten zum Betreiben der Exerzitien seit dem Ende des Dreißigjährigen Krieges an zahlreichen Universitäten institutionalisiert und stellten daher an der Tübinger Adelsakademie keine Besonderheit mehr dar.

[67] HStAS A 284/94 Bü 51 Bl. 10: Wolfgang Ernst von Berga schrieb 1699 an den Kirchenrat: *Ewer hochfürstliche Durchlaucht werden sich zweifels ohne [...] zu entsinnen wißen, welcher gestalt vor ohngefehr einem Jahr [...] mir die [...] Versicherung gethan worden, daß das Fürstliche Collegium in Tübingen baldigst und zwar auf jetzt verflossen Georgi solle appertiert werden. [...] Wie nun aber gedachte Apertur des Fürstlichen Collegii biß dato aus ein und andern allerdings nöthigen Ursachen und mangel der darzu behörigen Victualien nicht vor*

Jahrhundert wurde mit dem Ziel der Verbesserung der Frequentierung der Universität immer wieder mit dem Gedanken gespielt, das Collegium Illustre mit einem neuen Bildungskonzept wieder zu beleben[68]. Dieser Schwebezustand seit 1688 führte dazu, dass der eigenständige Rechtsraum des Collegiums vorläufig erhalten blieb.

Einiges deutet zudem darauf hin, dass von Seiten der württembergischen Herzöge der 1601 der Universität abgetrotzte Rechtsraum trotz des geschlossenen Zustandes der Adelsakademie bewusst erhalten wurde, denn er erfüllte weiterhin wichtige Funktionen. Dazu zählte, dass die württembergischen Prinzen, die während ihrer Studienaufenthalte in Tübingen – seit dem Ende des 17. Jahrhunderts nun an der Universität – mit ihren Präzeptoren und Dienern im Collegium Illustre wohnten, in dieser Zeit der Jurisdiktion des Oberhofmeisters unterstanden und daher nicht unter der Aufsicht und dem Einfluss des Universitätsrektors standen[69].

Mit der Erhaltung des Corpus des Collegium Illustre war zudem eine vom Kirchenrat zwar immer wieder stark kritisierte, durch den herzoglichen Einfluss auf das Geistliche Gut aber gesicherte Finanzierung der Maîtres und der zum Betreiben der Exerzitien notwendigen Infrastruktur verbunden. Diese Finanzierung sicherte völlig unabhängig vom Universitätsfiskus die Besoldungen der Exerzitienmeister, die Instandhaltung des Ballhauses, der Reitbahn und des Klepperstalls sowie die Unterhaltung der Schulpferde und damit den gesamten für die Prinzenerziehung als unerlässlich erachteten Aufwand ab[70]. Zwar enthielten die Statuten der Jahre 1596 und 1601 noch den Passus von den Exerzitien, die *in Unserm eignen Costen angestelt und erhalten* würden. Alles spricht jedoch dafür, dass die Maîtres und die Anlagen, wie Reitbahn und Ballhaus, von Beginn an aus dem Geistlichen Gut finanziert wurden. Zudem entfiel dieser Passus bereits in den Statuten des Jahres 1609[71]. Was das Geistliche Gut über zwei Jahrhunderte lang für die Besoldung der Maîtres und die

---

sich gegangen, ich aber wegen mangel der Scholaren, deren ich von der Universität nicht mehr als einen zehlen kan, nicht nur allein nicht zu subsistiren vermag, sondern auch bereits ein nahmhaftes von den meinigen zuzusetzen obligiert geweßen.

[68] RAUSCHER: Collegium Illustre, S. 30 f., 42; THÜMMEL: Universitätsverfassung, S. 445; WILLBURGER: Collegium Illustre, S. 24.

[69] THÜMMEL: Universitätsverfassung, S. 442 f.

[70] HStAS A 303 Bd. 13965–14059; UAT 4/1 Bl. 73ᵛ: Im September 1695 kündigte Herzog Friedrich Carl von Württemberg-Winnental an, seinen Sohn Prinz Carl Alexander zum Studium nach Tübingen zu schicken, wenn hier die Exerzitien ordentlich bestellt wären.

[71] HStAS A 274 Bü 83 o. Pag. Bericht des Collegiumsverwalters (1769, Mai 30): Der Collegiumsverwalter konnte 1769 keinen Anhaltspunkt über die anfängliche Finanzierung des Collegium Illustre finden, wenn er schrieb: *Solchergestalten ware das Collegium bis ad annum 1620 besezt, kein Buchstab aber ist zu finden, woher man die Erfordernus an Geld und Naturalien genommen.* Frühe Besoldungsverzeichnisse weisen jedoch auf die vollständige Bestreitung der Besoldungen aus dem Geistlichen Gut hin: HStAS A 274 Bü 79 o. Pag. Besoldungsverzeichnis (um 1610); HStAS A 274 Bü 67: Statuten 1596, S. 16; Constitutiones 1601, S. 20: In den lateinischen Statuten des Jahres 1601 ist die Rede davon, dass speziell das Reitexerzitium auf fürstliche Kosten übernommen wurde: *Exterorum vero nemini, hoc est, eorum, qui nostri Collegii incolae non sunt, equestribus illis exercitationibus, quae a Nobis, nostrisque sumptibus atque impensis institutae sunt, et conservantur, utendi licentia erit.* Ordnung 1609, S. 11: Hier entfällt ein entsprechender Passus. HStAS A 303 Bd. 13965–14059:

Infrastruktur zum Betreiben der Exerzitien aufbrachte, hätte der Universitätsfiskus vermutlich niemals leisten können und wollen[72].

Für die Tübinger Exerzitien- und Sprachmeister entstand durch die weiterhin aus dem Geistlichen Gut bereit gestellten Grundbesoldungen eine vergleichsweise privilegierte Stellung, die nicht selbstverständlich war. Denn wie sich deren administrative und jurisdiktionelle Zugehörigkeit zur Universität gestaltet hätte, lässt sich an der zeitweisen Dependenz der Tübinger Sprachmeister von der Universität seit der zweiten Hälfte des 17. Jahrhunderts bis 1745 ablesen: Sie unterstanden zwar direkt den Organen der Universität, zu dessen Mitgliedern sie einen persönlichen Kontakt vor Ort pflegen konnten, ohne dass mittelbare Instanzen mit eigenen Interessen und der Sorge um weitere Landesangelegenheiten Einfluss auf Entscheidungen nahmen. Eine regelmäßige Besoldung aus dem Universitätsfiskus – und das war ein entscheidender Faktor – erhielten die Sprachmaîtres jedoch zu keinem Zeitpunkt[73]. Die Folgen waren geringe und existenzgefährdende Verdienstmöglichkeiten, eine dadurch bedingte stetige Ab- und Zuwanderung mit häufigen Wechseln und damit verbunden eine insgesamt mangelhafte Bereitstellung und Aufrechterhaltung des Sprachlehrangebots. Die Exerzitienmeister und ihre Belange dagegen blieben mit der Beibehaltung des Corpus des Collegium Illustre und seiner Finanzierung aus dem Geistlichen Gut inmitten der Universität eine herzogliche und damit gut gehütete Reservatsache[74].

Auch in anderen Belangen erlaubte das von der Universität separierte Corpus des Collegium Illustre so manchen außerordentlichen Eingriff des Landesherrn und fungierte als eine Art herzoglichen Reservats in jurisdiktioneller, fachlicher und räumlicher Hinsicht: Mit der Beibehaltung von zwei der vier Collegiumsprofessuren behielt der Herzog etwa Einfluss auf die Besetzung frei werdender Ordinariate an der Universität[75]. Herzogliche Kommissionen, etwa die Universitätsvisitationskommission,

---

Die Rechnungen des Collegium Illustre beweisen für die Zeit nach dem Dreißigjährigen Krieg die vollständige Finanzierung des Collegium Illustre aus dem Geistlichen Gut.

[72] THÜMMEL: Universitätsverfassung, S. 405.

[73] UAT 30/6 Nr. 24 Bl. 1, Nr. 27 Bl. 8; UAT 31/2 Bd. 2 Nr. 157; UAT 46/8 Bl. 70v–71r; UAT 47/5 Bl. 106r: Durch die fehlende Besoldung der Sprachmeister entfiel ein Großteil der schriftlichen Kommunikation. Gratialgesuche richteten die Sprachmeister an den Rektor oder an den Senat. Alle Vorgänge wurden vom Rektor im Senat vorgetragen, dort diskutiert, von allen Mitgliedern *ex concluso Amplissimi Senatui Academici* beschlossen und in die Senatsprotokolle aufgenommen.

[74] HStAS A 274 Bü 73 o. Pag. Verzeichnis der Besoldungen für die Professoren am Collegium Illustre (1611, Martini); HStAS A 274 Bü 79 o. Pag. Besoldungsverzeichnis (um 1610); HStAS A 303 Bd. 13965–14059.

[75] UAT 44/175b o. Pag. Herzog Ludwig Friedrich an den Senat der Universität (1628, Dezember 6): Diese Praxis wurde erstmals bei der Schließung des Collegium Illustre 1628 angewandt, indem verordnet wurde: *Nachdem Wir hoher bewegender Ursachen halber das Fürstliche Collegium bey Euch eine Zeit lang ein zuestellen bemüeßiget worden, und aber die in demselben gebrauchte Profesores wegen dero erzeigten Fleiß gegen alldorten, zu Studiis angehalltener Jugend, sowohl allß geschicklicheit, und überigen guten qualitäten, in gnaden zue andern Ihnen geziemenden Stellen, bey Euch, und unser Universität, sonderlich Juristen Facultät, allß Ihrer Profession mit Fürstlichen gnaden [...] befürdert sehen möchten. Vorbey zue mehrerm Auffnemmen, unnd befürdern gnedig gedachter lieben Jugendt Studiis, nicht*

fanden regelmäßig während ihrer Dienstgeschäfte in Tübingen Unterkunft im Collegium Illustre[76]. Herzog Carl Eugen logierte während seiner Aufenthalte in Tübingen ebenfalls im Collegium[77].

Die weiterhin außeruniversitär und in hohem Maße herzoglich verantwortete Finanzierung der Maîtrestellen und der kostspieligen Infrastruktur zum Betreiben der Exerzitien wie auch der Collegiumsprofessuren diente aber keinesfalls nur der Prinzenerziehung, sondern kam fast ausschließlich der Universität zugute, die dadurch ihr Lehrangebot nicht nur durch die Exerzitien, sondern auch im Bereich der gelehrten Studien erweitern konnte[78]. Dass dies auch die offizielle und vorrangige Absicht war, belegte der 1769 verfasste Bericht des Collegiumsverwalters Christoph Gottlieb Müller, der den Akten entnommen hatte, wie die Collegiumsprofessoren und Exerzitienmeister trotz der Schließung der Adelsakademie aufgrund der Französeneinfälle im Jahr 1688 *der Universitaet zum Besten* beibehalten worden seien, insbesondere *damit selbige mit gelehrten Leuten und geschickten Exercitienmeister genüglich versehen seyn möchte*[79]. Wenn Thümmel also für das 18. Jahrhundert vom Collegium Illustre als einem „bloßen Anhängsel der Universität" spricht[80], so ist diese Aussage zu undifferenziert. Vielmehr war die Beibehaltung des eigenständigen Rechtsraumes des geschlossenen Collegium Illustre im 18. Jahrhundert der Überrest eines gewachsenen Organismus, der bewusst am Leben gehalten wurde, weil er in vielerlei Hinsicht noch lebendig war und wichtige Funktionen übernahm.

Damit stellten die Tübinger Exerzitien- und Sprachmeister einen jurisdiktionell recht privilegierten Sonderfall dar, der durch die Koexistenz der unter der besonderen herzoglichen Fürsorge stehenden Adelsakademie des Collegium Illustre mit der Universität entstanden war. Andernorts standen die Maîtres häufig unter der Jurisdiktion der jeweiligen Universitäten. Bereits 1592 wurde der pommersche Fechtmeister Jacob Meitzel in die Matrikel der Universität Altdorf aufgenommen[81]. Aber nicht überall wurden die Exerzitien- und Sprachmeister selbst der Aufnahme in die Matrikel für würdig befunden. In Straßburg forderten 1619 mehrere Universitätsgelehrte den Ausschluss der Reit-, Fecht-, Tanz- und Sprachmeister aus der regulären Matrikel, ebenso wie der Studenten, die sich nur der Exerzitien halber an der Universität

---

unersprießlich sein möchte, da einer oder der ander, auß besagtem, in unserm Fürstlichen Collegio, gevesten Professoribus ein Extraordinari Stell, zwar ohne, der Universität sonderbahren großen Costen, Jedoch gewißer Vertröstung der Nachvollg, nechst würcklich erledigten Ordination Stell, solang anvertrauet werden möchte, biß solche Eröffnung durch Gottes gnedigen willen, würcklich ervollge. Als weitere Begründung hierfür nannte Herzog Ludwig Friedrich auch den Umstand, dass viele ordentliche Professoren wegen Alter und Krankheit ihrer Lehrverpflichtung nicht mehr nachkommen könnten und diese Regelung daher der Bereicherung des Studienangebots der Universität diene.

[76] THÜMMEL: Universitätsverfassung, S. 448; KLÜPFEL: Geschichte, S. 165.

[77] KLÜPFEL: Geschichte, S. 193.

[78] SCHÄFER: Schickard, S. 106; THÜMMEL: Universitätsverfassung, S. 444 f.

[79] HStAS A 274 Bü 83 o. Pag. Bericht des Collegiumsverwalters an den Kirchenrat (1769, Mai 30).

[80] THÜMMEL: Universitätsverfassung, S. 443.

[81] Vgl. STEINMEYER: Matrikel, Bd. 1, S. 45; WILL: Geschichte, S. 128.

aufhielten[82]. Was sich zunächst nicht durchsetzen konnte, wurde am Ende des 17. Jahrhunderts in einer 1692 begonnenen gesonderten *Matricula Didascalorum atque servorum* verwirklicht, in der nunmehr nachweislich auch die Straßburger Sprach- und Tanzmeister eingeschrieben wurden[83].

Je nach ihrem Aufkommen wurden die Exerzitien- und Sprachmeister im Regelfall jedoch seit der Mitte des 17. Jahrhunderts unangefochten als Universitätsbürger angenommen, so etwa an den Universitäten Altdorf[84], Freiburg[85], Gießen[86], Greifswald[87], Halle[88], Helmstedt[89], Marburg[90], Königsberg[91] oder an der Universität Duisburg[92]. Die Heidelberger Matrikel erweiterte 1672 den in ihr aufzunehmenden Personenkreis sogar ausdrücklich um *bereuter, fecht- sprach- vndt tantzmeister*[93]. Einen besonderen und mit den Tübinger Maîtres vergleichbaren Status genossen die Maîtres an der Universität Kiel. Sie unterstanden nicht der akademischen Gerichtsbarkeit, sondern dem herzoglichen Hofgericht, galten aber dennoch als Universitätsverwandte und verfügten über entsprechende Privilegien wie etwa Steuerfreiheit[94].

d. Zusammenfassung

Die Tübinger Exerzitien- und Sprachmeister gehörten seit ihrem ersten Auftreten in Tübingen dem Corpus des Collegium Illustre an, das im Zuge der Umwandlung vom Universitätskolleg zur exklusiven Adelsakademie zwischen 1596 und 1601 durch Herzog Friedrich rechtlich und finanziell vollständig von der Universität separiert und mit einer eigenen Jurisdiktion versehen wurde. Nach der Schließung des Collegium Illustre als Bildungs- und Erziehungsanstalt aufgrund der kriegerischen Einfälle der Franzosen im Jahr 1688 blieb das Corpus des Collegium Illustre als Rechtsraum der Tübinger Maîtres bis 1817 erhalten. Da ihre Klientel jedoch seither ausschließlich aus den Studenten der Universität bestand, wurden die Maîtres zu vermittelnden Grenzgängern zwischen den Corpora.

Unter der vorteilhaften Jurisdiktion des Oberhofmeisters und weiterhin mit einer vom Universitätsfiskus völlig unabhängigen Grundbesoldung aus dem Geistlichen Gut versehen, genossen die Tübinger Maîtres im Vergleich zu den Exerzitien- und

---

[82] KNOD: Matrikeln, Bd. 1, S. XXIV f.
[83] Ebd., S. 205–265; MÜHLBERGER/SCHUSTER: Matrikel, Bd. 6, S. 47, 52 f., 94, 122.
[84] BAIER: Nachricht, S. 82.
[85] SPECK: Fächer, S. 269.
[86] BEHRENS: Geschichte, S. 12.
[87] FRIEDLAENDER: Universitäts-Matrikeln, Bd. 2, S. 136b Z. 45, 182 Z. 45, 212b Z. 50, 194 Z. 35, 128 Z. 40, 140b Z. 35, 170b Z. 45, 181 Z.15.
[88] WEISSENBORN: Universitaet, S. 76.
[89] AHRENS: Lehrkräfte, S. 10, 68, 126, 141, 174, 187, 233, 236.
[90] ENGEL: Musikpflege, S. 19 f.; MEYER ZU ERMGASSEN: Universitäts-Almosen, S. 178 f.; SALMEN: Tanzmeister, S. 65.
[91] METZGER: Universitaet, S. 70 f.
[92] SPILLNER: Unterricht, S. 220.
[93] TOEPKE: Matrikel, Bd. 1, S. XLIV–XLVI und Anm. 2.
[94] PAULS: Anfaenge, S. 108 f.

Sprachmeistern anderer Universitätsstädte eine vergleichsweise privilegierte, angesehene und finanziell abgesicherte Stellung. Mit der Erhaltung des Corpus des Collegium Illustre bis 1817 sicherte sich der württembergische Herzog zudem ein jurisdiktionelles, fachliches und räumliches Reservat inmitten der Universität, das – insbesondere im Falle des Exerzitien- und Sprachunterrichts – auch der Universität und ihrem Lehrangebot zugute kam. Das Corpus des Collegium Illustre als rechtlicher und finanzieller Rahmen der Tübinger Exerzitien- und Sprachmeister wurde erst 1817 mit seiner Umwandlung zum Wilhelmsstift aufgegeben. Die Maîtres wurden von nun an durch die Universität besoldet und gingen 1819 letztlich in den Jurisdiktionsbereich der Universität über.

1.2 Die Exerzitien- und Sprachmeister in Universität und Stadt

a. Die Sprachmeister als Universitätsverwandte

Die Zugehörigkeit der Exerzitien- und Sprachmeister zum Corpus des Collegium Illustre war mit wenigen Ausnahmen die Regel. Eine abweichende Corpuszugehörigkeit außerhalb des Collegium Illustre lag meist in einer zusätzlichen Tätigkeit bei einem anderen Corpus begründet. Beispielsweise war der von 1601 bis 1629 am Collegium Illustre genannte Fechtmeister Georg Wildt wie sein Vater Johann Wildt hauptberuflich als Buchbinder der Universität tätig, die ihn 1588 und 1611 erneut in die Universitätsmatrikel aufnahm[95]. Da das Ballhaus bereits 1629 privatisiert worden war[96], und die Grundbesoldung der Ballmeister daher gering war[97], gingen diese häufig einer zweiten Tätigkeit nach. Ballmeister Johann Martin Kretzenthaller etwa war hauptberuflich zunächst Bortenwirker und daher Stadtbürger, bewarb sich 1674 jedoch als Marqueur am Collegium Illustre und hielt dabei ausdrücklich auch um die Aufnahme unter die privilegierte Jurisdiktion des Oberhofmeisters am Collegium Illustre an[98]. Der Tanzmeister Ernst Friedrich Dörr wechselte ebenfalls aus der Rechtszugehörigkeit der Stadt in die des Collegium Illustre über, nachdem er sich 1767 erfolgreich als Tübinger *Musicus und Bürger* auf die vakante Tanzmeisterstelle am Collegium Illustre beworben hatte. Im Jahr 1788 wurde er als eine sich *unter dem Foro Collegii Illustris* befindliche Person genannt[99].

Während die Exerzitienmeister also weitgehend regelmäßig der Jurisdiktion des Collegium Illustre unterstanden, wurde diese Kontinuität bei den Sprachmeistern von 1681 bis 1745 durch eine lange Phase des Übergangs in den Rechtsraum der Uni-

---

[95] MUT I 209,92; MUT II 18499; UAT 9/4 Nr. 4 Bl. 9.

[96] HStAS A 284/94 Bü 250 Bl. 18a, 35.

[97] HStAS A 303 Bd. 13965–14059.

[98] HStAS A 284/94 Bü 53 Bl. 3, 5, 8; vgl. hierzu auch Thümmel: Universität, S. 48–50.

[99] UAT 9/9 Nr. 238–240; UAT 9/12 o. Pag. Amtsverweser des Oberhofmeisters am Collegium Illustre an Ernst Friedrich Dörr (1788, September 30).

versität unterbrochen[100]. Aus konfessionellen Gründen waren seit den 1660er Jahren zahlreiche französisch- und italienischsprachige Migranten nach Württemberg gekommen, die sich in Tübingen häufig als Sprachmeister betätigten[101]. Das erzeugte ein Überangebot an Sprachmeistern und Lehrern des Französischen, das den Kirchenrat dazu bewog, nach dem Tod Louis du Mays im Jahr 1681 dessen hochdotierte Sprachprofessur am Collegium Illustre nicht wieder zu besetzen und die Besoldung zur Kasse einzuziehen[102].

Da es nach der Schließung des Collegium Illustre 1688 allein der Senat der Universität war, der für die Universitätsstudenten ein Interesse an der Aufrechterhaltung eines Sprachlehrangebots in Tübingen hatte, übernahm er weitgehend die vom Collegium Illustre abgegebene Verantwortung für die Anwesenheit von Sprachmeistern in der Universitätsstadt. Geeignete Bewerber erhielten die Erlaubnis, als Sprachmeister der Universität tätig zu sein. Eine fehlende Grundbesoldung und die hohe Konkurrenz, welche der Senat sich selbst überließ, ermunterten aber nur wenige Sprachmeister dazu, länger in Tübingen zu bleiben[103]. Maîtres, die aus konfessionellen Gründen von der Universität zwar toleriert wurden, aber denen die Einschreibung in die Universitätsmatrikel verwehrt blieb, verwies der Senat häufig, wenn auch erfolglos, an den Stadtmagistrat um Aufnahme in das *foro oppidano*[104].

Da eine Sprachmeisterbesoldung durch die Universität nie auch nur in Betracht gezogen wurde, waren die Sprachmeister in der Zeit als Universitätsverwandte umso mehr auf die Einnahme von Informationsgeldern angewiesen. Sie bemühten sich jedoch jahrzehntelang um die Wiederherstellung der ehemaligen Sprachprofessur am Collegium Illustre mit der dazugehörigen Grundbesoldung aus dem Geistlichen Gut. Dass diese in der langen Phase der unbesoldeten Corpuszugehörigkeit zur Universität nicht in Vergessenheit geraten konnte, war nicht nur der permanenten Bedürftig-

---

[100] Vgl. RAUSCHER: Collegium Illustre, S. 44 f.: Rauscher thematisiert in seiner Arbeit über die Sprachmeister am Collegium Illustre zwar deren Corpuszugehörigkeit, lässt jedoch die Aufhebung der Sprachprofessur am Collegium Illustre von 1681 bis 1745 vollkommen unerwähnt, sodass im Falle der die meiste Zeit an der Universität immatrikulierten Sprachmeister Hugo Mauricque, Jean Caumon und Franciscus de Gregoriis der Eindruck erweckt wird, die Universität habe aktiv eigene Sprachmeister unterhalten.

[101] MUT II 26237, 26552, 26644; UAT 33/56: Die ersten von der Universität zunächst als Studenten immatrikulierten, aber als Sprachmeister tätigen Franzosen, waren 1668 Louis de Pimelin aus Paris, 1670 Louis d'Artois aus der Provinz Poitou und 1671 Jean Baptiste Lequin ebenfalls aus Paris.

[102] HStAS A 284/94 Bü 47 Bl. 1: Sprachmeister Jean Caumon sprach 1722 von der offenbar noch viele Jahre später und auch bei anderen Sprachmeistern bekannten Amortisierung der gut besoldeten Sprachprofessur am Collegium Illustre.

[103] MUT II 28014; UAT 30/6 Nr. 15 Bl. 1–3: Beispielsweise Jean Baptiste Blain wurde 1683 zunächst für ein Jahr als Sprachmeister des Französischen in die Universitätsmatrikel aufgenommen; UAT 30/6 Nr. 24 Bl. 1: Der Senat gab immer wieder an, so beispielsweise noch 1712, dass die Universität *Sprachmeistern Besoldungen zu schöpfen, weder gewohnt, noch auch dermahlen im stand seye*.

[104] UAT 30/6 Nr. 13 Bl. 3, Nr. 34 Bl. 1: Der Sprachmeister Gilbert Joubert wurde 1682 an das Forum der Stadt verwiesen, ebenso der Sprachmeister Xaverius Carolus Ferdinandi im Jahr 1763.

keit der Sprachmeister, sondern auch dem Umstand zu verdanken, dass diese stets das Exempel der weiterhin beim Collegium Illustre angestellten und aus dem Geistlichen Gut grundbesoldeten Exerzitienmeister vor Augen hatten[105]. Die Wiedereinrichtung einer Sprachmeisterstelle am Collegium Illustre und die damit verbundene Rückkehr der Maîtres unter die Jurisdiktion des Oberhofmeisters erfolgten erst im Jahr 1745[106].

Die stillschweigende Auflösung der Sprachprofessur am Collegium lllustre im Jahr 1681, die mehr als siebzig Jahre dauernde Zugehörigkeit der Sprachmeister zum Corpus der Universität und deren Rückkehr in den Rechtsraum des Collegium Illustre im Jahr 1745 sorgten in Kombination mit der neu ausgesetzten Besoldung aus dem Geistlichen Gut noch viele Jahre lang für Unklarheit und Verwirrung über die Corpuszugehörigkeit der Sprachmeister und dies sowohl bei den beteiligten Corpora als auch bei den Stelleninhabern selbst. Grund dafür waren unklare Regelungen und Übergangslösungen.

Im Zuge der Neueinrichtung der Sprachmeisterstelle erließ Herzog Carl Eugen 1745 hinsichtlich der künftigen Corpuszugehörigkeit der Sprachmeister an den Oberhofmeister des Collegium Illustre, dass, was die in ein und anderen Fällen vorkommende *Jurisdictions-Collision, mit der Universitaet, wann Persohnen bey beyden Corporibus engagirt seind*, betrifft, *so wohlen wir gnädigst, daß eine solche Persohn in dergleichen Fällen zu demjenigen Corpore solle gerechnet werden, bey welchem solche ihr vornehmstes Officium und Salarium hat*[107]. Das klang einfach, barg jedoch einen deutlichen Widerspruch in sich. Das vornehmste Officium, also das vorrangige Tätigkeitsfeld der Sprachmeister, war die Unterrichtung der Universitätsstudenten, ihr Salarium erhielten sie jedoch nicht aus dem Universitätsfiskus, sondern aus dem Geistlichen Gut. Eine eindeutige Klarstellung war mit diesem Erlass also nicht gegeben, da er die tatsächliche Diskrepanz zwischen Officium und Salarium nicht berücksichtigte.

Zunächst kam es daher zu weiteren Übergangslösungen. Die beiden ersten Inhaber der neu kreierten halben Sprachmeisterstellen am Collegium Illustre waren Jean Caumon und Pierre Robert, die beide bereits seit längerem an der Universität immatrikuliert waren. Caumon war schon seit 1698 Universitätsverwandter und starb 1748 als

[105] HStAS A 284/94 Bü 47 Bl. 1: Jean Caumon bat 1722 nach über zwanzigjähriger Tätigkeit als Sprachmeister in Tübingen darum, ihm *comme aux autres Maitres d'Exercices* eine jährliche Grundbesoldung abzureichen und schlug dabei die Wiederbelebung der Sprachprofessurbesoldung Louis du Mays vor, die 1681 nach dessen Tod zur Kasse eingezogen worden war. HStAS A 284/94 Bü 46 o. Pag. Alexander Gottlieb Lamotte an den Kirchenrat (1737, Oktober 14): Auch Sprachmeister Alexander Gottlieb Lamotte bat jahrelang um eine Grundbesoldung mit der gleichen Argumentation: *Ingleichen alle Exercitien Meister bey diesem Collegio eine ansehnliche Gage genießen; [...] anbey doch erweißlich, daß dem Prof. linguae Gallicae jedesmahlen eine Besoldung zugekommen, wie ein solches das Exempel des du Mai vermög beygehenden Extractus sattsam an den Tag leget*.
[106] HStAS A 202 Bü 2616 o. Pag. Geheimer Rat an den Kirchenrat (1751, Dezember 13), o. Pag. Geheimer Rat an den Kirchenrat (1752, Juli 28); HStAS A 284/94 Bü 47 Bl. 2a, 3–5; HStAS A 284/94 Bü 289 Bl. 55; HStAS A 303 Bd. 14030.
[107] HStAS A 202 Bü 2617 o. Pag. Geheimer Rat an den Oberhofmeister des Collegium Illustre (1745, März 13).

solcher[108]. Auch Pierre Robert, der 1739 in die Universitätsmatrikel aufgenommen worden war, behielt sein einmal bei der Universität erworbenes Bürgerrecht bis zu seinem Tod im Jahr 1772 bei[109]. Die Tatsache dieser über zwanzig Jahre dauernden Übergangslösung, durch welche Pierre Robert unter der Jurisdiktion der Universität verblieb, seine Besoldung jedoch aus der Collegienverwaltung bezog, musste zu Verwirrung führen, da schon bald der Grund für diesen widersprüchlichen Zustand nicht mehr präsent war[110].

Nach dem Tod Pierre Roberts im Jahr 1772 hätte die Übergangslösung enden müssen[111]. Dennoch nahm der Senat – sei es aus Gewohnheit, sei es aus mangelnder Präsenz der Jurisdiktionsgewalt des Oberhofmeisters – den beim Collegium Illustre angestellten und aus dem Geistlichen Gut bezahlten Sprachmeister Pierre Aubin de Sales als Nachfolger Pierre Roberts in die Universitätsmatrikel auf[112]. Bei de Sales selbst schienen aber Zweifel über die Richtigkeit seiner Immatrikulation bei der Universität zu bestehen: Als er 1781 in einer Schuldenangelegenheit das Eingreifen seiner Jurisdiktionsgewalt benötigte und sich trotz seines Bürgerrechts bei der Universität an den Amtsverweser des Oberhofmeisters am Collegium Illustre wandte, wurde die unklare Lage um seine und die Zugehörigkeit aller zukünftigen Sprachmeister erneut aufgerollt. Der Amtsverweser des Oberhofmeisters und Professor Primarius des Collegium Illustre Sixt Jacob Kapff schrieb 1781 an den Senat, es wäre gut, diese Frage endgültig zu regeln, auch wenn auf *Adquisition oder Verlust* de Sales kein Wert gelegt werde[113].

Der Senat, der in diesen Fällen stets als erstes eine finanzielle Verpflichtung fürch-

---

[108] MUT II 29440; StAT E 201/1105; UAT 32/1 Bd. 4 Nr. 318.

[109] MUT III 42078; StAT E 201/222.

[110] HStAS A 202 Bü 2616 o. Pag. Protokollnotiz des Collegiumsverwalters (1777, Oktober 29): Am ehesten waren die genauen rechtlichen Verhältnisse der Maîtres beim Collegiumsverwalter zu erfragen, der 1777 klar notierte: *Die Sprachmeister stehen sonsten unter dem foro des Collegii Illustris, und haben von dem Collegio auch keine Besoldung zu geniesen, sondern dieselbe werden von der Bebenhäusischen Pfleeg Tübingen besoldet.*

[111] UAT 30/6 Nr. 27 Bl. 8: Der Senat der Universität sah sich folgerichtig auch nicht in der Verpflichtung, den Tod des Sprachmeisters Pierre Robert an den Geheimen Rat zu berichten. Grund dafür war jedoch vermutlich nicht die Zuständigkeit des Collegium Illustre, denn Robert blieb bis zu seinem Tod Universitätsbürger, sondern die allgegenwärtige Furcht des Senats, finanzielle Verpflichtungen eingehen zu müssen. Und so machte der Senat die Zuständigkeit für den Sprachmeister daran fest, aus welchem Fonds er seine Besoldung erhalten habe und beschloss, dass man den Geheimen Rat zwar anschreiben könne, aber nur, *wenn solches nicht nomine Collegii illustris, in Ansehung dessen der Verstorbene (wo ich nicht irre) eigentlich die Besoldung gehabt hat, geschieht.*

[112] MUT III 37554.

[113] UAT 9/12 o. Pag. Sixt Jacob Kapff an den Prorektor der Universität (1781, Januar 26): *Da nun de Sales immer wißen will, wo er sein Forum habe, da es auch noch Fälle gibt, […] die entschieden werden sollen, und der Herr Oberhofmeister mir aufgeben hat, sie zu beendigen: so überlaße ich Amplissimi Senatui zur selbst gefälligen Entschließung: ob nach Maasgab des ermelten Rescripti der Sprachmeister der Jurisdiction des Collegii überlaßen werden will, um hierüber des Herrn Oberhofmeisters Excellenz das weitere überschreiben zu können. Die Adquisition oder Verlust wird niemalen gros seyn, inzwischen wäre es doch gut, wenn die Frage entschieden wäre.*

tete, teilte Sixt Jacob Kapff mit, dass de Sales zwar in die Universitätsmatrikel aufgenommen worden sei, aus dem Universitätsfiskus aber nicht bezahlt werde, man den Sprachmeister daher gerne der Jurisdiktion des Collegium Illustre überlasse[114]. Um dieser Empfehlung Nachdruck zu verleihen, stützte sich der Senat auf die lateinischen Universitätsstatuten des Jahres 1752, in denen die Zugehörigkeit der Exerzitien- und Sprachmeister zum Collegium Illustre festgeschrieben worden sei[115] und interpretierte folgerichtig, dass insbesondere auch *die Magistri Linguarum der besonderen Jurisdiction des Collegii Illustris alß eines von der Universität unterschiedenen Corporis unterworfen sein sollen*[116]. Seit dieser Klarstellung wurde die besondere Corpuszugehörigkeit der Maîtres zum Collegium Illustre von nun an immer wieder betont und in den Berichten des Oberhofmeisters vom Collegium als dem Corpus gesprochen, unter welchem alle Sprach- und Exercitien Meister stehen[117].

b. Das Verhältnis der Maîtres zur Universität

Mit den Collegiumsstatuten des Jahres 1601 war das Collegium Illustre zu einem eigenständigen und von der Universität separierten Corpus mit einer eigenen Gerichtsbarkeit geworden. Damit begründete sich bis 1817 die Zugehörigkeit der Maîtres mit der beschriebenen Ausnahme der Sprachmeister zu diesem besonderen Rechtsraum und nach der Schließung des Collegium Illustre im Jahr 1688 deren Sonderstellung als

---

[114] UAT 9/9 Nr. 174 f.; UAT 9/12 o. Pag. Prorektor Storr an Sixt Jacob Kapff (1781, Januar 26).

[115] REYSCHER: Sammlung, Bd. 11,3, S. 410, 438: Die neuen Universitätsstatuten des Jahres 1752 deklarierten die gemeinsame Corpuszugehörigkeit der Exerzitien- und Sprachmeister zum Collegium Illustre: *Jam et illustriorem Universitatem hanc reddit Collegium Illustre, a Serenissimo Wirtembergiae Principe Ludovico A. MDXCII. ad instituendos in studiis Principes, Comites, Barones, fundatum, quod peculiari Jurisdictione, Praefecto, Professoribus, et Civibus, Exercitiorum et Linguarum Magistris maxime, peculiaribus itidem statutis gaudet, corpus ab Universitate Academica distinctum.* Dennoch warb die Universität zu diesem Zeitpunkt an anderer Stelle der Statuten noch mit ihren eigenen Sprachmeistern, während sie für die Exerzitien auf das Collegium Illustre verwies: *Nec studia quoque elegantiora, oratoriae tam latinae, quam germanicae, Poëseos itidem utriusque, diplomaticum, numismaticum, linguarum exoticarum, negliguntor. Posteriorem hunc in finem Magistri linguarum quoque in Universitate habentor. Cum omnis generis exercitiorum, artis equestris, saltatoriae, pilae lusoriae magistri, Illustris Collegii, ut plurimum cives, haud desint, eorum quoque opera, et institutione Studiosi fruuntor.* Kurzer Auszug aus denen Statuten, 1752, S. 9: Dieser Auszug aus den Universitätsstatuten des Jahres 1752 in deutscher Sprache dagegen gab im Gegensatz zur lateinischen Version an: *So findet man hier eine Reut-Bahn, die erforderliche Sprach-Dantz- Fecht- und Ball-Meister, welche alle, ausgenommen die Sprachmeister, welche Academici sind, unter der Jurisdiction des Collegii Illustris stehen.* Dieser Passus scheint in seinem Widerspruch zu den lateinischen Statuten den tatsächlichen Zustand, insbesondere das Anstellungsverhältnis Pierre Roberts als langjährigem Universitätsverwandten trotz Besoldung aus dem Geistlichen Gut widerzugeben. Der gleiche Auszug wurde 1770 unverändert aufgelegt. Vgl. REYSCHER: Sammlung, Bd. 11,3, S. 453.

[116] UAT 9/12 o. Pag. Senat der Universität an Pierre Aubin de Sales (1781, Januar 26).

[117] HStAS A 280 Bü 6g o. Pag. Oberhofmeister des Collegium Illustre an die Universitätsvisitationskommission (1794, Mai 31).

Grenzgänger zwischen beiden Corpora. Die Auseinandersetzungen der Universität mit Herzog Friedrich und Herzog Johann Friedrich um die Einrichtung und Verfassung des Collegium Illustre in den Jahren 1596 bis 1609 wirkten im beiderseitigen Verhältnis noch lange nach und gaben immer wieder auch noch in der zweiten Hälfte des 17. Jahrhunderts Anlass zu Unmut. Streitpunkte waren etwa der Vorrang des Oberhofmeisters des Collegium Illustre vor dem Rektor der Universität, der Vorrang der Collegiaten vor den Universitätsstudenten oder die Einrichtung eines Collegium professorum mit der halbjährlichen Wahl eines Dekans im Collegium Illustre[118].

Dennoch kehrte nach dem Dreißigjährigen Krieg Ruhe in das anfänglich konfliktreiche Verhältnis zwischen der Universität und dem Collegium Illustre ein. Es war insbesondere rasch deutlich geworden, dass das Collegium Illustre keine Konkurrenz für den Lehrbetrieb der Universität darstellte[119], sondern dem gesamten Studienstandort vielmehr Attraktivität und Prestige verlieh, von der die Universität und die Stadt profitieren konnten. Insbesondere eröffnete das Collegium Illustre der Universität nach dem Dreißigjährigen Krieg die Nutznießung der personellen und infrastrukturellen Ressourcen zum Betreiben der Exerzitien, ohne dafür den eigenen Fiskus belasten zu müssen. Spätestens seit 1652 warb sie mit den an der Adelsakademie bereit gestellten Maîtres auch für ihre eigenen Zwecke[120]. So entstand seit der Mitte des 17. Jahrhunderts durch die uneingeschränkte Akzeptanz des einst exklusiv den Zöglingen des Collegium Illustre vorbehaltenen Exerzitien- und Sprachlehrangebots durch die Universität und nicht zuletzt auch durch die Vermittlung der corpusübergreifend tätigen Maîtres eine natürliche und weitgehend unbelastete Nähe zwischen dem Collegium Illustre und der Universität, die 1609 noch undenkbar gewesen wäre. Die gemeinsamen Wurzeln, die identische Privilegierung und ähnliche Interessen gegenüber dem Corpus der Stadt verstärkten diese guten Beziehungen. Das von Herzog Johann Friedrich bereits in den Collegiumsstatuten des Jahres 1609 zitierte Bild von den zwei Ästen des gleichen Stammes hatte sich, wenn auch verspätet, realisiert[121].

Trotzdem sorgte die Universität dafür, dass im gesamten 18. Jahrhundert, vor allem hinsichtlich aller finanziellen Verpflichtungen, die Corpuszugehörigkeit der Maîtres zum Collegium Illustre deutlich spürbar blieb. So sehr der Senat nach außen die Existenz der Maîtres zum Vorteil der Universität propagierte, so wenig kooperativ zeigte er sich oft im internen Verhältnis gegenüber dem Oberhofmeister des Collegi-

---

[118] Ordnung 1609, S. 20 f., 24 f.; UAT 9/7 Bd. 3 Nr. 37, 41, 52; vgl. Füssel: Gelehrtenkultur, S. 264–270.
[119] UAT 9/7 Bd. 3 Nr. 37, 41.
[120] HStAS A 303 Bd. 13965–14059; Ordo studiorum 1652, o. Pag.
[121] Ordnung 1609, S. 9: *Sondern zu gleicher weiß, wie viel aeste eines Baums, wie weit sie auch von einander stehen, und absoenderliche geraume Plaetze im Lufft einnemmen, jedoch Stammen, Wurtzeln, und Safft mit einander gemein haben: Ebnermassen, und nicht anderst, sollen auch unser Fuerstlich Newes Collegium und unser Universitet; als zwey Glieder eines Leibs (dann wir die gantze Universitet oder Academi, in das Fuerstliche Newe Collegium, und in die Academi, also in specie genandt, abtheilen) jedes sein besondere Iurisdiction und Gebiet, und doch beede zusamen die Privilegia Academica allerdings gemein haben.*

um Illustre und den Collegiumsverwandten[122]. Die Universität achtete insbesondere bei allen finanziellen Belastungen auf eine genaue Grenzziehung zwischen beiden Corpora, konkret auf die Vermeidung einer finanziellen Inpflichtnahme für die an der Universität immatrikulierten Sprachmeister. Diese vorsorglich ablehnende Haltung blieb bis ins 19. Jahrhundert erhalten[123].

Ein anschauliches Beispiel mag dies verdeutlichen: Als 1784 der Sprachmeister des Französischen Pierre Aubin de Sales starb und einen dreieinhalbjährigen Waisen hinterließ[124], war der Senat trotz der langjährigen und ausschließlich der Universität dienenden Tätigkeit de Sales nicht bereit, auch nur den geringsten ideellen oder materiellen Beitrag zur Versorgung des Waisen beizusteuern, obwohl de Sales auch Universitätsbürger gewesen war. Der Senat ließ dem Collegiumsverwalter im Dezember 1784 lapidar mitteilen, dass *da das Collegium illustre ein von dem Corpore academico separirtes Corpus privilegiatum wäre, das ganz allein von dem Herzoglichen Kirchen-Rath unterhalten würde, dessen Sprach- und Exercitien-Meister auch* [...] *nicht von dem hiesigen academischen Senat angenommen werden* und er sich daher nicht verpflichtet sehe, weder in diesem noch in anderen vergleichbaren Fällen den Unterhalt für einen Waisen zu begleichen[125]. Aus der internen Beratung des Senats wurde die Furcht deutlich, einen missliebigen finanziellen Präzedenzfall schaffen zu können. Argumentiert wurde zudem, dass man ja auch nicht den geringsten Anteil an der Berufung der Sprachmeister habe. Da die Universität lediglich über die Lazarettstiftung

---

[122] Obwohl das Collegium Illustre bereits seit langer Zeit geschlossen war, warb die Universität in den Statuten des Jahres 1752 regelrecht damit, dass es in Tübingen eine Adelsakademie gäbe, die mit einer eigenen Jurisdiktion, einem Oberhofmeister, Professoren, Collegiumsverwandten und Exerzitien- und Sprachmeistern ausgestattet sei. REYSCHER: Sammlung, Bd. 11,3, S. 410.

[123] UAT 30/6 Nr. 39 Bl. 8: Als der Sprachmeister Pierre Aubin de Sales 1784 um eine Entschädigung aus dem Universitätsfiskus bat, weil Mömpelgarder Studenten und andere als Sprachmeister tätige Personen ihm Konkurrenz boten, schrieb der Senat der Universität an den Geheimen Rat: *Da aber ein jeweiliger Sprachmeister nie etwas aus unserem Fisco erhalten, so bleibt uns nichts übrig, als den selben wegen der gebettenen Schadloshaltung Euer Herzoglichen Durchlaucht* [...] *zu empfehlen.* UAT 44/3 Nr. 40 o. Pag. Auszug aus einem Senatsprotokoll (1802, August 28): Als der Sprachmeister Jean Marie Morio den Senat 1802 um einen Beibericht zu seiner Bewerbung als Sprachmeister am Collegium Illustre bei Herzog Carl Eugen bat, wurde im Senat vorgeschlagen, in diesem Beibericht *im Vorbeigehen zu bemerken, dass die Sprachmeister von dem Collegio Illustri besoldet werden.* Darauf wurde geantwortet, dass ein Protest gegen eine mögliche Besoldung aus dem Universitätsfiskus zu diesem Zeitpunkt noch überflüssig sei, jedoch später als *Grund der Verteidigung* eingesetzt werden könne und müsse. Der Senat beabsichtigte stets offenkundig eine Vermeidung einer finanziellen Inpflichtnahme und versuchte daher in dieser Angelegenheit keine Aufmerksamkeit zu erregen. UAT 47/5 Bl. 106[r]: In gleicher Weise wurde bereits 1761 agiert. Als der Sprachmeister Adolph Hirsch den Senat der Universität um einen Beibericht zu seiner Bewerbung als Sprachmeister des Italienischen am Collegium Illustre bat, verwies dieser ihn an das Collegium Illustre, um sich mit einer möglichen Besoldung der allerdings als unbedingt nötig erachteten Stelle in keinen *nexum*, also keine Verpflichtung, einzulassen.

[124] UAT 9/9 Nr. 179.

[125] UAT 30/6 Nr. 39 Bl. 11 f.

verfüge, sei es umso verwunderlicher, dass man im Falle dieses Waisen die Universität in die Verantwortung nehmen wolle[126].

Zur gleichen Zeit wurde innerhalb der Corpusgemeinschaft des Collegium Illustre Solidarität geübt, indem für den armen Waisen ein Glöckleingeld gesammelt wurde, ein regelmäßig von der Tübinger Bürgerschaft eingefordertes Almosen, an dem sich auch die Collegiumsverwandten beteiligten[127]. Der Torwart des Collegium Illustre Johann Georg Caiß und die Tuchmachersfrau Louisa Catharina Pfeifer übernahmen von 1784 bis 1785 die Pflegschaft für den Waisen[128]. Auch die finanzielle Versorgung des Kindes fand eine Lösung. Im Januar 1785 übernahm die Stadt in eigener Initiative den finanziellen Aufwand aus der Armenkastenpflege[129] und erklärte dem unwissenden Amtsverweser des Oberhofmeisteramtes im Collegium Illustre Sixt Jacob Kapff[130] das Prozedere in derlei Fällen: Die Stadt habe schon immer arme Collegiumsverwandte mit beträchtlichen Subsidien unterstützt und stehe auch durch das namhafte von den Collegiumsverwandten gespendete Glöckleingeld in der Pflicht, diese Versorgung bis zur Aufnahme des noch kleinen Jungen in das Waisenhaus zu übernehmen. Man habe daher das Gesuch des Collegium Illustre bereits erwartet, um das wöchentliche Subsidium an Brot und Geld bestimmen zu können[131].

c. Das Verhältnis der Maîtres zur Stadt

Der Stadtmagistrat aber stand dem Collegium Illustre und seinen Angehörigen nicht immer so wohlwollend gegenüber wie im Fall des Waisen de Sales. Generell kam es aufgrund der gemeinsamen privilegierten Stellung der Universitäts- und Collegiumsverwandten gegenüber den Stadtbürgern weit häufiger zu jurisdiktionellen Kollisionen als mit der Universität[132]. Seit Gründung derselben und lange bevor das Collegium Illustre mit einer eigenen Jurisdiktion ausgestattet wurde, war das Verhältnis zwischen dem Stadtmagistrat und der Universität und deren Angehörigen immer wieder durch Übereinkünfte und Verträge geregelt worden, die meist auf strittigen Fällen und Beschwerden beider Corpora basierten. Im 16. Jahrhundert handelte es sich dabei um Regelungen zur Limitierung des Weinausschanks, des Besitzes von Häusern und Gütern in der Stadt, des Haltens von Vieh sowie um Regelungen zur

---

[126] UAT 30/6 Nr. 39 Bl. 11.
[127] UAT 9/9 Nr. 179, 187: Die Frau des Oberhofmeisters von Franckenberg gab zwanzig Gulden, der Oberbereiter Georg Adam Bessey drei Kreuzer wöchentlich, der Ballmeister Georg Friedrich Keller fünf Kreuzer, der Tanzmeister Ernst Friedrich Dörr zwei Kreuzer, der Fechtmeister Achatius Friedrich Lorenz Seiffart einen Kreuzer, die Frau des Bereiters Georg Adam Bessey einen Kreuzer, der Hausschneider und der Torwart ebenfalls je einen Kreuzer, der Nachtwächter zwei Kreuzer und der Stallknecht Künstle einen Kreuzer. Vgl. zum Glöckleingeld EIFERT: Geschichte, S. 168.
[128] UAT 9/9 Nr. 184.
[129] Ebd. Nr. 183.
[130] Ebd. Nr. 182.
[131] Ebd. Nr. 181.
[132] Vgl. zum Verhältnis von Stadt und Universität in Tübingen THÜMMEL: Universität, S. 33–84; FÜSSEL: Gelehrtenkultur, S. 291–296.

Besteuerung der Universitätsverwandten und zur Versorgung von Witwen und Waisen. Der größte Regelungsbedarf zwischen der Stadt und der Universität bestand jedoch im Bereich der Eindämmung von Tumulten, Exzessen und der Ruhestörung durch die Studenten sowie deren Schuldenwesen[133]. Seit Beginn des Dreißigjährigen Krieges kamen weitere Regelungen zum Ausgleich von Quartierlasten, Kriegskontributionen und Wachdiensten hinzu[134]. Auch noch im 18. Jahrhundert wirkte die Universität immer wieder auf die Stadt ein, ihre Hauswirte, Händler und Handwerker zu angemessenen Preisen für Stubenzins, Lebensmittel und Dienstleistungen anzuhalten, denn viele Stadtbürger lebten von der Klientel der Universität[135].

Da die Collegiumsverwandten 1609 in ihrer Privilegierung den Universitätsverwandten gleichgestellt wurden, gab es zwischen der Stadt und dem Collegium Illustre keinen besonderen Klärungsbedarf. Was mit der Universität vereinbart worden war und zukünftig geklärt wurde, galt auch für das Collegium Illustre. Dennoch gab es auch zwischen dem Collegium Illustre und der Stadt immer wieder ganz eigene und besondere Konflikte. Im 17. Jahrhundert betraf dies, solange das Collegium Illustre geöffnet war, weniger die Maîtres als vielmehr die adligen Collegiaten. Deren Verstöße gegen die Disziplin stellte für die Stadt das größte Problem dar. Klagen über die Fahrlässigkeit des Oberhofmeisters des Collegium Illustre bei der Anhaltung der Collegiaten zur Disziplin führten 1612 dazu, dass Herzog Johann Friedrich den Oberhofmeister an seinen Staat und die darin enthaltenen Pflichten erinnerte und ihm insbesondere auftrug, in der Ausübung seiner Disziplinaraufsicht *keinen respectum Personarum zu haben*. Die württembergischen Prinzen wurden aus dieser Regelung allerdings ausgenommen. Zusätzlich beauftragte der Herzog den Stadtmagistrat damit, bei der Vollstreckung von Festnahmen und Festsetzungen in den Karzer dem Oberhofmeister auf dessen Ruf Amtshilfe zu leisten und ihm *die amptliche Hilffshandt zuebieten*[136].

In andere Streitigkeiten zwischen der Stadt und dem Collegium Illustre waren auch die Maîtres involviert. Wegen zu großer Konkurrenz für die Tübinger Weingärtner, war der Ausschank von Besoldungswein durch die Collegiums- und Universitätsverwandten auf eine bestimmte Menge beschränkt, die jedoch immer wieder unzulässig überschritten wurde[137]. Nachdem es schon 1598 zu Klagen der Weingärtner über den collegiumsverwandten Fechtmeister Nicolaus Hermann gekommen war, weil er drei

---

[133] StAT A 10/StU 106; StAT A 10 Nr. 56; StAT A 20/S 2 Bl. 359ᵛ–363ʳ, 363ʳ–368ᵛ, 369ʳ–378ʳ, 378ᵛ–391ᵛ; UAT 5/4 S. 415–423; HStAS H 14 Bd. 239; REYSCHER: Sammlung, Bd. 11,3, S. 61–62, 73–77, 120, 126, 142, 170, 193 f., 364–366, 370–375; vgl. auch SCHÄFER: Frischlin, S. 69 f.; THÜMMEL: Universität, S. 38–48, 54–56: Thümmel stellt die wichtigsten Streitpunkte zwischen der Stadt und der Universität dar und benennt diese hauptsächlich im Bereich der Steuern, der Einquartierung, des Erwerbs städtischen Grundbesitzes und des Weinausschanks.
[134] StAT A 10/136 Nr. 8 Bl. 80; StAT A 10/139 Nr. 9 Bl. 81.
[135] StAT A 20/ S 2 Bl. 391ᵛ–441ʳ, 436ʳ–441ʳ, 445ʳ–449ʳ, 449ʳ–451ʳ, 451ʳ–458ʳ; StAT A 30/S 21.
[136] StAT A 30/S 29 Bl. 1.
[137] StAT A 10/StU 106; StAT A 30/S 22 Nr. 14 Bl. 32; vgl. hierzu THÜMMEL: Universität, S. 47 f.

oder vier Fuder Wein mit Ausschankabsicht in die Stadt eingeführt hatte[138], kontrollierte der Stadtmagistrat auch in späterer Zeit auf immer wieder erneute Klagen der Weingärtner den Weinausschank der Collegiumsverwandten, darunter 1664 denjenigen des Fechtmeister Conrad Jacob und des Tanzmeisters Charles Dumanoir[139].

Solange das Collegium Illustre bis 1688 mit Collegiaten besetzt war, wurde der Oberhofmeister vom Stadtmagistrat als ernstzunehmende und gleichrangige Jurisdiktionsgewalt neben der Universität anerkannt. Im Jahr 1686 einigten sich die Vertreter der Universität, der Stadt und des Collegium Illustre über gemeinsame Maßnahmen gegen die überhand nehmenden nächtlichen Exzesse und Ruhestörungen der Studenten und Collegiaten[140]. Bürgermeister Johann Jacob Baur stellte im Sinne einer wohlwollenden Amtshilfe 1687 alle früheren Verträge der Stadt mit der Universität für den täglichen Bedarf des Oberhofmeisters Johann Eberhard Varnbühler von und zu Hemmingen zusammen. In der Einleitung der Vertragskompilation brachte er das generelle und besondere Zusammenwirken der Corpora in Tübingen zum Ausdruck, das in diesem Fall grundsätzlich von gegenseitigem Wohlwollen geprägt war[141], denn ein gutes Verhältnis zwischen dem Corpus des Collegium Illustre und der Stadt hing in beträchtlichem Maße von der Persönlichkeit, der Kommunikationsfähigkeit und dem Engagement der jeweiligen Amtsinhaber ab[142].

Es gab aber auch Oberhofmeister, die weniger engagiert waren und dem Ansehen und Amt des Oberhofmeisters im Verhältnis zur Stadt zwar nicht schadeten, es aber auch nicht förderten. So wurde 1661 in der Visitationsrelation an Herzog Eberhard berichtet, dass sich Oberhofmeister Ludwig Berchtold der Zuständigkeit seiner Jurisdiktionsgewalt über die Collegiumsverwandten überhaupt nicht bewusst sei. Bei einer Zensur der Stadt wegen der Kleiderordnung war die Frau des Ballmeisters Johann

---

[138] HStAS A 206 Bü 4718 Bl. 2, 5 f.: Der Oberrat verurteilte und verbot 1598 zwar den übermäßigen Weinausschank des Fechtmeisters Nicolaus Hermann, wies die Stadt aber auch darauf hin, dass sie den besten Wein verkaufe, während sie den sauren in der Stadt ausschenke, es also nicht verwunderlich sei, wenn die Collegiumsverwandten ihren eigenen Wein in die Stadt einführten.

[139] StAT A 30/S 22 Nr. 13 Bl. 3.

[140] StAT A 206 Bü 4772 o. Pag. Untervogt, Bürgermeister und Gericht der Stadt Tübingen an den Oberrat (1686, Dezember 22): Anstatt einer Scharwacht, wie sie aus anderen Universitätsstädten bekannt sei, sollte ein gemeinsames Gremium aus zwei Universitäts- und Collegiumsverwandten sowie drei bis vier Stadtbürgern aufgestellt werden. Diese sollten mehrmals in der Woche gemeinsam Präsenz zeigen sowie lärmende Collgiaten und Studenten ansprechen und abmahnen.

[141] HStAS H 14 Bd. 239 Bl. II^r–III^v: *In den Städten und Örthen wo zerschiedene Corpora und vermengte Jurisdictionen sich befinden ist nichts löblichers, nüztlicher und nötigers als dass uff alle mögliche Weis getrachtet werde in guter Harmoni, Verständnus und Vernehmen bei und under einander zu leben, dann uff solche Weis gehet mann zu guten und bösen Tagen einander zu der Hand und hat jeder Teil zu Freud und Leid der andern Hilf, Rat und Beistand, sich sicherlich zu getrösten. Da mann hingegen wann mann Disidia und Uneinigkeiten einwurzeln lässt, daraus nichts anders zu erfolgen pflegt, als das alles einander schwehr gemacht wird, ja mann sich öffters selbsten schaden zuziehet, wann mann nur dem andern dardurch wehe zu tun verhofft.*

[142] Vgl. THÜMMEL: Universität, S. 59–63.

Bitschin wegen des Tragens eines Halsbandes vor das Stadtgericht gefordert worden. Ballmeister Bitschin hatte sich jedoch auf seinen Status als Collegiumsverwandter und auf die Jurisdiktionsgewalt des Oberhofmeisters berufen. Dieser aber sah sich zu keiner aktiven Handlung veranlasst und kommentierte vielmehr, es sei ihm lieber, er hätte mit den Privathändeln der Collegiumsverwandten nichts zu tun[143].

Nach der Schließung des Collegium Illustre im Jahr 1688 war durch das Ausbleiben der Collegiaten der Hauptkooperationsgrund zwischen der Stadt und dem Collegium Illustre entfallen. Durch den Wegfall des Regelungsbedarfs der zuvor zahlreichen und zu allen Zeiten vorkommenden studentischen Streitigkeiten und Exzesse mit anderen Corpusangehörigen, verlor die Jurisdiktionsgewalt des Oberhofmeisters an Bedeutung und Außenwirkung, da sie den anderen Corpora gegenüber nur noch selten in Erscheinung treten musste. So schwand auch ihre Präsenz und ihr Ansehen bei der Stadt, was sich im 18. Jahrhundert des öfteren darin äußerte, dass das Corpus des Collegium Illustre und die Privilegien der Collegiumsverwandten von der Stadt übergangen oder ignoriert wurden. Ein solcher Vorfall ereignete sich beispielsweise im Jahr 1700, als die Stadt die Einziehung einer Geldstrafe wegen des Ehebruchs des Tanzmeisters Guillaume Michel Dumanoir an sich zog, die eigentlich dem Oberhofmeister am Collegium Illustre zustand[144].

Mehrere Male mischte sich der Stadtmagistrat zudem unbefugt in die Inventur- und Teilungsgeschäfte des Oberhofmeisters und des Collegiumsverwalters ein, so etwa 1727 bei der Inventur und Teilung nach dem Tod der Ehefrau des Ballmeisters Johann Albrecht Bründlin[145]. Der Lustnauer Torwart war sich offenbar der besonderen Jurisdiktion des Collegium Illustre und der Privilegien seiner Angehörigen noch nicht oder nicht mehr bewusst, als er unbefugterweise nach vielen Jahren der freien Holzeinfuhr 1789 von Stallmeister Bühler plötzlich Zoll für dieses Besoldungsholz einforderte. Es folgte eine heftige Beschwerde des Professor Primarius über die Unwissenheit des Torwarts beim Lustnauer Oberamtmann, in der diesem klar gemacht wurde, dass *die zum Collegio illustris gehörige magistri et ministri nach den in öffentlichem Druck bekannt gemachten Privilegien p. 12 alle Freiheyten der Universität geniessen* und deswegen von Zollabgaben befreit seien[146].

Ein spezieller Zankapfel zwischen dem Stadtmagistrat und den Collegiumsverwandten im 18. Jahrhundert war, dass die Stadt immer wieder versuchte, die Collegiumsangehörigen zum Stadt- und Amtsschaden heranzuziehen, obwohl sie wie die Universitätsverwandten davon befreit waren[147]. Als diese sich weigerten, versuchte

---

143 HStAS A 284/94 Bü 271 o. Pag. Relation über die Visitation des Collegium Illustre (1662, Febraur 15).

144 HStAS A 284/94 Bü 55 Bl. 5.

145 StAT A 20/S 217 Bl. 4ᵛ–6ʳ.

146 UAT 9/9 Nr. 148.

147 HStAS A 202 Bü 2617 o. Pag. Geheimer Rat an den Oberhofmeister des Collegium Illustre (1745, März 13), o. Pag. Collegiumsverwandte an den Geheimen Rat (1750, Dezember 23), o. Pag. Oberhofmeister des Collegium Illustre an den Geheimen Rat (1751, Januar 9): Bereits 1745 war ein solcher Versuch von der Universitätsvisitationskommission untersucht worden, welche die Erteilung der Freiheit von Stadt- und Amtsschaden aus den Statuten des Col-

die Stadt, unter den Collegiumsangehörigen zu differenzieren. Sie gab insbesondere an, dass nicht alle Collegiumsverwandten vom Stadt- und Amtsschaden befreit seien, sondern nur die sogenannten *Honoratiores*, zu denen neben dem Oberhofmeister und den Professoren ausdrücklich auch die Exerzitienmeister zählten. Alle anderen, die sogenannten *vulgares* wie Torwart, Hausschneider, Nachtwächter und Stallknechte nähmen jedoch im Vergleich zu den Stadtbürgern keine besondere Stellung ein und hätten sich daher den Gemeindesteuern zu unterwerfen[148].

Der Stadtmagistrat war hierbei recht hartnäckig und verfasste umfangreiche Begründungen für seine Forderungen, in denen er von einem schwachen Fundament für die Steuerfreiheit der Collegiumsverwandten sprach und seine Steuererhebung mit einem angepassten Steuerfuß begründete, der auf Einnahmeverlusten der von der Universität größtenteils lebenden Stadtbürger durch die schlecht frequentierte Universität basiere[149]. Dennoch wurde in den folgenden Jahren auf weitere Forderungen verzichtet, bis zwischen 1796 und 1798 der Stadt- und Amtsschaden erneut erhoben wurde, sodass die Erben des bereits verstorbenen Ballmeisters Georg Friedrich Keller mit unsicherem Ausgang erneut klagten[150].

d. Zusammenfassung

Während die Exerzitienmeister im gesamten Untersuchungszeitraum mit nur wenigen Ausnahmen dem Corpus des Collegium Illustre angehörten, kam es durch eine erhöhte Konkurrenzsituation unter den Sprachmeistern zur Auflösung der Sprachprofessur am Collegium Illustre im Jahr 1681 und dadurch zu einem längeren Wechsel der Sprachmeister in die Corpuszugehörigkeit der Universität. Erst 1745 wurde die Sprachmeisterstelle am Collegium Illustre reaktiviert. Ihre Stelleninhaber gehörten nach einigen Übergangslösungen von da an wieder dem Corpus des Collegium Illustre an.

Nach dem Ende des Dreißigjährigen Krieges kehrte in das besonders unter Herzog Friedrich konfliktreiche Verhältnis zwischen Universität und Collegium Illustre Ruhe ein. Die Universität hatte zudem das Lehrangebot der Maîtres als Werbe-, Wirtschafts- und Prestigefaktor erkannt und profitierte von den am Collegium Illustre bereitgestellten Exerzitien- und Sprachmeistern, die nunmehr corpusübergreifend tätig waren. Nach der Schließung der Adelsakademie im Jahr 1688 wurde sie sogar alleinige Nutznießerin der aus dem Geistlichen Gut finanzierten Maîtres und der vorhandenen Infrastruktur zum Betreiben der Exerzitien, ohne dafür den eigenen Fiskus belasten zu müssen. Dennoch legte die Universität gerade in Hinsicht auf finanzielle

---

legium Illustre von 1609 hergeleitet und diese Erkenntnis durch herzoglichen Befehl an den Stadtmagistrat weitergeleitet hatte.

[148] HStAS A 202 Bü 2617 o. Pag. Stadtmagistrat in Tübingen an den Geheimen Rat (1750, Oktober 15).

[149] Ebd. o. Pag. Stadtmagistrat in Tübingen an den Geheimen Rat (1750, Juni 3).

[150] StAT A 30/S 29 Bl. 8.

Verpflichtungen Wert auf die Abgrenzung gegenüber dem Jurisdiktionsbereich des Collegium Illustre.

Das Verhältnis der Maîtres mit der Stadt gestaltete sich erst nach der Schließung des Collegium Illustre im Jahr 1688 problematisch, nachdem die Jurisdiktionsgewalt des Oberhofmeisters an Präsenz und Außenwirkung eingebüßt hatte. Die Missachtung der Privilegien der Collegiumsverwandten oder Übergriffe auf die jurisdiktionelle Zuständigkeit des Oberhofmeisters durch die Stadt waren die Folge. Insbesondere wurde im 18. Jahrhundert immer wieder versucht, die Maîtres als Collegiumsverwandte zum Stadt- und Amtsschaden heranzuziehen.

2. Administration und Instanzengefüge

2.1 Die Exerzitien- und Sprachmeister und ihre Vorgesetzten

a. Die Maîtres und der Oberhofmeister des Collegium Illustre

Seit der jurisdiktionellen und administrativen Separierung des Collegium Illustre von der Universität durch die Collegiumsstatuten des Jahres 1601 unterstand die Adelsakademie direkt dem württembergischen Herzog, der über ihre Belange stets persönlich entschied[151]. Das bedeutete selbstverständlich nicht, dass ein unmittelbares Verhältnis zwischen den Collegiumsverwandten und dem Landesherrn bestand, sondern vielmehr, dass die Tübinger Exerzitien- und Sprachmeister in das hierarchische Instanzengefüge der herzoglichen Administration eingebunden waren. Die Maîtres waren damit von den Organen der Universität und deren Fiskus vollkommen unabhängig, denn ihre Besoldung erhielten sie aus dem vom herzoglichen Kirchenrat verwalteten Geistlichen Gut[152]. Daraus resultierte nicht nur ein mehrstufiger Dienstweg, der sich von dem der Universität unterschied[153]. Eine Folge war auch, dass an allen Entscheidungen, welche die Maîtres und ihr Lehrprogramm betrafen, mehrere persönliche und kollegiale Instanzen von unterschiedlichem Einfluss und mit unterschiedlichen Interessensschwerpunkten beteiligt waren: Dazu gehörte der Oberhofmeister des Collegium Illustre und der Collegiumsverwalter bei der Bebenhauser Pflege und Collegienverwaltung in Tübingen sowie der Kirchenrat und der Geheime Rat in Stuttgart. Das den Maîtres übergeordnete Instanzengefüge lässt sich vertikal mit dem Oberhofmeister und dem Geheimem Rat in einen Strang der allgemeinen Administration und mit dem Collegiumsverwalter und dem Kirchenrat in einen zweiten Strang für die so wichtigen Besoldungsangelegenheiten aufspalten, die beide in die gemeinsame Spitze des württembergischen Herzogs mündeten[154].

Die Vielzahl der Instanzen, die innerhalb der herzoglichen Administration an den Angelegenheiten der Maîtres beteiligt waren, die räumliche und persönliche Distanz, die zu den Kollegien des Kirchenrats und des Geheimen Rats in Stuttgart bestand, brachte einen im Vergleich zu den Strukturen der Universität längeren und mehrstufigeren Instanzenweg hervor. Der Kirchenrat und der Geheime Rat, die sich mit zahlreichen Landesangelegenheiten und deren Finanzierung auseinander zu setzen hatten, besaßen auf ganz natürliche Weise ein komplexeres Interessens- und Entscheidungsspektrum. Das nicht immer konfliktfreie Zusammenspiel aller Instanzen mit unterschiedlichem Beteiligungsgrad und Wirkungskreis zeigt deutlich, von welchen Interessen und auf welcher Ebene des Instanzengefüges die Existenz und die Besoldungen der Exerzitien- und Sprachmeister beeinflusst, gefördert oder in Frage

---

[151] Constitutiones 1601, S. 5 f.
[152] HStAS A 303 Bd. 13965-14059.
[153] THÜMMEL: Universitätsverfassung, S. 405–408: Die Universität verwaltete sich weitgehend selbst und finanzierte sich aus ihren eigenen Einkünften.
[154] JESERICH: Verwaltungsgeschichte, Bd. 1, S. 624–626; THÜMMEL: Universitätsverfassung, S. 439.

gestellt wurden. Oftmals wurde im fiskaladministrativen Handeln um die Maîtres und ihr Lehrangebot ein Stück Politik betrieben, besonders durch den der Landschaft nahe stehenden Kirchenrat[155].

Die den Exerzitien- und Sprachmeistern am Tübinger Collegium Illustre unmittelbar vorgesetzte Instanz war der adlige Oberhofmeister, dem seit den Collegiumsstatuten des Jahres 1601 die Jurisdiktionsgewalt und damit auch die Dienst- und Disziplinaraufsicht über die Professoren, die Exerzitienmeister, alle anderen Angestellten und die Collegiaten am Collegium Illustre übertragen war[156]. Die häufigsten und regelmäßigsten Berührungspunkte der Maîtres mit dem Oberhofmeister lagen hauptsächlich im Bereich der Dienstaufsicht. Der Oberhofmeister war verpflichtet, den Maîtres und allen anderen Collegiumsbediensteten zweimal jährlich die Collegiumsstatuten in deutscher Sprache vorzulesen und die Einhaltung ihrer *Staate*[157] zu überwachen[158]. Die Kenntnis der Collegiumsstatuten war für die Maîtres umso wichtiger, da diese nicht nur ihren eigenen Status betrafen oder immer wieder eingearbeitete Neuregelungen infolge von Gravamina für ihren Bereich enthielten[159], sondern sich auch auf die Eingrenzung ihres Scholarenkreises auswirkten[160]. Bei Unregelmäßigkeiten jeglicher Art bestand Berichtspflicht des Oberhofmeisters an den Geheimen Rat[161].

Die Aufgaben des Oberhofmeisters hinsichtlich der Dienstaufsicht über die Exerzitien- und Sprachmeister waren nicht nur in seinem eigenen *Staat*, sondern auch in den Collegiumsstatuten verankert[162]. In den Neufassungen beider Dokumente wurde

---

[155] JESERICH: Verwaltungsgeschichte, Bd. 1, S. 620 f., 625 f.; HERMELINK: Geschichte, 2. Teil, S. 1–15.

[156] Constitutiones 1601, S. 24–33; CONRADS: Ritterakademien, S. 110, 113; THÜMMEL: Universitätsverfassung S. 436 f.; WILLBURGER: Collegium Illustre S. 10, 25.

[157] HStAS A 202 Bü 240 o. Pag. *Staat* für Wolfgang Lorenz Gutthäter (1685, November 10): Der *Staat* war ein von der württembergischen Kanzlei ausgestelltes und besiegeltes sowie von den Maîtres unterschriebenes Schriftstück, welches das Arbeitsverhältnis der Maîtres und aller anderen herzoglichen Bediensteten regelte. Im *Staat* wurde der Eid auf den württembergischen Herzog dokumentiert, die Dienstaufsicht des Oberhofmeisters festgehalten, alle Aufgaben eines Maître beschrieben und die Besoldung in Geld und Naturalien festgesetzt.

[158] UAT 9/8 Nr. 1: Den Collegiaten wurden die Statuten in lateinischer Sprache verlesen. HStAS A 274 Bü 72: Statuten und Ordnungen 1601, o. Pag.: Die Statuten wurden jährlich an Georgii und Michaelis verlesen.

[159] Ordnung 1609, S. 27 f.

[160] HStAS A 274 Bü 67: Statuten 1596, S. 16; Constitutiones 1601, S. 20; Constitutiones 1606, S. 18 f.; Ordnung 1609, S. 11; Ordnung 1614, S. 11: Gemäß den fünf zwischen 1596 und 1614 erschienenen Statuten durften die Maîtres offiziell ausschließlich die Collegiaten, keinesfalls aber die Universitätsstudenten unterrichten.

[161] UAT 9/8 Nr. 1: Außerhalb der auf die Maîtres bezogenen Verpflichtungen zählte zu den Aufgaben des Oberhofmeisters die disziplinarische und pädagogische Aufsicht über die Collegiaten, die Einhaltung der Tischordnung, die Prüfung und Bezahlung der Rechnungen und die gesamte Verantwortung über das Gebäude des Collegium Illustre, insbesondere auch die tägliche Öffnung und Schließung der Tore. Zudem war der Oberhofmeister dazu angehalten, zur Förderung des Collegiums Verbesserungsvorschläge zu machen, die in den Statuten ihren Niederschlag finden sollten.

[162] Constitutiones 1601, S. 24–33; UAT 9/8 Nr. 1.

stets auf vorherige Missstände oder Gravamina reagiert. Der jeweilige Passus über die Maîtres und die Exerzitien lässt daher deutliche Rückschlüsse auf das Zusammenspiel und die Konflikte im Verhältnis zwischen den Exerzitien- und Sprachmeistern und dem Oberhofmeister zu. Bereits in den Statuten des Jahres 1596 wurde darauf hingewiesen, dass das Betreiben der Exerzitien maßvoll stattfinden solle, um die gelehrten Studien nicht zu beeinträchtigen[163]. Da dies aber offensichtlich doch der Fall war, wurde dieser Passus 1601 auch als besondere Aufgabe in den *Staat* des Oberhofmeisters übernommen. Hinzu kam sowohl hierin als auch in den neuen Collegiumsstatuten des Jahres 1601, dass der Oberhofmeister der Aufsicht des Ballmeisters, das war 1601 Hugo Bitschin, besondere Aufmerksamkeit zu schenken habe. Dieser hatte für Ballspielmaterial, also Bälle und Schläger, höhere Preise von den Collegiaten verlangt als die städtischen Krämer. Die Preise des Ballmeisters wurden daher limitiert und der Oberhofmeister mit deren Kontrolle beauftragt[164].

Dass der Trend zum übermäßigen Betreiben der beliebten Exerzitien weiterhin anhielt, zeigt die Tatsache, dass dem Oberhofmeister für seine Aufsicht über Maîtres und Collegiaten nun konkrete zeitliche Vorgaben an die Hand gegeben wurden. Die Collegiumsstatuten des Jahres 1601 beschränkten das Reiten, Fechten und Ballspiel auf drei Stunden täglich, die genau festgelegt wurden: vormittags von neun bis zehn Uhr, nach dem Mittagessen von zwölf bis ein Uhr und abends von vier bis fünf Uhr. Damit sollte der Oberhofmeister das bisher vorherrschende Übermaß hinsichtlich der attraktiven Exerzitien in Schranken halten[165].

Inwiefern die Autorität des Oberhofmeisters über die Maîtres Erfolg zeigte, bleibt fraglich, denn 1609 erschien eine wesentliche Neufassung der Statuten, die sich auch wiederum auf den Bereich der Exerzitienmeister erstreckte und erneut auf anhaltende Unstimmigkeiten im Verhältnis zum Oberhofmeister reagierte. Den Maîtres wurde von Neuem eingeschärft, die Autorität des Oberhofmeisters zu respektieren, die gelehrten Studien nicht zu behindern, die Collegiaten nicht vom Studieren abzuhalten, ihnen nicht zu viel Geld für Reit-, Fecht-, Tanz- und Ballspielunterricht und die dafür benötigten Materialien aus der Tasche zu ziehen und zudem alle Scholaren ebenbürtig zu behandeln. Offenbar waren auch neue Gravamina im Verhältnis zwischen dem Oberhofmeister und dem Bereiter aufgetreten, denn der Bereiter Augustin Nazareth wurde eigens dazu angehalten, seine Reitstunden nicht eigenmächtig festzulegen. Wenn das Reiten wegen der Witterung nicht zur vorgegebenen Stunde möglich sei und auf eine Stunde verschoben werden müsse, die eigentlich für die

---

[163] HStAS A 274 Bü 67: Statuten 1596, S. 16.

[164] UAT 9/8 Nr. 1: *Er solle auch daran sein, daß die Ritterspihl, unndt andere Exercitia, zue rechter Zeit undt solcher Zeit, das man dardurch die Studia nicht verhindere, gepüerlich angestellt werden, unndt allso darbey kein unordnung, ainiche ungepühr fürgehen lassen, unndt derohalben ob den darzue verordneten Officirn, damit sie Ihren Staat noch setzen, ernstlich hallten, auch bißweilen selber darbey sein, unndt guette Inspection haben. [...] Dergleichen soll er auch dem Balonenschlager daß Dutzet Ballon hoher nicht dan die bißhero von der Kramern erkaufft bezahlen lassen, undt die bißhero gebrauchte Ubermas abschaffen, darauf auch sein fleissiges Uffmercken haben.*

[165] Constitutiones 1601, S. 20; UAT 9/8 Nr. 1.

gelehrten Studien vorgesehen gewesen sei, müsse er dies mit dem Oberhofmeister ab-sprechen. Auch dem Fechtmeister und dem Tanzmeister wurde eingeschärft, sich an die vorgegebenen Unterrichtsstunden zu halten. Dem Ballmeister wurde sogar aufge-tragen, in den Zeiten, in denen gelehrte Studien betrieben würden, das Ballhaus ganz zu schließen. Für den Verkauf seines Ballspielmaterials wurden ihm jetzt konkrete Preise vorgegeben[166]. Es war die Pflicht des Oberhofmeisters, auf die Einhaltung all dieser Vorschriften zu achten. Würde er einen Maître finden, den er hinsichtlich die-ser Regeln als *untauglich, unfleissig und untrew* erachtete und auf eine Verwarnung nicht reagierte, so sollte dieser ersetzt werden[167]. Das barg Konfliktpotential.

Alle in den Collegiumsstatuten gemachten Vorschriften hinsichtlich der Maîtres und ihres Lehrprogramms zeigen, wie beliebt die Exerzitien bei den jungen Collegi-aten waren. Ihre Einschränkung auf ein rechtes Maß war daher die Hauptaufgabe des Oberhofmeisters gegenüber den Maîtres, stellte aber für alle Beteiligten eine unpopuläre Maßnahme dar. Die Exerzitienmeister waren natürlich an einer regen Inanspruchnahme ihres Lehrangebots interessiert, nicht zuletzt aufgrund der Mög-lichkeiten zum Verdienst von Verehrungen und Informationsgeldern. Hinzu trat für den Ballmeister die Einschränkung seines einträglichen Geschäfts mit Ballspielmate-rialien, das sich auch aus anderen Universitätsstädten wie Marburg belegen lässt[168].

Die Collegiaten wurden durch die Limitierung der Exerzitien durch den Oberhof-meister in ihrem jugendlichen Bewegungs- und Spieltrieb reglementiert und trotz gut gemeinter Schutzmaßnahmen vor Verschuldung an einer attraktiven Beschäftigung gehindert. Die unbeliebte Maßnahme der Einschränkung der Exerzitien zum Wohl der gelehrten Studien durch den Oberhofmeister traf Maîtres und Collegiaten daher in einem gemeinsamen Interesse. Das führte auch zu einer ungewöhnlichen Position der Maîtres innerhalb des Collegium Illustre: Mit den gelehrten Professoren zählten sie zwar zum Lehrkörper, durch ihr attraktives Lehrprogramm aber standen sie den Collegiaten sehr viel näher als diese. Hinzu kam, dass der Professorenstand die bei den Collegiaten so hoch in Kurs stehenden Exerzitien nicht als inhaltliches, wohl aber als zeitliches Konkurrenzprogramm betrachtete. Eine besondere Intermediärstellung zwischen Lehrenden und Lernenden charakterisierte daher die Maîtres.

Als direkter Vorgesetzter der Maîtres nahm der Oberhofmeister daher oftmals eine undankbare Rolle ein, in welcher er den herzoglichen Vorgaben, der Verpflich-tung der gelehrten Professoren, den Interessen der Maîtres und den Belangen der ihm anvertrauten Collegiaten und deren Eltern Genüge zu leisten hatte. Da er das Amt des Oberhofmeisters unmittelbar und mit seiner Person vertrat, wurden seine Maßnahmen eben auch persönlich verstanden. Viele Maîtres befanden sich daher in jahrelangem Konflikt mit dem Oberhofmeister, fühlten sich persönlich schikaniert und hatten dabei etwa auch mit nationalen Stereotypisierungen zu kämpfen. Als der

---

[166] Ordnung 1609, S. 27 f.: Ein Dutzend neuer Bälle für das Jeu de paume sollte der Ballmeister den Collegiaten für nicht mehr als vier Batzen und die Ballonen für höchstens vierundzwan-zig Batzen verkaufen dürfen.
[167] Ordnung 1609, S. 18 f.
[168] NAIL: Ballspielen, S. 215.

Bereiter Augustin Nazareth 1614 einen jungen Franzosen ins Collegium brachte, ihn auf den fürstlichen Schulpferden reiten ließ und wegen nächtlicher Ausritte ermahnt wurde, geriet er in Konflikt mit dem Oberhofmeister Hans Joachim von Grünthal. Die Auseinandersetzungen eskalierten im August 1615, als Nazareth den Oberhofmeister brieflich mit zahlreichen Einzelvorwürfen attackierte, ihm insbesondere aber vorwarf, ihn aus dem Amt drängen zu wollen. In einer groß angelegten Befragung beider Parteien kam die stereotype Abneigung des Oberhofmeisters gegenüber dem französischsprachigen Bereiter, den er einen *practicierischen Welschen* nannte, deutlich zum Ausdruck[169].

Ein ähnlich ausgedehnter Konflikt mit einer anschließenden Untersuchung und der Anhörung von Zeugen entstand 1661 zwischen dem Bereiter Ulrich Oberans und dem Oberhofmeister Ludwig Berchtold. Der Oberhofmeister warf Oberans die Äußerung unverantwortlicher Reden vor Collegiaten und Fremden gegen den Herzog von Württemberg am Tisch des Collegium Illustre vor, in denen Oberans geäußert haben sollte, man müsse in württembergischen Diensten Hunger leiden. Oberans dagegen beschuldigte den Oberhofmeister, gegen ihn zu intrigieren, ihn bei seinen Scholaren zu diskreditieren und in seine fachliche Kompetenz einzugreifen[170].

Im Jahr 1672 brüskierte der katholische Tanzmeister Marin Sanry den Oberhofmeister Albrecht Otto von und zu Merlau durch ungebührliche Reden über Politik und Religion am Tisch des Collegium Illustre, der ihm daraufhin die freie Kost im Collegium Illustre entziehen ließ. Sanry und von und zu Merlau mussten sich ebenfalls vor einer herzoglichen Untersuchungskommission rechtfertigen. Der Oberhofmeister sprach in Zusammenhang mit diesem Vorfall von seinem *ietzig tragenden sehr odiösen Ampte* und verlieh damit dem schwierigen Status des Oberhofmeisters als Vorgesetztem der Maîtres deutlichen Ausdruck[171].

Der Sprachprofessor des Französischen und Italienischen Louis du May nahm die

---

[169] HStAS A 202 Bü 2618 o. Pag. Oberhofmeister des Collegium Illustre an den Geheimen Rat (1615, Juni 5); HStAS A 274 Bü 77 Bl. 1–3: Nazareth formulierte fünfzehn konkrete Beschwerden gegen den Oberhofmeister, darunter auch dass er ihn als *importun* bezeichnet und einen *Seuffer* genannt habe. Desweiteren *Hab Ihm Oberhofmaister unnder sein gesicht gesagt, Er woll Inn wider dahin bringen, wo er vormahls gewesen seye* und habe die Collegiaten dazu angehalten, ihm keine *Verehrungen* mehr zukommen zu lassen. Tatsächlich hatte sich der Oberhofmeister bereits nach einem anderen Bereiter umgesehen und argumentierte gegen den französischsprachigen Nazareth, dass *die Collegiaten [...] einen teutschen beßer allß den welschen verstünden.* Bei den Untersuchungen gab er zudem an, dass mit *redtlichen getrewen Teutschen (zue welchen Ich Mich bekenne) vil beßer, alls mit etlichen abgeführten practicierischen Welschen (deren Ich mich in Waarheit nichts achte) auszukommen ist.*

[170] UAT 9/12 o. Pag. Befragungsprotokolle in der Streitsache zwischen Ulrich Oberans und Ludwig Berchtold (1661, Juni 20–22): Zeugen gaben in diesen Protokollen an, Oberans habe geäußert, *es wehre bey deß Herzog von Württemberg Diensten nichts zum hohlen, man müsste Hunger dabey leyden und der Oberhoffmeister stehe ihm, Oberhansen und dem Seynigen vorm Glück, wo Er ihm den Steyn stoßen könne, so thue Ers.*

[171] HStAS A 202 Bü 2617 o. Pag. Schreiben des Oberhofmeister des Collegium Illustre (1672, März 1), o. Pag. Oberhofmeister des Collegium Illustre an den Geheimen Rat (1672, März 1), o. Pag. Geheimer Rat an den Kirchenrat (1672, Juli 10), o. Pag. Wolf Adam Lauterbach und David Scheinemann an den Geheimen Rat (1673, Februar 7); HStAS A 284/94 Bü 55 Bl. 3 f.

Visitation des Collegium Illustre 1661 zum Anlass, seine Probleme mit dem Oberhofmeister Ludwig Berchtold darzulegen. Er habe bereits vor fünf Jahren darum gebeten, dass seine Scholaren in französischer Sprache Consultationes halten dürften, die der Oberhofmeister mit der Begründung abgelehnt habe, die französische Sprache verdiene es nicht, dass man sie feierlich vortrage. Zudem warf du May Berchtold vor, ihm schlechte Naturalien zuzuweisen, während Fechtmeister Conrad Jacob hierin bevorzugt werde. Im Gegensatz zu den Vorwürfen des Bereiters Oberans, denen sich der Oberhofmeister strikt erwehrte, reagierte Berchtold auf die Einwände des französischen Chevaliers du May, der den Rang eines Professors und eines fürstlich württembergischen Rates inne hatte, sofort einlenkend: Wenn sich ein Scholar öffentlich im Französischen hören lassen wolle, sei dies zu gestatten. Er ergreife zudem niemals Partei und werde sich beim Collegiumsverwalter dafür verwenden, dass du May zukünftig bessere Besoldungsfrucht bekäme. Der Vorfall wurde von der Kommission dementsprechend mit dem Vermerk *beruhet uff sich* zur Kenntnis genommen[172].

Die Beispiele zeigen deutlich, dass solche zwar dienstlich begründeten, aber persönlich ausgetragenen Konflikte zwischen den Maîtres und dem adligen Oberhofmeister nicht nur einer Rang- und Statuskonkurrenz innerhalb eines hierarchischen Gefüges geschuldet waren, sondern auch fachlich und konfessionell motiviert oder von nationalen Stereotypen geleitet sein konnten. Auch wird klar, wie die räumliche Nähe zwischen den Konfliktparteien, insbesondere die tägliche Tischgemeinschaft, für die Entstehung und Austragung solcher Konflikte eine Rolle spielte.

Die Maîtres waren durch ihre *Staate* zum Gehorsam gegenüber dem Oberhofmeister verpflichtet[173], was in den Statuten des Jahres 1609 nochmals besonders *scharpff unnd ernstlich* betont wurde[174]. Auch im 18. Jahrhundert blieb der adlige Oberhofmeister für die Exerzitien- und Sprachmeister die erste und wichtigste Instanz im administrativen Gefüge, dem *als dem verordneten Haupt des Fürstlichen Collegii* Gehorsam zu leisten und mit Gebühr zu begegnen war, wie es der *Staat* des Stallmeisters Breithaupt im Jahr 1727 und der des Stallmeisters von Bühler noch 1769 vorschrieb[175]. Dass der *Staat* des Bereiters Wolfgang Lorenz Gutthäter aus dem Jahr 1685 in einem bemerkenswerten Zusatz eine fachliche und pädagogische Aufsicht des

---

[172] HStAS A 284/94 Bü 271 o. Pag. Relation über die Visitation des Collegium Illustre (1662, Februar 15).

[173] HStAS A 284/94 Bü 291 Bl. 77: Seit der Schließung des Collegium Illustre im Jahr 1688 wurde für die Vereidigung der Maîtres die Formel benutzt: *Ihr sollet geloben und schwören zu Gott dem Allmächtigen einen leiblichen Ayd in Eure Seele, daß Ihr Seiner Herzoglichen Durchlaucht Unserem gnädigsten Herzog und Herrn gehorsam, getreu und hold seyn, dero Schaden wenden, Frommen und Nuzen aber befördern, nicht weniger Euren Vorgesezten alle schuldige Folge leisten, und des Collegii Bestes, so viel euer Stand und Cräfften zulassen und vermögen, nicht außer Acht lassen, und überhaubt alles das jenige thun wöllet, wozu Euch Eure Pflichten anweissen und wie einem rechtschaffenen Exercitienmeister zusteht.*

[174] Ordnung 1609, S. 27: *Diese Meister alle sollen (wie wir ihnen scharpff unnd ernstlich einbinden) allen unsers Collegii Oberhoffmeisters Amptsgebotten mit sonderem Fleiß und Trew volg thun.*

[175] HStAS A 202 Bü 2615 o. Pag. *Staat* für Adolph Christoph von Bühler (1769, Oktober 26); UAT 9/8 Nr. 6.

Oberhofmeisters über Gutthäter von vornherein ausnahm, ist vermutlich auf einen konkreten Konflikt zurückzuführen, dessen Fortsetzung schon vor Dienstantritt verhindert werden sollte[176].

Da es Usus war, die für die Maîtres oftmals wichtigen Zulagen- und Gratialgesuche[177] an den die Besoldungsgelder verwaltenden Kirchenrat mit einem wohlwollenden Beibericht zu versehen, war das persönliche Verhältnis zum Oberhofmeister allerdings sehr wichtig. Wurde ein solches Schreiben nicht mit eingesendet, so wurde es im Laufe des Verfahrens beim Oberhofmeister eingefordert[178]. Kirchenrat und Geheimer Rat verließen sich auf die persönliche Einschätzung und das wohlwollende oder ablehnende Urteil des Oberhofmeisters vor Ort, der auf diese Weise für die Exerzitien- und Sprachmeister wichtige Entscheidungen zu beeinflussen vermochte. Oftmals entschieden dann persönliche Sympathie oder Ablehnung über einen alles entscheidenden Einsatz des Oberhofmeisters für die Belange der Maîtres innerhalb des administrativen Instanzengefüges.

b. Die Maîtres und der Collegiumsverwalter

Der Oberhofmeister wurde bei der Bewältigung seiner Aufgaben vom Collegiumsverwalter bei der Bebenhauser Pflege und Collegienverwaltung mit Sitz im Bebenhauser Pfleghof in Tübingen unterstützt[179]. Da dieser das vom herzoglichen Kirchen-

---

[176] HStAS A 202 Bü 240 o. Pag. *Staat* für Wolfgang Lorenz Gutthäter (1685, November 10): *Zum Andern solle Ihro fürstliche Durchlaucht bestelltem Oberhoffmeistern Johann Eberhard Vahrnbühlern von Hemmingen ich in allem gehorsam leisten, und desselben Befelchen jedesmahls nachsezen, auch dafern etwas vorgehen solte, welches einiges Nachdencken, oder beschwehrliche Consequenz nach sich ziehen thäte, solches anzeigen, damit alles widerige vermitten bleibe. Im übrigen werde der Oberhoffmeister mir in meinem Reitten, und Unterweißen keinen Eintrag thun, auch sich alles guten Vernehmens gegen mir hinwieder angelegen seyn lassen.*

[177] Gratiale sind einmalige gnadenhalber gewährte Unterstützungszahlungen, die schriftlich beantragt werden mussten.

[178] HStAS A 284/94 Bü 55 Bl. 31.

[179] Der Bebenhauser Pfleghof hatte seinen Sitz in der heutigen Pfleghofgasse, die nach dem dort noch immer vorhandenen stattlichen Gebäude benannt ist. Zur Geschichte des Gebäudes vgl. KRÄMER: Pfleghof, S. 5; Pfeilsticker §§ 2919, 2920, 3324, 3325, 3326: Das Amt des Bebenhauser Pflegers in Tübingen und des Verwalters des Collegium Illustre wurde meist in Personalunion ausgeführt. HStAS A 202 Bü 2615 o. Pag. Geheimer Rat an den Oberhofmeister des Collegium Illustre (1618, Dezember 23); JESERICH: Verwaltungsgeschichte, Bd. 1, S. 625 f.; HERMELINK: Geschichte, 1. Teil, S. 87–89, 94 f.; HERMELINK: Geschichte, 2. Teil, S. 65: Analog zu den der Rentkammer unterstehenden Kellereien für die Verwaltung des Kammerguts, wurden für die Administration des während der Reformation säkularisierten Geistlichen Guts auf Ämterebene entsprechende Klosterämter und Pflegen eingerichtet, die ihre Einnahmen seit 1551/1552 an den Gemeinen Kirchenkasten unter der Obhut des Kirchenrats ablieferten. In Unterscheidung zur weltlichen Kellerei Tübingen unter Aufsicht der herzoglichen Rentkammer wurde die als ehemalige Klosterpflege dem Kirchenrat untergeordnete Bebenhauser Pflege mit der Collegienverwaltung auch als geistliche Verwaltung und der Bebenhauser Pfleger und Collegiumsverwalter als geistlicher Verwalter bezeichnet.

rat beaufsichtigte sogenannte Geistliche Gut oder Kirchengut[180] auf örtlicher Ebene
verwaltete, aus dem die Maîtres am Collegium Illustre ihre jährliche Besoldung an
Geld und Früchten erhielten[181], stellte er eine besonders wichtige Instanz und neben
dem Oberhofmeister einen weiteren unmittelbar ansprechbaren Repräsentanten der
herzoglichen Administration vor Ort dar. Der *Staat* des Bebenhauser Pflegers und
Collegiumsverwalters Ferdinand Wolfgang Bayers aus dem Jahr 1726 und die darin
enthaltene Aufgabenbeschreibung zeigt beispielhaft alle administrativen Berührungspunkte mit den Maîtres[182].

Die bedeutendste Aufgabe des Collegiumsverwalters in Bezug auf die Maîtres war
die Ausbezahlung der Besoldungen der Exerzitien- und Sprachmeister und anderer Zuwendungen, wie etwa Zulagen oder Gratiale, aus dem Fonds des Geistlichen
Guts, die eng mit allen Personalangelegenheiten wie Einstellung, Dimission oder dem
Schuldenwesen der Maîtres zusammenhingen und sich in den vom Collegiumsverwalter geführten Collegiumsrechnungen niederschlugen[183]. Zudem war es die Pflicht
des Collegiumsverwalters an allen Untersuchungen teilzunehmen, welche dieser in
Ausübung seiner Jurisdiktionsgewalt über die Maîtres und die anderen Collegiums-
verwandten vorzunehmen hatte. Dazu gehörten beispielsweise die Inventuren und
Teilungen, bei denen der Collegiumsverwalter das Protokoll sowie die Korrespon-
denz mit dem Kirchenrat und dem Geheimen Rat führen sollte[184]. Kam es nach dem
Tod eines Maître zu einer Pflegschaft für dessen unmündige Kinder, so war es der
Collegiumsverwalter, der solche häufig innerhalb des Corpus des Collegium Illustre
vermittelte und als Verwalter der hinterlassenen Vermögenswerte eng mit Erben und
Pflegern kooperierte[185].

Durch diese administrativen Aufgaben war der Collegiumsverwalter stets über alle
dienstlichen und viele persönlichen Belange der Maîtres, ihre Korrespondenz mit den
übergeordneten Instanzen und die daraus resultierenden Entscheidungen unterrichtet[186]. Bei Gratial- und Zulagengesuchen bediente sich der Kirchenrat zur Beurteilung finanzieller Verhältnisse und zu seiner eigenen Entscheidungsfindung hin und
wieder auch dieser Kenntnis des Collegiumsverwalters über die Maîtres und wurde wie der Oberhofmeister zu bestätigenden Beiberichten im Einzelfall herangezogen[187]. Ähnlich wie beim Oberhofmeister erschienen besondere Gravamina, die in
den Dienstbereich des Verwalters fielen, als spezielle Aufgaben seines *Staats*. Offensichtlich war es im 18. Jahrhundert im Klepperstall zu einer mangelnden Aufsicht des
Stallmeisters über die Stallknechte und zur Veruntreuung von Pferdefutter, Heu und

---

[180] HStAS A 284/94 Bü 46 Bl. 10: In der Praxis des Kirchenrats wurde weit häufiger der Begriff
des Geistlichen Guts, als der des Kirchenguts verwendet.
[181] HStAS A 303 Bd. 13965–14059.
[182] UAT 9/8 Nr. 8.
[183] HStAS A 303 Bd. 13965–14059.
[184] UAT 9/8 Nr. 8.
[185] UAT 27/14 Nr. 2.
[186] Ebd. Nr. 6.
[187] HStAS A 284/94 Bü 54 o. Pag. Collegiumsverwalter an den Kirchenrat (1749, Mai 6).

Stroh gekommen, sodass dem Collegiumsverwalter eine besondere Überwachung dieser Ausgabeposten aufgetragen wurde[188].

Ein weiterer wichtiger Berührungspunkt mit den Maîtres ergab sich aus der Zuständigkeit des Collegiumsverwalters für die Unterhaltung der zum Collegium Illustre gehörigen Gebäude und Grundstücke[189]. Die Erhaltung der baulichen Infrastruktur zum Betreiben der Exerzitien erforderte jedes Jahr den Einsatz großer Geldsummen aus dem Geistlichen Gut, was eine funktionierende Kommunikation und Kooperation zwischen den Maîtres und dem Collegiumsverwalter notwendig machte. Gerade die Reitbahn und das Ballhaus waren permanent baufällig oder reparaturbedürftig[190]. Wenn der Collegiumsverwalter von den Maîtres entsprechende Hinweise bekam, musste er die Baufälligkeiten dem Oberhofmeister, dem Kirchenrat und der Visitation berichten, dringende Reparaturen nach Rücksprache mit dem Oberhofmeister sofort veranlassen und die dafür nötigen Arbeiten und Handwerker in Zusammenarbeit mit den Maîtres beaufsichtigen. Insgesamt aber wurde er darin zu Sparsamkeit aufgefordert[191].

Der Collegiumsverwalter war für die Maîtres damit sowohl in personeller als auch fachlicher Hinsicht ein äußerst wichtiger Ansprechpartner innerhalb des Instanzengefüges, denn mit dem Kirchenrat in Stuttgart traten die Maîtres in Form von an den Herzog gerichteten Supliken nur schriftlich in Kontakt. Eine Antwort oder eine Verfügung an die Exerzitien- und Sprachmeister erfolgte strikt über den Dienstweg an den Oberhofmeister oder den Collegiumsverwalter und niemals direkt an die Maîtres[192]. Umso entscheidender war auch ein persönlich gutes

---

[188] UAT 9/8 Nr. 8: Zu den weiteren Aufgaben des Collegiumsverwalters gehörte die Eintreibung der Kostgelder von den Collegiaten und zusammen mit dem Oberhofmeister die vorausschauende Planung des Bedarfs an Geld, Frucht, Wein, Heu, Stroh und Holz für das Collegium und dessen Anmeldung beim Kirchenrat auf Martini jedes Jahres. Zu diesem Zweck hatte er die Verantwortung, rechtzeitig mit dem Kirchenrat zu kommunizieren. Zusammen mit den Kornmessern und Kastenknechten besaß er den Zugang zu Speichern, Kellern und allen Vorräten. Weitere regelmäßige Aufgaben waren die wöchentliche Prüfung der Küchenrechnungen und die jährliche Inventur der Mobilien sowie der Vorräte an Brot, Wein und weiteren Lebensmitteln an Georgii. Außerdem war der Verwalter für den Einkauf aller benötigten Waren zuständig, insbesondere für den günstigen Einkauf von Brennholz.

[189] UAT 9/8 Nr. 8.

[190] HStAS A 303 Bd. 13965–14059; HStAS A 284/94 Bü 271 o. Pag. Visitationsrelation (1662, Februar 15): Bereiter Ulrich Oberans beklagte sich bei der Visitation im Jahr 1661 darüber, dass der Reitplatz vor dem Lustnauer Tor zum Reiten stets zu nass und es im Winter zu gefährlich sei, die Pferde vom Klepperstall in der Stadt auf eisbedeckten Straßen und Wegen auf die Reitbahn vor das Lustnauer Tor hinaus zu führen. Er schlug die Einrichtung eines neuen Reitplatzes im Garten des Collegium Illustre vor.

[191] UAT 9/8 Nr. 8.

[192] HStAS A 284/94 Bü 47 Bl. 3: In den Befehlen des Kirchenrats oder des Geheimen Rats wurde der Oberhofmeister oder der Collegiumsverwalter stets beauftragt, dem entsprechenden Maître die Entscheidung mitzuteilen. Collegiumsverwalter Hummel wurde etwa 1747 beauftragt, *dem Sprachmeister Robert aber die gebührende Eröffnung davon zu thun,* dass er in Zukunft eine Besoldung aus dem Geistlichen Gut erhalte. HStAS A 284/94 Bü 46 Bl. 10: Der Oberhofmeister wurde bei solchen Mitteilungen vom Kirchenrat auch als die *Behörde* der Maîtres bezeichnet: *Ob nun zwar diese abschlägliche Hochfürstliche Resolution so gleich*

Verhältnis der Exerzitien- und Sprachmeister zum Verwalter des Collegium Illustre.

Da dieser nicht als Bebenhauser Pfleger, aber in seiner Funktion als Collegiumsverwalter selbst dem Oberhofmeister unterstand[193] und keine Weisungsbefugnis über die Maîtres hatte, gestaltete sich das gegenseitige Verhältnis entspannter, als das zum Oberhofmeister. Ein unter Bürgerlichen gleichrangigeres, wohlwollendes, sogar teilweise enges und freundschaftliches, gleichzeitig aber auch latent berechnendes Verhältnis zwischen den Maîtres und dem Collegiumsverwalter zeigte sich 1756 in der traditionellen Neujahrsgabe derselben an den Verwalter Friedrich Wendel Hummel, für welche ein Maître im Schnitt pro Jahr immerhin drei bis vier Gulden aufbrachte[194]. Eine solche Zuwendung vermochte es, im Falle dringend benötigter Gelder oder Naturalien, die Vorgänge zu vereinfachen oder zu beschleunigen. Dennoch war der Collegiumsverwalter fest an die Weisungen des Kirchenrats gebunden und konnte mit den Maîtres durchaus auch in Konflikt geraten, besonders wenn entsprechende Befehle vom Kirchenrat nicht rechtzeitig gegeben, verzögert oder ignoriert wurden[195].

c. Zusammenfassung

Der Oberhofmeister des Collegium Illustre und der Collegiumsverwalter bei der Bebenhauser Pflege und Collegienverwaltung in Tübingen stellten für die Exerzitien- und Sprachmeister die unmittelbaren Repräsentanten der herzoglichen Administration vor Ort dar, welche die Belange der Maîtres auf dem weiteren Instanzenweg entscheidend zu beeinflussen vermochten. Während der Oberhofmeister als Inhaber der Jurisdiktionsgewalt des Collegium Illustre die Dienst- und Disziplinaraufsicht über die Maîtres ausübte und bei Unregelmäßigkeiten an den Geheimen Rat zu berichten hatte, war der Collegiumsverwalter als Wächter über das Geistliche Gut auf örtlicher Ebene für die Besoldungen der Exerzitien- und Sprachmeister und alle daraus resultierenden Belange sowie den Schriftverkehr mit dem ihm übergeordneten Kirchenrat zuständig.

Vor allem in der Anfangsphase des Collegium Illustre war es die Hauptaufgabe des Oberhofmeisters, das übermäßige Betreiben der bei den Collegiaten beliebten Exerzitien zu limitieren und die Vernachlässigung der gelehrten Studien zu verhindern.

---

an seine Behörde ausgeschrieben worden, so erscheinet doch mehrgedachter Professor Lamotte abermahlen mit einem unterthänigsten Memoriali.

[193] UAT 9/8 Nr. 8.

[194] UAT 9/11 o. Pag. Consignation (1756, Januar 17).

[195] HStAS A 284/94 Bü 51 Bl. 2: Im Juni 1698 schrieb der Collegiumsverwalter an den Kirchenrat: In disem Augenblickh kombt der newe Bereutter Herr von Bergen mit seiner gantzen familie allhier an, welcher mich so gleich beschickhet, und nicht nur allein vor sich und die seinige Frucht und Wein, sondern auch vor Pferdt Hew und Habern begehret hat. Weilen aber ich nicht weiß, wie ich mich seiner Besoldung auch der Schuel Pferdt halber, welche negste Woche auch ankommen sollen zueverhalten. Als thue Ewer Hochfürstliche Durchlaucht underthänigst bitten, Sie möchten mir gnädigste Befehl ertheilen, was ich so bey einem als dem andern werde zue thuen haben.

Die immer wieder notwendigen Einschränkungen des attraktiven Lehrangebots der Maîtres durch den Oberhofmeister betraf diese und ihre Scholaren in einem gemeinsamen Interesse und führte dazu, dass die Maîtres zwischen Lehrenden und Lernenden, insbesondere aber zwischen den gelehrten Professoren und den Collegiaten eine besondere Intermediärstellung einnahmen.

Durch das räumlich enge und persönlich unmittelbare Verhältnis zwischen den Maîtres und dem vorgesetzten adligen Oberhofmeister kam es immer wieder zu dienstlich motivierten, aber persönlich ausgetragenen Konflikten, die meist in Rang- und Statuskonflikten begründet waren. Aber auch fachliche und konfessionelle Zwistigkeiten sowie nationale Stereotypen konnten dabei eine Rolle spielen. Da die häufig vorkommenden Suppliken der Maîtres an den Kirchenrat und an den Herzog als Spitze des gesamten administrativen Instanzengefüges entsprechende Begleitschreiben des Oberhofmeisters und des Collegiumsverwalters erforderten, war im Sinne eines positiven Ergebnisses ein gutes Verhältnis zum Oberhofmeister wie auch zum Collegiumsverwalter unumgänglich. Beide Ämter stellten daher innerhalb des für die Exerzitien- und Sprachmeister relevanten Instanzengefüges wichtige Positionen dar.

2.2 Die Exerzitien- und Sprachmeister und das herzogliche Instanzengefüge

a. Der Kirchenrat als Kritiker der Maîtres

Dreh- und Angelpunkt der für die Exerzitien- und Sprachmeister und ihr Lehrprogramm zuständigen Administration war das herzogliche Kirchenratskollegium in Stuttgart, das über die Mittel des Geistlichen Guts wachte, aus dem die Maîtres besoldet, die Exerzitieninfrastruktur finanziert und das gesamte Collegium Illustre unterhalten wurde. Der Kirchenrat selbst unterstand zunächst dem Oberrat, ab 1629 dem Geheimen Rat und schließlich in letzter Instanz dem württembergischen Herzog und nahm damit eine zentrale Stellung im administrativen Gefüge ein[196]. Bestehend aus dem Kirchenratsdirektor, dem Vizedirektor, dem Advokaten und vier bis acht Expeditionsräten, war der Kirchenrat sowohl dem Herzog als auch der würt-

---

[196] JESERICH: Verwaltungsgeschichte, Bd. 1, S. 625 f.; HERMELINK: Geschichte, 1. Teil, S. 94, 96–98; HERMELINK: Geschichte, 2. Teil, S. 73; MAURER/MOLITOR/RÜCKERT: Übersicht, S. 131; WINTTERLIN: Geschichte, S. 41–43, 96 f.: Der Kirchenrat war 1553 neben dem Oberrat und der Rentkammer als dritte kollegiale Behörde eingesetzt worden und erhielt diese Bezeichnung im Jahr 1559. Dem Kirchenrat waren zwei Ressorts übertragen: Eines davon verwaltete die während der Reformation säkularisierten Kirchengüter und übte die Aufsicht über die Klosterämter und die geistlichen Verwaltungen sowie deren Rechnungsführung aus. Das andere hatte die geistliche und fachliche Aufsicht über Kirche und Schule inne. Im Jahr 1698 wurden beide Abteilungen voneinander getrennt und zu selbstständigen Behörden unter den Bezeichnungen Kirchenrat und Konsistorium erhoben, im 18. Jahrhundert jedoch wieder zusammengelegt. Kirchenrats- und Konsistorialdirektor waren zeitweise Mitglieder des Geheimen Rats, der stets mit dem Landhofmeister die Aufsicht über den Kirchenrat hatte. Der Kirchenrat wurde 1805 aufgelöst und zusammen mit der Rentkammer zum Oberfinanzdepartement vereinigt.

tembergischen Landschaft gleichermaßen verpflichtet. Seine Aufgabe bestand in der Verwaltung, Verteilung, Erhaltung und Verteidigung des Geistlichen Guts nach beiden Seiten hin[197]. Zwar wurden fast alle Angelegenheiten in Bezug auf die Tübinger Exerzitien- und Sprachmeister, auch beispielsweise geringe Gratialgesuche, an den Geheimen Rat und in letzter Instanz an den württembergischen Herzog weitergeleitet[198]. Als Wächter über die finanziellen Mittel und mit seiner zentralen Position innerhalb des administrativen Gefüges war es jedoch der Kirchenrat, der neben vielen anderen Landesangelegenheiten besonders stark in die Administration der Maître-stellen involviert war und durch seine kritischen Gutachten deren Belange intensiv mit zu beurteilen und zu gestalten vermochte.

Trotz der beidseitigen Verpflichtung des Kirchenrats gegenüber Herzog und Landschaft war das Gremium nicht frei von einseitiger Einflussnahme. Traditionell stand es der bürgerlich dominierten Landschaft näher und sah seine Aufgabe darin, das Geistliche Gut vor Übergriffen des Herzogs zu bewahren. In der Regierungszeit Herzog Carl Eugens stand an der Spitze des Kollegiums ein Vertreter, der die Interessen des Herzogs berücksichtigte, während die Stelle des Kirchenratsadvokaten – ein Anwalt des Geistlichen Guts, der grundsätzlich für seine Erhaltung plädierte – länger unbesetzt blieb[199]. Zudem wurden 1766 die Geschäfte aller kollegialen Behörden auf einen leitenden Minister übertragen. Damit wurde nicht nur der Geheime Rat, sondern auch der Kirchenrat weitgehend funktionslos. Diese Tatsache tangierte nicht nur die Existenzberechtigung des Geheimen Rats als oberste Regierungsbehörde mit seiner von den Ständen übertragenen Pflicht zur Prüfung aller an den Herzog eingehenden Eingaben. Sie kam auch einer vollkommenen Bloßstellung des Geistlichen Guts zugunsten der Verfügungsgewalt des Herzogs gleich und griff die landständische Verfassung an[200]. Spätere Kirchenratsdirektoren wie Christian Hochstetter und dessen Sohn Johann Amadeus Andreas fühlten sich wiederum der Landschaft verpflichtet, verteidigten die Erhaltung des Geistlichen Guts und sorgten mit ihren Schriften über dessen Geschichte und Zustand für größtmögliche Transparenz[201].

Die eigentliche und hauptsächliche Verpflichtung des Kirchenrats galt aber weder der Begünstigung der Landschaft noch des Herzogs, sondern dem Schutz des Geistlichen Guts vor der Verfügungsgewalt des Herzogs und der Stände gleichermaßen und nach dem Dreißigjährigen Krieg insgesamt der Erhaltung des durch die Kriegslasten stark verminderten Fonds. Obwohl die Verwendung von Geldern aus dem Geistlichen Gut für die Exerzitien- und Sprachmeister und ihr Lehrprogramm als eine Investition in Erziehung und Bildung keinesfalls mit seinem primären Verwendungs-

---

[197] HERMELINK: Geschichte, 2. Teil, S. 7, 67 f.

[198] HStAS A 202 Bü 2615 o. Pag. Geheimer Rat an den Collegiumsverwalter (1666, März 22): Herzog Eberhard erließ hier eigenhändig mit *Serenissimus* unterzeichnet den Befehl, dem Bereiter Ulrich Oberans vier Klafter Brennholz zustellen zu lassen. HERMELINK: Geschichte, 2. Teil, S. 68.

[199] HERMELINK: Geschichte, 2. Teil, S. 10 f.

[200] JESERICH: Verwaltungsgeschichte, Bd. 1, S. 620; WINTTERLIN: Geschichte, S. 63–73, 77–80, 98 f.

[201] HERMELINK: Geschichte, 2. Teil, S. 12 f.; UBT Mh 278.

zweck für Kirche, Schule und Armenfürsorge kollidierte[202], nahm der Kirchenrat speziell den Maîtres und den Exerzitien gegenüber jederzeit eine besonders kritische Haltung ein.

Es lohnt sich daher, die kritische Rolle des Kirchenrats innerhalb des herzoglichen Instanzengefüges und die Konsequenzen dieses Handelns für die Maîtres genauer zu belegen. Dass die Gutachten des Kirchenrats mit dem Ziel der Erhaltung des Geistlichen Guts und der Einflussnahme auf den Geheimen Rat und den Landesherrn stets latent zu Ungunsten der Maîtres und der Exerzitien ausfielen, war nicht nur eine Folge der permanenten Mittelknappheit des Geistlichen Guts, zu dessen Erhaltung und Schutz der Kirchenrat verpflichtet war[203]. Vielmehr wurde auf dieser Ebene des Instanzengefüges sachfern gehandelt und unterschwellig auch Politik betrieben, in welcher der Kirchenrat vorrangig die Interessen und Mitbestimmungsrechte der Landschaft vertrat.

Neben den nach dem Dreißigjährigen Krieg knapper gewordenen Mitteln des Geistlichen Guts, waren bereits im 16. Jahrhundert weitere wichtige Voraussetzungen für die kritische Haltung des Kirchenrats geschaffen worden. Dazu gehörte die zwischen Herzog und Landschaft konfliktreich begonnene und fortgeführte Geschichte der Zweckbestimmung des württembergischen Kirchenguts[204] und die harschen Auseinandersetzungen der Landschaft mit Herzog Friedrich um dessen eigenmächtige Umwandlung des Collegium Illustre zur exklusiven Adelsakademie im Jahr 1596: Bürgerliche Landeskinder wurden aus dem Kolleg ausgeschlossen. Landfremden Adligen wurde dagegen auf Kosten des württembergischen Kirchenkastens eine exklusive Erziehung angeboten[205].

Das während der Reformation säkularisierte Kirchengut war mit der Schaffung des Kirchenrats und des Kirchenkastens im Jahr 1553 Gegenstand einer herzoglichen Kasse geworden. Die traditionell starke Stellung der württembergischen Landschaft und die Verpflichtung des Kirchenrats gegenüber Herzog und Ständen schränkte die Verfügungsgewalt über das Geistliche Gut jedoch auf beiden Seiten ein[206]. Nach den Vorstellungen der Reformatoren sollten die Mittel des Geistlichen Guts für die Kirchenorganisation, die Besoldung der Pfarrstellen, das Schulwesen und die Armenfürsorge eingesetzt werden. Seit 1565 konnte ein Drittel der Gesamt-

---

[202] HERMELINK: Geschichte, 2. Teil, S. 43.

[203] Ebd., S. 7, 67 f.

[204] Ebd., S. 2–4.

[205] CONRADS: Ritterakademien, S. 109–114.

[206] JESERICH: Verwaltungsgeschichte, Bd. 1, S. 618 f.; LEHMANN: Landstände, S. 184–192: Mehrere Landesteilungen und Vormundschaftsregierungen im 15. Jahrhundert, die Zugeständnisse Herzog Ulrichs im Tübinger Vertrag im Jahr 1514 und seine Absetzung durch den Kaiser hatten die württembergische Landschaft zu einer starken Stellung gelangen lassen. Das Fehlen eines landsässigen Adels und das Ausscheiden der Ritterschaft aus der Landschaft im Jahr 1561 beschränkte dieselbe auf die bürgerliche Ehrbarkeit, die Prälaten der Klosterämter und die Vertreter der Städte und Ämter. Die Landschaft besaß das Recht, bei der Veräußerung von Landesteilen mitzuwirken, Steuern zu bewilligen und sich an der Außenpolitik zu beteiligen.

summe des Geistlichen Guts für das Aufkommen der Landschaft zu den Landessteuern verwendet werden[207]. Als das Vermögen des Kirchenkastens noch unter Herzog Christoph durch die Einbindung der Klostervermögen vermehrt wurde, sollte der über die Verpflichtungen für Kirchenorganisation, Schulwesen, Armenfürsorge und Landessteuern hinausgehende Überschuss nach Vorgabe der Landschaft für staatliche Zwecke verwendet und vom Herzog persönlich zum Wohl seines Landes eingesetzt werden[208]. Mit dieser Regelung war der Radius der Einsatzmöglichkeiten des Geistlichen Gutes aber auf relativ unpräzise Art und Weise enorm erweitert worden. Von nun an hatte die Landschaft nicht nur die ständige Sorge, dass der Überschuss aus dem Geistlichen Gut vom württembergischen Herzog missbraucht werden könnte. Auch war zur Erzeugung eines möglichst hohen Überschusses der Einschränkung der Ausgaben für Kirche, Schule und Armenfürsorge Tor und Tür geöffnet. Ein aus dieser Problematik entstandener stetiger Konflikt um die zweckmäßige Verwendung des Geistlichen Guts zwischen Landschaft und Herzog war die Folge[209].

Dieser Konflikt spielte für die Landschaft dann auch bei der Umwandlung des Collegium Illustre vom Universitätskolleg zur Adelsakademie durch Herzog Friedrich im Jahr 1596 eine große Rolle. Herzog Friedrich schloss mit der Einrichtung einer exklusiven Adelsakademie nicht nur die württembergischen Bürgersöhne aus einer einst als Universitätskolleg für Studenten aller Stände geplanten Institution aus. Er schloss die bürgerlichen Landeskinder auch aus einer Bildungseinrichtung aus, die mit immensen Geldmengen aus dem Geistlichen Gut erbaut und in Zukunft unterhalten werden sollte[210]. Für die Landschaft kam dies, obwohl das Collegium als Bildungs- und Erziehungsanstalt unter die primäre Zweckbestimmung des Geistlichen Guts fiel, einer Zweckentfremdung gleich. Dies war umso relevanter, als der auf die adlige Jugend zugeschnittene Lehrplan des neuen Collegiums in den Augen der Landschaft stereotyp auf die *Kurzweil*[211] der Exerzitien reduziert wurde: Als Pars pro Toto adliger Standesbildung standen die Exerzitien und damit auch ihr Zweck und ihre Finanzierung von Anfang an im Fokus der Kritik der Landschaft und des der Landschaft nahestehenden Kirchenrats. Die stark nach außen wirkenden Exerzitien waren rasch zum Stein des Anstoßes und zum Symbol für die Übergehung landschaftlicher Rechte und des Interessenskonflikts zwischen Bürgerlichen und Adligen, zwischen Landeskindern und Fremden und zwischen humanistischer Buchgelehrsamkeit und körperorientierter Praxisbezogenheit geworden.

---

[207] JESERICH: Verwaltungsgeschichte, Bd. 1, S. 625 f.; HERMELINK: Geschichte, 1. Teil, S. 84–87, 100 f.

[208] HERMELINK: Geschichte, 1. Teil, S. 99–101.

[209] JESERICH: Vewaltungsgeschichte, Bd. 1, S. 620, 625 f.; HERMELINK: Geschichte, 1. Teil, S. 84–87, 100 f., HERMELINK: Geschichte, 2. Teil, S. 1 f.

[210] CONRADS: Ritterakademien, S. 166 f.; WILLBURGER: Collegium Illustre, S. 19, 22, 28; HERMELINK: Geschichte, 2. Teil, S. 4, 44 f.: Da es in Württemberg keinen landsässigen Adel gab, wurde das Collegium Illustre überwiegend von landfremden Zöglingen besucht, die mit einer geringen Bezahlung für Kost und Logis das Collegium Illustre nicht kostendeckend erhalten konnten.

[211] ADAM: Landtagsakten, Bd. 2, S. 47 und Anm. 2.

Die Finanzierung der adligen *Kurzweil*[212] in Form von Personal- und Sachausgaben für die Maîtres und die Infrastruktur zum Betreiben der Exerzitien stellte daher für den Kirchenrat als Hüter des Geistlichen Guts eine dauerhafte Zumutung dar. An den finanziellen Verpflichtungen und der Kritik des Kirchenrats änderte sich auch dann nichts, als die – wie die Landschaft – bürgerlich dominierte Universität nach dem Dreißigjährigen Krieg zum eigenen Wohl ihre zuvor ebenso kritische Haltung den Exerzitien gegenüber aufgab und seit spätestens 1652 das Exerzitienlehrangebot auch in ihre Vorlesungsverzeichnisse aufnahm[213]. Im Gegenteil: Der Kirchenrat finanzierte jetzt nicht nur den Exerzitien- und Sprachunterricht am Collegium Illustre, sondern auch eine personelle Infrastruktur, von der in hohem Maße die Universität profitierte, die sich allerdings zu keinem Zeitpunkt gemüßigt fühlte, sich aus den Mitteln ihres eigenen Fiskus an dem dafür benötigten Aufwand zu beteiligen[214].

Hinzu kam, dass mit der Schließung der Adelsakademie im Jahr 1688 der Kirchenrat von der Last der Ausgaben für das Collegium Illustre nicht befreit wurde. Die Stellen der Exerzitienmeister am Collegium Illustre und ihre Finanzierung aus dem Geistlichen Gut, ebenso wie die der kostspieligen Unterhaltung der baulichen Infrastruktur, wurden nicht nur beibehalten, sondern auch von Zeit zu Zeit auf Bitten der Universität und auf herzoglichen Befehl aufgestockt, insbesondere auch um der Erziehung der württembergischen Prinzen während ihrer Studienaufenthalte in Tübingen zu genügen[215].

Weder die Finanzierung der Prinzenerziehung, noch die dauerhafte Unterstützung der Universität aus dem Geistlichen Gut lag jedoch im Interesse des Kirchenrats. Angesichts der allgemeinen Erschöpfung des Fonds und anderer dringender Landesangelegenheiten wurde die finanzielle Inanspruchnahme des Geistlichen Guts für die Tübinger Maîtres und die Exerzitien, die ab 1668 fast vollkommen im Dienst der Universität standen, vom Kirchenrat als Anmaßung empfunden. Als auf Betreiben der Landschaft schon 1656 bis 1658 eine Kommission eingesetzt wurde, die den Missbrauch des Geistlichen Guts untersuchen sollte, bestanden die Hauptgravamina bezeichnenderweise nicht in den immensen Ausgaben, die der Dreißigjährige Krieg verschlungen hatte, sondern in den Aufwendungen für das Collegium Illustre und die fürstlichen Deputatgelder[216].

Unterstützt und verstärkt wurde eine aus diesen Voraussetzungen verständliche und permanent kritische Haltung des Kirchenrats gegenüber den Maîtres im 18. Jahr-

[212] Ebd.
[213] Ordo studiorum 1652, o. Pag.
[214] UAT 30/6 Nr. 39 Bl. 8: Der Senat der Universität bestätigte 1784 in der Retrospektive diese Tatsache, indem er äußerte, dass *ein jeweiliger Sprachmeister nie etwas aus unserem Fisco erhalten.*
[215] HStAS A 303 Bd. 13980–13982; UAT 9/9 Nr. 225: Im Jahr 1698 wurde die Stallmeisterbesoldung, im Jahr 1740 die Tanzmeisterbesoldung jeweils entgegen den Gutachten des Kirchenrats immens erhöht. HERMELINK: Geschichte, Teil 2, S. 7–10, 44 f.: Hermelink geht für die Zeit nach 1688 von der Fortführung der Besoldung für einen Exerzitienmeister aus, tatsächlich aber waren es stets vier.
[216] HERMELINK: Geschichte, 2. Teil, S. 6.

hundert zudem durch die stets vorhandene Gefahr der übermäßigen und eigenmächtigen Vorteilsnahme am Geistlichen Gut durch die württembergischen Herzöge. Die im 18. Jahrhundert und insbesondere unter Carl Eugen zunehmende Verschwendung der öffentlichen Gelder für die fürstliche Selbstdarstellung und die dadurch bedingten eigenmächtigen Eingriffe in das Geistliche Gut waren zusätzlich ein Grund, warum die kritische Haltung des Kirchenrats den Exerzitien gegenüber seit dem ersten Konflikt der Landschaft mit Herzog Friedrich um das Collegium Illustre auch während des 18. Jahrhunderts erhalten blieb[217]. Die Phase von 1660 bis 1770 beschreibt Hermelink insgesamt als eine „Zeit der rücksichtslosen Ausbeutung des Kirchenguts", in welcher die Ausgaben für Kirche und Schule zugunsten der Überschüsse für die landesherrliche Jägerei und Parforcejagd, die Hofmusik, die Hofhaltung, den Schlösserbau und das Militärwesen sowieso schon auf das Nötigste beschränkt wurden[218].

Als der Sprachmeister Alexander Gottlieb Lamotte 1739 um die Wiedereinsetzung der Sprachmeisterbesoldung aus dem Geistlichen Gut bat und sich dabei auf die Besoldungen der anderen Exerzitienmeister am Collegium Illustre berief, gab der Kirchenrat zu verstehen, dass Lamotte als Sprachmeister nichts zu fordern hätte und äußerte hinsichtlich aller anderen Maîtrebesoldungen ein alles aussagendes Votum: *Alle übrige Besoldungen beym fürstlichen Collegio, solang selbiges geschlossen, seynd ein objectum der remonstrationes des fürstlichen Kirchenraths jedesmahlen gewesen, und noch*[219]. Der Kirchenrat bezeichnete damit die Finanzierung der Maîtrestellen offenkundig als eine Angelegenheit, die bereits permanent und auch zukünftig seinen stetigen Einwand herausfordern würde[220].

b. Die Konsequenzen der Kritik des Kirchenrats

Auf Grundlage dieser Voraussetzungen wird deutlich, dass sich der Kirchenrat als Hüter des Geistlichen Guts und der württembergische Herzog in ihren Interessen hinsichtlich der Notwendigkeit der Maîtrestellen und der Exerzitien nicht nur in finanzieller, sondern auch in fachlicher und ständischer Hinsicht diametral gegenüber standen. In den Gutachten des Kirchenrats lassen sich im gesamten 17. und 18. Jahr-

---

[217] Vgl. zum Finanzgebaren Herzog Carl Eugens WALTER: Carl Eugen, S. 213–227.

[218] HERMELINK: Geschichte, 2. Teil, S. 6–10, 44 f.; UBT Mh 241, S. 119–121: Landschaftskonsulent Hauff verfasste 1765 *Kurtzer Actenmäßiger Bericht von dem Würtembergischen Geistlichen Gut, dessen Anordnung, Landes Verfaßungsmäßiger Verwaltung, und dermahligen betrübten Umständen.* Darin beschrieb er den Aufwand für die Hofmusik etwas ausführlicher. So seien auf Opernsänger und Musiker siebzigtausend Gulden aus dem Geistlichen Gut ausgegeben worden. Im Jahr 1672 seien es noch dreitausend Gulden gewesen und *mithin diese Augmentation so notorisch gravirlich, dass sie die beste und sicherste Einkünfften des Geistlichen Guths meistentheils absorbirt.* Zur Festkultur insbesondere unter Herzog Carl Eugen vgl. BERGER: Feste.

[219] HStAS A 284/94 Bü 46 Bl. 1.

[220] Ebd. Bl. 4: Dem Herzog gegenüber rechtfertigte sich der Kirchenrat 1739 in einem Gutachten gegen eine Besoldung Alexander Gottlieb Lamottes dahingehend, dass *dermalen gar keine Zeit, neue Besoldungen zugeben, auch in Collegio Illustri, so lang daßelbe geschloßen, dergleichen abzuraichen nicht herkömmlich ist.*

hundert unverblümte Nachweise finden, wie der Kirchenrat als Anwalt des Geistlichen Guts stets kritisch und eindämmend auf die Besoldungen der Maîtres einwirkte. Häufig blieben die Einsparungsversuche des Kirchenrats ergebnislos, denn der Kirchenrat musste sich in jeglicher Hinsicht der Entscheidungsgewalt des Landesherrn beugen. Oftmals ergab sich aber auch aus dem sehr ausdauernd betriebenen Zusammenspiel mit dem Herzog ein regulierender Kompromiss. Dass der Kirchenrat stets verneinte, der Herzog aber letztlich entschied, hatte zur Folge, dass viele limitierende Vorschläge des Kirchenrats zwar nie konkrete Auswirkungen zeigten, sich allein die Mitwirkung des Kirchenrats jedoch mit allen unvorteilhaften Konsequenzen für die Exerzitien- und Sprachmeister am Ende der Instanzenkette auf die Vorgänge zeitlich bremsend und verzögernd auswirkte. Einige Beispiele mögen dies belegen.

Die herzogliche Visitationskommission empfahl 1667 dem Fechtmeister Conrad Jacob, sich einen Vorfechter zu halten. Als Grund dafür wurde die hohe Anzahl der Collegiaten am Collegium Illustre angegeben, deren Wunsch nach Fechtunterricht Jacob alleine nicht mehr nachkommen konnte[221]. Sicherlich aber hatte die Kommission auch eine befriedigendere Bereitstellung eines Fechtlehrangebots für die Universitätsstudenten im Auge, die der Fechtmeister neben seiner Verpflichtung im Collegium Illustre privat unterrichtete. Zur Kompensation der Kosten für Verpflegung und Logis des Vorfechters, für die Jacob selbst aufkommen musste, wurde ihm eine Besoldungsaddition zugesichert[222]. Die sich anschließende dreijährige Auseinandersetzung Conrad Jacobs mit dem sich strikt weigernden Kirchenrat um die Besoldungsaddition zeigt deutlich, wie sich der Hüter des Geistlichen Guts solchen vergleichsweise geringen Zusatzausgaben gegenüber beharrlich widersetzte und damit auch die Entschlüsse der Visitationskommission aushebelte[223].

Nach drei Jahren, in denen sich Conrad Jacob für Kost und Logis des Vorfechters bei der Goldschmiederswitwe Anna Maria Schnierler hoch verschuldet hatte, legte der Kirchenrat im Februar 1670 die Empfehlung der Visitationskommission strikt als eine nicht verbindliche Maßnahme zur Verbesserung des Fechtlehrangebots aus,

---

[221] HStAS A 284/94 Bü 54 Bl. 2, o. Pag. Johann Casmir Eller an den Kirchenrat (1683, Mai 24): Aus Gründen der großen Nachfrage nach Fechtunterricht und weil das Collegium Illustre *bereits in solchen Flor gebracht, und noch täglich verstärckhet werden möchte,* wurden die Fechtmeister Johann Casmir Eller und Conrad Jacob 1668 und 1683 von der Visitation angewiesen, zur besseren Bestreitung des Fechtunterrichts und *damit sich dermahlen allhier auffhaltende Pursch in dem Exercitio des Fechtens desto beßer vergnüeget werden möchten,* einen Vorfechter zu halten.

[222] HStAS A 284/94 Bü 54 Bl. 2: Conrad Jacob gab im Januar 1668 als Begründung für sein Additionsgesuch an, dass *in jüngstgehalltener Fürstlicher löblicher Collegii Visitation alhier mir* [...] *anbefohlen worden, weilen dasselbige bereits in solchen Flor gebracht und noch täglich verstärckhet werden möchte, mich umb einen taugenlichen Vor Fechtern zue bewerben (so Ich auch zue underthänigst schuldigster Vollziehung deßen gleich balden werckhstellig gemacht und biß anhero, wie noch, einen Vor Fechtern gehallten) mit gegebener gnädigsten Vertröstung, daß hergegen mir mein Salarium deßentwegen verbeßert werden sollte.* HStAS A 284/94 Bü 54 Bl. 11: Im April 1670 wurde vom Kirchenrat angegeben, der Vorfechter sei 1667 *zu desto mehrern Exercirung der Collegiaten* empfohlen worden.

[223] HStAS A 284/94 Bü 54 Bl. 3–11.

als welche sie der engagierte Fechtmeister zum Wohl des Collegium Illustre und der Universität verstanden hatte. Zudem leugnete der an der Visitation unbeteiligt gewesene Kirchenrat, dass man Jacob eine Besoldungsaddition in Aussicht gestellt habe und argumentierte destruktiv, Jacob sei als Fechtmeister des Collegium Illustre nur für die Collegiaten eingestellt und werde auch nur dafür salariert. Er müsse sehen, dass er diesem Unterricht gewissenhaft nachkomme. Die Unterrichtung der Universitätsstudenten dagegen sei seine Privatsache. Wenn er davon zusätzlich profitieren wolle, solle er sich privat einen Vorfechter leisten, *aber ohne deß Collegii oder deß geistlichen Guths Ohncosten oder Beschwehrnuß.* Der Kirchenrat gab schließlich als Plädoyer, wie so oft in einer solchen Angelegenheit, der Hoffnung Ausdruck, dass *weilen das Geistliche Guet vorhin mit allerhand Usgaben uberladen und selbige je lenger je mehrers sich erhöchen, Ewer Durchlaucht werden dises Postens halber der Visitation in Gnaden verschonen und sie darmit nit zu beladen begehren.* Herzog Eberhard gab dazu sein vorläufiges *Placet*[224].

Die Visitationskommission hatte aufgrund der guten Frequentierung des Collegium Illustre und mit dem Ziel, auch die Universität davon profitieren zu lassen, bewusst auf eine starke Nachfrage des Fechtunterrichts reagiert und zeigte sich mit dem zusätzlichen Einsatz eines Vorfechters bestrebt, die Bedingungen für dieses Lehrangebot qualitativ und quantitativ zu verbessern. Der Kirchenrat aber konnte und wollte diese Maßnahme, die hauptsächlich der Universität zugutekam, finanziell nicht mittragen. Grund dafür war jedoch nicht nur die Erschöpfung des Geistlichen Guts, sondern auch die generelle Kritik des Kirchenrats an den Exerzitien und die Frage, warum sich nicht auch die Universität an solchen ihr zugutekommenden Einrichtungen finanziell beteiligte. Der Kirchenrat zog daher die Entlassung des Vorfechters Heinrich Cham der verlangten Besoldungsaddition vor und nahm damit eine gravierende Einschränkung des Fechtlehrangebots in Tübingen in Kauf[225]. Der Kirchenrat hielt den Fechtunterricht der Tübinger Studenten – jedenfalls auf Kosten des Geistlichen Guts – für überflüssig. Herzog Eberhard entschied allerdings 1670 die rückwirkende Bezahlung der Besoldungszulage, womit der Kirchenrat die Angelegenheit zu Ungunsten des Fechtmeisters nur verzögert hatte[226]. Aus der dadurch verursachten Schuldenangelegenheit entstand ein weiterer ausgedehnter Schriftverkehr in allen Instanzen[227].

In anderen Besoldungsangelegenheiten konnte der Kirchenrat wenigstens einen Kompromiss erzielen. Stallmeister Wolfgang Ernst von Berga bat im Juni 1699 ebenfalls um eine Besoldungsaddition, da die Scholarenzahl und seine Verdienstmöglich-

---

[224] Ebd. Bl. 7.
[225] Ebd. Bl. 7 f.: Der Kirchenrat gutachtete 1670: *Wann dann niemalen kein Vorfechter im Collegio underhalten, noch ein Fechtmeister jemalen daruff besoldet worden, und wir dannenhero dem Supplicanten hiermit auch nicht zu willfahren wissen, sondern dehren Personen, die wir nicht eben nötig, uns so vil möglich entladen und in allem einziehen lassen werden.*
[226] HStAS A 284/94 Bü 54 Bl. 11.
[227] Ebd. Bl. 4–8.

keiten gering seien[228]. Der Kirchenrat plädierte, dass von Berga bereits eine recht hohe Besoldung beziehe, das Geistliche Gut neben seinen zahlreichen Verpflichtungen und aktuell wegen des Krieges mit Frankreich durch Sonderausgaben und Passivschulden belastet sei. Seine ansehnliche Besoldung werde von Berga den Abgang einiger Scholaren schon ersetzen[229]. Als von Berga im April 1708 – immer noch fast ohne Scholaren – erneut um eine gewagte Besoldungszulage von hundert Gulden bat, genehmigte Herzog Eberhard Ludwig trotz des Widerstands des Kirchenrats eigenhändig und recht großzügig dieses Verlangen, indem er die von Berga jährlich versprochene Zulage an zwei unsichere und für den Kirchenrat inakzeptable Faktoren knüpfte: Von Berga sollte die Zulage bis zu einem Friedensschluss mit Frankreich erhalten und darüber hinaus solange, bis sich wieder mehr Scholaren in Tübingen befänden[230]. Der Kirchenrat versuchte Schadensbegrenzung zu betreiben, indem er dem Herzog vorschlug, in Anbetracht eines ungewissen Friedensschlusses, von Berga einmalig zweihundert Gulden anstatt jährlicher hundert Gulden mit offenem Ende zu verabreichen. Letztlich kam die Hoffnung zum Ausdruck, dass *er sich damit vergnügen und künfftig hin mit weitterem Gesuch nicht beschwehrlich fallen, sondern sich mit seiner außträglichen und vorhin erhöhten Besoldung vergnügen solle.* Der Herzog stimmte dieser Lösung zu, indem er den Kirchenrat entscheiden ließ, welche Lösung die bessere sei[231]. Das Zusammenspiel der Instanzen hatte zum Kompromiss geführt.

Mehrmals versuchte der Kirchenrat zudem, eine finanzielle Beteiligung der Universität zu erwirken, die seit der Schließung des Collegium Illustre im Jahr 1688 alleinige Nutznießerin der Maîtres und ihres Lehrangebots war. Als Herzog Carl Eugen auf Bitten der Universität und mit dem Ziel der erneuten Vervollständigung des Exerzitienangebots im Jahr 1740 eine enorme Besoldungserhöhung für die vakante Tanzmeisterstelle am geschlossenen Collegium Illustre verfügte, gab der Kirchenrat nicht nur zu bedenken, dass die Tanzmeisterbesoldung erst 1735 erhöht worden sei, sondern auch, *ob nicht, da der Fürstliche Kirchenrath allbereit das Seinige gethan, der Universität Tübingen, alß welche bey geschloßenem fürstlichen Collegio vornehmlich hievon profitirt, ein etwelcher Beytrag anzusinnen seyn möchte*[232]. Herzog Carl Eugen bestand aber auf der Maßnahme, die zur Wiederbelebung der Universität unumgänglich sei, machte dabei zwar das Zugeständnis der Befristung der vorgesehenen Besoldungsaddition, ging auf den Vorschlag der Mitverpflichtung der Universität jedoch nicht ein[233].

---

[228] HStAS A 284/94 Bü 51 Bl. 10.

[229] Ebd. Bl. 11.

[230] Ebd. Bl. 33 f.

[231] Ebd. Bl. 31, 33, 35: In der Angelegenheit der Bezahlung Wolfgang Ernst von Bergas 1708 erließ Herzog Eberhard Ludwig: *Unser Gnädigster Fürst und Herr will dem supplicirenden Stall-Meister von Berga [...] entweder zweyhundert Gulden paar Gelt, oder biß zu erfolgendem Friden und besseren Zeiten da Scholaren wider allhero kommen jährlich 100 fl. wie es die Kirchen Räthe von beyden Vorschlägen besser finden [...] verwilliget haben.*

[232] HStAS A 284/94 Bü 55 o. Pag. Gutachten des Kirchenrats (1740, August 16).

[233] Ebd.

Der Kirchenrat wiederholte sein Anliegen etwas deutlicher im Zuge der Wiederbesetzung der Fechtmeisterstelle im Jahr 1749 und schlug vor, dass sich der Senat, wenn er einen Fechtmeister nötig habe, um dessen Anstellung bemühen und aus seinem Fiskus bezahlen solle, wie es bei anderen Universitäten üblich sei[234]. Als die gewünschte Reaktion erneut ausblieb, versuchte der Kirchenrat bei nächster Gelegenheit unbemerkt Fakten zu schaffen. Nachdem die Fechtmeisterstelle 1778 durch den Tod des Fechtmeisters Güßau vakant geworden war und da sich beim Kirchenrat bisher kein Bewerber gemeldet hatte, ergriff das Gremium die Chance, die Wiederbesetzung der Stelle eigenmächtig zur Disposition zu stellen. Gleichzeitig gab er sich selbst die Antwort auf die 1749 gestellte *quaestionem praejudicalem*: *Und gleichwie das Collegium Illustre gegenwärtiger Zeit eigentlich nicht offen stehet in welchem Fall dergleichen Exercitien Meister vom Geistlichen Guth nicht zu unterhalten seind.* Der Kirchenrat meinte, damit für den aktuellen und zukünftigen Fall eine später wieder zitierbare Vorlage geschaffen zu haben, hatte diese Rechnung jedoch ohne Herzog Carl Eugen gemacht, der umgehend Befehl an den Oberhofmeister des Collegium Illustre ergehen ließ, sich nach einem geeigneten Fechtmeister umzusehen und die Wiederbesetzung der Stelle vorzubereiten.[235]

Der Kirchenrat stand aber nicht nur den Exerzitien kritisch gegenüber. Auch die stetigen Gratialgesuche der Sprachmeister enervierten den Kirchenrat. Der Sprachmeister Alexander Gottlieb Lamotte, der zwischen 1737 und 1743 permanent, aber meist erfolglos um Gratiale beim Kirchenrat gebeten hatte, ging schließlich dazu über, Herzog Carl Eugen um eine Landesbedienstung als Vogt oder Verwalter zu bitten[236]. Der Kirchenrat empfahl dem Herzog, dieser Bitte nachzukommen, *als so dann das Geistliche Guth dieser beständigen Sollicitationen sich einstens entladen zu sehen, die Hoffnung haben dürffe*[237].

---

[234] HStAS A 284/94 Bü 54 Bl. 37: *So hat man nicht ermangelt, diese Diensts Ersezungs Sache dato in Deliberation zu ziehen. Gleichwie aber es forderisten auf die Quaestionem praejudicialem ankommt, ob es nöthig seye, diesen Dienst, da das Collegium Illustre der Zeit geschlossen, auf deß Geistlichen Guths Costen zu ersezen? oder ob nicht vielmehr der Senatus Academicus, so er einen Fechtmeister auf die Universitaet nöthig hätte, einen bestellen und auß seinem Fisco besolden solte? (wie es allerdings billich wäre, und bey andern Universitaeten auch üblich ist). Also haben Euer Hochfürstliche Durchlaucht Unterthänigst Subsignirte gehorsamst anheim stellen wollen, ob nicht das Geistliche Guth mit dieser überflüßigen Fechtmeisters Besoldung gnädigst verschonet werden könnte?* Am Ende des Plädoyers fügte der Kirchenrat noch hinzu, *daß da der bißherige Fechtmeister Schmid dißeitiges Collegium immer mit Gratial Memorialien überloffen Euer Hochfürstliche Durchlaucht wann die Reception eines neuen Fechtmeisters gnädigst belieben solte, unmaßgäblich in die [...] Resolution einfließen zu laßen, gnädigst geruhen möchten, daß derselbe sich mit der ordinierten Besoldung à 135 fl. an Geld, Frucht und Wein begnügen laßen solte.*

[235] HStAS A 284/94 Bü 296 o. Pag. Gutachten des Kirchenrats (1778, August 5).

[236] HStAS A 202 Bü 2613 o. Pag. Alexander Gottlieb Lamotte an den Geheimen Rat (1736, November 22), o. Pag. Alexander Gottlieb Lámotte an den Kirchenrat (1742, Dezember 17), o. Pag. Alexander Gottlieb Lamotte an den Kirchenrat (1743, November 8).

[237] HStAS A 284/94 Bü 46 Bl. 10.

Auch der permanent schwelende Konflikt des Kirchenrats mit dem Herzog um die fürstlichen Deputatgelder für die Prinzenerziehung aus dem Geistlichen Gut wirkte sich indirekt auf die Maîtres aus. Über ein Jahrzehnt hinweg zog sich von 1728 bis 1738 der Streit des Stallmeisters Ludwig Ernst Breithaupt, des Tanzmeisters Charles Devaux und des Sprachmeisters Sebastian Buttex um die Begleichung der Informationsgelder, die bei der Unterrichtung des Prinzen Carl Christian Erdmann von Württemberg-Oels während dessen Aufenthalt am Collegium Illustre von 1728 bis 1732 entstanden waren[238].

Herzog Friedrich hatte während seiner Regierungszeit für die Erziehung der Prinzen der regierenden Linie des Hauses Württemberg Deputatgelder aus dem Geistlichen Gut angeordnet, mit denen deren Kost, Logis, Unterhalt und Unterricht am Collegium Illustre sowie auch der Unterricht bei den Exerzitienmeistern beglichen werden sollte[239]. Die Nebenlinien des Hauses Württemberg und andere auswärtige Adlige waren nach den Interessen des Kirchenrats davon jedoch ausdrücklich ausgeschlossen und mussten ihre Informationsgelder selbst aufbringen[240]. Welche Elemente genau aus dem Geistlichen Gut durch die Deputatgelder übernommen werden mussten, legte sehr viel später der Kirchenratsvizedirektor Christian Friedrich Hochstetter in einer Schrift über das Geistliche Gut um 1774 nieder, die umso glaubhafter ist, als dieser in seiner Funktion als Vorstand des Kirchenrats die Möglichkeit gehabt hätte, das offenbar geltende, aber nicht schriftlich niedergelegte Gewohnheitsrecht in dieser Angelegenheit zu Gunsten des Kirchenrats darzustellen[241]. Laut Hochstetter jedoch waren alle Prinzen, auch die der Nebenlinien und sogar die auswärtigen Prinzen von Informationsgeldern befreit, das heißt dieselben mussten vom Geistlichen Gut übernommen werden[242].

Der Kirchenrat bestritt im Fall des Prinzen von Württemberg-Oels jedoch diese Tatsache und berief sich auf einen nicht näher überprüfbaren Präzedenzfall des Jahres 1698, laut welchem die besoldeten Maîtres in dergleichen Fällen keine Informations-

---

238 HStAS A 284/94 Bü 47 Bl. 6, o. Pag. Kirchenrat an den Collegiumsverwalter (1736, März 15/ Mai 16); HStAS A 284/94 Bü 52 Bl. 49, 53–55; HStAS A 284/94 Bü 55 Bl. 76, 79; HStAS A 284/94 Bü 265 Bl. 57: Tanzmeister Devaux gab an, den Prinzen von 1728 bis 1732 über vier Jahre lang im Tanzen unterrichtet zu haben. Stallmeister Ludwig Ernst Breithaupt verlangte im Oktober 1730 sein Informationsgeld für vierundzwanzig Monate. Sprachmeister Buttex forderte 1736 rückwirkend dasselbe für vierunddreißig Monate Unterricht.

239 WILLBURGER: Collegium Illustre, S. 28.

240 HERMELINK: Geschichte, 2. Teil, S. 3, 44 f.

241 UBT Mh 278: Christian Friedrich HOCHSTETTER: *Beschreibung von dem Geistlichen Gut in dem Herzogthum Würtemberg und hauptsächlich von dessen Grundverfassungsmässiger Verwaltung durch den Herzoglichen Kirchenrath besonders mittelst accurater Führung derer dabey vorkommenden Départemens.*

242 UBT Mh 278 Bd. 1 Bl. 71ʳ⁻ᵛ: Demnach wurde der gesamte Aufenthalt der württembergischen Prinzen der regierenden Linie vom Geistlichen Gut übernommen (Kost, Logis, Möbel, Holz, Wäsche, Licht, Unterricht). Die Prinzen der Nebenlinien wurden außer der Kost ebenso freigehalten, auch im Unterricht. Auswärtige Prinzen erhielten freies Logis, freie Möbel und freien Unterricht.

gelder zu erwarten hätten[243]. Auf die Nachfrage des Stallmeisters Breithaupt gab der Kirchenrat 1730 an, die Information der Prinzen sei noch nie aus dem Geistlichen Gut bestritten worden. Vielmehr sei der Aufwand dafür bereits in der Reitmeisterbesoldung inbegriffen[244]. Den Exerzitienmeistern aber kamen die Prinzenhofmeister Wendessen und Forstner entgegen, die 1732 beitrugen, dass die Prinzen im Collegium Illustre immer Informationsgelder bezahlt hätten[245].

Der Kirchenrat wehrte sich allerdings jahrelang heftig gegen die Forderungen der Exerzitienmeister nach ihren Informationsgeldern für den Unterricht des Prinzen Carl Christian Erdmann von Württemberg-Oels. Nach drei Jahren erließ Herzog Eberhard Ludwig trotz des Widerstands des Kirchenrats 1733 anstatt des ausstehenden Informationsgeldes eine *Douceur* für Stallmeister Breithaupt mit der Begründung, eine solch außerordentliche Zuwendung könne weniger von späteren Maîtres in Konsequenz gezogen werden als die Ausbezahlung offizieller Informationsgelder[246]. Der befürchtete Präzedenzfall war also letztlich erneut in einem eleganten Kompromiss gelöst worden.

Im Fall des Tanzmeisters Devaux und des Sprachmeisters Buttex versuchte es der Kirchenrat 1733 mit der Aussage, dass dergleichen Informationsgelder stets aus der fürstlichen Landschreiberei als Ausgaben des Hofstaats oder aus der Rentkammer getätigt worden seien und legte dem Herzog dringend nahe, anstatt des finanziell angeschlagenen Geistlichen Guts das Rentkammervermögen heranzuziehen[247]. Auch Devaux wurde 1733 mit einer *Douceur* von zwanzig Gulden, zehn Scheffeln Dinkel und zwei Eimern Wein anstatt der 1736 noch immer geforderten dreihundertdreißig Gulden zur Ruhe gewiesen und damit vertröstet, dass er noch weitere adlige und

---

[243] HStAS A 202 Bü 2617 o. Pag. Geheimer Rat an den Oberhofmeister des Collegium Illustre (1698, Juli 12): *Demnach bey unserm fürstlichen Collegio je undt alleweg üblich gewesen, daß die bey demselben von uns bestelte Exercitien Meister, außer dem Bereiter, die dahinn gekommenen undt sich darinn auffgehaltenen fürstlichen undt andre Stands Personen undt dero Hoff-Meistern in denen Exercitien ohnentgeltlich unterweisen müssen. Undt nun zwar besagtes Collegium noch nicht wieder völlig geöffnet jedennoch denen dahinn gesetzten Fecht- undt Dantz-Meistern die Ordinari Besoldung geschopfft worden, undt wirklich gereicht wird. Als wollen Wir auch gnädigst, daß sie unsers fürstlichen Gnaden Herrn Vatters Herzog Friedrich Carls [...] dermahlen alda anwesenden Prinzen gleichfals ohne Anforderung einigen Lehr Gelds im Fechten undt Tanzen unterrichten sollen.*

[244] HStAS A 284/94 Bü 52 Bl. 49.

[245] HStAS A 284/94 Bü 55 Bl. 70: Wendessen und Forstner gaben an, dass *les Princes qui ont été au College, en tout tems ont payes ce salair aux Maitres d'exercices.*

[246] HStAS A 284/94 Bü 52 Bl. 53–55.

[247] HStAS A 284/94 Bü 55 Bl. 74; HStAS A 284/94 Bü 47 o. Pag. Gutachten des Kirchenrats (1736, Februar 28): *So ist es doch an deme, daß sothanes informations gellt nicht dem geistlichen Guth, sondern der fürstlichen Rentcammer de jure zu bezahlen zukommet, maßen in hiebevorigen Zeiten, wann Prinzen vom Hauß in dem Collegio illustri zu Tübingen studiret und ihre exercitia erlernet haben, so wohl die Professores alß auch andere Informatores und Maitres d'Exercice en general testantibus actis nicht von der dißeithigen Collegii Verwaltung, sondern auß einer besondern, von fürstlicher Rentcammer fournirten Cassa belohnet worden, dahingegen das Geistliche Guth die vile ordinari Besoldungen, und übrige Oeconomie bey dem Fürstlichen Collegio zu Tübingen mit großem Kosten unterhalten und besorgen müßen.*

nichtadlige Schüler habe, aus denen er Profit ziehen könne[248]. Der Tanzmeister blieb jedoch hartnäckig, forderte noch im gleichen Jahr nicht nur seine Gleichstellung mit dem Fechtmeister, sondern auch 1738 immer noch siebzig Gulden für die Unterrichtung des Prinzen, was den Kirchenrat zu der wütenden Äußerung bewegte, der Tanzmeister solle ihn *mit diser seiner ohnbegründeten Anforderung in Zukunft nicht mehr behelligen*[249].

Sprachmeister Buttex erhielt 1736 nach sechs Jahren des Rekurrierens, in denen er fein säuberliche Rechnungsaufstellungen hinterließ, die Hälfte seiner geforderten Informationsgelder aus dem Geistlichen Gut, die andere Hälfte aus der Rentkammer[250]. Ein Plädoyer des Kirchenrats aus dem Jahr 1736 zeigt eine typische, zwar kämpferische, aber teilweise auch resignierte Haltung angesichts der immer wieder gestellten und nicht enden wollenden Forderungen an das Geistliche Gut von Seiten des Herzogs und der Maîtres. Dennoch wurde immer wieder der *Hoffnung* auf die *Conservation deß geistlichen Guths* Ausdruck verliehen[251].

c. Die Maîtres, der Geheime Rat und der Herzog

Da die meisten administrativen Entscheidungen hinsichtlich der Tübinger Exerzitien- und Sprachmeister den Charakter von Personalangelegenheiten hatten, wurden so gut wie alle Belange derselben in letzter Instanz vom württembergischen Herzog entschieden. Dieser wurde in seinem Urteil vom Geheimen Rat unterstützt, der die Gutachten des Kirchenrats über die fast immer mit Geld- und Naturalienmitteln aus dem Geistlichen Gut verbundenen Anliegen der Maîtres an den Herzog weiterleitete, eigene Gutachten verfasste und damit die Entscheidungen des Landesherrn vorbereitete[252]. Wie der Kirchenrat war auch der Geheime Rat dem Landesherrn und der Landschaft gleichermaßen verpflichtet und sollte mit seinen Gutachten vermittelnde

---

[248] HStAS A 284/94 Bü 55 Bl. 76–79, 85.

[249] HStAS A 202 Bü 2617 o. Pag. Geheimer Rat an den Vizeoberhofmeister des Collegium Illustre (1738, Februar 22).

[250] HStAS A 284/94 Bü 265 Bl. 40 f.; HStAS A 284/94 Bü 47 Bl. 1, 6, o. Pag. Kirchenrat an den Collegiumsverwalter (1736, März 15/Mai 16).

[251] HStAS A 284/94 Bü 47 o. Pag. Gutachten des Kirchenrats (1736, Februar 28): *Gleichwie man nun diß Orths mit abführung der gleichwohlen hiehero gar nicht gehörigen informationsgellter bereits genug zu thun gehabt, und der deplorable, zu denen Außgaaben weit nicht mehr hinlängliche Zustand deß geistlichen Guths ebenso wohl als die von fürstlicher Rentcammer bißhero vorgeschützte unhinlänglichkeit zu ihren praestandis offenbahr zu tag lieget: Also leben [...] Subsignirte der [...] zuversichtlichen Hoffnung, Euer Hochfürstliche Durchlaucht werden nach dero vor die Conservation deß geistlichen Guths tragenden fürst mildesten Vorsorge gnädigst zu verordnen geruhen, daß das von dem Professore Buttex praetendirende informations-gellt nach hiebevoriger Observanz von Fürstlicher Rentcammer entrichtet und das geistliche Guth mit deßen Übernahm und Bezahlung um so weniger weiters beschwehrt werden möchte, alß ohnehin die Ab- und Fortreichung der auch bey würcklich geschloßenem fürstlichem Collegio continuirenden Besoldungen demselben bey gegenwärtigem Zustand zu grosser Last gereichet.*

[252] HStAS A 202 Bü 2617 o. Pag. Gutachten des Geheimen Rats (1779, Mai 20): *In diesem Fall*

Funktion einnehmen[253]. Tatsächlich aber schloss sich der Geheime Rat, solange er Gutachterkompetenz besaß[254], hinsichtlich der Angelegenheiten der Maîtres und der Exerzitien meist dem kritischen Urteil des Kirchenrats an. Daher war die reelle Mitwirkung des Geheimen Rats an den Belangen der Maîtres innerhalb des administrativen Instanzengefüges gering[255].

Die württembergischen Herzöge standen seit der Gründung der Adelsakademie durch Herzog Friedrich der personellen und materiellen Infrastruktur für die Exerzitien unter dem Dach des Collegium Illustre und den dafür erforderlichen Ausgaben stets positiv gegenüber. Außer im Falle der durch die Kriegsumstände erzwungenen Schließungen des Collegium Illustre in den Jahren 1628 und 1688 sind von Seiten der württembergischen Herzöge in Bezug auf die Investitionen in die Maîtres und die

---

gutachtete der Geheime Rat 1779 über die Erstattung von Reisegeld des Fechtmeisters Achatius Friedrich Lorenz Seiffart.

[253] JESERICH: Verwaltungsgeschichte, Bd. 1, S. 624; MAURER/MOLITOR/RÜCKERT: Übersicht, S. 85, 90; WINTTERLIN: Geschichte, S. 63–73, 77–80; SPITTLER: Geschichte, S. 281–380: Als Beraterstab des württembergischen Herzogs und oberste Landesbehörde folgte der kollegial organisierte Geheime Rat 1629 dem Hofrat und dem Oberrat. Ihm unterstanden zunächst noch unter dem Namen des Geheimen Regimentsrats die Rentkammer, der Kirchenrat und der Oberrat. Der Geheime Rat bestand seit der Kanzleiordnung von 1660 aus dem Landhofmeister, dem Kanzler und drei Räten. Regelmäßig waren auch die Direktoren des Kirchenrats und der Rentkammer Mitglieder im Geheimen Rat. Der Oberrat verlor mit der Schaffung des Geheimen Rats viele Aufgaben. Er blieb jedoch das Gericht erster Instanz und für Rechtsstreitigkeiten zwischen dem Kammer- und Kirchengut. Die Oberaufsicht über die Rechtspflege, die Polizei und die unmittelbare Beratung des Landesherrn war entfallen. Die Einsetzung der Amtsbeamten und die Suppliken der Untertanen blieben. Ab 1710 wurde der Oberrat Regierungsrat genannt.

[254] JESERICH: Verwaltungsgeschichte, Bd. 1, S. 627; LEHMAN: Landstände, S. 189 f.; MAURER/MOLITOR/RÜCKERT: Übersicht, S. 85; SPITTLER: Geschichte, S. 281–452: Obwohl der Herzog die Geheimen Räte selbst ernannte, wurde die vermittelnde und beratende Tätigkeit des Geheimen Rats im Sinne der Landschaft insbesondere im 18. Jahrhundert durch die zeitweise Einsetzung eines Konferenzministeriums und einer Geheimen Kabinettskanzlei unter den Herzögen Eberhard Ludwig, Carl Alexander und Carl Eugen limitiert und in herzogliche Bahnen gelenkt. An die Stelle kollegialer Vorträge des Geheimen Ratskollegiums traten in dieser Zeit persönliche Referenten oder Kabinettsminister mit der Zuständigkeit für einzelne Ressorts, die den Herzögen ein von den Interessen der Landschaft unabhängigeres Regieren ermöglichten. Eine konkrete Einflussnahme auf die herzoglichen Entscheidungen ging durch den Verlust des direkten Kontakts mit dem Herzog weitgehend verloren. Die Gutachtertätigkeit wurde überflüssig und selbst weitere Verfügungen ergingen teilweise unmittelbar an die untergeordneten Behörden, wie etwa direkt an den Kirchenrat.

[255] HStAS A 202 Bü 2616 o. Pag. Gutachten des Geheimen Rats (1774, April 16); HStAS A 284/94 Bü 47 Bl. 19: Der Geheime Rat äußerte in vielen Gutachten seine Übereinstimmung mit dem Kirchenrat und wiederholte fast wortgleich dessen Statements: *Gehorsamst Unterzogene sind mit dem Herzoglichen Kirchen Rath hierunter des unterthänigst unzielsetzlichen Erachtens, daß, weil der Sprachmeister de Sales, anstatt, daß sein Vorfahrer anfänglich geraume Zeit mit 50 fl. an Geld und Naturalien zufrieden gewesen, bereits schon die vor einen Französischen Sprachmeister bey dem Collegio Illustri zu Tübingen ausgesetzte 75 fl. an Geld und Naturalien genießt [...], derselbe sich um so mehr damit begnügen könne.*

Exerzitien aus dem Geistlichen Gut zu keinem Zeitpunkt limitierende Maßnahmen bekannt[256].

Es wurden sogar keine Kosten gescheut, wenn es um das Betreiben der Exerzitien im Rahmen der Erziehung der württembergischen Prinzen während ihrer Studienaufenthalte in Tübingen ging. Nachdem der Collegiumsbau in Tübingen bereits zu großen Teilen aus den Mitteln des Geistlichen Guts finanziert worden war[257], ließ Herzog Friedrich noch im 16. Jahrhundert die bereits erwähnten Deputatgelder für die Erziehung der Prinzen in der Tübinger Adelsakademie aus dem Geistlichen Gut anordnen[258]. Das Collegium Illustre wurde nach dem Dreißigjährigen Krieg 1648 mit dem Einzug Prinz Johann Friedrichs wieder eröffnet und zu diesem Zweck neben weiterem Lehrpersonal auch mit Exerzitien- und Sprachmeistern ausgestattet[259]. Nach den Jahren der kriegerischen Einfälle der Franzosen in Württemberg, war 1695 und 1698 die Anwesenheit der Prinzen Carl Alexander und seiner Brüder in der offiziell nicht wieder eröffneten Adelsakademie der Auslöser für die Wiederbelebung der Exerzitien in Tübingen. Die Anwesenheit der Exerzitien- und Sprachmeister in der Universitätsstadt wurde 1695 sogar zur Voraussetzung für den Studienaufenthalt des jungen Carl Alexander erklärt[260].

Aber auch unabhängig von der Anwesenheit der Prinzen wurde im 18. Jahrhundert von Seiten der Herzöge Eberhard Ludwig und Carl Eugen auf ein stets komplettes Exerzitienangebot in Tübingen geachtet, das teilweise durch Maßnahmen aufrecht erhalten wurde, die das Geistliche Gut stark belasteten und den Interessen des Kirchenrats absolut entgegen standen. So kam es 1698 zu einer dauerhaften finanziellen Aufwertung und zur Umwandlung der Bereiterstelle in eine Stallmeisterstelle, die auch mit einer Rangerhöhung der Stelleninhaber verbunden war[261]. Im Jahr 1740 wurde die Tanzmeisterstelle nach erfolgloser Ablehnung des Kirchenrats zunächst zwar nur befristet, auf Betreiben des Herzogs dann jedoch dauerhaft und nicht unerheblich aufgestockt[262]. Die Erhaltung der Stellen der Exerzitienmeister unter der Jurisdiktion des Collegium Illustre auch nach dessen Schließung als Bildungs- und Erziehungsanstalt im Jahr 1688 und die Aufrechterhaltung der damit verbundenen Besoldungen aus dem Geistlichen Gut sowie des direkten herzoglichen Einflusses auf die Stellenbesetzung der Maîtres belegt den Willen und das Interesse der würt-

---

[256] HStAS A 284/94 Bü 250 Bl. 5; HStAS A 274 Bü 83 o. Pag. Bericht des Collegiumsverwalters an Herzog Carl Eugen (1769, Mai 30); CONRADS: Ritterakademien, S. 155; THÜMMEL: Universitätsverfassung, S. 442; WILLBURGER: Collegium Illustre, S. 24.

[257] CONRADS: Ritterakademien, S. 166; RAUSCHER: Collegium Illustre, S. 12 und Anm. 37; WILLBURGER: Collegium Illustre, S. 4; SCHNEIDER: Collegium Illustre, S. 220; HERMELINK: Geschichte, 2. Teil, S. 44.

[258] HERMELINK: Geschichte, 2. Teil, S. 3.

[259] HStAS A 274 Bü 83 o. Pag. Bericht des Collegiumsverwalters an Herzog Carl Eugen (1769, Mai 30); CONRADS: Ritterakademien, S. 154 f.; THÜMMEL: Universitätsverfassung, S. 439; WILLBURGER: Collegium Illustre, S. 21 f.

[260] UAT 4/1 Bl. 73ᵛ; BRÜSER: Carl Alexander, S. 15 f.; WILLBURGER: Collegium Illustre, S. 24.

[261] HStAS A 303 Bd. 13980–13982.

[262] UAT 9/9 Nr. 225.

tembergischen Herzöge, die Maîtres und ihr Lehrangebot inmitten der Universität als herzogliche Reservatsache verstanden zu wissen.

Die zu allen Zeiten direkte und persönliche Einflussnahme der württembergischen Herzöge auf die Belange der Maîtres ist auch deutlich daran zu erkennen, dass nicht nur alle Angelegenheiten der Exerzitien- und Sprachmeister vom Herzog selbst entschieden, sondern viele dieser Entscheidungen auch vom Landesherrn selbst unterschrieben[263] und die darauf folgenden Veranlassungen als Spezialdekrete im Auftrag des Landesherrn erlassen wurden[264]. Der Herzog entschied damit eigenhändig nicht nur äußerst wichtige und bedeutende Angelegenheiten wie die Entlassung aller Maîtres aus ihren Bedienstungen bei Schließung des Collegium Illustre aufgrund des Dreißigjährigen Krieges im Jahr 1628 oder die Privatisierung des Ballhauses im Jahr 1629[265]. Auch alle einfachen Besoldungsangelegenheiten, etwa 1652 die Besoldung des Ballmeisters Johann Bitschin, gingen durch die Hände des Herzogs[266]. Die Vormundschaftsadministratoren Friedrich Carl von Württemberg-Winnental und Herzogin Magdalena Sibylla erließen in der zweiten Hälfte des 17. Jahrhunderts ebenfalls eigenhändige Verfügungen betreffend die Besoldungs- und Anstellungsverhältnisse der Tübinger Maîtres[267].

Auch im 18. Jahrhundert griffen die Herzöge vielmals persönlich und zum Wohl der Maîtres in deren Belange ein. Als der Stallmeister Wolfgang Ernst von Berga zwischen 1699 und 1708 um eine Besoldungsaddition wegen fehlender Scholaren bat, erließ Herzog Eberhard Ludwig eigenhändig und entgegen der Kritik des Kirchenrats eine großzügige Zuwendung von hundert Gulden[268]. Eberhard Ludwig ließ den

---

[263] HStAS A 284/94 Bü 297 Bl. 1: Herzog Carl Eugen unterschrieb 1762 beispielsweise eigenhändig die Übertragung der Tanzmeisterstelle am Collegium Illustre an den Tänzer d'Huliny. HStAS A 202 Bü 2615 o. Pag. Gutachten des Geheimen Rats (1769, August 26); HStAS A 202 Bü 2617 o. Pag. Ernst Friedrich Dörr an den Geheimen Rat (1796, März 21): Viele eigenhändige Entscheidungen des Herzogs ergingen per Marginal- oder Dorsualdekret, also auf dem Rand oder der Rückseite eines Gutachtens des Geheimen Rats, des Kirchenrats oder einer Supplik.

[264] HStAS A 284/94 Bü 297 Bl. 2: Diese Schreiben wurden von einem Vertreter oder mehreren Räten des Geheimen Rats oder des Kirchenrats in eigener Verantwortung, aber auf direkten Befehl und im Namen des Landesherrn unterschrieben und waren stets mit dem Zusatz *Ex speciali Decreto Serenissimi Domini Ducis* versehen, der symbolisierte, dass sich das kollegiale Gremium keineswegs eine alleinige Vorgehensweise anmaßte, sondern durch einen Auftrag des Herzogs gedeckt war. Auf diese Weise veranlasste der Kirchenrat beim Oberhofmeister und Collegiumsverwalter in Tübingen das weitere Vorgehen bei der Einstellung und Besoldung des Tanzmeisters d'Huliny.

[265] HStAS A 284/94 Bü 250 Bl. 5, 35.

[266] HStAS A 284/94 Bü 53 o. Pag. Johann Bitschin an den Kirchenrat (praes. 1652, Juni 26).

[267] HStAS A 284/94 Bü 53 o. Pag. Dekret des Herzogsadministrators Friedrich Carl (1681, Dezember 8): Der Herzogsadministrator Friedrich Carl verfügte hier die Besoldung des Ballmeisteradjunkts Johann Martin Kretzenthaller. HStAS A 284/94 Bü 253 o. Pag. Herzogin Magdalena Sibylla an den Verwalter des Collegium Illustre (1689, Juni 21): Die Herzogin erließ am 21. Juni 1689 den Befehl, die Besoldungen des Fechtmeisters Joseph Hagel und des Tanzmeisters Guillaume Michel Dumanoir weiterhin auszuzahlen.

[268] HStAS A 284/94 Bü 51 Bl. 33: Herzog Eberhard Ludwig unterzeichnete 1708 eigenhändig das Besoldungsdekret für den Stallmeister Wolfgang Ernst von Berga.

Geheimen Rat 1728 über eine finanzielle Angelegenheit des gleichen Stallmeisters ein sechsseitiges Gutachten erstellen, um dann eine vollkommen andere Entscheidung zu treffen, die auf keinen der Vorschläge des Geheimen Rats einging[269]. Im Jahr 1730 setzte der Herzog zudem den schon seit 1728 anhaltenden Beschwerden des Stallmeisters Ludwig Ernst Breithaupt um die Begleichung der Informationsgelder für den Unterricht des Prinzen Carl Christian Erdmann von Württemberg-Oels ein Ende: Diese waren vom Kirchenrat bis dahin strikt verweigert worden. Der Herzog erließ jedoch kurzerhand anstatt der Informationsgelder eine außerordentliche sogenannte Verehrung[270].

Insbesondere Herzog Carl Eugen bestimmte alle Angelegenheiten der Maîtres selbst und teilte diese per Marginal- oder Dorsualvermerk dem Geheimen Rat oder dem Kirchenrat zur weiteren Verfügung mit, etwa die Gewährung geringster Gratiale für die Witwen des Stallmeisters Johann Liborius Wippermann und des Sprachmeisters Pierre Robert in den Jahren 1769 und 1773 oder die Ausstellung des *Staats* für den Stallmeister Adolph Christoph von Bühler im Jahr 1769, den der Herzog vor der endgültigen Ausfertigung nochmals persönlich überprüfen wollte[271]. Grund dafür war neben der besonderen Bedeutung der Exerzitien für die Prinzenerziehung das insgesamt hohe Interesse und ehrgeizige Engagement Herzog Carl Eugens für alle Belange des Bildungswesens und der Universität[272]. Herzog Carl Eugen war auch selbst beteiligt, als es sich 1791 schlicht darum handelte, die Kommunikation zwischen dem Kirchenrat und dem Oberhofmeister des Collegium Illustre herzustellen, um die Frage der Wiederbesetzung der französischen Sprachmeisterstelle am Colle-

---

[269] HStAS A 202 Bü 2615 Bl. 16: *Serenissimus haben hierauf gnädigst resolvirt, daß quaestionierter Gardten nicht verkauft, sondern beybehalten, dahingegen aber der von Berga, um seine Forderung anderweith her, von Fürstlicher Renthkammer contentirt werden solle.*

[270] HStAS A 202 Bü 2615 o. Pag. Gutachten des Geheimen Rats (1730, Oktober 23): Auf einen dreiseitigen Bericht des Geheimen Rats verfügte Herzog Eberhard Ludwig als Marginalvermerk: *Alldieweilen die gebettene Bezahlung des Informations Geldes quaestionis eine neuerung und nicht herkömmlich ist; So solle auch solches nicht wohl, aber bey endigung sothaner Instruirung dem Stallmeister eine Douceur davor abgereicht werden.*

[271] HStAS A 202 Bü 2615 o. Pag. Gutachten des Geheimen Rats (1769, August 26): *Seine Herzogliche Durchlaucht wollen die Supplicantin verwittibte Stallmeisterin Wippermännin mit ihrem Gesuch um die Besoldungs-Nachfolge abgewiesen haben, dargegen aber gnädigst erlauben, daß ihro ein ergiebiges Gratial von Herzoglichem Kirchenrath abgeraicht werde. Was den Staat für den neu angenommenen Universitaets-Stallmeister Bühler anbelangt, so gewärtigen Seine Herzogliche Durchlaucht gnädigst, daß höchstdenenselben davon ein Concept ad approbandum unterthänigst eingeschickt werde.* HStAS A 202 Bü 2616: *Seine Herzogliche Durchlaucht wollen den unterthänigsten Antrag des Herzoglichen Geheimen Raths gnädigst genehmiget und der demüthigsten Supplicantin Sprachmeister Robertin zu Tübingen ein Gratial von Zwanzig Gulden, bey dem Herzoglichen Kirchen-Rath gnädigst bewilliget haben.*

[272] Vgl. zum Verhältnis Herzog Carl Eugens zur Universität und zu den Universitätsreformen des 18. Jahrhundert BAUER: Lustre, S. 24; WANDEL: Stücke, S. 105–134; WANDEL: Verdacht, S. 11–36; KLÜPFEL: Geschichte, S. 192–197; HERMELINK: Hochschulwesen, S. 191–234.

gium Illustre zu besprechen[273]. Der Sprachmeister Johann Daniel Riemann adressierte seine Bewerbung auf die Sprachmeisterstelle am Collegium Illustre 1784 direkt an Herzog Carl Eugen *zu Höchst-eigenen Gnädigsten Händen in Stuttgart*, denn die Besetzung dieser Stelle hänge ohnehin einzig von der herzoglichen Entscheidung selbst ab[274].

d. Zusammenfassung

Während der Geheime Rat als beratendes Gremium des württembergischen Herzogs bei der Verwaltung der Maîtrestellen eine eher passive Rolle spielte, war der Kirchenrat als Hüter des Geistlichen Guts, aus dem die Exerzitien- und Sprachmeister am Collegium Illustre besoldet wurden und aus dem die gesamte Infrastruktur für den Betrieb der Exerzitien aufgebracht wurde, sehr intensiv und mit kritischer Haltung in die Administration der Maîtrestellen eingebunden: Der Kirchenrat war der größte Kritiker der Maîtres und der Exerzitien.

Die Voraussetzungen der Kritik des Kollegiums, das traditionell der bürgerlich dominierten Landschaft nahe stand und auf die Erhaltung des Geistlichen Guts verpflichtet war, lagen insbesondere in der konfliktreichen Geschichte der Bestimmung des Kirchenguts und deren Handhabung seit dem 16. Jahrhundert begründet. Die Auseinandersetzungen der Landschaft mit Herzog Friedrich um die Ausrichtung und Finanzierung des Collegium Illustre zu Beginn des 17. Jahrhunderts waren eine Folge dieses bereits tief sitzenden Konflikts. Dies führte dazu, dass die kostspieligen Ausgaben für die Besoldungen der Maîtres und die Erhaltung der Infrastruktur zum Betreiben der Exerzitien als Zumutung und Zweckentfremdung des Geistlichen Guts empfunden wurden. Der im 18. Jahrhundert zunehmend eigenmächtige Zugriff des Herzogs auf das Geistliche Gut und der stets schwelende Konflikt des Kirchenrats mit dem Herzog um die Deputatgelder für die Erziehung der württembergischen Prinzen verstärkte das ohnehin vorhandene Misstrauen des Kirchenrats hinsichtlich einer zweckgerichteten Verwendung der Gelder des Geistlichen Guts zusätzlich. Insgesamt wurde jeglicher finanzielle Aufwand für die Maîtres und die Exerzitien, insbesondere aber die Besoldung der Exerzitienmeister, vom Kirchenrat primär als Gegenstand des Einspruchs betrachtet.

Die Möglichkeiten des Kirchenrats, durch seine Gutachten die Entscheidungen des

---

[273] HStAS A 202 Bü 2616 Gutachten des Geheimen Rats (1791, September 6): *Seine Herzogliche Durchlaucht genehmigen den [...] Antrag, nach welchem wegen der Wiederersezung der erledigten französischen Sprachmeisters Stelle bey dem Collegio Illustri zu Tübingen der herzogliche Kirchen Rath anzuweißen ist, dißfalls mit den Vorstehern des Collegii illustris die erforderliche Communication zu pfleegen und sodann weiteres [...] Gutachten zu erstatten.*

[274] HStAS A 202 Bü 2616 o. Pag. Johann Daniel Riemann an Herzog Carl Eugen (1784, Oktober 20): *Or comme le maitre de langue au Collège Illustre à Tubingue, nommé Dessales, est mort; Et que ce remplacement depend uniquement de Votre Altesse Sérénissime: je me présente [...] avec la prière la plus soumise dressée au plus Grand coeur de Mon Tout-Gracieux Prince: Si Votre Altesse Sérénissime trouvoit bon de m'accorder la dite Grace avec le salaire ordinaire de maitre de langue françoise au dit Collège Illustre.*

Landesherrn zu beeinflussen, waren zwar gegeben und führten zu manchem Kompromiss hinsichtlich der Exerzitien- und Sprachmeister. Das meist ablehnend formulierte Votum des Kirchenrats aber blieb durch den begünstigenden Einfluss des Herzogs häufig ergebnislos. Oft vermochte der Kirchenrat nicht mehr, als die Angelegenheiten zu Ungunsten der Exerzitien- und Sprachmeister zeitlich zu verzögern. In die Kritik des Kirchenrats mischte sich im 18. Jahrhundert auch immer häufiger die Forderung nach einer finanziellen Beteiligung der Universität an den Kosten für die Aufrechterhaltung des Exerzitien- und Sprachlehrangebots in Tübingen: Seit dem Ende des 17. Jahrhunderts war es allein die Universität, die von den Maîtres und ihrem attraktiven Lehrangebot profitierte, ohne jemals dafür den eigenen Fiskus zu belasten.

Die württembergischen Herzöge, insbesondere Herzog Eberhard Ludwig und Herzog Carl Eugen, entschieden stets persönlich über alle Belange der Exerzitien- und Sprachmeister, auch über geringe Gratialgesuche, in vielen Fällen auch eigenhändig und generell wohlwollend. Die Herzöge scheuten auch entgegen der Einwände des Kirchenrats keine Kosten für die finanzielle Aufwertung einiger Maîtrestellen und die Wiedereinrichtung einer Sprachmeisterstelle im 18. Jahrhundert aus den Mitteln des Geistlichen Guts. In der Art einer herzoglichen Reservatsache sorgten sie stets engagiert für die Aufrechterhaltung und Verbesserung des nicht nur für die Prinzenerziehung als äußerst wichtig erachteten Tübinger Exerzitien- und Sprachlehrangebots.

3. Besoldung und Stellenkontinuität

3.1 Die Grundbesoldungen der Exerzitien- und Sprachmeister

a. Grundlagen und Zäsuren

Zwei Zäsuren waren von besonderer Bedeutung für die Stellen der Tübinger Exerzitien- und Sprachmeister und ihr Lehrangebot. Die erste wichtige Zäsur stellt der Dreißigjährige Krieg dar. Er führte dazu, dass das Collegium Illustre im September 1628 geschlossen wurde. Die Exerzitien- und Sprachmeister wurden aus ihren Stellen entlassen, die Grundbesoldungen eingezogen, die gesamte Ökonomie auf Martini 1628 aufgehoben[275]. Mit Aussicht auf den Westfälischen Frieden wurde das Collegium am 9. September 1648 durch Prinz Johann Friedrich wieder bezogen, mit einem Oberhofmeister, einem Sprachmeister und zwei Professoren ausgestattet und zu Beginn des Jahres 1653 von Herzog Eberhard offiziell wieder eröffnet[276]. Ab dem Rechnungsjahr 1649/1650 ist wieder eine Ökonomieführung des Collegium Illustre überliefert, die Grundbesoldungen für einen Sprachmeister, einen Tanz- und einen Ballmeister ausweist, seit 1652/1653 auch für einen Fechtmeister und seit 1653/1654 für einen Bereiter[277].

Die zweite wichtige Zäsur wurde durch den Pfälzischen Erbfolgekrieg (1688–1697) und die Einfälle französischer Truppen in das Herzogtum Württemberg in den Jahren 1688 und 1693 ausgelöst[278]. Den unmittelbaren Auswirkungen des Krieges kam 1678 eine allgemeine Krise des Collegium Illustre als Bildungsinstitution zuvor[279]. Die Folge war in Bezug auf die Exerzitien- und Sprachmeister, ihre Stellen, Besoldungen und ihr Lehrangebot eine von 1678 bis 1698 dauernde Phase der Unsicherheit, in der die weitere Anstellung der Maîtres immer wieder in Frage gestellt schien. Alle Umstände im Umfeld der Maîtres, insbesondere die offizielle Schließung des Collegium Illustre im Jahr 1688 aufgrund der Besetzung Tübingens durch französische Truppen, der damit einhergehende Verlust der adligen Klientel und die Auflösung der selbstständigen Ökonomie der Adelsakademie im Jahr 1690 deuteten

---

[275] HStAS A 284/94 Bü 250 Bl. 5: Der Erlass an den Oberhofmeister des Collegium Illustre vom 26. September 1628 lautete: *Demnach wür ußer hochbewegenden Ursachen, gleichsamb wider unsern Willen, verursacht werden, das Fürstlich Collegium zue Tüwingen ein zeittlang zu suspendiren unnd zubeschlüeßen, Allß wollen wür Dich, unnd alle andere gedachts Collegii bißhero gewesene Officier (ußerhalb der fünff Professorum unnd des Thorwarts) ihrer getragenen Diensten unnd Verrichtungen, welches du Ihnen anzukündigen wissen würst, uff nechstghommend Martini in Gnaden erlaßen haben.* UAT 44/175b o. Pag. Erlass Herzog Ludwig Friedrichs an den Senat (1628, Dezember 6): Die Professoren des Collegium Illustre sollten bei der Juristenfakultät der Universität Tübingen übernommen werden.

[276] HStAS A 274 Bü 83 o. Pag. Bericht des Collegiumsverwalters an Herzog Carl Eugen (1769, Mai 30); vgl. CONRADS: Ritterakademien, S. 154 f.; THÜMMEL: Universitätsverfassung, S. 439; RAUSCHER: Collegium Illustre, S. 70 f., 73; WILLBURGER: Collegium Illustre, S. 21 f.

[277] HStAS A 303 Bd. 13965–13967.

[278] THÜMMEL: Universitätsverfassung, S. 12 f.

[279] CONRADS: Ritterakademien, S. 155; THÜMMEL: Universitätsverfassung, S. 442.

auf einen Niedergang auch der Exerzitien- und Sprachmeister hin[280]. Diese Krise ist umso bemerkenswerter, als insbesondere die Exerzitienmeister, ihre Stellen und ihre Besoldungen aus dem Geistlichen Gut im Endergebnis davon nicht nur vollkommen untangiert blieben, sondern aus dieser schwierigen Phase sogar gestärkt hervor gingen.

Bereits 1678 gab es einen ersten Versuch, das Collegium aufzulösen und seine Bediensteten zu entlassen. Die persönliche Präsenz und Behauptung der damaligen Exerzitienmeister wie Tanzmeister Charles Dumanoir, der auf der Fortsetzung seiner Besoldung bestand und dabei seine langjährige Loyalität gegenüber dem Collegium ins Feld führte, bewirkten aber, dass die Stellen der Maîtres zunächst erhalten blieben[281]. Nachdem der letzte adlige Collegiat Tübingen 1688 aufgrund des Krieges verlassen hatte[282] und nach einem weiteren Versuch des Kirchenrats, mit der Schließung des Collegium Illustre auch sein Personal zu entlassen, wehrten sich Fechtmeister Joseph Hagel und Tanzmeister Guillaume Michel Dumanoir 1689 erfolgreich gegen ihre Dimission mit der Argumentation, dass beide vierzehntägig von Tübingen aus auch die württembergischen Prinzen und Edelpagen am Stuttgarter Hof und in Kirchheim unter Teck sowie die Stuttgarter Gymnasiasten unterrichteten[283].

Die Entlassung aller Angestellten des Collegium Illustre auf Jacobi 1694 schien mit einem Dekret Herzog Eberhard Ludwigs an die Bebenhauser Pflege und Collegienverwaltung im Juli 1694 erneut eine beschlossene Sache zu sein[284]. Tanzmeister

---

[280] HStAS A 274 Bü 83 o. Pag. Bericht des Collegiumsverwalters an Herzog Carl Eugen (1769, Mai 30); CONRADS: Ritterakademien, S. 155; THÜMMEL: Universitätsverfassung, S. 442; WILLBURGER: Collegium Illustre, S. 24.

[281] HStAS A 284/94 Bü 55 Bl. 16 f.: Tanzmeister Charles Dumanoir schrieb im Februar 1678 an den Kirchenrat: *Ayant appris que Vôtre Altesse Sérénissime et Son Conseil ont resolu de fermer le College où j'ay montré à danser près de XXX ans, et par cette resolution tous ceux, qui ont eü des charges dans le college semblent estre cassé, je prend la liberté de supplier tres humblement Vôtre Altesse Sérénissime de me conserver l'honneur de sa protection, et les gages, qui sont fort petits.*

[282] CONRADS: Ritterakademien, S. 155 und Anm. 6; UAT 9/14 Bl. 234ᵛ: Laut der Matrikel des Collegium Illustre verließ der schwedische Baron Per Lennartsson Ribbing Tübingen am 2. November 1688.

[283] HStAS A 284/94 Bü 253 o. Pag. Herzogin Magdalena Sybilla an den Verwalter des Collegium Illustre (1689, Juni 21): Die Herzogin erließ am 21. Juni 1689 den Befehl, *daß weilen beede der Fecht- und Tantz Meister, Joseph Hagel und du Manoir nicht allein Ihro Dienst bey der Fürstlichen Jugendt und Edel Page, sondern auch denen Gymnasiasten alhier zuethuen schuldig und darauf angenommen sein sollen. Alß ist hiemit unser Befelch, du sollest deßweeg Ihnen ihre bißhero beym Fürstlichen Collegio gehabte Frucht- und Wein Besoldungen fortraichen, und alles gehöriger Orthen urkhundtlich verrechnen.*

[284] HStAS A 284/94 Bü 253 Bl. 9: *Demnach Wir necessitiret sein, bey diesem schon so lange Zeit continuirenden beschwehrlichen Kriegszeithen und des Geschicks gar gemain zusahmen gehenden Einkunfften, in allen Stückhen einziehen zulasen, und desweg uns in gnaden dahin resolviret, nach dehme das fürstliche Collegium ohne dem schon seither anno 1689 beschlossen und die Oeconomie eingestellet gewesen, nunmehro auch den Oberhoff Meister und andere Officier, (userhalb des Thorwahrts, den wür zu Verwahrung des Collegii bey seinen Diensten verbleiben lassen [...]), auff negst eingehend Jacobi ihrer bishero getragenen Diensten und Verrichtung in Gnaden zu erlassen. Solchem nach ist an dich unser Befelch, du sollest*

Guillaume Michel Dumanoir weigerte sich jedoch schlichtweg, seine Dimission zu akzeptieren[285]. Der französische Tanzmeister scheint zwischen 1694 und 1695 für kurze Zeit der einzige Repräsentant der Maîtres in Tübingen gewesen zu sein. Sein Durchhaltevermögen konnte daher nicht das einzige Motiv gewesen sein, welches die Exerzitien in Tübingen letztendlich am Leben hielt. Vielmehr war es auch der Senat der Universität Tübingen, der sich seit der Schließung des Collegium Illustre im Jahr 1688 über den Verlust klar wurde und sich daher seit 1695 für die Wiederbelebung der Exerzitien und die Wiederbesetzung der Maîtrestellen einsetzte, ohne sich jedoch selbst finanziell verausgaben zu wollen[286]. Ein weiterer Grund für die erneute Investition aus dem Geistlichen Gut in die Bereitstellung einer personellen Infrastruktur für das Reiten, Fechten, Tanzen und Ballspiel in Tübingen war, dass im September 1695 Herzog Friedrich Carl von Württemberg-Winnental ankündigte, seinen ältesten Sohn und späteren Herzog von Württemberg Carl Alexander zum Studium nach Tübingen zu schicken, wenn hier die Exerzitien ordentlich bestellt wären[287].

Die Rechnungen des Collegium Illustre beweisen schließlich eine erstaunliche Kontinuität der Exerzitien in Tübingen in diesen schweren Jahren: Guillaume Michel Dumanoir war nach dem Tod Charles Dumanoirs im Jahr 1688 als Tanzmeister angestellt worden und bezog ununterbrochen bis zu seinem Tod 1714 eine jährliche Grundbesoldung, die ihm teilweise aus der Stiftspflege Stuttgart gereicht wurde[288]. Bei den Fechtmeistern kam es nach dem Weggang Joseph Hagels zwischen 1693 und 1695 zu einer kurzzeitigen Vakanz, jedoch wurde schon 1695 Fechtmeister Balthasar Friedrich Dinckel eingestellt[289]. Der 1685 in Tübingen angenommene Bereiter Wolfgang Lorenz Gutthäter, der sich vermutlich seit 1694 in Stuttgart aufhielt, blieb offiziell am Collegium Illustre angestellt[290]. Im Juni 1698 ersetzte ihn nahtlos Wolfgang Ernst von Berga[291]. Bei den Ballmeistern gab es von 1693 bis 1699 zwar eine Besoldungs- jedoch keine Stellenvakanz[292].

Ab 1698/1699 waren alle Exerzitienmeisterstellen wieder besetzt[293]. Auch spätere Berichte des 18. Jahrhunderts belegen die Kontinuität der Grundbesoldungen der Maîtres am weiterhin offiziell geschlossenen Collegium Illustre[294]. Herzog Eberhard

---

  mit gedachten Officiern ihrer Besoldungen halben bis uff ermelten termin Jacobi pro rato
  abrechnen, was Jedem ausständig vollents [...]. Und nach dehme Wir zumalen dem Oberhoff
  Meister gnädigst Befelch ertheilet, die gewisse Verordnung zuthun, dass uff besagten Termin
  die Rechnung beschlossen und [...] eingeschicket [...] werden sollen.

[285] HStAS A 284/94 Bü 253 B. 3–7.

[286] HStAS A 202 Bü 2617 o. Pag. Senat der Universität an den Geheimen Rat (1695, November 4).

[287] BRÜSER: Carl Alexander, S. 15 f.; UAT 4/1 Bl. 73ᵛ.

[288] HStAS A 303 Bd. 13975–13995.

[289] HStAS A 303 Bd. 13975–13982.

[290] HStAS A 303 Bd. 13978–13980.

[291] HStAS A 284/94 Bü 51 Bl. 11, 31, 33, 35; HStAS A 303 Bd. 13981–14007.

[292] HStAS A 284/94 Bü 53 Bl. 10 f.; HStAS A 303 Bd. 13978–13982.

[293] HStAS A 303 Bd. 13981.

[294] HStAS A 284/94 Bü 55 Bl. 79: Im Jahr 1732 tritt ein Prinzenhofmeister in einem Bericht an den Kirchenrat für eine angemessene Bezahlung der Aufwendungen des Tanzmeisters

Ludwig hatte damit nicht nur für die standesgemäße Erziehung Prinz Carl Alexanders gesorgt, der sich seit 1695 zum Studium in Tübingen aufhielt, sondern auch für die seiner drei Brüder Heinrich Friedrich, Maximilian Emanuel und Friedrich Ludwig, die seit 1698 in Tübingen weilten[295].

b. Die Charakteristik der Grundbesoldungen

Die auf Georgii jedes Jahres von der Bebenhauser Pflege und Collegienverwaltung in Tübingen aus dem Geistlichen Gut ausbezahlten festen und leistungsunabhängigen Besoldungen der Maîtres in Geld und Naturalien bildeten den Grundstock ihres Unterhalts. Erst seit der zweiten Hälfte des 17. Jahrhunderts, als die am Collegium Illustre angenommenen Exerzitien- und Sprachmeister auch die Studenten der Universität unterrichten durften, kamen zum Unterhalt der Maîtres die von den Scholaren bezahlten Informationsgelder hinzu[296]. Es ist jedoch belegt, dass die Maîtres schon immer auch von den Scholaren des Collegium Illustre, die eigentlich von Unterrichtsgeldern freigestellt waren, sogenannte Verehrungen[297] erhielten und damit beträchtliche Zusatzeinnahmen erwirtschafteten.

Charles Devaux ein, indem er als Grund unter anderem auch angibt, dass *bey sowohl geöffneten alß geschlossenen Collegio die Meister Ihre Unterrichtung bezahlet zu bekommen vorhin gebräuchlich.* HStAS A 274 Bü 83 o. Pag. Collegiumsverwalter Müller an Herzog Carl Eugen (1769, Mai 30): Collegiumsverwalter Müller belegt 1769 in seinem Bericht über die Ökonomie des Collegium Illustre: *Die Erfordernus an Geldt und Naturalien aber von dem Geistlichen Gut zur Collegii Verwaltung geliefert, und von dieser sofort alles behörig besorgt und bezahlt worden, gleichwie auch bei geschlossenem Collegio, die Oberhofmeister, Professores, Exercitienmeister und übrige Officianten von dem Geistlichen Guth durch die Collegii Verwaltung besoldet worden.* Vgl. WILLBURGER: Collegium Illustre, S. 25.

[295] WILLBURGER: Collegium Illustre, S. 24; BRÜSER: Carl Alexander, S. 15 f.

[296] Ordnung 1609, S. 11; Leges 1666, S. 6; HStAS A 202 Bü 2615 o. Pag. *Staat* für Ulrich Oberans (1652, Dezember 10); HStAS A 274 Bü 76 o. Pag. Georg Wildt an Herzog Johann Friedrich (1610); HStAS A 274 Bü 78 Bl. 24b: Bis zum Dreißigjährigen Krieg war es den am Collegium Illustre angenommenen Exerzitien- und Sprachmeistern verboten, die Studenten der Universität zu unterrichten, wie das Beispiel des Bereiters Augustin Nazareth zeigt, der 1617 und 1618 gegen diese Vorschrift verstieß. Dem Fechtmeister Georg Wildt wurde von Herzog Friedrich zwischen 1601 und 1604 ausdrücklich eine Ausnahmegenehmigung zur Unterrichtung von Studenten außerhalb des Collegium Illustre erteilt. Die Statuten des Collegium Illustre von 1609 schrieben zudem ausdrücklich fest, dass die Exerzitien den Collegiaten vorbehalten sein sollten. Ulrich Oberans wurde nach dem Dreißigjährigen Krieg im Jahr 1652 als Bereiter am Collegium Illustre angenommen und ausdrücklich auch mit der Unterrichtung der Universitätsstudenten beauftragt. In den Statuten von 1666 entfiel der Ausschlusspassus für die Universitätsstudenten.

[297] HStAS A 202 Bü 2599 o. Pag. *Altes Project Praestandorum in dem fürstlichen Collegio* (um 1648), o. Pag. *Newes Project* (um 1648): Nach diesen Regelungen war der Unterricht in den Exerzitien seit dem Dreißigjährigen Krieg für die Collegiaten unentgeltlich. Lediglich für das Reitexerzitium wurden monatlich 6 Reichstaler verlangt. Beim Ballspiel musste für die verbrauchten Ballspielmaterialien selbst aufgekommen werden. Vgl. CONRADS: Ritterakademien, S. 169 f. Die formal freiwilligen, de facto allerdings obligatorischen Verehrungen waren Vorläufer der Informationsgelder. Mit ihnen honorierten die Scholaren die Lehrleistung und das Engagements eines Maître.

Die Grundbesoldungen der Maîtres aus dem Geistlichen Gut hatten daher zu keiner Zeit die Funktion, eine Vollversorgung der Maîtres sicherzustellen. Ziel der Grundversorgung war es vielmehr, die Maîtres zunächst oder zeitweise ohne die Abhängigkeit von Scholaren und Informationsgeldern zur Subsistenz zu befähigen und damit eine personelle Infrastruktur für ein Lehrangebot bereitzustellen, die das Potential besaß, die Frequentierung der Universität zu verbessern und den Studienstandort attraktiv und konkurrenzfähig zu machen. Die Grundbesoldungen sind daher als eine personen- und leistungsunabhängige Investition zu betrachten, mit welcher der Exerzitien- und Sprachunterricht kontinuierlich, vollständig und qualifiziert angeboten werden konnte. Damit wurde für einen Standard gesorgt, der spätestens am Ende des 17. Jahrhunderts weite Verbreitung im höheren Bildungswesen gefunden hatte[298]. Für die Maîtres bedeutete die Grundbesoldung weniger Unterhalt, als vielmehr Anreiz und Absicherung zum Aufbau einer Klientel.

Auch an anderen Universitäten gab es solche Grundbesoldungen mit gleicher Funktion. Von den Universitäten Heidelberg und Olmütz etwa wird für das 18. Jahrhundert von einer Grundbesoldung für alle Maîtres berichtet[299]. Die Besoldung der Göttinger Stallmeister war nicht nur sehr hoch, sondern beinhaltete auch freie Wohnung und Benutzung des Reitstalls. Johann Heinrich Ayrer, der seit 1760 in Göttingen tätig war, musste jedoch auch für die Übungspferde und die Entlohnung der Stallknechte selbst sorgen[300]. Das jährliche provisorische Fechtmeistergehalt der Universität Bützow sollte mit zunehmender Anzahl von Scholaren wegfallen[301]. An der Universität Helmstedt dagegen wurde ein solches erst eingeführt, nachdem der Fechtmeister von den Informationsgeldern nicht mehr leben konnte[302]. An den Universitäten Mainz, Innsbruck, Ingolstadt, Göttingen und Leipzig existierten Grundbesoldungen für einen Tanzmeister[303] und in Gießen bestand bis ins 18. Jahrhundert hinein eine gleichbleibende Besoldung von fünfzig Gulden und zehn Achteln Korn für alle Exerzitienmeister mit Ausnahme des Stallmeisters[304]. Eine besondere Art der Besoldung erhielt der privilegierte Sprachmeister des Französischen François Roux zu Beginn des 18. Jahrhunderts in Jena. Im Vergleich zu seinem Vorgänger erhielt dieser keine feste Grundbesoldung mehr. Als Ausgleich aber wurden die übrigen in Jena anwesenden Sprachmeister dazu verpflichtet, diesem monatlich einen halben Taler zu entrichten, womit sich der Markt an Maîtres und ihr Verdienst von selbst regulierte[305]. An der Universität Göttingen dagegen wurde darauf geachtet, dass nicht mehr Exerzitien-

---

[298] UAT 117/656 o. Pag. Senat der Universität an den Geheimen Regimentsrat und die Visitationskommission (1695, September 30).

[299] ELVERT: Geschichte, S. 9–11; MERKEL: Wirtschaftsgeschichte, S. 263 f.; WOLF: Universitätsangehörige, S. 52 f.

[300] WAGENER: Pedelle, S. 69 und Anm. 54.

[301] HOFFMANN: Studieren, S. 4.

[302] AHRENS: Lehrkräfte, S. 244.

[303] FINK: Tanzmeister, S. 102; RÖSCH: Leibesübungen, S. 127; WAGENER: Pedelle, S. 69.

[304] LIND: Personen, S. 205.

[305] WALLENTIN: Normen, S. 208 f.; vgl. auch BRIESEMEISTER: Sprachmeister, S. 274.

meister angenommen wurden, als sich durch ihre Arbeit auch ernähren konnten[306]. Insbesondere aber viele Sprachmeister bezogen wie die Tübinger Maîtres in der Zeit von 1681 bis 1745/1751 nur selten eine feste Besoldung. So wurde es auch von den Universitäten Basel, Gießen und Bamberg berichtet[307]. Daher gehörten sie häufig – wie etwa an der Universität Marburg – zu den Almosenempfängern[308].

c. Die Grundbesoldung der Bereiter und Stallmeister

Bei einer Betrachtung der Grundbesoldungen um 1600 zeigt sich, dass der Bereiter dem Sprachprofessor am Collegium Illustre nur in wenig nachstand und sich darin auch mit dem Grundverdienst der gelehrten Professoren an der Universität und am Collegium Illustre messen konnte (Tabelle 1, Diagramm 1). Nach der Schließung des Collegium Illustre im Jahr 1688 war es die Universität, die sich 1695 für die Wiederbelebung des Exerzitienlehrangebots und 1697 explizit für die verstärkte Wiederaufnahme des Reitens in Tübingen einsetzte[309]. In diesem Zusammenhang kam es zu einer Aufwertung der Bereiterstelle am Collegium Illustre, die sich in einer Verbesserung der Grundbesoldung des Bereiters im Rechnungsjahr 1698/1699 widerspiegelte. Während bis dahin für den Unterricht im Reiten stets ein Bereiter angestellt gewesen war[310], wurde die Stelle seit 1698/1699 mit Wolfgang Ernst von Berga erstmals und von da an regelmäßig mit einem Stelleninhaber besetzt, der den Titel eines Stallmeisters trug[311]. Die gleichzeitig stark erhöhte Grundbesoldung der Stallmeister, die nun die höchste unter den Maîtres darstellte (Tabelle 1, Diagramm 4–6), veränderte sich dann im Verlauf des 18. Jahrhunderts nur mehr gering[312].

Die Umwandlung der Bereiterstelle in eine Stallmeisterstelle ging einher mit einer Rangerhöhung des Stelleninhabers. Während ein Bereiter dem Stallmeister untergeordnet war und sich im Allgemeinen um die Pflege, Betreuung und Schulung der Pferde kümmerte, leitete ein Stallmeister einen gesamten Stall. Dazu gehörte die Betreuung der Pferde, die Organisation ihrer Verpflegung, die Instand- und Bereithaltung von Wagen und Geschirr sowie die Führung der Stallrechnungen und die Aufsicht über die ihm untergebenen Bedienten wie Bereiter, Kutscher, Stall- und Wagenknechte. Meist wurde der Titel eines Stallmeisters zudem an eine adlige Person vergeben[313]. Wolfgang Ernst von Berga war solch ein adliger Stallmeister[314]

---

[306] WOLF: Universitätsangehörige, S. 81 und Anm. 243.
[307] BEHRENS: Geschichte, S. 14; SPÖRLEIN: Universität, Bd. 2, S. 879; STAEHELIN: Geschichte, Bd. 1, S. 84 f., 585–589.
[308] MEYER ZU ERMGASSEN: Universitäts-Almosen, S. 172–174.
[309] UAT 117/656 o. Pag. Senat der Universität an den Geheimen Regimentsrat und die Visitationskommission (1697, Dezember 30).
[310] HStAS A 274 Bü 79 o. Pag. Besoldungsverzeichnis (um 1610).
[311] HStAS A 303 Bd. 13980–13982.
[312] HStAS A 303 Bd. 13974–14059.
[313] KRÜNITZ: Encyklopaedie, Bd. 4, S. 229; ZEDLER: Universal-Lexicon, Bd. 39, Sp. 1051.
[314] PFEILSTICKER: NWD § 727.

und Adolph Christoph von Bühler wurde 1792 in den Reichsfreiherrenstand erhoben[315].

Aufgrund der erhöhten Investition in die Grundbesoldung der Stallmeisterstelle und der Rangerhöhung sollte nicht nur ein Anreiz zur Wiederbelebung des Reitexerzitiums geschaffen werden, es muss auch von einer bewussten qualitativen und fachlichen Aufwertung des gesamten Reitbetriebs in Tübingen ausgegangen werden. Ein Grund für den Ausbau der Stelle könnte auch darin liegen, dass bei geöffnetem Collegium zahlreiche adlige Studenten ihre eigenen Stallmeister mit nach Tübingen gebracht hatten, die nun entfielen. So war etwa 1606 ein brandenburgischer und ein braunschweigischer Stallmeister im Gefolge adliger Fürstensöhne am Collegium Illustre genannt worden[316].

d. Die Grundbesoldung der Tanzmeister

Die Entwicklung der Tanzmeisterbesoldung wurde von zwei Zäsuren bestimmt. Um 1600 fiel diese zunächst etwas geringer aus als die des Bereiters[317], konnte aber durchaus mit der Besoldung der gelehrten Professoren an Universität und Collegium Illustre konkurrieren (Tabelle 1, Diagramm 1). Nach dem Dreißigjährigen Krieg nahm sie stetig ab, bis es 1672 und 1675 zu einem gravierenden Einbruch kam (Tabelle 1, Diagramm 2–6)[318]. Grund dafür waren mehrere Umstände. Einer davon war der Fauxpas des Tanzmeisters Marin Sanry im Jahr 1672, der Herzog Eberhard dazu bewog, dem Maître wegen missfallender Reden am Tisch des Collegium Illustre zunächst die freie Kost aufzukündigen. Das ließ den Kirchenrat unter Herzog Wilhelm Ludwig bei Neubesetzung der Stelle ab 1675 die Gelegenheit ergreifen, die Tanzmeisterbesoldung generell empfindlich zu kürzen[319]. Dass die missfallenden Äußerungen Sanrys[320] nur der vorläufige Endpunkt eines bereits länger schwelenden Konflikts um die Höhe der Tanzmeisterbesoldung war, zeigt die Tatsache, dass nicht nur Sanry, sondern auch seine Nachfolger von der Besoldungskürzung betroffen blieben.

---

[315] Ebd. § 731.

[316] HStAS A 274 Bü 72 Bl. 8.

[317] HStAS A 274 Bü 79 o. Pag. Besoldungsverzeichnis (um 1610).

[318] HStAS A 303 Bd. 13969, 13970a.

[319] HStAS A 284/94 Bü 55 Bl. 2: Herzog Eberhard erließ im Juli 1672 eigenhändig den Befehl, dem Tanzmeister Marin Sanry die freie Kost im Collegium Illustre aufzukündigen, nachdem er *mit nicht geringem Missfallen vernehmen müessen, ob sollten von deme in dem fürstlichen Collegio zu Tübingen befindtlichen Dantzmeister Marin Sanry bey dem Tisch mehrfältig höchstärgerliche discurs geführet und vorgebracht werden, welches Unwesen aber höchstgedacht Ihre fürstliche Durchlaucht zu abwendung alles daraus entspringenden Unheils und Ärgernus abestellt haben wollen.* HStAS A 303 Bd. 13972–13974.

[320] HStAS A 202 Bü 2617 o. Pag. Oberhofmeister des Collegium Illustre an den Geheimen Rat (1672, März 1), o. Pag. Wolf Adam Lauterbach und David Scheinemann an den Geheimen Rat (1673, Februar 7); HStAS A 284/94 Bü 55 Bl. 3 f.: Marin Sanry sollte sich sowohl in An- als auch Abwesenheit des Oberhofmeisters ungebührlich verhalten haben und die Anwesenden mit Konversationen über die französische Bewaffnung brüskiert sowie die lutherische Konfession verspottet haben.

Schon bevor Marin Sanry die Tanzmeister des Collegium Illustre 1672 auf Jahrzehnte hinaus in Ungnade fallen ließ und der Kirchenrat diese willkommene Gelegenheit dazu benutzte, sich der Ausgaben für einen Tanzmeister zu entledigen[321], war
es bereits um 1660 zu einer länger andauernden Besoldungskonkurrenz zwischen
dem Fechtmeister und dem Tanzmeister des Collegium Illustre gekommen. Im
Jahr 1662 bemühten sich sowohl Fechtmeister Conrad Jacob als auch Tanzmeister
Charles Dumanoir um eine Besoldungserhöhung. Gewährt wurde diese jedoch nur
dem Fechtmeister unter dem Hinweis der herzoglichen Visitationskommission, dass
der Tanzmeister ohnehin weit höher als der Fechtmeister besoldet sei, dieser jedoch
viel größeren Aufwand und Mühe zur Ausübung seines Exerzitiums aufzubringen
habe[322]. Im Besoldungsdurchschnitt des Jahres 1669/1670 bestätigt sich, dass die
Tanzmeisterbesoldung sogar höher war, als die des Bereiters (Tabelle 1, Diagramm 2).
Nach Kürzung der Tanzmeisterbesoldung im Jahr 1672 bemühten sich im 18. Jahrhundert nunmehr die Tanzmeister um eine Gleichstellung mit den Fechtmeistern, die
1735 gewährt wurde (Tabelle 1, Diagramm 5)[323].

Wenige Jahre später kam es zu einer gegenteiligen Zäsur, welche klar den Stellenwert und die Bedeutung der Exerzitien für den Universitätsstandort Tübingen verdeutlicht. Herzog Carl Eugen verfügte nach der Bitte der Universität um Wiederbesetzung der vakanten Tanzmeisterstelle im November 1740 eine vorübergehende
Besoldungserhöhung um neunzig Gulden und dies ausdrücklich, um die Anzahl der
Studenten in Tübingen wieder zu erhöhen[324]. Zwar sollte diese Besoldungserhöhung
nur solange gewährt werden, bis die Universität wieder besser frequentiert werde
und der Tanzmeister genügend Scholaren habe, um sich von Informationsgeldern
ausreichend selbst zu ernähren. Allerdings wurde diese Besoldung bis 1789 nicht
wieder gekürzt[325].

---

[321] HStAS A 284/94 Bü 55 Bl. 11, 14: Charles Dumanoir wehrte sich 1675 zwar gegen die verringerte Besoldung, bekam jedoch den Bescheid, dass der Kirchenrat derzeit vielmehr Ursache
hätte, die Besoldungen aus dem Geistlichen Gut zu verringern, anstatt zu erhöhen.

[322] HStAS A 284/94 Bü 271 o. Pag. Relation über die Visitation des Collegium Illustre (1662,
Februar 15); UAT 9/7 Nr. 72.

[323] HStAS A 284/94 Bü 55 o. Pag. Gutachten des Kirchenrats (1733, Januar 21); HStAS A 303
Bd. 14013: Laut herzoglichen Befehls vom 18. April und 2. Juli 1735 stellte Herzog Carl
Alexander die Besoldung des Fechtmeisters mit der des Tanzmeisters gleich.

[324] UAT 9/9 Nr. 225: *Wir haben Uns Eure [...] Vorstellung, wie daß es zu Aufnahm der Universitaet Tübingen nöthig seyn wolle, die ohnlängst vacant gewordene Dantzmeisters Stelle bey
dem Collegio Illustri allda wiederum mit einem tüchtigen Subjecto zu ersetzen, und solchem
wegen der dermalen vorhandenen geringen Anzahl von Studiosis biß zu Erhaltung mehreren Scholaren und seiner davon abhangenden beßern Subsistenz eine Besoldungs Addition
zuzulegen, seines mehrern Innhalts referiren lassen. Wann Wir nun [...] Uns gnädigst ent-
schloßen, nicht nur zu einem Dantzmeister [...] einen tüchtigen Mann anzunehmen, sondern
ihme auch zu seiner einsweiligen desto bessern Subsistenz eine Gage von 200 fl. an Geld
und Naturalien schöpfen zu lassen, jedoch unter dem ausdruckentlichen Anhang, daß, was
solchergestalten ihme über die vorhin geordnete Besoldung beygelegt wird, nur in so lang
biß die Universitaet frequenter worden, und er mehrere Scholaren, und mithin auch beßere
Subsistenz bekommen wird, als eine Zulag abgereicht werden solle.*

[325] HStAS A 303 Bd. 14017–14059; UAT 9/9 Bl. 225.

Anhand dieser Zäsuren zeigen sich Strukturen, die für das gesamte Tübinger Exerzitien- und Sprachlehrangebot charakteristisch sind. Der Dreißigjährige Krieg setzte mit der finanziellen Reduzierung des Geistlichen Guts den hohen Besoldungen und den angesehenen Stellungen der Maîtres am Collegium Illustre ein vorläufiges Ende. Nach dem Krieg zielten die Investitionen in die Grundbesoldungen der Maîtres darauf ab, ein Lehrangebot mit so geringen Mitteln wie möglich aufrecht zu erhalten. Wie die Vakanz der Bereiterstelle um 1695 im Rechnungsjahr 1698/1699 zur erhöhten Investition in die entsprechende Besoldung und zur Aufwertung des gesamten Reitexerzitiums geführt hatte, so war es 1740 das Fehlen des Tanzmeisters innerhalb des Fächerquintetts, das den Anstoß zu verstärkten Investitionen gab. In beiden Fällen wusste der württembergische Herzog und die Universität um den Mehrwert, den die Maîtres dem Studienstandort Tübingen zu geben vermochten. Und in beiden Fällen wurde eine Lücke in einem Bildungselement geschlossen, das in seiner Gesamtheit zu einem unverzichtbaren Werbe-, Wirtschafts- und Prestigefaktor für den Universitätsstandort und für die Scholaren zu einem integralen Bestandteil ihrer Ausbildung geworden war[326].

Die Erhöhung der Tanzmeisterbesoldung im Jahr 1740, die nur solange gewährt werden sollte, bis sich die Besucherzahlen der Universität wieder erholt hätten, zeigt zudem die originäre Intention der Grundbesoldung. Sie diente einer Basisversorgung und sollte einen Stelleninhaber zur Subsistenz und darüber hinaus zum Aufbau einer Klientel befähigen, die sodann seine hauptsächliche Verdienstgrundlage darstellte. Besoldungsschwankungen hatten daher – mit Ausnahme des Falles Sanry – nicht den Hintergrund, eine persönliche Qualifikation oder Leistung zu bewerten, sondern waren stets klare Indikatoren für ein verringertes oder erhöhtes Investitionsbedürfnis in ein bestimmtes Lehrangebot. Nicht in allen Sparten des Fächerquintetts aber waren solch hohe Investitionen notwendig wie im Tanzexerzitium.

e. Die Grundbesoldung der Fechtmeister

Während die bisherige Untersuchung immer wieder auf Zäsuren stieß, verlief die Entwicklung der Fechtmeisterbesoldungen äußerst homogen. Um 1600 bezog ein am Collegium Illustre angestellter Fechtmeister zweihundert Gulden und den freien Tisch im Collegium Illustre[327]. Mit seinem Verdienst lag er damit deutlich unter den Besoldungen der Sprach-, Reit- und Tanzmeister sowie der gelehrten Professoren der Universität und des Collegium Illustre (Tabelle 1, Diagramm 1). Nach dem Dreißigjährigen Krieg fiel diese Besoldung insgesamt noch geringer aus, hielt sich dann jedoch bis 1789 äußerst konstant (Tabelle 1, Diagramm 2–6)[328].

Eine Besonderheit der Fechtmeisterbesoldung war eine immer wieder zusätzlich bewilligte Zulage, die im 17. Jahrhundert in der Haltung eines Vorfechters begrün-

---

[326] UAT 117/656 o. Pag. Senat der Universität an den Geheimen Regimentsrat und die Visitationskommission (1695, September 30).
[327] HStAS A 274 Bü 79 o. Pag. Besoldungsverzeichnis (um 1610).
[328] HStAS A 303 Bd. 13966–14059.

det lag, für dessen Kost der jeweilige Fechtmeister selbst aufkommen musste[329]. Im 18. Jahrhundert wurde diese als Kompensation für ausbleibende Informationsgelder wegen geringer Frequentierung der Universität beispielsweise in den Jahren 1739 bis 1743 an Fechtmeister Johann Andreas Schmid *wegen des dermahligen geringen Numeri Studiosorum zu Tübingen* und 1780 bis 1789 an Fechtmeister Achatius Friedrich Lorenz Seiffart ausbezahlt[330].

Die zeitweise Zulage zur Besoldung der Fechtmeister hatte damit die gleiche Funktion wie die dauerhaften Grundbesoldungserhöhungen für die Reit- und Tanzmeister. Sie konnte als Investition jedoch geringer ausfallen, da sie hier nur der Fortführung, dort aber der gesamten Wiederbelebung des entsprechenden Lehrangebots dienen musste. Während für die vakanten Bereiter- und Tanzmeisterstellen erst Anreize geschaffen und geeignete Stelleninhaber mit höheren Gagen angelockt werden mussten, handelte es sich bei den Fechtmeistern stets lediglich darum, einen Stelleninhaber in Tübingen zu halten und die Fortführung seiner Subsistenz und seines Lehrangebots zu ermöglichen. Die Zulage war also eine kleinere Maßnahme, die für das Metier der Fechtmeister ausreichend war. Denn die Konkurrenz war hier deutlich höher, als bei den Bereitern und Tanzmeistern[331]. Deshalb war es auch schwierig, eine solche Zulage zu bekommen. Meist blieb sie auf wenige Jahre befristet, und der Kirchenrat achtete streng darauf, dass die Zulage keine automatische Konsequenz auf die Stellennachfolger hatte, sondern immer wieder neu begründet und beantragt wurde[332].

f. Die Grundbesoldung der Ballmeister

In der Entwicklung der Ballmeisterbesoldung stellte der Dreißigjährige Krieg die entscheidende Zäsur dar. Während ein Ballmeister um 1600 noch einhundertdreißig Gulden für sich selbst und einen Balljungen bezog[333], erhielten die Maîtres nach dem Dreißigjährigen Krieg bis zum Ende des 18. Jahrhunderts nur noch eine geringe Na-

---

[329] HStAS A 284/94 Bü 54 Bl. 1–11; HStAS A 303 Bd. 13976–13977: Während Fechtmeister Conrad Jacob sich in den Jahren 1668 bis 1670 zu seinen 60 Gulden eine Zulage von 25 Gulden für die Haltung eines Vorfechters erstreiten musste, wurde Fechtmeister Joseph Hagel 1690/1691 zu der bereits auf 88 Gulden aufgestockten Fechtmeisterbesoldung ein zusätzliches Kostgeld für die Haltung eines solchen Gehilfen über 39 Gulden, 1 Scheffel Roggen, 4 Scheffel Dinkel und 2 Eimer 6 Imi 4 Maß Wein bewilligt.

[330] HStAS A 303 Bd. 14016 Bl. 63ʳ, 14017–14018, 14020, 14051–14059: Die übliche Zulage betrug 15 Gulden, 1 Scheffel Roggen, 3 Scheffel 4 Simri Dinkel und 8 Imi Wein.

[331] HStAS A 303 Bd. 13965–14059; UAT 117/656 o. Pag. Senat der Universität an den Geheimen Regimentsrat und die Visitationskommission (1695, September 30): Eine längere Vakanz der Fechtmeisterstelle ist lediglich zwischen 1693 und 1695 durch den Wegzug des Fechtmeisters Joseph Hagel bekannt.

[332] HStAS A 284/94 Bü 296 Bl. 77: Fechtmeister Achatius Friedrich Lorenz Seiffart erhielt die Zulage im März 1781 lediglich *als eine Besoldungs-Zulage auf seine Dienstzeit in quali et quanto, jedoch nur vor seine Person, und ohne Consequenz auf seine künfftige Successores.*

[333] HStAS A 274 Bü 79 o. Pag. Besoldungsverzeichnis (um 1610).

turalbesoldung[334]. Im Vergleich zeigt sich, dass die Grundbesoldung des Ballmeisters am Collegium Illustre im Verhältnis zu den anderen Maîtres von Beginn an am geringsten ausfiel (Tabelle 1, Diagramm 1–6).

Grund für die einschneidende Zäsur, die dafür sorgte, dass die Ballmeister nach dem Dreißigjährigen Krieg zunächst gar keine Besoldung erhielten, war die Tatsache, dass nach der Schließung des Collegium Illustre auf Martini 1628 das Ballexerzitium privatisiert wurde. Im Jahr 1629 erlaubte der Herzogsadministrator Ludwig Friedrich von Württemberg-Mömpelgard Ballmeister Hugo Bitschin die private Führung des Ballhauses. Dasselbe wurde auf seine eigenen Kosten mit einem Eingang von der Stadt her versehen, sodass das geschlossene Collegiumsgebäude und der Collegiumsgarten, in dem das Ballhaus stand, vom weiteren Betrieb nicht tangiert wurden[335].

Durch die Übernahme des Ballhauses in Privatbetrieb stand dem Ballmeister nach dem Dreißigjährigen Krieg keine Besoldung aus dem Geistlichen Gut mehr zu[336]. Die ab 1649 sich wieder entwickelnde und sich bis zum Ende des 18. Jahrhunderts haltende geringe Naturalbesoldung der Ballmeister resultierte aus einer Kompensation übermäßiger Materialkosten für Bälle und Schläger, die sich Ballmeister Johann Bitschin 1649 erstritt: Als Prinz Johann Friedrich 1648 ins Collegium Illustre eingezogen war, betrieb er ausgiebig das Ballexerzitium. Der Ballmeister, der ihn nicht nur jeden Nachmittag von vier bis halbsechs Uhr im Ballexerzitium unterwies, sondern ihm auch das entsprechende Ballspielmaterial zur Verfügung stellte, bat 1649 mit Unterstützung des Oberhofmeisters um eine Entschädigung in Form von Geld oder Naturalien für die zahlreich angefertigten und noch anzufertigenden Bälle und Schläger. Er gab zudem an, dass der Verschleiß an Bällen so groß sei, weil aus Ermangelung der Tücher und Netze, die normalerweise auf der Galerie des Ballhauses angebracht seien, die Bälle permanent aus dem Ballhaus hinaus ins Freie geschlagen würden (Abb. 2). Pro Tag gingen auf diese Weise mindestens zwei Dutzend Bälle verloren, da sie auf der Gasse von Passanten aufgehoben und mitgenommen wur-

---

[334] HStAS A 303 Bd. 13965–13978, 13982–14059: Ballmeister Johann Bitschin erhielt von Martini 1649 bis 1683/1684 1 Scheffel Roggen und 4 Scheffel Dinkel. Dieser Besoldung wurde dann noch 1 Eimer Wein hinzugefügt, woran sich bis 1789 nichts mehr änderte. HStAS A 303 Bd. 13979–13981, 13995, 14010: In den Rechnungsjahren 1696/1697 bis 1698/1699, 1714/1715 und 1731/1732 wurde keine Ballmeisterbesoldung ausbezahlt.

[335] HStAS A 284/94 Bü 250 Bl. 18a, 35: Hugo Bitschin bat 1628 darum, ihm *die Gnad zue erweisen, und Gnädig zu vergonnen, daß Euer Fürstlich Gnaden Ballhauß, (In welches man In der Statt darein khommen khan, und das Collegium destweegen ganz und gahr nicht geöffnet werden darff) Ich die noch überige Zeit meines Lebens gebrauchen, und also mich [...] mit Ehre ernähren und hinauß bringen möge.* Herzogsadministrator Ludwig Friedrich bewilligte 1629 den Vorschlag Bitschins und erlaubte ihm so den privaten Weiterbetrieb des Ballexerzitiums im Ballhaus des Collegium Illustre.

[336] HStAS A 284/94 Bü 53 Bl. 10 f., o. Pag. Johann Bitschin an den Kirchenrat (1649, Oktober 14): Noch 1698, als Ballmeister Johann Albrecht Bründlin das Ballhaus bereits seit drei Jahren ohne Besoldung betrieben hatte und um die übliche Ballmeisterbesoldung bat, äußerte der Kirchenrat, dass sich Bründlin um den Titel eines Ballmeisters ohne Besoldung beworben habe. Falls er zum Betrieb des Ballhauses unter diesen Bedingungen nicht mehr bereit sei, wolle sich der Kirchenrat um einen anderen Ballmeister umsehen.

den[337]. Der Oberhofmeister schlug daher vor, dem Ballmeister aus dem Geistlichen Gut zehn bis zwölf Scheffel Dinkel als Ersatz für seinen Materialaufwand zu geben, solange Prinz Johann Friedrich in Tübingen das Ballexerzitium betreibe[338]. Von Seiten des Kirchenrats wurde jedoch nur die Gabe von einem Scheffel Roggen und vier Scheffeln Dinkel für die Herstellung der Bälle gewährt[339]. Die Maßnahme, die nur für die Dauer des Aufenthalts des Prinzen in Tübingen gedacht war, wurde jedoch konstant bis 1789 beibehalten und übernahm bald die Funktion einer dauerhaften Naturalbesoldung[340].

Es deutet einiges darauf hin, dass sich später auch konstant die weltliche Kellerei Tübingen mit dem Vermögen der Rentkammer an der Naturalbesoldung für den Tübinger Ballmeister beteiligte[341]. Im Jahr 1668 dekretierte Herzog Eberhard die Zahlung von jährlich zwanzig Scheffeln Dinkel aus der weltlichen Kellerei Tübingen für Ballmeister David Rieck, der dafür den im Collegium Illustre anwesenden Prinzen und ihren Bedienten im Ballhaus aufwarten und sie mit Bällen versorgen sollte[342].

g. Die Grundbesoldung der Sprachmeister

Eine besondere Entwicklung nahm die Grundbesoldung der Sprachmeisterstelle am Collegium Illustre. Sie wurde von 1681 bis 1745/1751 fast siebzig Jahre lang ausgesetzt[343]. Die Aufhebung der gut besoldeten Sprachmeisterstelle, die bis 1681 dem

---

[337] Nail: Ballspielen, S. 214: Auch für das Marburger Ballhaus wurde von solchen Tüchern und Netzen berichtet, die dem Schutz vor dem Herausfliegen und damit dem Verlust der Bälle dienten.

[338] HStAS A 284/94 Bü 53 o. Pag. Johann Bitschin an den Kirchenrat (1649, Oktober 14), o. Pag. Kirchenrat an den Collegiumsverwalter (1649, November 10): Der Oberhofmeister schrieb unterstützend: *Nun ist zwar an dem, daß gedachter Ballmeister täglich von 4 biß halb 6 Uhr, nachmittag, in dem Ballhauß fleißig uffgewart, die Ballen fournirt, und deßwegen noch einige recompens nicht empfangen, ihme auch von allen den Ballen, so hinauß geschlagen werden, keiner mehr, wegen ermanglung, der tücher, oder Garn kan zu nutz kommen. Stehet demnach zu Ewer [...] Resolution, ob gedachtem Ballmeister jährlich [...] sowohlen vor die Ballen, alß seine mühe 10 oder 12 schöffel Dünckhel, so lang Hertzog Johann Friderich [...] neben seinen bedienten solch Exercitium gebrauchen werden, durch den Geistlichen Verwalter alhier, gnedig raichen wollen laßen.*

[339] HStAS A 284/94 Bü 53 o. Pag. Kirchenrat an den Collegiumsverwalter (1649, November 10).

[340] HStAS A 303 Bd. 13965–14059.

[341] HStAS A 284/94 Bü 295 Bl. VI: Der Oberhofmeister des Collegium Illustre bemerkte 1789 über die Ballmeisterbesoldung: *In Ansehung der hergebrachten Besoldung eines Ballmeisters bemerke ich nur noch, daß dieselbe theils von der herzoglich hiesigen Kellerey mit 20 Scheffel Dinkel; theils von der Collegii Illustris Verwaltung mit 4 Scheffel Dinkel 1 Scheffel Roken und 1 Aymer Wein abgegeben wird.*

[342] HStAS A 202 Bü 2617 o. Pag. Herzog Eberhard an den Geheimen Rat (1668, Mai 9).

[343] HStAS A 303 Bd. 13973–14030: Die Rechnungen des Collegium Illustre von 1683/1684 bis 1751/1752 weisen keine Sprachmeisterbesoldungen aus. HStAS A 202 Bü 2616 o. Pag. Geheimer Rat an den Prinzenhofmeister in Tübingen (1682, Oktober 24), o. Pag. Oberhofmeister des Collegium Illustre an den Geheimen Rat (1685, Juli 14), o. Pag. Geheimer Rat an den Oberhofmeister des Collegium Illustre (1685, Oktober 26): Eine Übergangslösung ist bei den Sprachmeistern Hugi und de Monort zu beobachten, die 1682 und 1685 noch am

Grundverdienst eines gelehrten Professors an der Universität oder am Collegium Illustre entsprochen hatte (Tabelle 1, Diagramm 1–3)[344], wurde nach dem Tod des Sprachmeisters Louis du May im Jahr 1681 zur Kasse eingezogen. Grund dafür war ein Überangebot an sprachpraktischem Unterricht durch italienisch- und französischsprachige Migranten, die seit den 1660er Jahren aus konfessionellen Gründen nach Württemberg und in andere Territorien des Reiches kamen und sich hier als Sprachmeister verdingten. Eben dieses Überangebot hatte offenkundig zur Folge, dass eine Investition in die hoch dotierte Sprachmeisterstelle am Collegium Illustre aus dem ohnehin stark belasteten Geistlichen Gut komplett entfallen konnte, ohne dass die Aufrechterhaltung des Sprachlehrangebots in Gefahr geriet[345].

Da es spätestens nach der Schließung des Collegium Illustre im Jahr 1688 nur noch die Universität war, die ein Interesse an der Aufrechterhaltung eines Sprachlehrangebots in Tübingen haben konnte, begann sie nun selbst damit, die Sorge für die Anwesenheit von Sprachmeistern zu übernehmen, allerdings ohne sich finanziell zu verausgaben[346]. Eine Investition in eine Sprachmeisterbesoldung von Seiten der Universität ist daher zu keiner Zeit belegt. Ganz im Gegenteil wurden für die Ablehnung einer solchen stets allerlei Begründungen geliefert[347]. Die Sprachmeister lebten in der Zeit von 1681 bis 1745 lediglich von ihren Informationsgeldern und konnten sich beim Senat um Gratiale bemühen[348].

Seit etwa 1700 wurde einzelnen Maîtres, die sich länger in Tübingen aufgehalten und eine gute Aufführung bewiesen hatten, auf Nachfrage eine befristete Unterstützung von zweiundfünfzig Gulden jährlich zur Verfügung gestellt[349]. Die Mittel für

---

Collegium Illustre angestellt wurden und eine jährliche Besoldung von 250 bis 300 Gulden versprochen bekamen. Die Besoldung Hugis wurde, wie er 1685 angab, nie ausbezahlt und erscheint auch nicht in den Rechnungen des Collegium Illustre. Die Besoldung de Monorts konnte aufgrund fehlender Rechnungen der Jahre 1685 bis 1687 nicht verifiziert werden.

[344] HStAS A 274 Bü 79 o. Pag. Besoldungsverzeichnis (um 1610).

[345] HStAS A 284/94 Bü 47 Bl. 1: Sprachmeister Jean Caumon sprach 1722 von der offenbar noch viele Jahre später und auch bei anderen Sprachmeistern bekannten Amortisierung der gut besoldeten Sprachmeisterstelle am Collegium Illustre. Er bat 1722 um eine Zuwendung aus der ehemaligen Grundbesoldung Louis du Mays, *laquelle a été amortie depuis son decès.*

[346] MUT II 24237, 26237, 26644, 26552: Die ersten in die Universitätsmatrikel aufgenommenen Sprachmeister waren seit den 1650er Jahren Étienne Debrulère, Louis de Pimelin, Louis d'Artois und Jean Baptiste Lequin.

[347] UAT 30/6 Nr. 24 Bl. 1: Der Senat gab 1712 an, dass die Universität *Sprachmeistern Besoldungen zu schöpfen, weder gewohnt, noch auch dermahlen im stand seye.*

[348] UAT 30/6 Nr. 23, 48: Sprachmeister Antonio Calligar bat 1701 wegen zu niedriger Verdienstmöglichkeiten und seiner Schulden um eine finanzielle Unterstützung beim Senat der Universität. UAT 30/6 Nr. 20: Auch Sprachmeister Paul Melin erhoffte sich 1702 die Begleichung seiner Schulden durch die Universität. UAT 30/6 Nr. 22: Sprachmeister Jean Gigon beantragte zwischen 1703 und 1709 aus verschiedenen Gründen insgesamt zehn Gratiale.

[349] UAT 30/6 Nr. 20 Bl. 1: Die erste Einführung, Festlegung und Ausbezahlung der Beihilfe, die als *Adjuto* bezeichnet wurde, ist unbekannt. Es wurde zuerst 1701 für den Sprachmeister des Italienischen Antonio Calligar aktenkundig und dort bereits als *gewöhnlich* bezeichnet. Auch wurde erwähnt, dass Sprachmeister Petrus Josephus Bergamini die Beihilfe bereits vor Calligar genossen hatte. Zu den Voraussetzungen für den Erhalt der Beihilfe gab der Geheime Rat in einem Schreiben an den Senat 1701 eine gute Aufführung, Fleiß bei der Informa-

diese Beihilfe stammten jedoch ebenfalls nicht aus dem Universitätsfiskus, sondern aus dem Geistlichen Gut[350]. Es ist zudem der Beharrlichkeit des seit 1709 an der Universität immatrikulierten Sprachmeisters Franciscus de Gregoriis und anderer Sprachmeister zu verdanken, dass ab 1751 die ehemalige Sprachmeisterbesoldung zumindest partiell wieder aktiviert wurde. Zunächst überhäufte de Gregoriis den Kirchenrat von 1712 bis 1738 mit zahlreichen Suppliken um Gratiale und Besoldungszulagen, die in unregelmäßigen Abständen bewilligt wurden[351]. Sie brachten ihm 1710 bis 1712 zunächst eine Naturalbesoldung von zwölf Scheffeln Dinkel aus den Prälaturgehältern der Universität[352], 1712 die Beihilfe von zweiundfünfzig Gulden aus dem Geistlichen Gut, ab 1725 eine Aufstockung um fünfundsiebzig Gulden, zwölf Scheffel Dinkel und einem Eimer Wein[353] und ab 1745 bis zu seinem Tod ein Jahr später zusätzlich hundert Gulden jährlich ein[354]. Die Sprachmeister Sebastian Buttex, Alexander Gottlieb Lamotte, Jean Caumon und Johann Hieronymus Boeswillibald, die im Gegensatz zu de Gregoriis nur Informationsgelder einnahmen, bezogen sich in ihren Suppliken in der ersten Hälfte des 18. Jahrhunderts immer wieder auf die ehemalige Sprachmeisterbesoldung Louis du Mays und die anderen noch immer kontinuierlich fest besoldeten Exerzitienmeister am Collegium Illustre[355].

tion der Studenten und als Bedingung den Übertritt zur lutherischen Konfession an. HStAS A 284/94 Bü 289 Bl. 55: Noch 1712 hatte die Beihilfe die Funktion einer befristeten Unterstützung zur Überbrückung der schlechten Frequentierung der Universität. Franciscus de Gregoriis sollte die Beihilfe damals nur so lange beziehen, bis er sich von Informationsgeldern wieder ausreichend selbst versorgen könne.

[350] HStAS A 284/94 Bü 289 Bl. 55: In einem Bericht des Collegiumsverwalters über die Sprachmeisterbesoldungen des Jahres 1791 erklärte er, dass in den Rechnungen des Collegium Illustre keine Sprachmeisterbesoldungen aufgeführt seien, er in der Registratur der Bebenhauser Pflege jedoch Unterlagen über die Einstellung Franciscus de Gregoriis als Sprachmeister des Italienischen aus dem Jahr 1709 gefunden habe.

[351] HStAS A 284/94 Bü 49 Bl. 48: Manche dieser Suppliken sind bis zu sieben Seiten lang. Als Begründung gab Franciscus de Gregoriis fehlende Subsistenzmittel, zu große Konkurrenz durch weitere Sprachmeister, niedrige Schülerzahlen, private Sonderausgaben für seine Kinder und deren Krankheiten, Teuerung, Schulden und sein zunehmendes Alter an.

[352] HStAS A 284/94 Bü 289 Bl. 55: Franciscus de Gregoriis wurde 1709 ausdrücklich als *Proselyt* mit einer Besoldung von 12 Scheffeln aus den Prälaturgehältern der Universität angenommen. Die Prälaturgehälter rührten aus dem Geistlichen Gut und waren für die Wiederbesetzung von Lehrstühlen gedacht, die seit dem Dreißigjährigen Krieg vakant waren. Vgl. RIECKE: Kirchengut, S. 10; THÜMMEL: Universitätsverfassung, S. 15.

[353] HStAS A 284/94 Bü 49 Bl. 48, 56; HStAS A 284/94 Bü 289 Bl. 55, 57: Der Betrag wurde ab 1726 von der Stiftspflege Tübingen ausbezahlt.

[354] HStAS A 284/94 Bü 49 o. Pag. Geheimer Rat an den Kirchenrat (1726, Juni 8); HStAS A 284/94 Bü 289 Bl. 55.

[355] HStAS A 284/94 Bü 47 Bl. 1: Jean Caumon bat 1722 nach über zwanzigjähriger Tätigkeit als Sprachmeister in Tübingen um eine Besoldung: *Jean Caumon, Maitre de Langue, [...] vient se jetter aux piés de Vôtre Altesse Serénissime [...] d'ailleurs n'aiant point eu et n'aiant point encore de gages, quoi que tous les autres Maitres d'exercices en aient d'asses considerables [...]. C'est pourquoi il a recours à Vôtre Altesse Serénissime et la suplie [...] de vouloir [...] le gratifier, comme aux autres Maitres d'Exercices d'une pension annuelle, soit en faisant renaitre en partie celle qu'avoit le feu chevalier Du May, laquelle a été amortie depuis son decès, ou en lui en assignant une sur la Visitation, en blé, en vin, en argent ou en ce qu'il plaira a Vôtre Altesse*

Ab 1745 wurde daraufhin erneut ein Geldbetrag von hundertfünfzig Gulden aus dem Geistlichen Gut bereitgestellt, der seit 1751 offiziell in zwei halbe Stellen à fünfundsiebzig Gulden für einen Sprachmeister des Französischen und des Italienischen aufgeteilt und wieder von der Collegienverwaltung ausbezahlt und verrechnet wurde[356]. Gleichzeitig wurde festgelegt, dass die Sprachmeisterstelle zukünftig wieder rechtlich dem Collegium Illustre zugeschlagen würde und ihre Stelleninhaber – wie die Exerzitienmeister – wieder der Jurisdiktion des Oberhofmeisters unterstehen sollten[357]. Aufgrund des längeren Ausbleibens eines Sprachmeisters des Italienischen ab 1774 wurden ab 1777 die beiden halben Stellen für das Französische und Italienische zusammengelegt und in Personalunion versehen[358].

In der Lehre der modernen Fremdsprachen kündigten sich noch am Ende des 18. Jahrhunderts große Veränderungen an. Unter Einfluss der Wiederaufwertung der alten Sprachen und der humanistisch-grammatischen Tradition löste sich der Sprachunterricht vom natürlich-sprachpraktischen Ansatz des 18. Jahrhunderts. Das führte an den Universitäten teils in Fortführung der Sprachmeisterstellen, teils in bewusster Abgrenzung zu diesen im 19. Jahrhundert zur Ausbildung neuphilologischer Professuren, die jetzt nicht mehr von Muttersprachlern, sondern einheimischen und akademisch vorgebildeten Gelehrten vertreten wurden[359]. Diese Entwicklung lässt sich auch in Tübingen nachvollziehen: Johann Heinrich Emmert aus Franken[360] wurden 1792 noch vor Dienstantritt hundertfünfzig Gulden Grundbesoldung, halb in Geld, halb in Naturalien, der Titel eines Professors und ein Reisegeld von fünfundsieb-

---

Serénissime d'ordonner. HStAS A 284/94 Bü 46 o. Pag. Alexander Gottlieb Lamotte an den Kirchenrat (1737, Oktober 14): Auch Lamotte bat jahrelang um eine Grundbesoldung mit der gleichen Argumentation: *Ingleichen alle Exercitien Meister bey diesem Collegio eine ansehnliche Gage genießen. Ich hingegen allein in meiner grösten Armuth keiner Emolumenten zu erfreuen habe, anbey doch erweißlich, daß dem Prof. linguae Gallicae jedesmahlen eine Besoldung zugekommen, wie ein solches das Exempel des du Mai vermög beygehenden Extractus sattsam an den Tag leget.*

[356] HStAS A 202 Bü 2616 o. Pag. Geheimer Rat an den Kirchenrat (1751, Dezember 13), o. Pag. Geheimer Rat an den Kirchenrat (1752, Juli 28); HStAS A 284/94 Bü 47 Bl. 2a, 3–5; HStAS A 284/94 Bü 289 Bl. 55: Die zwei halben Stellen bestanden aus je 75 Gulden oder 50 Reichstalern, halb in Geld, halb in Naturalien, was einer Jahresbesoldung von 37 Gulden, 6 Simri Roggen, 8 Scheffel 2 Simri Dinkel und 1 Eimer 14 Imi Wein entsprach. Die Sprachmeister Jean Caumon und Pierre Robert, die beide seit vielen Jahren ohne Besoldung an der Universität als Sprachmeister tätig waren, erhielten diese halben Besoldungen 1745 beziehungsweise 1747/1752 beide als Sprachmeister des Französischen. Pierre Robert teilte sich von 1747 bis 1752 seine halbe Stelle zunächst noch mit der Witwe des Sprachmeisters Franciscus de Gregoriis. HStAS A 303 Bd. 14030: Ab dem Rechnungsjahr 1752/1753 erschien die Sprachmeisterbesoldung wieder in den Rechnungen des Collegium Illustre, in diesem Fall für Sprachmeister Johann Hieronymus Boeswillibald.

[357] UAT 9/9 Nr. 176.

[358] HStAS A 202 Bü 2616 o. Pag. Geheimer Rat an den Oberhofmeister des Collegium Illustre (1784, Dezember 31); HStAS A 284/94 Bü 47 Bl. 23: Die Sprachmeister Pierre Aubin de Sales und Jean François Méry Le Roy profitierten ab 1777 von dieser Regelung.

[359] VORETZSCH: Anfänge, S. 4 f., 12.

[360] Ebd., S. 19.

zig Gulden angeboten[361]. Das Gehalt eines Sprachmeisters des Französischen wurde 1796 auf hundert Reichstaler und das eines Sprachmeisters des Italienischen auf fünfzig Reichstaler, jeweils zur Hälfte in Geld, zur Hälfte in Naturalien festgesetzt. Da Emmert beide Sprachen unterrichtete und auch das Englische beherrschte, wurde ihm noch eine Beihilfe von fünfzig Reichstalern dazugelegt, sodass er zweihundert Reichstaler verdiente, für die er in den drei Sprachen abwechselnd vier Stunden wöchentlich unentgeltlich Lektionen erteilen sollte[362]. Damit wurde der seit dem Visitationsrezess des Jahres 1771 zur Diskussion stehende Unterricht im Englischen 1796 erstmals auch besoldet[363].

Im Längsschnitt zeigt sich daher für die Sprachmeistergrundbesoldung und damit für die Stellenkontinuität und das Sprachlehrangebot in Tübingen eine lang andauernde Zäsurenphase mit weitreichenden Folgen für die Qualität des Sprachunterrichts und den Rang des Sprachmeisters. Die Aufhebung der angesehenen und gut besoldeten Sprachmeisterstelle Louis du Mays am Collegium Illustre im Jahr 1681 bedeutete den Verlust der bis dahin vorhandenen Ebenbürtigkeit mit den gelehrten Professoren an der Universität und am Collegium Illustre (Tabelle 1, Diagramm 1–3). Im 18. Jahrhundert kam es daher zu einem deutlichen ökonomischen Statusverlust der Sprachmeister (Tabelle 1, Diagramm 4–6).

h. Zusammenfassung

Die Exerzitien- und Sprachmeister bezogen im gesamten Untersuchungszeitraum eine leistungsunabhängige Grundbesoldung aus den Mitteln des Geistlichen Guts. Die Grundbesoldungen wurden jährlich auf Georgii in einer Zusammensetzung aus Geld und den Naturalien Roggen, Dinkel, Hafer und Wein von der dem Kirchenrat unterstehenden Bebenhauser Pflege und Collegienverwaltung in Tübingen ausbezahlt. Bis in die zweite Hälfte des 17. Jahrhunderts war es der Sprachmeister, der unter den Maîtres die höchste Grundbesoldung bezog, gefolgt vom Bereiter, dem Tanzmeister, dem Fechtmeister und dem Ballmeister. Seit dem Ende des 17. Jahrhunderts übernahm der Stallmeister dauerhaft die Spitzenposition in der ökonomischen Rangliste. Die Grundbesoldungen der Tübinger Sprachmeister des 17. Jahrhunderts und der Stallmeister des 18. Jahrhunderts entsprachen dabei dem Grundver-

---

[361] HStAS A 202 Bü 2616 o. Pag. Gutachten des Geheimen Rats (1792, April 26), o. Pag. Gutachten des Geheimen Rats (1792, Juli 7).

[362] HStAS A 202 Bü 2616 o. Pag. Resolution des Geheimen Rats an den Oberhofmeister des Collegium Illustre, den Kirchenrat und die herzogliche Studienkommission (1796, Juni 16); UAT 9/9 Nr. 211: Die 50 Reichstaler für den Unterricht des Englischen bestanden in 75 Gulden, die wiederum in 37 Gulden 30 Kreuzern, 2 Scheffel Roggen, 12 Scheffel Dinkel und 5 Scheffel Hafer aufgingen.

[363] HStAS A 280 Bü 69 o. Pag. Gutachten der Universitätsvisitationskommission (1752, Dezember 30); HStAS A 284/94 Bü 289 Bl. 55; HStAS A 303 Bd. 14030–14037; UAT 30/6 Nr. 29 Bl. 3: Bereits von 1751 bis 1761 hatte Johann Hieronymus Boeswillibald auf einer halben Stelle des Italienischen und aufgrund seiner besonderen Kenntnisse auch das Englische unterrichtet. Er wurde dafür jedoch zu keinem Zeitpunkt besoldet.

dienst eines gelehrten Professors an der Universität oder am Collegium Illustre. Die Sprachmeisterbesoldung am Collegium Illustre wurde von 1681 bis 1745 getilgt. Die Sprachmaîtres subsistierten in dieser Zeit von den bei ihren Scholaren erwirtschafteten Informationsgeldern.

Aus dem Besoldungssystem lassen sich bedeutsame Strukturen ablesen, die eng mit dem Stellenwert des Exerzitien- und Sprachlehrangebots korrespondieren. Insbesondere wird deutlich, dass seit dem Ende des Dreißigjährigen Krieges die Grundbesoldungen aus den geschrumpften Mitteln des Geistlichen Guts nur in geringem Maße der Versorgung dienten, sondern die Funktion einer Subsistenzhilfe einnahmen. Sie sollten den Maîtres einen Anreiz zum Aufbau einer Klientel bieten. Beabsichtigt war damit eine kontinuierliche und vollständige Bereitstellung des Exerzitien- und Sprachunterrichts. Modifikationen der Grundbesoldungen bildeten daher mit wenigen Ausnahmen niemals die Leistung der Maîtres ab, sondern waren stets Indikatoren für unterschiedliche Investitionsbedürfnisse in die einzelnen Metiers.

3.2 Die Informationsgelder der Scholaren

a. Die Charakteristik der Informationsgelder

Neben den Grundbesoldungen aus dem Geistlichen Gut als festem Besoldungsanteil nahmen die Exerzitien- und Sprachmeister seit dem Ende des Dreißigjährigen Krieges für ihre unmittelbare Lehrleistung von ihren Scholaren außerhalb des Collegium Illustre sogenannte Informationsgelder ein[364]. Während die jährlichen Grundbesoldungen aus dem Geistlichen Gut leistungsunabhängig zur Subsistenz der Maîtres beitragen sollten, wurde mit den Informationsgeldern regelmäßig deren tatsächliche Lehrleistung durch die Scholaren honoriert. Die Informationsgelder waren ein äußerst flexibler Faktor. Bei ausreichender Scholarenzahl machten sie den Großteil am Gesamtverdienst der Maîtres aus. Zahlreiche Exerzitien- und Sprachmeister lebten permanent oder zeitweise nur von den Informationsgeldern, wie etwa diejenigen Tübinger Sprachmeister, die seit dem Ende des 17. Jahrhunderts an der Universität immatrikuliert waren und von dort keine Grundbesoldung erhielten[365]. Ballmeister Bründlin war drei Jahre lang von 1696 bis 1699 ohne Grundbesoldung am Collegium Illustre angestellt[366]. Und für Tanzmeister Martin Charles Lepicq waren in der Zeit

---

[364] Der am häufigsten verwendete Begriff in den Quellen ist der des Informationsgeldes. Vgl. HStAS A 202 Bü 2615 o. Pag. Auszug aus dem Protokoll des Geheimen Rats (1733, Februar 6): *Informations-Geldt.* Seltener kommt der Begriff des Lehrgeldes, des Schulgeldes oder des Didactrums vor. Vgl. HStAS A 284/94 Bü 55 Bl. 4: *Lehrgeldt*; UAT 27/14 Nr. 6: *Schuelgelltt*; HStAS A 202 Bü 2616 o. Pag. Pierre Aubin de Sales an den Geheimen Rat: *Einnahm des Didactri.* In Analogie zur Unterrichtsform der Information (vgl. Kap. I.3) bezeichnet das Informationsgeld den Teil des Gesamtverdienstes der Exerzitien- und Sprachmeister, der aus der Bezahlung der einzelnen Lektionen und konkreten Lehrleistungen durch die Scholaren resultierte.

[365] HStAS A 284/94 Bü 47 Bl. 1.

[366] HStAS A 284/94 Bü 53 Bl. 10 f.

von 1756 bis 1759, in der er als Adjunkt seines Vaters am Collegium Illustre tätig war, die Informationsgelder seine einzige Verdienstquelle[367].

Grundvoraussetzung für die Einnahme der leistungsbezogenen Informationsgelder war daher stets die Abhängigkeit von einer ausreichenden Anzahl an Scholaren, die das Lehrangebot der Maîtres wahrnahmen und die entsprechenden Mittel dafür aufbrachten. Die Leistungsfähigkeit jedes einzelnen Maître, Fleiß, Tüchtigkeit und Beliebtheit spielten dabei eine entscheidende Rolle. Fehlte es an Scholaren, so war der Verdienst der Maîtres empfindlich geschmälert. Die schlechte Frequentierung der Universität Tübingen war jedoch vor allem im 18. Jahrhundert Realität[368]. Die zahlreichen Supliken um Aufbesserung der Grundbesoldung durch Überbrückungshilfen, Beihilfen und Gratiale zeigen, dass die Grundbesoldungen als Subsistenzgrundlage äußerst knapp bemessen waren und dass mit den Informationsgeldern als Haupteinnahmequelle der Maîtres kalkuliert wurde[369].

Die Abhängigkeit der Maîtres von den leistungsorientierten Informationsgeldern existierte während des gesamten 17. und 18. Jahrhunderts. Erst am Ende des 18. Jahrhunderts und zu Beginn des 19. Jahrhunderts manifestierte sich zuerst bei Sprachmeister Johann Heinrich Emmert mit einem erstmals öffentlichen und unentgeltlichen Sprachunterricht die Umwandlung der Grundbesoldung von einer zur Subsistenz befähigenden Basissicherung zur leistungsunabhängigen Vollversorgung[370]. Die Exerzitienmeister dagegen blieben noch weit bis ins 19. Jahrhundert hinein von den

---

[367] UAT 9/9 Bl. 223, 227.

[368] Vgl. Thümmel: Universitätsverfassung, S. 11–21; HStAS A 284/94 Bü 54 Bl. 49: Fechtmeister Güßau klagte 1754 darüber, dass *die Fechtschule würcklich gantz leer, und schon geraume Zeit her von keinem eintzigen Scholaren mehr besuchet wird.* HStAS A 284/94 Bü 55 Bl. 30: Über Tanzmeister Schäffer wurde 1716 gesagt, *daß der Petent arm und dem aüsserlichen Vernehmen nach dermahlen fast keine Scholaren hat.*

[369] HStAS A 284/94 Bü 55 Bl. 29: Tanzmeister Guillaume Michel Dumanoir stellte die Wechselwirkung zwischen der Grundbesoldung aus dem Geistlichen Gut und den Informationsgeldern der Scholaren sowie ihre Auswirkung auf den Gesamtverdienst so dar, *daß die Gage eines Dantzmeisters zu Tübingen so schlecht, daß dabey als ein honnet homme zu subsistiren mir unmöglich fallen will, wozu viel contribuiret, daß die Universität an Studiosis zimlich schwach, und derer nur etliche wenige sind, so diesem exercitio obliegen, geschweige daß die Bezahlung zuweilen sehr unrichtig ist.*

[370] HStAS A 202 Bü 2616 o. Pag. Resolution des Geheimen Rats an den Oberhofmeister, den Kirchenrat und die herzogliche Studienkommission (1796, Juni 16): Sprachmeister Johann Heinrich Emmert sollte ab 1796 mit einer erhöhten Grundbesoldung unentgeltlichen Sprachunterricht geben. Im Vergleich dazu ist zu erwähnen, dass die Universitätsprofessoren bis ins 19. Jahrhundert ebenfalls von den Kolleggeldern der Studenten abhängig blieben. Schon im 17. und 18. Jahrhundert waren auch die Ordinarien hinsichtlich ihres Gesamtverdienstes weitgehend auf die studentischen Kolleggelder angewiesen, denn insbesondere nach dem Dreißigjährigen Krieg hatten sich – wie bei den Maîtres – die Besoldungen der ordentlichen Professoren verringert. Mit den daraus entstehenden Privatkollegien, deren Bezahlung frei ausgehandelt wurde, vollzog sich eine Angleichung an die Stellung der Privatdozierenden ohne festes Gehalt. Erst im 19. Jahrhundert kam es zu einer Aufstockung der Festgehälter, die letztendlich Versorgungscharakter besaßen und in denen die zuletzt pauschalisierten Kolleggelder aufgingen. Vgl. Hartmer: Besoldung, S. 509 f.; Haug: Kolleggeld, S. 113 f.

Informationsgeldern abhängig, allerdings unter zunehmender Sensibilisierung für diese Frage, wie es Tanzmeister Clément Alexandre François 1802 darlegte[371].

Stellten die Informationsgelder bei einer ausreichenden Anzahl an Scholaren für einen Maître eine weitgehend eigenständig handhabbare und gute Verdienstquelle dar, so war es die weit verbreitete mangelnde Zahlungsbereitschaft der Scholaren, welche die Informationsgelder permanent zu einem unberechenbaren Faktor für die wirtschaftlichen Verhältnisse der Exerzitien- und Sprachmeister werden ließen und Zündstoff für zahlreiche Konflikte lieferten. Fechtmeister Casimir Eller beschrieb 1698 eine von allen Maîtres häufig geschilderte Situation und zwar *dass, meine bestimbte Gage und Accidentia, wegen Versehung und Vorstehung dem Sale des Armes in dero hochfürstlichen Collegio gar wenig, von deren allein, mich und die Meinige zue sustentiren, mir unmüglich füele, wann nicht außerhalb deßen bey dero Universität Ich einige Scholares und etwas zuerlangen hatte, hingegen aber solcher Scholaren öffters gar wenig, demnach der Verdienst zimblich schlecht und gering, ja wann schon deren bißweilen eine Anzahl vorhanden, mir die Bezahlung mehrertheils entweder schwehr und sawer gemacht würdt, oder bey Theile wohl gar außen bleibt[372].*

Ausstehende Informationsgelder, die Verwaltung eines mehr oder weniger großen Schuldnerkreises und der entsprechenden Passivschulden gehörten zum Metier der Maîtres und zur signifikantesten Begleiterscheinung dieser Einnahmeform, die auch aus anderen Universitätsstädten berichtet wird[373]. Erst das Kreditgesetz von 1808 erwähnte die Informationsgelder der Exerzitien- und Sprachmeister erstmals überhaupt offiziell und limitierte den Kredit für Lektionen auf zwei Monate[374].

---

[371] HStAS A 284/94 Bü 297 o. Pag. Clément Alexandre François an den Kirchenrat (1802, Oktober 11): *Es kann einem Lehrer nicht gleichgültig seyn, wenn er von der Großmuth seiner Scholaren, von der Zahl seiner privat Lektionen, und von den Launen des Schicksaals, das ihm bald mehr, bald weniger, bald gar keine Schüler zu weiset, in Absicht auf sein äusseren Umständen abhangen soll. Sobald die Scholaren bemerken, daß ihr Lehrer auf die Mehrheit der Lectionen, die in ihrer Willkühr stehen, calculiren muß, so lauft der leztere Gefahr, bey den Ersteren an Achtung und Wärme zu verlieren.* StAL E 202 Bü 723 o. Pag. Clément Alexandre François an die Ministerialabteilung für die höheren Schulen (1810, Juli 21): Tanzmeister François argumentierte noch im Juli 1810 fast mit den gleichen Worten für eine Unabhängigkeit von den Informationsgeldern und eine Besoldungerhöhung, *damit ich als Lehrer nicht von der Großmuth meiner Scholaren, von der Zahl meiner privat Lecktionen und von der Laune des Schicksaals abhange, und ich immer im Stande bin meinem hiesigen anvertrauten Posten, Ehre zu machen.*

[372] HStAS A 284/94 Bü 54 Bl. 7.

[373] BORN/KOPATSCHEK: Universität, S. 77: An der Universität Duisburg mussten die Reit-, Tanz-, Fecht- und Sprachmeister innerhalb eines Vierteljahres bezahlt werden. NAIL: Ballspielen, S. 219 f.: Von der Universität Marburg ist im 17. Jahrhundert bekannt, dass sich etwa der Ballmeister, der Fechtmeister und der Tanzmeister über ausstehende Schulden eines Scholaren beklagten.

[374] REYSCHER: Sammlung, Bd. 11,3, S. 156: Kreditgesetz der Universität Tübingen vom 24. Februar 1808: *Fuer den Unterricht in den Exercitien, wie Reiten, Fechten, Tanzen, Ballspiel, Musik und dergleichen, so wie in den lebenden Sprachen ist am Ende des zweiten Monats das Honorar fuer den ersten Monat zu bezahlen, mithin nur auf zwei Monate Credit zu geben, und der Ruekstand des ersten, am Ende des zweiten Monats, dem Rector-Amt anzuzeigen.*

b. Die Bezahlung der Informationsgelder

Bis zur Schließung des Collegium Illustre im Dreißigjährigen Krieg waren die aus dem Geistlichen Gut finanzierten Exerzitien- und Sprachmeister und ihr Lehrangebot eine Exklusivität der Adelsakademie und ihrer Collegiaten. Die Studenten der Universität waren von den Exerzitien ausgeschlossen. Den Maîtres war es verboten, außerhalb des Collegium Illustre zu unterrichten[375]. Die Collegiaten aber waren von Unterrichtsgeldern befreit[376]. Der *Staat* des Fechtmeisters Nicolaus Hermann aus dem Jahr 1596 belegt deutlich, dass nicht nur die württembergischen Prinzen und andere Prinzen regierender Häuser, sondern alle im Collegium anwesenden *Fürsten, Herrn unndt Adelspersonen* freien Unterricht genossen und von Informationsgeldern für die Exerzitien befreit waren. Ausdrücklich wurde dem Fechtmeister jedoch erlaubt, freiwillige Verehrungen anzunehmen[377].

Für die Bereiter Christof Kientzel und Augustin Nazareth wurde 1601 und 1609 festgelegt, dass sie von keinem Collegiaten Geld zu fordern hätten, alle Scholaren gleich behandeln müssten, es den Collegiaten aber freistehe, ihnen vor der Abreise einen Geldbetrag zu geben[378]. Dieser Passus im *Staat* der Bereiter deutet darauf hin,

---

[375] Ordnung 1609, S. 11.

[376] UBT Mh 278 Bd. 1 Bl. 71^{r-v}: Der Kirchenratsdirektor Christian Hochstetter gab um 1774 in seiner Schrift über den Zustand des Geistlichen Guts die vergangene Zahlungstradition für das Collegium Illustre aus dem Geistlichen Gut an und bestätigte damit die Unentgeltlichkeit des Unterrichts für alle Collegiaten: Das Collegium Illustre *hat das Geistliche Guth wann es eröfnet ist, nach denen Umständen des Kirchen-Kastens dergestalten zu versehen, daß die Durchlauchtigste Prinzen von Würtemberg und zwar der regierenden Linie, samt ihrem Hofmeister und Dienerschafft in Kost, Logie, Meubles, Beholzung, Wasch, Lichter und Unterricht, die Durchlauchtigste Würtembergische Prinzen von der Neben Linie aber in Logie, Meubles, Beholzung, Wasch, Lichter und Unterricht, auswärtige Prinzen hingegen in Logie, meubles und Unterricht frey gehalten werden können. Zu welchem Ende auch von demselben der Ober Hofmeister, als welcher die Aufsicht über das Collegium hat, deßgleichen der Collegii Verwalter, von welchem die Öconomie zu besorgen ist, nebst denen solchen untergeordneten Officianten, wie auch einige Professores, der Stall- und übrige Exercitien-Meister besoldet werden.*

[377] HStAS A 284/94 Bü 74 o. Pag. *Staat* für Nicolaus Hermann (1596, April 30): *Fürs Ander, soll er Fechtmaister andere in diß unser Collegium eingenomne Fürsten, Herrn unndt Adelspersonen, uf Ihr begeren, im Fechten ebenmässig abzurichtten, unndt sie zu bestimbter Stundt dasselb mit gleichem Fleiss, doch ohne Forderung ainicher sondrer Besoldung von Ihnen, zulehren, unndt sich deßwegen ahn dem durch unns Ime geordneten Dienstgellt benüegen lassen. Es wollte dann Ainer, oder der Ander, auss sonderer Freywilligkeit, Ime etwas darzue verehren, welches doch zue aines jeden guetter Gelegenheit gestellt sein, unndt er ainiche Aigennützigkeit darunder nit geprauchen soll.* Vgl. auch CONRADS: Ritterakademien, S. 169 f.

[378] HStAS A 274 Bü 68 Bl. 2; HStAS A 274 Bü 78 Bl. 22a: Der siebte Artikel des *Staats* für den Bereiter Augustin Nazareth behandelt die Problematik der Freiwilligkeit möglicher Verehrungen durch die Collegiaten sehr ausführlich, was darauf hindeutet, dass es aus der Praxis heraus einen Regelungsbedarf gab: *Zuem Sibenden Soll Er bey Vermeidung unserer höchsten Ungnad mit gleich Vleiß einen Collegiaten sowol Allß den Andern informieren undt kheinen öffter allß den Andern reutten laßen, damit sich kheiner zu beschweren auch von kheinem Collegiaten von Vorgesagtes Abrichtens wegen ichtwas fordern noch nemmen, wofer aber einer oder der Ander wan Er hinweg ziehen will, uß freiem Willen Ihme ettwas*

dass es in dieser Hinsicht Regelungsbedarf gab. Vermutlich hatten die Verehrungen die Lehrleistung der Bereiter beeinflusst, bis sie als Standard betrachtet wurden, sodass deren Freiwilligkeit erneut betont und schriftlich niedergelegt werden musste. Der bereits von Conrads zitierte Satz zweier Collegiaten des Jahres 1617 *Wer wohl schmirt, der reit wol*[379] wird aber wohl weiterhin seine Gültigkeit gehabt haben, denn auch die Visitation berichtete 1618 davon, dass Bereiter Augustin Nazareth den Scholaren die *Secreta* der Reitkunst nur bei entsprechend hohen Verehrungen beizubringen bereit war[380]. Die Zöglinge des Collegium Illustre berichteten zudem davon, dass sie dreihundert Reichstaler im Jahr für den Bereiter und drei Dukaten im Monat für den Tanzmeister aufwenden müssten, um diese Exerzitien gründlich zu erlernen. Davon könnten sie auch genau so gut – vom schlechten Wein und ungenießbaren Essen im Collegium Illustre abgesehen – auch in Frankreich leben, wo man *die Sprach, reiten, tantzen und alles andere perfect lernen könne*[381]. Entsprechen diese Zahlen nur annähernd der Wahrheit, so waren die Verehrungen bei unentgeltlichem Unterricht weit höher als die später festgelegten Informationsgelder.

Nach dem Dreißigjährigen Krieg wurde der Ausschluss der Universitätsstudenten aus dem zuvor exklusiv den Collegiaten vorbehaltenen Exerzitien- und Sprachlehrangebot aufgehoben. In den Statuten des Collegium Illustre des Jahres 1666 entfiel der Exklusivitätspassus stillschweigend[382]. Im Jahr 1652 wurde Ulrich Oberans als Bereiter am Collegium Illustre angenommen und in seinem *Staat* auch ausdrücklich mit der Unterrichtung der Universitätsstudenten beauftragt, für welche ein Informationsgeld von vier bis fünf Reichstalern, höchstens jedoch sechs Reichstalern im Monat für drei Reitstunden wöchentlich festgelegt wurde[383]. Unter den Collegiaten, die vor dem Dreißigjährigen Krieg generell unentgeltlichen Reitunterricht genossen hatten, wurde 1652 und 1666 ein kleiner exklusiver Kreis festgelegt, der weiterhin dieses Privileg genoss. Darunter befanden sich die württembergischen Prinzen sowie eine begrenzte Anzahl weiterer adliger Collegiaten und Edelpagen, maximal acht

---

verehren wollte, mag Er daßselbig (doch daß es ohne gefordert und wie gemeldt, von den Collegiaten freiwillig geschehe) mit Danckh annemmen.

[379] CONRADS: Ritterakademien, S. 170; MÜLLER: Loblied, S. 430.

[380] HStAS A 274 Bü 79 Bl. II: Der Visitationsrelation des Jahres 1618 berichtete über den Bereiter Augustin Nazareth: *Mit der Unnderrichtung im Reutten seye Er über die maßen untrew, welcher Ihme nit vihl geltt gebe, den lehre Er nichts, dahero der vonn Linstaw geclagt, Er Bereutter handle nit gegen Ihne, wie sichs gebüre, wiße nit, ob Er Ihme villeicht nit gnug Geltt gebe, hab Ihm gleichwohl alle New Jahr drey Reichsthaler unnd einen Becher für dreyzehen Guldin verehrt, aber Er laße Ihne daß nichts genueße, seye sein Sprichwortt Gibstu mir Handt, So weiß Ich dir Fueß etc. Allß haben beede vonn Harling geclagt, Sie hetten dem Bereutter zwaintzig Reichsthaler geschenkht, hab aber Ihme fast nichts gewißen, Er sage auff- unnd abzusitzen weißen, were Er schuldig zuethuen, aber die Secreta weise Er nicht umbsonst, Er wölle einen ein Jahr reitten laßen, solle dannach nichts wissen. Schönfelß der Hertzogen auß Sachsen Edler Jung soll Ihme uf fünfftzig Gulden, einer auß Braunschweig ain hundert Gulden [...] gegeben haben, welches Er doch gering geachtet.*

[381] CONRADS: Ritterakademien, S. 170; MÜLLER: Loblied, S. 430.

[382] Leges 1666, S. 6.

[383] HStAS A 202 Bü 2615 o. Pag. *Staat* für Ulrich Oberans (1652, Dezember 10).

Personen[384]. Alle anderen Collegiaten mussten für den Reitunterricht ebenfalls sechs Reichstaler pro Monat bezahlen und für das verbrauchte Ballspielmaterial aufkommen. Sie durften aber ansonsten den Unterricht des Sprach-, Fecht-, Tanz- und Ballmeisters unentgeltlich wahrnehmen, wobei bei ihrer Abreise eine Verehrung erwartet wurde. Die Universitätsstudenten dagegen mussten Informationsgelder bezahlen[385].

c. Die Höhe der Informationsgelder

Die Höhe der Informationsgelder ist in den Quellen nur äußerst marginal und meist im Zusammenhang mit den Schuldangelegenheiten der Scholaren überliefert. Im Schuldenverzeichnis des Studenten Georg Philipp Graf zu Orttenburg[386] über insgesamt 1336 Gulden aus der Zeit um 1670 erscheint auch ein Posten von hundertfünfzig Gulden für drei Jahre Reitunterricht bei Bereiter Heinrich Nidda[387]. Das ergibt ein durchschnittliches monatliches Informationsgeld von mehr als vier Gulden für das Reitexerzitium. Um 1648 war mit Ausnahme eines ausgewählten Kreises um die württembergischen Prinzen das Reiten für alle Scholaren auf sechs Reichstaler monatlich festgelegt worden[388]. Wird davon ausgegangen, dass der oben angegebene Zeitraum von drei Jahren großzügig gehandhabt wurde, so bestätigt sich dieser Preis auch im *Staat* des Bereiters Ulrich Oberans aus dem Jahr 1652 als auch im *Staat* Heinrich Niddas von 1672. Beide Bereiter waren dazu angehalten, von einem Scholaren für Reitunterricht an drei Tagen der Woche vier bis fünf Reichstaler, höchstens aber sechs Reichstaler zu verlangen. Bei Wunsch des Scholaren, an zwei weiteren Wochentagen das Reitexerzitium zu erlernen, durften die Bereiter vier weitere Reichstaler erheben[389]. Für den Unterricht des Prinzen Carl Christian Erdmann von Württemberg-Oels[390] verlangte Stallmeister Ludwig Ernst Breithaupt 1728 allerdings einen

---

[384] HStAS A 202 Bü 2615 Bl. 4, o. Pag. *Staat* für Ulrich Oberans (1652, Dezember 10).

[385] HStAS A 202 Bü 2599 o. Pag. *Newes Project* (um 1648): *Die Studia beruhen in Historicis, Politicis, Oratoriis und Linguis Exoticis, alß in der frantzösisch, Italiänischen und Spanischen Sprach, welche mann täglich publice profitirt, und uff begehrn auch privata Collegia gehalten werden. [...] Vor das Reitten bezahlt mann Monatlich 6 Reichsthaler. In dem Ballhauß bezahlt mann die Ball, so Jeder verschlägt. Das Fechten, Dantzen, Voltigiren, würd alle Tag zu gewisen stunden geübt, darvor mann Monatlich nichts bezahlt, als wann Einer hinweg ziehet, dem Meister ein honorarium gibt, so bey eines Jeden discretion stehet.* HStAS A 202 Bü 2617 o. Pag. Geheimer Rat an den Oberhofmeister des Collegium Illustre (1698, Juli 12): *Demnach bey unserm fürstlichen Collegio je undt alleweg üblich gewesen, daß die bey demselben von uns bestelte Exercitien Meister, außer dem Bereiter, die dahinn gekommen undt sich darinn auffgehaltenen fürstlichen undt andre Stands Personen undt dero Hoff-Meistern in denen Exercitien ohnentgeltlich unterweisen müssen.*

[386] MUT II 26071, 41885; UAT 9/14 Bl. 95ᵛ.

[387] HStAS A 284/94 Bü 256 o. Pag. Schuldenverzeichnis für Georg Philipp Graf zu Orttenburg (um 1670).

[388] HStAS A 202 Bü 2599 o. Pag. *Newes Project* (um 1648).

[389] HStAS A 202 Bü 240 o. Pag. *Staat* für Heinrich Nidda (1672, September 16); HStAS A 202 Bü 2615 o. Pag. *Staat* für Ulrich Oberans (1652, Dezember 10).

[390] Der genaue Zeitraum des Aufenthaltes Carl Christian Erdmanns von Württemberg-Oels am Collegium Illustre ist bisher nicht eindeutig ermittelt worden. Willburger nennt 1728, Zeller

Betrag von neun Gulden monatlich und für Bügel und Sporen über drei Monate hinweg achtzehn Gulden[391].

Das Reitexerzitium war damit ein teures Vergnügen. Preisgünstiger war der Unterricht bei den übrigen Maîtres: Tanzmeister Charles Devaux nahm für seinen Unterricht bei Prinz Carl Christian Erdmann drei Gulden pro Monat ein[392]. Für den französischen Sprachunterricht des Prinzen erhob Sprachmeister Sebastian Buttex 1730 monatlich einen Dukaten oder vier Gulden und zehn Kreuzer und im Jahr 1736 einen Betrag von drei Gulden[393]. Aufgrund einer studentischen Schuldensache veranlasste der Kirchenrat 1733 bei Tanzmeister Charles Devaux, den Kostherren seiner Scholaren und dem Collegiumsverwalter eine Untersuchung über die in Tübingen übliche Höhe der Informationsgelder für die Exerzitien- und Sprachmeister. Die Kostherren bestätigten dem Kirchenrat schriftlich, dass die Scholaren dem Tanzmeister monatlich einen Dukaten bezahlten[394]. Tanzmeister Devaux selbst berichtete ebenfalls, dass er von den Studenten seit jeher einen Speziesdukaten monatlich einnehme[395]. Der Collegiumsverwalter schließlich gab an, dass einem Tanzmeister im Monat für gewöhnlich drei Gulden für die Erteilung einer Tanzstunde täglich zustünden[396]. Sprachmeister Jean François Méry Le Roy klagte 1787 und 1789, dass es nur noch sehr wenige Studenten gäbe, die Französisch lernen wollten und dass er von seinen

---

das Jahr 1729, Schukraft nennt einen Zeitraum von zwei Jahren ohne Jahresangabe. Die Angaben der Exerzitienmeister belegen jedoch einen weit längeren Aufenthalt des Prinzen in Tübingen. Tanzmeister Devaux gibt an, den Prinzen von September 1728 bis Oktober 1732 im Tanzen unterrichtet zu haben. Reitmeister Breithaupt verlangte im Oktober 1730 bereits sein Informationsgeld für vierundzwanzig Monate und unterrichtete den Prinzen seit September 1728. Sprachmeister Buttex forderte 1736 rückwirkend dasselbe für vierunddreißig Monate Unterricht und gab die erste Lektion ebenfalls für September 1728 an. Seit Juli 1729 forderten auch der Organist Vogt und der Maler Glocker jeweils ein Informationsgeld von 3 Gulden monatlich für Unterricht im Orgelspiel und im Zeichnen. Carl Christian Erdmann von Württemberg-Oels hielt sich also vier Jahre lang am Collegium Illustre auf. Der Austritt im Oktober 1732 scheint real, da er 1733 in kaiserliche Militärdienste eintrat. HStAS A 284/94 Bü 47 Bl. 6, o. Pag. Kirchenrat an den Collegiumsverwalter (1736, März 15/Mai 16); HStAS A 284/94 Bü 52 Bl. 49, 53–55; HStAS A 284/94 Bü 55 Bl. 76, 79; HStAS A 284/94 Bü 265 Bl. 57; SCHUKRAFT: Geschichte, S. 157 f.; WILLBURGER: Collegium Illustre, S. 24; ZELLER: Merckwuerdigkeiten, S. 160.

[391] HStAS A 284/94 Bü 52 Bl. 49, 53–55.

[392] HStAS A 284/94 Bü 265 Bl. 52.

[393] HStAS A 284/94 Bü 47 o. Pag. Kirchenrat an den Collegiumverwalter (1736, März 15/Mai 16); HStAS A 284/94 Bü 265 Bl. 40 f.

[394] HStAS A 284/94 Bü 55 o. Pag. J. A. Rhodius an den Kirchenrat (1733, August 10): J. A. Rhodius informierte folgendermaßen: *J' atteste par ces lignes ci que j'ai toujour paié un Ducat par mois à Monsieur Deveaux pour les leçons qu'il a donné à Mons. de Kniestedt, ce que les autres qui ont apris de lui au College Illustre ont aussi fait.* HStAS A 284/94 Bü 55 o. Pag. Weihenmajer an den Kirchenrat (1733, August 10): Stadt- und Amtspfleger Weihenmajer bestätigte: *Daß der Tanzmeister Monsieur Devaux in meinem Hauß zerschidene Herren Cavalliers bedient, und vor jede Stund von einem monathlich ein Species Ducat pro informatione bezahlt erhalten habe, bezeuget uf verlangen* [...] *Statt und Amtspfleger Weihenmajer.*

[395] HStAS A 284/94 Bü 55 Bl. 76.

[396] HStAS A 284/94 Bü 55 Bl. 89.

wenigen Scholaren zudem kaum die Hälfte der sonst gewöhnlichen drei Gulden für zweiundzwanzig Unterrichtsstunden monatlich erhalte[397]. Und Ballmeister Heinrich Rudolph Friedrich Keller rechnete 1817 vor, von jedem Scholaren für eine Unterrichtsstunde täglich fünfzehn Kreuzer einzunehmen und so für eine Stunde Unterricht pro Werktag an einem Scholaren im Jahr sechzig Gulden zu verdienen[398]. Bei durchschnittlich zwanzig Unterrichtsstunden pro Monat bedeutete dies ein monatliches Informationsgeld von fünf Gulden.

Zusammenfassend wurden die Informationsgelder in der Regel also pro Monat erhoben und berechnet. Im 17. und 18. Jahrhundert erhielten die Scholaren für üblicherweise drei bis vier Gulden oder einen Dukaten eine tägliche Lektion im Fechten, Tanzen, Ballspiel oder im Sprachunterricht. Der Preis für das Reitexerzitium lag höher und betrug für drei Tage in der Woche sechs bis neun Gulden oder vier bis sechs Reichstaler. Der Preis von neun Gulden pro Monat für das Reiten wurde auch noch 1770 vom württembergischen Herzog persönlich bestätigt[399]. Auch von anderen Universitäten sind einzelne Schlaglichter auf die Höhe der Informationsgelder überliefert, die im Verlauf der Zeit und je nach Währung jedoch stark variierten[400].

Die Maîtres nahmen ihre Informationsgelder zwar unmittelbar von den Scholaren selbst ein, sie trugen aber auch das Risiko bei Nichtbezahlung und hatten nur wenig Einfluss auf die Preise ihres Lehrangebots. Denn der Preis wurde von den Scholaren bestimmt, von der Universität kontrolliert und musste letztlich vom Kirchenrat ausgeglichen werden. Der Universität war daran gelegen, dass die Preise für das Exerzitien- und Sprachlehrangebot konstant und so niedrig wie möglich gehalten wurden. Schließlich sollten die Maîtres und die Möglichkeiten zum Reiten, Fechten, Tanzen, zum Ballspiel und zum Sprachunterricht einen Anziehungspunkt darstellen, durch welchen der Studienstandort Tübingen mit anderen Universitätsstädten konkurrieren konnte[401]. An anderen Universitäten wurden die Informationsgelder daher auch

---

[397] HStAS A 202 Bü 2616 o. Pag. Gutachten des Geheimen Rats (1789, Dezember 31); HStAS A 284/94 Bü 288 Bl. 40: *Car ce n'est pas quelques étudians actifs qui peuvent soutenir un maître qui dépend de leurs caprices et qu'ils ne veulent payer qu'un florin et demi pour 22 leçons par mois qu'ils prennent chacun séparément.*

[398] HStAS E 221 I Bü 4406 o. Pag. Heinrich Rudolph Friedrich Keller an die Universitätskameralverwaltung (1817, September 16).

[399] UAT 6/30 Nr. 72.

[400] BEHRENS: Geschichte, S. 15; BÖHME/VIERHAUS: Göttingen, S. 413, 416; BRIESEMEISTER: Sprachmeister, S. 274; GESTERDING: Magazin, Bd. 2/1, S. 77–80; HAUSEN: Geschichte, S. 132 f.; LUCA: Journal, Bd. 1, S. 101; NAIL/BERSCHIN: Geschichte des Reitens, S. 2; SEIDEL-VOLLMANN: Philologie, S. 41; SPECHT: Geschichte, S. 189 f.; SPÖRLEIN: Universität, Bd. 2, S. 879; THORBECKE: Statuten, § 61 f., S. 323; WAGENER: Pedelle, S. 69 und Anm. 54; WOLF: Universitätsangehörige, S. 87 f. und Anm. 268; ZÜRN: Existenzen, S. 103.

[401] HStAS A 202 Bü 2617 o. Pag. Oberhofmeister des Collegium Illustre an den Geheimen Rat (1761, Dezember 24): Der Oberhofmeister drängte darauf, nach dem Wegzug Martin Charles Lepicqs rasch wieder einen Tanzmeister anzustellen *wann nun aber jederzeit das Collegium illustre und die allhiesige Hohe Schul mit einem Tantzmaister versehen gewesen, wie auf andern Universitaeten gleichfalls gebräuchlich. Außerdem bringt er an, dass dies umso nötiger sei, da zerschiedene Studiosi ihre Begierde, die Tanzkunst zu erlernen, zu erkennen gegeben.*

häufig explizit von der Universität festgelegt, wobei es den Maîtres freigestellt war, auch außerhalb der Universität zu unterrichten, ohne sich an eine Gebührenvorgabe zu halten, wie etwa in Heidelberg[402]. In Göttingen waren die Gebühren für den Sprachunterricht in einer Preistabelle niedergelegt[403]. In Greifswald bestand im 18. Jahrhundert ein Fechtbodenreglement, welches feste Preise für den Fechtunterricht vorsah[404].

Die künstliche Aufrechterhaltung des Niveaus der Informationsgelder erzeugte eine enge Wechselwirkung mit den Grundbesoldungen aus dem Geistlichen Gut. Zu wenige Scholaren und in der Folge zu niedrige Einnahmen aus Informationsgeldern führten zu direkten Beschwerden der Maîtres über die Unmöglichkeit ihrer Subsistenz beim Kirchenrat, der dann mit Geldern aus dem Geistlichen Gut regulierend und überbrückend zur Kasse gebeten wurde[405]. Durch Beihilfen sollte einerseits verhindert werden, dass die Maîtres Tübingen den Rücken kehrten und das Exerzitien- und Sprachlehrangebot damit brach lag. Andererseits galt es zu verhindern, dass die Maîtres Verdienstausfälle über eine Erhöhung der Informationsgelder zu Lasten der Scholaren ausglichen, denn eine gewisse Erschwinglichkeit des Exerzitien- und Sprachunterrichts war wiederum Grundvoraussetzung für seine attraktive und den Studienstandort belebende Wirkung.

Im *Staat* des Stallmeisters Ludwig Ernst Breithaupt aus dem Jahr 1727 erschien daher auch die Bemerkung, dass dem Geheimen Rat an der Verbesserung der Frequentierung der Universität sehr gelegen sei und dass daher die Studenten Gelegenheit haben sollten, das Reitexerzitium zu einem *civilen Preiß* zu erlernen[406]. Die Wichtigkeit des *civilen* Preises für das Exerzitien- und Sprachlehrangebot wurde sogar in den Universitätsstatuten des Jahres 1752 verankert, sodass er für Maîtres und Scholaren verbindlich wurde[407]. Sprachmeister de Sales sprach 1777 von dem hier eingeführten *Honorario*, das er nicht erhöhen dürfe, um armen Studenten nicht die Gelegenheit zu nehmen, moderne Fremdsprachen zu erlernen, die zu einer unerlässlichen Erfordernis zählten[408]. Die finanzielle Leistungsbereitschaft der Scholaren durfte also keinesfalls überstrapaziert werden. Denn die Studenten oder ihre Eltern reagierten ohne Umschweife und straften bei einer nicht ordentlichen Bestellung der Exerzitien einen Universitätsstandort mit ihrem Fernbleiben ab, wie es der Senat schon 1695 schmerzlich erfahren und eindrücklich beschrieben hatte[409].

---

[402] THORBECKE: Statuten, § 61, S. 323; WOLF: Universitätsangehörige, S. 81.

[403] BÖHME/VIERHAUS: Göttingen, S. 413.

[404] GESTERDING: Magazin, Bd. 2/1, S. 77–80.

[405] HStAS A 303 Bd. 14016 Bl. 63ʳ.

[406] HStAS A 202 Bü 2615 o. Pag. *Staat* für Ludwig Ernst Breithaupt (1727, Januar 17).

[407] Kurzer Auszug aus denen Statuten, 1752, S. 9: *Ubrigens fehlt es auch bey hiesiger Universitaet an Sprach- und Exercitien-Meistern nicht. Dann da sich hier auch ein Collegium Illustre [...] befindet, [...] so findet man hier eine Reut-Bahn, die erforderliche Sprach- Dantz-Fecht- und Ball-Meister, welche alle, [...] um billige und gemaessigte Preise Lehre geben.*

[408] UAT 30/6 Nr. 39 Bl. 4.

[409] HStAS A 202 Bü 2617 o. Pag. Senat der Universität an den Geheimen Rat (1695, November 4): *Wann dann noch einige anwesende von Adel und andere Studiosi, der Exercitiorum, nebst*

Für die Maîtres, die im Zentrum einer von den obrigkeitlichen Instanzen bis zu den Scholaren reichenden Reihe von Abhängigkeiten standen, bedeuteten diese Verhältnisse einen stetigen Balanceakt. Ihr attraktives Lehrangebot nahm im Bemühen um die Frequentierung der Universität zwar eine prominente Rolle ein, begünstigte sie jedoch in ihrem Streben um einen angemessenen Verdienst kaum und beließ sie zwischen Scholaren und Obrigkeit in einer passiven Rolle. Einige Beispiele mögen dies demonstrieren. Im Januar 1699 intervenierte der Oberhofmeister des Collegium Illustre für Fechtmeister Balthasar Friedrich Dinckel beim Kirchenrat und legte dar, dass nach einer halbjährigen Probezeit dessen Grundbesoldung nicht mehr gezahlt würde, der Fechtmeister daher für die wenigen vorhandenen Scholaren das Informationsgeld erhöhen musste, um davon leben zu können. Die Zahl der Scholaren sei durch die erhöhten Preise jedoch noch weiter geschrumpft. Sobald Dinckel wieder eine Grundbesoldung beziehe, könne er sein Lehrangebot wieder für das übliche attraktive Informationsgeld anbieten[410]. Der Kirchenrat reagierte und Dinckel erhielt fortan eine regelmäßige Grundbesoldung, die den Fechtunterricht für die Scholaren zu moderaten Preisen gewährleistete[411].

Dass die Scholaren nicht nur auf erhöhte Preise, sondern auch auf ein mangelhaftes Lehrangebot reagierten, hatte sich wenige Monate zuvor in einem Konflikt der Studenten mit Fechtmeister Johann Braun gezeigt. Dieser hatte sich über die mangelnde Zahlungsbereitschaft der Scholaren beschwert. Die Studenten begründeten die Verweigerung ihrer Bezahlung jedoch damit, dass Braun ihnen statt der üblichen drei Gulden vier Gulden monatlich abnehme und das, obwohl die Qualität seines Unterrichts und sein Verhalten ihnen gegenüber zu wünschen übrig lasse. Die Scholarenschaft reagierte mit einem Boykott des Fechtunterrichts und zwang damit Fechtmeister Braun zur Kündigung seiner Dienste in Tübingen, die herzogliche Verwaltung zur Einstellung eines neuen Fechtmeisters und zur Normalisierung der Preise für den Fechtunterricht[412].

Geht man von einer Zahl von nur fünf Scholaren aus, so ergab sich für einen Maître bei einem monatlichen Informationsgeld von drei Gulden ein jährlicher Verdienst von hundertachtzig Gulden, der verglichen mit den Grundbesoldungen zeigt, wie wichtig diese Einnahmen waren (Tabelle 1). Pierre Aubin de Sales sprach 1784 davon, dass ihm ein anderer Sprachmeister alle seine zwölf bis vierzehn Scholaren abspenstig gemacht habe. Er rechnete also mit einem monatlichen Verdienst von rund vierzig Gulden und einem Jahresverdienst von rund fünfhundert Gulden[413].

Wird aber in Betracht gezogen, dass die Exerzitienmeister in Tübingen in der Regel

---

denn Studiis zugleich, besonders bey gegenwerthigen Kriegsläufffen, zugenießen, euserst verlangen, zerschaidenliche, die sonsten sehr gerne hier seyn möchten, einige dardurch darvon abgehalten und gleichsam abgeschreket werden, weilen die Exercitien nicht bestellet, andere aber diser Tagen, vornemlich deßentwegen, würcklich wider von hier sich hinweg begeben haben, so daß diser Abmangel dem publico in viel weege schädlich fället.

[410] HStAS A 284/94 Bü 54 Bl. 16.
[411] HStAS A 303 Bd. 13982–14916.
[412] HStAS A 284/94 Bü 54 Bl. 22, 24.
[413] HStAS A 202 Bü 2616 o. Pag. Pierre Aubin de Sales an den Geheimen Rat (1784, Juni 10).

und mit Ausnahme der Sprachmeister keine größere Konkurrenz hatten und ihr Metier mehr oder weniger als Monopol ausübten, so wird deutlich, dass die Verdienstmöglichkeiten der Maîtres – bei rechtzeitiger Bezahlung durch die Scholaren – gut gewesen wären. Insgesamt muss besonders bei den Exerzitienmeistern von einer guten Verdienstlage ausgegangen werden, die zusammen mit der Grundbesoldung ihren Mann ernährte und die auch über die Grenzen Tübingens hinaus bekannt war: Der spätere Tanzmeister François Fellon bewarb sich 1794 auf die Fechtmeisterstelle am Collegium Illustre, indem er schrieb: *In diesen Umständen war es erfreulich für mich vor kurzem zu erfahren, daß wirklich die Stelle eines Fechtmeisters bei Herzoglichem Collegio illustri zu Tübingen vacant und mit solcher eine kleine Besoldung, bei der sich ein ehrlicher Mann neben einigem Privatverdienst betragen könne, verknüpft seie*[414]. Dennoch sah die Realität aufgrund der meist schwachen Frequentierung der Universität und der mangelnden Bereitschaft Informationsgelder zu bezahlen im Einzelfall häufig anders aus. Zahlreiche Konflikte zwischen den Maîtres und ihren Scholaren waren die Folge.

d. Die Konflikte um die Informationsgelder

Eine Begleiterscheinung der Informationsgelder war, dass sie in vielen Fällen unregelmäßig, sehr spät oder oft gar nicht bezahlt wurden. Die Akten zu den Angelegenheiten der Exerzitien- und Sprachmeister und die der überlieferten Inventuren und Teilungen sind gefüllt mit Schuldzetteln, Schuldenverzeichnissen, Beschwerden und Interzessionsbitten als Ergebnis einer immensen Schuldnerverwaltung. [415] Die Eintreibung der Schulden bei den Scholaren gestaltete sich oft sehr schwierig, da es unter den Studenten eine hohe Fluktuation gab und viele Schuldner sich nach einer geduldigen Wartezeit der Maîtres längst nicht mehr in Tübingen aufhielten.

Die Exerzitien- und Sprachmeister teilten die Funktion des Gläubigers mit den Tübinger Händlern, Handwerkern und Wirten. Das Gläubigerverzeichnis des adligen Studenten Christoph von Lynstow[416] aus dem Jahr 1617 enthielt nicht nur Schulden bei Ballmeister Hugo Bitschin über mehr als fünfzig Gulden, bei Fechtmeister Antonio Giglio über dreißig Gulden und bei Tanzmeister François de Mire über vierzehn Gulden – also über die Informationsgelder für mehrere Monate – sondern auch bei einem Goldschmied, einem Apotheker, einer Schneiderin, einem Wundarzt, einem Messerschmied, einem Schuhmacher, einem Maler, mehreren Wirten, einem Barbier, einer Wäscherin und einem Pferdehändler. Die gesamte Schuldsumme betrug 1827

---

[414] HStAS A 284/94 Bü 296 o. Pag. François Fellon an den Kirchenrat (1794, April 7).

[415] Vgl. exemplarisch die Schuldenverzeichnisse des Fechtmeisters Conrad Jacob aus der zweiten Hälfte des 17. Jahrhunderts (UAT 117/670) oder die Inventur- und Teilungsakten des Reitmeisters Ulrich Oberans von 1713 (UAT 27/14 Nr. 6), des Fechtmeisters Johann Ernst Friedrich Güßau von 1781 bis 1786 (StAT E 105/34) oder des Ballmeisters Georg Friedrich Keller von 1798 (StAT E 101/208).

[416] HStAS A 274 Bü 79 o. Pag. Schuldenverzeichnis (1617, November 21).

Gulden und 34 Kreuzer. Eine weitere Schuldenliste des gleichen Jahres bescheinigte dem adligen Scholaren zudem auf der Grundlage von Schuldzetteln weitere 2278
Gulden. Darunter waren nochmals ausständige Informationsgelder für Ballmeister
Bitschin über sechsundzwanzig Gulden, für Tanzmeister de Mire über einundvierzig
Gulden und für Fechtmeister Giglio über sechzig Gulden. Mit den Maîtres wartete
der Buchführer, der Buchbinder, der Pastetenbäcker, der Büchsenmacher, der Wein-
händler, der Glaser und der Sporer auf ihr Geld, ganz zu schweigen von den Schulden
für Rosslohn und Kostgeld[417]. Wird bedacht, dass dieser Student vermutlich nicht der
einzige säumige Schuldner war, so wird deutlich, wie hoch die Ausfälle für die Maîtres zeitweise waren und welchen Vorschuss sie ihren Scholaren gewährten.

Viele dieser Schulden nahmen die Exerzitien- und Sprachmeister bis in den Tod.
Fast in allen überlieferten Inventuren und Teilungen der Maîtres gibt es einen Posten
an Passivschulden, der aus säumigen Informationsgeldern besteht. Mit der Inventur
und Teilung des Bereiters Ulrich Oberans im Jahr 1713 sind zwei Schuldscheine des
pommerschen Ritters Henning Julius von Bohlen aus Rügen[418] über hundertfünf
Gulden und Carl Ludwig Herzogs zu Schleswig-Holstein-Sonderburg[419] über drei-
hundertelf Gulden für *Reuth Schuelgellt* überliefert[420]. In der Inventur und Teilung
des Fechtmeisters Güßau ist eine große Zahl an bereits lange zurückliegenden Schulden auffällig, was deren Eintreibung umso schwieriger machte[421]. Güßau verrechne-
te zudem die säumigen Informationsgelder, deren Höhe zwischen fünf und dreihun-
dertsieben Gulden betrug mit weiteren Schulden für Kost und Logis in seinem Haus,
in dem er mehrere Zimmer vermietete[422].

Wie sehr die Maîtres von ihren Informationsgeldern profitieren konnten, lag auch
in ihrer eigenen Hand und ihren eigenen Fähigkeiten, ökonomisch zu wirtschaften.
Strenge oder Geduld gegenüber den säumigen Scholaren hatten auch Auswirkungen
auf die Beliebtheit eines Maître und auf die Attraktivität seines Unterrichts[423]. Einige
Exerzitienmeister achteten streng auf die zeitnahe Bezahlung der Informationsgelder
oder verlangten diese sogar im Voraus. Dazu zählten häufig diejenigen, um deren
Ökonomie es ohnehin nicht gut stand und die ihre Einnahmen dringend benötig-

---

[417] HStAS A 274 Bü 79 Bl. 4.
[418] MUT II 27428.
[419] MUT III 41660.65.
[420] UAT 27/14 Nr. 6.
[421] StAT E 105/34 Inventurheft Bl. 12ᵛ: Unter den Schuldnern befanden sich Personen aus
    Friedberg, Ansbach, Göppingen, Stuttgart, Hessen-Darmstadt, Wetzlar, Petersheim in der
    Kurpfalz und Schweinfurt. Ein Eintrag in einem solchen Schuldverzeichnis lautete beispiels-
    weise: *Der ehmalige Medicinae Studiosus nunmehriger gemeiner Soldat in Hessen Darmstäd-
    tischen Dinsten, Breithaupt Informations Geld: 14 fl.*
[422] StAT E 105/34 Inventurheft Bl. 12ᵛ.
[423] HStAS A 284/94 Bü 54 o. Pag. Oberhofmeister des Collegium Illustre an den Kirchenrat
    (1672, August 5): Der Oberhofmeister des Collegium Illustre schrieb nach dem Tod des
    Fechtmeisters Conrad Jacob über denselben, dass *ermelter Fechtmeister von vielen seiner
    Scholaren sehr schlecht recompensirt worden, hingegen Er seinen Dinst bey diesem fürstlichen
    Collegio iederzeit biß in seinen Todt, treweyffrigst versehen.*

ten, etwa der notorisch bedürftige Fechtmeister Johann Andreas Schmid[424]. Auch die bei der Universität immatrikulierten Sprachmeister ohne Grundbesoldung wandten sich schon wegen kleinster ausstehender Beträge an den Senat, wie etwa um 1718 Franciscus de Gregoriis und Jean Caumon wegen Summen von sechzehn und sechs Gulden[425].

Gängige Praxis war es, zur Eintreibung von Schulden den Senat um ein offizielles Interzessionsschreiben zu bitten. Dies war umso angebrachter, wenn sich die Schuldner und ihre Familien außerhalb des Territoriums aufhielten oder fremde administrative Instanzen einbezogen werden mussten. Der Senat konnte wirksamer als eine Einzelperson seine Hilfe in ähnlichen Fällen anbieten, den guten Ruf des Schuldners bestätigen und auf die Bezahlung einer im Namen der Universität erhaltenen Leistung insistieren, wie im Fall des schlesischen Studenten Christoph Friedrich von Pritzelwitz[426], der hauptsächlich für das Reitexerzitium bei Bereiter Ulrich Oberans Schulden gemacht hatte. Nachdem sich Oberans zunächst selbst ohne Erfolg mit einem Schreiben an den Vater des Schuldners gewandt hatte und diesen über die fast fünfhundert Gulden an Schulden seines Sohnes informiert hatte, schrieb er zusammen mit anderen Gläubigern an den Senat, der im Februar 1671 mit zwei weiteren Schreiben an den Vater und Schwager des ehemaligen Studenten sein Gewicht in die Waagschale warf[427]. Argumentiert wurde insbesondere mit der Leistung des Bereiters und dem Nutzen, den Pritzelwitz aus dem erlernten, aber nicht bezahlten Reitexerzitium ziehen könne, insbesondere, *da er die erwünscheste gelegenheit gehabt in ritterlichen exercitiis sich derogestalt zu perfectioniren daß er an großen Hochfürstlichen Höfen sich damit darff sehen laßen, und seinem adelichen stande gemäß kann fortbringen*[428].

Zu allen Zeiten gab es zahlreiche ähnliche Fälle. Johann Georg Becht, Doktor der Medizin aus Heilbronn[429] schuldete Fechtmeister Eller 1686 mehr als zwanzig Reichstaler für Fechtunterricht, worauf der Senat ein Interzessionsschreiben an

---

[424] StAT E 101/241a; UAT 9/9 Nr. 91, 93–96: Nachdem der Fechtmeister Johann Andreas Schmid von 1739 bis 1743 immer wieder um Zulagen und Gratiale gebeten hatte, wurde 1743 beschlossen, dass ihm *um seiner notorischen Dürftigkeit willen* auf drei Jahre lang ein Gratial von jährlich 4 Scheffeln Dinkel und 1 Eimer Wein vergönnt sei. Bei der Inventur und Teilung des Fechtmeisters im Jahr 1749 wurde schließlich, wohlwissend um diesen Umstand, bemerkt: *Wie hievornen ersichtlich, so hat der seelige Defunctus niemalen den Bezahlungstermin angewarttet, sondern wie auch glaubwürdig ist, von seinen Herren Scholaren anticipando empfangen.*

[425] UAT 25/3 Bd. II Nr. 204.

[426] MUT II 25907.

[427] UAT 25/2 Bd. III Nr. 287: Darin wurden die noch ausstehenden Schulden genannt als *Schulden in erlernung Adelicher Exercitien, welche Er, sonderlich im reiten wohl und nützlich dergestalten ergriffen, daß Er an hohen orthen damit ruhmlich passiren kann.*

[428] Ebd. Nr. 295, 295a: Am Ende des Schreibens an den Schwager wurde hinzugefügt: *Es wird dises nicht allein der wohl adelichen Pritzelwitzischen Familie zu gutem nachruhm gereichen, sondern es erforderts auch die billichkeit und wir sein es umb andere die auß Schlesien zu uns khommen mit sorgfeltiger auffsicht zu erkennen beflißen.*

[429] MUT II 27209, 27429.

den Rat der Stadt Heilbronn aufsetzte[430]. Susanna Margaretha Eller, die Witwe des Fechtmeisters Johann Casimir Eller, wandte sich 1688 zusammen mit einem Tübinger Handelsmann, einem Barbier und einem Metzger an den Senat um ein Interzessionsschreiben an die baden-durlachische Regierung wegen der ausstehenden Schulden zweier Universitätsstudenten[431]. Der inzwischen etablierte hochfürstlich hessen-darmstädtische Hofrat und Ratsadvokat der Reichsstadt Frankfurt Carl Friedrich Luther[432] schuldete Fechtmeister Johann Ernst Friedrich Güßau 1773 seit neun Jahren zwanzig Gulden für Lektionen im Fechten und Traubenwirt Stengle hundertdreißg Gulden für Kost. Zusammen ersuchten Güßau und Stengle im März 1773 den Senat, um Interzession beim Rat der Stadt Frankfurt[433].

Viele der Schulden wurden jedoch im Endeffekt nie bezahlt. Bei der Inventur und Teilung des Sprachmeisters Jean Caumon im Jahr 1748 wurde dieser Umstand lapidar und treffend zusammengefasst: Die Erben geben an, daß *zwaar von ihres seeligen Vatters ehemaligen Information noch ein und andere Pöstlein Informationsgebühren bey Studiosis, die schon vor vielen Jahren von hier weg, und weiß nicht wohin gekommen, ausstehen, es seye aber davon kein xr. mehr zu hoffen*[434]. Nach dem Tod des Tanzmeisters Guillaume Michel Dumanoir im November 1714 bat die Witwe um eine vierteljährige Besoldungsfortzahlung von November bis Lichtmess 1715 und zwar *umb willen Ihrem Mann seelig die Scholaren gar vieles schuldig seyen, und doch nimmer bezahlen werden, hingegen sie mit Passivis oneriret seye, deßentweeg sie auch umb die Helffte der Besoldung auf das Quartal Liechtmeß und Georgii untertänigst einkommen und bitten wolle*[435].

Es scheint daher fast eine Ironie der Geschichte zu sein, dass bei der Inventur nach dem Tod des Sprachmeisters Pierre Robert im November 1780 ein Tübinger Advokat erschien und angab, nicht genau zu wissen, ob er dem verstorbenen Sprachmeister für Französischunterricht nicht noch Geld schuldig sei. Obwohl sich in den Unterlagen Roberts keine Hinweise finden ließen, die eine solche Schuld dokumentierten, stellte der Advokat *zu seiner Beruhigung* drei Gulden aus, das übliche Informationsgeld für einen Monat[436].

e. Zusammenfassung

Während der Exerzitien- und Sprachunterricht am Collegium Illustre mit Ausnahme des Reitexerzitiums unentgeltlich war, es allerdings üblich war, den Maîtres sogenannte Verehrungen zu überreichen, bezahlten die Universitätsstudenten für die unmittelbare Lehrleistung der Exerzitien- und Sprachmeister Informationsgelder.

---

[430] UAT 25/3 Bd. I Nr. 30.
[431] Ebd. Nr. 67.
[432] MUT III 35889.
[433] UAT 25/3 Bd. III Nr. 327; UAT 31/2 Bd. III Nr. 168.
[434] StAT E 101 Nr. 22 o. Pag. Inventarium (1748, September 16).
[435] HStAS A 284/94 Bü 55 o. Pag. Collegiumsverwalter an den Kirchenrat (1715, Februar 1).
[436] StAT E 105/9.

Sie betrugen für das Fechten, Tanzen, Ballspiel und den Sprachunterricht monatlich zwischen drei und vier Gulden, für das Reiten sechs bis neun Gulden. Die Informationsgelder stellten im Gegensatz zu den festen Grundbesoldungen eine zwar von der Anzahl der Scholaren abhängige und damit äußerst variable, jedoch regelmäßige und unmittelbare Einnahmebasis dar. Hauptbegleiterscheinung dieser Einnahmeform waren jedoch die zahlreichen Konflikte, die aus der fehlenden Zahlungsbereitschaft der Scholaren hervorgingen. Nicht bezahlte Unterrichtsleistungen und Passivschulden schränkten die wirtschaftlichen Verhältnisse der Maîtres daher zu allen Zeiten ein.

Die Informationsgelder standen in enger Wechselwirkung mit den Grundbesoldungen aus dem Geistlichen Gut. Das Zünglein an der Waage spielte dabei immer wieder eine ausreichende Anzahl an Scholaren, welche durch die schlechte Frequentierung der Universität vor allem im 18. Jahrhundert stark schwankte. War ihre Zahl so gering, dass der Verdienst an Informationsgeldern zur Subsistenz der Maîtres nicht mehr ausreichte, so wurde in eine Erhöhung der Grundbesoldung investiert. Häufiger jedoch wurden die ausbleibenden Informationsgelder durch außerordentliche und zeitlich befristete Beihilfen und Gratiale ersetzt. Damit wurde verhindert, dass die Maîtres wegzogen oder ihre Verdienstausfälle mit einer Erhöhung der Informationsgelder an die Scholaren weitergaben. Denn dies hätte sich negativ auf die Attraktivität des Studienstandorts ausgewirkt. Die Abhängigkeit der Maîtres von den Informationsgeldern blieb bis ins 19. Jahrhundert bestehen. Erste Ansätze zur Gestaltung der Grundbesoldungen als Vollversorgung und unter Unabhängigkeit von der Frequentierung der Universität sind am Ende des 18. Jahrhunderts zuerst bei den Sprachmeistern zu beobachten.

IV. Unterrichtswirklichkeit, Alltag und Konkurrenz

1. Unterrichtswirklichkeit und Unterrichtsorte

1.1 Stellenwert und Lehrziele des Exerzitien- und Sprachunterrichts

Welch großen Stellenwert der Exerzitien- und Sprachunterricht im Stundenplan der Scholaren einnahm, lässt sich am Lehrplan des Jahres 1666 *so wol in Studien als exercitien* für die württembergischen Prinzen Wilhelm Ludwig und Friedrich Carl während ihres Studienaufenthaltes am Tübinger Collegium Illustre beispielhaft nachvollziehen: Von Montag bis Samstag sollten jeden Morgen während des Anziehens um sechs Uhr morgens zwei Pagen ein Blatt aus dem französischen Wörterbuch vorlesen. Montags und freitags verbrachten die Prinzen die Zeit von sieben Uhr bis zur Mittagsmahlzeit auf der Reitbahn. Im Sommer kehrten sie bereits um acht Uhr zurück, um Lesen und Schreiben zu lernen. An allen übrigen Werktagen waren sie dazu angehalten, von acht bis neun Uhr vormittags und ebenso jeden Nachmittag von zwei bis drei Uhr ein Exerzitium zu betreiben. Die ganze Woche über stand zudem von drei bis vier Uhr das Französische mit Lesen, Schreiben, Konversation und Grammatik, von vier bis fünf Uhr das Fechten und Voltigieren sowie von fünf bis sechs Uhr das Tanzen auf dem Lehrplan. Lediglich der Donnerstag gestaltete sich davon abweichend. Dann war am Vormittag der Kirchbesuch und seine Nachbereitung vorgesehen. Am Nachmittag hatten die Prinzen von drei bis sechs Uhr *uhrlaub*, den sie zum Scheibenschießen oder Spazierenreiten nutzen konnten. Auch der Samstagnachmittag war frei, wobei der Lehrplan Ballspiel oder einen Ausritt zu Pferd vorschlug. Am Sonntag gehörte der Kirchbesuch und die Nachbereitung der Predigt sowie Singen und Lesen zu den Pflichten der Prinzen. Der Unterricht in Politik, Logik, Ethik, Geschichte, Geographie sowie im Lesen und Schreiben und die religiöse Unterweisung fand an den Werktagen zwischen sieben und acht, neun und zehn sowie zwischen ein und zwei Uhr statt[1].

Die für den Exerzitien- und Sprachunterricht aufgewendete Zeit überbot also diejenige für die Studien. Und auch die Freizeit war mit Scheibenschießen, Ausreiten und Ballspiel von den Exerzitien bestimmt, was keine Ausnahme für die Prinzen darstellte. Auch für alle anderen Collegiaten war die tägliche Übung in den Exerzitien und Fremdsprachen vorgesehen[2]. Für ihren Unterricht außerhalb des Collegium Illustre bei den Universitätsstudenten veranschlagten die Maîtres ihre monatlichen Informationsgelder stets für die Unterrichtung an mindestens drei Werktagen pro Woche.[3]

---

[1] HStAS A 284/94 Bü 272 o. Pag. Lehrplan für die Prinzen Wilhelm Ludwig und Friedrich Carl (1666).

[2] HStAS A 202 Bü 2599 o. Pag. *Newes Project* (um 1648); Ordnung 1609, S. 27 f.; Leges 1666, S. 28; vgl. hierzu auch BENDER: Prinzenreise, S. 209.

[3] HStAS A 202 Bü 2615 o. Pag. *Staat* für Ulrich Oberans (1652, Dezember 10); HStAS A 202 Bü 240 o. Pag. *Staat* für Heinrich Nidda (1672, September 16); UEDING: Tübingen, S. 224 f.

Gemäß den Statuten des Tübinger Collegium Illustre bestanden die Ziele des Unterrichts bei den Exerzitien- und Sprachmeistern darin, *in alle Saettel gerecht reden und reitten zu erlernen*[4] – ein Sprichwort, das aus Baldassare Castigliones „Il Libro del Cortegiano" (1528) stammte[5]. Die dort für den perfekten Fürstendiener eingeforderte umfassende Bildung sollte nicht nur in der Kenntnis der humanistischen Wissenschaften[6], sondern auch im Kriegshandwerk, gesellschaftlichem Geschick und Konversationsfähigkeit bestehen. Genannt wurde ausdrücklich der Umgang mit dem Pferd in der Reitkunst, das Ringen und Lanzenrennen, das Abhalten von Turnieren und Stockspielen sowie das Schleudern von Lanzen und Pfeilen, die Beherrschung des Fechtens zu Fuß und zu Pferd, das Jagen, Schwimmen, Springen, Laufen, Steinewerfen sowie das Ballspiel und das Voltigieren[7]. Der Hofmann sollte zudem auch die modernen Fremdsprachen beherrschen sowie über Konversationsfähigkeit und sprachliche Schlagfertigkeit verfügen[8]. Der auf diese Weise durch theoretische und zivile sowie praktische und militärische Fertigkeiten gleichermaßen geschulte perfekte Hofmann, der seinem Fürsten im Krieg und Frieden gleichermaßen zu dienen bereit sein sollte, war auch über den Kontext François de la Noues Heranziehung von *bons courtisans, & bons soldats*[9] ein ausdrückliches Ziel des Exerzitien- und Sprachunterrichts am Tübinger Collegium Illustre[10].

Alle in „Il Libro del Cortegiano" geforderten Fähigkeiten und Fertigkeiten aber wurden den Prinzipien der Grazia (Anmut) und Sprezzatura (Mühelosigkeit) unterworfen[11]. Und gerade diese übergeordneten Maximen waren es, mittels derer Castiglione die aus der höfischen Rittererziehung tradierten und sich auf eine vergangene Lebenswirklichkeit beziehenden Disziplinen der Exerzitien und modernen

---

[4] Ordnung 1609, S. 27. Vgl. HOLTZ: Bildung, S. 135.

[5] BUCK: Libro del Cortegiano, S. 9: Der Hofmann sollte ein *perfetto cavalier d'ogni sella* sein; Castiglione: Hofmann, S. 60, Buch 1/Kap. 21: *So will ich denn, dass unser Hofmann als vollendeter Kavalier jedem Sattel gerecht sei.*

[6] CASTIGLIONE: Hofmann, S. 92 f., Buch 1/Kap. 42.

[7] Ebd., S. 59, Buch 1/Kap. 20, S. 59–61, Buch 1/Kap. 21, S. 61 f., Buch 1/Kap. 22.

[8] Ebd., S. 74 f., 79 f., 83–87, Buch 1/Kap. 31, 34, 37, S. 179–225, Buch 2/Kap. 48–89.

[9] LA NOUE: Discours, S. 158.

[10] ZELLER: Merckwuerdigkeiten, S. 154–156: Der Oberhofmeister des Collegium Illustre Georg Friedrich von Gölnitz verfasste 1649 ein lateinischens Lobgedicht auf das Collegium Illustre, welches von Johann Friedrich Scholl ins Deutsche übersetzt wurde: *Ein Pollux pfleget hier zur Fecht-Kunst anzufuehren, Wo jeder rufft und droht: Er wolle Sieger seyn. Hier uebt der Fechter-Schaar sich taeglich mit Rappieren, Und fuehret Dolche bald, und bald die Degen ein.* […]. *Hier ist des Pythus Hauß, der die erfundne Baelle, Wie man erzehlt, zu erst mit seinen Haenden schlug. Wer die am besten schlaegt, der hat die Ober-Stelle Die der besiegte Theil ihm selbsten uebertrug. Hier ist der Kegel-Platz, wo man, wie Rom erdachte, Die Kugeln, die von Holtz, mit muntern Armen treibt; Wo den Ballon, den man erst aufgeblasen machte, Nachdem die Jahre sind, zu schlagen frey verbleibt. Hier ist auch Castors Schul, darinnen er wohl reiten, Ja wilde Pferde gar nach Regeln gehen lehrt. Hier suchet man die Schaar zur Tanz-Kunst anzuleiten In deren Adern sich der edle Trieb stets mehrt.* […] *So lern dann, edle Schaar, in Fried [u]nnd Krieg regieren.* Auf Lateinisch schloss Gölnitz: *Ut quondam patriam Marte, vel Arte regas.*

[11] CASTIGLIONE: Hofmann, S. 59–61, 63 f., Buch 1/Kap. 21 und 24.

Fremdsprachen für die Frühe Neuzeit brauchbar machte und als Reminiszenz an die einst vorbildhafte Verteidigungsfunktion des adligen Ritterstandes neu legitimierte. Ebendiese Forderung nach Grazia und Sprezzatura im Gesamterscheinungsbild des Cortegiano fügte insbesondere der militärischen Wehrertüchtigung, die im Mittelalter noch einen unmittelbareren Bezug zur Lebenswelt des adligen Ritters gehabt hatte, nunmehr den Zweck der Standesrepräsentation und der Demonstration adligen Standesbewusstseins hinzu. Damit besaß der frühneuzeitliche Exerzitien- und Sprachunterricht ein zusätzliches, von den einzelnen Disziplinen losgelöstes, übergeordnetes und ideelles Lehrziel: Den jungen Adligen sollte in allen Disziplinen eine körperliche Positur – eine bewusste Körperhaltung – vermittelt werden, anhand derer ihre gesellschaftliche Vorrangstellung auch nach Verlust der prestigeträchtigen Verteidigungsfunktion weiterhin demonstriert und repräsentiert sein sollte[12]. Herman Roodenburg bezeichnet in seinen Studien die frühneuzeitliche Betonung der Gestik und Körperkultur, die mit Castigliones Grazia und Sprezzatura ihren Ausgangspunkt nahm, als „bodily memory"[13]. Und Peter Burke sieht in der Frühen Neuzeit „ein neues Interesse für Gesten", das seinen Ausgang von Italien und Spanien nahm[14]. So verfügten die Disziplinen des Exerzitien- und Sprachunterrichts nicht nur über ein unmittelbar praktisches, sondern auch über ein mittelbar ideelles Lehrziel. Analog dazu unterschied der Ethnologe Jean-Pierre Digard für das Reitexerzitium zwischen „fonctions manifestes et fonctions latentes"[15].

Die konstatierten unmittelbar praktischen wie mittelbar ideellen Lehrziele des Exerzitien- und Sprachunterrichts blieben jedoch nicht nur eine Idee Castigliones, die ihren theoretischen Widerhall als Zitat im *reden und reitten* der in allen Sätteln firm sitzenden adligen Collegiaten des Tübinger Collegium Illustre fand[16]. Bis weit ins 18. Jahrhundert hinein wurde die adlige Standesrepräsentation neben der Schulung der körperlichen Wehrertüchtigung, der gesellschaftlichen Umgangsformen, der Konversationsfähigkeit und der Rekreation als ausdrücklicher Effekt des Unterrichts bei den Maîtres genannt, etwa in Wolff Bernhard von Tschirnhauß' „Getreuer Hofmeister auf Academien und Reisen" (1727)[17]. Auch die Ausdrucksweise der Tübinger Vorlesungsverzeichnisse zollte sowohl der praktischen Anwendbarkeit

---

[12] ASCH: Adel, S. 143–146; vgl. zu Positur und Körperhaltung KLEINSCHMIDT: Posituren, S. 121–147; MALLINCKRODT: Leben.

[13] ROODENBURG: Brains, S. 17–20, 25–29; ROODENBURG: Eloquence, S. 9–14, 83–109.

[14] BURKE: Eleganz, S. 90–105.

[15] DIGARD: Équitation, S. 107.

[16] Ordnung 1609, S. 27; BUCK: Libro del Cortegiano, S. 9.

[17] TSCHIRNHAUSS: Hofmeister, S. 103 f.: *Rechter Zweck. Welcher darinnen bestehet, daß man den Leib zu allerhand Verrichtungen geschickt, und sonderlich bequem mache, durch aeuserliche Gebaerden und à la modische Stellungen des Leibes, sich der heutigen Welt, die vielmahl nur nach dem Exterieur die Leute beurtheilet, zu recommendiren; und hiernechst durch eine moderate Motion die Gesundheit zu conserviren. [...] Vor einen Cavalier, der nicht von dem Degen, sondern von Studiis hauptsaechlich Fait machen will, ist schon genung [sic!], wenn er von denen Exercitiis Corporis so viel gelernet hat, daß er bey vorfallenden Gelegenheiten, in lustigen Gesellschafften, auf Hochzeiten, privat und oeffentlichen Baellen, manierlich und ungezwungen mit tantzen; im Fall der Noth seine Ehre und seinen Leib defendiren, und sein*

der einzelnen Disziplinen in Krieg und Frieden, als auch der Demonstration adligen Standesbewusstseins gleichermaßen Respekt. Dort wurde 1652 der Unterricht der Exerzitien- und Sprachmeister *ad concinnitatem decusque*[18], also zur Heranbildung harmonischer Ausgewogenheit zwischen Theorie und Praxis, aber auch zu Schmuck, Zierde und Ansehen der Person und des Standes angepriesen. Noch deutlicher wurde das zweifache Ziel des Exerzitien- und Sprachunterrichts in den Vorlesungsverzeichnissen des Jahres 1700, in denen mit der Floskel *ad formandam ornandamque vitam* [...] *quodve in Pace ac Bello usui ac decori esse posset* sowohl praktischer Nutzen, als auch äußerer Schmuck, Prestige und Ansehen als Zweck der bei den Maîtres zu erlernenden Fertigkeiten genannt wurde[19]. Und auch der deutsche Druck des berühmten Reitbuches Federico Grisones „Gli ordini di cavalcare" (Augsburg 1573) hatte sowohl *Ernst* als auch *ritterliche Kurtzweil* und die Übung in den ritterlichen Tugenden als Ziele der Reitkunst angeführt[20].

Die Rezeption des weitgehend dem Adel vorbehaltenen Exerzitien- und Sprachunterrichts durch das Bürgertum seit der zweiten Hälfte des 17. Jahrhunderts war von einem ausgeprägten Nützlichkeitsdenken geprägt[21]. Die über einen praktischen Nutzen hinausgehende Zweckbindung der Exerzitien an das Ziel der gesellschaftlichen Repräsentation entfiel für den bürgerlichen Rahmen. In der Forschungsliteratur führte die Beobachtung dieser Differenz des Öfteren zu dem Umkehrschluss, die adligen Exerzitien dienten dem „schönen Selbstzweck"[22], womit latent gar eine Zweckfreiheit angedeutet wurde[23]. Erst neuere Studien, wie diejenigen von Roodenburg und Digard verweisen darauf, dass die in diesem Zusammenhang zeitgenössisch häufig so genannte *ritterliche Kurtzweil*[24] als ebenso bemerkenswertes, wenn auch abstrakteres Lehrziel des frühneuzeitlichen Exerzitien- und Sprachunterrichts zu betrachten ist wie die praktischen Fertigkeiten im Bereich der militärischen Übung, der gesellschaftlichen Umgangsformen, der Konversationsfähigkeit oder das Ziel der Rekrea-

---

Pferd gut soldatisch reiten kan. Vor allen Dingen aber muß man sich hierbey [...] *alles mit einer bonne grace, und einem bel air thun lernen.*

[18] Ordo studiorum 1652, o. Pag.

[19] Ordo studiorum 1700, S. 15.: *Tandem ne quicquam deesset Academiae huic, quod ad formandam ornandamque vitam pertineret, quodve in Pace ac Bello usui ac decori esse posset, Serenissimi Principis nostri provida Cura, auspiciisque felicibus effectum est, ut, qui Exercitia homine Nobili digna cum Studiis Literarum conjungere vellent, apud nos quoque reperirent, unde suo desiderio possent abunde satisfacere.*

[20] GRISONE/FAYSER: Bericht, Titelblatt: *Wie die Streitbarn Pferdt (durch welche Ritterliche Tugendten mehrers thails geuebet) zum Ernst und Ritterlicher Kurtzweil, geschickt und volkommen zumachen.*

[21] LINKE: Sprachkultur, S. 63–103.

[22] WALTHER: Reitkunst, Sp. 1033 f.

[23] BASCHE: Geschichte, S. 116; BEGOV: Sportgeschichte, S. 150; CONRADS: Tradition, S. 400–403; OTTE: Geschichte, S. 78–84.

[24] ADAM: Landtagsakten, Bd. 2, S. 47 und Anm. 2; CONRADS: Ritterakademien, S. 331 f.; GRISONE/FAYSER: Bericht, Titelblatt.

tion von den gelehrten Studien[25]. Sie bemerken insbesondere in der demonstrativen Aufrechterhaltung ritterlicher Tugend durch den frühneuzeitlichen Exerzitien- und Sprachunterricht in Reminiszenz an die mit dem Spätmittelalter erloschene prestigeträchtige Verteidigungsfunktion des adligen Ritterstandes einen wichtigen Faktor der Identitätsbildung für den frühneuzeitlichen Adel. Dieser Faktor bedeutet jedoch gerade nicht Selbstzweck, sondern stellt einen abstrahierten, verfeinerten und letztlich den sich in der Frühen Neuzeit verändernden adligen Lebensbedingungen und Bildungsbedürfnissen angepassten Zweck mit wichtiger gesellschaftlicher Funktion dar. Im Exerzitium des Reitens bildete sich das Ziel der Repräsentation adligen Standes sogar so stark aus, dass er zu einer Spaltung der Disziplin in „équitation académique" und „équitation militaire" führte. Denn die Hohe Schule der Reitkunst konnte mit ihren vielfältigen stilisierten Kunstformen spätestens seit dem 18. Jahrhundert keinen Beitrag mehr zur Bewältigung der militärischen Realität im Kriegsfall leisten. Die kavalleristischen Erfordernisse hatten sich zu sehr verändert. Dennoch gehörte die Hohe Schule weiterhin zur Grundausbildung des adligen Reiters, denn sie war ein wichtiger Pfeiler der Standespräsentation[26].

1.2 Courbetten und Capriolen – Reithaus und Reitbahn

Auch nach dem Verlust der exklusiven und prestigeträchtigen Verteidigungsfunktion des adligen Ritterstandes im Spätmittelalter blieb das Pferd Status- und Standessymbol des Adels und wichtigstes Mittel der Kriegsführung[27]. Die militärtechnischen Veränderungen, aber auch das sich zu Beginn der Frühen Neuzeit verstärkende Repräsentationsbedürfnis des Adels in Schauturnieren, Ringrennen, Jagden und Paraden erforderten nicht nur wendigere Pferderassen, sondern auch eine Intensivierung der Reitübung, eine Anpassung der Dressur und insgesamt einen professionelleren Umgang mit dem Pferd, der sich zuerst in Italien ausformte[28].

Geprägt wurde die italienische Reitkunst unter dem Einfluss der antiken Vorbilder und der byzantinischen Kunstreiterei insbesondere durch Federico Grisone und seine 1532 gegründete Reitschule in Neapel, in der junge Adlige aus ganz Europa in der Hohen Schule der Reitkunst zu militärischen wie zivilen Zwecken ausgebildet wurden[29]. Grisones Werk „Gli ordini di cavalcare" (Neapel 1550) stellte eine Anleitung zur kunstvollen Schulreiterei dar und wurde rasch zum Standardwerk der Reitkunst

---

[25] DIGARD: Équitation, S. 107; ROODENBURG: Brains, S. 17–20, 25–29; ROODENBURG: Eloquence, S. 9–14, 83–109: Auch Digard stellt die Frage, ob die Schulreiterei „un ‚art' gratuit" gewesen sei, tut dies jedoch im Bewusstsein, zwischen der Hohen Schule der Reitkunst und der Reitkunst zu militärischen Zwecken einen Antagonismus „d'ordre sociologique" zu sehen.

[26] BLOMAC: Équitation, S. 203–211; CONRADS: Tradition, S. 400–403; CUENO: Reiten, S. 183.

[27] CONRADS: Ritterakademien, S. 40.

[28] Ebd., S. 40 f.; JUNG: Körperlust, S. 196–215; KÜHNST: Sport, S. 26, 29 f., 39; WALTHER: Reitkunst, Sp. 1034.

[29] BASCHE: Geschichte, S. 116; MAYER: Reiterbuch, S. 88 f.; OESER: Pferd, S. 113; OTTE: Geschichte, S. 58.; WALTHER: Reitkunst, Sp. 1035.

in ganz Europa. Dabei forderte der berühmte Reitmeister insbesondere, dass der Reiter nicht nur über körperliche, sondern auch über geistige Fähigkeiten verfügen müsse und sich mit seiner Kunst zudem theoretisch zu beschäftigen habe[30]. Federico Grisones Reitkunst war selbstverständlich auch in Tübingen ein Begriff: Der Bücherkatalog der Bibliothek des Collgium Illustre aus dem Jahr 1750 beschrieb in der Kategorie *Libri Philosophici, Mathematici Physici et Gymnastici* auch eine Ausgabe der „Ordini di cavalcare" (Venedig 1590) (Tafel 1)[31]. Über die wichtigsten Schüler Grisones, Cesare Fiaschi, Giovanni Battista Pignatelli, Salomon de la Broue und Antoine de Pluvinel wurde die italienische Reitkunst rasch in Frankreich rezipiert. Auf de la Broue gehen die Anfänge der musikalisch unterlegten Reitchoreographien des Carrousels und des Rossballetts sowie die französische Terminologie der Reitkunst zurück. Antoine de Pluvinel entwickelte am französischen Königshof die Reitkunst entscheidend weiter, indem er die Dressur des Pferdes anhand von Strafe und Zwang durch eine Methode der Geduld und des Eingehens auf die Fähigkeiten jedes einzelnen Tieres ersetzte[32].

Der frühneuzeitliche Reitunterricht beinhaltete also keineswegs erst die Erlernung des Reitens zum Zweck der Fortbewegung, sondern die Hohe Schule der Reitkunst und damit die kunstvolle Handhabung des Pferdes in Theorie und Praxis, wofür auch die Beherrschung des eigenen Körpers unabdingbar war[33]. Dazu zählten insbesondere die zahlreichen künstlerischen Figuren der Dressur, etwa Levaden, Pesaden, Croupaden, Ballotaden, Capriolen, Courbetten, Volten und geometrisch angelegte Übungen rund um die von Antoine de Pluvinel eingeführten Pilare – zwei paarweise in die Reitbahn eingelassene Pfeiler[34]. Sie fanden ihre Anwendung in den neuen Formen adliger Repräsentation, die insbesondere unter König Ludwig XIV. in Frankreich zur Blüte gelangten. Die einst der ritterlichen Bewährung dienenden mittelalterlichen Turniere wurden nunmehr durch künstlerische Formationen, Quadrillen, Paraden, Carrousels und Rossballette, insbesondere aber weniger folgenreiche Bewährungsproben wie dem Ringrennen (Abb. 4) und dem Kopfrennen ersetzt[35].

---

[30] CONRADS: Ritterakademien, S. 42 f.; CUNEO: Reiten, S. 169 f.; KRÜGER/LANGENFELD: Handbuch, S. 168 f.; KÜHNST: Sport, S. 37; MAYER: Reiterbuch, S. 101; OESER: Pferd, S. 113–119; OTTE: Geschichte, S. 58–63; PLATTE: Maneige Royal, S. 22–29; WALTHER: Reitkunst, Sp. 1036.

[31] UBT Mh 446-3, Bl. 21*r

[32] BASCHE: Geschichte, S. 119–124; CONRADS: Ritterakademien, S. 43–49; KRÜGER/LANGENFELD: Handbuch, S. 16 f.; MAYER: Reiterbuch, S. 88 f.; OESER: Pferd, S. 119–122; OTTE: Geschichte, S. 67–70; PLATTE: Maneige Royal, S. 30–36, 40–51; WALTHER: Reitkunst, Sp. 1036.

[33] BENDER: Prinzenreise, S. 209 f.; CONRADS: Ritterakademien, S. 40 f.; CUNEO: Reiten, S. 167 f.; KÜHNST: Sport, S. 68 f.; MAYER: Reiterbuch, S. 97–101.

[34] BEGOV: Sportgeschichte, S.156; PLATTE: Maneige Royal, S. 84–93.

[35] BEGOV: Sportgeschichte, S. 149; BEGOV: Wer sich fein recht tut üben, S. 66; KÜHNST: Sport, S. 70–74.; KRÜGER/LANGENFELD: Handbuch, S. 168 f.; MAHLER: Leibesübungen, S. 30–32: WALTHER: Reitkunst, Sp. 1034 f.; vgl. zum Rossballett JUNG: Körperlust, S. 279–282; Beim Ringrennen musste im Ritt mit der Lanze ein Ring durchstoßen werden, beim Kopfrennen sollten vom galoppierenden Pferd aus Papp- oder Türkenköpfe mit Wurfspieß, Degen oder Lanze getroffen werden; vgl. TZSCHIMMER: Zusammenkunfft. In dem mit zahlreichen großformatigen Kupferstichen versehenen und 1680 in Nürnberg gedruckten Band werden die

Abb. 8: Kupfertafel mit der Darstellung der Kunstform einer Capriole in der „Reit-Kunst" des von 1698 bis 1727 in Tübingen tätigen Stallmeisters Wolfgang Ernst von Berga, 1725.

Auch die Tübinger Bereiter und Stallmeister lehrten die Hohe Schule der Reitkunst. Stallmeister Wolfgang Lorenz Gutthäter wurden 1685 fürstliche und andere adlige Scholaren mit dem Lehrziel anvertraut, damit dieselbe *zierlich und wohlanständig reiten* lernen[36]. Die Kupferstiche der Werbeschrift des Tübinger Collegium Illustre aus der Zeit um 1608 zeigen sowohl die Einübung künstlerischer Figuren der Reitkunst, als auch die Veranstaltung von Ringrennen und anderen Ritterspielen auf der Reitbahn vor dem Lustnauer Tor (Abb. 4, Abb. 5)[37]. Im Jahr 1601 wurden in Tübingen zehn Schulpferde gehalten, die mit ihren Besonderheiten, Fellfarben und Namen in einem Stallinventar erfasst wurden, darunter der Florentiner, Weißschweiff, Raff-

zahlreichen Anwendungsmöglichkeiten der Exerzitien und die repräsentativen Formen des höfischen Festes am Beispiel des Dresdner Hofes im Jahr 1678 demonstriert.

[36] HStAS A 202 Bü 240 o. Pag. *Staat* für Wolfgang Lorenz Gutthäter (1685, November 10).

[37] NEYFFER/DITZINGER: Delineatio, Bl. 9, 12; HStAS A 274 Bü 73 o. Pag. Artikel Herzog Friedrichs zum Ringrennen (1601, Juli 2): Als Preis für den Gewinner eines Ringrennens gab Herzog Friedrich 1601 einen kostbaren Becher aus. Jeder Teilnehmer sollte zudem einen halben Gulden dazu legen; vgl. hierzu auch WILLBURGER: Collegium Illustre, S. 18.

Abb. 9: Titelblatt der „Reit-Kunst" des Tübinger Stallmeisters Wolfgang Ernst von Berga, 1725.

lo und der Gummenttzer[38]. Noch um 1666/1668 sind Ring- und Kopfstechen am Collegium Illustre genannt[39].

Nach dem Vorbild der großen italienischen und französischen Reitlehrer verfasste der Tübinger Stallmeister Wolfgang Ernst von Berga eine „Gantz neu-erfundene und durch langwiehrige Erfahrung mit grossem Nutzen practicirte Reit-Kunst", die 1725 bei Cotta in Tübingen erschien. Sie vermittelt einen Eindruck davon, was der Stallmeister seine Scholaren während seiner fast dreißigjährigen Tätigkeit in Tübingen sowohl in Praxis als auch Theorie gelehrt haben muss. Mit dem übergeordneten Lehrziel der Exerzitien, der Repräsentation des adligen Standes, deckte sich die Hervorhebung der *Positur,* eine bewusst eingenommene Körperhaltung als erstes Ziel der Reitkunst, die von Berga bereits in der Vorrede seines Werkes nannte[40]. Wolfgang Ernst von Berga berief sich in seinem Werk nicht nur auf seinen unmittelbaren persönlichen Meister, den Heidelberger Universitätsreitmeister Emanuel Froben, sondern verwies auch auf die berühmten Vorbilder Antoine de Pluvinel, dessen „Maneige Royal" er in der Ausgabe von 1664 zur Lektüre empfahl und auf die von Federico Grisone angestoßene unabdingbare Zusammenschau von Praxis und Theorie in der Reitkunst. Auf jedes Pferd sei nach dessen individuellem Vermögen, seiner *Qualitaet* und seinem *Humeur* einzugehen. Zum Verständnis der Natur eines Pferdes gehöre beim Reiter jedoch nicht nur Praxis und Erfahrung, sondern auch Verstand, weshalb den Scholaren die Reitkunst sowohl in Praxis als auch Theorie zu vermitteln sei, denn es wäre unmöglich, nur anhand praktischer Anwendung zu lernen[41].

---

[38] HStAS A 274 Bü 72 o. Pag. Inventar des Bereiters zu Tübingen (1601).

[39] UEDING: Tübingen, S. 225.

[40] BERGA: Reit-Kunst, Vorrede: *Es bestehet aber die Reit-Kunst ueberhaupt darinnen, daß man die Menschen zu einer schoenen und bequemen Positur unterweise.*

[41] Ebd., Vorrede, S. 6, 11 f., 17; Die Anklänge an die Methode der Geduld Antoine de Pluvinels gegenüber der Methode von Zwang und Gewalt Federico Grisones sind im Werk Wolfgang Ernst von Bergas unverkennbar und erscheinen immer wieder in verschiedensten Kontexten: *Dieses wundert mich, wann einer ein junges Pferd dressiren will, gleich anfaenglich es straffet, ehe er es unterwiesen was es thun soll; besser mit Gelindigkeit und Gedult die Zeit erwartet,*

Und so baute Wolfgang Ernst von Berga sein Lehrwerk in zwei voneinander ge-
trennten Teilen auf. Im ersten Teil gab er praktische Anweisungen zur Erlangung der
Positur, die dem des Tänzers ähnelte: gerader Rücken, aufrechter Kopf und einge-
zogener Bauch[42]. Kupferstiche veranschaulichten die Erklärungen zu den einzelnen
Kunstfiguren, wie etwa Capriolen (Abb. 8). Dazu folgten Hinweise zur Dressur und
zur Auswahl eines zur Dressur geeigneten rohen Pferdes[43]. Im zweiten Teil des Ban-
des beschäftigte sich von Berga sodann mit Zucht, Haltung und Anatomie des Pferdes sowie mit der Pferdemedizin[44].

Die in Wolfgang Ernst von Bergas Lehrbuch dargestellte Zweiteilung der Reitkunst in praktische Übung und theoretische Auseinandersetzung und damit allem,
was zur Reitkunst Bezug hat, wie es bereits bei Castiglione gefordert worden war[45],
schlug sich deutlich in der Tübinger Unterrichtswirklichkeit nieder. Für das Jahr
1774 wurde berichtet, dass montags, mittwochs und freitags den ganzen Vormittag
über Reitübungen angeboten würden. An den übrigen Tagen könnten die Scholaren
Pferdeoperationen und Kuren beobachten und die Grundlagen der Rossarzneikunst
erlernen[46]. An der Universität Göttingen, wo der Stallmeister Johann Heinrich Ayrer
in der zweiten Hälfte des 18. Jahrhunderts den Rang eines ordentlichen Professors
inne hatte, wurden sogar Vorlesungen über Pferdearznei sowie über Anatomie, Pa-
thologie und Therapie des Pferdes angeboten[47].

Für die Unterbringung der Schulpferde und den Reitunterricht stand in Tübingen eine kostspielige und aufwändige Infrastruktur bereit, wie sie ebenfalls etwa aus
Göttingen bekannt ist[48]. An der nördlichen Stadtmauer befand sich der Ende des 16.
Jahrhunderts erbaute sogenannte Klepperstall[49]. Im östlichen Stadtbereich stand auf
dem Areal zwischen der heutigen Hafengasse, der Neuen Straße und der Metzger-
gasse die Stallmeisterei und der Anfang des 17. Jahrhunderts erbaute Marstall für die
fürstlichen Leibpferde, der beim Stadtbrand des Jahres 1789 in Mitleidenschaft gezogen wurde[50]. In den Rechnungen des Collegium Illustre schlug sich der finanzielle

---

biß es dahin gebracht, daß es ein Vertrauen zum Reuter hat und sich nicht mehr vor ihm
foerchtet, alsdann kan man es mehr angreiffen.

[42] BERGA: Reit-Kunst, S. 1.

[43] Ebd., S. 36–42, 47–80.

[44] Ebd., S. 81–138.

[45] CASTIGLIONE: Hofmann, S. 60, Buch 1, Kap. 21.

[46] BÖK: Geschichte, S. 295 f.

[47] BUSS: Exercitien, S. 107.

[48] Ebd., S. 103, 263 f.: Hier wurde noch vor Eröffnung der Universität im Jahr 1736 bereits 1734
mit dem Bau von Stallungen, einer Reithalle, einer Reitlehrerwohnung, einer Reitbahn und
einem Zuschauerpavillon begonnen.

[49] HStAS A 282 Bü 1282 Bl. 744–748; HStAS A 284/94 Bü 185 o. Pag. Verwalter des Collegium
Illustre an den Kirchenrat (1784, März 19) und (1668, August 17); HStAS A 303 Bd. 14004
S. 178; SCHEFOLD: Ansichten, Bd. 2, Nr. 9244, 9272; StAT D 150/Schefold 9244, 9272: Der
Klepperstall hatte 1668 eine Hauptreparatur und war 1784 aufgrund eines Ammerhochwas-
sers erneut dringend reparaturbedürftig.

[50] HStAS A 284/94 Bü 185 o. Pag. Verwalter des Collegium Illustre an den Kirchenrat (1790,
September 23); RAU: Pfleghof, S. 26 f.; StAT D 30 K 235, K 343: Ein Plan der verbrannten

Aufwand für die Tübinger Schulpferde stets in enormen Kosten nieder. Ausgaben für Hufschmiede, Sporer, Sattler, Sailer, Küfer, Strohschneider sowie für Salben, Stricke, Besen, Stroh, Bürsten und Kämme sowie für Pferdemedikamente aus der Gmelinschen Apotheke mussten jährlich bestritten werden[51].

Vor dem Lustnauer Tor lag *auf der Blaichin*, dem Gelände des heutigen Alten Botanischen Gartens, das Reithaus und die Reitbahn[52]. Das vermutlich um 1595 angelegte ummauerte Areal umfasste neben den Anlagen zum Reiten auch das Lusthaus mit Galerie, den Schießplatz sowie den Ballonspielplatz (Abb. 3, Abb. 10) und bestand in dieser Form mit einigen baulichen Veränderungen und Zweckentfremdungen während des Dreißigjährigen Krieges im Wesentlichen bis 1804[53]. In unmittelbarer Nähe des Tores, durch das die Anlage vom Stadtgraben her betreten wurde, lag in nordöstlicher Richtung verlaufend die Reitbahn mit einem Pilarenpaar, von der – durch das Lusthaus separiert – der Ballonspielplatz in nordwestlicher Richtung abzweigte. Das Reithaus lag abseits der Reitbahn direkt an der Mauer zum Stadtgraben[54].

Häuser aus dem Jahr 1790 zeigt die ehemalige Bebauung vor dem Stadtbrand von 1789 mit dem darüber gelegten neuen und noch heute bestehenden Straßenraster. Die Stallmeisterei lag dabei exakt auf der Ecke Hafengasse/Neue Straße, dem Platz der späteren Stadtpost. Der Marstall lag darunter und ragte vor dem Brand bis auf das Areal der heutigen Neuen Straße.

[51] HStAS A 303 Bd. 13971 Bl. 128ʳ–133ᵛ; HStAS A 303 Bd. 13975 S. 127–139.

[52] Vgl. zur Bauaufgabe des Reithauses und zu den Reithäusern an anderen Universitäten SCALECKI: Reithaus, S. 58–83 mit Beispielen der Universitäten Altdorf, Basel, Erlangen, Frankfurt (Oder), Gießen, Göttingen, Ingolstadt, Marburg, Rostock, Rinteln und Wittenberg; vgl. zudem zu Altdorf, Göttingen, Jena und Marburg: BRINKMANN: Göttingen, S. 170; NAIL/BERSCHIN: Geschichte des Reitens, S. 2; KREMER: Geschichte, S. 13; WILL: Geschichte, S. 128.: In anderen Universitätsstädten wurden Reitbahn und Reithaus häufig erst im 18. Jahrhundert erbaut, etwa die 1732 erbaute Reithalle zu Marburg. In Jena wurde ebenfalls erst 1738 eine Finanzierung für eine Reitbahn beantragt. In Göttingen aber wurde als erstes Gebäude der 1737 eröffneten Universität im Jahr 1736 die Reithalle fertig gestellt. In Altdorf wurde zur Errichtung eines Reithauses und als Besoldungsbeihilfe für einen Stallmeister 1761 eine private Stiftung von sechstausend Gulden ausgesetzt.

[53] FORDERER: Opernhaus, S. 36: Forderer berichtet von der Zerstörung des gesamten Platzes während des Dreißigjährigen Krieges durch die Nutzung als Weide und Quartierplatz; HStAS A 284/94 Bü 199 Bl. 12; SCHEFOLD: Ansichten, Bd. 2, Nr. 9264, 9264b; StAT D 150/ Schefold 9264, 9264b; ZELLER: Merckwuerdigkeiten, S. 151: Zeller berichtet, dass 1742 bei der Pflanzung von Bäumen *auf der Blaichin* Steinplatten zutage kamen, auf denen offenbar das Datum des Jahres 1595 eingeprägt war.

[54] BEGOV: Sportgeschichte, S. 148 f.; FORDERER: Opernhaus, S. 36; HStAS A 284/94 Bü 199 Bl. 1, o. Pag. Oberhofmeister des Collegium Illustre an den Kirchenrat (1668, August 3); HStAS A 284/94 Bü 320 Bl. 3; HStAS A 284/94 Bü 321 Bl. 9, 11, 13, 17, 25, 34, 44, 52; NEYFFER/DITZINGER: Delineatio, Bl. 9–12; SCHEFOLD: Ansichten, Bd. 2, Nr. 9244, 9251; StAT D 150/ Schefold 9244, 9251: Entlang der Reitbahn lag vor dem Dreißigjährigen Krieg der Schießplatz mit einem kleinen Schießhaus. Hier wurde Armbrustschießen, Bogenschießen oder Büchsenschießen praktiziert.

Abb. 10: Die Nordansicht der Stadt Tübingen aus dem Jahr 1630 zeigt am linken Bildrand detailliert die Anlagen zum Betreiben der Exerzitien im *Fürstlichen Garten* vor dem Lustnauer Tor (T): Die Reitbahn, das Reithaus, das Lusthaus mit Armbrustschießstand und den Ballonspielplatz. Inmitten der Stadt unterhalb der Stiftskirche steht das Collegium Illustre, rechts unterhalb das Ballhaus. Das Fechten und Tanzen wurde auf dem collegiumseigenen Fecht- und Tanzboden später auch im Bürgerhaus (H), im Bebenhauser Pfleghof (L), im alten Universitätshaus (D) und im Rittersaal des Schlosses (A) betrieben.

In den 1660er Jahren waren Reitbahn und Reithaus, vermutlich durch die Folgen des Dreißigjährigen Krieges, in einem so schlechten Zustand, dass in Erwägung gezogen wurde, den Reitplatz in den Collegiumsgarten inmitten der Stadt zu verlegen[55]. Beschlossen wurde 1668 jedoch, das Reithaus *auf der Blaichin* abzureißen und neu aufzubauen[56]. Die Reitbahn wurde gesäubert, mit neuem Neckarsand versehen und mit einem Haag eingefasst[57]. Im Auftrag Herzog Carl Eugens wurde 1767 das Reithaus in ein Opern- und Theaterhaus umgebaut, das bis um 1779 als solches benutzt wurde. Als Interimsreithaus wurde 1769 eine aus Brettern gezimmerte Hütte errichtet, die 1772 einen Anbau erhielt[58].

Ab 1804 wurde *auf der Blaichin* rund um die Reitbahn und das Reithaus der Botanische Garten angelegt. Die nunmehr offensichtlich verlängerte Reitbahn erschien in zeitgenössischen Abbildungen und Karten dicht an der heutigen Wilhelmstraße und verlief mehr oder weniger parallel in nordöstlicher Richtung (Tafel 3). Von der Wilhelmstraße trennte sie jedoch das auf der Ecke Grabenstraße/Wilhelmstraße liegende Museum und ein schmaler bepflanzter Streifen, wie es in den Stadtplänen der Jahre 1819, 1848 und 1884 zu sehen ist[59].

Mit dem Bau des neuen Reithauses, das von 1836 bis zu seinem Abriss im Jahr 1961 auf dem Platz der heutigen Mensa zwischen Wilhelm- und Nauklerstraße bestand[60], wurde die Reitbahn *auf der Blaichin*, ebenso wie der Friedhof, der die Anlagen zum Betreiben der Exerzitien stets in nördlicher Richtung begrenzt hatte, in den Botanischen Garten integriert[61].

Von 1890 bis 1941 wurde der Reitbetrieb der Universität im Reitinstitut als eigenständiger und privatrechtlicher Wirtschaftsbetrieb der Stallmeisterfamilie Fritz weitergeführt und in den Jahren 1923 bis 1926 in einen Reit- und Fuhrbetrieb umgewandelt. Auf Anfrage anderer Universitäten wurde 1921 berichtet, dass das an die Universität angeschlossene Reitinstitut sehr unter der Teuerung leide. Gegenüber einem Bestand von sechzig bis siebzig Pferden im Jahr 1914 würden nunmehr nur noch dreizehn Pferde gehalten werden und für die Unterhaltung des Reitinstituts

---

[55] HStAS A 284/94 Bü 271 Bl. 2.

[56] FORDERER: Opernhaus, S. 36; HStAS A 284/94 Bü 185 o. Pag. Oberhofmeister des Collegium Illustre an den Kirchenrat (1667, Januar 4); HStAS A 284/94 Bü 199 Bl. 1, o. Pag. Oberhofmeister des Collegium Illustre an den Kirchenrat (1668, August 3); HStAS A 284/94 Bü 320 Bl. 3; HStAS A 284/94 Bü 321 Bl. 9, 11, 13, 17, 25, 34, 44, 52; SCHEFOLD: Ansichten aus Württemberg, Bd. 2, Nr. 9244, 9264b, 9272; StAT D 150/Schefold 9244, 9264b, 9272.

[57] HStAS A 303 Bd. 13971 Bl. 99ʳ⁻ᵛ; HStAS A 303 Bd. 13975 Bl. 97–100.

[58] FORDERER: Opernhaus, S. 36–38; HStAS A 284/94 Bü 199 Bl. 1; HStAS A 284/94 Bü 320 Bl. 3; HStAS A 284/94 Bü 321 Bl. 54, 56, 58, 67, 71, 73; KRAUSS: Theater, S. 500; SCHEFOLD: Ansichten, Bd. 2, Nr. 9273; StAT D 150/Schefold 9273.

[59] SCHEFOLD: Ansichten, Bd. 2, Nr. 9228, 9323; StAT D 30 K 235, K 243b, K 3386; StAT D 150/ Schefold 9228, 9323.

[60] BREUER: Baugeschichte, S. 52; DOBAT: Geschichte, S. 21–48; HStAS A 409 Si Bü 6 Bl. 19, 22–25; HUBER: Pferde, S. 16; StAT D 30 K 3197; UAT 183/44 Zeitungsartikel Abschied vom alten Reithaus (1961, November 25).

[61] SCHEFOLD: Ansichten, Bd. 2, Nr. 9251, 9272, 9273, 9264b; StAT D 150/Schefold 9251, 9272, 9273, 9264b.

sei 1920 ein staatlicher Zuschuss von siebzehntausend Mark zur Verfügung gestellt worden. Das Reitgeld betrage neuerdings sechs anstatt fünf Mark. Die Zahl der Teilnehmer am Reitunterricht habe sich 1920 auf 839 Studenten belaufen. Doch offenbar erholte sich das Reitinstitut wieder von seiner Krise. Im Wintersemester 1935/1936 wurde ein Bestand von neunzehn gut eingerittenen Pferden vermerkt. Der Unterricht wurde nach der militärischen Reitvorschrift durchgeführt und war sowohl für Anfänger als auch Fortgeschrittene geeignet. Im Wintersemester 1942/1943 wurde das Reithaus allerdings letztmals eigens im Vorlesungsverzeichnis genannt. Infolge der französischen Besatzung stellte das Reitinstitut 1945 seinen Betrieb ein. Nach Aufhebung der Beschlagnahmung durch die Franzosen übernahm 1956 die 1949 gegründete Tübinger Reitgesellschaft bis zum Abriss 1961 das Universitätsreithaus in der Wilhelmstraße 13[62].

1.3 Hieb und Stich – Fechtboden und Voltigierpferd

Das Fechten und Ringen war im Spätmittelalter eine weit verbreitete Erfordernis des Alltags aller Gesellschaftsschichten[63]. Die Durchführung von Schaufechtkämpfen wurde schon im 14. Jahrhundert im Umfeld einiger Universitäten genannt, etwa in Heidelberg oder Wien[64]. Als Ausdruck eines wachsenden bürgerlichen Selbstbewusstseins und in Distanzierung von den Lohnkämpfern der gerichtlichen Zweikämpfe des Mittelalters bildeten sich in den oberitalienischen Städten bereits im 14. Jahrhundert, im deutschsprachigen Raum erst seit dem 15. Jahrhundert, zunftähnliche Fechtbruderschaften aus. Die 1487 kaiserlich privilegierte Brüderschaft von St. Markus vom Löwenberg in Frankfurt am Main berechtigte ihre Mitglieder zur Führung des Titels eines Meisters vom langen Schwert und zur Abhaltung öffentlicher Schaukämpfe im Heiligen Römischen Reich[65]. In der deutschen Fechtkunst wurde eine breite Palette von Waffen eingesetzt: das lange Schwert, der hölzerne böhmische Dussack, Hellebarde, Pike, Axt, Stange, Kolben, Schild, Dolch und seit dem 16. Jahrhundert das Rapier als verlängerter Dolch und Vorläufer des Degens[66]. Zum Fechten gehörten auch Schläge mit der linken Hand, die Entwaffnung des Gegners und der

---

[62] BIENER: Studenten, S. 26 f.; DOESER: Adelsprivileg, S. 85; UAT 117/656 o. Pag. Akademisches Rektoramt an den Rektor der Universität Göttingen (1921, April 4); UAT 117c/526 o. Pag. Rektoramt an die württembergische Landesverwaltung für Kultus, Erziehung und Kunst (1945, September 26); UAT 145/249 o. Pag. Staatsrentamt Tübingen an das akademische Rektoramt der Universität (1956, November 22); Personal- und Vorlesungsverzeichnis 1935/1936, S. 37, 79; Namens- und Vorlesungsverzeichnis 1942/1943, S. 64; Namens- und Vorlesungsverzeichnis 1943, S. 64; vgl. zur weiteren Entwicklung des Reitunterrichts an der Universität Tübingen UAT 117/656.

[63] KÜHNST: Sport, S. 36.

[64] HILS: Fechten, Sp. 326 f.; SCHEUER: Waffentragen, S. 75 f.

[65] BEHRINGER: Kulturgeschichte, S. 103 f.; FUHRMANN: Geschichte, S. 8–10; HERGSELL: Fechtbuch, S. 7; HILS: Fechten, Sp. 326 f.

[66] HERGSELL: Fechtkunst, S. 34 f.; HERGSELL: Fechtbuch, S. 7; WALDINGER: Fechtkunst, Sp. 860 f.; vgl. zu den Waffenarten ausführlicher BRAUN/LIERMANN: Feinde, S. 66–71.

Ringkampf[67]. Wichtige Vorbilder der deutschen Fechtliteratur waren die Fechtbücher Johann Liechtenauers (14. Jahrhundert) (1389) und Hans Talhoffers (1467)[68].

Mit dem Aufkommen der Feuerwaffen entstanden in den Städten Schützenvereinigungen. Das Fechten verlor als Wehrübung einer breiten Bevölkerungsschicht an Bedeutung und ging vor allem in das Umfeld der Universitäten über[69]. Es war wiederum zuerst in Italien, wo sich, vermutlich unter spanischem Einfluss[70], ein verfeinerter, ästhetisierter und unmilitärischer Fechtstil mit leichteren Waffen entwickelte. Der italienische Fechtstil betonte die ästhetische Schaustellung des Fechtkampfes, bei dem es nicht mehr auf Kraft und das Treffen oder Töten des Gegners, sondern – wie beim Reiten auch – auf Eleganz, Schnelligkeit, Geschick und eine bewusst eingenommene und demonstrierte Haltung, die Positur, ankam[71]. Wichtige Repräsentanten der italienischen Fechtkunst waren Achille Marozzo, Camillo Agrippa mit seinem Werk „Trattato di scientia d'arme, con un dialogo di filosofia" (Rom 1553) sowie Nicoletto Giganti[72].

Die italienische Fechtart ergänzte Ende des 16. Jahrhunderts im Heiligen Römischen Reich das hier überwiegend praktizierte Hiebfechten mit dem langen Schwert durch das schnellere und wendigere Stoßfechten mit dem leichteren Rapier[73]. Neu an der italienischen Fechtart war auch das Fechten mit einer Beiwehr, etwa mit dem Dolch in der linken und dem Rapier in der rechten Hand sowie der Gebrauch des Mantels, der als Schutz um den Arm gewickelt wurde[74]. Joachim Meyers „Gründtliche Beschreibung der freyen Ritterlichen unnd Adelichen Kunst des Fechtens" (Straßburg 1570) beschrieb das italienische Rapierfechten. Insbesondere aber Salvator Fabris' „De lo schermo overo scienza d'arme" (Kopenhagen 1606) machte mit der Übersetzung des Jahres 1615 in „New Künstlich Fechtbuch" die italienische Fechtart im Heiligen Römischen Reich noch bekannter[75]. Im akademischen Umfeld waren es insbesondere die Jenaer Fechtmeisterfamilien Kreußler und später auch Roux, welche

---

[67] FUHRMANN: Geschichte, S. 10; WETZLER: Überlegungen, S. 63.

[68] HERGSELL: Fechtbuch; HILS: Fechten, Sp. 326 f.; HILS: Kunst; WIERSCHIN: Kunst.

[69] BEGOV: Sportgeschichte, S. 156; FUHRMANN: Geschichte, S. 10 f.; HILS: Fechten, Sp. 326 f.; SCHEUER: Waffentragen, S. 75 f.

[70] HERGSELL: Fechtkunst, S. 6–23; HERGSELL: Fechtbuch, S. 14: Hergsell diskutiert die möglichen spanischen Einflüsse auf die italienische Fechtkunst und führt dafür unter anderem die traditionelle Fabrikation der blanken Waffen und Klingen in Spanien als Erbe der Maurenherrschaft sowie die Überführung dieses Wissens und spanischer Fechtart nach Italien durch die Truppen Karls V. an.

[71] KÜHNST: Sport, S. 23.

[72] GAUGLER: History, S. 1–6, 36–38; HERGSELL: Fechtbuch, S. 15 f.; KÜHNST: Sport, S. 37, 39.

[73] BEGOV: Sportgeschichte, S. 148 f.; EICHBERG: Umbruch, S. 137–139; EICHBERG: Leistung, S. 61–63; FUHRMANN: Geschichte, S. 16–19, 21, 23; HERGSELL: Fechtkunst, S. 419.

[74] HELWIG: Fechtbücher, o. Pag.; LIERMANN: Mantel, S. 39–42; WALDINGER: Fechtkunst, Sp. 860 f.

[75] GAUGLER: History, S. 30–36; HERGSELL: Fechtkunst, S. 5, 445; HERGSELL: Fechtbuch, S. 8 f., 15 f.; KÜHNST: Sport, S. 62–65; HELWIG: Fechtbücher, o. Pag.; WALDINGER: Fechtkunst, Sp. 860 f.; vgl. zu weiteren Fechtbüchern BODEMER: Fechtbuch, S. 63–317 und HERGSELL: Fechtkunst.

die Stoßfechtkunst vertraten und auf diese Weise bis ins 19. Jahrhundert hinein Maßstäbe im akademischen Fechten setzten[76].

Wie in der Reitkunst übernahm Frankreich seit der Mitte des 17. Jahrhunderts die
Vorrangstellung und Vorbildfunktion in der Fechtkunst[77]. Geometrische Formen
und ihre Umsetzung durch die Fechtenden im Raum sowie eine weitere Verfeinerung
der Waffen und des Kampfverhaltens waren die Folge[78]. Voraussetzungen hierfür
boten die Gründung der Académie d'Armes im Jahr 1567 sowie das Werk des Flamen
Girard Thibault „Academie de l'Espée" (1628), das auf Grundlage der Geometrie Mi-
chelangelos Harmonie, Maß und Proportion in der Fechtkunst in den Vordergrund
stellte und dieselbe durch flämische und spanische Traditionen bereicherte[79].

Auch am Tübinger Collegium Illustre wurde zu Beginn des 17. Jahrhunderts nach
der italienischen Fechtart gefochten. Leichte Waffen, Dolch und Rapier, kamen zum
Einsatz, ebenso wie das Fechten mit einer Beiwehr. Gleichzeitig wurde aber auch
der Kampf mit den bewährten deutschen Waffengattungen, dem langen Schwert,
dem Dussack, mit Stangen und Hellebarden fortgeführt und das Fahnenschwingen
praktiziert (Abb. 1)[80]. In seinem Lobgedicht auf das Collegium Illustre bezeugte
Oberhofmeister von Gölnitz 1649: *Hier uebt der Fechter-Schaar sich taeglich mit
Rappieren, Und fuehret Dolche bald, und bald die Degen ein* – ein deutlicher Hinweis
auf die Präsenz der italienischen Fechtkunst in Tübingen[81]. Aus dem Jahr 1662 ist
bekannt, dass Fechtmeister Conrad Jacob täglich von vier bis sechs Uhr Unterricht
im Fechten erteilte[82]. Als Gehilfen der Fechtmeister und zum Zweck der Demonstration von Übungen und Techniken waren in der zweiten Hälfte des 17. Jahrhunderts
regelmäßig auch Vorfechter tätig, wie etwa Heinrich Cham oder Johann Friedrich
Aberer und dies nicht nur in Tübingen[83].

Zahlreiche akademische Fechtmeister verfassten und veröffentlichten ihre eigenen
Fechtmethoden, etwa der Marburger Universitätsfechtmeister Hans Wilhelm Schöf-
fer, dessen auf Salvator Fabris basierendes Werk „Gruondtliche und eigentlichte Beschreibung der Fechtkunst" (1620) sich auch in der Bibliothek des Tübinger Collegium Illustre befand[84]. Einer der Tübinger Fechtmeister, Johann Andreas Schmid,

---

[76] BORKOWSKY: Jena, S. 92 f.; FUHRMANN: Geschichte, S. 16–19; KELTER: Student, S. 39, 41, 43;
KREMER: Außenseiter, S. 42–54; KREMER: Geschichte, S. 13; STREMPEL: Leibesübungen, S. 12.

[77] HERGSELL: Fechtkunst, S. 5; HILS: Fechten, Sp. 326 f.; WALDINGER: Fechtkunst, Sp. 860 f.

[78] EICHBERG: Leistung, S. 61–63; EICHBERG: Umbruch, S. 137–139.

[79] ANGLO: Arts, S. 73–82; KÜHNST: Sport, S. 62–65.

[80] BEGOV: Sportstätten, S. 140; NEYFFER/DITZINGER: Delineatio, Bl. 5; UEDING: Tübingen, S. 225.

[81] ZELLER: Merckwuerdigkeiten, S. 154–156.

[82] HStAS A 284/94 Bü 271 Bl. 2.

[83] HStAS A 284/94 Bü 54 Bl. 2, o. Pag. Johann Casimir Eller an den Kirchenrat (1683, Mai 24);
Vgl. für die Universität Göttingen BUSS: Exercitien, S. 129.

[84] UBT Mh 446-3, Bl. 21*r; AHRENS: Lehrkräfte, S. 128; FIKENSCHER: Gelehrten Geschichte, Bd.
3, S. 307; HAUTZ/REICHLIN-MELDEGG: Geschichte, Bd. 2, S. 192 f. und Anm. 56; HEER: Studentenleben, S. 38; KRÜGER: Erben, S. 287: Der Heidelberger und Marburger Fechtmeister
Jean Daniel L'Ange (17. Jahrhundert) verfasste eine „Deutliche und gründliche Erklärung
der Adelichen und Ritterlichen freyen Fecht-Kunst" (1664) und der Göttinger Fechtmeister
Anton Friedrich Kahn (1713–1797) die „Anfangsgründe Der Fechtkunst" (1739).

hatte 1713 an seiner vormaligen Wirkungsstätte in Nürnberg das Lehrbuch „Leib-be-schirmende und Feinden Trotz-bietende Fecht-Kunst" verfasst. Schmid beschrieb in seinem mit Kupferstichen ausgestatteten Werk das Hieb- und Stoßfechten sowie das Voltigieren und Ringen.

Das Werk gliederte sich in fünf Teile: Im ersten Teil erläuterte er die Hauptstöße und Grundbegriffe des Fechtens und stellte noch nicht veröffentlichte Stoßvarianten für Fortgeschrittene vor[85]. Der zweite Teil behandelte das Hiebfechten[86], der dritte Teil das Voltigieren[87], der vierte Teil in Frage und Antwort die theoretischen Grundlagen der Fechtkunst, etwa die Frage nach dem Vorteil bestimmter Paraden, nach der Länge des Degens, der Wirkung bestimmter Klingen oder nach dem einzunehmenden Verhalten, wenn ein starker auf einen schwachen Gegner stoße[88]. Der fünfte Teil behandelte das Caminieren – die Umgehung der gegnerischen Klinge[89] – und der sechste Teil das Ringen[90]. Wie es bereits beim Reitbuch Wolfgang Ernst von Bergas deutlich wurde und auch für die Tanzlehrbücher der Zeit noch darzustellen gilt, spielte die theoretische Anreicherung der Praxis in den Lehrbüchern der Maîtres eine große Rolle. Deutlich wird jedoch auch, dass es sich bei den über die unmittelbare Praxis hinausgehenden Lehrbuchteilen stets um eine gleichfalls aus der praktischen Erfahrung rührende Darstellung des meist in langer Berufstätigkeit angesammelten Wissens und Erfahrungsschatzes handelte. Diese Lehrbücher waren also keine gelehrten Traktate. Schmid rechtfertigte die Veröffentlichung seiner Schrift daher zwar mit der Erfordernis, Praxis und Theorie miteinander verbinden zu wollen, insbesondere aber damit, den Scholaren, die im Unterricht vielleicht nicht immer bei der Sache seien, einen Leitfaden zum Nachschlagen an die Hand zu geben[91]. Sein Lehrbuch gründe ganz auf der Praxis und seiner Erfahrung, die er jederzeit zu demonstrieren bereit sei[92]. Sprachliche Mängel entschuldigte er dementsprechend mit der Aussage: *Ich mache profession vom Degen, und nicht von der Feder.*[93]

Auch das Voltigieren, das sich aus dem eleganten Auf- und Absitzen vom Pferd als Vorübung und Ergänzung der Reitkunst entwickelt hatte, wurde in Tübingen stets im Rahmen des Fechtunterrichts betrieben, wie es für das Jahr 1699 bekannt

---

[85] Ebd., S. 1–94.

[86] Ebd., S. 95–119.

[87] Ebd., S. 120–140.

[88] Ebd., S. 141–238.

[89] Ebd., S. 239–304.

[90] Ebd., S. 305–373.

[91] SCHMIDT: Fecht-Kunst, Vorrede: *Dann es ist wahr, die Exercitia gruenden sich mehr auf eine deutliche Vorstellung, die der Maitre zur Nachahmung den Scholaren vormachen muß, als auf eine blosse Beschreibung, davon sich der zehende keine richtige idée einzupragen vermag; nichts desto weniger ist doch dieses Vorgeben keines weges zu verwerffen, daß es viel zur Erlernung einer Kunst beytrage, wo man ausser der muendlichen Anweisung, noch geschriebene Huelffs-Mittel uebrig, bey denen man sich in der Durchlesung dessen fueglich erinnern kan, was der Maitre in der Lection gezeiget.*

[92] Ebd., S. 374.

[93] Ebd., S. 375.

ist[94]. Schwingübungen und Sprünge auf dem hölzernen Pferd dienten dem Aufbau der Kraft und der Anmut der Bewegungen[95]. Im Jahr 1790 wurde für die Tübinger Studenten ein neues, mit Leder überzogenes Voltigierpferd angeschafft[96], das 1819 aber bereits schon wieder in einem so schlechten Zustand war, dass Fechtmeister Johann Friedrich Gottlieb Roux klagte, es sei für seine Bestimmung, die gymnastischen Übungen der Studenten, gänzlich unbrauchbar geworden[97].

Das Collegium Illustre besaß einen eigenen Fechtboden, der auch als Tanzboden genutzt wurde und den Maîtres unentgeltlich überlassen wurde[98]. Eine solche Einrichtung war in anderen Universitätsstädten offenkundig eher eine Ausnahme, denn aus Freiburg, Innsbruck, Göttingen, Jena, Kiel und Leipzig ist bekannt, dass der universitäre Fechtunterricht entweder in den Privatwohnungen der Maîtres stattfand oder auf eigene Kosten ein öffentliches Lokal angemietet werden musste[99]. Auch die Tübinger Fechtmeister mieteten zeitweise den städtischen Fechtboden im Bürgerhaus an, etwa Fechtmeister Güßau im Jahr 1749[100]. Als das Gebäude des Collegium Illustre 1816 zum Theologenkonvikt umgestaltet wurde, kamen als Übergangslösungen der Rittersaal des Tübinger Schlosses und der ehemalige Bibliotheksraum in der Alten Aula als Lokale für die studentischen Fecht-, Voltigier- und Tanzübungen zum Einsatz – eine besonders anschauliche Verbindung von Arma et Litterae noch zu Beginn des 19. Jahrhunderts[101]. Im Jahr 1820 schließlich mietete die Universität einen Fecht-, Tanz- und Voltigierboden auf dem ehemaligen Fruchtboden des Bebenhauser Pfleghofs an[102].

---

[94] HStAS A 284/94 Bü 54 o. Pag. Collegiumsverwalter an den Kirchenrat (1699, Juli 13); UEDING: Tübingen, S. 225.

[95] BEGOV: Sportgeschichte, S. 156; BEGOV: Wer sich fein recht tut üben, S. 66; BENDER: Prinzenreise, S. 212; KÜHNST: Sport, S. 68 f.; MAHLER: Leibesübungen, S. 33–39.

[96] HStAS A 284/94 Bü 315 o. Pag. Collegiumsverwalter an den Kirchenrat (1791, März 2).

[97] HStAS E 221 I Bü 4404 o. Pag. Johann Friedrich Gottlieb Roux an das Finanzministerium (1819, November 12).

[98] UAT 117/673 o. Pag. Universitätskameralverwalter an den Senat der Universität (1817, Februar 11), o. Pag. Akademischer Verwaltungsausschuss an das Ministerium des Innern (1829, September 23); UEDING: Tübingen, S. 222.

[99] BUSS: Exercitien, S. 265 f.; FINK: Tanzmeister, S. 100, 102; NAIL/BERSCHIN: Geschichte des Fechtens, S. 2–4, 7, 9; PAULS: Anfaenge, S. 109; SALMEN: Tanzmeister, S. 65, 69; WAGENER: Pedelle, S. 69 f.

[100] StAT A 30/S 143 o. Pag. Vertrag mit Fechtmeister Güßau (1749, November 11); EIFERT: Geschichte, S. 186: Eifert berichtet vom Beginn der Nutzung des Fechtbodens auf dem städtischen Bürgerhaus durch die Universität seit 1697. TIMM: Tanz- und Fechtboden, S. 65.

[101] UAT 117/654 o. Pag. Ministerium des Kirchen- und Schulwesens an den Rektor der Universität (praes. 1816, Dezember 23), o. Pag. Ministerium des Kirchen- und Schulwesens an den Senat der Universität (1817, September 29).

[102] HStAS E 200 Bü 368 Bl. 1, 6, 8, ad 8, 39; KRÄMER: Pfleghof, S. 6 f.; ROTHMUND: Geschichte, S. 46–52; StAT D 160 Nr. 1_537; UAT 117/654 o. Pag. Ministerium des Kirchen- und Schulwesens an den Senat der Universität (1820, März 27); StAT D 30 K 243b; Personal- und Vorlesungsverzeichnis 1935/1936, S. 37: Noch 1884 befand sich im Pfleghof der *Musik-, Tanz- u. Fechtsaal* und die Adresse des Fechtbodens blieb bis ins 20. Jahrhundert die Pfleghofstraße 2.

Bis ins 20. Jahrhundert hinein waren noch zahlreiche Fechtmeister am universitären Fechtboden in der Pfleghofstraße 2 tätig. Im Wintersemester 1935/1936 kündigte das Fechtinstitut das Fechten für Sport und Mensur an, unter anderem das Hieb- und Stoßfechten mit dem Säbel, das Fechten mit dem Florett und Kampfdegen, mit dem Korb- und Glockenschläger sowie mit dem schweren Korbsäbel für Studenten. Für Studentinnen wurde das Stoßfechten mit dem Florett und für Korporationen und Wohnkameradschaften eigene Fechtübungen angeboten. Ein sechzehnstündiger Kurs kostete damals sechzehn Reichsmark[103]. Im November 1937 nahm unter privatrechtlicher Anstellung der Fechtmeister Hans Lorber aus Heidelberg die Stelle des universitären Fechtmeisters an und wurde dem Direktor des Instituts für Leibesübungen unterstellt[104]. Im Wintersemester 1942/1943 wurde der Fechtboden in der Pfleghofstraße 2 zum letzten Mal als eigenes Institut im Vorlesungsverzeichnis der Universität genannt[105].

1.4 Passepied und Reverenzen – Tanzboden und Pochette

Nach Valentin Trichters „Curioesem Reit- Jagd- Fecht- Tantz- oder Ritter-Exercitien-Lexicon" (1742) war das Tanzen für das manierliche Auftreten in der höfischen Gesellschaft das wichtigste Exerzitium, das *den uebrigen die Thuere auf- und zuschließt, und durch deren wohlgeordnete Ausuebung der menschliche Leib zu allen Verrichtungen agil und geschickt gemacht, das Gemueth recreiret und gestaercket, die Lebens-Geister ermuntert, und zu allen wichtigen Geschaefften gleichsam auf das neue beseelet werden*[106]. Die stilisierte höfische Tanzkunst war Mittel der nonverbalen Kommunikation, der Distinktion gegenüber den unteren Gesellschaftsschichten und der höfischen Repräsentation schlechthin[107]. Das Tanzen war aber auch – wie kein anderes Exerzitium – stets der aktuellen Mode unterworfen.

Ausgehend von den italienischen Fürstenhöfen des 15. Jahrhunderts, von Nordspanien, Burgund und Böhmen, hatte der höfische Gesellschaftstanz in der Renaissance immer mehr an Bedeutung gewonnen. Der sich im Zuge dieser Entwicklung ausbildende Tanzmeisterstand löste in Italien und Frankreich die mittelalterlichen Troubadoure, Vortänzer und Spielleute als bisherige Vermittler und Organisatoren

---

[103] Personal- und Vorlesungsverzeichnis 1935/1936, S. 78 f.

[104] UAT 117c/527, o. Pag. Kultusministerium an den Rektor der Universität Tübingen (1937, November 15).

[105] Personal- und Vorlesungsverzeichnis 1942/1943, S. 64; Personal- und Vorlesungsverzeichnis 1943, S. 64; Personal- und Vorlesungsverzeichnis 1944, S. 65; vgl. zum Fechtboden und Fechtbodenreglement der Universität Tübingen im 19. und 20. Jahrhundert UAT 117/657.

[106] TRICHTER: Reit- Jagd- Fecht- Tantz- oder Ritter-Exercitien-Lexicon, Sp. 2189, Lemma *Tantz-Kunst*.

[107] BENDER: Prinzenreise, S. 211 f.; BUSCH-SALMEN/WALTHER: Tanz, Sp. 259; DAHMS: Tanz, S. 57; JUNG: Körperlust, S. 273–279, 292 f., 331–333; KRÜGER/LANGENFELD: Handbuch, S. 169 f.; SALMEN: Tanzmeister, S. 10 f.

des höfischen Tanzes ab[108]. Professionalisierte italienische und französische Tanzmeister belebten in der Folge durch Tanztheorien und Tanzlehrbücher dessen Weiterentwicklung und Verbreitung in ganz Europa. An den Fürstenhöfen wurden sie
zu angesehenen Organisatoren von Hoffesten und Bällen[109]. Domenico da Piacenzas
modellhaftes Lehrbuch der Tanzkunst „De arte saltandi et choreas ducendi/De la arte
di ballare et danzare" (1460) legte sowohl eine musikalische und choreographische
Aufführungspraxis dar, handelte aber auch theoretischer von Tanztechnik und Ästhetik. Auch der Tänzer sollte – wie der Reiter und der Fechter – sowohl Körper wie
Geist in seine Kunst einbringen[110].

In Frankreich beriefen sich die Tanzmeister bereits auf die weit zurückreichende
Tradition der 1321 in Paris gegründeten Zunft der Maîtres à danser et Joueurs d'instruments tant haut que bas oder die Confrérie de Saint Julien des Ménéstriers, die
seither in einer Art privilegierter Monopolstellung Musik und Tanz in Frankreich
bestimmte. Trotz ihrer Auflösung im Jahr 1773 verknüpfte sie bis ins 19. Jahrhundert
hinein den Beruf des Musikers aufs Engste mit dem des Tanzmeisters. Die Zunft hatte strenge Ausbildungs-, Prüfungs- und Aufnahmeregeln, wodurch die Übertragung
der Mitgliedschaft innerhalb der ihr bereits angehörenden Musikerfamilien begünstigt wurde. Öffentliche Musikaufführungen durch Nichtmitglieder der Confrérie
waren in ganz Frankreich mit Strafen belegt, die von der Konfiskation der Instrumente bis zu körperlicher Züchtigung reichten[111].

Dass seit der Mitte des 16. Jahrhunderts die Tanzmeister Italiens in den Hintergrund
traten und französische Maîtres, insbesondere aber diejenigen des französischen Königshofes die Tanzmode der europäischen Fürstenhöfe zu dominieren begannen,
hatte vielfältige Gründe. Vermutlich mit ausgelöst durch die Heirat Katharina von
Medicis mit König Heinrich II. von Frankreich im Jahr 1547 gelangten zunehmend
italienische Künstler an den französischen Hof. Einer der bedeutendsten Tanzmeister
Italiens, Cesare Negri, zog 1554 von Mailand nach Paris. Zur gleichen Zeit wirkte der
italienische Musiker Baldassarino da Belgiojoso bahnbrechend auf Hofmusik, Ballett und Theater des französischen Königshofes ein[112]. Ludwig XIII. gründete 1626
mit Mitgliedern der Confrérie de Saint Julien des Ménéstriers das Hoforchester der
Vingt-Quatre Violons du Roi, ein fünfstimmig besetztes Streichorchester innerhalb
der Musique de la Chambre, das die Festlichkeiten des französischen Königshofes
gestaltete[113]. Ludwig XIV. begründete 1661 ebenfalls mit Mitgliedern der Confrérie

[108] DAHMS: Tanz, S. 57–60; GROSSKREUTZ: Tanz, S. 58–60; LIECHTENHAN: Tanz, S. 25 f.; SALMEN:
Tanzmeister, S. 7–9; SCHNEIDER: Tanzlexikon, S. 190.
[109] DAHMS: Tanz, S. 57; JUNG: Körperlust, S. 215 f.; LIECHTENHAN: Tanz, S. 25 f.; SALMEN: Tanzmeister, S. 12 – 14; SALMEN: Tanz, S. 82–85; SCHNEIDER: Tanzlexikon, S. 529 f.
[110] DAHMS: Tanz, S. 57; JUNG: Körperlust, S. 292 f.; SALMEN: Tanzmeister, S. 10 f.; zu weiteren
Tanztraktaten vgl. EICHBERG: Leistung, S. 177; EICHBERG: Umbruch, S. 142–144; JUNG: Körperlust, S. 294–296.
[111] DAHMS: Tanz, S. 67 f.; KOLNEDER: Violine, S. 293–297.
[112] GROSSKREUTZ: Tanz, S. 61; JUNG: Körperlust, S. 297 f.; SORELL: Kulturgeschichte, S. 85–92;
SALMEN: Tanzmeister, S. 25 f.
[113] BARTUSEK: Violons, S. 694 f.; KOLNEDER: Violine, S. 293–296.

die Académie Royale de Danse und 1669 die Académie Royale de Musique und schuf damit wichtige Kompetenzeinrichtungen für Tanzkunst und Musik, die nach ganz Europa, auch in die Territorien des Heiligen Römischen Reiches, ausstrahlten. Die Académie Royale de Danse sollte Tänzer für das königliche Ballett heranbilden, Standards für die Entwicklung des Gesellschafts- und Theatertanzes entwickeln und die Professionalisierung der Tanzmeister sicher stellen. Beide Akademien wurden 1672 zusammengelegt, womit die Basis für die Pariser Oper geschaffen wurde[114].

In den Reichsterritorien, wo in der Tanzkunst keine eigenen Entwicklungen stattfanden, orientierten sich die Reichsfürsten seit dem 16. Jahrhundert an der hoch professionalisierten italienischen und französischen Tanzkunst, den dortigen Qualifikationsstandards und ihren modischen Ausprägungen. Während zunächst noch politische und konfessionelle Allianzen die Einflusssphären in dieser Hinsicht bestimmten und sich hauptsächlich die protestantischen Fürstenhöfe stark am französischen Königshof orientierten, dominierten im habsburgisch-österreichischen Einflussbereich noch bis zum Ende des 17. Jahrhunderts italienische Tanzmeister[115]. Dass man sich aber auch dort seit dem 18. Jahrhundert immer mehr an der französischen Mode anlehnte[116], hatte einen zusätzlichen medialen Grund. Es waren die Franzosen Pierre Beauchamp und Raoul Auger Feuillet, welche in größerem Stil die Notation, druckgraphische Aufmachung, Verbreitung und Vermarktung von Tanzchoreographien entwickelten, sodass sich Tänze jetzt überhaupt erst notieren, konservieren und weitertertradieren ließen[117]. Da es dadurch aber vor allem französische Tanzmeister waren, die auf den Gesellschaftstanz einwirkten, während in Italien vorwiegend der theatralische Tanz und die Oper weiterentwickelt wurde, begünstigte die Beauchamp-Feuillet-Notation besonders die Verbreitung französischer Tänze in ganz Europa[118].

Auch die Literatur zur Tanzkunst orientierte sich im Heiligen Römischen Reich daher in ganz erheblichem Maße an den französischen Vorbildern, die jedoch immer wieder den heimischen Bedürfnissen angepasst wurden. Schroedter bezeichnet den unter dem Pseudonym Mercurius verfassten „Neu-gebauten Schauplatz der Dantzenden" (Nürnberg 1671) als eine frühe positive Erscheinung des deutschen Tanzschrifttums. Weit verbreiteter waren im 16. und 17. Jahrhundert moraldidaktische

---

[114] DAHMS: Tanz, S. 67 f.; GROSSKREUTZ: Tanz, S. 64–67; SORELL: Kulturgeschichte, S. 132.

[115] Vgl. FINK: Tanzmeister, S. 102: An der Universität Innsbruck waren etwa überwiegend italienische Tanzmeister tätig; DAHMS: Tanz, S. 70, 72: Über die Tanzkunst des 18. Jahrhunderts im Reich schreibt Dahms: „Die zu Beginn des 18. Jahrhunderts in rascher Folge in Deutschland erscheinenden Traktate bezeugen, daß auch hier Tanz in der Gesellschaftskultur entscheidend Fuß gefaßt hatte; man unterwarf sich aber zugleich voll und ganz dem Diktat der französischen Tanzkunst, ohne zuvor zu einer entscheidenden eigenständigen Entwicklung gekommen zu sein". Vgl. zu den Tanzmeistern in Graz ROTTENSTEINER: Ballarino, S. 181–188 und allgemein SCHROEDTER: Teutscher, S. 189–215.

[116] MALKIEWICZ: Tanzmeister, S. 246.

[117] DAHMS: Tanz, S. 71: 1700 erschien in Paris der Erstdruck der „Choréographie ou L'Art de décrire la dance" von Raoul Auger Feuillet.

[118] ABERT: Musik, S. 558–582; DAHMS: Tanz, S. 71 f.; JUNG: Körperlust, S. 299 f.; KRAUSS: Theater, S. 486–488, 519–521; SALMEN: Tanzmeister, S. 41–48; STEIN: Hoftheater, S. 382–395.

Traktate, die im Tanz Sünde, Unzucht, Abgötterei und Zeitverschwendung sahen[119]. Erst nach 1700 folgte auch im Heiligen Römischen Reich eine Fülle an konstruktiven Tanzlehrbüchern[120].

Die Tanzlehrbücher richteten sich an die an einer praktischen Einführung interessierte Klientel, der – wie im Reiten und Fechten auch – vermittelt wurde, dass es sich beim Exerzitium des Tanzens um eine körperliche wie geistige Tätigkeit handelte[121]. Samuel Rudolph Behr verwies in „Maitre de Dance" (1705, 3. Aufl. Leipzig 1709) auf den Charakter seines Lehrwerkes als Handreichung für die Scholaren und auf eine ganz vorrangige Ausrichtung an der Praxis[122]. In zehn Kapiteln erweiterte Behr die Beschreibung tänzerischer Praxis in Tanzschritten und Schrittabfolgen um allerlei Wissenswertes über den höfischen Gesellschaftstanz. Dazu zählte etwa der Ursprung und die Bedeutung des höfischen Tanzes, die Qualifikationen und Aufgaben des Tanzmeisters, die Aufzählung der beim Tanzen beanspruchten Gliedmaßen und Muskeln, die Formen des Tanzes, die Geschichte einzelner Tänze und die Darstellung von Tanzmelodien und Instrumenten[123].

Inhalte der Unterweisung durch einen Tanzmeister, der bis zur Mitte des 18. Jahrhunderts seine Scholaren einzeln unterrichtete[124], waren einerseits der höfische Figurentanz, die Erlernung einer angemessenen Positur und der entsprechenden Reverenzen, wobei es besonders auf die Haltung der Arme ankam[125]. Andererseits wurden aber auch Manieren, Disziplin und Konversation gelehrt[126], kurzum alles, um den *Leib durch die Tantz-Kunst zu ueben und zu poliren, das Gemueth zu recreiren, und hoeflich, geschickt, munter und bey jedermann sich beliebt zu machen*[127]. Zedler nannte als Effekte des akademischen Tanzunterrichts zusätzlich die Förderung der Gesundheit, die Rekreation von den Studien, die Propädeutik für alle anderen Exerzitien und die Repräsentation des Exterieur[128]. Ein Tanzmeister sollte zudem als Konzert- und Ballettmeister agieren können und es verstehen, Feste, Entréen, theatralische Tänze und Maskeraden zu veranstalten. Als weit verbreitete Tänze des 18. Jahrhunderts nannte Zedler die Courante, die Bourrée, das Menuett, den Passepied, aber auch die Sarabande und die Gigue[129]. Auch gehörte es zu den Aufgaben des Tanzmeisters, Bälle für die Jugend zu organisieren, auf denen diese in authentischem Ambiente das Gelernte anwenden und sich daran gewöhnen konnte, in Gesellschaft

---

119 BUSCH-SALMEN/WALTHER: Tanz, Sp. 260; DAHMS: Tanz, S. 70; JUNG: Körperlust, S. 298 f.; KELLER: Tantzen, S. 1–16.
120 SCHROEDTER: Teutscher, S. 190–193; vgl. auch SCHROEDTER: Affect, S. 265–277.
121 DAHMS: Tanz, S. 60, 72; SCHROEDTER: Teutscher, S. 193 f.
122 BEHR: Maitre de Dance, Vorrede.
123 Ebd.
124 FINK: Tanzmeister, S. 101.
125 BEHR: Maitre de Dance, S. 38–46.
126 BUSCH-SALMEN/WALTHER: Tanz, Sp. 262; FINK: Tanzmeister, S. 100; ZEDLER: Universal-Lexicon, Bd. 41, Sp. 1763, Lemma *Tantz-Meister*.
127 ZEDLER: Universal-Lexicon, Bd. 35, Sp. 915 f., Lemma *Scholaren* [...] *auf dem Tantz Boden*.
128 Ebd.
129 Vgl. hierzu SCHROEDTER: Affect, S. 280–319.

zu tanzen, denn die gemeinsame Unterrichtung beider Geschlechter war grundsätzlich untersagt[130]. Welche Tänze in Tübingen gelehrt und gelernt wurden, ist nur vereinzelt belegt. Die Scholaren nannten 1715 den Passepied[131].

Wichtigstes Requisit des Tanzmeisters war die Pochette, eine aus einem schmalen Korpus bestehende Tanzmeistergeige, die mit drei in Quinten gestimmten Saiten bezogen war und bei Bedarf in die Rocktasche gesteckt werden konnte. Sie kam zu Beginn des 17. Jahrhunderts auf und wurde häufig auch von einem Gehilfen des Tanzmeisters gespielt[132]. Tanzmeister wie Charles Lepicq in Tübingen hielten sich zudem Vortänzer, die den Scholaren Schritte und Schrittabfolgen demonstrieren konnten[133].

Den Tübinger Tanzmeistern stand für ihren Unterricht bis 1816 der Fecht- und Tanzboden des Collegium Illustre zur Verfügung[134]. Timm berichtet davon, dass Tanzmeister Charles Lepicq zeitweise auch einen Saal im Bürgerhaus anmietete[135]. Anders als Fechtmeister Johann Friedrich Gottlieb Roux erwirkte der Tanzmeister Clément Alexandre François nach dem Entzug des Tanzbodens durch den Umbau des Collegium Illustre zum Wilhelmsstift im Jahr 1817 eine Entschädigungszahlung von achtundachtzig Gulden jährlich als Kompensation für die eigentlich notwendige Anmietung eines Unterrichtslokals, die er bis zu seinem Tod im Jahr 1834 bezog. François unterrichtete seit 1817 jedoch zunächst in seiner eigenen Wohnung. Die Universität sah sich aber veranlasst, für die Auftreibung eines *schiklichen Lokals um so mehr Sorge zu tragen, als der Tanzmeister François selbst angibt, dass das von ihm in seiner Wohnung zu seinen Tanz Übungen hergegebene Zimmer darzu nicht geeignet seye*[136]. Eine Lösung wurde – wie bereits erwähnt – 1820 im Fecht-, Voltigier- und Tanzboden des Bebenhauser Pfleghofs gefunden, der zudem auch als Konzertsaal genutzt werden konnte[137].

Im 19. und 20. Jahrhundert war noch eine ganze Reihe universitärer Tanzmeister in Tübingen tätig. Als dem Universitätstanzlehrer Franz Geiger im Jahr 1936 Titel

---

[130] FINK: Tanzmeister, S. 101; ZEDLER: Universal-Lexicon, Bd. 41, Sp. 1763, Lemma *Tantz-Meister*.

[131] HStAS A 5 Bü 119 Beilage zu Bl. 21; vgl. zu den im Heiligen Römischen Reich adaptierten Tänzen DAHMS: Tanz, S. 59; JUNG: Körperlust, S. 306–320.

[132] FINK: Tanzmeister, S. 101; MEER: Musikinstrumente, S. 107; PRAETORIUS: Syntagma musicum, Bd. 2, S. 48 und Abb. XXI; SALMEN: Tanz, S. 124; Praetorius beschrieb: *Die gar kleinen Geiglein aber [...] mit drey Saeiten bezogen (uff Franzoesisch Pochetto genant) und werden alle durch Quinten gestimmet.*

[133] HStAS A 202 Bü 2617 o. Pag. Ernst Friedrich Dörr an den Geheimen Rat (1765, September 28).

[134] UAT 117/673 o. Pag. Universitätskameralverwalter an den Senat der Universität (1817, Februar 11); UAT 117/673 o. Pag. Akademischer Verwaltungsausschuss an das Ministerium des Innern (1829, September 23); UEDING: Tübingen, S. 222.

[135] TIMM: Tanz- und Fechtboden, S. 65.

[136] UAT 117/673 o. Pag. Universitätskameralverwalter an den Senat der Universität (1817, Februar 11), o. Pag. Akademischer Verwaltungsausschuss an das Ministerium des Kirchen- und Schulwesens (1829, September 23), o. Pag. Universitätskameralprotokoll (1829, September 26), o. Pag. Ministerium des Kirchen- und Schulwesens an den Senat der Universität (1834, Dezember 16).

[137] HStAS E 200 Bü 368 Bl. 1, 6, 8, ad 8, 39; vgl. hierzu auch ROTHMUND: Geschichte, S. 61–63.

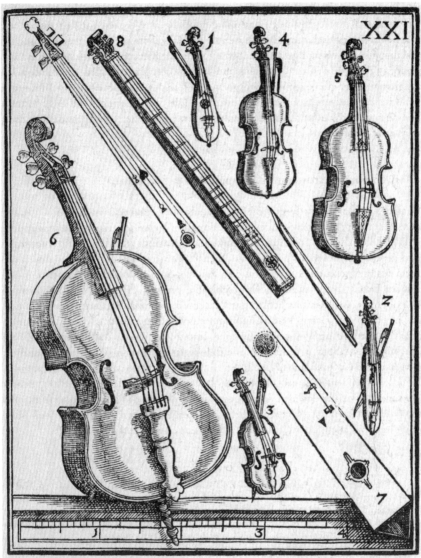

1. 2. Kleine Poſchen / Geigen ein Octav höher. 3. Diſcant-Geig ein Quart höher.
4. Rechte Diſcant-Geig. 5. Tenor-Geig. 6 Bas-Geig de bracio. 7. Trumſcheidt.
8. Scheidtholtt.

Abb. 11: Das wichtigste Requisit des Tanzmeisters war die Pochette, eine dreisaitige und in Quinten gestimmte Tanzmeistergeige mit schmalem Korpus, die bei Bedarf in die Rocktasche (frz. poche) gesteckt werden konnte (Figur 1 und 2), 1619.

und Stellung aufgrund der Verwicklung in ein Strafverfahren entzogen worden waren, wurde vom Rektor verkündet, dass die Bestellung eines neuen Tanzlehrers vorerst nicht beabsichtigt sei. Geiger habe bereits seit längerem nur noch in sehr loser Beziehung zur Universität gestanden. Seine Rechte hätten sich zudem lediglich auf die Führung des Titels eines Universitätstanzlehrers beschränkt[138]. Jedoch wurde noch im gleichen Jahr ein neuer Vorstoß gewagt, da sich der Tanzlehrer Walter Bittler um den Titel des Universitätstanzlehrers bemühte. Dieser wurde ihm allerdings nur unter der dann offenbar erfüllten Bedingung gewährt, dass Bittler bei der Studentenschaft auch tatsächlich erwünscht sei[139].

1.5 Ballon und Jeu de paume – Ballspielplatz und Ballhaus

Auch das Ballspiel hatte seinen Ursprung an den oberitalienischen Höfen, wo es seit dem 14. Jahrhundert insbesondere der Rekreation diente. Zugesprochen wurde dem Ballspiel die Schulung von Aufmerksamkeit, Geschwindigkeit, Präzision, Augenmaß und generell der körperlichen Gewandtheit[140]. Gespielt wurde der Calcio, eine Vorform des Fußballs und das Spiel mit dem Pallone, eine Art Faustball, bei dem der Ball mit der Faust oder einer Armhülse geschlagen wurde[141]. Hinzu trat insbesondere in den oberen Gesellschaftsschichten das Pallacorda, das Spiel mit einem kleineren Ball, der mit der Faust, einem Handschuh oder einem kleinen Brett über eine Schnur gespielt wurde[142]. Antonio Scaino fasste in „Trattato del giuoco della palla" (1555) die Spielregeln und Spielutensilien für alle Ballspielarten zusammen[143]. Im 15. Jahrhundert kam die Gewohnheit auf, beim Spiel einen mit Saiten oder Sehnen bespannten Handschuh zu benutzen, um den Ball noch weiter zu schleudern. Im 16. Jahrhundert entstand daraus der Schläger sowie das Handwerk der Ball- und Raquettenmacher, die Schläger aus Holz, Ochsensehnen oder Pergament sowie Bälle aus Woll- und Tuchflecken, Faden, Leim, Leder und Überzugtuch herstellten[144].

---

[138] UAT 117/677a o. Pag. Rektor der Universität Tübingen an den Kultusminister (1936, Mai 4); Vorlesungen 1928, S. 42, 57; Vorlesungen 1929, S. 65: Der Bruch mit der Universität scheint um die Jahre 1928 und 1929 erfolgt zu sein. Im Sommersemester 1928 erscheint Geiger noch mit der Ankündigung seines Tanzunterrichts im Vorlesungsverzeichnis, während er im Sommersemester 1929 lediglich noch im Namensverzeichnis geführt wird.

[139] UAT 117/677b o. Pag. Rektor an den Studentenführer (1937, Juli 2), o. Pag. Studentenführer an den Rektor (1937, Juli 8).

[140] BEHRINGER: Kulturgeschichte, S. 139–142; BOHUS: Sportgeschichte, S. 93 f.; JUSTI: Schauplatz, Bd. 7, S. 228 f., 266 f.; EICHBERG: Leistung, S. 102.

[141] EICHBERG: Leistung, S. 90.

[142] BEHRINGER: Kulturgeschichte, S. 139–142; KÜHNST: Sport, S. 14, 16; MATHYS: Ballspiele, S. 20 f.

[143] BEHRINGER: Fugger, S. 119 f.; BEHRINGER: Kulturgeschichte, S. 166 f.

[144] BEHRINGER: Kulturgeschichte, S. 166 f.; JUSTI: Schauplatz, Bd. 7, S. 236–253; MATHYS: Ballspiele, S. 18 f. Vgl. zu den Spielgeräten STREIB: Geschichte, S. 13–15.

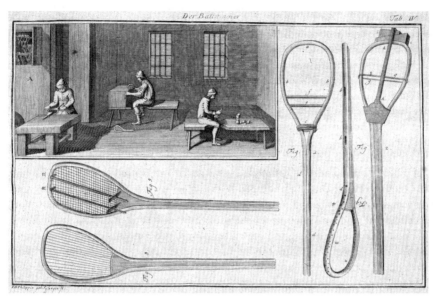

Abb. 12: Darstellung des Handwerks des Ball- und Raquettenmachers in Johann Heinrich Gottlob Justis „Schauplatz der Kuenste und Handwerke", 1768.

Wiederum war es Frankreich, das sich dem italienischen Ballspiel im 16. Jahrhundert als erstes öffnete. Zu den Besonderheiten des dort so genannten Jeu de paume gehörte bald das Spiel in einem Ballhaus[145]. Erste Ballhäuser waren in Italien bereits seit dem 15. Jahrhundert an den Höfen von Mantua, Ferrara, Florenz und Urbino entstanden[146]. Das Ballhaus bot nicht nur Schutz vor der Witterung und Abgrenzung von den unteren Gesellschaftsschichten. Die Wände des Ballhauses wurden zudem als Spielflächen benötigt, da sie in die Spielregeln integriert waren[147]. In Paris entstanden rasch zahlreiche Ballhäuser und später eine Reihe französischer Regelwerke für das Jeu de paume[148], etwa Charles Hulpeaus „Le Jeu Royal de la Paume" (Paris 1632). Nach Streib basierten die folgenden Spielebücher wesentlich auf Scainos und Hulpeaus Traktaten.[149]

Das Ballonspiel und das Jeu de paume etablierten sich seit dem Ende des 16. Jahr-

---

[145] Vgl. zum Jeu de paume BEGOV: Sportgeschichte, S. 147 f.; BONHOMME: Paume; CLERICI: Tennis, S. 21–25; GILLMEISTER: Topspin, S. 205–229; GILLMEISTER: Kulturgeschichte; HEINEKEN: Lawn-Tennis, S. 17–55; MAHLER: Leibesübungen, S. 47 f.; MATHYS: Ballspiele, S. 18–21; STEMMLER: Jeu de paume; STREIB: Geschichte, S. 2–4.

[146] BEHRINGER: Fugger, S. 121; BEHRINGER: Kulturgeschichte, S. 200–204.

[147] EICHBERG: Leistung, S. 98–100; STREIB: Geschichte, S. 12, 19.

[148] BEGOV: Wer sich fein recht tut üben, S. 158; BEHRINGER: Fugger, S. 119 f.; BEHRINGER: Kulturgeschichte, S. 166 f.; EICHBERG: Leistung, S. 100; JUSTI: Schauplatz, Bd. 7, S. 227 f. und Anm. **.

[149] STREIB: Geschichte, S. 17.

hunderts auch an den Höfen des Heiligen Römischen Reiches, insgesamt aber weit weniger als die italienische Reit-, Fecht- oder Tanzkunst und weit weniger als etwa in Frankreich[150]. Für das Tübinger Collegium Illustre stand bereits seit dem Ende des 16. Jahrhunderts sowohl ein Ballonspielplatz, als auch ein Ballhaus für das Jeu de paume bereit (Abb. 2, Abb. 3)[151]. Nach den Statuten des Collegium Illustre durfte der Ballmeister das Dutzend neuer Bälle für das Jeu de paume zu vier Batzen, das Dutzend alter zu zwei Batzen und den Ballon zu vierundzwanzig Batzen verkaufen[152]. Die Kupferstiche der Werbeschrift für das Collegium Illustre aus der Zeit um 1608 zeigen eine lebhafte Ballonpartie auf dem Spielplatz *auf der Blaichin* vor dem Lustnauer Tor: Gespielt wurde mit zwei Mannschaften von jeweils bis zu fünf Mitspielern auf einem im Karomuster gepflasterten und durch eine Mittellinie in zwei Spielhälften geteilten Platz. Die Spieler trugen Armstulpen, um den Ball mit dem Unterarm zu schlagen. Am Spielrand wurde mit einer Luftpumpe ein Ball aufgeblasen. Vom Spielfeldrand und der Galerie des Lusthauses aus beobachteten Zuschauer die Partie (Abb. 3)[153]. Kam das Ballonspiel gegenüber dem Jeu de paume nach der Mitte des 17. Jahrhunderts allgemein aus der Mode[154], so ist für Tübingen zu konstatieren, dass der nach dem Dreißigjährigen Krieg zerstörte Ballonspielplatz, so wie er 1683 dargestellt wurde (Tafel 2)[155], nach einer Ansicht des Jahres 1747 wieder hergerichtet und auch wieder als *Pallonen-Platz* ausgewiesen wurde[156].

Wahrscheinlich aber verdrängte auch in Tübingen das vom frühen 17. Jahrhundert bis zu Beginn des 19. Jahrhunderts im Ballhaus des Collegium Illustre betriebene Jeu de paume mehr und mehr das kraftaufwändigere Ballonspiel. Die Kupferstiche der Werbeschrift des Collegium Illustre um 1608 zeigen auch eine Partie des Jeu de paume im Tübinger Ballhaus. An den Seitenwänden sind die charakteristischen Hazards oder Gewinnlöcher zu sehen (la grille, le trou de service und la lune), mit deren Treffen besondere Punkte erzielt werden oder Strafpunkte, die durch das Auftreffen des Balles auf dem Boden verursacht waren, wieder ausgeglichen werden konnten[157]. Die Gehilfen der Ballmeister, die Marqueure, erleichterten das Spiel insofern, als sie verschlagene Bälle wieder einsammelten, den Schiedsrichter gaben, den Spielstand

---

[150] BEGOV: Sportgeschichte, S. 156; BEGOV: Wer sich fein recht tut üben, S. 155–157; BEHRINGER: Fugger, S. 123; KRÜGER/LANGENFELD: Handbuch, S. 170.

[151] NEYFFER/DITZINGER: Delineatio, Bl. 6–8, 11; SCHEFOLD: Ansichten, Bd. 2, Nr. 9244; StAT D 150/Schefold 9244.

[152] Ordnung 1609, S. 28.

[153] BEGOV: Wer sich fein recht tut üben, S. 155–157; BEHRINGER: Kulturgeschichte, S. 176–179; NEYFFER/DITZINGER: Delineatio, Bl. 8; vgl. ausführlich zu den Spielregeln des Ballonspiels DOLCH: Spiel, S. 143–212.

[154] BEGOV: Sportgeschichte, S. 147 f.; BEHRINGER: Fugger, S. 125; DOLCH: Spiel, S. 178, 198–202.

[155] SCHEFOLD: Ansichten, Bd. 2, Nr. 9264; StAT D 150/Schefold 9264.

[156] SCHEFOLD: Ansichten, Bd. 2, Nr. 9273; StAT D 150/Schefold 9273. SCHÄFER: Symbolum, S. 456–461: Schäfer weist zudem nach, dass der Tübinger Ballonenspielplatz um 1722 und vermutlich weit darüber hinaus auch als Kegelplatz genutzt wurde.

[157] BEGOV: Sportgeschichte, S. 147 f.; BEHRINGER: Fugger, S. 125; NEYFFER/DITZINGER: Delineatio, Bl. 7; vgl. zu den Spielregeln des Jeu de paume und den Hazards STREIB: Geschichte, S. 12, 15–22.

ansagten und für das Spiel wichtige Markierungen auf dem Boden anbrachten[158]. In Tübingen waren etwa die Marqueure Johann Martin Kretzenthaller, Matthias Rodler oder Joseph Friedrich Eckardt tätig[159]. Auf den Tübinger Kupferstichen markieren Marqueure sowohl beim Ballonspiel als auch beim Jeu de paume die Stelle des Ballaufsprungs auf dem Boden (Abb. 2, Abb. 3)[160].

Das vermutlich 1589 erbaute Tübinger Ballhaus[161] entsprach in vielen Merkmalen dem in der Frühen Neuzeit weit verbreiteten und dokumentierten Ballhaustypus eines Quarréballhauses[162]. Am oberen Abschluss des Mauerwerkes der Spielhalle bestand ein offener Zwischenraum zum Dach hin, durch den das Tageslicht einfallen konnte. Um zu verhindern, dass Bälle ins Freie fielen, wurde in diesem Zwischenraum in ihrer Höhe verstellbare Tücher angebracht. Auf der Außenseite des Ballhauses führte eine Stiege vermutlich zu einer Galerie, von der aus die Tücher nach Bedarf eingestellt werden konnten. Auch in der Spielhalle befand sich eine überdachte Galerie. Die Wände des Ballhauses waren schwarz gestrichen, um den weißen Ball besser sehen zu können (Abb. 2)[163]. Das Tübinger Ballhaus stand gegenüber dem Eingang zur Neustadtgasse und längs der Froschgasse am Rande des Collegiumsgartens (Abb. 10)[164]. Bei einer Bestandsaufnahme der Gebäude im 18. Jahrhundert wurde hinsichtlich der Bedeutung und Erhaltung des Tübinger Ballhauses vermerkt: *Bei einer Prinzen Schule und Universität notwendig*[165].

Durch die Nähe zum Ammerkanal war das Ballhaus durch Feuchtigkeit und Überschwemmungen immer wieder reparaturbedürftig. In den Jahren 1709/1710 musste

---

[158] JUSTI: Schauplatz, Bd. 7, S. 258.

[159] HStAS A 284/94 Bü 53 Bl. 2; StAT A 10 StU Nr. 173; UAT 9/9 Nr. 86.

[160] NEYFFER/DITZINGER: Delineatio, Bl. 7 f.

[161] HStAS A 282 Bü 1282 Bl. 744–748; HStAS A 284/94 Bü 203; HStAS A 303 Bd. 13995 S. 221–230: Die Lage des Tübinger Ballhauses wurde 1714 folgendermaßen beschrieben: *Das Baalhauß stehet gleichum den am Collegio, nahe an dem Collegii Garten auf die Straß stoßend, oben an die Ammer durch das darzu gehörige Höflen, und widerumb an der Obervogtey Waschhaus, unden aber mit der dazu gehörigen Billard Stuben gegen des Mezgers Pfeiffers Haus und Hof; nebst 1 Grasplätzl.*

[162] JUSTI: Schauplatz, Bd. 7, S. 230–235; STREIB: Geschichte, S. 10–13; ZEDLER: Universal-Lexicon, Bd. 3, Sp. 229, Lemma *Ball, Pila, Balle*.

[163] NEYFFER/DITZINGER: Delineatio, Bl. 6 f.; JUSTI: Schauplatz, Bd. 7, S. 235: Über die schwarze Farbe der Ballhauswände schrieb Justi: *Man nehme eine halbe Tonne Rindsblut, 14 Scheffel Rus, 10 Rindsgallen, um den Rus aufzuloesen, und einen Eimer Urin, um dieser Composition einen Glanz zu geben. Man menge alles kalt untereinander. Wird das Ballhaus sehr frequentirt: so streicht man es jaehrlich zweymahl frisch an: die Decke und der Fußboden aber behalten ihre natuerliche Farbe.*

[164] NEYFFER/DITZINGER: Delineatio, Bl. 6.

[165] HStAS A 282 Bü 1282 Bl. 744–748; vgl. zu weiteren Ballhäusern im akademischen Bereich FELSCHOW/LIND: Werck, S. 106; KEIL/KEIL: Geschichte, S. 96; NAIL: Ballspielen, S. 209 f., 215; PAULS: Anfaenge, S. 108, 111; RÖSCH: Leibesübungen, S. 126 f.; STREIB: Geschichte, S. 6–10; TOEPKE: Matrikel, Bd. 4, S. 331 und Anm. 6; WEISERT: Zeittafel, S. 13.: An der Universität Heidelberg wurde bereits 1589 das Ballspiel der Studenten im Freien und 1594 die Genehmigung zum Bau eines Ballhauses genannt. In Marburg wurde 1605, in Gießen 1609, in Jena 1670 und in Mainz im Jahr 1673 ein Ballhaus errichtet. An der Universität Kiel wurde 1665 ein Ballmeister zugelassen.

der Billardstubenboden im Ballhaus vollkommen erneuert werden und weitere Reparatur veranlasst werden, weil ein Ammerhochwasser das gesamte Ballhaus mannshoch überschwemmt hatte[166]. Bereits 1697/1698 war der Dachstuhl verfault, im Jahr 1776 erneut vom Einsturz bedroht, sodass Ballmeister Georg Friedrich Keller berichtete, dass weder er und *noch viel weniger ein Scholar mehr so keck seye, darin zu gehen.* Im Jahr 1777 fand daher noch vor dem Universitätsjubiläum eine Hauptreparatur statt[167]. Dennoch blieb das Ballhaus immer eine Baustelle, die immense Geldsummen verschlang. Im Jahr 1789 drohte erneut eine Mauer einzustürzen[168].

Die Beliebtheit des Jeu de paume ließ im Verlauf des 18. Jahrhunderts generell nach und wurde durch das Billard als Modespiel verdrängt[169]. Dennoch wurde die Tradition des Jeu de paume in Tübingen, wenn auch mit nur wenigen Interessierten, bis ins 19. Jahrhundert fortgeführt, wie es Einträge der Jahre 1761 und 1807 in die Stammbücher der Tübinger Ballmeister beweisen, die auf das Spiel und seine Regeln Bezug nehmen[170]. Der Tübinger Ballmeister Heinrich Rudolph Friedrich Keller gab 1817 jedoch an, in den letzten zehn Jahren insgesamt nur etwa zwanzig Schüler gehabt zu haben, die das Jeu de paume betrieben hätten[171]. Das Spiel war inzwischen also aus

---

[166] HStAS A 303 Bd. 13975 S. 101; HStAS A 303 Bd. 13990 S. 159; HStAS A 303 Bd. 13992 S. 180 f.

[167] HStAS A 284/94 Bü 203 Bl. 1, 5; HStAS A 303 Bd. 13980 S. 107, 110 f.

[168] HStAS A 284/94 Bü 285 o. Pag. Verwalter des Collegium Illustre an den Kirchenrat (1789, März 9).

[169] JUSTI: Schauplatz, Bd. 7, S. 227 f. und Anm. **; KRÜGER/LANGENFELD: Handbuch, S. 170.

[170] UAT S 127/125, S. 628: Ein Eintrag in das Stammbuch des Ballmeisters Georg Friedrich Keller beschreibt 1761 das Jeu de paume mit Einbeziehung der Hazards: *Mein Freund, dort in den schwarzen Mauren, wo man mußt auf den Ball stets lauren, da ward mir's warm, doch aber diesen Ball zu äffen und ihn ins rechte Loch zu treffen, empfand dein Arm.* UAT S 127/126, S. 222–224: Ein Stammbucheintrag des Jahres 1807 in das unter Ballmeister Heinrich Rudolph Friedrich Keller geführte Ballhausstammbuch vergleicht auf beeindruckende Weise eine Ballspielpartie mit dem menschlichen Leben und bezieht dabei sowohl die Architektur des Ballhauses, als auch Ball, Netz und die Hazards mit ein, durch deren Treffen das Aufspringen des Balles wieder ausgelöst werden konnte: *Schwarz sind die Waende des Lebens und düster und dunkel und farblos, Unermesslich der Raum, wo du zu spielen beginnst; Und das Schicksal – der Ball – es fleugt unaufhaltsam im Raume, Ach, und ein schwaches Licht bricht nur von Oben herab.- Wie der fliehende Ball, so flieht des Menschen Geschicke Von der Rakete gejagt durch das Gewölbe der Zeit; Aber der Zweck und die Richtung haengt von dem Stoss meiner Hand ab, Wie die Vernunft sie regiert, also erschwingt sich der Ball. Wehe dir, wenn ohne Kraft und Gemüth dein Ball sich nicht hebet, Und zur Erde gebeugt sich in die Chorda verwirrt! Wehe dir, armer Jüngling, wenn durch Ideale geblendet, Du zu hoch dich erschwingst – ach, du verliehrst dich im Raum. Weiser treib' du den Ball mit klug gemaessigtem Feuer Ruhig der Mitte entlang, maennlich zu beydem gefasst, Volée das kommende Loos, ihm rasch begegnend, zu treffen, Oder, nachdem es sich senkt, kalt ihm entgegen zu steh'n. Ist er gefallen dein Ball, gefallen das Schoene des Lebens. Dennoch die Hoffnung des Spiels – siehe, sie winket dir noch – Und der letzte bedeutende Gang er kann dich noch retten: Wirf den Ball à la Grille – Suche im Grabe Ersatz!*

[171] HStAS E 221 I Bü 4406 o. Pag. Heinrich Rudolph Friedrich Keller an die Universitätskameralverwaltung (1817, August 13), o. Pag. Heinrich Rudolph Friedrich Keller an die Universitätskameralverwaltung (1817, September 16), o. Pag. Universitätskameralverwaltung an das Finanzministerium (1819, März 16).

der Mode gekommen. Das Ballhaus wurde daher auch einer neuen Bestimmung zugeführt: Nachdem am 29. September 1806 in Vereinigung mit der bestehenden Pfarrei Ammern die katholische Stadtpfarrei Tübingen errichtet worden war, wurde dieser zunächst die Hospitalkirche, die heutige Jakobuskirche, zur Mitbenutzung zugewiesen. Als 1817 die nach König Friedrich benannte Friedrichs-Universität in Ellwangen als Katholisch-Theologische Fakultät in die Universität Tübingen eingegliedert worden war und das zugehörige Theologenkonvikt seinen Platz im Gebäude des Collegium Illustre gefunden hatte, wurde das einstige Ballhaus zur Stadt- und Konviktskirche umgebaut und am 7. Dezember 1818 geweiht. Das umgebaute Ballhaus wurde bis zum Bau der Johanneskirche in den Jahren 1875 bis 1878 als Gotteshaus genutzt, dann jedoch aufgrund der nach wie vor bestehenden Probleme mit der Feuchtigkeit zwischen 1876 und 1878 abgerissen[172]. Auch andere Ballhäuser wurden seit der zweiten Hälfte des 18. Jahrhunderts umgestaltet und nahmen vielfältige neue Funktionen an. Das Marburger Ballhaus wurde beispielsweise schon in den 1770er Jahren als Anatomie und später als Lazarett genutzt, 1781 jedoch ebenfalls abgerissen[173].

Das in Tübingen zu Beginn des 18. Jahrhunderts aufkommende Billardspiel benötigte keine besonderen Spielstätten mehr wie einen Ballonspielplatz oder ein Ballhaus. Mit Zunahme der Begeisterung für das Billard verlagerte sich die Tätigkeit der Ballmeister zunehmend in ihre Privathäuser, wo sie Billardlokale betrieben, in denen auch Karten- und Brettspiele gespielt und Getränke konsumiert wurden. Während zunächst auch im Ballhaus und im Collegium Illustre Billardtische standen[174], setzten die Ballmeister des 18. Jahrhunderts vor allem auf die Nutzung ihrer privaten Billards, für die sie bis zu Beginn des 19. Jahrhunderts auch Monopolstreitigkeiten auf sich nahmen. Ballmeister Johann Albrecht Bründlin besaß in seinem Haus in der Oberen Hafengasse zwei Billardtische[175]. Und Ballmeister Georg Friedrich Keller verfügte in seinem Wohnhaus in der Barfüßergasse, der heutigen Collegiumsgasse, über ein

---

[172] DAR F II a Nr. 4; DAR G 1.3 o. Pag. Beschreibung der katholischen Pfarrstelle in Tübingen (1825/1850); GROSS: Wilhelmsstift, S. 24, 28 f., 42 f., 69; GROSS: Anfänge, S. 52–54; LÖFFLER: Collegium Illustre, S. 50; REINHARDT: Fakultät, S. 7–9; SCHEFOLD: Ansichten, Bd. 2, Nr. 9504; StAT D 150/Schefold 9504; SENG: Ballhaus, S. 29–34; SYDOW: Frühgeschichte, S. 2–4; StAT D 30 K 242, K 3197, K 3386: Auf einem Stadtplan des Jahres 1819 ist die katholische Kirche am Rande des Konviktsgartens gut zu sehen. Ein Stadtplan von 1876 zeigt dann beide Kirchen nebeneinander. Im Jahr 1878 war der Platz zwischen Konvikt und Johanneskirche, auf dem das Ballhaus gestanden hatte, nach dem Abriss schließlich freigeräumt; vgl. zur Situation der Erbauungsjahre der Johanneskirche mit dem daneben noch bestehenden Ballhaus StAT D 150 Nr. 375-010 und Nr. 133/26.

[173] NAIL: Ballspielen, S. 214 f.; vgl. zur Umnutzung weiterer Ballhäuser BEHRINGER: Kulturgeschichte, S. 245.

[174] HStAS A 284/94 Bü 203 o. Pag. Collegiumsverwalter an den Kirchenrat (1777, August 1); HStAS A 303 Bd. 13975 S. 101: Im Jahr 1709 wurde erstmals der Billardboden im Ballhaus und noch 1777 ein Billardstübchen daselbst genannt; HStAS A 284/94 Bü 316 o. Pag. Collegiumsverwalter an den Kirchenrat (1802, Dezember 28): Im Jahr 1802 schlug der Collegiumsverwalter vor, den *Billard-Saal* im Collegium Illustre mit einem neuen Billardtisch zu versehen, weil der vorherige wegen Wurmstichigkeit 1793 verkauft worden sei. Erst im Januar 1805 wurde veranlasst, ein neues Billard aufzustellen.

[175] StAT E 101/205; StAT E 101/206.

346

oberes und unteres Billardzimmer, die beide jeweils mit einem Billardtisch, den zugehörigen Kugeln und Queues sowie Brettspielen und einem Schachspiel, Spiegeln, bequemen Sesseln und Tischen, unter anderem aber auch mit drei Geigen und einer Bratsche ausgestattet waren[176].

Der letzte gelernte Tübinger Ballmeister, Heinrich Rudolph Friedrich Keller heiratete 1807 Johanna Kiereker und brachte die zweistöckige Familienbehausung der Familie Keller in der Barfüßergasse, die auch *das Ballhaus* genannt wurde, mit in die Ehe ein[177]. Seit 1807 pachtete er als Billardlokal jedoch Räume des erst 1797 erbauten dreistöckigen Gebäudes am Lustnauer Tor 8, das der Familie Kiereker gehörte und kaufte den Erben das Haus im Jahr 1817 ab. Die Familie Keller blieb bis in die 1920er Jahre im Besitz dieses Hauses und der Wirtschaft, die mit wechselnden Gaststättenbezeichnungen an das einstige Ballhaus des Collegium Illustre erinnerte[178].

1.6 Konversation und Aussprache – Auditorium und Studierstube

Das Erlernen des Italienischen und Französischen zu Zwecken der Lektüre und Kommunikation stellte aufgrund der Vorbildhaftigkeit der höfischen Kulturen Italiens und Frankreichs und auch hinsichtlich der Exerzitien eine wichtige Erfordernis und Konsequenz dar[179]. Während zu Beginn des 17. Jahrhunderts noch Lektüre und Grammatik im Vordergrund standen, setzte sich im Verlauf des 17. Jahrhunderts immer mehr der kommunikative Aspekt des Fremdsprachenlernens durch[180].

Der erste Sprachmeister des Collegium Illustre, Bartholomäus Hettler, sollte seinen Scholaren um 1600 täglich von sieben bis acht Uhr eine Lektion im Italienischen oder Französischen erteilen. In jeder der beiden Sprachen war stets die halbstündige Lektüre eines historischen Autors vorgesehen, der in der übrigen halben Stunde münd-

---

[176] StAT E 101/208.

[177] StAT E 101/207.

[178] BETZ: Ballhaus, S. 105–111; LÖFFLER: Collegium Illustre, S. 51; RAUERS: Gaststätten, S. 23: 1852 Café zum Ballhaus, 1883–1889 Café Keller, 1889–1897 Restauration zum Ballhaus, 1928 Hotel zum Ballhaus, 1932 Gasthof zum Deutschen Haus, 1933 Hotel Deutsches Haus. Das Haus war von 1945 bis 1949 besetzt, wurde danach jedoch bis 1975 als Hotel weitergeführt. Heute befindet sich in diesem Haus das Restaurant Wurstküche.

[179] MICHAELIS: Raisonnement, Bd. 3, S. 63, 66 f.: Johann David Michaelis bewertete die Bedeutung der modernen Fremdsprachen 1773 auch im Sinne einer europäischen Kultur: „Diese drey Sprachen [Französisch, Italienisch und Englisch] sind nicht blos dem Gelehrten zum Lesen der darin geschriebenen Buecher, sondern auch in der cultivirten Welt zum Reden und Schreiben noethig. [...] Doch selbst dem eigentlich sogenannten Gelehrten ist es ein grosser Vortheil, wenn er diese Sprachen nicht blos verstehet, sondern auch mit Leichtigkeit und Richtigkeit redet und schreibet. Er bekommt dadurch einen Zusammenhang mit dem uebrigen Europa, der ihm so wol zu Erhaltung einer groesseren Celebritaet, (sie sey immerhin Eitelkeit, aber doch die Lieblingseitelkeit der Gelehrten!) und Vermehrung seiner eigenen Kenntnisse ueberaus vortheilhaft ist". Vgl. zum Sprachunterricht des Französischen und Italienischen am Tübinger Collegium Illustre und der Universität EHRHART: Geschichte, S. 281–308; VORETZSCH: Entwicklung, S. 177–184.

[180] HÜLLEN: Geschichte, S. 61; KUHFUSS: Kulturgeschichte, S. 67–71, 133–155, 161–170.

lich und schriftlich repetiert wurde, wobei Korrekturen an Aussprache und Schreib-stil vorgenommen werden sollten[181]. Auf Wunsch Herzog Friedrichs hätte Hettler mit seinen Scholaren im Französischen „Les memoires sur les principaux faicts et gestes de Louis onzieme et de Charles huitieme, son filz, roys de France" (1524) des französischen Diplomaten Philippe de Commynes und im Italienischen Francesco Guicciardinis „Storia d'Italia" (1561) lesen sollen. Hettler berichtete allerdings, dass diese Texte für die Scholaren noch zu schwierig seien. Er habe daher vorwiegend *quotidiana colloquia* herangezogen, was die jungen Leute mehr anspornte, eine frem-de Sprache zu erlernen, als ein historisches Werk[182]. Im Italienischen wurde anstatt des Guicciardini auch die Anstandslehre „Galateo overo de' costumi" von Giovanni della Casa gelesen[183].

In machen Situationen mussten die Sprachmeister ihr Fach erst gegen Widerstände und Vorurteile verteidigen. Der Tübinger Sprachmeister Louis Du May, der seinen Unterricht am Nachmittag von ein bis zwei Uhr hielt[184], klagte bei einer Visitation des Collegium Illustre im Jahr 1662 darüber, dass der Oberhofmeister ihm verboten hätte, mit seinen Scholaren Consultationes in französischer Sprache zu halten, weil es die Sprache nicht verdiene, dass in ihr formal und feierlich eine These erörtert werde. Beschlossen wurde daraufhin jedoch, dass sich jeder Scholar, der dies wolle, öffent-lich im Französischen hören lassen dürfe[185].

Nach dem Dreißigjährigen Krieg veränderten sich die Ansprüche an den modernen Fremdsprachenunterricht stark. Im Vordergrund standen von nun an überwiegend Sprachpraxis und authentische Aussprache[186]. Wie wichtig Konversationsfähigkeit und gute Aussprache waren, zeigte die bereits 1629 gemachte Aussage des Profes-sors der Rechte am Collegium Illustre Thomas Lansius, der über den aus Frank-reich stammenden Sprachmeister Petrus Scaturigius urteilte, er sei *in [...] pronunci-ation und Underrichtung [...] ein Ausbund von einem Maister, und in diesem Land nicht zu verbessern [...]*, womit er sich auf dessen muttersprachliche Kenntnisse des Französischen bezog[187]. Die zahlreichen, seit der Mitte des 18. Jahrhunderts häufig aus konfessionellen Gründen einwandernden, italienischen und französischen Mut-tersprachler entsprachen daher den zeitgenössischen Erfordernissen des modernen Sprachunterrichts[188].

Grundlage eines solch ganz überwiegend sprachpraktisch orientierten Unter-richts war nunmehr weniger die Lektüre zeitgenössischer oder klassischer Autoren, sondern das Erlernen der Sprache anhand von Lehrbüchern, die Konversation und Aussprache in den Vordergrund stellten. Wie Rauscher vermutete, war die lateini-

---

[181] HStAS A 284/94 Bü 41 o. Pag. *Staat* für Bartholomäus Hettler (1601, August 18); Rauscher: Collegium Illustre, S. 52 f.

[182] Zitiert nach Rauscher: Collegium Illustre, S. 54 f.

[183] Ebd., S. 56.

[184] Ueding: Tübingen, S. 224.

[185] HStAS A 284/94 Bü 271 Bl. 2.

[186] Briesemeister: Sprachmeister, S. 265; Hüllen: Geschichte, S. 47 f.

[187] HStAS A 202 Bü 1915 o. Pag. Thomas Lansius an den Geheimen Rat (1629, Januar 22).

[188] Caravolas: Histoire, S. 58 f.; Christ: Geschichte, S. 110; Hüllen: Geschichte, S. 65.

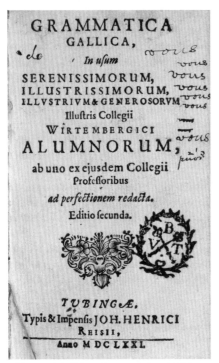

sche „Grammatica gallica in usum [...] Illustris Collegii", die 1656 erstmals *ab uno ex ejusdem Collegii Professoribus* in Tübingen veröffentlicht wurde, von dem Tübinger Sprachmeister Louis du May verfasst worden[189]. Sie erschien 1671 in zweiter Auflage. Du May rechtfertigte in seiner Vorrede trotz angestrebter Sprachpraxis die Form der Grammatik: Es gäbe zwar Leute, welche die Erlernung der Grammatik für unwürdig erachteten. Doch der Sprachmeister gab zu bedenken, *qu'on ne vole pas sans ailes; que pour aller a la fin, il faut, passer par le milieu; que pour devenir docte, il faut avoir appris les rudimens*[190]. Der Zeit gemäß begann du May seine kleine Taschengrammatik daher mit einem Kapitel über die französischen Buchstaben und ihre Aussprache[191].

Trotz des vorrangigen Lehrzieles der Sprachpraxis waren die Lehrbücher der Zeit also Grammatiken. Daneben bestand jedoch das wichtige Lehrbuchgenre der Gesprächsbücher, die im 16. Jahrhundert aus praktischen Kommunikationserfordernissen des Handels in Oberitalien und den Niederlanden auf-

Abb. 13: Titelblatt der von dem Tübinger Sprachmeister Louis du May verfassten französischen Taschengrammatik, die 1656 erstmals und 1671 in zweiter Auflage in Tübingen im Druck erschien.

gekommen waren[192]. Sie beinhalteten oft in Kombination mit Grammatik, davon jedoch stets unabhängig, sachlich-thematisch angeordnete Dialoge und dazugehörige Wörterlisten, oft auch parallel in mehreren Sprachen. Die Gesprächsbücher gingen dabei im Wesentlichen auf die weit verbreiteten Werke „Introito et porta" (Venedig 1477) von Adam von Rotweil, „Colloquia et dictionariolum" (Antwerpen 1536) von Noël de Berlaimont sowie „Janua linguarum" (Salamanca 1611) von Wiliam Bathe und in dessen Nachfolge die berühmte „Janua linguarum reserata" (1631) von Johann

---

[189] RAUSCHER: Collegium Illustre, S. 83; EHRHART: Geschichte, S. 283; MAY: Grammatica, S. 3–7: Die Einleitung in französischer Sprache und das Kürzel *L.D.M.* machen die Vermutung Rauschers, Louis du May konnte der Autor dieser Grammatik sein, sehr wahrscheinlich. Vgl. auch SCHMIDT: Unterricht, S. 97.

[190] MAY: Grammatica, S. 4 f.

[191] Ebd., S. 10–36.

[192] Vgl. zu den Gesprächsbüchern BECKER: Dialogues; RUIJSENDAAL: Gesprächsbüchlein, S. 199–209.

Amos Comenius zurück. Aus Berlaimont wurde im Zusammenhang mit dem Sprachunterricht und der Gesprächsform rasch der Begriff des Parlement kreiert und so erschienen nach dem Vorbild der „Colloquia" Berlaimonts zahlreiche Gesprächsbücher unter dem Titel eines Parlements[193].

Auch der Tübinger Sprachmeister Paul Roger Sibour brachte unter seinem Namen ein solches Gesprächsbuch heraus. Seine „Dialogues familiers françois & allemans, cy-devant connus & celebres sous le titre de Parlement" erschienen in der dritten Auflage 1676 in Straßburg. In seiner Vorrede berief er sich nicht ausdrücklich auf Berlaimont, jedoch auf den bereits bekannten Titel der „Parlements" und damit auf den Erfolg der Gesprächsbücher[194]. Als wichtigstes Element behandelte Sibour stets zweisprachig zunächst die Aussprache der französischen Buchstaben und fügte der dritten Auflage einen grammatischen Abschnitt über die Deklinationen und die Konjugation der Verben avoir und être an[195]. Sodann folgten sechs exemplarische, in französischer und deutscher Sprache einander gegenübergestellte Gespräche, die sehr detailliert ausgeführt und auch mit umgangssprachlichen Passagen versehen waren. Gemäß der ursprünglichen Hauptverwendung der Gesprächsbücher im Handel beinhalteten sie die Kommunikation bei Tisch, das Kaufen und Verkaufen, die Einforderung von Schulden und notwendige Gespräche auf Reisen und in der Herberge[196]. Daran schlossen sich ein thematisch angeordneter Wortschatz[197], Briefvorlagen[198] sowie das Einmaleins und die Zahlen an[199].

Und so versuchten zahlreiche Sprachmeister, ihren Lebensunterhalt aufzubessern, indem sie Grammatiken, Wörterbücher, Lektürestoffe und Mustergespräche immer wieder neu zusammenstellten und veröffentlichten[200]. Der Markt an Sprachlehrwerken war daher groß. Als Beispiel sei François Roux, der Großvater des Tübinger Fechtmeisters Johann Friedrich Gottlieb Roux, genannt, der in Jena Grammatiken, Wörterbücher und Sprachlehrwerke veröffentlichte, die immer wieder neu aufgelegt wurden[201]. Der Tübinger Sprachmeister Jean Caumon besaß eine recht große Büchersammlung von fast neunzig Werken, darunter französische und italienische Grammatiken, Wörter- und Sprachlehrbücher, von denen aber nicht bekannt ist, ob er diese

---

[193] Hüllen: Geschichte, S. 47–57, 63–72; Caravolas: Histoire, S. 60 f., 78–81, 110–112 ; vgl. zu „Introito et porta" und zu „Colloquia et dictionariolum" Hüllen: Sprachen, S. 180–187.

[194] Sibour: Dialogues, Vorrede: *Der alte Titul eines Parlements wird (moechte vielleicht jemand meynen) mit deme nicht uebereinstimmen, mich hats aber geduenckt, es gehe darumb einem guten Ding nichts ab, wann es gleich dem ersten Ansehen nach scheinet etwas alt zu seyn.*

[195] Ebd., S. 4–31.

[196] Ebd., S. 32–98.

[197] Ebd., S. 98–139.

[198] Ebd., S. 140–143.

[199] Ebd., S. 144; MUT II 26814; Rauscher: Collegium Illustre S. 96; UAT 30/6 Nr. 11 Bl. 1 f.: Bei Straßburger Verlegern tritt Paul Roger Sibour bis 1690 zudem als Übersetzer antiker Autoren (Cicero und Terenz) in Erscheinung (1681, 1686, 1687, 1690, vgl. hierzu VD 17).

[200] Vgl. hierzu Briesemeister: Sprachmeister, S. 267 f.; Fikenscher: Gelehrten Geschichte, Bd. 3, S. 253–256, 258–266; Strauss: Lungershausen, S. 25.

[201] Briesemeister: Sprachmeister, S. 269 f.

in seinem Unterricht einsetzte[202]. Der Bücherkatalog der Bibliothek des Collgium Illustre beschrieb in der Kategorie *Libri Philosophici, Mathematici Physici et Gymnastici* auch Sprachlehrwerke wie etwa die „Schola Italica" (Frankfurt 1614) des von den Zeitgenossen als Sprachmeister später sehr wertgeschätzten Catharinus Dulcis[203], der bereits 1599 als Privatpraezeptor adliger Studenten auch am Tübinger Collegium Illustre gewirkt hatte[204].

Der Unterricht im Italienischen scheint in Tübingen eine marginale Rolle gespielt zu haben. Im Jahr 1660 wurde der Sprachmeister des Italienischen Parcher aus Palermo vom Senat der Universität abgewiesen, weil es nur wenige Studiosi gäbe, welche die italienische Sprache zu erlernen begehrten[205]. Im Regelfall waren Sprachmeister tätig, welche das Italienische und Französische gemeinsam vertraten, etwa Franciscus de Gregoriis[206]. Dennoch hielten sich immer wieder auch Sprachmeister in Tübingen auf, die nur das Italienische lehrten, etwa Michele Leonardi, Petrus Josephus Bergamini und Antonio Calligar an der Wende vom 17. zum 18. Jahrhundert sowie Xaverius Carolus Ferdinandi in der zweiten Hälfte des 18. Jahrhunderts[207].

Die Tübinger Sprachmeister Louis du May und Joseph Gabriel de Montalegre lehrten in der zweiten Hälfte des 17. Jahrhunderts aufgrund ihrer besonderen Kenntnisse privat auch das Spanische, ohne dass es deswegen einen obrigkeitlich angeregten oder verordneten Spanischunterricht gegeben hätte[208]. Die obrigkeitlichen Instanzen machten sich diese Kenntnisse insofern zunutze, als sie sich in den Vorlesungsverzeichnissen mit der Angabe der Möglichkeit zur Erlernung des Spanischen profilieren konnten, wie es etwa 1652 in Tübingen geschah[209].

Der Unterricht im Englischen kam generell erst im Verlauf des 18. Jahrhunderts auf[210]. Jedoch gab es immer wieder auch bereits früher Sprachmeister, die über Kenntnisse im Englischen verfügten und diese bei Interesse auch weitergaben. Als solch ein Sprachmeister ist der in der Matrikel der Universität Greifswald schon 1686 als *linguae Anglicae et Gallicae peritus* genannte Johannes Sebastian Saltzmann anzuse-

---

[202] HStAS E 101/24.

[203] UBT Mh 446-3, Bl. 22*ᵛ, 23*ʳ. Vgl. zu den Ausgaben und Vorläufern der „Schola Italica" GLÜCK/HÄBERLEIN/SCHRÖDER: Mehrsprachigkeit, S. 152 f.

[204] RAMSLER: Blumen, Bl. 39; GLÜCK/HÄBERLEIN/SCHRÖDER: Mehrsprachigkeit, S. 151.

[205] UAT 9/5 Nr. 14 Bl. 27.

[206] MUT III 31084; StAT E 101/47; UAT 30/6 Nr. 24 Bl. 1, 8; UBT Mh 772 Bd. 10 Bl. 1.

[207] MUT II 28556; UAT 3/8 Bl. 301ʳ; UAT 25/3 Bd. 2 Nr. 133; UAT 27/4 Nr. 75, 76; UAT 30/6 Nr. 20 Bl. 1; UAT 30/6 Nr. 21 Bl. 1; UAT 30/6 Nr. 34 Bl. 1; UAT 32/1 Bd. 4 Nr. 218; UAT 32/1 Bd. 4 Nr. 231.

[208] GUNDEL: Statuta, S. 167: Auch an der Universität Marburg wurde 1629 Spanischunterricht angekündigt: *De professore exoticarum linguarum. 1. Gallicae vel etiam Italicae et Hispanicae linguae professor sic ordinabit horam suam, ne aliis professoribus sit impedimento, et, si salario ex academiae reditibus fruatur, publicas habebit lectiones.* Vgl. zum Spanischunterricht in den Territorien des Heiligen Römischen Reiches in der Frühen Neuzeit BRIESEMEISTER: Barth, S. 257–288; CAROVOLAS: Didactique, S. 162 f.; SANCHEZ PEREZ: Historia, S. 159-165; WIPPICH-ROHÁĈKOVÁ: Hochdeutscher, S. 17-30.

[209] Ordo studiorum 1652, o. Pag.

[210] CARAVOLAS: Didactique, S. 163; HÜLLEN: Geschichte, S. 64 f.

hen[211]. Ein frühes Beispiel für die Etablierung des Unterrichts im Englischen bildete die Universität Jena, wo um 1688 englische Sprachlehrwerke erschienen und vermutlich bereits ein erster Sprachmeister des Englischen lehrte, dessen Tätigkeit seit 1708 mit Johann Jakob Lungershausen eine kontinuierlichere Fortsetzung fand[212]. An der Universität Rostock war 1724 ein Sprachmeister des Englischen angekündigt worden[213]. Und auch an der 1737 eröffneten Universität Göttingen, einer Gründung des aus dem Hause Hannover stammenden britischen Königs Georgs II. August, spielte das Englische von Beginn an eine wichtige Rolle[214]. Der Großteil der Universitäten bemühte sich allerdings erst in der zweiten Hälfte des 18. Jahrhunderts um die Annahme von Sprachmeistern des Englischen, so etwa 1751 in Helmstedt, 1767 in Leipzig, 1772 in Gießen, 1777 in Marburg, 1790 in Kiel und 1797 in Erlangen[215]. In Tübingen hatte Johann Hieronymus Boeswillibald bereits in den 1730er Jahren das Englische durch private Lektionen vertreten. Aber erst 1796 wurde der Sprachmeister des Französischen und Italienischen Johann Heinrich Emmert offiziell mit der Lehre des Englischen beauftragt und dafür auch besoldet[216].

Der Sprachunterricht benötigte keine kostspieligen Unterrichtsorte wie die Exerzitien. Die adligen Scholaren des Collegium Illustre genossen den Unterricht im Französischen und Italienischen vermutlich im Auditorium der Adelsakademie[217]. Das Beispiel des bürgerlichen Studenten Eberhard Gockel und des Sprachmeisters des Französischen Étienne Debrulère aus dem Jahr 1656 zeigt jedoch eine später vermutlich gängige Praxis: Der Sprachmeister suchte den Scholaren für die Lektion in seiner Studierstube auf. Maître Debrulère bezichtigte Gockel in diesem Zusammenhang allerdings, aus Kostengründen kein Feuerholz herbeigeschafft zu haben, weshalb er während des Unterrichts hätte frieren müssen[218].

1.7 Zusammenfassung

Der frühneuzeitliche Exerzitien- und Sprachunterricht hatte seine Ursprünge an den oberitalienischen Höfen und Universitäten, wo die Exerzitien seit dem 15. Jahrhundert wiederbelebt, verfeinert und ästhetisiert worden waren. Gleichzeitig war eine maßgebliche Fachliteratur entstanden, die zusammen mit der neuen Reit-, Fecht-,

---

[211] FRIEDLAENDER: Universitäts-Matrikeln, Bd. 2, S. 170.

[212] EICHHORN-EUGEN: Geschichte, S. 13 f., 17; STRAUSS: Lungershausen, S. 24 f.

[213] Series Lectionum 1724, o. Pag.: *Vivunt denique apud nos IV. Linguarum, Gallicae, Britannicae & Italicae Magistri, qui dono fandi exasciatissimo pollent, quorum informatione utiliter frui licebit.*

[214] FRANK: Entwicklung, S. 107; WOLPERS: Göttingen, S. 91–136.

[215] BEHRENS: Geschichte, S. 19 f.; GUNDLACH: Catalogus, S. 415; FIKENSCHER: Gelehrten Geschichte, Bd. 3, S. 279–290; HAUPT: Chronik, S. 21; JORDAN/HOFMANN: Geschichte, Bd. 5,2, S. 251, 264 f.; SCHULZE: Abriß, S. 104.

[216] RAUSCHER: Collegium Illustre, S. 128–142, 203–219, 229–249.

[217] NEYFFER/DITZINGER: Delineatio, Bl. 3.

[218] UAT 8/9 Nr. 145/145a Bl. 246 f.

Tanz- und Ballspielkunst nicht zuletzt auch über die Universitäten in ganz Europa rezipiert wurde. Frankreich öffnete sich dem italienischen Vorbild im 16. und 17. Jahrhundert zuerst und trug daher auch wesentlich zur zunehmend verfeinerten Ausformung aller Disziplinen bei. Die Kenntnis des Italienischen und Französischen als die Sprachen der für ganz Europa vorbildhaften höfischen Kulturen Italiens und Frankreichs wurde so auf ganz natürliche Weise eine für Lektüre und Kommunikation unerlässliche Erfordernis der Zeit.

Der für den Exerzitien- und Sprachunterricht aufgebrachte Zeitaufwand war groß und bestand während der Woche in täglicher Übung der Scholaren. Die einzelnen Disziplinen verfolgten dabei stets einen doppelten Zweck. Neben den unmittelbaren Nutzen hinsichtlich der körperlichen und gleichzeitig militärischen Ertüchtigung, der gesellschaftlichen Umgangsformen, der Konversationsfähigkeit und der Rekreation trat – ausgelöst durch die in Baldassare Castigliones „Il Libro del Cortegiano" formulierten Prinzipien der Grazia und Sprezzatura – ein zusätzliches und alle Disziplinen überwölbendes Lehrziel: Die Befähigung zur Repräsentation adligen Standes durch eine bewusste Körperhaltung, die Positur.

Diese wurde im Reiten durch die Hohe Schule der Reitkunst mit ihren vielfältigen Kunstformen wie Courbetten oder Capriolen, im Fechten durch die verzierlichte italienische Fechtart mit Rapier und Degen sowie das Voltigieren erreicht. Im Tanzunterricht wurden nicht nur gesellschaftliche Tänze, sondern auch Reverenzen, Körperbeherrschung, Gestik und Anstandslehre geschult. Das Ballspiel sollte durch eine gleichmäßige Bewegung aller Gliedmaßen eine Stärkung der gesamten körperlichen Konstitution und Haltung bewirken. Insbesondere für die Exerzitien stand in Tübingen wie in anderen Universitätsstädten eine kostspielige Infrastruktur bereit. Dazu zählten Ställe und Schulpferde, Reithaus, Reitbahn, Fecht- und Tanzboden, Ballonplatz und Ballhaus, die mit immensem finanziellem Aufwand unterhalten werden mussten.

Die Exerzitien- und Sprachmeister des 17. und 18. Jahrhunderts brachten häufig in Rückgriff auf die bekannten italienischen und französischen Vorbilder auch eigene Lehrwerke auf den Markt, insbesondere in der Reitkunst, der Fechtkunst und den modernen Fremdsprachen. In der Tanzkunst nahmen bis um 1700 französische Autoren eine unumstrittene Vorrangstellung ein. Auch im Ballspiel dominierten die sich kaum verändernden italienischen und französischen Regelwerke. Geprägt waren diese Lehrbücher von der stets zu vermittelnden Ausgangssituation, dass beim Betreiben der Exerzitien nicht nur der Körper, sondern gleichermaßen auch der Verstand in Anspruch genommen sei. Typisch für die Werke der Maîtres war eine praxisbezogene und auf praktischer Erfahrung basierende Anleitung zum jeweiligen Metier, die durch einen in langjähriger Tätigkeit erworbenen theoretischen Wissensschatz ergänzt wurde. Ein solches Lehrbuch, das häufig mit Kupferstichen bebildert war, sollte den Scholaren als Handreichung, Leitfaden und Nachschlagewerk dienen, jedoch keinen gelehrten Traktat darstellen.

2. Alltag und Scholaren

2.1 Der Exerzitien- und Sprachunterricht im akademischen Alltag

a. Medium adliger Distinktion und Gegenstand bürgerlichen Interesses

Als Novum des höheren Bildungswesens nahm der Exerzitien- und Sprachunterricht über seine Lehrziele hinausgehende Funktionen im akademischen Alltag ein. Eine dieser Funktionen, insbesondere aber eine Funktion der Exerzitien, bestand in der Sichtbarmachung ständischer Grenzen zwischen Adligen und Bürgerlichen innerhalb der akademischen Gesellschaft[219]. In Analogie zu anderen exklusiv adligen Privilegien, durch welche die adligen Studenten an den Universitäten ihre gesellschaftliche Sonderstellung demonstrierten[220], fungierten auch die Exerzitien als Medium ständischer Distinktion[221]. Die Intention der adligen Studentenschaft, sich mittels der Exerzitien demonstrativ von den bürgerlichen Kommilitonen abzugrenzen, bestand jedoch keineswegs in einem einseitigen Abschottungswillen. Die Herauskristallisierung der für den Adel und das Bürgertum unterschiedlich bedeutsamen, aber sich gegenseitig bedingenden Funktionen der Exerzitien im akademischen Alltag erwuchs vor allem aus beiderseitigen Provokationen, Reaktionen und Gegenreaktionen, an denen Adlige und Bürgerliche gleichermaßen beteiligt waren, und stellte einen bilateral geführten Auseinandersetzungsprozess dar.

Am Beispiel Tübingens lässt sich dieser Auseinandersetzungsprozess um die Exerzitien zu Beginn des 17. Jahrhunderts besonders gut nachvollziehen, denn hier bestand durch die Koexistenz des exklusiv adligen Collegium Illustre mit der bürgerlich dominierten Universität ein Sonderfall. Die 1601 vollzogene demonstrative institutionelle und jurisdiktionelle Abtrennung adliger Standesbildung von der Universität im Collegium Illustre betonte die ständische Exklusivität und führte zu einer fachlichen, personellen und ideellen Konkurrenz gegenüber den bürgerlichen Universitätsgelehrten[222]. Die Distinktionsabsicht des Adels auf dem Gebiet des Bildungswesens wurde in Tübingen somit auf engstem Raum noch deutlicher als andernorts im

---

[219] Vgl. zur sozialen Distinktion im akademischen Alltag Füssel: Unordnung, S. 49–74; Ders.: Gelehrtenkultur, besonders S. 253–277; Ders.: Talar, S. 245–271; Ders./Weller: Ordnung.

[220] Asche: Bürgeruniversität, S. 391 f.; Müller: Universität, S. 111–146; Paravicini: Kultur, S. 8–10; Ridder-Symoens: Aristocratisation, S. 39 f.: Zu diesen Privilegien zählte etwa eine standesspezifische Kleidung, eine standesgemäße Platzierung innerhalb der Rangfolge der akademischen Gesellschaft, die Möglichkeit des Adelsrektorats, die Befreiung vom Bursenzwang und von Steuern sowie das Jagdrecht. Vgl. zur allgemeinen adligen Privilegierung Demel: Adel, S. 54–56.

[221] Müller: Universität, S. 143: „[...] der Adel besaß gegenüber der übrigen Scholarenschaft auch hinsichtlich seiner studienfreien Zeit Vor- und Sonderrechte, die er gegen sämtliche Nivellierungsversuche zu verteidigen trachtete. Gewisse Parallelen zu diesen Freiheiten, die dem Adel schon im 16. und beginnenden 17. Jahrhundert zugestanden wurden, lassen sich zu den ebenfalls auf den Adel zugeschnittenen Kavaliers- und Exerzitienfächern ziehen, so den Reit-, Fecht- und Tanzexerzitien. [...] Ihr Auftreten leitete eine neue Epoche in der Beziehung zwischen Universität und Adel ein". Kuhfuss: Kulturgeschichte, S. 30–33.

[222] Constitutiones 1601, S. 5 f.

Heiligen Römischen Reich demonstriert und das gelehrte Bürgertum entsprechend provoziert. Der auf diese Weise gut zu beobachtende wechselseitige Auseinandersetzungsprozess zwischen Adel und Bürgertum gibt damit den Blick frei auf die unterschiedlichen Funktionen der Exerzitien im akademischen Alltag: Für die Adligen fungierten die Exerzitien unter anderem als Medium ständischer Distinktion. Für die Bürgerlichen dagegen, insbesondere aber die bürgerlichen Universitätsgelehrten war die Exklusivität der Exerzitien eine Provokation, die zwar kritisiert wurde, aber auch rasch Achtung fand. Für beide Gruppierungen stellten die Exerzitien ein repräsentatives Symbol adliger Standesbildung dar, das in seiner anfänglichen Exklusivität einerseits verteidigt und andererseits Gegenstand bürgerlichen Interesses und Zugriffs wurde. Beide Intentionen und Funktionen bedingten sich gegenseitig.

In den Collegiumsstatuten des Jahres 1596 wurde erstmals die Exklusivität der Exerzitien für die adligen Collegiaten festgeschrieben[223]. Auch wenn der entsprechende Passus augenscheinlich einen offensiven Abgrenzungswillen von Seiten des fürstlichen Statutengebers anzeigte, so wird bei genauerer Betrachtung deutlich, dass dem Wortlaut und der immediaten Festlegung dieser Exklusivität bereits im Jahr 1596 auch etwas Defensives anhaftete. So strikt eingeschränkt werden musste die Zugänglichkeit eines exklusiven Angebots nur dann, wenn es bereits im Fokus der Aufmerksamkeit derjenigen stand, vor deren Vereinnahmung es geschützt sein wollte. Es ist daher schon mit Umwandlung des als Universitätskolleg für Adlige wie Bürgerliche bestehenden Collegium Illustre in eine exklusive Adelsakademie im Jahr 1596 von einem bereits vorhandenen oder erwarteten regen bürgerlichen Interesse hinsichtlich der Exerzitien auszugehen.

Der Hintergrund dieses positiven wie negativen Interesses muss einerseits in den bestehenden Konflikten zwischen Herzog Friedrich und der württembergischen Landschaft[224] und andererseits in den Erfahrungen und Entwicklungen an anderen Universitäten gesehen werden, wo sich die Exerzitien bereits früher als in Tübingen etabliert hatten. Denn das Konfliktpotential war hoch. Sowohl die Ausgrenzung der bürgerlichen Universitätsstudenten aus den Exerzitien als auch ihre mögliche Einbeziehung mit der Folge des Zusammenstoßes adliger und bürgerlicher Studenten auf einem exklusiv adligen Terrain, bereiteten einen Nährboden für ständische Konflikte innerhalb der Studentenschaft, die es aus Sicht des Statutengebers zu verhindern galt. Wurde als Begründung für die Exklusivität der Exerzitien 1596 noch deren Finanzierung aus den Mitteln des württembergischen Herzogshauses angeführt, so schloss der Statutengeber die bürgerlichen Studenten 1609 aus dem Betreiben der Exerzitien aus, um *confusion, Zanck, Tumult, und andere Ungelegenheiten* zu vermeiden[225].

---

[223] Statuten 1596, S. 16.
[224] ADAM: Herzog, S. 210–229; GRUBE: Landtag, S. 251–273.
[225] Statuten 1596, S. 16; Ordnung 1609, S. 11: *Aber die von uns im Collegio zugelassene und angeordnete Leibs und Hoff Exercitia sollen den Collegiaten vorbehalten, und Niemands anderem, (confusion, Zanck, Tumult, und andere Ungelegenheiten zuuerhueten). Leges 1609, S. 14: exercitia tamen corporis, a nobis Collegii Studiosis certis sub Magistris permissa, nemini extraneo ne turbis occasio detur, communicamus.*

Die also bereits sehr früh auch von bürgerlicher Seite auf den Exerzitien ruhende Aufmerksamkeit stellte mitsamt ihres Konfliktpotentials in der Folge den Garanten dafür, dass die Exerzitien unter allen Medien der Distinktion zu einem besonders wirksamen Medium der Sichtbarmachung ständischer Grenzen im akademischen Alltag werden konnten. Grund dafür war die besondere Außenwirksamkeit der Exerzitien. Das Reiten, das Fechten, das Tanzen und das Ballspiel waren im akademischen Alltag über ständische Grenzen hinweg nicht zu übersehen. Die Exerzitien waren naturgemäß von Bewegung, einer akustischen Kulisse, der Beanspruchung von Raum und dem aufwändigen und sichtbar kostspieligen Einsatz von Pferden, Fechtausrüstungen, Ballspielmaterial und entsprechenden baulichen Anlagen begleitet. Vor dem Lustnauer Tor lag die Reitbahn sowie der Schieß- und Ballspielplatz des Collegium Illustre[226]. Auf dem Areal der Adelsakademie inmitten der Stadt stand das mit einer offenen Galerie versehene Ballhaus[227]. Ganz in der Nähe an der nördlichen Stadtmauer befand sich die Stallung für die Schulpferde, die bei Bedarf auf den Reitplatz geführt oder ausgeritten wurden[228]. Das Fechten und Tanzen fand zwar auf dem collegiumsinternen Fecht- und Tanzboden oder im Innenhof der Akademie statt[229]. Insbesondere aber die demonstrative Veranstaltung von Ritterspielen, Ringrennen und Ballspielpartien vor dem Lustnauer Tor mussten stark auf die gesamte akademische und städtische Öffentlichkeit gewirkt haben (Abb. 3–5)[230].

Gerade aber diese Eigenschaft des Demonstrativen war es, die dafür sorgte, dass die Exerzitien als abgrenzendes Element überhaupt erst in das Blickfeld, die Wahrnehmung und das Urteil jener bürgerlichen Zeitgenossen eintreten konnten, von denen Abgrenzung erwünscht war. Durch ihre Sichtbarkeit im akademischen Alltag waren sie geradezu prädestiniert dafür, ein für das bürgerliche Gegenüber wahrnehmbares, Aufmerksamkeit erregendes und damit erst hochwirksames Medium adliger Abgrenzung zu bilden. Die Exerzitien wollten, sollten und konnten wahrgenommen werden.

Daher blieb es auch nicht nur bei der Demonstration adligen Repräsentationsbedürfnisses durch die Exerzitien. Das bürgerlich-gelehrte Umfeld sah sich provoziert, reagierte und bestätigte dabei die extrovertierte Wirkung der Exerzitien im akademischen Alltag. Wenn die bürgerlich dominierte württembergische Landschaft 1599 über das Studium junger Adliger am Tübinger Collegium Illustre mit Spott äußerte, *Ir exercitium und studia seind ballspiel, armbrust- und buchsenschiessen, reiten, ballonspiel, fechten u.a. kurzweil*[231], so beruhte dies auf der täglichen Sichtbarkeit der Exerzitien. Im Vergleich zu den hinter Gebäudemauern in Auditorien oder Stu-

---

[226] NEYFFER/DITZINGER: Delineatio, Bl. 8–12.

[227] Ebd., Bl. 7.

[228] HStAS A 303 Bd. 13976 S. 247, Bd. 13994 S. 170, Bd. 14004 S. 178; SCHEFOLD: Ansichten, Bd. 2, Nr. 9244; StAT D 150/Schefold 9244.

[229] NEYFFER/DITZINGER: Delineatio, Bl. 5; KELTER: Stammbuch, Abb. 3; SCHEFOLD: Ansichten, Bd. 2, Nr. 9384; StAT D 150/Schefold 9384; WILLBURGER: Collegium Illustre, S. 33.

[230] NEYFFER/DITZINGER: Delineatio, Bl. 8–12.

[231] ADAM: Landtagsakten, Bd. 2, S. 47 und Anm. 2.

dierstuben betriebenen gelehrten und anwendungsbezogenen Studien der Rechte, der Geschichte, der Politik und der Sprachen, die in mindestens gleicher Wertigkeit wie die Exerzitien den Lehrplan der adligen Zöglinge am Collegium Illustre ausmachten, waren die Exerzitien für Außenstehende im akademischen Alltag rein optisch weit präsenter. Und so konnte leicht der in der Äußerung der Landschaft durchscheinende Eindruck entstehen, an einer Adelsakademie werde der Tag überwiegend mit Reiten, Fechten und Ballspiel anstatt mit gelehrten Studien verbracht.

Dennoch stellte die Kritik der Landschaft an den Exerzitien keinen Affront gegen die Körperübungen per se dar, sondern war vielmehr nur ein stereotyper Seitenhieb, der für etwas Anderes stand. Im Rahmen der ständisch motivierten Konflikte zwischen der bürgerlich dominierten Landschaft und Herzog Friedrich wehrte sich diese im Grunde gegen die willkürliche Umwandlung des überwiegend für wohlhabende württembergische Bürgersöhne geplanten Collegium Illustre in eine exklusive Adelsakademie. Damit überging der Herzog ständische Rechte. Angeprangert wurde die Benachteiligung der bürgerlichen Landeskinder und die Bevorzugung landfremder Adliger sowie deren Versorgung aus den Mitteln des württembergischen Geistlichen Gutes[232]. Die Aufweichung ständischer und gleichzeitig bürgerlicher Rechte stellte den eigentlichen Hauptkritikpunkt der zahlreichen landschaftlichen Beschwerden gegen das Tübinger Collegium Illustre dar[233]. Die Exerzitien aber spielten innerhalb dieses Konflikts die Rolle eines zwar peripheren, allerdings gut sichtbaren Beiwerks.

Eine Folge dieser Querelen mit der Landschaft war, dass sich der Abgrenzungswille Herzog Friedrichs hinsichtlich des Collegium Illustre weiter verstärkte: Im Jahr 1601 wurde das Collegium Illustre jurisdiktionell von der Universität separiert[234]. Für das Studium der Rechte wurden eigene Professoren eingestellt, die nun fachlich und personell in Konkurrenz zu den Universitätsprofessoren traten[235]. Waren die Exerzitien 1596 noch als exklusive, aber fakultative Rekreationsbeschäftigung zur Erholung

---

232 ENDRES: Adel, S. 10 f.; LEHMANN: Landstände, S. 185: Die Ritterschaft war mit kaiserlicher Bestätigung 1561 aus dem württembergischen Landtag ausgeschieden. Sie blieb meist kaisertreu und katholisch. Die Förderung Adliger im Tübinger Collegium Illustre bezog sich also stets auf nichtwürttembergische Landfremde.

233 ADAM: Landtagsakten, Bd. 2, S. 46–48, 113, 119, 147: Die Landschaft monierte im Februar 1599: *Nun ist aber [...] seithero nichts anderes erfolget, dan dass dieses [...] herzogtumbs landkinder us obbemeltem collegio abgeschafft und hingegen fremde uslandische in dasselbige ufgenomen worden. Das Geistliche Gut sei nicht uf frembde und usländische, deren wiederergänzung, hülf und zuspruns uf einbrechende nottfäll wir uns wenig zu getrosten, sondern fürnemblich uf die ingesessene landkinder verordnet und gestift worden.* Herzog Friedrich ergänzte auf dem Original hierzu: *treschen ufs mhull.* Im März 1599 wandte sich der Landtag mit einer erneuten Bitte an den Herzog, da *solch ganz collegium us dem kirchenkasten (also des gemeinen armen mans mitcontribution)* erbaut worden sei und *auch teglichen von dem geistl. gutt erhalten wird,* im Collegium Illustre auch Landeskinder aufzunehmen.

234 Constitutiones 1601, S. 5.

235 Ebd., S. 6.

von den gelehrten Studien *ad relaxandum ex studiis animum* gedacht gewesen[236], so erfuhren diese in den Statuten des Jahres 1609 vielfache Aufwertung. Die von der Landschaft als *kurtzweil*[237] kritisierten Exerzitien wurden nun durch eine ausführliche Begründung ihrer Lehrziele und der praktischen Anwendbarkeit für die spätere berufliche Praxis auf eine neue Legitimationsgrundlage gestellt, als obligatorischer Bestandteil des Gesamtlehrplans aufgefasst und in ihrer Exklusivität erneut bestätigt[238].

Prompt ließen entsprechende Reaktionen der Tübinger Universitätsprofessoren nicht lange auf sich warten. Auch bei diesen waren nicht die Exerzitien per se Auslöser der Kritik. Problematisch war vielmehr die seit 1601 bestehende jurisdiktionelle Abtrennung des Collegium Illustre von der Universität und die damit verbundene Aufstellung eigener Professoren der Rechte, die für die Universitätsgelehrten fachlich und personell eine Konkurrenz und Statusbedrohung darstellten[239]. Mit der Neuauflage der Collegiumsstatuten des Jahres 1609, durch welche, trotz der Separierung beider Institutionen, eine Übertragung der Universitätsprivilegien auf die adligen Collegiaten stattfinden sollte[240], sahen die Universitätsprofessoren ihren und den Ruf der Universität durch die Tübinger Adelsakademie endgültig aufs Spiel gesetzt. Angesichts solch eigenmächtiger Eingriffe in ihre Verfassung sprachen sie bereits vom *Untergang status Universitatis* und der Absicht Herzog Friedrichs, *das Corpus Universitatis nach und nach zu opprimieren*[241]. Hinzu kam, dass die Exerzitien aufgrund ihrer Beliebtheit bei den jungen Studenten als Rivalität zu den gelehrten Studien aufgefasst wurden. Offenkundig hatten die oftmals überbordenden Lektionen im Reiten, Fechten und im Ballspiel von Anfang an den disziplinierten Besuch der Vorlesungen beeinträchtigt[242], obwohl diese den Bestand der gelehrten Studien bei objektiver Betrachtung niemals in Frage stellen konnten. Die Scholaren aber hatten

---

[236] Constitutiones 1597, S. 14.

[237] ADAM: Landtagsakten, Bd. 2, S. 47 und Anm. 2.

[238] Ordnung 1609, S. 11, 27 f.: Die Exerzitien waren jetzt nicht mehr nur *zugelassen*, sondern auch *angeordnet*. Um *confusion, Zanck, Tumult, und andere Ungelegenheiten zuuerhueten* sollten die Exerzitien weiterhin den Collegiaten vorbehalten bleiben. Die Exerzitien und die Exerzitienmeister erhielten in den Statuten des Jahres 1609 erstmals einen eigenen Passus an prominenter Stelle nach den Collegiumsprofessoren und dem Collegiumsarzt. Als Legitimation wurde ausgeführt: *Dieweil aber heutigs tags auch auff die jenigen sonderlich groß gehalten wuerdt, welche dem gemeinen Sprichwort nach in alle Saettel gerecht, reden und reitten koennen; wie dann die taegliche Erfahrung mitbringt, daß, welche sich in alle conversation, exercitia, ceremonien und geberden wol schicken, an Fuersten und Herren Hoeffen herfuer gezogen, auch bey dem gemeinen Mann hochgepriesen werden.*

[239] Constitutiones 1601, S. 5 f.; FÜSSEL: Gelehrtenkultur, S. 264–270.

[240] Ordnung 1609, S. 8–10.

[241] UAT 9/7 Bd. 3 Nr. 41.

[242] HStAS A 274 Bü 79 Bl. 7: Eine Visitationsrelation des Jahres 1618 berichtete: *Vil seyen, die nit ratione studiorum, sonder allein der exercitien halb, ins Collegium begert haben, die seyen aber von Oberhoffmaister abgewisen worden* […]. *Ihnen praeceptoribus ist erinnerung beschehen, die discipulos auch ad studia und nit nur uff exercitia corporis anzuweisen, auch unnöttige Schulden zumachen Ihnen nit gestatten.* Statuten 1596, S. 16; Constitutiones 1601, S. 20; Ordnung 1609, S. 27.

verständlicherweise zu den Exerzitien *größere Lust, allß zue Studiis*, wie es in einer Visitationsrelation des Jahres 1618 festgestellt wurde[243].

Und so vermittelte die gesamte Einrichtung des Collegium Illustre samt seinem aus Studien und Exerzitien bestehenden Lehrprogramm den Universitätsprofessoren nicht nur den Eindruck einer gravierenden Statusbedrohung, sondern suggerierte ihnen gleichzeitig auch eine gewisse Unzulänglichkeit der von ihnen vertretenen humanistischen Buchgelehrsamkeit. Die von Linke genannte „ambivalente Einstellung des Bürgers zur körperbetonten Repräsentationskultur des Adels, die schon immer neidische Begehrlichkeit mit spöttisch-bloßstellender Kritik und Ablehnung vereinte"[244], kam dann zum Ausdruck, als sich die Tübinger Universitätsprofessoren 1609 gegen die Übertragung der Universitätsprivilegien auf die Collegiaten und damit gegen einen willkürlichen herzoglichen Eingriff in die Universitätsverfassung wehrten. Sie polemisierten aber nicht etwa gegen die Professoren der Jurisprudenz am Collegium Illustre, durch welche ihr Status am ehesten hätte konkret in Frage gestellt werden können. Wie die württembergische Landschaft zehn Jahre zuvor, bedienten sich die Universitätsprofessoren vielmehr ebenfalls der Exerzitien als alltäglich sichtbarem Symbol adliger Standesbildung. Stereotypisierend stellten sie fest, dass am Collegium Illustre die *beste unnd bey weittem mährere Zeit uff die Exercitia Corporis allß Reutten, Fechten, Tantzen, Palspilen unnd dergleichen, dann uff die Studia unnd frequentationem Lectionum verwendet werde*.[245]

Aus den Äußerungen der württembergischen Landschaft und der Tübinger Universitätsprofessoren wird deutlich: Die Exerzitien waren zu einem Stereotyp und damit zu einem vereinfachten, verallgemeinerten und klischeehaften Bild der im Collegium Illustre verkörperten exklusiv adligen Standesbildung geworden, mit dem die durch die Einrichtung der Adelsakademie ausgelösten hochkomplexen und vielschichtigen Verletzungen an Status und ständischen Rechten deutlich zum Ausdruck gebracht werden konnten. Die im akademischen Alltag sichtbare und leicht ins Auge springenden Exerzitien waren als Pars pro Toto aus dem Plenum adliger Standesbildung herausgegriffen worden, um eine instabile und bedrohlich gewordene Situation zu ordnen und zu vereinfachen. Dabei waren die Exerzitien zum Inbegriff dessen mutiert, was an einer Adelsakademie gelehrt und gelernt wurde und zum Symbol adliger Standesbildung schlechthin geworden.[246]

---

[243] HStAS A 274 Bü 79 Bl. II; vgl. hierzu auch die Berichte des finnischen Adligen Erik Tott aus dem Jahr 1616 über das rege genutzte Exerzitienangebot der Universität Jena in GIESE: Bedeutung, S. 100 f.

[244] LINKE: Sprachkultur, S. 77.

[245] UAT 9/7 Bd. 3 Nr. 37.

[246] DRÖGE: Publizistik, S. 127–131, 143; HAHN: Einführung, S. 12.; HAHN: Stereotypen, S. 27; KLEINSTEUBER: Feindbilder, S. 62; LILLI: Grundlagen, S. 8, 12–15; MEYER: Ikonographie, S. 334–353; OUDENHOVEN: Herkunft, S. 274–278; STANZEL: Imagologie, S. 23; STANZEL: Europäer, S. 33: Unter Einbeziehung der Erkenntnisse der historischen Stereotypenforschung kann der gegenseitige Abgrenzungsvorgang zwischen Adligen und Bürgerlichen um die Exerzitien sehr gut dargestellt werden. Ein Stereotyp entsteht durch zwei psychologisch voneinander zu unterscheidende Verhaltensmotivationen des Menschen vorzüglich in Zei-

Die Stereotypisierung der Exerzitien und die Versimplifizierung der als Novum und als Bedrohung empfundenen adligen Standesbildung im Collegium Illustre mag den Universitätsprofessoren zunächst Rückversicherung und Neuverortung ihrer selbst verschafft haben. Vor allem aber deckt sie in der Konfrontation mit der adligen Standesbildung im Collegium Illustre die eigenen Konflikten und Defizite des bürgerlichen Gelehrtenstandes auf, der konstitutiv für die bald folgende Wertschätzung der Exerzitien als Werbe-, Wirtschafts- und Prestigefaktor und das bürgerliche Interesse daran werden sollte. Mit der Fokussierung auf die Exerzitien, der Kritik an ihrer Beliebtheit, ihrer Kurzweiligkeit und ihrer übermäßigen Ausübung, wurde das offenbar Defizitäre der Buchgelehrsamkeit und die selbsterkannte Notwendigkeit ihrer Ergänzung durch praxis- und anwendungsbezogene Disziplinen eingestanden. Dahinter wird die bereits wahrnehmbare, spätestens aber seit der Mitte des 17. Jahrhunderts nachweisbare positive Einstellung, Faszination und Reverenz des bürgerlichen Gelehrtenstandes hinsichtlich der Exerzitien an den Universitäten des Heiligen Römischen Reiches deutlich[247].

Die Universitäten bemühten sich schon bald zunehmend um die Anziehung adliger Studenten, um an deren „gesellschaftlicher Wertschätzung" teilzuhaben[248], in ganz entscheidendem Maße aber auch, um die Vorteile des Werbe-, Wirtschafts- und Prestigefaktors der Exerzitien zu nutzen[249]. Mittel hierfür war die Förderung und feste Etablierung des Exerzitien- und Sprachunterrichts im höheren Bildungswesen. So wird mehr als deutlich, dass der im Verlauf des 17. Jahrhunderts stark zunehmende Stellenwert der Exerzitien nicht nur einem einseitigen adligen Abgrenzungswillen entsprungen war. Es war vielmehr ein bilateraler adlig-bürgerlicher Prozess aus Demonstration, Reaktion und Gegenreaktion, der die Bedeutung der Exerzitien einerseits als Medium adliger Distinktion und andererseits als Gegenstand bürgerlichen Interesses und bürgerlicher Wertschätzung generiert hatte.

---

ten der Instabilität oder der Bedrohung und zwar durch das Streben, besser abzuschneiden als das Gegenüber und durch den Willen und die Notwendigkeit, die Reize der Umwelt kognitiv ordnen zu wollen. Damit ist die Ausbildung von Stereotypen eng mit der Frage nach Selbstbild und Fremdbild verbunden. Ein von Überzeugung geprägtes Selbstbild wird dabei einer von Aversion durchzogenen Wahrnehmung des Fremden oder Unbekannten gegenübergestellt. Psychologische Instrumente der Stereotypenbildung sind dabei die Dichotomisierung oder Kontrastierung (hier die Gegenüberstellung der positiv konnotierten gelehrten Studien im Gegensatz zu den als *kurtzweil* verurteilten Exerzitien) sowie die Verallgemeinerung, Simplifizierung und Reduzierung von Vorstellungen über einen Sachverhalt oder eine soziale Gruppe (hier die Reduzierung adligen Studiums im Collegium Illustre auf die Exerzitien). Dabei sind zwei Funktionen der Stereotypisierung zu beobachten: die ordnungsstiftende Funktion (hier die Reduzierung adliger Standesbildung auf die Kategorie der Exerzitien, die das Ganze repräsentiert und vereinfacht darstellt) und die identitätsstiftende Funktion (hier die Selbstversicherung und Selbstbestätigung dem ungewohnten Novum der Exerzitien gegenüber).

[247] Leges 1666, S. 6: In den Tübinger Collegiumsstatuten des Jahres 1666 entfiel der Exklusivitätspassus für die Exerzitien. Ordo studiorum 1652, o. Pag. Die Universität Tübingen bot ihren Studenten 1652 das gesamte Exerzitien- und Sprachlehrangebot an.
[248] MÜLLER: Universität, S. 112, 145.
[249] ASCHE: Bürgeruniversität, S. 390.

Die anfängliche Aversion der Universitätsgelehrten gegen die Exerzitien und der Auseinandersetzungsprozess mit der noch ungewohnten Neuerung des höheren Bildungswesens traten an anderen Universitäten in ganz ähnlicher Weise zutage. Auch ohne die verschärfte Exklusivität einer gegenüber der Universität herzoglich protegierten Adelsakademie vor Ort wie in Tübingen, empfanden die Universitätsprofessoren der Universität Straßburg durch das Aufkommen des Exerzitien- und Sprachunterrichts zu Beginn des 17. Jahrhunderts in fachlicher und personeller Hinsicht die gleichen Statusbedrohungen. Auch hier wurde hinsichtlich der ungewohnten Neuerung polemisiert und stereotypisiert. Auch hier wurden die Exerzitien und die Maîtres mit den gelehrten Studien und Universitätsprofessoren kontrastiert und auch hier wurde neidisch auf die Attraktivität der Exerzitien geschaut. Ein pommerscher adliger Gelehrter sah um 1619 durch das Ballhaus und die Reitschule bereits den Bestand der Universität Straßburg gefährdet: *Im anfang haben die Strasburger eine Schuel von guten künsten und sprachen gehabt; itz haben sie eine Reittschuel Ballen- Fecht- und Dantzschuel*[250]. Der Eindruck, dass die Universität und ihre Studien von den Exerzitien geradezu absorbiert worden sei, musste aber wohl vorrangig dadurch entstanden sein, dass der Sohn des Gelehrten mehr Geld zu Straßburg in einem Vierteljahr ausgegeben hatte, als dieser zu seinen eigenen Studienzeiten daselbst *im gantzen jhar nit*[251].

Straßburger Universitätsprofessoren forderten daher 1619 radikal die Aufhebung oder Verlegung der Reitschule und nicht nur den Ausschluss der Maîtres, sondern auch derjenigen Studenten aus der regulären Matrikel, die sich nur der Exerzitien halber in Straßburg aufhielten[252]. Gefürchtet wurde eine empfindliche Prestigeeinbuße für die Universität. Mit Neid wurde auf die Attraktivität der Exerzitien geschaut und gegen die eigene studentische Klientel polemisiert, als ein Straßburger Jurist 1619 äußerte: *Die Reitschul macht einmahl [...] dass die Studirschul nur desto verachter wird und in abgang kompt. Reiterei ist der Jungen Burst reputirlich und cavallierisch, Studiren aber verächtlich*[253]. Mit dem nivellierenden Vergleich von *Reitschul* und *Studirschul* diskreditierten sich die Gelehrten mitsamt ihrer Studien selbst, setzten sich mit den Exerzitien und Maîtres in Konkurrenz und erkannten sie damit als gleichwertig an. Durch die Einbeziehung sowohl der Studenten, als auch der Maîtres in die Auseinandersetzung um den Status des Exerzitien- und Sprachunterrichts war die Straßburger Reaktion noch heftiger als in Tübingen ausgefallen. Die geforderte Abschaffung der Exerzitien aber wurde durch die wirtschaftlichen Begehrlichkeiten desselben Gelehrtenstandes vereitelt, der sie vorgeschlagen hatte[254].

---

[250] Zitiert nach KNOD: Matrikeln, Bd. 1, S. XXIV und Anm. 1.

[251] Ebd.

[252] KNOD: Matrikeln, Bd. 1, S. XXIV.

[253] Zitiert nach KNOD: Matrikeln, Bd. 1, S. XXIV.

[254] KNOD: Matrikeln, Bd. 1, S. XXIV f.: „Der Rat, die Reitschule gänzlich eingehen zu lassen, erschien nicht annehmbar, da gerade der Teil der Studentenschaft, welcher sich ‚der Musica instrumentali, Sprachmeister, Däntzer, Rosspringer, Ballhauses, Fechtens, Reytens und dergleichen Exercitien gebrauchte', das meiste Geld in der Stadt zurückliess und auch dem Universitätssäckel unentbehrlich erschien."

b. Werbe-, Wirtschafts- und Prestigefaktor

Die Exerzitien standen zu Beginn des 17. Jahrhunderts also nur vermeintlich in der Kritik der bürgerlichen Universitätsgelehrten, ob in Tübingen oder in Straßburg. Vieles deutete bereits auf die Erkenntnis des bereichernden Wertes des Exerzitien- und Sprachunterrichts für die gelehrten Studien, die Frequentierung der Studienstandorte und damit das allgemeine Wohl der Universitäten durch den universitären Gelehrtenstand hin. An der Universität Straßburg hatte schon 1619 der enorme wirtschaftliche Nutzen, den die Exerzitien darstellten, den bürgerlich-gelehrten Widerstand gegen dieses Novum und schließlich auch die Forderungen nach seiner Abschaffung verstummen lassen[255]. Die entsprechende Rechnung war bereits in einem Gutachten des Jahres 1614 gemacht worden, in dem festgehalten war, dass ein Straßburger Student jährlich etwa zweihundert Gulden für Lebensmittel, Kleidung und anderen Unterhalt in der Stadt ausgebe. Solche Studenten jedoch, die zusätzlich auch *Musica instrumentali, Sprachmeister, Däntzer, Rossspringer, Ballhauses, Fechtens, Reytens und dergleichen Exercitien gebrauchen,* würden statt der zweihundert gerne auch fünfhundert bis achthundert oder gar tausend Gulden aufwenden[256]. Das entsprach im moderatesten Fall einer Ausgabensteigerung von mehr als dem Doppelten. Im besten Falle aber wurde der Umsatz pro Student im Jahr durch das Exerzitien- und Sprachlehrangebot um das Fünffache gesteigert!

In Tübingen trat noch ein weiterer Beleg für die wachsende Bedeutung des Exerzitien- und Sprachunterrichts in den Vordergrund. Das Lehrangebot der Maîtres war nicht nur ein Wirtschafts-, sondern zunächst auch ein wichtiger Werbefaktor, der die entsprechende Klientel anlockte und noch vor dem ökonomischen Gewinn stand. Das Exerzitien- und Sprachlehrangebot war daher in Tübingen spätestens nach dem Dreißigjährigen Krieg, nach welchem sich die Universitäten besonders um die Wiederbelebung ihrer Studien und Studienstandorte bemühen mussten, aus der adligen Exklusivität des Collegium Illustre herausgelöst und auch in das Lehrangebot der Universität übertragen worden. Das erste nach dem Krieg überlieferte Vorlesungsverzeichnis der Universität Tübingen aus dem Jahr 1652 bot den Universitätsstudenten die Möglichkeit der Unterrichtung im Spanischen, Italienischen, Französischen sowie in den Exerzitien an[257]. Auch an vielen anderen Universitäten erschien der Exerzitien- und Sprachunterricht seit der Mitte des 17. Jahrhunderts, regelmäßig jedoch im 18. Jahrhundert in Vorlesungsverzeichnissen und Statuten, so beispielsweise an den Universitäten Basel, Bützow, Duisburg, Heidelberg, Jena, Kiel, Königsberg, Marburg, Rostock und Stuttgart sowie an der Hohen Schule Herborn[258].

---

[255] Ebd.

[256] Zitiert nach KNOD: Matrikeln, Bd. 1, S. XXV und Anm. 1.

[257] Ordo studiorum 1652, o. Pag.

[258] Anzeige der Vorlesungen 1784/1785, S. 14; GUNDEL: Statuta, S. 167: In Marburg erschienen die Sprachmeister 1629 mit einem eigenen Abschnitt in den Statuten. Dabei wurde auch darauf hingewiesen, dass sie mit ihrem Unterricht die gelehrten Studien nicht behindern dürften: *De professore exoticarum linguarum. 1. Gallicae vel etiam Italicae et Hispanicae linguae*

Denique ,

Qui linguæ *Gallicæ* , *Italicæ* etiam & *Anglicanæ* , addifcendis fuam impendere operam cupiunt, vel *equos fubigendi* , *arma trattandi* , *pila fe exercendi* , nec non *faltandi* , ftudiis tenentur, magiftrorum peritiffimorum in quavis illarum artium inftitutione commode apud nos frui poterunt. P. P, Tubingæ d. April. cIɔIɔccLIII.

Abb. 14: Ankündigung des Exerzitien- und Sprachunterrichts im Vorlesungsverzeichnis der Universität Tübingen, 1753.

Diente die Anwesenheit von Exerzitien- und Sprachmeistern und die Unterhaltung der entsprechenden Einrichtungen wie Reitbahn, Ballhaus, Fecht- und Tanzboden der Universität als Werbebasis für ihre Frequentierung, so profitierte bei entsprechender Annahme dieses Angebots und desjenigen der gelehrten Studien der gesamte Studienstandort: Die Maîtres nahmen Informationsgelder ein. Die Handwerker, Krämer, Händler und Wirte der Stadt versorgten die Studenten nicht nur mit Utensilien für das Reiten, das Fechten oder das Ballspiel, sondern auch mit allen anderen nötigen Dingen des täglichen Bedarfs. In einem studentischen Schuldenverzeichnis um 1675 erschienen daher nicht nur die Exerzitien- und Sprachmeister, sondern auch ein Arzt, ein Apotheker, ein Barbier, ein Schneider, ein Schuhmacher, ein Sattler, ein Goldschmied, ein Schwertfeger, ein Buchführer, ein Buchbinder, eine Lichtermacherin und eine Wäscherin[259].

Auch die Universitätsgelehrten profitierten von einer guten Frequentierung ihrer Universität. Denn neben dem Werbe- und Wirtschaftsaspekt spielte auch das Prestige der Universität eine große Rolle, das vornehmlich an der Zahl ihrer Besucher, jetzt auch an der Anzahl adliger Studenten, gemessen wurde[260]. Die erhöhte Zahlungs-

---

professor sic ordinabit horam suam, ne aliis professoribus sit impedimento, et, si salario ex academiae reditibus fruatur, publicas habebit lectiones. GOLDBECK: Nachrichten, S. 98; HAERING: Spätzeit, S. 69; KUBLIK: Universität, S. 49; Index Lectionum 1783, o. Pag.; Index Praelectionum 1784, o. Pag.; NEUPER: Vorlesungsangebot, S. 60, 64, 68, 94, 97; Series Lectionum 1724, o. Pag.; SPILLNER: Unterricht, S. 219; STAEHELIN: Geschichte, Bd. 1, S. 84 f.; STRAUSS: Lungershausen, S. 14–18; VORETZSCH: Anfänge, S. 4; Verzeichnis der Vorlesungen 1782, o. Pag.; WOLGAST: Universität, S. 59 f.

[259] HStAS A 284/94 Bü 256 o. Pag. Schuldenverzeichnis für Georg Philipp Graf zu Orttenburg (um 1675); HStAS A 274 Bü 79 Bl. II; UAT 6/25 Bl. 367ᵛ–369ʳ: In einer Visitationsrelation des Jahres 1618 wurde bekannt, dass Krämer, Goldschmiede, Handwerker und Wirte den Studenten zu Wucherpreisen Waren und Wein angeboten hätten und die Verschuldeten danach *auf ohnziemliche Weg* zur Bezahlung gezwungen hätten.

[260] MÜLLER: Universität, S. 112, 145; SCHÄFER: Frischlin, S. 72; UAT 117/1 Bl. A: Der Senat der Universität Tübingen schilderte in einem Bericht am Ende des 18. Jahrhunderts: *Da der numerus Studiosorum als der Maßstab des Wohlstandes und Flors einer Universitaet angesehen zu werden pflegt und gewißermaßen auch ist, so müßen wir klagend antworten, daß solcher, wie wir es in unserer Vorstellung schon 1783 voraus gesagt haben, gegenwärtig unter dem mittelmäßigen seye.* SCHWINGES: Universität, S. 359: „Von Anfang an […] war der Adel in der Universität präsent; aber er kam nicht einfach nur wie andere Stände auch. Man wollte ihn ausdrücklich, hieß ihn willkommen, war auf sein Erscheinen vorbereitet und stolz darauf,

kräftigkeit der adligen Studenten kurbelte die örtliche Wirtschaft besonders gut an[261]. Die jungen Adligen wählten einen bestimmten Studienstandort unter vielen weiteren Kriterien aber nur aus[262], wenn sie neben den gelehrten Studien auch ein Exerzitien- und Sprachlehrprogramm vorfanden[263].

Zur Verbesserung der Attraktivität des Studienstandorts, des städtischen Wirtschaftslebens und des Prestiges der Universität war es daher immer wieder eine unerlässliche Maßnahme, das Lehrangebot der Exerzitien und modernen Fremdsprachen kontinuierlich und lückenlos bereit zu stellen. Die Universität Tübingen bediente sich dabei spätestens seit 1652 der Exerzitien- und Sprachmeister[264]. Sie hatte daher keine zusätzlichen Ausgaben, etwa für Besoldungen oder die entsprechenden Anlagen, musste im Falle einer Stellenvakanz jedoch an den Oberhofmeister des Collegium Illustre, den Kirchenrat, den Geheimen Rat oder den württembergischen Herzog rekurrieren.

Und so bat der Senat der Universität 1672 erstmals um eine möglichst rasche Wiederbesetzung der seit Monaten vakanten Bereiter- und Fechtmeisterstelle. Aus Furcht um das Prestige sollte insbesondere darauf geachtet werden, dass das Fehlen der Maîtres nicht allein *in alle Ort Teutschlands und auch ausländische bekannt würde.* Und unter allen Umständen war zu verhindern, dass durch die Vakanz der Bereiter- und Fechtmeisterstelle *hieher sonst destinirte* [Studenten] *solcher Gestalt von diesem Ort abgehalten werden oder dass die Anwesende selbst von hinnen auf andere benachbarte* [Universitäten], *da Studia und Exercitia sie beysamen haben, sich begeben möchten*[265]. Die herzogliche Visitationskommission, die sich im August 1672 in Tübingen aufhielt, berichtete diesen Umstand noch vor Beendigung ihrer Geschäfte und der Rückkehr nach Stuttgart an den Geheimen Rat und beurteilte die Beseitigung der Stellenvakanzen im Reit- und Fechtexerzitium als genauso dringlich wie die Universität selbst[266].

---

die Söhne von Herzögen, Fürsten und Grafen dabei zu haben [...]. [...] Die Universitäten antworteten damit auf das ausgeprägte Bedürfnis der adligen wie nichtadligen Zeitgenossen, ständisch und schichtspezifisch zu denken und sich voneinander abzugrenzen".

[261] KNOD: Matrikeln, Bd. 1, S. XXV und Anm. 1.

[262] ASCHE: Bürgeruniversität, S. 185–191: Als wichtige Kriterien für die Wahl des Studienortes werden hier die konfessionelle Ausrichtung, die geographische Lage, die städtischen Wirtschafts- und Wissenschaftsbeziehungen, die Lebenshaltungskosten, die materielle und finanzielle Ausstattung und letztlich auch das über die gelehrten Studien hinausgehende Lehrangebot sowie der „Erlebniswert" einer Universität genannt.

[263] HStAS A 202 Bü 2617 o. Pag. Senat der Universität an den Geheimen Rat (1695, November 4).

[264] Ordo studiorum 1652, o. Pag.; UAT 117/656 o. Pag. Senat der Universität an Herzog Eberhard (1672, August 2).

[265] UAT 117/656 o. Pag. Senat der Universität an Herzog Eberhard (1672, August 2).

[266] HStAS A 202 Bü 2615 o. Pag. Visitationskommission an den Geheimen Rat (1672, August 2): *Alweilen Sie gewiß wißten, wan nicht balde dergleichen Leuthe angenommen würden, Sich nicht allein eine ziembliche Pursch, umb ermanglung solcher Exercitien, von hier wegbegeben, sondern auch hierdurch die Universität an Purschen maercklich abnehmen und verringet werden derffte, derowegen gegenwertiges Memoriale uns zu Handen gestelt und umb Recommendation an meinen hochgeehrten Herrn Collegam höchstangelegenlichst bitten laßen;*

Immer wieder wurde daher auf eine nahtlose Wiederbesetzung der Maîtrestellen gedrängt, so auch im Jahr 1687, als beim Tod des Fechtmeisters Johann Casimir Eller festgestellt wurde: *Wann dann hiedurch so wol des fürstlichen Collegii Fechtboden alß der bei der Universitet, so dermalen sehr frequent bloß gestellet worden und die anwesende Studiosi allerseits auf dises Exercitium die mehriste Reflexion machen, so das bei ermanglung eines guten Fechtmeisters die selbe sich zimlich verliehren und anders wohin begeben dürfften.* Empfohlen wurde daher, die vakante Stelle schleunigst wieder zu besetzen[267]. Auch beim Tod des Fechtmeisters Johann Andreas Schmid im Jahr 1749 wurde mit der vielsagenden Begründung, dass *sothane station, zu Erhaltung der Universitaet, und deß Collegii Illustris Wohlstands, nicht wol lang unbesetzt bleiben mag,* auf eine rasche Wiederbesetzung der Stelle gedrängt[268]. Die Abwanderung von Studenten aus Tübingen oder ihr Ausbleiben aufgrund einer Lücke im Exerzitien- und Sprachlehrangebot war also eine ständige und reale Gefahr. Die Zeitgenossen schätzten die Bedeutung der Exerzitien für das Prestige der Universität und die davon abhängenden Studentenzahlen daher sehr hoch ein.

Besonders während der für Württemberg politisch instabilen und von kriegerischen Einfällen der Franzosen geprägten Wende vom 17. zum 18. Jahrhundert[269] war es eine der effektivsten Maßnahmen der Universität, wenn für ein lückenloses Exerzitien- und Sprachlehrprogramm gesorgt wurde. Als das Collegium Illustre 1688 aufgrund des Franzoseneinfalls geschlossen wurde[270] und die Maîtres 1694 entlassen werden sollten[271], war es die Universität, die deren Unentbehrlichkeit betonte und damit ihren Fortbestand sicherte[272]. Sie erhielt sich damit einen wichtigen Werbe-,

---

Weilen dan ein solches die höchste notthurfft erfordert, und ich selbsten dergleichen erfolg wohl vermuethen kan, in deme mehrertheils Pursch, sonderlich was von Adel und Stande ist, sich umb der wohlbestelten Exercitien willen auff die Universität begeben, und gleichwohlen solche beede stellen schon lang vacieret sein, und darinnen sich einer und der ander nicht exercieren können.

[267] HStAS A 202 Bü 2617 o. Pag. Oberhofmeister des Collegium Illustre an den Geheimen Rat (1687, April 17).

[268] HStAS A 284/94 Bü 54 Bl. 28.

[269] KLÜPFEL: Universität, S. 42–44; THÜMMEL: Universitätsverfassung, S. 12 f.: Der Krieg gegen Frankreich (1674–1679) brachte Württemberg zahlreiche Belastungen, ebenso der Pfälzische Erbfolgekrieg (1687–1697). Im Jahr 1688 wurde Tübingen durch die Franzosen besetzt, das Collegium Illustre daraufhin geschlossen. 1693 kam es zu einer erneuten Invasion französischer Truppen. Auch der Spanische Erbfolgekrieg (1701–1714) hatte Auswirkungen auf Württemberg. Im Jahr 1707 konnte eine erneute Besetzung Tübingens durch französische Truppen abgewendet werden.

[270] HStAS A 303 Bd. 13975–14059; CONRADS: Ritterakademien, S. 110, 113, 154 f., 165–167; WILLBURGER: Collegium Illustre, S. 24, 28.

[271] HStAS A 284/94 Bü 253 Bl. 9.

[272] HStAS A 274 Bü 83 o. Pag. Collegiumsverwalter Müller an Herzog Carl Eugen (1769, Mai 30): *War man wegen des obgewesnen französischen Kriegs nimmer sicher, mithin mußte die eigene Oeconomie in dem Collegio aufgehoben werden, gleicwolen wurde in der Folge der Oberhofmeister, 2 Professores, die Exercitienmeister, nehmlich Stallmeister, mit denen Stallknechten und Schulpferden, Tanz- Ball- und Fechtmeister, Hausschneider, Thorwart und Wächter, der Universitaet zum Besten, damit selbige mit gelehrten Leuten und geschickten Exercitienmeister genüglich versehen seyn möchte, bei behalten.*

Wirtschafts- und Prestigefaktor. Dass aber die Erhaltung besonders der Exerzitien bei den Bemühungen um den Zulauf zur Universität nicht nur eine Maßnahme von vielen, sondern die Maßnahme schlechthin war, belegt ein Schreiben des Senats von 1695, in dem es hieß, dass eine Universität ohne solche, *weder zum völligen Flor wider gebracht, noch darinnen erhalten werden möge*[273].

Damit war der Exerzitien- und Sprachunterricht als wichtiges Kriterium für die Studienortauswahl nicht nur erkannt, sondern auch anerkannt worden, ein Kriterium, dem auch der Herzogsadministrator Friedrich Carl von Württemberg-Winnental seine Aufmerksamkeit zollte. Er war es, der im September 1695 angekündigt hatte, seinen ältesten Sohn und späteren Herzog von Württemberg, Carl Alexander, zum Studium nach Tübingen zu schicken, allerdings unter der Bedingung, *wann anderst die Exercitien reuten, fechten danzen etc. richtig bestellet weren*[274]. Gleichzeitig wurde bekannt, dass einige adlige und bürgerliche Studenten wegen der lückenhaften Besetzung der Maîtrestellen erst gar nicht nach Tübingen gekommen waren und andere aus dem gleichen Grund bereits wieder gegangen wären[275]. Als der Senat 1697 nochmals eine Bitte zur vollständigen Besetzung der Maîtrestellen vorbrachte, schien

---

[273] UAT 117/656 o. Pag. Senat der Universität an den Geheimen Regimentsrat und die Visitationskommission (1695, September 30): *Wie sehr viel und hoch bey einer jeden Universität an denen Exercitien Reuthen, Fechten, Tanzen pp. gelegen, und dass dieselbe, ohne solche, weder zum völligen Flor wider gebracht, noch darinnen erhalten werden möge, das ist, ohne weithläuffs anführen, vorhin zur Genüge bekant, und legt es die tägliche Erfahrung von selbsten an den Tag. [...] Gleichwie nun an ieztgemelten schon so lang cessierenden exercitiis sehr hoch und viel gelegen, ahn wordurch am meisten, durante hoc bello, der Anfang zu der Wiederaufbringung diser, auch von ferneren Orthen her, sonsten für anderen wohlbeliebten Universität, gemachet werden, und desto ehender bey, Gott gebe, bäldigst erlangendem frieden, dieselbe in vorigen Flor stehen könnte.*

[274] UAT 4/1 Bl. 73ᵛ: *So wurde bekannt, wie dass des Herrn Herzog Fridrich Carln von Württemberg herzogliche Durchlaucht gesinnet were dero ältisten Prinzen negstens allhero in das Collegium zu verschiken, wann anderst die Exercitien reuten, fechten danzen etc. richtig bestellet weren. Wobey vorkommen, dass etliche Nobiles nicht herkommen, andere wider fortwollen, weilen kein Bereuter und Fechter allhier, der Tanzmeister Dumanoir auch die mehriste Zeith in Stuttgart und Kircheim seye, darbey zimlich trozig seye.*

[275] HStAS A 202 Bü 2617 o. Pag. Senat der Universität an den Geheimen Rat (1695, November 4): *Ewer Gnaden haben wür unterm 5. Junii, dises fürlauffenden Jahrs, wie sehr viel und hoch allhiesiger Gemeiner Universität an guthen Exercitien-Meistern, besonders dermalen (da die Fecht- und Reutschul geraume Zeith her, ganz geschlossen, der Tanzboden aber des Monaths kaum 8 Tag lang, von deme hierzu bestellten Dumanoir eröffnet würt) gelegen, gehorsamlich hinderbracht, und um deren widerersezung angelegenlichst gebeten. Wann dann noch einige anwesende von Adel und andere Studiosi, der Exercitiorum, nebst dem Studiis zugleich, besonders bey gegenwerthigen Kriegsläufften, zugenießen, euserst verlangen, zerschaidenliche, die sonsten sehr gerne hier seyn möchten, einige dardurch darvon abgehalten und gleichsam abgeschreket werden, weilen die Exercitien nicht bestellet, andere aber diser Tagen, vornemlich deßentwegen, würcklich wider von hier sich hinweg begeben haben, so daß diser Abmangel dem publico in viel weege schädlich fället. Alß befinden wür uns gemüsiget, Ewer Gnaden abermahlen gehorsam-innstendigst zubitten, die belieben, dero hochvermögendter Orths, dise höchstnöthige Sache dahin zuvermitteln, dass, wo nicht die Reuth- und Fecht-Schule zugleich, doch wenigstens ad interim dise letztere, so bald immer möglich, bestellet werden möchte.*

es fast, als seien die gelehrten Studien neben dem Exerzitien- und Sprachunterricht zur Nebensache verkommen[276]. Und auch andernorts wurde im Bemühen um die Anzahl der Universitätsbesucher die Blüte und der gute Ruf der Universität nicht etwa den Studien oder ihren Gelehrten, sondern vielmehr einem soliden Exerzitien- und Sprachlehrprogramm zugeschrieben, wie es Herzog Friedrich IV. von Schleswig-Holstein-Gottdorf 1698 für die Universität Kiel verkündete[277].

Die Gründung weiterer, wenn auch häufig kurzlebigerer Adelsakademien wie etwa die 1718 bis 1729 bestehende Akademie zu Hildburghausen, an der die gelehrten Studien bewusst eine untergeordnete Rolle spielten, leisteten der Bedeutung des Exerzitien- und Sprachunterrichts als vollwertigem Bildungselement zusätzlichen Vorschub[278]. Herman Roodenburg, welcher daher auch der berechtigten Frage nachgeht, ob die frühneuzeitlichen Universitäten eigentlich „brains or brawn" hervorbrachten, kommt zu dem Schluss, dass die frühneuzeitlichen Universitäten mit ihrem Exerzitien- und Sprachlehrangebot für die adligen Ausbildungsbedürfnisse auf dem Gebiet der körperlichen Repräsentationskultur gerade in Unterscheidung zu den bürgerlichen Studenten und den gelehrten Studien tatsächlich eine immens wichtige Rolle einnahmen[279].

---

[276] UAT 117/656 o. Pag. Senat der Universität an den Geheimen Regimentsrat und die Visitationskommission (1697, Dezember 30): *Ewer hochfürstlichen Durchlaucht rührt in gnädigstem angedencken, welchermasen wür, zu Flor und Aufnahm allhiesiger dero Trewgehorsamsten Universität, um völlige bestellung der höchstnötigen Exercitien, nun einige Jahr her, zerschiedenlich [...] gehorsamst innstendigst gebetten, auf allschon damaln den [...] Stallmeistern Hageln vornemlich zur Reutschul in underthänigkeith bestens recommendirt haben. Wann nun der edle, so lang gewünschte Fried von dem lieben Gott widerum geschencket, das Fechten und Tanzen auch dermaln ziemlicher masen durch den Dinkler und Dumanoir bestellet, das Reuten aber schon etliche Jahr hero [...] cessieret [...]. Alß gelangt an Ewer [...] Durchlaucht unser widermalige [...] bitte, Sie geruhen, solchen Abgang der Reuthschul [...] zuersezen, also allbereith zerschiedene Studiosi auch solch Exercitium sehnlich wünschen, noch mehrere aber, so auch dasselbe ersezt wäre, sich allhero begeben wollten.*

[277] Zitiert nach PAULS: Anfaenge, S. 110: „Die Fürsorge des Herzogs scheint der Kieler Universität in den Leibesübungen rasch einen Namen gemacht zu haben; 1698 sprach der Herzog Friedrich mit Stolz von der Gloire, welche sie bisher vor anderen Akademien wegen solider Information in den Exerzitien erhalten habe."

[278] Nachricht, Von der in der Hochfuerstl. Saechsis. Residenz Hildburghausen, [...] errichteten Academie, S. 3 f.: So wurde anlässlich der Gründung der Ritterakademie in Hildburghausen 1718 erläutert: *Weil man aber biß anhero wahrgenommen, daß viele Personen Adelichen Standes, welche von den Studiis eben nicht Profession zu machen gedencken, gar sehr gewuenschet, Gelegenheit zu haben, die einem Cavallier noethige Exercitia und anstaendige Qualitaeten, um einen Civilen Preiß zu lernen und der Republique sich nutzbar zu machen: Als haben hoechst gedachte Seine Hoch-Fuerstliche Durchlaucht aus hoher Sorgfalt, so Sie vor das gemeine Beste hegen, sich gnaedigst entschlossen, dergleichen Personen zum Behuff eine Academie zu eroeffnen, in welcher sie benebst andern galanten Wissenschafften die Exercitia um einen sehr geringen Preiß erlernen koennen.* Vgl. auch MAHLER: Leibesübungen, S. 25 f.; vgl. Quellen und Literatur zu der von 1718 bis 1729 bestehenden Akademie in Hildburghausen bei CONRADS: Ritterakademien, S. 359.

[279] ROODENBURG: Brains or brawn?, S. 17–20, 25–29: „Indeed, written culture might be acquired by merchants and their children (and let them become professors, if they wish!), but this embodied culture, with its central role for habitual memory and exclusive incorporating

Im gesamten 18. Jahrhundert blieben die Besucherzahlen der Universität Tübingen aus zahlreichen und vielschichtigen Gründen niedrig[280], was sich auch anhand der Aussagen der Exerzitien- und Sprachmeister und ihren Bemühungen um einen ausreichenden Verdienst leicht nachzeichnen lässt[281]. Immer wieder wurde daher

practices, was the elites' privilege. It ensured the continuance of their families, and an important part of the role of universities within early modern society was catering to these needs".

[280] EULENBURG: Frequenz, S. 169 f.; KLÜPFEL: Universität, S. 49–52; SEILER: Schwesternhochschulen, S. 72–74; THÜMMEL: Universitätsverfassung, S. 13 f.; WANDEL: Stücke, S. 107: Thümmel nennt als Gründe die abgelegene Verkehrslage, die orthodoxe Ausrichtung der Theologischen Fakultät und die allgemein rückständige Auswahl der Lehrstoffe und Lehrrichtungen sowie eine rudimentäre Ausstattung der Tübinger Universitätsbibliothek. Asche und Seiler nennen zusätzlich den Verlust an Reputation durch Nepotismus, Selbstergänzung, die Abneigung der Professorenschaft gegen Reformen, die Prinzipien der Landes- und Familienuniversität und schließlich subsumierend die wissenschaftliche Stagnation und Reformunwilligkeit. Vgl. zur Gesamtentwicklung der Universitäten im 18. Jahrhundert EULENBURG: Frequenz, S. 130–145, 178–181; HERMELINK: Hochschulwesen, S. 195 f.; PRAHL: Sozialgeschichte, S. 151–157, 370–373.

[281] HStAS A 202 Bü 2617 o. Pag. Antoine Lepicq an den Geheimen Rat (1742, Dezember 18); HStAS A 284/94 Bü 46 Bl. 1; HStAS A 284/94 Bü 49 o. Pag. Senat der Universität an den Kirchenrat (1738, Januar 20); HStAS A 284/94 Bü 51 Bl. 31: Wolfgang Ernst von Berga berichtete, dass *deß bald sich geregten frantzösischen Kriegs halber der Zugang frembder Cavallier und Studiosorum auf allhiesige Universitaet sich ziemlich gestecket, und bey vermehrter Gefahr durch die Statt Ulm feindliche Occupation, es dahin gekommen, daß ich gar wenige, und nun seit verschienenem Maii 1707 gar keine Escoliers unter meine Information bekommen mögen.* HStAS A 284/94 Bü 54 Bl. 6, 49; HStAS A 284/94 Bü 55 Bl. 43, o. Pag. Oberhofmeister des Collegium Illustre an den Kirchenrat (1737, Mai 1); HStAS A 284/94 Bü 289 Bl. 47 f.; HStAS A 284/94 Bü 296 Bl. 80; UAT 4/3 Bl. 284ʳ; UAT 30/6 Nr. 20, Nr. 24 Bl. 8, Nr. 25 Bl. 2, Nr. 31a Bl. 2, Nr. 39 Bl. 4: Der Senat lehnte 1703 Georges Parent als zusätzlichen Fechtmeister neben Balthasar Friedrich Dinckel ab, weil bei der geringen Scholarenzahl aufgrund der Kriegswirren keiner von beiden subsistieren könne. Der Stallmeister Wolfgang Ernst von Berga berichtete 1707, dass er nicht einen einzigen Reitscholaren habe. Der Senat sprach 1715 von einer beständig geringen Anzahl ausländischer Studenten in Tübingen und gab 1721 zu Bedenken, dass sich so wenige Studiosi in Tübingen aufhielten, dass der Tanzmeister Johann Balthasar Schäffer *wenig oder gar keine Scholaren* habe. Auch der Verdienst der Sprachmeister war gering. Franciscus de Gregoriis beklagte sich 1722 darüber, dass *kein großer numerus Studiosorum allhier, ich auch zuweilen sehr wenige Scholaren habe.* Jean Caumon gab 1726 an, bei *täglich mehrers abnehmender Frequenz der ausländischen Studiosorum weniger Scholaren* zu haben. Tanzmeister Charles Devaux berichtete im Jahr 1737, dass er *offt lange Zeit ohne alle Scholaren* sei und 1739 wurde die Situation des Fechtmeisters Johann Andreas Schmid von der Universität so eingeschätzt, dass dieser durch den *Zustand der allhiesigen Universitaet* [...] *auff Scholaren sich wenig oder keine Hoffnung zue machen hat.* Franciscus de Gregoriis hatte 1738 immer noch *manchmahl wenig Scholaren* und Alexander Gottlieb Lamotte, ebenfalls Sprachmeister des Französischen, beklagte den *allzugeringen Numero Studiosorum.* Tanzmeister Antoine Lepicq, der nur unter der Bedingung der Aufstockung der Tanzmeisterbesoldung nach Tübingen zu bewegen gewesen war, stellte ein Jahr nach seiner Ankunft in Tübingen im Jahr 1742 fest, dass er zwar die Hoffnung gehabt habe, *es werde mit Informationen in Tübingen was zu profitiren seyn, das Gegentheil hingegen layder anjezo erfahre und fast keinen Studiosum in disem so löblichen Exercitio zu unterrichten habe.* Fechtmeister Johann Ernst Friedrich Güßau hatte 1754 keinen einzigen Fechtscholaren. Die Universität hielt Joseph Caumon, einen Sohn des langjährigen Tübinger

und zudem fast ausschließlich auf die lückenlose Bereitstellung der Exerzitien- und Sprachmeister gesetzt. Eine gewissenhafte Ursachenforschung für die niedrigen Studentenzahlen blieb dagegen aus. Der Gelehrtenstand konnte sich offensichtlich nicht selbst in Frage stellen[282]. Eine Folge war, dass mitunter das dennoch anhaltende Ausbleiben der Studenten nicht auf das mangelnde Angebot in den gelehrten Studien, sondern ausschließlich auf die Lücken im Exerzitien- und Sprachlehrangebot projiziert wurde. Als sich der Tanzmeister Johann Balthasar Schäffer 1720 aufgrund einer geringen Scholarenzahl in Tübingen mehrere Monate lang unerlaubterweise in Stuttgart aufhielt, ordnete der Kirchenrat strikt an, dass das Exerzitien- und Sprachlehrangebot auch bei geringer Frequentierung der Universität lückenlos und jederzeit bereitgehalten werden müsse, denn *ein beständiger Tanzmeister sowohl als andere Exercitien Meister zu Auffnahm und Renomée einer Universitaet allerdings nöthig seye und disfals auff dem allen orten der Veränderung unterworffenen numerum Studiosorum nicht zu reflectiren seye*[283]. In gleichem Zusammenhang äußerte der Landschaftskonsulent und Professor Philipp Ludwig Brenner vielsagend, dass die *Exercitien Meister aber auff allen wohlbestellten Universitäten fast von gleicher Nothwendigkeit allß andere Professionen erachtet werden*[284]. Und der Professor der Rechte Johann Jakob Helfferich bemängelte den Prestigeverlust, der eintreten würde, *wann Studiosi wegreisen und auswärts klagen müßten, in Tübingen wäre nicht einmahl ein ordentlich bestellter Tantzmeister*[285].

Auch die 1734 von Georg Bernhard Bilfinger und 1737 vom Senat vorgelegten Gutachten zur Verbesserung der Besucherzahlen der Universität sprachen eine deutliche Sprache. Anstatt einer Erweiterung und Verbesserung des Studienangebots wurde darin vielmehr die Wiedereröffnung des Collegium Illustre vorgeschlagen und dargestellt, dass eine lückenlose Anstellung der Maîtres die Frequentierung der Universität begünstige, auch weil viele adlige Standespersonen ausschließlich aus diesem Grund die Universitäten besuchten[286]. Bereits 1732 hatte Georg Bernhard Bilfinger

---

Sprachmeisters des Französischen, im Jahr 1760 davon ab, sich in Tübingen niederzulassen, weil die Zahl der Studenten viel zu gering sei, um vom Französischunterricht neben den bereits vorhandenen Sprachmeistern leben zu können. Auch wenn Pierre Aubin de Sales 1777 mit täglich vierzehn Unterrichtsstunden im Französischen eine sehr positive Bilanz vorweisen konnte, klagte der Fechtmeister Achatius Friedrich Lorenz Seiffart 1782 über eine geringe Anzahl und der Sprachmeister des Französischen Jean François Méry Le Roy 1791 über einen starken Rückgang an Scholaren.

[282] THÜMMEL: Universitätsverfassung, S. 14–21.

[283] HStAS A 284/94 Bü 55 Bl. 45a.

[284] Ebd. Bl. 47.

[285] Ebd. Bl. 48.

[286] [ANONYM]: Von der Universität um 1734, S. 49 f.; KLÜPFEL: Geschichte, S. 172–175: Der Senat gab 1737 in einem Gutachten über die Ursachen der schlechten Frequentierung der Universität die Konkurrenz Heidelbergs und Straßburgs und die gute Lage der mitteldeutschen Universitäten Jena und Leipzig an. Thema waren aber auch die zu langen Studienzeiten und die geringe Auswahl an Kollegien. Aber auch hier wurde als erstes vorgeschlagen, *man möge das Collegium illustre wieder eröffnen und auswärtigen Prinzen, Grafen und Cavalieren, die sich melden, den Acceß nicht versagen*. Das Gutachten stimmt in vielen Punkten mit dem

einen Vorschlag zur Wiedereröffnung des Collegium Illustre verfasst, in welchem er feststellte: *Überhaupt, weil es lauter junge Standes Persohnen sind, so ist nöthig, daß ihnen Gelegenheit genug gemacht werde zu allen exercitiis, als tanzen, fechten, reuten, zu Sprachen, als Französisch, Italiänisch, zu lustigen und wohlständig Studiis als Poesie, guten teutschen und französischen Brieffen und dergleichen*[287]. Ohne eine Reform der gelehrten Studien vermochte es jedoch auch das Lehrangebot der Maîtres alleine nicht, der Universität zu einer besseren Frequentierung zu verhelfen oder gar das Besucherprofil der „Bürgeruniversität"[288] Tübingen auch nur ansatzweise zu verändern. Es sollte daher noch sehr lange dauern, bis sich der Zustand der Universität tatsächlich verbesserte. Erst im 19. Jahrhundert stieg mit dem Wintersemester 1815/1816 die Zahl der Universitätsbesucher in Tübingen dauerhaft über dreihundert Studenten und im Wintersemester 1823/1824 auf über achthundert Studenten an[289].

Als 1739 der Tübinger Tanzmeister Charles Devaux starb, entstand eine problematische Stellenvakanz von zwei Jahren[290]. Da bereits junge Adlige aus Sachsen nach Tübingen unterwegs waren und man der Ansicht war, dass die gute Einrichtung der Exerzitien noch mehr adlige Studenten anziehen dürfte, wurde einmal mehr die Wiederbelebung der Tanzmeisterstelle als Allheilmittel für die *allhiesige agonisirende Universitaet* bemüht[291]. Um aber einen Tanzmeister nach Tübingen zu locken, musste zunächst investiert werden. Die Tanzmeistergrundbesoldung aus dem Geistlichen Gut wurde daher um neunzig Gulden auf zweihundert Gulden aufgestockt[292]. Diese Investition in den Exerzitien- und Sprachunterricht war eine Investition in die Universität und ein für ihren Fortbestand unerlässliches Mittel zur Steigerung der Frequentierung der Universität[293]. Johann David Michaelis fasste in seinem „Raison-

---

Gutachten Georg Bernhard Bilfingers aus dem Jahr 1734 überein. HStAS A 274 Bü 83: Ein von einem unbekannten Autor verfasstes Memorial aus der Zeit vor 1769 pries die gelehrten, erfahrenen, weisen und gottesfürchtigen Professoren aller Fakultäten der Universität Tübingen, schlug aber ebenfalls hauptsächlich die Verbesserung der prekären Lage der Universität durch die Anziehung vor allem adliger Studenten und die Wiedereröffnung des Collegium Illustre vor.

[287] HStAS A 284/94 Bü 254 Bl. 3b.
[288] MÜLLER: Aristokratisierung, S. 42.
[289] Württembergische Jahrbücher für Statistik und Landeskunde 1877, S. 127–130.
[290] HStAS A 284/94 Bü 55 Bl. 93; HStAS A 303 Bd. 14017 Bl. 69ᵛ.
[291] HStAS A 284/94 Bü 55 Bl. 3.
[292] UAT 9/9 Nr. 225, 227.
[293] HStAS A 284/94 Bü 55 Bl. 4: *Gleichwie es am Tage lieget, daß die Aufnahm einer Universitaet großen Theils auch bestellung geschickter und tüchtiger Exercitienmeister abhange, allermaßen andurch, wie die Erfahrung hin und wieder bezeuget, auch von auswärtigen Landen immer mehrere von der Noblesse und Leuthe von Condition herbey gezogen werden; Anbenebst aber zum Voraus abzusehen, daß dermahlen unter 200 fl. Besoldung kein tüchtiger Tanzmeister um deßwillen zu bekommen seyn dörffte, weilen vor der Hand sich derselbe, wegen der zu Tübingen würcklich vorhandenen geringen Anzahl derer Studiosorum auf wenige Scholaren, mithin auch weniges Lehrgeld Rechnung zu machen hat: Also haben des Herrn Administratoris und Obervormunders, Unsers gnädigsten Fürsten und Herrns Hochfürstliche Durchlaucht gnädigst resolviert, nicht nur in die dermahlen vacante Stelle eines Tanzmeisters bey dem Collegio Illustri zu Tübingen wiederum ein tüchtiges Subjectum anzu-*

nement über die protestantischen Universitaeten in Deutschland" 1773 zusammen: „Jeder Professor, jeder Curator wuenscht, die Universitaet frequent zu sehen: dazu aber traegt der Ruf, daß man auf ihr Franzoesisch, Englisch und Italiänisch in Vollkommenheit lernen kann, bisweilen so viel bey, als ein noch so beruehmter Professor. Er zieht den vornehmen Adel dahin, dem an diesen Sprachen oft mehr, als an Facultaetswissenschaften gelegen ist"[294].

Auch an anderen Universitäten war der Exerzitien- und Sprachunterricht seit der zweiten Hälfte des 17. Jahrhunderts zum Werbe-, Wirtschafts- und Prestigefaktor geworden. Der Kurfürst von der Pfalz ließ 1656 den Stallmeister Emanuel Froben aus Genf an die Universität Heidelberg rufen, um deren Attraktivität zu erhöhen[295]. Und so wirkte sich Konkurrenz und Wettbewerb mit den benachbarten Universitäten häufig auf die Entscheidung aus, Exerzitien- und Sprachmeister einzustellen. Wegen der Konkurrenz zu Salzburg, Innsbruck und Dillingen wurde 1669 in Ingolstadt vorgeschlagen, dass zur Hebung der Universität Exerzitienmeister für die neueren Sprachen, sowie für Fechten, Tanzen und Reiten zu bestellen seien, wie dergleichen bereits in Salzburg geschehen sei[296]. In Basel klagten die Universitätsprofessoren 1681 über das Ausbleiben auswärtiger Studenten und schrieben dies dem dort mangelhaften Exerzitien- und Sprachlehrangebot zu. Abhilfe wurde mit Joseph Hagel als Reit- und Fechtmeister geschaffen, der zuvor und später erneut wieder in Tübingen tätig wurde[297]. In Greifswald wurden nach einer Visitation im Jahr 1702 mit dem Ziel der Verbesserung der Einkünfte der Universität Fechtmeister, Tanzmeister und Sprachmeister angestellt[298]. Selbst an den Adelsakademien, wie etwa in Brandenburg an der Havel, wurde 1706 darüber beraten, das Exerzitienlehrprogramm und die dafür notwendigen infrastrukturellen Anlagen auszubauen, um die Frequentierung der Akademie zu erhöhen[299].

In Freiburg kam es 1716 zu Reformvorschlägen der breisgauischen Landstände, da die vorderösterreichische Universität wieder aus Konstanz zurückgekehrt war. Sie war 1677 wegen der Eroberung Freiburgs durch die Franzosen und den folgenden Spanischen Erbfolgekrieg dorthin verlegt worden. Ziel dieser Reformvorschläge war nicht zuletzt aufgrund der Konkurrenz durch die Universitäten in Tübingen, Basel und Heidelberg ebenfalls die Anziehung zahlungskräftiger adliger Studenten. Und

---

nehmen, sondern ihme auch zu seiner einsweiligen desto beßeren Subsistenz eine Gage von 200 fl. an Geldt und Naturalien schöpfen zu laßen, jedoch unter dem Ausdrücklichen Anhang, daß waß solchergestallten ihme über die vorhin geordnete Besoldung beygeleget wird, nur in so lang, biß die Universitaet frequenter werden, und Er mehrere Scholaren und mithin auch beßere Subsistenz bekommen wird, als eine addition abgeraicht werden solle.

[294] MICHAELIS: Raisonnement, Bd. 3, S. 68.
[295] WOLGAST: Universität, S. 59.
[296] Zitiert nach KRAFFT: Universität, S. 106 f.; SEIDEL-VOLLMANN: Philologie, S. 40.
[297] STAEHELIN: Geschichte, Bd. 1, S. 116–119.
[298] KOSEGARTEN: Geschichte, S. 146.
[299] BUSSCHE: Ritterakademie, S. 176; vgl. hierzu auch MAHLER: Leibesübungen, S. 23 f.; vgl. zur Ritterakademie in Brandenburg an der Havel SCHULENBURG: Gründung, S. 93–102, besonders S. 97; DERS.: Ritterakademie, S. 5–99.

so waren, obwohl vor 1677 und sogar schon im 16. Jahrhundert Exerzitien- und Sprachmeister an der Universität tätig gewesen waren, neben der Erweiterung der juristischen Fakultät auch Forderungen nach Wiedereinführung des Französischen, des Italienischen, des Tanzens und Fechtens sowie nach dem Bau eines Reit- und Ballhauses Gegenstand der Freiburger Reform- und Wiederaufbaupläne[300].

In Olmütz beschlossen die mährischen Stände 1724 die Einrichtung einer Akademie für das Reiten, Fechten und Tanzen zu mehrerer Aufnahme der zwar renommirten, aber von allen adeligen Exercitien völig entblößten, in studio humaniorum, Philosophiae et Theologiae bestehenden Universität[301]. Adlige Studenten erklärten 1746, dass sie die Universität Erlangen nur dann aufsuchen wollten, wenn es dort einen Reitmeister gäbe302. Und 1764 verkündete der Professor der Rechte und Vizekanzler der Universität Marburg Johann Georg Estor: *Nach dem Urteil der Welt ist eine Universität ohne Exercitien-Meister eine Glocke ohne Klöppel ... ohne Tanzmeister kann eine Universität nicht länger bestehen*[303].

Wie der Exerzitien- und Sprachunterricht im Konzert von Studien und Exercitien[304] und hinsichtlich seines Beitrags zu Erhaltung und Wohlstand der Universität an Renommee gewonnen hatte und wie sehr der Selbstwert und das alleinige Zutrauen in die gelehrten Studien an Bedeutung eingebüßt hatten, zeigte sich in Tübingen an den Reformvorschlägen des Jahres 1769. Neben zahlreichen Einzelmaßnahmen schlugen die Universitätsgelehrten vor, vermehrt adlige Standespersonen und andere junge Leute anzulocken, die sich regelmäßig nicht des Studierens, sondern vorrangig der Exerzitien halber an der Universität aufhielten. Dafür sollten alle Exerzitien, vor allem aber das kostspieligere Reiten, preisgünstiger angeboten und die vakante Stelle eines Sprachmeisters des Italienischen wieder besetzt werden[305].

Obwohl die Informationsgelder für den Exerzitien- und Sprachunterricht nicht gesenkt wurden, warben die Tübinger Universitätsstatuten von 1770 nicht nur mit den Maîtres und ihrem preiswerten Unterricht, sondern suggerierten auch den Fortbestand des Collegium Illustre als Lehreinrichtung, das seit 1688 geschlossen war. Es wurde also mit allen Mitteln versucht, die Frequentierung der Universität zu verbessern und die gelehrten Studien schienen dabei nur noch eine marginale Rolle zu spielen[306]. Reichhaltiger dagegen fielen die Reformvorschläge des Jahres 1792 aus, die nun

---

[300] SPECK: Geschichte, S. 175 f.; DERS.: Fächer, S. 266–268, 271, 273–275 und Anm. 22; SCHREIBER: Geschichte, Bd. 3, S. 144–146; ZÜRN: Existenzen, S. 105.

[301] Zitiert nach ELVERT: Geschichte, S. 9–11.

[302] DEUERLEIN: Exercitienmeister, o. Pag.

[303] Zitiert nach ENGEL: Musikpflege, S. 19.

[304] UAT 9/12 o. Pag. Herzog Eberhard an den Oberhofmeister des Collegium Illustre (1672, Oktober 14).

[305] UAT 6/30 Nr. 60 Bl. 204ᵛ, 218ᵛ, 219ʳ.

[306] REYSCHER: Sammlung, Bd. 11,3, S. 453: *Uebrigens fehlt es auch bey hiesiger Universitaet an Sprach- und Exercitien-Meistern nicht. Dann da sich hier auch ein Collegium Illustre, oder Fuersten-Schule, befindet, welche der Durchlauchtigste Hertzog Ludwig Anno 1592 gestifftet, so findet man hier eine Reut-Bahn, die erforderliche Sprach- Tanz- Fecht- und Ball-Meister, welche alle, ausgenommen die Sprachmeister, welche Academici sind, unter der Jurisdiction des Collegii Illustris stehen, und um billige und gemaessigte Preise Lehre geben.*

auch neue Fächer wie Geschichte, Kameral- und Polizeiwissenschaften, Philologie, organisatorische Verbesserungen, Lektionszwang, die Verbesserung der Universitätsbibliothek, eine wissenschaftliche Zeitschrift sowie neue disziplinarische und pädagogische Maßnahmen vorschlugen, aber weiterhin auch auf einen englischen und italienischen Sprachmeister und gute Exerzitienmeister drängten[307].

Auch an anderen Universitäten war der Exerzitien- und Sprachunterricht ein wichtiger Gegenstand der in der zweiten Hälfte des 18. Jahrhunderts ganz ähnlich ausfallenden Universitätsreformpläne. In Erfurt, wo das Lehrangebot der Maîtres spätestens seit der zweiten Hälfte des 17. Jahrhunderts etabliert war, wurde 1756 auf eine verstärkte Anziehung adliger Studenten durch die Einrichtung einer Reitschule, eines Fechtbodens und die Ausweitung des Tanzunterrichts sowie des Unterrichts im Französischen, Italienischen und Englischen gedrängt[308].

An der Universität Rinteln wurde 1760 neben den Forderungen nach einem Zeichenlehrer, einem Dozenten für die Ingenieurskunst und naturwissenschaftlichen Einrichtungen wie einem anatomischen Theater, einem chemischen Labor, einem Treibhaus und chirurgischen Instrumenten auch der Bau einer Reitbahn, eines Tanz- und Fechtbodens und die zusätzliche Einstellung von Lehrkräften für die modernen Sprachen vorgeschlagen[309]. Im Zuge einer Visitation wurde an der Universität Greifswald 1771 eine Reitbahn, ein öffentlicher Fecht- und Tanzboden sowie eine Erhöhung der Gehälter der Sprachmeister gefordert, damit auch für mittellosere Studenten öffentlicher Sprachunterricht angeboten werden könne[310].

Schließlich wurde im Rahmen von Reformplänen im Jahr 1777 auch an der Universität Mainz der Ausbau des Exerzitien- und Sprachunterrichts gefordert. So wurde angeregt, eine größere Zahl an Maîtres anzustellen und diese in den Vorlesungsverzeichnissen zu erwähnen. Neben einem Sprachmeister des Französischen und Italienischen sollte auch ein Sprachmeister des Englischen aufgestellt werden. Die kurfürstliche Reitschule sollte den Studenten unentgeltlichen Reitunterricht geben und ein Fechtboden für Fecht- und Voltigierübungen geschaffen werden. Neben einem Tanz-, Schreib- und Rechenmeister sollte auch ein Zeichenmeister und ein Klavier-, Violin- und Flötenlehrer angenommen werden[311].

Hatten die Tübinger Universitätsgelehrten 1609 noch das Übermaß der Exerzitien

---

Ebd., S. 438: Bereits 1752 hatten die Tübinger Universitätsstatuten mit dem Exerzitien- und Sprachunterricht geworben: *Nec studia quoque elegantiora, oratoriae tam latinae, quam germanicae, Poëseos itidem utriusque, diplomaticum, numismaticum, linguarum exoticarum, negliguntor. Posteriorem hunc in finem Magistri linguarum quoque in Universitate habentor. Cum omnis generis exercititorum, artis equestris, saltatoriae, pilae lusoriae magistri, Illustris Collegii, ut plurimum cives, haud desint, eorum quoque opera, et institutione Studiosi fruuntor.*

[307] HStAS A 202 Bü 2573 Bl. D, E.

[308] STIEDA: Universitätsreformpläne, S. 18, 31 f., 42, 63.

[309] SCHORMANN: Academia, S. 246, 248 f.

[310] ALVERMANN: Universitätsreformen, S. 87; BAUMSTARK: Universität, S. 36 f., 47 f., 51; GRASMANN/JERAN: Geschichte, S. 325.

[311] RÖSCH: Leibesübungen, S. 128.

kritisiert[312] und hatten die Straßburger Professoren 1619 noch diejenigen Studenten von der Universität verjagt sehen wollen, die sich dort nur der Exerzitien halber aufhielten und die Auflösung oder Verlegung der Reitschule gefordert[313], so hatte sich die Beurteilung des Stellenwerts des Exerzitien- und Sprachunterrichts seit dem Ende des Dreißigjährigen Krieges diametral umgekehrt. Sein Stellenwert war enorm gewachsen, und seine Funktionen im akademischen Alltag hatten sich verändert. Aus einer von bürgerlicher und gelehrter Seite beargwöhnten adligen Exklusivität war ein wichtiger Werbe- und Wirtschaftsfaktor, aus einem Risikofaktor für das Prestige ein Garant für das Ansehen der gesamten Universität geworden. Aus dem anfänglichen Misstrauen gegenüber einem Novum des höheren Bildungswesens und aus einem vermeintlichen Gegenspieler der gelehrten Studien war größtes Vertrauen in die Attraktivität der Exerzitien zum Wohle und zur Erhaltung der Universität erwachsen. Das zuvor kritisierte Übermaß der Exerzitien konnte nunmehr nicht intensiv genug beworben werden. Aus der *kurtzweil*[314] und der *Parerga*[315] (Beiwerk) war Ernst und mittlerweile ein Hauptwerbefaktor geworden.

Johann Jakob Helfferich hatte in Tübingen bereits im März 1721 diesem veränderten Status des Exerzitien- und Sprachunterrichts Rechnung getragen, wenn er formulierte, dass *nach dem exempel aller andern so Teutschen als andern Europaeischen Universitäten, sie mögen auch noch so gering seyn, nothwendiger weise, wann sie anderst nicht in verachtung kommen solle, ihre Exercitien Meister haben muß, umb so mehrers, da es immerzu Leuthe giebt, die sich nicht allein bey und nebst ihrem Hauptzweck, nehmlich dem Studiren, sondern auch ex instituto auf das Reiten, Fechten und Tantzen legen*[316].

c. Gefahr und Konflikt

Aufgrund seiner Bedeutung als Werbe-, Wirtschafts- und Prestigefaktor war der Exerzitien- und Sprachunterricht seit der Mitte des 17. Jahrhunderts, spätestens aber seit Beginn des 18. Jahrhunderts für das höhere Bildungswesen unentbehrlich geworden, und dies obwohl er auch ein Gefahren- und Konfliktpotential barg. Seine attraktive Wirkung auf die Studenten einerseits und der damit verbundene Nutzen für die Adelsakademien und Universitäten andererseits war so groß, dass nolens volens sowohl von Seiten der Scholaren, als auch der obrigkeitlichen Instanzen allerhand mit den Exerzitien verbundene Gefahren und Konflikte und in deren Folge auch ein enormer administrativer Aufwand, in Kauf genommen wurden[317].

---

[312] UAT 9/7 Bd. 3 Nr. 37.
[313] KNOD: Matrikeln, Bd. 1, S. XXIV.
[314] ADAM: Landtagsakten, Bd. 2, S. 47 und Anm. 2.
[315] UAT 9/7 Nr. 72.
[316] HStAS A 284/94 Bü 55 Bl. 48.
[317] Vgl. dazu CONRADS: Tradition, S. 400; SCHÄFER: Frischlin, S. 71 f.; vgl. zum studentischen Alltag, insbesondere zum Austragen von Konflikten im akademischen Umfeld, bei denen die Exerzitien häufig eine Rolle spielten BEUKE: Zier, S. 119–155; BRAUN: Musik, S. 119–134; BRAUN/LIERMANN: Feinde; BRÜDERMANN: Studenten; KRUG-RICHTER: Bacchant, S. 79–104;

Die Exerzitien wurden erst dann gefährlich oder führten zu Konflikten, wenn das rechte Maß überschritten wurde. Die Einhaltung bestimmter Uhrzeiten zum Betreiben der Exerzitien mit dem Ziel, die gelehrten Studien nicht zu stören, war sowohl in Bezug auf die Maîtres, als auch ihre jungen und bewegungshungrigen Scholaren von Anfang an und in der Folge immer wieder Gegenstand disziplinarischer Eingriffe der obrigkeitlichen Instanzen, und dies nicht nur in Tübingen[318]. Das Übermaß führte aber nicht nur zu Vernachlässigung oder Versäumen der Vorlesungen, sondern erzeugte auch enorme Kosten, die häufig zur Verschuldung der Scholaren führten[319]. Letztlich bestand im Falle des Übermaßes der Exerzitien auch eine bekannte Gefahr für Leib, Leben und Gesundheit, die sich deutlich in den speziellen Anweisungen für die Hofmeister der württembergischen Prinzen während ihrer Aufenthalte am Tübinger Collegium Illustre in den Jahren zwischen 1593 und 1626 manifestierte. Dort wurde stets betont, dass den Prinzen zwar alle Exerzitien zu gestatten seien, jedoch auf das rechte Maß geachtet werden müsse, die Exerzitien nicht unmittelbar nach dem Essen betrieben werden sollten und gefährliches Laufen oder Springen so-

---

KRUG-RICHTER: Messer, S. 26–52; LIERMANN: Mantel, S. 31–51; MAISEL: Bellum, S. 191–231; SIEBENHÜNER: Zechen, S. 48–131; vgl. zur Devianz FÜSSEL: Devianz, S. 145–166; KRUG-RICHTER: Messer, S. 29–33; SIEBENHÜNER: Zechen, S. 132–141.

[318] Von Beginn an wurde in den Statuten des Collegium Illustre auf das rechte Maß der Exerzitien hingewiesen. Statuten 1596, S. 16: So sollte darauf geachtet werden, *daß hierin gebuehrende maß gehalten, und die rechte zeit, nit uberschriten, noch ire Studia dardurch gehindert, und zu schaedlichem muessiggang Ursach gegeben werde.* Constitutiones 1601, S. 20: *Sed in his relaxationibus servabitur modus, habebiturque haec ratio temporis, ut hora nona usque ad decimam, post prandium vero hora duodecima usque ad primam, et denique ante coenam hora quarta usque ad quintam et non ulterior, dictis tribuatur exercitiis hora: ne inde studiorum iactura consequatnr* [sic]*, et studiosi in otium, aut certe noxium otii amorem delabantur.* Ordnung 1609, S. 27: *Diese Meister alle sollen* [...] *Der Professorn lectionibus & exercitiis publicis geordnete Stunden zu abbruch der Studien sich zugebrauchen nicht understehen: die Studenten vom studieren durch gelerhte* [sic] *geschmierte wort und eingeben nicht abfuehren, noch ihnen gelt oder geltswert abpracticiren.* UAT 9/7 Nr. 72: Noch 1662 wurde bei der Visitation des Collegium Illustre moniert, dass vormittags von zehn bis elf Uhr die juristischen Vorlesungen mit der Lektion des Tanzmeisters kollidierten. Der Tanzunterricht sollte daher verlegt werden. UAT 6/29 Bl. 99^r–99^v: Im Visitationsrezess des Jahres 1744 wurde erneut angemahnt, dass die Studientage nicht durch Müßiggang und Ausschweifung, das Versäumen der Vorlesungen oder Essen und Spiel vertan würden. Insbesondere sollte das Billardspiel nachts sowie an Sonn- und Feiertagen bis nach der Abendpredigt verboten sein. An Werktagen sollte das Spiel nur nach dem Mittagessen bis um zwei Uhr und abends von fünf bis sieben Uhr erlaubt sein. PAULS: Anfaenge, S. 110: An der Universität Kiel wurden ebenfalls feste Zeiten für die Exerzitien vorgesehen. So sollte 1671 der Fechtboden vormittags von zehn bis zwölf Uhr und nachmittags von drei bis fünf Uhr geöffnet sein. Die gelehrten Studien sollten zwischen acht und elf Uhr vormittags sowie zwischen zwei und vier Uhr nachmittags betrieben werden. WOLF: Universitätsangehörige, S. 81: Auch an der Universität Heidelberg waren die Maîtres dazu verpflichtet, ihren Unterricht so abzuhalten, dass er nicht mit den gelehrten Vorlesungen kollidierte. Vgl. hierzu auch MAHLER: Leibesübungen, S. 7–12.

[319] HStAS A 274 Bü 79 o. Pag. Schuldenverzeichnis (1617, November 21); HStAS A 202 Bü 2601 o. Pag. Schuldenverzeichnis für Johann Adolph von Rechenberg (um 1662); UAT 25/2 Bd. 3 Nr. 286 f., 294 f., 295a.

wie jegliche Lebensgefahr und gesundheitliche Risiken für die Prinzen zu vermeiden seien[320]. Laufen und Springen sollten nur im gemähten Garten erlaubt sein und zur ausdrücklichen Gefahrenvermeidung sollten die Prinzen nur abgerichtete und zuverlässige Pferde reiten dürfen[321]. Für den offenbar etwas beleibteren Prinzen Friedrich Achilles wurde 1606 ein besonderer Passus erlassen, da *unser Sohn schweres leibs ist, daher Ime von Reitten und Rennen bald schaden widerfahren möchte*, hinsichtlich körperlicher Betätigungen jegliche Überanstrengung zu vermeiden[322]. Georg Gumpelzhaimer verfasste in seinem Werk „Gymnasma de exercitiis academicorum" (1621/1652) ein Kapitel über das rechte Maß und die rechte Zeit zum Betreiben der Exerzitien, ebenso wie Wolff Bernhard von Tschirnhauß in „Getreuer Hofmeister auf Academien und Reisen" (1727)[323].

Gefahren und Konflikte entstanden für die Scholaren dann, wenn die mit den Exerzitien verbundenen Fertigkeiten in der freien Zeit indirekt als Mittel zum Zweck für allerlei Exzesse genutzt, missbraucht oder zweckentfremdet wurden, wie es häufig mit dem Reiten und dem Fechten geschah[324]. Das Tanzen, das Ballspiel und im 18. Jahrhundert auch das Billardspiel waren natürlicherweise von Geselligkeit geprägt, aus der nicht selten Ausschweifungen und Konflikte hervorgingen, an denen auch die Maîtres nicht unbeteiligt waren. Das Ball- und Billardspiel brachte zudem eine

---

[320] ABEL: Leib-Medicus, S. 50–56: Heinrich Caspar Abels „Wohlerfahrener Leib-Medicus der Studenten" beschrieb schon 1699 neben dem Nutzen der Bewegung für die Gesundheit, die Kraft und den Appetit auch die Gefahren der Exerzitien: *Nichts desto weniger thut mancher darin zu viel, und ziehet sich daher grossen Schaden zu. Der eine bekoemt einen Bruch, der andere zerreisset sonsten was im Leibe, zerschuettert sein Eingeweide und machet sie gantz krafftloß.* Über das Tanzen wurde gesagt, dass *was ohne dem hitzige Leute sind, die bekommen die Schwindsucht, starckes Nasenbluten, und berauben sich aller Leibes-Kraeffte, meistentheils werden sie Candidati des fruhzeitigen Todes.* Noch gefährlicher für die Gesundheit sei das Fechten: *Dieser verliert ein Aug, der andere wird auf der Brust verletzt, mit welcher sie die harten Stoesse auffangen, jener verlieret einen testiculum, oder die gantze officina genitalis wird ihme destruirt &c.* Zum Reiten wusste Abel: *Das Reiten bekoemmt auch nicht einem iedweden, denn entweder der eine bricht den Hals, wie dem Philippo, Koenigs in Franckreich Ludovici Sohn wiederfahren, oder leidet sonsten Schaden an seinem Leibe, als das sind Brueche, Zerquetschungen der Beine, und andere Ubel, welche von vehementer Bewegung oder Concussion im Reiten entstehen [...]. Doch ist das Reiten auf einem sichern Pferd wenn es gelind geschieht, die beste Bewegung der Gelehrten.*

[321] UAT 9/8 Nr. 24: Der Hofmeister sollte dem württembergischen Prinzen gestatten, *zu seinner Teyl, unnd mit seinner Maß zue Fechten, onschädlich zue Springen, inn unserm Gartten zuerlauffen, unnd zue spacieren, denn Ball zu schlagen, auch zu reutten, doch nicht gefharlichen weyß zurennen oder zue springen, sondern [...] in allen Dingen [...] moderation gewheren, unnd dass Er Ime nicht temeritate (zue welcher die Jugent genaigt) ain periculum vitae, ad valitudinis zutziehe. Er soll auch acht haben, dass Er sollche Exercitia mit onhöflichem Schreyen oder andern bäurischen moribus nicht dehonestiere.* UAT 9/8 Nr. 25–46.

[322] UAT 9/8 Nr. 25, 36; vgl. zu Friedrich Achilles und dessen Körpergewicht, das ihn offenbar auch am Reisen hinderte LORENZ/MERTENS/PRESS: Haus Württemberg, S. 148 f.

[323] GUMPELZHAIMER: Gymnasma, S. 28–43; TSCHIRNHAUSS: Hofmeister, S. 98–102.

[324] HStAS A 202 Bü 2601 o. Pag. Professoren des Collegium Illustre an den Geheimen Rat (1685, März 20); UAT 30/2 Nr. 11,2, 12,4, 12,5, 12,6, 12,8; UAT 33/56.

gewisse Spielsucht und das mögliche Risiko des Spieles um Geld mit sich[325]. Für die obrigkeitlichen Instanzen resultierte aus den negativen Folgen der Exerzitien im studentischen Alltag häufig ein hoher administrativer Aufwand. Beschwerden über die Vernachlässigung der gelehrten Studien, Schuldenangelegenheiten, gerichtliche Untersuchungen infolge glimpflich oder aber tödlich verlaufender Unfälle zu Pferd oder mit Rapier und Degen und die stetige Unterbindung oder Untersuchung disziplinarischer Exzesse, beschäftigten häufig die obrigkeitlichen Instanzen vieler Adelsakademien und Universitäten[326].

Das Reiten war durch die Unberechenbarkeit der Pferde ein Exerzitium, dem a priori ein gewisses Gefahrenpotential beigemessen wurde. Der *Staat* des Bereiters Adam Ulrich Oberans enthielt daher 1666 einen speziellen Passus, der ihn dazu verpflichtete, während seines Reitunterrichts auf die jungen württembergischen Prinzen besonders Acht zu geben, *damit ihnen kein Schad oder Ohnglückh* geschehe[327]. Und schon 1601 war im *Staat* des Bereiters Christof Kientzel festgehalten worden, dass beim Reitunterricht Bescheidenheit und Maß gehalten werden solle, damit *auß zuvielem Bemuehen, Springen, unnd Rennen khein schadt oder nachteil ervolgen thue*[328]. Über den sizilianischen Bereiter Augustin Nazareth wurde 1618 berichtet, *daß er pestis unnd pernicies studiosae juventutis seye*, weil er die Collegiaten zu den Stunden unterrichte, die für die gelehrten Studien vorgesehen seien, zur Winterszeit den ganzen Tag reite und die Pferde so überreite, dass *ohnelangsten ein schönes Pferdt umbgefallen seye*. Die Collegiaten seien nach den ausgiebigen Ritten mit Nazareth zudem so erhitzt, dass sie bei Tisch oft mehr als zwei Maß Wein trinken würden[329]. Das Reiten hatte also vielerlei Auswirkungen auf Mensch und Tier. Wie gefährlich der Umgang mit den Pferden selbst für einen professionellen Bereiter sein konnte, zeigt die Tatsache, dass Christoph Friedrich Kuttler 1778 an den Folgen eines Reitunfalls durch Knochenbrüche und die Bisse eines Pferdes im Dienst verstarb[330].

Wurde das Risiko innerhalb des in der Verantwortung eines Bereiters stehenden Reitunterrichts somit also durch entsprechende Vorsichtsmaßnahmen so weit wie möglich eingeschränkt, so ermöglichte zwar nicht die Reitkunst, wohl aber das Reiten per se den beliebten Ausflugsritt der Studenten in der freien Zeit. Nicht selten kam es bei solchen Ausritten zu Unfällen oder Exzessen durch Pferdejagden, die gerne auch auf dem Gebiet der nahegelegenen benachbarten Territorien der Reichsstadt Reutlin-

---

[325] HStAS A 202 Bü 2601 o. Pag. Oberhofmeister des Collegium Illustre an den Geheimen Rat (1666, Juni 15), o. Pag. Oberhofmeister des Collegium Illustre an den Geheimen Regimentsrat (1677, Juni 13); UAT 8/7 Nr. 10 Bl. 30 f.; UAT 9/9 Nr. 257 f.

[326] Beispielsweise UAT 25/2 Bd. 3 Nr. 286 f., 294 f., 295a oder UAT 33/56; PRANTL: Geschichte, Bd. 1, S. 448: Mit dem Degen ausgefochtene Ehrkonflikte und Schuldenangelegenheiten beschäftigten auch den Senat der Universität Ingolstadt.

[327] HStAS A 202 Bü 2615 o. Pag. *Staat* für Adam Ulrich Oberans (1666, April 23).

[328] HStAS A 284/94 Bü 74 o. Pag. *Staat* für Christof Kientzel (1601, Februar 16): *Ist [...] unser ernstlicher bevelch, daß er kheinem Collegiaten, der seyer wer er immer wölle, die Tummelpferdt inns Veld hinauß, noch anderstwohin zureitten oder zufüehren gestatten soll.*

[329] HStAS A 274 Bü 79 Bl. II.

[330] HStAS A 284/94 Bü 293 Bl. 85.

gen oder im vorderösterreichisch hohenbergischen Rottenburg stattfanden. Im Jahr 1661 erreichten schwere Klagen aus Rottenburg den Senat der Universität Tübingen, dass Studenten durch Reiten und Schießen unduldbare Exzesse in der Stadt verübt hätten[331]. Im August 1662 soll der Student Johann Kilian Stießer aus Hannover[332] auf dem Pferd in die Rottenburger Kirche geritten sein. Während bei der anschließenden Untersuchung ein Befragter darlegte, Stießer hätte gar nicht in die Kirche reiten können, weil diese mit einem Gitter verschlossen gewesen sei, wurde aus Rottenburg gemeldet, der Student habe die katholische Religion und die Kirche als *Rossstall oder Dummelblatz* geschmäht. Die Mitreiter berichteten schließlich, Stießen sei so betrunken gewesen, dass er auf dem Nachhauseweg gar nicht mehr reiten konnte, sondern nur auf dem Pferd gehangen habe[333].

Der Fall Stießer war noch glimpflich ausgegangen. Der aus der Lausitz stammende adlige Student Wolff Albrecht von Löben[334] dagegen verunglückte 1687 bei einem solchen Ausritt tödlich mit seinem Pferd im Hochwasser führenden Neckar[335]. Im Jahr 1718 kam der Studiosus Johann Jacob Bonz aus Stuttgart[336] bei einem Ausritt mit anschließender Inspizierung eines Bergwerks auf Reutlinger Territorium ums Leben. Zuvor hatte er in einem Reutlinger Wirtshaus zusammen mit seinen Begleitern sechs Maß Wein getrunken[337]. In den Jahren 1755 und 1776 erließ der Tübinger Senat unter Androhung von Strafen Verordnungen gegen das zu starke und unvorsichtige Reiten in und in der Nähe von Ortschaften[338]. Allein solchen war wenig Erfolg beschieden. Zwei betrunkene Tübinger Studenten verletzten 1774 zwei Rottenburger Handwerksburschen beim Reiten auf der Straße[339].

Bereits der Visitationsrezess des Jahres 1751 hatte das Ausreiten der Studenten kritisiert, vor allem aber weil damit ein weiterer Exzess verbunden war, der mit den Exerzitien in Verbindung stand. Als *Grund des Verderbens* wurde das *verdaechtige Spazierenreuten in benachbarte-laengstverdaechtige Dorfschaften und Wirthshaeuser* angeprangert[340]. Denn unter dem Vorwand des Spazierritts oder der Absicht, einem wegreisenden Kommilitonen Geleit zu geben, kam es insbesondere auf dem Gebiet benachbarter Territorien und in abgelegenen Wäldern immer wieder zur Austragung tödlicher Ehrkonflikte unter den Studenten durch den Degen, das Rapier, das Schwert oder den Dussack und das nicht nur in Tübingen[341].

---

[331] UAT 30/2 Nr. 11,2.
[332] MUT II 25180.
[333] UAT 30/2 Nr. 12,4, 12,5, 12,6, 12,8.
[334] MUT II 28414.
[335] UAT 9/1 Nr. 11c.
[336] MUT III 31671.
[337] UAT 9/1 Nr. 11 f.
[338] UAT 44/83 Nr. 9; UAT 47/7 Bl. 450ᵛ.
[339] UAT 30/2 Nr. 18,1.
[340] REYSCHER: Sammlung, Bd. 11,3, S. 405 f.
[341] HStAS A 202 Bü 2601 o. Pag. Professoren des Collegium Illustre an den Geheimen Rat (1685, März 20); UAT 33/56; vgl. KRUG-RICHTER: Bacchant, S. 95; KRUG-RICHTER: Stund, S. 276; LIERMANN: Mantel, S. 32 – 34.

Das eigentlich verbotene, aber nicht einzudämmende Waffentragen der Studenten bei Ausgang und Kollegbesuch[342,] die zahlreichen mit den Waffen ausgetragenen Raufhändel und Zweikämpfe im Rahmen von „Jungmännerritualen"[343] und das Duellwesen[344], das alle frühneuzeitlichen Universitäten vor große Probleme stellte, war eng mit dem Fechtunterricht verbunden. Die bei den Fechtmeistern erlernten

---

[342] LIERMANN: Mantel, S. 31, 33; SCHEUER: Waffentragen, S. 69–75.

[343] KRUG-RICHTER: Messer, S. 39–46; KRUG-RICHTER/BRAUN: Gassatum gehn, S. 42–47; KRUG-RICHTER: Bacchant, S. 87–90; LIERMANN: Mantel, S. 34 f.: Studentische Konflikte entstanden nicht ausschließlich durch Ehrverletzungen, ein Aspekt, den Barbara Krug-Richter hinsichtlich der zahlreichen studentischen Händel als überbewertet ansieht. Der Ehrgedanke wurde vielmehr dafür instrumentalisiert, jugendliche Rauflust auszuleben und im bewaffneten Zweikampf Männlichkeit und männliche Tugenden wie Wehrhaftigkeit, Stärke, Mut, Tapferkeit, Geschicklichkeit in der Waffenführung und das Übertreten der obrigkeitlichen Normen zu beweisen. Provoziert wurden diese Gelegenheiten durch die Zurschaustellung der Waffen, Jauchzen, Johlen und andere Drohgebärden.

[344] ASCHE: Bürgeruniversität, S. 391; BANKL: Zweikampf, o. Pag; BRÜDERMANN: Studenten, S. 170–183, 195–199, 208; FREVERT: Duell, Sp. 1165–1168; FREVERT: Ehrenmänner, S. 22–34; FREVERT: Taming, S. 37–63; KRUG-RICHTER: Messer, S. 47–50; KRUG-RICHTER: Bacchant, S. 100, 102; KRUG-RICHTER: Stund, S. 276 f., 280–285; LIERMANN: Mantel, S. 48–51; LUDWIG/SCHWERHOFF: Ansichten, S. 29–38; MEINERS: Geschichte, Bd. 4, S. 184–201: Das Duellwesen war im Zuge des zunehmenden Adelsstudiums und dessen Ehrverständnis sowie der Einführung des gelehrten Fechtens und entsprechender Waffen seit dem 16. Jahrhundert aus Italien an die Universitäten des Heiligen Römischen Reiches gelangt. Als Vorläufer des Duells gelten die mittelalterlichen Fehden und Ritterturniere, woraus auch die Bindung an den adligen Ehrenkodex rührt. Das stark formalisierte und abgesprochene Duell nahm erst nach dem Dreißigjährigen Krieg zu. Zur frühneuzeitlichen Konfliktkultur zählten aber weiterhin auch unangekündigte Attacken, spontane Rencontres und zahlreiche Übergangs- und Mischformen. Seit der Mitte des 17. Jahrhunderts wurden obrigkeitliche Duellmandate erlassen, die das Duell meist jedoch erfolglos verboten. Zu allen Zeiten kam es auch in Tübingen zum Gebrauch der Waffen, zu Büchsen- und Pistolenschießen sowie Raufhändeln, die mit Gassenlaufen, Schreien, Zanken und anderen Tumulten verbunden waren und 1676 in dem Begriff des *Balgens und Duellirens* zusammengefasst wurden. Im Jahr 1518 wurde bereits gegen das Waffentragen, das nächtliche Gassenlaufen, den Gebrauch von Musikinstrumenten auf der Straße, das Herumlungern und gegen Gastmahle vorgegangen und 1551 eine herzogliche Verordnung zur Bestrafung nächtlicher Exzesse erlassen. Auch in der Folge kam es immer wieder zu entsprechenden Verordnungen und Senatsdekreten. Für die Universität Tübingen wurde 1654 und 1663 ein herzogliches Mandat gegen die Duelle erlassen und 1714 ein Duelledikt, auf das 1738 und 1770 erneut zurückgegriffen wurde. Noch 1816 wurden Maßregeln zur Verhinderung von Duellen erlassen. Wirten, Schwertfegern und Schleifmüllern wurde bei Strafe verboten, auf ihrem Eigentum und unter dem Vorwand von Fechtübungen Duelle stattfinden zu lassen. Vgl. REYSCHER: Sammlung, Bd. 11,3, S. 73–77, 126, 366, 370 f., 374, 461–477, 569 f.; SCHMIDGALL: Grundzüge, S. 14; UAT 2/10 Bl. 4ᵛ; UAT 3/4 Bl. 275ʳ–276ʳ; UAT 5/21 Nr. 39 Bl. 21ʳ–22ᵛ; UAT 5/21 Nr. 10 Bl. 51ʳ; UAT 5/21a Bl. 130ʳ–139ʳ, 205ʳ–207ʳ; UAT 6/16 Bl. 2ᵛ, 3ʳ, 4ᵛ, 5ʳ, 14ᵛ, 15ʳ, 50ᵛ, 51ʳ; UAT 6/27 S. 99 f., 175, 177, 209, 243; UAT 9/12 o. Pag. Herzog Eberhard über die Duelle (1663, Mai 15); UAT 44/83 Nr. 12, 25; UAT 44/177 o. Pag. Senatsdekret (1654, Januar 18), o. Pag. Senatsdekret (1668, Juli 23), o. Pag. Senatsdekret (1675, Oktober 25), o. Pag. Senatsdekret (1687), o. Pag. Senatsdekret (1717, Dezember 8), o. Pag. Senatsdekret (1724, September 23), o. Pag. Senatsdekret (1709, Februar 13), o. Pag. Senatsdekret (1734, Dezember 24), o. Pag. Senat der Universität an den Geheimen Rat und die Universitätsvisitationskommission (1770, März 28); UAT 44/178 Nr. 6, 13, 21, 25.

Kampftechniken fanden insofern Anwendung in der studentischen Konfliktkultur, da sie aus dem geschützten Raum des Fechtbodens auf die Straße und in die freie Zeit verlagert wurden[345]. Der Fechtunterricht, welcher eigentlich die Geschicklichkeit fördern sollte und die gesellschaftliche Erfordernis, sich im Zweikampf mit den Waffen zu messen oder zu verteidigen, gingen bald eine enge Verbindung ein, in der sich die Fragen, „ob man fechten lernte, weil man sich duellierte, oder ob man sich duellierte, weil man fechten lernte" gegenseitig aufhoben[346].

Auf den Fechtmeistern lastete angesichts der in der Frühen Neuzeit stark ausgeprägten Konfliktkultur nicht nur der Studenten[347] eine besondere Verantwortung. Das Handwerkszeug und die Geschicklichkeit für bewaffnete Auseinandersetzungen wurden im Fechtunterricht gelehrt und gelernt und dies nicht nur an den Universitäten, sondern seit dem 16. Jahrhundert auch in den städtischen Handwerkerzünften[348]. Die Fechtmeister aber waren in zweierlei Hinsicht in der Lage, auf das Verhalten ihrer Scholaren in bewaffneten Auseinandersetzungen Einfluss zu nehmen. Einerseits trug ein Fechtmeister die Verantwortung dafür, ob er seine Scholaren das Fechten für den Duellgebrauch lehrte und sich damit an den Konflikten der Studenten zu bereichern gedachte oder nicht[349]. Andererseits konnten die häufig in einem guten Verhältnis zu den Studenten stehenden Fechtmeister[350] – die oft rasch und aus Nichtigkeiten heraus entstehenden Konflikte unter den jungen Studenten – früh erkennen und entsprechend eindämmen[351].

---

[345] KRUG-RICHTER: Stund, S. 276: „Während das Reiten und Tanzen als spezifische Formen der studentischen Freizeit- und Geselligkeitskultur in der historischen Überlieferung nur sporadische, zufällige Spuren hinterlassen haben, füllen die Resultate der universitären Fechtstunden zahllose Seiten der städtischen wie universitären Gerichtsprotokolle, und dies in allen deutschen Universitätsstädten".

[346] WETZLER: Überlegungen, S. 67, 73, 75.

[347] KRUG-RICHTER: Bacchant, S. 94–99 und Anm. 59: „Auch die Alltäglichkeit des Einsatzes von Gewalt als Mittel des Konfliktaustrags, die aus heutiger Perspektive erschreckend hohe Bereitschaft zur physischen Auseinandersetzung selbst bei vergleichbar nichtigen Anlässen, war ein schichtenübergreifendes Phänomen".

[348] KRUG-RICHTER: Bacchant, S. 99 f.

[349] BRÜDERMANN: Studenten, S. 184.

[350] HAAB Stb 151.

[351] HStAS A 202 Bü 2601 o. Pag. Professoren des Collegium Illustre an den Geheimen Rat (1685, März 20); MUT III 42028, 42021: Wie aus einem Hochzeitsbesuch ein mit dem Degen ausgefochtener Ehrkonflikt entstehen konnte, zeigt der Fall zweier adliger Zöglinge am Collegium Illustre, der 1685 an den Geheimen Rat berichtet wurde: Während einer Hochzeit im Tübinger Universitätshaus betrachteten zwei Collegiaten, Georg Ernst Wurmb aus Thüringen und Curd Ernst aus dem Wincken aus Sachsen, die Professorenbildnisse in der Senatsstube. Wurmb äußerte: *Wann mann ein par Jahr in diser Stub wäre, könnte mann gelehrt darauß werden.* Darauf antwortete aus dem Wincken: *Die Bilder können einen nicht gelehrt machen.* Ersterer aber setzte hinzu, dass, *wann er Doctor und Professor werde so wolle er sich auch abmahlen laßen.* Als aus dem Wincken bei einem Spaziergang einigen von der Hochzeit bekannten jungen Frauen im Scherz erzählte, sein Freund Wurmb wolle sich malen lassen, wenn er Professor werde und ihm dies abends bei Tisch erzählte, kam es zum Konflikt. Dieser entlud sich in Anwesenheit des Prinzen Johann Friedrich von Württemberg bei Waffenübungen am Tübinger Neckarufer auf dem Wörth. Nach einer Schlägerei zogen

Bereits 1692 war mit der Anstellung von Fechtmeistern an der Universität Leipzig die Absicht verbunden, regulierend und erzieherisch auf den Waffengebrauch der Studenten einzuwirken[352]. In Göttingen wurden die Fechtmeister im 18. Jahrhundert aufgrund ihres Verhältnisses zu den Scholaren von den obrigkeitlichen Instanzen bewusst zur Bekämpfung des Duellwesens eingesetzt und dazu verpflichtet, Konflikte innerhalb der Studentenschaft zu vermeiden oder aber anzuzeigen. Das allerdings bedeutete für die Fechtmeister eine fast unmachbare Gratwanderung, denn bei Anzeige liefen sie Gefahr, das Vertrauen der Studentenschaft zu verlieren, ihren eigenen Ruf zu schädigen und die Basis ihres Verdienstes zu verlieren[353]. Johann David Michaelis schrieb 1773 in seinem Werk über die protestantischen Universitäten in Deutschland, dass bei der Einstellung eines Fechtmeisters hauptsächlich darauf zu achten sei, dass „er keine Grundsaetze habe, die Schlaegereyen und Duelle befoerdern: es ist noch besser, wenn er sich wirklich bemuehet, sie zu hindern. [...] Am Gemuethscharacter des Fechtmeisters ist also wirklich einer Universitaet sehr viel gelegen"[354].

Das zwischen 1651 und 1671 geführte Stammbuch des Tübinger Fechtmeisters Conrad Jacob belegt das gute Verhältnis zwischen dem Maître und seinen Scholaren. In zahlreichen Einträgen wird deutlich, dass die Scholaren Jacob nicht nur als väterlichen Freund betrachteten, sondern dass er durch seinen „Gemuethscharacter" auch einen solch von den Obrigkeiten erwünschten positiven Einfluss auf die jungen fechtenden Männer ausübte. In ihren Stammbucheinträgen nahmen einige Scholaren Bezug auf den Fechtunterricht, wobei recht häufig eine angesichts der Jugend dieser Stammbucheinträger recht untypische, von Conrad Jacob offensichtlich aber vermittelte Besonnenheit hinsichtlich des Umgangs mit Degen und Rapier durchscheint. Solche Einträge reichen von einem allgemeinen, aber in verschiedenen Variationen wiederkehrenden *Tene Mensuram, et respice finem*[355] bis zu Versen, die einerseits das rechte Maß und andererseits den Missbrauch der Waffen als Verfehlung offen ansprachen: *Die Kunst zu fechten wird dir sehr, wann du sie recht gebrauchest nützen. Dir wieder alle Feind, den gutten Nahmen und den Leib beschützen: Wann du sie mißgebrauchst, dir Schande bringen, dich in Schaden stürtzen. Wann du zu viel drauff pochst dir ab dein Leben, eh es Zeit ist, kürtzen*[356]. Eine Variante dieser Warnung war: *Les Armes sont journalieres, et aux qui les portent n'en doivent point abuser*[357]. Auch Fechtmeister Johann Andreas Schmid propagierte in seiner Fechtkunst (1713) die wichtige Aufgabe des Fechtmeisters, die Studenten von Zank, Schlägereien und

---

Wurmb und aus dem Wincken die Degen. Weil ein Page des württembergischen Prinzen eingriff, blieben beide unversehrt. Vgl. weitere Beispiele: KRUG-RICHTER: Bacchant, S. 84–86; KRUG-RICHTER: Stund, S. 278–280.

[352] KIRSTE/SCHÜRMANN/TZSCHOPPE: Sport, S. 77.
[353] BUSS: Exercitien, S. 126 f.; BRÜDERMANN: Studenten, S. 183 f.; EBEL: Privilegien, S. 70; MICHAELIS: Raisonnement, Bd. 3, S. 108 f.
[354] MICHAELIS: Raisonnement, Bd. 3, S. 123.
[355] HAAB Stb 151 Bl. 50ʳ.
[356] Ebd., Bl. 86ʳ.
[357] Ebd., Bl. 97ʳ.

vorsätzlichen Duellen abhalten zu müssen und reagierte damit auch auf eine allgemeine Kritik am Fechten[358].

Vermutlich weit wirkungsloser dagegen waren die obrigkeitlichen Duellmandate und die in ihnen angekündigten Strafen, denn solche wurden häufig nicht konsequent vollzogen. Im Wettstreit der Universitäten um Besucherzahlen und Prestige sollten die Studenten durch entsprechende Präzedenzfälle nicht unnötig a priori abgeschreckt oder zum Besuch anderer Universitäten veranlasst werden, denn das Duellwesen war einem gesellschaftlichen Zwang unterworfen[359].

Der frühneuzeitliche Tanzunterricht stand mit dem ausschweifenden Tanzen der Studenten auf Hochzeiten und anderen Feierlichkeiten und den häufig daraus resultierenden Konflikten nur bedingt in Verbindung[360]. Dennoch war auch der von Geselligkeit geprägte Tanzunterricht unter der Anleitung eines Tanzmeisters offensichtlich nicht vor Exzessen geschützt[361]. So wurde in Zusammenhang mit dem Vorgehen gegen das zwischen 1700 und 1703 bestehende Tübinger Caféhaus[362], in dem Tee, Kaffee, Schokolade und Wein konsumiert werden konnte, aber auch mit Würfeln und Karten gespielt wurde und die Studenten offenbar zum Trinken, Spielen, Lärmen,

---

[358] SCHMIDT: Fecht-Kunst, Vorrede: *Allein Leuten, die keinen bessern Verstand vom Fechten haben, bin ich nit verpflichtet darauf zu antworten, doch dergleichen Einwuerffe ueberhaupt zu wiederlegen, wird ein rechtschaffener Fecht-Meister niemal die unchristliche Intention bey sich hegen, seine Scholaren zu unrechtmaessigem Gezaencke und Schlaegereyen, noch weniger zu vorsetzlichen Duellen anzureitzen, vielmehr erfordert seine Pflicht, ihnen dergleichen Gedancken zeitlich zu benehmen, und sie dafuer zu unterrichten, wie sie zur Zeit der Noth ihren Leib, gegen unvermuthete Anfaelle boeser Leute, beschuetzen, und ihr Leben wider alle angedrohte Gefahr vertheidigen sollen, weßwegen auch weder in geistlichen noch weltlichen Gesetzen die Noth-Wehr verbotten, und also folglich die Erlernung des Fechtens, wann man es nicht zum Mißbrauch anwendet, keinesweges zu verdammen ist. [...] Was das Fechten heutiges Tages so verachtet und verhasset machet, ist die Ursache, daß sich hin und wieder so viele ungeschickte Winckel-Fechter einschleichen, die sich nicht entbloeden, jungen Leuten Lection zu geben, da sie doch oeffters nicht verstehen, wie sie eine Positur machen, und das Rappier anfassen sollen.*

[359] BRÜDERMANN: Studenten, S. 180–183; KREMER: Außenseiter, S. 41 f.; KRUG-RICHTER: Stund, S. 284; HAAB Stb 151 Bl. 106ʳ: Ein Scholar des Tübinger Fechtmeisters Conrad Jacob zollte diesem Umstand nochmals Respekt, wenn er in seinem Stammbucheintrag formulierte: *Ein Hertze das die Tugend übet, unnd gründet sich auff Tapferkeit, das hasst den schnöden Zanckh und liebet die güldne eintracht ieder Zeit; Doch kan der fried nicht länger währen, Alß unser Nachbar darob hält, So braucht man dan die edle Lehren, die unß die Fechtkunst fürgestellt; ein kluge Faust, und dapfers Hertz, acht seines Feindes Grimm für Schertz.*

[360] Vgl. hierzu KRUG-RICHTER: Bacchant, S. 92–94; BRAUN: Musik, S. 121–128; FINK: Tanzmeister, S. 99; SALMEN: Tanzmeister, S. 56 f.; SALMEN: Universitäts-Tanzmeister, S. 80 f.; UAT 44/177 o. Pag. Senatsdekret (1622, Juli 31): Im Jahr 1622 erging in Tübingen ein Senatsdekret zur *Abstellung deß ohnzimblichen Tantzens.*

[361] Vgl. hierzu SALMEN: Tanz, S. 136.

[362] Vgl. zur Kultur der Caféhäuser ROSENKE: Kaffeehaus, Sp. 250–253; zu obrigkeitlichen Verboten der Caféhäuser MENNINGER: Genuss, S. 384–396; zum Habitus der Caféhäuser, ihrem Publikum sowie Spiel und Unterhaltung HEISE: Kaffee, S. 91–169; vgl. auch SCHULZE/SSYMANK: Studententum, S. 120.

Schuldenmachen und zur Blasphemie verleitet wurden[363], auch gegen den Tübinger Tanzmeister Guillaume Michel Dumanoir ermittelt. Er sollte seine Scholaren täglich besucht, bewirtet und von der Arbeit abgehalten, und damit zu ganz ähnlichen Ausschweifungen verleitet haben, wie sie auch im Caféhaus bekämpft wurden[364]. Und dem Tanzmeister Clément Alexandre François wurde 1802 vorgeworfen, den Tanzunterricht auf dem Tanzboden des Collegium Illustre missbräuchlich ausgedehnt zu haben, indem er unter dem Vorwand von Tanzrepetitionen und unter Zuziehung von bis zu sechs Musikanten sowie der Reichung alkoholischer Erfrischungsgetränke Bälle veranstaltet habe[365].

Das Jeu de paume und das seit dem 18. Jahrhundert ebenfalls vom Ballmeister angebotene Billardspiel[366] war als Spiel besonders prädestiniert dafür, von den Scholaren im Übermaß betrieben zu werden. In den Statuten des Collegium Illustre von 1609 wurde der Ballmeister – vermutlich aus gegebenem Anlass – dazu angehalten, das Ballhaus in den für die gelehrten Studien vorgesehenen Stunden geschlossen zu halten[367]. Von anderen Universitäten sind ganz ähnliche Probleme mit der Begeisterung für das Ballspiel bekannt. In Ingolstadt wurde bereits 1604 ein Verbot des Jeu de paume zur Zeit der Vorlesungen oder des Gottesdienstes erlassen. Da keine Besserung eintrat, wurde das Ballhaus hier sogar ganz geschlossen[368]. Aber dem nicht genug: Sowohl das Ball-, als auch das Billardspiel waren, selbst im rechten Maße betrieben, recht kostspielige Vergnügungen und stellten daher in Kombination mit einer gewissen Spielsucht regelrechte Schuldenfallen für die Scholaren dar, auch wenn das Schuldenmachen nicht auf dieses Exerzitium beschränkt blieb[369].

Einen Teil ihrer Einnahmen erwirtschafteten die Ballmeister mit dem Verkauf von

---

[363] HStAS A 202 Bü 2537 o. Pag. Senat an den Geheimen Rat (1700, Januar 15); UAT 8/7 Nr. 10 Bl. 19–51: Im Jahr 1706 kam es zu einem erneuten Versuch, ein Caféhaus in Tübingen einzurichten, was jedoch offenbar verhindert wurde.

[364] UAT 8/7 Nr. 10 Bl. 30 f.: Das Tübinger Caféhaus stand für die obrigkeitlichen Instanzen auch insofern in einer verdächtigen Beziehung zu den Exerzitien und Maîtres, da dort, zusammen mit den Studenten, offenbar häufig stadtfremde Offiziere anzutreffen waren, die sich des Reitens und Fechtens halber in der Stadt aufhielten, aber weder der städtischen, noch der universitären Jurisdiktion unterstanden.

[365] UAT 9/9 Nr. 257 f.; vgl. hierzu auch MICHAELIS: Raisonnement, Bd. 3, S. 134–140.

[366] HStAS A 303 Bd. 13994 S. 260: Das Billardspiel kam in Tübingen vermutlich in der ersten Hälfte des 18. Jahrhunderts auf. Im Rechnungsjahr 1713/1714 ist die Ausbesserung des Billardbodens im Ballhaus erwähnt.

[367] Ordnung 1609, S. 28.

[368] PRANTL: Geschichte, Bd. 1, S. 448.

[369] HStAS A 202 Bü 2601 o. Pag. Schuldenverzeichnis für Johann Adolph von Rechenberg (um 1662): Im Schuldenverzeichnis des Johann Adolph von Rechenberg fanden sich Schulden für den Reitunterricht bei Bereiter Ulrich Oberans von 46 Gulden, für den Fechtunterricht bei Fechtmeister Conrad Jacob über 11 Gulden 15 Kreuzer und für das Ballspiel bei Ballmeister Johann Bitschin über nur sechs Gulden. UAT 162/31 o. Pag. Schuldenverzeichnis für Fechtmeister Conrad Jacob (um 1672): Das alphabetisch geordnete Schuldenverzeichnis des Fechtmeisters zählte 97 Schuldner, darunter beispielsweise den Studenten Andreas Chemnitius mit 21 Gulden. Vgl. zu Andreas Chemnitius KELTER: Stammbuch.

Ballspielmaterialien, insbesondere von Bällen und Schlägern[370]. Dass sie dabei eines besseren Verdienstes wegen zeitweise auch die Spielsucht der Scholaren nutzten, zeigte sich darin, dass 1609 feste Preise für die Ballspielmaterialien festgelegt wurden[371]. Nicht selten aber gerieten die Scholaren durch die unkontrollierte Leidenschaft für das Spiel und die daraus entstandenen Schulden in Bedrängnis und infolgedessen auch in erhöhte Konfliktbereitschaft. Bereits 1618 war in einer Visitationsrelation bemängelt worden, dass der Ballmeister des Collegium Illustre auch Leute aus der Stadt im Ballhaus spielen ließ, woraus für die Collegiaten oft lange Wartezeiten entstanden[372]. Im Jahr 1666 beschwerte sich der schlesische adlige Scholar Hans Ernst von Franckenberg[373] ungeduldig darüber, dass das Ballhaus stets belegt sei, dass der Ballmeister andere Scholaren bevorzuge und er selbst daher nie zum Spielen komme. Während des Wartens auf die ersehnte Ballspielpartie kam es nicht nur zum Wortwechsel, sondern auch zu Handgreiflichkeiten, die schließlich mit einer Karzerstrafe endeten[374].

Im Jahr 1677 hatte der österreichische adlige Collegiat Carl Ferdinand von Prösing[375] ein Dutzend Bälle in einer Partie verspielt. Als der Ballmeister Georg Friedrich Bitschin im Anschluss deren Bezahlung verlangte, behauptete der Scholar, die Bälle seien nicht von Bitschin geliefert worden und verweigerte die Anerkennung seiner Schulden. Nach wiederholten Forderungen schlug der Scholar dem Ballmeister mit der Faust ins Gesicht und auch diese Ballspielpartie endete im Karzer[376]. Aufgrund solcher offensichtlich nicht selten vorkommender Zwischenfälle wurde bei der Wiederbesetzung der Tübinger Ballmeisterstelle im Jahr 1799 folgerichtig zu Bedenken gegeben, dass der dazu auserwählte Kandidat wegen allerlei Ereignisen, *welche auf den Ballhäusern sich zu zutragen pflegen, ein gesezter Mann seyn sollte*[377].

War das Ballspiel also von hohen Kosten für das notwendige Material begleitet, so stellte im 18. Jahrhundert der zusammen mit dem Billardspiel angebotene Konsum von Speisen und Getränken einen weiteren Posten auf der Schuldenliste vieler Studenten dar[378]. In der Inventur und Teilung nach dem Tod des Tübinger Ballmeisters Georg Friedrich Keller erschienen nicht umsonst die studentischen Schulden für *Lection, an Billard Gelder, Coffée und Chocolade* als ein und derselbe Posten[379]. Um die Studenten vor solcher Verschuldung zu schützen, erließen die Universitäten Kre-

---

[370] StAT A 10 StU Nr. 160.

[371] Ordnung 1609, S. 28.

[372] HStAS A 274 Bü 79 Bl. II.

[373] DORN: Edition, Nr. 267; MUT III 41747.

[374] HStAS A 202 Bü 2601 o. Pag. Oberhofmeister des Collegium Illustre an den Geheimen Rat (1666, Juni 15).

[375] DORN: Edition, Nr. 177; MUT II 27202.

[376] HStAS A 202 Bü 2601 o. Pag. Oberhofmeister des Collegium Illustre an den Geheimen Regimentsrat (1677, Juni 13).

[377] HStAS A 284/94 Bü 295 o. Pag. Gutachten des Kirchenrats (1799, August 3); vgl. auch die Ausführungen zum Treiben in den europäischen Ballhäusern bei KÜHNST: Sport, S. 85 f.

[378] UAT 8/7 Bl. 38.

[379] StAT E 101/208.

ditverordnungen, welche die Gewährung von Kredit auf bestimmte Produkte oder Leistungen verbot[380]. An der Universität Göttingen zählte gerade das Partiegeld für das Billardspiel sowie der während der Partie konsumierte Tee, Kaffee oder der angebotene Mittagstisch, der die Studenten zusätzlich an das Billardlokal binden sollte, zu den Luxusgütern und damit zu den unprivilegierten Schulden. Das Spiel sollte also nur mit barem Geld bezahlt werden und etwa entstandene Schulden nicht gerichtlich eingefordert werden können. Die Kreditverordnungen blieben jedoch weitgehend erfolglos oder wurden umgangen und dies nicht nur in Göttingen[381].

In Zusammenhang mit dem bereits erwähnten Vorgehen gegen das Tübinger Caféhaus zu Beginn des 18. Jahrhunderts, wurde auch Ballmeister Johann Albrecht Bründlin in Tübingen vorgeworfen, auf Kredit Ball spielen zu lassen[382]. Bründlins Nachfolger, dem Ballmeister Georg Dominicus Keller wurde 1744 angelastet, das Billardspiel zu lange auszudehnen und dabei im Übermaß Speisen und Getränke konsumieren zu lassen. Der Visitationsrezess des gleichen Jahres beschränkte daher die Zeiten für das Billardspiel auf werktags nach dem Mittagessen bis zwei Uhr und abends von fünf oder sechs bis sieben Uhr. An Sonntagen sollte das Billardzimmer ganz, an Feiertagen bis nach der Abendkirche geschlossen bleiben[383].

Mit dem Billardspiel war im 18. Jahrhundert aber nicht nur das schuldenbegünstigende Zechen verbunden. Wo Billard gespielt wurde, kam es häufig auch zu Glücksspiel, dem sogenannten Hazard-Spiel mit Würfel und Karten um Geld[384]. Im Jahr 1738 wurden solche Spiele, *wodurch die Zeit schändlich verderbet, das Gewißen verlezet, die Eltern ums Geld gebracht, die Studia versaumet, die nöthige Schulden unbezahlet gelaßen, auch die Sitten [...] aus künftige nur verwehnter, wilder und roher gemachet werden* in Tübingen verboten[385]. Immer wieder aber wurde an dieses Verbot erinnert, so auch in den Universitätsstatuten des Jahres 1770[386]. Und noch 1799 wurde in den *Staat* des neuen Ballmeisters Heinrich Rudolph Friedrich Keller die Ermahnung aufgenommen, in seinem Haus oder im herzoglichen Ballhaus keine Hazard-Spiele zu dulden, noch die Scholaren zur Verschwendung anzuleiten oder ihnen über Gebühr Kredit zu gewähren[387]. Eine Abbildung in einem der drei Tübinger Ballhausstammbücher jedoch zeigt für das frühe 19. Jahrhundert eine vermutlich typische Szene, in der Studenten nicht nur Billard, sondern in einer Ecke des Billardzimmers auch Karten spielen[388]. Viele Szenen der lasterhaften Studentenfigur

---

[380] Brüdermann: Studenten, S. 171; Ebel: Memorabilia, S. 101–121; Reyscher: Sammlung, Bd. 11,3, S. 61 f., 477–480; Meiners: Geschichte, Bd. 4, S. 57–128; Thümmel: Universitätsverfassung, S. 54.

[381] Brüdermann: Studenten, S. 301–304.

[382] UAT 8/7 Nr. 10 Bl. 30 f.

[383] Reyscher: Sammlung, Bd. 11,3, S. 391; UAT 6/29 Bl. 99ʳ–99ᵛ; UAT 9/9 Nr. 76.

[384] Vgl. dazu Brüdermann: Studenten, S. 344–347.

[385] UAT 44/177 o. Pag. Herzogsadministrator Carl Friedrich an den Senat der Universität (1738, September 13), o. Pag. Senatsprotokoll (1776, Mai 4).

[386] Reyscher: Sammlung, Bd. 11,3, S. 482 f.; UAT 6/30 Nr. 60 Bl. 206ᵛ; UAT 44/64 Bl. 1, 4.

[387] UAT 9/8 Nr. 13.

[388] UAT S 127/126 Bl. 208 f.; Schmidgall: Studenten, S. 31.

des Cornelius relegatus zeigen nicht nur die Überreste eines im Übermaß betriebenen Exerzitienunterrichts wie Schuldenzettel, darunter speziell immer wieder der *Ballmeister Zettel*, Ballspielschläger und zerbrochene Degen, sondern auch Spielbretter, Würfel und Spielkarten[389]. In Studentenliedern, etwa Heinrich Emanuel Minks „Der Tugend- und Lasterhafte Studente" wurde unter vielen weiteren studentischen Typen auch *Der Borgende, Der in Schulden steckende* und *Der Spielende* aufgegriffen[390]. Und der Nürnberger Kupferstecher Johann Georg Puschner stellte um 1725 in seinen Charakterbildern den faulen, trinkenden und raufenden Studenten unter anderem gemeinsam mit dem fechtenden, tanzenden und reitenden Studenten dar[391].

Abb. 15: Die Abbildung der lasterhaften Studentenfigur des Cornelius relegatus zeigt unter anderem auch die Überreste eines im Übermaß betriebenen Exerzitienunterrichts wie Schuldenzettel, etwa den *Ballmeister Zettel* am rechten Bildrand, Ballspielschläger und zerbrochene Degen, 1618.

Selbst anhand des Gefahren- und Konfliktpotentials der Exerzitien, hauptsächlich jedoch des Schuldenwesens, wird der immense Bedeutungszuwachs der Exerzitien nach dem Ende des Dreißigjährigen Krieges deutlich. Wurde im Rahmen einer Kreditverordnung des Rats der Stadt Basel 1632 der finanzielle Aufwand für das Fechten, das Tanzen und das Ballspiel noch als *unnöthige sachen zu dem studieren nicht gehö-*

389 RASCHE: Cornelius, S. 29–36; RASCHE: Disziplinierung, Abb. 2–4.
390 MINK: Studente, Nr. XI f., XIX.
391 PUSCHNER: Abschilderung, Bl. 4-6.

rig und damit als lediglich dem Luxus dienende und nicht auf Kredit zu gewährende Leistungen gewertet[392], so ergab sich im 18. Jahrhundert an der Universität Göttingen ein ganz anderes Bild: Mit Ausnahme der Partiegelder für das Billardspiel stellten die Informationsgelder für die Exerzitien – das Reiten, das Fechten und das Tanzen – privilegierte und damit jederzeit auf Kredit zu gewährende Schulden dar. Die finanziellen Aufwendungen der Scholaren für den Exerzitienunterricht rangierten damit zusammen mit den Kolleggeldern für die gelehrten Vorlesungen, den Aufwendungen für Bücher, der Entlohnung von Ärzten und der Bezahlung von Medikamenten[393] unter jenen im Sinne des Wortes not-wendigen Grundaufwendungen, die nicht nur für Leib und Leben unerlässlich waren, sondern auch ein Studium erst zu einem solchen machten.

d. Zusammenfassung

Der frühneuzeitliche Exerzitien- und Sprachunterricht wirkte vielgestaltig in den akademischen und studentischen Alltag hinein. Insbesondere die Exerzitien waren es, die über ihre Lehrziele hinausgehende Funktionen im Alltag einnahmen und deren Stellenwert im Verlauf des 17. Jahrhunderts dabei stark an Bedeutung zunahm. Aufgrund ihrer Sichtbarkeit im Alltag fungierten die zu Beginn des 17. Jahrhunderts zunächst noch exklusiv den adligen Studenten vorbehaltenen Körperübungen als hochwirksames Medium adliger Distinktion, welches die Aufmerksamkeit des bürgerlichen Gelehrtenstandes rasch auf sich zog. In einem auf diese Weise sowohl von adliger als auch bürgerlicher Seite geführten Auseinandersetzungsprozess wurden die Exerzitien stereotypiert und zum Symbol adliger Standesbildung schlechthin, das in seiner Exklusivität einerseits verteidigt und andererseits Gegenstand bürgerlicher Aufmerksamkeit und bürgerlichen Zugriffs wurde.

Das Interesse des bürgerlichen Gelehrtenstandes manifestierte sich seit der zweiten Hälfte des 17. Jahrhunderts insbesondere darin, dass sich die Exerzitien zunehmend zu einem nicht mehr zu vernachlässigenden Werbe-, Wirtschafts- und Prestigefaktor für die Universitäten entwickelten. Der Exerzitien- und Sprachunterricht erschien von nun an regelmäßig in Vorlesungsverzeichnissen oder Universitätsstatuten. Die obrigkeitlichen Instanzen achteten nunmehr stets auf eine permanente und lückenlose Bereitstellung des Lehrangebots in den Exerzitien und modernen Fremdsprachen, womit hauptsächlich zahlungskräftige adlige Studenten angezogen werden sollten, die gleichzeitig auch das Prestige der Universität erhöhen konnten. Die Verbesse-

---

[392] Zitiert nach BONJOUR: Universität, S. 139 f.: Ein Erlass des Rats von 1632 warnte die Bürger davor, Studenten Kredit zu geben: *Alle übrigen unnothwendige kösten, als da sein möchten Extrafechten, Dantzen, Ballenspiel, Pastetenbeck, Weinhäuser, Wirts- und Kochhäuser, Gewürtzkrämer, Apothekerschleck (so nicht zu Artzneyen verordnet), Goldschmidtsarbeit, Mahler, Messer- und Büchsenschmidt, Sattler und Sporer und was dergleichen unnöthige sachen, zu dem studieren nicht gehörig so die Studenten mit parem Geld nicht bezahlen werden, darüber solle den Aufborgern kein Recht gehalten werden.*

[393] BRÜDERMANN: Studenten, S. 301 f.

rung und Aufrechterhaltung des Exerzitien- und Sprachunterrichts wurde damit seit dem Ende des Dreißigjährigen Krieges und vor allem im 18. Jahrhundert zur oftmals einzigen Maßnahme gegen die allgemein schlechte Frequentierung der Universitäten. Auch an anderen Universitäten waren im 18. Jahrhundert Maßnahmen, die der Verbesserung des Exerzitien- und Sprachunterrichts und seiner personellen wie baulichen Infrastruktur dienten, regelmäßig Gegenstand von Reformplänen.

Der Exerzitien- und Sprachunterricht barg im studentischen Alltag jedoch auch ein enormes und vielschichtiges Gefahren- und Konfliktpotential. Ein solches entstand vor allem dann, wenn die Exerzitien im Übermaß betrieben wurden, die im Exerzitienunterricht gewonnenen Fertigkeiten in der freien Zeit für allerlei Exzesse missbraucht wurden oder aber zu Verschuldung führten. Wurde das Reiten und Fechten auf Ausritten und bei studentischen Konflikten zur Gefahr für Leib und Leben, so stellten Exzesse beim Tanzen, Ball- und Billardspiel häufig vor allem Schuldenfallen dar. Den obrigkeitlichen Instanzen verursachten die Exerzitien daher auch einen enormen administrativen Aufwand, der sich aus der jurisdiktionellen Untersuchung von Unfällen, Konflikten und Schuldenangelegenheiten ergab.

2.2 Adlige und bürgerliche Scholaren

a. Bürgerliches Nützlichkeitsdenken

Die Darstellung der Genese und Kontexte des frühneuzeitlichen Exerzitien- und Sprachunterrichts zeigte deutlich dessen Herkunft aus dem ritterlich-adligen Erziehungs- und Bildungsideal des Hochmittelalters. Etablierung und Verfestigung fand der Unterricht in den Exerzitien und den modernen Fremdsprachen zu Beginn der Frühen Neuzeit im akademischen Umfeld der Universitäten und Adelsakademien erst im Rahmen des zunehmenden Adelsstudiums seit der Mitte des 16. Jahrhunderts. Als adlige Exklusivität fungierte das Lehrangebot der Exerzitien- und Sprachmeister dort von Beginn an auch als Medium der Distinktion und Abgrenzung der adligen Studenten gegenüber ihren bürgerlichen Kommilitonen. Doch konnte dieses Novum im bürgerlich dominierten akademischen Umfeld keine rein adlige Angelegenheit bleiben. Der extrovertierte Charakter und die dadurch bedingte Sichtbarkeit der Exerzitien im akademischen Alltag führten im Zuge einer allgemeinen gesellschaftlichen Vorbildfunktion des Adels bald zur besonderen Fokussierung durch das von ihm ausgeschlossene Bürgertum. Das bürgerliche Interesse am Lehrangebot der Exerzitien- und Sprachmeister aber, das sich sowohl auf die bürgerlichen Universitätsgelehrten, als auch die bürgerlichen Studenten bezog, war von Beginn an einerseits von Faszination und andererseits von Ablehnung begleitet und wurde bis ins 19. Jahrhundert hinein immer wieder von Ambivalenz geprägt[394].

Nach anfänglicher Polemik gegen die Exerzitien, wie sie für die Universitäten Tübingen und Straßburg zu Beginn des 17. Jahrhunderts nachgewiesen werden konn-

---

[394] Vgl. hierzu LINKE: Sprachkultur, S. 63–103.

ten, wuchs bei den ganz überwiegend bürgerlichen Universitätsgelehrten rasch das Interesse an diesem Novum des höheren Bildungswesens. Der Nutzen des Werbe-, Wirtschafts- und Prestigefaktors, den das neue Bildungselement für die Universitäten und Adelsakademien, ihre Standorte und daher auch für das Prestige der Gelehrten selbst darstellte, war bedeutend und führte dadurch schnell zu Anerkennung. Das ambivalente Verhalten der Universitätsgelehrten, welche einerseits die Vorteile des Exerzitien- und Sprachunterrichts für sich zu nutzen wussten, aber – etwa wie im Falle Tübingens – als Mitglieder des Senats für die Bereitstellung der Maîtres oder deren finanzielle Ausstattung keinerlei Verantwortung übernehmen wollten, blieb bis weit ins 18. Jahrhundert hinein erhalten. Im Sinne eines pragmatischen Nützlichkeitsdenkens hatte sich der bürgerliche Gelehrtenstand das Lehrangebot der Exerzitien- und Sprachmeister somit zunutze gemacht, ohne dabei freilich selbst aktiv zu werden.

Die bürgerlichen Studenten dagegen partizipierten bald am Lehrangebot der Exerzitien- und Sprachmeister, nutzten jedoch die Sparten des Fächerquintetts in unterschiedlichem Ausmaß und mit anderer Absicht als ihre adligen Kommilitonen. Die Forschung hat zwar immer wieder sowohl subsumierend als auch im Detail auf die Rezeption adliger Lebensart und adliger Umgangsformen durch bürgerliche Studenten im Rahmen des verstärkten Adelsstudiums seit dem 16. Jahrhundert verwiesen[395]. Belege, die sich speziell auf die Teilnahme bürgerlicher Studenten am Exerzitien- und

---

[395] ASCH: Adel, S. 148 f.: „Das adelige Bildungsprogramm hatte seine Eigenlogik, die im 17. Jahrhundert zunehmend auch die bürgerliche Ausbildung zu beeinflussen begann, die sich nun ebenfalls am Ideal des galanten weltmännischen Verhaltens orientierte". MÜLLER: Aristokratisierung, S. 46: „‚Aristokratisierung des Studiums im 17. Jahrhundert' meint also zweierlei: zum einen den – verglichen mit dem Bevölkerungsanteil – unverhältnismäßig hohen Anteil adliger Studenten an der Gesamtscholarenschaft, zum anderen das sich verändernde universitäre Ambiente, dem der Adel erfolgreich seinen Stempel aufgedrückt hatte". PRAHL: Sozialgeschichte, S. 145, 174, 180: „In den Verkehrsformen zeichnete sich eine ‚Aristokratisierung' der Universitäten ab, die bestrebt waren, sich den Sitten und Idealen der höfischen Gesellschaft anzupassen. Innerhalb der Universitäten wurde Wert auf Titel, Etikette, Zeremoniell und Lebensführung gelegt. Die Hochschulen sollten aristokratische Lebensweise übermitteln, wozu die Lehrer der Hochschulen offenbar auch äußerlich mit den Abzeichen der Adelsgesellschaft versehen werden sollten". „Mit der ‚Aristokratisierung' der Universitäten wurden die zukünftigen Absolventen auf aristokratische bzw. höfische Ideale und Verhaltensweisen festgelegt. Die Akademiker des 18. Jahrhunderts orientierten sich an den Idealen des Hofes, sie wurden zu Verfechtern der höfischen Gesellschaft und mithin zu loyalen Staatsdienern". RIDDER-SYMOENS: Aristocratisation, S. 39: „Faire un Grand Tour le long des académies nobles et des studia aristocratisés, où l'on enseignait également l'escrime, la danse et le savoir-vivre, est typique pour le dix-septième siècle [...]. Les universités se sont effectivement adaptées au nouveau public. Ils ont repoussé la concurrence des couches sociales inférieures en réduisant les facilités matérielles et financières et en créant une atmosphère élitaire". STAEHELIN: Geschichte, Bd. 1, S. 448: „Dieses neue Bildungsideal, dem natürlich auch das höhere Bürgertum nachstrebte, hat auch in der Basler Universität wenigstens Ansätze zu einer Umformung des Unterrichtes zu zeitigen vermocht". Vgl. vor allem jedoch speziell MÜLLER: Universität, S. 111–146, der zahlreiche Elemente adliger Lebensart und Privilegierung sowie deren Einwirken auf das universitäre Ambiente beschreibt, den frühneuzeitlichen Exerzitien- und Sprachunterricht davon aber ausnimmt.

Sprachunterricht beziehen, wurden bisher jedoch stets nur indirekt oder in Einzel-fällen genannt[396]. Umso notwendiger scheint es daher, der bisher noch weitgehend ungeklärten Frage nachzugehen, in welchen Sparten des Fächerquintetts, in welchem Ausmaß und mit welcher Intention die unumstrittene Partizipation bürgerlicher Studenten am Lehrangebot der Maîtres im Verlauf des 17. und 18. Jahrhunderts tatsäch-lich stattfand und diese Frage, die mehr als andere Themen auf Vergleichsstudien an-gewiesen ist, anhand des Tübinger Beispiels zumindest in Tendenzen zu beantworten.

Die Inanspruchnahme des Exerzitien- und Sprachunterrichts auch durch bürgerli-che Studenten ist ohne die generelle Orientierung an der gesellschaftlichen Vorbild-haftigkeit des Adels in der Frühen Neuzeit nicht denkbar. Der adlige Ritterstand hatte im Spätmittelalter zwar seine militärische Verteidigungsfunktion verloren. Das durch die ritterlichen Tugenden an ihn gebundene gesellschaftliche Prestige aber blieb ungebrochen und transformierte sich am Übergang vom Spätmittelalter zur Frühen Neuzeit nunmehr in ein allgemeingültiges „moralisches, intellektuelles und auch ästhetisches Phänomen"[397]. Die unter dem Begriff der Courtoisie subsumierten ritterlichen Tugenden und die Attribute des Ritterlichen und Höflichen lösten sich dabei von der Bindung an den adligen Stand und verwandelten sich zu einer stände-übergreifenden Wertvorstellung, die in der Frühen Neuzeit nicht nur weiterhin den Adel, sondern auch das Bürgertum beeinflusste und prägte[398].

In der ersten Hälfte des 17. Jahrhunderts wurden vor allem in den aristokrati-schen Pariser Salons geistige, literarische und ästhetische Maßstäbe gesetzt und neue vornehme Umgangsformen gepflegt. Im Reich war diese Galanterie ein bür-gerlich-städtisches Phänomen, das in der zweiten Hälfte des 17. Jahrhunderts und an der Wende zum 18. Jahrhundert dem aufstrebenden Bürgertum ermöglichte, sich vom gemeinen Volk abzuheben und die soziale Grenze zum Adel zu verwischen, in-dem aristokratische Verhaltensnormen und Manieren übernommen wurden. Dazu zählte neben Sprache und Schrift auch die körperliche Erscheinung, die bald einen wichtigen Stellenwert einnahm. Die Darstellung einer spezifischen Standeszugehö-rigkeit schloss daher körperliche Ausdrucksformen mit ein. Körperliche Erscheinung wurde zum Kriterium für soziale Bewertung in der Öffentlichkeit[399]. Das führte dazu, dass zahlreiche Elemente tradierter ritterlich-adliger Lebensart nunmehr auch

---

[396] KRUG-RICHTER: Stund, S. 284: „Die Universitäten kamen diesem Bedürfnis, schon um auch adlige Studenten anzuziehen, entgegen, indem sie mit den oben erwähnten adligen Exerzi-tien neben dem Reiten und Tanzen auch das Fechten in ihr Lehrangebot integrierten. Für letzteres engagierten sie bis weit in das 18. Jahrhundert professionelle Fechtmeister, die die Studierenden in den Grundtechniken des Fechtens unterrichteten, ein Angebot, an dem auch Studenten bürgerlicher Herkunft partizipierten". LIERMANN: Mantel, S. 43 und die Beispiele S. 44–46: „Bis zum Ende des 16. Jahrhunderts hatten die meisten Universitäten Fechtmeister und im 17. Jahrhundert nahmen regelmäßig nicht mehr nur adlige, sondern auch bürgerliche Studenten, die sich am Vorbild des Adels orientierten, Fechtunterricht an ihrer Hochschule".
[397] WREDE: Ritter, Sp. 283.
[398] FLECKENSTEIN: Ritter-, -tum, -stand, Sp. 872.
[399] MOUREY: Tanzkunst, S. 85 f.

für Bürgerliche vorbildlich und daher in zahlreichen Bereichen des täglichen Lebens nachahmenswert wurden[400].

Eine wichtige Schnittstelle bei dieser Transformation des Ritterideals in einen allgemeingültigen gesellschaftlichen Wertekanon in der Frühen Neuzeit, an dem auch das Bürgertum ein Interesse hatte, war Baldassare Castigliones „Libro del Cortegiano" (1528), der sich von Beginn an auch an ein bürgerliches Publikum und an den Höfling bürgerlicher Herkunft gewandt hatte[401]. Castigliones Verdienst bestand dabei vor allem darin, dass er die Vorzüge der bürgerlichen und der adligen Sphäre miteinander kombinierte, indem er das Ideal des sich sowohl durch gelehrte Bildung wie praxisorientierte Weltgewandtheit gleichermaßen auszeichnenden Hofmannes geschaffen hatte. Damit wurde ein völlig neuer Ansatz formuliert. Das Werk wurde noch im 16. Jahrhundert zum Klassiker der Anstandsliteratur, das nicht nur breite Rezeption fand, sondern auch noch lange nachwirkte[402]. Die in Castigliones Werk allgegenwärtigen und sowohl intelektuellen als auch körperlichen Aspekte der Grazia und Sprezzatura als Ausdruck der Höflichkeit konnten dabei als kurzgefasste Anleitung zu den zentralen Verhaltensidealen des perfekten Hofmannes gesehen werden. In Konversation und Umgang sollte jegliche Künstlichkeit vermieden und stattdessen mit Anmut,

---

[400] Vgl. dazu auch HUIZINGA: Herbst, S. 74, 128 f.: Huizinga beschreibt in seinem Kapitel über die „politische und militärische Bedeutung des Rittergedankens" dessen Fortleben im Spätmittelalter und der Frühen Neuzeit: „Der Zauber der adligen Lebensform ist so groß, daß auch die Bürger sich ihr unterwerfen, wo sie nur können. [...] Alle höheren Formen des bürgerlichen Lebens der neueren Zeit beruhen auf Nachahmung adliger Lebensformen".

[401] BURKE: Geschicke, S. 61–63, 168–176: Burke weist darauf hin, dass Castiglione es verstanden hatte, mit dem „Cortegiano" die gesamte italienische und damit auch die bürgerliche Oberschicht anzusprechen. Zu den Besitzern des Buches in Italien im 16. und 17. Jahrhundert zählten nachweislich offenbar nicht nur Adlige, sondern auch bürgerliche Schriftsteller, Wissenschaftler, Künstler, Juristen und Kaufleute. Für das Heilige Römische Reich führt Burke die in den Adelsstand erhobenen Kaufleute der Fugger und Welser an, die das Buch dafür benutzt haben dürften, die gepflegten Umgangsformen ihres neuen Standes zu erlernen und sich diesem anzupassen. Außer Kaufleuten besaßen in ganz Europa offenbar auch bürgerliche Ärzte, Rechtsanwälte, Universitätsgelehrte, Geistliche, Musiker, Maler und Schriftsteller den „Cortegiano". Die deutsche Übersetzung des Buches von 1593 war Christoffer und Maria Fugger gewidmet und so sind Burke auch mehr als zwanzig Leserinnen bekannt. Dennoch war der Anteil an Adligen, die den „Cortegiano" rezipierten auch außerhalb Italiens weit höher, darunter regierende Fürsten, adlige Hofleute, Soldaten wie François de la Noue, Diplomaten oder Landadlige wie Michel de Montaigne.

[402] Vgl. zur Anstandsliteratur BEETZ: Höflichkeit, S. 32–71; DÖCKER: Ordnung, S. 25–34; LEY: Castiglione, S. 8, zur Rezeption S. 3–108; TASCA: Anstandsbuch, Sp. 411; TILL: Anstandsliteratur, Sp. 415, 417, 419; WALTHER: Manieren, Sp. 1166–1168: Als weitere wichtige Werke der Anstandsliteratur sind zu nennen: „De Civilitate Morum Puerilium" (1530) von Erasmus von Rotterdam, „Galateo overo de' costumi" (1551–1555) von Giovanni della Casa und „Nouveau traité de civilité" (1671) von Antoine de Courtain. Im 17. und 18. Jahrhundert waren sogenannte Komplimentierbücher verbreitet, die zu Konversationszwecken ganze Versatzstücke an die Hand gaben. Im 18. Jahrhundert kulminierte mit den Ideen der Aufklärung die Anstandsliteratur in Werken wie Adolph Freiherr von Knigges „Über den Umgang mit Menschen" (1788).

Leichtigkeit und Geschick agiert werden[403]. Als Ideal und Gegenstand eines weit verbreiteten zeitgenössischen Diskurses war ein solches Verhalten an Höfen, in der Diplomatie, in der Verwaltung und im Handel nunmehr unerlässlich und avancierte daher zum gefragten Bildungsgut auch für das gelehrte Bürgertum. Der „Cortegiano" wurde damit zum „Handbuch gesellschaftlichen Aufstiegs und bürgerlicher Selbstverwirklichung"[404].

Die Rezeption adliger Lebensart und adliger Umgangsformen durch das Bürgertum, unter denen eben auch die Partizipation bürgerlicher Studenten am Lehrangebot der Exerzitien- und Sprachmeister subsumiert werden muss, bedeutete dennoch weder Auflösung, noch Aufweichung adliger Exklusivität. Dies lässt sich etwa am Aufgreifen adliger Kleidersitten durch bürgerliche Studenten bestätigen. Eine Untersuchung im Senat der Universität Tübingen Mitte des 18. Jahrhunderts hinsichtlich des ursprünglich adligen Brauches, Federn am Hut zu tragen, entzündete sich nunmehr nicht am Federntragen durch bürgerliche Studenten und Bediente per se, sondern vielmehr am Tragen von Federn einer bestimmten Farbe[405]. Der Schlüssel

---

[403] CASTIGLIONE: Hofmann, S. 66 f., Buch 1, Kapitel 24: Bei allen menschlichen Taten und Reden war laut Castiglione zu beachten: *Man muss jede Ziererei gleich einer spitzigen und gefährlichen Klippe vermeiden und, um eine neue Wendung zu gebrauchen, eine gewisse Nachlässigkeit zur Schau tragen, die die angewandte Mühe verbirgt und alles, was man tut und spricht, als ohne die geringste Kunst und gleichsam absichtslos hervorgebracht erscheinen lässt. [...] Daher kann man sagen, dort sei die wahre Kunst, wo man die Kunst nicht sieht, so dass es die Hauptsorge sein muss, sie zu verbergen; kommt sie zu Tage, ist alles Vertrauen verloren, und der Mann verachtet.* Vgl. auch TILL: Anstandsliteratur, Sp. 415; WALTHER: Sprezzatura, Sp. 487 f.

[404] CASTIGLIONE: Hofmann, S. 8; TASCA: Anstandsbuch, Sp. 410–412; TILL: Anstandsliteratur, Sp. 413–420; WALTHER: Manieren, Sp. 1167.

[405] UAT 44/83 Nr. 9: Die Erhaltung adliger Exklusivität im Rahmen bürgerlicher Nachahmung zeigt sich in diesem Senatsprotokoll der Universität Tübingen, welches die Beratung über das Tragen von Federhüten durch bürgerliche Studenten nach dem Vorbild ihrer adligen Kommilitonen widergibt. Ging der Senat zunächst davon aus, dass es sich um eine Beschwerde adliger Studenten über das Tragen von Federhüten durch ihre bürgerlichen Mitstudenten handle, so stellte sich heraus, dass das Federntragen ein auch an anderen Universitäten bereits weit verbreiteter und etablierter Brauch war und die adligen Studenten hiergegen keinerlei Einwände hegten. Der eigentliche und im Senat zu beratende Streitpunkt resultierte vielmehr daraus, dass einige adlige Studenten sich über ihre Standesgenossen beklagten, die ihre Diener anstatt roter, blauer und bunter Federn, weiße und schwarze auf den Hüten tragen ließen, was eigentlich ein exklusives Privileg des Hochadels darstellte. Der Senat beschloss, dass aufgrund dieses Vorfalls weniger die Studenten vom *Civil Stande* vom Tragen der Federhüte abgebracht werden sollten, als vielmehr den Bediensteten gefärbte Federn zu verordnen seien und beim Tragen von weißen und schwarzen Federn mit dem Karzer zu drohen sei. Die adligen Studenten könnten sich in der Farbe ihrer Federn immer noch von den Bürgerlichen unterscheiden. Einige Gelehrte im Senat wandten sich generell gegen die Eitelkeit des Federntragens, insbesondere durch Theologiestudenten, rechtfertigten dies aber letztlich damit, dass sie von den adligen Kommilitonen dazu verleitet worden seien. Die Terminologie des Protokolls, die trotz aller Nachahmung der bürgerlichen Studenten stets deutlich zwischen *Cavaliers* und *Civil-Pursche* unterschied und die Tatsache, dass der Streitpunkt schließlich nicht im Federntragen, sondern vielmehr in den distinguierenden Farben der Federn begründet lag, zeigt zwar bürgerliche Orientierung am Adel, aber gleich-

zu der Frage, warum das Lehrangebot der Maîtres trotz der Inanspruchnahme auch durch bürgerliche Studenten bis weit ins 18. Jahrhundert hinein als überwiegend adlige Domäne gewahrt bleiben konnte, liegt ebenso in einem solchen Detail verborgen. Denn das Bürgertum verfolgte mit der Partizipation an den Exerzitien eine besondere Absicht, die sich von derjenigen des Adels stark unterschied: Der studierende Adel pflegte das Reiten, Fechten und Tanzen, das Ballspiel sowie das Französische und Italienische als Reminiszenz an das vergangene Ritterideal seines Standes und betrieb die Exerzitien und Sprachen als Künste einerseits aufgrund ihres unmittelbaren Zweckes und andererseits mit dem Ziel exklusiv adliger Standes- und Statusrepräsentation. Für das Bürgertum hingegen spielte lediglich die Nützlichkeit solcher Körperübungen im alltäglichen Leben für Beruf und Auskommen die entscheidende Rolle[406]. Schon Georg Gumpelzhaimer hatte in seinem Werk „Gymnasma de exercitiis academicorum" (1621/1652) die Exerzitien ganz überwiegend den adligen Studenten zugesprochen, während die bürgerlichen fleißig studieren sollten[407].

Angelika Linke konnte insbesondere anhand des beispielhaften Diskurses um die Gegensätzlichkeit von „Natur" und „Afectation"[408] zeigen, dass adlige Körperkultur[409] und generell die körperliche Form der Selbstdarstellung das Bürgertum des 18. Jahrhunderts irritierte, weil das Betreiben der Exerzitien eine pragmatische Zweckbindung und Nützlichkeit im Alltag größtenteils vermissen ließ[410]. In denselben Kontext fällt, dass das Bürgertum mit den aufklärerischen Ideen des 18. Jahrhunderts höfische Manieren wie Castigliones Sprezzatura zunehmend kritisch betrachtete. Kritisiert wurde, dass dadurch eine künstliche Verstellung begünstigt würde, während die vermeintlich ehrlichen, natürlichen, auf Leistung und Nützlichkeit ausgerichteten bürgerlichen Sitten ins rechte Licht gerückt wurden[411].

Unter dem Vorzeichen der französischen Revolution stand am Ende des 18. Jahrhunderts die höfische Körpergestik und Körperkultur, welche die Exerzitien mit einschloss, in der besonderen Kritik des zunehmend bürgerlichen Anstandsdiskurses[412]. Eine Folge davon war, dass in einem langsamen Prozess, der in der Forschungsliteratur zwischen 1770 und 1820 angesiedelt wird, sich neue bürgerliche Werte im Umgang mit der körperlichen Übung entwickelten, die sich sowohl von den adligen

---

zeitig auch die Erhaltung ständischer Abgrenzung auf beiden Seiten. Bürgerlicher Zugriff auf die adlige Lebensart vermochte deren Exklusivität also dennoch nicht einzuschränken oder aufzulösen. Bei einem Tübinger Krämer wurden, nachdem der Vorrat ausgegangen war, zwanzig neue Federn bestellt. Vgl. zur Kleidung im akademischen Umfeld FÜSSEL: Talar, S. 245–271; FÜSSEL: Macht, S. 121–135.

[406] LINKE: Sprachkultur, S. 66, 72–76.
[407] GUMPELZHAIMER: Gymnasma, S. 43–101; vgl. hierzu auch BECKER: Leibesübungen, S. 333.
[408] LINKE: Sprachkultur, S. 77–83.
[409] Vgl. hierzu LINKE: Sprachkultur, S. 63–103 und den Sammelband MALLINCKRODT: Leben, darin besonders DIES.: Einführung, S. 1–14.
[410] LINKE: Sprachkultur, S. 72 f.
[411] TILL: Anstandsliteratur, Sp. 418 f.; WALTHER: Sprezzatura, Sp. 487–489; WALTHER: Manieren, Sp. 1167 f.
[412] LINKE: Sprachkultur, S. 77, 87–89; TILL: Anstandsliteratur, Sp. 419; WALTHER: Manieren, Sp. 1165–1169.

Mustern absetzten, diese aber auch übernahmen. Grundlegendes Merkmal dieses Wandels war es, dass das Kunstvolle, Figürliche, Repräsentative und Ästhetische der Exerzitien durch Leistung, Kraft, Funktionalität und Geschwindigkeit ersetzt, traditionelle Übungen abgelöst wurden und ständische Schranken fielen[413]. Insbesondere in England schlugen sich die sozialen und technischen Veränderungen einer frühen Industrialisierung, die Innovationsfreude von Handel und Industrie und die Verstädterung auch im Bewegungsverhalten nieder[414]. In Deutschland beeinflusste dieses unter anderem auch die Pädagogik der Philanthropisten, die eine Versachlichung im Sinne einer zweckgerichteten Kultur der Leibeserziehung zum Ziel hatten[415].

Schulen wie das 1774 gegründete Dessauer Philanthropinum, welche die Leibesübungen in ihren Lehrplan integrierten, veränderten mit Laufen, Springen, Klettern, Balancieren und Tragen den Kanon wesentlich und setzten sich daher deutlich von der repräsentativen Körperkultur des Adels ab. Auch im 1784 von Johann Christoph Friedrich Guthsmuths gegründeten Schnepfenthaler Philanthropinum in Thüringen wurde besonders auf die Nützlichkeit der Leibesübungen für die körperliche Ertüchtigung, das Berufsleben und das Militär geachtet, weshalb hier Springen, Laufen, Werfen, Ringen, Klettern, Balancieren, Heben, Ziehen, Tanz, Gehen, militärische Übungen und Schwimmen praktiziert wurden. Dadurch sollte auch der Natürlichkeit des Bewegungsdranges im Gegensatz zu den stark formalisierten Exerzitien Rechnung getragen werden. Hintergrund hierfür waren auch die pädagogischen Lehren Jean-Jacques Rousseaus[416].

Eine Partizipation bürgerlicher Studenten am Exerzitien- und Sprachunterricht konnte damit nur insoweit erfolgen, als mit den einzelnen Disziplinen Nützlichkeit und Zweckgebundenheit für Profession und Auskommen verbunden waren. So heißt es etwa in einer Anstandslehre des Jahres 1713: *Reuten ist ein gutes Exercitium, vor einen Jungen von Adel, Bürgerlichen nutzt es so viel nicht, es wäre dann, daß einer vom Kriege wollte Profession machen*[417]. Wenn Linke für das 18. Jahrhundert einerseits einen neidischen und „begehrlichen Blick des Bürgers"[418] sowie seine Faszination für die körperliche Übung konstatiert und andererseits von „spöttisch-bloßstellender Kritik und Ablehnung"[419] gegenüber der adligen Körperkultur spricht, so lässt sich eine deutliche Parallele zum ambivalenten Urteil der bürgerlichen Universitätsgelehrten des beginnenden 17. Jahrhunderts an den Universitäten in Tübingen und Straßburg ziehen. Einerseits wurde zunächst gegen die Exerzitien polemisiert, andererseits war der bürgerliche Gelehrtenstand rasch bereit, die Vorteile des Wer-

---

[413] EICHBERG: Leistung, S. 202–205, 218 f., 235; EICHBERG: Umbruch, S. 133–137.

[414] KÜHNST: Sport, S. 111.

[415] KÖNIG: Philanthropismus, S. 17–40; KÜHNST: Sport, S. 62, 94–109.

[416] BEGOV: Wer sich fein recht tut üben, S. 68–71; BEGOV: Sportgeschichte, S. 160 f.; BOHUS: Sportgeschichte, S. 98–102; GELDBACH: Philanthropen, S. 165–196; HIRSCH: Wiedererweckung, S. 31–43; MALLINCKRODT: Leibesübungen, Sp. 818 f.; SAURBIER: Geschichte, S. 86–104.

[417] Zitiert nach LINKE: Sprachkultur, S. 75.

[418] LINKE: Sprachkultur, S. 72.

[419] Ebd., S. 77.

be-, Wirtschafts- und Prestigefaktors, den die Exerzitien darstellten, auch für sich zu nutzen. Die spezifisch bürgerliche Intention der Nützlichkeit hinsichtlich einer Teilhabe am Lehrprogramm der Exerzitien- und Sprachmeister besaß also bereits für das frühe 17. Jahrhundert Gültigkeit, wenngleich die aufklärerischen Ideen der Mitte des 18. Jahrhunderts diesen Impetus verstärkt haben dürften[420].

b. Adliger Vorrang

Die Teilnahme bürgerlicher Studenten am Lehrangebot der Exerzitien- und Sprachmeister im Verlauf des 17. und 18. Jahrhunderts ist nach diesen ersten Überlegungen also vor dem Hintergrund einer einerseits von Beginn an ambivalenten Haltung gegenüber dem adligen Vorbild und andererseits eines pragmatischen Nützlichkeitsdenkens des bürgerlichen Standes zu betrachten. Beides impliziert eher Zurückhaltung als offensiven Zugriff auf das Lehrangebot der Maîtres durch die bürgerlichen Studenten. Und auch die Quellen sprechen sowohl hinsichtlich einer Einbeziehung, als auch eines Ausschlusses bürgerlicher Studenten aus dem Lehrangebot der Maîtres oftmals eine ambivalente Sprache. Wurde ein württembergischer Bürgersohn 1673 nur ausnahmsweise in das exklusiv adlige Collegium Illustre aufgenommen, wo ihm ausdrücklich die kostenlose Beteiligung am Fechten, Voltigieren, Tanzen und am Sprachunterricht, nicht aber am Reiten und Ballspiel gewährt wurde[421], so besaß die kurbayerische Akademie zu Ettal einen für adlige und nichtadlige Zöglinge separaten Lehrplan, der für die bürgerlichen Studenten *Totenoffizium und Studium* ankündigte, solange die adligen Kommilitonen Exerzitien betrieben[422].

Aufgrund der eingeschränkten Quellenlage, anhand derer die Partizipation adliger wie bürgerlicher Scholaren am Lehrangebot der Tübinger Maîtres nachgewiesen werden kann, muss noch auf eine aufschlussreiche Beobachtung eingegangen werden. Das Schriftgut, das über die Scholaren der Maîtres Auskunft gibt, stellen neben

---

[420] Ebd.: „Die ambivalente Einstellung des Bürgers zur körperbetonten Repräsentationskultur des Adels, die schon immer neidische Begehrlichkeit mit spöttisch-blossstellender Kritik und Ablehnung vereinte, verschiebt sich also im Verlauf des 18. Jahrhunderts in die letzt genannte Richtung".

[421] HStAS A 284/94 Bü 256 o. Pag. Herzog Eberhard an den Oberhofmeister des Collegium Illustre (1673, April 5): Der 1672 zum Kammerprokurator ernannte bürgerliche Rat Heinrich Bacmeister, der zuvor Universitätssekretär in Tübingen gewesen war, wurde 1673 aus beruflichen Gründen dazu verpflichtet, seinen Wohnsitz von Tübingen nach Stuttgart zu verlegen. Da einer seiner Söhne in Tübingen die Rechte studierte, Bacmeister sich aber dessen dort fortzusetzenden Unterhalt nicht leisten konnte, erteilte Herzog Eberhard ihm ein Subsidium: Der bürgerliche Student sollte in das zu dieser Zeit als exklusive Adelsakademie gut besuchte Collegium Illustre aufgenommen werden, um als Diener und Reisebegleiter des jüngeren württembergischen Prinzen Georg Friedrich von Württemberg zu fungieren. Zusätzlich sollte er dem Oberhofmeister bei Schreib- und Rechenarbeiten zur Hand gehen, am Tisch des Küchenmeisters speisen dürfen und über freie Logis verfügen. Zudem erhielt er gratis Unterricht im Fechten, Voltigieren, Tanzen und in den modernen Fremdsprachen. Vgl. zu Heinrich Bacmeister PFEILSTICKER: NWD § 1657.

[422] KAINZ: Ritterakademie, S. 30.

Stammbüchern oder Inventuren am Häufigsten Schreiben oder Suppliken der Maîtres an die obrigkeitlichen Instanzen dar. Diese Quellen müssen insofern als Abbild einer ständischen Gesellschaft kritisch betrachtet werden, als sich darin der absolute soziale Vorrang der adligen Studenten vor ihren bürgerlichen Kommilitonen auch sprachlich manifestierte. Nannten die Maîtres, wie es nur in wenigen Fällen vorkam, ihre adligen und bürgerlichen Scholaren in einem Atemzug, so wurden letztere zwar keineswegs despektierlich, aber – ungeachtet ihrer zahlenmäßigen Überlegenheit – stets an zweiter und letzter Stelle genannt. Hinzu kommt, dass die Maîtres in ihren sprachlichen Wendungen die bürgerlichen Studenten häufig subsumierend als *andere* oder *übrige* Scholaren[423] von ihrer adligen Klientel abgrenzten. Diese fehlende Präzision und Konkretisierung der bürgerlichen Studenten erzeugte den Eindruck einer deutlichen, im Alltag also faktisch zu vernachlässigenden Alterität zu den adligen Studenten. So entstand ein nicht nur sprachlich, sondern auch ideell wahrnehmbarer Kontrast, der die bürgerlichen Studenten in ihrer Bedeutung als Scholaren der Maîtres hinter ihren adligen Kommilitonen zurückstehen ließ.

Eine Steigerung stellte die zusätzliche terminologische Kontrastierung in Wendungen wie *Cavaliers und Studiosis*[424] oder *Cavalliers und übrige Studiosos*[425] dar, in denen adlige und bürgerliche Scholaren nicht nur ebenfalls klar voneinander separiert wurden, sondern auch hinsichtlich der Partizipation bürgerlicher Studenten am Lehrangebot der Maîtres eine bedeutsame Wertung vorgenommen wurde. Im Kontext des Exerzitien- und Sprachunterrichts markierte der Begriff des adligen *Cavaliers*[426] im

---

[423] HStAS A 202 Bü 2615 o. Pag. Senat der Universität an den Geheimen Rat (1672, August 2): Der Senat der Universität Tübingen berichtete 1672 darüber, dass *über sonst andere, zimblich und auß vornehmen Geschlechtern sich befindende adeliche Studiosi* wünschten, die Exerzitien zu betreiben. HStAS A 284/94 Bü 54 Bl. 13 o. Pag. Johann Braun an den Kirchenrat (1698, Juni 18): Fechtmeister Johann Braun erwähnte 1698 seinen Fechtunterricht bei den württembergischen Prinzen *alß andern Scholaren.* HStAS A 284/94 Bü 295 o. Pag. Georg Dominicus Keller an den Kirchenrat (1758, Oktober 16): Der Ballmeister berichtete hier von den ihn frequentierenden *Cavalliers und übrige Studiosos.* UAT 5/2 Nr. 119a: Der Sprachmeister Petrus Scaturigius berichtete 1636 davon, dass er mit *Information Adelicher auch anderer Jugend nützlichen und mit guotem Ruohm gedienet* habe. Diese Art der gleichzeitigen und doch ständisch abgrenzenden Nennung von Adligen und Bürgerlichen war offenbar kein Einzelfall, sondern auch in anderen Kontexten Usus. Die 1593 angebrachte Inschrift am Tübinger Collegium Illustre, die noch heute zu sehen ist, beschrieb die damals noch für adlige wie bürgerliche geplante Belegung des neuen Collegiums analog zu obiger Beobachtung mit dem Vers: *Hie sollin studiern zu ieder Zeit Herrn vom Adel und ander Leut.* Vgl. Die Universität Tübingen von 1477 bis 1977 in Bildern und Dokumenten, S. 107; ZELLER: Merckwuerdigkeiten, S. 157.

[424] UAT 9/9 Nr. 99.

[425] HStAS A 284/94 Bü 295 o. Pag. Georg Dominicus Keller an den Kirchenrat (1758, Oktober 16).

[426] TRICHTER: Reit-, Jagd-, Fecht- Tantz- oder Ritter-Exercitien-Lexicon, Sp. 303–307, Lemma *Cavalier,* Lemma *Cavalierement studiren: Cavalier, Heißt eigentlich ein Reuter, insgemein aber braucht man dieses Wort von einem Edelmanne, welcher entweder im Kriege oder durch Hof-Dienste dem Lands-Herrn und Vaterlande ersprießliche Dienste leistet [...] Und da ihm seine edle Geburt vor denen vom Buerger-Stande den Weg zu hohen Kriegs- und Hof-Chargen bahnet, so soll er sich hierzu auch geschickt machen, und in seinen jungen Jahren die*

Gegensatz zu dem des bürgerlichen *Studiosus*[427] einen Studenten, der seine Studien durch das Betreiben der Exerzitien zusätzlich bereicherte und damit in Kongruenz zum Lehrangebot der Maîtres stand. Den bürgerlichen Studenten dagegen wurde mit dem Begriff des *Studiosus* eine natürliche Affinität zu den Exerzitien nicht nur abgesprochen, sie wurden auch auf die bürgerliche Rolle als Vertreter der humanistischen Gelehrsamkeit und des Leistungsprinzips zurückgeworfen. Mittels der sprachlichen Gegenüberstellung von *Cavaliers* und *Studiosis* manifestierte sich so aus der Sicht der Maîtres eine deutlich wahrnehmbare soziale Disparität.

Trotz des sicheren Nachweises bürgerlicher Scholaren, etwa bei Fechtmeister Johann Braun am Ende des 17. Jahrhunderts, wurde eine bürgerliche Partizipation am Fechtunterricht in entsprechenden Schreiben der Maîtres hin und wieder auch schlichtweg ausgelassen[428]. Diese höchste Stufe sprachlicher Reduzierung, die letztlich eine Ausblendung bürgerlicher Teilhabe am Exerzitien- und Sprachunterricht bedeutete, ist nachvollziehbar. Die Nennung prestigeträchtiger adliger Scholaren, wie etwa der württembergischen Prinzen[429], reichte völlig aus, um die in den Suppliken der Maîtres formulierten Ziele zu erreichen und diente in der Alleinstellung oder zumindest gebührenden Kontrastierung gegenüber den *übrigen* Scholaren auch dazu, weit größeren Eindruck zu hinterlassen.

Daraus lassen sich mehrere Schlussfolgerungen ziehen: In den einschlägigen Quellen – den Schreiben der Maîtres – sind die bürgerlichen Scholaren tendenziell unterrepräsentiert[430]. Deutlich wird aber auch, dass die Maîtres der Teilnahme bürgerlicher

---

Mittel nicht verabsaeumen, welche ihn dazu fuehren. Diese sind nun keine andere, als Studia und die Ritterlichen Exercitia. [...] Daß aber die Ritterlichen Exercitia einem von Adel unentbehrlich seyn, zeiget der Nahme selbst schon an. Sie heissen Exercitia equestria, Ritterliche oder Adeliche Uibungen, und sollen folglich von den Adelichen geuebet werden.

[427] ZEDLER: Universal-Lexicon, Bd. 40, Sp. 1185–1197, Lemma *Student*, Bd. 40, Sp. 1226, Lemma *Studium*: Zedler verwies in seinem Artikel zum *Studium* insbesondere auf die ursprüngliche Bedeutung des Fleißes, der Mühe und der Sorgfalt und definierte die *Studiosi* als diejenigen, *so sich einige Jahre auf Universitaeten aufhalten, um eine oder die andere von denen so genannten vier Facultaeten zu begreifen, damit sie hernach der Kirchen, Schulen, oder dem gemeinen Wesen, nuetzliche Dienste leisten moegen.*

[428] HStAS A 284/94 Bü 54 Bl. 13, o. Pag. Johann Braun an den Kirchenrat (1698, Juni 18): So nannte der Tübinger Fechtmeister 1698 in zwei unterschiedlichen Schreiben an den Kirchenrat einmal seinen Fechtunterricht bei den württembergischen Prinzen *alß andern Scholaren* sowie das andere Mal lediglich die Tatsache, dass er *viel fürstliche und andere hohe Standspersonen zu ihrem Vergnügen in Standsmäßigen Exercitiis informiret* habe.

[429] Vgl. zum Aufenthalt der württembergischen Prinzen im Tübinger Collegium Illustre: HStAS A 202 Bü 2605–2608, 2611; HStAS A 274 Bü 67, 72, 75; A 284/94 Bü 257, 260, 262–264, 322, 323; HStAS A 274 Bü 83 o. Pag. Verwalter des Collegium Illustre an den Kirchenrat (1769, Mai 30); BÖK: Geschichte, S. 68–72; ZEDLER: Universal Lexicon, Bd. 45, Sp. 1602–1604, Lemma *Tuebingisches Collegium Illustre*; ZELLER: Merckwuerdigkeiten, S. 180–183.

[430] Vgl. hierzu auch HUIZINGA: Herbst, S. 73 f.: „Gleichwohl muß jedem, der gewohnt ist, das spätere Mittelalter unter politisch-ökonomischem Aspekt zu sehen, immer wieder auffallen, daß die Quellen selbst, namentlich die erzählenden Quellen, dem Adel und seinem Treiben einen viel größeren Platz einräumen, als es zu unserer Vorstellung paßt. Das gilt übrigens nicht nur vom späteren Mittelalter, sondern auch noch vom siebzehnten Jahrhundert. Der Grund liegt darin, daß die adelige Lebensform ihre Herrschaft über die Gesellschaft noch

Studenten an ihrem Unterricht keine gesteigerte ideelle wie wirtschaftliche Bedeutung beimaßen. Hinzu kommt, dass sich auch die obrigkeitlichen Instanzen bei der Bereitstellung des Exerzitien- und Sprachunterrichts stets überwiegend nach den Bedürfnissen der adligen Studenten richteten. Bedenkt man hierbei die utilitaristische bürgerliche Grundeinstellung, so wird deutlich, dass der frühneuzeitliche Exerzitien- und Sprachunterricht, ungeachtet einer unumstrittenen Teilnahme bürgerlicher Studenten am Lehrangebot der Maîtres, im gesamten 17. und 18. Jahrhundert eine überwiegend adlige Domäne blieb. Dass die adligen Studenten trotz ihres geringen Anteils an der Gesamtscholarenschaft und speziell der Tübinger Studentenschaft[431] das Lehrangebot der Maîtres dominierten, beziehungsweise dass die bürgerlichen Scholaren trotz ihrer Beteiligung dabei in den Hintergrund traten, macht deutlich: Die Partizipation am frühneuzeitlichen Exerzitien- und Sprachunterricht durch bürgerliche Studenten bedeutete zu keinem Zeitpunkt eine Vereinnahmung dieser adligen Exklusivität, sondern stellte lediglich eine Teilhabe mit spezifischen Absichten dar.

---

lange behielt, nachdem der Adel im gesellschaftlichen Gefüge seine vorherrschende Bedeutung verloren hatte".

[431] Asche: Bürgeruniversität, S. 396; Eulenburg: Frequenz, S. 67; Müller: Aristokratisierung, S. 37–42: Im 17. Jahrhundert konnten die Universitäten Ingolstadt, Heidelberg, Dillingen und Altdorf einen weit höheren Adelsanteil, etwa bis zu 17,5 Prozent in Ingolstadt, nachweisen, während er für Tübingen bei 7 Prozent lag. Die Universität Straßburg zog im 17. und 18. Jahrhundert vor allem vermehrt Adlige aus Lothringen und Frankreich an. Auch die Universität Halle hatte in den ersten Jahrzehnten ihres Bestehens einen Adelsanteil von 8 Prozent. Im 18. Jahrhundert wurde insbesondere die Universität Göttingen von Adligen frequentiert. Cramer: Herkunft, S. 9; Eulenburg: Frequenz, S. 67; Müller: Aristokratisierung, S. 39, 11 f.; Seiler: Schwesternhochschulen, S. 79 f.; Württembergische Jahrbücher für Statistik und Landeskunde 1877, S. 127 f.: Während der ersten Öffnungsphase des Collegium Illustre bis 1628 konnte die Universität Tübingen einen mit der Zeit vor 1594/1596 vergleichbaren Adelsanteil verzeichnen, was vermutlich daran lag, dass das Herkunftsprofil der am Collegium Illustre und der Universität studierenden Adligen sehr unterschiedlich war. Während sich am Collegium Illustre vor allem der begüterte titulierte Adel aus Böhmen, Mähren, Schlesien, der Oberlausitz und der Niederlausitz aufhielt, herrschte an der Universität der untitulierte Adel aus Schwaben und den habsburgischen Erblanden vor. Zwischen 1594 und 1628 hielten sich an der Universität 586 Adlige auf, am Collegium Illustre waren es dagegen nur 451. Die Kostspieligkeit des Studiums am Collegium Illustre scheint hier eine Rolle gespielt zu haben. Auch in Tübingen sank die Frequentierung der Universität durch den Adel mit den allgemeinen Besucherzahlen während des Dreißigjährigen Krieges. Zwischen 1650 und 1660 betrug der Anteil der adligen Studenten in Tübingen 10,7 Prozent, zwischen 1660 und 1670 12,7 Prozent und zwischen 1670 bis 1680 11,1 Prozent, womit der Höchststand im 17. Jahrhundert erreicht war. Zwischen 1690 und 1700 betrug der Adelsanteil nur noch 4,3 Prozent. Im 18. Jahrhundert wurde die Universität Tübingen insgesamt schwach frequentiert und der Adelsanteil blieb gering. Zwischen 1760 und 1776 betrug die Anzahl der adligen Studenten zwischen 5 und 21 Personen. Zwischen 1777 und 1791 waren es jedoch niemals mehr als zehn. Ab 1792 nahm der Adelsanteil wieder leicht zu. Vgl. auch Endres: Adel, S. 3: Zu beachten ist zudem, dass der Anteil des Adels an der Gesamtbevölkerung gering war. Er betrug um 1500 im Heiligen Römischen Reich nur etwa 1,5 und um 1800 etwa nur noch 1 Prozent. Die Zahl der Adligen wurde 1800 auf 250 000 Personen bei einer Gesamtbevölkerung von 24 Millionen im Reich geschätzt.

c. Zur Partizipation bürgerlicher Studenten am Lehrangebot der Maîtres

So lässt sich in den einzelnen Sparten des Fächerquintetts ein ganz unterschiedliches Ausmaß der Beteiligung durch bürgerliche Studenten beobachten. Die Nachrichten über bürgerliche Scholaren sind in Zusammenhang mit den Sprachmeistern am intensivsten. Der Unterricht in den modernen Fremdsprachen war in bürgerlichen Kreisen kein Novum und seit langem bei Kaufleuten, Handwerkern, Gelehrten, Diplomaten und aller Art von Reisenden aus praktischen Gründen weit verbreitet[432]. Der auf Konversation und authentische Aussprache gerichtete Sprachunterricht der Sprachmeister des ausgehenden 17. und des 18. Jahrhunderts erfüllte vielfältige nützliche Funktionen in Kommunikation und Information, die auch für bürgerliche Studenten unerlässlich waren[433].

Der Tübinger Sprachmeister des Französischen Étienne Debrulère klagte 1656 über die nicht bezahlten Informationsgelder des bürgerlichen Scholaren Eberhard Gockel[434]. Die Schuldnerliste des 1672 bei einem mit dem Degen ausgefochtenen Konflikt mit seinem Kollegen Jean Baptiste Lequin ums Leben gekommenen Sprachmeisters des Französischen Louis d'Artois zählte überwiegend bürgerliche und nur sehr wenige adlige Scholaren auf[435]. Der bürgerliche Tübinger Spitalschreiber Kienlin berichtete 1702 davon, dass sein Sohn den Französischunterricht des Sprachmeisters Paul Mélin genossen habe[436]. Dem Sprachmeister des Französischen Pierre Robert wurde 1763 vom Senat der Universität Tübingen verordnet, bedürftigen Studenten um ein geringes Informationsgeld französischen Sprachunterricht in seiner Wohnung zu erteilen[437]. Um 1780 setzten sich 27 überwiegend bürgerliche Studenten für den Verbleib des Sprachmeisters des Französischen Pierre Aubin de Sales ein[438]. Und Alexandre Geoffroy Resplandin berichtete 1791, er habe als Sprachmeister des Französischen nach seiner Ankunft in Tübingen zuerst Anstellung in den Haushalten gelehrter Bürger gefunden[439].

Im Jahr 1665 wandten sich die überwiegend bürgerlichen Scholaren des Sprachmeisters des Französischen Alphons Firmin Caussin an den Senat der Universität Tübingen, bestätigten ihre guten Lernfortschritte und baten um dessen weitere Anstellung in Tübingen[440]. Obwohl nur gut ein Drittel von ihnen, ihren Namensbezeichnungen nach, adliger Herkunft war, urteilte der Senat über diesen ungewöhnlichen Zusammenschluss, dass sich *etliche der fleißigsten und von Herkommen der*

---

[432] Hüllen: Geschichte, S. 39 f.; Schöttle: Sprachunterricht, Sp. 479.
[433] Vgl. hierzu Burke: Wörter, S. 97–99; Hüllen: Geschichte, S. 48.
[434] UAT 8/9 Nr. 145/145a Bl. 246–250.
[435] UAT 33/56.
[436] UAT 30/6 Nr. 22 Bl. 6.
[437] UAT 30/6 Nr. 27 Bl. 6.
[438] HStAS A 284/94 Bü 47 o. Pag. Zeugnis für Sprachmeister Pierre Aubin de Sales (um 1780).
[439] HStAS A 284/94 Bü 289 o. Pag. Alexandre Geoffroy Resplandin an den Kirchenrat (1791, Dezember 16).
[440] UAT 30/6 Nr. 6 Bl. 2.

Vornehmsten von etlichen Tischen[441] für den Sprachmeister zusammengefunden hätten. Dabei wurden bürgerliche und adlige Scholaren nicht nur erneut deutlich voneinander unterschieden, sondern auch mit entsprechenden Attributen versehen, welche auf die divergierenden Intentionen bürgerlicher und adliger Inanspruchnahme des Lehrangebots der Sprachmaîtres verweisen. Während die bürgerlichen Studenten aus Fleiß und für eine erweiterte Qualifikation das Französische erlernten, so pflegten die adligen Kommilitonen es a priori aus Gründen der Standesrepräsentation.

Wo immer möglich, setzten auch die Sprachmaîtres in ihren Supliken an die obrigkeitlichen Instanzen auf das Prestige der adligen Studenten. Bartholomäus Hettler rühmte sich 1605 der Unterrichtung der württembergischen Prinzen Ludwig Friedrich und Julius Friedrich[442]. Als der Sprachmeister des Französischen Petrus Scaturigius 1636 an den Senat der Universität Tübingen schrieb, wählte er eine Formulierung, die zwar adlige und bürgerliche Scholaren gleichermaßen einbezog, ständische Grenzen jedoch in der üblichen Weise kontrastierte. Er berichtete davon, mit *Information Adelicher auch anderer Jugend nützlichen und mit guotem Ruohm gedienet zu haben*[443].

Auch das Fechten übte das Bürgertum seit langem aus. Schon im Spätmittelalter hatte sich das Fechten bei den Handwerkerzünften etabliert, welche zu festlichen Anlässen Schaufechten oder Fechtschulen veranstalteten. Fechtmeister ließen sich bald in den Städten nieder, wo sie Handwerkergesellen und Bürgersöhnen unterrichteten. Im 15. und 16. Jahrhundert verbreiteten sich Fechtübungen in allen Gesellschaftsschichten, denn der geschickte Umgang mit Waffen aller Art war zur eigenen Verteidigung eine unerlässliche und nützliche Erfordernis des frühneuzeitlichen Alltags[444]. An der Universität Freiburg bedienten sich nachweislich Ende des 16. Jahrhunderts auch bürgerliche Studenten der italienischen Fechtart, was eine Schulung bei einem Fechtmeister voraussetzte[445]. Und auch in Tübingen nahmen bürgerliche Studenten am Fechtunterricht teil. Das zwischen 1654 und 1671 geführte Stammbuch des Fechtmeisters Conrad Jacob zählt unter den 143 überwiegenden Fechtscholaren auch circa 38 bürgerliche Studenten[446].

Dennoch blieb das Fechten eine vorrangig adlige Domäne, die auch von den obrigkeitlichen Instanzen stets ausschließlich als solche betrachtet wurde. In einem Schreiben an den Geheimen Rat mit der Bitte um Wiederbesetzung der vakanten Fechtmeister- und Bereiterstelle rückte der Senat der Universität Tübingen 1672 die adlige Klientel dieser Maîtres erneut deutlich in den Vordergrund, indem geurteilt wurde, dass insbesondere *über sonst andere, zimblich und auß vornehmen Geschlechtern sich*

---

[441] Ebd. Bl. 1.
[442] HStAS A 274 Bü 73 Bl. 5.
[443] UAT 5/2 Nr. 119a.
[444] Eichberg: Leistung, S. 61; Krug-Richter: Bacchant, S. 99 f.; Liermann: Mantel, S. 39; Schulze/Ssymank: Studententum, S. 77.
[445] Krug-Richter: Stund, S. 278; Liermann: Mantel, S. 46.
[446] HAAB Stb 151 Bl. 44ʳ, 65ʳ, 66ʳ, 71ʳ, 96ᵛ, 100ʳ, 101ʳ, 103ʳ, 103ᵛ, 105ʳ, 106ʳ, 109ʳ, 113ʳ, 114ᵛ, 134ʳ, 137ʳ, 146ʳ, 150ʳ, 151ʳ, 157ʳ, 158ʳ, 160ʳ, 166ʳ, 167ʳ, 176ʳ, 182ʳ, 185bᵛ, 186ᵛ, 187ʳ, 191ʳ, 192ʳ, 193ʳ, 194ʳ, 194ᵛ, 195ᵛ, 196ʳ, 197ʳ, 198ʳ.

befindende adeliche Studiosi wünschten, diese Exerzitien zu betreiben[447]. Befürchtet wurde, dass *Pursch, sonderlich was von Adel und Stande ist,* sich aufgrund des Mangels an geeigneten Maîtres aus Tübingen wegbegeben könnten[448]. Die Tübinger Fechtmeister Johann Braun und Johann Ernst Friedrich Güßau räumten 1698 und 1767 durch ihre Ausdrucksweise ihren adligen Scholaren erneut deutlichen Vorrang ein und berichteten dabei von *Printzen, alß andern Scholaren*[449] sowie *Cavaliers und Studiosis*[450]. Der Jenaer Fechtmeister Johann Friedrich Gottlieb Roux dagegen bewarb sich 1793 mit einer zwischen Adligen und Bürgerlichen ausgleichenderen Formulierung nach Tübingen. Er gab an, in Jena bisher *vielen Studenten, Adelichen und Bürgerlichen* mit Erfolg Unterricht im Fechten erteilt zu haben[451].

Der Unterricht bei einem Tanzmeister war das ganzheitlichste Exerzitium und bildete die Grundlage jeglicher Körperschulung. Die frühneuzeitlichen Tanzmeister vermittelten dabei nicht nur Gesellschaftstänze, sondern auch Haltung beim Gehen und Stehen, Umgangsformen und Gestik sowie die korrekte Art sich zu kleiden. Das Lehrangebot der Tanzmeister war daher auch für das höhere und gelehrte Bürgertum nicht nur nützlich, sondern auch hocheffektiv und daher hinsichtlich der späteren Betätigungsfelder etwa bei Hofe oder in der Verwaltung ein unerlässliches Bildungsgut[452].

In Tübingen kann eine intensive bürgerliche Partizipation am Lehrangebot der Tanzmeister vor allem für das 18. Jahrhundert nachgewiesen werden, wobei auch hier wiederum einerseits der allgegenwärtige adlige Vorrang und andererseits die divergierenden Erwartungen bürgerlicher und adliger Scholaren an den Tanzunterricht deutlich erkennbar werden. Im Jahr 1715 setzten sich fünfzehn bürgerliche Tanzscholaren für den Erhalt des umstrittenen Tanzmeisters Johann Balthasar Schäffer ein, während siebzehn bürgerliche wie adlige Scholaren darauf drängten, ihn durch einen kompetenteren Tanzmaître zu ersetzen[453]. Obwohl die adligen Scholaren eine Minderheit unter den Gegnern Schäffers darstellten[454], berichtete der Oberhofmeister des

---

[447] HStAS A 202 Bü 2615 o. Pag. Senat der Universität an den Geheimen Rat (1672, August 2).

[448] HStAS A 202 Bü 2615 o. Pag. Visitationskommission an den Geheimen Rat (1672, August 2).

[449] HStAS A 284/94 Bü 54 Bl. 13.

[450] UAT 9/9 Nr. 99.

[451] HStAS A 284/94 Bü 296 o. Pag. Johann Friedrich Gottlieb Roux an den Kirchenrat (1793, Mai 8).

[452] FINK: Tanzmeister, S. 100; LINKE: Sprachkultur, S. 90; TRICHTER: Reit-, Jagd-, Fecht- Tantz- oder Ritter-Exercitien-Lexicon, Sp. 2189, Lemma *Tantz-Kunst*: *Tantz-Kunst, Ist die erste unter den Ritterlichen Exercitiis, welche den uebrigen die Thuere auf- und zuschließt, und durch deren wohlgeordnete Ausuebung der menschliche Leib zu allen Verrichtungen agil und geschickt gemacht, das Gemueth recreiret und gestaercket, die Lebens-Geister ermuntert, und zu allen wichtigen Geschaefften gleichsam auf das neue beseelet werden.* WALTHER: Manieren, Sp. 1165.

[453] HStAS A 5 Bü 119 Beilage zu Bl. 21 (1715, März 14) und (1715, März 28).

[454] MUT II 30653, 30338, 30812; MUT III 30926, 30995, 31293: Johann Georg de Kulpis aus Stuttgart, Wilhelm Friedrich und Carl Friedrich Schilling von Canstatt, Heinrich Bernhard von Barckhausen aus Frankfurt, Carl von Schmidberg, Johann Ernst von Berga aus Öhringen und Wilhelm Ludwig von Stain.

Collegium Illustre über die Stellungnahme der Studenten, dass *grösten theyls nobiles wider die reception Johann Balthasar Schäffers protestiren*[455]. Die Befindlichkeiten der adligen Scholaren hatten also – obwohl in der Unterzahl – deutlichen Vorrang und waren ausschlaggebend für das weitere Vorgehen. Aus beiden Schreiben gehen zudem die spezifisch adligen wie bürgerlichen Erwartungen hervor, die an das Lehrangebot des Tanzmeisters gestellt wurden. Die Gegner Schäffers, unter denen sich auch die adligen Scholaren befanden, kritisierten insbesondere, dass der Maître weder die Begleitung des Tanzes auf der Geige, noch die neuesten französischen Tänze, wie den Passepied, beherrsche und daher nicht in der Lage sei, einen Scholaren professionell zu unterrichten und zu korrigieren[456]. Die bürgerlichen Studenten dagegen, die weder an der *experience* noch *dexterité* des Tanzmeisters etwas auszusetzen wussten, erwähnten weder modische Tänze noch Schäffers Kenntnis derselben, sondern hofften lediglich *zu einiger perfection und habileté der Leibesgeschicklichkeit zu gelangen*[457].

Obwohl die adligen Studenten also nur einen Bruchteil der Gesamtstudentenschaft und im Falle des Tanzunterrichts Johann Balthasar Schäffers auch eine Minderheit der Scholarenschaft dieses Maître darstellten, blieb auch diese Sparte des Fächerquintetts eine vorrangige Domäne der adligen Studenten, denn an deren Bedürfnissen orientierten sich auch weiterhin die obrigkeitlichen Instanzen. So wurde an der Universität Tübingen 1756 die unzureichende Besetzung der Tanzmeisterstelle durch den bereits 83-jährigen Antoine Lepicq erst dann konstatiert und für verbesserungsbedürftig erachtet, als ein Prinz des Hauses Zweibrücken-Birkenfeld zu Gelnhausen ankündigte, sein Studium in Tübingen aufnehmen zu wollen[458]. An der Bewerbung des Musikers Ernst Friedrich Dörr auf den Posten des Tanzmaître wurde 1767 aus Prestigegründen bemängelt, dass dieser keine ordentliche Ausbildung in der Tanzkunst aufweisen könne und, da sich in Tübingen *öffters auch frembde Cavalliers* aufhielten[459], den Ansprüchen womöglich nicht Stand halten könne.

Anders als für das Lehrangebot der Sprachmeister, der Fechtmeister und der Tanzmeister konnten keinerlei entsprechende Belege über eine Beteiligung bürgerlicher Studenten am Reiten und am Ballspiel nachgewiesen werden. Dies bedeutet freilich nicht, dass es eine solche Partizipation in diesen Sparten des Fächerquintetts nicht gegeben hat. Im Vergleich zu den bereits genannten Disziplinen kristallisiert sich jedoch die Tendenz zu einer offenkundig deutlich eingeschränkteren Teilhabe der bürgerlichen Studenten an diesen Exerzitien heraus. Und so handeln die Nachrichten über die Scholaren der Tübinger Ballmeister allesamt von adligen Studenten. Im Jahr 1649 bat Ballmeister Johann Bitschin um einen finanziellen Ausgleich für die zwei

---

[455] HStAS A 5 Bü 119 Beilage zu Bl. 21 (1715, Juni 2).
[456] Ebd., Beilage zu Bl. 21 (1715, März 28).
[457] Ebd., Beilage zu Bl. 21 (1715, März 14).
[458] UAT 9/9 Nr. 231: Ein solcher Prinz erschien in der Folge nicht in der Tübinger Matrikel. Es bleibt also unklar, ob er sich letztlich für das Studium in Tübingen entschied.
[459] UAT 9/9 Nr. 240.

Dutzend Bälle, die der württembergische Prinz Johann Friedrich täglich im Ballhaus verspielte[460] und 1652 berichtete derselbe über die ebenfalls noch unbezahlten Bälle, die zuhauf von den *fürstlichen und den gräfflichen Persohnen verschlagen* würden[461]. Sein Bruder und Nachfolger Georg Friedrich Bitschin wurde 1677 wegen unbezahlter Schulden für Ballspielmaterial von dem adligen Ballspielscholaren Carl Ferdinand von Prösing[462] tätlich angegriffen[463]. Der Oberhofmeister des Collegium Illustre plädierte 1732 für die Einstellung Georg Dominicus Kellers, da *ein würklicher Ballmeister aber dermalen desto mehrers nöthig seyn wird, als die Anwesenheit deß Prinzen, zerschiedener Grossen, und anderer Standes-Persohnen ein solches unumbhänglich erfordert*[464]. Ein Jahr später wurde dies erneut damit gerechtfertigt, dass sich nicht nur Prinz Carl Christian Erdmann von Württemberg-Oels, sondern auch andere junge Adlige in Tübingen aufhielten[465]. Bürgerliche Ballspielscholaren kamen dabei niemals zur Sprache. Ballmeister Georg Dominicus Keller selbst nannte 1732 als Scholarenschaft lediglich den Prinzen Carl Christian Erdmann und *auch übrige hochadelige studirende jugend*[466].

Anders verhielt es sich mit der Klientel des Billardspiels, das in Tübingen zu Beginn des 18. Jahrhunderts aufkam und auch bei den bürgerlichen Studenten weit verbreitet war[467]. Georg Dominicus Keller berichtete 1758 davon, dass das Ballhaus von einer Anzahl an *Cavalliers und übrige Studiosos* frequentiert werde, wobei er daher ganz offensichtlich auf das Billardspiel in seinen eigenen Räumen anspielte[468]. Denn das Jeu de paume kam seit der Mitte des 18. Jahrhunderts immer mehr außer Mode[469], sodass die über eintausend Einträge überwiegend bürgerlicher Scholaren in den von

---

[460] HStAS A 274 Bü 73 Bl. 5; HStAS A 284/94 Bü 53 o. Pag. Johann Bitschin an den Kirchenrat (1649, Oktober 14).

[461] HStAS A 284/94 Bü 53 o. Pag. Johann Bitschin an den Kirchenrat (1652, Juni 3).

[462] DORN: Edition, Nr. 177; MUT II 27202.

[463] HStAS A 202 Bü 2601 o. Pag. Oberhofmeister des Collegium Illustre an den Geheimen Rat (1677, Juni 13).

[464] HStAS A 284/94 Bü 53 Bl. 34.

[465] Ebd. Bl. 36.

[466] Ebd. Bl. 29.

[467] HStAS A 206 Bü 4888 Bl. 1.

[468] HStAS A 284/94 Bü 295 o. Pag. Georg Dominicus Keller an den Kirchenrat (1758, Oktober 16).

[469] HStAS E 221 I Bü 4406 o. Pag. Universitätskameralverwaltung an das königliche Finanzministerium (1819, März 16), o. Pag. Heinrich Rudolph Friedrich Keller an die Universitätskameralverwaltung (1819, August 13), o. Pag. Universitätskameralverwaltung an das königliche Finanzministerium (1819, November 16); UAT 9/11 o. Pag. Consignation (1756, Januar 17): Ballmeister Heinrich Rudolph Friedrich Keller gab 1819 an, in den vergangenen zehn Jahren insgesamt nur zwanzig Schüler im Ballspiel unterrichtet zu haben. Die Finanzkammer konnte dies nicht verifizieren, ging aber von einer geringen Anzahl an Ballspielscholaren aus und dies umso mehr, als auch die Universitätskameralverwaltung vor Ort aus Tübingen berichtete, dass das Jeu de paume längst aus der Mode gekommen sei und in den vergangenen zwanzig Jahren nur von wenigen Personen gespielt worden sei. Bereits 1756 war berichtet worden, dass das Ballhaus nur wenig frequentiert werde.

der Familie Keller zwischen 1758 und 1833 geführten drei Tübinger Ballhausstammbüchern vor allem das Billardspiel betrieben haben dürften.[470]

Wie die Beispiele der adligen Ballhausbesucher zeigten, spielte beim Ballexerzitium der Kostenfaktor eine große Rolle, sodass sich auch wohlhabende adlige Scholaren das materialaufwändige Exerzitium nur bedingt leisten konnten. Unter bürgerlichen Nützlichkeitsaspekten wurde es zu Beginn des 18. Jahrhunderts daher für den Bürgerstand nicht empfohlen: *Das Ballhaus ist auch mehr ein adelich als bürgerlich Exercitium und nimmt dazu sehr viel Geld weg.* Zudem könne man damit *weder in der Canzlei noch in der Kammer noch in einem einzigen andern Collegio einer Charge vorstehen*[471].

Ähnliche hohe Kosten verursachte das Reiten, wo generell höhere Informationsgelder als in den anderen Sparten des Fächerquintetts gefordert wurden. Zudem dürfte sowohl das Ballspiel, als auch die im Reitunterricht vermittelte Hohe Schule der Reitkunst den bürgerlichen Studenten wenig Nutzen im Alltag gebracht haben[472]. Hinzu kam, dass der kunstvolle Umgang mit dem Pferd als ein aus dem mittelalterlichen Rittertum tradiertes Status- und Standessymbol des Adels nicht nur finanziell, sondern auch ideell das exklusivste aller Exerzitien darstellte[473]. Das äußerte sich auch darin, dass während des Bestehens des Collegium Illustre im 17. Jahrhundert in den *Staaten* der Bereiter ein sehr kleiner, individuell zu betreuender Reitscholarenkreis mit Namen und Anzahl der Personen festgelegt wurde. Bereiter Adam Ulrich Oberans wurde 1666 darauf verpflichtet, die württembergischen Prinzen Wilhelm Ludwig und Friedrich Carl, drei Edelpagen und drei weitere junge Grafen, im Ganzen also acht Personen zu unterrichten, *damit dieselbe zierlich und wohlanständig reitten lernen*[474]. Cueno verweist insbesondere auch darauf, dass „das Reiten als Ausdruck des Charakters, aber auch der gesellschaftlichen Rolle des Reiters" gesehen wurde. Die zeitgenössischen Reitbücher stellten den Reiter als einen Vertreter ritterlicher Tugenden, charakterlicher Feinheit und Moralität dar, der zudem über die finanziellen Mittel verfügte Pferde, Zucht, Ställe und Personal für ein kunstvolles Reiten bereitzustellen,

---

[470] UAT S 127 Nr. 124–126; Schmidgall: Studenten, S. 24–26.

[471] Zitiert nach Eichberg: Spannung, S. 101.

[472] Justi: Schauplatz, Bd. 7, S. 228 und Anm. **: In dem von Justi übersetzten „Schauplatz der Kuenste und Handwerke" wurde 1768 über das Ballspiel geurteilt: [...] *unter Galeni Schriften findet sich eine von dem Nutzen dieses Spiels in Absicht auf die Gesundheit; dem ohnerachtet aber gehoert diese Kunst unter die sehr entbehrlichen, und die Befoerderung der Gesundheit durch die Leibesbewegung kann ohne Ballhaus und Ballmeister erhalten werden, dergleichen man zwar ehedem auch auf teutschen Hoefen, und auf Universitaeten gehabt, sie sind aber wo nicht durchgehends, doch groestentheils, wegen der kostbaren Unterhaltung und enormer Mißbraeuche außer der Mode gekommen.*

[473] Müller: Loblied, S. 430: Zwei junge Grafen von Castell berichteten 1617 aus dem Collegium Illustre: *Der Bereiter ist auch lobenswerth, allein wer nicht uff das wenigste ein Jahr lang 100 Reichsthaler spendiret und ihme verehret, der kan eben so vil, wan er uffhöret, als da er angefangen und heißt alhier: Wer wohl schmirt, der reit wol. In welchem, weil die vom Adel das Lob, also haben sie auch im reiten und auch in andern das prae und den vorzug.*

[474] HStAS A 202 Bü 2615 o. Pag. *Staat für Ulrich Oberans (1666, April 23).*

und wandten sich daher vorrangig an den Adel, dem diese Eigenschaften zugesprochen wurden[475].

Obwohl dem Bereiter am Collegium Illustre Ulrich Oberans bereits 1652 ausdrücklich aufgetragen worden war, auch die Universitätsstudenten im Reiten zu unterrichten und dafür sechs Pferde anzuschaffen, bezog sich die Ausweitung des Scholarenkreises auf die Universität vermutlich vorrangig auf die an der Universität inskribierten Adligen und hielt sich, wie die Zahl der Pferde erkennen lässt, zahlenmäßig stets in engen Grenzen[476]. Für die württembergischen Prinzen und für weitere junge Studenten sollten auch im 18. Jahrhundert stets sechs Schulpferde bereitgestellt werden, wie es 1727 aus dem *Staat* für Stallmeister Ludwig Ernst Breithaupt und 1769 aus demjenigen für Adolph Christoph von Bühler hervorging[477]. Im Jahr 1737 wurde dem Geheimen Rat aus Tübingen berichtet, dass die Reitbahn besonders von jungen Edelleuten besucht würde[478]. Und so blieben bürgerliche Reitscholaren auf der Tübinger Reitbahn im 17. und 18. Jahrhundert wohl eine Ausnahme[479].

Nach diesen Beobachtungen kann man davon ausgehen, dass es sich bei dem 1673 ausnahmsweise ins Collegium Illustre aufgenommenen Sohn des bürgerlichen Kammerprokurators Heinrich Bacmeister um ein Musterbeispiel handelt: Wurde dem Bürgersohn die Teilnahme am Fechten und Voltigieren, am Tanzen und am Unterricht im Französischen und Italienischen gratis zugestanden, so blieb er bezeichnenderweise aus dem kostspieligen wie ideell exklusiven Reiten und Ballspiel stillschweigend ausgeschlossen[480]. Das Eindringen des Bürgersohnes in die exklusive Adelswelt des Collegium Illustre bestätigt damit in vollkommener Weise die bisher dargestellten Untersuchungen zur Partizipation der bürgerlichen Studenten am Lehrangebot der Maîtres. Während die Sprachmeister, die Fechtmeister und die Tanzmeister regelmäßig auch bürgerliche Scholaren unterrichteten, blieb das Reiten und das Ballspiel – nicht aber das im 18. Jahrhundert aufkommende Billardspiel – aufgrund seiner sowohl finanziellen, als auch ideellen Exklusivität eine ausschließliche Domäne der adligen Studenten. In den Sparten aber, in denen eine bürgerliche Partizipation stattfand, war diese zusätzlich durch eine vom adligen Vorbild abweichende utilitaristische Intention geprägt. Auch im Urteil der obrigkeitlichen Instanzen blieb das gesamte Lehrangebot der Maîtres – trotz bürgerlicher Teilhabe – eine unangefochten der adligen Sphäre

---

[475] CUNEO: Reiten, S. 187.

[476] HStAS A 202 Bü 2615 o. Pag. Bestallung des Ulrich Oberans (1652, Dezember 10).

[477] UAT 9/8 Nr. 6 f.

[478] HStAS A 202 Bü 2573 o. Pag. Memorial zur Verbesserung der Universität Bl. 17ᵛ.

[479] SAURBIER: Geschichte, S. 84 f.: Saurbier bestätigt dies: „Die von den Universitäten übernommenen ritterlichen Exercitien der Ritterakademien bleiben aber ein ihrem Wesen nach fremdes Körperbildungsmittel. Es waren nich die den bürgerlichen Kreisen angemessenen volkstümlichen Übungen und Spiele, wie sie im Volksleben wurzelten, so daß ihnen der Zusammenhang mit dem Leben fehlte. [...] Die Reitübungen waren für den Säckel der Bürgersöhne zu kostspielig, und so erlebten nur die Vorübungen der Reitkunst, Voltigierübungen am hölzernen Pferd, eine größere Verbreitung unter den Studenten".

[480] HStAS A 284/94 Bü 256 o. Pag. Herzog Eberhard an den Oberhofmeister des Collegium Illustre (1673, April 5); vgl. zu Heinrich Bacmeister PFEILSTICKER: NWD § 1657.

zugeschriebene Domäne, die ganz vorrangig für die adligen Studenten bereitgestellt und erhalten wurde und bei der man sich ausschließlich am adligen Bedürfnis und am adligen Urteil orientierte[481].

d. Zusammenfassung

Das adlige Ritterideal des Mittelalters hatte sich am Übergang zur Frühen Neuzeit in einen allgemeingültigen Wertekanon transformiert, der sich dabei vom adligen Verteidigungsstand gelöst hatte und daher nicht nur weiterhin den Adel, sondern auch das frühneuzeitliche Bürgertum beeinflusste und prägte. Ritterlich-adlige Lebensart und Umgangsformen wurden daher auch für Bürgerliche vorbildhaft und nachahmenswert. Die zeitgenössische Anstandsliteratur, insbesondere aber Baldassare Castigliones „Libro del Cortegiano" (1528), wurde bereits Mitte des 16. Jahrhunderts zum Klassiker des Genres und nahm hinsichtlich der Vermittlung vorbildlicher höfischer Umgangsformen bald eine wichtige Rolle ein. Dennoch blieb die adlige Vorbildfunktion für das Bürgertum stets ambivalent und äußerte sich hinsichtlich der Partizipation bürgerlicher Studenten am Lehrangebot der Maîtres in einem ausgesprochenen Nützlichkeitsdenken. Eine Teilnahme erfolgte daher nur insofern, als mit den Disziplinen des Fächerquintetts Nützlichkeit und Zweckbindung für Profession und Auskommen verbunden waren.

Hinzu kam hinsichtlich des Betreibens insbesondere der Exerzitien ein auch in den Quellen sprachlich nachvollziehbarer Vorrang der adligen Studenten vor ihren bürgerlichen Kommilitonen. Begriffliche Kontrastierungen etwa zwischen adligen Cavaliers und bürgerlichen Studiosi belegen deutlich, dass – ungeachtet einer unumstrittenen Partizipation bürgerlicher Studenten am Lehrangebot der Maîtres – der Exerzitien- und Sprachunterricht im gesamten 17. und 18. Jahrhundert eine Domäne der adligen Studenten blieb.

Schließlich lässt sich dies auch an den konkreten Beispielen einer solchen Teilhabe in den einzelnen Sparten des Fächerquintetts demonstrieren. Eine Beteiligung bürgerlicher Studenten am Lehrangebot der Maîtres zeigte sich insbesondere und leicht nachweisbar in jenen Sparten des Fächerquintetts, die eine deutliche Nützlichkeit für den studentischen und späteren beruflichen Alltag erkennen ließen. Und so wurde das Lehrangebot der Sprachmeister, der Fechtmeister und der Tanzmeister stets regelmäßig auch von bürgerlichen Studenten frequentiert, während das kostspielige Ballspiel und die Hohe Schule der Reitkunst als exklusiv adlige Exerzitien schlechthin von bürgerlichen Studenten weniger in Anspruch genommen wurden.

---

[481] Trichter: Reit-, Jagd-, Fecht- Tantz- oder Ritter-Exercitien-Lexicon, Sp. 308, Lemma *Cavalierement tantzen*: Valentin Trichter gab noch 1742 an, dass die *Ritterlichen Exercitia hauptsaechlich fuer die Noblesse und Standes-Personen erfunden sind, um sie von anderen zu distinguiren.*

3. Konkurrenz und Wettbewerb

3.1 Konkurrenzformen

a. Winkelfechtmeister und Fechtscholaren

Der Lehralltag der Tübinger Exerzitien- und Sprachmeister wurde immer wieder von Konkurrenzkonflikten bestimmt. Dabei kam es nicht nur zum Wettbewerb um die Gunst der Scholaren und damit ausreichende Verdienstmöglichkeiten für die Maîtres desselben Metiers, sondern auch zu Konkurrenzstreitigkeiten mit Außenstehenden, die in vielfachen Klagen beim Oberhofmeister des Collegium Illustre, der herzoglichen Verwaltung, dem württembergischen Herzog und beim Senat der Universität ihren Widerhall fanden. Besonders bemerkenswert in Zusammenhang mit der Wettbewerbsproblematik der Exerzitien- und Sprachmeister war die Konkurrenz, die den Maîtres aus der Scholarenschaft und damit der eigenen Klientel entgegenschlug. Eine Untersuchung der unterschiedlichen Konkurrenzformen, ihrer fachspartenspezifischen Ursachen und der Art und Weise, wie die Maîtres und die von ihnen einbezogenen obrigkeitlichen Instanzen solchen Wettbewerbssituationen begegneten, geben nicht nur Aufschluss über die Vielfalt frühneuzeitlichen Exerzitien- und Sprachunterrichts, sondern auch darüber, welchen Stellenwert ein Lehrangebot bei den Scholaren einnahm.

Eine Konkurrenz durch Mitbewerber innerhalb des eigenen Metiers bestand überwiegend unter den Fechtmeistern und den Sprachmaîtres. Einige Jahrzehnte des 18. Jahrhunderts lang dauerte aber auch der Konkurrenzstreit zwischen den am Collegium Illustre bestellten Ballmeistern und mehreren Generationen Tübinger Gastwirte um ein Monopol zur Aufstellung von Billardtischen und dem daraus zu gewinnenden wirtschaftlichen Profit. Eine charakteristische Konkurrenzform, die auf den physischen Charakter der Exerzitien verweist, bestand für die älteren Exerzitienmeister regelmäßig im Wettbewerb mit jüngeren Stellenanwärtern. Allen Konkurrenzformen gemein war die Sorge um die Erhaltung einer ausreichend großen Scholarenschaft, welche die wirtschaftliche Subsistenzgrundlage aller Maîtres darstellte. Aus dieser Sorge resultierte ein typisches Konkurrenzverhalten der Tübinger Exerzitien- und Sprachmeister, das sich häufig in stereotypen Diffamierungen, Interzessions-, Privilegierungs- und Monopolforderungen an die Adresse der obrigkeitlichen Instanzen bis hin zum württembergischen Herzog und letztlich auch in Werbemaßnahmen äußerte.

Eine fachinterne Konkurrenz unter den Fechtmeistern und den Sprachmaîtres war besonders ausgeprägt, während die Reit-, Tanz- und Ballmeister von direkten Mitbewerbern aus dem eigenen Metier weitgehend unbehelligt blieben. Bei den Fecht- und Sprachmeistern gab es dafür besondere Gründe. Der Fechtunterricht in Tübingen erfreute sich bis zur Schließung des Collegium Illustre im Jahr 1688 einer sehr guten Konjunktur[482]. Das Fechten war jedoch für die Scholaren – ähnlich wie das Tan-

---

[482] HStAS A 284/94 Bü 54 Bl. 2: Der Fechtmeister am Collegium Illustre Conrad Jacob gab im Januar 1668 als Begründung für sein Additionsgesuch an, dass er aufgrund des guten Besuchs

zen – zu keinem Zeitpunkt so bedeutend wie das Reitexerzitium, an das höchste Maßstäbe angelegt wurden. Noch für das 18. Jahrhundert wird diese Tatsache aus anderen Universitätsstädten wie Göttingen berichtet[483]. Die Ansprüche an die Qualität und die Ergebnisse des Fechtunterrichts und damit auch an die Qualifikationen und Fähigkeiten eines Fechtmeisters waren daher von Seiten der Scholaren weit niedriger angesetzt, als dies der Fall bei den Bereitern und Stallmeistern war. Eine Folge dieses niedrigen Anspruchs war es, dass der traditionell gut ausgebildete Fechtmeisterstand an den Universitäten[484] recht häufig nicht nur von fachlich unzureichend oder nur autodidaktisch geschulten und sich häufig auf Wanderschaft befindenden Winkelfechtmeistern[485] unterwandert wurde. Auch studentische Fechtscholaren mit nur rudimentären Kenntnissen in der Fechtkunst stellten eine ernstzunehmende Konkurrenz dar[486].

Insbesondere für Letztere gab es auch zahlreiche Beispiele an anderen Universitäten. In Rostock eröffnete ein Student 1657 einen Fechtboden und gab als Begründung an, er betreibe das Fechten nicht als Gewinn, sondern zur Gesundheitspflege und in den 1670er und 1680er Jahren führten weitere Studenten eigene Fechtböden, nunmehr unter anderem weil der obrigkeitlich bestellte Fechtmeister als zu alt angesehen

---

des Collegium Illustre und der hohen Nachfrage im Fechtunterricht von der Visitation dazu angehalten worden sei, einen Vorfechter einzustellen.

[483] MEINERS: Verfassung, S. 146: Meiners berichtet insbesondere für Göttingen, aber auch für andere Universitätsstädte des 18. Jahrhunderts: „Manche Juengliche und Maenner von Stande koennten das Fechten und Tanzen ohne großen Schaden entbehren, oder sich mit einer sehr maeßigen Fertigkeit in beyden Uebungen begnugen. Ganz unentbehrlich hingegen ist den meisten Personen von Stande nicht bloß als solchen, sondern auch als Gueterbesitzer und Oekonomen die Reitkunst".

[484] HStAS A 284/94 Bü 54 Bl. 37, 41, 43: Der Vorfechter und Fechtmeister Johann Jacob Pfeiffer erhielt für seine zwischen 1742 und 1746 bei Fechtmeister Johann Andreas Schmid in Tübingen abgeschlossene vierjährige Lehre in der Fechtkunst einen Lehrbrief.

[485] FISCHER/PFLEIDERER: Wörterbuch, Bd. 6, Sp. 852–855; UAT 117/670 o. Pag. Senat der Universität an den Geheimen Rat (1703, März 28): Der Begriff des Winkelfechtmeisters wird in den Tübinger Quellen nicht ausdrücklich genannt. Durch die 1703 gemachte Aussage des Oberhofmeisters des Collegium Illustre, dass unbefugter studentischer Fechtunterricht in den *Schlupffwinckeln* der Stadt entstehe, wird der Begriff jedoch gestützt, der für zahlreiche andere Bereiche sprachliche Anwendung fand, etwa für den bei Hermann Fischer und Wilhelm Pfleiderer genannten Begriff des *Winkeladvokaten*, des *Winkelarztes*, des *Winkelmanns*, der *Winkelschule* oder des *Winkelspiels*. Der Tübinger Fechtmeister Johann Andreas Schmid verwendet in seiner gedruckten Fechtkunst zudem den Ausdruck *Winckel-Fechter*. Vgl. SCHMIDT: Fecht-Kunst, Vorrede. Mit dem Ausdruck des Winkelfechtmeisters kann daher ein nicht öffentlich autorisierter, oftmals im Verborgenen tätiger und unbefugt oder verbotenerweise Fechtunterricht anbietender Fechtmeister bezeichnet werden, wie es die obrigkeitlichen Instanzen im Falle einiger Fechtscholaren unterstellten. Vgl. zudem KRAFFT: Universität, S. 113: Aus Ingolstadt wird von *Winkel-Docieren* oder *Winkel-Exercitienschulen* berichtet. NAIL/BERSCHIN: Geschichte des Tanzens, S. 3: In Marburg klagte 1739 ein Tanzmeister über einen *gâte maître*, einen Winkeltanzmeister.

[486] HStAS A 202 Bü 2617 Bl. 6 f., o. Pag. Johann Casimir Eller an den Geheimen Rat (praes. 1676, November 6), o. Pag. Oberhofmeister des Collegium Illustre an den Geheimen Rat (1676, November 13); UAT 2/15 Bl. 214ᵛ.

wurde[487]. An der Universität Kiel wollte 1666 ein Student Fechtunterricht erteilen, was ihm jedoch sofort untersagt wurde[488], während in der Matrikel der Universität Greifswald 1689 und 1696 zwei Studenten der Rechte offiziell als Universitätsfechtmeister eingetragen wurden[489].

Ihr sich mit geringer Professionalität zufrieden gebendes Publikum fanden insbesondere die studentischen Fechtscholaren einerseits durch die größere Nähe und Affinität zur Studentenschaft und andererseits aufgrund der günstigeren Preise für ihren Unterricht[490]. Da das Fechtexerzitium verglichen mit dem Reiten oder dem Ballspiel zudem an keine räumliche Infrastruktur gebunden war und nur eine geringe und gleichzeitig langlebige Materialbasis benötigte, konnten die Fechtmeister in der Ausübung und Unterrichtung ihres Lehrgegenstandes äußerst mobil und flexibel sein, was die Konkurrenz unter den Fechtmeistern generell erhöhte. Gefochten werden konnte eben nicht nur auf dem Fechtboden, sondern auch in den *Schlupffwinckeln* der Stadt, wie es der Oberhofmeister des Collegium Illustre 1703 bemängelte[491].

All dies führte zu einem sehr hohen Konkurrenzdruck unter den Fechtmeistern, der sich in Tübingen vor allem im 17. Jahrhundert zuspitzte, denn fast alle am Collegium Illustre angestellten Fechtmeister klagten in dieser Zeit über Konkurrenten, die dem Typus des im Fechten nur rudimentär qualifizierten Studenten oder des sich auf der Durchreise befindenden Winkelfechtmeisters entsprachen. Der Tübinger Fechtmeister Georg Wildt beklagte sich 1628 über die Konkurrenz eines Johann Müller, der sich nach Wildts Angaben den ihn begünstigenden Studentenstatus erschlichen habe, jedoch nicht studiere, sondern die Studenten im Fechten unterrichte und ihm *das Brod vor dem Mundt abschneide*[492]. Als Müller im Rahmen einer Vorladung vor dem Senat der Universität auf die Frage nach der Zugehörigkeit zu einer Fakultät nicht antworten konnte, aber dennoch angab, sich des Studierens halber in Tübingen aufzuhalten, wurde ihm nahe gelegt, seinen Fechtunterricht entweder aufzugeben oder aber die Stadt zu verlassen[493].

Müller sah sich daraufhin bemüßigt, seine wahren Umstände und Absichten offen zu legen. Er sei von seinen Eltern, Dresdner Bürgern, zu Studien angehalten worden, habe sich aber lieber auf Reisen begeben, auf denen er das Italienische und Französische erlernt habe. Nach dem Aufenthalt in verschiedenen Städten des Reiches, habe ihn letztlich auch die Universitätsstadt Tübingen angezogen, wo er sich mit der Absicht, das Italienische zu lehren, in die Matrikel eingetragen habe. Er wolle hier jedoch

---

[487] KOHFELDT: Fecht- und Tanzmeister, S. 69 f.

[488] PAULS: Anfaenge, S. 110.

[489] FRIEDLÄNDER: Universitäts-Matrikeln, Bd. 2, S. 182,45, 212b,50: Genannt wurde *Caspar Ludewig Panzendorff, Colbergensis P., legum stud., Fechtmeister* und *Johannes Malchin, Gryphiswaldensis, legum stud. magister armorum in academia nostra.*

[490] HStAS A 202 Bü 2617 Bl. 6.

[491] HStAS A 202 Bü 2617 o. Pag. Oberhofmeister des Collegium Illustre an den Geheimen Rat (1676, November 13); UAT 117/670 o. Pag. Senat der Universität an den Geheimen Rat (1703, März 28).

[492] UAT 2/15 Bl. 214^v.

[493] UAT 2/15 Bl. 214^v–215^r, 216^r.

vornehmlich Latein, Geschichte und Politik studieren, um seine auf Reisen erworbenen Kenntnisse zu ergänzen und hoffe, später damit ein Amt in der herzoglichen Verwaltung bekleiden zu dürfen. Der Unterricht im Italienischen und auf Nachfrage auch im Fechten diene lediglich seinem Unterhalt. Dass diese vordergründige Absicht Müllers nicht ganz ernst gemeint war und dieser seinen Fechtunterricht in dem von Wildt befürchteten größeren Stile aufzuziehen gedachte, zeigt der weitere Verlauf des Schreibens. So schilderte Müller die Konkurrenzsituation zu Georg Wildt dahingehend ausführlicher, dass er von der Stadt bereits die Erlaubnis erhalten habe, für seine Fechtlektionen den städtischen Fechtboden im Bürgerhaus zu benutzen, wofür er auch ein Bodengeld an die Stadt entrichte. Zudem beschwichtigte Müller das scharfe und seiner Meinung nach unangebrachte Konkurrenzdenken Wildts, der trotz seines Alters immer noch an drei Wochentagen Fechtunterricht in allen Waffenarten erteile, während er selbst nur den Umgang mit dem einfachen Rapier lehre. Vor allem aber lief die Argumentation Müllers doch darauf hinaus, ihn als offiziellen Konkurrenten Wildts in Tübingen zu akzeptieren, indem er sich erkühnte festzustellen, dass es jedem Studiosus freistehe, bei Wildt oder bei ihm selbst Unterricht zu nehmen. Zuletzt belehrte er den Senat darüber, dass es üblich sei, an einer Universität einen zweiten Fechtmeister zu dulden, wie dies angeblich der Fall an den Universitäten in Ingolstadt, Jena, Leipzig, Wittenberg und Helmstedt sei[494]. Da Müller für den Senat den Anschein erweckte, tatsächlich Studien zu betreiben und zudem auch aus konfessionellen Gründen darum bat, in Tübingen bleiben zu dürfen, sah sich der Senat zum Einlenken gezwungen und erlaubte Müller, in der Stadt zu bleiben. Seine Spur verliert sich nach einem Arrest im Jahr 1631 wieder[495].

Nachdem auch der am Collegium Illustre bestellte Fechtmeister Conrad Jacob bereits 1672 über Konkurrenz geklagt hatte[496], wehrte sich 1676 sein Nachfolger Johann Casimir Eller gegen den plötzlich in Tübingen auftauchenden französischen Fechtmeister Jan Veiliaque du Roc, den er typischerweise als *Vagant und Umblauffer* bezeichnete und in *sothaner Profeßion wenig Erfahrenheit hat*[497]. Veiliaque du Roc erzählte dem Oberhofmeister des Collegium Illustre eine wenig glaubwürdige und abenteuerliche Lebensgeschichte, die auf die Scholaren aber so anziehend wirkte, dass sich der unstete Fechtmeister zum Nachteil Johann Casimir Ellers sowohl bei Collegiaten als auch Universitätsstudenten in kürzester Zeit einen festen Scho-

---

[494] UAT 9/6 Nr. 17 Bl. 10.
[495] UAT 2/16 Bl. 228ᵛ.
[496] HStAS A 202 Bü 2617 o. Pag. Conrad Jacob an den Geheimen Rat (praes. 1672, April 23).
[497] HStAS A 202 Bü 2617 o. Pag. Johann Casimir Eller an den Geheimen Rat (praes. 1676, November 6): Fechtmeister Johann Casimir Eller sprach davon, *waß maßen dieser Tagen einiger Frembdling, ein Frantzoß, so der profession nach sich vor einen Fechter außthut, zue Tübingen ankommen ist, welcher nicht allein meine in der Statt habende Scholaren heimlicher weise zu sich reitzet, sondern auch einige auß dem Fürstlichen Collegio, ungeachtet ihme von Oberhoffmeistern deßwegen etlich mahl Inhibition geschehen, mir abwendig zu machen, und also nach und nach mir Abtrag zuthun, sich allem Vermögen nach bestrebet.*

larenkreis aufbauen konnte[498]. Die Bemühungen der Studenten, die für diesen neuen Fechtmeister eintraten, waren jedoch vergeblich. Der Oberhofmeister teilte Veiliaque du Roc mit, dass mit Johann Casimir Eller die Funktion des Fechtmeisters in Tübingen aufgrund der geringen Studentenzahl bereits hinreichend ausgefüllt sei, dass neben diesem kein weiterer Fechtmeister geduldet würde und ihm daher das Fechten in Tübingen untersagt werde[499].

Aber nicht nur der sich als bedürftiger Student ausgebende Johann Müller oder der ehemalige französische Soldat zweifelhaften Lebenswandels Jan Veiliaque du Roc stellten für die Fechtmeister am Tübinger Collegium Illustre eine wenigstens zeitweise ernstzunehmende Konkurrenz dar. Auch vollkommen fachfremde Personen trauten sich zu, neben oder anstatt ihres erlernten Handwerks Tübinger Studenten Unterricht im Fechten zu erteilen, so etwa der gelernte Pastetenbäcker Georges Parent, der 1703 dem Fechtmeister am Collegium Illustre Balthasar Friedrich Dinckel Scholaren streitig machte und sich an keines der über ihn verhängten Unterrichtsverbote der Stadt oder der Universität hielt[500]. Dinckel bescheinigte seinem Konkurrenten nur *eine geringe und wenige Wissenschafft in der Fechtkunst, doch ohne einiges Fundament* und klagte darüber, dass Parent die Scholaren mit günstigen Preisen für seinen Fechtunterricht anlocke, indem er die üblichen Informationsgelder unterbiete und sich nicht nur mit Geld, sondern auch mit alten Kleidern bezahlen lasse[501]. Die fachliche Unzulänglichkeit Parents war offensichtlich tatsächlich so groß und eindeutig, dass der Geheime Rat beschloss, er könne *dergleichen von dem Parent unternehmende Stümplerey in der Fechtkunst keines weegs gestatten.* Daher wurden ihm die Fechtlektionen verboten und angedroht, bei Zuwiderhandlung die Stadt verlassen zu müssen. Zudem wurde ihm nahegelegt, doch weiterhin seinem erlernten Pastenbackhandwerk nachzugehen[502].

---

[498] HStAS A 202 Bü 2617 o. Pag. Oberhofmeister des Collegium Illustre an den Geheimen Rat (1676, November 13): Der Oberhofmeister des Collegium Illustre berichtete ausführlich über die Befragung Jan Veiliaque du Rocs. Demnach sei er ein aus der Nähe von Paris gebürtiger Franzose katholischer Religion, habe jedoch einen sizilianischen Vater und gebe sich als Italiener und Exerzitienmeister aus. Das Deutsche verstehe und spreche er nicht. Er habe Kenntnisse im Reiten und im Ballspiel, besonders aber im Fechten und darüber hinaus auch im Perückenmachen. In Bayonne sei er als Exerzitienmeister tätig gewesen, dann jedoch in französische Kriegsdienste eingetreten, die er vor einem halben Jahr verlassen habe. Über Basel sei er nach Lothringen gekommen, wo ihm ein Pass für den Hof in Braunschweig-Celle ausgestellt worden sei, in dem jedoch nicht sein von ihm angegebener Name stehe, was laut Veiliaque du Roc ein Fehler des Skribenten gewesen sei. Auf der Reise von Lothringen nach Straßburg sei ihm sein Pferd, seine Kleider und sein Geld geraubt worden. Er wolle sich in Tübingen als Fechtmeister niederlassen und hier heiraten. Wenn er aber nicht bleiben dürfe, wolle er über Ulm und Nürnberg nach Wien reisen.
[499] HStAS A 202 Bü 2617 o. Pag. Geheimer Rat an den Oberhofmeister des Collegium Illustre (1676, Dezember 13).
[500] HStAS A 202 Bü 2617 Bl. 6 f.
[501] Ebd. Bl. 6.
[502] Ebd. Bl. 7.

Balthasar Friedrich Dinckel hatte während seiner Zeit in Tübingen aber nicht nur Konkurrenz durch den zum Fechtunterricht vollkommen unqualifizierten Pasteten- bäcker Georges Parent, sondern auch durch den gut ausgebildeten und als Fechtmeis- ter bereits in sachsen-coburgischen Diensten gestandenen Johann Braun, der ihn mit Hilfe und Protegierung Herzog Eberhard Ludwigs zwischen 1698 und 1699 kurzfris- tig ganz von seinem Posten am Collegium Illustre verdrängte[503]. Die Konkurrenz im Fechtmeistermetier war also nicht nur von weniger, sondern auch von gleichrangig qualifizierter Seite groß.

Wie an jedem der genannten Beispiele und den entsprechenden Reaktionen zu erkennen ist, war die Konkurrenz für die Tübinger Fechtmeister zwar relativ häu- fig gegeben und subjektiv gesehen sicherlich prekär. Dennoch stellte sie zu keinem Zeitpunkt eine tatsächliche Bedrohung der Subsistenzgrundlage der am Tübinger Collegium Illustre bestellten Fechtmeister dar, denn deren Klagen blieben von den obrigkeitlichen Instanzen nicht ungehört. Im Gegensatz zu den Konkurrenzfällen in- nerhalb des Sprachmeistermetiers sorgten der Oberhofmeister des Collegium Illustre und die herzogliche Verwaltung bis zum württembergischen Herzog, ebenso wie der Senat der Universität und in manchen Fällen sogar die Stadtobrigkeit stets dafür, dass zusätzlichen Fechtmeistern rasch das Handwerk gelegt wurde.

Der Grund dafür scheint nicht primär in der Aufrechterhaltung eines hoch quali- fizierten Fechtunterrichts oder in der Protegierung der am Collegium Illustre ange- nommenen Fechtmeister gelegen zu haben. Ausschlaggebend für die regelmäßigen Aufforderungen zur Einstellung privaten Fechtunterrichts oder für die Ausweisung weiterer Fechtmeister neben den am Collegium Illustre bestellten Fechtmeistern war vielmehr die Erhaltung der öffentlichen Ordnung und die Unterbindung des durch den Fechtunterricht indirekt geförderten und zu allen Zeiten vorkommenden Miss- brauchs studentischen Waffentragens und studentischen Zweikampfes. Bei zwei oder mehr Fechtmeistern in einer so kleinen Stadt wie Tübingen fürchteten sowohl der Oberhofmeister des Collegium Illustre, die herzogliche Verwaltung bis hin zum württembergischen Herzog, der Senat der Universität und auch die Fechtmeister selbst Unruhen und Konflikte in der Studentenschaft, die letztlich nicht nur um den besten Umgang mit dem Degen, sondern auch mit der Waffe selbst ausgefochten wurden. Es war also nicht das Konkurrenzgebaren zwischen zwei oder mehr Fecht- meistern, sondern die bloße Existenz ihrer Mehrzahl, die studentische und sich mit

---

[503] HStAS A 284/94 Bü 54 o. Pag. Kirchenrat an den Oberhofmeister des Collegium Illust- re (1698, Juni 21); HStAS A 284/94 Bü 54 Bl. 8: Fechtmeister Balthasar Friedrich Dinckel schrieb 1698 an Eberhard Ludwig: *Nachdem ich euserlich vernommen, waß gestallten Ewer Hochfürstliche Durchlaucht Gnädigst resolvirt haben, einen andern Fechtmeister in dem Fürstlichen Collegio zu Tübingen zubestellen, und ich dabey wohl begreiffe, daß ich solcher gestallten neben demselben all dortten nicht werde subsistiren können, alß wäre gesinnet mich auff eine Zeit an einen andern Orth, entweder in Franckreich, oder wo sonsten eine gu- te Fechtschule anzutreffen wäre, zubegeben, umb in meiner Profession mich mehr qualificirt und mithin tüchtig zumachen, Ewer Hochfürstlichen Durchlaucht auff künfftige Fälle meine underthänigste Dienste entweder hier oder in Tübingen zu continuiren.*

ihren Fechtmeistern stark identifizierende Anhängerschaften erzeugten, sodass es zu rivalisierenden Abgrenzungskonflikten kam[504].

Die Folge war eine permanente Störung der öffentlichen Ordnung, die von den Verantwortlichen a priori zu unterbinden war, sollte der Studienstandort nicht in Verruf geraten. Fechtmeister Conrad Jacob trug diesem Umstand 1672 Rechnung, als er über die ihm drohende Konkurrenz durch einen unbekannten Fechtmeister zusammenfasste: *Dieweylen aber ich eußerlich vernehme, daß einige sich undernemmen sollen, nebenst mir eine Fechtschuel anzustellen, wordurch nicht allein mir an meiner Nahrung eintrag beschehe; sondern auch solches, wie an andern orthen mehr beschehen, under den Burschen zue vielen Handeln und Simultäten großen anlaß geben würde*[505]. Der Oberhofmeister des Collegium Illustre äußerte in seinem Schreiben an den Geheimen Rat, in welchem er über den Winkelfechtmeister Jan Veiliaque du Roc berichtete die gleichen Bedenken. An einem so kleinen Ort wie Tübingen würden durch die Anwesenheit von zwei Fechtmeistern zwischen ihnen und den Scholaren *große, auch biß weilen gefährliche unordnung und difficultäten entstehen*[506]. Im Fall des Konkurrenzstreits zwischen Fechtmeister Johann Balthasar Friedrich Dinckel und dem Pastetenbäcker Georges Parent beschloss der Senat der Universität im Jahr 1703, dass ein zweiter Fechtmeister nicht zu dulden sei, da es mit mehreren Fechtmeistern immerzu Händel gebe und zwar nicht, weil die Fechtmeister um Scholaren buhlten, sondern weil bei zwei Fechtmeistern ein Wettbewerb unter den Studenten entstehe, der zu *Confusiones und Ungelegenheiten* führe, die durch unkontrollierten privaten Fechtunterricht in den *Schlupffwinckeln* der Stadt entstünden[507]. Bestätigt wurde dies auch in anderen Universitätsstädten. Die neu gegründete Universität Göttingen erließ bereits in ihren Statuten des Jahres 1736 einen Passus über das Verbot des konkurrierenden Fechtens zwischen zwei Fechtschulen[508].

Wie es Fechtmeister Conrad Jacob bereits angedeutet hatte[509], polarisierte die Konkurrenz unter den Fechtmeistern die Scholarenschaft und förderte das Raufhandelwesen in allen Universitätsstädten[510]. Meiners berichtet daher aus den gleichen Gründen von einer Privilegierung, also einer Alleinstellung der Fechtmeister an den Universitäten in Wittenberg, Leipzig und Göttingen, mit der die obrigkeitlichen Instanzen solchen Konflikten innerhalb der Studentenschaft bewusst vorzubeugen

---

[504] MICHAELIS: Raisonnement, Bd. 3, S. 124 f.

[505] HStAS A 202 Bü 2617 o. Pag. Conrad Jacob an den Geheimen Rat (praes. 1672, April 23).

[506] Ebd. o. Pag. Oberhofmeister des Collegium Illustre an den Geheimen Rat (1676, November 13).

[507] UAT 4/3 Bl. 284r; UAT 117/670 o. Pag. Senat der Universität an den Geheimen Rat (1703, März 28).

[508] EBEL: Privilegien, S. 70: *Vor allem ist den Fechtmeistern – falls es einmal mehrere gibt – auf die Seele zu binden, daß sie auf keinen Fall die jungen Leute der Schule des anderen mit ihren eigenen Schülern fechten lassen oder dulden, daß so gefochten werde.*

[509] HStAS A 202 Bü 2617 o. Pag. Conrad Jacob an den Geheimen Rat (praes. 1672, April 23).

[510] Vgl. hierzu etwa für die Universitäten Leipzig und Frankfurt (Oder) BRÜDERMANN: Einwohner, S. 58 f.; BRUCHMÜLLER: Student, S. 55–74; POHL: Lebensführung, S. 232–234.

versuchten[511]. Ein weiterer Grund für solche Privilegierungen war die Sorge um die Verarmung der Maîtres, die dann dem Universitätsfiskus zur Last fallen könnten. In Tübingen ist eine solch präventive Privilegierung weder der Fechtmeister noch anderer Maîtres Usus gewesen, denn im gesamten Untersuchungszeitraum ist nur eine einzige Privilegierung bekannt. Auf die stetige Nachfrage des langjährigen Fechtmeisters Conrad Jacob erwirkte dieser einige Monate vor seinem Tod im Jahr 1672 eine Privilegierung, die aber nur unter der Bedingung und mit der Aussicht vergeben wurde, dass dieser Vorteil mit seinem nahen Tod ende und ohne Konsequenz auf seine Nachfolger bleibe[512].

Eine an anderen Universitäten offenbar regelmäßiger, länger und vor allen Dingen eindeutig von den obrigkeitlichen Instanzen gestützte Privilegierung der Exerzitien- und Sprachmeister, wie sie etwa für die Fecht- und Tanzmeister in Helmstedt oder Jena bekannt ist[513], kann für Tübingen keinesfalls bestätigt werden. Die obrigkeitlichen Instanzen reagierten – wie es die obenstehenden Beispiele zeigten – vielmehr stets im konkreten Bedarfsfall und verhängten temporäre Verbote, denn auch eine Privilegierung schützte nicht vor Konkurrenz[514]. Zu verbindlich und riskant war dem Herzog und insbesondere dem württembergischen Kirchenrat eine offizielle

---

[511] MEINERS: Verfassung, S. 147 f.: Meiners schreibt über die Universitätsfechtmeister: „Bey keinem andern Lehrer ist es so nothwendig, daß er ausschließlich privilegirt, und daß besonders den Studierenden alle Concurrenz mit demselben untersagt werde, als bey dem Fechtmeister. Dieß geschah auch wirklich schon auf der hohen Schule zu Wittemberg im sechszehnten Jahrhundert. Auf der Universitaet zu Leipzig hingegen wurde der Unterricht im Fechten erst im vergangenen Jahrhundert [17. Jahrhundert] Monopol. Auf unserer Universitaet [Göttingen] wurde von Anbeginn an verordnet, daß man keinen andern, als den von der Regierung angestellten Fechtmeister dulden solle. Man hielt auf diesen Befehl auch in den letzten Zeiten so strenge, daß man es selbst den bey den Cavallerie-Regimentern in der Nachbarschaft angestellten Fechtmeistern nicht erlaubte, in der Naehe von Goettingen Stunden zu geben. Man sah von jeher voraus, daß zwischen den Zoeglingen verschiedener Fechtschulen fast unvermeidlich Wetteifer, und aus diesem Wetteifer Factionen und Streitigkeiten entstehen muesten". Vgl. zur Privilegierung der Fecht- und Tanzmeister an der Universität Leipzig SCHULZE: Abriß, S. 104 f.

[512] HStAS A 202 Bü 2617 o. Pag. Bl. 6: Conrad Jacob hatte im April 1672 über die Konkurrenz anderer Fechtmeister geklagt, die es ihm schwer machten, seine acht Kinder zu nähren. Er bat daher um das persönliche Privileg, als einziger Fechtmeister in Tübingen tätig sein zu dürfen, was ihm dergestalt gewährt wurde, *daß er wie bisher also auch fürohin die übrige Zeit seines lebens, in mehrgedachter unserer hiesigen Stadt Tübingen allein Scholares anzunehmen und neben Ihme keiner die Fechtkunst zu treiben besorgt seyn solle.* Herzog Eberhard erteilte ihm das Privileg unter der Bedingung, dass er den Fechtboden zusammen mit einem Vorfechter zu bestellen müsse, dass an Unterricht kein Mangel herrsche sowie unter dem Vorbehalt, dieses Privileg jederzeit aufzuheben.

[513] AHRENS: Lehrkräfte, S. 37, 82 f., 126, 128, 141, 232, 236; KREMER: Außenseiter, S. 43–45; SEEMANN-KAHNE: Kreussler, S. 20–22.

[514] HStAS A 274 Bü 76 Bl. 1 f.: Bereits 1610 beklagte sich Georg Wildt zusammen mit Nicolaus Hermann über die Konkurrenz durch den Fechtmeister Fabianus am Collegium Illustre, der ihm außerhalb der Adelsakademie die Scholaren streitig mache, obwohl Wildt für diese Klientel eine exklusive herzogliche Unterrichtserlaubnis erhalten hatte. Herzog Johann Friedrich ließ Fabianus mitteilen, dass er sich außerhalb des Collegium Illustre keine Scholaren zu suchen habe und drohte ihm bei Zuwiderhandlung mit Entlassung.

und dauerhafte Privilegierung, die eine langjährige Festlegung auf einen bestimmten Maître und die Qualität seines Lehrangebots mit sich brachte und zudem eine langanhaltende und verbindliche finanzielle Verpflichtung bedeutete, die ein mit einer Privilegierung versehener Maître umso leichter einfordern konnte. Ausschlaggebend für das Fehlen solcher Privilegierungen in Tübingen dürfte aber auch die Besonderheit gewesen sein, dass die Stellen der Tübinger Exerzitienmeister durch ihre ursprüngliche Verankerung in der Adelsakademie des Collegium Illustre seit jeher mit einer Grundbesoldung versehen waren, eine Tatsache, die – verglichen mit anderen Universitätsstädten[515] – einen Sonderfall dargestellt haben dürfte und eine Privilegierung, wie sie andernorts üblich war, daher aufwog.

Ohne Privilegierung war es den obrigkeitlichen Instanzen darüber hinaus möglich, sich bei Gelegenheit eine fachlich oder pädagogisch bessere oder lukrativere Stellenbesetzung vorzubehalten, wie es – allerdings erfolglos – im Falle Jan Veiliaque du Rocs geschehen war: Der Oberhofmeister musste 1676 auf Anraten des Geheimen Rats eingehend prüfen, ob Veiliaque du Roc vielleicht sogar besseren Fechtunterricht als der etablierte Fechtmeister Johann Casimir Eller geben könnte. Das Votum des Oberhofmeisters des Collegium Illustre über Veiliaque du Roc lautete aber schließlich, dass es einem schwer falle, *einen solchen frembden, ratione morum et vitae anteactae gantz unbekannten, wiederiger Religion zu gethanen, und nach allen umbständen nicht unverdächtigen menschen, ohne noth und ohne sondern ursachen, anderen zum nachtheil und schaden, zu gestatten, die theilß noch gar junge von Adel, bey dießer ohne das, bößen und verführischen Zeit an sich zu ziehen, in fechten etwaß zu informiren, und vielleicht in anderen zu corrumpiren. Besonders da man nicht versichert, daß er im fechten beßere Scholaren machen würde, alß der ietzige hießige Fechtmeister. Dann die erfahrung bezeuget, daß junge Leuth immer neugierig sein; und die variatio auch in exercitiis, mehr schädlich, alß nützlich ist*[516].

b. Frankophone Studenten

Der Fremdsprachenunterricht am Tübinger Collegium Illustre und der Universität Tübingen durchlebte innerhalb des Untersuchungszeitraumes verschiedene Phasen, in denen die große Konkurrenz innerhalb des Sprachmeistermetiers stets in enger Wechselwirkung mit den Ansprüchen an den Unterricht der Maîtres und daraus resultierend auch mit dem zeitweise sehr niedrigen Qualifikationsniveau der Sprachmeister stand.

---

[515] AHRENS: Lehrkräfte, S. 244: Eine Bestallung als Fechtmeister, etwa an der Universität Helmstedt, bedeutete nicht automatisch den Bezug einer jährlichen Besoldung. Der Fechtmeister Johann Conrad Weimar erhielt eine solche erst, nachdem er bereits neun Jahre als Fechtmeister der Universität tätig gewesen war. HOFFMANN: Studieren, S. 3 f.: Der Fechtmeister Pierre Arnauld in Bützow erhielt zwar eine jährliche Besoldung von fünfzig Reichstalern, diese sollte aber mit zunehmender Anzahl von Schülern wegfallen.

[516] HStAS A 202 Bü 2617 o. Pag. Oberhofmeister des Collegium Illustre an den Geheimen Rat (1676, November 13).

Sprachpraktische Kenntnisse, Aussprache, Lektüre und Interpretation einer Fremdsprache, wie sie zu Beginn des 17. Jahrhunderts noch üblich waren, erforderten von einem einheimischen Sprachmeister wie dem ersten am Collegium Illustre angenommenen Sprachprofessor Bartholomäus Hettler, einen Qualifikationsstandard, der nur durch ein Universitätsstudium erworben werden konnte, zwingend aber einen mehrjährigen Auslandsaufenthalt voraussetzte. Bartholomäus Hettler hatte in Tübingen Jura studiert und seine Sprachkenntnisse während eines fünfjährigen Studienaufenthalts in Frankreich sowie einer einjährigen Reise nach Italien erworben[517]. Der zeitliche und finanzielle Aufwand für diese aufwändige Qualifikation ließ zu Beginn des 17. Jahrhunderts nur selten ernstzunehmende Konkurrenz unter den Sprachmeistern aufkommen. Bis zum Beginn des Dreißigjährigen Krieges wurde neben Hettler kein weiterer Sprachmeister im Umfeld des Collegium Illustre oder der Universität genannt. Dennoch sah sich Hettler 1608 vorrangig durch die vermutlich weit über seine eigenen Kenntnisse hinausgehende Bildung, Erfahrung und Sprachkundigkeit des sich am Collegium Illustre aufhaltenden Gaspar Simon in eine wohl unbegründete, aus seiner Sicht aber ernsthafte Konkurrenzsituation gebracht[518]. Wie groß die Gelehrtheit und wie gut insbesondere die Kenntnisse Simons in der spanischen Sprache waren – eine Fähigkeit, über die Hettler nicht verfügte – war daran abzulesen, dass der zwölf Jahre lang im romanischsprachigen Ausland lebende Bücherfreund und Übersetzer von seiner unmittelbaren Umgebung in Tübingen nur der *spanische Doktor*[519] genannt wurde. Von einigen württembergischen Räten wurde anerkennend er-

---

[517] HStAS A 284/94 Bü 41 o. Pag. Bartholomäus Hettler an Herzog Friedrich (1601, Juli 2); MUT I 208/40, 231/79; WEIGLE: Matrikel Siena, Bd. 1, S. 151; WEIGLE: Matrikel Perugia, S. 45.

[518] HStAS A 274 Bü 22 o. Pag. Gaspar Simon an Herzog Friedrich (1607, August 22), o. Pag. Gutachten des Landhofmeisters und des Kanzlers (1607, September 1), o. Pag. Gutachten des Geheimen Rats (1607, September 26); MUT I 217,56: Gaspar Simon aus Hammelburg im Hochstift Fulda hatte in Tübingen studiert und 1593 das Magisterexamen abgelegt. Seit 1607 arbeitete er auf herzoglichen Befehl an der Übersetzung überwiegend spanischer Bücher ins Lateinische, Deutsche und Französische, wofür er einen Arbeitsplatz im Collegium Illustre zugewiesen bekam. Einen solchen hatte er wegen Ruhestörung im Fürstlichen Stipendium nach einem Jahr aufgegeben. Nach eigenen Angaben hatte er sich seit 1595 in Frankreich, Italien und Spanien aufgehalten und aus Spanien 23 Zentner seltener Bücher mitgebracht, die er zum Teil in La Rochelle und Paris, größtenteils aber in Tübingen lagerte. Simon bot sich zudem an, auf herzoglichen Befehl erneut nach Frankreich, Italien oder Spanien zu reisen, *damit Er noch mehr andere ansehenliche unnd nutzliche Büecher erkhauffen und mitt sich heraus bringen möchte, deren Catalogum Er beyhanden unnd inn welchen Ortten solche antzuetreffen und zue Weeg zuepringen, alberait guete Wißenschafft habe.* Bei den spanischen Büchern handelte es sich um Lexika, Lehrwerke des Spanischen und um theologische Schriften, die sich gegen den Papst und die spanische Inquisition wandten sowie um juristische und politische Traktate. Simon bekannte sich zur Augsburger Konfession. Die württembergischen Räte äußerten, es sei zu hoffen, dass es dem eifrigen Übersetzer nicht um theologische Ziele gehe, sondern darum, *solche schöne scripta unnd rariteten* zu kommunizieren. Simon gab dann auch an, seine Übersetzungsarbeiten mit dem Sprachlehrwerk „De excellentia linguae Hispanicae" und der Prinzenerziehungsschrift „De institutione principis" aus dem Spanischen ins Lateinische beginnen zu wollen.

[519] RAUSCHER: Collegium Illustre, S. 60 f. und Anm. 57 f., 58a.

wähnt, dass Simon das Lateinische, Französische, Italienische und Spanische in Wort und Schrift beherrsche[520]. Da Simon aber nie als Sprachmeister tätig wurde und daran auch kein Interesse zeigte, scheinen die Befürchtungen Hettlers vielmehr dessen eigener Unzulänglichkeit im Spanischen oder vielleicht den an ihn herangetragenen Überlegungen des württembergischen Landhofmeisters und Kanzlers entsprungen zu sein, Simon eventuell *in Collegio ad docendas linguas* und als Begleiter der Prinzen bei Auslandsreisen einzusetzen[521] als einem konkreten Konkurrenzverhalten Simons. Wie es den entsprechenden Akten zu entnehmen ist, trat dieser jedoch als zurückgezogener und rein an seinen Übersetzungen interessierter Literaturkenner auf.

Blieb das Konkurrenzgebaren zwischen Bartholomäus Hettler und Gaspar Simon also noch überschaubar, so stellten die Mömpelgarder Studenten, die sich regelmäßig zum Theologiestudium im Fürstlichen Stipendium aufhielten zu allen Zeiten eine weit ernster zu nehmende Konkurrenz für die Tübinger Sprachmeister dar[522]. Die französischsprachigen Studenten aus der vom württembergischen Herzogshaus regierten Grafschaft Montbéliard südwestlich von Belfort stellten seit der Stiftung eines Studienfonds im 16. Jahrhundert mit dem Ziel, das Luthertum noch besser in Mömpelgard zu verankern, eine kontinuierlich anwesende frankophone studentische Gruppierung in Tübingen dar. Von jeher war es offensichtlich Usus, dass sich diese Studenten bei ihren lernwilligen Kommilitonen ein Taschengeld durch die Vermittlung ihrer Muttersprache verdienten. Der Vorteil des Französischunterrichts bei den Mömpelgardern bestand insbesondere darin, dass diese nicht nur ihre französische Muttersprache, sondern durch ihre Studien in Tübingen gezwungenermaßen auch das Deutsche recht gut beherrschten[523]. Da sich die Mömpelgarder Studenten aber

---

[520] HStAS A 274 Bü 22 o. Pag. Gutachten des Geheimen Rats (1607, September 26).

[521] Ebd. o. Pag. Gutachten des württembergischen Landhofmeisters und Kanzlers (1607, September 1).

[522] EHRHART: Geschichte, S. 282.

[523] Vgl. zu den Beziehungen Württembergs mit Mömpelgard auf dem Gebiet des Kirchenwesens und zu den Freistellen der Mömpelgarder Studenten im Fürstlichen Stipendium LEUBE: Stipendiaten, S. 54–75, zu ihren Sprachkenntnissen und dem Gebrauch ihrer Muttersprache besonders S. 59 f.; DORMOIS: Stipendiaten, S. 314 f., 321, 328; DORMOIS: Étudiants, S. 277–299; VIÉNOT: Étudiants, S. 74. Vgl. zu den Mömpelgarder Eleven auf der Hohen Karlsschule BOUVARD/MARCHAND/TURLOTTE: Montbéliardais, besonders S. 190–192: Um das Luthertum in Mömpelgard besser zu verankern und die Integrierung der Exklave innerhalb der württembergischen Länder voranzutreiben, hatte Graf Georg I., ein Cousin Herzog Ulrichs von Württemberg, im Jahr 1557 eine Stiftung von zehntausend Gulden ins Leben gerufen, mit der zukünftig sechs zum Pfarramt bestimmten Mömpelgardern und vier Reichenweierer Stipendiaten ein freies Studium der Theologie am Fürstlichen Stipendium in Tübingen finanziert werden sollte. Die Freistellen beinhalteten den Erlass von Immatrikulationsgebühren sowie freie Kost und Logis. Im 18. Jahrhundert studierten die Mömpelgarder Stipendiaten auch die Rechte oder Medizin. Sowohl Leube als auch Dormois zeichnen in ihren Studien ein Bild, in dem sich die Mömpelgarder Studenten im Fürstlichen Stipendium stark von den einheimischen Stipendiaten absonderten, nicht zuletzt aufgrund ihrer Herkunft und ihrer französischen Muttersprache, die nicht der deutschen Unterrichts- und Umgangssprache im Stipendium entsprach. Auch über die Mömpelgarder Eleven auf der Hohen Karlsschule in Stuttgart wird berichtet, dass der Studienanfang sich stets schwierig gestaltete, weil bis zur

mit weit niedrigeren Informationsgeldern zufrieden gaben, waren nicht nur ihre permanente Anwesenheit, sondern auch die geringen Kosten ihres Unterrichts stets ein Stein des Anstoßes, der im gesamten Untersuchungszeitraum zu Klagen der übrigen Tübinger Sprachmeister führte[524].

Im Gegensatz zu der bereits dargestellten Konkurrenz der Fechtmeister durch studentische Fechtscholaren, der aus Gründen der öffentlichen Ordnung von Seiten der obrigkeitlichen Instanzen stets Einhalt geboten wurde, hinderte weder der württembergische Herzog, noch der Senat die Mömpelgarder an der Erteilung ihrer privaten Französischlektionen. Vielmehr wurden sie und auch andere Studenten immer wieder und letztmals 1779 durch ein eindeutiges Senatsdekret in ihrer Tätigkeit als Sprachmaîtres bestätigt und gestützt, indem bekannt gegeben wurde, dass niemandem der private Sprachunterricht verweigert werden könne[525]. Anders als bei der Erteilung privaten Fechtunterrichts durch mehrere Fechtmeister oder Fechtscholaren, wodurch rivalisierende Gruppierungen innerhalb der Studentenschaft und entsprechende Konflikte begünstigt wurden, bestand in der Konkurrenz mehrerer Sprachmeister keinerlei Gefahr. Vielmehr ist sogar davon auszugehen, dass Herzog und Senat die Lehrtätigkeit der Mömpelgarder Stipendiaten bewusst förderten, um die oft als schwierig beschriebene Aufnahme der frankophonen Studentengruppe im Fürstlichen Stipendium zu fördern.

Die preisgünstige studentische Konkurrenz durch die Mömpelgarder Stipendiaten blieb auch im 18. Jahrhundert erhalten und verstärkte sich sogar noch. Jean Ernest Caumon, der Sohn des langjährigen Sprachmeisters des Französischen Jean Caumon, hatte nach einem längeren Aufenthalt in Nürnberg im Jahr 1760 die Absicht, sich wieder als Sprachmeister in Tübingen zu etablieren. Obwohl ihm vom Senat bereits

---

Ankunft in Württemberg nur wenige Mömpelgarder über Kenntnisse des Deutschen verfügten und damit anfangs nur schwer dem Unterricht folgen konnten. Das Sprachproblem scheint sich aber stets relativ schnell aufgelöst zu haben. Die Tatsache, dass die Mömpelgarder Studenten ihren deutschen Kommilitonen in Tübingen vor allem im 18. Jahrhundert offenbar recht intensiv Französischunterricht erteilten, vermittelt jedoch ein gerade durch die peu à peu erworbene Zweisprachigkeit und durch die Vermittlung der Muttersprache ein integrierendes Moment.

[524] HStAS A 202 Bü 2616 o. Pag. Pierre Aubin de Sales an den Geheimen Rat (1784, Juni 10).

[525] Ebd. o. Pag. Senatsdekret (1779, Oktober 21), o. Pag. Pierre Aubin de Sales an den Geheimen Rat (1784, Juni 10): In einem Schreiben des Sprachmeisters Pierre Aubin de Sales aus dem Jahr 1784 wurde ein Senatsdekret vom 21. Oktober 1779 erwähnt, mit welchem den Mömpelgardern Stipendiaten die Betätigung als Sprachmeister ausdrücklich nicht verwehrt wurde. UAT 30/6 Nr. 39 Bl. 6: De Sales hatte 1779 und 1780 über den Studenten Willich geklagt: *Vor einem halben Jahr aber fügte es sich, daß ein gewißer Willich hieher kam, sich als einen armen Studiosum Juris um Annahme meldete und ohne die mindesten Zeugnisse, die sonst von dergleichen Personen erforderlich sind, das Glück hatte, inmatriculirt zu werden. Unter dem Nahmen eines Studiosi, den er desweg nicht verdient, weil er beynahe gar keine Collegien, sondern nach langer Zeit etwa eine Stunde lang zum Schein fort, dennoch aber Schuz erhält, lehret dieser seit seiner Ankunft die dahier befindlichen Studiosos die französische Sprache und zieht dieselben durch Verläumdung, als wann ich einen schlechte Lehrart hätte, dergestalt an sich, daß ich anstatt vorherig monatlich 10 Scholaren izt nicht mehr als einen einzigen habe, mithin meines Verdienstes, ohne den ich unmöglich bestehen kann, völlig privirt bin.*

im Vorfeld mitgeteilt wurde, dass er unerwünscht sei, weil sich der Sprachmeister Pierre Robert bereits über zu viel Konkurrenz beschwere und Johann Hieronymus Boeswillibald die Stadt eines besseren Verdienstes wegen habe verlassen müssen[526], solidarisierte sich Caumon mit den Tübinger Sprachmeistern. Er schrieb die Konkurrenzsituation in Tübingen gänzlich den Mömpelgardern zu und stellte fest, dass man sich in Tübingen als Sprachmeister wohl sein Brot verdienen könne, wenn die Mömpelgarder gemeinsam am Französischunterricht gehindert würden[527].

Allein die Solidarität unter den Tübinger Sprachmeistern gegen die von den obrigkeitlichen Instanzen protegierten Mömpelgarder Studenten reichte nicht aus, um diesen das Handwerk zu legen. Pierre Aubin de Sales bat seit 1784 mehrere Jahre lang um eine Privilegierung als Sprachmeister, wobei es ihm hauptsächlich um die Ausschaltung der Mömpelgarder ging, die eine größere Nähe zu den Studenten pflegten und die üblichen Informationsgelder unterboten[528]. Keine der obrigkeitlichen Instanzen ging aber auch nur im Geringsten auf die Forderungen de Sales ein. Der Geheime Rat plädierte dafür, de Sales auf die Zukunft zu vertrösten. Der Senat der Universität fühlte sich, da de Sales der Jurisdiktion des Collegium Illustre angehörte, für die Lösung dieser Konkurrenzsituation nicht zuständig. Er gab aber zu bedenken, dass den Mömpelgardern der Französischunterricht nicht verwehrt werden könne, noch lernwillige Studenten davon abgehalten werden sollten, diesen günstigen Unterricht in Anspruch zu nehmen[529]. Auch an anderen Universitäten, wie beispielsweise an

---

[526] UAT 30/6 Nr. 31a Bl. 3.

[527] Ebd., Bl. 4: Im Januar 1761 schrieb Jean Ernest Caumon an den Prorektor der Universität: *Si l'on empechoit bien les Monbelliards d'enseigner et que les Maîtres seroient bien unis on pourroit bien encore se nourrir.*

[528] HStAS A 202 Bü 2616 o. Pag. Pierre Aubin de Sales an den Geheimen Rat (1784, Juni 10), o. Pag. Senat der Universität an den Geheimen Rat (1784, Juli 1), o. Pag. Gutachten des Geheimen Rats (1784, Juli 8): Den seit Jahren offenbar noch verschärften Konkurrenzkampf mit den Mömpelgardern beschrieb Pierre Aubin de Sales dabei so: *Dann seithero informirt nun ein jeder nach Belieben, bekommt auch teils wegen genauerer Bekanntschaft mit Studierenden, teils wegen geringerer Ansetzung der Lehrgebühr Informations, mir hingegen werden sie dadurch entzogen, so daß ich meinen Unterhalt nimmer zu erwerben vermag und mich des wegen in die traurigste Umstände versetzt, auch endlich dem gänzlichen Ruin blos gestellt sehe. Gleichwie es nun der Billigkeit ganz gemäß ist, daß der academische Senat zu Tübingen einen einmahl hier angestellten Lehrer auf die möglichste Art unterstütze und ihm zu seinem Fortkommen verhelfe, so ergehet an Euer Herzogliche Durchlaucht mein submissestes Bitten, Höchst dieselbe wollen gedachten academischen Senat dahin anzuweisen gnädigst geruhen, daß derselbe entweder allen sich als Sprachlehrer hier einschleichenden Personhen ihr Informiren niederlegen oder aber wenn dieses nicht thunlich wäre, mir doch zur Entschädigung und zu meiner bessern Subsistence einen ergiebigen jährlichen Zuschuß zu meinem Gehalt aus der Universitäts Casse verwilligen möge.*

[529] HStAS A 284/94 Bü 2616 o. Pag. Senat der Universität an den Geheimen Rat (1784, Juli 1), o. Pag. Gutachten des Geheimen Rats (1784, Juli 8): So habe der Senat erklärt, *daß der Zeit außer dem Sprachmeister de Sales kein besonderer Lehrer der französischen Sprache alldort aufgestellt seye, auch der Senat neben demselben nie einen öffentlichen Sprachlehrer aufstellen werde; Was aber die Tübingische Studiosos und unter solchen besonders die in dem Herzoglichen Theologischen Stipendio befindliche Mömpelgardter betreffe, von welchen vielleicht hie und da einer in der französischen Sprache Unterricht geben möchte, so halte*

der Universität Gießen, überließ man den überfüllten Markt an Sprachmeistern sich selbst und beschloss bereits 1668, dass es der Universität und den Studenten am zuträglichsten sei, wenn es stets mehrere Sprachmeister gebe, damit die Studenten die Wahl hätten[530]. In anderen Städten dagegen, etwa in Straßburg, Jena oder Augsburg, wurde immer wieder versucht, die Zahl der Sprachmeister in Grenzen zu halten[531]. Den Nachfolgern de Sales erging es bis zum Ende des 18. Jahrhunderts nicht besser: Jean François Méry le Roy verließ Tübingen 1791 nicht zuletzt aufgrund der Konkurrenz durch die Mömpelgarder, die ganz im Gegensatz zu ihm, auch das Deutsche beherrschten, weshalb es vielen Anfängern leichter fiel, bei diesen mit dem Französischunterricht zu beginnen[532]. Auch Johann Heinrich Emmert stand 1794 und in den folgenden Jahren in direkter Konkurrenz mit den frankophonen Studenten[533]. Die Bedenken Emmerts wurden vom Senat dahingehend ausgeräumt, als dass ihm immerhin der Unterricht des Englischen vollkommen alleine überlassen sei[534].

Das Phänomen der studentischen Konkurrenz im Sprachmeistermetier, wie es für Tübingen besonders anhand der Mömpelgarder Studenten dargestellt werden konnte, war auch in anderen Universitätsstädten des 17. und 18. Jahrhunderts weit verbreitet. Um 1685 beklagte sich ein Sprachmeister in Ingolstadt über das Dozieren durch Studenten und Fremde, die ihm den Verdienst schmälerten[535]. In Jena durften Studenten, die das Französische und Italienische von Auslandsaufenthalten besonders gut beherrschten mit Erlaubnis des Senats ihren Kommilitonen Sprachunterricht erteilen[536]. Der Studiosus Friedrich Christian Laukhard berichtete aus Halle eindrücklich: *Er [Herr von Müffling] vertraute mir, bald nach meiner Aufnahme bei seiner Kompa-*

Senatus dafür, daß weder ihnen noch denen, so sich ihres Unterrichts bedienen wollen, solches untersagt werden könne. Übrigens glaube selbiger gerne, daß des de Sales Nahrungszustand vorzüglich seines Alters wegen in Abgang gekommen seye; da aber ein jeweiliger Sprachmeister, der ohnehin nicht unter dem Foro academico stehe, nie etwas aus dem fisco academico erhalten, so bleibe dem Senat nichts übrig, als denselben Euer Herzoglichen Durchlaucht submissest zu empfehlen.

[530] BEHRENS: Geschichte, S. 16 f.

[531] GLÜCK/HÄBERLEIN/SCHRÖDER: Mehrsprachigkeit, S. 137 und Anm. 2.

[532] HStAS A 284/94 Bü 289 Bl. 51: Als Grund für den Weggang Jean François Le Roys wurde genannt, dass seine Unterrichtung von Anfängern im Französischen hauptsächlich dadurch erschwert gewesen sei, weil er der deutschen Sprache nicht kundig sei. Gerade Anfänger – so wurde analysiert – *suchen sich daher bey Moempelgarter Studiosis und anderwärts Gehilfen.*

[533] HStAS A 280 Bü 6g o. Pag. Oberhofmeister des Collegium Illustre an die Universitätsvisitationskommission (1794, Mai 31), o. Pag. Johann Heinrich Emmert an die Universitätsvisitationskommission (1795, August 15): Während sich Johann Heinrich Emmert 1794 noch weniger um die große Konkurrenz durch die *Mömpelgardter Theologen*, als vielmehr um die eines zweiten besoldeten Sprachprofessors sorgte, beklagte er sich ein Jahr später nicht nur über die Mömpelgarder, sondern auch über *mehrere ausgewanderte Franzosen und Niederländer*, die das Französische weit unter dem gewöhnlichen Honorar unterrichteten.

[534] HStAS A 280 Bü 6g o. Pag. Gutachten der Universitätsvisitationskommission (1794, August 6).

[535] KRAFFT: Universität, S. 108.

[536] WALLENTIN: Normen, S. 207 f.

nie, den Unterricht seines ältesten Sohnes in der französischen Sprache an. Er wuß-te, daß ich schon damals auf wohlfeilerem Fuß als die gewöhnlichen Sprachmeister unterrichtete, und gab mir doch, so sehr ich auch widersprach, ebensoviel, als einem ordentlichen privilegierten Universitätssprachmeister und Lektor gegeben wird[537]. An der Universität Gießen sah sich ein Sprachmeister 1791 wegen zu großer Nachfrage dazu genötigt, *von Zeit zu Zeit Studiosos zu Unterlehrern abzurichten und zu ge-brauchen*[538]. Eine permanent hohe Konkurrenz führte dort offenkundig dazu, dass ein Sprachmeister dem andern *das Brod aus dem Munde riß*[539]. Ein Ausnahmefall hinsichtlich des Konkurrenzgebarens ist an der Hohen Schule Herborn zu beobach-ten. Dort wurde bereits 1585 der Unterricht im Französischen von einem Ordinari-us vertreten. Dieser Umstand machte dort offenbar Schule, denn noch für das Ende des 18. Jahrhunderts wird von der Konkurrenz der Herborner Sprachmeister durch Universitätsprofessoren berichtet, die Vorlesungen in den modernen Fremdsprachen anboten und dabei offenbar auch fremdsprachliche Grundlagen vermittelten[540].

Und so hatten nicht nur in Tübingen sowohl die gelehrten und hochbesoldeten Sprachprofessoren des 17. Jahrhunderts als auch die zahlreichen muttersprachlichen Sprachmeister des ausgehenden 17. und des 18. Jahrhunderts immer wieder mit ei-ner der Studentenschaft näher stehenden, ebenbürtigen und für den studentischen Geldbeutel attraktiveren Konkurrenz aus den studentischen Reihen zu kämpfen. Leider wurde die Sprachlehrtätigkeit der Mömpelgarder immer wieder nur pauschal Gegenstand der Kritik. Zu den wenigen frankophonen Stipendiaten, die namentlich aktenkundig wurden, zählte Jean-Georges Grangier, der sich von 1620 bis 1627 zum Studium im fürstlichen Stipendium aufhielt[541]. Christophe Frédéric Parrot erteilte während seines Tübinger Theologiestudiums von 1767 bis 1773 anscheinend so ex-tensiv Französischunterricht, dass er sich letztlich sogar eine Tätigkeit als Sprach-meister am Collegium Illustre vorstellen konnte[542].

Nach dem Dreißigjährigen Krieg verschärfte sich die Konkurrenzsituation im Sprachmeistermetier durch die konfessionell bedingte Zuwanderung zahlreicher vor allem französischsprachiger Immigranten nach Tübingen deutlich[543]. Ein erster, den

---

[537] LAUKHARD: Leben, Bd. 1, S. 253.

[538] BEHRENS: Geschichte, S. 4.

[539] Ebd., S. 15 f.: Behrens zitiert einen Bericht der Universität Gießen an den Landgrafen von Hessen-Darmstadt aus dem Jahr 1744, in dem über die Gießener Sprachmeisterstelle gesagt wird, *daß es an dergleichen subjectis, zu remplacierung dieser Stelle, im mindesten nicht fehle, vielmehr ganz Teutschland dererselben einen großen Überfluß besitze, welche, wenn sie ihre Muttersprache zu dozieren Urlaub erlangen können, auch umsonst und ohne den geringsten ordinären Gehalt ihren Aufenthalt allhier zu nehmen, sich es vor einer Gnade schätzen.*

[540] HAERING: Spätzeit, S. 69; STEUBING: Geschichte, S. 34, 176.

[541] MUT II 20176; UAT 2/15 Bl. 269ʳ.

[542] MUT III 36589; UAT 30/6 Nr. 38.

[543] CARAVOLAS: Histoire, S. 132–134: Caravolas fasst eindrücklich die Situation der französi-schen Sprachmeister im Heiligen Römischen Reich seit der Mitte des 17. Jahrhunderts zu-sammen: „Les pédagogues, les auteurs de manuels et les maîtres de langues n'accordent géné-ralement d'attention qu'aux questions pratiques, méthodologiques. Ceux qui s'intéressent aussi à la théorie de la didactique des langues représentent une infime minorité. [...] Après la

neuen Typus des Sprachmeisters darstellender Maître französischer Muttersprache, der seine Heimat aus konfessionellen Gründen verlassen hatte und über nur sehr rudimentäre fachspezifische Kenntnisse verfügte, war Étienne Debrulère. Er hatte sich bereits 1653 in Tübingen niedergelassen und war 1654 in die Universitätsmatrikel aufgenommen worden, ein Vorteil, der späteren Bewerbern, die am reformierten Bekenntnis festhielten, nicht mehr umgehend gewährt wurde[544]. Aus dem Schreiben eines Ulmer Studenten, der bei Debrulère Französischunterricht genommen hatte, ging 1656 hervor, dass dessen Qualifikationen für die Vermittlung des Französischen äußerst gering waren, weshalb sich der Student und sein Vater wegen ausbleibender Lernerfolge weigerten, die verlangten Informationsgelder zu bezahlen[545]. Debrulère selbst klagte 1660 über die Mömpelgarder Studenten, die seiner Ansicht nach nur über unzureichende Qualifikationen zum Sprachunterricht verfügten und ihn in seinem Verdienst beeinträchtigten. In einem Schreiben an Herzog Eberhard forderte er daher, den Mömpelgardern den Unterricht im Französischen in Tübingen zu verbieten[546], eine Forderung, die – wie bereits dargestellt – noch im 18. Jahrhundert immer wieder vergeblich gestellt wurde. Der zu diesem Zeitpunkt noch am Collegium Illustre angestellte und immerhin mit einer festen Grundbesoldung ausgestattete

---

révocation de l'édit de Nantes (1685) il est relativement facile d'apprendre le français aussi bien par les règles que par l'usage, la colonie francophone en Allemagne atteignant vers la fin du siècle des Lumières les 100 000 personnes. Ce sont pour la plupart des protestants (français, wallons, suisses) [...]. Ils résident dans toutes les régions [...]. Un grand nombre de femmes françaises travaillent comme gouvernantes, beaucoup d'hommes et de femmes, surtout jeunes, comme précepteurs et maîtres privés. Il n'est donc pas difficile de trouver un maître ou un précepteur de français à son goût et en accord avec son budget, bien au contraire. L'offre étant supérieure à la demande les familles en profitent. Les conditions de vie de ceux qui exercent ce métier de chien [...] sont généralement dures. De l'autre côté, une multitude d'aventuriers, d'ignorants et de personnes de petite vertu prennent avantage de la francomanie et déshonorent la profession. L'Allemagne fourmille actuellement de personnes qui se disent maîtres de la langue [...]. Généralement les élèves veulent avant tout apprendre à parler la langue. Les maîtres mettent donc l'accent sur l'expression orale. La méthode privilégiée reste la conversation, souvent combinée avec la lecture".

[544] MUT II 24237; UAT 30/6 Nr. 5: Der Sprachmeister Étienne Debrulère wurde 1654 ohne vorherigen Übertritt zur Augsburger Konfession in die Tübinger Universitätsmatrikel aufgenommen. Dieses Vorgehen blieb eine Ausnahme, denn Debrulère hielt trotz seiner Konversionsabsicht am reformierten Bekenntnis fest. UAT 3/8 Bl. 48ᵛ, 339ʳ, 354ᵛ, 357ʳ, 359ᵛ, 389ᵛ; UAT 30/6 Nr. 6 Bl. 1–9: Alphons Firmin Caussin kam 1664 aus Heidelberg nach Tübingen und hielt sich dort vier Jahre lang auf. Seine Gesuche um Aufnahme in die Universitätsmatrikel wurden jedoch immer wieder abgelehnt und dies nicht zuletzt wegen seines reformierten Bekenntnisses und der unklaren Umstände seines Weggangs aus Heidelberg.

[545] UAT 8/9 Nr. 145/145a Bl. 246–247: Der Student Eberhard Gockel aus Ulm beklagte sich 1656 über die geringen Fähigkeiten des Sprachmeisters Étienne Debrulère, indem er schrieb: [...] *und hat Er mich im geringsten nichts gelernet, mir auch die Grammatic, darinnen ich lernen sollen genommen, wie ich dann, so mann mich examiniren sollte, noch in frantzösischer Sprach nichts kan. Westwegen ich ihme auch nichts schuldig.*

[546] UAT 30/6 Nr. 5.

Sprachprofessor Louis du May dagegen beschwerte sich wiederum über Debrulère, der ihm bei seiner Abwesenheit Scholaren abspenstig mache[547].

Die Politik des Senats hinsichtlich der Sprachmaîtres war wohl auch angesichts des permanenten Zustroms willkürlich und eigennützig. Zum Vorteil der Attraktivität des Studienstandorts sollte zwar ein möglichst großes und vielfältiges Angebot an Sprachmeistern vorhanden sein, für das der Senat angesichts des Überangebots jedoch keine Grundbesoldung bereitstellte. Gleichzeitig wurde darauf geachtet, dass das Angebot nicht die Nachfrage überstieg. Damit sollte in erster Linie nicht so sehr die Subsistenzgrundlage der Maîtres geschützt, sondern vielmehr verhindert werden, dass sich die Maîtres wegen zu geringer Verdienstmöglichkeiten um Gratiale oder andere Zuwendungen an den Senat wandten und damit den universitären Fiskus und den wohltätigen Universitätslazarettfonds belasteten. Wo bereits im Vorfeld Armut, Krankheit, ein problematischer Lebenswandel oder die Abweichung von der lutherischen Konfession vermutet wurden, fand der Senat stets eine Begründung, einen Bewerber abzulehnen oder ihm zumindest die Aufnahme in die Universitätsmatrikel immer wieder zu verwehren[548]. Die Universität Göttingen dagegen versuchte durch ihre Statuten des Jahres 1736 die Aufnahmemodalitäten nicht nur der Sprachmeister, sondern auch der Exerzitienmeister dahingehend zu regeln, dass nur so viele Maîtres angenommen würden wie auch ihren Lebensunterhalt finanzieren könnten. Zudem waren Kontrollen von Zeugnissen, Herkunft, Lebenswandel, vorherigen Tätigkeiten und Unterrichtserfolg vorgesehen. Erst wenn diese erfolgreich durchgeführt worden waren, wurde eine Lehrerlaubnis erteilt. Der Bewerber sollte sich dann durch Einschreibung in die Matrikel schnellstens den Gesetzen der Universität verpflichten[549].

Die Verschärfung der Konkurrenzsituation führte schon bald auch bei den Sprachmeistern zu Privilegierungsforderungen, die von den obrigkeitlichen Instanzen allerdings regelmäßig ungehört blieben. In Tübingen wurde kein privilegierter Sprachmeister bekannt, wie dies aus anderen Universitätsstädten, etwa für das 18. Jahrhundert aus Jena oder Halle berichtet wird[550]. Alphons Firmin Caussin, ein

---

[547] HStAS A 284/94 Bü 271 o. Pag. Visitationsrelation (1662, Februar 15).

[548] UAT 9/5 Nr. 14 Bl. 27: Der Sprachmeister des Italienischen Parcher wurde 1660 abgelehnt, da er durch einen Beinbruch stark hinkte, der Senat daher eine Belastung des Universitätslazarettfonds fürchtete und Parcher nicht der lutherischen Konfession angehörte. UAT 30/6 Nr. 28 Bl. 6, 8: Der in Tübingen bereits bekannte Sprachmeister Jacques François Perrin de Vassebourg wurde 1748 aufgrund seiner bereits bekannten mangelhaften Aufführung abgelehnt, allerdings mit der Begründung, man wolle anstatt eines weiteren Sprachmeisters des Französischen sich um die Annahme eines Sprachmeisters des Italienischen oder Englischen bemühen.

[549] EBEL: Privilegien, S. 70.

[550] BREKLE/HÖLLER: Roux, François, S. 245–254; DIESS: Roux, Heinrich Friedrich, S. 254–256: Für Jena ist überliefert, dass es zumindest im 18. Jahrhundert privilegierte Sprachmeister gab, so beispielsweise François und Heinrich Friedrich Roux, der Großvater und Vater des späteren Tübinger Fechtmeisters Johann Friedrich Gottlieb Roux. DEINHARDT: Stapelstadt, S. 341: Im Jahr 1796 wird in Jena der privilegierte Sprachmeister Gabriel Henry erwähnt. LAUKHARD: Leben, Bd. 1, S. 253: Friedrich Christian Laukhard berichtete aus Halle in der zweiten Hälfte des 18. Jahrhunderts von einem *ordentlichen privilegierten Universitätssprachmeister.*

Franzose reformierten Bekenntnisses forderte den Senat der Universität 1667 dazu auf, allen anderen Personen in der Stadt den Unterricht des Französischen zu verbieten. Das lehnte der Senat rundweg ab und fügte hinzu, dass er bedürftigen Studenten, womit er sich auf die Mömpelgarder Stipendiaten bezog, noch niemals den Unterricht im Französischen untersagt hätte[551]. Als sich Caussin ein Jahr später über einen anderen französischen Studenten, den katholischen Louis de Pimelin beschwerte, sorgte der Senat erneut für einen freien Markt, indem er bekannt gab, er könne de Pimelin seinen Französischunterricht nicht verbieten, wenn dieser dabei studiere und als Student in Tübingen lebe[552]. Gilbert Joubert bat den Senat 1683 ebenfalls um Ausschluss aller anderen Sprachmeister vom Französischunterricht in Tübingen, was ihm sofort abgeschlagen wurde[553]. Die Konkurrenz blieb daher stets groß. Beispielsweise waren in den fünf Jahren zwischen 1682 und 1687 Hugi, Raymond Bottu, Gilbert Joubert, Jean Baptiste Blain, Pierre Royal und de Monort gleichzeitig als Sprachmeister des Französischen in Tübingen tätig[554].

Als Folge der starken Konkurrenz trat nunmehr auch eine hohe Fluktuation unter den Sprachmeistern ein. Viele Maîtres blieben nur wenige Monate oder ein Jahr und mussten dann eines besseren Verdienstes willen weiterziehen[555]. Wie groß der allgemeine Eindruck der Konkurrenz im Sprachmeistermetier auch bei Außenstehenden war, zeigt die Bewertung eines Vorfalls des Jahres 1672, bei dem Jean Baptiste Lequin, ein als Student in die Matrikel eingeschriebener französischer Sprachmeister, seinen Kommilitonen und Kollegen Louis d'Artois bei einem Streit mit dem Degen tötete. Der Oberhofmeister des Collegium Illustre wertete noch Jahre später im Zuge einer anderen Auseinandersetzung den faktisch und nach Aktenlage nicht aus Konkurrenzgründen und einem Streit um Scholaren, sondern durch einen persönlichen Konflikt verursachten Unfall zwischen den beiden jungen Männern als einen offensichtlich der Situation der Sprachmeister in Tübingen angemessenen Konkurrenzkampf mit tödlichem Ende[556].

[551] UAT 3/8 Bl. 249ᵛ: *Dieses Petitum ist abzuschlagen, weilen Caussinus ohne daß genug zu thuen hett, und andern studiosis, die dürfftig, man solches nur gewehret hatt.*

[552] UAT 3/8 Bl. 354ᵛ, 357ʳ, 359ᵛ: Louis de Pimelin versicherte, er *thue nicht anderst alß studiren und dociren.*

[553] UAT 30/6 Nr. 13 Bl. 2.

[554] MUT II 28014; MUT III 31366, 41813; HStAS A 202 Bü 2616 o. Pag. Geheimer Rat an den Oberhofmeister des Collegium Illustre (1685, Oktober 26); UAT 12/4 Bl. 145; UAT 20/4 Nr. 52; UAT 30/6 Nr. 12 Bl. 1 f., Nr. 13 Bl. 1, 8, Nr. 18 Bl. 1 f.

[555] HStAS A 202 Bü 2531 o. Pag. Geheimer Rat an die Universität Tübingen (1681, September 28); UAT 3/5 Bl. 2r; UAT 3/8 Bl. 35r; UAT 30/6 Nr. 10: Die Sprachmeister Drouoll, Jacques Stephane Beaulieu, Jean François Ladoulce und David Alleon hielten sich im Zeitraum zwischen 1655 und 1681 jeweils nur wenige Monate beziehungsweise ein Jahr in Tübingen auf.

[556] HStAS A 202 Bü 2617 o. Pag. Oberhofmeister des Collegium Illustre an den Geheimen Rat (1676, November 13); HStAS A 274 Bü 64 Bl. 14–26; UAT 33/56: Die Sprachmeister d'Artois und Lequin werden 1672 aktenkundig, als Louis d'Artois bei einem sommerlichen Abendspaziergang vor dem Hirschauer Tor nach einem Abendessen im Wirtshaus zum Schaf von dem Studenten und Sprachmeister Jean Baptiste Lequin nach einem Streit mit dem Degen tödlich verwundet wird. Als Grund für die Auseinandersetzung wird eine üble Nachrede

Die einengende Konkurrenzsituation für die Tübinger Sprachmeister hielt auch im 18. Jahrhundert an, denn noch bis zur Wiedereinführung einer besoldeten Sprachmeisterstelle am Collegium Illustre im Jahr 1745 waren zeitweise Jean Caumon, Pierre Royal, Paul Mélin, Jean Gigon, Sebastian Buttex, Alexander Gottlieb Lamotte, Jean Ernest Caumon und Johann Hieronymus Boeswillibald gleichzeitig als Sprachmeister des Französischen in Tübingen tätig[557]. Als der Sprachmeister des Italienischen Franciscus de Gregoriis 1715 dem Sprachmeister des Französischen Sebastian Buttex Scholaren vermittelte, klagten die Maîtres Jean Caumon und Pierre Royal prompt über diesen Affront aus den eigenen Reihen[558]. Trotz der stetigen Gefährdung der Subsistenzgrundlage und des zermürbenden Konkurrenzkampfes konnten sich einzelne Sprachmeister aber recht lange in Tübingen halten, etwa die beiden streitbaren Sprachmeister des Französischen Pierre Royal und Jean Caumon, die mehrere Jahrzehnte lang in Tübingen tätig waren[559].

c. Billardunternehmer und Gastwirte

Anders als bei den Fecht- und Sprachmeistern ging es bei dem 1725 beginnenden und Jahrzehnte anhaltenden Konkurrenzstreit der Tübinger Ballmeister Johann Albrecht Bründlin und Georg Dominicus Keller mit den Wirten der Wirtschaft zur Traube vor dem Lustnauer Tor nicht um eine persönliche Privilegierung der Ballmeister, sondern um ein wirtschaftlich nutzbares Monopol[560]. Das Monopol bestand für beide Konfliktparteien nicht in der exklusiven Ausübung des Ballmeistermetiers und der Vermittlung ballspezifischer Kenntnisse an die Scholaren, sondern darin, durch die exklusive Aufstellung von Billardtischen eine möglichst große Klientel anzuziehen. Der Getränkekonsum während des Billardspiels sollte sodann die Hauptverdienstquelle werden[561]. Einen vergleichbaren Fall gab es bereits um 1666 in Kiel, wo der

gegenüber dem Tanzmeister Marin Sanry ermittelt, mit dem Lequin befreundet ist. Noch vor seinem Tod gibt d'Artois zu Protokoll, dass er zu Tanzmeister Marin Sanry kein gutes Verhältnis habe. Lequin behauptet, in Notwehr gehandelt zu haben, weshalb er d'Artois einen Stich durch den Leib vom Nabel bis zu den Lenden versetzt habe. Lequin flieht noch in der Tatnacht nach Reutlingen, wo ihm das Privileg des Totschlägerasyls für nicht vorsätzlichen Totschlag gewährt und ihm zur Flucht verholfen wird. Vgl. hierzu: RECK: Totschläger-Asyl; DRÜCK: Asylrecht.

557 HStAS A 284/94 Bü 45 Bl. 1 f., 4–7, 10; HStAS A 284/94 Bü 46 o. Pag. Alexander Gottlieb Lamotte an den Kirchenrat (1743, November 8); HStAS A 303 Bd. 14030–14037; MUT II 29874; MUT III 31366, 33034, 42037; StAT E 201/323; UAT 4/6 Bl. 62ʳ, 116ᵛ, 170ᵛ; UAT 9/9 Nr. 164, Nr. 168; UAT 12/4 Bl. 145; UAT 30/6 Nr. 18 Bl. 1 f., Nr. 22 Bl. 1, 3–7, Nr. 23 Bl. 1 f., Nr. 26; UAT 32/1 Bd. 4 Nr. 318; UBT Mh 847a Bl. 94ʳ.

558 UAT 4/6 Bl. 60ᵛ.

559 MUT III 31366; UAT 12/4 Bl. 145; UAT 30/6 Nr. 18 Bl. 1 f.; UAT 30/6 Nr. 26; UAT 32/1 Bd. 4 Nr. 318: Pierre Royal war von 1684 bis mindestens 1715 und Jean Caumon von 1696 bis zu seinem Tod im Jahr 1748 als Sprachmeister des Französischen in Tübingen tätig.

560 Vgl. zum Monopolstreit HStAS A 206 Bü 4888; BURKHARDT: Traubenwirt, S. 4; DUNCKER: Geschichte, S. 4 f.

561 HStAS A 206 Bü 4888 Bl. 1: Der Traubenwirt Matthias Kautz bat 1725 um die Erlaubnis zur Aufstellung eines Billards, um durch eine größere Kundschaft den Ausbau seiner Schildwirt-

Ballmeister der Universität mit der Stadt wegen des Ausschanks von Wein und Bier in Konflikt geraten war, da der städtische Rat ein Verkaufsmonopol für diese Getränke besaß[562].

Die Tübinger Ballmeister beriefen sich bei ihrem Streit mit den Traubenwirten Matthias Kautz und Johannes Stengle um die Aufstellung von Billardtischen stets auf ein angeblich bereits von jeher bestehendes, schriftlich jedoch nicht nachweisbares Monopol. Als dessen Grundlage wollte Ballmeister Johann Albrecht Bründlin 1725 die 1629 vorgenommene Privatisierung und Übertragung des Tübinger Ballhauses an Ballmeister Hugo Bitschin interpretiert wissen[563]. Denn nachdem das Collegium Illustre 1628 aufgrund des Dreißigjährigen Krieges geschlossen werden musste, sahen die Tübinger Ballmeister in der Überlassung und weiteren Nutzung des Ballhauses in Privatregie eine Kompensation für ihre nach dem Krieg im Vergleich zu den anderen Exerzitienmeistern stark verringerte Grundbesoldung aus dem Geistlichen Gut[564]. In der Folge leiteten sie aus der Überlassung des Ballhauses eine exklusive herzogliche Privilegierung ab, die es ihnen erlauben sollte, das Ballmeistermetier in Tübingen und alles, was daran hing – etwa auch die Aufstellung von Billards – künftig als Monopol auszuüben. Diese Interpretation wurde von den traditionsbewussten und durch ihre Ausbildungstätigkeit immer in enger Verbindung stehenden Ballmeistern über Generationen hinweg bis ins 19. Jahrhundert tradiert und immer dann zitiert, wenn der Status der Tübinger Ballmeister in Frage gestellt wurde[565]. Von herzoglicher Seite aber war zu keinem Zeitpunkt der Begriff des Monopols oder eines Privilegs bestätigt, widerlegt oder überhaupt aufgegriffen worden. Dies war ein Indiz dafür, dass die Ballmeister des 18. und 19. Jahrhunderts ein solches Monopol tatsächlich nicht besaßen, sondern dessen Existenz stets nur suggerierten, eine Vermutung, die auch durch

---

schaft finanzieren zu können.

[562] PAULS: Anfaenge, S. 111.

[563] HStAS A 284/94 Bü 250 Bl. 18a, 35: Herzog Ludwig Friedrich bewilligte am 5. Mai 1629 den Vorschlag Hugo Bitschins, das Ballhaus auf eigene Kosten mit einem neuen Eingang von der Stadt her zu versehen und erlaubte ihm so den privaten Weiterbetrieb des Ballexerzitiums. Von einem Monopol war in der Vorlage, die von Herzog Ludwig Friedrich eigenhändig unterschrieben wurde, keine Rede. Vielmehr wurde nur Sorge dafür getragen, dass das Ballhaus zukünftig von der Stadt her betreten würde und nicht mehr durch das Collegium Illustre, wozu der Herzog im Geheimen Rat äußerte: *Es bleibt bey diesem vorigen Anbringen, darauff dem Obervogt zue Tübingen befelch zuertheylen, Achtung zu haben, daß durch dieße Bewilligung in dem Gebäw deß Collegii kein Schadt fürgehe.*

[564] HStAS A 274 Bü 79 o. Pag. Besoldungsverzeichnis (um 1610); HStAS A 303 Bd. 13965–13978, 13982–14059; HStAS A 206 Bü 4888 o. Pag. Johann Albrecht Bründlin an den Oberrat (1725, August 10): Ballmeister Bründlin erinnerte 1725 an die im Gegensatz zu den anderen Exerzitienmeistern nach dem Dreißigjährigen Krieg im Ballmeistermetier verringerte Grundbesoldung aus dem Geistlichen Gut. UAT 117/655 o. Pag. Heinrich Rudolph Friedrich Keller an den Rektor der Universität Tübingen (1821, Juli 16): Ballmeister Heinrich Rudolph Friedrich Keller gab noch 1821 an, dass er die Nutzung des Ballhauses und die Alleinstellung seines Metiers in Tübingen als den größten Teil seiner Einkünfte betrachte.

[565] HStAS A 206 Bü 4888 o. Pag. Johann Albrecht Bründlin an den Oberrat (1725, August 10); UAT 117/655 o. Pag. Heinrich Rudolph Friedrich Keller an den Rektor der Universität Tübingen (1821, Juli 16).

die Äußerungen anderer obrigkeitlicher Instanzen des 18. und 19. Jahrhunderts wie dem Stadtmagistrat, dem Senat oder dem Universitätskameralamt gestützt wird[566].

Ballmeister Johann Albrecht Bründlin klagte 1725 also darüber, dass der Trauben-wirt Matthias Kautz zu seinem wirtschaftlichen Nachteil, vor allem aber gegen die *uhralte Observantz und Billichkeit* in seiner Schildwirtschaft vor dem Lustnauer Tor ein Billard aufgestellt habe, das von einigen Studenten jetzt eifriger anstatt der Bil-lards in seinem Haus in der Oberen Hafengasse und im Collegium Illustre genutzt würde. Bründlin argumentierte selbstsicher, sein althergebrachtes Monopol bestehe darin, dass neben seinem *privilegirt Billard, wie es je, und von unerdenklichen Zeiten, die Observanz gewesen* es keinem anderen erlaubt sei, ein solches in Tübingen auf-zustellen. Die von dem Traubenwirt geschaffene zweite Gelegenheit zum Billardspiel in Tübingen nehme ihm die Subsistenzgrundlage. Diffamierend behauptete er, dass der Traubenwirt sein Billardzimmer auch an Sonn- und Feiertagen und während des Gottesdienstes offen halte. Zudem sei es der öffentlichen Ordnung nicht zuträglich, wenn für die Klientel der Traube, die vor den Stadtmauern lag, noch zu später Stunde die Stadttore geöffnet werden müssten. Bettler könnten sich so leicht in die Stadt einschleichen[567].

Auf die Nachfrage Herzog Eberhard Ludwigs in dieser Angelegenheit blieb der Oberhofmeister des Collegium Illustre dabei, dass Bründlin durch das Billard in der Traube in seinem Verdienst beschädigt werde[568], während der Rat der Stadt Tübin-gen die Darstellung Bründlins entscheidend relativierte. Er erklärte, dass der Ball-meister über kein Monopol verfüge, sondern nur versuche, aus dem frei erlaubten Spiel ein Monopol zu machen. In zahlreichen anderen Städten sei diese Art der Re-kreation bereits in vielen öffentlichen Wirtshäusern erlaubt. Es habe sogar bereits schon Klagen gegeben, dass die Tübinger Wirtshäuser in dieser Hinsicht schlecht auf-gestellt seien und das *noble jeu* nicht überall zu finden sei. Bründlin verliere zudem durch das zweite Billard in Tübingen keine Kundschaft, denn offenkundig sei die Nachfrage nach Möglichkeiten zum Billardspiel weit höher, als dass der Ballmeister sie ausreichend befriedigen könnte. Es sei vielmehr zu erwarten, dass wenn einige Studenten das *honnette Spiel deß Billarts* nicht betreiben könnten, diesen umso mehr Gelegenheit zum häufig um Geld gespielten Karten- und Würfelspiel und anderen Ausschweifungen gegeben werde[569]. Herzog Eberhard Ludwig entschied dennoch, dem Traubenwirt Matthias Kautz das Aufstellen eines Billardtisches in seinem Wirts-

---

566 HStAS A 206 Bü 4888 Bl. 2; HStAS E 221 I Bü 4406 o. Pag. Universitätskameralverwalter an das Finanzministerium (1819, März 16), o. Pag. Senat der Universität an das Finanzministe-rium (1819, November 8).

567 HStAS A 206 Bü 4888 o. Pag. Johann Albrecht Bründlin an den Oberrat (1725, August 10).

568 Ebd.

569 Ebd. Bl. 1 f.: In einer erneuten Vorstellung, in der Kautz auf das Verbot reagierte, schloss er sich der Ansicht des städtischen Rats an. Er kritisierte, dass Bründlin auf einem Monopol beharre, welches er nicht besitze und dass es in Stuttgart zahlreichen Privatleuten gestattet sei, Billards aufzustellen. Zudem wisse er von solchen in Wildbad, Göppingen, Heidenheim und Urach und legte dar: *Ballmeister Bründlin auf ein Privilegium provociret, aber nichts produciren kan, auch sonsten nie erhört worden, daß mit dem Billard ein Monopolium zu-*

haus zunächst zu verbieten und damit nicht ausdrücklich, aber indirekt Ballmeister Bründlin in seinem selbst deklarierten Monopol zu bestätigen[570].

Da der herzoglichen Entscheidung keine weitere Begründung beigegeben war und diese auch mit keinem Wort auf die Behauptung des Ballmeisters einging, dass das Monopol seit jeher bestehe, musste dieser ein bedeutenderes Motiv zugrunde liegen als die schädliche Auswirkungen des Karten- und Würfelspiels auf die Studenten. Aus den folgenden Erklärungen des Traubenwirts wurde dann auch ersichtlich, dass der Konkurrenzstreit zwischen dem in der Tradition des Collegium Illustre stehenden Ballmeister Bründlin und dem Schildwirt Matthias Kautz noch einen weiteren Streitpunkt enthielt, der aus der Studentenschaft rührte. Kautz gab an, es seien die – offenbar bürgerlichen – Studenten in Tübingen gewesen, die ihn gedrängt hätten, ein Billard in seiner Gastwirtschaft aufzustellen. Sie waren nicht nur der Ansicht, dass das Billard in Bründlins Haus zum Spiel bereits untauglich sei, sondern klagten auch darüber, dass der ebenfalls Bründlin gehörende Billardtisch im Collegium Illustre von adligen Studenten besetzt werde, mit denen sie sich nicht gut verstünden[571].

Damit wurde bestätigt, dass die Nachfrage nach Möglichkeiten zum Billardspiel in der Studentenschaft weit höher war, als es das von Bründlin bereitgestellte Angebot erfüllen konnte. Zudem implizierte die ständisch motivierte Abgrenzung zwischen bürgerlichen und adligen Studenten – wie beim Fechten – die Kumulierung rivalisierender Studentengruppierungen um ein bestimmtes Billard, ihre Besitzer und die entsprechenden Lokale. Der Wettbewerb fand also nur vordergründig zwischen den Billardbesitzern statt, gab aber ganz offensichtlich Anlass zu standesbedingten Abgrenzungskonflikten innerhalb der Studentenschaft. Sicherlich trugen diese Sorgen um die öffentliche Ordnung in der Universitätsstadt dazu bei, dass dem 1728 auf Matthias Kautz folgenden Traubenwirt Johannes Stengle das Aufstellen eines Billards *zur Studenten Recreation* weiterhin verwehrt blieb[572]. Erst als Stengle 1736 umge-

---

treiben erlaubt ist [...] dahero auch nicht vermag zu wehren, daß nicht andre ehrliche Leuthe, zumahl ein Schiltwirth auch ein Billard halten dörffe.

[570] Ebd. o. Pag. Johann Albrecht Bründlin an den Oberrat (1725, August 10): Herzog Eberhard Ludwig dekretierte am 29. August 1725: *Serenissimus wollen bey berichteter Beschaffenheit nicht gestatten, daß der hierinn vermelte Traubenwirth zum Nachtheil jenes ein Billard bey sich errichten und halten dörffe; Zu dem Ende dann der Vogt Ihme ein solches nachtrücklich zu inhibiren hat.*

[571] Ebd. Bl. 1: Matthias Kautz legte in seinem Gesuch dar: *Auf unnachläsiges Zureden der Studenten und deren Vorstellung, daß deß Ballmeisters aigen im Hauß habendes Pillard nichts tauge, das in hochfüstlichem Collegio einig denen hohen Herrn Collegiaten gewidmet und so keine zugegen von Edelleuthen (mit welchen Sie nicht sonderliche Harmonie hätten) eingenommen würde, mithin schlecht bestellet seye, in ganzer Stadt, allwo eine berühmte Universitaet, in Wirtshäusern wie anderwerts keine Billard zuhalten, habe meinem Wirtshauß gedachtes Billard zugeleget, welches verursachet, daß diß Spihl bekanter wird und da Ballmeister ehedeßen weniger Liebhaber als bereits hatte, versichern mich die Studiosi, daß mein Pillard wider movirte Clag ihme Ballmeister mehr nützlich als schädlich seye.*

[572] Ebd. o. Pag. Johann Albrecht Bründlin an den Oberrat (1728, Februar 16), o. Pag. Johannes Stengle an den Oberrat (1728, März 28), o. Pag. Johannes Stengle an den Oberrat (1728, März 30), o. Pag. Johannes Stengle an den Oberrat (1732, August 13/August 26).

kehrt zu bedenken gab, dass der neue Ballmeister Georg Dominicus Keller nicht nur ihm, sondern auch anderen Tübinger Wirten mit dem Ausschank von Getränken Konkurrenz mache, indem er während des Billardspiels in seinem Lokal Tee, Kaffee, Wein und Bier ausschenke, wurde ihm kurzfristig erlaubt, auf seinem Billard spielen zu lassen[573]. Seinem Nachfolger Christian Gottlieb Stengle wurde dies 1739 und 1747 jedoch wieder abgesprochen[574].

Die verhängten herzoglichen Verbotsmaßnahmen gegenüber der Konkurrenz der Traubenwirte bestärkten die Ballmeister in ihren aus dem 17. Jahrhundert hergeleiteten Monopolforderungen so sehr, dass sie jetzt auch die Verbote von 1725, 1739 und 1747 als eine exklusive herzogliche Schutzmaßnahme und als Erneuerung ihres angeblich althergebrachten Ball- und Billardmonopols deuteten, das nicht nur im Streit um die Aufstellung von Billards weiterhin jeglicher Grundlage entbehrte. Ballmeister Heinrich Rudolph Friedrich Keller interpretierte noch 1819 die von den Herzögen Eberhard Ludwig, Carl Alexander und Carl Eugen aus Gründen der Aufrechterhaltung der öffentlichen Ordnung verhängten Billardverbote gegenüber den Traubenwirten eigenmächtig als neues Billardmonopol. Er bezog sich darauf, als die Alleinstellung seines Billardlokals durch die Aufstellung eines Billardtisches in den Lokalitäten der Museumsgesellschaft und eines weiteren in der Vereinigten Lesegesellschaft im Jahr 1819 in Frage gestellt wurde[575]. Keller berief sich auch darauf, als ihm 1819 das Ballhaus entzogen wurde, das zur katholischen Kirche umgebaut werden sollte: Der Ballmeister forderte Entschädigung[576].

Die Gremien und administrativen Instanzen aber ließen sich kein Ball- oder Billardmonopol mehr suggerieren. Der Senat bezweifelte 1819 sofort die Existenz eines solchen Monopols[577]. Und das Universitätskameralamt widerlegte nüchtern die von Ballmeister Keller geschilderte Situation. Das Ballhaus werde schon seit vielen Jahren nicht mehr genutzt, sei also längst keine Unterrichtsanstalt mehr. Das Jeu de paume sei längst aus der Mode gekommen und das Billardspiel werde schon seit langer Zeit nicht mehr im Ballhaus und damit einem öffentlichen Gebäude, sondern in des Ballmeisters Haus gespielt, wo auch Erfrischungsgetränke gereicht würden. Zudem könne der Ballmeister nicht klagen, da der Zulauf zu seinen Billards nach wie vor groß sei und er die Nachfrage nach dem Billardspiel bei derzeit siebenhundert Studenten längst nicht erfüllen könne[578].

Traditionen konnten aber so rasch nicht beiseite gewischt werden. Ballmeister

---

[573] Ebd. o. Pag. Johannes Stengle an den Oberrat (1736, Februar 11/April 30).

[574] HStAS A 409 L 41 Bl. 1–3; StAT A 20/S 218 Bl. 773ᵛ; UAT 9/9 Nr. 75: Grund für das erneute Verbot waren die fortdauernden Beschwerden des seit 1732 als Ballmeister am Collegium Illustre tätigen Georg Dominicus Keller.

[575] HStAS E 221 I Bü 4406 o. Pag. Universitätskameralverwalter an das Finanzministerium (1819, März 16); UAT 117/655 o. Pag. Ministerium des Innern an den Oberamtmann in Tübingen (1818, November 2).

[576] HStAS E 221 I Bü 4406 o. Pag. Heinrich Rudolph Friedrich Keller an das Finanzministerium (1819, März 6).

[577] Ebd. o. Pag. Senat der Universität an das Finanzministerium (1819, November 8).

[578] Ebd. o. Pag. Universitätskameralverwalter an das Finanzministerium (1819, März 16).

Heinrich Rudolph Friedrich Keller bestand weiterhin vergeblich auf seinem vorge-
täuschten Monopol und gab im August 1819 bekannt, dass er wegen seines *geschüz-
ten ausschließlichen Privilegii der Billards-Haltung* die Anzahl seiner Billardtische
von drei auf vier erhöht habe, um Klagen wegen mangelnder Möglichkeit zum Billardspiel vorzubeugen[579]. Noch 1821 beharrte er auf seinem *Besizstand der Billards
Gerechtigkeit*, die er nunmehr durch ein weiteres Billard im Haus des Ernst Traugott
Eiffert angegriffen sah[580]. Das für solche Konzessionen im Königreich Württemberg
zuständige Oberamt untersuchte den Fall und gab dem Ballmeister zu verstehen, dass
es sich bei der Eiffert'schen Einrichtung um eine Lesegesellschaft für Stadtbürger, insbesondere Kaufleute, Wirte und Handwerker handle, für die landwirtschaftliche und
technologische Schriften bereitgestellt würden und aus der die Studenten gänzlich
ausgeschlossen seien. Gegen das Billard sei daher nichts einzuwenden[581]. Die über
zweihundert Jahre aufrechterhaltene Behauptung, es gäbe ein Ball- und Billardmonopol der Tübinger Ballmeister, war damit endgültig als Fiktion entlarvt worden. Während in Tübingen im 19. Jahrhundert noch um ein vorgetäuschtes Monopol gestritten
wurde, zählte Göttingen im Jahr 1766 bereits vier Billardstätten[582].

d. Jüngere Bewerber und Fachfremde

Obwohl die Konkurrenz unter den Tanzmeistern nicht sehr groß war, kam es auch
in diesem Metier zu Wettbewerbssituationen. Während es 1721 zu einem Konkurrenzstreit um die Tübinger Tanzmeisterstelle zwischen dem Stelleninhaber Johann
Balthasar Schäffer, dem Bewerber Carl Simon Paret und seinem Mitbewerber Charles
Devaux gekommen war[583], wurde der langjährige Tanzmeister Ernst Friedrich Dörr
am Ende seines Dienstverhältnisses am Collegium Illustre mit einer bisher noch nicht
zur Sprache gekommenen Konkurrenzform konfrontiert: Als Vertreter eines Metiers,
das stark die physischen Kräfte beanspruchte, sah er sich 1794 mit sechsundfünfzig
Jahren bereits von jüngeren Bewerbern übervorteilt[584].

Zwar wurde Dörr in seiner Besoldung belassen. Seit 1794 aber wurden jeweils
übergangsweise den Tanzmeistern François Fellon, Otto Schlosser, Ludwig Michael
Kaz und Johann Friedrich Woelffel erlaubt, Tanzunterricht zu geben. Das bedeutete,
dass Dörr keine eigenen Scholaren mehr hatte und keine Informationsgelder mehr
einnahm. Dem Anschein nach war Dörr durch sein Alter tatsächlich nicht mehr in
der Lage, einen für die Studenten attraktiven Tanzunterricht zu erteilen. Der Oberhofmeister des Collegium Illustre äußerte daher im August 1795, daß *der gesunkene*

---

[579] Ebd. o. Pag. Heinrich Rudolph Friedrich Keller an das Finanzministerium (1819, August 13).
[580] UAT 117/655 o. Pag. Heinrich Rudolph Friedrich Keller an den Rektor der Universität
(1821, Juli 16).
[581] Ebd. o. Pag. Oberamtsverweser in Tübingen an den Rektor der Universität (1821, Juli 9).
[582] Böhme/Vierhaus: Göttingen, S. 416.
[583] HStAS A 284/94 Bü 55 Bl. 39b, 50.
[584] UAT 9/9 Nr. 245: Der Geheime Rat beschloss im November 1794, *dass wir aber keineswegs
gesonnen sind, dem alten Tanzmeister Dörr von seinem bißher bezogenen Gehalt etwas zu
entziehen.*

Kredit des hisigen alten Tanzmeisters Dörrs, bey welchem freilich sein Alter, und die Länge der Zeit, in welcher er auf diesem Posten steht, mehr für ihn spricht, als seine Kunst und Wissenschaft, die unter aller Kritik ist, den Wunsch zum Bedürfniß gemacht hat, daß neben ihm noch einem tüchtigen Subjectum [...] wenigstens auf eine Zeitlang privat Lektionen im Tanzen geben zu dürfen [...] vergönnt werden mögte[585].

Zwar wehrte sich Dörr noch 1796 gegen die an ihn herangetragenen Vorwürfe, er sei zum Tanzunterricht nicht mehr tauglich und beteuerte, in der Lage zu sein, seinen Posten weiterhin auszufüllen[586]. Den jüngeren Bewerbern aber, wie Otto Schlosser, war längst zugetragen worden, dass durch das Alter Dörrs in Tübingen eine Marktlücke entstanden war, die es zu füllen galt. In seinen Bewerbungen vom August und Dezember 1795 schrieb Schlosser ganz offen, dass Tanzmeister Dörr *überhaupt kein Subjectum nach der modernen Tanzkunst sey*[587] und er daher vorhabe, in Tübingen eine Lücke zu füllen, die aus dem hohen Alter und dem daraus erfolgenden Misskredit des Tanzmeisters entstanden sei[588].

Solche Konkurrenzsituationen, in denen ein jüngerer Mitbewerber einen Maître geradezu herausforderte, gab es auch in anderen Exerzitiensparten[589] sowie in anderen Universitätsstädten. Die Studenten der Universität Kiel beklagten sich 1696 über das fortgeschrittene Alter des Kieler Universitätstanzmeisters und schlugen einen anderen Bewerber vor, der zunächst adjungiert wurde und drei Jahre später zum Tanzmeister ernannt wurde[590]. Im Mai 1674 kam es zu einem regelrechten Wettstreit zwischen dem am Collegium Illustre angestellten langjährigen Ballmeister Georg Friedrich Bitschin und dem Tübinger Bortenwirker Johann Martin Kretzenthaller, der sich auf Reisen in der Ballkunst qualifiziert und perfektioniert hatte. Der Oberhofmeister des Collegium Illustre berichtete, dass sich im Beisein aller Collegiaten beide miteinander im Ballschlagen gemessen hätten und sich ergeben habe, dass Kretzenthaller zwar etwas besser und schneller gewesen sei, der alte Bitschin sich aber mit ihm habe messen können. Letztendlich hielt die herzogliche Verwaltung auf Anraten des Oberhofmeisters an Bitschin fest, nicht zuletzt auch deswegen, da dieser viele Jahre lang nicht nur fachlich, sondern auch im Umgang mit den jungen Scholaren immer ein überzeugendes Exempel des Wohlverhaltens abgegeben hatte[591].

---

585 HStAS A 202 Bü 2617 o. Pag. Oberhofmeister des Collegium Illustre an den Geheimen Rat (1795, August 13).

586 Ebd. o. Pag. Ernst Friedrich Dörr an den Geheimen Rat (1796, März 21).

587 Ebd. o. Pag. Otto Schlosser an den Geheimen Rat (1795, August 1).

588 HStAS A 284/94 Bü 297 o. Pag. Otto Schlosser an den Kirchenrat (1795, Dezember 4).

589 KOHFELDT: Fecht- und Tanzmeister, S. 72; MICHAELIS: Raisonnement, Bd. 3, S. 105 f., 120 f., 127.

590 PAULS: Anfaenge, S. 110.

591 HStAS A 284/94 Bü 53 o. Pag. Oberhofmeister des Collegium Illustre an den Kirchenrat (1674, Mai 16): Zusammenfassend schrieb der Oberhofmeister an den Kirchenrat: *Hingegen der allhiesige Ballmeister Bitschin nicht allein für sich selbsten, bißhero seinem Ballmeisterdienst getreulich, fleißig, und ohne einige Klag wohl versehen, auch den Studiosis einiges böß Exempel, !wie etwan sonsten von jungen unerfahrenen Leuten zu geschehen pfleget,! nicht gegeben.*

e. Zusammenfassung

Das fachliche Konkurrenzgebaren war insbesondere unter den Fechtmeistern und den Sprachmaîtres besonders ausgeprägt. Hierbei spielte insbesondere studentische Konkurrenz, etwa durch Fechtscholaren oder frankophone Studenten eine große Rolle. Auch in den anderen Sparten des Fächerquintetts kam es regelmäßig zu Konkurrenzdruck, etwa bei den Ballmeistern, die sich im 18. Jahrhundert über Generationen hinweg mit verschiedenen Tübinger Schankwirten um ein Monopol zur Aufstellung von Billardtischen und deren wirtschaftliche Nutzung zankten. Eine weitere, insbesondere für die Exerzitienmeister immer wieder prekär werdende Konkurrenzform war schließlich die Übervorteilung durch jüngere Mitbewerber, die noch über größere physische Kräfte verfügten.

Die obrigkeitlichen Instanzen reagierten auf Probleme, die sich aus der Konkurrenz von mehreren Fechtmeistern ergaben strikt. Aus Rücksicht auf die öffentliche Ordnung und um die Gefahr der Entstehung rivalisierender Studentengruppierungen und des nur schwer kontrollierbaren Raufhandelwesens zu vermeiden, wurde zusätzlichen Fechtmeistern der Unterricht verboten und eine Ausweisung aus der Stadt erteilt. Auch die Auseinandersetzungen um die Aufstellung von Billardtischen wurde aus Gründen möglicher ständisch motivierter Abgrenzungskonflikte zwischen bürgerlichen und adligen Studenten zugunsten einer exklusiven Billardhaltung der am Collegium Illustre angestellten Ballmeister entschieden. Der stark überlaufene Markt an Sprachmeistern dagegen blieb weitgehend sich selbst überlassen und wurde von den obrigkeitlichen Instanzen nur dann reguliert, wenn die Gefahr bestand, dass wegen zu geringer Verdienstmöglichkeiten die wohltätigen Fonds zu sehr in Anspruch genommen werden könnten. Die Qualitätssicherung und damit auch die Aufrechterhaltung eines für die Scholaren attraktiven Unterrichts standen dagegen bei der Ablösung alternder Maîtres im Vordergrund. Konkurrenz wurde hier bewusst zugelassen, wenn auch, wie am Beispiel des Tanzmeisters Dörr gezeigt werden konnte, dessen finanzielle Grundversorgung im Alter gewährleistet wurde.

Während in anderen Universitätsstädten versucht wurde, zu großer Konkurrenz mit der Vergabe von Privilegien und Monopolen zu begegnen, können aktive Privilegierungsmaßnahmen für Tübingen nicht bestätigt werden. Vielmehr reagierten Herzog und Senat stets im Einzelfall und beließen die Anstellungsverhältnisse der Maîtres dadurch unverbindlicher. Insbesondere ist davon auszugehen, dass die Tübinger Grundbesoldungen aus dem Geistlichen Gut eine obrigkeitliche Privilegierung aufwogen.

3.2 Konkurrenzverhalten

a. Diffamierung der Konkurrenz

Die große Konkurrenz führte zur Entwicklung wiederkehrender Verhaltensmuster bei den Exerzitien- und Sprachmeistern. Eine erste Reaktion der Maîtres bestand darin, sich diffamierend über einen Konkurrenten zu äußern und in entsprechenden Beschwerdeschreiben an die obrigkeitlichen Instanzen auf subjektive Weise die fachlichen Qualifikationen, den persönlichen Lebenswandel, die Konfession oder die wirtschaftliche Situation des Mitbewerbers zu denunzieren und in Frage zu stellen[592].

Bei näherer Betrachtung der vielen emotional formulierten Konkurrenzklagen der Maîtres wird deutlich, wie sehr die häufig nur halbgesicherten, voreingenommenen, übertriebenen, stark generalisierten und selektierten Vorurteile mit ihrer Fokussierung auf einzelne Eigenschaften der Konkurrenten – seien diese an Fachlichem, an Nationalitäten oder Konfessionen orientiert – eine psychologische Reaktion der Maîtres auf die massive Störung der gewohnten Ordnung, insbesondere die Bedrohung der Subsistenzgrundlage darstellten. In Reaktion auf diese Bedrohungen wurden in den Beschwerdebriefen die bestehenden Differenzen zwischen den Maîtres und ihren Konkurrenten übertrieben hervorgehoben und dichotomisiert. Dabei war es typisch, dass gerade die am intensivsten als eigenes Defizit empfundenen oder mit eigenen Zweifeln verbundenen Eigenschaften – etwa fehlende Fachkenntnis oder konfessionelle Alterität – bei der Diffamierung des Konkurrenten die größte Rolle spielten. Andererseits wurde generalisiert: Die Eigenschaften des Konkurrenten wurden dabei mit bereits bekannten und verfestigten Vorurteilen versehen, die etwa dazu führten, dass ein Franzose a priori als unzuverlässiger Vagabund bezeichnet wurde. Eine Folge der Dichotomisierung war die Abgrenzung vom Konkurrenten, eine Folge der Generalisierung die Selbstversicherung der eigenen, positiv betrachteten Fähigkeiten. Die Formulierung von Stereotypen als subjektive Konstrukte der Wirklichkeit durch die von Konkurrenz bedrohten Maîtres hatte daher stets eine abgrenzende, identitätsstiftende sowie ordnungsstiftende Funktion zugleich. Denn das Ziel aller Beschwerden war es, eine bedrohlich und damit zu komplex gewordene Situation zu bewältigen, die gewohnte Ordnung wieder herzustellen, sich des eigenen Standpunkts rückzuversichern und sich neu zu verorten[593].

---

[592] HStAS A 206 Bü 4888 Bl. 1: Der Tübinger Traubenwirt Matthias Kautz fasste 1725 viele dieser emotionalen Äußerungen zusammen, indem er auf die Beschwerdeschrift des Ballmeisters Johann Albrecht Bründlin mit dem Urteil reagierte, der Ballmeister klage ihn wegen der Aufstellung eines Billards in seiner Schankwirtschaft *aus purer Passion an*.

[593] Vgl. zur historischene Stereotypenforschung BASSEWITZ: Stereotypen, S. 21; GOTTSCHALDT/LERSCH: Handbuch, Bd. 7, S. 1406–1418; HAHN: Nationale Stereotypen, S. 27; HAHN: Stereotypen, S. 190; KLEINSTEUBER: Feindbilder, S. 62; LILLI: Grundlagen, S. 8; LIPPMANN: Opinion, S. 79–156; MEYER: Ikonographie, S. 334–353; OUDENHOVEN: Herkunft, S. 274–278; WERNECKEN: Wir und die anderen, S. 105–119: Der amerikanische Journalist Walter Lippmann definierte 1922 den in der Sozialpsychologie verwendeten Begriff des Stereotyps erstmals kommunikationswissenschaftlich als ein subjektives Konstrukt der Wirklichkeit im Sinne eines Verfahrens des Individuums zur Reduktion der Komplexität seiner realen Umwelt. In der Sozialpsychologie werden stereotype Denkschemata damit erklärt, dass der menschliche Verstand sich bei der Verarbeitung zu vieler Reize seiner Umwelt der Dichotomisierung, also der Verstärkung von Unterschieden, und der Generalisierung, der Verstärkung von Ähnlichkeiten, bedient. Stereotype entstehen dabei aus der Notwendigkeit des menschlichen Verstandes, die Reize der Umwelt kognitiv zu ordnen. Funktionen des Stereotyps sind daher einerseits Abgrenzung und andererseits Selbstbestätigung als zwei Seiten der gleichen Medaille. Damit haben Stereotype auch eine identitätsstiftende und eine ordnungsstiftende Funktion. Im Verlauf dieses Prozesses werden Stereotype zudem als Antworten auf die ei-

Ein typisches Beispiel eines solch dichotomisierenden Konkurrenzverhaltens stellte die von dem Sprachprofessor Bartholomäus Hettler im Jahr 1607 empfundene und bereits beschriebene Konkurrenz zu dem im Collegium Illustre tätigen Übersetzer Gaspar Simon dar. Hettler, der zwar einen mehrjährigen Studienaufenthalt in Frankreich und Italien vorweisen konnte und die Universitäten Siena und Perugia besucht hatte[594], fühlte sich durch Gaspar Simon, der insgesamt zwölf Jahre lang in Italien, Frankreich und Spanien gelebt hatte und die Sprachen dieser Länder perfekt beherrschte, fachlich übertroffen. Daher begann er seinen Beschwerdebrief nicht etwa mit der Sorge, dass Simon ihn in seinem Verdienst beeinträchtigen könnte, sondern damit, dass er bemerkte, Simon werde in seiner unmittelbaren Umgebung und von Anderen abfällig nur *der spanische Doktor* genannt. Die Fokussierung auf die Spanischkenntnisse und den Doktortitel Simons – beides Auszeichnungen, die Hettler nicht besaß – zeigten das Eingeständnis eigener Defizite. Hinzu kam vermutlich der Einfluss einer antispanischen Stimmung, die sich zu dieser Zeit in allen protestantischen Reichsterritorien bereits verfestigt hatte[595]. Hettler äußerte daher selbstversichernd über den zurückgezogen lebenden Übersetzer, dass dieser *ein falscher Tropf sei, den man seiner Verrichtungen halber examinieren solle und dass man sich abgesehen davon, die Kosten für ihn wohl sparen könne.* Diese Aussage diffamierte Simon nicht nur, sondern stellte auch anmaßend den herzoglichen Beschluss in Frage, Simon mit der Übersetzung spanischer Literatur zu beauftragen[596].

Eine Absicht der zahlreichen Ressentiments der Maîtres war es, einen Keil zwischen den Konkurrenten und die obrigkeitlichen Instanzen zu treiben, indem mögliche Differenzen mit den Konkurrenten besonders in den Mittelpunkt gerückt wurden. Oft wurden dabei nicht mehr nachprüfbare Aussagen des Gegners unterstrichen, welche diese Differenzen untermauern sollten. Gleichzeitig wurden vermeintliche Gemeinsamkeiten zwischen der Obrigkeit und der eigenen Person, etwa die gemeinsame Vorliebe für die Aufrechterhaltung von Recht und Ordnung, geordnete wirtschaftliche Verhältnisse sowie die gemeinsame Nationalität oder konfessionelle Gesinnung beschworen[597]. Weit verbreitet waren zudem die zahlreichen Hinweise auf

---

genen Konflikte angesehen, denn durch Stereotypisierung werden selbstempfundene Defizite überdeckt und auf das Gegenüber projiziert. In der Kontrastierung mit dem Fremden und der Bestätigung des Eigenen, scheinbar Positiven, wird Identität durch Abgrenzung geschaffen. Die identitätsstiftende Funktion der Stereotype dient daher der Aufrechterhaltung, Selbstverankerung und Selbstversicherung desjenigen, der ein Stereotyp formuliert. Die ordnungsstiftende Funktion dagegen entwirft vereinfachte Bilder einer zu komplex gewordenen Umwelt und stellt Kategorien in den Vordergrund, die das Ganze vereinfachend repräsentieren. Stereotype sind dann Ausdruck einer vereinfachenden Kategorisierung, die Ordnung in eine komplexe Umwelt bringen.

[594] WEIGLE: Matrikel Siena, Bd. 1, S. 151; WEIGLE: Matrikel Perugia, S. 45.
[595] Vgl. hierzu SCHMIDT: Universalmonarchie; SCHÖTTLE: Ausprägung.
[596] RAUSCHER: Collegium Illustre, S. 60 f. und Anm. 57 f., 58a.
[597] HStAS A 284/94 Bü 55 Bl. 39b, 50: Der Tübinger Ballmeister Johann Balthasar Schäffer wurde 1721 von seinem Stuttgarter Kollegen Carl Simon Paret heftig attackiert, da sich Schäffer aufgrund einer geringen Scholarenzahl in Tübingen ohne herzogliche Erlaubnis und unter Vernachlässigung seiner Pflichten in Tübingen für mehrere Monate nach Stuttgart

die fachlichen Unzulänglichkeiten der Konkurrenten[598], der Vorwurf des Neids[599] und der üblen Nachrede[600] durch die Mitbewerber, allesamt Ressentiments, die in diesem Moment mutmaßlich selbst empfunden wurden.

Neben der häufigen Fokussierung auf konfessionelle Differenzen wurden in den Konkurrenzklagen der Maîtres auch nationale und konfessionelle Stereotype aufgerufen. Fechtmeister Johann Casimir Eller beschimpfte 1676 Jan Veiliaque du Roc zuallererst als *Frembdling, ein Frantzoß, so der Profession nach sich vor einen Fechter außthut*[601]. Der Stuttgarter Tanzmeister Carl Simon Paret diffamierte im Wettbewerb um die Tübinger Tanzmeisterstelle im Jahr 1721 seinen französischen Konkurrenten Charles Devaux als unzuverlässigen und untauglichen Landfremden, Vagabunden und Katholiken[602].

Der Sprachmeister Pierre Aubin de Sales schrieb 1784 über den mit ihm im Französischunterricht konkurrierenden Studenten Johann Julius Willich, es handle sich um einen *von mehreren Universitäten weggejagten und nach einiger Zeit mit Hinterlassung vieler Schulden auch wider von hier echappirten Studenten, einen nichtswürdigen Menschen, der sich bei den Studierenden in kurzer Zeit so einzuschleichen wußte,*

---

begeben hatte, wo er mit Paret in Konkurrenz getreten war. Paret ging in seinem Beschwerdeschreiben sehr subjektiv auf die Konversion Schäffers zum Luthertum, seine einträgliche Besoldung aus dem Geistlichen Gut, seine *unordentliche Conduite*, seine Schulden und die Schwierigkeiten Schäffers mit der herzoglichen Verwaltung ein. Paret versuchte sich insbesondere dadurch einen Vorteil zu verschaffen, indem er berichtete, Schäffer habe das Angebot gemacht, ihm die Tanzmeisterstelle am Tübinger Collegium Illustre für drei oder vier Louis d'Or zu überlassen. Paret erklärte: *Überdiß hat mir der Schäffer würklich offerirt, wann ich ihme 3 oder 4 Louys d'or geben würde, er mir seinen Platz zu Tübingen räumen wolle, in der falschen Einbildung, ich werde so thoricht seyn, etwas von ihm zu erhandlen, welches zu verkauffen, das nicht in seiner Macht stehet.*

[598] HStAS A 202 Bü 2617 Bl. 6.

[599] HStAS A 202 Bü 2617 o. Pag. Johann Casimir Eller an den Geheimen Rat (praes. 1676, November 6): Fechtmeister Johann Casimir Eller stellte 1676 seinen Neid auf den raschen Erfolg des Fechtmeisters Jan Veiliaque du Roc in den Mittelpunkt seiner Schmähung gegen denselben, indem er ihn einen *unbekand und feindseligen Neidling* nannte. HStAS A 284/94 Bü 46 o. Pag. Alexander Gottlieb Lamotte an den Kirchenrat (1740, Dezember 13): Auslöser für zahlreiche Klagen der Maîtres war nicht nur eine akkute Bedrohung der Subsistenzgrundlage, sondern auch der bloße Neid auf die finanziellen Zuwendungen durch die obrigkeitlichen Instanzen. Alexander Gottlieb Lamotte beispielsweise klagte in unzähligen Beschwerdebriefen darüber, dass sein Konkurrent Pierre Robert, *der andern ehrlichen Leuten die informationes wegcappert*, dennoch ein ansehnliches Gratial erhalten habe und dass Jean Caumon ganz im Gegensatz zu ihm den freien Tisch im Fürstlichen Stipendium genieße.

[600] UAT 3/8 Bl. 354ᵛ: Alphons Firmin Caussin beklagte sich 1668 über den ihm und seiner Konversion zum Protestantismus offenbar übel nachredenden Louis de Pimelin.

[601] HStAS A 202 Bü 2617 o. Pag. Johann Casimir Eller an den Geheimen Rat (praes. 1676, November 6).

[602] HStAS A 284/94 Bü 55 Bl. 50: Carl Simon Paret schlug 1721 vor, *den biß daher bey denen Comoedianten allhier gestandenen Tanzmeister Devaux aber, welcher dem Verlaut nach, sich auch darum bewerben solle, weil er ein fremder und nicht im Land verheurathet, mithin ein Vagabund, der so ihme nur das geringste zustößt wider fort gehen und seinen weeg weiter suchen wird, auch catholischer Religion und sonsten keines sonderlichen praedicats ist, um so mehr in seinem Gesuch abzuweisen.*

daß er zwölf bis vierzehn Schüler bekam und mich dadurch aller meiner Informationen beraubte[603]. Wie aus einem Kommentar des Senats infolge der Beschwerde de Sales hervorging, hatte Willich aber ganz offensichtlich so viel Erfolg bei den Scholaren, weil der Unterricht de Sales aufgrund seines Alters für die Scholaren nicht mehr attraktiv genug war[604]. De Sales verwies mit seiner emotionalen und generalisierenden Klage gegen den jungen, mobilen, der Scholarenschaft näher stehenden und ihr auch in fachlicher Hinsicht besser entsprechenden Studenten auf seine sicherlich selbstempfundenen Unzulänglichkeiten.

Der Sprachmeister des Französischen Alphons Firmin Caussin beklagte sich 1668 über die Konkurrenz durch den katholischen Studenten Louis de Pimelin aus Paris. In seiner Beschwerdeschrift trat aber vollkommen in den Hintergrund, dass de Pimelin ihm durch die Wegnahme von Scholaren die Subsistenzgrundlage streitig machte. Weit größeren Raum dagegen nahm die geschilderte Tatsache ein, dass de Pimelin dem eingesessenen Sprachmeister aufgrund seiner Konversion zum Protestantismus übel nachrede, herablassend über die Augsburger Konfession rede und gesagt habe, der Senat müsse ihn als Student, wenn auch Katholik, in Tübingen dulden, *sive velit, sive nolit*[605]. Die Aufregung Caussins und die Fokussierung auf die konfessionellen Umstände seines Konkurrenten sind umso besser zu verstehen, als Caussin, der in Frankreich katholischer Priester gewesen war und vermutlich in Heidelberg zum reformierten Bekenntnis übergetreten war, seit 1664 vergeblich versuchte, in die Tübinger Universitätsmatrikel aufgenommen zu werden. Obwohl der Sprachmeister eine gute Aufführung bewies und sogar von der Studentenschaft unterstützt wurde, gelang ihm dies gerade wegen seines Festhaltens am reformierten Bekenntnis über Jahre hinweg nicht[606]. Trotz der Differenzen Caussins mit dem Senat versuchte sich der Sprachmeister in Fokussierung auf seine eigenen konfessionellen Unruhen mit dem Senat gegen die in seinen Augen noch größere Differenz zum Katholizismus zu solidarisieren und ein schützendes Kollektiv gegen einen vermeintlich gemeinsamen Gegner zu beschwören. Caussin hatte damit die Konfession vollkommen in den Vordergrund seiner Konkurrenzklage gestellt und so seine eigenen konfessionellen Nöte und seine daraus resultierende unerfüllte Statussituation offen gelegt.

b. Forderungen nach Privilegierung

Ein zweiter verbreiteter Aspekt des Umgangs mit der großen Konkurrenz waren die zahlreichen Forderungen der Maîtres nach Privilegierung bei den obrigkeitlichen Instanzen, welche ihnen die exklusive Ausübung ihres Metiers in der Universitätsstadt gestatten sollten. In den Darstellungen zur Konkurrenzsituation der Tübinger Fecht-, Sprach- und Ballmeister wurden solche – in Tübingen so gut wie immer erfolglosen – Forderungen bereits mehrmals angesprochen. Ungeachtet der Tatsache, dass

---

[603] HStAS A 202 Bü 2616 o. Pag. Pierre Aubin de Sales an den Geheimen Rat (1784, Juni 10).
[604] Ebd. o. Pag. Senat der Universität an den Geheimen Rat (1784, Juli 1).
[605] UAT 3/8 Bl. 354ᵛ.
[606] UAT 30/6 Nr. 6 Bl. 1–9.

es in anderen Universitätsstädten, wie beispielsweise Helmstedt oder Jena, tatsächlich teilweise auch gleichzeitig mehrere obrigkeitlich privilegierte Exerzitien- und Sprachmeister gab[607], ist in diesem Zusammenhang ein wichtiger Aspekt zu nennen: Wurde bei den Tübinger Fecht- und Sprachmeistern deutlich, dass die vielen Forderungen nach Privilegierung überwiegend bloße Forderungen blieben und bei den obrigkeitlichen Instanzen ungehört verhallten[608], so wurde bei den Tübinger Ballmeistern klar, dass Privilegierungen nicht nur gefordert, sondern auch vorgetäuscht werden konnten[609].

Wie bereits dargestellt, existierten mit Ausnahme des wenige Monate dauernden Privilegs des Fechtmeisters Conrad Jacob im Jahr 1672[610] in Tübingen keine von Herzog oder Senat aktiv verhängten und damit von den obrigkeitlichen Instanzen gestützten Privilegierungsmaßnahmen. Und dennoch nahmen sowohl die aussichtslosen Forderungen nach Privilegierung, als auch die von der Obrigkeit zu keinem Zeitpunkt bestätigten Suggerierungen eines Privilegs eine enorme und nicht zu unterschätzende Funktion innerhalb des Konkurrenzgebarens der Tübinger Exerzitien- und Sprachmeister ein. Die Vorspiegelung nicht existenter Privilegien gehörte sogar ganz selbstverständlich zu den Methoden der Konkurrenzabwendung. Denn auch nur die Fiktion einer Privilegierung verfehlte ihre Wirkung nicht – weder auf Konkurrenten, noch auf die obrigkeitlichen Instanzen. Mögliche, insbesondere ortsfremde Konkurrenten konnten sich durch die Behauptung, es gäbe eine Privileg und die dadurch a priori formulierte Ansage eines Konkurrenzkampfes wirksam abgeschreckt fühlen. Dann war das Ziel der Abwendung von Konkurrenten auch ohne real existierendes Privileg erreicht.

Die obrigkeitlichen Instanzen kannten die direkten und indirekten Methoden der Maîtres genau. Und dennoch waren aussichtslose und überzogene Privilegierungsforderungen sinnvoll. Denn letztlich bedeuteten diese nur eine verdeckte Geld- oder Naturalienforderung, wie sie Pierre Aubin de Sales bezweckte, der 1784 um ein

---

[607] AHRENS: Lehrkräfte, S. 37, 82 f., 126, 128, 141, 232, 236: Für Helmstedt sind privilegierte Fechtmeister, Tanzmeister und Billardinhaber bekannt. BRIESEMEISTER: Sprachmeister, S. 269; WALLENTIN: Normen, S. 208 f.: Aus Jena sind die privilegierten Sprachmeister Carl Caffa und François Roux genannt. Caffa und Roux erhielten keine Besoldung. Dafür aber wurden die anderen in Jena anwesenden Sprachmeister verpflichtet, ihnen als Ausgleich monatlich einen oder einen halben Taler zu bezahlen. Im Jahr 1722 jedoch wurde die Zahl der Sprachmeister in Jena auf zwölf namentlich genannte Maîtres begrenzt. Im Jahr 1696 gab es in Jena vier privilegierte Tanzmeister, zwei Fechtmeister und einen Bereiter.

[608] HStAS A 202 Bü 2616 o. Pag. Pierre Aubin de Sales an den Geheimen Rat (1784, Juni 10), o. Pag. Senat der Universität an den Geheimen Rat (1784, Juli 1), o. Pag. Gutachten des Geheimen Rats (1784, Juli 8); HStAS A 202 Bü 2617 Bl. 6, o. Pag. Johann Casimir Eller an den Geheimen Rat (praes. 1676, November 6).

[609] HStAS A 206 Bü 4888 o. Pag. Johann Albrecht Bründlin an den Oberrat (1725, August 10); HStAS E 221 I Bü 4406 o. Pag. Heinrich Rudolph Friedrich Keller an das Finanzministerium (1819, März 6), o. Pag. Heinrich Rudolph Friedrich Keller an das Finanzministerium (1819, August 13); UAT 117/655 o. Pag. Heinrich Rudolph Friedrich Keller an den Rektor der Universität Tübingen (1821, Juli 16).

[610] HStAS A 202 Bü 2617 Bl. 6.

Sprachlehrmonopol in Tübingen oder aber um eine entsprechende Entschädigung aus dem Universitätsfiskus für den ihm verloren gegangenen Verdienst bat[611]. Zwar galt es, die Gewährung solcher Forderungen nicht zum Präzedenzfall für andere Maîtres werden zu lassen. Der Senat und die herzogliche Verwaltung erhielten aber mit der Forderung oder Vorspiegelung eines Privilegs einen deutlichen Impuls, regulierend tätig zu werden und ein klares Statement eines Maître, der seinen Anspruch auf eine bestimmte Position geltend machte und seinen Willen bewies, sich zu etablieren[612]. Oftmals entsprang einer überzogenen Privilegierungsforderung dann ein Gratial oder eine andere Zuwendung, die einen Maître bereits ausreichend befriedigte oder seine Situation zumindest kurzfristig verbesserte[613].

Beliebte Vorgehensweisen bei der Vortäuschung eines Privilegs war die bereits für das Monopol der Ballmeister beschriebene Uminterpretierung negativer Verbote an die Adresse von Konkurrenten, die mit zeitlichem Abstand einfach in positive Privilegien an die eigene Adresse umgedeutet wurden[614]. Die Tübinger Fechtmeister Johann Casimir Eller und Balthasar Friedrich Dinckel suggerierten der herzoglichen Verwaltung 1676 und 1703 aus einer lediglich durch Mangel an Konkurrenz entstandenen Alleinstellung eine nie vergebene Privilegierung. Sie wurde immer dann auf den Plan gebracht, wenn sie sich von Konkurrenz bedroht fühlten[615].

---

[611] HStAS A 202 Bü 2616 o. Pag. Pierre Aubin de Sales an den Geheimen Rat (1784, Juni 10), o. Pag. Gutachten des Geheimen Rats (1784, Juli 8): *Bey Euer Herzoglichen Durchlaucht hat der Sprachmeister und Lehrer der französisch- und italienischen Sprache in dem Collegio Illustri zu Tübingen Petrus Albinus de Sales [...] sich wegen der zu seinem Nachtheil sich als Sprachlehrer seinem Vorgeben nach allda einschleichenden Persohnen beschwehret, und falß es sich nicht thun ließe, solchen Persohnen das Informiren nieder zu legen, um eine Entschädigung ex Fisco academico [...] gebethen.*

[612] UAT 3/8 Bl. 249ᵛ: Der Sprachmeister Alphons Firmin Caussin bat 1667 darum, allen weiteren Sprachmeistern in Tübingen den Unterricht zu verbieten. Caussin war zu diesem Zeitpunkt noch nicht einmal in die Matrikel aufgenommen. Seine Forderung war in Hinblick auf die passive Haltung des Senats hinsichtlich der Konkurrenz unter den Sprachmeistern also aussichtslos. Dennoch machte er mit dieser Forderung seinen Anspruch geltend.

[613] UAT 46/30 Bl. 13ʳ⁺ᵛ: Der Sprachmeister Pierre Aubin de Sales erhielt 1780 zur Beschwichtigung zunächst ein Gratial von fünf Gulden aus dem Universitätslazarettfonds, als er gegen den Studenten Willich geklagt hatte.

[614] HStAS A 206 Bü 4888 o. Pag. Johann Albrecht Bründlin an den Oberrat (1725, August 10); HStAS E 221 I Bü 4406 o. Pag. Heinrich Rudolph Friedrich Keller an das Finanzministerium (1819, März 6), o. Pag. Heinrich Rudolph Friedrich Keller an das Finanzministerium (1819, August 13); UAT 117/655 o. Pag. Heinrich Rudolph Friedrich Keller an den Rektor der Universität (1821, Juli 16).

[615] HStAS A 202 Bü 2617 o. Pag. Johann Casimir Eller an den Geheimen Rat (praes. 1676, November 6): Fechtmeister Johann Casimir Eller forderte indirekt eine Privilegierung, wenn er angab, dass *es auch bey dieser Universität noch niemahln herkommens geweßen, daß nebst dem Fechtmeister im Fürstlichen Collegio, deme auch darneben der Fechtboden in der Statt und bey der Academi überlaßen worden, noch ein ander jemahlß, will geschweigen ein solcher vagant und Umblauffer, so ohne das in sothaner Profeßion wenig erfahrenheit hat, sey geduldet worden.* HStAS A 202 Bü 2617 Bl. 6: Fechtmeister Dinckel gab in seinem Beschwerdeschreiben im Jahr 1703 an, dass die Stelle in Tübingen so beschaffen sei, dass niemals mehr als ein einziger Fechtmeister dabei subsistieren könne. Es sei auch kein ein-

Der Sprachmeister Gerhard Mathild schließlich setzte den Senat 1699 mit der Behauptung unter Druck, dass es Usus an vielen deutschen Universitäten, besonders aber in Halle, Kiel und Köln sei, privilegierte Sprachmeister anzustellen. Er schlug daher dem Senat seine eigene Privilegierung vor und forderte, dass allen *frembden vagabunden mehristen theils Idiotisten Sprachmeistern in Lingua Gallica zu dociren, ohn maßgab, inßkünfftig verbotten und die Hand gebunden werde*[616]. Der Senat reagierte gelassen auf den Vergleich mit den anderen Universitäten, sah sich aber immerhin dazu veranlasst, Mathild in die Universitätsmatrikel aufzunehmen. Was das Privileg betraf, machte er Mathild lediglich eine lose Zusage, dass neben ihm, Pierre Royal und Jean Caumon keine weiteren Sprachmeister mehr angenommen werden sollten[617]. Damit hatte Mathild vermutlich mehr erreicht, als er sich erhofft hatte. Da es dem Senat aber zu jeder Zeit lediglich darum ging, keine finanziellen Verpflichtungen für die Bereitstellung von Sprachmeistern einzugehen, hielt er sich auch nicht an diese Abmachung. Von 1701 bis 1703 wurde zusätzlich zu den drei Sprachmeistern auch Paul Mélin als Sprachmeister des Französischen in Tübingen zugelassen[618].

c. Maßnahmen der Werbung

Schließlich führte die Konkurrenz unter den Sprachmaîtres auch zu zaghaften Werbeversuchen, deren Dunkelziffer in schriftlicher und mündlicher Form hoch sein dürfte. Der Sprachmeister des Französischen Paul Roger Sibour klagte 1672 darüber, dass ein ihm unbekannter Sprachmeister einen öffentlichen Anschlag gemacht habe, in welchem er sich den Scholaren angepriesen hätte. Auf die Beschwerde Sibours über den öffentlichen Anschlag des fremden Sprachmeisters stellte der Senat lapidar fest, dass der Fremde nicht in die Universitätsmatrikel aufgenommen sei und der Senat sich daher dieser Angelegenheit nicht anzunehmen habe[619]. Und so stellten auch andere Werbemaßnahmen der ausschließlich Privatunterricht erteilenden Sprachmeister für den Senat kein Problem dar. Als der Sprachmeister Jean François Ladoulce 1673 um Erlaubnis bat, einen öffentlichen Anschlag zur Werbung für seinen Sprachunterricht im Französischen machen zu dürfen, zeigte sich der Senat ebenso gleichgültig und gab zu verstehen, dass der Privatunterricht des Sprachmeisters auch privat beworben werden könne, so wie es Ladoulce bereits ohne Erlaubnis und Vorwissen des Senats mit Werbehandzetteln getan hatte und daher solches *weder zu erlauben, noch zu denegieren* sei[620].

---

ziges Beispiel bekannt, dass es schon einmal gleichzeitig mehrere Fechtmeister in Tübingen gegeben habe und folgerte daraus zwingend seine Alleinstellung.

[616] UAT 30/6 Nr. 19.
[617] Ebd.
[618] MUT II 29874; UAT 30/6 Nr. 22 Bl. 1, 3–7; UBT Mh 847a Bl. 71ᵛ.
[619] UAT 30/6 Nr. 11 Bl. 2.
[620] UAT 3/10 Bl. 8ᵛ.

d. Zusammenfassung

Aus der Sorge um eine mögliche Bedrohung der Existenzgrundlage resultierte ein typisches Konkurrenzverhalten der Tübinger Exerzitien- und Sprachmeister, das sich in stereotypen Diffamierungen, in zahlreichen Privilegierungs- und Monopolforderungen bei den obrigkeitlichen Instanzen sowie in zaghaften Werbemaßnahmen äußerte.

Insbesondere die sehr emotionalen Diffamierungen, die sich auf die fachlichen Fähigkeiten, die Nationalität, Konfession oder die wirtschaftliche Situation der Konkurrenten beziehen konnten, verwiesen mit der Funktionsweise von Stereotypen psychologisch auf die eigenen und selbstempfundenen Defizite der Maîtres. Durch Diffamierung eines Konkurrenten versuchten die Maîtres sich abzugrenzen, rückzuversichern und damit ihre gewohnte Ordnung wiederherzustellen.

Zur Konkurrenzabwendung gehörten auch die zahlreichen Forderungen nach Privilegien und Monopolen der Maîtres, die sie regelmäßig an die Adresse der obrigkeitlichen Instanzen richteten. Aber nicht nur das Streben und die Forderung nach einem solchen Privileg, sondern auch die Suggerierung der Existenz eines vermeintlich bereits bestehenden Privilegs waren regelmäßige Formen des Konkurrenzgebarens der Tübinger Exerzitien- und Sprachmeister. Ortsfremde Konkurrenten konnten damit wirksam abgeschreckt werden. Die obrigkeitlichen Instanzen gingen auf diese Forderungen zwar nicht ein, erhielten durch solche meist aussichtslosen und überzogenen Forderungen aber klare Statements hinsichtlich der Ansprüche der Maîtres und einen deutlichen Impuls, regulierend in eine Konkurrenzsituation einzugreifen.

Ergebnisse

Die vorliegende Studie erbringt einen Beitrag zur Sozial- und Kulturgeschichte der Bildung. Ihr Gegenstand sind die frühneuzeitlichen Exerzitien- und Sprachmeister (Reitmeister, Fechtmeister, Tanzmeister, Ballmeister, Sprachmeister) und ihr Lehrangebot am Beispiel des Collegium Illustre und der Universität Tübingen in der Zeit zwischen ihrem ersten Auftreten an der Adelsakademie im Jahr 1594 bis zu ihrem Übergang in den Jurisdiktionsbereich der Universität im Jahr 1819. Hinsichtlich der Bedeutung des Exerzitien- und Sprachunterrichts wurde in der Studie die Frage nach Genese, Entwicklung, Lehrziel, Stellenwert und Funktion des von den Maîtres repräsentierten Fächerquintetts gestellt. In Hinblick auf eine Charakteristik der Maîtres standen Status, Herkunft, Konfession, Qualifikation und Vernetzung dieser akademischen Personengruppe im Fokus der Untersuchung.

Die Besonderheit der Stadt Tübingen bestand in bildungsgeschichtlicher Hinsicht darin, dass sie neben der 1477 gegründeten Universität auch das Collegium Illustre in ihren Mauern beherbergte. Nachdem Herzog Friedrich das 1594 eröffnete und zu diesem Zeitpunkt noch allen Ständen offen stehende Universitätskolleg im Jahr 1596 in eine exklusive Adelsakademie umgewandelt hatte, war hier ein einzigartiges Spannungsfeld zwischen adligen und bürgerlichen Bildungsinteressen entstanden. Die Koexistenz der ersten Adelsakademie des Reiches mit der traditionell vom Bürgertum dominierten Universität und ihre konfliktreich einander entgegenstehenden ständischen, inhaltlichen und methodischen Ausrichtungen prägten dieses Spannungsfeld. Gerade jedoch die Konflikte zwischen Herzog Friedrich, der württembergischen Landschaft und den Universitätsprofessoren um die Ausrichtung und Finanzierung der Tübinger Adelsakademie in den ersten Jahren ihres Bestehens zwischen 1596 und 1609 eröffneten erst vertiefte Einsichten in den Stellenwert und die vielfältigen Funktionen des Exerzitien- und Sprachunterrichts im akademischen Alltag.

Einige Beobachtungen, etwa die engagierte Fürsorge der württembergischen Herzöge um die Rekrutierung und Finanzierung der Tübinger Exerzitien- und Sprachmeister und die Einbeziehung der Ressourcen und Kompetenzen des Hofes zur Aufrechterhaltung ihres Lehrangebots, sind nur in engem Zusammenhang mit dieser singulären Tübinger Situation zu betrachten. Dazu zählen etwa die zum Vorteil der Universität entstandenen wertvollen Synergien. Die Universität profitierte spätestens seit dem Ende des Dreißigjährigen Krieges von den herzoglich bestellten und aus dem württembergischen Geistlichen Gut besoldeten Maîtres am Collegium Illustre, ohne dafür jemals den eigenen Fiskus belasten zu müssen. Als das Collegium Illustre 1688 geschlossen wurde, avancierte sie gar zur alleinigen Nutznießerin der weiterhin unter besonderer herzoglicher Jurisdiktion stehenden und aus dem Geistlichen Gut finanzierten Exerzitien- und Sprachmeister. Und so war bis 1819, abgesehen von einigen stets widerwillig erteilten Beihilfen für bedürftige Maîtres, kein einziger Kreuzer aus dem Universitätsfiskus in die Exerzitien- und Sprachmeister oder die Erhaltung der kostspieligen Infrastruktur wie Reitbahn, Fechtboden oder Ballhaus investiert worden. Gerade aber seit dem Ende des 17. und im gesamten 18. Jahrhundert profitierte die schwach frequentierte Universität stark von der Anwesenheit der Exerzitien- und Sprachmeister.

Stand im Vordergrund der Studie der zweifelsfrei einzigartige Tübinger Mikrokosmos, so engten dessen Besonderheiten das Vorhaben, einen exemplarischen und dennoch generalisierbaren Beitrag zur Sozial- und Kulturgeschichte der frühneuzeitlichen Exerzitien- und Sprachmeister und ihres Lehrangebots zu versuchen, keinesfalls ein. Ganz im Gegenteil konnten am Tübinger Beispiel mit seinen durch die Koexistenz von Adelsakademie und Universität zahlreich provozierten Wechselwirkungen vielmehr wichtige Aspekte des Themenkomplexes deutlicher hervortreten und herausgearbeitet werden, als dies etwa am Beispiel anderer Universitäten möglich gewesen wäre. Zudem war es mittels der vergleichenden Perspektive mit anderen Adelsakademien und Universitäten möglich, viele Beobachtungen entweder als generalisierbare Übereinstimmungen mit den Tübinger Verhältnissen oder als Spezifika der singulären Tübinger Situation zu bewerten.

Die Bedeutung des frühneuzeitlichen Exerzitien- und Sprachunterrichts ließ sich anhand der Leitfragen nach seiner Genese und Entwicklung, seinen Lehrzielen, seinem Stellenwert und seinen Funktionen herausarbeiten. Von der württembergischen Landschaft und den bürgerlichen Universitätsgelehrten zunächst als Provokation und als Konkurrenz zu den gelehrten Studien kritisiert, wuchs das praxisbezogene Lehrangebot der Maîtres rasch zu einer respektierten Bereicherung des universitären Lehrkanons heran. Eine Institutionalisierung und Verfestigung des Exerzitien- und Sprachunterrichts war die Folge. So entstand eine neue Bildungstradition, die vom Landesherrn als wichtiger Bestandteil adliger Standeserziehung stets alle Förderung erfuhr. Die Praxisbezogenheit und die daraus resultierende Attraktivität des Fächerquintetts führten dazu, dass der Unterricht der Maîtres einen hohen Stellenwert im Lehrplan einnahm. Die Sichtbarkeit insbesondere der häufig im Freien stattfindenden Exerzitien zeigte auch der Öffentlichkeit die Durchdringung und Dynamisierung des akademischen Alltags durch das neue Bildungselement. Als Medium der Distinktion und Profilierung für den vorbildhaften Adelsstand wurde der Exerzitien- und Sprachunterricht auch für die bürgerlichen Studenten zu einem wichtigen Bestandteil ihrer Ausbildung. Das Lehrangebot der Maîtres wurde rasch zu einem ausschlaggebenden Kriterium der Studienortwahl auch über die adlige Standesbildung hinaus. Bereits nach dem Dreißigjährigen Krieg waren der Exerzitien- und Sprachunterricht und mit ihm die Maîtres zu einem unverzichtbaren Werbe-, Wirtschafts- und Prestigefaktor für die Universitäten und ihre Standorte avanciert. *Studien und Exerzitien* bezeichneten von nun an gemeinsam die Gesamtheit des Lehrkanons an den Adelsakademien und Universitäten des Heiligen Römischen Reiches.

Eine Charakteristik der Exerzitien- und Sprachmeister wurde durch die Leitfragen nach deren Status, Herkunft, Konfession, Qualifikation und Vernetzung ermöglicht. Nach den gewonnenen Erkenntnissen waren die Maîtres weltgewandte Männer mit einem ganz eigenen Selbstverständnis und Standesbewusstsein. Von den gelehrten Professoren unterschieden sie sich durch die Weite ihrer regionalen wie sozialen Herkunft, die Vielfalt ihrer konfessionellen Praxis sowie durch ihre nicht akademische Sozialisation und praxisbezogene Vorbildung. Großen Anteil an dieser Charakteristik hatten ohne Zweifel die exklusiven und praxisbezogenen Qualifikationen der Exerzitien- und Sprachmeister, die auch ihre Professionalität begründeten. Die Herkunft und modischen Einflüsse ihrer Metiers aus dem italienischen und französischen Kulturkreis verlangten den Maîtres gleich welcher Fächersparte immer wieder aufs Neue die Erweiterung ihrer räumlichen, konfessionellen, sozialen und kulturellen Horizonte ab. Die Mobilitätsbereitschaft war hoch. Über die Hälfte der untersuchten Exerzitien- und Sprachmeister stammte selbst aus dem italienischen oder französischen Sprach- und Kulturkreis oder hatte diesen intensiv während der Ausbildung, der Qualifikationsreise oder einer Fortbildung kennengelernt. Aufgrund ihrer Herkunft und ihres Metiers waren die Exerzitien- und Sprachmeister per se Garanten für Weltläufigkeit sowie für kulturelle Kontakte und Wissenstransfers.

Der soziale Status der Exerzitien- und Sprachmeister war heterogen und durchwob das akademische Gesamtgefüge. In vielfältiger Wechselwirkung mit dem akademischen Umfeld schlugen die Maîtres daher immer wieder nicht nur soziale, sondern auch kulturelle, konfessionelle, fachliche und institutionelle Brücken und waren als Mediatoren zwischen den unterschiedlichen Interessen und Milieus der akademischen Gesellschaft tätig. Vermittlung und Ausgleich waren Eigenschaften, die auch der Persönlichkeit jedes einzelnen Maître zum Vorteil gereichten. So war ein flexibles und sicheres Oszillieren zwischen adligen und bürgerlichen sowie zwischen höfischen und akademischen Kreisen eine Grundvoraussetzung des Erfolgs. Im eigenen Interesse war es notwendig, die einzelnen Fächer des Exerzitien- und Sprachunterrichts einerseits als attraktive Formen des Ausgleichs zu den gelehrten Studien und andererseits als ernstzunehmende Disziplinen der Schulung von Sozial- und Repräsentationskompetenzen zu vermitteln. Vor allem aber sollten die Maîtres über die Bereitschaft verfügen, den Scholaren gleichzeitig einerseits als Autoritäten und andererseits als Mentoren zur Seite zu stehen. Der auf diese Weise vielfach sichtbaren Flexibilität der Maîtres lag zu großen Teilen die Dynamik, die Attraktivität und letztlich der Erfolg des frühneuzeitlichen Exerzitien- und Sprachunterrichts im höheren Bildungswesen des 17. und 18. Jahrhunderts zugrunde. Der frühneuzeitliche Exerzitien- und Sprachunterricht und die Maîtres stellten somit einen integralen Bestandteil des akademischen Alltags und der akademischen Gesellschaft der Frühen Neuzeit dar.

1. Praxis, Prestige, Pars pro Toto – Der frühneuzeitliche Exerzitien- und Sprachunterricht

Die Genese des frühneuzeitlichen Exerzitien- und Sprachunterrichts im höheren Bildungswesen muss im Kontext eines im 16. Jahrhundert einsetzenden vermehrten Zustroms junger Adliger an die Universitäten gesehen werden. Grund dafür war, dass der Adel, nicht zuletzt durch die militärtechnischen Neuerungen des Spätmittelalters zu Beginn der Frühen Neuzeit seine militärischen Funktionen verloren hatte. Neue und bevorzugte Tätigkeitsfelder des Adels bestanden seither aber vor allem in den höheren Hof-, Staats- und Militärämtern der Fürstenhöfe und Territorialadministrationen. Um der dort vorherrschenden Konkurrenz durch das juristisch gebildete Bürgertum begegnen zu können, besuchten seit dem 16. Jahrhundert auch immer mehr junge Adlige die Universitäten, um akademische Bildung zu erwerben. Das stellte insofern ein Novum dar, als der Adel aufgrund seines aus der ritterlichen Lebenswelt des Mittelalters tradierten und daher praxisbezogenen Erziehungs- und Bildungsideals dem höheren Bildungswesen der Universitäten bisher weitgehend fern geblieben war.

Das als Kontinuum aus dem Mittelalter in die Frühe Neuzeit übertragene ritterlich-adlige Erziehungsideal speiste sich traditionell aus der praxisbezogenen Übung in den Exerzitien, der Schulung höfisch-gesellschaftlicher Verhaltensnormen und der Anleitung zu musischen und sprachlichen Fertigkeiten und wurde durch die Anpassung junger Adliger an die Bildungserfordernisse ihrer Zeit keineswegs obsolet. Die tradierten und spezifisch adligen Bildungsbedürfnisse wurden von nun an vielmehr als Mittel der sozialen Distinktion und der professionellen Profilierung eingesetzt. An den von jungen Adligen besuchten Universitäten integrierten sich daher Elemente des adligen Erziehungs- und Bildungsideals, insbesondere jedoch die Exerzitien und die Sprachen der vorbildhaften höfischen Kulturen Italiens und Frankreichs seit der Mitte des 16. Jahrhunderts zunehmend in das akademische Umfeld. Da die Stärke dieser Disziplinen im Gegensatz zu den bürgerlichen Bildungsidealen noch immer gerade in ihrem Praxisbezug bestand, bereicherte der frühneuzeitliche Exerzitien- und Sprachunterricht schon bald den humanistischen Lehrkanon der Universitäten.

Während im Zuge der Integrierung adliger Bildungsbedürfnisse in das akademische Umfeld der Unterricht im Italienischen und Französischen an einigen Universitäten bereits seit der Mitte des 16. Jahrhunderts institutionelle Verankerung fand, haftete den Exerzitien noch länger der Charakter der privat und fakultativ betriebenen Rekreationsbeschäftigung mit dem Ziel der Erholung von den gelehrten Studien an. Erst die Ende des 16. Jahrhunderts einsetzende Einrichtung exklusiver Adelsakademien – etwa des Tübinger Collegium Illustre (1596) – mit einem speziell auf den jungen Adel abgestimmten Lehrangebot wirkte beschleunigend auf die Entwicklung, Institutionalisierung und Verfestigung des neuen Bildungselements auch an den Universitäten. Zu Beginn des 17. Jahrhunderts verdichten sich daher die Nachrichten über die Annahme von Exerzitien- und Sprachmeistern und die Bereitstellung der zum

Betreiben der Exerzitien notwendigen Infrastruktur im gesamten höheren Bildungswesen des Heiligen Römischen Reiches. In Tübingen standen schon seit dem Ende
des 16. Jahrhunderts mit der Reitbahn, dem Reithaus, dem Fecht- und Tanzboden,
dem Ballonspielplatz und dem Ballhaus aufwändig errichtete Anlagen zum Betreiben
der Exerzitien bereit, deren Erhaltung stets ein kostspieliges Unterfangen darstellte.

Nach dem Ende des Dreißigjährigen Krieges wurde der Exerzitien- und Sprachunterricht in Hinblick auf eine möglichst rasche Wiederbelebung der Adelsakademien
und Universitäten verstärkt aufgegriffen. In Tübingen und andernorts erschien das
Lehrangebot der Maîtres seither als besonderer Werbefaktor in den Vorlesungsverzeichnissen. An den im 18. Jahrhundert neu gegründeten Hochschulen, etwa Fulda,
Erlangen, Göttingen, Bützow, Münster und Stuttgart, stellte die Annahme von Exer-
zitien- und Sprachmeistern und die Bereitstellung von Reitbahnen und Fechtböden
von Beginn an eine Selbstverständlichkeit dar.

Und so bezeichnete schon im 17. Jahrhundert das im Lehrbetrieb des höheren
Bildungswesens viel zitierte Begriffspaar der *Studien und Exercitien* das Gesamtprogramm dessen, was auf einer Adelsakademie oder einer Universität des Heiligen
Römischen Reiches gelehrt und gelernt wurde. Der Exerzitien- und Sprachunterricht
war rasch zu einem integralen und anerkannten Bestandteil des akademischen Alltags
geworden. Die Ausbildung einer eigenständigen Fachterminologie untermauerte zudem das professionelle Selbstverständnis der Maîtres und den differenzierten Status
des Fächerquintetts als eigenständige Fachkategorie im akademischen Lehrgefüge.

Neue Impulse erhielten die tradierten ritterlichen Disziplinen vor allem aus Italien, wo seit dem 15. Jahrhundert die Exerzitien neu belebt, verfeinert und ästhetisiert
worden waren. Als Künste traten die Exerzitien nunmehr zusammen mit den Schönen Künsten in das System der Artes ein, wo sie den abgeschlossenen Kanon der klassischen Artes liberales jedoch nur flankierten. Italienische Reitmeister, Fechtmeister
und Ballmeister verfassten im 16. Jahrhundert vorbildhafte Fachbücher ihrer Künste
und Metiers, die nicht zuletzt über die Universitäten als Zentren des kulturellen Austausches in ganz Europa rezipiert wurden.

Ideelle Unterfütterung hinsichtlich seiner L e h r z i e l e fand der Exerzitien- und
Sprachunterricht jedoch vor allem durch das von Baldassare Castiglione am oberitalienischen Hof von Urbino in „Il Libro del Cortegiano" (1528) geschaffene Idealbild
des vollkommenen Fürstendieners. Das Werk wurde rasch in ganz Europa rezipiert
und sowohl für den Adel, als auch das Bürgertum der Frühen Neuzeit zum vorbildhaften Leitbild des höfischen Bildungsideals. Der perfekte Hofmann besaß nicht nur
humanistische Bildung und Fachwissen, sondern zeichnete sich auch durch Praxisbezug, Weltgewandtheit, Konversationsfähigkeit und Tugend aus.

Die Körper und Sprache schulenden Disziplinen des Exerzitien- und Sprachunterrichts fanden hierin ihre ureigenste Legitimierung, welche Castiglione zusätzlich
durch die Prinzipien der Grazia und Sprezzatura mit den neuen Beiwerten der Anmut und Leichtigkeit versah. Der unmittelbare praktische Nutzen des Reitens, des
Fechtens, des Tanzens, des Ballspiels und der modernen Sprachen in der körperlichen
und militärischen Ertüchtigung, der Schulung gesellschaftlicher Umgangsformen und

der Befähigung zur Konversation wurde hierdurch noch um ein übergeordnetes und ideelles Lehrziel ergänzt. Die Repräsentation adligen Standes und die Demonstration adliger Tugend durch eine bewusste Körperhaltung, einen bewussten Körpereinsatz in Gestik und Sprache und ein bewusstes höfisches Verhalten überwölbten als mittelbares Lehrziel von nun an alle Disziplinen des frühneuzeitlichen Exerzitien- und Sprachunterrichts.

Ein Schwerpunkt der Studie lag auf der Frage nach dem Stellenwert und der Funktion des frühneuzeitlichen Exerzitien- und Sprachunterrichts im akademischen Alltag. Hatte der für das Tübinger Collegium Illustre vorbildhafte französische Akademielehrplan François de la Noues (1587) mit Exerzitien (*exercices du corps*), anwendungsbezogenen Studien (*exercices d'esprit*) sowie Musik und Zeichnen einen dreigeteilten Lehrkanon vorgesehen, so wurde dieser in Tübingen deutlich modifiziert. Unter Wegfall der musisch-ästhetischen Komponente wurde der Exerzitien- und Sprachunterricht hier nunmehr mit den gelehrten Studien der Rechte kombiniert und erfuhr von Beginn an besondere Aufwertung.

Im Zuge der ständisch motivierten Auseinandersetzungen Herzog Friedrichs mit der bürgerlich dominierten Landschaft und der Universität um die Ausrichtung und Finanzierung des Collegium Illustre wurde den Exerzitien als ein im akademischen Alltag gut sichtbares und weithin mit Aufmerksamkeit bedachtes Pars pro Toto exklusiv adliger Standesbildung zwischen 1596 und 1609 weiterer Bedeutungszuwachs zuteil. Waren die Exerzitien in den Statuten des Collegium Illustre 1597 noch in loser Disziplinenfolge *ad relaxandum ex studiis animum* und damit als fakultativer Ausgleich zu den gelehrten Studien angeboten worden, so wurden sie – mit Reiten, Fechten, Tanzen und Ballspiel nunmehr zu einem festen Kanon geformt – in den Statuten des Jahres 1609 integraler Bestandteil des Lehrprogramms mit einem festen Lehrziel. Dieses wurde jetzt auch ausführlich begründet und bestand – gemäß der Castigliones „Il libro del Cortegiano" entnommenen Redewendung – darin, *in alle Saettel gerecht, reden und reitten* zu erlernen. Die von Castiglione zum höfischen Bildungsideal formierte Vereinigung humanistischer Bildung mit praxisbezogener Weltgewandtheit kam in dieser Formel eindrucksvoll zum Ausdruck. Aus der zunächst noch fakultativen Rekreationsbeschäftigung war nunmehr eine der Profilierung im professionellen Konkurrenzkampf dienliche wichtige Qualifikation für die repräsentativen Aufgaben künftiger Fürstendiener geworden.

Ungeachtet der ideellen Aufwertung der Exerzitien in den Statuten des Collegium Illustre kann deren Stellenwert im akademischen Alltag nicht hoch genug eingeschätzt werden. Maîtres und Scholaren betrieben ihre Lektionen, außer am Sonntag, mehrmals täglich in verschiedenen Disziplinen, mindestens aber an drei Werktagen pro Woche und zudem auch in der freien Zeit. Klagen über die im Übermaß betriebenen Exerzitien und über die Behinderung der gelehrten Studien zeugen nicht nur in Tübingen davon, wie sehr insbesondere die Exerzitien personell, zeitlich und räumlich den akademischen Alltag dynamisierten.

Der frühneuzeitliche Exerzitien- und Sprachunterricht band innerhalb und außerhalb des akademischen Umfeldes, sei es durch obrigkeitliche Fürsorge, Partizipation, Kritik oder administratives Handeln, eine Vielzahl von Akteuren. Dementsprechend vielschichtig waren seine F u n k t i o n e n im Alltag. Für Herzog Friedrich war das Lehrangebot der Maîtres Medium der Distinktion und Profilierung adliger Standesbildung im Konflikt um das Collegium Illustre gewesen. Für alle ihm folgenden Herzöge bedeutete der Exerzitien- und Sprachunterricht darüber hinaus einen unerlässlichen Bestandteil der Prinzenerziehung. Für den Kirchenrat, der als Hüter des Geistlichen Gutes in die Administration der Maîtrestellen involviert war, für die bürgerlich dominierte Landschaft und die bürgerlichen Universitätsprofessoren dagegen stellten die zu besoldenden Maîtres und ihr Lehrprogramm eine Provokation, einen permanenten Gegenstand der Kritik sowie eine Konkurrenz zu den gelehrten Studien dar.

Für die adligen Scholaren fungierten die im Alltag stark wahrnehmbaren Exerzitien – abgesehen von den bereits genannten Lehrzielen – als hochwirksames Mittel der ständischen Abgrenzung gegenüber ihren nicht adligen Kommilitonen, wodurch der Exerzitien- und Sprachunterricht eine insgesamt ambivalente Aufmerksamkeit des bürgerlichen Standes auf sich zog. Adlige Lebensart und höfische Umgangsformen waren in der Frühen Neuzeit auch für das Bürgertum vorbildhaft und nachahmenswert geworden. Hinsichtlich einer Partizipation bürgerlicher Studenten an den Exerzitien wurde das Vorbild der adligen Körperkultur jedoch von einem ausgesprochenen Nützlichkeitsdenken in Hinblick auf Profession und Auskommen eingeschränkt: Zwar nahmen bürgerliche Studenten insbesondere seit dem 18. Jahrhundert durchaus auch das Lehrangebot von Fecht-, Tanz- und Sprachmeistern in Anspruch. Die Hohe Schule der Reitkunst und das Ballspiel dagegen blieben bis ins 19. Jahrhundert hinein exklusive Standessymbole und kulturelle Praktiken des Adels.

Ein anderes ambivalentes, jedoch ungebremstes Interesse am Lehrangebot der Maîtres war trotz anfänglicher Kritik noch zu Beginn des 17. Jahrhunderts bei den ganz überwiegend bürgerlichen Universitätsprofessoren aufgekommen. Das attraktive Lehrangebot der Maîtres war nicht nur in Tübingen innerhalb kürzester Zeit als wichtiger Werbe-, Wirtschafts- und Prestigefaktor für die Universitäten und die sie beherbergenden Städte erkannt worden. In Vorlesungsverzeichnissen und Statuten wurde schon bald mit den vorhandenen Maîtres Werbung betrieben. Denn längst war deren Anwesenheit für adlige wie bürgerliche Studenten, wenn nicht zu einem ausschließlichen, so doch zu einem wichtigen Kriterium für die Auswahl ihres Studienortes geworden. Eine kontinuierliche und lückenlose Bereitstellung des attraktiven Lehrangebots sollte vor allem zahlungskräftige adlige Studenten anlocken, die nicht nur die lokale Wirtschaft ankurbelten, sondern auch das Prestige der von ihnen besuchten Universität und ihrer Professoren steigerten. Im 18. Jahrhundert wurde die Aufrechterhaltung oder Verbesserung des Exerzitien- und Sprachunterrichts daher zu einer wichtigen Maßnahme im Zuge von Reformplänen der mehrheitlich schwach frequentierten Universitäten.

Die Exerzitien bargen durch Übermaß und Missbrauch aber auch ein Gefahren-, Unruhe- und Konfliktpotential in sich, das die obrigkeitlichen Instanzen nicht nur in Tübingen mit nicht enden wollenden Untersuchungen von Exzessen, Unfällen und Schuldenangelegenheiten stark in Anspruch nahm. Diese Unannehmlichkeiten wurden jedoch durch die überwiegend positiven Auswirkungen des Exerzitien- und Sprachunterrichts auf die Besucherzahlen der Universitäten, das damit zu erlangende Prestige und die lokale Wirtschaft wieder ausgeglichen.

2. Profis, Proselyten, Provokateure – Die frühneuzeitlichen Exerzitien- und Sprachmeister

Durchwirkte der frühneuzeitliche Exerzitien- und Sprachunterricht tief den akademischen Alltag und band zahlreiche Akteure, so stellten auch die Exerzitien- und Sprachmeister innerhalb des akademischen Sozialgefüges keine Randerscheinungen dar. Vom Stallmeister, über den Fecht- und Tanzmeister, den Ballmeister bis hin zum Sprachmeister – eine gruppeninterne Rangfolge, die sich anhand der Verhältnisse an anderen Universitäten bestätigen ließ – durchwob der S t a t u s der Maîtres das akademische Sozialgefüge. Während für die Stallmeister des 18. Jahrhunderts die gelehrte Professorenschaft den oberen und das akademisch gebildete Verwaltungsbeamtentum den unteren sozialen Bezugspunkt darstellte, so oszillierte der Status aller anderen Maîtres zwischen eben diesem Verwaltungsbeamtentum und der akademischen Handwerkerschaft. Die vermittelnde Brückenposition zwischen den akademisch gebildeten Kreisen der Professorenschaft und des Verwaltungsbeamtentums sowie dem nicht über akademische Bildung verfügenden Umfeld der Handwerker und Dienstboten ist charakteristisch für die Maîtres. Sie wird zudem sichtbar an der Teilhabe der Exerzitien- und Sprachmeister an beiden Kreisen: Mit den gelehrten Professoren verband die Maîtres ihre Lehrtätigkeit im akademischen Umfeld, mit den universitären und collegiumseigenen Handwerkern dagegen eine überwiegend praxisbezogene Vorbildung.

Die gesellschaftliche Position der Exerzitien- und Sprachmeister im akademischen Sozialgefüge spiegelte sich auch in rechtlicher und ökonomischer Hinsicht wider. Alle Tübinger Maîtres wurden seit dem Ende des 16. Jahrhunderts aus dem Geistlichen Gut besoldet und standen unter der von der Universität und ihrem Fiskus vollkommen unabhängigen Jurisdiktionsgewalt des Oberhofmeisters am Collegium Illustre und damit unter besonderer herzoglicher Obhut. Dieser exklusive und privilegierte Rechtsbereich blieb auch nach der Schließung der Adelsakademie im Jahr 1688 bestehen. Die Maîtres, die seit 1688 also ausschließlich in den Dienst der Universität und ihrer Studenten traten, überbrückten daher in bereichernder Art und Weise jurisdiktionelle und institutionelle Grenzen.

Die höchsten Besoldungen erhielten die Stallmeister des 18. Jahrhunderts, die sich in dieser Hinsicht mit den Collegiums- und Universitätsprofessoren messen konnten. Eine Ausnahme bildeten schon bald die Sprachmeister, deren Besoldung aufgrund großer Konkurrenz seit 1681 eingespart wurde. Bis zur Wiedereinsetzung einer solchen wurden sie bis 1745/1751 auf ihre selbst zu erwirtschaftenden Informationsgelder verwiesen. Dies bedeutete auch den Verlust der vorteilhaften Jurisdiktionszugehörigkeit zum Collegium Illustre und der damit verbundenen rechtlichen Absicherung. Einigen Sprachmeistern gelang es in der Folge, sich in die Matrikel der Universität einzuschreiben, wie es in den meisten Universitätsstädten ohnehin üblich, wenn auch nicht selbstverständlich war. Vielen blieb aber aufgrund fehlender Qualifikationen sowie oft undurchsichtiger persönlicher wie konfessioneller Hintergründe auch dieser rechtliche Status verwehrt.

Die fortdauernde Zugehörigkeit der Exerzitienmeister zum Corpus des Collegium Illustre auch nach dessen Schließung im Jahr 1688 stellte also ein deutliches Privileg speziell der Tübinger Maîtres dar. Die Unabhängigkeit von der Jurisdiktionsgewalt der Universität, vor allem aber von ihrem missgünstig bewachten Fiskus und somit die Exklusion aus dem universitären Konkurrenzgebaren stellte einen Sonderfall dar, der sich auf das soziale und fachliche Selbstbewusstsein der Tübinger Maîtres positiv auswirkte. An der Universität Kiel bestand eine ganz ähnliche Konstellation. Die universitären Exerzitien- und Sprachmeister unterstanden dort ebenfalls nicht der akademischen Gerichtsbarkeit, sondern dem herzoglichen Hofgericht, galten aber dennoch als Universitätsverwandte und genossen die damit verbundenen Privilegien. An beiden Beispielen zeigt sich ein bereicherndes Hineinwirken der Ressourcen und Kompetenzen des Hofes in die Universitäten.

Die soziale H e r k u n f t und Entwicklung der Maîtres war größtenteils von Kontinuität geprägt. Soziale Mobilität konnte sich jedoch vor allem in der Heirat mit Frauen aus den akademisch gebildeten Kreisen im Umfeld des Collegium Illustre und der Universität ergeben. Unter den Nachkommen der Exerzitien- und Sprachmeister gab es jedoch immer wieder Versuche des sozialen Aufstiegs. Während die Absolvierung eines Universitätsstudiums in den Familien der Stallmeister des 18. Jahrhunderts nichts Außergewöhnliches darstellte, muss dagegen der geglückte Abschluss eines Studiums durch die Söhne der Fecht-, Tanz-, Ball- und Sprachmeister – vor allem aus finanziellen Gründen – als Ausnahme oder individuell genutzte Chance betrachtet werden.

In räumlicher Hinsicht war eine insgesamt hohe Zuzugsmobilität der Maîtres nach Tübingen zu beobachten, welche zu weiteren Untersuchungen über die Motive und Faktoren räumlicher Mobilität Anlass gab. So kam ein Großteil der Exerzitien- und Sprachmeister nicht nur von außerhalb Württembergs, sondern auch von außerhalb der Grenzen des Heiligen Römischen Reiches nach Tübingen. Insbesondere zu Beginn des 17. Jahrhunderts, im Falle der Tanz- und Sprachmeister aber auch bis weit ins 18. Jahrhundert hinein, dominierten Maîtres aus dem italienischen und französischen Kulturkreis den frühneuzeitlichen Exerzitien- und Sprachunterricht.

Die Orientierung der Exerzitien an den modischen Einflüssen aus Italien und Frankreich sowie die exklusiven Qualifikationen für die einzelnen Metiers, die nur innerhalb eines grobmaschigen Netzes von Höfen und Universitäten erlernt werden konnten, begünstigten bereits zu Beginn der beruflichen Tätigkeit die Mobilitätsbereitschaft der Exerzitien- und Sprachmeister. Neben Fortbildungen, die auch noch später nach Italien oder Frankreich führten, bestand das wichtigste Mobilitätsmotiv der Maîtres während der beruflichen Tätigkeit in einer stets angestrebten wirtschaftlichen Verbesserung. Aus Gründen der kulturellen Hegemonie Frankreichs im Tanzmetier hielten sich während der gesamten Frühen Neuzeit zahlreiche französische Tanzmeister in den Reichsterritorien auf. Bei den Sprachmeistern waren es seit der zweiten Hälfte des 17. Jahrhunderts überwiegend konfessionelle Gründe, welche italienische und französische Muttersprachler in großer Zahl ins Reich führten. Die frühneuzeitlichen Exerzitien- und Sprachmeister waren somit auch Grenzgänger zwischen den Nationen und Träger eines Kultur- und Wissenstransfers.

Das heterogene Herkunftsprofil der Exerzitien- und Sprachmeister führte dazu, dass sich auch hinsichtlich ihrer K o n f e s s i o n ein vielfältiges Bild ergab. Unter den Maîtres befanden sich nicht nur Lutheraner, sondern auch Reformierte und Katholiken, die an ihrem Bekenntnis festhielten, sowie ehemals reformierte, katholische oder jüdische Proselyten, die bereits zum Luthertum übergetreten waren oder in Tübingen diesen Schritt vollzogen. Während den Proselyten – meist Sprachmeistern – wohlwollende Unterstützung durch die Aufnahme in die Universitätsmatrikel gewährt wurde, fanden Reformierte und Katholiken allenfalls Duldung und konnten sich mit einigen Ausnahmen daher nur selten dauerhaft etablieren.

Eine allgemeingültige und verbindliche Vorschrift in Bezug auf die konfessionellen Verhältnisse der Maîtres, beispielsweise hinsichtlich einer von den Tübinger Universitätsprofessoren geforderten obligatorischen Unterschrift der Konkordienformel, blieb nur ein ungeschriebenes Gesetz. Seinen Grund hatte dies nicht zuletzt darin, einer Rekrutierung fachlicher Spezialisten – etwa französischer und daher häufig katholischer Tanzmeister – auch jenseits konfessioneller Grenzen den notwendigen Raum zu lassen. Die Maîtres überbrückten dabei auf beeindruckende Weise also auch konfessionelle Grenzen.

Die Exerzitienmeister waren hochprofessionelle Lehrkräfte, die ihre Q u a l i f i k a - t i o n e n in drei- bis vierjährigen Ausbildungszeiten bei einem Meister ihres Faches erwarben und mit einer anschließenden Qualifikationsreise abrundeten. In selbst verfassten Lehrbüchern stellten einige der Maîtres ihre praktischen und theoretischen Fachkenntnisse vor. Dementsprechend selbstbewusst fiel ihr professionelles Selbstverständnis aus, etwa in Bewerbungsschreiben.

Bei den Sprachmeistern dagegen, die zu Beginn des 17. Jahrhunderts als angemessene Qualifikation noch ein Universitätsstudium mit entsprechenden Sprachkenntnissen vorzuweisen hatten, zeichnete sich Mitte des 17. Jahrhunderts ein starker Qualifikationsverfall ab. Die Gründe hierfür lagen einerseits in den veränderten Ansprüchen an den Unterricht in den modernen Fremdsprachen, der nunmehr Sprachpraxis, Konversation und authentische Aussprache in den Vordergrund stellte. Andererseits übernahmen nach dem Ende des Dreißigjährigen Krieges nicht nur in Tübingen die in großer Zahl aus konfessionellen Gründen Zuflucht in den Reichsterritorien suchenden muttersprachlichen Migranten aus dem italienischen und französischen Kulturkreis den Unterricht in den modernen Sprachen. Ihre Befähigung zum Sprachunterricht bestand dabei häufig nur in der Kenntnis ihrer Muttersprache. Aus Mangel an weiteren Fachqualifikationen beschränkte sich deren fachliches Selbstverständnis – anders als jener der Exerzitienmeister – daher meist vollkommen auf den Beweis ihres sittlichen und religiösen Wohlverhaltens.

Rekrutiert wurden die Exerzitien- und Sprachmeister in vielen Fällen über höfische Kompetenzeinrichtungen, etwa den herzoglich württembergischen Hofmarstall oder mittels des herzoglichen Repräsentantennetzwerkes an fremden Höfen. In den von hohem Konkurrenzaufkommen dominierten Metiers der Fecht- und Sprachmeister basierte die Stellenbesetzung dagegen meist auf initiativen Bewerbungen. Auch war die Heranziehung ganzer Maîtrefamilien – etwa im hoch spezialisierten

Ballmetier – eine typische und sich selbst regulierende Form der Personalbeschaffung.

Die Anwesenheit mehrerer Maîtregenerationen und die frühzeitige Adjunktion der Söhne ermöglichte nicht nur die Aufrechterhaltung größtmöglicher Kontinuität für das jeweilige Fach, sondern sicherte die Maîtres auch gegen Verarmung im Alter ab, wenn sie aufgrund fehlender physischer Kräfte ihr Exerzitium nicht mehr ungehindert ausüben konnten. Jüngere Bewerber legten dann ein starkes Konkurrenzgebaren an den Tag und wurden darin häufig von den Scholaren unterstützt. Auch andere Formen der Konkurrenz spielten als Bedrohung der Existenzgrundlage der Maîtres und ihrer Familien zu allen Zeiten eine große Rolle. Sie reagierten darauf mit Diffamierung der Konkurrenten, Privilegierungs- und Monopolforderungen an die obrigkeitlichen Instanzen sowie zaghaften Werbemaßnahmen.

Die Klagen der Professoren über die Beeinträchtigung der gelehrten Studien durch die häufig im Übermaß betriebenen Exerzitien führten immer wieder zu notwendiger Kritik an die Adresse der Exerzitienmeister und zu Einschränkungen ihres Lehrangebots durch den Oberhofmeister. Maîtres und Scholaren wurden hierin jedoch in einem gemeinsamen Interesse getroffen. Es entstand daher eine ganz besondere Vernetzung zwischen Lehrenden und Lernenden. Der vertrauensvolle, oft väterliche oder freundschaftliche Umgang der Maîtres mit den Scholaren, der Freizeitcharakter der Exerzitien und der Kontakt, der auch außerhalb des Unterrichts etwa durch das Wohnen in den Häusern der Maîtres verfestigt wurde, begünstigten einen informellen Umgang. Daher fungierten die Exerzitien- und Sprachmeister nicht selten als Mediatoren zwischen den obrigkeitlichen Instanzen und den Scholaren und überbrückten auch hier divergierende Interessen und Milieus. Nicht nur in Tübingen wurde aufgrund des guten Verhältnisses der Maîtres zu den Scholaren auf die Mithilfe der Fechtmeister bei der Eindämmung des studentischen Duellwesens gesetzt. Kam es allerdings zu Konflikten zwischen den Exerzitien- und Sprachmeistern und ihren Scholaren, etwa durch das immense Schuldenwesen, so verloren die Maîtres rasch ihre Autorität, die sie weniger als Lehrende, denn vielmehr in der Qualität von Mentoren ausübten.

Das Verhältnis der Exerzitien- und Sprachmeister zu den Professoren der Universität und des Collegium Illustre dagegen zeichnete sich durch eine generelle Distanziertheit aus. Von Seiten der Professoren war diese von Vorurteilen, Unkenntnis, Missgunst und Desinteresse bestimmt, von Seiten der Exerzitien- und Sprachmeister jedoch von Neid auf die finanzielle Besserstellung der Professoren und daraus resultierenden Provokationen. Verschärft wurde dieser Gegensatz auf beiden Seiten in den Fällen, in welchen die Professoren als Senatsmitglieder oder Vertreter des Oberhofmeisters am Collegium Illustre eine von den Maîtres stets als Anmaßung empfundene obrigkeitliche Funktion ausübten. Ein vergleichbar belastetes Verhältnis der Exerzitien- und Sprachmeister bestand daher auch zum adligen Oberhofmeister des Collegium Illustre, der als Vorgesetzter über zahlreiche berufliche Belange zu entscheiden hatte oder aber deren Fortgang positiv oder negativ zu beeinflussen vermochte. Daher kam es mit dieser Amtsperson immer wieder zu heftigen Konflikten, die in Rang- und Statusfragen begründet lagen, ebenso aber auch konfessioneller, nationalstereotyper oder fachlicher Natur sein konnten und häufig auf Provokationen beider Seiten basierten.

Das Corpus des Collegium Illustre bildete die unmittelbare Lebenswelt der Maîtres, war Ort ihres persönlichen Netzwerkens, der sozialen Verantwortung, der Identifikation und der Abgrenzung. In Armut, Bedürftigkeit, Krankheit und Alter wurden hier Solidarität und Hilfe geleistet, Freundschaften und Ehen geschlossen oder Paten- und Pflegschaften übernommen. Ganz ähnliche Verbindungen bestanden aber in gleichem Maße immer auch über das eigene Corpus hinaus zu den Universitäts- und Stadtbürgern, womit die Maîtres im collegiumseigenen, universitären und städtischen Sozialgefüge tiefe Verankerung fanden.

Die vorliegende Studie zur Sozial- und Kulturgeschichte der Bildung konnte zeigen, dass die frühneuzeitlichen Exerzitien- und Sprachmeister und ihr Lehrangebot einen integralen Bestandteil der akademischen Gesellschaft und des akademischen Alltags darstellten, in welch vielfältigen Facetten die Maîtres unterschiedliche Milieus und Interessen überbrückten und mit welchem Tiefgang ihr attraktives Lehrangebot im akademischen Lehrbetrieb seine dynamische Wirkung entfaltete. Elemente daraus bereichern und beleben heute wie damals praxisbezogen, sei es als eine Form der Erholung des Geistes von der Studierstube oder aber in Form moderner Schlüsselqualifikationen, den Lehrbetrieb der Universitäten und entfaltet nach wie vor ihre ausgleichende Wirkung.

Anhang

Der biographische Anhang beinhaltet in chronologischer Abfolge tabellarische Kurzbiographien der vom Ende des 16. Jahrhunderts bis zum Beginn des 19. Jahrhunderts
am Collegium Illustre und der Universität Tübingen tätig gewesenen Exerzitien- und
Sprachmeister. Die Kurzprofile beanspruchen keine Vollständigkeit, ihr Schwerpunkt liegt auf der Wirkungsphase der Maîtres in Tübingen und basiert wesentlich
auf den für diese Arbeit herangezogenen Quellen. Die Aufstellung der Sprachmeister
wird zusätzlich durch eine separate Liste der in dieser Sparte des Fächerquintetts in
großer Zahl vorkommenden Bewerber ergänzt.

Jedes Kurzprofil besteht aus einem tabellarischen Datenblock, einem Verweis- und
Nachweisabschnitt und den zugehörigen Quellenangaben. Der tabellarische Datenblock enthält alle eruierten und relevanten Eckdaten zur Person, zum sozialen
Umfeld und zum beruflichen Werdegang der Exerzitien- und Sprachmeister mit dem
Schwerpunkt ihrer Wirkungszeit in Tübingen. Der Verweis- und Nachweisabschnitt
versammelt die Angaben zu etwaig vorhandenen Publikationen der Exerzitien- und
Sprachmeister sowie Quellen und Literatur, in denen die Maîtres bereits genannt
wurden. Allen im Datenblock vertretenen Parametern wurde durch das untenstehen-
de Erfassungsschema eine stellvertretende Quellenverweisziffer zugeordnet, die ein
exaktes Auffinden der entsprechenden Quellen ermöglicht. Welche Ziffer welchen
Parameter repräsentiert, kann dem voranstehendem Schema entnommen werden. Bei
nicht vorhandenen Daten entfällt der entsprechende Parameter stillschweigend.

Den Kurzbiographien jeder Berufsgruppe wurde jeweils eine chronologische
Übersicht mit den Wirkungsdaten der Maîtres in Tübingen vorangestellt. Auf der
linken Seite sind die Ordinaristelleninhaber aufgelistet, während rechts parallel dazu
tätige Adjunkte, kurzfristige Amtsverweser oder Gehilfen wie Marqueure, Vorfechter und Bereiter vermerkt wurden. Bei den Sprachmeistern enthält die rechte Spalte
diejenigen Maîtres, die sich erfolglos um einen Rechtsstatus beim Collegium Illustre
oder der Universität bemühten und keinem der beiden Corpora angehörten.

Ergänzt wird der biographische Anhang durch ein alphabetisches Register aller
Exerzitien- und Sprachmeister mit beigefügter Identifikationsnummer in Klammern,
die das Auffinden der Kurzbiographien im chronologischen Anhang unterstützt. Die
Identifikationsnummer, die jedes Kurzprofil anführt, besteht aus einer der Chronolo-
gie entsprechenden laufenden Nummer und einem auf die Berufsgruppe verweisenden
Buchstabenkürzel (R = Reitmeister, F = Fechtmeister, T = Tanzmeister, B = Ballmeister,
S = Sprachmeister). Zu den einzelnen Parametern ist zudem Folgendes zu beachten:

- Die Ansetzung der Personennamen entspricht – wenn vorhanden – der normierten
  Ansetzung der Gesamtnormdatei der Deutschen Nationalbibliothek. Bei fehlender
  Normansetzung wurde die vom Namensträger selbst gebrauchte oder die am häu-
  figsten in den Quellen verwendete Namensschreibweise zum Ansetzungskriterium.
  Häufig variierende Schreibweisen der Vornamen wurden dabei normalisiert, d.h.

beispielsweise „Friderich" wird zu „Friedrich". Abweichende Namensvarianten erscheinen unter Namensvarianten (16).

- Das Feld Wirkungsdaten (2) wurde dann belegt, wenn die Lebensdaten (Geburts- und Sterbejahr) nicht oder nur teilweise ermittelt werden konnten.
- Geburts-, Tauf-, Heirats- und Todesdaten wurden – soweit exakt ermittelbar – in der Form [Jahr], [Monat] [Tag] angegeben.
- Konnte ein Ort nicht ausdrücklich als Geburtsort (4) ermittelt werden, so wurde dieser als Herkunftsort (5) geführt. Weitere Herkunftsorte im Sinne vorheriger Lebensstationen finden sich unter Lebensstationen (30).
- Die Felder Geburtsort (4), Herkunftsort (5), Taufort (7), Heiratsort (9), Todesort (11) und Begräbnisort (13), sofern vorhanden, wurden mit den entsprechenden Territorien in Klammern versehen (vgl. hierzu KÖBLER: Historisches Lexikon).
- Mehrere Heiratsdaten (8), Heiratsorte (9) oder Namensvarianten (16) sind durch Schrägstrich (/) voneinander getrennt.
- Die Felder Geschwister (22) und Kinder (28) umfassen ohne Anspruch auf Vollständigkeit, die nur unter erheblichem Aufwand hätte angestrebt werden können, die bekannt gewordenen Personen.
- Das Feld Lebensstationen (30) erfasst ohne Anspruch auf Vollständigkeit die ermittelten Aufenthalts- und Arbeitsorte außerhalb Tübingens mit Aufenthaltszeiten in Klammern.
- Der Zusatz (TÜ) in den Feldern Wirkungsdaten (32), Anstellungsdatum (33), Funktion (34), Wohnung (36), Corpus (37), Immatrikulation (38) und Matrikeleintrag (39) verweist auf die berufliche Tätigkeit in Tübingen.
- Das Feld Publikationen enthält dich wichtigsten Publikationen der Exerzitien- und Sprachmeister soweit diese durch Bibliothekskataloge ermittelt werden konnten. Dabei wurden Neuausgaben und Übersetzungen in der Regel nicht berücksichtigt. In wenigen Fällen wurde zusätzlich auf bereits vorhandene Bibliographien in anderen Werken verwiesen.
- Die Felder Quellen und Literatur enthalten alle zur Person eruierten Archivquellen- und Literaturnachweise, darunter auch die Nachweise, die für die Kurzbiographie nicht verwendet wurden.

Erfassungsschema

Identifikationsnummer
Name, Vorname

1 = Lebensdaten
2 = Wirkungsdaten
3 = Geburtsdatum
4 = Geburtsort
5 = Herkunftsort
6 = Taufdatum
7 = Taufort
8 = Heiratsdatum
9 = Heiratsort
10 = Todesdatum
11 = Todesort
12 = Begräbnisdatum
13 = Begräbnisort
14 = Konfession
15 = Aussehen/Charakter
16 = Namensvarianten
20 = Vater
21 = Mutter
22 = Geschwister
23 = Großvater
24 = Großmutter
25 = Ehepartner 1
26 = Ehepartner 2
27 = Ehepartner 3
28 = Kinder
29 = Studierende Kinder
30 = Lebensstationen
31 = Ausbildung
32 = Wirkungsdaten (TÜ)
33 = Anstellungsdatum (TÜ)
34 = Funktion (TÜ)
35 = Wohnung (TÜ)
36 = Corpus (TÜ)
37 = Immatrikulation (TÜ)
38 = Matrikeleintrag (TÜ)

1. Die Tübinger Bereiter und Stallmeister
(mit Wirkungsdaten in Tübingen)

Leonhard Waldensperger
1595

Caspar Günter
um 1596–1603 (†)

Christof Kientzel
1601

Augustin Nazareth
1604, 1609–1618

Hermann Lantheri
1618–1628/1636

Ulrich Oberans
1653–1672

Adam Ulrich Oberans
1666–1669

Heinrich Nidda
1672–1676

Adam Ulrich Oberans
1676–1684 (†)

Philipp Bach
1683–1684

Wolfgang Lorenz Gutthäter
1685–1695/1698

Wolfgang Ernst von Berga
1698–1727 (†)

Ludwig Ernst Breithaupt
1727–1734 (†)

Johann Liborius Wippermann
1734–1769 (†)

Adolph Christoph von Bühler
(1769–1795) 1795–1808 (†)

Christoph Friedrich Kuttler
1769–1778 (†)

Georg Adam Bessey
1778–1788

Carl Heinrich Völter
1790–1798

Johannes Ladner
1808–1827 (†)

1R
Waldensperger, Leonhard

Wirkungsdaten	1595
Heiratsdatum	1595
Heiratsort	Tübingen
Vater	Martin Waldensperger aus Lindau
Ehepartner 1	Maria Blumenstein, Tochter des Sebastian Blumenstein auf dem Bläsibad bei Tübingen
Wirkungsdaten (TÜ)	1595
Funktion (TÜ)	Bereiter
Literatur	PFEILSTICKER: NWD § 744.

2, 8, 9, 20, 25, 32, 34: PFEILSTICKER: NWD § 744.

2R
Günter, Caspar

Lebensdaten	–1603
Wirkungsdaten	1573–1603 (†)
Herkunftsort	Bamberg (Hochstift Bamberg)
Heiratsdatum	1573, Juni 9 (1. Ehe)/1589, Juli 7 (2. Ehe)
Heiratsort	Ansbach (Fränkische Markgrafentümer) (1. Ehe)/Stuttgart (2. Ehe)
Begräbnisdatum	1603, November 2
Namensvarianten	Güntter/von Bomberg
Vater	Hans Günter aus Bamberg
Ehepartner 1	Ursula Korn, Tochter des Kastners Balthasar Korn
Ehepartner 2	Anna Maria Straub
Kinder	Ursula, ∞ 1600 mit Georg Speyser, Pfarrer, Sohn des Bürgermeisters zu Ebingen Georg Speyser; Maria Margretha, ∞ mit Johann Burckhart Gauckler, Diakon, Sohn des Pfarrers Christoph Gauckler
Studierende Kinder	Ludwig Caspar (1597, Mai 23): *Ludovicus Casparus Günther Stutgardianus stipulata manu promisit* (Universität Tübingen)
Lebensstationen	Bereiter und Stallmeister am württembergischen Hofmarstall in Stuttgart (1575–1595/1596)
Wirkungsdaten (TÜ)	um 1596–1603 (†)
Funktion (TÜ)	Bereiter
Quellen	HStAS A 284/94 Bü 269.
Literatur	MUT I 227,26; PFEILSTICKER: NWD §§ 732, 740, 741; SCHIEK/SETZLER: Ehebuch, Nr. 2899, 3511, 3684.

1: PFEILSTICKER: NWD § 732; **2:** HStAS A 284/94 Bü 269 o. Pag. Verzeichnis (um 1601), PFEILSTICKER: NWD § 732; **5, 8, 9, 12:** PFEILSTICKER: NWD § 732; **16:** HStAS A 284/94 Bü 269 Bl. 9, PFEILSTICKER: NWD § 740; **20, 25, 26:** PFEILSTICKER: NWD § 732; **28:** PFEILSTICKER: NWD §§ 741, 741 BE, SCHIEK/SETZLER: Ehebuch Nr. 2889, 3684; **29:** MUT I 227,26; **30:** PFEILSTICKER: NWD §§ 732, 741; **32, 34:** HStAS A 284/94 Bü 269 o. Pag. Verzeichnis (um 1601), PFEILSTICKER: NWD § 732.

3R
Kientzel, Christof

Lebensdaten	– 1630
Wirkungsdaten	1601–1630 (†)
Todesdatum	1630, Juli 28
Namensvarianten	Stoffel Kientzle/Kienzel/Küen(t)zel/Küntzel(l)/Kenzel
Lebensstationen	Bereiter am württembergischen Hofmarstall in Stuttgart (1609–1630)
Wirkungsdaten (TÜ)	1601
Anstellungsdatum (TÜ)	1601, Februar 16
Funktion (TÜ)	Bereiter

Quellen	HStAS A 202 Bü 1970, A 274 Bü 68, 77, A 284/94 Bü 74, 269.
Literatur	GEORGII-GEORGENAU: Dienerbuch, S. 176; PFEILSTICKER: NWD § 740.

1: PFEILSTICKER: NWD § 740; 2: GEORGII-GEORGENAU: Dienerbuch S. 176, HStAS A 274 Bü 68 Bl. 2; 10: PFEILSTICKER: NWD § 740; 16: HStAS A 274 Bü 68 Bl. 2, HStAS A 274 Bü 77 Bl. 3, HStAS A 284/94 Bü 269 o. Pag. Verzeichnis (um 1600), PFEILSTICKER: NWD § 740; 30: GEORGII-GEORGENAU: Dienerbuch S. 176, HStAS A 202 Bü 1970 o. Pag. Verzeichnis der Bereiterbesoldungen am Stuttgarter Hof (1656, August 19), PFEILSTICKER: NWD § 740; 32, 33, 34: HStAS A 274 Bü 68 Bl. 2.

4R
Nazareth, Augustin

Wirkungsdaten	1604–1628
Herkunftsort	Königreich Sizilien (zum Königreich Spanien)
Namensvarianten	Nasaret/*welscher Bereiter*
Lebensstationen	Bereiter am württembergischen Hofmarstall in Stuttgart (1618–1628)
Wirkungsdaten (TÜ)	1604, 1609–1618
Funktion (TÜ)	Bereiter

Quellen	HStAS A 202 Bü 1970, 2615, 2618, A 274 Bü 77–79, A 284/94 Bü 269; UBT Mh 577.
Literatur	GEORGII-GEORGENAU: Dienerbuch, S. 176; PFEILSTICKER: NWD § 743.

2: GEORGII-GEORGENAU: Dienerbuch S. 176, HStAS A 202 Bü 2615 o. Pag. Zacharis Geizkofler an den Geheimen Rat (1604, Februar 17); 5: HStAS A 274 Bü 79 Bl. II; 16: HStAS A 202 Bü 2615 o. Pag. Zacharis Geizkofler an den Geheimen Rat (1604, Februar 17), HStAS A 274 Bü 78 Bl. 22a, HStAS A 274 Bü 79 o. Pag. Besoldungsverzeichnis (um 1610); 30: GEORGII-GEORGENAU: Dienerbuch S. 176, HStAS A 202 Bü 1970 o. Pag. Aufstellung über die Bereiterbesoldungen (1656, August 19), PFEILSTICKER: NWD § 743; 32, 34: HStAS A 202 Bü 2615 o. Pag. Zacharis Geizkofler an den Geheimen Rat (1604, Februar 17), HStAS A 274 Bü 78 Bl. 22a.

5R
Lantheri, Hermann

Lebensdaten	– 1636
Wirkungsdaten	1593–1636 (†)
Geburtsort	*Forum Livii* = Forlì in der Emilia-Romagna (Kirchenstaat)

Heiratsdatum	1605, Dezember 5
Todesdatum	1636, Dezember
Begräbnisort	Tübingen
Konfession	lutherisch
Namensvarianten	Heinrich Lantri/Lanther/Lontthari
Ehepartner 1	Johanna Riepp
Lebensstationen	Wegzug aus Forlì aus konfessionellen Gründen (1593), Bereiter am württembergischen Hofmarstall in Stuttgart (um 1604–1618)
Wirkungsdaten (TÜ)	1618–1628/1636
Anstellungsdatum (TÜ)	1618, November 11
Funktion (TÜ)	Bereiter
Quellen	HStAS A 202 Bü 1970, 2615, A 284/94 Bü 250; UAT 10/12, 44/123; UBT Mh 577.
Literatur	GEORGII-GEORGENAU: Dienerbuch, S. 176; PFEILSTICKER: NWD § 742.

1: UAT 10/12 Bd. 4 Nr. 400; **2**: GEORGII-GEORGENAU: Dienerbuch S. 176, PFEILSTICKER: NWD § 742; **4**: UAT 10/12 Bd. 4 Nr. 400; **8**: PFEILSTICKER: NWD § 742; **10, 13**: UAT 10/12 Bd. 4 Nr. 400; **14**: HStAS A 284/94 Bü 250 Bl. 18c; **16**: PFEILSTICKER: NWD § 742; **25**: UAT 44/123 Nr. 57; **30**: GEORGII-GEORGENAU: Dienerbuch S. 176, HStAS A 284/94 Bü 250 Bl. 18c, PFEILSTICKER: NWD § 742; **32**: GEORGII-GEORGENAU: Dienerbuch S. 176, HStAS A 202 Bü 2615 o. Pag. Geheimer Rat an den Oberhofmeister des Collegium Illustre (1618, Dezember 23), UAT 44/123 Nr. 57; **33**: GEORGII-GEORGENAU: Dienerbuch S. 176, PFEILSTICKER: NWD § 742; **34**: GEORGII-GEORGENAU: Dienerbuch S. 176, HStAS A 202 Bü 2615 o. Pag. Hermann Lantheri an den Geheimen Rat (1621, Dezember 9).

6R
Oberans, Ulrich

Lebensdaten	1597–1672
Heiratsdatum	1657, Januar 20
Heiratsort	Tübingen
Todesdatum	1672, Januar 29
Begräbnisdatum	1672, Februar 2
Begräbnisort	Gärtringen (Herzogtum Württemberg)
Namensvarianten	Johann Ulrich Oberantz/Oberanß
Ehepartner 1	Anna Margarethe Beller, Witwe des Renovators Hans Jerg Beller in Tübingen
Kinder	Adam Ulrich * 1631, † 1684, Bereiter am württembergischen Hof in Stuttgart und am Tübinger Collegium Illustre; Anna Maria, ∞ 1650 mit dem Amtspfleger des Klosters Hirsau Johann Friedrich Heller
Lebensstationen	Bereiterjunge am württembergischen Hofmarstall in Stuttgart (1628/1629), Bereiter ebenda (1638–1641, 1646–1648), Bebenhauser Pfleger zu Roseck (1648–1653)
Wirkungsdaten (TÜ)	1653–1672
Anstellungsdatum (TÜ)	1653, April 23
Funktion (TÜ)	Bereiter
Quellen	HStAS A 202 Bü 1970, 2601, 2615, 2617, 2618, A 284/94 Bü 271, A 303 Bd. 13967–13971; UAT 3/8, 9/7, 9/12, 25/2; UBT Mh 847a.
Literatur	GEORGII-GEORGENAU: Dienerbuch, S. 176; PFEILSTICKER: NWD §§ 32, 743, 3319, 3398.

1: HStAS A 202 Bü 2615 o. Pag. Ulrich Oberans an den Geheimen Rat (praes. 1665, Juni 4); **8, 9**: UBT Mh 847a Bl. 49ʳ; **10**: HStAS A 202 Bü 2615 o. Pag. Geheimer Rat an den Oberhofmeister des Collegium Illustre (1672, Januar 31), o. Pag. Caspar Kirchner an den Geheimen Rat (1672, Februar 5); **12, 13**: HStAS A 202 Bü 2615 o. Pag. Caspar Kirchner an den Geheimen Rat (1672, Februar 5); **16**: HStAS A 202 Bü 2615 o. Pag. Geheimer Rat an die Rentkammer (1652, November 29), PFEILSTICKER: NWD §§ 32, 3319; **25**: UBT Mh 847a Bl. 49ʳ; **28**: PFEILSTICKER: NWD §§ 743, 3398; **30**: HStAS A 202 Bü 2615 o. Pag. Geheimer Rat an den Untervogt in Herrenberg (1647, Juni 4), PFEILSTICKER: NWD §§ 32, 743, 3319; **32**: HStAS A 303 Bd. 13967–13971, PFEILSTICKER: NWD § 743; **33**: HStAS A 202 Bü 2615 o. Pag. Bestallung des Ulrich Oberans (1652, Dezember 10), PFEILSTICKER: NWD § 743; **34**: HStAS A 202 Bü 2615 Bl. 5, PFEILSTICKER: NWD § 743.

7R
Nidda, Heinrich

Lebensdaten	– 1710
Wirkungsdaten	1656–1710 (†)
Lebensstationen	Bereiter am anhalt-plötzkauischen Hof in Plötzkau (bis 1657, Georgii), Bereiter (1657–1670) und Vizestallmeister (1670–1672) am württembergischen Hofmarstall in Stuttgart, Stallmeister in kurbrandenburgischen Diensten in Frankfurt (Oder) (ab August 1676), später vermutlich bis zu seinem Tod Stallmeister in Wittenberg
Wirkungsdaten (TÜ)	1672–1676
Anstellungsdatum (TÜ)	1672, November 11
Funktion (TÜ)	Bereiter/Unterstallmeister
Quellen	HStAS A 202 Bü 240, 1970, 2615, 2617, A 284/94 Bü 51, A 303 Bd. 13972; UAT 9/9; UBT Mh 577.
Literatur	GEORGII-GEORGENAU: Dienerbuch, S. 175 f.; LEUBE: Geschichte, Bd. 1, S. 155; LEYSER: Meditationes, S. 645; PFEILSTICKER: NWD §§ 734, 743.

1: LEYSER: Meditationes S. 645; **2**: Ebd., PFEILSTICKER: NWD § 743; **30**: HStAS A 202 Bü 1970 o. Pag. Heinrich Nidda an den Geheimen Rat (1656, Juni 12), o. Pag. Heinrich Nidda an den Geheimen Rat (1656, November 6), LEYSER: Meditationes S. 645, PFEILSTICKER: NWD §§ 734, 743; **32**: PFEILSTICKER: NWD § 743; **33, 34**: HStAS A 202 Bü 240 o. Pag. *Staat* für Heinrich Nidda (1672, September 16).

8R
Oberans, Adam Ulrich

Lebensdaten	1631–1684
Todesdatum	1684, Juni
Namensvarianten	Oberannss/Oberantz/Oberhans
Vater	Ulrich Oberans, Bereiter am württembergischen Hof in Stuttgart, Bebenhauser Pfleger zu Roseck und Bereiter am Tübinger Collegium Illustre
Ehepartner 1	Anna Barbara Veyhl, † 1713, Tochter des Kammerrats Veyhl in Stuttgart
Kinder	Jacob Ulrich, † 1698 in Frankfurt (Main), Reitmeister in Hessen-Kassel und Nassau-Weilburg; Maximilian Ludwig, † vor 1713, Freiwilliger

	eines württembergischen Infanterieregiments; Sophia Maria Barbara, † vor 1713, ∞ mit Major Kilian Nözel; Charlotta Magdalena, † vor 1713, ∞ mit Hauptmann Knobelsdorf
Lebensstationen	Bereiter in Diensten Maximilian Josephs von Fürstenberg-Heiligenberg (1665), Bereiter in kurpfälzischen Diensten in Heidelberg (1669–1673), Bereiter am württembergischen Hofmarstall in Stuttgart (1673–1676)
Ausbildung	Ausbildung in der Reitkunst bei seinem Vater Ulrich Oberans, Kenntnisse im Italienischen und Französischen, Reisen nach Italien, Frankreich, Ungarn und Österreich, Besuch einer Reitschule in Frankfurt (Main) (um 1670)
Wirkungsdaten (TÜ)	1666–1669/1676–1684 (†)
Anstellungsdatum (TÜ)	1666, April 23/1676, November 11
Funktion (TÜ)	Bereiter/Vicestallmeister
Wohnung (TÜ)	Kauf eines bis dahin zum Martinianum gehörigen Eckhauses in der Langgasse mit Hof und Garten (1684)
Corpus (TÜ)	Collegiumsverwandter
Quellen	HStAS A 202 Bü 1970, 2615, 2617, A 284/94 Bü 51, A 303 Bd. 13973–13974; UAT 7/6, 9/14, 27/14; UBT Mh 577.
Literatur	Georgii-Georgenau: Dienerbuch, S. 176; Pfeilsticker: NWD § 743.

1: HStAS A 202 Bü 2615 o. Pag. Ulrich Oberans an den Geheimen Rat (praes. 1665, Juni 4), o. Pag. Jacob Ulrich Oberans an den Geheimen Rat (1684, Juni 19), Pfeilsticker: NWD § 743, UAT 7/6 Nr. 16 Bl. 7; **10:** HStAS A 202 Bü 2615 o. Pag. Jacob Ulrich Oberans an den Geheimen Rat (1684, Juni 19), Pfeilsticker: NWD § 743, UAT 7/6 Nr. 16 Bl. 7; **16, 20:** Pfeilsticker: NWD § 743; **25:** HStAS A 202 Bü 2615 o. Pag. Ulrich Oberans an den Geheimen Rat (praes. 1665, Juni 4), UAT 27/14 Nr. 2; **28:** UAT 27/14 Nr. 2, 3, 6; **30:** HStAS A 202 Bü 2615 o. Pag. Ulrich Oberans an den Geheimen Rat (praes. 1665, Juni 4), o. Pag. Oberhofmeister des Collegium Illustre an den Geheimen Rat (1669, November 12), o. Pag. Staat für Adam Ulrich Oberans (1673, Dezember 4), Pfeilsticker: NWD § 743; **31:** HStAS A 202 Bü 2615 o. Pag. Ulrich Oberans an den Geheimen Rat (praes. 1665, Juni 4), UAT 25/2 Bd. III Nr. 293a; **32:** HStAS A 202 Bü 2615 o. Pag. Adam Ulrich Oberans an den Geheimen Rat (1676, Oktober 21), o. Pag. Adam Ulrich Oberans an den Geheimen Rat (1676, Dezember 31), HStAS A 284/94 Bü 51 Bl. 32, HStAS A 303 Bd. 13973–13974, Pfeilsticker: NWD § 743; **33, 34:** HStAS A 202 Bü 2615 Bl. 4, o. Pag. Staat für Adam Ulrich Oberans (1676, September 9), o. Pag. Oberhofmeister des Collegium Illustre an den Geheimen Rat (1676, November 1); **35:** UAT 7/6 Nr. 16 Bl. 3; **36:** UAT 27/14 Nr. 2.

9R
Bach, Philipp

Lebensdaten	–1700
Wirkungsdaten	1683–1700 (†)
Geburtsort	Frankfurt (Main) (Reichsstadt)
Lebensstationen	Bereiter am württembergischen Hofmarstall in Stuttgart (ab 1684)
Wirkungsdaten (TÜ)	1683–1684
Anstellungsdatum (TÜ)	1683, Juni 19
Funktion (TÜ)	Vorbereiter/Bereiter
Quellen	HStAS A 202 Bü 2615.
Literatur	Georgii-Georgenau: Dienerbuch, S. 176; Pfeilsticker: NWD § 739.

1: Pfeilsticker: NWD § 739; 2: HStAS A 202 Bü 2615 o. Pag. Oberhofmeister des Collegium Illustre an den Geheimen Rat (1683, Juli 1), HStAS A 202 Bü 2615 o. Pag. Geheimer Rat an den Oberhofmeister des Collegium Illustre (1685, Dezember 4), Pfeilsticker: NWD § 739; 4: HStAS A 202 Bü 2615 o. Pag. Geheimer Rat an den Oberhofmeister des Collegium Illustre (1683, Juni 19); 30: HStAS A 202 Bü 2615 o. Pag. Geheimer Rat an den Oberhofmeister des Collegium Illustre (1685, Dezember 4), Pfeilsticker: NWD § 739; 32: HStAS A 202 Bü 2615 o. Pag. Oberhofmeister des Collegium Illustre an den Geheimen Rat (1683, Juli 1), o. Pag. Geheimer Rat an den Oberhofmeister des Collegium Illustre (1685, Dezember 4), Pfeilsticker: NWD § 739; 33: HStAS A 202 Bü 2615 o. Pag. Oberhofmeister des Collegium Illustre an den Geheimen Rat (1683, Juli 1); 34: HStAS A 202 Bü 2615 o. Pag. Geheimer Rat an den Oberhofmeister des Collegium Illustre (1683, Juni 19), o. Pag. Oberhofmeister des Collegium Illustre an den Geheimen Rat (1683, Juli 1).

10R
Gutthäter, Wolfgang Lorenz

Lebensdaten	1655–1740
Geburtsort	Kulmbach (Fränkische Markgrafentümer)
Todesdatum	1740, Juli 26
Begräbnisdatum	1740, Juli 29
Begräbnisort	Köngen (Herzogtum Württemberg)
Namensvarianten	Wolf Conrad Gutthäter/Wolf Ernst Gutthäter/Guttehter
Lebensstationen	Bereiter am württembergischen Hofmarstall in Stuttgart (ab 1675), Unterstallmeister ebendort (ab 1695), Stallmeister ebendort (1698–1710), Erwerb des ehemals im Besitz der Herren Thumb von Neuburg stehenden und an Württemberg gefallenen Hofgutes in Köngen (1698, das Hofgut samt Schäferei findet um 1716 Abbildung in Zeichnungen und Beschreibungen des Köngener Pfarrers Daniel Pfisterer), Umzug von Stuttgart nach Köngen (1715), Erstellung eines Einsparungsplanes für den herzoglichen Marstall Herzog Eberhard Ludwigs (1717), Stiftung der Turmuhr der Kirchengemeinde St. Peter und Paul in Köngen (1724), Testament zur Überlassung der Köngener Schäferei an Herzog Carl Alexander und aller weiteren Güter an die verwitwete Herzogin Johanna Elisabeth (1735)
Ausbildung	Reise nach Italien zur Perfektionierung in der Reitkunst (1684/1685)
Wirkungsdaten (TÜ)	1685–1695/1698
Anstellungsdatum (TÜ)	1685, November 10
Funktion (TÜ)	Bereiter
Quellen	HStAS A 7 Bü 19, A 202 Bü 240, 1970, 2615, A 284/94 Bü 51, A 303 Bd. 13975–13980; UAT 20/4, 117/656; UBT Mh 577.
Literatur	Pfisterer: Welttheater, Bd. 1, S. 176, 182; Georgii-Georgenau: Dienerbuch, S. 175 f.; Hergenröder: Köngen, S. 171–175; Pfeilsticker: NWD §§ 732, 742.

1: Hergenröder: Köngen S. 171, Pfeilsticker: NWD §§ 732, 742; 4: Hergenröder: Köngen S. 171; 10: Pfeilsticker: NWD § 732; 12, 13: Hergenröder: Köngen S. 174; 16: HStAS A 202 Bü 1970 o. Pag. Staat für Wolf Conrad Gutthäter (1682, April 24), Pfeilsticker: NWD §§ 732, 742; 30: Pfisterer: Welttheater S. 176, 182, Hergenröder: Köngen S. 171–175, HStAS A 7 Bü 19 o. Pag. Auszug aus dem Testament Wolfgang Lorenz Gutthäters (1735, Januar 20), o. Pag. Wolfgang Lorenz Gutthäter an Herzog Carl Alexander (1735, Januar 24), HStAS A 202 Bü 1970

o. Pag. *Staat* für Wolf Conrad Gutthäter (1682, April 24), o. Pag. Herzog Eberhard Ludwig an den Geheimen Rat (1710, Mai 8), o. Pag. Herzog Carl Alexander an den Geheimen Rat (1734, Mai 3), HStAS A 202 Bü 2615 o. Pag. Oberhofmeister des Collegium Illustre an den Geheimen Rat (1685, Oktober 29), HStAS A 303 Bd. 13978–13980, PFEILSTICKER: NWD §§ 732, 742, UAT 20/4 Nr. 52, UAT 117/656 o. Pag. Senat der Universität an den Geheimen Rat (1695, Juni 5), o. Pag. Senat der Universität an den Geheimen Regimentsrat und die Visitationskommission (1695, September 30), o. Pag. Senat der Universität an den Geheimen Regimentsrat und die Visitationskommission (1697, Dezember 30); **31**: HStAS A 202 Bü 1970 o. Pag. Herzogsadministrator Friedrich Carl an den Geheimen Rat (1684, Oktober 8), PFEILSTICKER: NWD § 732; **32**: HStAS A 202 Bü 240 o. Pag. *Staat* für Wolfgang Lorenz Gutthäter (1685, November 10), HStAS A 303 Bd. 13975–13980; **33, 34**: HStAS A 202 Bü 240 o. Pag. *Staat* für Wolfgang Lorenz Gutthäter (1685, November 10).

11R
Berga, Wolfgang Ernst von

Lebensdaten	bis um 1730
Wirkungsdaten	um 1684–um 1730 (†)
Ehepartner 1	Christina Elisabeth Dimarn aus Franken, ▫ 1705
Kinder	Ludwig Ernst, Leutnant
Studierende Kinder	Christian Heinrich Ernst (1711, Juni 4): *Christianus Ernestus de Berga Öhringensis* (Universität Tübingen), Domkapitular in Basel; Johann Ernst (1712, April 18): *Johann Ernst von Berga Öhringensis* (Universität Tübingen), württembergischer Kammerjunker und Stallmeister
Lebensstationen	Stallmeister in Diensten Johann Friedrichs von Hohenlohe-Oehringen (um 1684–1698)
Ausbildung	Erlernung der Reitkunst *ex professo* bei Stallmeister Froben in Heidelberg, Reisen
Wirkungsdaten (TÜ)	1698–1727 (Zurruhesetzung)
Anstellungsdatum (TÜ)	1698, April 23
Funktion (TÜ)	Stallmeister/Oberstallmeister (1716)
Wohnung (TÜ)	Kauf eines dreistöckigen Hauses im *Blaubeurer Hof* (1699)
Publikationen	Gantz neu-erfundene und durch langwiehrige Erfahrung mit grossem Nutzen practicirte Reit-Kunst, allen Liebhabern der Reuterey auffrichtig entdecket und an Tag gegeben von Wolfgang Ernst von Berga Ober-Stallmeister bey dem Hoch-Fuerstlichen Collegio Illustri in Tuebingen, und bey Ihro Hoch-Fuerstlicheb Durchlaucht des regierenden Herrn Hertzogen zu Wuertemberg etc. Cammer-Juncker, auch unter der Freyen Reichs-Ritterschafft in Francken, Tübingen: Cotta 1725 (UBT: Ah VI 11).
	Wolfgang Ernst von Berga, Ober-Stallmeisters bey dem Hoch-Fuerstlichen Collegio Illustri zu Tuebingen, neue Reit-Kunst, mit Kupfern, Tübingen: Cotta 1755 (VD18: 10545131).
Quellen	HStAS A 5 Bü 144, A 202 Bü 2615, A 274 Bü 64, A 284/94 Bü 51, 285, A 303 Bd. 13981–14008, A 409 L Bü 187, C3 Bü 234; StAT A 20/S 774; UAT 4/3, 4/4, 4/5, 9/9, 32/1, 44/93, 44/110, 44/121; WLB Cod. hist. 2° 889 Bd. 2.
Literatur	MUT III 30905, 30995; PFEILSTICKER: NWD § 727; RAU: Franzoscn, S. 9; SCHRADER: Lexicon, Nr. 159, S. 33 f.

1: HStAS A 202 Bü 2615 Bl. 10, HStAS A 303 Bd. 13981–14008, SCHRADER: Lexicon Nr. 159 S. 33 f.: Die Angabe bei Schrader *geb. ungefähr 1630* scheint nicht gesichert zu sein, UAT 9/9 Nr. 130; 2: HStAS A 202 Bü 2615 Bl. 10, HStAS A 303 Bd. 13981–4008, UAT 9/9 Nr. 130; 25: PFEILSTICKER: NWD § 727; 28: HStAS A 5 Bü 144 Bl. 1, HStAS A 274 Bü 64 Bl. 29, HStAS C3 Bü 234 II Bl. 14, 15, PFEILSTICKER: NWD § 727, UAT 4/4 Bl. 203ʳ–204ʳ, 232ᵛ, 368ʳ, UAT 4/5 Bl. 31ʳ, UAT 32/1 Nr. 4/277, UAT 32/1 Nr. 4/279, UAT 32/1 Nr. 4/280, UAT 32/1 Nr. 4/281, UAT 44/110 Nr. 37/1, WLB Cod. hist. 2° 889 Bd. 2 Bl. 127ʳ–173ʳ; 29: MUT III 30905, 30995; 30: HStAS A 202 Bü 2615 Bl. 1, SCHRADER: Lexicon Nr. 159 S. 33 f.; 31: HStAS A 202 Bü 2615 Bl. 1, SCHRADER: Lexicon Nr. 159 S. 33 f.; 32: HStAS A 202 Bü 2615 Bl. 10, HStAS A 303 Bd. 13981–14008, UAT 9/9 Nr. 130; 33: HStAS A 202 Bü 2615 Bl. 5, HStAS A 284/94 Bü 51 Bl. 1 f., HStAS A 303 Bd. 13981 S. 78; 34: HStAS A 202 Bü 2615 Bl. 9, PFEILSTICKER: NWD § 727; 35: HStAS A 409 L Bü 187 Bl. 3, UAT 4/3 Bl. 125ᵛ, UAT 44/121 Bd. 6 Nr. 319/1.

12R
Breithaupt, Ludwig Ernst

Lebensdaten	1676–1734
Geburtsdatum	1676, April 27
Geburtsort	Coburg (Ernestinisches Herzogtum Sachsen-Coburg)
Heiratsdatum	1706
Todesdatum	1734, Januar
Vater	Johann Philipp Breithaupt, sachsen-coburgischer Hofrat
Mutter	Johanna Sabina Nehring aus Eisenach
Ehepartner 1	Maria Anna Sophia Mährischer, Tochter des Roman Mährischer und Schwester des württemberg-oelsischen Regierungsadvokaten Roman Ludwig Mährischer
Lebensstationen	Aufenthalt in Wien zur Perfektionierung in der Reitkunst (nach 1694), als Bereiter oder Stallmeister in Diensten von Herzog Carl von Württemberg-Oels-Bernstadt (bis 1711), Unterstallmeister am württembergischen Hofmarstall in Stuttgart und Ludwigsburg, Stallmeister bei der Parforcejagd ebendort (1711–1727)
Ausbildung	Lehre in der Reitkunst in Coburg (1694)
Wirkungsdaten (TÜ)	1727–1734 (†)
Anstellungsdatum (TÜ)	1727, Februar 2
Funktion (TÜ)	Stallmeister
Quellen	HStAS A 202 Bü 2615, A 284/94 Bü 6, 52, 265, 291, A 303 Bd. 14007–14011; UAT 9/8, 9/9, 44/121; UBT Mh 577.
Literatur	FORSTNER: Ephorus, S. 1; GEORGII-GEORGENAU: Dienerbuch, S. 175; Pfeilsticker: NWD § 731.

1: FORSTNER: Ephorus S. 1, HStAS A 284/94 Bü 52 Bl. 56; 3, 4, 8: FORSTNER: Ephorus S. 1; 10: HStAS A 284/94 Bü 52 Bl. 56; 20, 21: FORSTNER: Ephorus S. 1; 25: Ebd., HStAS A 284/94 Bü 6 o. Pag. Collegiumsverwalter an den Kirchenrat (1736, Mai 23); 30: FORSTNER: Ephorus S. 1, GEORGII-GEORGENAU: Dienerbuch S. 175, HStAS A 202 Bü 2615 Bl. 10, HStAS A 303 Bd. 14008 S. 115, PFEILSTICKER: NWD § 731 gibt an, dass Breithaupt bereits 1711 Stallmeister in Tübingen geworden sei, sein *Staat* und die Ersetzung des Wolfgang Ernst von Berga beweisen jedoch seine Versetzung nach Tübingen erst im Jahr 1727, UBT Mh 577 Bl. 167; 31: FORSTNER: Ephorus S. 1; 32: HStAS A 284/94 Bü 52 Bl. 56, HStAS A 303 Bd. 14007–14011; 33: HStAS A 303 Bd. 14007 S. 113 f., Bd. 14008 S. 115, UAT 9/9 Nr. 130; 34: HStAS A 202 Bü 2615 Bl. 40.

13R
Wippermann, Johann Liborius

Lebensdaten	1688–1769
Geburtsdatum	1688, Mai 30
Heiratsdatum	1726, September 10 (1. Ehe)/1731, Juni 25 (2. Ehe)
Heiratsort	Herrenberg (Herzogtum Württemberg) (1. Ehe)/Stuttgart (2. Ehe)
Todesdatum	1769, Mai 15/16 (12 Uhr nachts)
Todesort	Tübingen
Vater	Karl Heinrich Wippermann * 1642 in Lemgo, † 1709 in Petzen, ▫ in Merbeck, Amtmann des preußischen Johanniterordens für die Komturei Wietersheim, gräflich schaumburg-lippischer Konduktor des Hauses Brandenburg, Erbsasse zu Wakersfeld
Mutter	Anna Esther Peitmann * 1651 in Stadthagen, Tochter des Kaufmanns in Stadthagen Johannes Peitmann und der Margarete Langermann
Großvater	Stephan Wippermann * 1598 in Beller (Paderborn), † 1670 in Lohof, ▫ in Hoyersen, Erbherr auf Wiedensahl, zuvor Handels- und Ratsherr in Lemgo
Großmutter	Anna Hecker * 1612 in Lemgo, † 1683 in Lohof, ▫ in Lohof, Tochter des Ratsverwandten und Gastwirts in Lemgo Gottschalk Hecker
Ehepartner 1	Charlotte Felizitas Hess * 1704, † 1730, Tochter des Untervogts in Herrenberg Georg Friedrich Hess und der Agnes Felizitas Greiß
Ehepartner 2	Christina Elisabetha Stockmayer * 1714 in Stuttgart, † 1782, Tochter des Stadtpfarrers in Stuttgart, Prälaten in St. Georgen und Bebenhausen Christoph Friedrich Stockmayer und der Christine Elisabeth Zweifel
Kinder	Eberhard Friedrich * 1727, † 1730; Liborius Gottlieb * 1730, † 1730; Friederike Luise * 1732, † 1733; Charlotta Friederika * 1739, ∞ 1758 mit dem fürstlich baden-durlachischen Stallmeister Christian Wippermann in Karlsruhe (ein Neffe Wippermanns); Gottlieb Friedrich * 1740, † 1741; Christiana Dorothea * 1741, ∞ 1764 mit dem Professor der Rechte und der Geschichte am Collegium Illustre in Tübingen Johann Friedrich Helfferich; Johanna Luise * 1743; Eleonore Wilhelmine * 1746, ∞ mit dem Forstverwalter und Hofjäger in Simmersfeld, Blaubeuren und Ludwigsburg Johann Friedrich Baur; Maria Friederike * 1750, † 1773; Johann Friedrich * 1757, † 1758
Studierende Kinder	Carl Wilhelm Friedrich (1747, Oktober 23): *Carolus Guilielmus Wippermann Ludovicopolitanus* (Universität Tübingen), * 1730, † 1797, ∞ mit Anne Elisabeth Wolffhardt, Tochter des Professors in Rinteln Paul Philipp Wolffhardt, Professor beider Rechte, Professor der Beredsamkeit, Geschichte und Politik in Rinteln (1759–1797); Christian Friedrich (1752, September 24): *Christian Friedrich Wippermann Tubingensis* (Universität Tübingen), Hofgerichtsadvokat in Tübingen und Karlsruhe, * 1735, ∞ 1769 mit Friederike Elisabeth Erhardt, Tochter des Pfarrers in Bechingen, Höpfigheim und Dusslingen; Johann Liborius (1754, Oktober 7): *Johann Liborius Wippermann Tubing.* (Universität Tübingen), * 1737; Friedrich Amandus (1758, November 16): *Fridericus Amandus Wippermann Tubingensis* (Universität Tübingen), * 1738; Christoph Friedrich (1765, Oktober 26): *Christophorus Fridericus Wippermann Tubingensis* (Universität Tübingen), * 1745; Carl Friedrich (1765, Oktober 26): *Carolus Fridericus Wippermann Tubingensis* (Universität Tübingen), * 1748

Lebensstationen	Bereiter, Unterstallmeister und Stallmeister am württembergischen Hof in Stuttgart und Ludwigsburg (1716, 1721, 1725, 1728, 1734 genannt)
Wirkungsdaten (TÜ)	1734–1769 (†)
Anstellungsdatum (TÜ)	1734, Februar 2
Funktion (TÜ)	Stallmeister
Wohnung (TÜ)	Obere Hafengasse (Stallmeistereiwohnung)
Corpus (TÜ)	Collegiumsverwandter
Quellen	HStAS A 202 Bü 1970, 2615, A 284/94 Bü 6, 285, 291, A 303 Bd. 14012–14042, A 364 L Bü 801, A 409 L Bü 187; StAT A 20/S 002, A 20/S 218, A 20/S 321, E 201/2138; UAT 9/3, 9/9, 32/1, 44/121, 44/130a, 44/142, 47/4, S128/39; UBT Mh 577, Mh 847a, Mh 1041, Mh 1044.
Literatur	FABER: Familienstiftungen I § 28, XLI § A1, LXV § H10, LXXVIII § C3, CV § 107, CV § 63, CXXXVIII § 9, CXXXVIII § XVI, CXXXVIII § XXII; GEORGII-GEORGENAU: Dienerbuch S. 176; HÄNSEL: Catalogus, S. 94 f.; MUT III 34481, 34875, 35075, 35568, 36393, 36394; PFEILSTICKER: NWD §§ 735, 744, 1331, 2910; WEIDLICH: Nachtraege, S. 299–302; ZELLER: Merckwuerdigkeiten, S. 185.

1: HStAS A 303 Bd. 14042 Bl. 23ᵛ, PFEILSTICKER: NWD § 2910; 3: FABER: Familienstiftungen CXXXVIII § 22; 8: FABER: Familienstiftungen CV § 107, CXXXVIII § 22, PFEILSTICKER: NWD § 2910; 9: FABER: Familienstiftungen CXXXVIII § 22; 10, 11: HStAS A 303 Bd. 14042 Bl. 23ᵛ; 20: FABER: Familienstiftungen CXXXVIII § 9, CXXXVIII § 16; 21: FABER: Familienstiftungen CXXXVIII § 16; 23, 24: FABER: Familienstiftungen CXXXVIII § 9; 25: FABER: Familienstiftungen I § 28, CXXXVIII § 22, PFEILSTICKER: NWD § 2910, StAT E 201/2138; 26: FABER: Familienstiftungen LXXXVIII § C3, CV § 63, CV § 107, CXXXVIII § 22, HStAS A 284/94 Bü 291 Bl. 73, o. Pag. Christina Elisabetha Wippermann an den Kirchenrat (1769, Oktober 16), PFEILSTICKER: NWD § 2910; 28: FABER: Familienstiftungen I § 28, XLI § A1, LXV § H10, CXXXVIII § 22, HStAS A 284/94 Bü 6 o. Pag. Collegiumsverwalter an den Kirchenrat (1769, Juli 6), PFEILSTICKER: NWD § 1331, StAT E 201/2138, UAT 32/1 Bd. 4 Nr. 312, UAT 32/1 Bd. 5 Nr. 427, UAT 44/130a, UAT 44/142 Nr. 42, UBT Mh 847a Bl. 106ᵛ, UBT Mh 1044 o. Pag.; 29: MUT III 34481, 34875, 35075, 35568, 36393, 36394, WEIDLICH: Nachtraege S. 299–302; 30: GEORGII-GEORGENAU: Dienerbuch S. 176, PFEILSTICKER: NWD §§ 735, 744; 32: HStAS A 303 Bd. 14042 Bl. 23ᵛ, PFEILSTICKER: NWD § 2910; 33: HStAS A 303 Bd. 14012 Bl. 47ᵛ; 34: HStAS A 303 Bd. 14012 Bl. 47ᵛ; 35: StAT A 20/S 321 Bl. 697ʳ⁻ᵛ; 36: HStAS A 284/94 Bü 291 Bl. 66.

14R
Bühler, Adolph Christoph von

Lebensdaten	1729–1808
Geburtsort	Dornstetten (Herzogtum Württemberg)
Todesdatum	1808, Oktober 13
Todesort	Tübingen
Namensvarianten	Adolph Christian von Bühler
Vater	Johann Christoph Bühler * 1699, † 1745, Vogt in Dornstetten (1719–1734), Expeditionsrat und Landschreiber in Stuttgart
Mutter	Margarethe Barbara Neuffer * 1695, † 1763, Tochter des Vogts in Backnang Veit Jacob Neuffer und Witwe des Vogts in Dornstetten Johann Ulrich Nestel
Geschwister	Albrecht Jacob, Geheimer Rat; Friedrich Gottlieb, Pfarrer in Echter-

dingen; Luise Margarethe, ∞ 1743 mit Physicus Johannes Henseler in Ulm; Anne Christine, ∞ mit Bürgermeister David Eberhard Leyrer in Stuttgart

Großvater	Johann Peter Bühler, Oberumgelder, Chirurg und Bürgermeister in Backnang
Ehepartner 1	Elisabetha Christiana Dreher, † 1776
Kinder	Christoph Friedrich * 1761, † 1833, herzoglich württembergischer Stallmeister und Major, Stallmeister am kaiserlich russischen Marstall in Sankt Petersburg, Stallmeister an der Hohen Karlsschule, zuletzt großherzoglich badischer Landoberstallmeister in Karlsruhe
Lebensstationen	Auf Reisen in Italien, Wien, Prag, Dresden, Berlin und Hannover (1752–1753), Stallmeister und Obristlieutenant am württembergischen Hofmarstall in Stuttgart und Ludwigsburg (1754–1795), Erhebung in den Reichsritter- und Reichsfreiherrenstand (1792)
Wirkungsdaten (TÜ)	(1769–1795) in Abwesenheit vertreten durch die Bereiter Christoph Friedrich Kuttler, Georg Adam Bessey, Carl Heinrich Völter und Johannes Ladner, 1795–1808 (†)
Anstellungsdatum (TÜ)	1769, Juli 12/1795, August 29
Funktion (TÜ)	Stallmeister
Wohnung (TÜ)	Obere Hafengasse (Stallmeistereiwohnung)
Quellen	HStAS A 10 Bü 66, A 202 Bü 1970, A 202 Bü 2573, A 202 Bü 2615, A 284/94 Bü 308, A 284/94 Bü 313, A 303 Bd. 14042–14059, E 31 Bü 1286; StAT A 84/32.37, E 101/246; UAT 9/8, 9/9, 9/13.
Literatur	FABER: Familienstiftungen XXX § 172; BÖK: Geschichte, S. 295; GEORGII-GEORGENAU: Dienerbuch, S. 176; LÖFFLER: Collegium Illustre, S. 49–53; PFEILSTICKER: NWD § 731.

1: PFEILSTICKER: NWD § 731, StAT E 101/246; 4: PFEILSTICKER: NWD § 731; 10: StAT E 101/246; 11: PFEILSTICKER: NWD § 731; 16: Ebd., UAT 9/9 Nr. 136; 20: FABER: Familienstiftungen XXX § 172, PFEILSTICKER: NWD §§ 731, 2312; 21: FABER: Familienstiftungen XXX § 172, PFEILSTICKER: NWD § 2312; 22: FABER: Familienstiftungen XXX § 172; 23: PFEILSTICKER: NWD § 2312; 25: StAT A 84/32,37; 28: PFEILSTICKER: NWD § 731, StAT A 84/32,37, UAT 9/13 Nr. 4; 30: HStAS A 10 Bü 66 Bl. 5, PFEILSTICKER: NWD § 731, UAT 9/9 Nr. 155; 32: GEORGII-GEORGENAU: Dienerbuch S. 176, HStAS A 303 Bd. 14042 Bl. 23ᵛ, Bd. 14043 Bl. 71ʳ, StAT E 101/246, UAT 9/9 Nr. 134, 155; 33: HStAS A 10 Bü 66, HStAS A 303 Bd. 14043–14059, UAT 9/9 Nr. 134, 148; 34: HStAS A 202 Bü 2615 o. Pag. *Staat* für Adolph Christoph von Bühler (1769, Oktober 26); 35: UAT 9/13 Nr. 2.

15R
Kuttler, Christoph Friedrich

Lebensdaten	– 1778
Wirkungsdaten	1754–1778 (†)
Todesdatum	1778, August 21 (Unfall mit den Schulpferden)
Todesort	Tübingen
Ehepartner 1	Anna Maria
Kinder	Christiana Rosina Friederika, ∞ 1782 mit Buchbinder Hieronimus Stephani in Aarau (Reichsstadt Bern); Luise, ∞ 1/96 mit Apotheker Johann Friedrich Weizel in Mundelsheim
Wirkungsdaten (TÜ)	1754/1769–1778 (†)
Anstellungsdatum (TÜ)	1769, Juli 12

Funktion (TÜ)	Bereiter/Oberbereiter
Wohnung (TÜ)	Obere Hafengasse (Stallmeistereiwohnung) (ab 1778)
Corpus (TÜ)	Collegiumsverwandter

Quellen	HStAS A 284/94 Bü 293, 308, 324, A 409 L Bü 187; UAT 9/9, 9/11.
Literatur	Bök: Geschichte, S. 295; Löffler: Collegium Illustre, S. 49–53; Pfeilsticker: NWD § 741.

1: UAT 9/9 Nr. 134; 2: HStAS A 284/94 Bü 324 o. Pag. Anna Maria Kuttler an den Kirchenrat (1793, Dezember 9), UAT 9/9 Nr. 134, 138; 10, 11: HStAS A 284/94 Bü 293 o. Pag. Oberhofmeister des Collegium Illustre an den Kirchenrat (1778, August 25); 25: UAT 9/9 Nr. 139; 28: Ebd. Nr. 142 f., 145; 32: HStAS A 284/94 Bü 324 o. Pag. Anna Maria Kuttler an den Kirchenrat (1793, Dezember 9), UAT 9/9 Nr. 134, 138; 33: UAT 9/9 Nr. 134; 34: HStAS A 284/94 Bü 324 o. Pag. Anna Maria Kuttler an den Kirchenrat (1793, Dezember 9), UAT 9/9 Nr. 134; 35: HStAS A 284/94 Bü 308 Collegiumsverwalter an den Kirchenrat (1778, Oktober 5), HStAS A 409 L Bü 187 Bl. 3; 36: UAT 9/9 Nr. 143.

16R
Bessey, Georg Adam

Wirkungsdaten	1754–1788
Lebensstationen	Reitscholar und Bereiter am württembergischen Hofmarstall in Stuttgart und Ludwigsburg (1754–1778)
Wirkungsdaten (TÜ)	1778–1788
Anstellungsdatum (TÜ)	1778, September 9
Funktion (TÜ)	Oberbereiter
Corpus (TÜ)	Collegiumsverwandter

Quellen	HStAS A 10 Bü 66, A 284/94 Bü 285, 293; UAT 9/9, 9/12.
Literatur	Pfeilsticker: NWD § 740.

2: HStAS A 10 Bü 66 Bl. 5, Pfeilsticker: NWD § 740, UAT 9/9 Nr. 138, UAT 9/12 o. Pag. Collegiumsverwalter an Georg Adam Bessey (1788, September 30); 30: HStAS A 10 Bü 66 Bl. 5, Pfeilsticker: NWD § 740, UAT 9/9 Nr. 138; 32: UAT 9/9 Nr. 138; 33: Ebd., UAT 9/12 o. Pag. Collegiumsverwalter an Georg Adam Bessey (1788, September 30); 34: UAT 9/9 Nr. 138; 36: UAT 9/12 o. Pag. Collegiumsverwalter an Georg Adam Bessey (1788, September 30).

17R
Völter, Carl Heinrich

Wirkungsdaten	1776–1798
Vater	vermutlich Johann Heinrich Völter, 1745 Bereiter und 1754 Stallmeister am Stuttgarter Hofmarstall
Lebensstationen	Oberbereiter am württembergischen Hofmarstall in Stuttgart (ab 1776), Stallmeister bei Carl von Hessen-Kassel in Schleswig (3 Jahre). Es bleibt unklar, ob Carl Heinrich Völter mit dem bei Pfeilsticker als *gewesener Stallmeister in Tübingen* genannten Carl Ludwig Völter (* 1748, † 1811) identisch ist, der von 1799 bis 1805 verschiedene Ämter wie Postmeister in Calw, Oberwageninspektor und Stiftskeller in Gemmrigheim wahrgenommen haben soll.

Wirkungsdaten (TÜ)	1790–1798
Funktion (TÜ)	Oberbereiter

Quellen	HStAS A 10 Bü 66, A 284/94 Bü 293; UAT 9/13; WLB Cod. hist. 2° 645.
Literatur	FABER: Familienstiftungen III §§ 829, 252, XXV § 402, XLI § 35; PFEILSTICKER: NWD §§ 732, 741, 1880, 2156.

2: HStAS A 10 Bü 66 Bl. 5, HStAS A 284/94 Bü 293 o. Pag. Gutachten des Kirchenrats (1790, August 5), UAT 9/13 Nr. 2; **20:** PFEILSTICKER: NWD §§ 732, 741, 1880, 2156; **30:** HStAS A 10 Bü 66 Bl. 5, PFEILSTICKER: NWD §§ 732, 741, 1880, 2156; **32:** HStAS A 10 Bü 66 Bl. 5, HStAS A 284/94 Bü 293 o. Pag. Gutachten des Kirchenrats (1790, August 5); **34:** HStAS A 284/94 Bü 293 o. Pag. Gutachten des Kirchenrats (1790, August 5), UAT 9/13 Nr. 2.

18R
Ladner, Johannes

Lebensdaten	1769–1827
Heiratsdatum	1811, November 23
Todesdatum	1827, Februar 24
Todesort	Tübingen
Vater	Johann David Ladner, Stallknecht beim herzoglich württembergischen Gestüt in Marbach
Mutter	Regina Margaretha Stoz
Großvater	Johannes Ladner, Bürger und Bauer in Steingebronn
Großmutter	Catharina Spiz aus Bettenhausen
Ehepartner 1	Jacobina Friederika Immhof
Ehepartner 2	Maria Catharina Schlaier, Tochter des Bäckers und Spitalkastenknechts Johann Schlaier in Tübingen
Ausbildung	Bereiterscholar bei Stallmeister Adolph Christoph von Bühler in Tübingen (1789–1803)
Wirkungsdaten (TÜ)	(1789–1803, 1803–1808) 1808–1827 (†)
Anstellungsdatum (TÜ)	1808, Oktober 17
Funktion (TÜ)	Bereiterscholar/Bereiter/Stallmeister
Wohnung (TÜ)	Neue Straße (Behausung)
Corpus (TÜ)	Collegiumsverwandter/Universitätsverwandter (1819, Juni 3)
Immatrikulation (TÜ)	1819, Juni 3
Matrikeleintrag (TÜ)	*Johannes Ladner Universitäts Stallmeister.*

Quellen	HStAS A 284/94 Bü 293, 308, E 11 Bü 53, E 31 Bü 1286; StAT A 20/S 620, A 20/S 761, A 70/2236, A 86/41; UAT 5/29b, 9/9, 9/10, 9/13, 44/148b, 117/977, 145/111.
Literatur	LÖFFLER: Collegium Illustre, S. 50.

1: UAT 117/977 o. Pag. Senat der Universität an das Königliche Ministerium des Innern und des Kirchen- und Schulwesens (1827, Februar 24); **8, 10, 11, 20, 21, 23, 24, 25, 26:** StAT A 86/41; **31:** UAT 9/9 Nr. 159 f.; **32:** HStAS E 31 Bü 1286 o. Pag. Geheimer Rat an den Oberhofmeister des Collegium Illustre (1803, März 14), o. Pag. Geheimer Rat an das Königliche Staatsministerium (1808, Oktober 17), UAT 9/9 Nr. 159, UAT 117/977 o. Pag. Senat der Universität an das Königliche Ministerium des Innern und des Kirchen- und Schulwesens (1827, Februar 24); **33:** HStAS E 31 Bü 1286 o. Pag. Geheimer Rat an den Oberhofmeister des Collegium Illustre (1803,

März 14), o. Pag. Geheimer Rat an das Königliche Staatsministerium (1808, Oktober 17), UAT 9/9 Nr. 159; **34**: HStAS E 11 Bü 53 o. Pag. Gutachten des Ministers des Innern und des Kirchen- und Schulwesens (1819, April 19), StAT A 70/2236 Bl. 51^v, 52^r, StAT A 86/41, UAT 9/9 Nr. 159, UAT 117/977 o. Pag. Minister des Innern und des Kirchen- und Schulwesens an den Senat der Universität (1819, April 23); **35**: HStAS A 284/94 Bü 308 o. Pag. Johannes Ladner an den Kirchenrat (1799, September 6), o. Pag. Collegiumsverwalter an den Kirchenrat (1799, September 18), o. Pag. Kirchenrat an den Collegiumsverwalter (1799, September 28), StAT A 20/S 620 Bl. 76^r; **36**: HStAS E 11 Bü 53 o. Pag. Gutachten des Ministers des Innern und des Kirchen- und Schulwesens (1819, April 19), UAT 44/148b Nr. K 362; **37, 38**: UAT 5/29b Bl. 165.

2. Die Tübinger Fechtmeister
(mit Wirkungsdaten in Tübingen)

Nicolaus Hermann
1596–1610

Georg Wildt
1601–1629

Fabianus
1609–1616

Antonio Giglio
1617

Conrad Jacob
1650–1672 (†)

Johann Casimir Eller
1672–1687 (†)

Johann Müller
1628–1631

Heinrich Cham
1667 bis mind.1670

Joseph Hagel
1672–1676

Jan Veiliaque du Roc
1676

Johann Friedrich Aberer
1683–1686

Joseph Hagel
1687–1693

Balthasar Fricdrich Dinckel
1695–1698

Johann Braun
1698–1699

Balthasar Friedrich Dinckel
1699–1739 (†)

Johann Andreas Schmid
1739–1749 (†)

Johann Ernst Friedrich Güßau
1749–1778 (†)

Achatius Friedrich Lorenz Seiffart
1779–1793

Johann Friedrich Gottlieb Roux
1794–1821

Georges Parent
1703

Johann Jacob Pfeiffer
1742–1749

1F
Hermann, Nicolaus

Wirkungsdaten	1596–1610
Namensvarianten	Niclaus Herman
Wirkungsdaten (TÜ)	1596–1610
Funktion (TÜ)	Fechtmeister
Corpus (TÜ)	Collegiumsverwandter
Quellen	HStAS A 274 Bü 76, A 284/94 Bü 74, 269.

2, 16, 32, 34: HStAS A 206 Bü 4718 Bl. 2, HStAS A 274 Bü 76 o. Pag. Georg Wildt, Nicolaus Hermann und Paul Strauch an Herzog Johann Friedrich (1610), HStAS A 284/94 Bü 74 o. Pag. *Staat* für Nicolaus Hermann (1596, April 30), HStAS A 284/94 Bü 269 Bl. 9; **36**: HStAS A 206 Bü 4718 Bl. 2, 5, 6.

2F
Wildt, Georg

Lebensdaten	1561–
Wirkungsdaten	1585–1629
Heiratsdatum	1588 bereits verheiratet (1. Ehe)/1611, Juni 25 (2. Ehe)
Heiratsort	Tübingen (1. Ehe)/Tübingen (2. Ehe)
Namensvarianten	Jerg Wild
Vater	Johann Wildt, Buchbinder und Universitätsverwandter in Tübingen
Geschwister	Eberhard Wildt, Buchbinder in Tübingen, ∞ 1607 mit Anna Sturm, Tochter des Magisters und Pfarrers Peter Sturm in Urach
Ehepartner 1	Agnes Winckler, Tochter des Friedrich Winckler in Tübingen
Ehepartner 2	Catharina Brunn, Witwe des Universitätspedellen und Buchbinders Hieronymus Brunn in Tübingen
Kinder	Wildt hat 1616 zehn lebende Kinder
Ausbildung	Wildt ist 1588 bereits Buchbindermeister
Wirkungsdaten (TÜ)	1585–1629
Funktion (TÜ)	Buchbinder/Freifechter (ab 1585)/Fechtmeister
Wohnung (TÜ)	Kauf einer Behausung am Rotenrain (1603)
Corpus (TÜ)	Universitätsverwandter
Immatrikulation (TÜ)	1588, September 29/1611, Juni 14
Matrikeleintrag (TÜ)	1588: *Georgius Wild compactor librorum, filius Joannis Wildii compactoris, decreto senatus 29. septembri receptus et inscriptus est conditionaliter, quod illi diserte et expresse dictum est in praesentia patris, et indicatum, non recipi eum, nisi hac conditione, si bene et honeste se gerat, et absque omni querela; sin minus senatum posse illum quoque tempore dimittere (3. Okt.).*/1611: *Georgius Wildt bibliopega permissu senatus iterum receptus.*
Quellen	HStAS A 202 Bü 2617, A 274 Bü 76, 79; UAT 2/5, 2/6, 2/11, 2/13–2/16, 5/15, 6/4, 6/16, 6/25, 6/26, 7/12, 8/1, 9/4, 25/2, 27/5, 44/121, 44/123, 44/175b, 117/670, 135/I, 285/89; UBT Mh 847a.
Literatur	GÖZ/STAHLECKER: Diarium, Bd. 2, S. 146/19–22, 147/13–15, 150/7–10, 170/16–19, 310/29–31, Bd. 3, S. 646/17; MUT I 209,92; MUT II 18499; PFEILSTICKER: NWD § 980; SCHIEK/SETZLER: Ehebuch, Nr. 3713.

1: HStAS A 202 Bü 2617 o. Pag. Georg Wildt an den Geheimen Rat (1628, November 3); 2: HStAS A 202 Bü 2617 o. Pag. Georg Wildt an den Geheimen Rat (1616, August), o. Pag. Georg Wildt an den Geheimen Rat (1628, November 3), HStAS A 274 Bü 79 Bl. 6, UAT 2/15 Bl. 216ʳ; 8: Göz/Stahlecker: Diarium Bd. 2 S. 310/29–31, Pfeilsticker: NWD § 980, Schiek/Setzler: Ehebuch Nr. 3713; 9: Göz/Stahlecker: Diarium Bd. 2 S. 310/29–31, Pfeilsticker: NWD § 980; 16: UAT 5/15 Nr. 192 Bl. 126, Nr. 194 Bl. 127; 20: MUT I 209,92, UAT 7/12 Bd. I Nr. 12, 25, UAT 9/4 Nr. 4 Bl. 9, 16; 22: Göz/Stahlecker: Diarium Bd. 3 S. 646/17, UAT 9/4 Nr. 5 Bl. 8, UBT Mh 847a Bl. 24ʳ; 25: Göz/Stahlecker: Diarium Bd. 2 S. 310/29–31, Schiek/Setzler: Ehebuch Nr. 3713; 26: Pfeilsticker: NWD § 980; 28: HStAS A 202 Bü 2617 o. Pag. Georg Wildt an den Geheimen Rat (1616, August); 31: UAT 9/4 Nr. 4 Bl. 9; 32: HStAS A 202 Bü 2617 o. Pag. Georg Wildt an den Geheimen Rat (1616, August), o. Pag. Georg Wildt an den Geheimen Rat (1628, November 3), HStAS A 274 Bü 79 Bl. 6; 34: Pfeilsticker: NWD § 980, HStAS A 202 Bü 2617 o. Pag. Georg Wildt an den Geheimen Rat (1616, August), o. Pag. Georg Wildt an den Geheimen Rat (1628, November 3), HStAS A 274 Bü 79 Bl. 6, UAT 5/15 Nr. 192 Bl. 126, UAT 6/16 Bl. 35ᵛ–36ᵛ, UAT 8/1 Bd. 1 Bl. 25, UAT 25/2 Bd. II Nr. 123, UAT 135/I Bl. 70ʳ, UAT 117/670 o. Pag. Georg Wildt an den Senat der Universität (1599, April 26); 35: UAT 5/15 Nr. 192 Bl. 126; 36: MUT II 18499, UAT 5/15 Nr. 192 Bl. 126, UAT 6/4 Bl. 9, UAT 9/4 Nr. 4 Bl. 9; 37: MUT I 209,92, MUT II 18499, UAT 9/4 Nr. 4 Bl. 9; 38: MUT I 209,92, MUT II 18499.

3F
Fabianus

Wirkungsdaten	1609–1616
Namensvarianten	genannt der *welsche Fechter*
Wirkungsdaten (TÜ)	1609 bis mind. 1616
Funktion (TÜ)	Fechtmeister
Quellen	HStAS A 202 Bü 2617, A 274 Bü 76, 79.

2: HStAS A 202 Bü 2617 o. Pag. Oberhofmeister des Collegium Illustre an den Geheimen Rat (1616, August 27), HStAS A 274 Bü 76 o. Pag. Georg Wildt an Herzog Johann Friedrich (1610); 16: HStAS A 274 Bü 76 o. Pag. Georg Wildt an Herzog Johann Friedrich (1610); 32, 34: HStAS A 202 Bü 2617 o. Pag. Oberhofmeister des Collegium Illustre an den Geheimen Rat (1616, August 27), HStAS A 274 Bü 76 o. Pag. Georg Wildt an Herzog Johann Friedrich (1610).

4F
Giglio, Antonio

Wirkungsdaten	1617
Namensvarianten	Anthoni Gio, genannt *Weltscher Fechter*
Wirkungsdaten (TÜ)	1617
Funktion (TÜ)	Fechtmeister
Quellen	HStAS A 274 Bü 79.

2, 16, 32, 34: HStAS A 274 Bü 79 o. Pag. Schuldenverzeichnis (1617, November 21).

5F
Müller, Johann

Wirkungsdaten	1628–1631
Geburtsort	Dresden (Kurfürstentum Sachsen)
Namensvarianten	Hans Müller
Vater	Bürger in Dresden
Lebensstationen	Reisen nach Italien, Frankreich und in verschiedene Städte des Heiligen Römischen Reiches
Wirkungsdaten (TÜ)	1628–1631
Funktion (TÜ)	Fechtmeister/Sprachmeister des Italienischen
Corpus (TÜ)	Universitätsverwandter
Immatrikulation (TÜ)	1628, August 6
Matrikeleintrag (TÜ)	*Johannes Müller Dresdensis, Misnicus.*
Quellen	UAT 2/15, 2/16, 9/6.
Literatur	MUT II 21700.

2, 4, 16, 20, 30, 32, 34: UAT 9/6 Nr. 17 Bl. 10 f.; **36, 37, 38**: MUT II 21700.

6F
Jacob, Conrad

Lebensdaten	1614–1672
Heiratsdatum	1651, April 15
Heiratsort	Tübingen
Todesdatum	1672, Mai 29
Todesort	Tübingen
Konfession	lutherisch
Vater	*Johann Jacob von Spangenberg in Hessen*
Ehepartner 1	Judith Scemartus, Tochter des Magisters und markgräflich badischen Hofpredigers Caspar Scemartus in Durlach
Kinder	8 Kinder, darunter Caspar, Schreiner, 20 Jahre lang in französischen Kriegsdiensten; Christian, Sattler
Wirkungsdaten (TÜ)	1650–1672 (†)
Funktion (TÜ)	Fechtmeister
Corpus (TÜ)	Collegiumsverwandter
Quellen	HAAB Stb 151; HStAS A 202 Bü 2601, 2617, A 284/94 Bü 54, 271, A 303 Bd. 13966–13971; StAT A 30/S 22; StBN Will III 513c; UAT 3/4, 3/8, 5/16, 9/7, 25/2, 117/670, 285/194, 285/205; UBT Mh 847a, Mh 959.
Literatur	DOMKA/RAFFEL/SCHÄFER: Freundschaft, S. 10; GEHRING: Stammbuch, S. 111–116; PFEILSTICKER: NWD § 980; OBERNITZ: Verzeichniß, Bd. I, S. 323–325; VULPIUS: Curiositaeten, Bd. 1, S. 175.

1: UAT 25/2 Bd. 3 Nr. 297; **8, 9**: UBT Mh 847a Bl. 45ᵛ; **10, 11, 14**: Gehring: Stammbuch S. 113; **20, 25**: UBT Mh 847a Bl. 45ᵛ; **28**: HStAS A 284/94 Bü 54 Bl. 5, 10, UAT 285/194, UAT 285/205; **32**: HStAS A 303 Bd. 13966–13971; **33**: HStAS A 284/94 Bü 271 Bl. 2; **34**: UAT 3/4 Bl. 291ʳ, UBT Mh 847a Bl. 45ᵛ; **36**: HStAS A 284/94 Bü 54 o. Pag. Maria Schnierler an den Kirchenrat (um 1652–1671), StAT A 30/S 22 Bl. III.

7F
Cham, Heinrich

Wirkungsdaten	1667 bis mind. 1670
Herkunftsort	Königreich Schweden
Aussehen/Charakter	*Er Vor Fechter ein bluetarmer Kerle*
Lebensstationen	Heidelberg (vor 1667)
Wirkungsdaten (TÜ)	1667 bis mind. 1670
Funktion (TÜ)	Vorfechter
Quellen	HStAS A 284/94 Bü 54.

2, 5, 15, 30, 32, 34: HStAS A 284/94 Bü 54 Bl. 2, 4–7, 10, 10 ½, 11.

8F
Eller, Johann Casimir

Lebensdaten	– 1687
Wirkungsdaten	1672–1687 (†)
Heiratsdatum	vor 1676
Todesdatum	1687, April 16 nach *wenigtägiger Kranckheit*
Todesort	Tübingen
Namensvarianten	Elben
Vater	Eller wird als Sohn des *berühmten Königlichen Dennemärckischen Fechtmeisters, Hannß Wilhelms* genannt
Ehepartner 1	Susanna Margaretha, † nach 1698
Kinder	1687 *6 gar kleine Kinder*
Lebensstationen	Fechtmeister an der Universität Heidelberg (1660–1672)
Wirkungsdaten (TÜ)	1672–1687 (†)
Anstellungsdatum (TÜ)	1672, November
Funktion (TÜ)	Fechtmeister
Quellen	HStAS A 202 Bü 2617, A 284/94 Bü 54, A 303 Bd. 13972–13974; UAT 3/16, 9/12, 20/4, 25/3, 29/1.
Literatur	Pfeilsticker: NWD § 980; Toepke: Matrikel, Bd. 2, S. 341.

1: HStAS A 202 Bü 2617 o. Pag. Oberhofmeister des Collegium Illustre an den Geheimen Rat (1687, April 17), UAT 25/3 Bd. I Nr. 66; **2**: HStAS A 202 Bü 2617 o. Pag. Oberhofmeister des Collegium Illustre an den Geheimen Rat (1687, April 17), UAT 9/12 o. Pag. Geheimer Rat an den Oberhofmeister des Collegium Illustre (1672, November 7); **8**: HStAS A 202 Bü 2617 o. Pag. Oberhofmeister des Collegium Illustre an den Geheimen Rat (1676, November 13); **10**: HStAS A 202 Bü 2617 o. Pag. Oberhofmeister des Collegium Illustre an den Geheimen Rat (1687, April 17), UAT 25/3 Bd. I Nr. 66; **11**: HStAS A 202 Bü 2617 o. Pag. Oberhofmeister des Collegium Illustre an den Geheimen Rat (1687, April 17); **16**: Pfeilsticker: NWD § 980; **20**: HStAS A 202 Bü 2617 o. Pag. Oberhofmeister des Collegium Illustre an den Geheimen Rat (1676, November 13); **25**: UAT 25/3 Bd. I Nr. 66, UAT 29/1 Bd. II Nr. 24 Bl. 2; **28**: HStAS A 202 Bü 2617 o. Pag. Oberhofmeister des Collegium Illustre an den Geheimen Rat (1687, April 17); **30**: Toepke: Matrikel Bd. 2 S. 341, UAT 9/12 o. Pag. Geheimer Rat an den Oberhofmeister des Collegium Illustre (1672, November 7); **32**: HStAS A 202 Bü 2617 o. Pag. Oberhofmeister des Collegium Illustre an den Geheimen Rat (1687, April 17), UAT 9/12 o. Pag. Geheimer Rat an den Oberhofmeister des Collegium Illustre (1672, November 7); **33, 34**: HStAS A 284/94 Bü 54 Bl. 1.

9F
Hagel, Joseph

Wirkungsdaten	1672–1697
Geburtsort	Liebenzell (Herzogtum Württemberg)
Namensvariante	Konrad Hagel
Lebensstationen	Bereiter an der Universität Basel (1682–1687), Fechtmeister am Stuttgarter Hof und am dortigen Gymnasium (vierzehntägig von Tübingen aus, ab 1689), Reitmeister in brandenburg-ansbachischen Diensten (um 1693 bis mind. 1697)
Ausbildung	Lehre in der Fechtkunst bei einem Genfer Fechtmeister (2 ½ Jahre vor 1672), Lehre in der Reitkunst bei Heinrich Nidda in Frankfurt (Oder) (ab 1676 bis um 1680)
Wirkungsdaten (TÜ)	1672–1676, 1687 bis um 1693
Anstellungsdatum (TÜ)	1688, April 10
Funktion (TÜ)	Vorfechter/Fechtmeister
Quellen	HStAS A 202 Bü 2617, A 284/94 Bü 54, 55, A 303 Bd. 13975–13977; UAT 9/5, 117/656.
Literatur	PFEILSTICKER: NWD § 980; SKALECKI: Reithaus, S. 61 f.; STAEHELIN: Geschichte, Bd. 1, S. 85, 116 f.

2: HStAS A 202 Bü 2617 o. Pag. Joseph Hagel an den Geheimen Rat (1672, Juli 8), UAT 117/656 o. Pag. Senat der Universität an den Geheimen Regimentsrat und die Visitationskommission (1697, Dezember 30); **4:** HStAS A 202 Bü 2617 o. Pag. Joseph Hagel an den Geheimen Rat (1672, Juli 8); **16:** PFEILSTICKER: NWD § 980 gibt *Konrad Hagel* an, wahrscheinlich handelt es sich hierbei jedoch um Joseph Hagel, der in allen anderen Quellen so genannt wird; **30:** HStAS A 202 Bü 2617 o. Pag. Joseph Hagel an den Geheimen Rat (1672, Juli 8), o. Pag. Oberhofmeister des Collegium Illustre an den Geheimen Rat (1687, April 17), SKALECKI: Reithaus S. 61 f., UAT 117/656 o. Pag. Senat der Universität an den Geheimen Regimentsrat und die Visitationskommission (1695, September 30), o. Pag. Senat der Universität an den Geheimen Regimentsrat und die Visitationskommission (1697, Dezember 30); **31:** HStAS A 202 Bü 2617 o. Pag. Joseph Hagel an den Geheimen Rat (1672, Juli 8), o. Pag. Joseph Hagel an den Geheimen Rat (1687, August 6); **32:** HStAS A 202 Bü 2617 o. Pag. Joseph Hagel an den Geheimen Rat (1672, Juli 8), o. Pag. Joseph Hagel an den Geheimen Rat (1676, August 15), o. Pag. Joseph Hagel an den Geheimen Rat (1687, August 6), UAT 117/656 o. Pag. Senat der Universität an den Geheimen Regimentsrat und die Visitationskommission (1697, Dezember 30); **33:** PFEILSTICKER: NWD § 980; **34:** HStAS A 202 Bü 2617 o. Pag. Joseph Hagel an den Geheimen Rat (1672, Juli 8).

10F
Veiliaque du Roc, Jan

Wirkungsdaten	1676
Geburtsort	Aus der Nähe von Paris (Königreich Frankreich)
Konfession	katholisch
Aussehen/Charakter	*Eine zimliche lange, ansehnliche gesunde und starcke Person [...] und allen ansehen nach zimlich verschlagen, aber schlecht bekleidet.*
Vater	aus Sizilien stammend
Lebensstationen	Exerzitienmeister in Bayonne, dann *etliche Jahr* in französischem Kriegsdienst in Katalonien (bis Mai 1676), Reise über Basel nach Lothringen (1676)

Ausbildung	Erlernung der Exerzitien in Paris (Fechten und Fahnenschwingen), auch Kenntnisse im Reiten und Ballspiel sowie im Perückenmachen
Wirkungsdaten (TÜ)	1676
Funktion (TÜ)	Fechtmeister/Exerzitienmeister
Quellen	HStAS A 202 Bü 2617.

2, 3, 14, 15, 20, 30, 31, 32, 34: HStAS A 202 Bü 2617 o. Pag. Oberhofmeister des Collegium Illustre an den Geheimen Rat (1676, November 13).

11F
Aberer, Johann Friedrich

Wirkungsdaten	1683–1686
Geburtsort	Tübingen
Lebensstationen	Genf (bis 1683)
Ausbildung	Lehre in der Fechtkunst, im Voltigieren sowie im Fahnen- und Pikenschwingen in Frankreich
Wirkungsdaten (TÜ)	1683–1686
Funktion (TÜ)	Vorfechter
Quellen	HStAS A 284/94 Bü 54.

2: HStAS A 284/94 Bü 54 Bl. 4–7, o. Pag. Johann Casimir Eller an den Kirchenrat (1683, Mai 24), o. Pag. Oberhofmeister des Collegium Illustre an den Kirchenrat (1683, Mai/Juni), o. Pag. Oberhofmeister des Collegium Illustre und Collegiumsverwalter an den Kirchenrat (1686, November 14); **4:** HStAS A 284/94 Bü 54 Bl. 4; **30:** HStAS A 284/94 Bü 54 o. Pag. Oberhofmeister des Collegium Illustre an den Kirchenrat (1683, Mai/Juni), o. Pag. Johann Casimir Eller an den Kirchenrat (1683, Mai 24); **31:** IIStAS A 284/94 Bü 54 o. Pag. Oberhofmeister des Collegium Illustre an den Kirchenrat (1683); **32:** HStAS A 284/94 Bü 54 Bl. 4–7, o. Pag. Johann Casimir Eller an den Kirchenrat (1683, Mai 24), o. Pag. Oberhofmeister des Collegium Illustre an den Kirchenrat (1683, Mai/Juni), o. Pag. Oberhofmeister des Collegium Illustre und Collegiumsverwalter an den Kirchenrat (1686, November 14); **34:** HStAS A 284/94 Bü 54 o. Pag. Johann Casimir Eller an den Kirchenrat (1683, Mai 24).

12F
Dinckel, Balthasar Friedrich

Lebensdaten	1665–1739
Herkunftsort	Straßburg (Reichsstadt)
Heiratsdatum	1700, September 7
Heiratsort	Tübingen
Todesdatum	1739, April 7 wegen Brustwassersucht
Todesort	Tübingen
Begräbnisdatum	1739, April 9
Konfession	lutherisch
Namensvarianten	Dinckler/Dünckel/Dinckelacker
Vater	Johann Rudolf Dinckel, Doktor der Medizin in Straßburg
Ehepartner1	Maria Euphrosina Rümelin * 1673, † 1741, Tochter des Hofgerichtsadvokaten und Doktoren beider Rechte Georg Ulrich Rümelin in Tübingen

Lebensstationen	Vorfechter am württembergischen Hof in Stuttgart (1693, Licht-mess–1695, Martini), Reise nach Paris zur Weiterqualifizierung in der Fechtkunst (1698, Juli bis 1699, Juli)
Wirkungsdaten (TÜ)	1695–1698, 1699–1739 (†)
Anstellungsdatum (TÜ)	1695, November 9/1699, Juli 15
Funktion (TÜ)	Fechtmeister
Wohnung (TÜ)	Kauf eines Hauses *hinter der Cronen* zwischen der Kronen- und der Münzgasse (1717)
Corpus (TÜ)	Universitätsverwandter
Immatrikulation (TÜ)	1695, Dezember 31/1703, Juli 24
Matrikeleintrag (TÜ)	1695: *Balthaßar Friderich Dinckel auß Straßb. Fechtmeister.*/1703: *Balthasar Fridericus Dinckel Fechtmstr. uxoratus repetiit.*
Quellen	HStAS A 202 Bü 2617, A 284/94 Bü 54, A 303 Bd. 13979–14017; StAR A 1 Nr. 9975; StAT A 20/S 218, A 20/S 748, E 101/209; UAT 4/1, 4/3–4/6, 4/10, 5/17, 8/12, 9/12, 25/9, 30/9, 33/81, 44/43, 44/121, 117/656, 117/670; UBT Mh 847a; WLB Cod. hist. 2° 889 Bd. 49.
Literatur	FABER: Familienstiftungen XXX § 93, XXX § 121; MUT II 29166, 30078; PFEILSTICKER: NWD §§ 971, 979.

1: PFEILSTICKER: NWD § 979; **5:** MUT II 29166, WLB Cod. hist. 2° 889 Bd. 49 Bl. 105ᵛ; **8:** PFEIL-STICKER: NWD § 979, UBT Mh 847a Bl. 70ʳ; **9:** PFEILSTICKER: NWD § 979; **10:** HStAS A 284/94 Bü 54 Bl. 36; **11:** HStAS A 284/94 Bü 54 Bl. 36; **12:** PFEILSTICKER: NWD § 979; **14:** UAT 25/9,1 Nr. 35; **16:** PFEILSTICKER: NWD § 979, UAT 117/670 o. Pag. Auszug aus der Tübinger Stadtbür-germeisterrechnung von Martini 1697 bis 1698, UAT 44/43 Nr. 4,2; **20:** UBT Mh 847a Bl. 70ʳ; **25:** Faber: Familienstiftungen XXX § 93, FABER: Familienstiftungen XXX § 121, PFEILSTICKER: NWD § 979, StAT E 101/209, UAT 5/17 Nr. 11 S. 10 f., UAT 9/12 o. Pag. Georg Burckard Rümelin an den Oberhofmeister des Collegium Illustre (1744, September 3), UBT Mh 847a Bl. 70ʳ; **30:** PFEILSTICKER: NWD § 979, HStAS A 284/94 Bü 54 Bl. 11, UAT 117/670 o.pag Senat der Universität an den Geheimen Rat (1699, April 3); **32:** HStAS A 284/94 Bü 54 o. Pag. Anstel-lungsdekret Herzog Eberhard Ludwigs (1695, November 9), HStAS A 303 Bd. 13979–14017; **33:** HStAS A 284/94 Bü 54 Bl. 28, HStAS A 303 Bd. 13979–13981, Bd. 13981 S. 79, Bd. 13982 S. 84, UAT 117/670 o. Pag. Herzog Eberhard Ludwig an den Senat der Universität (1695, Novem-ber 9); **34:** HStAS A 284/94 Bü 54 o. Pag. Anstellungsdekret Herzog Eberhard Ludwigs (1695, November 9), UAT 44/121 Bd. 7 Bl. 479; **35:** StAT E 101/209, UAT 5/17 Nr. 78 S. 93 f.; **36, 37, 38:** MUT II 29166, 30078.

13F
Parent, Georges

Wirkungsdaten	1703
Herkunftsort	Mömpelgard (Grafschaft Mömpelgard; zum Herzogtum Württem-berg)
Namensvarianten	Barrang
Lebensstationen	Fechtmeister in Oettingen und Magdeburg (vor 1703)
Ausbildung	Gelernter Pastetenbäcker
Wirkungsdaten (TÜ)	1703, März–August
Funktion (TÜ)	Fechtmeister
Quellen	HStAS A 202 Bü 2617; UAT 4/3, 117/670.

2, 5: UAT 117/670 o. Pag. Senat der Universität an die Universitätsvisitatoren (1703, März 28); **16**: HStAS A 202 Bü 2617 Bl. 6; **30**: UAT 117/670 o. Pag. Senat der Universität an die Universitätsvisitatoren (1703, März 28); **31, 32**: HStAS A 202 Bü 2617 Bl. 6 f.; **34**: UAT 117/670 o. Pag. Senat der Universität an die Universitätsvisitatoren (1703, März 28); **36**: HStAS A 202 Bü 2617 Bl. 6.

14F
Braun, Johann

Wirkungsdaten	1698–1699
Herkunftsort	*ein Holländer* (Republik Niederlande)
Lebensstationen	Fecht- und Exerzitienmeister in Sachsen-Coburg (bis 1698)
Wirkungsdaten (TÜ)	1698–1699 (Entlassung wegen der Einnahme zu hoher Informationsgelder, Beschwerden der Scholaren und des daraus resultierenden Unterrichtsboykotts)
Anstellungsdatum (TÜ)	1698, Juni 21
Funktion (TÜ)	Fechtmeister
Quellen	HStAS A 284/94 Bü 54, A 303 Bd. 13981; UAT 117/670.

2: HStAS A 284/94 Bü 54 Bl. 20, HStAS A 303 Bd. 13981 S. 79, UAT 117/670 o. Pag. Kirchenrat an den Rektor der Universität (1699, Januar 31); **5**: HStAS A 284/94 Bü 54 Bl. 5; **30**: HStAS A 284/94 Bü 54 o. Pag. Kirchenrat an den Oberhofmeister des Collegium Illustre (1698, Juni 21); **32**: HStAS A 284/94 Bü 54 Bl. 20, HStAS A 303 Bd. 13981 S. 79, UAT 117/670 o. Pag. Kirchenrat an den Rektor der Universität (1699, Januar 31); **33**: HStAS A 303 Bd. 13981 S. 79; **34**: HStAS A 284/94 Bü 54 Bl. 3, 5.

15F
Schmid, Johann Andreas

Lebensdaten	– 1749
Wirkungsdaten	1720–1749 (†)
Geburtsort	Zöblitz (Kurfürstentum Sachsen)
Todesdatum	1749, Juni 8 wegen Schlagfluss
Todesort	Bläsibad bei Tübingen
Namensvarianten	Johann Andreas Schmiedt
Ehepartner 1	Martha Murrer aus Nürnberg
Ehepartner 2	Elisabetha Barbara Wagner aus Tübingen
Kinder	Johanna Maria Catharina, ∞ 1738 in Gablenberg mit Rottiseur und Bratenmeister am württembergischen Hof in Stuttgart Georg Alexander Gamache, später Umzug nach Paris
Lebensstationen	Fechtmeister in Nürnberg (um 1713), Fechtmeister in Hildburghausen, Fechtmeister in Bayreuth (1721), Fechtmeister am württembergischen Hof in Stuttgart und Ludwigsburg (1729, 1736–1739)
Ausbildung	Lehre in der Fechtkunst bei Johann Georg Bruch in Amsterdam
Wirkungsdaten (TÜ)	1739–1749 (†)
Anstellungsdatum (TÜ)	1739, April 14/18
Funktion (TÜ)	Fechtmeister
Corpus (TÜ)	Collegiumsverwandter

Publikationen	Leib-beschirmende und Feinden trotz-bietende Fecht-Kunst oder leicht und getreue Anweisung auf Stoß und Hieb zierlich und sicher zu fechten, Nürnberg: Weigel 1713 (WLB: Sport.oct.383). Fecht-Kunst oder leicht und getreue Anweisung, auf Stoß und Hieb zierlich und sicher zu fechten. Nebst einem curieusen Unterricht vom Voltigieren und Ringen, Nürnberg: Weigel 1780 (UBL: Milit.278–i) (Neuauflage).
Quellen	HStAS A 6 Bü 216, A 202 Bü 1915, 2617, A 284/94 Bü 54, 285, 296, A 303 Bd. 14016–14018, 14020–14027; StAT E 101/241a; UAT 9/9.
Literatur	PFEILSTICKER: NWD §§ 523, 980; WILL: Gelehrten-Lexicon, Bd. 3, S. 536, 4. Supplementbd., S. 87 f.

1: HStAS A 303 Bd. 14027 Bl. 32^r; **2:** HStAS A 284/94 Bü 54 Bl. 11; **4:** WILL: Gelehrten-Lexicon Bd. 3 S. 536; **10:** StAT E 101/241a; **11:** HStAS A 303 Bd. 14027 Bl. 32^r, StAT E 101/241a; **16:** HStAS A 284/94 Bü 54 Bl. 3; **25:** HStAS A 284/94 Bü 54 Bl. 25, StAT E 101/241a; **26:** StAT E 101/241a; **28:** PFEILSTICKER: NWD § 523, StAT E 101/241a; **30:** HStAS A 6 Bü 216 o. Pag. Kabinettsdekret (1729, April 19), HStAS A 202 Bü 2617 o. Pag. Johann Andreas Schmid an den Geheimen Rat (1740, Oktober 18), HStAS A 284/94 Bü 54 Bl. 3, 12, PFEILSTICKER: NWD § 980, UAT 9/9 Nr. 91, WILL: Gelehrten-Lexicon 4. Supplementbd. S. 87 f.; **31:** WILL: Gelehrten-Lexicon 4. Supplementbd. S. 87 f.; **32:** HStAS A 303 Bd. 14016 Bl. 63^r, Bd. 14027 Bl. 32^r; **33:** HStAS A 284/94 Bü 54 Bl. 2, HStAS A 303 Bd. 14016 Bl. 63^r; **34:** HStAS A 303 Bd. 14016 Bl. 63^r, Bd. 14027 Bl. 32^r, UAT 9/9 Nr. 92; **36:** StAT E 101/241a.

16F
Pfeiffer, Johann Jacob

Wirkungsdaten	1742–1751
Geburtsort	Tübingen
Ehepartner 1	Susanna Juliana
Ausbildung	Lehre in der Fecht-, Ring- und Voltigierkunst bei Johann Andreas Schmid in Tübingen (1742–1746) mit Lehrbrief, Reise zur Perfektionierung in der Fechtkunst (1749–1751)
Wirkungsdaten (TÜ)	1742–1749, 1751
Funktion (TÜ)	Vorfechter
Quellen	HStAS A 284/94 Bü 54; UAT 9/9, 47/7, 117/670.

2: HStAS A 284/94 Bü 54 Bl. 37, 41, 43; **4:** UAT 117/670 o. Pag. Zeugnis des Senats der Universität für Johann Jacob Pfeiffer (1749, Juni 9); **25:** UAT 47/7 Bl. 208^r, 308^v, 310^v; **31, 32, 34:** HStAS A 284/94 Bü 54 Bl. 37, 41, 43.

17F
Güßau, Johann Ernst Friedrich

Lebensdaten	– 1778
Wirkungsdaten	1749–1778
Geburtsort	Oels (Herzogtum Württemberg-Oels)
Heiratsdatum	1750, April 21 (1. Ehe)/1760, November 25 (2. Ehe)/1761, Februar 16 (3. Ehe)/1765, September 12 (4. Ehe)
Heiratsort	Tübingen (1./2./4. Ehe)/Derendingen (Herzogtum Württemberg) (3. Ehe)

Todesdatum	1778, Juli 30 wegen Brustwassersucht
Todesort	Tübingen
Konfession	lutherisch
Namensvarianten	Giessau/Giesau
Vater	Johann Friedrich Güßau, Pfarrer in Oels
Ehepartner 1	Regina Dorothea Eisenbach, † vor 1760
Ehepartner 2	Juliana Dorothea Stengle, † um 1760/1761, Tochter des Gastgebers zur Traube Christian Gottlieb Stengle in Tübingen
Ehepartner 3	Elisabeth Margaretha Mey, † vor 1765, Tochter des Handelsmanns und Nadlers Heinrich Mey in Tübingen
Ehepartner 4	Regina Barbara Baur
Kinder	Elisabetha Dorothea, ∞ mit Pfarrer Vogel in Münchweiler (Baden/Hanau-Lichtenberg)
Studierende Kinder	Carl Friedrich (1778, Mai 22): *Carl Friderich Güßau Tubingensis, pater Joh. E. F., remissum.* (Universität Tübingen)
Lebensstationen	Studium in Halle, Jena und Leipzig (bis 1749)
Wirkungsdaten (TÜ)	1749–1778 (†)
Funktion (TÜ)	Fechtmeister
Wohnung (TÜ)	Vierstöckiges Haus in der Oberen Hafengasse/Ecke Langgasse (1778 Verkauf an den Kupferdrucker Christian Gottfried Cotta)
Corpus (TÜ)	Collegiumsverwandter
Quellen	HStAS A 202 Bü 2617, A 284/94 Bü 54, A 284/94 Bü 285, A 284/94 Bü 296, A 303 Bd. 14027–14049; StMT Stb Nr. 10430; StAT A 20/S 613, A 30/S 143, E 105/34; UAT 9/1, 9/9, 9/12, 9/14, 10/5, 25/3, 31/2, 44/83, 44/121, 44/178, S 127/17, S 127/26, S 128/36; UBT Mh 847a.
Literatur	Bök: Geschichte, S. 296; Löffler: Collegium Illustre, S. 49–53; MUT III 37702; Pfeilsticker: NWD § 980.

1: HStAS A 303 Bd. 14049 Bl. 28ʳ; 2: HStAS A 303 Bd. 14027 Bl. 32ʳ, Bd. 14049 Bl. 28ʳ; 4: UAT 9/14 o. Pag. Matrikeleintrag (1749, November 25); 8: Pfeilsticker: NWD § 980, UBT Mh 847a Bl. 102ʳ, 107ᵛ, 108ʳ; 9: Pfeilsticker: NWD § 980, UBT Mh 847a Bl. 102ʳ, 107ᵛ, 108ʳ; 10: HStAS A 303 Bd. 14049 Bl. 28ʳ; 11: HStAS A 284/94 Bü 296 o. Pag. Collegiumsverwalter an den Kirchenrat (1778, Juli 30); 14: UBT Mh 847a; 16: HStAS A 284/94 Bü 296 Bl. 55, HStAS A 303 Bd. 14027 Bl. 32ʳ, Pfeilsticker: NWD § 980; 20, 25, 26, 27: UBT Mh 847a Bl. 102ʳ, 107ᵛ, 108ʳ; 27a: HStAS A 284/94 Bü 296 Bl. 55, UAT 44/121 Bd. 10 Nr. 694; 28: UAT 44/121 Bd. 10 Nr. 694, 29: MUT III 37702, StAT E 105/34, UAT 44/121 Bd. 10 Nr. 694; 30: HStAS A 284/94 Bü 54 Bl. 38; 32: HStAS A 303 Bd. 14027 Bl. 32ʳ, Bd. 14049 Bl. 28ʳ; 34: UBT Mh 847a Bl. 102ʳ; 35: UAT 44/83 Nr. 17, UAT 44/121 Bd. 10 Nr. 694; 36: UAT 9/14 o. Pag. Matrikeleintrag (1749, November 25).

18F
Seiffart, Achatius Friedrich Lorenz

Lebensdaten	1730–1793
Geburtsort	Jena (Ernestinisches Herzogtum Sachsen-Weimar-Eisenach)
Heiratsdatum	1782, November 10 (2. Ehe)
Heiratsort	Tübingen
Todesdatum	1793, März 23 wegen Wassersucht
Todesort	Tübingen
Aussehen/Charakter	Silhouette

Namensvarianten	Seiffert/Seyfarth
Ehepartner 2	Maria Angelika Cotta, † 1812, Witwe des Quartiermeisters Johann Michael Vogt
Kinder	3 Kinder
Studierende Kinder	Gustav Adolph, Apotheker
Lebensstationen	Fechtmeister bei den Grafen von Neuwied, Fechtmeister an der Universität Helmstedt (1752–1758), Fechtmeister an der Universität Jena (ab 1758), Fecht- und Quartiermeister an der kurmainzischen Universität Erfurt (vor 1770–1779)
Ausbildung	Studium der Rechtswissenschaft, Mathematik und Geschichte an der Universität Jena, Fechtunterricht bei Heinrich Wilhelm Kreußler an der Universität Jena
Wirkungsdaten (TÜ)	1779–1793 (†)
Anstellungsdatum (TÜ)	1779, Februar 8
Funktion (TÜ)	Fechtmeister
Corpus (TÜ)	Collegiumsverwandter
Quellen	HStAS A 202 Bü 2617, A 284/94 Bü 285, 296, A 303 Bd. 14050–14059; StAT E 101/213; UAT 9/9, 9/11, 9/12, S 128/12, S 161/792; UBT Mh 847a, Mh 964, Mh 1026.
Literatur	AHRENS: Lehrkräfte, S. 220; MUT III 37863.

1: HStAS A 284/94 Bü 296 o. Pag. Kirchenrat an den Geheimen Rat (1793, März 27); 4: HStAS A 284/94 Bü 296 Bl. 72; 8, 9: UBT Mh 847a Bl. 118ᵛ; 10: UAT 9/9 Nr. 116; 11: HStAS A 284/94 Bü 296 o. Pag. Kirchenrat an den Geheimen Rat (1793, März 27); 15: UAT S 161/792 Bl. 127; 16: UAT 9/9 Nr. 100 f.; 26: StAT E 101/213, UAT 9/9 Nr. 117, UBT Mh 847a Bl. 118ᵛ; 28: UAT 9/9 Nr. 102, 104; 29: UAT 9/9 Nr. 115, 194, UAT 9/12; 30: AHRENS: Lehrkräfte S. 220, HStAS A 284/94 Bü 296 Bl. 63, UAT 9/9 Nr. 101, UBT Mh 964; 31: AHRENS: Lehrkräfte S. 220; 32: HStAS A 303 Bd. 14050–14059; 33: HStAS A 284/94 Bü 296 Bl. 58, HStAS A 303 Bd. 14050 Bl. 29ʳ, UAT 9/9 Nr. 104; 34: UBT Mh 847a Bl. 118ᵛ; 36: UAT 9/9 Nr. 102.

19F
Roux, Johann Friedrich Gottlieb

Lebensdaten	1760–1828
Geburtsdatum	1760, Mai 8
Geburtsort	Jena (Ernestinisches Herzogtum Sachsen-Weimar-Eisenach)
Todesdatum	1828, Mai 17 nach Schlaganfall (1823), Oberschenkelhalsbruch (1827) und schließlich *am Nachlaß der Natur*
Todesort	Tübingen
Aussehen/Charakter	In Jena als *der schöne Roux* bekannt
Namensvarianten	Johann Friedrich Gottlob Roux
Vater	Heinrich Friedrich Roux * 1728 in Jena, † 1791 in Jena, 1747 Immatrikulation an der Universität Jena, Lehre in der Fechtkunst und Vorfechter bei dem Jenaer Fechtmeister Bieglein (genannt Kreußler), 1766 Übernahme der vakanten Sprachmeisterstelle des Französischen in Jena, 1780 nach dem Tod Bieglein Erlaubnis neben dem neuen Fechtmeister von Brinken Unterricht im Fechten zu erteilen, Verfasser von Lehrwerken des Französischen und der Fechtkunst.
Mutter	Johanna Magdalena Bittermann * 1741, † 1821, Tochter des Bürgers und Schuhmachermeisters Johann Friedrich Bittermann und der Johanna Maria Sonneschmidt in Jena

Geschwister	9 Geschwister, darunter Johann Adolph Karl (Samuel) * 1766, † 1838, Fechtmeister an der Universität Erlangen; Dr. Johann Wilhelm * 1777, † 1846, Hoffechtmeister in Gotha und als Pagenhofmeister Lehrer der Mathematik und Physik; Jakob Wilhelm Christian * 1771, † 1830, Künstler und Maler, Professor an der akademischen Zeichenschule in Heidelberg
Großvater	François Roux aus Vienne (Dauphiné) * geb. 1674, † 1750 in Jena, Schule und Philosophiestudium bei den Dominikanern in Grenoble, Flucht aus Frankreich aufgrund der Hugenottenverfolgung, zwischen 1695 und 1699 Übertritt zum Protestantismus, 1705 Sprachmeister des Französischen in Jena und Verfasser französischer Lehrwerke, dort zahlreiche Konflikte mit der Universität um einen Professorentitel und mit anderen Sprachmeistern um ein Sprachlehrmonopol, Vater: Comte Louis Roux aus Grenoble, königlicher Advokat in Grenoble und Vienne, Katholik
Großmutter	Jeanne Sourd aus der Diözese Vienne
Lebensstationen	Fechtmeister in Jena (1793 *seit vielen Jahren*)
Ausbildung	Studium der Theologie in Jena (1777), Studium der Rechte in Jena (um 1781–1784), Lehre in der Fechtkunst vermutlich bei Fechtmeister Bieglein (Kreußler) oder seinem Vater Heinrich Friedrich Roux in Jena, Fechtprüfung bei Hoffechtmeister Heinnicke in Weimar mit Ausstellung eines Zeugnisses (1793)
Wirkungsdaten (TÜ)	1794–1821 (Zurruhesetzung)
Funktion (TÜ)	Fechtmeister
Corpus (TÜ)	Collegiumsverwandter/Universitätsverwandter (1819, Juni 3)
Immatrikulation (TÜ)	1819, Juni 3
Matrikeleintrag (TÜ)	*Johann Friedrich Gottlieb Roux als Lehrer der Fechtkunst.*
Quellen	HStAS A 202 Bü 2617, A 284/94 Bü 296, E 11 Bü 53, E 221 I Bü 4404, 4426; UAT 5/29b, 9/9, 9/13, 44/148b, 117/670, 145/111, 214/518.
Literatur	BREKLE/HÖLLER: Roux, François, S. 245–254; BREKLE/HÖLLER: Roux, Heinrich Friedrich, S. 254–256; BRIESEMEISTER: Sprachmeister, S. 269 f.; Gesamtverzeichnis des deutschsprachigen Schrifttums (GV) 1700–1910, Bd. 120, S. 147 f.; LÖFFLER: Collegium Illustre, S. 49–53; MEUSEL: Lexikon, Bd. 11, S. 457 f.; MUT III 41524; ROUX: Paukbuch, S. 15–17; ROUX: Réfugié, S. 44 mit Abbildung; ROUX: Fechtmeisterfamilien, S. 25–29; STENGEL: Verzeichnis, S. 73, 78, 83; STRAUSS: Lungershausen, S. 26–42.

1: UAT 117/670 o. Pag. Notizzettel über den Tod des Johann Friedrich Gottlieb Roux (um 1828); 3: ROUX: Réfugié S. 44; 4: BREKLE/HÖLLER: Roux, Heinrich Friedrich S. 254–256, UAT 9/9 Nr. 118; 10, 11: UAT 117/670 Bl. 11, o. Pag. Notizzettel über den Tod des Johann Friedrich Gottlieb Roux (um 1828); 15: ROUX: Réfugié S. 44 f. mit Abbildung; 16: BREKLE/HÖLLER: Roux, Heinrich Friedrich S. 254–256, ROUX: Paukbuch S. 16; 20: BREKLE/HÖLLER: Roux, Heinrich Friedrich S. 254–256, Gesamtverzeichnis des deutschsprachigen Schrifttums (GV) 1700–1910 Bd. 120 S. 147 f., MEUSEL: Lexikon S. 458, ROUX: Réfugié S. 40 f., ROUX: Paukbuch S. 16, ROUX: Fechtmeisterfamilien S. 27 f., UAT 117/670 Bl. 10; 21: UAT 117/670 Bl. 10; 22: BREKLE/HÖLLER: Roux, Heinrich Friedrich S. 254–256, ROUX: Réfugié S. 45–55, ROUX: Paukbuch S. 16, UAT 117/670 Bl. 10; 23: BREKLE/HÖLLER: Roux, François S. 245–254, BRIESEMEISTER: Sprachmeister S. 269 f., Gesamtverzeichnis des deutschsprachigen Schrifttums (GV) 1700–1910 Bd. 120 S. 147 f., MEUSEL: Lexikon S. 457 f., ROUX: Réfugié S. 7–15, ROUX: Paukbuch S. 16, ROUX: Fechtmeisterfamilien S. 25–27; 24: ROUX: Réfugié S. 15; 30: HStAS A 284/94 Bü 296 o. Pag. Johann Friedrich

Gottlieb Roux an den Kirchenrat (1793, Mai 8); **31**: HStAS A 284/94 Bü 296 o. Pag. Zeugnis für Johann Friedrich Gottlieb Roux (1793, Mai 7), o. Pag. Johann Friedrich Gottlieb Roux an den Kirchenrat (1793, Mai 8); **32**: UAT 117/670 Bl. 11; **34**: UAT 5/29b Bl. 165, UAT 9/9 Nr. 118; **36**: UAT 5/29b Bl. 165, UAT 9/9 Nr. 118, UAT 44/148b Nr. 362; **37, 38**: UAT 5/29b Bl. 165.

3. Die Tübinger Tanzmeister
(mit Wirkungsdaten in Tübingen)

François de Mire
um 1610–1617/1638

Charles Dumanoir
1648–1668

Marin Sanry
1668–1674

Charles Dumanoir
1674–1688 (†)

Guillaume Michel Dumanoir
1688–1700, 1701–1714 (†)

Johann Balthasar Schäffer
1715–1721

Charles Devaux
1721–1739 (†)

Antoine Lepicq
1741–1759 (†)

Martin Charles Lepicq
1756–1761

[...] d'Huliny
1762–1765

Ernst Friedrich Dörr
um 1767–1800 (†)

Martin Charles Lepicq
1754–1755

Ernst Friedrich Dörr
1759 bis um 1761, 1763–1767

François Fellon
1794–1795

Otto Schlosser
1795–1796

Ludwig Michael Kaz
1796

Johann Friedrich Woelffel
1796

Clément Alexandre François
1800–1832

1T
Mire, François de

Lebensdaten	† vor 1640
Wirkungsdaten	um 1610 bis mind. 1638
Herkunftsort	Verdun (Königreich Frankreich)
Heiratsdatum	1611 (1. Ehe)/1635 (2. Ehe)
Heiratsort	Tübingen (1. Ehe)
Konfession	lutherisch
Namensvarianten	de Mires/Demire
Vater	Martin de Mire aus Verdun
Ehepartner 1	Sabina Alber, † 1634, Tochter des Pfarrers in Gaisburg Johannes Alber
Ehepartner 2	Susanna Schmied, ∞ 1642 mit dem Pfarrer in Dornhan Jakob Waiblinger
Kinder	14 Kinder, darunter Anna Catharina * 1612, † 1645, ∞ 1636 mit dem Professor des Griechischen Friedrich Hermann Flayder in Tübingen, 1643 ∞ mit Felix Linsenmann in Böblingen
Lebensstationen	Vermutlich Tanz- und Fechtmeister am württembergischen Hof in Stuttgart (1620–1625, 1629–1630)
Wirkungsdaten (TÜ)	um 1610 bis mind. 1617/1638
Funktion (TÜ)	Tanzmeister (*Ducalis quondam Collegii ceremoniarum vel ut vocant chorearum Magistro*)
Wohnung (TÜ)	Schmiedtorstraße
Quellen	HStAS A 274 Bü 79; StAT E 201; UAT 2/17, 3/2, 10/12; UBT Mh 847a.
Literatur	Pfeilsticker: NWD § 971; Rau: Franzosen, S. 7 f.; Schiek/Setzler: Ehebuch, Nr. 3685.

1: Rau: Franzosen S. 8, UAT 3/2 Bl. 104ʳ; 2: HStAS A 274 Bü 79 o. Pag. Besoldungsverzeichnis (um 1610), Pfeilsticker: NWD § 971, StAT E 201/354 Bl. 1; 5: Pfeilsticker: NWD § 971, Rau: Franzosen S. 7, Schiek/Setzler: Ehebuch Nr. 3685; 8: Pfeilsticker: NWD § 971, Rau: Franzosen S. 7 f., Schiek/Setzler: Ehebuch Nr. 3685, StAT E 201/354 Bl. 1; 9: Schiek/Setzler: Ehebuch Nr. 3685, UBT Mh 847a Bl. 25ᵛ; 14: Rau: Franzosen S. 7; 16: HStAS A 274 Bü 79 o. Pag. Besoldungsverzeichnis (um 1610), UAT 10/12 Bd. 5 Nr. 445; 20: Rau: Franzosen S. 7, Schiek/Setzler: Ehebuch Nr. 3685; 25: Pfeilsticker: NWD § 971, Schiek/Setzler: Ehebuch Nr. 3685, StAT E 201/354 Bl. 1, UAT 10/12 Bd. 5 Nr. 445; 26: Rau: Franzosen S. 8, StAT E 201/354 Bl. 1; 28: Rau: Franzosen S. 7, StAT E 201/354 Bl. 1, UAT 10/12 Bd. 5 Nr. 445; 30: Pfeilsticker: NWD § 971, Rau geht davon aus, dass es sich bei dem Eintrag Pfeilstickers zu Johann De Mire um François de Mire handelt, vgl. Rau: Franzosen S. 10 Anm. 2; 32: HStAS A 274 Bü 79 o. Pag. Besoldungsverzeichnis (um 1610), Pfeilsticker: NWD § 971; 34: HStAS A 274 Bü 79 o. Pag. Besoldungsverzeichnis (um 1610), Schiek/Setzler: Ehebuch Nr. 3685, UAT 10/12 Bd. 5 Nr. 445; 35: Rau: Franzosen S. 8, StAT E 201/354 Bl. 1.

2T
Dumanoir, Charles

Lebensdaten	1629–1688
Geburtsort	Paris (Königreich Frankreich)
Taufdatum	1629, November 13
Taufort	Paris (Saint-Séverin)
Heiratsdatum	1652, Februar 23

Heiratsort	Tübingen
Todesort	Tübingen
Begräbnisdatum	1688, August 13
Begräbnisort	Tübingen
Konfession	katholisch/lutherisch (Konversion um 1650)
Namensvarianten	Carlin Dumanoirs/Du Manoir/Du Manoy
Vater	Mathieu Dumanoir * um 1588, † nach 1646, Mitglied der Violons du Roi am französischen Königshof in Paris, 1615 als *maitre joueur d'instruments*, 1640 als *violon ordinaire de la chambre du roi* und 1647 als *maistre sonneur d'instruments*
Mutter	Nicole Laurent
Geschwister	Guillaume Dumanoir * 1615 in Paris, † 1697 in Paris, Komponist, Tanzmeister und Tänzer, 1639 Mitglied der Violons du Roi am französischen Königshof in Paris, 1655 Leiter der Violons du Roi, 1657 *Roi des joueurs d'instruments du Royaume*, 1645–1655 Tanzmeister an der Petite Écurie, Verfasser des Pamphlets „Le Mariage de la musique et de la dance contenant la réponce au livre des treize prétendus Académistes" gegen die Gründung der Académie de Danse (1664)
Ehepartner 1	Ursula Springer, † 1666, Tochter des Bürgermeisters Michael Springer in Tübingen und der Christina Walker
Ehepartner 2	Katharina Elisabeth Juliana, † 1690
Kinder	Christina * 1660, † 1678; Maria Barbara * 1663, ∞ 1688 mit Kammerschreiber Johann Jakob Wilhelm in Weiltingen; August Eberhard * 1674, † 1674; Carl Heinrich * 1675, † 1676; Maria Magdalena * 1680, † 1687; Charlotta Eberhardina * 1679, † 1693; Dorothea Maria * 1682, † 1683
Studierende Kinder	Julius Friedrich (1688, April 19): *Julius Fridericus du Manoir Tubingensis, hi quuatuor in gymnas. Stutgard. unde venerant post depositionem redierunt.* (Universität Tübingen), * 1672, † 1739, ∞ 1703 mit Marie Magdalene Cappel, Tochter des Pfarrers in Beilstein Johann Cappel, ∞ 1720 mit Anna Gertraud Bechheim, Tochter des Rates Johann Friedrich Bechheim in Heilbronn, ∞ 1736 mit Maria Catharina, Witwe des Leutnants auf Hohentwiel Johann Friedrich Keller, 1701 Pfarrer in Mönchweiler, 1704–1739 Pfarrer in Willsbach
Lebensstationen	Tanzmeister der Prinzen am württembergischen Hof in Stuttgart (1647), Reisen nach Paris zur Neuqualifizierung in der Tanzkunst (1663, 1666), Tanzmeister in Weiltingen (um 1668–1674), Tanzmeister der württembergischen Prinzen und Prinzessinnen in Kirchheim (Teck) (einmal wöchentlich 1678)
Ausbildung	Vermutlich Ausbildung in der Tanzkunst und im Instrumentalspiel bei seinem Vater Mathieu Dumanoir in Paris
Wirkungsdaten (TÜ)	1648–1668, 1674–1688 (†)
Funktion (TÜ)	Tanzmeister
Wohnung (TÜ)	Neckargasse (1654 erwähnt, 1701 verkauft)
Corpus (TÜ)	Collegiumsverwandter
Publikationen	Le desvoyé ramené au droit chemin. ou la conversion de Charle Dumanoir, parisien. Maistre a danser, de son Altesse Monseigneur le Duc de Wirtemberg &c., Tübingen: Brunn 1650 (WLB: Theol.oct.4232).
Quellen	HStAS A 202 Bü 1915, 2617, A 284/94 Bü 55, 271, A 303 Bd. 13965–13974; StAT A 20/S 203, A 30/S 22, E 201/442; UAT 3/4, 3/5, 3/8, 5/6, 9/7, 20/4, 44/121; UBT Mh 847a.

Literatur	BARDET: Dumanoir, S. 251 f.; BARTUSEK: Violons, S. 694 f.; CHORON/ FAYOLLE: Dictionnaire, Bd. 1, S. 195 f.; Dictionnaire des musiciens, S. 130 f.; ECORCHEVILLE: Suites, Bd. 1, S. 19–23; FABER: Familienstiftungen XXXII § 107; Grand dictionnaire encyclopédique Larousse, Bd. 4, S. 3439; HAUER: Schulentwicklung, S. 499; ISHERWOOD: Music, S. 135, 154–156, 365 f.; KOLNEDER: Violine, S. 297; MUT II 28522; PFEILSTICKER: NWD § 971; RAU: Franzosen, S. 8; RAUSCHER: Collegium Illustre, S. 96; SIGEL: Württemberg, Bd. 11,1, Bl. 879.

1, 3: RAU: Franzosen S. 8; **4**: HStAS A 202 Bü 1915 o. Pag. Geheimer Rat an die Rentkammer (1648, Juli 19); **6, 7**: BARDET: Dumanoir S. 252, RAU: Franzosen S. 8; **8**: BARDET: Dumanoir S. 252, UBT Mh 847a Bl. 46^r; **9**: UBT Mh 847a Bl. 47^r; **11, 12**: BARDET: Dumanoir S. 252, RAU: Franzosen S. 8; **13**: RAU: Franzosen S. 8; **14**: DUMANOIR: Desvoyé Vorrede; **16**: PFEILSTICKER: NWD § 971, StAT A 20/S 203 Bl. 10^r, 84^r, 463^v; **20**: BARDET: Dumanoir S. 251, HStAS A 202 Bü 1915 o. Pag. Vertrag über die Anstellung Charles Dumanoirs (1647, November 26), RAU: Franzosen S. 8, UBT Mh 847a Bl. 46^r; **21**: RAU: Franzosen S. 8; **22**: BARDET: Dumanoir S. 251 f., Dictionnaire des musiciens S. 130 f., ECORCHEVILLE: Suites S. 19–23, RAU: Franzosen S. 8; **25**: StAT E 201/442 Bl. 5, UBT Mh 847a Bl. 46^r; **26**: RAU: Franzosen S. 8; **28**: FABER: Familienstiftungen XXXII § 107, StAT E 201/442 Bl. 3, 5, UBT Mh 847a Bl. 72^r; **29**: HAUER: Schulentwicklung S. 499, MUT II 28522, SIGEL: Württemberg Bd. 11,1, Bl. 879; **30**: HStAS A 202 Bü 1915 o. Pag. Vertrag über die Annahme Charles Dumanoirs (1647, November 26), HStAS A 284/94 Bü 55 Bl. 9; **31**: RAU: Franzosen S. 8; **32**: BARDET: Dumanoir S. 252, HStAS A 284/94 Bü 55 Bl. 17, HStAS A 303 Bd. 13965–13974, PFEILSTICKER: NWD § 971, RAU: Franzosen S. 8; **34**: PFEILSTICKER: NWD § 971; **35**: RAU: Franzosen S. 8, UAT 5/16 Nr. 12 S. 17, UAT 44/121 Bd. 1 Nr. 222; **36**: StAT A 30/S 22 Bl. III.

3T
Sanry, Marin

Wirkungsdaten	1667–1674
Herkunftsort	Königreich Frankreich
Konfession	katholisch (*widriger Religion, Papist*)
Aussehen/Charakter	*vindicatif, frantzösische Freymütigkeit, von grosser Einbildung*
Namensvarianten	du Sanry/Samry
Lebensstationen	Tanzmeister der württembergischen Prinzen und Prinzessinnen in Stuttgart (ab 1670 wöchentlich)
Wirkungsdaten (TÜ)	1668–1674 (Bitte um Dimission)
Funktion (TÜ)	Tanzmeister
Wohnung (TÜ)	Im Collegium Illustre (1668)
Corpus (TÜ)	Collegiumsverwandter
Quellen	HStAS A 202 Bü 2617, A 284/94 Bü 55, A 303 Bd. 13971; UAT 3/8.
Literatur	PFEILSTICKER: NWD § 972.

2: PFEILSTICKER: NWD § 972, UAT 3/8 Bl. 236^r–244^v, 368^v; **5**: HStAS A 202 Bü 2617 o. Pag. Marin Sanry an den Geheimen Rat (um 1668–1774), o. Pag. Oberhofmeister des Collegium Illustre an den Geheimen Rat (1672, März 1); **14**: HStAS A 284/94 Bü 55 Bl. 4; **15**: HStAS A 202 Bü 2617 o. Pag. Oberhofmeister des Collegium Illustre an den Geheimen Rat (1672, März 1); **16**: HStAS A 284/94 Bü 55 Bl. 6 f., PFEILSTICKER: NWD § 972; **30**: HStAS A 284/94 Bü 55 o. Pag. Marin Sanry an den Kirchenrat (1672, November 22); **32**: HStAS A 284/94 Bü 55 Bl. 8, UAT 3/8 Bl. 368^v; **34, 35**: UAT 3/8 Bl. 368^v; **36**: UAT 3/8 Bl. 377^r.

4T
Dumanoir, Guillaume Michel

Lebensdaten	1656–1714
Herkunftsort	Paris (Königreich Frankreich)
Taufdatum	1656, Mai 28
Heiratsdatum	1685, Dezember 26 (1. Ehe)
Heiratsort	Paris (1. Ehe)
Todesdatum	1714, November 25
Todesort	Tübingen
Begräbnisdatum	1714, November 27
Konfession	katholisch
Namensvarianten	George Michael Du Manoir(s)/Wilhelm Michael du Manoir
Vater	Guillaume Dumanoir * 1615 in Paris, † 1697 in Paris, Komponist, Tanzmeister und Tänzer, 1639 Mitglied der Violons du Roi am französischen Königshof in Paris, 1655 Leiter der Violons du Roi, 1657 *Roi des joueurs d'instruments du Royaume*, 1645–1655 Tanzmeister an der Petite Écurie, Verfasser des Pamphlets „Le Mariage de la musique et de la dance contenant la réponce au livre des treize prétendus Académistes" gegen die Gründung der Académie de Danse (1664)
Großvater	Mathieu Dumanoir * um 1588, † nach 1646, Mitglied der Violons du Roi am französischen Königshof in Paris, 1615 als *maitre joueur d'instruments*, 1640 als *violon ordinaire de la chambre du roi* und 1647 als *maistre sonneur d'instruments* genannt
Ehepartner 1	Marie Louise Parisot
Kinder	Sophia Katharina Elisabetha * 1699; Maria Dorothea Sophia * 1697, † 1697; Michael Wilhelm, † 1712; Wilhelm Michael * 1700, † 1701; Abraham Michael * 1702, † 1702; Hedwig Elisabeth * 1703, † 1703; Eva Regina * 1704, ∞ 1726 mit Paul Gottfried Müller, Sohn des Hof- und Stadtuhrmachers Johann Paul Müller in Stuttgart; Philipp Heinrich * 1708
Lebensstationen	Violon du Roi am französischen Königshof (1668–1685), Tanzmeister am spanischen Königshof (1679), Tanzmeister der Prinzen und Prinzessinnen am württembergischen Hof (vierzehntägig, 1688–1698)
Ausbildung	Vermutlich Ausbildung in der Tanzkunst und im Instrumentalspiel bei seinem Vater Guillaume Dumanoir in Paris
Wirkungsdaten (TÜ)	1688–1700 (Enthebung wegen Ehebruchs), 1701–1714 (†)
Anstellungsdatum (TÜ)	1688, Juli 25/1689, April 23
Funktion (TÜ)	Tanzmeister
Wohnung (TÜ)	Kauf einer Behausung in der Neckargasse (1701, Verkauf 1715)
Quellen	HStAS A 202 Bü 2617, A 284/94 Bü 54, 55, A 303 Bd. 13975–13995; StAT E 201/ 442; UAT 4/1, 4/6, 20/4, 44/121, 117/656.
Literatur	BARDET: Dumanoir, S. 251 f.; BARTUSEK: Violons, S. 694 f.; CHORON/ FAYOLLE: Dictionnaire, Bd. 1., S. 195 f.; Dictionnaire des musiciens, S. 130 f.; ECORCHEVILLE: Suites, Bd. 1, S. 19–23; ISHERWOOD: Music, S. 135, 154–156, 36 5 f.; KOLNEDER: Violine, S. 297; PFEILSTICKER: NWD § 971; RAU: Franzosen, S. 8; SALMEN: Tanzmeister, S. 36.

1: BARDET: Dumanoir S. 252, HStAS A 303 Bd. 13995 S. 165, StAT E 201/442 Bl. 1; 5: RAU: Franzosen S. 8; 6: BARDET: Dumanoir S. 252; 8, 9: StAT E 201/442 Bl. 1; 10: BARDET: Dumanoir S. 252, HStAS A 284/94 Bü 55 Bl. 24, HStAS A 303 Bd. 13995 S. 165, StAT E 201/442 Bl. 1; 11: Bardet:

Dumanoir S. 252, HStAS A 303 Bd. 13995 S. 165; **12:** HStAS A 303 Bd. 13995 S. 165, StAT E 201/442 Bl. 1; **14:** HStAS A 284/94 Bü 55 Bl. 3, RAU: Franzosen S. 8; **16:** HStAS A 284/94 Bü 55 Bl. 24, PFEILSTICKER: NWD § 971; **20:** BARDET: Dumanoir S. 251 f., Dictionnaire des musiciens S. 130 f.; ECORCHEVILLE: Suites S. 19–23, RAU: Franzosen S. 8; **23:** BARDET: Dumanoir S. 251, RAU: Franzosen S. 8; **25:** StAT E 201/442 Bl. 1; **28:** StAT E 201/442 Bl. 1: **30:** BARDET: Dumanoir S. 252, HStAS A 284/94 Bü 55 Bl. 18b; **31:** RAU: Franzosen S. 8; **32:** PFEILSTICKER: NWD § 971; **33:** BARDET: Dumanoir S. 252, HStAS A 284/94 Bü 55 Bl. 19b, PFEILSTICKER: NWD § 971, StAT E 201/442 Bl. 1; **34:** PFEILSTICKER: NWD § 971; **35:** RAU: Franzosen S. 8.

5T
Schäffer, Johann Balthasar

Lebensdaten	1684–1750
Geburtsdatum	1684, November 4
Geburtsort	Rappoltsweiler (Ribeauvillé) (Grafschaft Rappoltstein; zur Grafschaft Pfalz-Birkenfeld-Bischweiler)
Konfession	katholisch/lutherisch (Konversion 1711)
Vater	Andreas Schäffer, Stadtschreiber in Rappoltsweiler
Mutter	Maria Magdalena Christ aus Lauffenburg im Schwarzwald
Ehepartner 1	Anna Elisabetha
Lebensstationen	Augustinermönch in Colmar und Erfurt (1701–1711), Privattanzmeister in Stuttgart (um 1712–1715), Privattanzmeister in Stuttgart (1721–1727), Tanzmeister am sachsen-meiningischen Hof in Meiningen (1731–1750)
Ausbildung	Ausbildung in der lateinischen Sprache und Musik bei einem Verwandten, danach Besuch der Jesuitenkollegs und anderer Schulen in Schlettstadt, Straßburg und Colmar
Wirkungsdaten (TÜ)	1715–1721 (Entlassung wegen schlechter Aufführung und unerlaubter Entfernung aus Tübingen)
Anstellungsdatum (TÜ)	1715, Februar 12/1715, Juni 26
Funktion (TÜ)	Tanzmeister
Publikationen	Unpartheyisches Gutachten und christlich gesinntes Monitorium zur allgemeinen Christen-Lieb und Einigkeit wider die vielfaeltigen Glaubens-Zaenckereyen, [...] von einem Wahrheit-liebenden Proselyten genannt Johann Balthasar Schaeffer, Eisenach: 1749 (HAAB Weimar: Cc 5: 130).
Der unter der Moenchs-Kappe ehmals versteckt gewesene Tantz-Meister oder wahrhaffte und curieuse Relation [...] von Jugend auf bis in das jetzige füenff und sechszigste Lebens-Jahr nebst einer chrlistlichen [sic!] Ermahnung zur Religions-Einigkeit, desjenigen Proselyten oder aus dem Augustiner-Kloster zu Erffurt ausgesprungenen Augustiner-Patris, [...] Johann Balthasar Schaeffer, Eisenach: Krug [um 1750] (HAAB Weimar: Cc 5: 130).
Leben, Schicksale und Meinungen meines Großvaters oder wahrhafte und sehr wunderbare Begebenheiten Johann Balthasar Schäffers ehemaligen Augustiner-Paters zu Erfurt und nachherigen Hof-Tanzmeisters zu Sachsen-Meiningen von ihm selbst im fünf und funfzigsten Jahre seines Lebens aufgesetzt und nunmehr als ein Beytrag zur Mönchsgeschichte des achtzehnten Jahrhunderts herausgegeben von dessen leiblichen Enkel, Joh. Chr. Heinr. Schäffer, Jena: 1791 (SUB Göttingen: DD2000 A 406).

Gleichmann, Johann Zacharias: Zwey gelehrte Robinson oder wahrhaffte und sehr curieuse Geschichte der wunderbar- und seltsamen
Begebenheiten Johann Balthasar Schäffers und einer gegründeten sehr
beweglichen Relation von des Francisci Antonii Kirchmayers wunder-
baren Erlösung aus seiner fünffmahligen Gefangenschafft, Frankfurt
(Main) 1748 (UBH: Waldberg 2951).

Quellen	HStAS A 5 Bü 119, A 202 Bü 2617, A 284/94 Bü 55, 285, A 303 Bd. 13996–14002; UAT 4/6, 117/673.
Literatur	HIRSCHING: Handbuch, Bd. 10, S. 206–224; MEUSEL: Lexikon, Bd. 12, S. 79; PFEILSTICKER: NWD § 972.

1, 3, 4: MEUSEL: Lexikon Bd. 12 S. 79; **14, 20, 21**: HIRSCHING: Handbuch Bd. 10 S. 206–224; **25**: PFEILSTICKER: NWD § 972; **30**: HStAS A 284/94 Bü 55 o. Pag. Johann Balthasar Schäffer an den Kirchenrat (1716, Dezember 5), MEUSEL: Lexikon Bd. 12 S. 79; **31**: HIRSCHING: Handbuch Bd. 10 S. 207; **32**: HStAS A 284/94 Bü 55 Bl. 54 f., HStAS A 303 Bd. 13996–14002; **33**: HStAS A 5 Bü 119 Bl. 21, HStAS A 284/94 Bü 55 Bl. 30g, 54 f., HStAS A 303 Bd. 13996 S. 185; **34**: HStAS A 303 Bd. 13996–14002.

6T
Devaux, Charles

Lebensdaten	– 1739
Wirkungsdaten	1715–1739 (†)
Herkunftsort	Königreich Frankreich
Todesdatum	1739, November 1, *nach einem 14 tägigen Lager*
Todesort	Tübingen
Namensvarianten	de Vaux/Devaux de la Maison de Baumont
Ehepartner 1	Philippine (Rückkehr nach Frankreich, 1740)
Lebensstationen	Vermutlich Komödiant am württembergischen Hoftheater in Stuttgart (1715–1719), Rückkehr nach Frankreich, *Maître des ballets* bei den Komödianten am württembergischen Hoftheater in Stuttgart (1721)
Wirkungsdaten (TÜ)	1721–1739 (†)
Anstellungsdatum (TÜ)	1721, Mai 31
Funktion (TÜ)	Tanzmeister
Corpus (TÜ)	Collegiumsverwandter
Quellen	HStAS A 202 Bü 2617, 2538, A 284/94 Bü 55, A 303 Bd. 14002–14016; UAT 4/10.
Literatur	PFEILSTICKER: NWD § 970.

1: HStAS A 303 Bd. 14016 Bl. 63^v–64^r; **2**: HStAS A 303 Bd. 14002–14016; **5**: HStAS A 284/94 Bü 55 Bl. 89; **10, 11**: HStAS A 284/94 Bü 55 Bl. 93, HStAS A 303 Bd. 14016 Bl. 63^v–64^r; **16**: HStAS A 284/94 Bü 55 Bl. 90, o. Pag. Charles Devaux an den Kirchenrat (praes. 1722, August 1); **25**: HStAS A 202 Bü 2538 o. Pag. Philippine Devaux an den Geheimen Rat (1740, Januar 27); **30**: HStAS A 284/94 Bü 55 Bl. 48b, 89; **32**: HStAS A 303 Bd. 14002–14016; **33**: HStAS A 284/94 Bü 55 Bl. 55, HStAS A 303 Bd. 14002 S. 101; **34, 36**: HStAS A 303 Bd. 14002–14016.

7T
Lepicq, Antoine

Lebensdaten	1673–1759
Herkunftsort	Picardie (Königreich Frankreich)
Heiratsdatum	1700, August 30
Heiratsort	Straßburg (St. Pierre le Jeune) (Reichsstadt)
Todesdatum	1759, September 13
Todesort	Tübingen
Begräbnisdatum	1759, September 15
Begräbnisort	Ammern (Stift Obermarchtal) (im Totenbuch genannt als *Nobilis dominus Antonius Le Picq ex Picardia*)
Konfession	katholisch
Namensvarianten	Anthoni Lepicus/Antonius Le Picq/Piquet
Ehepartner 1	Charlotte Coudu
Kinder	Eine Tochter und mehrere Söhne, darunter Martin Charles Lepicq, Tanzmeister in Tübingen
Lebensstationen	Tanzmeister in Straßburg (bis 1741)
Wirkungsdaten (TÜ)	1741–1759 (†)
Anstellungsdatum (TÜ)	1740, Oktober 25/1740, November 5
Funktion (TÜ)	Tanzmeister
Quellen	DAR M 283 Bd. 1; HStAS A 202 Bü 2617, A 284/94 Bü 55, A 303 Bd. 14017–14036; StAT E 201/1365; UAT 9/9.
Literatur	Knapp: Taufbuch, S. 21; Rau: Franzosen, S. 6–10.

1: HStAS A 303 Bd. 14036 Bl. 26ᵛ, UAT 9/9 Nr. 232; **5**: DAR M 283 Bd. 1 Bl. 21ʳ; **8**: HStAS A 284/94 Bü 55 o. Pag. Antoine Lepicq an den Kirchenrat (1750, Juli 13), HStAS A 284/94 Bü 55 o. Pag. Oberhofmeister des Collegium Illustre an den Kirchenrat (1750, Juli 14); **9**: HStAS A 284/94 Bü 55 o. Pag. Antoine Lepicq an den Kirchenrat (1750, Juli 13); **10, 11**: HStAS A 303 Bd. 14036 Bl. 26ᵛ; **12**: DAR M 283 Bd. 1 Bl. 21ʳ; **13**: Ebd., StAT E 201/1365; **14**: DAR M 283 Bd. 1 Bl. 21ʳ; **16**: Ebd., HStAS A 202 Bü 2617 o. Pag. Protokoll des Geheimen Rats (1740, Oktober 25), HStAS A 303 Bd. 14027 Bl. 32ʳ; **25**: HStAS A 284/94 Bü 55 o. Pag. Antoine Lepicq an den Kirchenrat (1750, Juli 13); **28**: HStAS A 202 Bü 2617 o. Pag. Antoine Lepicq an den Geheimen Rat (1749, Juli 13), UAT 9/9 Nr. 226; **30**: UAT 9/9 Nr. 226; **32**: HStAS A 202 Bü 2617 o. Pag. Protokoll des Geheimen Rats (1740, Oktober 25), HStAS A 303 Bd. 14017–14036; **33**: HStAS A 303 Bd. 14017 Bl. 69ᵛ; **34**: DAR M 283 Bd. 1 Bl. 21ʳ, HStAS A 303 Bd. 14017–14036.

8T
Lepicq, Martin Charles

Wirkungsdaten	1741–1761
Namensvarianten	Le Picq/Le Pique/Piq
Vater	Antoine Lepicq, Tanzmeister in Straßburg und Tübingen
Mutter	Charlotte Coudu
Ehepartner 1	Maria Johanna Emilia Juppun
Kinder	Zwillinge Ludwig Friedrich und Johann Carl * 1758, Ludwig Friedrich † 1760 März 14; Ludwig Friedrich * 1760 Juli 28
Lebensstationen	Augsburg (1755, Juni bis 1756, Mai), Edinburgh (Schottland) (ab 1761)
Ausbildung	Vermutlich Lehre in der Tanzkunst bei seinem Vater Antoine Lepicq in Straßburg

Wirkungsdaten (TÜ)	1754–1755 (Tanzmeisteradjunkt), 1756–1761 (Tanzmeister)
Anstellungsdatum (TÜ)	1759, September 24
Funktion (TÜ)	Tanzmeisteradjunkt/Tanzmeister

Quellen	HStAS A 202 Bü 2617, A 284/94 Bü 55, 285, 297, A 303 Bd. 14036–14037; StAT A 20/S 610, E 201/1365; UAT 9/9.
Literatur	RAU: Franzosen, S. 6–10.

2: HStAS A 284/94 Bü 55 Bl. 23, UAT 9/9 Nr. 226; **16**: HStAS A 284/94 Bü 297 Bl. 2, HStAS A 303 Bd. 14037 Bl. 27^r, StAT E 201/1365; **20**: StAT E 201/1365; **21**: HStAS A 284/94 Bü 55 o. Pag. Antoine Lepicq an den Kirchenrat (1750, Juli 13); **25, 28**: StAT E 201/1365; **30**: StAT A 20/S 610 Bl. 996^{r+v}, UAT 9/9 Nr. 231; **31**: UAT 9/9 Nr. 226; **32**: HStAS A 284/94 Bü 55 Bl. 23; **33**: HStAS A 303 Bd. 14036 Bl. 26^v; **34**: HStAS A 202 Bü 2617 o. Pag. Geheimer Rat an den Kirchenrat (1754, November 30), UAT 9/9 Nr. 234.

9T
Huliny, [...] d'

Wirkungsdaten	1757–1765
Namensvarianten	Dhuliny/D'Huiligny/Duligny
Ehepartner1	Tänzerin Duligny (1757–1762 am Stuttgarter Hoftheater)
Lebensstationen	Tänzer am württembergischen Hoftheater in Stuttgart (1757/1758–1762)
Wirkungsdaten (TÜ)	1762–1765
Anstellungsdatum (TÜ)	1762, April 15/1762, Oktober 27
Funktion (TÜ)	Tanzmeister

Quellen	HStAS A 202 Bü 2617, A 284/94 Bü 285, 297, A 303 Bd. 14038; UAT 9/9.
Literatur	PFEILSTICKER: NWD § 965; SCHAUER: Personal, S. 58.

2: PFEILSTICKER: NWD § 965, HStAS A 303 Bd. 14038 Bl. 27^v; **16**: HStAS A 284/94 Bü 297 Bl. 1, 4, HStAS A 303 Bd. 14038 Bl. 27^v, UAT 9/9 Nr. 235; **25**: SCHAUER: Personal S. 58; **30**: PFEILSTICKER: NWD § 965, UAT 9/9 Nr. 235; **32**: HStAS A 303 Bd. 14038 Bl. 27^v; **33**: HStAS A 284/94 Bü 285 Bl. 6, HStAS A 303 Bd. 14038 Bl. 27^v, UAT 9/9 Nr. 236 f.; **34**: UAT 9/9 Nr. 235.

10T
Dörr, Ernst Friedrich

Lebensdaten	1736 oder 1738–1800
Todesdatum	1800, Dezember 15, *an Krampf-Umständen*
Todesort	Tübingen
Aussehen/Charakter	2 Silhouetten (1778, 1782)
Ehepartner 1	Sabina Margaretha
Lebensstationen	Tanzmeister der Comtessinnen am rheingräflichen Hof in Grehweiler (um 1761 bis um 1763)
Ausbildung	Gelernter Musiker, Perfektionierung der Tanzkunst bei Tanzmeister Antoine Lepicq in Tübingen (vor 1759), Vortänzer bei Tanzmeister Martin Charles Lepicq (vor 1761) und bei Tanzmeister d'Huliny in Tübingen (um 1763–1765)

Wirkungsdaten (TÜ)   Mit einer Unterbrechung vor 1763 mind. 1759–1800 (†)
Anstellungsdatum (TÜ)   1767, September 5
Funktion (TÜ)   Musiker/Tanzmeister/Flötenlehrer
Wohnung (TÜ)   *eine halbe Behausung bei der St. Georgen Kirche neben Herrn Bürger-
                                      meister Dörr und der gemeinen Gass*
Corpus (TÜ)   Stadtbürger in Tübingen/Collegiumsverwandter (vermutlich ab 1767)

Quellen   HStAS A 202 Bü 2573, 2617, A 284/94 Bü 285, 297, 324, A 303 Bd.
                                      14041–14059; StAT A 20/S 614, E 105/34; UAT 9/9, 9/12, 9/13, 44/121,
                                      S 127/4, S 127/17, 214/75; UBT Mh 863b, Mh 868, Mh 1026.
Literatur   Bök: Geschichte, S. 296; Irsigler: Rheingraf, S. 71–81; Laukhard: Le-
                                      ben; Löffler: Collegium Illustre, S. 49.

1: HStAS A 202 Bü 2617 o. Pag. Ernst Friedrich Dörr an den Geheimen Rat (1796, März 21),
UAT 9/9 Nr. 253 f., Dörr gibt 1796 selbst sein Alter mit 58 Jahren an, Collegiumsverwalter
Müller schreibt dagegen 1800, Dörr sei in diesem Jahr im 65. Jahr seines Lebens gestorben; **10:**
HStAS A 284/94 Bü 297 o. Pag. Collegiumsverwalter an den Kirchenrat (1800, Dezember 15),
UAT 9/9 Nr. 253 f.; **11:** UAT 9/9 Nr. 253 f.; **15:** UAT S 127/4 Bl. 37a^{r+v}, UBT Mh 1026 S. 117;
25: HStAS A 284/94 Bü 324 o. Pag. Sabina Margaretha Dörr an den Kirchenrat (1800, Dezem-
ber 20), UAT 9/13 Nr. 7 Bl. 5; **30:** HStAS A 202 Bü 2617 o. Pag. Ernst Friedrich Dörr an den
Geheimen Rat (1765, September 28); **31:** HStAS A 202 Bü 2617 o. Pag. Ernst Friedrich Dörr an
den Geheimen Rat (1765, September 28); **32:** Ebd., HStAS A 303 Bd. 14041 Bl. 25^v, UAT 9/9
Nr. 238, 240, 253 f.; **33:** HStAS A 303 Bd. 14041 Bl. 25^v, UAT 9/9 Nr. 241; **34:** HStAS A 303
Bd. 14041 Bl. 25^v, UAT 9/9 Nr. 238, 241, 253, UAT S 127/4 Bl. 37a^{r+v}; **35:** StAT A 20/S 614 Bl.
753^{r+v}; **36:** UAT 9/9 Nr. 238–240, UAT 9/12 o. Pag. Amtsverweser des Oberhofmeistersamts am
Collegium Illustre an Ernst Friedrich Dörr (1788, September 30).

11T
Fellon, François

Wirkungsdaten   1781–1795
Geburtsort   Avignon (Grafschaft Venaissin; zum Kirchenstaat)
Namensvarianten   Franz Fellon
Lebensstationen   Mit 14 Jahren Tänzer am württembergischen Hoftheater in Stuttgart,
                                     Reit-, Tanz- und Fechtmeister in verschiedenen fürstlichen und priva-
                                     ten Diensten der Grafen von Schwarzburg-Rudolstadt in Rudolstadt,
                                     in Eisenach und Arolsen (1781–1788), Fechtmeister an der Universität
                                     Heidelberg (1788–1791), danach Fecht- und Tanzmeister an der Uni-
                                     versität Mainz, Tanzmeister an der Universität Heidelberg (bis 1793),
                                     Fechtmeister in Ludwigsburg (1793–1794)
Wirkungsdaten (TÜ)   1794–1795
Anstellungsdatum (TÜ) 1794, November 20
Funktion (TÜ)   Tanzmeister

Quellen   HStAS A 202 Bü 2573, 2617, A 284/94 Bü 285, 296, 297; UAT 9/9.
Literatur   Toepke: Matrikel, Bd. 4, S. 352; Wolf: Universitätsangehörige, S. 86,
                                    88.

2: UAT 9/9 Nr. 245, Wolf: Universitätsangehörige S. 88; **4:** HStAS A 284/94 Bü 296 o. Pag.
François Fellon an den Kirchenrat (1794, April 7); **16:** HStAS A 284/94 Bü 297 o. Pag. François
Fellon an den Kirchenrat (1794, November 9); **30:** HStAS A 284/94 Bü 296 o. Pag. François

Fellon an den Kirchenrat (1794, April 7), o. Pag. Kirchenrat an den Oberamtmann in Ludwigsburg (1794, April 26), HStAS A 284/94 Bü 297 o. Pag. François Fellon an den Kirchenrat (1794, November 9), UAT 9/9 Nr. 244, Wolf: Universitätsangehörige S. 86, 88; **32**: UAT 9/9 Nr. 120, 244, 245; **33, 34**: UAT 9/9 Nr. 244.

12T
Schlosser, Otto

Wirkungsdaten	1792–1807
Geburtsort	Darmstadt (Landgrafschaft Hessen-Darmstadt)
Lebensstationen	Tanzmeister in Darmstadt (bis 1792), Tanzmeister in Durlach und Oehringen (1792–1795), Tanzmeister in Kirchheim unter Teck und Nürtingen (1795), Tanzmeister an der Universität Gießen (1807)
Ausbildung	Schlosser gibt an, die Tanzkunst *von Jugend auf gründlich erlernt* zu haben
Wirkungsdaten (TÜ)	1795–1796
Funktion (TÜ)	Tanzmeister
Quellen	HStAS A 202 Bü 2573, 2617, A 284/94 Bü 297; UAT 9/9, 117/673.

2: UAT 9/9 Nr. 246, UAT 117/673 o. Pag. Zeugnis des Senats der Universität (1796, September 1); **4**: HStAS A 202 Bü 2617 o. Pag. Otto Schlosser an den Geheimen Rat (1795, August 1); **30**: Ebd., UAT 9/9 Nr. 246; **31**: HStAS A 202 Bü 2617 o. Pag. Otto Schlosser an den Geheimen Rat (1795, August 1); **32**: UAT 9/9 Nr. 246, UAT 117/673 o. Pag. Zeugnis des Senats der Universität (1796, September 1); **34**: HStAS A 202 Bü 2617 o. Pag. Otto Schlosser an den Geheimen Rat (1795, August 1).

13T
Kaz, Ludwig Michael

Lebensdaten	1760–
Wirkungsdaten	1778–1809
Geburtsdatum	1760, März 10
Geburtsort	Owen (Teck) (Herzogtum Württemberg)
Heiratsdatum	1789, Mai 20 (1. Ehe)/1809, Mai 13 (3. Ehe)
Heiratsort	Stuttgart
Konfession	lutherisch
Namensvarianten	Katz
Vater	Michael Kaz, Küfer in Owen
Mutter	Barbara Hain
Ehepartner 1	Johanna Elisabetha Hack *1766 in Ludwigsburg, † 1794 in Stuttgart, Tochter des Sergeanten Johann Georg Hack, 1776 Juni 1 Aufnahme in die École des Demoiselles, 1778–1789 Figurantin und Tänzerin am Stuttgarter Hoftheater
Ehepartner 2	Agnes Rosina Knoll (Klein?) * 1759, † 1808, Tochter eines Metzgers aus Esslingen
Ehepartner 3	Christiane Juliane Carolina Ostenberger * 1766 in Ludwigsburg, Tochter des Fußgardisten Johann Adam Ostenberger, 1776 Juni 1 Aufnahme in die École des Demoiselles, 1778–1789 Figurantin am Stuttgarter Hoftheater

Lebensstationen	Tänzer und Figurant am württembergischen Hoftheater in Stuttgart (1778–1800)
Ausbildung	Schüler der Hohen Karlsschule (1771, Februar 14 Aufnahme als Tänzer, 1787, Juni 19 Austritt zum württembergischen Hoftheater)
Wirkungsdaten (TÜ)	Sommerhalbjar 1796
Anstellungsdatum (TÜ)	1796, April 3
Funktion (TÜ)	Tanzmeister

Quellen	HStAS A 202 Bü 2617, A 272 Bü 252; UAT 9/9, 117/1.
Literatur	GEBHARDT: Schüler, S. 318; PFEILSTICKER: NWD § 964; SCHAUER: Personal, S. 61, 63, 67; WAGNER: Geschichte, Bd. 1, S. 352, 491, 493, 547.

1: HStAS A 272 Bü 252 Nr. 165, SCHAUER: Personal S. 63; 2: HStAS A 202 Bü 2617 o. Pag. Geheimer Rat an den Oberhofmeister des Collegium Illustre (1796, April 3), PFEILSTICKER: NWD § 964, SCHAUER: Personal S. 63; 3: HStAS A 272 Bü 252 Nr. 165, SCHAUER: Personal S. 63; 4: HStAS A 272 Bü 252 Nr. 165, SCHAUER: Personal S. 63; 8, 9: SCHAUER: Personal S. 63; 14: GEBHARDT: Schüler S. 318, HStAS A 272 Bü 252 Nr. 165; 16: SCHAUER: Personal S. 63; 20: HStAS A 272 Bü 252 Nr. 165, SCHAUER: Personal S. 63, WAGNER: Geschichte Bd. 1 S. 352; 21: GEBHARDT: Schüler S. 318, HStAS A 272 Bü 252 Nr. 165; 25: SCHAUER: Personal S. 61, 63; 26: GEBHARDT: Schüler S. 318; 27: SCHAUER: Personal S. 63, 67; 30: HStAS A 202 Bü 2617 o. Pag. Gutachten des Geheimen Rats (1796, März 31), o. Pag. Geheimer Rat an den Oberhofmeister des Collegium Illustre (1796, April 3), HStAS A 272 Bü 252 Nr. 165, PFEILSTICKER: NWD § 964, SCHAUER: Personal S. 63; 31: SCHAUER: Personal S. 63; 32, 33, 34: HStAS A 202 Bü 2617 o. Pag. Geheimer Rat an den Oberhofmeister des Collegium Illustre (1796, April 3).

14T
Woelffel, Johann Friedrich

Lebensdaten	1760–1829
Geburtsdatum	1761, Dezember 13
Geburtsort	Mömpelgard (Grafschaft Mömpelgard; zum Herzogtum Württemberg)
Heiratsdatum	1790, November 20 (1. Ehe)/1819, September 14 (2. Ehe)
Heiratsort	Stuttgart (1. Ehe)/Maulbronn (Herzogtum Württemberg) (2. Ehe)
Konfession	lutherisch
Vater	Johann Caspar Woelffel, Hofschneider und Schlosscastellan in Mömpelgard
Mutter	Lucia Edwige Wismar
Ehepartner 1	Christina Sabina Dahlmann * 1759 in Stuttgart, † um 1817, Tochter des Gürtlers Peter Dahlmann in Stuttgart und der Anna Auch in Echterdingen
Ehepartner 2	Friederike Maria Elisabeth Trautwein * 1784 in Weinsberg, Tochter des Ökonomieverwalters Wilhelm Friedrich Trautwein in Maulbronn und der Regina Veronika Flattich in Ebingen
Lebensstationen	Hoftänzer und Figurant am württembergischen Hoftheater in Stuttgart (1778–1800), Oberzoller in Enzberg (ab 1800) und Neuenbürg (1824)
Ausbildung	Schüler der Hohen Karlsschule (1771, August 29 Aufnahme als Tänzer, 1787, Juni 19 Austritt zum württembergischen Hoftheater)
Wirkungsdaten (TÜ)	Sommerhalbjahr 1796
Anstellungsdatum (TÜ)	1796, April 3
Funktion (TÜ)	Tanzmeister

| Quellen | HStAS A 202 Bü 2617, A 272 Bü 144, 257; UAT 9/9, 117/1. |
| Literatur | BOUVARD/MARCHAND/TURLOTTE: Montbéliardais, S. 196, 212; GEB-HARDT: Schüler, S. 558; PFEILSTICKER: NWD § 969; SCHAUER: Personal, S. 73; WAGNER: Geschichte, Bd. 1, S. 491, 493, 547, Bd. 2, S. 298, 299, 399. |

1: GEBHARDT: Schüler S. 558, SCHAUER: Personal S. 73; 3: GEBHARDT: Schüler S. 558, HStAS A 272 Bü 257 Nr. 317; 4: HStAS A 272 Bü 257 Nr. 317, SCHAUER: Personal S. 73; 8, 9: GEBHARDT: Schüler S. 558; 14: Ebd., HStAS A 272 Bü 257 Nr. 317; 20: GEBHARDT: Schüler S. 558, HStAS A 272 Bü 257 Nr. 317, SCHAUER: Personal S. 73; 21: GEBHARDT: Schüler S. 558, HStAS A 272 Bü 257 Nr. 317; 25, 26: GEBHARDT: Schüler S. 558; 30: BOUVARD/MARCHAND/TURLOTTE: Mont-béliardais S. 196, 212, GEBHARDT: Schüler S. 558, HStAS A 272 Bü 144 o. Pag. Johann Friedrich Woelffel an Herzog Carl Eugen (1790, Oktober 22), HStAS A 272 Bü 257 Nr. 317, PFEILSTICKER: NWD § 969, SCHAUER: Personal S. 73; 31: BOUVARD/MARCHAND/TURLOTTE: Montbéliardais S. 196, 212, SCHAUER: Personal S. 73; 32, 33, 34: HStAS A 202 Bü 2617 o. Pag. Geheimer Rat an den Oberhofmeister des Collegium Illustre (1796, April 3).

15T
François, Clément Alexandre

Lebensdaten	1762–1834
Geburtsdatum	1762, Januar 26
Geburtsort	Mömpelgard (Grafschaft Mömpelgard; zum Herzogtum Württem-berg)
Heiratsdatum	1793, November 22
Heiratsort	Stuttgart
Todesdatum	1834, November 24, wegen Lungenlähmung
Todesort	Großbottwar (Herzogtum Württemberg)
Begräbnisdatum	1834, November 26
Begräbnisort	Großbottwar (Herzogtum Württemberg)
Konfession	lutherisch
Namensvarianten	Clemens Alexander François
Vater	Isaac François, Schreiner
Mutter	Jeanne Marie Rolin
Ehepartner 1	Margarethe Karoline Dorothea Debuisière * 1767 in Stuttgart, Tochter des Theaterschneiders und Inspektors der École de Danse in Stuttgart Karl Joseph Debuisière aus Burgis in Flandern, 1795–1797 Gardero-benaufseherin und 1797–1800 Coiffeuse am Stuttgarter Hoftheater, wahrscheinlich identisch mit der *Garderobière Françoise* beim Stutt-garter Hoftheater (1795) und der *Theater Buz-Directrisin* ebendort (ab 1802)
Kinder	eine Tochter, ∞ mit Praezeptor Spring in Großbottwar
Lebensstationen	Tänzer am württembergischen Hoftheater in Stuttgart (1778–1800)
Ausbildung	Schüler der Hohen Karlsschule (1771 Aufnahme als Tänzer, 1786 Aus-tritt)
Wirkungsdaten (TÜ)	1800–1832 (Zurruhesetzung)
Anstellungsdatum (TÜ)	1801, Januar 28
Funktion (TÜ)	Tanzmeister
Corpus (TÜ)	Collegiumsverwandter/Universitätsverwandter (1819, Juni 3)
Immatrikulation (TÜ)	1819, Juni 3
Matrikeleintrag (TÜ)	*Clément Alexandre François als Lehrer der Tanzkunst.*

Quellen   HStAS A 272 Bü 258, A 284/94 Bü 297, 314, E 11 Bü 49, 53, E 221 I
               Bü 4404; StAL E 202 Bü 723, 724; StAT A 70/2234, A 70/2236; UAT
               5/29b, 9/9, 9/13, 44/148b, 117/673, 145/111; UBT Mh 853.
Literatur   BOUVARD/MARCHAND/TURLOTTE: Montbéliardais, S. 196, 212; GEB-
               HARDT: Schüler, S. 237; LÖFFLER: Collegium Illustre, S. 49–53; PFEIL-
               STICKER: NWD § 966; SCHAUER: Personal, S. 60, 77 f.; WAGNER: Ge-
               schichte, Bd. 1, S. 492 f., 547.

1: UAT 117/673 o. Pag. Praezeptor Spring an das Königliche Oberamt in Marbach (1834, No-
vember 24); 3, 4: HStAS A 272 Bü 285 Nr. 336, UAT 117/673 o. Pag. Praezeptor Spring an das
Königliche Oberamt in Marbach (1834, November 24); 8, 9: SCHAUER: Personal S. 60, 77 f.; 10,
11, 12, 13: UAT 117/673 o. Pag. Praezeptor Spring an das Königliche Oberamt in Marbach (1834,
November 24); 14: HStAS A 272 Bü 285 Nr. 336; 16: HStAS A 284/94 Bü 297 o. Pag. Clément
Alexandre François an den Kirchenrat (1800, März 2); 20: UAT 117/673 o. Pag. Praezeptor
Spring an das Königliche Oberamt in Marbach (1834, November 24); 21: HStAS A 272 Bü
285 Nr. 336, UAT 117/673 o. Pag. Praezeptor Spring an das Königliche Oberamt in Marbach
(1834, November 24); 25: HStAS A 284/94 Bü 314, PFEILSTICKER: NWD § 966 gibt an: *François,
Figurant und Tänzer, 1794/95. Dessen Ehefrau besorgt den Anzug der Tänzerinnen*, SCHAUER:
Personal S. 60, 77 f., UBT Mh 853 S. 2; 28: UAT 117/673 o. Pag. Praezeptor Spring an das
Königliche Oberamt in Marbach (1834, November 24); 30: BOUVARD/MARCHAND/TURLOTTE:
Montbéliardais S. 196, 212, HStAS A 284/94 Bü 297 o. Pag. Zeugnis der herzoglichen Theaterdi-
rektion für Clément Alexandre François (1800, Dezember 23), PFEILSTICKER: NWD § 966, StAL
E 202 Bü 724; 31: BOUVARD/MARCHAND/TURLOTTE: Montbéliardais S. 196, 212, HStAS A 272 Bü
285 Nr. 336, UAT 9/9 Nr. 253; 32: HStAS A 284/94 Bü 297 o. Pag. Clément Alexandre François
an den Kirchenrat (1800, Dezember 23), UAT 117/673 o. Pag. Stadtpfarramt Großbottwar an
das Oberamt Marbach (1834, November 30); 33: StAL E 202 Bü 724, UAT 9/9 Nr. 256; 34:
HStAS A 284/94 Bü 297 o. Pag. Clément Alexandre François an den Kirchenrat (1800, März 2),
o. Pag. Gutachten des Kirchenrats (1801, Januar 12); 36: StAL E 202 Bü 724, StAT A 70/2236 Bl.
46ᵛ, 47ʳ, UAT 5/29b Bl. 165; 37, 38: UAT 5/29b Bl. 165.

4. Die Tübinger Ballmeister
(mit Wirkungsdaten in Tübingen)

Hugo Bitschin (Bütschi)
1594–1635 (†)

Jean Albert Masson
1601–1606

Rudolph Hugo Bitschin
–1643 (†)

Hugo Bitschin
1647–1665 (†)

Johann Bitschin (Bitsche)
1649 bis mind. 1664

David Rieck
1666–1673

Georg Friedrich Bitschin (Bitschki)
1673–1687

Johann Martin Kretzenthaller
1681–1693

Sohn des Johann Martin Kretzenthaller
1693–1696

Johann Albrecht Bründlin
1696–1729

Schwiegersohn des Johann Albrecht
Bründlin
1730–1732

Georg Dominicus Keller
1732–1765 (†)

Matthias Rodler
1750–1754, 1763–1782,–1796

Georg Friedrich Keller
1758–1798 (†)

Joseph Friedrich Eckardt
mind. 1782 bis mind. 1799

Heinrich Rudolph Friedrich Keller
1799 bis mind. 1821

1 B
Bitschin, Hugo (Bütschi)

Lebensdaten	um 1558–1635
Geburtsort	vermutlich Mömpelgard (Grafschaft Mömpelgard; zum Herzogtum Württemberg)
Heiratsdatum	1598 (1. Ehe)/1611, Januar 14 (2. Ehe)
Heiratsort	Tübingen (1. Ehe)/Tübingen (2. Ehe)
Todesort	Tübingen
Begräbnisdatum	1635, Februar 27
Konfession	lutherisch
Namensvarianten	Haug Bütsche/Bichin/*der welsche Schneider*
Vater	Hans Bichin aus Mömpelgard
Ehepartner 1	Apolonia, verwitwete Maur in Tübingen
Ehepartner 2	Agnes Lösch, Witwe in Tübingen
Kinder	Rudolph Hugo Bitschin, Ballmeister in Tübingen; Hugo Bitschin, Ballmeister in Tübingen; Johann Bitschin (Bitsche), Ballmeister in Tübingen; Georg Friedrich Bitschin (Bitschki), Ballmeister in Tübingen
Wirkungsdaten (TÜ)	1594–1635 (†)
Funktion (TÜ)	Ballschneider/Ballmeister
Quellen	HStAS A 274 Bü 79, A 284/94 Bü 53, 250; UAT 9/8; UBT Mh 538, Mh 847a.
Literatur	PFEILSTICKER: NWD § 977; SCHIEK/SETZLER: Ehebuch, Nr. 2745, 3777.

1, 4: PFEILSTICKER: NWD § 977; **8:** Ebd. nennt als 2. Heiratsdatum 1612, SCHIEK/SETZLER: Ehebuch Nr. 3777; **9, 11, 12:** PFEILSTICKER: NWD § 977; **14:** SCHIEK/SETZLER: Ehebuch Nr. 2745, 3777; **16:** HStAS A 274 Bü 79 o. Pag. Schuldenverzeichnis (1617, November 21), HStAS A 284/94 Bü 250 Bl. 31, PFEILSTICKER: NWD § 977, SCHIEK/SETZLER: Ehebuch Nr. 2745; **20:** PFEILSTICKER: NWD § 977 gibt an *Haug* Bitschin, SCHIEK/SETZLER: Ehebuch Nr. 2745; **25:** SCHIEK/SETZLER: Ehebuch Nr. 2745; **26:** Ebd. Nr. 3777; **28:** HStAS A 284/94 Bü 53 Bl. 1, PFEILSTICKER: NWD § 977, UBT Mh 847a Bl. 44ʳ; **32:** HStAS A 284/94 Bü 53 Bl. 1, HStAS A 284/94 Bü 250 Bl. 18a, PFEILSTICKER: NWD § 977; **34:** PFEILSTICKER: NWD § 977 gibt an *der welsche Schneider*, vermutlich handelt es sich um den gebräuchlichen Ausdruck des Ballschneiders.

2 B
Masson, Jean Albert

Lebensdaten	– 1635
Wirkungsdaten	1600–1635 (†)
Herkunftsort	Mömpelgard (Grafschaft Mömpelgard; zum Herzogtum Württemberg)
Heiratsdatum	1600
Heiratsort	Tübingen
Namensvarianten	Albrecht Metzon/genannt Jean Albert Boron
Vater	Lohgerber aus Mömpelgard
Ehepartner 1	Ursula Elisabeth Cadolph, Tochter des Secretarius der Reichsritterschaft des Kantons Neckar-Schwarzwald Christoph Cadolph in Rottenburg
Lebensstationen	Kammerdiener und Ballmeister am württembergischen Hof in Stuttgart (1609 bis mind. 1630)

| Wirkungsdaten (TÜ) | 1601–1606 |
| Funktion (TÜ) | Fechtmeister/Ballmeister |

| Quellen | HStAS A 284/94 Bü 53, 269. |
| Literatur | DECKER-HAUFF: Kadolf, S. 75, Nr. 866; PFEILSTICKER: NWD §§ 208, 262, 979, 980. |

1: PFEILSTICKER: NWD § 262; 2: HStAS A 284/94 Bü 53 o. Pag. Herzog Friedrich an Prinz Johann Friedrich (1606, Januar 24), HStAS A 284/94 Bü 269 o. Pag. Verzeichnis (um 1600), PFEILSTICKER: NWD § 262; 5: PFEILSTICKER: NWD § 208; 8, 9: DECKER-HAUFF: Kadolf S. 75 Nr. 866; 16: HStAS A 284/94 Bü 269 o. Pag. Verzeichnis (um 1600), PFEILSTICKER: NWD § 208; 20: PFEILSTICKER: NWD § 208; 25: DECKER-HAUFF: Kadolf S. 75 Nr. 866; 30: PFEILSTICKER: NWD § 208; 32: HStAS A 284/94 Bü 53 o. Pag. Herzog Friedrich an Prinz Johann Friedrich (1606, Januar 24), HStAS A 284/94 Bü 269 o. Pag. Verzeichnis (um 1600); 34: HStAS A 284/94 Bü 53 o. Pag. Herzog Friedrich an Prinz Johann Friedrich (1606, Januar 24), HStAS A 284/94 Bü 269 o. Pag. Verzeichnis (um 1600), PFEILSTICKER: NWD § 208.

3B
Bitschin, Rudolph Hugo

Lebensdaten	1614–1643
Geburtsort	vermutlich Tübingen
Taufdatum	1614, September 25
Begräbnisdatum	1643, Juli 5
Vater	Hugo Bitschin (Bütschi), Ballmeister in Tübingen
Geschwister	Hugo Bitschin, Ballmeister in Tübingen; Johann Bitschin (Bitsche), Ballmeister in Tübingen; Georg Friedrich Bitschin (Bitschki), Ballmeister in Tübingen
Ausbildung	Vermutlich Lehre im Ballexerzitium bei seinem Vater Hugo Bitschin (Bütschi) in Tübingen
Wirkungsdaten (TÜ)	–1643 (†)
Funktion (TÜ)	Ballschneider/Ballmeister

| Quellen | HSTAS A 284/94 Bü 53. |
| Literatur | PFEILSTICKER: NWD § 977. |

1, 4, 6, 12, 20: Pfeilsticker: NWD § 977; 22, 31, 32, 34: HStAS A 284/94 Bü 53 Bl. 1, PFEILSTICKER: NWD § 977.

4B
Bitschin, Hugo

Lebensdaten	1623–1665
Geburtsort	Tübingen
Taufdatum	1623, Juli 9
Taufort	Tübingen
Todesdatum	1665, Juni 14
Todesort	Tübingen
Konfession	lutherisch
Namensvarianten	Bitzgi

Vater	Hugo Bitschin (Bütschi), Ballmeister in Tübingen
Geschwister	Rudolph Hugo Bitschin, Ballmeister in Tübingen; Johann Bitschin (Bitsche), Ballmeister in Tübingen; Georg Friedrich Bitschin (Bitschki), Ballmeister in Tübingen
Ausbildung	Vermutlich Lehre im Ballexerzitium bei seinem Vater Hugo Bitschin (Bütschi) in Tübingen
Wirkungsdaten (TÜ)	1647–1665 (†)
Funktion (TÜ)	Ballschneider/Ballmeister
Quellen	HStAS A 284/94 Bü 53.
Literatur	Pfeilsticker: NWD § 977.

1, 4, 6, 7: Pfeilsticker: NWD § 977; **10**: HStAS A 284/94 Bü 53 Bl. 1, Pfeilsticker: NWD § 977; **11, 14, 16, 20**: Pfeilsticker: NWD § 977; **22, 31**: HStAS A 284/94 Bü 53 Bl. 1, Pfeilsticker: NWD § 977; **32, 34**: Pfeilsticker: NWD § 977.

5B
Bitschin, Johann (Bitsche)

Wirkungsdaten	1648–1664
Geburtsort	vermutlich Tübingen
Heiratsdatum	1648, Mai 30
Heiratsort	Tübingen
Todesdatum	vor 1673
Namensvarianten	Pitschy
Vater	Hugo Bitschin (Bütschi), Ballmeister in Tübingen
Geschwister	Rudolph Hugo Bitschin, Ballmeister in Tübingen; Hugo Bitschin, Ballmeister in Tübingen; Georg Friedrich Bitschin (Bitschki), Ballmeister in Tübingen
Ehepartner 1	Agnes Wurster, Tochter des verstorbenen Jerg Wurster in Tübingen
Kinder	Marie Agnes * 1649, † 1689, ∞ 1669 mit dem Tuchscherer und Kaufmann Johann Christof Linsenmann aus Böblingen
Studierende Kinder	Johann Rudolf (1680, Juni 7): *Joh. Rudolphus Bitsche Tub.* (Universität Tübingen), * 1663, † 1713, ∞ mit Regina Margarethe Baldenhofer, Tochter des Spezials Johann Caspar Baldenhofer aus Tuttlingen, ∞ mit Christine Barbara Grüninger, Tochter des Bürgermeisters in Tübingen Johann Wendel Grüninger, 1693 Diakon in Calw, 1701 Klosterpräzeptor und Prediger in Bebenhausen, 1704–1713 Pfarrer und Dekan in Derendingen
Ausbildung	Vermutlich Lehre im Ballexerzitium bei seinem Vater Hugo Bitschin (Bütschi) in Tübingen
Wirkungsdaten (TÜ)	1649 bis mind. 1664
Funktion (TÜ)	Ballmeister/*Ballenbinder*
Wohnung (TÜ)	Kirchgasse
Corpus (TÜ)	Stadtbürger (1649 bis mind. 1652)/später unklare Corpuszugehörigkeit zwischen der Stadt und dem Collegium Illustre (1664)
Quellen	HStAS A 202 Bü 2601, A 274 Bü 80, A 284/94 Bü 53, 271, A 303 Bd. 13965–13970, 13970a; UAT 9/7, 44/121; UBT Mh 847a.
Literatur	Faber: Familienstiftungen LVIII § 7, LXIV § 120; Pfeilsticker: NWD § 977; Sigel: Württemberg Bd. 10,1, Bl. 373.

2, 4: HStAS A 202 Bü 2601 o. Pag. Schuldenverzeichnis für Johann Adolph von Rechenberg (um 1662), HStAS A 274 Bü 80 Bl. 1 f., UBT Mh 847a Bl. 44ʳ; **8, 9**: UBT Mh 847a Bl. 44ʳ; **10**: HStAS A 284/94 Bü 53 Bl. 1, UBT Mh 847a Bl. 65ᵛ; **16**: A 284/94 Bü 53 o. Pag. Johann Bitschin an den Kirchenrat (1649, Oktober 14); **20**: UBT Mh 847a Bl. 44ʳ; **22**: HStAS A 284/94 Bü 53 Bl. 1, Pfeilsticker: NWD § 977, UBT Mh 847a Bl. 44ʳ; **25**: UBT Mh 847a Bl. 44ʳ; **28**: Faber: Familienstiftungen LVIII § 7, Faber: Familienstiftungen LXIV § 120, UAT 44/121 Bd. 6 Nr. 273/1, UBT Mh 847a Bl. 65ᵛ; **29**: MUT II 27605, Sigel: Württemberg Bd. 10,1 Bl. 373; **31**: HStAS A 202 Bü 2601 o. Pag. Schuldenverzeichnis für Johann Adolph von Rechenberg (um 1662), HStAS A 274 Bü 80 Bl. 1 f., UBT Mh 847a Bl. 44ʳ; **32**: HStAS A 274 Bü 80 Bl. 1 f., HStAS A 303 Bd. 13965–13970, 13970a, UBT Mh 847a Bl. 44ʳ; **34**: HStAS A 274 Bü 80, Bl. 1 f.; **35**: UAT 44/121 Bd. 6 Nr. 273/1; **36**: HStAS A 274 Bü 80 Bl. 1 f., HStAS A 284/94 Bü 53 o. Pag. Kirchenrat an den Collegiumsverwalter (1649, November 10), UAT 9/7 Nr. 72.

6B
Rieck, David

Wirkungsdaten	1666–1673
Namensvarianten	Rüeck
Ehepartner 1	Schwester des Bürgers und Schlossers Hans Georg Gebel in Tübingen
Lebensstationen	In königlich französischen Kriegsdiensten (ab 1673)
Wirkungsdaten (TÜ)	1666–1673
Funktion (TÜ)	Ballmeister
Quellen	HStAS A 202 Bü 2617, A 284/94 Bü 53, A 303 Bd. 13971; StAT A 20/S 402; UAT 3/8.

2: HStAS A 284/94 Bü 53 Bl. 1, UAT 3/8 Bl. 50ʳ; **16**: HStAS A 202 Bü 2617 Bl. 1; **25, 30**: HSTAS A 284/94 Bü 53 Bl. 1; **32**: Ebd., HStAS A 303 Bd. 13971, UAT 3/8 Bl. 50ʳ; **34**: HSTAS A 284/94 Bü 53 Bl. 1.

7B
Bitschin, Georg Friedrich (Bitschki)

Lebensdaten	1615–1689
Geburtsort	vermutlich Tübingen
Todesdatum	1689, Oktober 21
Todesort	Tübingen
Namensvarianten	Bisch(e)/Bitschkin/Butschgi
Vater	Hugo Bitschin (Bütschi), Ballmeister in Tübingen
Geschwister	Rudolph Hugo Bitschin, Ballmeister in Tübingen; Hugo Bitschin, Ballmeister in Tübingen; Johann Bitschin (Bitsche), Ballmeister in Tübingen
Lebensstationen	Trabant am württembergischen Hof in Stuttgart (1687–1688)
Ausbildung	Lehre im Ballexerzitium bei seinem Vater Hugo Bitschin (Bütschi) in Tübingen
Wirkungsdaten (TÜ)	1673–1687
Anstellungsdatum (TÜ)	1673, Mai 28
Funktion (TÜ)	Ballmeister/Schuhmacher
Quellen	HStAS A 284/94 Bü 53, 285, A 303 Bd. 13972–13974.
Literatur	Pfeilsticker: NWD §§ 161, 977.

1: Pfeilsticker: NWD § 161; **4**: HStAS A 284/94 Bü 53 Bl. 1, Pfeilsticker: NWD § 161; **10, 11**: Pfeilsticker: NWD § 161; **16**: HStAS A 284/94 Bü 53 o. Pag. Oberhofmeister des Collegium Illustre an den Kirchenrat (1673, Mai 24), HStAS A 303 Bd. 13974 Bl. 175ʳ, Pfeilsticker: NWD § 977; **20**: HStAS A 284/94 Bü 53 Bl. 1; **22**: Ebd., Pfeilsticker: NWD § 977; **30**: Pfeilsticker: NWD § 161; **31**: HStAS A 284/94 Bü 53 Bl. 1, HStAS A 284/94 Bü 53 o. Pag. Oberhofmeister des Collegium Illustre an den Kirchenrat (1673, Mai 24); **32**: HStAS A 284/94 Bü 53 Bl. 1, Pfeilsticker: NWD § 977; **33**: HSTAS A 284/94 Bü 53 Bl. 1, HStAS A 284/94 Bü 285 Bl. 6; **34**: HStAS A 284/94 Bü 53 Bl. 1, o. Pag. Oberhofmeister des Collegium Illustre an den Kirchenrat (1673, Mai 24), HStAS A 303 Bd. 13972–13974, Pfeilsticker: NWD § 977.

8B
Kretzenthaller, Johann Martin

Lebensdaten	um 1642–1720
Heiratsdatum	um 1671/1672
Todesdatum	1720, Januar 15
Begräbnisdatum	1720, Januar 18
Namensvarianten	Kretzenthaler/Gretzentaler
Lebensstationen	Auf Reisen in Basel, Frankreich, England und Holland (vor 1674), Ballmeister und Hausfourier am württembergischen Hof in Stuttgart (1715–1720)
Ausbildung	Vor 1674 Lehre im Ballexerzitium und Perfektionierung auf Reisen nach Frankreich, England und Holland, 1674 auch Erwähnung von Fähigkeiten *in anderen exercitiis, so Ich erlernet habe* und französischer Sprachkenntnisse
Wirkungsdaten (TÜ)	1681–1693
Anstellungsdatum (TÜ)	1681, Dezember 8 (Adjunkt)
Funktion (TÜ)	Bortenwirker/Marqueur/Ballmeisteradjunkt/Ballmeister/*Begleithungs Comisari*/Verwalter der Küchenschreiberei am Collegium Illustre
Corpus (TÜ)	Stadtbürger (*Bürger und Bortenmacher in unserer Statt Tübingen*)/ später vermutlich Collegiumsverwandter (1681)
Quellen	HStAS A 202 Bü 2617, A 284/94 Bü 53, 285, A 303 Bd. 13974–13978; StAT A 10 StU Nr. 160, A 20/S 216.
Literatur	Georgii-Georgenau: Dienerbuch, S. 208, 213; Löffler: Collegium Illustre, S. 49–53; Pfeilsticker: NWD §§ 305, 306, 977.

1: Pfeilsticker: NWD § 306; **8**: HStAS A 284/94 Bü 53 Bl. 4; **10**: Georgii-Georgenau: Dienerbuch S. 213, Pfeilsticker: NWD §§ 305 f.; **12**: Pfeilsticker: NWD § 305; **16**: HStAS A 284/94 Bü 53 o. Pag. Johann Martin Kretzenthaller an den Geheimen Rat (1689, Februar 8), Pfeilsticker: NWD § 306; **31**: HStAS A 284/94 Bü 53 Bl. 2; **30**: Ebd. Bl. 2, 4, o. Pag. Untervogt an den Kirchenrat (1674, Mai 4), Pfeilsticker: NWD § 305; **31**: HStAS A 284/94 Bü 53 Bl. 2, 4, o. Pag. Untervogt an den Kirchenrat (1674, Mai 4), HStAS A 303 Bd. 13974–13978; **32**: Pfeilsticker: NWD §§ 305 f., 977; **33**: HStAS A 284/94 Bü 53 o. Pag. Kirchenrat an den Collegiumsverwalter (1681, Dezember 8); **34**: HStAS A 202 Bü 2617 o. Pag. Johann Martin Kretzenthaller an den Geheimen Rat (1691, Juli 8/1), HStAS A 284/94 Bü 53 Bl. 2, 6, Löffler: Collegium Illustre S. 53; **36**: HStAS A 284/94 Bü 53 Bl. 3, 5, 8.

9B
Bründlin, Johann Albrecht

Lebensdaten	1673–1740
Geburtsdatum	1673, Mai 25
Geburtsort	Tübingen
Heiratsdatum	1695 (1. Ehe)/1708 (2. Ehe)
Todesdatum	1740, Oktober 13 wegen Schlagfluss
Todesort	Tübingen
Namensvarianten	Albert Brändle/Brendlin/Brendle
Vater	Samuel Brendlin, Sohn des Krämers Heinrich Brendle aus der Schweiz, Schneider am Tübinger Collegium Illustre
Ehepartner 1	Regina Margaretha Hess aus Reutlingen, † 1707, Tochter des kaiserlichen Notars und Ratsverwandten Johann Hess in Reutlingen
Ehepartner 2	Susanna Regina Bitschin, † 1727, Tochter des Ballmeisters Johann Bitschin (Bitsche) und Witwe des Zinkenisten Georg Gottfried Blentzing in Tübingen
Kinder	Regina Barbara, ∞ mit Pfarrer Nördlinger in Söhnstetten
Lebensstationen	Ballmeister und Hoffourier am württembergischen Hof in Ludwigsburg (1730–1736), Burgvogt und freies Quartier auf Hohentübingen (1736–1740)
Ausbildung	Lehre im Ballexerzitium bei Johann Martin Kretzenthaller in Tübingen mit Lehrbrief (1687–1690)
Wirkungsdaten (TÜ)	1687–1690, 1696–1740 (†)
Anstellungsdatum (TÜ)	1696, Januar 11
Funktion (TÜ)	Marqueur/Ballmeister/Lazarettpfleger/Burgvogt
Wohnung (TÜ)	Obere Hafengasse
Corpus (TÜ)	Gerichtsverwandter in Tübingen/unklare Corpuszugehörigkeit
Quellen	HStAS A 202 Bü 1915, 2617, 2538, A 206 Bü 4851, 4888, A 284/94 Bü 53, 285, A 303 Bd. 13982–14009, 14011, 14014–14017; StAR A1 Nr. 10219; StAT A 10 StU Nr. 160, A 10 StU Nr. 167, A 20/S 215, A 20/S 217, A 20/S 746, A 20/S 760, E 101/205, E 101/206, E 201/288; UAT 9/9, 9/12; UBT Mh 946; WLB Cod. hist. 2° 889 Bd. 4.
Literatur	BURKHARDT: Traubenwirt, S. 4; LÖFFLER: Collegium Illustre, S. 49–53; PFEILSTICKER: NWD §§ 977, 979, 2869; SEIGEL: Gericht, S. 185.

1, 3: PFEILSTICKER: NWD § 2869; **4**: LÖFFLER: Collegium Illustre S. 51; **8**: SEIGEL: Gericht S. 185, StAT E 101/205; **10**: HStAS A 284/94 Bü 53 Bl. 42, HStAS A 303 Bd. 14017 Bl. 147ʳ, PFEILSTICKER: NWD § 2869 gibt Oktober 15 an; **11**: PFEILSTICKER: NWD § 977; **16**: Ebd. §§ 977, 2869; **20**: HStAS A 202 Bü 2617 o. Pag. Johann Martin Kretzenthaller an den Geheimen Rat (1689, Februar 8), SEIGEL: Gericht S. 185. Hier wird als Beruf des Vaters *Collegschreiber* angegeben, StAT A 10 StU Nr. 160; **25**: StAR A1 Nr. 10219 Bl. 1 f., StAT E 101/205; **26**: SEIGEL: Gericht S. 185, StAT A 20/S 217 Bl. 4ᵛ–6ʳ, StAT E 101/205; **28**: StAT A 20/S 217 Bl. 301ᵛ, StAT E 101/205; **30**: PFEILSTICKER: NWD § 979; **31**: StAT A 10 StU Nr. 160; **32**: HStAS A 206 Bü 4888, HStAS A 284/94 Bü 53 Bl. 8, 10, 12, 33, HStAS A 303 Bd. 13982–14009, 14011, 14014–14017; **33**: HStAS A 284/94 Bü 53 Bl. 9, 11, HStAS A 284/94 Bü 285 Bl. 6; **34**: StAT E 101/205, UAT 9/9 Nr. 71; **35**: StAT E 101/206; **36**: HStAS A 206 Bü 4851 Bl. 1, 4, 6, HStAS A 284/94 Bü 53 Bl. 9, StAT A 20/S 217 Bl. 4ᵛ–6ʳ, SEIGEL: Gericht S. 185, UBT Mh 946 Bl. 9.

10B
Keller, Georg Dominicus

Lebensdaten	1699–1765
Geburtsdatum	1699, März 13
Geburtsort	Tübingen
Taufdatum	1699, März 13
Taufort	Tübingen
Heiratsdatum	1727
Heiratsort	Nürnberg (Reichsstadt)
Todesdatum	1765, Februar 15
Todesort	Tübingen
Konfession	lutherisch
Vater	Johann Bernhard Keller * 1658, † 1728, Bürger, Weißgerber und Zunft-meister der Weißgerber in Tübingen
Mutter	Maria Agnes Vogel * 1658, † 1721
Geschwister	Tobias * 1690, Schneider in Tübingen
Großvater	Tobias Vogel, Tuchscherer in Tübingen
Großmutter	Agnes Eippert aus Tübingen
Ehepartner 1	Elisabetha Müller * 1703, † 1776, Tochter des Gastgebers Salomon Müller in Nürnberg
Kinder	Balthasar Friedrich, ∞ 1761 mit Christiane Charlotte Koch, Tochter des Kaufmanns Johannes Koch aus Esslingen, Handelsmann in Esslingen; Georg Friedrich, Ballmeister in Tübingen
Lebensstationen	Marqueur bei Ballmeister Johann Jakob Brunner in Basel (1722–1724), Ballmeister in Nürnberg (um 1724–1732)
Ausbildung	Lehre im Ballexerzitium bei Johann Albrecht Bründlin in Tübingen (1715–1718), im Anschluss daran Reise
Wirkungsdaten (TÜ)	1732–1765 (†)
Anstellungsdatum (TÜ)	1732, Juni 18
Funktion (TÜ)	Ballmeister
Wohnung	Barfüßergergasse (heute Collegiumsgasse)
Quellen	HStAS A 284/94 Bü 53, 285, 295, A 303 Bd. 14012–14018, 14020–14039, A 409 L Bü 41; StAT A 10 StU Nr. 167, A 10 StU Nr. 168, A 10 StU Nr. 173, A 20/S 216, A 20/S 218, A 20/S 610, E 201/1119 Nr. 21; UAT 7/6, 9/9, S 127/124, S 127/125, S 127/126.
Literatur	FABER: Familienstiftungen LVIII § 4, LVIII § 11, LVIII § 17, LVIII § 22; LÖFFLER: Collegium Illustre, S. 49–53; PFEILSTICKER: NWD § 978.

1: StAT A 10 StU Nr. 168, UAT 9/9 Nr. 78; 3, 4, 6, 7: StAT A 10 StU Nr. 168; 8, 9: Pfeilsticker: NWD § 978; 10, 11: UAT 9/9 Nr. 78; 14: StAT A 10 StU Nr. 168; 20: FABER: Familienstiftungen LVIII § 11, StAT A 10 StU Nr. 168; 21: FABER: Familienstiftungen LVIII § 4, § 11, StAT A 10 StU Nr. 168; 22: FABER: Familienstiftungen LVIII § 11; 23, 24: FABER: Familienstiftungen LVIII § 4; 25: FABER: Familienstiftungen LVIII § 17, HStAS A 284/94 Bü 6 o. Pag. Collegiumsverwalter an den Kirchenrat (1777, Januar 13); 28: HStAS A 284/94 Bü 6 o. Pag. Collegiumsverwalter an den Kirchenrat (1777, Januar 13), HStAS A 284/94 Bü 295 Bl. 49; 30: HStAS A 284/94 Bü 53 Bl. 39, LÖFFLER: Collegium Illustre S. 51 f., StAT A 20/S 216 Bl. 87, UAT 9/9 Nr. 75; 31: HStAS A 284/94 Bü 53 Bl. 39, StAT A 10 StU Nr. 167; 32: HStAS A 284/94 Bü 53 Bl. 29, HStAS A 303 Bd. 14012–14018, 14020–14039, UAT 9/9 Nr. 75, 78; 33: A 284/94 Bü 285 Bl. 6; 34: StAT A 10 StU Nr. 173, UAT 9/9 Nr. 75; 35: UAT 7/6 Nr. 30.

11B
Rodler, Matthias

Lebensdaten	– 1796
Wirkungsdaten	1742–1796 (†)
Geburtsort	Ingolstadt (Kurfürstentum Bayern)
Todesdatum	1796, Juli 10
Todesort	Tübingen
Begräbnisdatum	1796, Juli 12
Begräbnisort	Ammern (Stift Obermarchtal), (im Totenbuch genannt als *per 30 annos, incola Tübinganus*)
Konfession	katholisch
Namensvarianten	Rudler/Rödler
Lebensstationen	Balljunge und Marqueur bei Ballmeister Johann Andreas Inderst in Ingolstadt (1742–1750), Marqueur am erzbischöflichen Ballhaus in Salzburg (1754–1758)
Ausbildung:	Lehre im Ballexerzitium bei Johann Andreas Inderst in Ingolstadt (vor 1742)
Wirkungsdaten (TÜ)	1750–1754, 1763–1782,–1796
Funktion (TÜ)	Marqueur
Quellen	DAR M 283 Bd. 1; HStAS A 284/94 Bü 295; StAT A 10 StU Nr. 169, A 10 StU Nr. 173; UAT 9/9, 9/13.
Literatur	KNAPP: Taufbuch, S. 21; LÖFFLER: Collegium Illustre, S. 49–53.

1: DAR M 283 Bd. 1 Bl. 23 f.; **2:** StAT A 10 StU Nr. 169, StAT A 10 StU Nr. 173; **4:** DAR M 283 Bd. 1 Bl. 23 f., LÖFFLER: Collegium Illustre S. 52, StAT A 10 StU Nr. 169, StAT A 10 StU Nr. 173; **10:** DAR M 283 Bd. 1 Bl. 23 f., UAT 9/13 Nr. 2 Bl. 7; **11:** UAT 9/13 Nr. 2 Bl. 7; **12, 13:** DAR M 283 Bd. 1 Bl. 24ʳ; **14:** DAR M 283 Bd. 1 Bl. 23 f.; **16:** DAR M 283 Bd. 1 Bl. 24ʳ; **30:** LÖFFLER: Collegium Illustre S. 52, StAT A 10 StU Nr. 169; **31:** StAT A 10 StU Nr. 169; **32:** LÖFFLER: Collegium Illustre S. 52, StAT A 10 StU Nr. 173; **34:** StAT A 10 StU Nr. 173.

12B
Keller, Georg Friedrich

Lebensdaten	1735–1798
Taufdatum	1735, August 7
Heiratsdatum	1764, Juli 2
Heiratsort	Tübingen
Todesdatum	1798, Juli 12 wegen Steckfluss (Asthma)
Todesort	Tübingen
Konfession	lutherisch
Vater	Georg Dominicus Keller, Ballmeister in Tübingen
Mutter	Elisabetha Müller * 1703, † 1776, Tochter des Gastgebers Salomon Müller in Nürnberg
Geschwister	Balthasar Friedrich, Handelsmann in Esslingen, ∞ 1761 mit Christiane Charlotte Koch, Tochter des Kaufmanns Johannes Koch aus Esslingen
Großvater	Johann Bernhard Keller * 1658, † 1728, ∞ 1683 in Tübingen, Bürger, Weißgerber und Zunftmeister der Weißgerber in Tübingen
Großmutter	Maria Agnes Vogel * 1658, † 1721, ∞ 1683 in Tübingen
Ehepartner 1	Philippina Friederike Scholl * 1739, † 1783, Tochter des Hospitalverwalters Georg Benjamin Scholl in Urach

Kinder	Elisabetha Charlotta Friederika * 1766, 1798 Absicht Marqueur Joseph Friedrich Eckardt in Tübingen zu heiraten; Wilhelm Salomon Friedrich * 1767, seit 1786 Zuckerbäcker in Pest (Ungarn); Charlotta Friederika * 1768, † 1850, 1798 noch ledig; Philippine Regine * 1774, ∞ 1798 mit Buchdrucker Gottlob Sigmund Friedrich Hopffer de l'Orme aus Tübingen; Heinrika Christina * 1773, ∞ 1805 mit Mechanicus und Opticus Buzengeiger in Tübingen; Heinrich Rudolph Friedrich * 1779, Ballmeister in Tübingen
Lebensstationen	Nach eigenen Angaben *über 2 Jahr lang* auf Reisen an *Ballhäusern, auch bey zerschiedenen Höfen und Universitaeten*
Ausbildung	*von Jugend auf* Lehre im Ballexerzitium bei seinem Vater Ballmeister Georg Dominicus Keller in Tübingen
Wirkungsdaten (TÜ)	1758–1798 (†)
Anstellungsdatum (TÜ)	1758, Oktober 21 (Adjunkt)/1765, März 8 (Ballmeister)
Funktion (TÜ)	Ballmeisteradjunkt/Ballmeister
Wohnung (TÜ)	Barfüßergasse (heute Collegiumsgasse)
Corpus (TÜ)	Collegiumsverwandter
Quellen	HStAS A 284/94 Bü 6, 203, 295, A 303 Bd. 14035–14059; StAT A 20/S 218, A 20/S 620, E 101/208; UAT 7/6, 8/2, 9/9, 9/12, 9/13, 44/121, 214/137, 214/892, S 127/124, S 127/125, S 127/126; UBT Mh 847a, Mh 946.
Literatur	BÖK: Geschichte, S. 296; FABER: Familienstiftungen III § 225, LVIII § 11, LVIII § 17, LVIII § 22; LÖFFLER: Collegium Illustre, S. 49–53; PFEILSTICKER: NWD §§ 978, 1123, 1138, 1450.

1, 6: PFEILSTICKER: NWD § 978; **8:** UBT Mh 847a Bl. 110ʳ, FABER: Familienstiftungen III § 225 gibt an 1785 Juli 2, PFEILSTICKER: NWD § 978 gibt an 1765; **9:** PFEILSTICKER: NWD § 978; **10:** HStAS A 284/94 Bü 295 Bl. I, III, PFEILSTICKER: NWD § 978, StAT E 101/208; **11:** PFEILSTICKER: NWD § 978; **14:** UBT Mh 847a Bl. 110ʳ; **20:** PFEILSTICKER: NWD § 978, UBT Mh 847a Bl. 110ʳ; **21:** HStAS A 284/94 Bü 6 Bl. o. Pag. Collegiumsverwalter an den Kirchenrat (1777, Januar 13); **22:** FABER: Familienstiftungen LVIII § 17, HStAS A 284/94 Bü 6 Bl. o. Pag. Collegiumsverwalter an den Kirchenrat (1777, Januar 13); **23, 24:** FABER: Familienstiftungen LVIII § 4, FABER: Familienstiftungen LVIII §11; **25:** FABER: Familienstiftungen III § 225, FABER: Familienstiftungen LVIII § 22, UBT Mh 847a Bl. 110ʳ; **28:** FABER: Familienstiftungen LVIII § 22, StAT E 101/208, UAT 8/2 Nr. 207, 216/1, UAT 9/13 Nr. 7 Bl. 8, 10; **30:** HStAS A 284/94 Bü 295 Bl. 49; **31:** HStAS A 284/94 Bü 295 Bl. 49; **32:** HStAS A 284/94 Bü 295 Bl. 50 f., HStAS A 284/94 Bü 295 Bl. I, III, UAT S 127 Nr. 124, Nr. 125; **33:** HStAS A 284/94 Bü 295 Bl. 50 f., UAT 9/9 Nr. 77–79; **34:** HStAS A 284/94 Bü 295 Bl. I, III, 50 f.; **35:** StAT E 101/208; **36:** StAT E 101/208, UAT 9/9 Nr. 81, UAT 9/13 Nr. 7.

13B
Eckardt, Joseph Friedrich

Lebensdaten	1767–
Wirkungsdaten	mind. 1782 bis mind. 1805
Geburtsort	Tübingen
Namensvarianten	Eccard
Vater	Bürger und Knopfmacher in Tübingen
Ehepartner 1	Elisabetha Keller * 1766, Tochter des Tübinger Ballmeisters Georg Friedrich Keller (1798 Heiratsabsicht)

Lebensstationen	Pest (Ungarn) (um 1799 bis mind. 1805)
Ausbildung	Lehre im Ballexerzitium bei Georg Friedrich Keller in Tübingen (um 1780)
Wirkungsdaten (TÜ)	mind. 1782 bis mind. 1799
Anstellungsdatum (TÜ)	1798, Juli 13
Funktion (TÜ)	Marqueur
Corpus (TÜ)	Stadtbürger
Quellen	HStAS A 284/94 Bü 295; UAT 9/9, 9/13.

1: HStAS A 284/94 Bü 295 Bl. II; **2**: Ebd., UAT 9/13 Nr. 7 Bl. 8; **4**: HStAS A 284/94 Bü 295 Bl. II; **16**: UAT 9/9 Nr. 88; **20**: HStAS A 284/94 Bü 295 Bl. II; **25**: Ebd., UAT 9/9 Nr. 86; **30**: UAT 9/13 Nr. 7 Bl. 8; **31**: HStAS A 284/94 Bü 295 Bl. VIIII; **32**: HStAS A 284/94 Bü 295 Bl. II, 18 f.; **33**: HStAS A 284/94 Bü 295 Bl. II, VIIII, XI, 12, 13, 18 f.; **34**: UAT 9/9 Nr. 86; **36**: HStAS A 284/94 Bü 295 Bl. II.

14B
Keller, Heinrich Rudolph Friedrich

Lebensdaten	1779–1855
Geburtsdatum	1779, Dezember 14
Geburtsort	Tübingen
Heiratsdatum	1807, August
Heiratsort	Tübingen
Todesdatum	1855, März 23
Todesort	Tübingen
Aussehen/Charakter	*Er ist gegenwärtig Achtzehen Jahr und Sieben Monate alt, fünf Schu zehen Zoll würtembergischen Masses gros, hat braune Haare und dergleichen Augbrauen, dunkelblaue Augen, eine runde Stirne, breite Nase, einen Mund von mittlerer Grösse, ein etwas spiziges Kinn und ein rundes braunlechtes Angesicht.*
Vater	Georg Friedrich Keller, Ballmeister in Tübingen
Mutter	Philippina Friederike Scholl * 1739, † 1783, Tochter des Hospitalverwalters Georg Benjamin Scholl in Urach
Geschwister	Elisabetha * 1766, 1798 Absicht Marqueur Joseph Friedrich Eckardt in Tübingen zu heiraten; Wilhelm Salomon Friedrich * 1767, seit 1786 Zuckerbäcker in Pest (Ungarn); Charlotta Friederika * 1768, † 1850, 1798 noch ledig; Philippine Regine * 1774, ∞ 1798 mit Buchdrucker Gottlob Sigmund Friedrich Hopffer de l'Orme aus Tübingen; Heinrika Christina * 1773, ∞ 1805 mit Mechanicus und Opticus Buzengeiger in Tübingen
Großvater	Georg Dominicus Keller, Ballmeister in Tübingen
Großmutter	Elisabetha Müller * 1703, † 1776, Tochter des Gastgebers Salomon Müller aus Nürnberg
Ehepartner 1	Johanne Kierecker aus Tübingen
Lebensstationen	Marqueur bei dem kurpfalz–bayerischen Hofballmeister Georg Gottlieb Dörr in Düsseldorf (1798, Juli bis 1799, August)
Ausbildung	Lehre im Ballexerzitium bei seinem Vater Georg Friedrich Keller in Tübingen (1794–1798)
Wirkungsdaten (TÜ)	1794–1798, 1799 bis mind. 1821
Anstellungsdatum (TÜ)	1799, August 11/16

Funktion (TÜ)	Ballmeister
Wohnung (TÜ)	Barfüßergasse (heute Collegiumsgasse)
Corpus (TÜ)	Collegiumsverwandter/Universitätsverwandter (1819, Juni 3)
Immatrikulation (TÜ)	1819, Juni 3
Matrikeleintrag (TÜ)	*Heinrich Rudolph Friedrich Keller Ballmeister.*

Quellen	HStAS A 284/94 Bü 295, E 221 I Bü 4406; StAL E 230 II Bü 2603; StAT A 20/S 617, A 70/2234, A 540 Nr. 11, E 101/207, E 201/208; UAT 5/29b, 8/2, 9/8, 9/9, 9/11, 9/13, 44/148b, 117/655, 145/111, S 127/124, S 127/125, S 127/126.
Literatur	FABER: Familienstiftungen LVIII § 4, LVIII § 11, LVIII § 17, LVIII § 22; LÖFFLER: Collegium Illustre, S. 49–53; PFEILSTICKER: NWD § 978.

1, 3: PFEILSTICKER: NWD § 978; **4**: UAT 9/9 Nr. 81; **8**: PFEILSTICKER: NWD § 978, StAT E 101/207, UAT 9/9 Nr. 89 f.; **9, 10, 11**: PFEILSTICKER: NWD § 978; **15**: UAT 9/9 Nr. 81; **20**: HStAS A 284/94 Bü 295 Bl. 17; **21**: FABER: Familienstiftungen LVIII § 22; **22**: HStAS A 284/94 Bü 295 o. Pag. Erben Georg Friedrich Kellers an den Kirchenrat (1798, Juli 16), StAT E 101/208, UAT 8/2 Nr. 207; **23**: HStAS A 284/94 Bü 295 Bl. 17; **24**: FABER: Familienstiftungen LVIII § 17; **25**: StAT E 101/207; **30**: HStAS A 284/94 Bü 295 Bl. 17; **31**: Ebd., o. Pag. Erben Georg Friedrich Kellers an den Kirchenrat (1798, Juli 16); **32**: HStAS A 284/94 Bü 295 Bl. 17, StAT A 70/2236 Bl. 45^v–46^r, S 127 Nr. 126; **33**: UAT 9/8 Nr. 13; **34**: HStAS A 284/94 Bü 295 Bl. 17; **35**: StAT E 101/207; **36**: HStAS A 284/94 Bü 295 Bl. II, VI, X, 12, 17, UAT 5/29b Bl. 165; **37, 38**: UAT 5/29b Bl. 165.

5. Die Tübinger Sprachmeister
(mit Wirkungsdaten in Tübingen)

CI (beim Collegium Illustre), U (bei der Universität), F (frei, weder beim Collegium Illustre noch bei der Universität), M (Mömpelgarder Theologiestudenten), B (Bewerber)

Bartholomäus Hettler (CI)
1601–1629

Petrus Scaturigius (F)
1615–1639 (†)

Jean-Georges Grangier (M)
1620–1627

Hugo Mauricque (U)
1637–1669

Louis du May de Salettes (CI)
1651–1681 (†)

Étienne Debrulère (U)
1653–1660

Stephane Justinian de Rouille (F)
1653–1655

[...] Drouoll (F)
1655

Alphons Firmin Caussin (F)
1664–1668

Jacques Stephane Beaulieu (F)
1666

Louis de Pimelin (U)
1668

Joseph Gabriel de Montalegre (F)
1666–1683

Louis d'Artois (U)
1670–1672

Jean Baptiste Lequin (U)
1671–1672

Paul Roger Sibour (U)
1672–1678

Jean François Ladoulce (F)
1673

David Alleon (F)
1681

[...] Hugi (CI)
1682–1685

Raymond Bottu (F)
1682, 1687

Gilbert Joubert (U)
1682–1690

Jean Baptiste Blain (U)
1683–1686

Michele Leonardi (U)
1683–1696

Pierre Royal (U)
um 1684 bis mind. 1725

[...] de Monort (CI)
1685–1687

Gerhard Mathild (U)
1690 bis um 1691, 1699 bis um 1703

Jean Caumon (U)
um 1696–1748 (†)

Petrus Josephus Bergamini (U)
1697–1699/1702 (†)

Paul Mélin (U) 1701–1703	Pierre Marqueur (F) 1702

Antonio Calligar (U)
1701–1709

Jean Gigon (U)
1705–1709 (†)

Franciscus de Gregoriis (U)
1710–1746 (†)

Sebastian Buttex (U)
1715–1736 (†)

Alexander Gottlieb Lamotte (U)
1729–1743

Jean Ernest Caumon (U) 1732–1736	Anne Madelaine Caumon (F) 1732–1740
Johann Hieronymus Boeswillibald (U) 1732–1742, 1753–1762	Jacques François Perrin de Vassebourg (F) 1737, 1744 bis um 1745
Pierre Robert (U) 1737–1772 (†)	Joseph Caumon (F) 1748

Johann Daniel Riemann (U)
1758–1784

Carl Philipp Ernst Andreas (F)
1751–1752

Adolph Hirsch (U)
1760 bis mind. 1761

Jean Guillaume de Colomb Labarthe (F)
1762–1763

Xaverius Carolus Ferdinandi (F)
1763–1772

Rudolph Gabriel Eckert (U)
1770 bis mind. 1771

Pierre Aubin de Sales (U/CI)
1773–1784 (†)

Christophe Frédéric Parrot (M)
1773

Johann Julius Willich (U)
1779–1780

Jean François Méry Le Roy (CI)
1785–1791

Christoph Matthäus Ploucquet (F)
1791

Johann Heinrich Emmert (CI)
1792–1829

Jean Samuel Amiet (F)
1791

[...] Germain (F)
1794 bis mind. 1796

Pierre Bernard Rochete (F)
1800

Jean Marie Morio (CI)
1802–1805

Bewerber

(mit Wirkungsdaten in Tübingen)

Reichard Mangon (B)
1599

Théodore du Soucy (B)
1600

Ludovicus Olisius (B)
1619

[…] Parcher (B)
1660

Joan Poichet (B)
1667

Thomas Schüger (B)
1667

Claude Ganierre (B)
1669

René Delavaranne (B)
1686

François Collignac (B)
1686

Giovanni Baptista Pagani (B)
1753

Gregorio Magalotti (B)
1763

Theophil Friedrich Lang (B)
1773

Gorena von Tries (B)
1790

Charles François Langlois (B)
1791

Joseph Anton Neumayer (B)
1791

Alexandre Geoffroy Resplandin (B)
1791

Augustin Jean Francois Liégault (B)
1791

Johann Friedrich Dobelmann (B)
1791

Johann Friedrich Stademann (B)
1793

1S
Hettler, Bartholomäus

Lebensdaten	1575–1635/1639
Geburtsdatum	1575, Januar 10
Heiratsdatum	1601, November 24
Heiratsort	Tübingen
Vater	Bartholomäus Hettler aus Hohenhaslach, † 1600, Präzeptor in Lauffen und Nürtingen, Professor des Griechischen und Lateinischen in Tübingen (um 1572–1600), Gevatter von Martin Crusius
Mutter	Dorothea * 1539, † 1600
Geschwister	Johannes, Diakon in Calw, Pfarrer in Ebingen; Zacharias, Doktor beider Rechte (1584), Kanzleiadvokat, markgräflich badischer Rat und Stadtschreiber in Pforzheim; Joseph, Doktor beider Rechte (1587); Jakob, Pfarrer in Kleinsachsenheim (1589), in Grabenstetten (1591) und in Bickelsberg (1599)
Ehepartner 1	Susanna Barbara Kienlin, Tochter des Bebenhauser Pflegers Georg Kienlin in Tübingen
Kinder	Helene Dorothea * 1602, † 1639; Susanna Barbara * 1604; Anna Dorothea * 1606; Sofia * 1609; Susanna Ursula * 1615
Lebensstationen	Basel (1593/1594), Genf (1594), Aufenthalt an Universitäten in Paris und in anderen Städten Frankreichs (1593–1598), Präzeptor des Philipp Ludwig Baron von Limpurg am Tübinger Collegium Illustre (1599), Reise nach Italien, Aufenthalt an den Universitäten Siena und Perugia (1600–1601), württembergischer Untervogt in Neuenstadt am Kocher (1629–1633)
Ausbildung	Studium der Rechte in Tübingen (1588–1593), Erlernung des Französischen und Italienischen in Frankreich und Italien
Wirkungsdaten (TÜ)	1601–1629
Anstellungsdatum (TÜ)	1601, August 18
Funktion (TÜ)	Sprachprofessor des Französischen und Italienischen
Corpus	Collegiumsverwandter
Immatrikulation (TÜ)	1588, Januar 15/1599, September 14
Matrikeleintrag (TÜ)	1588: *Joannes Bartholomeus Hetlerus Tubingensis.*/1599: *Bartholomaeo Hettlero Tubingensi.*
Quellen	HStAS A 202 Bü 1915, 2613, A 274 Bü 73, 77, 79, A 284/94 Bü 41, A 409 Bü 21; StAT E 201/961; UAT 7/4b, 9/3, 10/12, 44/121, 44/123, 44/148b, 44/175b, 44/177; UBT Mh 847a, Mh 967; WLB Cod. hist. 8° 218, Cod hist. 2° 888 Bd. 32.
Literatur	CONRAD: Lehrstühle, S. 110; GÖZ/STAHLECKER: Diarium, Bd. 1, S. 146 f./21–3, Bd. 2, S. 329/24, Bd. 3, S. 135/32–34, 363/25–26, 736/27; HOFMANN: Artistenfakultät, S. 119 f.; KELTER: Stammbuch, S. 64, 96; MÜLLER: Stammbuch, S. 43; MUT I 132/20, 208/40, 231/79; PFEILSTICKER: NWD §§ 2672, 2673 BE III; RAMSLER: Blumen, Bl. 39; RAUSCHER: Collegium Illustre, S. 47–70; SCHIEK/SETZLER: Ehebuch, Nr. 2973; SCHRÖDER: Lexikon, Bd. 2, S. 220–225; STOLL: Sammlung, S. 86; TEUFEL: Universitas, S. 132; WEIGLE: Matrikel Siena, Bd. 1, S. 151; WEIGLE: Matrikel Perugia, S. 45; ZEITLER: Liber conductionum, S. 82, 93; ZELLER: Merckwuerdigkeiten, S. 500.

1: Pfeilsticker: NWD § 2672, StAT E 201/961 Nr. 5; 4: StAT E 201/961 Nr. 5; 8, 9: Schiek/
Setzler: Ehebuch Nr. 2973; 20: Göz/Stahlecker: Diarium Bd. 2 S. 329/24, Hofmann: Ar-
tistenfakultät S. 119 f., MUT I 132/20, StAT E 201/961 Nr. 4 f., Teufel: Universitas S. 132;
UAT 10/12 Bd. 1 Nr. 29, Zeller: Merckwuerdigkeiten S. 500; 21: Göz/Stahlecker: Diarium
Bd. 3 S. 135/32–34, StAT E 201/961 Nr. 4 f.; 22: HStAS A 409 Bü 21, StAT E 201/961 Nr. 4; 25:
Schiek/Setzler: Ehebuch Nr. 2973, StAT E 201/961 Nr. 5; 28: StAT E 201/961 Nr. 5; 30: Göz/
Stahlecker: Diarium Bd. 1 S. 146 f./21–3, HStAS A 284/94 Bü 41 o. Pag. Bartholomäus Hettler
an Herzog Friedrich (1601, Juli 2), Pfeilsticker: NWD § 2672 BE III, StAT E 201/961 Nr. 4,
Weigle: Matrikel Siena Bd. 1 S. 151, Weigle: Matrikel Perugia S. 45; 31: HStAS A 284/94 Bü
41 o. Pag. Bartholomäus Hettler an Herzog Friedrich (1601, Juli 2), MUT I 208/40, 231/79; 32:
HStAS A 284/94 Bü 41 o. Pag. Staat für Bartholomäus Hettler (1601, August 18), Pfeilsticker:
NWD § 2672 BE III, UAT 44/121 Bd. 3 Nr. 103; 33: HStAS A 284/94 Bü 41 o. Pag. Staat für
Bartholomäus Hettler (1601, August 18); 34: Ebd., UAT 44/121 Bd. 3 Nr. 103; 36: Ramsler:
Blumen Bl. 39; 37, 38: MUT I 208/40, MUT I 231/79.

2S
Scaturigius, Petrus

Lebensdaten	1588–1639
Geburtsort	Orléans (Königreich Frankreich)
Heiratsdatum	1619 oder 1620
Todesdatum	1639, März 1 nach dreiwöchigem fiebrigem Katharr
Todesort	Tübingen
Konfession	lutherisch (1630 Unterzeichnung der Konkordienformel)
Namensvarianten	Pierre Sourceau/Brunnquell
Vater	Nicolaus Scaturigius aus Orléans
Ehepartner1	Sara Heinlin, Tochter des Pfarrers und Spezialsuperattendenten in Calw Jacob Heinlin; nach dem Tod von Scaturigius heiratet Sara 1649 in Lustnau einen Tübinger Schnitt- und Brucharzt
Kinder	Peter * 1621; Johann Jakob * 1624, † 1640; Nikolaus * 1626, † 1631; Anna Margarete * 1627; Sara * 1629, † 1646; Barbara * 1630; Paulus * 1633; Maria * 1635; Barbara * 1636; Katharina * 1638
Studierende Kinder	Ludwig (1648, Juli 26): *Ludovicus Scaturigius Tubingensis* (Universität Tübingen), * 1631, † 1690, 1649 Baccalaureus, 1650 Magister, 1654 Diakon in Großbottwar, 1662 Pfarrer in Asperg, 1663–1679 in Löchgau, 1679 als Anhänger Jakob Böhmes seines Amtes enthoben
Ausbildung	Humanistische Ausbildung, insbesondere in den Sprachen, im Anschluss Präzeptor junger Adliger. Mit diesen gelangt Scaturigius auch an die Universitäten Altdorf, Leipzig, Jena und Tübingen, wo er die Rechte studiert (Magisterexamen 1630). Vermutlich gibt er bereits während seines Studiums Privatlektionen im Französischen.
Wirkungsdaten (TÜ)	1615–1639 (†)
Funktion (TÜ)	Student der Rechte/Sprachmeister des Französischen/Hofgerichtsadvokat (1623/1624)/Rektor des Contuberniums (1623–1625)/Professor des Lateinischen am Contubernium (ab 1630)/Professor der Ethik an der Philosophischen Fakultät (ab 1636)
Wohnung (TÜ)	Kauf einer Behausung in der Marktsteige/Kronenstraße
Corpus (TÜ)	Universitätsverwandter
Immatrikulation (TÜ)	1615, Mai 12/1620, Juni 19
Matrikeleintrag (TÜ)	1615: *Petrus Scaturigius Aurelianensis Gallus.*/1620: *Petrus Scaturigius Orelianensis repetiit nomen.*

Quellen	HStAS A 202 Bü 1915; StAT E 201/1743; UAT 1/8, 2/16, 3/3, 6/4, 6/25, 9/4, 10/12, 15/2, 15/12, 19/14, 21/4, 21/10, 25/2, 30/6, 44/121, 44/149b, 46/25, 47/8; UBT Mh 772 Bd. 8, Mh 847a, Mh 940; WLB Cod. hist. 2° 912 Bd. 2.
Literatur	CONRAD: Lehrstühle, S. 157; KOLB: Anfänge, S. 48–50; RAU: Marktplatz, S. 18; SCHÄFER: Unterschriften, S. 70; SIGEL: Württemberg, Bd. 10,2 Bl. 538; STOLL: Sammlung, S. 86; ZELLER: Merckwuerdigkeiten, S. 505.

1: UAT 10/12 Bd. 5 Bl. 415; **4**: Ebd., UBT Mh 847a Bl. 30ᵛ; **8**: StAT E 201/1743, UBT Mh 847a Bl. 30ᵛ; **10**: UAT 6/4 Bl. 147ᵛ, UAT 10/12 Bd. 5 Bl. 415; **11**: UAT 10/12 Bd. 5 Bl. 415; **14**: UAT 30/6 Nr. 3; **16**: HStAS A 202 Bü 1915 o. Pag. Thomas Lansius an den Prinzenhofmeister (1629, Januar 22); **20**: UAT 10/12 Bd. 5 Bl. 415, UBT Mh 847a Bl. 30ᵛ; **25**: StAT E 201/1743, UAT 6/4 Bl. 153ᵛ, UAT 10/12 Bd. 5 Bl. 415, UAT 25/2 Bd. 3 Nr. 212, UBT Mh 847a Bl. 30ᵛ; **28**: StAT E 201/1743; **29**: KOLB: Pietismus S. 48–50, MUT II 23389, SIGEL: Württemberg Bd. 10,2 Bl. 538, UAT 21/4 Bd. 1 Nr. 84, UAT 25/2 Bd. 3 Nr. 212; **31**: UAT 10/12 Bd. 5 Bl. 415; **32**: Ebd., UAT 15/2 Nr. 119a–119d; **34**: HStAS A 202 Bü 1915 o. Pag. Thomas Lansius an den Prinzenhofmeister (1629, Januar 22), UAT 15/2 Nr. 119a–119d, UAT 10/12 Bd. 5 Bl. 415, UAT 21/10, UBT Mh 847a Bl. 30ᵛ; **35**: RAU: Marktplatz S. 18, UAT 44/121 Bd. 3 Nr. 112,1; **36, 37, 38**: MUT II 19219, 20147, die Anmerkung zum Matrikeleintrag gibt als Einstellungsdatum für die Ethikprofessur 1629 an, Scaturigius bewarb sich jedoch erst 1636 auf diese Stelle, vgl. UAT 15/2 Nr. 119c.

3S
Grangier, Jean-Georges

Wirkungsdaten	1620–1629
Herkunftsort	Mömpelgard (Grafschaft Mömpelgard; zum Herzogtum Württemberg)
Wirkungsdaten (TÜ)	1620–1627
Funktion (TÜ)	Student/Sprachmeister des Französischen
Corpus	Universitätsverwandter
Immatrikulation	1620, August 11
Matrikeleintrag	*Joh. Georgius Grangier Mompelgartensis.*
Publikationen	Disputatio physica, de anima rationali. Et eius facultatibus/quam [...] moderatore [...] Cunrado Cellario [...] publice [...] defendere conabitur, Tübingen: Werlin 1621 (VD17: 12:154736W).
Quellen	UAT 2/15.
Literatur	MUT II 20176; HAUG: Wirtemberg, S. 143–147; VIÉNOT: Étudiants, S. 79.

2: UAT 2/15 Bl. 269ʳ; **5**: HAUG: Wirtemberg S. 143–145; **32**: MUT II 20176, UAT 2/15 Bl. 269ʳ; **34**: UAT 2/15 Bl. 269ʳ; **36, 37, 38**: MUT II 20176.

4S
Mauricque, Hugo

Wirkungsdaten	1637–1669
Geburtsort	Mömpelgard (Grafschaft Mömpelgard; zum Herzogtum Württemberg)
Heiratsdatum	1648, April 10 (1. Ehe)/1653 (2. Ehe)
Konfession	lutherisch

Namensvarianten	Maurique
Vater	Nicolas Mauricque aus Mömpelgard
Ehepartner 1	Anna Maria Springer * 1617, Tochter des Fähnrichs Georg Springer aus Tübingen
Kinder	Georg Friedrich * 1649; Maria Ursula * 1651
Lebensstationen	Universität Genf (1638, März 15), Universität Straßburg (1639, August 30), Universität Altdorf (1645, Juni 1), Hofgerichtsadvokat in Tübingen (genannt 1653–1669)
Ausbildung	Studium der Rechte
Wirkungsdaten (TÜ)	1637–1669
Anstellungsdatum (TÜ)	1647, Juli 28
Funktion (TÜ)	Student der Rechte (1637, 1639, 1646)/Sprachmeister des Französischen (1647–1653)/Hofgerichtsadvokat (ab 1653)
Wohnung (TÜ)	Neckarhalde
Corpus (TÜ)	Universitätsverwandter/Collegiumsverwandter (1649, Januar 18)
Immatrikulation (TÜ)	1637, November 2/1639, Dezember 9/1646, Juli 6/1648, Mai 19/1653, Februar 3
Matrikeleintrag (TÜ)	1637: *Hugo Morickh, Johann Vinotus, Johann Scheretius Monpelgardenses.*/1639: *Hugo Mauricque Mompelgartensis.*/1646: *Hugo Morique Mompellgartensis.*/1648: *Hugo Maurique Mompelgarttens. vxoratus civis, rep. nom.*/1653: *Hugo Mauriqve uxoratus nomen repetiit.*
Quellen	HStAS A 202 Bü 2613, A 284/94 Bü 12, A 303 Bd. 13965–13966, L 6 Bü 764; StAT A 30/S 22, E 201/1451; UAT 3/3–3/5, 3/8, 6/4, 6/16, 7/4a, 7/4b, 9/4, 25/9, 30/6, 33/45, 33/51; UBT Mh 847a; WLB Cod. hist. 2° 889 Bd. 25.
Literatur	KNOD: Matrikeln, Bd. 1, S. 610; MUT II 22789, 22850, 23208, 23362, 23968; PFEILSTICKER: NWD § 1321; RAUSCHER: Collegium Illustre, S. 91–94; SCHRÖDER: Lexikon, Bd. 3, S. 164–166; STEINMEYER: Matrikel, Bd. 1, S. 266; STELLING-MICHAUD: Livre, Bd. 4, S. 481.

2: HStAS A 303 Bd. 13965–13966, UAT 6/4 Bl. 151ᵛ, UAT 6/5 Bl. 114ᵛ; 4: MUT II 22789, UAT 6/4 Bl. 151ᵛ; 8: MUT II 23362, 23968, StAT E 201/1451, UBT Mh 847a Bl. 44ʳ; 14: UAT 25/9 Bd. 1 Nr. 26; 16: UAT 3/3 Bl. 168ʳ; 20: StAT E 201/1451, UBT Mh 847a Bl. 44ʳ; 25: StAT E 201/1451; 28: Ebd., UBT Mh 847a Bl. 44ʳ; 30: KNOD: Matrikeln Bd. 1 S. 610, MUT II 23968, STEINMEYER: Matrikel Bd. 1 S. 266, STELLING-MICHAUD: Livre Bd. 4 S. 481, UAT 6/5 Bl. 97ʳ, UAT 7/4a Nr. 18; 31: MUT II 22850; 32: HStAS A 303 Bd. 13965–13966, MUT II 22789, UAT 6/4 Bl. 151ᵛ; 33: UAT 30/6 Nr. 4 Bl. 1; 34: UAT 6/5 Bl. 97ʳ, UAT 30/6 Nr. 4 Bl. 1; 35: StAT E 201/1451; 36: MUT II 22789, 22850, 23208, 23362, 23968, UAT 6/4 Bl. 151ᵛ; 37, 38: MUT II 22789, 22850, 23208, 23362, 23968.

5S
May de Salettes, Louis du

Lebensdaten	– 1681
Wirkungsdaten	1651–1681 (†)
Heiratsdatum	1653, April 17
Heiratsort	Tübingen
Todesdatum	1681, September 22
Konfession	katholisch/lutherisch (Konversion)
Namensvarianten	Louys du May/Ludwig du May/Ludovie du May

Ehepartner 1	Anna Margaretha von Annweil, Tochter des Oberhofmeisters des Collegium Illustre in Tübingen Johann Albrecht von Annweil und der Katharina von Stockheim
Kinder	Anthonia Sophia * 1654, ∞ mit dem Ratsverwandten zu Solothurn Johann Benedikt Hugi; Louise Friederika * 1655; Dorothea Augusta * 1656; Ludwig Friedrich * und † 1658; Anna Margaretha * 1659, ∞ mit Johann Wilhelm Kohler; Friedrich Ludwig * und † 1661; Ludwig * 1663
Wirkungsdaten (TÜ)	1651–1681 (†)
Anstellungsdatum (TÜ)	1651, Oktober 6
Funktion (TÜ)	Sprachprofessor des Französischen, Italienischen und Spanischen
Wohnung (TÜ)	Pfleghofgasse
Corpus (TÜ)	Collegiumsverwandter
Immatrikulation (TÜ)	1651, Oktober 8
Matrikeleintrag (TÜ)	*Dn. Ludovicus du May, Consiliarius Wirtemb. et in Ill. Collegio Gall. et Italicae Lingu. Professor.*

Publikationen	Le temple des vertus, Stuttgart: Kaut 1649 (WLB: HBF 7091).
	Grammatica gallica. Succincta, sed accurata, in usum Illustris Collegii Würtembergensis, Tübingen: Cellius 1656 (WLB: Phil.oct.4228).
	L'estat de l'empire, où abregé du droict public d'Alemagne: mis en dialogues [...], Paris: de Luynes 1659 (WLB: HB 3052).
	L'estat de l'empire. Divisé en deux parties, et en douze discours. [...]. 2 Bde, Mömpelgard: Hyp 1665 (UBT: Fo XIIa 280a).
	Deux discours historiques & politiques; L'un sur les causes de la guerre de Hongrie, et l'autre sur les causes de la paix, entre Leopold I., empereur des romains et Mahomet IV. sultan de Turquie, Mömpelgard: Hyp 1665 (UBT: Fl 115).
	Recueil historique contenant diverses pièces curieuses de ce temps, Köln: van Dyck 1666 (WLB: HB 4455).
	Grammatica gallica in usum serenissimorum, illustrissimorum, illustrium & generosorum Illustris Collegii Wirtembergici alumnorum. 2. Aufl., Tübingen: Reiss 1671 (UBT: Ck VI 7).
	Naudé, Gabriel: Science des princes ou considerations politiques sur les coups d'état. [...], Straßburg 1673 (UBT: Ec 31a).
	Les larmes de Wirtemberg ou discours funebre sur la haute naissance, la vie glorieuse et le trepas regreté. De tres-haut, tres-puissant, & serenissime prince & seigneur. Monseigneur Eberhard III. [...], Tübingen: Reiss 1674 (UBT: L III 7 b).
	Würtembergische Thränen-Quell oder Traur-Rede über die hohe Geburth das glorwürdige Leben und den betraureten Hinfall deß [...] Fürsten [...] Eberhard deß dritten dises Namens [...], auff Frantzösisch gemacht und abgeleget in dem Illustri Collegio durch Ludewig DuMay [...] und in das Teutsche übersetzet von Antonia Sophia DuMay, von Saletes, Tübingen: Reis 1674 (WLB: Fam.Pro.oct.K.23602).
	L'estat de l'empire: Reduit à sa perfection. [...]. 2 Bde, Genève: Widerhold 1674 (UBT : Fo XII a 280).
	Boccalini, Traiano: La bilancia politica di tutte le opere di Traiano Boccalini. [...]. 2 Bde., Castellana: Widerhold 1678 (UBT: Ec 15).
	Le prudent voyageur: Contenant la description politique de tous les etats du monde, de l'Asie, de l'Afrique, & de l'Amerique, & particulièrement de l'Europe; où sont methodiquement, & exactement dépeintes

toutes les maisons royales, & autres familles illustres, de France, d'Allemagne, d'Espagne, d'Italie, &c.; leur origine, leur progrez & l'etat present où elles se trouvent. 3 Bde., Genf: Widerhold 1681 (WLB: Geogr.oct.1807).

L'avocat condemné et les parties mises hors de procez par arrest du Parnasse, ou la France et l'Allemagne, également défendues par la solide refutation du traité que le sieur Aubery a fait, des pretensions du roy sur l'empire, [s.l.] 1699 (UBT: Fl 38).

Vgl. hierzu sowie zu späteren Neuausgaben und Übersetzungen der Werke Louis du Mays die Zusammenstellungen bei RAUSCHER: Collegium Illustre, S. 275–279 und in der Sammlung von Reinhold Rau StAT E200 Kasten 3 Mappe 7.

Quellen	HStAS A 202 Bü 2615, 2616, 2617, 2618, A 284/94 Bü 46, 261, 271, A 303 Bd. 13966–13973; StAT E 101/443, E 200 Nr. III/7; UAT 9/14, 25/3, 30/6, 32/1.
Literatur	CHALMERS: Dictionary, Bd. 21, S. 486 f.; JÖCHER: Gelehrten-Lexicon, Bd. 3., Sp. 318 f.; KLÜPFEL: Geschichte, S. 165; LADVOCAT/LOHENSCHIOLD: Hand-Woerterbuch, Bd. 3, Sp. 183; LEUBE: Geschichte, Bd. 1, S. 155; PFEILSTICKER: NWD § 1147; RAU: Franzosen, S. 8; RAUSCHER: Collegium Illustre, S. 71–90, 275–279; SCHRÖDER: Lexikon, Bd. 2, S. 37–42, Bd. 4 S. 44 f.; SCHRÖDER: Annales, Bd. 1, S. 95 f.; ZEDLER: Universallexikon, Bd. 19, Sp. 2313.

1: HStAS A 202 Bü 2616 o. Pag. Anna Margaretha du May an den Geheimen Rat (1681, Oktober 8), StAT E 201/443; 2: HStAS A 202 Bü 2616 o. Pag. Anna Margaretha du May an den Geheimen Rat (1681, Oktober 8); 8, 9: HStAS A 202 Bü 2618 o. Pag. Louis du May an Herzog Eberhard (1653, März 18); 10: ZEDLER: Universallexikon Bd. 19 Sp. 2313; 14: HStAS A 202 Bü 2618 o. Pag. Louis du May an den Geheimen Rat (1653, März 18); 16: HStAS A 202 Bü 2616 Bl. 2 f., o. Pag. *Staat* für Louis du May (1651, Oktober 6), HStAS A 202 Bü 2617 o. Pag. Louis du May an Herzog Eberhard (1654, Juli 17); 25: HStAS A 202 Bü 2618 o. Pag. Oberhofmeister des Collegium Illustre an den Geheimen Rat (1653, März), StAT E 201/443, UAT 32/1 Bd. 4 Nr. 246; 28: StAT E 201/443, UAT 25/3 Bd. 1 Nr. 19–22, 24–27, 29–30, UAT 32/1 Bd. 4 Nr. 246; 32: HStAS A 202 Bü 2616 o. Pag. Anna Margaretha du May an den Geheimen Rat (1681, Oktober 8), UAT 9/14 S. 4ᵛ; 33: HStAS A 202 Bü 2616 Bl. 2 f.; 34: LEUBE: Geschichte Bd. 1 S. 155, UAT 25/3 Bd. 1 Nr. 26; 35: StAT E 201/443; 36, 37, 38: UAT 9/14 S. 4ᵛ.

6S
Rouille, Stephane Justinian de

Wirkungsdaten	1653–1655
Herkunftsort	aus Frankreich (*Gallus*) (Königreich Frankreich)
Namensvarianten	Stephanus Justinianus de Rouille
Wirkungsdaten (TÜ)	1653–1655
Funktion (TÜ)	Sprachmeister des Französischen, Italienischen, Spanischen und Englischen
Quellen	UAT 32/1.

2, 5, 16, 32, 36: UAT 32/1 Bd. 3 Nr. 148.

7S
Debrulère, Étienne

Wirkungsdaten	1653–1673
Konfession	reformiert
Namensvarianten	Estienne Debrulères dit de Fontaine/De Brulère/DeBrulère
Wirkungsdaten (TÜ)	1653–1660
Funktion (TÜ)	Sprachmeister des Französischen
Corpus	Universitätsverwandter
Immatrikulation	1654, Juli 25
Matrikeleintrag	*Estienne de Brulere Gallicae linguae praecept.*

Quellen	UAT 8/9, 30/6, 31/1.
Literatur	MUT II 24237; RAUSCHER: Collegium Illustre, S. 79 f.; SCHRÖDER: Lexikon, Bd. 1, S. 40; SCHRÖDER: Annales, Bd. 1, S. 92 f.; WEYERMANN: Nachrichten, Bd. 2, S. 132.

2, 14, 16, 32, 34, 38: UAT 30/6 Nr. 5; **36, 37**: MUT II 24237.

8S
Drouoll, [...]

Wirkungsdaten	1655
Lebensstationen	weitere Orte in *Teutschland*
Wirkungsdaten (TÜ)	1655
Funktion (TÜ)	Sprachmeister des Französischen

Quellen	UAT 3/5.

2, 30, 32, 34: UAT 3/5 Bl. 2ʳ.

9S
Caussin, Alphons Firmin

Wirkungsdaten	1638–1668
Herkunftsort	Amiens (*Ambyanensis*) (Königreich Frankreich)
Konfession	katholisch/reformiert (Konversion)
Namensvarianten	Coussin/Cossenius
Lebensstationen	Sprachmeister in Heidelberg (1656, 1661), Holland (1656–1661)
Wirkungsdaten (TÜ)	1664–1668
Funktion (TÜ)	Sprachmeister des Französischen

Quellen	UAT 3/8, 30/6.
Literatur	TOEPKE: Matrikel, Bd. 2, S. 323.

2: UAT 3/8 Bl. 389ᵛ, UAT 30/6 Nr. 6 Bl. 1, 5, 8; **5**: TOEPKE: Matrikel Bd. 2 S. 323; **14**: Ebd., UAT 30/6 Bl. 1; **16**: TOEPKE: Matrikel Bd. 2 S. 323, UAT 3/8 Bl. 49ᵛ; **30**: TOEPKE: Matrikel Bd. 2 S. 323, UAT 30/6 Nr. 6 Bl. 1, 2, 9; **32**: UAT 3/8 Bl. 389ᵛ, UAT 30/6 Nr. 6 Bl. 1, 5, 8; **34**: UAT 3/8 Bl. 22ᵛ, UAT 30/6 Nr. 6 Bl. 5.

10S
Beaulieu, Jacques Stephane

Wirkungsdaten	1666
Namensvarianten	Jacobus Stephanus Beaulieu
Wirkungsdaten (TÜ)	1666
Funktion (TÜ)	Sprachmeister des Französischen, Italienischen und Spanischen
Quellen	UAT 3/8.

2, 16, 32, 34: UAT 3/8 Bl. 35ʳ.

11S
Montalegre, Joseph Gabriel de

Wirkungsdaten	1666–1683
Herkunftsort	Königreich Spanien
Konfession	katholisch (Kartäuserbruder in Regensburg)/lutherisch (Konversion)
Ehepartner 1	Anna Elisabetha
Kinder	3 Kinder
Lebensstationen	Sprachmeister in Nürnberg (1683)
Wirkungsdaten (TÜ)	1666–1683
Funktion (TÜ)	Sprachmeister des Italienischen und Spanischen/Übersetzer/Redaktion eines „Dictionarium Eberhardinum" im Fürstlichen Stipendium/Abschreibearbeiten für einen Katalog der Universitätsbibliohek (1673/1674)
Quellen	StAT E 201/1499; UAT 30/6, S 128/16; WLB Cod. hist. 2° 889 Bd. 27.
Literatur	Glück/Häberlein/Schröder: Mehrsprachigkeit, S. 427; Leube: Geschichte, Bd. 1, S. 154 f., 159 f.; Hagenmaier: Vorbild, S. 25 (Anm. 107), 39.

2: UAT 30/6 Nr. 14; **5:** Leube: Geschichte Bd. 1 S. 154; **14:** Ebd. S. 154, 159; **25, 28:** StAT E 201/1499; **30:** Glück/Häberlein/Schröder: Mehrsprachigkeit, S. 427; **32:** UAT 30/6 Nr. 14; **34:** Hagenmaier: Vorbild S. 39, Leube: Geschichte Bd. 1 S. 154 f.

12S
Pimelin, Louis de

Wirkungsdaten	1668
Geburtsort	Paris (Königreich Frankreich)
Konfession	katholisch
Namensvarianten	Pimpelinus/Depimelin
Wirkungsdaten (TÜ)	1668
Funktion (TÜ)	Sprachmeister des Französischen und Italienischen
Corpus (TÜ)	Universitätsverwandter
Immatrikulation (TÜ)	1668, März 31
Matrikeleintrag (TÜ)	*Ludovicus Depimelin Parisinus philosophiae studiosus.*
Quellen	UAT 3/8, 30/6.
Literatur	MUT II 26237.

2: MUT II 26237, UAT 3/8 Bl. 354^v, 357^r, 359^v; **4:** MUT II 26237; **14:** UAT 3/8 Bl. 354^v, 357^r, 359^v; **16:** MUT II 26237, UAT 3/8 Bl. 359^v; **32:** MUT II 26237, UAT 3/8 Bl. 354^v, 357^r, 359^v; **34:** UAT 30/6 Nr. 8; **36, 37, 38:** MUT II 26237.

13S
Artois, Louis d'

Wirkungsdaten	1670–1672
Geburtsort	Provinz Poitou (Königreich Frankreich)
Todesdatum	1672, Juli 8
Todesort	Tübingen
Wirkungsdaten (TÜ)	1670–1672
Funktion (TÜ)	Student der Rechte/Sprachmeister des Französischen und Italienischen
Corpus (TÜ)	Universitätsverwandter
Immatrikulation (TÜ)	1670, Juni 28
Matrikeleintrag (TÜ)	*Ludovicus Dartois Picto Gallus iuris studiosus.*
Quellen	HStAS A 202 Bü 2617, A 274 Bü 64; UAT 30/1, 33/56.
Literatur	MUT II 26552; Reck: Totschläger-Asyl, S. 82 f.

2: HStAS A 274 Bü 64 Bl. 14–26, MUT II 26552, UAT 30/1 Bd. 1 Nr. 4–16, UAT 33/56; **4:** UAT 33/56; **10, 11:** UAT 30/1 Bd. 1 Nr. 4–16; **32:** HStAS A 274 Bü 64 Bl. 14–26, MUT II 26552, UAT 30/1 Bd. 1 Nr. 4–16, UAT 33/56; **34:** MUT II 26552, UAT 33/56; **36, 37, 38:** MUT II 26552.

14S
Lequin, Jean Baptiste

Wirkungsdaten	1671–1672
Geburtsort	Paris (Königreich Frankreich)
Aussehen/Charakter	von *langer Statur, von schlechten und nicht gar langen braunen Haaren, auch zimblich teutsch redet*
Namensvarianten	Lequint
Lebensstationen	Diener in Helmstedt, Reise nach Italien
Wirkungsdaten (TÜ)	1671–1672
Funktion (TÜ)	Student/Sprachmeister des Französischen und Italienischen
Wohnung (TÜ)	Logement bei Stadtbürger Hans Conrad Canstetter
Corpus (TÜ)	Universitätsverwandter
Immatrikulation (TÜ)	1671, Juli 3
Matrikeleintrag (TÜ)	*Joannes Baptista Lequin Parisiensis phy. st.*
Quellen	HStAS A 202 Bü 2617, A 274 Bü 64; UAT 30/1, 33/56.
Literatur	MUT II 26644; Reck: Totschläger-Asyl, S. 42 Anm. 16, 45 Anm. 35, 47 f., 68, 82 f.

2: HStAS A 274 Bü 64 Bl. 14–26, MUT II 26644, UAT 30/1 Bd. 1 Nr. 4–16, UAT 33/56; **4:** UAT 30/1 Bd. 1 Nr. 8; **15, 16:** UAT 30/1 Bd. 1 Nr. 11; **30:** UAT 33/56 Nr. 16; **32:** UAT 30/1 Bd. 1 Nr. 4, MUT II 26644; **34:** MUT II 26644, UAT 30/1 Bd. 1 Nr. 4; **35:** UAT 33/56; **36, 37, 38:** MUT II 26644.

15S
Sibour, Paul Roger

Wirkungsdaten	1672–1690
Herkunftsort	Tours (Königreich Frankreich)
Heiratsdatum	1676, April
Namensvarianten	Paul Rogier Sebour Sr. du Plaisir
Kinder	2 Kinder
Lebensstationen	Straßburg (um 1681–1690)
Wirkungsdaten (TÜ)	1672–1678
Anstellungsdatum (TÜ)	1672, Juli 23
Funktion (TÜ)	Sprachmeister des Französischen
Corpus (TÜ)	Universitätsverwandter
Immatrikulation (TÜ)	1672, Juli 23
Matrikeleintrag (TÜ)	*Paulus Rogerius Sibour Gal. Turenensis.*

Publikationen	Dialogues familiers françois & allemans, cy-devant connus & celebres sous le titre de Parlement. 3. Aufl., Straßburg 1676 (StBM: I a 63).
	Anleitung zu der frantzoesischen Sprach, begreiffend was anfaenglich, diese Sprach zuerlernen, am allernoehtigsten sey: Der Jugend teutscher Nation: zum besten verfertiget. Erster Theil. In diesem letzteren Truck umb viel vermehrt und verbessert, Tübingen: Hein 1676 (UBT: Ck VI 29).
	Anleitung zu der frantzösischen Sprach, Anderer Theil. [...], Tübingen: Hein 1676 (UBT: Ck VI 29).
	Fortsetzung deß VIII. Capitels deß andern Theils der Anleitung zur frantzösischen Sprach. [...], Tübingen: Hein 1678 (UBT: Ck VI 29).

Quellen	UAT 30/6.
Literatur	EHRHART: Geschichte, S. 283; RAUSCHER: Collegium Illustre, S. 96; STENGEL: Verzeichnis, S. 53, 74.

2: UAT 30/6 Nr. 11 Bl. 1 f.; **5**: MUT II 26814; **8**: UAT 30/6 Nr. 11 Bl. 1; **16, 28**: Ebd. Bl. 2; **30**: RAUSCHER: Collegium Illustre S. 96; **32, 33, 34, 36**: UAT 30/6 Nr. 11 Bl. 1 f.; **37, 38**: MUT II 26814.

16S
Ladoulce, Jean François

Wirkungsdaten	1673
Herkunftsort	Paris (Königreich Frankreich)
Wirkungsdaten (TÜ)	1673
Funktion (TÜ)	Sprachmeister des Französischen

Quellen	UAT 3/9, 3/10, 30/6.

2, 5, 32, 34: UAT 30/6 Nr. 10.

17S
Alleon, David

Wirkungsdaten	1681
Herkunftsort	Genf (Stadt Genf)
Wirkungsdaten (TÜ)	1681
Funktion (TÜ)	Sprachmeister des Französischen
Quellen	HStAS A 202 Bü 2531.

2, 5, 32, 34: HStAS A 202 Bü 2531 o. Pag. Geheimer Rat an den Senat der Universität (1681, September 28).

18S
Hugi, [...]

Wirkungsdaten	1682–1685
Herkunftsort	Paris (Königreich Frankreich)
Lebensstationen	Sprachmeister in Paris (bis 1682)
Wirkungsdaten (TÜ)	1682–1685 (Entlassung)
Funktion (TÜ)	Sprachmeister des Französischen
Corpus (TÜ)	Collegiumsverwandter
Immatrikulation (TÜ)	1682, November 16
Matrikeleintrag (TÜ)	*Hugi, Mons.*
Quellen	HStAS A 202 Bü 2616.
Literatur	MUT III 41813; RAUSCHER: Collegium Illustre, S. 95–99; SCHRÖDER: Lexikon, Bd. 2, S. 243 f.

2: MUT III 41813, HStAS A 202 Bü 2616 o. Pag. Geheimer Rat an den Oberhofmeister des Collegium Illustre (1685, Oktober 26); **5, 30:** HStAS A 202 Bü 2616 o. Pag. Zeller an Charles Dumanoir (1682, April 1/11); **32:** MUT III 41813, HStAS A 202 Bü 2616 o. Pag. Geheimer Rat an den Oberhofmeister des Collegium Illustre (1685, Oktober 26); **34, 36, 37, 38:** MUT III 41813.

19S
Bottu, Raymond

Wirkungsdaten	1682–1687
Herkunftsort	Provinz Beaujolais (Königreich Frankreich)
Namensvarianten	Raymundus Bottu
Wirkungsdaten (TÜ)	1682, 1687
Funktion (TÜ)	Sprachmeister des Französischen
Quellen	UAT 30/6.

2, 5, 16, 32, 34: UAT 30/6 Nr. 12 Bl. 1 f.

20S
Joubert, Gilbert

Wirkungsdaten	1669–1690
Geburtsort	Bellac bei Poitiers (Königreich Frankreich)
Konfession	reformiert/lutherisch (Konversion 1688)
Lebensstationen	Sprachmeister in Heidelberg (1669–1682), Genf (ab 1690)
Wirkungsdaten (TÜ)	1682–1690
Funktion (TÜ)	Sprachmeister des Französischen und Italienischen
Corpus (TÜ)	Universitätsverwandter
Immatrikulation (TÜ)	1685, Mai 9/1689, März 29
Matrikeleintrag (TÜ)	1685: *Gilbertus Joubert Pictaviensis linguae gallicae etc. magister ex decreto in annum saltem ius civitatis impetravit facto d. 8. huius m. et 11. decembr. 1685 ex senatus decreto prorogatum est illud ius ad mens. mai. ann. 1687./1689: Gilbertus Joubert ciuitatis Bellacensis prope Pictavium linguae Gallicae et Italicae magister.*
Quellen	UAT 20/4, 30/6, 32/1.
Literatur	MUT II 28199, 28610; SCHRÖDER: Lexikon, Bd. 5, S. 463.

2: UAT 30/6 Nr. 13 Bl. 1, 8; **4**: MUT II 28199, 28610; **14**: UAT 30/6 Nr. 13 Bl. 1, 4, 6, UAT 32/1 Bd. 4 Nr. 212; **30, 32**: UAT 30/6 Nr. 13 Bl. 1, 8; **34**: Ebd. Bl. 2; **36**: MUT II 28199, 28610, UAT 30/6 Nr. 13 Bl. 4–7; **37**: MUT II 28199, 28610, UAT 30/6 Nr. 13 Bl. 4; **38**: MUT II 28199, 28610.

21S
Blain, Jean Baptiste

Wirkungsdaten	1671–1686
Geburtsort	Lyon (Königreich Frankreich)
Konfession	katholisch/lutherisch (Konversion)
Namensvarianten	Johannes Baptista Blain
Lebensstationen	Sprachmeister am Gymnasium in Bayreuth (1672–1674)
Wirkungsdaten (TÜ)	1683–1686
Funktion (TÜ)	Sprachmeister des Französischen und Italienischen
Corpus (TÜ)	Universitätsverwandter
Immatrikulation (TÜ)	1683, Dezember 20
Matrikeleintrag (TÜ)	*Johannes Baptista Blain Lugdunensis. NB. 15. dec. 1684 prorogatio iuris civit. petenti in annum facta. 7. ian. 1686 denuo petenti iuris civit. prorogatio in annum facta.*
Publikationen	Petit abbrege de la langue francoise, contenant son utilité, son antiquité, son elegance & sa facilité. Mis au jour et recité publiquement dans le College Illustre de Bareuth le 15. May 1671. Par J. B. Blain, Professeur des langues françoise, espagnole & italienne dans le même college, Bayreuth: Gebhard 1671 (VD17: 12:178695W).
Quellen	UAT 30/6.
Literatur	MUT II 28014; STENGEL: Verzeichnis, S. 51; VEH: Matrikel, Bd. 1, S. 32.

2: MUT II 28014, UAT 30/6 Nr. 15 Bl. 1–3; **4**: MUT II 28014; **14, 16**: UAT 30/6 Nr. 15 Bl. 1–3; **30**: VEH: Matrikel Bd. 1 S. 32; **32**: MUT II 28014; **34**: UAT 30/6 Nr. 15 Bl. 2; **36**: Ebd. Bl. 1; **37, 38**: MUT II 28014.

22S
Leonardi, Michele

Wirkungsdaten	1667–1693
Geburtsort	Florenz (Großherzogtum Toskana)
Konfession	katholisch/lutherisch (Konversion)
Namensvarianten	Michael Leonhardi
Lebensstationen	Sprachmeister an der Universität Heidelberg (um 1667), Sprachmeister des Italienischen an der Universität Marburg (1677–1682)
Wirkungsdaten (TÜ)	1683–1693
Funktion (TÜ)	Sprachmeister des Italienischen
Corpus (TÜ)	Universitätsverwandter
Immatrikulation (TÜ)	1688, April 30
Matrikeleintrag (TÜ)	*Michael Leonardi Florentinus maghister linguae Italicae.*
Quellen	UAT 3/8, 25/2, 32/1.
Literatur	GUNDLACH: Catalogus, S. 415; MUT II 28556; SCHRÖDER: Lexikon, Bd. 3, S. 117.

2: UAT 3/8 Bl. 301ʳ, UAT 32/1 Bd. 4 Nr. 218; **4:** MUT II 28556; **14:** UAT 32/1 Bd. 4 Nr. 218; **16:** MUT II 28556, UAT 3/8 Bl. 301ʳ, UAT 32/1 Bd. 4 Nr. 218; **30:** GUNDLACH: Catalogus S. 415, UAT 3/8 Bl. 301ʳ; **32:** MUT II 28556, UAT 3/8 Bl. 301ʳ, UAT 32/1 Bd. 4 Nr. 218; **34, 36, 37, 38:** MUT II 28556.

23S
Royal, Pierre

Wirkungsdaten	um 1684–1725
Geburtsort	Sainte-Foy (Landes) in der Provinz Guyenne (Königreich Frankreich)
Konfession	reformiert (aber vermutlich Konversion zum Luthertum)
Wirkungsdaten (TÜ)	um 1684 bis mind. 1725
Funktion (TÜ)	Sprachmeister des Französischen
Corpus (TÜ)	Universitätsverwandter
Immatrikulation (TÜ)	1715, September 14
Matrikeleintrag (TÜ)	*Pierre Royal Gallus Francus a Sancta Fide, m. de langue.*
Quellen	UAT 4/5, 12/4, 30/6; WLB Cod. hist. 2° 889 Bd. 35.
Literatur	MUT III 31366; SCHRÖDER: Lexikon, Bd. 4, S. 78, Bd. 6, S. 198.

2: MUT III 31366, UAT 12/4 Bl. 145, UAT 30/6 Nr. 18 Bl. 1 f., WLB Cod. hist. 2° 889 Bd. 35 Bl. 85ʳ; **4:** MUT III 31366, UAT 30/6 Nr. 18 Bl. 3; **14:** UAT 30/6 Nr. 18 Bl. 3; **32:** MUT III 31366, UAT 12/4 Bl. 145, UAT 30/6 Nr. 18 Bl. 1 f., WLB Cod. hist. 2° 889 Bd. 35 Bl. 85ʳ; **34, 36, 37, 38:** MUT III 31366.

24S
Monort, [...] de

Wirkungsdaten	1685–1687
Namensvarianten	Montrort
Lebensstationen	Sprachmeister in Nürnberg (1690)

Wirkungsdaten (TÜ)	1685–1687
Anstellungsdatum (TÜ)	1685, September 29
Funktion (TÜ)	Sprachmeister des Französischen

Quellen	HStAS A 202 Bü 1915, 2616.
Literatur	GLÜCK/HÄBERLEIN/SCHRÖDER: Mehrsprachigkeit, S. 167, 427; RAUSCHER: Collegium Illustre, S. 100–101; SCHRÖDER: Lexikon, Bd. 3, S. 116.

2: HStAS A 202 Bü 2616 o. Pag. Geheimer Rat an den Oberhofmeister des Collegium Illustre (1685, Oktober 26); **16**: UAT 20/4 Nr. 52; **30**: GLÜCK/HÄBERLEIN/SCHRÖDER: Mehrsprachigkeit S. 427; **32**: HStAS A 202 Bü 2616 o. Pag. Geheimer Rat an den Oberhofmeister des Collegium Illustre (1685, Oktober 26), UAT 20/4 Nr. 52; **33, 34**: HStAS A 202 Bü 2616 o. Pag. Geheimer Rat an den Oberhofmeister des Collegium Illustre (1685, Oktober 26).

25S
Mathild, Gerhard

Wirkungsdaten	1687–1721
Herkunftsort	Mömpelgard (Grafschaft Mömpelgard; zum Herzogtum Württemberg)
Heiratsdatum	1699
Konfession	katholisch/lutherisch (Konversion)
Namensvarianten	Mathilde/Machtild
Ehepartner 1	Corona Catharina Koch
Lebensstationen	Sprachmeister der württembergischen Prinzessin Sophie Charlotte (bis 1688), Auditeur in württembergischem Kriegsdienst (bis 1698), württembergischer Amtmann in Schorndorf (1703–1710), einem weiteren Ort (1713) und in Willmandingen (1720/1721)
Wirkungsdaten (TÜ)	1690 bis um 1691, 1699 bis um 1703
Funktion (TÜ)	Student der Rechte/Sprachmeister des Französischen
Corpus (TÜ)	Universitätsverwandter
Immatrikulation (TÜ)	1690, Oktober 16/1699, Februar 21
Matrikeleintrag (TÜ)	1690: *Gerardus Mathild Montisbelgardensis. Stip. 91; St.A.: prosel. Blamont., abbatiae Bellvauld. proc. filius./*1699: *Gerhard Mathild uxoratus nomen repetiit.*

Quellen	StAT E 201/1441; UAT 12/4, 30/4, 30/6.
Literatur	MUT II 28741, 29504; PFEILSTICKER: NWD §§ 218, 2784, 2983; RAUSCHER: Collegium Illustre, S. 102, Anm. 2–4; SCHRÖDER: Lexikon, Bd. 3, S. 163.

2: MUT II 28741, 29504, PFEILSTICKER: NWD § 2983, StAT E 201/1441, UAT 30/6 Nr. 19; **5**: MUT II 28741; **8**: MUT II 29504; **14**: UAT 30/6 Nr. 19; **16**: PFEILSTICKER: NWD § 218; **25**: StAT E 201/1441, UAT 30/4 Bd. 1 Nr. 63 Bl. 1; **30**: PFEILSTICKER: NWD §§ 218, 2784, 2983, StAT E 201/1441, UAT 30/6 Nr. 19; **32**: MUT II 28741, UAT 30/6 Nr. 19; **34**: UAT 30/6 Nr. 19; **36, 37, 38**: MUT II 28741, 29504.

26S
Caumon, Jean

Lebensdaten	1667–1748
Geburtsort	Bergerac (Périgord) (Königreich Frankreich)
Heiratsdatum	1704 (2. Ehe)
Heiratsort	Im Piemont (Herzogtum Piemont, zum Herzogtum Savoyen) (1. Ehe)/Tübingen (2. Ehe)
Todesdatum	1748, Juli 10
Todesort	Tübingen
Konfession	zunächst reformiert (*réfugié*), dann lutherisch (Konversion)
Ehepartner 1	Anna Rosina Schemmler aus Tübingen, † 1704
Ehepartner 2	Euphrosina Elisabetha Bub, † 1737, Tochter des Magisters und Pfarrers in Kochersteinfels Johann Jacob Bub
Kinder	Joseph *1695 in Bobi (Piemont), † 1759, Universitätsverwandter und Peruquier in Tübingen, auch als Sprachmeister des Französischen tätig; Anne Madelaine *1698 in Tübingen, † 1770 in Tübingen, Universitätsverwandte, als Sprachmeisterin des Französischen tätig
Studierende Kinder	Jean Ernest Caumon (1732, April 4): *Johannes Ernestus Caumon l. G. cultor* (Tübingen)/(1736): *Caumont, J. E., Tubing. Stip. 1736 (hospes), st. med. J. Caumont, linguae gall. magistri fil.* (Universität Tübingen), * 1705 in Tübingen, Beginn einer Buchbinderlehre, Lehre im Strumpfweberhandwerk, 1732 als Sprachmeister, 1736 als Medizinstudent in Tübingen immatrikuliert, Sprachmeister in Nürnberg (mind. 1748–mind. 1767)
Wirkungsdaten (TÜ)	um 1696–1748 (†)
Funktion (TÜ)	Sprachmeister des Französischen
Wohnung (TÜ)	Kauf einer Behausung Unter dem Haag (1701)
Corpus (TÜ)	Universitätsverwandter
Immatrikulation (TÜ)	1698, August 20
Matrikeleintrag (TÜ)	*Jean Caumon ling. Gallicae magister Bergeracensis.*
Quellen	HStAS A 284/94 Bü 47, 289; StAT A 20/S 619, A 20/S 748, E 101/22, E 101/24, E 201/1105; UAT 4/4, 4/5, 4/6, 5/17, 25/3, 25/9, 30/6, 31/2, 32/1, 33/80, 44/68a, 44/121, 44/178, 46/3–46/5, 46/7–46/11, 46/13–46/16, 47/7; UBT Mh 847a; WLB Cod. hist. 2° 889 Bd. 5.
Literatur	WOLFF: Dissertatio, S. 44; MUT II 29440; MUT III 33034, 42037; RAUSCHER: Collegium Illustre, S. 102–105, 142; SCHRÖDER: Lexikon, Bd. 1, S. 126 f.; SCHRÖDER: Annales, Bd. 2, S. 60, 104, 153.

1: StAT E 101/22, UAT 32/1 Bd. 4 Nr. 318; **4**: MUT II 29440, UAT 32/1 Bd. 4 Nr. 318; **8**: UBT Mh 847a Bl. 73ʳ; **9**: StAT E 101/22, UBT Mh 847a Bl. 73ʳ; **10**: StAT E 201/1105, UAT 32/1 Bd. 4 Nr. 318; **11**: UAT 32/1 Bd. 4 Nr. 318; **14**: StAT E 101/22, StAT E 101/24, StAT E 201/1105; **25**: StAT E 101/22, StAT E 201/1105, UAT 32/1 Bd. 4 Nr. 318; **26**: StAT E 101/22, StAT E 201/1105, UAT 32/1 Bd. 4 Nr. 256, 318, UBT Mh 847a Bl. 73ʳ; **28**: MUT III 33034, 42037, StAT E 101/22, UAT 25/3 Bd. 3 Nr. 291, UAT 30/6 Nr. 31a Bl. 2–4, UAT 31/2 Bd. 2 Nr. 157, UAT 32/1 Bd. 4 Nr. 318 f., UAT 47/7 S. 11; **29**: MUT III 33034, 42037, StAT E 101/22, UAT 25/3 Bd. 3 Nr. 291, UAT 30/6 Nr. 31a Bl. 2–4, UAT 31/2 Bd. 2 Nr. 157, UAT 32/1 Bd. 4 Nr. 318 f., UAT 47/7 S. 11; **32**: UAT 30/6 Nr. 26, UAT 32/1 Bd. 4 Nr. 318; **34**: MUT II 29440; **35**: UAT 44/121 Bd. 7 Nr. 340, UAT 44/121 Bd. 10 Nr. 677; **36, 37, 38**: MUT II 29440.

27S
Bergamini, Petrus Josephus

Lebensdaten	– 1702
Wirkungsdaten	1697–1702
Geburtsort	Lucca (Stadtrepublik Lucca)
Konfession	katholisch/reformiert (Konversion)/lutherisch (Chiara Vittoria, um 1702)
Namensvarianten	Bergameni
Ehepartner 1	Chiara Vittoria
Kinder	1702 zwei kleine Kinder
Wirkungsdaten (TÜ)	1697–1699/1702 (†)
Funktion (TÜ)	Sprachmeister des Italienischen
Quellen	HStAS A 202 Bü 2538; UAT 4/4, 12/4, 25/3, 30/6, 32/1.

1: UAT 30/6 Nr. 21 Bl. 1; **2**: Ebd., UAT 32/1 Bd. 4 Nr. 231; **4, 14, 16**: UAT 30/6 Nr. 21 Bl. 1, 4, UAT 32/1 Bd. 4 Nr. 231; **25, 28**: UAT 30/6 Nr. 21 Bl. 1; **32, 34**: Ebd., UAT 32/1 Bd. 4 Nr. 231.

28S
Mélin, Paul

Wirkungsdaten	1701–1703
Geburtsort	Aus der Diözese Orléans (Königreich Frankreich)
Heiratsdatum	1703
Heiratsort	Tübingen
Vater	Carl Melin
Ehepartner 1	Maria Sophia, Tochter des Pfarrers in Kochersteinfels Johann Jacob Bub
Lebensstationen	Sprachmeister in Nürnberg (1710–1712)
Wirkungsdaten (TÜ)	1701–1703
Funktion (TÜ)	Sprachmeister des Französischen
Immatrikulation (TÜ)	1701, November 7/1703, April 24
Matrikeleintrag (TÜ)	1701: *Paulus Mélin Aurelianensis magister lingvae Gall./*1703: *Paulus Mélin Aurelianus, hi duo magistri linguarum Gallicae et Italicae post contractum matrimonium ex decreto a. senatus denuo in numerum civium recepti sunt.*
Quellen	UAT 30/6; UBT Mh 847a.
Literatur	GLÜCK/HÄBERLEIN/SCHRÖDER: Mehrsprachigkeit, S. 428; MUT II 29874, 30057.

2: MUT II 29874, UAT 30/6 Nr. 22 Bl. 1, 3–7, UBT Mh 847a Bl. 71ᵛ; **4**: UBT Mh 847a Bl. 71ᵛ; **8, 9**: MUT II 30057, UBT Mh 847a Bl. 71ᵛ; **20, 25**: UBT Mh 847a Bl. 71ᵛ; **30**: GLÜCK/HÄBERLEIN/SCHRÖDER: Mehrsprachigkeit S. 428; **32**: MUT II 29874, UAT 30/6 Nr. 22 Bl. 1, 3–7, UBT Mh 847a Bl. 71ᵛ; **34**: UBT Mh 847a Bl. 71ᵛ; **37, 38**: MUT II 29874, 30057.

29S
Calligar, Antonio

Lebensdaten	1672–
Wirkungsdaten	1701–1709
Geburtsort	Cremona (Lombardei) (Herzogtum Mailand; zum Königreich Spanien)
Heiratsdatum	1702
Heiratsort	Tübingen
Konfession	katholisch/lutherisch (Konversion um 1701–1703)
Namensvarianten	Calligari
Vater	Claudio Calligar aus Cremona
Ehepartner 1	Maria Gantz, Tochter des Kupferschmieds Johann Jakob Gantz in Göppingen
Kinder	3 Söhne, 1 Tochter
Wirkungsdaten (TÜ)	1701–1709
Funktion (TÜ)	Sprachmeister des Italienischen
Corpus (TÜ)	Universitätsverwandter
Immatrikulation (TÜ)	1703, April 24
Matrikeleintrag (TÜ)	*Antonius Calligar Cremonensis, Paulus Mélin aurelianus, hi duo magistri linguarum Gallicae et Italicae post contractum matrimonium ex decreto a. senatus denuo in numerum civium recepti sunt.*
Quellen	StAT E 201/1083; UAT 4/4, 4/5, 25/3, 27/4, 30/6, 32/1; UBT Mh 847a.
Literatur	MUT II 30056; SCHRÖDER: Lexikon, Bd. 1, S. 114.

1, 2: UAT 25/3 Bd. 2 Nr. 133; **4**: UAT 30/6 Nr. 20 Bl. 1 f., UAT 32/1 Bd. 4 Nr. 238; **8**: StAT E 201/1083, UBT Mh 847a Bl. 71ᵛ; **9**: UBT Mh 847a Bl. 71ᵛ; **14**: UAT 25/3 Bd. 2 Nr. 133, UAT 30/6 Nr. 20 Bl. 1; **16**: UAT 30/6 Nr. 20 Bl. 1; **20**: StAT E 101/1083; **25**: Ebd., UBT Mh 847a Bl. 71ᵛ; **28**: StAT E 201/1083; **32**: UAT 25/3 Bd. 2 Nr. 133, UAT 27/4 Nr. 75 f., UAT 30/6 Nr. 20 Bl. 1; **34**: UAT 30/6 Nr. 20 Bl. 1; **36, 37, 38**: MUT II 30056.

30S
Marqueur, Pierre

Wirkungsdaten	1702
Konfession	katholisch
Lebensstationen	Pfarrer in Beblenheim in der württembergischen Herrschaft Reichenweier (katholisch-protestantisches Simultaneum seit dem 17. Jahrhundert) (bis 1702)
Wirkungsdaten (TÜ)	1702
Funktion (TÜ)	Sprachmeister des Französischen
Quellen	HStAS A 284/94 Bü 47.

2, 14, 30, 32, 34: HStAS A 284/94 Bü 47 Bl. 1, 1a.

31S
Gigon, Jean

Lebensdaten	– 1709
Wirkungsdaten	1702–1709
Herkunftsort	Vermutlich wie seine Frau aus der Bretagne (*ex Britannia superiori*) (Königreich Frankreich)
Todesdatum	1709, August 4
Todesort	Tübingen
Konfession	reformiert/lutherisch (Konversion)
Ehepartner 1	Jeanne Benri (Dupry) aus Nantes (Bretagne), Umzug nach Graubünden (1711)
Kinder	Maria Rosina
Lebensstationen	Sprachmeister in Altdorf (1688), Sprachmeister in Herrenberg (1702–1704) und Böblingen (1704–1705)
Wirkungsdaten (TÜ)	1705–1709 (†)
Funktion (TÜ)	Sprachmeister des Französischen
Corpus (TÜ)	Universitätsverwandter
Immatrikulation (TÜ)	1706, März 6
Matrikeleintrag (TÜ)	*Joannes Gigon ex Britannia superiori linguae Gallicae magister ad annum in probam receptus est in civem ex concl. sen.*
Quellen	HStAS A 284/94 Bü 48; UAT 4/4, 4/5, 25/3, 30/6, 32/1.
Literatur	GLÜCK/HÄBERLEIN/SCHRÖDER: Mehrsprachigkeit, S. 433; MUT II 30328.

1: UAT 30/6 Nr. 23 Bl. 2; **2**: HStAS A 284/94 Bü 48 Bl. 1; **5**: MUT II 30328; **10, 11**: UAT 30/6 Nr. 23 Bl. 2; **14**: HStAS A 284/94 Bü 48 Bl. 1; **25**: Ebd. Bl. 11 f., UAT 32/1 Bd. 4 Nr. 245; **28**: UAT 32/1 Bd. 4 Nr. 245; **30**: GLÜCK/HÄBERLEIN/SCHRÖDER: Mehrsprachigkeit S. 433, HStAS A 284/94 Bü 48 Bl. 1, 6, UAT 30/6 Nr. 23 Bl. 1; **32, 34**: UAT 30/6 Nr. 23 Bl. 1 f.; **36, 37**: MUT II 30328, UAT 4/4 Bl. 255ʳ; **38**: MUT II 30328.

32S
Gregoriis, Franciscus de

Lebensdaten	1672–1746
Geburtsort	Mailand (Herzogtum Mailand; zum Königreich Spanien)
Heiratsdatum	1712, Juni 21
Todesdatum	1746, September 30
Konfession	katholisch (*gewesener Religiosus ordinis Dominicani Sacerdos*)/lutherisch (Konversion in Tübingen 1712)
Ehepartner 1	Catharina Christina Schnierler, † 1763, Tochter des Gold- und Silberarbeiters David Johann Schnierler in Tübingen
Kinder	Christiana Dorothea, ∞ mit dem Pfarrer in Horkheim und Oberiflingen Tobias Wagner, um 1741 Auswanderung mit diesem nach Amerika; Maria Catharina, ∞ mit dem Sprachmeister am Tübinger Collegium Illustre Johann Hieronymus Boeswillibald
Studierende Kinder	Peter Caspar (1742, Februar 10): *Petrus Casparus de Gregoriis Tubing. nihil solvit.* (Universität Tübingen), † um 1751
Lebensstationen	Frankfurt (Main) (vor 1710)

Wirkungsdaten (TÜ)	1710–1746 (†)
Funktion (TÜ)	Sprachmeister des Italienischen, Spanischen und Französischen
Wohnung (TÜ)	Kauf einer Behausung in der Münzgasse (1722)
Corpus (TÜ)	Universitätsverwandter
Immatrikulation (TÜ)	1712, Oktober 20
Matrikeleintrag (TÜ)	*Franciscus de Gregorijs Mediolanensis linguae Italicae magister.*

Publikationen

Confessio fidei. Evangelico catholica quam per concisas theses edidit atque in ea vivere et mori desiderat Franciscus de Gregoriis mediolanensis sacrae theologiae licentiati et linguae italicae et hispanicae in universitate Tubingae professor, [s.l., 1712] (Manuskript: HStAS A 284/94 Bü 49 Bl. 1).

Catechismo evangelico espresso per dialoghi famigliari fra due forastieri sul punto della vera et unica religione Christiana, Tübingen 1714 (WLB: Theol.oct.6742).

Comazzi, Giovanni Battista: Staats Klugheit und Grundregeln, deren sich hohe Potentaten Fürsten [...] zu Dirigirung ihrer Staatsaffairen nüzlich bedienen können. Aus dem Italienischen übersetzt von Franciscus de Gregoriis, Tübingen: Reiß 1719 (WLB: Pol.oct.928).

De origine et vetustate, de praestantia item et necessitate linguae italicae, nostris praesertim temporibus, oratio in Collegio Illustri Tubingensi, pro capessendo munere professoris publice recitata, Tübingen: Reiß 1727 (UBT: Ck III 16).

Nodus gordius novus, negotiorum status, quae inter magnates Europae geruntur, politica moderna ad praxin accomodanda solutus, Tübingen 1727 (WLB: Pol.oct.1817).

De studiis principum necessariis et utilibus, itemque noxiis, oratio. [...], Tübingen: Cotta 1728 (WLB: Pol.qt.K.311).

De necessitate et utilitate linguarum exoticarum. [Nicht auffindbar, Erwähnung in einem Schreiben Franciscus de Gregoriis an Herzog Carl Alexander] (HStAS A 6 Bü 138, o. Pag. 1735, August 10).

Vgl. zu den Publikationen Franciscus de Gregoriis auch RAUSCHER: Collegium Illustre, S. 106–127.

Quellen

HStAS A 5 Bü 119, A 6 Bü 138, 185, A 202 Bü 2538, 2616, A 284/94 Bü 47, 49, 289; StAT E 101/47; UAT 4/6, 5/6, 5/17, 7/6, 9/9, 25/3, 25/9, 28/2, 29/1, 30/6, 44/121, 44/123, 44/140, 46/9; UBT Mh 772 Bd. 10, Mh 772 Bd. 19, Mh 847a.

Literatur

BLUSCH/HELD/GRÄSSEL: Gregorius, S. 319–320; GLÜCK: Deutsch, S. 151 f.; KREKLER: Autographensammlung, S. 839 f.; MUT III 31084, 33996; RAU: Goldschmiedehandwerk, S. 43; RAUSCHER: Collegium Illustre, S. 106–127; SCHRÖDER: Lexikon, Bd. 2, S. 154–162; SCHRÖDER: Annales, Bd. 2, S. 48 f., 55 f., 60, 62 f., 69, 90, 103, 116, 124, 128 f., 136, 139 f., 158 f., 161 f., 164–166, 175 f., Bd. 3 S. 18, 24 f., 98; ZELLER: Merckwuerdigkeiten, S. 185.

1: HStAS A 284/94 Bü 49 Bl. 56, StAT E 101/47; 4: MUT III 31084; 8: HStAS A 284/94 Bü 49 Bl. 48, UAT 30/6 Nr. 24 Bl. 3, UBT Mh 847a Bl. 78^r; 10: HStAS A 284/94 Bü 49 Bl. 61; 14: UAT 30/6 Nr. 24 Bl. 2, 8; 25: HStAS A 284/94 Bü 47 Bl. 9, StAT E 101/47, UAT 44/121 Bd. 9 Nr. 617 Bl. 1, UAT 46/9 Bl. 24^v, UBT Mh 847a Bl. 78^r; 28: StAT E 101/47, UAT 44/121 Bd. 9 Nr. 617 Bl. 1; 29: MUT III 33996, StAT E 101/47; 30: HStAS A 284/94 Bü 49 Bl. 48; 32: MUT III 31084, StAT E 101/47, UAT 30/6 Nr. 24 Bl. 1, 8, UBT Mh 772 Bd. 10 Bl. 1; 34: MUT III 31084; 35: UAT 5/7 Nr. 94 S. 115–117, UAT 44/121 Bd. 7 Nr. 469, UAT 44/123 Bd. 2 Nr. 86; 36, 37, 38: MUT III 31084.

33S
Buttex, Sebastian

Lebensdaten	– 1736
Wirkungsdaten	1715–1736 (†)
Geburtsort	Lausanne (Waadtland; zu Bern)
Todesdatum	1736, November 22
Namensvarianten	Buteux/Bouteux/Butté/Bütte
Lebensstationen	Sprachmeister des Friedrich Magnus von Leiningen-Hartenburg (vor 1715)
Wirkungsdaten (TÜ)	1715–1736 (†)
Anstellungsdatum (TÜ)	1733, Februar 6
Funktion (TÜ)	Sprachmeister des Französischen
Corpus	Universitätsverwandter
Immatrikulation (TÜ)	1717, Februar 8
Matrikeleintrag (TÜ)	*Sebastianus Buttexius Lausannensis.*
Quellen	HStAS A 7 Bü 50, A 21 Bü 39/5, A 202 Bü 2613, 2616, A 284/94 Bü 47, 265, 289; StAT E 101/323; UAT 4/6, 9/9, 29/1, 30/6, S 128/18; WLB Cod. hist. 2° 889 Bd. 4.
Literatur	MUT III 31538; RAUSCHER: Collegium Illustre, S. 143–148; SCHRÖDER: Lexikon, Bd. 1, S. 106 f.; SCHRÖDER: Annales, Bd. 2, S. 65, 132, 157 f.

1: StAT E 201/323, UAT 4/6 Bl. 62ʳ, UAT 9/9 Nr. 168; **2:** UAT 4/6 Bl. 62ʳ, 116ᵛ, 170ᵛ; **4:** HStAS A 202 Bü 2616 o. Pag. Sebastian Buttex an den Geheimen Rat (1733, Januar 4), MUT III 31538; **10:** StAT E 201/323, UAT 9/9 Nr. 168; **16:** HStAS A 284/94 Bü 265 Bl. 52, 57, UAT 4/6 Bl. 62ʳ, 116ᵛ, 170ᵛ; **30:** UAT 4/6 Bl. 62ʳ, UAT 30/6 Nr. 25 Bl. 1; **32:** StAT E 201/323, UAT 4/6 Bl. 62ʳ, 116ᵛ, 170ᵛ, UAT 9/9 Nr. 168; **33, 34:** HStAS A 202 Bü 2616 o. Pag. Geheimer Rat an den Oberhofmeister des Collegium Illustre (1733, Februar 6), UAT 9/9 Nr. 166; **36, 37, 38:** MUT III 31538.

34S
Lamotte, Alexander Gottlieb

Lebensdaten	1703–1751
Geburtsdatum	1703, August 6
Geburtsort	Stuttgart
Heiratsdatum	1737, November 19
Heiratsort	Tübingen
Vater	Pierre Lamotte, Sprachmeister des Französischen am württembergischen Hof in Stuttgart und am Stuttgarter Gymnasium
Mutter	Angelica * 1667, † 1740
Ehepartner 1	Maria Christina Gmelin, Tochter des Chemikers und Apothekers Johann Georg Gmelin in Tübingen
Kinder	Ludwig Alexander Lamotte * 1748, † 1798, Professor des Naturrechts und der französischen Sprache und Literatur an der Hohen Karlsschule in Stuttgart; Susanne Barbara, ∞, Verfasserin von „Tagebuch einer jungen Ehefrau" (Stuttgart 1780) (WLB: MC HBF 8220).
Lebensstationen	Student in Tübingen (ab 1727), Hofmeister in Tübingen (ab 1729), Hofgerichtsadvokat in Tübingen (ab 1735), Vogt, Keller und geistlicher Verwalter in Freudenstadt (1742–1749), Alpirsbacher Klosterpfleger auf dem Kniebis (1749)

Wirkungsdaten (TÜ)   1727–1742
Anstellungsdatum (TÜ) 1736, November 23
Funktion (TÜ)   Privathofmeister/Sprachmeister des Französischen/Advokat/Hofge-
                       richtsadvokat
Immatrikulation (TÜ)   1727, Mai 20/1734, November 10
Matrikeleintrag (TÜ)   1727: *Alexander Gottlieb Lamotte Stuttgardiensis.*/1734: *Alexander
                       Gottlieb Lamotte nomen repetiit.*

Quellen   HStAS A 7 Bü 50, A 202 Bü 2613, A 284/94 Bü 46; UAT 9/2, S 127/7;
                       UBT Mh 772 Bd. 10, Mh 847a.
Literatur   Camerer: Beitraege, S. 20; Georgii-Georgenau: Dienerbuch, S. 250,
                       427; MUT III 32559, 33261; Pfeilsticker: NWD §§ 103, 2004, 2006,
                       2317, 2334, 2646, 3286; Rauscher: Collegium Illustre, S. 149–156;
                       Schröder: Lexikon, Bd. 2, S. 12, Bd. 3, S. 77–81, Bd. 5, S. 204, Bd. 6,
                       S. 5; Schröder: Annales, Bd. 2 S. 10, 17 f., 170 f., 183, 189 f., Bd. 4,
                       S. 349, 363; Zeller: Merckwuerdigkeiten, S. 185.

1: Pfeilsticker: NWD §§ 2646, 3286, UBT Mh 772 Bd. 10 Bl. 1; **3, 4**: UBT Mh 772 Bd. 10 Bl. 1; **8,
9**: UBT Mh 847a Bl. 94ʳ; **20**: Camerer: Beitraege S. 20, HStAS A 284/94 Bü 46 o. Pag. Alexander
Gottlieb Lamotte an den Kirchenrat (1737, Oktober 14), Pfeilsticker: NWD § 103, UBT Mh
772 Bd. 10 Bl. 1, UBT Mh 847a Bl. 94ʳ; **21**: Pfeilsticker: NWD § 103; **25**: Pfeilsticker: NWD
§ 2006, UBT Mh 772 Bd. 10 Bl. 1, UBT Mh 847a Bl. 94ʳ; **28**: Rauscher: Collegium Illustre
S. 156; **30**: Georgii-Georgenau: Dienerbuch S. 250, 427, Pfeilsticker: NWD §§ 2334, 2646,
3286, UAT 9/2 Bd. 2 Bl. 104–107, UBT Mh 772 Bd. 10 Bl. 1; **32**: HStAS A 284/94 Bü 46 o. Pag.
Alexander Gottlieb Lamotte an den Kirchenrat (1743, November 8), UBT Mh 847a Bl. 94ʳ; **33**:
HStAS A 202 Bü 2613 o. Pag. Geheimer Rat an den Oberhofmeister des Collegium Illustre
(1736, November 23); **34**: UBT Mh 847a Bl. 94ʳ; **37, 38**: MUT III 32559, 33261.

35S
Caumon, Jean Ernest

Lebensdaten   1705–
Wirkungsdaten   1732–1767
Geburtsort   Tübingen
Vater   Jean Caumon, Sprachmeister in Tübingen
Mutter   Euphrosina Elisabetha Bub
Geschwister   Joseph Caumon; Anne Madelaine Caumon
Lebensstationen   Sprachmeister in Nürnberg (mind. 1748 bis mind. 1767)
Ausbildung   Beginn einer Buchbinderlehre, Lehre im Strumpfweberhandwerk, Me-
                       dizinstudent in Tübingen (1736)
Wirkungsdaten (TÜ)   1732–1736
Funktion (TÜ)   Student der Medizin/Sprachmeister des Französischen
Corpus (TÜ)   Universitätsverwandter
Immatrikulation (TÜ)   1732, April 4/1736
Matrikeleintrag (TÜ)   1732: *Johannes Ernestus Caumon l. G. cultor.*/1736: *Caumont, J. E.,
                       Tubing. Stip. 1736 (hospes), st. med. J. Caumont, linguae gall. magistri
                       fil.*

Quellen   StAT E 101/22, E 201/1105; UAT 25/3, 30/6, 31/2, 44/121, 47/6, 47/7.
Literatur   MUT III 33034, 42037; Rauscher: Collegium Illustre, S. 105 Anm. 13;
                       Schröder: Lexikon, Bd. 1, S. 126 f.

1: UAT 32/1 Bd. 4 Nr. 318; **2**: MUT III 33034, StAT E 101/22, StAT E 201/1105, UAT 30/6 Nr. 31 a Bl. 2–4, UAT 32/1 Bd. 4 Nr. 318; **5**: UAT 32/1 Bd. 4 Nr. 318; **20, 21**: UAT 32/1 Bd. 4 Nr. 318; **22**: StAT E 101/24, UAT 25/3 Bd. 3 Nr. 291; **30**: StAT E 101/22, StAT E 201/1105, UAT 30/6 Nr. 31 a Bl. 2–4, UAT 32/1 Bd. 4 Nr. 318; **31**: MUT III 42037, StAT E 101/22, StAT E 201/1105; **32**: MUT III 33034, 42037; **34**: UAT 25/3 Bd. 3 Nr. 291; **36, 37, 38**: MUT III 33034, 42037.

36S
Caumon, Anne Madelaine

Lebensdaten	1698–1770
Geburtsdatum	1698, März 16
Geburtsort	Tübingen
Todesdatum	1770, Februar 23
Todesort	Tübingen
Vater	Jean Caumon, Sprachmeister in Tübingen
Mutter	Anna Rosina Schemmler aus Tübingen
Geschwister	Jean Ernest Caumon; Joseph Caumon
Wirkungsdaten (TÜ)	mind. 1732–mind. 1740
Funktion (TÜ)	Sprachmeisterin des Französischen
Wohnung	Elterliche Behausung unter dem Haag

Quellen	StAT A 20/S 619, E 101/22, E 101/24, E 201/1105; UAT 25/3, 30/6, 31/2, 44/68a, 44/121, 46/3, 46/4, 46/5, 46/7, 46/8, 46/9, 46/10, 46/11, 46/13, 46/14, 46/15, 46/16.
Literatur	RAUSCHER: Collegium Illustre, S. 105 Anm. 13; SCHRÖDER: Lexikon, Bd. 1, S. 126.

1: UAT 32/1 Bd. 4 Nr. 318, UAT 44/121 Bd. 10 Nr. 677; **3**: StAT E 201/1105; **5**: UAT 32/1 Bd. 4 Nr. 318; **10, 11**: StAT E 101/24; **20, 21**: UAT 32/1 Bd. 4 Nr. 318; **22**: StAT E 101/22, UAT 25/3 Bd. 3 Nr. 291; **32, 34**: StAT E 101/22; **35**: StAT A 20/S 619 Bl. 52^r, UAT 44/121 Bd. 10 Nr. 677.

37S
Boeswillibald, Johann Hieronymus

Wirkungsdaten	1720–1768
Herkunftsort	Markgrafschaft Ansbach-Bayreuth
Heiratsdatum	1733, Juni 2
Heiratsort	Tübingen
Vater	Johann Hieronymus Boeswillibald * 1673, † 1756, Studium in Jena und Wittenberg, Pfarrer
Ehepartner 1	Maria Catharina de Gregoriis, Tochter des Sprachmeisters Franciscus de Gregoriis in Tübingen
Lebensstationen	Mitarbeit an einer politischen Zeitung in Frankfurt (Main), andere Orte (1742–1753), London (1760 bis mind. 1768)
Ausbildung	Studium der Rechte sowie *galante Studiis* in Leipzig und Halle, nach eigenen Angaben Kenntnisse des Französischen, Italienischen, Englischen, Holländischen, Lateinischen, Griechischen und Hebräischen (insgesamt kundig in *eilf Sprachen* und *auf etlichen Universitäten auch in Wissenschaften mich qualificiert*), Reisen nach Holland, England und Frankreich

Wirkungsdaten (TÜ)	1732–1742, 1753–1760 (Dimissionsgesuch)
Anstellungsdatum (TÜ)	1753, Januar 5
Funktion (TÜ)	Sprachmeister des Französischen, Italienischen und Englischen
Wohnung (TÜ)	Kauf einer Behausung in der Münzgasse (1757, Verkauf 1760)
Corpus (TÜ)	Universitätsverwandter
Immatrikulation (TÜ)	1753, Januar 27
Matrikeleintrag (TÜ)	*Joh. Hieronymus Boeswillibald nomen repetiit, propter inopiam nihil solvit.*

Publikationen

[...] De educationis neglectae damno in rempublicam in illustri gymnasio ernestino-friedericiano D. XXX Maii A. [1720] praeside M. Io. Christoph. Ottone Log. et Metaph. Prof. publ. praeceptore suo pie colendo publice disputabit auctor et respondens Io. Hieronymus Boeswillibaldus Heidenheimio–Onolsbacensis, Hildburghausen: Penzold [1720] (UBT: Ah I 53).

Scripture and reason one book, wherein is contained a short, solid and plain explication of the chiefest mysteries of the holy scripture, to further inquiry, and to manifest folly, inquiry of lovers of truth, and folly of haters of scripture and reason: Imparted by a free-thinker as for human authority, and a bond-man as for scripture and reason, the only principles of a true christian, a good protestant, and of a downright honest man. Written and printed according to the will of God, [s.l.] [1740] (WLB: Theol.oct.16322).

Entdeckte Staercke des Grunds der offenbarten Weißheit, in einem deutlichen Unterricht, welcher nicht nur den Glauben, wornach die heilige Schrift von Gott eingegeben worden, befestiget, sondern auch die Einwuerfe, welche die vermeinten esprits forts von Zahlen, Spruechen, Worten, Namen, Geschichten, Geschlechtregistern und andern Materien hergenommen haben, auf eine kurtze, genugsamc und ueberzeugende Weise widerleget; Dabey die Chronologie der heiligen Schrift abhandelt, die Ubereinstimmung der vier Evangelisten erweiset, und dunckle Schrifstellen in ihr voriges Licht setzet: Ertheilet von einem unbekannten, und doch bekannten Juenger des einigen Meisters, Tübingen: Schramm 1741 (UBT: Gf 1682).

The creed of the nazarenes: Or, of the first christians, as a light of knowledge, opposed to the darkness of ignorance, to be perceived amongst the jews and future christians. Dedicated to the bishops of the englisch High-Church, London 1763 (UBB: Online-Dokument) (03.09.2013).

Schrift- und vernunftgemaese Gedanken, die ueber das von Herrn Dr. Wachsel angepriesene und publicirte Buch, unter dem Titel: Der erklaerte Catechismus Lutheri, zum Unterricht der Christen und Juden, mitgetheilet werden, welche die Geister pruefen, das Wahre von dem Falschen unterscheiden, und der Verführung eines auf das höchste gestiegenen Unglaubens entgehen wollen, London: Heydinger 1768 (BSB: Online-Dokument) (03.09.2013).

Quellen

HStAS A 6 Bü 198, A 202 Bü 2616, 2613, A 280 Bü 69, A 284/94 Bü 45, 49, 50, 285, 289, A 303 Bd. 14030–14037; StAT E 101/47; UAT 9/9, 30/6, 44/68a, 44/121, 46/9; UBT Mh 847a.

Literatur

ADELUNG/ROTERMUND: Fortsetzung, Bd. 1, Sp. 1980; BAUMGARTEN: Nachrichten, Bd. 5, S. 223; Goettingische Zeitungen von Gelehrten Sachen 4 (1741), S. 25–28; MUT III 34944; RAUSCHER: Collegium Illust-

re, S. 128–142; SCHRÖDER: Lexikon der Fremdsprachenlehrer, Bd. 1, S.
66–70; SCHRÖDER: Annales, Bd. 2, S. 154 f., 182, Bd. 3, S. 6 f., 47, 53, 58,
80 f., 87; TRINIUS: Freydenker-Lexicon, S. 103 f.; VOCKE: Geburts- und
Todten-Almanach, Bd. 1, S. 280 f.

2: HStAS A 202 Bü 2616 o. Pag. Johann Hieronymus Boeswillibald an den Geheimen Rat (1732,
März 4), StAT E 101/47; **5:** HStAS A 202 Bü 2616 o. Pag. Johann Hieronymus Boeswillibald
an den Geheimen Rat (1732, März 4); **8:** HStAS A 284/94 Bü 45 Bl. 1, UBT Mh 847a Bl. 92^r; **9:**
UBT Mh 847a Bl. 92^r; **20:** HStAS A 284/94 Bü 45 Bl. 1, UBT Mh 847a Bl. 92^r, Vocke: Geburts-
und Todten-Almanach Bd. 1 S. 280 f.; **25:** UAT 30/6 Nr. 29 Bl. 1, UBT Mh 847a Bl. 92^r; **30:**
HStAS A 202 Bü 2616 o. Pag. Johann Hieronymus Boeswillibald an den Geheimen Rat (1759,
Oktober 10), HStAS A 280 Bü 69 o. Pag. Johann Hieronymus Boeswillibald an den Geheimen
Rat (1752, Dezember 9), StAT E 101/47, UAT 44/68a Nr. 2 Bl. 3, UAT 46/9 Bl. 24^v; **31:** HStAS
A 202 Bü 2616 o. Pag. Johann Hieronymus Boeswillibald an den Geheimen Rat (1732, März 4),
o. Pag. Johann Hieronymus Boeswillibald an den Geheimen Rat (1759, Oktober 10); **32:** HStAS
A 284/94 Bü 45 Bl. 1 f., 4–7, 10, HStAS A 303 Bd. 14030–14037, UAT 9/9 Nr. 164; **33:** HStAS
A 284/94 Bü 50 Bl. 3, HStAS A 303 Bd. 14030 Bl. 27^v, UAT 30/6 Nr. 29 Bl. 3; **34:** UAT 30/6 Nr.
30 Bl. 5; **35:** UAT 44/121 Bd. 9 Nr. 617/1, UAT 44/121 Bd. 9 Nr. 632; **36:** UAT 44/68a Nr. 2 Bl.
3; **37, 38:** MUT III 34944.

38S
Perrin de Vassebourg, Jacques François

Wirkungsdaten	1737–1748
Geburtsort	Bar-le-Duc (Herzogtum Bar; zum Herzogtum Lothringen)
Konfession	katholisch (Franziskanermönch, *ci-devont Religieux Franciscain Prêt-re et Predicateur*)/lutherisch (Konversion 1737)/Rückkehr zum Katholizismus (um 1745–1748)/lutherisch (erneute Konversion 1748) (1748: *maintenant Evangélique*)
Namensvarianten	Wasbourg
Ehepartner1	Frau und ein Kind
Lebensstationen	Stuttgart (um 1737 bis um 1744)
Wirkungsdaten (TÜ)	1737, 1744 bis um 1745
Funktion (TÜ)	Sprachmeister des Französischen
Corpus (TÜ)	Stadtbürger
Publikationen	La vie, la maladie et la mort de la reputation francoise. Avec le convoi et les funerailles. Traduit d' allemand en françois par ***, Amsterdam 1744 (UBT: Fo III 51).
Quellen	UAT 30/6.

2: UAT 30/6 Nr. 28 Bl. 1; **4, 14:** Ebd. Bl. 5, 7; **16:** Ebd. Bl. 1/1, 1/2, 7; **25:** Ebd. Bl. 5; **30, 32, 34:**
Ebd. Bl. 1/1; **36:** Ebd. Bl. 1, 8.

39S
Robert, Pierre

Lebensdaten	1700–1772
Geburtsort	Lunéville (Herzogtum Lothringen)
Todesdatum	1772, Dezember 10 nach vierwöchigem Krankenlager

Todesort	Tübingen
Konfession	lutherisch (Konversion)
Ehepartner 1	Anna Rosina Schreiber, † 1746
Ehepartner 2	Christina Margaretha Strümpfler * 1713, † 1779
Kinder	Juliana Hedwig * 1741; Christina Catharina * 1755, † 1809 in Savoyen, ∞ mit dem Konditor Schmidt in Kirchheim (Teck), mit dem sie später nach London zieht, wo im 19. Jahrhundert noch zwei Töchter leben
Studierende Kinder	Christoph Peter (1768, November 16): *Christoph. Petrus Robert Tubinga aet. 19 theol. stud. 1 fl. 30 x.* (Universität Tübingen), * 1750, mind. 1779–1781 Hofmeister in Reval (Livland)
Wirkungsdaten (TÜ)	1737–1772 (†)
Funktion (TÜ)	Sprachmeister des Französischen
Wohnung (TÜ)	Kauf eines Hauses mit Garten in der Burgsteige (1742, 1780 Verkauf durch Tochter Christina Catharina)
Corpus (TÜ)	Universitätsverwandter
Immatrikulation (TÜ)	1739
Matrikeleintrag (TÜ)	*Robert, Pe., Lunaevillanus, prosel.*
Quellen	HStAS A 202 Bü 2616, A 284/94 Bü 46, 47, 285, 289; StAT A 20/S 322, A 20/S 324, A 20/S 619, E 101/222, E 105; UAT 25/3, 30/6, 44/68a, 44/83, 44/121, 46/19, 46/20, 46/27, 46/29, 46/30, 46/33, 46/34, 46/36, 46/37, 47/4, 47/5.
Literatur	MUT III 36724, 42078; Rauscher: Collegium Illustre, S. 157–162; Schröder: Lexikon, Bd. 4, S. 40–42; Schröder: Annales, Bd. 2, S. 175, Bd. 3 S. 10f, 97 f., Bd. 4, S. 23.

1: UAT 30/6 Nr. 27 Bl. 8, StAT E 101/222; **4**: MUT III 42078; **10**: HStAS A 284/94 Bü 47 Bl. 10, StAT E 101/222, UAT 30/6 Nr. 27 Bl. 9; **11**: UAT 30/6 Nr. 27 Bl. 9; **14**: HStAS A 284/94 Bü 46 o. Pag. Alexander Gottlieb Lamotte an den Kirchenrat (1740, März 2), MUT III 42078; **25**: StAT E 101/222, StAT E 105/9; **26**: UAT 25/3 Bd. 3 Nr. 343, Nr. 345 f., UAT 30/6 Nr. 27 Bl. 9, UAT 46/29 Bl. 66ᵛ–67ʳ; **28**: StAT E 101/222, StAT E 105/9, UAT 25/3 Bd. 3 Nr. 343, Nr. 345 f., UAT 30/6 Nr. 27 Bl. 9, UAT 46/29 Bl. 66ᵛ–67ʳ, UAT 46/30 Bl. 26ʳ–27ᵛ, UAT 46/33 Bl. 67ᵛ–68ʳ, 108ᵛ–109ʳ, UAT 46/34 Bl. 48ʳ; **29**: MUT III 36724, UAT 30/6 Nr. 27 Bl. 9; **32, 34**: StAT E 101/222, UAT 30/6 Nr. 27 Bl. 3; **35**: StAT A 20/S 619 Bl. 50ᵛ–51ʳ, StAT A 20/S 322 Bl. 1408, StAT A 20/S 324 Bl. 3021ʳ–3022ʳ, StAT E 105/9, UAT 30/6 Nr. 27 Bl. 2, UAT 44/83 Nr. 17, UAT 44/121 Bd. 8 Nr. 538; **36, 37, 38**: MUT III 42078.

40S
Caumon, Joseph

Lebensdaten	1695–1759
Geburtsort	Bobi (Herzogtum Piemont; zum Herzogtum Savoyen)
Todesdatum	1759, Mai 18
Todesort	Tübingen
Vater	Jean Caumon, Sprachmeister in Tübingen
Mutter	Anna Rosina Schemmler aus Tübingen
Geschwister	Jean Ernest Caumon; Anne Madelaine Caumon
Ausbildung	Peruquier
Wirkungsdaten (TÜ)	1748
Funktion (TÜ)	Sprachmeister des Französischen
Quellen	StAT E 101/22, E 201/1105; UAT 25/3, 32/1, 46/3.

1: UAT 32/1 Bd. 4 Nr. 318, UAT 46/3 Bl. 79ᵛ; **4**: UAT 32/1 Bd. 4 Nr. 318; **10, 11**: StAT E 201/1105; **20, 21**: UAT 32/1 Bd. 4 Nr. 318; **22**: StAT E 101/22, StAT E 201/1105, UAT 25/3 Bd. 3 Nr. 291; **31**: StAT E 101/22; **32, 34**: UAT 32/1 Bd. 4 Nr. 318.

41S
Andreas, Carl Philipp Ernst

Wirkungsdaten	1751–1752
Geburtsort	Hamburg (Freie Stadt)
Konfession	jüdisch/vermutlich lutherisch (*Proselyt*) (Konversion in Braunschweig)
Lebensstationen	Braunschweig, Kaufmann in England, Darmstadt, Karlsruhe (vor 1751)
Wirkungsdaten (TÜ)	1751–1752
Funktion (TÜ)	Sprachmeister des Englischen
Quellen	UAT 12/4, 15/6.
Literatur	SCHRÖDER: Lexikon, Bd. 1, S. 16.

2, 4, 14, 30, 32, 34: UAT 12/4 Nr. 211 f.

42S
Riemann, Johann Daniel

Wirkungsdaten	1758–1784
Herkunftsort	Remda (Herzogtum Sachsen-Weimar-Eisenach)
Lebensstationen	Kanzleiadvokat in Stuttgart (1762 und 1765 als solcher genannt)
Wirkungsdaten (TÜ)	mit Unterbrechungen 1758–1784
Funktion (TÜ)	Student der Rechte/Sprachmeister des Französischen
Corpus (TÜ)	Universitätsverwandter
Immatrikulation (TÜ)	1758, April 1/1762, April 7/1776, März 12
Matrikeleintrag (TÜ)	1758: *Johannes Daniel Riemann Saxo Jenensi – Remdensis ob paupertatem nil solvit.*/1762: *Johann Daniel Riemann Remda – Jenensis nomen repetiit, pretium inscriptionis remissum.*/1776: *Nomen repetit Joannes Daniel Riemann advocatus ex itinere reversus.*
Quellen	HStAS A 202 Bü 2616; UAT 9/9, 30/6.
Literatur	PFEILSTICKER: NWD § 1353.

2: HStAS A 202 Bü 2616 o. Pag. Gutachten des Geheimen Rats (1784, Oktober 26), MUT III 35459; **5**: MUT III 35459, 35959, 37520; **30**: HStAS A 202 Bü 2616 o. Pag. Zeugnisabschrift für Johann Daniel Riemann (1762, September 10), UAT 30/6 Nr. 36; **32**: HStAS A 202 Bü 2616 o. Pag. Gutachten des Geheimen Rats (1784, Oktober 26), MUT III 35459, 35959, 37520; **34**: HStAS A 202 Bü 2616 o. Pag. Zeugnisabschrift für Johann Daniel Riemann (1784, Oktober 20); **36, 37, 38**: MUT III 35459, 35959, 37520.

43S
Hirsch, Adolph

Wirkungsdaten	1757–1766
Geburtsort	Köln (Reichsstadt)
Konfession	lutherisch (Konversion 1760)
Lebensstationen	Reise nach Italien (Neapel) (1757–1760), Lektor des Italienischen an der Universität Göttingen (1766), Sprachmeister an der Universität Gießen (ab 1767/1768)
Wirkungsdaten (TÜ)	1760 bis mind. 1761
Anstellungsdatum (TÜ)	1761, Oktober 3
Funktion (TÜ)	Sprachmeister des Italienischen
Corpus (TÜ)	Universitätsverwandter
Immatrikulation (TÜ)	1761, Oktober 30
Matrikeleintrag (TÜ)	*Adolphus Hirsch Coloniensis ad Rhenum, NB. ob paupertatem nihil soluit.*
Quellen	HStAS A 202 Bü 2533, A 280 Bü 6g, A 284/94 Bü 50, 285, 289, A 303 Bd. 14037; UAT 30/6, 32/1, 44/68a, 47/5.
Literatur	Akademischer Address-Kalender, S. 54; Arnim: Corpus, S. 139; MUT III 35902; Pütter/Saalfeld/Oesterley: Versuch, Bd. 4, S. 504; Schröder: Lexikon, Bd. 2, S. 231; Schröder: Annales, Bd. 3, S. 87, 116; Stimming: Geschichte, S. 137; Rauscher: Collegium Illustre, S. 142 und Anm. 66.

2: MUT III 35902, Stimming: Geschichte S. 137; **4:** MUT III 35902; **14:** UAT 47/5 Bl. 106ʳ; **30:** Akademischer Address-Kalender S. 54, Arnim: Corpus S. 139, HStAS A 280 Bü 6g o. Pag. Adolph Hirsch an die Universitätsvisitationskommission (1761, Mai 30), o. Pag. Gutachten der Universitätsvisitationskommission (1761, September 22), Pütter/Saalfeld/Oesterley: Versuch S. 504, Stimming: Geschichte S. 137, UAT 32/1 Bd. 5 Nr. 375; **32:** HStAS A 303 Bd. 14037 Bl. 28ᵛ, MUT III 35902, UAT 30/6 Nr. 32 Bl. 1, UAT 32/1 Bd. 5 Nr. 375 f., 378; **33:** HStAS A 284/94 Bü 50 o. Pag. Geheimer Rat an den Kirchenrat (1761, Oktober 3), HStAS A 303 Bd. 14037 Bl. 28ᵛ, UAT 30/6 Nr. 32 Bl. 1; **34:** Stimming: Geschichte S. 137, UAT 44/68a Nr. 2 Bl. 4ᵛ; **36, 37, 38:** MUT III 35902.

44S
Colomb Labarthe, Jean Guillaume de

Lebensdaten	1720–
Wirkungsdaten	1749–1766
Geburtsort	Kurfürstentum Brandenburg
Konfession	reformiert
Lebensstationen	Sprachmeister des Französischen und Deutschen und Lehrer der Geographie, Geschichte und Religion in Genf (1749–1760), Sprachmeister des Französischen und Deutschen an der Universität Basel (1760–1762), Lehrer des Französischen am Gymnasium Basel (1766)
Wirkungsdaten (TÜ)	1762–1763
Funktion (TÜ)	Sprachmeister des Französischen
Quellen	UAT 9/1, 30/6, 32/1.
Literatur	Schröder: Lexikon, Bd. 1, S. 154, Bd. 3, S. 71, Bd. 5, S. 172; Wackernagel/Triet/Marrer: Matrikel, Bd. 5, S. 251 f.

1: UAT 30/6 Nr. 33 Bl. 2; **2**: Ebd., WACKERNAGEL/TRIET/MARRER: Matrikel Bd. 5 S. 251 f.; **4, 14**: UAT 30/6 Nr. 33 Bl. 2; **30**: UAT 9/1 Nr. 14 Bl. 1, UAT 30/6 Nr. 33 Bl. 1 f., UAT 32/1 Bd. 5 Nr. 399, WACKERNAGEL/TRIET/MARRER: Matrikel Bd. 5 S. 251 f.; **32**: UAT 30/6 Nr. 33 Bl. 1, UAT 32/1 Bd. 5 Nr. 399; **34**: UAT 32/1 Bd. 5 Nr. 399.

45S
Ferdinandi, Xaverius Carolus

Wirkungsdaten	1763–1772
Konfession	katholisch (nach eigenen Angaben ehemaliger Franziskanermönch)
Lebensstationen	Sprachprofessor des Italienischen an einer Ritterakademie in Graubünden (ab November 1772)
Wirkungsdaten (TÜ)	1763–1772
Funktion (TÜ)	Sprachmeister des Italienischen
Quellen	UAT 6/30, 30/6, 46/9, 46/13, S 128/36, S 128/46; UBT Mh 973.
Literatur	SCHRÖDER: Lexikon, Bd. 2, S. 84.

2: UAT 30/6 Nr. 34 Bl. 1, UAT S 128/46 Bl. 59; **14**: UAT 30/6 Nr. 34 Bl. 1; **30**: UAT S 128/46 Bl. 59; **32**: UAT 30/6 Nr. 34 Bl. 1, UAT S 128/46 Bl. 59; **34**: UAT 30/6 Nr. 34 Bl. 1.

46S
Eckert, Rudolph Gabriel

Lebensdaten	1738–
Wirkungsdaten	1770–1771
Vater	Christian Eckert, Handelsmann in London
Lebensstationen	Konstantinopel, Petersburg
Wirkungsdaten (TÜ)	1770 bis mind. 1771
Funktion (TÜ)	Sprachmeister des Englischen
Corpus (TÜ)	Universitätsverwandter
Immatrikulation (TÜ)	1770, Oktober 12
Matrikeleintrag (TÜ)	*Rudolph Gabriel Eckert aetat. 32 Englischer Sprachmeister, parens Christian, mercator Londino – Anglus, ex decreto senatus nil solvit.*
Quellen	UAT 6/30, 30/6, 47/6.
Literatur	SCHRÖDER: Lexikon, Bd. 2, S. 62; SCHRÖDER: Annales, Bd. 3, S. 145.

1: MUT III 36924; **2**: Ebd., UAT 6/30 Bl. 317ᵛ; **20**: MUT III 36924, UAT 47/6 Bl. 505ʳ; **30**: UAT 47/6 Bl. 505ʳ; **32**: UAT 6/30 Bl. 317ᵛ, UAT 30/6 Nr. 37; **34**: UAT 30/6 Nr. 37; **36, 37, 38**: MUT III 36924.

47S
Parrot, Christophe Frédéric

Lebensdaten	1751–1812
Geburtsdatum	1751, Juli 28
Geburtsort	Mömpelgard (Grafschaft Mömpelgard; zum Herzogtum Württemberg)

Todesdatum	1812, Februar 28
Todesort	Esslingen (Reichsstadt)
Konfession	lutherisch
Vater	Johann Jacob Parrot, Stadtwundarzt, Oberbürgermeister und Land-ökonomieoberaufseher, Leibwundarzt Herzog Friedrich Eugens von Württemberg
Lebensstationen	Hauslehrer adliger Familien in Stuttgart, Mömpelgard, Sachsen, Jülich und Erlangen (1771–1781), außerordentlicher Professor für Mathematik und Ökonomie an der Universität Erlangen (1782–1801), Geheimer Sekretär in Stuttgart (1801), Oberamtmann, Kameralverwalter und Amtsschreiber in Schmidelfeld, Kanzleirat in Obersontheim, Oberamtmann in Marbach (1808), Oberamtmann in Hornberg (1810)
Ausbildung	Privatunterricht im elterlichen Haus (bis 1762), Gymnasium in Mömpelgard, gleichzeitig Privatunterricht im Griechischen, in der Poesie und im Hebräischen, Studium der Theologie, Oekonomie und Mathematik an der Universität Tübingen (ab 1767), Ordinierung (1771), Dissertation in Erlangen (1783)
Wirkungsdaten (TÜ)	1767 bis um 1771, 1773
Funktion (TÜ)	Sprachmeister des Französischen während seines Theologiestudiums im Fürstlichen Stipendium in Tübingen (ab 1767), Bewerbung auf die Sprachmeisterstelle am Collegium Illustre (1773)
Immatrikulation (TÜ)	1767, Oktober 15
Matrikeleintrag (TÜ)	*Christoph. Fred. Parrot Montisbelg.*
Publikationen	Vgl. zu den überwiegend naturwissenschaftlichen Publikationen Parrots FIKENSCHER: Gelehrten Geschichte, Bd. 3, S. 69–73.
Quellen	UAT 30/6, S 128/21; UBT Mh 772 Bd. 1, Mh 868, Mh 1044.
Literatur	DORMOIS: Stipendiaten, S. 321 f.; DUVERNOY: Éphémérides, S. 278; FIKENSCHER: Gelehrten Geschichte, Bd. 3, S. 69–73; GEORGII-GEORGENAU: Dienerbuch, S. 75 f., 528; GRADMANN: Schwaben, S. 431–433; HAMBERGER/MEUSEL: Teutschland, Bd. 6, S. 33; LEUBE: Geschichte, Bd. 2, S. 255; LEUBE: Stipendiaten, S. 75; MUT III 36589; PFEILSTICKER: NWD §§ 1158, 2753, 3076; POGGENDORFF: Handwörterbuch, Bd. 2, Sp. 364–365; RAUSCHER: Collegium Illustre, S. 163; SCHRÖDER: Lexikon, Bd. 3, S. 280 f.; SCHRÖDER: Annales, Bd. 3, S. 10 f., 97 f., Bd. 4, S. 23; STÄLIN: Parrot, S. 184.

1, 3, 10, 11: STÄLIN: Parrot S. 184; **14**: UAT 30/6 Nr. 38; **20**: FIKENSCHER: Gelehrten Geschichte Bd. 3 S. 69–73; **30**: Ebd., STÄLIN: Parrot S. 184; **31**: FIKENSCHER: Gelehrten Geschichte Bd. 3 S. 69–73, MUT III 36589, STÄLIN: Parrot S. 184; **32**: UAT 30/6 Nr. 38, STÄLIN: Parrot S. 184; **34**: UAT 30/6 Nr. 38; **37, 38**: MUT III 36589.

48S
Sales, Pierre Aubin de

Lebensdaten	1718–1784
Geburtsort	Savoyen (Herzogtum Savoyen)
Heiratsdatum	1782, Februar 8 (2. Ehe)
Heiratsort	Tübingen (2. Ehe)
Todesdatum	1784, Oktober
Todesort	Tübingen

Konfession	reformiert
Aussehen/Charakter	Silhouette (1780)
Namensvarianten	Petrus Albinus de Sales
Ehepartner 1	eine Württembergerin aus Böblingen
Ehepartner 2	Maria Dorothea, Tochter des Magisters und Pfarrers in Kirchentellins-furt Regius Friedrich Oelmaier
Kinder	Ludwig Sixt Ernst * 1780
Lebensstationen	Lektor des Französischen, Italienischen und Spanischen in Jena (1750–1753), Göttingen (1753–1756) und Herborn (vor 1773)
Wirkungsdaten (TÜ)	1773–1784 (†)
Anstellungsdatum (TÜ)	1773, Juni 14/1777, November 3/13
Funktion (TÜ)	Sprachmeister des Französischen und Italienischen
Corpus (TÜ)	Universitätsverwandter/Collegiumsverwandter (1781)
Immatrikulation (TÜ)	1776, Oktober 17
Matrikeleintrag (TÜ)	*Petrus Albinus de Sales magister linguae gallicae aetatis 58 annorum ex Sabaudia uxoratus.*

Publikationen	Discorso filosofico sulla fisica e storia naturale del Sig. de Cheseaux, tradotto dal francese all' italiano da Pietro Albino de Sales [...], Tübingen: Reiss 1777 (BNF: RES-R-2324-1).
	Oraison prononcée publiquement, le 24 août 1772, dans l'auditoire de l'Académie de Herborn en occasion du jour de naissance du prince héréditaire de Monseigneur le prince Guillaume V, gouverneur général des États-Unis de Hollande, Tübingen: Reiss 1777 (BNF: RES-R-2324-2).
	Belisario del Signor Marmontel tradotto dal francese all' italiano da Pietro Albino de Sales Savojardo [...] stampato alle spese del traduttore, Tübingen: Reiss 1777 (UBT: DK VI 47).
	Lettere della Signora Marchese di Pompadour dal MDCCXLVI. fin al MDCCLII. tradotte dal francese all' italiano da P. A. de Sales Savojardo, Tübingen: Cotta 1779 (UBT: Fo III 490a).
Quellen	HStAS A 202 Bü 2533, 2616, A 284/94 Bü 47, 285, 288, 289; UAT 5/6, 9/9, 9/12, 25/3, 30/6, 44/3, 46/19, 46/22, 46/26, 46/27, 46/29, 46/30, 46/31, 46/32, 47/7; UBT Mh 847a, Mh 863b, Mh 1016.
Literatur	ARNIM: Corpus, S. 227; BÖK: Geschichte, S. 295; DÖRFLER/GRÄSSEL: Sales, S. 271; MEUSEL: Lexikon, Bd. 12, S. 25 f.; MUT III 37554; RAUSCHER: Collegium Illustre, S. 163–179; SCHRÖDER: Lexikon, Bd. 4, S. 82–85; SCHRÖDER: Annales, Bd. 3, S. 39 f., 59, 72, Bd. 4, S. 23–26, 35, 66, 166 f.; STEINMETZ: Geschichte, Bd. 1, S. 277; STEUBING: Geschichte, S. 177.

1: MUT III 37554, UAT 9/9 Nr. 179; 4: MUT III 37554, UAT 30/6 Nr. 39 Bl. 1; 8, 9: UBT Mh 847a Bl. 119ʳ; 10, 11: UAT 9/9 Nr. 179, UAT 44/3 Nr. 4; 14: UAT 46/19 Bl. 55ᵛ, UAT 46/26 Bl. 44ᵛ; 15: UBT Mh 1016 S. 287; 16: HStAS A 202 Bü 2616 o. Pag. Pierre Aubin de Sales an den Geheimen Rat (1777, Oktober 12); 25: HStAS A 284/94 Bü 47 Bl. 14; 26: UAT 9/9 Nr. 185, UBT Mh 847a Bl. 19ʳ; 28: UAT 9/9 Nr. 185; 30: ARNIM: Corpus S. 227, HStAS A 284/94 Bü 47 Bl. 14, STEUBING: Geschichte, S. 177; 32: UAT 9/9 Nr. 170, 179, UAT 44/3 Nr. 4; 33: UAT 9/9 Nr. 170; 34: UAT 9/9 Nr. 170, 172; 36: MUT III 37554, UAT 9/9 Nr. 174 f.; 37, 38: MUT III 37554.

49S
Willich, Johann Julius

Lebensdaten	1753–
Wirkungsdaten	1779–1780
Herkunftsort	Bergen (Rügen) (Herzogtum Pommern; zum Königreich Schweden)
Vater	Johann Thomas Willich, Kaufmann
Wirkungsdaten (TÜ)	1779–1780
Funktion (TÜ)	Student der Rechte/Sprachmeister des Französischen
Corpus (TÜ)	Universitätsverwandter
Immatrikulation (TÜ)	1779, September 24
Matrikeleintrag (TÜ)	*Johann Julius Willich aus Bergen auf der Insul Rügen aet. 26 iur. stud., p.: Joh. Thomas, mercator, remissum.*
Quellen	UAT 30/6, 46/29, 46/30.

1: MUT III 37801; **2:** UAT 30/6 Nr. 39 Bl. 6, UAT 46/29 Bl. 47^r, UAT 46/30 Bl. 13^{r-v}; **5, 20:** MUT III 37801; **32:** UAT 30/6 Nr. 39 Bl. 6, UAT 46/29 Bl. 47^r, UAT 46/30 Bl. 13^{r-v}; **34:** MUT III 37801, UAT 30/6 Nr. 39 Bl. 6, UAT 46/29 Bl. 47^r, UAT 46/30 Bl. 13^{r-v}; **36, 37, 38:** MUT III 37801.

50S
Méry Le Roy, Jean François

Wirkungsdaten	1784–1792
Geburtsort	Paris (Königreich Frankreich)
Heiratsdatum	1786, Mai 7/8
Heiratsort	Ammern (Stift Obermarchtal)
Konfession	katholisch
Ehepartner 1	Catharina Gross aus Mömpelgard
Kinder	Tochter * 1787, † 1787, ~ und □ in Ammern; Carolina * 1789
Lebensstationen	Sprachmeister in Erlangen (1763), Sprachmeister in Wien (bis 1785), Hofmeister in Linz (ab 1791), Sprachmeister in Augsburg (1793–1808)
Wirkungsdaten (TÜ)	1785–1791 (Dimissionsgesuch)
Anstellungsdatum (TÜ)	1784, Dezember 31/1785, Juni 9
Funktion (TÜ)	Sprachmeister des Französischen
Quellen	DAR M 283 Bd. 1; HStAS A 202 Bü 2612, 2616, A 284/94 Bü 285, 288, 289, A 303 Bd. 14056–14059; UAT 9/9; UBT Mh 772 Bd. 10, Mh 772 Bd. 19.
Literatur	GLÜCK/HÄBERLEIN/SCHRÖDER: Mehrsprachigkeit, S. 167, 186 f., 424; KNAPP: Taufbuch, S. 21; RAUSCHER: Collegium Illustre, S. 180–191; SCHRÖDER: Lexikon, Bd. 3, S. 120; SCHRÖDER: Annales, Bd. 4, S. 218, 238 f., 240, 260; WANDEL: Verdacht, S. 111.

2: HStAS A 284/94 Bü 288 Bl. 34, HStAS A 284/94 Bü 289 Bl. 53; **4:** UAT 9/9 Nr. 194; **8:** DAR M 283 Bd. 1 Bl. 14^r; **9, 14, 25, 28:** DAR M 283 Bd. 1 Bl. 4^v, 14^r; **30:** GLÜCK/HÄBERLEIN/SCHRÖDER: Mehrsprachigkeit S. 167, 424, UAT 9/9 Nr. 189; **32:** HStAS A 284/94 Bü 289 Bl. 53, HStAS A 303 Bd. 14056–14059; **33:** HStAS A 284/94 Bü 288 Bl. 34, HStAS A 303 Bd. 14056 Bl. 29^v; **34:** HStAS A 284/94 Bü 288 Bl. 36.

51S

Ploucquet, Christoph Matthäus

Lebensdaten	1754–
Wirkungsdaten	1754–1819
Geburtsdatum	1754, März 12
Geburtsort	Tübingen
Heiratsdatum	1818
Heiratsort	Lausanne (Waadtland; zu Bern)
Vater	Gottfried Ploucquet * 1716 in Stuttgart, Doktor der Philosophie, 1743 Pfarrer in Rötenberg, 1745 Diakon in Freudenstadt, 1750 Professor der Logik und Metaphysik an der Universität Tübingen, seit 1749 Mitglied der Königlichen Akademie der Wissenschaften in Berlin
Geschwister	Wilhelm Gottfried Ploucquet * 1744 in Rötenberg, Studium in Tübingen und Straßburg, Doktor der Philosophie und Medizin, 1766 Reise nach Leiden, 1767–1778 medizinische Praxis und akademischer Unterricht in Tübingen, 1778 Extraordinarius der Medizin, 1782 Ordinarius der Medizin in Tübingen
Lebensstationen	Aufenthalt in Lausanne sowie Reise nach Paris (um 1775–1785); Hofrat am württembergischen Hof in Stuttgart (seit 1793) und Lektor Herzog Ludwig Eugens (1793–1795)
Ausbildung	Studium der Theologie an der Universität Tübingen, Reisen nach Lausanne und Paris zur Perfektionierung des Französischen (um 1775–1785)
Wirkungsdaten (TÜ)	1791
Funktion (TÜ)	Sprachmeister des Französischen
Corpus (TÜ)	Universitätsverwandter
Immatrikulation (TÜ)	1768, November 14/1788, April 9/1799, November 25/1808, September 8
Matrikeleintrag (TÜ)	1768: *Christoph. Matthaeus Ploucquet Tubingensis professoris filius aet. 15 theol. stud. 0 fl. 0 x./*1788: *M. Christophorus Matthaeus Ploucquet nomen repetiit, filius professoris./*1799 : *Christoph Matthaeus Ploucquet consiliarius aulicus Würtemb. nomen repetiit./*1808: *Hofrath Ploucquet nomen repetiit.*
Publikationen	Les Nuées. Une comdie d'Aristophane en cinq actes. Traduite du grec par C. M. Ploucquet,. Tübingen: Balz 1788 (UBT: Cd 2045).
Quellen	HStAS A 202 Bü 2616, A 284/94 Bü 289; UAT 9/5, 9/9.
Literatur	GRADMANN: Schwaben, S. 462–468; HAMBERGER/MEUSEL: Teutschland, Bd. 6, S. 129–132; HAUG: Wirtemberg, S. 143–147; MUT III 36706, 38609, 39539, 40401; PFEILSTICKER: NWD § 3; RAUSCHER: Collegium Illustre, S. 200–202; SCHRÖDER: Annales, Bd. 4, S. 242 f., 259; WANDEL: Verdacht, S. 111.

1: HAUG: Wirtemberg S. 147; 2: Ebd., UAT 9/5 Nr. 14; 3: HAMBERGER/MEUSEL: Teutschland Bd. 6 S. 129–132; 4: HAUG: Wirtemberg S. 147; 8, 9: UAT 9/5 Nr. 14; 20: HAUG: Wirtemberg S. 143–145; 22: GRADMANN: Schwaben S. 462–468, HAMBERGER/MEUSEL: Teutschland Bd. 6 S. 129–132, HAUG: Wirtemberg S. 145–147; 30: GRADMANN: Schwaben S. 462, HAUG: Wirtemberg S. 147, PFEILSTICKER: NWD § 3; 31, 32, 34: HStAS A 284/84 Bü 289 Bl. 64; 36, 37, 38: MUT III 36706, 38609, 39539, 40401.

52S
Amiet, Jean Samuel

Wirkungsdaten	1791
Geburtsort	Cudrefin (Waadtland; zu Bern)
Wirkungsdaten (TÜ)	1791
Funktion (TÜ)	Sprachmeister des Französischen
Quellen	HStAS A 284/94 Bü 289; UAT 9/9.
Literatur	RAUSCHER: Collegium Illustre, S. 192–202.

2, 4, 32, 34: HStAS A 284/94 Bü 289 o. Pag. Jean Samuel Amiet an den Kirchenrat (1791, September 22), UAT 9/9 Nr. 202.

53S
Emmert, Johann Heinrich

Lebensdaten	1745–1830
Geburtsdatum	1745, Oktober 28
Geburtsort	Dundorf in Franken
Todesdatum	1830, Dezember 9
Konfession	lutherisch
Vater	Prediger in Dundorf
Ehepartner 1	Maria Elisabetha Schott
Kinder	2 Töchter
Studierende Kinder	Ferdinand August Gottfried (1793, Oktober 21): *Ferdinandus Emmert Goettingensis aet. 15 medicinae studios., p.: Professor in Tübingen.* (Universität Tübingen)/(1816, Januar 25): *Ferdinand August Gottfr. Emmert Professor der Anatomie.* (Universität Tübingen), * 1776, † 1819 in Tübingen, Professor der Medizin in Bern und Tübingen; Karl Friedrich (1795, Oktober 15): *Carolus Frid. Emmert Götting. aet. 15 ann. medica et chirurg., p.: Jo. Henr., prof. ling. Gallicae et Angl., qua fil. prof. nihil solvit.*, Professor der Chirurgie und Tierheilkunde in Bern
Lebensstationen	Privatdozent an der Universität Göttingen (1776–1780), Lektor des Englischen, Französischen, Italienischen und Deutschen an der Universität Göttingen (1780–1792)
Ausbildung	Lateinschule und Gymnasium in Schweinfurt und Coburg; Studium der Rechte in Erfurt (1769), Leipzig (1770) und Göttingen (1772–1776), Doktortitel der Philosophie der Universität Erfurt (1789)
Wirkungsdaten (TÜ)	1792–1829 (Zurruhesetzung)
Anstellungsdatum (TÜ)	1792, April 28
Funktion (TÜ)	Sprachprofessor des Französischen, Italienischen, Englischen und Spanischen
Corpus (TÜ)	Collegiumsverwandter/Universitätsverwandter (vermutlich ab 1819)
Publikationen	A collection of maxims, anecdotes, fables, tales, allegories, histories, orations, reflections, letters [...]. Selected from some of the best english writers, for the instruction and entertainment of youth, Göttingen: Bossiegel 1782 (SUB: 19 D 20281). Anthologie pour former l'esprit et le gout des jeunes gens, recueillie des meilleurs ecrivains françois, Leipzig 1783 (SLUB : 3.A.6335).

Teinture de l'histoire naturelle pour les enfans, accompagnée d'un vocabulaire, Göttingen: Brose 1786 (WLB: Phil.oct.3842).

Bibliotheca scelta da'migliori prosatori e poëti per imparar la lingua italiana, Göttingen: Brose 1788 (WLB: Phil.oct.3838).

The theatre, or, a selection of easy plays to facilitate the study of the english language. 2 Bde., Göttingen: Dieterich 1789, 1806 (WLB: Fr.D.oct.446, UBL: Lit.brit.B.4890:2).

Anthologie pur former le coeur, l'esprit et le gout des jeunes gens, recueillie des meilleurs ecrivains françois. 2 Bde., Leipzig: Weidmann 1789 (UBM: Wk 0610-pt. prosaique/pt. poetique)

Esquisse de l'histoire universelle pour les enfants, accompagnée d'un vocabulaire françois-allemand, Göttingen: Brose 1790 (WLB: Allg.G.oct.629).

Tacitus, C. Cornelius: De situ moribus et populis Germaniae libellus cum annotationibus et vocabulorum explicatione in usum juventutis editus a Jo. Henrico Emmert, Göttingen: Brose 1791 (SBB: Bibl. Diez oct. 2761).

Tableau statistique de l'Allemagne à l'usage de la jeunesse, Göttingen: Dieterich 1792 (WLB: Geogr.oct.1940).

The novelist or a choice selection of the best novels. 2 Bde., Göttingen: Vandenhoeck und Ruprecht 1792 (SUB: 8 FAB IX, 60).

Théâtre ou choix de drames aisés pour faciliter l'étude de la langue françoise, Chemnitz: Hofmann & Fiedler 1792 (WLB: Fr.D.oct.2578).

Teatro, osia scelta di drammi facili ad uso de giovani studiosi della lingua italiana, Tübingen: Heerbrandt 1794 (UBT: Dk III 188).

The flowers of the british literature oder Auszüge aus den besten Schriftstellern der Engländer zur Unterhaltung und Erlernung der englischen Sprache, Leipzig/Gera: Heinsius 1795 (UBT: Ck VII 20).

Pope, Alexander: A philosophical essay on man, in four epistles to St. John, Lord Bolingbroke. Mit Bezeichnung der Aussprache und Erklärung der Wörter zum Selbstunterricht von Johann Heinrich Emmert, Erfurt: Hennings 1797 (UBS: 22637 I).

Auswahl der besten italienischen Dichter, mit Bezeichnung des Tones und Erklärung der Wörter zum Selbstunterricht, Erfurt 1798 (UBMü: 0001/8 P.ital. 132).

Guarini, Giovanni Battista: Il pastor fido. Tragicomedia pastorale [...] Mit erklärendem Wortregister zum Selbstunterricht [...], Erfurt: Hennings 1799 (HAAB: 101366-A).

The historical characteristics of virtue and wisdom, oder Züge von Tugend und Weisheit aus der alten und neuen Geschichte, zur Veredelung des Herzens und des Geistes und zur Erlernung der englischen Sprache aus den Werken [...] englischer Schriftsteller gezogen [...], Stuttgart: Steinkopf 1803 (UBT: Ck VII 21).

Traits historique de vertu et de sagesse, oder Züge von Tugend und Weisheit [...] aus den Werken bewährter französischer Schriftsteller gezogen [...], Gera 1806 (UBL: Lit.gall.B.258).

Aminta, favola pastorale di Torquato Tasso. Mit einem erklärenden Wortregister zum Selbstunterricht, Gießen: Tasche 1813 (Biblioteca civica Angelo Mai Bergamo).

Compendious history of Great Britain, extracted from the works of Hume, Guthrie, Goldsmith and Adams. 2. Aufl., Tübingen: Osiander 1816 (SLUB: Hist.Brit.B.628).

A curious collection of entertaining and interesting voyages and travels to facilitate the study of the english language. 2 Bde., Tübingen: Osiander 1816,1819 (UBT: Ck VII 22, WLB: Fr.D.oct.444).

The British biography, containing brief and accurate accounts of the lives, acts, and writings, of the most remarkable persons of the british nation [...] compiled from the best english historical and biographical works [...], Göttingen: Dieterich 1820 (UBT: Fo VII 236).

Scelta di novelle ed istorie morali e dilettevoli, per trattener e render la studio della lingua italiana aggradevole e facile. Con l'esplicazione de vocaboli i piu difficili, Tübingen: Laupp 1823 (SBB: Xn 3317).

Scelta di novelle ed istorie morali, per trattener lo studio della lingua italiana, Tübingen 1823 (WLB: Phil.oct.3840).

The moral and amusing story-teller [...], Tübingen 1823 (WLB: Phil. oct.3841).

Las Donquixotadas mas extrañas oder die abenteuerlichsten Ritterthaten des sinnreichen edlen Don Quixote von la Mancha, zur Unterhaltung und Erlernung der spanischen Sprache aus dem Don Quichote des Cervantes gezogen und mit einer Erklaerung der Woerter und einer kurzgefaßten spanischen Grammatik begleitet [...], Tübingen: Osiander 1826 (WLB: Phil.oct.3839).

Petit Telemaque ou abrégé des aventures de Télémaque, fils d'Ulysse, d'après l'ouvrage de Fénélon, dédié à la jeunesse [...], Tübingen 1828 (UBT: Ah I 1442).

Vgl. zu Neuauflagen und Übersetzungen der Werke auch die ausführliche Bibliographie Johann Heinrich Emmerts bei RAUSCHER: Das Collegium Illustre, S. 280–286

Quellen

HStAS A 202 Bü 2573, 2612, 2616, A 280 Bü 6h, 8a, 69, A 284/94 Bü 285, 289, 290, E 11 Bü 49, 53, E 221 I Bü 4390; StAT A 86/99; UAT 9/9, 9/13, 44/148b, 44/181, 46/39, 46/41, 50/9, 51/127, 145/111, 126/135, 126/136, S 128/23; UBT Mh 772 Bd. 8.

Literatur

AEHLE: Anfänge, S. 86, 234; ARNIM: Corpus, S. 40, 56, 103; CONRAD: Lehrstühle, S. 57, 88; EBEL: Catalogus, S. 157; EBEL: Matrikel, S. 193; EHRHART: Geschichte, S. 288; EISENBACH: Beschreibung, S. 430 f.; ENGELMANN: Bibliothek, S. 30 f.; ERLER: Matrikel, Bd. 3, S. 77; GRADMANN: Schwaben, S. 125 f.; GRÄSSEL/HELD/WEISS: Emmert, S. 378–380; Gesamtverzeichnis des deutschsprachigen Schrifttums (GV) 1700–1910, Bd. 33, S. 49–50; HAMBERGER/MEUSEL: Teutschland, Bd. 2, S. 199 f., Bd. 9, S. 292, Bd. 11, S. 197 f., Bd. 13, S. 327, Bd. 17, S. 502, Bd. 22,2, S. 49; HAUER: Schulentwicklung, S. 514; KLÜPFEL: Geschichte, S. 370; KRAPOTH: Beschäftigung, S. 62; LÖFFLER: Collegium Illustre, S. 50; MÖRIKE: Geschichte, S. 43; PÜTTER/SAALFELD/OESTERLEY: Versuch, Bd. 2, S. 210 f., Bd. 4, S. 503 f.; RAUSCHER: Collegium Illustre, S. 203–219, 280–286, 287–292; ROTERMUND: Hannover, Bd. 1, S. 553 f.; SCHRÖDER: Lehrwerke, S. 80 f.; SCHRÖDER: Entwicklung, S. 202, 225 f.; SCHRÖDER: Lexikon, Bd. 2, S. 68–73, Bd. 5, S. 292 f.; SCHRÖDER: Annales, Bd. 4, S. 65, 138, 202, 260–262, 289, 298 f., 311–313, 355; STIMMING: Geschichte, S. 132; VORETZSCH: Entwicklung, S. 179; WANDEL: Verdacht, S. 111 f.

1: CONRAD: Lehrstühle S. 88, PÜTTER/SAALFELD/OESTERLEY: Versuch Bd. 2 S. 210 f., Bd. 4, S. 503 f., UAT 126/136 Bl. 1; 3: EISENBACH: Beschreibung S. 430, PÜTTER/SAALFELD/OESTERLEY: Versuch Bd. 2 S. 210 f., Bd. 4, S. 503 f., UAT 126/136 Bl. 1; 4: ERLER: Matrikel Bd. 3 S. 77; 10,

11: StAT A 86/99; **14, 20:** UAT 126/136 Bl. 1; **25:** UBT Mh 772 Bd. 8 Bl. 8; **28:** HStAS A 280 Bü 69 o. Pag. Johann Heinrich Emmert an den Kirchenrat (1795, August 15); **29:** HStAS E 11 Bü 53, HStAS E 221 Bd. 1 Bü 4390 o. Pag. Ministerium des Innern an das Finanzministerium (1818, November 21), MUT III 38973, 39168, 41220, StAT A 86/99, UAT 9/9 Nr. 212, UAT 44/181 Bl. 38, UAT 46/39 Bl. 31^{r+v}, 32^r, UAT 46/41 Bl. 57^v, 58^r, UAT 126/136 Bl. 1, UBT Mh 772 Bd. 8 Bl. 8; **30:** HStAS A 284/94 Bü 289 o. Pag. Johann Heinrich Emmert an den Kirchenrat (1792, April 3), KLÜPFEL: Geschichte S. 430 f., PÜTTER/SAALFELD/OESTERLEY: Versuch Bd. 2 S. 210 f., Bd. 4, S. 503 f., RAUSCHER: Collegium Illustre S. 203, UBT Mh 772 Bd. 8 Bl. 8; **31:** EBEL: Matrikel S. 193, HStAS A 202 Bü 2616 o. Pag. Gutachten des Geheimen Rats (1792, April 26), HStAS A 284/94 Bü 289 o. Pag. Johann Heinrich Emmert an den Kirchenrat (1792, April 3), o. Pag. Oberhofmeister des Collegium Illustre an den Kirchenrat (1792, April 16), HAMBERGER/MEUSEL: Teutschland Bd. 2 S. 199 f., Bd. 9 S. 292, Bd. 11 S. 197 f., Bd. 13 S. 327, Bd. 17 S. 502, Bd. 22,2 S. 49, UAT 9/9 Nr. 207, UAT 126/136 Bl. 1; **32:** StAT A 86/99, UAT 51/127a; **33:** HStAS A 202 Bü 2616 o. Pag. Gutachten des Geheimen Rats (1792, April 26), o. Pag. Geheimer Rat an den Kirchenrat (1796, April 28), UAT 9/9 Nr. 207; **34:** ERLER: Matrikel Bd. 3 S. 77, HAUER: Schulentwicklung S. 514, UAT 9/9 Nr. 211; **36:** UAT 9/13 Nr. 7 Bl. 5, UAT 145/111 o. Pag. Verzeichnis des Kameralamts Tübingen über diejenigen Besoldungen, welche für Zwecke der Universität geleistet werden (1819, April 4).

54S
Germain, [...]

Geburtsort	Autun (Königreich Frankreich)
Wirkungsdaten (TÜ)	1794 bis mind. 1796
Funktion (TÜ)	Sprachmeister des Französischen
Quellen	HStAS A 280 Bü 6h.

4: HStAS A 280 Bü 6h o. Pag. Gutachten des Kirchenrats (1796, Februar 8); **32:** Ebd. o. Pag. Zeugnis Wilhelm Gottlieb Tafingers für Germain (1796, Januar 31), o. Pag. Gutachten des Kirchenrats (1796, Februar 8); **34:** Ebd. o. Pag. Zeugnis Wilhelm Gottlieb Tafingers für Germain (1796, Januar 31).

55S
Rochete, Pierre Bernard

Wirkungsdaten	1800
Lebensstationen	Militärdienst im königstreuen Corps des Prinzen Louis Joseph de Condé in Frankreich (vor 1800), zweimonatige Reise nach Frankreich (1800)
Wirkungsdaten (TÜ)	1800 (*seit geraumer Zeit*)
Funktion (TÜ)	Sprachmeister des Französischen
Quellen	UAT 44/3, 44/101.

2: UAT 44/101 Bd. II Nr. 12; **30:** UAT 44/3 Nr. 38, UAT 44/101 Bd. II Nr. 12; **32, 34:** UAT 44/101 Bd. II Nr. 12.

56S
Morio, Jean Marie

Wirkungsdaten	1792–1806
Geburtsort	Vannes (Königreich Frankreich)
Heiratsdatum	1805
Konfession	katholisch
Aussehen/Charakter	*von Statur 5 Schuh 2 Zoll hoch, schwarzen Haaren breiter und offner Stirne schwarzen Augbraunen blauen Augen, gerader Nase, rothen Wangen kleinem Mund schmalen Lippen weißen Zaehnen schwarzem Bart geradestehendem Kinn länglichem Angesicht breiten Schultern ohne Gebrechen 44 Jahr alt*
Lebensstationen	Militärdienst im königstreuen Corps des Prinzen Louis Joseph de Condé in Frankreich (1792–1801), Flucht aus Tübingen bei Vorrücken französischer Truppen nach Brünn in Mähren (1805), Aufenthalt in Landshut (1816)
Wirkungsdaten (TÜ)	1802–1805
Funktion (TÜ)	Sprachmeister des Französischen
Corpus (TÜ)	Collegiumsverwandter
Quellen	UAT 9/9, 15/25, 44/3, 44/101, 47/16, 117/786.
Literatur	EHRHART: Geschichte, S. 288; RAUSCHER: Collegium Illustre, S. 220–222.

2: UAT 9/9 Nr. 213–224, UAT 44/3 Nr. 38; 4: UAT 9/9 Nr. 213; 8, 14: UAT 9/9 Nr. 214; 15: UAT 44/101 Bd. 1 Nr. 20; 30: UAT 9/9 Nr. 213–224, UAT 44/3 Nr. 38, 40, UAT 47/16 Bl. 154ʳ; 32: UAT 9/9 Nr. 213–224; 34, 36: UAT 9/9 Nr. 216 f.

Bewerber

101S
Mangon, Reichard

Wirkungsdaten	um 1580–1609
Geburtsort	Aachen (*Freistatt Aach*) (Reichsstadt)
Namensvarianten	Richard Mang
Ehepartner1	Margarete, eine Württembergerin aus Urach
Kinder	Julius * 1600; Sabina * 1602; Friedrich * 1603; Ludwig Ernst * 1604; Johann Richard * 1607; Johann Friedrich * 1606; Juliana * 1609
Lebensstationen	Organist und Sprachmeister des Französischen in Jülich (bis 1599, Flucht vor spanischem Kriegsvolk)
Wirkungsdaten (TÜ)	1599 bis mind. 1609
Funktion (TÜ)	Musiker und Komponist/Musiklehrer der württembergischen Prinzen am Collegium Illustre/Sprachmeister des Französischen/Organist an der Stiftskirche
Quellen	HStAS A 274; StAT E 201/1427; UAT 2/5, 30/6.
Literatur	EITNER: Quellen-Lexikon, Bd. 6, S. 301; FELBICK: Daten, S. 14; GÖZ/ STAHLECKER: Diarium, Bd. 3, S. 161; KREMER: Musik, S. 337–388; REICHERT: Kultur, S. 22, 28; RISM (http://opac.rism.info/index.php): Mangon, Reichard; STOLL: Musikgeschichte, S. 313 f.

2: RISM (http://opac.rism.info/index.php): Mangon, Reichard, UAT 30/6 Nr. 1; **5**: UAT 30/6 Nr. 1; **16**: STOLL: Musikgeschichte S. 313; **25**: UAT 30/6 Nr. 1, StAT E 201/1427; **28**: StAT E 201/1427; **30**: EITNER: Quellen-Lexikon Bd. 6 S. 301, KREMER: Musik S. 337–388, REICHERT: Kultur S. 22, 28, StAT E 201/1427, STOLL: Musikgeschichte S. 313 f., UAT 2/5, UAT 30/6 Nr. 1; **32**: StAT E 201/1427, UAT 30/6 Nr. 1; **34**: HStAS A 274 Bü 79 o. Pag. Oberhofmeister des Collegium Illustre an Herzog Johann Friedrich (1618, August 16), StAT E 201/1427, UAT 30/6 Nr. 1.

102S
Soucy, Théodore du

Geburtsort	Chalon-sur-Saône (Königreich Frankreich)
Konfession	katholisch
Wirkungsdaten (TÜ)	1600–1601
Funktion	Sprachmeister des Französischen, Italienischen und Spanischen
Quellen	UAT 30/6.
Literatur	RAUSCHER: Collegium Illustre, S. 47 und Anm. 2; SCHRÖDER: Lexikon, Bd. 2, S. 48 f.

4, 14, 32: RAUSCHER: Collegium Illustre, S. 47 Anm. 2; **34**: Ebd., UAT 30/6 Nr. 2.

103S
Olisius, Ludovicus

Wirkungsdaten (TÜ)	1619
Funktion	Sprachmeister des Französischen und Italienischen
Quellen	UAT 2/12.

32, 34: UAT 2/12 Bl. 275ᵛ–276ʳ.

104S
Parcher, [...]

Geburtsort	Palermo (Königreich Sizilien; zum Königreich Spanien)
Konfession	nicht lutherisch
Lebensstationen	Sprachmeister des Französischen und Italienischen in Biberach (bis 1660)
Wirkungsdaten (TÜ)	1660
Funktion (TÜ)	Sprachmeister des Italienischen
Quellen	UAT 9/5.

4, 14, 30, 32, 34: UAT 9/5 Nr. 14 Bl. 27.

105S
Poichet, Joan

Geburtsort	Paris (Königreich Frankreich)
Lebensstationen	Sprachmeister in Augsburg (1664)
Ausbildung	Nach eigenen Angaben Doktor der Medizin, Bescheinigung der Sprachkundigkeit und der Kenntnis der Werke Ramón Llulls durch ein Zeugnis aus München
Wirkungsdaten (TÜ)	1667
Funktion	Sprachmeister des Französischen und Italienischen
Quellen	UAT 30/6.
Literatur	GLÜCK/HÄBERLEIN/SCHRÖDER: Mehrsprachigkeit, S. 175, 421.

4, 31, 32, 34, 50: UAT 30/6 Nr. 7; **30**: GLÜCK/HÄBERLEIN/SCHRÖDER: Mehrsprachigkeit S. 175, 421.

106S
Schüger, Thomas

Wirkungsdaten (TÜ)	1667
Funktion (TÜ)	*Matheseos studiosus*/Sprachmeister des Französischen, Italienischen, Spanischen und Englischen
Quellen	UAT 3/8.

32, 34: UAT 3/8 Bl. 300ᵛ.

107S
Ganierre, Claude

Wirkungsdaten	1669
Lebensstationen	Sprachmeister in Nürnberg (1695)
Wirkungsdaten (TÜ)	1669
Funktion (TÜ)	Sprachmeister des Französischen, Spanischen und Italienischen

Quellen	UAT 3/9, 30/6.
Literatur	GLÜCK/HÄBERLEIN/SCHRÖDER: Mehrsprachigkeit, S. 428.

2: UAT 3/9 Bl. 4ᵛ, UAT 30/6 Nr. 9; **30**: GLÜCK/HÄBERLEIN/SCHRÖDER: Mehrsprachigkeit S. 428; **32, 34**: UAT 30/6 Nr. 9.

108S
Delavaranne, René

Geburtsort	Blois (Königreich Frankreich)
Heiratsort	Lausanne (Waadtland; zu Bern)
Konfession	vermutlich reformiert
Namensvarianten	Renatus Delavaranne
Wirkungsdaten (TÜ)	1686
Funktion (TÜ)	Sprachmeister des Französischen, Italienischen und Spanischen/ Schreibmeister

Quellen	UAT 30/6.
Literatur	SCHRÖDER: Lexikon, Bd. 2, S. 13 f.

4, 9, 14, 16, 32, 34: UAT 30/6 Nr. 17.

109S
Collignac, François

Geburtsort	Königreich Frankreich
Namensvarianten	Franciscus Collignac
Lebensstationen	Sprachmeister des Französischen an der Universität Basel (1670, 1674, 1686), Sprachmeister des Französischen an der Universität Heidelberg (1686)
Wirkungsdaten (TÜ)	1686
Funktion (TÜ)	Sprachmeister des Französischen

Quellen	UAT 30/6.
Literatur	SCHRÖDER: Lexikon, Bd. 1, S. 150; SCHRÖDER: Annales, Bd. 1, S. 126, Bd. 5, S. 170; WACKERNAGEL/TRIET/MARRER: Matrikel, Bd. 4, S. 27, 90; WINKELMANN: Urkundenbuch, Bd. 2, S. 223.

4, 16, 32, 34: UAT 30/6 Nr. 16; **30**: Ebd., WACKERNAGEL: Matrikel Bd. 4 S. 27, 90, WINKELMANN: Urkundenbuch Bd. 2 S. 223.

110S
Pagani, Giovanni Baptista

Geburtsort	Priverno in der Campagna Romana (Kirchenstaat)
Konfession	katholisch (ehemals Benediktinermönch)/lutherisch (Konversion)
Wirkungsdaten (TÜ)	1753
Funktion (TÜ)	Sprachmeister des Italienischen
Quellen	UAT 30/6.

4, 14, 32, 34: UAT 30/6 Nr. 30.

111S
Magalotti, Gregorio

Geburtsort	Rom (Kirchenstaat)
Konfession	vermutlich reformiert
Lebensstationen	Basel (bis 1763)
Wirkungsdaten (TÜ)	1763
Funktion (TÜ)	Sprachmeister des Italienischen
Quellen	UAT 30/6.
Literatur	SCHRÖDER: Lexikon, Bd. 3, S. 142.

4, 14, 30, 32, 34: UAT 30/6 Nr. 35.

112S
Lang, Theophil Friedrich

Herkunftsort	Amsterdam (Republik Niederlande)
Namensvarianten	Friedrich Gottlieb Lang
Lebensstationen	Hauspräzeptor in Pfullingen
Wirkungsdaten (TÜ)	1773, 1778
Funktion (TÜ)	Sprachmeister des Englischen
Quellen	UAT 47/7.

5, 16, 30, 32, 34: UAT 47/7 Bl. 215^r.

113S
Tries, Gorena von

Konfession	katholisch (Franziskanermönch)/Konversionsabsicht zum Luthertum
Wirkungsdaten (TÜ)	1790
Funktion (TÜ)	Sprachmeister des Italienischen
Quellen	UAT 44/3.
Literatur	WANDEL: Verdacht, S. 112.

14, 32, 34: UAT 44/3 Bd. II Nr. 17.

114S
Langlois, Charles François

Lebensstationen	Sprachmeister des Französischen an der Universität Erlangen (bis 1786), Lektor des Französischen mit dem Titel eines Professors am Gymnasium Bayreuth (ab 1786)
Wirkungsdaten (TÜ)	1791
Funktion (TÜ)	Sprachmeister des Französischen
Publikationen	Observations essentielles et utiles, sur differentes locutions vicieuses de la langue françoise introduites en Allemagne, precedées de l'examen de la grammaire de Meidinger en forme d'errata raisonné; et suivies de quelques reflexions sur diverses methodes adoptées par plusieurs grammairiens, pour faciliter l'étude de la dite langue [...], Bayreuth: Schwenter 1791.
Quellen	HStAS A 202 Bü 2616, A 284/94 Bü 289; UAT 9/9.
Literatur	RAUSCHER: Collegium Illustre, S. 192–202; SCHRÖDER: Annales, Bd. 4, S. 241; WANDEL: Verdacht, S. 111.

30: HStAS A 202 Bü 2616 o. Pag. Gutachten des Geheimen Rats (1791, Oktober 27), o. Pag. Gutachten des Geheimen Rats (1792, Januar 17), HStAS A 284/94 Bü 289 Bl. 62 f., 65, o. Pag. Ernennung des Charles François Langlois zum Lektor (1786, Januar 14), o. Pag. Ernennung des Charles François Langlois zum Professor (1786, Mai 29), o. Pag. Charles François Langlois an den Kirchenrat (1791, August 27); **32:** HStAS A 202 Bü 2616 o. Pag. Gutachten des Geheimen Rats (1791, Oktober 27), HStAS A 284/94 Bü 289 o. Pag. Charles François Langlois an den Kirchenrat (1791, August 27); **34:** HStAS A 284/94 Bü 289 o. Pag. Charles François Langlois an den Kirchenrat (1791, August 27).

115S
Neumayer, Joseph Anton

Geburtsort	Rottenburg (Neckar) (Vorderösterreich)
Lebensstationen	Nach eigenen Angaben Studium der Philosophie und französische Militärdienste, um 1789/1790 Rückkehr nach Rottenburg
Wirkungsdaten (TÜ)	1791
Funktion (TÜ)	Sprachmeister des Französischen
Quellen	HStAS A 202 Bü 2616, A 284/94 Bü 289.
Literatur	RAUSCHER: Collegium Illustre, S. 193 f.

4: HStAS A 284/94 Bü 289 Bl. 62; **32:** HStAS A 202 Bü 2616 o. Pag. Gutachten des Geheimen Rats (1791, Oktober 27), HStAS A 284/94 Bü 289 o. Pag. Joseph Anton Neumayer an Herzog Carl Eugen (1791, Juli 15); **30:** HStAS A 284/94 Bü 289 o. Pag. Zeugnis der Oberamtsräte in Rottenburg (1791, Juni 11), o. Pag. Joseph Anton Neumayer an Herzog Carl Eugen (1791, Juli 15); **34:** HStAS A 202 Bü 2616 o. Pag. Gutachten des Geheimen Rats (1791, Oktober 27), HStAS A 284/94 Bü 289 Bl. 62, 65, o. Pag. Zeugnis der Oberamtsräte in Rottenburg (1791, Juni 11), o. Pag. Joseph Anton Neumayer an Herzog Carl Eugen (1791, Juli 15), RAUSCHER: Collegium Illustre, S. 193 f.

116S
Resplandin, Alexandre Geoffroy

Lebensdaten	1765–
Wirkungsdaten	1791
Geburtsort	Straßburg (Reichsstadt)
Konfession	lutherisch
Lebensstationen	Sprachmeister des Deutschen in Frankreich (9 Jahre), Sprachmeister des Französischen in Straßburg (2 Jahre), Sprachmeister des Französischen in Stuttgart (1791)
Ausbildung	Gymnasium in Straßburg, Studium an der Universität Straßburg
Wirkungsdaten (TÜ)	1791
Funktion (TÜ)	Sprachmeister des Französischen
Quellen	HStAS A 8 Bü 364, A 202 Bü 2616, A 284/94 Bü 289; UAT 9/9.
Literatur	RAUSCHER: Collegium Illustre, S. 192–202; SCHRÖDER: Annales, Bd. 4, S. 240 f.

1: HStAS A 284/94 Bü 289 o. Pag. Alexandre Geoffroy Resplandin an den Kirchenrat (1791, September 1); **2:** Ebd. o. Pag. Alexandre Geoffroy Resplandin an den Geheimen Rat (praes. 1791, Juli 28), o. Pag. Alexandre Geoffroy Resplandin an den Kirchenrat (1791, September 1); **4:** Ebd. o. Pag. Alexandre Geoffroy Resplandin an den Kirchenrat (1791, September 1); **14:** Ebd. o. Pag. Zeugnis für Alexandre Geoffroy Resplandin von Hofmedikus Reuß (um 1791); **30, 31:** Ebd. o. Pag. Alexandre Geoffroy Resplandin an den Kirchenrat (1791, September 1); **32:** Ebd. o. Pag. Alexandre Geoffroy Resplandin an den Geheimen Rat (praes. 1791, Juli 28); **34:** Ebd. o. Pag. Alexandre Geoffroy Resplandin an den Geheimen Rat (praes. 1791, Juli 28), o. Pag. Alexandre Geoffroy Resplandin an den Kirchenrat (1791, September 1).

117S
Liégault, Augustin Jean François

Lebensdaten	1753–
Wirkungsdaten	1791–1792
Geburtsort	Paris (Königreich Frankreich)
Heiratsort	Stuttgart
Konfession	katholisch
Ehepartner1	Tochter eines Stuttgarter Rotgerbers
Lebensstationen	Stuttgart (1779), Bewerbungen als Sprachmeister an der Hohen Karlsschule in Stuttgart (1787, 1789)
Wirkungsdaten (TÜ)	1791–1792
Funktion (TÜ)	Sprachmeister des Französischen
Quellen	HStAS A 202 Bü 2616, A 272 Bü 139, A 284/94 Bü 289; UAT 9/9.
Literatur	RAUSCHER: Collegium Illustre, S. 192–202; SCHRÖDER: Annales, Bd. 4, S. 239.

1: HStAS A 284/94 Bü 289 Bl. 61; **2:** Ebd. Bl. 51, 53; **4, 9, 14, 25:** Ebd. Bl. 61; **30:** UAT 9/9 Nr. 202, HStAS A 284/94 Bü 289 Bl. 61; **32:** HStAS A 202 Bü 2616 o. Pag. Gutachten des Geheimen Rats (1792, Januar 17), HStAS A 284/94 Bü 289 Bl. 51, 53; **34:** HStAS A 284/94 Bü 289 Bl. 51, 53.

118S
Dobelmann, Johann Friedrich

Lebensstationen	Bürger, Handelsmann und Sprachmeister des Französischen und Italienischen in Ludwigsburg (1791)
Wirkungsdaten (TÜ)	1791
Funktion (TÜ)	Sprachmeister des Französischen und Italienischen
Quellen	HStAS A 284/94 Bü 289.
Literatur	RAUSCHER: Collegium Illustre, S. 192–202; SCHRÖDER: Annales, Bd. 4, S. 241.

30, 32, 34: HStAS A 284/94 Bü 289 o. Pag. Johann Friedrich Dobelmann an Herzog Carl Eugen (praes. 1791, September 5).

119S
Stademann, Johann Friedrich

Geburtsort	Königreich Dänemark
Konfession	katholisch erzogen/lutherisch (Konversion in Preußen)
Lebensstationen	Nach eigenen Angaben seit dem neunten Lebensjahr katholische Erziehung in Ungarn; Studium an der Universität Wien (3 Jahre); In österreichischen und russischen Militärdiensten (bis 1792)
Wirkungsdaten (TÜ)	1793
Funktion (TÜ)	Sprachmeister des Italienischen
Quellen	UAT 30/6.

4, 14, 30, 32, 34: UAT 30/6 Nr. 31 Bl. 1 f.

6. Die Tübinger Exerzitien- und Sprachmeister (alphabetisch)

Aberer, Johann Friedrich (11F)
Alleon, David (17S)
Amiet, Jean Samuel (52S)
Andreas, Carl Philipp Ernst (41S)
Artois, Louis d' (13S)
Bach, Philipp (9R)
Beaulieu, Jacques Stephane (10S)
Berga, Wolfgang Ernst von (11R)
Bergamini, Petrus Josephus (27S)
Bessey, Georg Adam (16R)
Bitschin, Georg Friedrich (Bitschki) (7B)
Bitschin, Hugo (4B)
Bitschin, Hugo (Bütschi) (1B)
Bitschin, Johann (Bitsche) (5B)
Bitschin, Rudolph Hugo (3B)
Blain, Jean Baptiste (21S)
Boeswillibald, Johann Hieronymus (37S)
Bottu, Raymond (19S)
Braun, Johann (14F)
Breithaupt, Ludwig Ernst (12R)
Bründlin, Johann Albrecht (9B)
Bühler, Adolph Christoph von (14R)
Buttex, Sebastian (33S)
Calligar, Antonio (29S)
Caumon, Anne Madeleine (36S)
Caumon, Jean (26S)
Caumon, Jean Ernest (35S)
Caumon, Joseph (40S)
Caussin, Alphons Firmin (9S)
Cham, Heinrich (7F)
Collignac, François (109S)
Colomb Labarthe, Jean Guillaume de (44S)
Debrulère, Étienne (7S)
Delavaranne, René (108S)
Devaux, Charles (6T)
Dinckel, Balthasar Friedrich (12F)
Dobelmann, Johann Friedrich (118S)
Dörr, Ernst Friedrich (10T)
Drouoll, [...] (8S)
Dumanoir, Charles (2T)
Dumanoir, Guillaume Michel (4T)
Eckardt, Joseph Friedrich (13B)
Eckert, Rudolph Gabriel (46S)
Eller, Johann Casimir (8F)
Emmert, Johann Heinrich (53S)
Fabianus (3F)
Fellon, François (11T)
Ferdinandi, Xaverius Carolus (45S)
François, Clément Alexandre (15T)

Ganierre, Claude (107S)
Germain, [...] (54S) (F)
Giglio, Antonio (4F)
Gigon, Jean (31S)
Grangier, Jean-Georges (3S)
Gregoriis, Franciscus de (32S)
Günter, Caspar (2R)
Güßau, Johann Ernst Friedrich (17F)
Gutthäter, Wolfgang Lorenz (10R)
Hagel, Joseph (9F)
Hermann, Nicolaus (1F)
Hettler, Bartholomäus (1S)
Hirsch, Adolph (43S)
Hugi, [...] (18S)
Huliny, [...] d' (9T)
Jacob, Conrad (6F)
Joubert, Gilbert (20S)
Kaz, Ludwig Michael (13T)
Keller, Georg Dominicus (10B)
Keller, Georg Friedrich (12B)
Keller, Heinrich Rudolph Friedrich (14B)
Kientzel, Christof (3R)
Kretzenthaller, Johann Martin (8B)
Kuttler, Christoph Friedrich (15R)
Ladner, Johannes (18R)
Ladoulce, Jean François (16S)
Lamotte, Alexander Gottlieb (34S)
Lang, Theophil Friedrich (112S)
Langlois, Charles François (114S)
Lantheri, Hermann (5R)
Leonardi, Michele (22S)
Lepicq, Antoine (7T)
Lepicq, Martin Charles (8T)
Lequin, Jean Baptiste (14S)
Liégault, Augustin Jean François (117S)
Magalotti, Gregorio (111S)
Mangon, Reichard (101S)
Marqueur, Pierre (30S) (F)
Masson, Jean Albert (2B)
Mathild, Gerhard (25S)
Mauricque, Hugo (4S)
May de Salettes, Louis du (5S)
Mélin, Paul (28S)
Méry Le Roy, Jean François (50S)
Mire, François de (1T)
Monort, [...] de (24S)
Montalegre, Joseph Gabriel de (11S)
Morio, Jean Marie (56S)
Müller, Johann (5F)

Karten

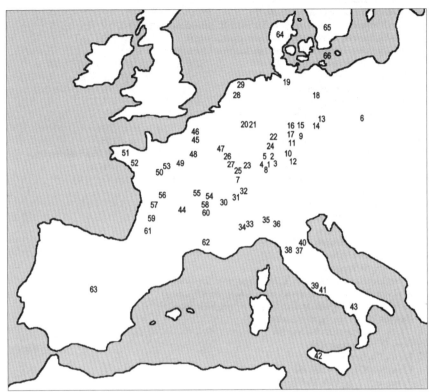

Karte 1: Bekannte Geburts- und Herkunftsorte der Tübinger Exerzitien- und Sprachmeister (1594–1819)

Eingezeichnet sind die bekannten Geburts- und Herkunftsorte der Tübinger Exerzitien- und Sprachmeister (darunter Mehrfachnennungen) (1594–1819). (In Klammern die Territorien sowie R = Reitmeister, F = Fechtmeister, T = Tanzmeister, B = Ballmeister, S = Sprachmeister) Quelle: Biographischer Anhang (4) (5).

 1 Tübingen (Herzogtum Württemberg) (F, B, S)
 2 Stuttgart (Herzogtum Württemberg) (S)
 3 Owen (Teck) (Herzogtum Württemberg) (T)
 4 Dornstetten (Herzogtum Württemberg) (R)
 5 Liebenzell (Herzogtum Württemberg) (F)
 6 Oels (Herzogtum Württemberg-Oels) (F)
 7 Mömpelgard (Grafschaft Mömpelgard; zum Herzogtum Württemberg) (F, T, B, S)
 8 Rottenburg (Vorderösterreich) (S)
 9 Kulmbach (Fränkische Markgrafentümer) (R)
10 Markgrafschaft Ansbach-Bayreuth (S)

11 Bamberg (Hochstift Bamberg) (R)
12 Ingolstadt (Kurfürstentum Bayern) (B)
13 Dresden (Kurfürstentum Sachsen) (F)
14 Zöblitz (Kurfürstentum Sachsen) (F)
15 Jena (Ernestinisches Herzogtum Sachsen-Weimar-Eisenach) (F)
16 Remda (Herzogtum Sachsen-Weimar-Eisenach) (S)
17 Coburg (Ernestinisches Herzogtum Sachsen-Coburg) (R)
18 Kurfürstentum Brandenburg (S)
19 Hamburg (Freie Stadt) (S)
20 Aachen (Reichsstadt) (S)
21 Köln (Reichsstadt) (S)
22 Frankfurt am Main (Reichsstadt) (R)
23 Straßburg (Reichsstadt) (F, S)
24 Darmstadt (Landgrafschaft Hessen-Darmstadt) (T)
25 Rappoltsweiler (Ribeauvillé) (Grafschaft Rappoltstein; zur Grafschaft Pfalz-Birkenfeld-Bischweiler) (T)
26 Bar-le-Duc (Herzogtum Bar; zum Herzogtum Lothringen) (S)
27 Lunéville (Herzogtum Lothringen) (S)
28 Republik Niederlande (F)
29 Amsterdam (Republik Niederlande) (S)
30 Genf (Stadt Genf) (S)
31 Lausanne (Waadtland; zu Bern) (S)
32 Cudrefin (Waadtland; zu Bern) (S)
33 Herzogtum Savoyen (S)
34 Bobi (Herzogtum Piemont; zum Herzogtum Savoyen) (S)
35 Mailand (Herzogtum Mailand; zum Königreich Spanien) (S)
36 Cremona (Herzogtum Mailand; zum Königreich Spanien) (S)
37 Florenz (Großherzogtum Toskana) (S)
38 Lucca (Stadtrepublik Lucca) (S)
39 Rom (Kirchenstaat) (S)
40 Forlì (Kirchenstaat) (R)
41 Priverno (Kirchenstaat) (S)
42 Palermo (Königreich Sizilien; zum Königreich Spanien) (S)
43 Königreich Sizilien (zum Königreich Spanien) (R)
44 Königreich Frankreich (T)
45 Amiens (Königreich Frankreich) (S)
46 Picardie (Königreich Frankreich) (T)
47 Verdun (Königreich Frankreich) (T)
48 Paris (Königreich Frankreich) (F, T, S)
49 Orléans (Königreich Frankreich) (S)
50 Tours (Königreich Frankreich) (S)
51 Bretagne (Königreich Frankreich) (S)
52 Vannes (Königreich Frankreich) (S)
53 Blois (Königreich Frankreich) (S)
54 Chalons-sur-Saône (Königreich Frankreich) (S)
55 Autun (Königreich Frankreich) (S)
56 Bellac (Königreich Frankreich) (S)
57 Provinz Poitou (Königreich Frankreich) (S)
58 Provinz Beaujolais (Königreich Frankreich) (S)
59 Bergerac (Königreich Frankreich) (S)
60 Lyon (Königreich Frankreich) (S)
61 Saint Foy (Königreich Frankreich) (S)

62 Avignon (Grafschaft Venaissin; zum Kirchenstaat) (T)
63 Königreich Spanien (S)
64 Königreich Dänemark (S)
65 Königreich Schweden (F)
66 Bergen (Herzogtum Pommern; zum Königreich Schweden) (S)

Tabellen und Diagramme

Das Collegium Illustre, in dessen institutionellem Rahmen die Tübinger Exerzitien- und Sprachmeister am Ende des 16. Jahrhunderts erstmals auftraten, stellte seit den Collegiumsstatuten des Jahres 1601 ein von der Universität vollständig separiertes und rechtlich eigenständiges Corpus dar. Daher oblag die Besoldung der Maîtres nicht der Universität, sondern dem herzoglichen Kirchenrat und der ihm unterstellten Bebenhauser Pflege und Collegienverwaltung in Tübingen. Der Fonds, aus dem das gesamte Collegium Illustre finanziert und aus dem die Maîtres mit wenigen Unterbrechungen und Ausnahmen ihre Besoldungen erhielten, war das vom Kirchenrat verwaltete Geistliche Gut[1].

Die Untersuchung der Besoldungen der Reit-, Fecht-, Tanz-, Ball- und Sprachmeister am Tübinger Collegium Illustre hat einen diachronen wie synchronen Zugang: Die bei der Besoldung der Exerzitien- und Sprachmeister vom Ende des 16. bis zum Beginn des 19. Jahrhunderts zu beobachtenden Kontinuitäten und Brüche sind folgerichtig ein Abbild der Beständigkeit der Maîtrestellen oder entsprechender Stellenvakanzen und bieten damit einen chronologischen Längsschnitt hinsichtlich des Exerzitien- und Sprachunterrichts in Tübingen. Eine synchrone Betrachtung der Grundbesoldungen vermag es, in punktuellen Querschnitten die Besoldungsverhältnisse der Maîtres vergleichend darzustellen und damit Aussagen über deren ökonomischen Status und über die Investitionsbedürfnisse in die einzelnen Metiers anzustellen.

Für die Interpretation sowohl des diachronen Längsschnitts als auch des synchronen Querschnitts wurden die Grundbesoldungsdaten der Tübinger Exerzitien- und Sprachmeister, eines Tübinger Universitätsprofessors der Rechte an der Juristenfakultät, eines Professors der Philosophischen Fakultät[2] und eines Professors am Collegium Illustre[3] in sechzehn Jahrgängen

---

[1] HStAS A 274 Bü 83 o. Pag. Bericht des Collegiumsverwalters (1769, Mai 30): Hier wird erwähnt, dass zwischen 1648 und 1751 sich auch die Kellerei Tübingen, also die Rentkammer, am finanziellen Aufwand für das Collegium Illustre beteiligt habe, weil *das Geistliche Guth um des 30jährigen Kriegs willen ihn zu tragen nicht im Stand war.* HStAS A 303 Bd. 13965–14059. Vgl. auch CONRADS: Ritterakademien, S. 165 – 167; WILLBURGER: Collegium Illustre, S. 28.

[2] Der Vergleich mit dem unmittelbaren sozialen Umfeld bietet sich an: Die ordentlichen Professoren erhielten vierteljährlich aus dem Vermögen der Universität feste Grundgehälter in Form von Geld und Naturalien (UAT 129/3, UAT 152). Zusätzlich dazu verfügten sie – vergleichbar mit den Informationsgeldern der Maîtres – über die variablen Gehaltsanteile der Kolleggelder sowie der Promotions- und Examensgebühren. Regelmäßiger als bei den Maîtres wurde dies noch ergänzt durch Zusatzeinnahmen wie Holzgeld, Hauszins, Senatsgelder oder Einnahmen aus Kosttischen. Weitere Verdienstmöglichkeiten waren die juristische oder medizinische Praxis oder andere Nebenämter. Da sich die Ansetzung der Grundbesoldung vermutlich an diesen zusätzlichen Verdienstmöglichkeiten orientierte, kann ein Vergleich der Besoldungen der Professoren und der Maîtres also niemals absolut sein, bietet aber dennoch wichtige Vergleichspunkte. Die Auswahl der Professoren der Rechte an der Universität Tübingen in Tabelle 1 orientiert sich an den Ordinarien des ersten und zweiten Lehrstuhls, wenn diese nicht besetzt waren auch an den weiteren Lehrstühlen der Juristenfakultät, die wie die einzelnen Fächer und Lehrstühle der Philosophischen Fakultät im 17. und 18. Jahrhundert untereinander prinzipiell gleichberechtigt waren und identisch besoldet wurden. Für die Philosophische Fakultät wurde exemplarisch ein Vertreter des Lehrstuhls für Mathematik und Astronomie und des späteren Lehrstuhls für Mathematik und Physik herangezogen. Vgl. hierzu HAUG: Kolleggeld, S. 113 f.; THÜMMEL: Universitätsverfassung, S. 197–199, 248 f., 295–299; ZASCHKA: Lehrstühle, S. 168, 173 – 175.

[3] In den Collegiumsstatuten des Jahres 1601 wurden vier Professoren aufgestellt: 1. Institutionen, 2. Lehen-, Straf- und Prozessrecht, 3. Geschichte und Politik, 4. Französisch und Italienisch. Im Jahr 1666 wurde ihre Zahl auf drei verringert, deren Stellen auch nach Schlie-

aus der Zeit um 1600 bis 1789 tabellarisch aufbereitet (Tabelle 1)[4]. Aus dieser Tabelle wurden sodann sechs exemplarische Jahrgänge extrahiert und in Diagrammen dargestellt. Sie zeigen im Querschnitt jeweils eines Jahres die Besoldungsverhältnisse der Maîtres untereinander und im Vergleich mit den Universitätsprofessoren (Diagramme 1–6)[5]. Die aufgenommenen Jahrgänge wurden dabei so ausgewählt, dass alle Grundbesoldungsdaten möglichst vollständig, regelmäßig und auch für die Nachbarjahrgänge repräsentativ erhoben werden konnten. Für einen bestimmten Jahrgang nicht vorliegende Angaben wurden durch die vorhandenen Daten eines Nachbarjahrganges ersetzt und in ihrer Abweichung als solche gekennzeichnet[6].

ßung des Collegium Illustre im Jahr 1688 weiterhin besetzt wurden, um das Lehrangebot der Universität zu bereichern. Thümmel gibt an, dass dabei der Gedanke mitspielte, „vom Herzog ernannte außerordentliche Universitätsprofessoren finanziell auf Kosten des Kirchenguts zu sichern, bis ein Ordinariat in der Universität frei wurde". Im 18. Jahrhundert galt die Ernennung zum Professor am Collegium Illustre als besondere Auszeichnung, mit der verdiente Ordinarien der Universität eine doppelte Besoldung erlangen konnten. Vgl. hierzu THÜMMEL: Universitätsverfassung, S. 437, 439 f., 444–447 und Anm. 87 f.

[4] HStAS A 274 Bü 79 o. Pag. Besoldungsverzeichnis (um 1610); HStAS A 303 Bd. 13975–14059: Für die Exerzitien- und Sprachmeister und die Professoren des Collegium Illustre basiert die Zusammenstellung der Besoldungen hauptsächlich auf einem Besoldungsverzeichnis für die Zeit um 1600 und auf den Rechnungen des Collegium Illustre von 1649/1650 bis 1788/1789. Zur Eruierung der Besoldungsdaten der Universitätsprofessoren wurden gezielt die Rechnungen des Supremus Deputatus als Vorsitzender des für das Universitätsvermögen zuständigen Senatsausschusses und die Syndikaturrechnungen der dem Supremus Deputatus untergeordneten Wirtschaftsverwaltung der Universität herangezogen. Vgl. insbesondere für die Geldbesoldungen UAT 129/3 (Rechnungen des Supremus Deputatus), für die Naturalbesoldungen UAT 152 (Syndikaturrechnungen). Vgl. zum Supremus Deputatus KLÜPFEL: Geschichte, S. 67, zu den Professorenbesoldungen S. 66–71; PLEYER: Vermögens- und Personalverwaltung, S. 33.

[5] Dabei wurde die in Tabelle 1 sichtbare Beobachtung zugrunde gelegt, dass innerhalb des Zeitraumes von 1600 bis 1789 die Grundbesoldungen der Maîtres und der prozentuale Anteil der Naturalien an den Besoldungen – bestehend aus Geld, Roggen, Dinkel, Hafer und Wein – äußerst konstant blieben. Ein Fechtmeister verdiente beispielsweise von 1656/1657 bis 1773/1774 unverändert 85 Gulden, 2 Scheffel Roggen, 12 Scheffel Dinkel und 2 Eimer Wein. Dazu kommt, dass die an der Höhe der Grundbesoldungen vorgenommenen Modifikationen keine wirtschaftlichen Schwankungen oder Preisentwicklungen aufzeigten, sondern bewusste Investitionen in ein Metier darstellten. Für die Ermittlung der in den Diagrammen 1–6 dargestellten Besoldungsverhältnisse wurde daher ein Umrechnungsfaktor angewendet, der Geld und Naturalien auf einen Nenner bringt: Dieser ergibt sich aus einer lokalen Tübinger Quelle des Jahres 1754, aus der hervorgeht, dass 1 Scheffel Roggen = 3 Gulden, 1 Scheffel Dinkel = 2 Gulden, 1 Scheffel Hafer = 1 ½ Gulden, 1 Eimer Wein = 10 Gulden und 1 Klafter Holz = 3 Gulden wert waren. Vgl. UAT 9/11 o. Pag. Consignation (1754 November 27). Bei den so ermittelten Diagrammwerten handelt es sich daher ausdrücklich um keine absoluten, sondern um Vergleichswerte. Außerdem wird gerechnet mit 1 Gulden = 60 Kreuzern, 1 Scheffel = 8 Simri, 1 Eimer = 16 Imi und 1 Imi = 10 Maß. 1 Dukat war im 17. und 18. Jahrhundert zwischen 3 und 4 Gulden wert. Ein Reichstaler bestand sowohl im Jahr 1628 als auch 1684 aus 90 Kreuzern, war also 1 ½ Gulden wert. Vgl. UAT 7/6 Nr. 16 Bl. 3; UAT 9/13 Nr. 2 Bl. 7 (1789); UAT 44/123 Bd. 1 Nr. 57; Die Maasse und Gewichte von Württemberg, S. 2; Die Archivpflege in den Kreisen und Gemeinden, S. 79–90; BAUR: Haushalt, S. 175 Anm. *.

[6] Dies war insbesondere aufgrund der dezimierten Überlieferung der Syndikaturrechnungen (UAT 152) der Universität notwendig. Vgl. ZASCHKA: Lehrstühle, S. 168 f.

Tabelle 1: Besoldungen der Tübinger Exerzitien- und Sprachmeister (um 1600–1789)

	Um 1600	1615/1616	1656/1657	1669/1670	1675/1676
Sprachmeister	150 fl. 3 Sch. Roggen 46 Sch. Dinkel 10 Sch. Hafer 4 Eimer 8 Imi Wein 6 Klafter Holz[1]	150 fl. 24 Sch. Dinkel 6 Sch. Hafer 3 Eimer Wein[2]	150 fl. 78 fl. Kostgeld 6 Sch. 2 Simri Roggen 1 Sch. Kostroggen 40 Sch. Dinkel 4 Sch. Kostdinkel 10 Sch. Hafer 6 Eimer Wein 4 Eimer Kostwein[3]	156 fl. 78 fl. Kostgeld 2 Sch. Roggen 1 Sch. Kostroggen 24 Sch. Dinkel 8 Sch. Kostdinkel 6 Sch. Hafer 6 Eimer Wein 2 Eimer 4 Imi 5 Maß Kostwein[4]	156 fl. 78 fl. Kostgeld 2 Sch. Roggen 1 Sch. Kostroggen 24 Sch. Dinkel 4 Sch. Kostdinkel 6 Sch. Hafer[5] 3 Eimer Wein 1 Eimer 2 Imi ½ Maß Kostwein[6]
Reitmeister	200 fl. 16 fl. 47 x. für zwei Kleider 21 fl. für einen Stalljungen 4 Sch. Roggen 10 Sch. Dinkel 4 Eimer Wein Futter und Lieferung für 2 Pferde[7]		162 fl. 3 Sch. Roggen 1 Sch. Kostroggen 9 Sch. Dinkel 4 Sch. Kostdinkel 3 Eimer Wein 4 Imi 6 Maß Kostwein[8]	100 fl. 2 Sch. Roggen 12 Sch. Dinkel 3 Eimer Wein[9]	100 fl. 2 Sch. Roggen 12 Sch. Dinkel 4 Eimer Wein[10]

[1] HStAS A 274 Bü 79 o. Pag. Besoldungsverzeichnis (um 1610).
[2] HStAS A 274 Bü 73 o. Pag. Verzeichnis der Besoldungen für die Professoren am Collegium Illustre (1611, Martini).
[3] HStAS A 303 Bd. 13969 Bl. 41r, 43v, 103r, 104r, 106r, 107r, 110r, 138r, 139v.
[4] HStAS A 303 Bd. 13971 Bl. 82r, 85r, 153v, 154r, 156r, 157r, 160v, 181r, 182v.
[5] HStAS A 202 Bü 2618 o. Pag. Besoldungsverzeichnis (um 1680).
[6] HStAS A 303 Bd. 13972 Bl. 86v, 92v, 179v, 180r, 184v, 222v, 224r.
[7] HStAS A 274 Bü 79 o. Pag. Besoldungsverzeichnis (um 1610).
[8] HStAS A 303 Bd. 13969 Bl. 41r, 103r, 104r, 106r, 107r, 138r, 139v. Zur Reitmeisterbesoldung sind bis 1788/1789 laut einem Rechnungsauszug von 1692/1693 zudem regelmäßig 14 Klafter Holz, 16 Wannen Heu, 6 Fuder Stroh sowie die Verfügung über den Klepperstall mit Wohnhaus, Hof und Zubehör hinzuzurechnen. Vgl. HStAS A 284/94 Bü 253 Bl. 19.
[9] HStAS A 303 Bd. 13971 Bl. 82r, 153v, 156r, 181r.
[10] HStAS A 303 Bd. 13972 Bl. 87r, 179r, 183r, 222v.

			1662/1663	
Tanzmeister	150 fl. 80 fl. Kostgeld 10 Sch. Dinkel 2 Eimer 4 Imi Wein[11]	200 fl. 76 fl. Kostgeld 2 Sch. Roggen 4 Sch. Dinkel 3 Eimer Wein[12]	150 fl. 1 Sch. Roggen 6 Sch. Dinkel 2 Eimer Wein[13]	75 fl. 1 Sch. Roggen 6 Sch. Dinkel 1 Eimer Wein[14]
Fechtmeister	„Welsch Fechter" 200 fl. Tisch im Collegium[15] Georg Wildt Freifechter 12 fl. 14 Sch. Dinkel[16] 1601 Fechtmeister Hermann 20 fl. 8 fl. Hauszins 29 fl. 48 x. für Sommer- und Winterkleidung[17]	88 fl. 2 Sch. Roggen 12 Sch. Dinkel 2 Eimer Wein[18]	85 fl. 2 Sch. Roggen 12 Sch. Dinkel 2 Eimer Wein[19]	88 fl. 2 Sch. Roggen 12 Sch. Dinkel 1 Eimer Wein[20]

---

[11] HStAS A 274 Bü 79 o. Pag. Besoldungsverzeichnis (um 1610).
[12] HStAS A 303 Bd. 13969 Bl. 41ʳ, 43ʳ, 104ʳ, 107ʳ, 139ᵛ.
[13] HStAS A 303 Bd. 13970a o. Pag,
[14] HStAS A 303 Bd. 13972 Bl. 88ʳ, 179ᵛ, 183ʳ, 222ᵛ; HStAS A 202 Bü 2618 o. Pag. Besoldungsverzeichnis (um 1680).
[15] HStAS A 274 Bü 79 o. Pag. Besoldungsverzeichnis (um 1610).
[16] Ebd.
[17] HStAS A 284/94 Bü 269 Bl. 9.
[18] HStAS A 303 Bd. 13969 Bl. 41ʳ, 103ʳ, 106ʳ, 138ʳ.
[19] HStAS A 303 Bd. 13971 Bl. 82ᵛ, 153ʳ, 156ʳ, 181ᵛ.
[20] HStAS A 303 Bd. 13972 Bl. 87ᵛ, 179ᵛ, 183ʳ, 222ᵛ.

Ballmeister	100 fl. 30 fl. 47 x. Kostgeld[21]		1 Sch. Roggen 4 Sch. Dinkel[22]	1 Sch. Roggen 4 Sch. Dinkel[23]	1 Sch. Roggen 4 Sch. Dinkel[24]
Professor der Juristischen Fakultät	Prof. David Magirus (Pandekten) <u>Supremus Deputatus 1600/1601</u> 180 fl.[25] <u>Syndikatur 1599/1600</u> 27 Sch. Vesen 4 Sch. Hafer 6 Eimer Wein[26]	Prof. David Magirus (Pandekten) <u>Supremus Deputatus</u> 180 fl.[27] <u>Syndikatur 1609/1610</u> 3 Sch. 1 Simri Roggen 47 Sch. Vesen 9 Sch. Hafer 8 Eimer Wein[28]	Prof. Johannes Wurmser (Kirchen- und Lehenrecht) <u>Supremus Deputatus</u> 245 fl.[29] <u>Syndikatur 1648–1650</u> 3 Sch. Roggen 40 Sch. Vesen 8 Sch. Hafer 3 Eimer 13 Imi 8 Maß Wein[30]	Prof. Wolfgang Adam Lauterbach (Rechte) <u>Supremus Deputatus</u> 245 fl.[31] <u>Syndikatur</u> 4 Sch. Roggen 40 Sch. Dinkel 8 Sch. Hafer 6 Eimer Wein[32]	Prof. Wolfgang Adam Lauterbach (Rechte) <u>Supremus Deputatus</u> 245 fl.[33] <u>Syndikatur 1669/1670</u> 4 Sch. Roggen 40 Sch. Dinkel 8 Sch. Hafer 6 Eimer Wein[34]

21 HStAS A 274 Bü 79 o. Pag. Besoldungsverzeichnis (um 1610).
22 HStAS A 303 Bd. 13969 Bl. 103r, 106r.
23 HStAS A 303 Bd. 13971 Bl. 153v, 156v.
24 HStAS A 303 Bd. 13972 Bl. 180r, 183v.
25 UAT 129/3 Nr. 65.
26 UAT 129/3 Nr. 80. Denselben Verdienst hatte Magirus im Jahr 1625/1626. Vgl. UAT 129/3 Nr. 90.
27 UAT 152/2 Bl. 132r, 138r, 157r.
28 UAT 152/3 Bl. 143v, 151v, 158v, 183r. Denselben Verdienst hatte Magirus im Jahr 1619/1620. Vgl. UAT 152/4 Bl. 140v, 156r, 180r.
29 UAT 129/3 Nr. 121.
30 UAT 152/7 Bl. 141v, 149r, 161v, 185v.
31 UAT 129/3 Nr. 134.
32 UAT 152/8 Bl. 158v, 164r, 173v, 196v.
33 UAT 129/3 Nr. 140.
34 UAT 152/8 Bl. 158v, 164r, 173v, 196v.

Professor der Philosophischen Fakultät	Prof. Michael Mästlin (Mathematik, Astronomie)	Prof. Michael Mästlin (Mathematik, Astronomie)	Prof. Johann Conrad Brotbeck (Astronomie, Physik)	Prof. Johann Craft (Mathematik, Logik, Metaphysik)	Prof. Johann Craft (Mathematik, Logik, Metaphysik)
	Supremus Deputatus 1600/1601 160 fl.[35] Syndikatur 1599/1600 24 Sch. Vesen 4 Sch. Hafer 4 Eimer Wein[36]	Supremus Deputatus 1609/1610 160 fl.[37] Syndikatur 1609/1610 2 Sch. 4 Simri Roggen 40 Sch. Vesen 8 Sch. Hafer 7 Eimer 9 Imi 6 Maß Wein[38]	Supremus Deputatus 181 fl.[39] Syndikatur 1669/1670 3 Sch. Roggen 30 Sch. Dinkel 8 Sch. Hafer 5 Eimer Wein[40]	Supremus Deputatus 181 fl.[41] Syndikatur 2½ Sch. Roggen 30 Sch. Dinkel 6 Sch. Hafer 4 Eimer Wein[42]	Supremus Deputatus 181 fl.[43] Syndikatur 1679/1680 2½ Sch. Roggen 30 Sch. Dinkel 6 Sch. Hafer 4 Eimer Wein[44]

35 UAT 129/3 Nr. 65.
36 UAT 152/2 Bl. 132v, 138v, 157v, 180v.
37 UAT 129/3 Nr. 80. Denselben Verdienst hatte Mästlin im Jahr 1625/1626. Vgl. UAT 129/3 Nr. 90.
38 UAT 152/3 Bl. 144r, 152r, 159r, 183v. Im Jahr 1619/1620 verdiente Mästlin an Naturalien 1 Scheffel 7 Simri Roggen, 36 Scheffel Vesen, 7 Scheffel Hafer und 5 Eimer 3 Imi 2 Maß Wein. Vgl. UAT 152/4 Bl. 141r, 148v, 156v.
39 UAT 129/3 Nr. 121.
40 UAT 152/8 Bl. 158v, 164r, 173v, 196v.
41 UAT 129/3 Nr. 134.
42 UAT 152/8 Bl. 159r, 165r, 174r, 197r.
43 UAT 129/3 Nr. 140.
44 UAT 152/9 Bl. 170v, 176r, 186r, 210v.

Professor am Collegium Illustre	Prof. Thomas Lansius (Geschichte und Politik)		Prof. Magnus Hesenthaler (Geschichte, Politik, Eloquenz)	Prof. David Scheinemann sen. (Rechte)	Prof. David Scheinemann sen. (Rechte)
	150 fl. 3 Sch. Roggen 46 Sch. Dinkel 10 Sch. Hafer 4 Eimer 8 Imi Wein 6 Klafter Holz[45]		170 fl. 30 fl. Hauszins 3 Sch. Roggen 46 Sch. Dinkel 6 Eimer Wein[46]	150 fl. 3 Sch. Roggen 24 Sch. Dinkel 4 Eimer Wein[47]	150 fl. 3 Sch. Roggen 24 Sch. Dinkel 6 Sch. Hafer 2 Eimer Wein[48]

[45] HStAS A 274 Bü 79 o. Pag. Besoldungsverzeichnis (um 1610).
[46] HStAS A 303 Bl. 41r, 103r, 106r, 138r.
[47] HStAS A 303 Bd. 13971 Bl. 82, 153v, 156r, 181v.
[48] HStAS A 303 Bd. 13972 Bl. 87r, 179v, 183r, 222v; HStAS A 202 Bü 2618 o. Pag. Besoldungsverzeichnis (um 1680).

	1690/1691	1699/1700	1710/1711	1715/1716	1721/1722
Sprachmeister	100 fl.		1709/1710 und 1712 52 fl. 12 Sch. Dinkel[49]		1725/1726 52 fl. 12 Sch. Dinkel 1 Eimer Wein[50]
Reitmeister	78 fl. Kostgeld 2 Sch. Roggen 2 Sch. Kostroggen 12 Sch. Dinkel 4 Sch. Kostdinkel 91 Sch. 2 Simri Hafer 3 Eimer Wein 4 Eimer Kostwein[51]	200 fl. 14 Sch. Roggen 26 Sch. Dinkel 10 Eimer Wein[52]	200 fl. 14 Sch. Roggen 26 Sch. Dinkel 91 Sch. 2 Simri Hafer 10 Eimer Wein[53]	200 fl. 14 Sch. Roggen 26 Sch. Dinkel 91 Sch. 2 Simri Hafer 10 Eimer Wein[54]	200 fl. 14 Sch. Roggen 26 Sch. Dinkel 91 Sch. 2 Simri Hafer 10 Eimer Wein[55]
Tanzmeister	1691/1692 1 Sch. Roggen 12 Sch. Dinkel 2 Eimer Wein[56]	1703/1704 75 fl. 1 Sch. Roggen 6 Sch. Dinkel 2 Eimer Wein[57]	75 fl. 1 Sch. Roggen 6 Sch. Dinkel 2 Eimer Wein[58]	75 fl. 1 Sch. Roggen 6 Sch. Dinkel 2 Eimer Wein[59]	75 fl. 1 Sch. Roggen 6 Sch. Dinkel 2 Eimer Wein[60]

[49] HStAS A 284/94 Bü 289 Bl. 55.
[50] Ebd.
[51] HStAS S 303 Bd. 13976 S. 94, 99, 230, 232, 235, 238, 247, 260, 263.
[52] HStAS A 303 Bd. 13982 S. 83, 267, 274, 295.
[53] HStAS A 303 Bd. 13991 S. 114, 287 f., 297 f., 311, 324 f.
[54] HStAS A 303 Bd. 13991 S. 181, 452 f., 467 f., 489 f., 521 f.
[55] HStAS A 303 Bd. 14002 S. 96 f., 267, 276, 289 f., 300.
[56] HStAS A 303 Bd. 13977 S. 198, 208, 233.
[57] HStAS A 303 Bd. 13985 Bl. 53ʳ, 110ʳ, 113ᵛ, 124ᵛ.
[58] HStAS A 303 Bd. 13991 S. 115, 289, 299, 326.
[59] HStAS A 303 Bd. 13996 S. 185, 456, 471 f., 525.
[60] HStAS A 303 Bd. 14002 S. 101, 270, 278 f., 303.

Fechtmeister	88 fl. 39 fl. Kostgeld 2 Sch. Roggen 1 Sch. Kostroggen 12 Sch. Dinkel 4 Sch. Kostdinkel 2 Eimer Wein 2 Eimer 6 Imi 4 Maß Kostwein[61]	85 fl. 2 Sch. Roggen 12 Sch. Dinkel 2 Eimer Wein[62]	85 fl. 2 Sch. Roggen 12 Sch. Dinkel 2 Eimer Wein[63]	85 fl. 2 Sch. Roggen 12 Sch. Dinkel 2 Eimer Wein[64]	85 fl. 2 Sch. Roggen 12 Sch. Dinkel 2 Eimer Wein[65]
Ballmeister	1 Sch. Roggen 4 Sch. Dinkel 1 Eimer Wein[66]	1703/1704 1 Sch. Roggen 4 Sch. Dinkel 1 Eimer Wein[67]	1 Sch. Roggen 4 Sch. Dinkel 1 Eimer Wein[68]	1 Sch. Roggen 4 Sch. Dinkel 1 Eimer Wein[69]	1 Sch. Roggen 4 Sch. Dinkel[70]

[61] HStAS A 303 Bd. 13976 S. 94, 99, 230, 232, 236, 238, 261, 263. Vgl. auch HStAS A 284/94 Bü 54 Bl. 8.
[62] HStAS A 303 Bd. 13982 S. 84, 268, 275, 296.
[63] HStAS A 303 Bd. 13991 S. 115, 289, 299, 325 f.
[64] HStAS A 303 Bd. 13996 S. 184, 456, 471, 524 f.
[65] HStAS A 303 Bd. 14002 S. 100, 269, 278, 302.
[66] HStAS A 303 Bd. 13976 S. 231, 236, 261.
[67] HStAS A 303 Bd. 13985 Bl. 110r, 113v, 124v.
[68] HStAS A 303 Bd. 13991 S. 289, 299 f., 326.
[69] HStAS A 303 Bd. 13996 S. 457, 472 f., 526.
[70] HStAS A 303 Bd. 14002 S. 271, 279 f.

Professor der Juristischen Fakultät	Prof. Johann Adam Kurrer (Rechte, Institutionen)	Prof. Michael Grass (Staats- und Strafrecht)	Prof. Michael Grass (Staats- und Strafrecht)	Prof. Michael Grass (Staats- und Strafrecht)	Prof. Michael Grass (Staats- und Strafrecht)
	Supremus Deputatus 1689/1690 245 fl.[71] Syndikatur 1689/1690 4 Sch. Roggen 40 Sch. Dinkel 8 Sch. Hafer 6 Eimer Wein[72]	Supremus Deputatus 245 fl.[73] Syndikatur 4 Sch. Roggen 40 Sch. Dinkel 8 Sch. Hafer 6 Eimer Wein[74]	Supremus Deputatus 1709/1710 245 fl.[75] Syndikatur 1709/1710 Keine einzelnen Professorenbesoldungen ausgewiesen[76]	Supremus Deputatus 1719/1720 245 fl.[77] Syndikatur 1719/1720 4 Sch. Roggen 40 Sch. Dinkel 8 Sch. Hafer 6 Eimer Wein[78]	Supremus Deputatus 1729/1730 245 fl.[79] Syndikatur 1729/1730 4 Sch. Roggen 40 Sch. Dinkel 8 Sch. Hafer 6 Eimer Wein[80]

71 UAT 129/3 Nr. 155.
72 UAT 152/10 Bl. 119r, 124r, 132r, 148v.
73 UAT 129/3 Nr. 164.
74 UAT 152/11 Bl. 202r, 209v, 220r, 253r.
75 UAT 129/3 Nr. 175a.
76 UAT 152/12.
77 UAT 129/3 Nr. 180a.
78 UAT 152/13 Bl. 141v, 145v, 153r, 163r.
79 UAT 129/3 Nr. 186.
80 UAT 152/14 Bl. 135v, 139v, 147r, 158r.

Professor der Philosophischen Fakultät	Prof. Rudolf Jacob Camerarius (Mathematik und Physik) Supremus Deputatus 181 fl.[81] Syndikatur 1689/1690 (auf ein Dreiviertel-jahr) 1 Sch. 7 Simri Roggen 22 Sch. 4 Simri Dinkel 4 Sch. 4 Simri Hafer 3 Eimer Wein[82]	Prof. Rudolf Jacob Camerarius (Mathematik, Physik) Supremus Deputatus 245 fl.[83] Syndikatur 3 Sch. Roggen 30 Sch. Dinkel 8 Sch. Hafer 5 Eimer Wein[84]	Prof. Rudolf Jacob Camerarius (Mathematik, Physik) Supremus Deputatus 245 fl.[85] Syndikatur 1709/1710 Keine einzelnen Professorenbesoldungen ausgewiesen.[86]	Prof. Rudolf Jacob Camerarius (Mathematik und Physik) Supremus Deputatus 245 fl.[87] Syndikatur 1719/1720 4 Sch. Roggen 40 Sch. Dinkel 8 Sch. Hafer[88]	Prof. Johann Conrad Creiling (Mathematik und Physik) Supremus Deputatus 181 fl.[89] Syndikatur 1729/1730 2 Sch. 4 Simri Roggen 30 Sch. Dinkel 6 Sch. Hafer 4 Eimer Wein[90]

81 UAT 129/3 Nr. 155.
82 UAT 152/10 Bl. 119ᵛ, 124ᵛ, 132ᵛ, 149ʳ.
83 UAT 129/3 Nr. 164.
84 UAT 152/11 Bl. 203ʳ, 210ʳ, 220ᵛ.
85 UAT 129/3 Nr. 175.
86 UAT 152/12.
87 UAT 129/3 Nr. 180.
88 UAT 152/13 Bl. 141ᵛ, 145ᵛ, 153ʳ, 163ʳ.
89 UAT 129/3 Nr. 186.
90 UAT 152/14 Bl. 135ᵛ, 139ᵛ, 147ʳ, 158ʳ.

Professor am Collegium Illustre	Prof. Johann Ulrich Pregitzer (Geschichte, Politik, Beredsamkeit, Staatsrecht)			Prof. Johann Jakob Helfferich (Politik, Geschichte)	Prof. Johann Jakob Helfferich (Politik, Geschichte)
	200 fl. 3 Sch. Roggen 46 Sch. Dinkel 6 Sch. Hafer 6 Eimer Wein 6 Klafter Holz[91]			200 fl. 3 Sch. Roggen 46 Sch. Dinkel 6 Sch. Hafer 6 Eimer Wein[92]	200 fl. 3 Sch. Roggen 46 Sch. Dinkel 6 Sch. Hafer 6 Eimer Wein[93]

[91] HStAS A 303 Bd. 13976 S. 93, 230, 235, 245, 260; HStAS A 284/94 Bü 253 Bl. 19.
[92] HStAS A 303 Bd. 13966 S. 183, 455, 470, 492, 524.
[93] HStAS A 303 Bd. 14002 S. 99, 268, 277, 290, 301.

	1736/1737	1742/1743	1752/1753	1761/1762	1773/1774	1788/1789
Sprachmeister	1735/1736 60 fl. 12 Sch. Dinkel[94]	1745 37 fl. 30 x. 6 Simri Roggen 8 Sch. 2 Simri Dinkel 1 Eimer 14 Imi Wein[95]	1752/1753/54 37 fl. 30 x. 1 Sch. 4 Simri Roggen 9 Sch. Dinkel 1 Eimer 8 Imi Wein[96]	36 fl. 30 x. 1 Sch. 4 Simri Roggen 9 Sch. Dinkel 1 Eimer 8 Imi Wein[97]	1773 36 fl. 30 x. 1 Sch. 4 Simri Roggen 9 Sch. Dinkel 1 Eimer 8 Imi Wein[98]	37 fl. 30 x. 37 fl. 30 x. Addition 3 Sch. Roggen 18 Sch. Dinkel 3 Eimer Wein[99]
Reitmeister	200 fl. 14 Sch. Roggen 26 Sch. Dinkel 91 Sch. 2 Simri Hafer 10 Eimer Wein[100]	200 fl. 14 Sch. Roggen 26 Sch. Dinkel 91 Sch. 2 Simri Hafer 10 Eimer Wein[101]	200 fl. 14 Sch. Roggen 26 Sch. Dinkel 91 Sch. 2 Simri Hafer 10 Eimer Wein[102]	200 fl. 14 Sch. Roggen 26 Sch. Dinkel 91 Sch. 2 Simri Hafer 10 Eimer Wein[103]	200 fl. 14 Sch. Roggen 26 Sch. Dinkel 91 Sch. 2 Simri Hafer 10 Eimer Wein[104]	200 fl. 14 Sch. Roggen 26 Sch. Dinkel 91 Sch. 2 Simri Hafer 10 Eimer Wein[105]

[94] HStAS A 284/94 Bü 289 Bl. 57.
[95] HStAS A 284/94 Bü 289 Bl. 55.
[96] Ebd.; HStAS A 303 Bd. 14031 Bl. 25r, 54r, 57r, 64v; UAT 9/11 o. Pag. Consignation (1754, November 27).
[97] HStAS A 284/94 Bü 289 Bl. 55; HStAS A 303 Bd. 14037 Bl. 28v, 63r, 66r, 73v.
[98] HStAS A 284/94 Bü 289 Bl. 55.
[99] Ebd.; HStAS A 303 Bd. 14059 Bl. 24r, 68v, 71r, 79v.
[100] HStAS A 303 Bd. 14013 Bl. 45r, 106v, 109r, 113r, 119r.
[101] HStAS A 303 Bd. 14020 Bl. 45r, 90r, 96r, 104r, 111r.
[102] HStAS A 303 Bd. 14030 Bl. 25v, 53v, 55v, 59r, 63r.
[103] HStAS A 303 Bd. 14037 Bl. 26v, 61r, 63v, 67r, 72v.
[104] HStAS A 303 Bd. 14045 Bl. 28r, 69r, 72r, 76r, 80r.
[105] HStAS A 303 Bd. 14059 Bl. 23r, 67r, 69v, 74r, 77v.

Tanzmeister	85 fl. 2 Sch. Roggen 12 Sch. Dinkel 2 Eimer Wein[106]	136 fl. 30 x. 1 Sch. 6 Simri Roggen 11 Sch. Dinkel 3 Eimer 10 Imi Wein[107]	136 fl. 30 x. 1 Sch. 6 Simri Roggen 11 Sch. Dinkel 3 Eimer 10 Imi Wein[108]	136 fl. 30 x. 1 Sch. 6 Simri Roggen 11 Sch. Dinkel 3 Eimer 10 Imi Wein[109]	136 fl. 30 x. 1 Sch. 6 Simri Roggen 11 Sch. Dinkel 3 Eimer 10 Imi Wein[110]	136 fl. 30 x. 1 Sch. 6 Simri Roggen 11 Sch. Dinkel 3 Eimer 10 Imi Wein[111]
Fechtmeister	85 fl. 2 Sch. Roggen 12 Sch. Dinkel 2 Eimer Wein[112]	85 fl. 15 fl. Addition 3 Sch. Roggen 15 Sch. 4 Simri Dinkel 2 Eimer 8 Imi Wein[113]	85 fl. 2 Sch. Roggen 12 Sch. Dinkel 2 Eimer Wein[114]	85 fl. 2 Sch. Roggen 12 Sch. Dinkel 2 Eimer Wein[115]	85 fl. 2 Sch. Roggen 12 Sch. Dinkel 2 Eimer Wein[116]	85 fl. 15 fl. Addition 3 Sch. Roggen 15 Sch. 4 Simri Dinkel 2 Eimer 8 Imi Wein[117]

[106] HStAS A 303 Bd. 14013 Bl. 46ᵛ, 107ʳ, 110ʳ, 120ʳ.
[107] HStAS A 303 Bd. 14020 Bl. 47ʳ, 92ʳ, 98ʳ, 113ʳ; UAT 9/11 o. Pag. Consignation (1754, November 27).
[108] HStAS A 303 Bd. 26ᵛ, 54ʳ, 56ᵛ, 64ʳ.
[109] HStAS A 303 Bd. 27ʳ, 62ʳ, 64ᵛ, 73ʳ.
[110] HStAS A 303 Bd. 14045 Bl. 29ʳ, 70ᵛ, 73ᵛ, 81ᵛ.
[111] HStAS A 303 Bd. 14059 Bl. 24ʳ, 68ʳ, 70ᵛ, 79ʳ.
[112] HStAS A 303 Bd. 14013 Bl. 46ʳ, 107ʳ, 109ᵛ, 120ʳ.
[113] HStAS A 303 Bd. 14020 Bl. 46ᵛ, 91ᵛ, 97ᵛ, 112ᵛ.
[114] HStAS A 303 Bd. 14030 Bl. 26ᵛ, 54ʳ, 56ʳ, 64ʳ.
[115] HStAS A 303 Bd. 14037 Bl. 27ʳ, 62ʳ, 64ᵛ, 73ʳ.
[116] HStAS A 303 Bd. 14045 Bl. 29ᵛ, 70ᵛ, 73ʳ, 81ᵛ.
[117] HStAS A 303 Bd. 14059 Bl. 24ʳ, 68ʳ, 70ᵛ, 79ʳ.

	1729/1730	1739/1740	1749/1750	1759/1760	1779/1780	1789/1790
Ballmeister	1 Sch. Roggen 4 Sch. Dinkel 1 Eimer Wein[118]	1 Sch. Roggen 4 Sch. Dinkel 1 Eimer Wein[119]	1 Sch. Roggen 4 Sch. Dinkel 1 Eimer Wein[120]	1 Sch. Roggen 4 Sch. Dinkel 1 Eimer Wein[121]	1 Sch. Roggen 4 Sch. Dinkel 1 Eimer Wein[122]	1 Sch. Roggen 4 Sch. Dinkel 1 Eimer Wein[123]
Professor der Juristischen Fakultät	Prof. Christoph Friedrich Harpprecht (Kirchenrecht) Supremus Deputatus 245 fl.[124] Syndikatur 1729/1730 4 Sch. Roggen 40 Sch. Dinkel 8 Sch. Hafer 6 Eimer Wein[125]	Prof. Christoph Friedrich Harpprecht (Kirchenrecht) Supremus Deputatus 245 fl.[126] Syndikatur 1739/1740 4 Sch. Roggen 40 Sch. Dinkel 8 Sch. Hafer 6 Eimer Wein[127]	Prof. Christoph Friedrich Harpprecht (Kirchenrecht) Supremus Deputatus 245 fl.[128] Syndikatur 1749/1750 4 Sch. Roggen 40 Sch. Dinkel 8 Sch. Hafer 6 Eimer Wein[129]	Prof. Christoph Friedrich Harpprecht (Kirchenrecht) Supremus Deputatus 245 fl.[130] Syndikatur 1759/1760 4 Sch. Roggen 48 Sch. Dinkel 13 Sch. Hafer 7 Eimer Wein[131]	Prof. Sixt Jacob Kapff (Rechte) Supremus Deputatus 245 fl.[132] Syndikatur 1779/1780 50 Sch. Roggen 60 Sch. Dinkel 15 Sch. Hafer 7 Eimer 9 Imi 2 Maß Wein[133]	Prof. Sixt Jacob Kapff (Rechte) Supremus Deputatus 245 fl.[134] Syndikatur 1789/1790 60 Sch. Dinkel 15 Sch. Hafer 7 Eimer 8 Imi Wein[135]

[118] HStAS A 303 Bd. 14013 Bl. 107ᵛ, 110ʳ, 120ᵛ.
[119] HStAS A 303 Bd. 14020 Bl. 92ʳ, 98ʳ, 113ʳ.
[120] HStAS A 303 Bd. 14030 Bl. 54ᵛ, 56ʳ, 64ʳ.
[121] HStAS A 303 Bd. 14037 Bl. 62ʳ, 64ᵛ, 73ᵛ.
[122] HStAS A 303 Bd. 14045 Bl. 70ᵛ, 73ᵛ, 82ʳ.
[123] HStAS A 303 Bd. 14059 Bl. 68ʳ, 71ʳ, 79ʳ.
[124] UAT 129/3 Nr. 201.
[125] UAT 152/14 Bl. 135ᵛ, 139ᵛ, 147ʳ, 158ʳ.
[126] UAT 129/3 Nr. 207.

[127] UAT 152/15 Bl. 152ʳ, 157ʳ, 164ᵛ, 180ʳ.
[128] UAT 129/3 Nr. 217.
[129] UAT 152/16 Bl. 174ʳ, 178ᵛ, 186ʳ, 207ʳ.
[130] UAT 129/3 Nr. 226a.
[131] UAT 152/17 Bl. 181ᵛ, 188ʳ, 197ʳ, 218ʳ.
[132] UAT 129/3 Nr. 238.
[133] UAT 152/19 Bl. 206ᵛ, 220ʳ, 245ʳ.
[134] UAt 129/3 Nr. 253a.
[135] UAT 152/20 Bl. 231ʳ, 247ᵛ, 270ᵛ.

Professor der Philosophischen Fakultät	Prof. Johann Conrad Creiling (Mathematik, Physik)	Prof. Johann Conrad Creiling (Mathematik, Physik)	Prof. Georg Wolfgang Kraft (Mathematik, Physik)	Prof. Johann Kies (Mathematik, Physik)	Prof. Johann Kies (Mathematik, Physik)	Prof. Christoph Friedrich Pfleiderer (Mathematik, Physik)
	Supremus Deputatus 181 fl.[136] Syndikatur 1729/1730 2 Sch. 4 Simri Roggen 30 Sch. Dinkel 6 Sch. Hafer 4 Eimer Wein[137]	Supremus Deputatus 181 fl.[138] Syndikatur 1739/1740 2 Sch. 4 Simri Roggen 30 Sch. Dinkel 6 Sch. Hafer 4 Eimer Wein[139]	Supremus Deputatus 181 fl.[140] Syndikatur 1749/1750 2 Sch. 4 Simri Roggen 30 Sch. Dinkel 6 Sch. Hafer 4 Eimer Wein[141]	Supremus Deputatus 181 fl.[142] Syndikatur 1759/1760 2 Sch. 4 Simri Roggen 40 Sch. Dinkel 11 Sch. Hafer 5 Eimer Wein[143]	Supremus Deputatus 181 fl.[144] Syndikatur 1769/1770 2 Sch. 4 Simri Roggen 40 Sch. Dinkel 11 Sch. Hafer 5 Eimer Wein[145]	Supremus Deputatus 181 fl.[146] Syndikatur 1789/1790 47 Sch. Dinkel 13 Sch. Hafer 5 Eimer 8 Imi Wein[147]

---

136 UAT 129/3 Nr. 201.
137 UAT 152/14 Bl. 135v, 139v, 147r, 158r.
138 UAt 129/3 Nr. 207.
139 UAT 152/15 Bl. 152v, 157v, 165r, 180v.
140 UAT 129/3 Nr. 217.
141 UAT 152/16 Bl. 174v, 179r, 187r, 207v.
142 UAT 129/3 Nr. 226a.
143 UAT 152/17 Bl. 182v, 189r, 198r, 218v.
144 UAT 129/3 Nr. 238.
145 UAT 152/18 Bl. 148v, 152v, 159r, 176r.
146 UAT 129/3 Nr. 253a.
147 UAT 152/20 Bl. 234r, 249v, 273r.

Professor am Collegium Illustre	Prof. Günther Albrecht Renz (Rechte)	Prof. Jacob Friedrich Mögling (Rechte)	Prof. Johann Friedrich Helfferich (Rechte, Geschichte)	Prof. Johann Friedrich Helfferich (Rechte, Geschichte)	Prof. Johannes Kies (Physik, Mathematik)	Prof. Christoph Friedrich Pfleiderer (Mathematik, Physik)
	100 fl. 2 Sch. Roggen 29 Sch. Dinkel 4 Sch. Hafer 3 Eimer Wein[148]	75 fl. 1 Sch. 4 Simri Roggen 21 Sch. 6 Simri Dinkel 3 Sch. Hafer 2 Eimer 4 Imi Wein[149]	75 fl. 1 Sch. 4 Simri Roggen 21 Sch. 6 Simri Dinkel 3 Sch. Hafer 2 Eimer 4 Imi Wein[150]	75 fl. 1 Sch. 4 Simri Roggen 21 Sch. 6 Simri Dinkel 3 Sch. Hafer 2 Eimer 4 Imi Wein[151]	75 fl. 1 Sch. 4 Simri Roggen 21 Sch. 6 Simri Dinkel 3 Sch. Hafer 2 Eimer 4 Imi Wein	75 fl. 1 Sch. 4 Simri Roggen 21 Sch. 6 Simri Dinkel 3 Sch. Hafer 2 Eimer 6 Imi Wein
					<u>1775/1776</u> Prof. August Ludwig Schott (Rechte) 100 fl. 3 Sch. Roggen 22 Sch. Dinkel 6 Sch. Hafer 3 Eimer Wein[152]	Prof. Karl Christoph Hofacker (Rechte) 100 fl. 3 Sch. Roggen 22 Sch. Dinkel 6 Sch. Hafer 3 Eimer Wein[153]

148 HStAS A 303 Bd. 14013 Bl. 45ᵛ, 107ʳ, 109ᵛ, 113ᵛ, 119ᵛ – 120ʳ.
149 HStAS A 303 Bd. 14020 Bl. 44ᵛ, 89ᵛ, 95ᵛ, 103ᵛ, 110ᵛ.
150 HStAS A 303 Bd. 14030 Bl. 26ʳ, 53ᵛ, 54ʳ, 56ʳ, 59ʳ, 59ᵛ, 63ʳ; UAT 9/11 o. Pag. Liste der Besoldungen der Professoren des Collegium Illustre (1747–1785).
151 HStAS A 303 Bd. 14037 Bl. 26ᵛ, 61ᵛ, 64ʳ, 68ʳ, 72ᵛ, 73ʳ.
152 UAT 9/11 o. Pag. Liste der Besoldungen der Professoren des Collegium Illustre (1747–1785).
153 HStAS A 303 Bd. 14059 Bl. 23ʳ, 23ᵛ, 67ʳ, 67ᵛ, 70ʳ, 74ʳ, 78ʳ, 78ᵛ.

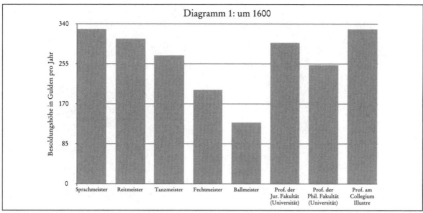

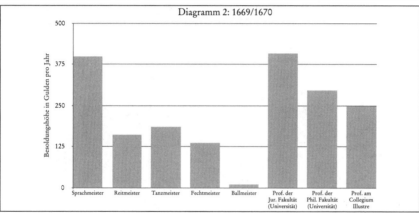

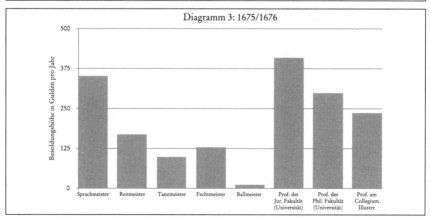

Diagramme 1–6: Besoldungsverhältnisse der Tübinger Exerzitien- und Sprachmeister (um 1600–1789)

584

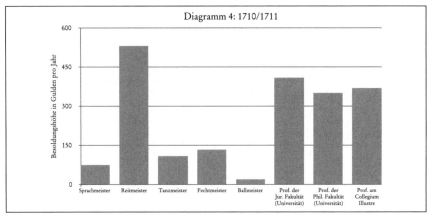

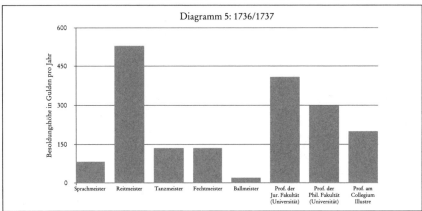

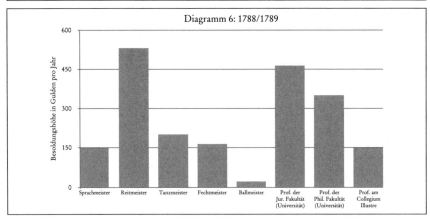

Ortsregister

Besonders häufig vorkommende Ortsnamen, etwa Tübingen und Stuttgart, wurden nicht in das Ortsregister aufgenommen.

Personenregister

Die fett gedruckten Seitenzahlen beziehen sich auf die Einträge zu den Tübinger
Exerzitien- und Sprachmeistern im biographischen Anhang auf S. 455–562,
vgl. hierzu die alphabetische Übersicht auf S. 561 f.
Abkürzungen: Ft. = Fürst; Gf. = Graf; Hz. = Herzog; Hzn. = Herzogin;
Kurft. = Kurfürst; Kg. = König; reg. = regierender.